4·16
세월호 사건
기록연구
-의혹과 진실-

박종대 저

도서
출판 선인

2014년 4월 16일,
단원고 학생을 비롯해 세월호 사건으로 희생된 분들께
이 책을 바친다.

_들어가며

"자기야, 큰일 났어. 수현이가 타고 가던 배가 진도에서 침몰하고 있
대⋯."

세월호 사건 당일 10시 08분, 나는 수현이 엄마로부터 청천벽력 같은 전
화를 받았다. 당시 회사 동료들과 회의를 하고 있던 나는, 회의를 중단하
고 집으로 달려갔다. 이동 중에 봤던 방송에는 "학생들이 구명조끼를 입고
있으며, 선장이 '뛰어내려'라는 선내 방송을 했다"는 속보가 흘러나오고 있
었다.

집에 잠시 들렀다가 가족과 함께 단원고로 달려갔다. 단원고등학교는
이미 지옥으로 변해 있었다. 그곳에서 전원구조 소식을 듣고, 살아있다는
아들을 데려오기 위해 진도를 향해 죽음의 질주를 했다. 진도실내체육관
에 아들은 없었다. 전화도 되지 않았다. 진도실내체육관에서 어떤 여자 분
이 "팽목항으로 190명이 승선한 선박이 들어온다"고 하기에 무작정 팽목항
으로 달려갔지만 그곳에도 사랑하는 아들은 없었다. 옆에 있던 젊은 여자
분이 울면서 이렇게 얘기했다. "아저씨, 더 이상 구조자는 없대요. 지금부
터는 구조가 아니라 수색이랍니다."

그렇게 해서 나는 졸지에 실종자 가족이 되어 버렸고, 그때 처음 "이것

은 단순한 사고가 아니라 진상규명이 필요한 사건이다. 앞으로 내 인생은 영원히 '진상규명과 책임자 처벌'이란 무거운 짐을 짊어지고 살아가겠구나'라고 나의 앞날을 예측해 보았다.

2014년 4월 22일 18시 43분, 아들은 팽목항 한구석 천막 안에서 핸드폰을 배 위에 얹고 반듯이 누운 상태에서 가족의 품으로 돌아왔다. 아들은 갓 태어난 아기가 엄마 젖을 실컷 먹고, 새근새근 자는 모습으로 가족들과의 영원한 이별을 기다리고 있었다.

살아있는 아들을 데리러 갔던 나는 안산을 떠난 지 7일 만에 아들의 주검을 찾아서 돌아왔다. 23일 동이 틀 무렵 안산에 도착했는데, 안산 시내 장례식장이 포화상태라 갈 곳이 없다고 했다. 아들의 순번까지는 4일을 기다리라고 했다. 어쩔 수 없이 시화병원으로 이동했지만, 그곳도 지옥이긴 매한가지였다. 얼마나 열악했던지 다른 집 아이의 조문객을 접견하는 장소 바로 옆 개방된 장소에서 아들의 염을 하려고 했다. 고성이 오고 갔고, 샌드위치 판넬을 이용하여 임시로 장소를 정비한 후에야 다음 장례의식을 치를 수 있었다.

장례식 다음 날 새벽, 나는 가족들 몰래 일어나 아들의 휴대폰을 확인했다. 휴대폰에서 SD카드를 분리하여 나의 휴대폰에 넣고 작동시켰더니, 기적과 같이 몇 개의 동영상과 사진이 발견됐고, 동영상엔 놀라운 광경이 녹화되어 있었다. 그때까지 소문으로만 떠돌던 '선내에 가만히 있으라'는 선내 방송이 동영상으로 재생되고 있었던 것이다.

날이 밝은 후 처제와 이 영상을 어떻게 처리할지 은밀하게 논의했다. 그 결과 아들이 촬영한 동영상을 진상규명 차원에서 중립성을 유지할 수 있는 언론사를 통해 공개할 것을 결정했고, 그날로 JTBC와 뉴스타파에 제공했다. 당시 아들의 영상은 언론과 세상을 흔들었고, 나중에는 재판의 중요한 증거자료로 채택되기도 했다.

내가 끝까지 세월호 사건의 진상규명을 반드시 해야겠다고 결심했던 이유는 다음과 같은 계기가 있었다. 아들의 49재를 며칠 앞둔 어느 날, 세월호 사건과 관련하여 딱 한 번 만났던 시민 윤솔지 님으로부터 전화 한 통을 받았다.

> 아버님, 수현이 살결은 매우 희고 손가락은 매우 길죠? 그리고 장난이 매우 심하며 붙임성은 매우 좋지요? …

잘 알지도 못하는 시민이 아들의 평소 모습과 행동을 너무나도 정확하게 묘사했기에 잠시 소름이 돋았다. "맞는데 왜 그러시냐?"고 물었더니, 그분이 아들의 꿈을 꾸었다고 했다. 그분의 꿈속에서 아들이 깡충깡충 뛰어와 손을 잡으면서, "누나, 나 수현이야, 우리 아빠한테 전해 줘. 지금 아빠가 하고 계신 방향이 무조건 맞어. 그리고 나를 꼭 '해원(解冤)'시켜줘야 한다고 전해 줘" 라고 했다는 것이다. 너무 생생하고 놀라워 통화 중에 녹음 버튼을 눌렀던 기억이 아직도 생생하다. 그때 수현이 엄마는 나의 눈에서 강한 살기를 느꼈다고 했다.

세월호 사건 초기, 박근혜가 유병언에게 집착하는 것을 보면서, 중대본과 진도실내체육관에서, 그리고 5월 16일과 19일, 국민과 유가족을 향해 거짓말하는 박근혜의 모습을 목격하면서, 그때부터 국가와 정부에 대한 기대를 완전히 접어 버렸다. 그리고 원통하게 죽어간 아들의 영혼을 달래기 위해, 반드시 내 힘으로 진실을 밝히고 책임자가 처벌되도록 노력하여, 아들에게 '사법적 씻김굿'을 해 주기로 굳게 결심했다. 그때부터 두꺼운 서류뭉치를 들고 회사를 출퇴근했으며, 짬을 내고 밤을 새워 기록을 읽고 정리했다.

하지만 이 사건과 관련한 경험과 지식이 없는 나에게 진상규명은 쉽지 않은 과업이었고, 막연한 희망에 가까웠다. 두문불출과 불타는 의지만으로는 도저히 이룰 수 없는 힘든 도전이었다.

사건 초기에 가장 힘들었던 점은 읽을 자료가 없다는 것이었다. 내가 접근할 수 있는 자료는 검색을 통해 얻을 수 있는 쓰레기 같은 언론 기사가 전부였다. 하지만 2014년 9월 22일부터 가족협의회의 진상규명분과장을 하면서 대한변협으로부터 재판자료를 수집할 수 있었고, 국회 정진후 의원이 수집한 소중한 자료를 분양받으면서부터 본격적으로 기록을 검토하고 분석했던 것으로 기억한다.

　또 한편으로는 한겨레신문 정은주 기자와 '진실의 힘'의 도움을 받아 대법원으로부터 막대한 분량의 재판자료를 입수할 수 있었고, 정부를 상대로 340여 건에 이르는 정보공개를 신청하여 진상규명과 관련한 매우 유의미한 자료를 수집하기도 했다. 훗날 이 기록은 『세월호 그날의 기록』과 '그날 바다'라는 책과 영화의 밑거름이 되었고, '그것이 알고 싶다', 'PD수첩', '이규연의 스포트라이트', 외국 언론 및 각종 뉴스가 제작하는 방송 자료로 활용되기도 했다.

　나는 이 자료를 바탕으로 시민 및 연구자들과 정보를 공유하고 심도 있는 토론을 진행하면서 나의 부족한 부분을 채웠던 것으로 기억한다. 특히 2015년 3월 초, 가족협의회 진상규명분과장을 중도에 하차하고, 시민들과 힘을 합쳐 '304목요포럼'을 구성했던 것이 본격적인 연구의 시작이었다. 그 과정에서 참으로 많고 다양한 사람을 만났다. 자칭 전문가라 자부하는 해양 관련 교수부터 선장, 항해사, 기관장, 잠수사 등 셀 수도 없는 사람들을 만났다.

　그중에는 대한민국에서 자신보다 배를 더 잘 아는 사람이 없다고 얘기하는 사람도 있었고, "선박에도 브레이크가 달려 있다"고 우기는 사람도 있었다. 근본도 없는 허접한 사진을 내밀며 500만 원을 요구했던 사람도 있었고, "미공개 잠수 관련 영상을 소지하고 있으니 3,000만 원을 내어놓으라"고 요구했던 시민도 있었다. 또 어떤 잠수사는 완도 어디에서 언제 만나기로 약속해 놓고, 1,000리 길을 달려갔더니 전화도 받지 않고 바람을 맞혔던 분도 있었다. 매우 특별한 정보를 가지고 있는데 보안 문제 때문에 직접 만나서 전달할 수밖에 없다고 하여 반신반의하며 어쩔 수 없이 여수까지 달려갔지만 허탕을 쳤던 적도 있었다.

반면, 세월호 사건의 진실을 함께 밝히기 위하여 자신이 직접 작성한 100페이지가 넘는 PPT 자료를 가지고 '304 목요포럼' 모임에서 수차례 강의를 해 주셨던 고마운 분도 있었다. 또 어떤 현직 항해사 분이 수차례 부산과 서울을 오가며 밤샘토론을 진행한 후 이튿날 새벽 첫 번째 KTX를 타고 가셨던 것도 잊을 수가 없다.

다만 아쉬웠던 부분은 그분들의 관심은 오직 '침몰의 원인'을 규명하는 것에 집중되어 있었다는 점이다. 물론 세월호 침몰원인을 밝히는 것이 진상규명에서 매우 중요한 부분을 차지하는 것은 틀림없는 사실이다. 그렇다고 그것이 '진상규명의 시작이자 끝은 아니다'라고 생각한다. 세월호 침몰로 사망한 사람은 단원고등학교 양승진 선생님 딱 한 사람뿐이고, 나머지 303명은 국가가 구조하지 않아서 발생한 사건이라고 나는 결론짓고 있기 때문이다.

이 책에서는 세월호 사건의 진상규명 과제를 "왜 침몰 시켰는가", "어떻게 침몰 시켰는가", "왜 구조하지 않았는가", "왜 진상규명을 방해하고 책임자 처벌을 회피하는가"로 확정하고, 이것의 실체를 밝히려고 노력했다. 이것은 죽은 아들이 나에게 부여한 마지막 과업이었기 때문에 이 책에서 그것의 실체를 밝히려고 노력했지만, 결과는 실패였다. 하지만 아들과 진실을 향한 나의 행군은 목숨이 붙어 있는 한 앞으로도 계속해서 전진할 것이다.

2018년 7월 어느 날, 명지대 기록학과의 김익한 교수님으로부터 뜻밖의 전화가 왔다. 세월호 사건과 관련하여 글을 한 번 써보라는 권유를 받았다. 그때까지 나는 오마이뉴스와 한겨레신문, SNS 등에 약간의 글을 게시했던 적이 있다. 교수님께서 아마도 그것을 보셨던 모양이다.

솔직히 많은 고민을 했다. 지금껏 살아오면서 제대로 글쓰기를 배워보지도 않았고, 맘먹고 글을 썼던 경험도 없었기 때문이다. 특히 유가족은 기록을 읽는 것 자체가 고통인데, 그것을 정리하는 작업은 가시밭길 이상이라는 것을 너무나 잘 알고 있었기 때문이다. 하지만 평소 이 작업은 언젠가 한 번은 '넘어야 할 산이요, 건너야 할 강'이라고 생각하고 있었고, 수현이 엄마가 매우 강하게 도전을 권유했기 때문에 나름 용기를 낼 수 있었다.

또 한편으로는 지금까지 출간된 세월호 관련 서적과 전혀 다른, 새로운 종류의 책을 써 보고 싶은 충동도 있었다. 국가의 악랄한 방해로 도저히 진실을 알 순 없었지만, 새로운 논리와 근거를 가지고 검찰의 수사결과와 다른, 판사의 판결과 다른, 내가 믿고 있는 진실을 꼭 한번은 세상에 생생하게 알리고 싶은 욕망이 가슴 깊은 곳에서 꿈틀거렸다.

그것들을 글로 모아서 나 스스로 위안도 받고, 똑같은 고통을 겪고 있는 유가족들에게 힘과 용기를 주고 싶었다. 무엇보다도 원통하게 피지도 못한 꽃으로 세상을 떠나버린 아들과 친구들에게 이 사건의 진실을 알려주고 싶었다.

그때부터 김익한 교수님과 서울대 인류학과의 이현정 교수님의 지도를 받으면서 지치지 않고 뚜벅뚜벅 걸어왔던 것이 어느덧 종착역에 이르렀다. 약 1년 5개월 이상 두 분 교수님의 도움이 없었다면 이 책은 결코 세상의 빛을 보지 못했을 것이다. 이 자리를 빌려 두 분 교수님께 진심으로 감사의 인사를 드린다.

그리고 이 책은 나의 이름으로 출간되기는 하지만, 실제로는 우리 유가족과 시민들이 함께 쓴 책이다. 이 책에서 제시한 내용 중 상당한 부분은 그분들과 끝없는 토론과 검증을 통해 확정했기 때문이다. 특히 사건 초기에 같은 유가족 신분이면서도, 늘 새로운 시각을 유지하고 참신한 아이디어로 나의 영감을 깨워준 고 제세호 군의 아버지 제삼열 씨에게 감사의 말씀을 전한다. 그분이 없었다면 아마도 나는 이 사건을 새로운 각도에서 새로운 시선으로 바라보지 못했을 것이라 감히 확신하고 있다.

'304목요포럼'에서 밤을 새워 함께 토론하고, 자료 정리를 도와주신 고상현 선생님, 공순주 선생님, 권대선 선생님의 도움에도 감사의 인사를 드린다. 아울러 영화 '그날 바다' 팀의 최진아 PD님과 김지영 감독님께도 고맙다는 인사를 꼭 전하고 싶다.

또 광주에서 세월호 관련 재판이 진행될 때, 물심양면으로 헌신해 주신 장헌권 목사님, 진실을 찾기 위해 불쑥 여수까지 찾아갔을 때 자신의 경험을 아낌없이 나누어 주시고 친구의 인연까지 열어주신 잠수사 도연태 선생님, '304목요포럼' 모임에서 밤늦게까지 선박에 관한 지식을 전달해 주셨던 정대진 선생님, 그리고 악조건에서 위험을 무릅쓰고 사랑하는 가족들을 찾아 주셨던 잠수사 여러분, 삼복더위와 엄동설한에 '세월호 사건의 진상규명과 책임자 처벌'을 위해 함께 싸워 주신 많은 시민 여러분 ···. 이 모든 분들께 다시 한 번 고개 숙여 감사의 인사를 드린다.

그리고 2017년 8월 30일 '피고발인 박근혜 외 18명' 고발인 조사를 받기 위해 서울중앙지방검찰청 426호 검사실을 방문했을 때, "아버님의 애타는 심정은 이해한다. 하지만 아버님이 법을 몰라서 그렇지 피고발인 19명은 죄가 없다"고 말씀하신 검사님에게도 감사의 말씀을 드린다. 만약 그가 그때 그런 말을 하지 않았다면, 더 이상 '분노의 칼'을 갈지 않았을지도 모르기 때문이다.

그러고 보니 가장 소중한 인사를 하지 못했다. 아들을 잃은 이후 계절이 바뀌고 해가 바뀌어도 집안 걱정하지 않고 오직 이 일에만 매진할 수 있었던 것은 수현이 엄마와 딸의 희생과 배려가 있었기 때문에 가능했다. 끝까지 포기하지 않고 투쟁할 수 있도록 동력을 무한 충전해준 가족들에게 '사랑'의 인사를 보낸다.

아들이 남기고 간 버킷리스트엔 '자서전 쓰기'라는 과제가 기록되어 있었다. 어쩌면 나는 이 책을 아들의 자서전을 쓰는 심정으로 집필했을 수도 있다. 피지도 못한 꽃봉오리로 원통하게 세상을 등진 아들과 그의 친구들이 하늘나라에서 이 책을 읽고 조금이라도 위로받길 희망한다.

부디 이 책이 '세월호 사건의 진상규명과 책임자 처벌'의 새로운 시작이 되었으면 하는 바람을 하늘나라에 있는 아들과 그의 친구들에게 보내본다.

2020년 4월 16일

박종대

_차 례

들어가며
- 죽은 아들이 이끌어준 기록과 진상규명의 길

제1장

단원고 학생들은
왜
탈출하지 못했을까?

1.
학생들의 탈출을 가로막은
5가지 요인

세월호 침몰 당시 선내 승객이 살아남을 수 있는 길은 오직 밖으로 나가 바다에 빠지는 것밖에는 대안이 없었다. 하지만 "선내에 가만히 있으라"는 악마의 선내방송이 그 기회를 박탈해 버렸다.

침몰 초기 일부 어른들은 아이들이 너무 착하고, 순응적이라서 선원의 말만 믿고 선내에서 대기하다 참변을 당했다고 말들 했다. 또한 1기 특조위 청문회에 증인으로 출석했던 해경 박상욱은, "세월호 앞에 학생들이 되게 위험하고 계속 소리 지르고 빨리 그쪽을 벗어나라고 소리 질러도 얘네들이 어려서 철이 없어서 그런지 위험하다는 것을 모르는 것 같았다"는 어림도 없는 이야기를 했다. 하지만 해경이 학생들의 탈출을 권고하기 위해 소리를 지른 공식적인 사례는 단 한 번도 없다.

단원고 학생들은 탈출하고 싶어 했고, 안전하게 탈출할 충분한 기회가 있었지만, 선원의 잘못된 범죄행위와 해경의 잘못된 구조행위로 인해 모두 사망에 이르게 된 것이다.

학생들을 외면한 구조시스템

세월호 침몰 당시 선장 및 선원과 침몰현장에 출동했던 해경의 퇴선명령만 있었다면, 가장 많이 구조될 수 있었던 승객들이 바로 단원고 학생들이다.[1]

그들은 비록 어린 나이였지만 생존 수영이 가능했던 학생도 있었고, 탈출에 요구되는 체력조건이 가장 우수했으며, 14명의 인솔교사와 여행사 직원이 보호하고 있었기 때문에, 확실한 퇴선명령만 있었다면 모두 안전하게 탈출할 수 있었다. 하지만 실제 구조의 결과는 정반대였다.

급속한 침몰이 진행되고 있었음에도, 선원들은 계속해서 "선내에 가만히 있으라"는 선내방송을 진행하고 있었고, 학생들은 인솔교사의 통제에 따라 선원들의 선내대기 방송을 가장 잘 준수했기 때문이다.

세월호 침몰 당일 단원고 학생들이 탈출하지 못했던 이유는 여럿이 있다. 하지만 필자는 다음 5가지 요인이 탈출을 희망하는 학생들의 발목을 붙잡았다고 판단하고 있다.

- "선내에 가만히 있으라"는 여객부 승무원 강혜성의 잘못된 선내방송
- '탈출시 승무원의 지시에 따라 냉정하고 신속하게 대응해 달라'는 내용이 부착된 선내 게시물
- 승객들의 탈출 움직임을 통제했던 선원들
- 탑승객의 선내 이동을 비난했던 또 다른 탑승객
- 단원고 교사 및 여행사 직원의 부작위와 잘못된 인솔행위

침몰 사건이 발생하자 학생들은 해경의 구조를 받기 위해 스스로 많은

---

1 단원고 학생은 총 325명이 세월호에 승선하여, 75명이 구조되고 250명이 사망했다. 전체 승선 인원의 생존율이 36.1%인 반면, 단원고 학생들은 23.1%만 생존했다.

노력을 했다. 학생들은 선원보다도 먼저 119와 해경에 구조요청을 했으며, 전화통화와 카톡으로 부모님과 친구들에게 비상상황을 전파했다.

하지만 어린 학생들의 눈물겨운 노력에도 이 나라의 구조시스템은 철저히 학생들을 외면했다. 선원, 해경, 교사, 선내에 있던 어른들, 그 누구도 학생들의 구조에 도움이 되지 못했다.

1) '가만히 있으라'는 선내 방송

정확한 통계자료는 없지만, 대다수 단원고 학생들은 난생처음 세월호와 같은 대형여객선에 승선했음이 틀림없고, 침몰과 같은 비상상황을 경험한 학생은 단 한 명도 없었을 것이다.

따라서 출항 당시 선사의 비상사태 발생을 대비한 안전교육이 없던 상태에서, 침몰이란 비상상황을 처음 경험한 학생들에게 합리적 판단 및 행동은 기대할 수가 없었다.

선내에서는 "가만히 있으라. 선내가 더 안전하다"는 선내방송이 흐르고 있고, 이를 믿고 있는 주변 사람들이 옆 사람에게 '움직이지 말고 가만히 있으라'고 강력히 권유한다면, 고도의 판단능력을 소유한 성인일지라도 쉽게 탈출을 결정하지 못했을 것이다.

침몰하는 선박 안에서 승객들이 안전하게 탈출할 수 있도록 조치해야 할 책임은 선장과 선원에게 있다. 선원들은 해양과 항해에 대한 풍부한 전문지식과 경험이 있으며, 비상상황 발생에 대비하여 정기적으로 교육과 훈련을 받은 사람들이므로, 비상상황이 발생하면 법적 의무를 떠나 승객을 구조하는 것은 너무나도 자연스러운 행위이다.

학생들의 휴대폰에서 발견된 동영상 및 카톡 내용 등을 종합해 보면, 학생들은 해경이 출동해 구조 진행 중에 있다는 사실을 정확히 알고 있었고, 선내방송의 안내에 따라 계속 기다리고 있으면, '확실하게 구조될 수 있다'

는 희망과 믿음을 가지고 있었음이 틀림없다.

> 검 사 : 헬기소리는 사고 이후 상당시간이 지나서 들렸을 것으로 보이
> 고, 처음에 20~30분 이상 대기한 것으로 보이는데, 그때도 가
> 만히 있으면 선원이나 해경이 구조해줄 것으로 믿었다는 것인
> 가요.
> 김진태 : 예, 그리고 승무원이 저희들보다 배에 대한 지식이 풍부하다고
> 생각해서 승무원 말을 들으면 그나마 더 살 가능성이 높지 않
> 을까 해서 승무원 말을 들었어요.
> 검 사 : 배에 대해서 전문가인 승무원들을 믿고 기다린 것이라는 것인
> 가요.
> 김진태 : 예.[2]

하지만 학생들의 바람과는 달리, 선원은 계속해서 거짓된 선내방송을
하고 있었던 것이며, 구조를 위해 출동했던 해경은 선원들만 선별하여 구
조했고, 이후에는 자력으로 탈출한 승객들만 함정에 옮겨 태우는 역할만
수행하였다.

2) 세월호 객실 벽에 게시된 「비상시 안전수칙」

여객선은 다양한 연령, 계층, 인종으로 구성된 사람들을 수송하는 선박
이므로, 바다 한가운데서 비상상황이 발생한다면 대형인명사고로 연결될
개연성이 매우 높다.

따라서 선원들은 대형인명사고 예방의 목적에서 출항 즉시 '비상상황
발생 시 승객들의 행동요령 및 피난 요령'에 대한 교육을 해야 하며, 같은
내용을 상세하게 작성하여 승객이 쉽게 볼 수 있는 위치인 여객실, 통로,
로비 등에 게시해야 한다.[3]

---

2 김진태, 『증인신문조서』, 광주지법, 2014.7.29, 2014고합 180 살인 등, 7~8쪽.

실제로 세월호와 쌍둥이 배라고 불리는 오하마나호의 객실 벽에 [그림 1-1]과 같이 "비상시에는 훈련된 승조원이 방문하여 승객 여러분을 유도하므로 지시에 따라 냉정하고 신속하게 행동하여 주십시오"[4]라는 게시물이 부착되어 있었고, 세월호 또한 유사한 내용의 게시물이 부착되어 있었다고 1등 항해사 강원식은 진술했다.

그림 1-1. 비상시 안전수칙

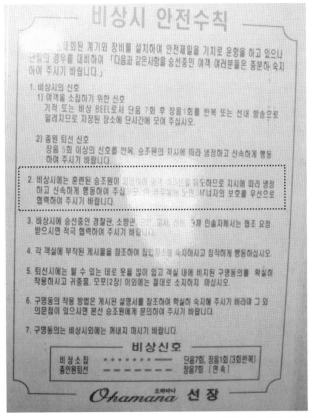

오하마나호 객실에서 필자 촬영.

---

3 장은규 외 5명, 『여객선』, 한국해양수산연수원, 2012.4.3, 54쪽.
4 강원식, 『녹취서』, 2015.3.10, "광주고법 2014노 490 살인 등, 31~32쪽.

세월호가 빠른 속도로 침몰하고 있음에도, 선원들의 특별한 구조조치가 없다는 사실을 알고 있었다면, 학생들 또한 일반 승객과 마찬가지로 탈출 여부를 놓고 심하게 갈등했을 것이다.

하지만 계속해서 "선내에 가만히 있으라"는 선내방송이 흐르고 있는 상황에서, "비상시에는 훈련된 승조원이 방문하여 승객을 유도할 것이므로, 지시에 따라 냉정하고 신속하게 행동하여 줄 것"이라는 게시물을 봤다면, 객실벽에 게시된 안전수칙의 내용을 믿고 끝까지 선원들의 안내를 기다릴 수밖에 없을 것이다.

그림 1-2. 인천항에 정박된 오하마나호 조타실에서 아래를 내려다 본 모습

오하마나호 조타실에서 필자 촬영.

3) 선원들의 잘못된 행동

비상상황이 발생했을 때 적기에 사고 발생 사실을 승객들에게 알리지

않는다면, 승객들이 심하게 동요하여 더 큰 안전문제를 야기할 수도 있다.

따라서 세월호 침몰 당시 선원들은 승객들이 위기감을 느끼지 않도록 현재 어떠한 사고가 발생하였는지, 선원들이 어떤 비상조치를 취하고 있는지, 승객들은 앞으로 어떻게 행동해야 하는지 다음 사항을 방송을 통해서 알렸어야 했다. 그러나 세월호 선원들은 승객의 안전과 관련한 내용은 끝내 방송하지 않았다.

여객안내실의 유일한 생존자 승무원 강혜성은 "처음에는 승객들을 안심시켜야 (하)겠다고 생각했고, 승객들이 당황하고 승무원인 저 역시도 당황한다면, 더 큰 인명피해가 발생할 수 있을 것이라고 생각했으며, 추가로 다치는 상황을 막아 보고자 대기하라는 안전 안내 방송을 했습니다"[5]라고 진술했다.

강혜성의 진술대로 세월호 침몰 초기 '승객들을 안심시킬 목적'에서 잘못된 선내방송을 진행한 것이 틀림없다면 일정 부분 정당성을 인정할 수 있다.

하지만 진도VTS와의 VHF 교신을 통해, 해경 구조함정의 예정 도착시간을 인지한 시점과 해경의 구조함정이 침몰현장에 도착한 시점, 그리고 둘라에이스호 선장 문예식이 탈출을 권유한 이후의 시간에도 계속해서 같은 내용의 방송을 진행한 것은 문제가 아닐 수 없다.[6]

---

5 강혜성, 『증인신문조서(5회공판)』, 광주지법, 2014.7.23, 2014고합 180 살인 등, 4쪽.
6 2014년 3월 28일, '인천~백령도' 노선을 운항하는 청해진해운 소속 '데모크라시 5호'가 선미도 인근 해상에서 어선 '은석 5호'와 충돌하여 운항이 지연됐던 사례가 있었다. 그날도 안개 때문에 출항이 지연된 상태에서 무리하게 출항했다가 사고가 발생했던 것이다. 사고가 발생하자 승객들은 패닉상태에 빠졌는데, 선원들은 약 30분 동안 아무런 선내방송도 하지 않아서 승객들로부터 많은 항의를 받았던 것으로 파악된다. 아마도 이때 청해진해운 측은 사고 발생 시 선내방송에 대한 부분을 전 사원을 대상으로 교육했을 것으로 추정되고, 세월호 침몰사건에서 강혜성은 그것에 따라 안내방송을 했을 것으로 추정이 된다. 서해지방해양경찰청, 『압수물 사본 첨부에 대한 수사보고((주) 청해진해운 소유 선박 사고 현황 첨부』, 2014.5.7.

세월호 침몰 당시 상당수 학생들은 탈출을 생각하기도 했지만, '가만히 있으라'는 선내방송이 계속해서 진행되었기 때문에, '해경이 출동하여 진짜 자신들을 구조해 줄 것'으로 믿고, 아래와 같이 선내에서 끝까지 대기하고 있었다고 진술했다.

> 검 사 : 그렇기 때문에 선원이나 선장이 안내방송으로 배가 침몰할 수 있으니까 구조선 등이 올 때 대피할 수 있도록, 최악의 경우에는 바닷물 속으로 뛰어들 수 있도록 가까운 곳으로 나가 있으라고 했다면 충분히 나갈 수 있는 상황이었지요.
>
> 박소윤 : 예, 처음에는 원래 나가려고 했었는데, 방송에서 움직이지 말라고 하는 순간부터 아이들이 움직이지 않았어요.
>
> 검 사 : 방송에서 움직이지 말라고 하고, 구조할 수 있는 사람이 오고 있다고 하고, 구조팀이 오면 구조해 줄 것이라고 생각하고 대기하고 있었던 것이지요.
>
> 박소윤 : 예.[7]

더구나 여객부 승무원들은 '가만히 있으라'는 선내방송만 했던 것이 아니라, 승객들의 탈출 건의를 묵살했다.

세월호 침몰 당시 장기간 세월호를 탑승했던 화물차 기사들과 일부 일반인 승객들은, 시간이 흐름에 따라 사태의 심각성을 인식하기 시작했다.

급격하게 배는 기울어 가고 있고, 해경이 출동하여 순차적으로 구조를 진행하고 있다지만, 정작 자신들이 구조될 기미가 없자 승객들은 여객부 승무원 강혜성과 박지영 등에게 탈출을 조심스럽게 건의했던 것으로 판단된다.

승객들은 여객부 승무원 강혜성과 박지영 등에게 탈출을 건의했다. 하지만 여객부 승무원들이 해당 승객들에게 전달했던 답은 여전히 '선내에서

---

7 박소윤, 『증인신문조서』, 광주지법, 2014.7.29, 2014고합 180 살인 등, 4쪽.

움직이지 말고 가만히 있으라' 였다.

> 최승필 : ('탈출방송을 요구한 사실이 있는가요.'라는 검사의 질문) 저
> 와 옆에 있는 사람들이 배가 너무 많이 기울어졌으니까 '지금
> 나가야 된다'는 얘기를 몇 번 했는데, 전부 무시를 당했습니
> 다.[8]
>
> 강병기 : '움직이지 마라'는 안내방송이 있어서 못 움직였습니다. 제가
> 움직이니까 승무원이 '왜 움직이느냐'고 하면서 뭐라 하였습니
> 다.[9]
>
> 김도영 : 그때 저희들이 막 나오자마자, 중앙 로비로 나오니까 사람이
> 막 떨어졌습니다. 그리고 PX 여승무원하고 남자승무원 둘이
> 있었는데, 거기에서 **유리창을 닫아주면서 못 움직이게 했습니
> 다.** 그런데 위에서 사람이 떨어지고 냉장고가 떨어지고 그랬습
> 니다. 어차피 살아야 된다는 생각을 해서 유리창을 덮어놓은
> 것을 밟고 거꾸로 올라가서 계단을 타고 올라갔습니다. 저희
> 직원들이라도 살려야겠다 싶어서 제가 중간에 왔다 갔다 하면
> 서 5명을 인솔해서 갔습니다.[10]

　선장 이준석과 사무장 양대홍의 특별한 명령이 없는 상황에서, 여객부
말단 승무원들이 독단적으로 판단하여 승객들을 퇴선 시킬 수는 없다.
　하지만 침몰이 명확한 상황에서 잘못된 선내방송을 계속 진행하고 '탈
출하겠다'는 승객들의 행동을 저지했다면 그것은 큰 문제이다. 특히 승객
들이 자진하여 탈출을 건의했다면, 정확한 상황을 판단하여 적어도 그곳
에 있던 승객들만이라도 강혜성과 박지영은 탈출을 시켰어야 했다.

---

8 최승필, 『증인신문조서(5회공판)』, 광주지법, 2014.7.23, 2014고합 180 살인 등, 3쪽.
9 강병기, 『증인신문조서(6회공판)』, 광주지법, 2014.7.24, 2014고합 180 살인 등, 3쪽.
10 김도영, 『증인신문조서(6회공판)』, 광주지법, 2014.7.24, 2014고합 180 살인 등, 5~6
　쪽.

4) 승객이 승객의 발목을 잡았다

침몰 중인 세월호 선내에 있던 승객들의 간절한 소망은 '살아서 나가는 것'이 전부였다. 피해 학생들의 휴대폰에서 발견된 동영상과 카톡의 메시지에도 "살아서 보자"고 다짐할 정도로 '살아서 구조되는 것'은 절체절명(絕體絕命)의 위기에서 유일한 과제였다.

승객들은 오직 자신의 안전만을 생각할 수밖에 없었고, 다른 사람들의 잘못된 행동이 자신의 안전에 미치는 영향을 고려하지 않을 수 없었다. 선내에는 "움직이면 위험하다. 선내가 더 안전하다"는 방송이 계속 흐르고 있었고, 선박의 침몰에 대한 지식과 경험이 없는 승객들은, 이 방송의 내용을 따르는 것이 유일한 생존방법으로 인식했다.

결국 이 잘못된 방송은 탈출하고 싶었던 사람들의 발목을 묶는 역할과 옆 사람의 움직임을 감시하는 역할을 했다. 당시 선내 분위기는 생존피해자들의 진술에 잘 나타나 있다.

> 승객 유호실
>> 방송에서 선실 내가 가장 안전하니 움직이면 배가 넘어가니 그 자리에 그대로 있어라 라고 하여서 모두가 움직이지도 않고 방에 대기하였습니다. 그 방안 분위기는 사람들이 조금만 움직이면서 서로에게 배가 기운다면서 화를 내고 하는 분위기였기 때문에 움직이지도 않고 있었습니다.[11]

> 승객 김종황
>> 방송에서 가만히 대기하라고 하여 우리 어른들이 가만히 있어야 아이들도 가만히 있을 것이라고 판단하여 어른들이 솔선수범하자고 하여 방송에서 시키는 대로 가만히 있었습니다.[12]

---

11 유호실, 『진술조서』, 목포해양경찰서, 2014.4.27, 6쪽.
12 김종황, 『진술조서』, 목포해양경찰서, 2014.4.27, 6쪽.

승객 강인환

배 밖으로 나가고 싶었지만 방송으로 "선실내에 가만히 있어라" 라는 방송을 듣고 대기했습니다. 솔직히 그 당시에 움직일 수 있어서 밖으로 나가고 싶었지만 전체가 안 움직이고 저 혼자만 일단 밖으로 움직이는 것은 좀 아닌 것 같다. 주위 사람들과 같이 움직이지도 않고 대기하였습니다.[13]

승객 김정근

저는 문 앞에서 배가 서서히 넘어가는 것을 보고 있었습니다. 배가 자꾸 넘어가니까 '구조하러 언제 오느냐, 빨리 연락을 하라.'고 안내원에게 악을 쓰고 그랬는데, 옆에 있던 노인분이 '자꾸 애들 동요하니까 그냥 가만히 기다려라, 그러면 구조하러 올 것이 아니냐.'고 해서 가만히 있었습니다.[14]

5) 인솔교사와 대한여행사 직원의 부작위

단원고등학교 교장 김진명은 「학교보건법」 및 「학교안전사고 예방 및 보상에 관한 법률(약칭 : 학교안전법)」 등에 따라 수학여행 중인 학생들의 안전을 관리해야 할 책임이 있었고, 단원고 교감 강민규를 비롯한 인솔교사들은 교장 김진명을 보좌 또는 대리할 의무가 있었다.[15]

---

13 강인환, 『진술조서』, 목포해양경찰서, 2014.5.10, 6쪽.
14 김정근, 『증인신문조서(6회공판)』, 광주지법, 2014.7.24, 2014고합 180 살인 등, 6쪽.
15 관련 법적 근거는 다음과 같다.
　• 「학교보건법」 제12조
　　학생의 안전사고를 예방하기 위하여 학교의 시설·장비의 점검 및 개선, 학생에 대한 안전교육, 그 밖에 필요한 조치
　• 「학교안전사고 예방 및 보상에 관한 법률(약칭 : 학교안전법)」 제1조
　　학교 안전사고를 예방할 의무
　• 「학교안전사고 예방 및 보상에 관한 법률 시행령」 제2조 (교육 활동과 관련된 시간)
　　4. 학교장이 인정하는 직장체험, 직장견학 및 현장실습 등의 시간
　　6. 학교 외의 장소에서 교육 활동이 실시 될 경우 집합 및 해산 장소와 집 또는 기숙사 간의 합리적 경로와 방법에 의한 왕복 시간
　　(수학여행은 공식적인 정규교과과정의 일환으로 시행되는 것이므로 당연히 단원고 교장을 비롯한 교사들은 수학여행 기간 중 학생들의 안전을 책임질 의무가 있

2014년 4월 14일 단원고등학교는 수학여행을 준비 중인 학부모들에게 가정통신문(제2014-250호)을 발송하여 다음 사항을 지도할 것을 요청했다.

- (수학여행) 기간 중 질서를 유지하고, **인솔교사의 지시**에 따를 수 있도록 지도 바랍니다.
- 출발부터 귀교까지 **개별행동을 하지 않도록** 지도 바랍니다.
- 사고나 **위험한 행위를 발견 시 담임교사에게 알릴** 수 있도록 지도 바랍니다.

같은 날 오후 3시 10분경 학교 측은 학생들을 강당에 모이게 하여, '여객선 안에서 위급 상황이 발생하면 최초 목격자는 선박직원 및 담임교사에게 보고할 것'과 '선박 내에 설치된 각종 안전장치의 사용법을 사전지도를 통하여 숙지할 것'을 교육했다.[16]

이보다 앞선 2014년 4월 9일에는 교감 강민규가 수학여행 인솔 교원들을 대상으로 특별 연수를 진행했던 것으로 보아, 4월 15일에 학생들을 교육할 때 다음 내용이 포함되어 있었을 것으로 판단된다.

- 인솔 및 담임교사는 식사 동행 지도, 교통안전 지도, 승선 · 차량 · 숙박 · 비행기 탑승 시 안전 지도, 화재 예방지도, 위해 환경으로부터 안전 지도, 질병 예방지도(멀미 등), 성 관련 문제 예방 철저 지도

습니다 – 필자의견)
• 「학교안전사고 예방 및 보상에 관한 법률 시행령 제3조 (학교장의 관리 · 감독하의 질병)
  5. 외부 충격 및 부상이 직접적인 원인이 되어 발생한 질병
• 「학교안전사고 예방 및 보상에 관한 법률 시행규칙(약칭 : 학교안전법 시행규칙)」 제2조 (안전 교육의 실시)
  2. 교통수단 등으로 발생할 수 있는 안전사고 예방을 위한 교통 안전교육
  8. 그 밖에 안전사고 예방을 위하여 필요한 교육을 실시
16 단원고등학교, 『수학여행 사전 교육(학생용)』, 2014.4.14, 3쪽.

- 인솔 담임교사는 차량, 도선, 숙박시설 사용 전에 운전자 및 시설관리자로 하여금 학생들에게 유사시 비상 탈출 방법, 안전 장구의 사용방법 등을 설명, 비상통로 각 방 출입문 부착 내용 숙지 지도
- 학생들이 선내에서 이동하지 않도록 지도
- 학생들이 선상으로 나가지 않도록 지도[17]

단원고 교사들은 법상, 관행상, 도의상으로 세월호 침몰 당시 "선원들로부터 구조받아야 하는 승객의 신분"도 있었지만, 수학여행단 인솔자의 신분으로 선원들과 협조하여 학생들을 구조해야 할 책임도 분명히 존재했다.

따라서 단원고 강민규 교감을 비롯한 인솔교사들은, 휴대전화와 선내전화를 이용하던지, 아니면 여객안내실 및 조타실을 직접 방문해서라도, 이후 학생들의 안전한 퇴선을 위해 '언제 어떤 조치를 해야 할지'에 대해 논의하여 대책을 수립하고 이를 실행했어야 했다.

언론매체들은 단원고 교사들이 학생들의 탈출을 돕다가 모두 희생된 것으로 보도했지만,[18] 교사 남현철과 고창석이 일부 학생에게 약간의 도움을 준 것을 제외하면,[19] 교사들이 학생들의 탈출을 도왔다는 확실한 증거나 목격자는 없다.[20]

오히려 일부 교사들의 잘못된 판단이 화를 키웠던 측면이 있다. 교사들은 침몰 초기 잘못된 선내방송의 내용을 믿고, 오히려 학생들에게 '선내에 가만히 있으라'고 지도했던 것으로 파악된다.

---

17 수학여행 인솔 교원 사전 연수 자료, 2014.4.9.
18 「'세월호 순직' 단원고 교사 현충원서 영면… 9명 나란히」, 『YTN』, 2018.1.16 (https://www.yna.co.kr/view/AKR20180116092300063?input=1195m).
19 이들이 선내 대기상황에서 했다는 구조행위는 "구명조끼 챙겨 입게 독려한 것과 최악의 상황에서 갑판으로 나가도록 안내한 것" 외에 적절한 조치는 없었다.
20 검찰의 수사기록, 법원의 재판기록, 국회국조특위의 국정조사기록, 감사원의 감사기록, 1기 특조위 조사기록, 생존학생 진술 기록…, 어디에도 학생구조와 관련한 교사들의 활약상은 찾을 수가 없다.

강민규 교감을 비롯한 일부 교사들은 문자메시지를 통해 '가만히 있으라'는 문자메시지를 발송했으며, 탈출을 위해 움직이는 학생들을 호되게 혼냈던 결과, 학생들이 선내방송의 요구대로 그 자리에 조용히 앉아서 탈출을 기다리게 했다.

> 단원고 강민규 교감
> 침착하세요. 방송에 귀를 주목하고, 학생들에게도 침착하라고 독려 문자 부탁, 움직이지 마시고, 기다려야 할 듯합니다. 침착하게 행동하고, 학생 카톡으로 인원 파악 부탁, 학생들 차분히 하라고 카톡으로 전담(달)요[21]

> 단원고 김소형 교사
> 애들아 움직이지 말고 잇(있)어, 다들 갠(괜)찮니? 지금 상황 어때? 다행이다. 아.. 나 혼자 잇서(있어), 응!!! 입엇(었)어, 애들아~ 움직이지 말고 가만히 있어 조끼 입을 수 잇(있)음 입고…[22]

수학여행을 주관했던 대한여행사 직원도 단원고 교사들과 똑같은 책임이 있었다. 그도 교사들과 마찬가지로 선장과 선원들로부터 구조되어야 할 승객의 신분이었지만, 인솔교사를 보좌하여 학생들을 수학 여행지까지 안전하게 인솔할 책임 또한 분명히 존재했다.

따라서 여행사 직원 또한 교사들과 협력하여 학생들이 선내에서 안전하게 탈출할 수 있도록 조치할 책임이 있었다.

---

21 단원고 강민규 교감 카톡문자 내용 08:58~09:03. 내용을 오자 그대로 옮겼으며 올바른 표기를 괄호로 첨가하였다.
22 단원고 4반 담임 김소형 교사 단체카톡 문자 내용 09:00~09:13.

끝까지 질서를 지키다 죽은 학생들

해경의 구조 헬기와 함정이 도착한 것을 확인한 승객들은 "선내에 가만히 있으라"는 선내방송을 믿고 막연히 자신들이 구조될 차례를 기다리고 있었다.

하지만 선체가 급격히 기울고 창문 너머로 바닷물이 보이기 시작하면서, 상황의 심각성을 인식한 승객들은 탈출을 위한 이동을 시작했다. 학생들 또한 이 시점부터 탈출을 위해 움직였던 것으로 판단된다.

선장 이준석 등의 퇴선명령이 없는 위급한 상황에서, 승객의 자체 판단에 따라 진행되는 탈출과정이었으므로, 당연히 엄청난 혼란이 야기되었을 것이다.

실제로 정확한 취재원을 밝힐 수는 없지만, 일부 생존 학생들의 경우에는 '구명조끼를 어른들에게 빼앗겼다'고도 하며, 탈출과정에서 '어른들에게 머리를 밟혔다'고도 했다. 심지어 어떤 학생은 어른들이 탈출을 방해했다는 사례도 비공식적으로 이야기한 바가 있다.

> 학 생 : 근데 얼굴이 그 나쁜 아저씨가, 이 아이 머리 밟고 구명조끼 입으셨던 나쁜 아저씨가 저희가 탈출하고 수영해서 해경 구명보트까지 갔을 때 보트가 이렇게 부풀어 올랐잖아요. 부풀어 올랐잖아. 해경 그 작은 이런 보트가. 그걸 저희가 이렇게 잡았는데, 거기에 버텼는데, 물에 떠서. 막 제 손 때리면서 이것도 가라앉을까봐 타지 말라고 막 이러면서 손을 때리셨거든요. 그래서 그 손을…, 맞아요. 그리고 막 저희 못 타게 하고 계속 저희가 배 잡을 때마다 손 때리면서 미끄러져서 다 빠지게 만들고 그랬는데…23

하지만 선원재판 1심 법원에서도 인정한 바와 같이 단원고 학생들의 경

---

23 속기법인 대한, 『녹취서(2016080050호)』, 2016.8.29, 10쪽.

우에는 "친구들과 함께 복도에 나란히 기대어 서로 대화를 나누면서 침착하게 구조를 기다렸을 뿐만 아니라,[24] 서로 적극적으로 탈출을 돕고 질서를 지키면서"[25] 탈출을 했던 것으로 파악되고 있다.

비록 선장과 선원들은 퇴선명령 없이 자신들만 안전하게 도주했다 하더라도, 교감을 비롯한 인솔교사들이 머리를 맞대고 숙고하여 적기에 탈출을 결정했다면, 그림 같은 구조작업이 전개될 수도 있었던 것이다.

> 검 사 : 학생들이 줄을 서 있었다고 하였는데, 물이 계속 차오를 때 까지 학생들이 먼저 나가려고 밀치거나 하지는 않았나요.
>
> 한희민 : 그러지는 않았어요.
>
> 검 사 : 물이 계속 올라오는데도 학생들은 그 모습을 보면서 자신의 차례가 올 때까지 차례대로 줄을 서서 기다린 것인가요.
>
> 한희민 : 차례대로 나가고 있었어요. 나가고 있는 도중에 물이 많이 들어온 거예요.[26]

세월호 침몰 당시 모든 승객이 생존할 수 있는 유일한 방법은, 전원이 객실 밖으로 탈출하여 안전한 장소에서 대피하고 있다가, 해경의 구조세력이 도착하고 선박이 침몰에 임박했을 때 바다로 뛰어내리는 것뿐이었다.

하지만 아무리 상황이 긴급하다 하더라도, 관련 훈련의 경험이 없는 어린 학생들이, 적기에 밖으로 나가 건물 3~4층의 높이에서 해상으로 뛰어내리는 행동은 엄청난 용기가 필요한 행위임에 틀림없다.

따라서 이것은 전문지식과 풍부한 경험을 보유한 선장과 선원들이 지휘하여 진행했어야 옳았지만, 선원들이 고의로 이를 행하지 않을 경우에는

---

24 광주지방법원 판결, 「2014고합 180 살인 등(2014고합 384 병합)」, 제11형사부, 2014. 11.11, 103쪽.

25 위와 같음, 99쪽.

26 한희민, 『증인신문조서』, 광주지법, 2014.7.29, 2014고합 180 살인 등, 4쪽.

인솔교사들이 해결할(선장과 선원이 퇴선을 결정하고 실행하게 만들던지, 아니면 본인들이 직접 어떤 결정을 하던지) 책임이 있었다.

하지만 선박 내에 있던 책임자들은 그 누구도 적극적인 행동을 하지 않았고, 오히려 불필요한 잘못된 행동을 지시하고 따랐던 결과, 많은 승객과 학생들이 밖으로 탈출하지 못하고 선내에 붙잡혀 있었던 것이다.

자료목록

1) 장은규 외 5인, 『여객선』, 한국해양수산연수원, 2012.4.3
2) 김용빈, 『증인신문조서』, 광주지법, 2014.7.29, 2014고합 180 살인 등
3) 김진태, 『증인신문조서』, 광주지법, 2014.7.29, 2014고합 180 살인 등
4) 박소윤, 『증인신문조서』, 광주지법, 2014.7.29, 2014고합 180 살인 등
5) 한희민, 『증인신문조서』, 광주지법, 2014.7.29, 2014고합 180 살인 등
6) 강혜성, 『증인신문조서(5회공판)』, 광주지법, 2014.7.23, 2014고합 180 살인 등
7) 최승필, 『증인신문조서(5회공판)』, 광주지법, 2014.7.23, 2014고합 180 살인 등
8) 강병기, 『증인신문조서(6회공판)』, 광주지법, 2014.7.24, 2014고합 180 살인 등
9) 김도영, 『증인신문조서(6회공판)』, 광주지법, 2014.7.24, 2014고합 180 살인 등
10) 김정근, 『증인신문조서(6회공판)』, 광주지법, 2014.7.24, 2014고합 180 살인 등
11) 강인환, 『진술조서』, 목포해양경찰서, 2014.5.10
12) 김종황, 『진술조서』, 목포해양경찰서, 2014.4.27
13) 유호실, 『진술조서』, 목포해양경찰서, 2014.4.27
14) 서해지방해양경찰청, 『압수물 사본 첨부에 대한 수사보고 ((주) 청해진해운 소유 선박 사고 현황 첨부)』, 2014.5.7
15) 속기법인 대한, 『녹취서(2016080050호)』, 2016.8.29
16) 「'세월호 순직' 단원고 교사 현충원서 영면… 9명 나란히」, 『YTN』, 2018.1.16 (https://www.yna.co.kr/view/AKR20180116092300063?input=1195m)

2.
선원들의 승객구조
의무 위반

학생들의 탈출을 가로막은 5가지 요인 중 가장 아쉬운 것은 세월호 선원들이 승객구조의 의무를 다하지 않았다는 점이다. 선원 중 누구라도 조타실 선원들이 탈출하던 시점에 승객들에 대한 퇴선명령만 있었다면 6분 17초 안에 모든 승객의 탈출이 가능했기 때문이다.

검찰은 세월호 침몰 당시의 상황을 재현하여, 세월호 침몰 당시 "승객탈출 가능 여부 및 탈출소요시간"을 예측할 목적으로, 외부연구기관에 의뢰하여 세 가지의 대피시나리오를 검토했다.[27] 그 결과 도출된 결론의 주요 내용은 [표 1-1]과 같다.[28][29]

---

27 가천대학교 초고층방재융합연구소, 『세월호 침몰시 가상대피시나리오 기반의 승선원 대피경로 및 탈출소요시간에 관한 연구』, 2014.9, 2쪽.

28 박형주, 『증인신문조서(제18회 공판조서)』, 광주지방법원, 2014.9.24, 2014고합 180 살인 등, 6~12쪽.

29 가천대학교 초고층방재융합연구소, 『세월호 침몰시 가상대피시나리오 기반의 승선원 대피경로 및 탈출소요시간에 관한 연구』, 2014.9, 31쪽.

표 1-1. 승객 탈출에 소요되는 시간

구 분	탈출시기	선 체 기울기	탈 출 조 건	탈 출 가능시간
CASE 1	8:50	30도	· 세월호가 침몰하는 시점 · 모든 승객들이 3층으로 내려와서 탈출하는 조건	5분 5초
CASE 2	09:24:09	52.5도	· 탈출시점 : 둘라에이스호 선장 문예식이 탈출 권고하는 시점 · 기울기 기준 : 해경이 침몰 해역에 도착한 시점에서 처음 목격된 기울기 · 모든 승객들이 3층으로 내려와서 탈출하는 조건	9분 28초
CASE 3	09:45:37	59.1도	· 1등 항해사 강원식이 조타실에서 나와 123정에 승선하는 시점 · 승객들이 기울어진 선박에서 4층, 5층에서 뛰어내리는 조건	6분 17초

가천대학교 초고층방재융합연구소, 『세월호 침몰시 가상대피시나리오 기반의 승선원 대피경로 및 탈출소요시간에 관한 연구』, 2014.9, 박형주 교수 탈출시나리오 필자 재정리.

이 결과를 통해 볼 때 세월호가 침몰하고 있는 동안 선장 및 선원들이 세월호 선내에 대기 중이던 승객들에게 갑판대피 유도지시만 신속하게 내렸다면, 승객들은 정해진 탈출 경로를 통해 갑판으로 빠져나와 바다로 뛰어내릴 수 있었고, 인근에 대기 중인 둘라에이스호 및 어선 등에 의해 충분히 구조될 수 있었다.

하지만 선원들은 승객들을 향해 "선실 내 객실에 그대로 대기하라"는 안내방송을 진행했고, 승객들은 이를 믿고 세월호 선내에서 계속 대기하고 있다가 끝내 탈출하지 못하고 희생되었다. 세월호 침몰 당시 선장을 포함한 선원들에게는 승객들에 대한 '대피명령 및 퇴선명령' 등 많은 책임이 요구되었지만, 출항시점부터 그들에게 부여된 안전의무를 완수한 선원들은 단 한 사람도 없다.[30]

---

30 세월호 침몰 당시 선원들에게 주어진 구체적 작위의무는 ① 조난 사실 통보와 구조요청의무 ② 승객상황 파악 및 승객에 대한 상황 전달의무 ③ 비상계획에 따른 구명

출항 당시 안전교육 의무 위반

「세월호 운항관리규정」 제10장 ③과 「보안측정 자료」에 따르면, 세월호는 인천 및 제주 출항 후 선장 이준석의 지휘 아래 '여객이 준수하여야 할 사항 및 구명설비와 소화기 사용방법, 비상시 행동요령, 기타 여객이 알아야 할 사항' 등을 안내방송과 비디오 상영 등의 방법을 통하여 여객이 내용을 인지할 수 있도록 교육할 의무가 있었다.[31] [32]

만약 세월호 출항 당시 승객들에 대한 비상시 대응 요령 등의 안전교육이 실시됐다면, 실제 선박이 침몰할 때 승객들의 대응 방법은 달랐을 수도 있었겠지만, 생존피해자들은 모두 이 방송을 보거나 듣지 못했다고 진술했다.

하지만 세월호 침몰 당시 여객안내실에서 방송을 진행했던 승무원 강혜성은 "DVD 영상을 통해 관련 교육을 진행했다"고 법정 진술했다.

> 검　사 : 출항 전후로 승객들에게 비상시 대비한 안내방송을 하는가요.
>
> 강혜성 : 예, 출항 전에 구명조끼 착용법, 비상대피 장소에 대해서 안내
> 　　　　방송을 하면서 DVD를 통해서 방송을 합니다.
>
> 검　사 : 2014.4.15 출항 시에 그와 같은 방송을 하였는가요.
>
> 강혜성 : 예, 그렇습니다.
>
> 검　사 : DVD를 통해서 승객들이 시청할 수 있도록 하는가요.
>
> 강혜성 : 구명조끼 착용법, 화재가 발생했을 때 소화기 사용방법 등에
> 　　　　대해서 DVD를 통해 시청할 수 있도록 틀어줍니다.[33]

벌, 슈트 등 전개 등을 통한 자력구제조치의무 ④ 퇴선조치의 일환으로서 대피명령 및 퇴선명령, 승객유도 ⑤ 해경에 대한 상황 및 선체 구조 설명, 구조 촉구와 함께 해경과의 협조 하에 마지막까지 구조할 의무 등 승객들이 안전하게 세월호에서 퇴선하여 생존할 수 있도록 모든 조치를 취할 의무가 있다.

31 (주)청해진해운, 『보안측정자료』, 2013, 11쪽.

32 이윤철, 『증인신문조서(제17회공판조서)』, 광주지방법원, 2014.9.23, 2014고합 180 살인 등, 2쪽.

33 강혜성, 『증인신문조서(5회공판)』, 광주지법, 2014.7.23, 2014고합 180 살인 등, 2쪽.

하지만 강혜성은 1기특조위 조사과정에서 관련된 교육을 실시했던 사실이 없다고 법정 진술을 번복했으며, '누구에게도 부탁은 하지 않았지만 누군가는 했을 것'이라고 진술했다.[34] 더 나아가 3등 항해사 박한결은 세월호에는 관련된 교육을 진행할 수 있는 방송설비 자체가 없었다고 진술했다.

> 검 사 : 극장 등에 가면, 영화 상영 전에 비상대피로 라고 해서 화면으로 나오는데 세월호에서는 로비나 객실 TV 화면에 나오진 않나요.
>
> 박한결 : 로비에 에스컬레이터에 모니터가 있는데 입항을 할 때 보면, 지도가 화면에 나옵니다. 거기서 비상대피로를 안내하는지 여부는 잘 모르겠는데, 모니터 위치가 승객들이 다 볼 수 있는 곳은 아닙니다. 승객 객실 TV는 선원 객실 TV와 같을 텐데, TV에서 지상파 등이 나올 뿐 세월호에는 중앙방송기기가 없어 거기서 비상대피로를 안내하진 않습니다.[35]

실제로 세월호 침몰사건의 생존 승객들이 법정에서 출항 당시 위와 같은 교육을 받은 사실이 없었다고 증언했던 것으로 보아, 승객의 안전을 위한 특별한 교육은 없었던 것이 분명하다.

비상훈련 받지 못했다는 핑계

여객선은 선장의 지휘 아래 정기적으로 비상훈련을 실시해야 하지만 세월호 선원들은 비상훈련을 받지 않았다고 한다.

여객선은 주로 사람(여객)을 수송하는 선박이기 때문에, 일반 선박과 비

또한 강혜성은 구명조끼 착용할 수 있도록 안내방송을 하고, 비상탈출장소가 어느 쪽에 있는지 안내 방송을 한다고 진술했다.

34 강혜성, 『조사대상자진술조서』, 4·16세월호참사 특별조사위원회, 2016.1.28, 6쪽.

35 박한결, 『피의자신문조서(제12회)』, 광주지법목포지청, 2014.5.13, 3쪽.

교하여 매우 다양한 계층의 사람들이 선박에 승선하는 특징을 가지고 있다. 따라서 여객선에서 '화재, 충돌, 좌초, 침수' 등과 같은 비상상황이 발생할 경우, 선박의 구조와 특성을 알지 못하는 승객들은 크게 당황하여 극도의 흥분 상태가 되기 쉽다.

이러한 예측할 수 없는 흥분 상태나 행동은 또 다른 위험이나 사고로 연결되기 때문에, 여객선 선원들은 그와 같은 비상사태 발생 시 여객들이 동요하지 않도록 통제함과 동시에 신속히 비상수습을 하여야 한다. 만일 비상수습에 실패하여 퇴선이 불가피한 경우에는 여객들을 안전하게 대피시키고, 퇴선시킬 의무도 있다. 여객선 선원들은 평소 주기적인 비상훈련을 실시하여 비상대응 요령을 몸에 익혀둠으로써 실제 상황에 대비할 필요가 있는데 이것을 비상훈련이라 한다.[36]

「세월호 운항관리 규정」은 선장의 지휘 아래 비상훈련은 6개월, 인명안전훈련은 매 10일마다 진행하도록 되어 있다(「세월호 운항관리규정」 제15장 ④). 하지만 재판에 회부됐었던 대부분 선원들은 '비상대피 훈련'을 받은 사실이 없었다고 일관되게 진술했지만, 이는 형사적 책임을 면하기 위한 거짓 진술일 확률이 높다 할 것이다.[37]

여객선의 선장, 해기사, 부원 및 기타 종사자의 훈련과 자격에 관한 강제적 최저 요건에 따르면, 국제 항해에 종사하는 자는 선내의 직무를 맡기 전에 각각 해당하는 교육훈련을 받도록 요구하고 있다. 선원은 5년을 넘지 아니하는 간격으로 보수 훈련을 받거나 임무 및 책임을 수행하기 위하여 요구되는 해기 능력의 기준을 달성하고 있다는 증거를 제시하도록 되어 있고, 주관청은 이수된 교육훈련에 관한 문서상의 증거서류(증서 등)를 발급하도록 되어 있다.[38]

---

36 장은규 외 5명, 『여객선』, 한국해양수산연수원, 2012.4.3, 48쪽.
37 일부 선원들은 근속기간이 짧아 비상대피훈련을 받을 기회가 없었던 것은 사실이다.
38 장은규 외 5명, 『여객선』, 한국해양수산연수원, 2012.4.3, 6쪽.

따라서 비록 세월호에서는 관련된 훈련을 받지 못했다 하더라도, 선원이 되기 위한 교육을 이수하는 과정에서 관련된 교육을 받았고, 평생 뱃사람으로 살아온 선원들이 비상훈련을 핑계로 승객구조를 하지 못했다는 것은 문제가 있다.[39]

선장과 당직사관의 부적절한 대응

원칙적으로 세월호 침몰 사건과 같은 비상사태가 발생하면, 선박 조선을 책임지고 있는 당직사관(3등 항해사 박한결)은 비상사태가 더 악화되지 않도록 초기에 적정한 조치를 취한 다음 곧바로 책임자인 선장에게 연락하고, 해경 등 구조기관에 구조요청을 해야만 한다.

당직사관의 긴급조치 의무는 선장이 조타실에 들어오는 순간 선장에게 이관된다. 따라서 선장은 이 시점부터 승객의 안전을 위한 모든 조치를 해야만 한다.[40]

세월호 침몰 당시 조타실에는 기관장 박기호가 올라와 있었으므로, 초기에 '엔진 정지 및 힐링 펌프 조정' 등 기관과 관련한 적절한 조치를 취할 수 있었지만, 실질적인 조치는 선장이 조타실에 들어온 후에야 진행된 것으로 파악된다. 물론 선원들의 진술이 사실인지는 따져볼 여지가 있다.

조타실로 들어온 선장은 승객의 안전한 퇴선을 위해 '비상부서 배치표'에 따라 선원들을 배치해야만 했다. 비상부서 배치표는 비상상황 발생 시

---

39 박경남, 『진술조서(제3회)』, 목포해양경찰서, 2104.4.21, 12쪽.
40 「세월호 운항관리 규정」은 비상상황에서 선장의 안전조치 의무를 다음과 같이 규정하고 있다(제14장 ① 및 「비상대응 절차서」 3.).
 • 인명의 안전 확보를 최우선으로 한다.
 • 사고 시 사고처리 업무는 모든 업무의 최우선하여 시행한다.
 • 사태가 낙관적이어도 항상 최악의 사태를 염두에 두고 조치를 강구해야 한다.

선원들이 신속히 조직적으로 대처하기 위한 구체적 행동 계획표에 해당한다. 비상부서 배치표는 비상상황 사례별로 선원들이 수행해야 할 임무를 세부적으로 정해놓고 있다.

- 비상시의 신호방법
- 지휘계통(총 지휘자 및 각 위치별 지휘자 명시)
- 각 승무원의 배치장소 및 각자가 수행해야 할 직업
- 탈출시의 휴대품
- 해당 작업 시 소요되는 용구
- 퇴선 시 각 승무원이 탑승해야 할 구명정(벌) 지정[41]

비상부서 배치표는 선원들이 평소 자주 보고 숙지함으로써 비상시 우왕좌왕하지 않고 신속히 행동에 착수할 수 있도록 해야 하므로, 선원들이 쉽게 볼 수 있는 장소인 '통로, 오락실, 선교, 기관실' 등에 게시해야 한다. 또한 승무원 침실에는 그 승무원에 해당하는 사항만 발췌하여 게시해 두어야 한다.[42]

그러나 세월호 침몰 당시 선장 이준석은 비상부서배치표에 따라 선원을 배치하지 않았다. 그 결과 비상상황이 발생하자 조타실 및 기관부 선원들은 마치 약속이나 한 것처럼, 조타실과 3층 기관부 선원침실 근처로 집합했다.

원칙적으로 선원들은 비상상황이 발생할 경우, 비상부서 배치표에 기재된 각자의 위치에 정위치 해야 하며, 선장은 무전기와 방송 등을 통해 구체적인 구조행위를 지시하고 선원들은 이를 따라야 한다.

세월호 사건에서 나타난 것처럼 선원들이 조타실과 3층 선원침실 근처에 모였다 하더라도, 선장은 추후 승객구조를 위한 개인별 임무를 부여하

---

41 장은규 외 5명, 『여객선』, 한국해양수산연수원, 2012.4.3, 49쪽.
42 위와 같음.

고, 선원들은 모두 해당 장소에 돌아가서 비상배치표에 규정된 역할 또는 선장이 특별히 지시한 자기 역할을 수행했어야 한다.[43]

퇴선 준비를 위한 선원들의 의무

비상상황이 발생하면 선원들은 통상 승객들이 사고 발생 사실을 인지하고 동요하기 전에 선내방송 등을 통해 비상상황 발생 사실을 알린다.[44] 승객들에 대한 선원들의 통제가 늦어져서 승객들이 흥분하게 되면 질서 있는 퇴선 조치를 기대하기 어렵고, 결국 큰 인명사고로 연결될 수도 있기 때문이다.

비상상황이 발생하면 승객들이 질서정연하게 선원의 지시에 따르는 것이 자신의 생명을 구하는 길이라는 것을 알게 하는 것이 무엇보다 중요하다. 이를 위해서 선내방송을 이용하여 정확한 정보 제공하고, 이후 행동요령을 안내한다. 다만 선원들은 승객들에게 위기감을 조장시키지 않도록 주의하여 다음 상황을 반복해서 알려 주어야 한다.

- 현재 어떠한 사고가 발생하였는지
- 선원들에 의해 어떠한 비상조치가 취해지고 있는지
- 승객들은 어떻게 하여야 하는지. 이때 반드시 모든 여객은 각자 자신의 여객 구획으로 돌아가 조용히 다음 안내를 기다리도록 지시하여야 함 [45]

---

43 김영모, 『증인신문조서(제17회공판조서)』, 광주지방법원, 2014.9.23, 2014고합 180 살인 등, 9~10쪽.
44 위와 같음. 김영모 교수는 "갑자기 방송을 하게 되면 승객들이 일순간적으로 공포에 질리게 되므로, 시간이 허락한다면 책임자는 방송보다는 선원들을 현장에 내려 보내서 승객들이 동요하지 않도록 해야 한다"고 주장했다.
45 장은규 외 5명, 『여객선』, 한국해양수산연수원, 2012.4.3, 53쪽.

그렇다면 세월호 침몰 당시 선원들은 선내대기 중인 승객을 위해 어떤 조치를 했을까?

여객부 승무원 강혜성은 배가 기울자 자신의 판단으로 "가만히 있으라"는 방송을 진행했다. 이후 방송은 사무장 양대홍의 지시에 따라 진행했으며, 선장의 특별한 명령이 없어 같은 방송을 침몰하는 시점까지 계속해서 진행했다고 한다. 계속해서 선박의 침몰이 진행되고, 경사가 심해지면 승객의 탈출이 힘들어지게 되므로 선원들은 최대한 빨리 승객들을 탈출이 쉬운 안전한 장소로 이동시켜야 했던 상황이었다.

일반적으로 승객들은 선박의 구조와 탈출 방법을 알지 못하기 때문에, 그것을 가장 잘 알고 있는 선원들이 승객들이 안전하게 탈출할 수 있도록 도와주어야 한다. 이때에도 선원들은 승객들이 동요하지 않고 침착함을 유지할 수 있도록 심리적 안정감을 제공하고, 질서를 지킬 수 있도록 유도해야 한다.

승객들의 안전한 대피가 완료되면, 선장과 선원들은 제대로 안내를 받지 못해 선내에 남아있는 승객이나 승무원이 있는지, 특히 방송을 듣고서도 대피하지 못하고 남아있는 환자 혹은 노약자가 존재하는지 최종적으로 객실 및 승무원 거주구획을 수색해야 한다.[46]

승객들을 안전한 장소에 대피시켰더라도 배가 계속 기울어 승객들이 더 이상 선박에서 머무를 상황이 되지 않는다면, 선장은 부득이 승객들에게 퇴선명령을 내려야 한다.

하지만 승객이 뛰어내릴 장소가 바다이기 때문에, 선장은 너무 성급하지도 그렇다고 너무 늦지도 않은 퇴선 시기를 선택해야 한다.[47] 선장이 급박한 상황에 처하면 조급증으로 인해 폭넓은 생각을 하지 못하고 그릇된 판단을 내릴 수도 있다. 따라서 선장은 부하 선원들의 조언에 귀를 기울여

---

46 장은규 외 5명, 『여객선』, 한국해양수산연수원, 2012.4.3, 61쪽.
47 위와 같음, 51쪽.

야 하며, 구조환경 등을48 충분히 검토한 후 퇴선 시기를 결정한다.49

아무런 대책이 없는 상태에서 무작정 선장의 '총원 퇴선명령'이 발령되면, 침착하던 승객들이 이때부터 동요를 일으킬 수 있다. 이때 질서 있게 여객유도가 이루어지지 못하고 비상통로와 비상구에 동시에 다수 승객이 몰려들면, 매우 혼잡해져서 큰 문제를 야기할 수 있다.

따라서 선장은 퇴선이 불가피하다고 판단되면, 선원들만이 알 수 있는 방법으로 '총원 퇴선! 비상부서 배치!'를 명하고, 유도 담당 선원들은 신속히 담당 여객실에 배치 붙어 질서 있게 여객 인도를 해야 한다. 이후 선장은 방송을 통하여 '퇴선의 불가피성'을 알리고, 모든 여객이 체온 보호에 적당한 의복과 구명동의를 착용하고 퇴선할 것을 지시한다.50

또한 퇴선 방송에는 다음 사항을 포함하여 승객들이 동요하지 않고 최대한 질서를 지킬 수 있도록 유도해야만 한다.

- 사고 수습을 위하여 최선을 다하고 있으나 만일의 경우를 위하여 안전한 갑판으로 대피가 불가피한 상황이라는 것
- 구명기구는 모두 여객이 탑승할 만큼 충분하므로 서두르지 말고 침착하게 승무원의 지시에 따라야 한다는 것
- 구조기관에 이미 통보된 상태이므로 반드시 구조될 수 있다는 것
- 질서를 문란하게 하는 개인행동은 엄금한다는 것51

선장과 선원의 구조의무는 해경의 구조함정이 도착했다 하여 면제되는 것이 아니다. 해경은 침몰 선박의 구조를 잘 모르고 있으므로, 선원들은

---

48 탈출시간이 주간인지 야간인지 여부와, 기상상태, 조류와 수온 상태, 해경 구조함정 출동 시기 등을 종합적으로 고려하여 퇴선의 시기를 결정해야 한다.
49 장은규 외 5명, 『여객선』, 한국해양수산연수원, 2012.4.3, 52쪽.
50 위와 같음, 54쪽.
51 위와 같음.

자신들이 선원임을 밝히고 선박의 구조를 잘 모르는 해경에게 실상을 정확하게 전달하고, 해경과 협력하여 선내에 남아있는 승객들을 구조하기 위해서 노력해야만 한다.

선원들은 출항부터 침몰까지 책임과 의무를 다하지 않았다

세월호 침몰 당시 '기상 및 해상의 상태, 수온 등'은 승객이 바다에 빠졌을 때 생존 가능성을 가늠하는 주요 요인이므로 반드시 고려할 요소였다.

다행히 세월호 침몰 당일 날씨는 매우 맑았으며, 파도도 높지 않았고 바람도 불지 않았다. 수온도 탈출 승객이 물속에서 6시간을 버틸 수 있는 매우 양호한 상태였다.

뿐만 아니라 해경의 헬기 3대와 구조 함정 1척이 충분히 구조가 가능한 시간대에 이미 침몰해역에 도착해 있었고, 구조된 승객 모두를 수용할 수 있는 유조선(둘라에이스호)이 해경보다 먼저 세월호 옆에 도착해 있었다.[52] 10시를 전후하여 어선을 비롯한 많은 선박들이 속속 침몰해역에 도착했으므로, 실제 선장의 퇴선명령만 있었다면 모든 승객이 구조될 수 있었다.

세월호 침몰 당시 세월호 바로 옆에서 둘라에이스호 선장 문예식이 퇴선명령을 권유했고, 해경 또한 VHF 교신을 통해 퇴선 준비를 권유했으므로, 선장이 공황상태에 있었더라도 승객들에 대한 대피 및 퇴선명령을 잊을 상황은 아니었다.

선원들은 자신들의 법적 책임을 논하는 법정에서 '선장은 공황상태에 빠져 있었기 때문에 승객구조를 위한 아무런 조치를 하지 못했으며, 자신

---

52 문예식,『공판조서』(제1회 공판 증인신문 조서), 광주지법, 2014고합 180 살인 등, 2014. 8.20, 17쪽, 24쪽.

들은 선장의 구체적인 구조 지시가 없어 한 시간 가까이 침몰하는 선박 안에서 아무런 행위도 하지 않고 대기하고 있다가 경비정이 도착해 퇴선 했을 뿐'이라고 주장했다.

그러나 이 주장은 설득력이 떨어진다. 당시 선원들은 적어도 '자신들이 죽을 수도 있다'는 공포감이 없었던 것만은 틀림없다. 만약 선원들이 자신의 생명에 위협을 느꼈다면 선내에서 기다리는 동안 자신들만 살기 위해서 뭔가는 했어야 옳다. 하지만 조타실 선원들은 위급 상황에서 구명조끼마저 찾아 입지 않았다. 기관부 선원들 또한 "가만히 있으라"는 방송이 흐르고 있음에도 '방송이 잘못됐다'거나 '어떻게 탈출해야 하는지'를 묻는 등그 어떤 이의도 제기하지 않았다.

결론적으로 세월호 선원들은 출항 시점부터 침몰하는 마지막 순간까지, 그들에게 부여된 책임과 의무를 단 한 가지도 완수하지 않았다. 따라서 그들이 선원으로서의 의무를 위반하고 같은 장소에 모여 가만히 있어야 했던 이유는 반드시 밝혀져야 할 사항임이 분명하다.

자료목록

1) 가천대학교 초고층방재융합연구소, 『세월호 침몰시 가상대피시나리오 기반의 승선원 대피경로 및 탈출소요시간에 관한 연구』, 2014.9

2) (주)청해진해운, 『보안측정자료』, 2013

3) 강혜성, 『증인신문조서(5회공판)』, 광주지법, 2014.7.23, 2014고합 180 살인 등

4) 강혜성, 『조사대상자진술조서』, 4·16세월호참사 특별조사위원회, 2016.1.28

5) 김영모, 2014.9.23, 『증인신문조서(제17회공판조서)』, 광주지방법원, 2014고합 180 살인 등

6) 문예식, 2014.8.20, 『공판조서』, 광주지법, 2014고합 180 살인 등 제1회 공판 증인신문조서

7) 박경남, 2104.4.21, 『진술조서(제3회)』, 목포해양경찰서

8) 박한결, 『피의자신문조서(제12회)』, 광주지법목포지청, 2014.5.13

9) 박형주, 『증인신문조서(제18회공판조서)』, 광주지방법원, 2014.9.24, 2014고합 180 살인 등

10) 이윤철, 『증인신문조서(제17회공판조서)』, 광주지방법원, 2014.9.23, 2014고합 180 살인 등

11) 장은규 외 5명, 『여객선』, 한국해양수산연수원, 2012.4.3

3.
이준석 선장의 행적을
재조사해야 한다

 세월호 유가족들은 '침몰의 원인을 밝히는 것보다 선원과 해경이 왜 구
조하지 않았는지를 밝히는 것'을 더 중요하게 생각한다. 세월호가 기울어
서 사망한 사람은 단원고등학교 양승진 선생님 딱 한 명뿐이고, 나머지
303명은 선원과 국가 기관이 구조를 하지 않아서 발생한 사건이기 때문이다.
 일부에서는 세월호 선장 이준석과 조타실 선원의 책임을 거론하면서 인
명피해를 최소화할 수 있었던 문제를 리더의 판단 착오와 책임감 부재로
발생한 '초대형 인재(人災)'라고 주장했다. 그러나 이러한 견해는 선원들에
게 면죄부만 준 매우 잘못된 주장이다. 선원들과 관련된 다음의 중요한 범
죄행위를 배제하고 있기 때문이다.

- 긴급 상황에서 장시간 선사와 전화통화를 했던 이유와, 승객의 안전
  을 위한 조치를 전혀 하지 않은 이유
- 자신들이 도주하는 순간까지 "선내에 가만히 있으라"는 방송을 했던
  이유
- 승객보다 선원들이 먼저 탈출했던 이유

- 탈출과정에서 선원의 신분을 숨긴 이유와 탈출 후 승객구조를 위한 특별한 조치를 하지 않은 이유
- 수사기관이 선장을 의도적으로 격리시키고, 특별한 취급을 했던 이유

　세월호 침몰 사건에 대한 사법절차는 이미 오래전에 완료되었지만, 아직도 침몰 당시 선장 이준석의 조타실 부작위 상황은 명쾌하게 밝혀지지 않았다. 세월호 침몰 초기 검찰이 수사할 당시에는 선원들의 진술을 반박할 물적 증거가 없었으므로, 검찰이 선원들의 입에 의존했던 것이 주요 원인이었다.

　하지만 2014년 6월 22일 세월호 선내 CCTV 녹화영상이 저장된 DVR이 발견되었고, 선체조사위원회의 조사결과가 발표되었다. 이를 통해 세월호 침몰 당시 조타실 선원 이동 동선을 포함한 조타실 상황에 대한 검찰 수사 결과는 많은 오류가 있었다는 사실이 드러났다.[53]

　따라서 유가족이 원하는 진상규명을 위해서는 세월호 침몰 당일 조타실 선원들과 선장 이준석의 움직임을 다시 확인할 필요가 있다. 검찰은 세월호 CCTV DVR에 저장된 녹화영상과 선체조사위원회의 조사결과를 바탕으로 세월호 침몰 직후 조타실 선원들의 움직임을 다시 수사해야 한다.

---

53 광주지방검찰청, 『수사보고서(세월호 사건 경과)』, 2014.6.3. 위 문서에는 세월호 침몰 당시 선장 이준석과 기관장 박기호, 그리고 조타실 선원들의 이동 동선이 상세하게 조사되어 있으나, CCTV DVR이 발견되면서 박기호의 이동 동선이, 그리고 선체조사위원회의 조사결과 '엔진정지 시간'이 확인되면서 박기호와 조타실 선원들의 진술이 거짓임이 확인됐다. 상세한 것은 이 책 2장 '1. 침몰 당시 기관장은 조타실에서 무엇을 했을까?'에서 논하기로 한다.

'견습선장'이라는 이준석의 변명

세월호 선장 이준석은 침몰 이후 첫날 첫 조사부터 자신은 '견습(수습) 선장' 신분이란 점을 강조했다.

> 평상시에는 신보식(당 46세) 씨와 함께 "견습 선장"으로 함께 따라 다녔습니다. 그리고 청해진해운 소속 오하마나호가 있는데 위 선박의 선장이 또한 휴가 등을 갈 때 그 배에 가서 선장의 역할을 하곤 하였습니다.[54]

이러한 이준석의 이상한 논리는 그의 머리에서 나온 것이 아닐 수도 있다. 청해진해운 또는 제3자가 이준석을 교육했을 가능성이 있다고 본다.

이준석은 세월호에서 도주한 후 팽목항에 도착하여 곧바로 목포해양경찰서에 출두해 조사를 받지 않았다. 그는 진도 한국병원을 경유하여 3009함을 다녀온 후에 목포해양경찰서에 출두했다. 실질적인 조사는 2014년 4월 17일 오전 00시 30분부터 받기 시작했다.

더 이상한 것은 세월호 침몰 당일 오후 1시 53분경에 언론이 이준석의 신분을 '대리 선장'이라고 하며, 그것이 침몰 사건과 연관이 있을 수도 있다고 대대적인 보도하기 시작했다는 점이다.

> 당초 이준석 선장은 청해진해운이 보유하고 있는 또 다른 제주행 여객선 오하마나호를 주로 몰던 선장이었다. 세월호를 몰았던 담당 선장 신보식이 개인적인 사유로 휴가를 가게 돼 대신 이준석 선장이 여객선을 운행한 것으로 알려졌다. 상황이 이렇다보니 기종이 다른 배를 몰았던 선장이 익숙하지 않은 배를 운항하면서 문제가 발생한 것이 아니냐는 의혹도 제기됐다.[55]

---

54 이준석, 『진술조서(선장)』, 목포해양경찰서, 2014.4.17, 4쪽.
55 「청해진해운, 침몰 세월호 선장 관련 질문에 함구 일관」, 『NEWS1』, 2014.4.16.

하지만 초기 언론의 보도와는 달리, 이준석은 '인천~제주' 항로에 관한 청해진해운 전체를 통틀어 최고의 경험을 보유한 선장이었다. 이러한 사실은 세월호 선장 신보식과 오하마나호 선장 박진환이 해당 항로에 대한 수습 선장교육을 선장 이준석으로부터 받은 것에서 잘 드러난다.[56]

세월호 침몰 당일 이준석의 정확한 법률상 지위는 「선원법」에서 정한 '예비원'에 해당할 수는 있어도 '정식선장'으로서 지위는 부정할 수 없다.[57] 수사 및 재판과정에서 이준석이 '견습선장'을 주장했던 것은 자신의 형사책임을 면하기 위한 꼼수에 불과하다.

따라서 선장 이준석은 「세월호 운항관리규정」에 의거 '안전 운항 관련 대응조치에 대한 최우선적 결정권'을 가지며, 비상상황이 발생하면 '승객들을 안전하게 구조할 책임'이 있었다.[58]

세월호 침몰 직전 이준석 선장의 행적

이준석은 2014년 4월 17일 오전 00시 30분경, 목포해양경찰서에 참고인

---

http://news1.kr/articles/1636688

56 선장은 월 1회 1주일의 휴가를 가진다. 따라서 선장 이준석은 세월호 및 오하마나호 선장의 휴가기간 중 해당 선박에 승선했으며, 본인도 1주일의 휴가를 갔으므로, 실제로 신보식 선장과 함께 세월호에 승선하는 기간은 최대 월 1회 1주일(2항차 운항)이다.

57 「선원법」 제67조 (예비원) ① 참조. 「선원법」은 '선박소유자는 그가 고용하고 있는 총 승선 선원 수의 10퍼센트 이상의 예비원을 확보'하도록 규정하고 있다. 이 법 해당 조항의 제정 취지는 세월호와 같이 '선원의 휴가 및 기타 사유로 발생하는 결원'에 대한 문제점을 보완하기 위해 제정된 조항으로 판단되며, 세월호 침몰 당일 같은 사례가 발생할 것을 대비하여 법이 일정 인원을 확보하도록 보장하기 위한 것이다.

58 전체 35명 중 휴가자 2명을 제외한 33명이 탑승했으며, 여객부, 조리부, 아르바이트생 등 17명 중 10명이 사망하였다. 청해진 정식 직원 중 사망한 승무원은 "양대홍, 박지영, 정현선, 이묘희, 김문익" 등 5명이다. 또한 양대홍을 제외한 나머지 인원들은 모두 탈출 과정에서 사망했다. 세월호 선내에서 "가만히 있으라."는 방송을 듣고 "가만히 있다"가 사망한 청해진 직원은 아무도 없다.

신분으로 출석하여 세월호 출항부터 침몰 직전까지의 상황을 다음과 같이 진술했다.

- 당초 세월호는 4월 15일 18:00경 출항예정이었으나 짙은 안개 때문에 출항이 지연되었다가 21시경에 출항했다. 이 날 23:00경까지 조타실에서 직접 운항했으며, 이후 당직사관인 박한결과 조타수 조준기에게 맡기고 침실로 내려와 쉬다가 23:45경 다시 조타실로 올라가[59] 견습1항사 신정훈과 2항사 김영호에게 "배를 안전하게 운항하라"라고 지시하고 내려와 취침했다.

- 4월 16일 05:50경 기상하여 조타실로 올라가 당직근무자 1항사 강원식과 조타수 박경남에게 "도착시간이 몇 시냐?"고 묻고, "제주 도착시간이 11:45경쯤[60] 될 것"이란 사실을 확인한 후, 06:00경 선원식당에서 조기수 김규찬과 함께 식사를 했으며, 06:15경 전남 신안군 비금면 질발도 근처 해상에서 1등 항해사 강원식과 식사 교대를 했으며, 강원식이 조타실로 돌아왔을 때 다시 선장 침실로 갔다.

- 선장 침실에서 (07:44경) 청해진해운 이성희, 이철년, 박기훈에게 "11:45경 제주에 도착할 예정"이라는 문자를 발송했다. 08:00경부터 2~3차례 조타실과 선장 침실을 다녀갔으며[61], 08:45경쯤 "선수 전방 약 4~5마일 해상에 선박 한 척이 좌현에서 우현 측으로 항해하는 선박이 있어, 박한결에게 "이렇게 선박이 정선수에서 항해를 하면 어떻게 해야 되겠느냐? 이럴 때는 무리하게 선박의 앞쪽으로 가려지 말고, 이동 선박의 선미 쪽을 향하여 항해를 해라"고 말을 한 후, 침실로 들어가 담배 1개피를 피우고 (제주) 입항을 대비하여 바지를 갈아입는데, 08:50경 전남 진도군 조도면 병풍도 동방 약 1.2마일 해상에서 갑자기 배가 왼쪽으로 넘어갔다.[62]

---

59 세월호의 조타실과 이준석의 침실은 같은 층에 있어서, 실제로 내려오거나 올라온 것은 아니며 거리도 가깝다. 습관적이거나 잘못된 표현으로 보인다.

60 『세월호 운항관리규정』제6장에 의하면 인천에서 제주까지의 거리는 264마일이며, 13시간 30분 정도 소요되는 것으로 정해져 있다. 4월 15일 21:00경에 출항했던 점을 고려하면 정상 도착 시간은 10:30경 전후로 예상됨에도 11:45로 이야기한 것은 이해가 되지 않는다. 안개를 제외한 기상문제는 전혀 없었다.

61 박한결은 8:10경 맹골수도 진입 5마일 전에 조타실에서 나갔다가 08:25경 맹골도와 병풍도 중간 즈음 잠시 들렀다가 다시 나갔다고 진술했다. 또한, 세월호 선내 CCTV에 의하면 08:37:15경에 조타실로 들어갔다가 08:41:04경 나오는 장면이 확인된다.

62 이준석, 『진술조서(선장)』, 목포해양경찰서, 2014.4.17, 6쪽.

세월호 선내에서 발견된 CCTV DVR 녹화영상에 따르면, 선장 이준석이 마지막으로 조타실에 머물렀던 시간은 오전 8시 20분 36초경 조타실로 들어와서 [그림 1-3]과 같이 8시 24분 25초(검찰이 추정한 실제 시간 : DVR시간+16분 39초)[63]까지 3분 49초 정도였다.

그림 1-3. 이준석 선장이 마지막으로 조타실에서 나가는 모습

세월호 선내에서 발견된 DVR영상 필자 화면 캡처.

이 추정시간은 선장의 진술이 갖는 신뢰성 검증 차원에서 중요하다. 이준석의 진술이 사실이려면, 문제의 3분 49초 안에 레이다를 보면서 박한결에게 "이동 선박의 선미 쪽을 향하여 항해를 해라"는 지도하고, 기관장 박기호가 조타실로 올라왔을 때 조타실 전면 중앙에서 견시를 하다가 일정한 대화를 나눴어야 한다.

그러나 선장 이준석이 진술한 행위들과 각 행위에 소요되는 시간을 고려하면 진실성이 없어 의심의 여지가 충분하다. 또한 세월호 침몰 직전 침

---

63 광주지방법원, 『공판조서(2014 고합 180 살인 등)』, 2014.10.13, 60쪽.

실에 있었던 이준석의 행적은 여전히 밝혀지지 않았으므로 이준석과 선원들의 행적은 다시 조사되어야 할 필요가 있다.[64]

침몰 직후 이준석이 지시한 초동조치의 적절성

세월호 침몰 사건과 같은 비상사태가 발생하면, 통상 선박 운항을 책임지고 있는 당직사관과 선장은 비상사태가 더 악화되지 않도록 초기에 적정한 조치를 해야 한다. 세월호 침몰 초기 조타실 선원들이 취해야 할 초동조치로는 평형수 조정 등으로 선체가 더 이상 기울지 않도록 하는 것과 해경 등 구조기관에 신속하게 구조를 요청하는 것 등을 들 수 있다.

그런데 선장 이준석과 당직사관 박한결은 이와 같은 조치를 능동적으로 진행한 사실이 확인되지 않는다.

이준석은 도주 직후 육지로 이동해, 진도 한국병원에서 간단한 진료를 받았다. 이후 선장의 신분이 확인되어 목포해양경찰서로 이동하는 과정에서, 3009함에 있던 목포해양경찰서장 김문홍의 호출을 받고 헬기편으로 3009함으로 이동했다가 밤늦게 목포해양경찰서에 도착했다.[65] 그는 2014년 4월 17일 새벽 00시 30분경 그곳에서 참고인 신분으로 첫 번째 조사를 받았다. 침몰 직후 행한 초동조치에 대해 그는 다음과 같이 진술했다.

- 당시 바지를 입으려 하는 과정에서 넘어지면서 선장 침실 문쪽에 왼쪽 갈비뼈를 찍혀 다쳤고, 너무 긴박한 상황이라 바지도 입지 못한 채 팬티 바람으로 기울어져 있는 조타실로 갔으며, 2등 항해사 김영호가 손을 잡아 주어 조타실로 들어갔다.

---

64 「이준석 선장, 세월호 사고 당시 선실서 휴대폰 만지작」, 『JTBC 뉴스』, 2014.9.30 (http://news.jtbc.joins.com/article/article.aspx?news_id=NB10593184).
65 상세한 것은 이 책 제2장 '2. 이준석 선장의 사라진(숨겨진) 7시간의 미스터리' 참조.

- 조타실에 들어간 다음 해도대에 기대어 1등 항해사 강원식에게 '야 새끼야 빨리 해경에 연락해 임마'라고 하니 강원식이 해양경찰서에 '선박 침몰 중이니 긴급 구조 바랍니다'라고 구조 요청을 하였으며,

- 기관장에게 '야, 기관장 빨리 엔진 정지시켜. 정지!'라고 외쳤고

- 조타실을 향해 '야 새끼들아 빨리 선내방송을 실시해'하여, 2항사가 안내방송이 되는지 안 되는지 확인한 후, 다시 한번 안내 방송을 실시했다.

하지만 이후 이준석의 진술은 많이 바뀌었고, 대법원은 그가 조타실에서 승객구조와 관련한 행위는 아무것도 하지 않았던 것으로 확정했다.

이준석과 조타실 선원들의 진술은 초기 수사가 시작될 때는 대체로 일치했지만, 진술이 거듭될수록 충돌하기 시작했다. 특히 퇴선명령 및 선내방송과 관련해서는 다양한 진술이 나왔다.

침몰 사건이 발생하자 이준석은 '긴박한 상황이라 바지도 입지 못한 채 팬티차림으로 기울어져 있는 조타실로 갔다'고 했지만, 정확히 언제 조타실로 들어왔는지 확인할 수가 없다. 이준석은 조타실 입구에서 김영호의 부축으로 조타실에 들어갔고, 그때 조타실에는 "기관장 박기호, 1항사 강원식, 3항사 박한결, 조타수 조준기가 있었다"고 진술했다.

조타실에 도착한 이준석은 조타실 앞쪽 위에 달려있는 엔진 게이지를 봤는데, 슬로우 정도의 RPM으로 가고 있는 것 같아서 박기호에게 '기관장 엔진정지 시켜, 엔진을 스톱시키라'고 지시했고, 3등 항해사 박한결에게는 '지금 경사가 얼마인가'라고 묻자, 박한결이 '게이지 다 넘어 갔습니다'라고 대답했다고 진술했다.

하지만 선체조사위원회 조사결과에 의하면, 이준석이 조타실에 도착했을 때는 이미 엔진이 자동으로 정지됐을 개연성이 높은 상황이므로, 논리적으로 '기관장 엔진정지 시켜, 엔진을 스톱 시키라'고 지시할 수가 없었다. 또 당시 조타실에서 승객구조와 관련해서 아무것도 하지 않았던 이준

석이 콕 집어서 위와 같은 행위만 했다는 것은 상식적 차원에서 믿을 수가 없다.

또한 오전 8시 55분경 1등 항해사 강원식은 제주VTS에 '본선 배 넘어갑니다'라고 구조 요청을 했다. 이준석은 4월 17일 첫 진술에서 이 문제의 교신이 자신의 지시에 따라 진행됐다고 진술했지만, 이 또한 조사과정에서 진술이 바뀌었다.

- 4. 17.(해경 1회 조사)
  본인의 지시로 강원식이 VHF를 이용 해양경찰에 신고를 한 것 같다.

- 4. 22.(피의자 신문 2회)
  본인이 조타실에 들어왔을 때, 이미 1항사 강원식이 제주 항무에 구조요청을 하고 있었다.

- 4. 23.(피의자 신문 3회)
  강원식이 구조요청을 위해 제주 항무와 교신하였다고 김영호가 말하길래 '여기가 진도인데 진도 VTS를 불러야지…'라고 했다.

- 4. 29.(검찰 3회)
  강원식이 VHF 무전기를 들고 있어서 '구조요청을 했느냐'고 소리쳤더니 강원식이 '배가 침몰하고 있으니 긴급 구조 바란다.'라고 이야기하는 것을 들었다.

이준석 선장의 진술과 달리 문제의 교신을 직접 진행한 1등 항해사 강원식은 "자신이 조타실에 들어왔을 때 아무도 구조요청을 하지 않아서 본인이 직접했다"고 진술했다. 그는 "세월호가 바닷속으로 침몰하는 것이 확실하고 명확한 상황이었으므로 선장의 명령을 기다릴 여유가 없는 급박한 상황이었습니다"라고 진술해, 선장의 지시 없이 독자적 판단에 따라 제주 VTS와 교신했음을 명확히 했다.[66]

이준석이 지시했다는 초동조치의 진위 여부는 그보다 먼저 조타실에 들

---

66 강원식, 『피의자신문조서(1회)』, 광주지검 목포지청, 214.5.2, 9쪽.

어왔다는 선원들의 들어온 시간과 순번을 고려해야 하고, 그들이 행한 비상조치 상황 등을 정확히 파악한 후에야 판단할 수 있다.

문제는 검찰이 수사과정에서 이 부분을 확실하게 수사하지 않아 현시점에서 그것을 정확히 판단할 수가 없다는 점이다. 다만 '공황상태'로 인해 승객구조와 관련한 행위를 전혀 하지 못했다고 주장한 이준석이, 침몰 초기에 오직 이 부분만 문제없이 정상적으로 조치했다는 사실은 믿기 어렵다.

이준석은 승객구조를 위해 뭘 했어야 했나?

상식적으로 생각해도 세월호 침몰 사건 발생 직후 선장 이준석이 승객구조를 위해 반드시 해야 할 행위는 명확했다. 우선 선내 승객을 안심시키고 승객들을 안전한 대피장소로 대피시키는 것이었고, 최악의 경우 승객들에게 탈출명령을 내리는 것이었다.

당연히 선장은 선내대기 중인 승객들에게 사고 사실을 알리기 위해 상황에 맞는 적정한 '선내방송'을 했어야 한다. 특히 침몰 당시 이준석은 다음과 같은 방법을 통해 선내방송을 진행할 수 있었다.

- 조타실 방송장비를 이용하는 방법
- 엔진텔레그래프에 부착되어 있는 전화기에서 숫자 "0번"을 눌러서 전체 방송을 하는 방법
- 무전기 또는 선내전화를 이용하여 여객 안내실에서 방송을 하게 하는 방법

이준석은 선내방송을 통해, '간단한 사고 상황을 설명하고, 현재 상태 및 예상되는 상황과 승객의 행동지침'을 전달할 수 있었다. 뿐만 아니라

'비상탈출구 위치 및 대피방법에 대한 안내방송 이행과 여객 대피 안내'도 했어야 했다. 하지만 적절한 선내방송은 이준석뿐만 아니라 선원들 전체를 통틀어 진행된 바가 없었다.

그럼에도 이준석은 조사과정에서 선내방송을 지시했다고 진술했다.

- 4. 17.
  08:57경 2등 항해사 김영호에게 "배가 침몰 중에 있으니까 여객들에게 라이프 자켓을 입고 선내에서 구조대기 하라."고 방송할 것을 지시했고, 김영호에게 "방송이 나갔냐."고 물었더니 "나갔다."고 답했는데, 실제로는 방송이 나가지 않았다.

- 4. 17, 4. 23.
  방송이 나가지 않았다는 사실을 확인한 다음 09:15경 김영호에게 워키토키를 이용해 '해양경찰이 10분 후에 오니까 우왕좌왕 하지 말고 그 자리에 있어라. 구조를 기다리라'고 사무장 양대홍에게 연락할 것을 지시

- 4. 29.
  강원식이 '10분 후 구명정이 도착한다'고 하여 김영호에게 무전기로 안내실로 연락해서 "승객들에게 퇴선 준비하라"고 지시

위의 진술과 달리 2등 항해사 김영호는 자신이 조타실에서 오전 9시 24분경 방송을 할 때, '선장님 승객들에게 구명조끼라도 입고 대기하라고 방송해야 되지 않겠습니까?'라고 묻자, 선장이 '그렇게 하라'고 해서 방송을 진행했다고 진술했다. 이 진술에 따르면 설사 선내방송이 있었다고 해도 선장의 적극적인 지시에 따라 진행된 것은 아닌 것으로 보인다.

특히 이준석이 진정으로 승객을 구조할 의사가 있었다면, 조타실에서 직접 또는 여객안내실의 방송을 이용하여, '승객들을 탈출하기 용이한 장소로 대피'시켰어야 한다. 하지만 선장과 선원들이 주장하는 승객들에 대한 안전조치는 '선내에 가만히 있으라'는 선내방송이 전부였다.

물론 이준석의 주장대로 '기상 및 해상의 상태, 수온, 출동하는 구조세

력의 도착시간' 등의 구조환경을 고려해야 하는 것은 당연하다. 하지만 그 것은 최악의 상태에서 고려해야 할 요소이며, 급속하게 침몰하는 선박에 서 승객들을 안전한 장소로 대피시킬 의무는 재론의 여지가 없다.

더구나 진도VTS와의 교신 과정에서 해경이 10분 후에 도착한다는 사실 을 인지했고, 주변에 탈출 승객을 충분히 승선시킬 수 있는 둘라에이스호 가 이미 도착해 있었으므로, 승객들의 안전한 탈출을 위해 정해진 대피장 소로 이동시키는 것은 선택이 아닌 필수였다.

백번 양보해서 선장 이준석이 '선내에 있는 것이 더 안전할 것으로 판단' 하여 승객들을 안전한 대피 장소로 이동시키지 않았다고 하더라도, 최소 자신이 도주하는 시점에는 승객들에게 퇴선명령을 내렸어야 한다.

이준석은 퇴선명령과 관련하여 매우 많은 진술을 했지만, 그때마다 계 속 다른 진술을 했던 탓에 어느 진술이 진실인지 분간하기 어렵다. 퇴선명 령과 관련한 이준석의 진술은 아래와 같다.

- 4. 23.
  퇴선명령을 하려 했는데 1항사 강원식과 조타수 박경남이 뗏목을 띄 운다면서, 좌현 쪽으로 나간 후 보이지 않았고, 나머지 타수들은 언 제 나갔는지 보이지 않고, 저 혼자 조타실 해도실 옆에 앉아 있는데, 2항사가 조타실 좌현 쪽에서 저를 보고 "선장님 나오세요"하여 제가 출입구까지 기어 나와 해도실 커튼을 잡고 데크로 내려왔다. 퇴선명 령은 하지 못한 것이 아니고 퇴선명령을 못하는 여건이 되어 버렸습 니다.

- 4. 29.
  사고 직후 김영호를 통해 '승객들에게 선내에 대기하라'는 방송을 하 라고 지시하였고, 구명정 도착하기 10분 전 '탈출 준비를 하라'고 지 시했으며, 구명정 도착 5분 전 '탈출하라'고 지시했다.

- 4. 30.
  김영호에게 안내실에 무전기로 '구조선이 5분 후에 도착하니까 질서를 지켜 퇴선하라'는 방송을 하라하였고, 무전교신 하는 것을 봤다.

- 5. 6.
  경비정 도착 5분 전에 승객들에게 퇴선명령을 내린 이유는 '주위에 구조선이 한 척도 없었고, 승객들이 무작정 물로 뛰어들면 수온도 낮고 물살이 빠르기 때문에 구조하는데 상당한 지장을 초래할 것 같아서 경비정이 5분 후에 도착한다는 연락을 받고 그때 퇴선명령을 내렸다. 경비정이 5분 이내에 도착한다는 사실은 강원식에게 들었다. 퇴선 방법은 김영호가 '방송이 되지 않는다'고 해서 무전기로 안내실로 연락하여 방송할 것을 지시했으며, 김영호가 무전하는 소리를 들었다. 다만 '퇴선방송은 원만히 안 되었다'고 생각한다. 그 이유는 김영호가 지시대로 안내실로 연락했다고 하나 확실히 전달했는지 의심이 가고, 안내실에서 확실히 전달 받았다 하더라도 시간이 너무 임박하여 원만하게 이루어지지 않았을 것으로 생각한다.

- 5. 13.
  둘라에이스호에서 '세월호가 좌현 쪽으로 기울어가지고 저희들이 여기까지 근접을 해서 *** 옆쪽으로 해서 최대한으로 안전거리 확보 합니다'라고 되어 있어, 사고현장이 보이는 곳에서 승객들이 탈출할 것을 대비하고 있었는데 이에 응하지 않은 것은 '거리상으로 멀리 떨어져 있다고 생각을 했고, 수온이 차고, 조류가 빨라 사방에 흩어지면 나중에 구조선이 와도 어렵다'고 생각했다.

선장과 일부 조타실 선원들은 퇴선 방송을 진행했다고 진술했다. 그러나 세월호 침몰 당시 퇴선과 관련한 선내방송이 없었다는 점은 분명하다.

또한 세월호 침몰 당시 이준석은 선내방송 의무 외에도 '비상상황 대응 배치표'에 따라 선원들을 '지정된 장소'에서 비상상황에 대비토록 하는 의무도 다하지 않았다. 이준석의 구체적 지휘 행위도 없었지만, 선원들은 조타실과 3층 기관부 선원침실 복도에서 대기하면서 승객구조를 위해 단 한 발자국도 움직이지 않았다.

그들은 최악의 경우 승객이 바다에 빠졌을 때를 대비하여 '구명뗏목'이라도 펼쳤어야 했지만 그런 시도조차 하지 않았다.

선장 이준석의 허위진술

세월호 침몰 당시 해경 123정에서 촬영한 동영상에 따르면, 선장 이준석은 오전 9시 46분경 "선내에 가만히 있으라"는 선내방송을 들으며 도주한 것으로 확인된다. 물론 이준석은 도주 사실을 부인하였다.

그는 '1등 항해사 강원식이 '경비정이 10분 이내 도착한다'라는 교신 소리를 듣고, 경비정 도착 5분 전에 퇴선명령을 하려고 생각했다고 주장한다. 하지만 퇴선명령을 하려고 준비하고 있는데 조타실에 있던 강원식과 박경남이 뗏목을 띄운다고 나간 후 보이지 않고, 나머지 인원들도 보이지 않아서 해도실 옆에 혼자 앉아 있었다고 한다. 그때 2항사가 '선장님 나오세요'라고 해서, 출입구까지 기어 나와 해도실 커튼을 잡고 내려왔다고 한다.

이 진술을 액면 그대로 받아들이더라도 문제는 남는다. 세월호에서 내려와 도주한 이준석이 '왜 도주 직후 승객구조를 위해 어떤 노력도 하지 않았냐' 하는 점이다. 놀랍게도 도주에 성공한 이준석은 선내에 갇혀있는 많은 승객들을 뒤로 하고, 오전 10시경 행정선 전남 707호를 타고 곧바로 팽목항으로 떠나 버렸다.

세월호 침몰 사건 발생 직후부터 도주가 완료되는 시점까지, 이준석이 승객의 안전한 구조를 위해 진행한 행위가 없었으므로, 그의 허위진술을 놓고 구조의 적절성을 논할 필요는 없다. 다만 그가 '어떤 이유로 승객을 구조하지 않았으며, 그 시간에 조타실에서 무엇을 하고 있었는지'에 대해서는 확실한 추가 검증이 필요하다.[67]

분명한 것은 선장 이준석을 포함한 조타실에 있던 선원들은 '배가 침몰하고 있다'는 사실과 '해경 구조함정의 도착 시간'을 정확히 알고 있었다는

---

[67] 조타실 선원들의 진술대로 선장 이준석이 '공황상태'에 있었던 것인지 아니면 다른 이유가 있었는지에 대해서는 확실하게 밝힐 필요가 있다.

것이다. 이런 상황에서 왜 이준석은 승객의 안전을 위한 유효한 구조조치를 하지 않았는지, 선장을 보좌하는 선원들은 선박의 침몰 및 승객구조와 관련한 사항을 이준석에게 보고도 하지 않고, 협의도 전혀 진행하지 않았는지 추가 조사가 필요한 것이다.[68]

▨ 자료목록

1) 이준석, 『진술조서(임의출석)』, 목포해양경찰서, 2014.4.17
2) 이준석, 『피의자신문조서(제1회)』, 목포해양경찰서, 2014.4.17
3) 이준석, 『피의자신문조서(제2회)』, 목포해양경찰서, 2014.4.22
4) 이준석, 『피의자신문조서(제3회)』, 목포해양경찰서, 2014.4.23
5) 이준석, 『피의자신문조서(제1회)』, 광주지검 목포지청, 2014.4.27
6) 이준석, 『피의자신문조서(제2회)』, 광주지검 목포지청, 2014.4.28
7) 이준석, 『피의자신문조서(제3회)』, 광주지검 목포지청, 2014.4.29
8) 이준석, 『피의자신문조서(제4회)』, 광주지검 목포지청, 2014.4.30
9) 이준석, 『피의자신문조서(제5회)』, 광주지검 목포지청, 2014.5.1
10) 이준석, 『피의자신문조서(제6회)』, 광주지검 목포지청, 2014.5.2
11) 이준석, 『피의자신문조서(제7회)』, 광주지검 목포지청, 2014.5.3
12) 이준석, 『피의자신문조서(제8회)』, 광주지검 목포지청, 2014.5.6
13) 이준석, 『피의자신문조서(제9회)』, 광주지검 목포지청, 2014.5.7
14) 이준석, 『피의자신문조서(제10회)』, 광주지검 목포지청, 2014.5.13
15) 이준석, 『피의자신문조서(제11회)』, 광주지검 목포지청, 2014.5.14
16) 이준석, 『진술조서(임의출석)』, 광주지방검찰청, 2014.6.2
17) 이준석, 『공판조서』(제21회 공판 피고인신문 조서), 광주지법, 2014고합 180 살인 등, 2014.10.6
18) 이준석, 『공판조서』(제22회 공판 피고인신문 조서), 광주지법, 2014고합 180 살인 등,

---

68 특히 1등 항해사 강원식이 선사와 통화한 내용은 반드시 이준석에게 보고되어야 했고, 이준석은 그것을 기초로 유효한 판단을 했어야 했다.

2014.10.7

19) 이준석, 『공판조서』(제23회 공판 피고인신문 조서), 광주지법, 2014고합 180 살인 등, 2014.10.8

20) 『세월호 운항관리규정』, (주)청해진해운, 2014.2.7

21) 『비상대응 절차서』, (주)청해진해운, 2014.2.7

22) 광주지방검찰청, 『수사보고서(세월호 사건 경과)』, 2014.6.3

23) 「세월호 이준석 선장 "탈출 직전에 퇴선 방송 지시했다」, 『JTBC 뉴스』, 2014.10.7 (http://news.jtbc.joins.com/article/article.aspx?news_id=NB10599790)

24) 「이준석 선장, 세월호 사고 당시 선실서 휴대폰 만지작」, 『JTBC 뉴스』, 2014.9.30 (http://news.jtbc.joins.com/article/article.aspx?news_id=NB105931)

4.
거짓 상황전달과
거짓 교신

세월호 침몰 사건과 같이 운항 중인 선박에서 비상상황이 발생하면, 선원들은 선내 상황이 더 이상 악화되지 않도록 초동조치를 취한 후, 가장 가까운 관계 기관에 긴급 구조를 요청해야 한다.

구조요청을 받은 구조기관은 매뉴얼에 따라 정확한 선내 정보를 파악하여 구체적 구조계획을 수립하고, 이를 시행해야 한다. 여기서 가장 중요한 점은 구조를 요청하는 선원들이 현재 상태를 정확히 파악하여 출동하는 구조세력에게 가감 없는 정보를 제공해야 한다는 것이다.[69]

세월호 침몰 당시 제주VTS 및 진도VTS에 구조를 요청한 세월호 선원들은, 오전 8시 55분경부터 9시 37분경까지 약 42분간 VHF(Very High Frequency) 교신을 통해 구조와 관련된 교신을 진행했다. 그런데 이상하게도 정확한 선내 정보를 제공하지 않았을 뿐만 아니라, 오히려 잘못된 거짓 정보를 수차례 제공하여 구조 작업에 혼란을 초래하였다.

---

[69] 조난선박의 기울기 파악과 함께 침몰의 위험성은 있는지, 승객의 상태는 어떠한지, 부상자는 없는지 등의 정보를 의미한다.

선원들이 선내에서 다양하게 이동하고 있었고, 여객부 승무원 강혜성은 승객들을 향해 "가만히 있으라"는 방송을 진행하고 있었지만, 선원들은 해경과의 교신에서 '움직일 수 없다', '방송이 불가능하다'며 거짓된 정보를 제공하였다. 그 결과 해경은 적절한 구조조치를 하지 못하게 되었다.

검찰은 수사과정에서 이 교신이 잘못되었다는 점을 명확히 확인했다. 하지만 그들이 '왜 거짓된 교신을 진행했는지'에 대해서는 끝까지 수사하지 않았다.[70]

선원들의 거짓교신을 수사하지 않은 검찰

세월호 침몰 당시 선원들은 탈출과 관련하여 오전 9시 8분경 교신을 비롯해 총 네 차례 해경과 교신을 진행했다. 그들의 교신 내용을 보면, 침몰 초기부터 "바다에 빠져야 할까, 말아야 할까" 여부를 놓고 많이 고민했던 흔적이 발견된다.

> 세월호 : 배가 기울어서 금방 뭐 넘어갈 것 같습니다. 계속… 지금 한쪽
> 으로 계속 천천히 넘어가고 있습니다.
>
> 진도연안VTS : 네. 지금 귀선 승선원들은 어떻습니까.
>
> 세월호 : 승선원 지금 거의 움직이지 못하고 있습니다. 어떻게 해야 될
> 까요? 바다에… 빠져야 어쩌야 될지 모르겠네.[71]

그런데도 선원들은 이 교신이 끝나고 자신들이 안전하게 도주를 완료하는 순간까지 승객들에게는 탈출명령은 내리지 않았다. 오전 9시 8분경 최

---

70 선장 이준석 등에 대한 검찰 측 항소 이유서에서 이 부분을 명확히 확인하고 있다.
   광주지방검찰청, 『항소이유서』, 2014.12.22, 69쪽.
71 09:08경 진도VTS와 세월호 간 VHF 교신 내용.

초 탈출을 논의한 후 선원들이 30여 분 동안 승객들에게 탈출명령을 내리지 않은 이유는 무엇일까? 선원들의 교신 내용대로 정말로 움직일 수가 없었고, 탈출이 불가능한 상태였을까? 아니면 법정 진술과 같이 선장이 '공황상태'에 있었고, 그 결과 퇴선명령을 내리지 못한 것일까?

세월호 선내 대기 중인 승객들은 1등 항해사 강원식이 도주를 완료한 시점인 9시 45분경까지는 탈출이 가능했고, 그때까지는 선내 이동 또한 가능했다. 이것은 검찰이 외부 연구기관에 의뢰한 용역 결과에서 확인됐다.[72]

따라서 승객의 입장에서 보면 문제의 교신은 선원들이 고의로 거짓 정보를 진도VTS에 제공한 것이고, 진도VTS는 이 교신에 속아 승객탈출을 위한 적절한 조치를 하지 못한 것이다.

반면 조타실 선원의 입장에서 보면, [표 1-2]와 같은 교신 내용은 자신들의 생존을 위한 100% 확실한 정보를 제공한 것이다.

표 1-2. 세월호 선원들의 '퇴선 관련' 교신 내용

시 간		세월호	둘라에이스호	진도VTS	퇴 선 가능시간
9:08	강원식 박기호 신정훈	배가 기울어서 금방 넘어갈 것 같다. 승선원 지금 움직이지 못하고 바다에 빠져야 어쩌야 될지 모르겠다.			5분 5초
9:13	선내이동 확인	지금 배가 많이 기울어가지고 사람이 움직일 수가 없어가지고 탈출시도가 어렵다.	사람들이 탈출하면 구조하겠다.	최대한 경비정들과 어선들을 연락해서 그쪽으로 가고 있다.	

72 가천대학교 초고층방재융합연구소, 『세월호 침몰시 가상대피시나리오 기반의 승선원 대피경로 및 탈출소요시간에 관한 연구』, 2014.9, 2쪽.

9:17			저 배에서 사람들이 탈출 안 하면 얼롱 사이드 할 수 없다. 안전거리 확보해서 주위에서 선회하면서 탈출자 있으면 구조하겠다.	
9:19	양대홍 이동			알았다. 지금 탈출이 도저히 불가능한 상태니까 도착해서 탈출하는 승선객들을 안전하게 구조하기 바란다.
9:24		지금 승객들을 탈출시키면 옆에서 구조 가능하냐.	맨몸으로 하지 말고 LIFERING이라도 착용을 시켜서 빨리 탈출시켜라.	탈출여부는 서장이 알아서 빨리 결정해라. 9분 28초
9:33			승선원들이 탈출하면 최대한 근접거리에서 구조하겠다.	둘라에이스호에 탑재되어 있는 구명벌, 구명정, 라이프링 등 전부 투하하라
9:37	선원도주 시작 (이후 승객탈출 시도)	좌현에 탈출할 수 있는 사람들만 일단 탈출시도 하라고 방송했다. 지금 좌현으로 이동하기도 쉽지 않다.(이 당시 기관부 선원 도주)		(09:45 기준) 6분 17초

진도VTS 교신 녹취록 필자 재정리.

문제의 교신이 있던 오전 9시 8분경부터 9시 24분경까지의 시간에는 높이 문제 때문에 조타실 선원들이 조타실(5층)에서 바다로 직접 뛰어내릴 수 없는 상황이었다.[73] 이때 조타실 선원들이 탈출할 수 있는 방법은 3층까지 이동하여 그곳에서 바다로 뛰어드는 방법밖엔 없었다. 당시 조타실 선원들은 둘라에이스호 선장 문예식이 요구한 '라이프링(LIFERING)'마저

---

73 위 연구결과는 4층 및 5층의 승객들도 모두 3층으로 이동하여 바다로 뛰어드는 것을 전제로 연구되었다.

도 착용하지 않은 상태였다.

따라서 당시 조타실 선원들이 바다로 뛰어들 경우, 자신들의 안전을 보장받을 수 없는 상태였으므로, 도저히 퇴선 결정을 할 수 없는 상황이었다.

선원들은 탈출과 관련한 교신에서 9시 24분 교신을 제외하면, 그 어디에도 '승객'이란 단어를 입에 담지 않았다. 그것은 선원들이 승객을 구조할 목적에서 진도VTS와 탈출을 논의했던 것이 아니라, 자신들의 안전한 탈출을 염두에 두고 교신을 하고 있었기 때문에 발생한 현상이다.

첫 번째 거짓말 : "움직일 수가 없다"

선원들은 모든 교신에서 일관되게 "선체가 기울어져 이동이 불가합니다. 움직일 수 없습니다"라고 교신했다. 그런데 놀랍게도 세월호가 침몰하자 선원들이 가장 먼저 했던 행위가 '이동'이었다.

조타실 선원들은 침실에서 조타실로 움직였고, 일부 기관부 선원들은 최저층 기관실을 탈출하여 3층 선원들 침실 근처 복도까지 이동했다. 뿐만 아니라 1등 항해사 강원식과 신정훈은 조타실에서 자신의 침실로 이동하여, 휴대전화와 무전기, 겉옷('잠바')을 가지고 다시 조타실로 돌아왔던 것으로 조사됐다.[74]

기관장 박기호는 5층 조타실에서 3층 선원 침실 근처 복도로 이동했고, 사무장 양대홍도 3층 자신의 침실에서 5층 조타실로 이동했다가, 다시 3층 선원식당까지 이동한 사실이 확인됐다. 구조를 위해 출동한 123정 승조원 이형래 경사와 박상욱 경장도 세월호에 올라갔던 것으로 확인됐다.

---

[74] 강원식, 『피의자신문조서(제1회)』, 목포해양경찰서, 2014.4.20, 5쪽.
　　신정훈, 『피의자신문조서(제1회)』, 목포해양경찰서, 2014.4.20, 12쪽.

이러한 사실이 확인됐지만 선원들이 진도VTS와의 교신에서 "움직일 수 없다"고 응답한 의도는 정확하게 파악되지 않았다. 분명한 것은 고의로 허위정보를 제공했다는 것이다.

두 번째 거짓말 : "방송도 불가능한 상태입니다"

세월호 침몰 사건 발생 직후 여객부 승무원 강혜성은 승객들을 향해 "가만히 있으라"는 방송을 시작했다. 그리고 이 방송은 선장 등이 도주하는 순간(침몰 직전)까지 계속됐다.

진도 연안 VTS는 오전 9시 23분경 경비정 도착 15분 전임을 알리며, 선원들에게 방송을 통해 승객들에게 퇴선을 준비할 것을 요구했다. 그런데 선원들은 단호하게 '방송이 불가능하다'는 교신을 했다.

> 진도연안VTS : 경비정 도착 15분 전입니다. 방송하셔서 승객들에게, 승객들에게 구명동의 착용토록 하세요.
>
> 세월호 : 네, 현재 그 방송도 불가능한 상태입니다.
>
> 진도연안VTS : 방송이 안 되더라도 최대한 나가서 승객들에게 구명동의 착용 두껍게 옷을 입을 수 있도록 조치 바랍니다.[75]

선원들이 VHF 교신을 진행하던 시간에도 세월호 선내에는 계속해서 '가만히 있으라'는 방송이 나오고 있었다.

선원들은 왜 '방송도 불가능한 상태입니다'라고 교신을 했을까? 방송을 할 수 없었다면 무슨 기술적인 문제가 있었던 것일까? 선원들의 교신 내용대로 선내방송이 불가능했다면 대안이 없었는지 하나씩 검토할 필요가 있다.[76]

---

75 09:23경 VHF 교신 녹취록.

세월호 침몰 당시 조타실에서 승객들에게 퇴선을 알릴 수 있는 방법은 모두 4가지가 존재했다.

첫째는 [그림 1-4, 5]와 같이 세월호 조타실 뒤편에 설치된 방송 설비를 이용하는 방법이다. 사진은 세월호와 오하마나호에 설치된 방송 장비이며, 당시 장비의 설치 위치만 상이할 뿐 작동방법은 동일했다.

그림 1-4. 세월호 조타실 비상 방송 설비

그림 1-5. 오하마나호 조타실 비상 방송 설비

세월호 수사자료 필자 화면 캡처 및 오하마나호 방송 설비 필자 직접 촬영.

---

76 모든 재판 결과가 나온 현 시점에서 본다면, 침몰 당시 "가만히 있으라"는 선내방송이 있었던 것은 틀림없으므로, 선내방송의 가능성 여부는 논란의 본질은 아니다. 오직 그 상황에서 "왜 퇴선명령을 하지 않았느냐"하는 것과 "왜 직접 조타실에서 퇴선 방송을 하지 않았느냐"의 문제를 규명하는 것이 본질적 문제이다.

이 방송 장비는 송신기를 들고, 우측 하단 빨간색 버튼을 누른 다음 전달하고자 하는 내용을 이야기하면 선박 전체에 방송이 되도록 설계되어 있다.

조타실 선원들은 세월호 침몰 당일 2등 항해사 김영호가 방송장비를 이용하여 선내방송을 틀림없이 진행했지만, 실수로 '빨간색 버튼을 누르지 않아 방송을 실패했다'고 공통적으로 진술했다.77

하지만 김영호의 진술과 달리 선내방송 시도를 했던 사실조차 없었다고 판단된다. 문제의 방송장비는 세월호 조타실 뒤편에 설치되어 있다. 당시 선체가 30도 이상 기울어져 있었기 때문에, 김영호가 선내방송을 시도했다면, 한 손으로 커튼을 붙잡고 서지 않는다면 자세가 불안정하여 정상적인 방송을 진행할 수 없었다.78 조타실 선원들의 진술에는 이러한 구체적 내용이 누락되어 있다. 김영호의 선내방송 시도가 없었으며 오히려 선원들이 진실을 덮기 위하여 '말맞추기' 했던 결과라고 판단하는 근거이다.

조타실 선원들이 두 번째로 선택할 수 있는 방법은 [그림 1-6]과 같이 엔진텔레그래프 옆에 설치되어 있는 선내 전화기를 이용하는 것이다. 이 방법은 선내전화가 설치된 곳이면 어디에서도 가능했던 방법이다. 마침 2등 항해사 김영호가 엔진텔래그래프 옆에서 대기하고 있었으므로, 가장 확실하고 쉽게 선내방송을 진행할 수 있던 방법이었다.

또한 여객안내실 직원과 3층 선원침실 근처 복도에서 대기하던 기관부 선원들도 마음만 먹었다면 얼마든지 이 방법을 이용해 선내방송을 진행할 수 있었다.

세월호 조타실 엔진텔래그래프에는 기관실 통화전용 전화기([그림 1-7]

---

77 김영호, 『피의자신문조서』, 광주지검 목포지청, 2014.4.29, 15쪽.
78 필자가 직접 세월호에서 실측한 결과에 의하면, 바다 기준 좌현 출입문에서 방송 장비가 설치된 장소까지의 거리가 2.65m이며, 좌현 출입문에서 실제 방송 장비까지의 거리는 대각선으로 2.75m에서 2.80m 정도 되는 것으로 실측되었다. 따라서 2등 항해사 김영호와 나머지 조타실 선원들의 진술이 사실이라면, 김영호가 방송하는 모습을 매우 구체적으로 묘사했어야 한다.

의 좌측)와 선내 전체 통신전용 전화기([그림 1-7]의 우측) 등 두 개의 전화기가 동일한 장소(엔진텔레그라프)에 설치되어 있었다.

그림 1-6. 엔진텔레그라프에 설치된 전화기

그림 1-7. 오하마나호 조타실 선내 전화기

세월호 수사자료(왼쪽) 필자 화면 캡처 및 오하마나호 방송설비 필자 직접 촬영.

세월호 침몰 당시 조타실 선원들은 [그림 1-7]의 우측 전화기를 들고 숫자 '0번' 버튼을 눌렀다면 손쉽게 선박 전체에 대한 선내방송이 가능했다.[79]

이 방법은 세월호만 가지고 있는 고유한 기능이 아니라 거의 모든 선박들이 사용하고 있는 대중적인 방법이다. 침몰 당시 조타실 선원들이 이 방법을 몰랐을 가능성은 0%에 가깝다.[80]

기관부 선원들은 세월호 침몰 당시 이 기능의 존재를 모두 알고 있었지만 사용하지 못했다고 진술했다.[81] 반면, 조타실 선원들은 모두 '수사과정에서 이 기능을 처음 알게 되었다'고 진술했다.[82]

문제의 'Paging' 기능을 선장 이준석을 비롯해 조타실의 모든 선원들이 아무도 몰랐다는 진술을 믿을 수 없다. 검찰이 이 부분을 집중해서 추궁하지 않은 것은 검찰의 수사 의지와 관련이 있다고 판단된다.

결국, 이렇게 손쉬운 방법을 앞에 두고도 어려운 방법(조타실 뒷편 방송시설을 이용하는 방법)을 선택해 선내방송을 진행했다는 선원들의 주장은 거짓 진술이 분명하다. 따라서 세월호 침몰 당일 조타실 선원들은 특별한 사정에 의하여 의도적으로 선내방송을 하지 않았을 가능성이 높다.

오히려 세월호 침몰 당시 조타실 선원 중 누군가가 선내전화기의 '0번' 버튼을 눌러 전체 선내방송을 진행했을 가능성도 없지 않다. 세월호 침몰 당시 선내방송이 있었던 것으로 강하게 의심되는 영상이 세월호에 선적된

---

79 이른바 "Paging" 기능이라 부른다. 이 기능은 PA와 교환기(PBX)가 Interface되어 전화기(auto-telephone)에서 저장된 다이얼을 눌러 PA를 통해 전체 방송 또는 구역별 방송을 하는 기능을 뜻한다. 한 마디로 전화기에서 방송을 하는 것으로 이해하면 된다.
80 이 기능은 90년대 '기업용 전화 시스템'이 도입되기 이전에는 일반 기업의 방송시스템으로도 많이 사용되던 기능이다. 따라서 신입사원이 입사하면 원활한 의사소통을 위하여 해당 기능을 먼저 교육시켰다. 세월호의 경우에도 당연히 그랬을 것으로 필자는 판단하고 있다.
81 이수진, 『진술조서』, 광주지방검찰청, 2014.6.2, 13쪽. 이수진은 기관실에 있는 전화번호표에는 '0번'을 누르면 선내 전체 방송이 된다는 취지의 문구가 붙어 있으며, 조타실 전화번호표에도 같은 문구가 붙어 있을 것이라고 진술한 바 있다.
82 조준기, 『피의자신문조서』, 광주지검 목포지청, 2014.5.3, 14쪽.

차량의 블랙박스에서 발견됐기 때문이다. 더구나 당시 긴급한 상황임을 감안하면 선장이 자신의 침실에서 '0번' 버튼을 눌러 선내방송을 진행했을 가능성도 있다.([그림 1-8, 9] 참조)

그림 1-8. KBS 보도화면(1)

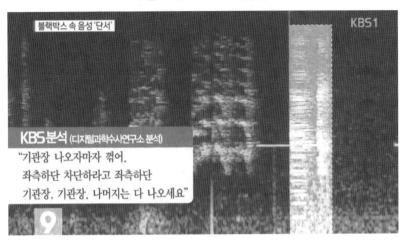

그림 1-9. 성문분석연구자료(성문분석연구소) 화면 캡쳐

유 력 발화체: 여보세요 나오자마자 꺽어 좌측하단 정반대로 꺽으란말야
후보군 발화체: (나오세요)(나오자마자 덮어)(좌측하단)(점하나로)(꺽으 라 고) (저마나로)(덮으란말야) (접안아로)(덮으 라 고)
유 력 발화체: 영덕 영덕 영덕은 좀 있다 나오세요 조타수
후보군 발화체: (경관)(경관)(경관 먼 저 나오세요) (경감)(경감)(경감 먼 저 나오세요)

세 번째는 무전기와 선내전화기, 휴대전화 등을 이용해 사무장 양대홍과 여객 안내실 근무자들에게 연락하여, 여객안내실 방송 장비를 이용하는 방법이다.

조타실 선원들은 2등 항해사 김영호가 조타실 방송 장비를 이용하여 선내방송을 실시했지만 실패하자, 여객부 사무장 양대홍에게 무전으로 여객안내실에서 방송을 진행할 것을 지시하였고, 양대홍의 지시를 받은 여객안내실 승무원 강혜성이 "가만히 있으라"는 방송을 진행한 것으로 진술했다.[83]

하지만 이것이야말로 명백한 허위진술일 개연성이 높다. 무전기는 기계의 특성상 비밀 대화가 되지 않는다. 만약 김영호가 양대홍과 무전 교신을 한 것이 사실이라면 여객안내실에서 강혜성과 함께 있던 다수의 생존 승객들이 이 교신을 듣지 못했을 가능성은 전혀 없다.

네 번째는 조타실에 설치된 비상벨을 이용하여 승객들에게 퇴선 명령을 하는 방법이다. 세월호 여객실에는 [그림 1-10]과 같이 '기적 또는 비상벨'로 퇴선신호를 알린다는 게시물이 게시되어 있었다. 선장의 퇴선명령에 따라 조타실 선원들이 '기적 또는 비상벨'로 퇴선 신호를 보냈다면, 승객들은 이 사실을 인지하고 차질 없이 퇴선했을 것이다.

그림 1-10. 오하마나호 조타실에 설치된 비상벨

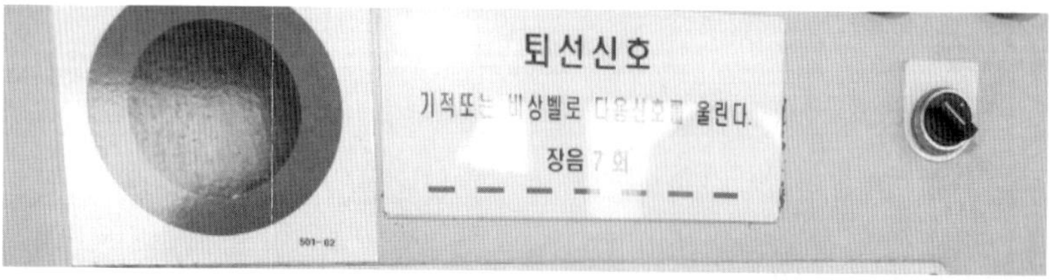

오하마나호 조타실 방문 필자 직접 촬영.

---

83 김영호, 『피의자신문조서』, 광주지검 목포지청, 2014.4.29, 15쪽.

이상과 같이 선원들은 다양한 방법을 통해 승객들에게 퇴선명령을 할 수 있었다. 그것을 위한 어떤 장애도 없었지만 끝까지 퇴선명령은 하지 않았다. 오히려 선원들은 진도VTS를 향해서 '선내방송이 불가능하다'고 거짓 교신을 했을 뿐만 아니라 자신들의 탈출과 관련해서는 '탈출시도 하라는 방송을 완료했다'는 교신을 하기도 했다.

> 진도연안VTS : 현재 침수상태 어떻습니까.
>
> 세월호 : 침수상태 확인 불가하고 지금 머 일단 승객들은 해경이나 옆에 상선들은 옆에 거의 50m 근접해 있고, **지금 좌현에 좌현으로 해가지고 탈출할 수 있는 사람들만 일단 탈출시도 하라고 방송 했는데 지금 그 좌현으로 사실 이동하기도 쉽지 않습니다.** 지금 그런 상황입니다.
>
> 진도연안VTS : 예, 양지했습니다.
>
> 세월호 : 배가 한 70도 60도 정도 좌현으로 기울어져 있는 상태고 지금 항공기까지 다 떴습니다. 해경[84]

위 교신 내용에서 알 수 있듯이 세월호 선원은 '지금 좌현으로 해가지고 탈출할 수 있는 사람들만 일단 탈출시도 하라고 방송'했다고 교신하고 있었다. 이 시간 '좌현으로 탈출할 수 있거나 탈출한 사람들'은 기관실 선원들이 유일하다.

따라서 '전체 승객'이 아닌 '탈출할 사람들'에게만 특별히 탈출지시 했다는 교신은 명백한 허위정보를 제공한 것이다. 만약 문제의 교신 내용이 틀림없다면, 그들은 매우 특별한 의사소통방법을 통해 선원들만 선별하여 도주시킨 것이 틀림없다.

---

84 09:37경 VHF 교신 녹취록.

왜 선원들은 거짓 정보를 해경에게 제공했을까

선원들의 잘못된 정보 제공은 여기에서 그치지 않았다. 9시 37분경 진도VTS는 세월호의 침수 정도를 묻고 있는데, 선원들은 "침수상태 확인 불가"라는 교신을 했다.

침수상태는 세월호가 얼마 후에 침몰할 것인지를 가늠할 매우 중요한 요소였다. 조타실 선원들은 침수상태 등 정확한 선내상황을 파악하여 출동하는 구조 세력에게 제공해야 할 의무가 있었다.[85] 그런데 선원들은 침수정도와 침몰속도 등을 명확히 알고 있으면서도 해경에게 정확한 정보를 제공하지 않았다. 그들은 이 절차는 생략한 채 오전 9시 22분경부터 오직 해경의 도착 시간만 확인하면서 소중한 구조 가능 시간을 낭비했다.

선원들은 오전 9시 26분경 진도VTS로부터 해경 도착 15분 전 또는 10분 전, 헬기 도착 1분 전이란 내용을 통보받았다. 이때도 승객구조와 관련된 필요한 조치(대피명령 · 퇴선명령 · 승객유도 · 구명벌 및 슈트 투하 등)를 전혀 진행하지 않았다.

오히려 선원들은 오전 9시 28분경부터 출동하는 해경의 구조정이 선수에 접안이 용이하도록 주변 정리 작업에 들어갔다.

> 세월호 : 예, 육안으로 확인하는데 AIS를 볼 수가 없는데, 본선 선수에 있는 빨간 탱커 선명이 뭡니까. 선수 쪽 말고 좌현에 대기해 주시라고 부탁드리겠습니다.
>
> 돌라에이스호 선장 문예식 : 네, 좌현 쪽에서 지금 대기하고 있습니다. 근데 지금 들물이라서 계속 밀리고 있어 그렇습니다. 귀선이 계속 밀리네요.[86]

---

85 광주지방검찰청, 『항소이유서』, 2014.12.22, 70쪽.
86 09:28경 VHF 교신 녹취록.

조타수 조준기의 진술에 의하면, 당시 조타실 선원들은 '해경의 큰 순시선이 구조를 위해 출동할 것으로 기대하고 있었다'고 한다.[87] 그런데 침몰현장에 도착한 것은 대형함정이 아니라 '123정'이라는 소형함정 1척이었다. 선원들은 소형함정으로는 승객의 전원구조가 어렵다는 것을 인식했고, 어쩌면 자신들의 안위마저도 위협받는다고 생각했을 것이다. 결국, 그들은 승객들에 대한 안전조치 없이 자신들 안전을 선택했고 그 방법은 승객들 몰래 도주하는 것이었다.

그렇다면 선원들은 왜 지속적이고 의도적으로 거짓 정보를 해경에게 제공했을까? 검찰은 '사고 발생 후부터 퇴선할 때까지 승객 등 구조에 아무런 관심이 없었기 때문'이라고 결론지었다. 전혀 동의하기 어려운 결론이다.[88]

선원들은 선사로부터 전달받은 미션을 수행하기 위해 조직적으로 거짓말을 했을 개연성이 높다고 판단된다. 많이 양보한다 하더라도 오직 자신들의 생존만을 염두에 두고 교신에 임했을 것으로 보인다.

사고 초기 선원들이 탈출 관련 교신을 진행할 당시, 조타실 선원들은 탈출을 위한 이동을 할 수 없었다.[89] 조타실에서 바다로 뛰어내릴 수도 없는 상황이었다. 그들은 승객의 안전한 탈출보다는 자신들의 확실한 구조가 더 중요했던 것이다. 조타실 선원들은 1등 항해사 강원식이, 기관부 선원들은 기관장 박기호가 책임지고 관리하다가 해경의 구조함정이 도착하자 자신들만 안전하게 탈출하였다.

이들은 안전하게 구조되어 육지에 도착했을 때, 향후 발생할 복잡한 법

---

87 조준기, 『참고인(조사대상자)진술조서』, 4·16세월호참사 특별조사위원회, 2016.2. 26, 8쪽.

88 광주지방검찰청, 『항소이유서』, 2014.12.22, 72쪽.

89 이때 선원들이 탈출을 강행했다면 침몰 초기에 승객들을 버리고 도주한 것으로 간주되는 것이다.

률문제를 이미 예견하고 있었다. 그들은 그것에 대한 피해를 최소화하기 위해 '배가 너무 많이 기울어서 움직일 수 없었고, 그래서 아무것도 할 수 없었다'는 프레임을 동원했다. 이를 위해 '선내방송이 불가능했기 때문에 승객들에게 퇴선 방송을 할 수 없었다'는 그림을 확정하였다. 그때부터 이것을 실행하고 있었던 것이고 그 결과가 거짓된 정보를 제공하는 행동으로 나타난 것이다.

자료목록

1) 광주지방검찰청, 『항소이유서』, 2014.12.22
2) 강원식, 『피의자신문조서(제1회)』, 목포해양경찰서, 2014.4.20
3) 김영호, 『피의자신문조서』, 광주지검 목포지청, 2014.4.29
4) 신정훈, 『피의자신문조서(제1회)』, 목포해양경찰서, 2014.4.20
5) 이수진, 『진술조서』, 광주지방검찰청, 2014.6.2.
6) 조준기, 『피의자신문조서』, 광주지검 목포지청, 2014.5.3
7) 조준기, 『참고인(조사대상자)진술조서』, 4·16세월호참사 특별조사위원회, 2016.2.26

5.
선장의 공황(恐慌) 상태에 따른
지휘권 이양의 문제

    조타실 선원들의 진술을 종합해 보면, 세월호 선장 이준석은 세월호 침몰 사건 발생 직후 조타실로 들어와서는 '엔진을 정지시키고, 힐링을90 바로 잡으라'는 명령을 지시한 이후, 마치 넋이 나간 사람처럼 조타실 뒤편의 해도대에 기대어서 아무것도 하지 않았다고 한다.

    이러한 진술이 모두 사실이라면, 당시 조타실에 있었던 간부급 선원(1등 항해사 및 2등 항해사)들은 선장 이준석이 더 이상 선장의 직무를 수행할 수 없다는 사실을 명백히 인식했을 것이다.

    그렇다면 선장을 보좌할 의무가 있고, 선장 유고시 선장의 지휘권을 이양받아야 할 1등 항해사 강원식을 중심으로 승객구조를 위한 특별한 조치를 논의했어야 한다.

    그런데 선원들은 오히려 진도VTS와 둘라에이스호 선장 문예식으로부터

---

90 선박 운항 때 무게중심을 유지하기 위해 배 밑바닥이나 좌우에 설치된 탱크에 채워 넣는 바닷물을 말한다. 화물을 선적하면 싣고 있던 바닷물을 내버리고, 화물을 내리면 다시 바닷물을 집어넣어 선박의 무게중심을 잡는다. 또 우측의 탱크에 짐을 많이 실었을 경우 왼쪽 탱크에는 그 만큼의 바닷물을 채워 넣어 좌우균형을 맞추는 방식이다.

승객 대피를 위한 교신을 받았음에도, 아무런 구호 조치를 하지 않고 묵살했다. 여객안내실 승무원 강혜성으로부터 선내 대기 중인 승객들에 대한 대피 등 추가 조치 요청을 수차례 받았지만 아무런 응답도 하지 않았다.

심지어 4월 16일 오전 9시 46분경 세월호 조타실 앞에 해경의 구조함정이 도착하자, 선장의 퇴선명령이 없었는데도 간부급 선원들이 먼저 탈출했다.

세월호 침몰 당시 선장과 간부급 선원의 의무와 권한

먼저 원론적으로 선장과 간부 선원들이 어떤 의무와 권한을 가지는지 검토해보자. 선장은 「선원법」 제6조에 의거 '해원(海員)을 지휘·감독하고 여객을 목적지까지 안전하게 운송하기 위한 운항관리를 책임진 사람이다. 그는 '출항 전에는 선박이 항해에 견딜 수 있는지', '화물이 실려 있는 상태 및 항해에 적합한 장비, 인원, 식료품, 연료 등이 갖추어져 있는지' 검사해야 할 의무가 있다.

또한, 항구를 출입할 때나 맹골수도와 같은 좁은 수로를 지날 때, 선박에 위험이 발생할 우려가 있을 때는 조타실에서 선박을 직접 조종 및 지휘해야 할 의무가 있다. 화물을 싣거나 여객이 타기 시작할 때부터 화물을 모두 하역하고 여객이 다 내릴 때까지 선박을 떠나서는 안 되는 의무도 있다.

세월호 침몰 사건과 같은 비상사태가 발생할 경우, 「해사안전법」과 「선원법」은 선장이 승객구조를 위해 핵심적 역할을 수행하도록 강력한 권한과 의무를 부여하고 있다.[91]

위 법률은 선장에게 승객들의 인명을 구조하기 위한 승객들의 퇴선 여부 및 그 시기와 방법을 결정하고, 선원의 비상임무 배치를 지시하는 등

---

91 광주고등법원 판결, 2015.4.28, 2014노 490 살인 등, 제5형사부, 23쪽.

위기 상황에서 승객의 인명을 구조하기 위한 조치를 결정할 수 있는 유일 무이한 권한을 부여했다.[92]

다음으로 조타실 관리급 선원들의 책임과 권한이다.[93] 세월호 조타 실은 항해사(deck officer, 航海士)[94]와 조타수(helmsman, 操舵手)[95]가 근무 하고 있다.

항해사는 항해사 면허증을 가지고 선장을 대리하여 선박의 항해 업무·승무원의 지휘·하역의 감독 등의 직무를 수행하는 선박 직원을 말한다. 직무편성기준에 따라 '1등 항해사, 2등 항해사, 3등 항해사'로 구분된다. 항 해사의 중요 업무는 항해당직(航海堂直; Navigation watch)이다. 이는 일정 시간(하루 4시간씩 2회 근무)동안 '선장을 대리'하여 선박의 안전한 항해에 관한 제반 사항에 대하여 책임을 지고 업무를 수행하는 것을 의미한다.

세월호 침몰 당시 1등 항해사 강원식은 선장 다음의 최고 책임자로서, 사건 당시 선박 내 직무편성기준에 따라 선장을 보좌할 의무가 있었다.

1등 항해사는 선박의 안전 항해를 위한 복원성 유지, 화물의 적재 및 고 박, 여객의 안전, 선원의 인사 및 조직 관리 등 선박의 주요 업무를 선장으

---

92 광주고등법원 판결, 2015.4.28, 2014노 490 살인 등, 제5형사부, 27~28쪽.

93 관리급(Management level)선원은 항해선에서 선장, 1등 항해사, 기관장 또는 1등 기 관사로 승무하는 자를 말한다. 여객선의 경우 사무장이나 여객 책임자도 포함되는 개념이며, 지정된 책임 영역 내의 모든 기능이 적합하게 수행되게 하는 책임 등급을 말한다. 장은규 외 5명, 『여객선』, 한국해양수산연수원, 2009.6.20, 7쪽, 47쪽.

94 항해사란 선박직원법에 따라 해양수산부 장관이 시행하는 해기사(海技士) 시험에 합 격하여 1~6급의 면허를 받고 갑판부에서 항해당직을 수행하는 선박직원의 한 사람 또는 그 직종을 말한다. 「항해사 [deck officer, mate, 航海士]」, 『네이버 지식백과』(공 길영 편, 『선박항해용어사전』, 한국해양대학교).

95 선박의 방향을 바꾸기 위하여 사용하는 장치인 타(舵, rudder)의 조작을 담당하는 선 원으로, 선장 또는 당직항해사의 조타명령에 따라 타를 조작한다. 조타수는 주어진 모든 명령을 복창해야 하며, 선박이 그 선수방위로 정침되면 조타수는 "~도에 정침하 였음"을 보고하고 당직사관은 조타명령이 올바르게 수행되었는지에 대한 여부를 확 인해야 한다. 모든 조타명령은 철회 될 때까지 그대로 유지되어야 하고 타효가 없을시 조타수는 당직사관에게 즉시 보고해야 한다. 「조타수 [helmsman, 操舵手]」, 『네이버 지식백과』(공길영 편, 『선박항해용어사전』, 한국해양대학교)

로부터 위임받아 항해당직, 선체안전 유지관리 및 비상시 대응조치를 취해야 할 위치에 있는 선박 조직상 주요 관리자이다.[96]

2등 항해사 김영호는 선박에서 항해와 관련된 업무를 책임지는 사관으로서 퇴선 시에는 선내방송을 통해 여객을 안전하게 대피시켜야 할 책임이 있다.[97]

1등 항해사와 2등 항해사는 세월호 침몰 사건과 같은 긴급 상황에서, 선장이 정상적으로 직무 수행을 하지 못할 때, 선순위 상급자로부터 지휘권을 이양 받아 선박을 지휘할 책임이 있다.

선장과 항해사의 구체적 임무는 [표 1-3]과 같다.

표 1-3. 선원의 임무

구 분	호 칭	임 무
선 장	선 장	선박의 최고 책임자로서 선박의 안전은 물론 비상사태 발생 시 인명을 최우선적으로 구조해야 하는 의무를 가지고 있다. 1. 선박이 항해에 견딜 수 있는지 여부 2. 선박에 화물이 실려 있는 상태 3. 항해에 적합한 장비, 인원, 식료품, 연료 등의 구비 상태 4. 기타 선원법 제2장에서 규정한 모든 권한
1등 항해사	화물장	1. 선장이 직무를 수행할 수 없을 때 선장의 직무대행 2. 선장을 보좌해서 화물을 담당(출항전 검사: 출항시 화물의 적재 및 고박상태 확인) 3. 선박 내의 인사관리 및 선내 전반에 관한 조직 관리담당
2등 항해사	항해장	1. 항해장비, 안전장비 전담 2. 항해계획 수립
3등 항해사		1. 선장의 지휘하에 선내 교육훈련 보좌 2. 입출항 시 선박의 홀수 체크 및 입항보고서, 출항보고서 작성 3. 안전점검 보고서 작성

---

96 합동수사본부 전문가 자문단, 『여객선 세월호 침몰사고 원인분석 결과보고서』, 2014. 8.12, 121쪽.

97 합동수사본부 전문가 자문단, 『여객선 세월호 침몰사고 원인분석 결과보고서』, 2014. 8.12, 합수부 자문단보고서 121쪽.

98 이윤철, 『증인신문조서(제17회 공판조서)』, 2014.9.23, 광주지법 2014고합 180 살인 등, 2~3쪽.

기관장	기관장	1. 기관부 사관 및 부원 지휘 2. 기관실 내에 여러 가지 복잡한 기관 장비, 부품, 각종 계기들에 대한 운영, 보수, 유지관리 등 총괄 3. 출항 전 선박의 엔진, 전기 설비의 운전 등을 총괄하여 선장의 출항 전 검사 의무를 보좌

선원 1심 재판 증인으로 출석했던 이윤철 교수의 진술을 바탕으로 필자 재정리[98]

세월호 침몰 당시 선장 이준석의 의무와 실제 행동

세월호 침몰 당시 승객구조의 총괄책임자인 선장 이준석은 다음과 같은 구조행위를 진행했어야 한다.

- 조타실 내의 방송장비를 이용해 비상상황에 적합한 안내방송을 진행하는 것
- 선내 전화기 및 무전기를 통해 사무부에서 같은 내용의 방송을 진행하도록 조치하는 것
- 해경의 구조 함정 도착 시각에 맞추어 승객들을 유보갑판 등으로 퇴선 조치하는 것
- 적시에 퇴선명령을 내리는 것
- 비상벨을 이용하여 승객들을 퇴선 하도록 조치하는 것

세월호 침몰 당시 상황은 선장과 선원들이 구조행위를 진행하는 데 전혀 장애가 되지 않았다. 선원들은 엔진 정지와 힐링펌프 조정, 그리고 '선내에 가만히 있으라'는 선내방송"을 했다고 주장했다. 하지만 조타실 선원들은 그 누구도 유효한 구조조치를 시도조차 하지 않았다. 선박의 엔진은 경사가 발생하여 프로펠러에 부하가 없어지는 순간 자동으로 정지되도록 설계되어 있었다는 점,[99] 힐링 펌프 또한 침몰당시 구조적으로 작동이 불

---

99 과부하·과승 방지장치라고 한다.

가했다는 점을 감안하면, 선원들이 침몰 초기 승객구조를 위해 했던 행위는 단 하나도 없었다.

선원들은 승객들을 위해 선내방송을 진행했다고 주장했지만, 안전한 장소로의 대피 및 퇴선명령 등 후속 조치가 없었다. 오히려 선내방송은 승객들을 침몰하는 선박 안에 가두어 두는 결과를 초래했으므로 이것은 또 다른 범죄행위에 해당한다고 할 것이다.

이준석의 진술을 종합해 보면, 세월호 침몰 당시 확실히 상황판단 능력과 지휘 능력을 상실했었는지 의심하지 않을 수 없다. 다만 책임을 면하기 위한 재판 전략의 하나로 그렇게 주장했을 수도 있다.

그는 초기 수사과정부터 상당한 시점까지 '공황상태'라는 논리를 주장하지 않았다. 그러다가 피의자 또는 피고인 신문이 전개되는 과정에서, '공황상태' 때문에 정상적인 상황판단을 하지 못했다고 주장했다.

항소심 법정에서 그는 마치 치매 걸린 노인처럼 행동했다. 그 때문인지 1심과 2심 재판부는 '피고인 이준석은 2013.10 말경 담석 수술을 받아 평소 건강상태가 좋지 않았기 때문에 세월호가 전복된 뒤 상황을 판단하고 선원들에게 승객들에 대한 구호 조치를 지시할 능력이 부족한 상태였다'[100]고 판단했다. 선장 이준석에게 매우 유리한 양형 요소였다.

담석 수술이 세월호가 전복된 뒤 상황판단과 의학적으로 어떠한 상관관계가 있어서 판사가 그런 판단을 했는지 이해할 수가 없다.

세월호 침몰 당시 이준석이 정상적으로 지휘권을 행사하지 못한 것은 두 가지 관점에서 논의되어야 한다. 첫 번째는 그의 주장대로 실제로 '공황상태'에 있었느냐 하는 점이다.

두 번째는 법률에서 보장하는 선장의 지위가 아니라 '청해진해운 또는

---

100 광주지방법원 판결, 2014.11.11, 2014고합 180 살인 등(2014고합 384 병합), 제11형사부, 115쪽; 광주고등법원 판결, 2015.4.28, 2014노 490 살인 등, 제5형사부, 97쪽.

세월호'에서 선장 이준석의 실질적 위상과 관련되는 논점이다. 실제로 그가 정년퇴직한 이후에 세월호 선장 신보식과 오하마나호 선장 박진환이 휴가를 갔을 때, 실질적인 권한을 행사하지 못하는 선장의 신분으로 해당 선박에 탑승했던 것이 아닌가 하는 합리적 의심을 해본다. 세월호 침몰 당시 관리자급 선원들이 선장을 패싱하고 1등 항해사와 기관장 및 사무장이 직접 선사와 연락하여 대책을 숙의하고 중요한 의사결정을 했다는 추론이다.

여기서 '선장의 공황상태에서 1등 항해사 강원식이 비상시 선장의 지휘권을 이양 받아야 하느냐'의 문제와 '침몰 당시 선장이 행사해야 할 지휘권을 강원식이 월권하여 행사했는가'의 문제를 검토해야 한다.

첫 번째 논점과 관련해서는 이준석이 초기진술에서 '공황상태'를 전혀 논하지 않았다는 점, 이준석의 진술 과정에서 자신에게 유리한 부분만 매우 또렷하게 기억해 진술했다는 점으로 보아 충분히 의심의 여지가 있다.

특히 이준석은 4월 17일 목포해양경찰서에 참고인 신분으로 출석하여 진행된 첫 번째 진술에서 '공황상태'와 관련한 부분을 전혀 언급하지 않았다.

> 그리고 나서 저는 해도대에 기대어 있으면서 "야 새끼야 빨리 해경에 연락해 임마"라고 했고 그런 소리를 들은 1등 항해사 강원식이 해양경찰서에 선박 침몰중이니 긴급 구조 바랍니다. 라고 구조요청을 하였으며, 그와 동시에 당시 기관장이 당시 조타실에 있길래 기관장에게 "야 기관장 빨리 엔진 정지시켜 엔진정지!"라고 외쳤습니다.
>
> 그리고 나서 이런 순간이 1-2분가량 지났고 제가 조타실 내에 있는 모든 사람들에게 "야 새끼들아 빨리 선내방송을 실시해" 하여 안내방송을 2항사가 한지 아는데 안내방송이 되는지 안 되는지에 대해 확인하여 다시 한번 안내 방송을 실시하게 된 것입니다.

세월호 침몰 당시 공황상태였다는 이준석의 진술을 충분히 의심해 볼 수 있는 진술이다.

두 번째 논점과 관련해서는 당사자인 선장 이준석과 1등 항해사 강원식의 구체적 진술은 없으나, 관련자들의 진술을 근거로 유추해 볼 수 있다.

조타수 조준기는 '세월호 침몰 당시 강원식이 청해진해운의 홍영기 대리와 장시간 통화했으며, 전화를 끊고 김영호와 한참 동안 이야기했다'고 진술했다. 또한 오전 9시 26분경 진도VTS에서 '선장이 알아서 판단하라'는 교신을 했을 때, 강원식은 선장과 박한결을 제외한 나머지 항해사들과 의논하여 '해경이 올 때까지 기다리자'는 결정을 했다고 한다.[101]

이 진술이 사실이고 선장이 공황상태에 있지 않았다면, 세월호 침몰 당시 강원식은 선장의 권한을 침해한 것이 틀림없다.

세월호 침몰 당일 입사 1일차 선원이던 신정훈(1등 항해사, 견습)이 사무장 양대홍에 대해 평가한 진술도 시사하는 바 크다.

> 조사관 : 그렇다면 어떤 이유로 양대홍이 조타실로 왔다고 생각하나요.
>
> 신정훈 : 법정에서 사무장이 조타실에 왔다는 이야기를 듣고, 저는 다음과 같이 추정했습니다. 사무장은 눈에 띄게 선장을 무시했었으나 선사에는 매우 충실했습니다. 사무장은 최종적인 판단을 선사에서 한다고 생각했고, 그래서 조타실이 어떤 분위기인지 파악하고자 왔을 수 있었다고 생각합니다.[102]

입사 1일차 선원에게 비친 선장 이준석의 실질적 위상이 이와 같다면, 이준석은 출항 당시부터 선장의 모든 권한을 1등 항해사 강원식, 기관장 박기호, 사무장 양대홍에게 넘겨주었을 가능성도 있다. 이것이 사실이라면 이준석은 정상적인 선장이 아니라 출항을 위한 법적구성요건을 충족하기 위해 채용된 형식적 선장에 가깝다고 봐야 할 것이다.[103]

---

101 조준기, 『참고인(조사대상자)2회 진술서』, 2016.2.26, 4・16세월호참사 특별조사위원회, 7쪽.

102 신정훈, 『조사대상자진술조서』, 2016.4.6, 4・16세월호참사 특별조사위원회, 11쪽.

103 실제로 1등 항해사 강원식과 신정훈은 선장 이준석의 지시 없이 자신의 침실로 가서 휴대폰과 무전기를 가지고 왔으며, 이것을 이용하여 선사와 전화통화를 했다. 하

문제는 이 부분을 검찰이 수사과정에서 밝혀야 했지만 많은 의혹만 남기고 수사가 종결됐다는 점이다.

1심과 2심 재판부는 선장 이준석이 '담석 수술을 받아 평소 건강상태가 좋지 않았기 때문에 세월호가 전복된 뒤 상황을 판단하고 선원들에게 승객들에 대한 구호조치를 지시할 능력이 부족한 상태였다'고 판단했다. 재판부의 판단이 옳다면, 총 20년 5개월의 승무 경력을 가지고 있고, 1급 항해사 자격증을 소지한 1등 항해사 강원식과 세월호 전체 노선의 항해에 대한 책임을 지고 있는 2등 항해사(항해장) 김영호는 당시 상황과 경험에 비추어 이준석 선장의 공황상태를 알고 있었을 것이다. 그렇다면 선장의 권한을 이양 받아 합리적 조치를 했어야 한다.

그들은 휴대전화와 VHF 교신기를 이용하여 해경과 진도VTS와 연락함으로써 해경 구조함정의 정확한 도착 시간을 알고 있었고, 둘라에이스호 및 진도VTS로 부터 퇴선을 권고 받은 사실도 있다.

세월호는 야간이 아닌 주간에 침몰하였고, 파도와 바람마저 없는 최적의 구조 조건이었다. 이런 최적의 상태에서 선장의 심각한 공황상태 때문에 구조작업이 정상적으로 진행되지 않고 있다면, 간부급 선원인 두 사람은 선장으로부터 지휘권을 이양 받아 승객구조를 위한 적절한 조치를 신속히 했어야 했다.

법률도 "선장의 사망·질병 또는 부상 등 부득이한 사유로 선장이 직무를 수행할 수 없을 경우가 발생할 수 있고, 이때에는 자동화 선박에서는 항해를 전문으로 하는 1등 운항사가 그 직무를 대행하고, 그 밖의 선박에서는 1등 항해사가 그 직무를 대행한다"고 규정하고 있기 때문이다.[104]

한국해양대학교 해사수송과학부 이윤철 교수는 긴급 상황에서 선장이

지만 선사의 지시내용을 이준석에게 보고했다는 진술은 확보되어 있지 않다.
[104] 「선박직원법」 제11조 "승무기준 및 선박직원의 직무" ②항 1.

정상적인 직무를 수행하지 못할 때에는 선장의 권한이 차상위 계급자인 1 항사, 2항사, 3항사, 기관장의 순으로 이양된다고 증언했다.[105]

검　사 : 항해부 선원들은 조타실에 모두 모여 세월호의 당시 상황을 파악하였으므로 우선 선장의 지휘에 따라 대처함이 상당한 것이지요.

이윤철 : 예, 그렇습니다.

검　사 : 그러나 일부 선원들은 선장이 제대로 지휘하지 못하였다고 하는데 그렇다면 그와 같은 상황을 모두 목격한 조타실에 있던 다른 항해부 선원들은 어떻게 함이 상당한가요.

이윤철 : 선장이 직무를 못할 경우에는 차상위 계급자인 1항사, 2항사, 3항사, 기관장 순으로 내려가게 되는데, 위급 상황이 발생한다 할지라도 그런 상황이 거의 발생하지 않습니다. 다만 국제법에서도 그렇고 국내법에서도 그렇고 선원들을 세 부류로 나누고 있습니다. 최상위급을 관리급, 그 다음에 운항급, 이후에 부원인, 선원들을 보조급으로 이야기하는데, 국제법과 국내법에서 최상위급으로 선장, 1항사, 1기사를 관리급 선원이라고 정의하고 있습니다. 이 사람들은 평소 선박에서 굉장히 친밀하게 의견을 교환하고 있기 때문에 최고의 의사결정을 할 수 (있는) 모임이라고 볼 수 있습니다.

(중략)

검　사 : 선장의 지시가 없는 경우, 비상 상황임을 알고 있는 선원들이 이행하여야 하는 의무가 면제되는 것은 아니지요.

이윤철 : 예, 그렇습니다.[106]

따라서 세월호 침몰 당시 선장이 '공황상태'에 있던 것이 사실이라면 차

---

105 다만 한국해양수산연수원 김영모 교수는 "선장이 제 역할을 하지 못하면 차상급자가 선장의 지휘를 대신 한다기보다는 선장이 제대로 된 판단을 할 수 있도록 조언을 하는 역할을 요구하고 있다"고 주장했다. 김영모, 『증인신문조서(제17회공판조서)』, 광주지방법원, 2014.9.23, 2014고합 180 살인 등, 11~12쪽.
106 이윤철, 『증인신문조서(제17회 공판조서)』, 광주지방법원, 2014.9.23, 2014 고합 180 살인 등, 13쪽.

상위 계급자인 1등 항해사에게 권한이 이양됐어야 한다.

강원식은 선장의 권한을 이양 받아 지휘권을 행사했다

그렇다면 1등 항해사 강원식이 선장의 권한을 이양받았다면 정상 수행이 가능했을까?

세월호 침몰 사건이 발생하자 조타실로 들어왔던 강원식과 신정훈은 자신의 침실에서 휴대폰을 가지고 와서 선사와 수차례 통화했던 것으로 파악되었다.[107] 또한, 강원식은 VHF 교신기를 이용하여 제주 VTS 및 진도 VTS와 수차례 교신을 진행해 해경의 구조함정 도착시간을 정확히 알았다. 그는 선사인 청해진해운의 홍영기 대리와 전화통화를 했기 때문에 선사의 명확한 입장도 알고 있었던 것으로 판단된다. 세월호 침몰 당시 1등 항해사 강원식이 경험 및 정보 부족으로 위험 상황을 대처하지 못할 상황은 아니었던 것이다.

강원식은 세월호 직제의 문제 때문에 선장의 지휘를 받았지만, 승선 경험 등을 고려하면 선장에게 결코 뒤지지 않는 능력을 보유하고 있던 것으로 판단된다.

선장 이준석은 1983년경부터 선장 또는 1등 항해사로 연안 여객선 등에 승선하여 일하였고, 2급 항해사 면허를 소지하고 있었다. 반면 1등 항해사 강원식은 총 20년 5개월의 승무 경력을 가졌고, 1급 항해사 면허를 소지하고 있었다.

따라서 강원식이 세월호 침몰 당시 정상적으로 선장의 지휘권을 이양받

---

107 조준기, 『참고인(조사대상자)진술조서』, 4 · 16세월호참사 특별조사위원회, 2016. 2. 26, 6~7쪽.

았다면 지식과 경험이 부족하여 맡은 바 임무를 수행하지 못할 이유는 없었다. 그는 조사과정에서 선장이 사망하거나 부상당하면 자신이 선장의 지휘권을 행사해야 한다는 사실을 인식하고 있었다.

> 수사관 : 평소 항해 중이거나 비상시 선장이 사망하거나 부상을 당하여 선내 지휘를 하지 못하면 누가 지휘를 하게 되어 있는가요.
> 강원식 : 1등 항해사인 제가 하게 되어 있습니다.[108]

특히 강원식은 선장의 권한을 이양받아 지휘권을 행사한 사실이 확인되었다. 그는 세월호 침몰 당시 선장의 명령 없이 제주VTS와 교신한 사실이 있음을 스스로 인정했다.

> 검　사 : 피의자는 전회에 선장인 피의자 이준석의 명령 없이 피의자가 스스로 판단하여 제주VTS와 교신[109]을 시작하였다고 진술하였는데 맞는가요.
> 강원식 : 네, 그렇습니다. 이준석 선장의 명령을 받아서 할 상황이 아니었습니다.
> 검　사 : 피의자는 어떠한 상황이었기에 피의자 이준석의 명령을 받을 상황이 아니었다는 것인가요.
> 강원식 : 세월호가 바닷속으로 침몰하는 것이 확실하고 명확한 상황이었으므로 명령을 기다릴 여유가 없는 급박한 상황이었습니다.[110]

또한, 세월호 제1기 특조위 조사과정에서 조타수 조준기는 강원식과 신정훈, 김영호 등이 세월호 침몰 당시 선장을 배제하고 퇴선시기와 관련하여 아래와 같은 회의를 진행했다고 진술했다.

---

108 강원식, 『피의자신문조서(1회)』, 목포해양경찰서, 2014.4.20, 1516쪽.
109 제주 VTS와 08:55경 교신을 의미함.
110 강원식, 『피의자신문조서(1회)』, 광주지검 목포지청, 2014.5.2, 9쪽.

조사관 : 둘라에이스호에서 승객이 퇴선하면 구조하겠다는 취지의 교신을 보낸 것을 인지하였음에도 불구하고, 조타실에서 승객에 대한 퇴선 지시를 내리지 않은 이유는 무엇인가요.

조준기 : 둘라에이스호도 여기 계속 있을 것이고, 항(해)사들을 중심으로 해경이 오면 안전하게 구조하자고 조타실에서 의견을 모았습니다. 배는 상명하복이 강해서 선사의 지시를 받은 것 같은 1항사가 '해경이 올 때 까지 기다리자'는 말이 명령처럼 느껴졌고 실제로 명령조로 얘기했습니다. 저뿐만 아니라 다른 조타실 선원들도 '해경이 올 때까지 기다리자'는 명령을 선사의 명령으로 받아들였습니다.[111]

(중략)

조사관 : 진술인은 전회 조사에서 '왜 해경이 오기만을 기다린 것인가요'에 대한 답변으로 '해경이 와야 승객들을 안전하게 구조할 수 있어서'라고 답변하였는데, 해경이 와도 선내에서 이동이 불가능한 상황에선 해경이 와도 승객을 구할 수 없지요.

조준기 : 네. 선원들의 불찰입니다. 특히 항(해)사들이 책임을 지지 않기 위해 자신 보신을 위해 승객 퇴선, 탈출, 대피 등의 말을 하지 않았던 것 같습니다. 어쨌든 최종 판단은 강원식이 해경이 오기 전까지 대기하자고 결정했습니다.[112]

만약 조준기의 진술처럼 선장의 '공황상태'가 확실한 상황에서 회의가 진행됐다면, 1등 항해사 강원식이 법률에 의한 '선장의 지휘권을 이양 받은 것'으로 간주하고 그것에 합당한 책임을 물어야 한다.

반대로 선장이 정상적인 직무를 수행할 수 있는 상황임에도 그때까지 선사와 진도VTS 등으로부터 수집된 정보를 보고하지 않고 독단적인 행위를 했다면, 그것은 '월권'에 해당하므로 더욱 엄중한 책임을 물어야만 한다.

---

111 조준기, 『참고인(조사대상자)진술조서』, 4·16세월호참사 특별조사위원회, 2016.2. 26, 7쪽.

112 위와 같음, 8쪽.

법원은 '선장의 지휘권 이양'을 논의하지 않았다

법원은 선장의 공황상태를 인정하지 않았다. 오직 이준석에게 유리한 양형 요소로만 판단했다. 선장이 '담석 수술을 받아 평소 건강상태가 좋지 않았기 때문에 세월호가 전복된 뒤, 상황을 판단하고 선원들에게 승객들에 대한 구호 조치를 지시할 능력이 부족한 상태였다'는 이유에서이다.

1심 법원은 권한을 이양 받아야 할 위치에 있던 1등 항해사 강원식에게도 이 부분에 대해서 일정 부분 유리한 양형 요소로만 판단했다.

법원은 '청해진해운에 근무하는 동안 비상시에 대비한 훈련을 받지 못하였기 때문에, 세월호가 전복된 후 당황한 나머지 승객구호에 관한 적절한 판단을 하지 못하였다. 피고인은 조타실에 있을 당시 선장인 이준석의 지시가 없는 상태에서 다른 선원들에게 구조 활동을 적극적으로 지시할 위치에 있지 않았다'는 이유를 들었다.[113]

하지만 그것이 사실이라 하더라도, 1등 항해사와 연결된 범죄행위는 '해원이 되기 위한 법정 의무교육 과정'에서 이미 이수한 사항이므로[114] 교육 실시 결과를 가지고 유무죄를 판단한 것은 쉽게 납득할 수 없다. 또한 강원식은 [표 1-3] '선원의 임무'에서 살펴보았듯이 선장을 대신하여 '선박 내의 인사관리 및 선내 전반에 대한 조직관리'를 책임진 사람이다. 오히려 그는 선장을 보좌하여 각종 법정의무교육을 실시해야 할 간부급 선원이었다.

따라서 강원식에게 "청해진해운에 근무하는 동안 비상시에 대비한 훈련을 받지 못하였기 때문에, 세월호가 전복된 후 당황한 나머지 승객구호에 관한 적절한 판단을 하지 못하였다'라는 잣대를 적용한 것은 옳지 않다.

---

113 광주지방법원 판결, 2014.11.11, 2014고합 180 살인 등(2014고합 384 병합), 제11형사부, 116쪽.
114 장은규 외 5명, 『여객선』, 한국해양수산연수원, 2009.6.20, 7쪽, 47쪽.

더구나 법원은 '선장의 심리적 공황상태에서 정상적인 직무를 수행할 수 없을 때 지휘권이 이양되는지'에 대해서는 전혀 논의하지 않았다. 선장과의 공범 관계에서 살인죄 적용이 가능한지 여부만 검토하였다.

법원은 간부 선원들이 '선장의 실행 지휘에 따라 구조 임무를 도와주는 임무를 수행하는 자이며, 승객 사망의 결과나 그에 이르는 사태의 핵심적 경과를 계획적으로 조종하거나 저지·촉진하는 등 사태를 지배하는 지위에 있지 않다는 점, 선박 공동체의 안전을 위하여 부득이하게 행하여지는 선장의 전문적인 판단과 지휘에 따라야 한다는 점, 선장의 지시에 불응하고 상황판단에 혼란을 주거나 다른 승무원의 구조 활동을 방해 또는 제지하지 않았다는 점'을 들어 간부 선원들의 미필적 고의에 의한 살인죄를 인정하지 않았다.

하지만 선박이 침몰하는 긴급 상황에서 승객구조를 위한 신속한 결정을 해야 하는 시점에 선장의 심리적 공황상태로 지휘권 공백이 있었다는 점, 법률(「선박직원법」 제11조 ②항 1)이 선장의 지휘권 이양을 규정하고 있다는 점, 1등 항해사 강원식의 경력과 보유하고 있는 면허 자격을 볼 때 단순한 선장의 임무 보조자의 수준을 넘고 있다는 점, 침몰 당시 조타실에서 항해사들이 강원식을 중심으로 실제 퇴선 시기를 논의했던 점 등을 고려한다면 법원의 판단은 객관성이 결여된 것이 분명하다.

법원은 '선장은 누구의 간섭과 방해를 받지 않고 전문적인 판단과 지휘를 해야 한다'는 점을 강조했지만, 이는 선장의 적법행위를 보호할 목적에서 존재하는 규정이다. 세월호 침몰 사건과 같은 적정한 구호조치를 하지 않는 불법행위도 보호해야 한다는 취지는 분명히 아니다.

선원들의 진술을 종합해 보면, 세월호 침몰 초기 선장과 기관장 등 선내에서 중요 결정에 참여할 수 있던 선원들이 조타실에 모여 있었다. 선원들은 배가 침몰하고 경사되는 진행 과정을 직접 눈으로 함께 목격하고 있었기 때문에, 선장이 정확한 판단을 하지 못했다면, 승객의 생명을 지키기 위해서라도 선장의 명령을 무시하고 인명을 구조하는 조치를 해야만 했다.

선박의 위기관리 상황에서, 특히 선장의 불법적인 부작위가 지속되고 있는 상황에서, 선장의 지휘가 없었다고 하여 선원의 상무(常務)가 면제되는 것은 아니다. 긴급하게 차상급자를 중심으로 선장의 지휘권을 이양 받아 승객 구조를 위한 조치를 했어야만 한다.

▨ 자료목록

1) 강원식, 『피의자신문조서(1회)』, 광주지검 목포지청, 2014.5.2

2) 강원식, 『피의자신문조서(1회)』, 목포해양경찰서, 2014.4.20

3) 김영모, 『증인신문조서(제17회공판조서)』, 광주지방법원, 2014.9.23, 2014고합 180 살인 등

4) 이윤철, 『증인신문조서(제17회 공판조서)』, 광주지법, 2014.9.23, 2014고합 180 살인 등

5) 장은규 외 5명, 『여객선』, 한국해양수산연수원, 2009.6.20

6) 조준기, 『참고인(조사대상자)진술조서』, 4·16세월호참사 특별조사위원회, 2016.2.26

7) 최호진, 「세월호 선장과 간부선원의 형사책임에 대한 대법원 판결 법리분석과 비판」, 『아주법학』 제9권 제4호, 2016.2.17.

8) 광주고등법원 판결, 2015.4.28, 2014노 490 살인 등, 제5형사부

9) 광주지방법원 판결, 2014.11.11, 2014고합 180 살인 등(2014고합 384 병합), 제11형사부

10) 합동수사본부 전문가 자문단, 『여객선 세월호 침몰사고 원인분석 결과보고서』, 2014. 8.12

6.
"선내에 가만히 있으라",
'악마의 방송'의 내막

비상상황이 발생해 갑자기 '퇴선하라'는 선내방송이 나오면, 승객들은 불안감으로 극도의 흥분상태가 되기 쉽다. 승객들이 흥분한 상태에 이르면 질서정연한 퇴선 조치는 기대할 수 없고, 큰 인명사고를 초래할 수도 있다.[115] 그와 같은 비상사태 때 여객선 선원은 승객이 동요하지 않도록 하고, 동시에 신속히 비상수습을 해야 한다. 만일 비상수습에 실패하여 퇴선이 불가피한 경우에도 모든 여객을 안전하게 대피시키고, 퇴선시켜야 할 의무가 있다.[116]

세월호 사건 당시 선원들이 승객을 안심시키기 위해 '선내에 가만히 있으라'는 선내방송을 진행한 것은 적합한 행위일 수도 있다. 하지만 상황이 점점 악화되는데 계속 가만히 있으라고 방송한 것은 문제가 아닐 수 없다.

선내 상황이 정확히 파악되고, 긴급구조 요청에 따라 해경 구조세력의 도착시간을 파악한 상황에서 선내방송의 내용은 달라졌어야 한다. 특히

---

115 장은규 외 5, 2012.4.3, 『여객선』, 한국해양수산연수원, 53쪽.
116 위와 같음, 48쪽.

오전 9시 24분경 둘라에이스호 선장 문예식이 퇴선 권유를 한 이후에는 승객들에게 안전한 대피 장소로 이동시키고, 침몰이 임박했을 때는 바다로 뛰어 들어야 한다는 내용을 방송했어야 한다. 그런데도 세월호 침몰 당시 여객부 승무원은 선장 등이 도주하고 침몰이 임박한 상황에서도, 같은 내용의 선내방송을 계속해서 진행했다. 결과는 참혹했다. 그 방송에 충실히 따른 승객들은 선내에 갇혀 모두 사망했던 것이다.

승객의 탈출기회를 박탈하다

세월호 침몰 당시 "선내에 가만히 있으라"는 선내방송 장면은 단원고 희생자 박수현군의 휴대폰에서 최초로 발견되었다. 2014년 4월 26일 늦은 밤 발견된 이 동영상은, JTBC[117]와 뉴스타파를 통해 보도되면서 많은 국민들을 경악케 했다.[118] 당시 선장과 선원들이 침몰 선박 내에 승객들을 남겨둔 채 도주한 사실이 알려진 상황에서 '가만히 있으라. 선내에서 절대 움직이지 말라'는 방송이 나간 사실이 확인되었기 때문이다.[119]

박수현 군의 휴대폰에서 발견된 선내방송의 내용을 요약하면 아래와 같다.

- 08:52:29
  승객 여러분들께 안내, 잠시 안내말씀 드리겠습니다. 현재 자리에서 움직이지 마시고 안전봉을 잡고 대기하여 주시기 바랍니다. 이동을 하시면 지금 위험하오니 안전봉을 잡고 대기하여 주시기 바랍니다.

---

117 「인터뷰」 고 박수현 군 아버지 '6시26분 난간 촬영, 전달할 게 있었던 듯'」, 『JTBC 뉴스』, 2014.4.27. (http://news.jtbc.joins.com/article/article.aspx?news_id=NB10471157)
118 「이 나라에 세금 내며 살고 싶지 않다」, 『뉴스타파』, 2014.4.28 (https://newstapa.org/10608).
119 세월호 녹취록 [단원고 학생 동영상], (검찰청) 과학수사담당관실.

- 09:06:38

  선내 단원고 학생 여러분 및 승객 여러분들께 다시 한 번 안내말씀 드립니다. 현재 위치에서 절대 이동하지 마시고 대기해 주시기 바랍니다. 구명동의가 착용 가능하신 승객분들께서는 구명동의를 착용해 주시기 바랍니다.

- 09:07:39

  선내 다시 한번 안내 말씀드립니다. 구명동의가 손에 닿으시는 분들께서는 다른 승객분들께 전달 전달하서 가지고 입으실 수 있도록 조치를 취해 주시고, 현재 위치에서 절대 이동하지 마시고 대기해 주시기 바랍니다. 다시 한번 안내말씀 드립니다. 현재 위치에서 절대 이동하지 마시고, 구명동의가 가까운 곳에 있으신 분들께서는 전달, 다른 승객분들께 구명동의를 전달하서서 다른 분들도 구명동의를 착용할 수 있도록 도와주시기 바랍니다.

검찰의 수사결과에 따르면, 이 방송은 세월호 여객부 승무원 강혜성이 진행하였고, 사건 발생 직후부터 승객의 탈출이 불가능해지는 9시 47분경까지 계속 진행된 것으로 확인됐다.[120]

문제는 이 방송이 조타실 선원들이 도주를 완료하는 순간까지 계속 진행되었다는 점이다. 결과적으로 승객들의 소중한 탈출기회를 선원들이 의도적으로 빼앗은 꼴이 돼 버렸다. 잘못된 안내방송이 승객의 탈출을 오히려 방해한 것이다.

이 같은 선내방송이 승객들의 탈출에 어떤 영향을 주었는지 입증할 증거나 명확한 자료는 없다. 다만 [표 1-4]를 보면, 세월호 선내에서 교사들

---

120 선내방송을 1시간 가까이 진행했던 여객부 승무원 강혜성은, 침몰 직전 극적인 탈출에 성공하여 여객부 사무원 중 유일한 생존자로 기록되었다. 뿐만 아니라 매우 부적절한 방송을 끝까지 진행했음에도 생존 구조의무자 중 유일하게 형사책임을 면하기도 했다. 강혜성이 형사책임을 면한 이유는 정확하게 밝혀진 것이 없다. 아마도 끝까지 선내에 대기하다 '승객들과 함께 탈출했다'는 이유로 "유기치사죄"를 적용하지 않은 것으로 판단된다. 이것이 사실이라면 검찰의 판단은 대단히 잘못된 것이다. "침몰이 임박한 시점까지 승객들과 함께 끝까지 선내에 대기했다는 것"과, 그 상황에서 '구조의무자'가 승객들을 향해 "가만히 있으라"고 방송을 진행했다는 것은 전혀 별개의 문제이며, 후자는 또 다른 범죄행위의 영역에 해당하기 때문이다.

의 통제를 받고 있던 단원고 학생들이 일반 승객 또는 선원들과 비교해 심각한 피해를 입었다는 사실을 확인할 수 있다.

표 1-4. 그룹별 희생자 비교 현황

구 분		승선 인원	탈출	사망	미수습	생존율 (%)	사망률 (%)
학 생		325	75	248	2	23.1	76.9
교 사		14	3	10	1	21.4	78.6
일 반 승 객		104	71	31	2	68.3	31.7
선 원	여객실	4	1	3		25.0	75.0
	조타실	8	8			100	-
	기관실	7	7			100	-
	조리부	4	2	2		50.0	50.0
	필리핀 가수	2	2			100	
	비정규직	8	3	5		37.5	62.5
계		476	172	299	5	36.1	63.9

그룹별 사망 및 생존자 숫자를 기준으로 필자 직접 정리.

선내방송을 주도한 선원들의 생존율이 일반 승객들의 생존률과 비교해 볼 때, 현저히 높다는 사실도 확인할 수 있다.[121]

세월호 침몰 당시 단원고 학생들은 교사와 여행사 직원의 통제와 안내를 받고 있던 상태였다. 선원의 탈출명령이 있었다면 일사불란하게 탈출할 수 있었다. 그러나 이와 반대의 경우에는 상대적으로 더 많은 피해를 입을 수밖에 없었다. 실제로 교사들은 카톡 문자메시지를 통해 "움직이지 말고 현 위치에서 차분하게 대기할 것"을 지시했던 것으로 확인되었다.[122] [123] '질서와 준법정신을 중시하는 교사들'이 잘못된 선내방송을 믿고 학생들을 통제하였고, 그것이 대형 참사로 이어진 것이다.

---

121 [표 1-4]에 따르면 구조의무는 있지만 승객을 버리고 도주했던 조타실·기관부 선원들은 100% 생존했다는 사실을 확인할 수 있다.

122 단원고 강민규 교감 카톡문자 내용 08:58~09:03.

123 단원고 4반 담임 김소형 교사 단체카톡 문자 내용 09:00~09:13.

세월호와 쌍둥이 배로 불리는 '오하마나호' 선내 객실에는 '비상시 안전 수칙'이 게시되어 있었다. 이것은 여객선이면 거의 의무적으로 부착해야 하는 게시물이다. 정황상 세월호 선내에도 같은 내용의 게시물이 부착되어 있었을 것으로 추정된다. 이 수칙은 "비상시엔 훈련된 승조원이 방문하여 승객들을 유도할 것이므로, 지시에 따라 냉정하고 신속하게 행동하여 줄 것"을 고지하고 있다(「비상시 안전수칙」 2.).

세월호 침몰 당시 생명의 위협을 느낀 승객들이 이러한 내용의 안전수칙을 봤다면, 강혜성의 잘못된 선내방송을 선장과 선원의 지시로 믿고 무조건 따를 수밖에 없었을 것이다. "선내에 가만히 있으라"는 강혜성의 거짓 선내방송을 승객들은 액면 그대로 믿고 따를 수밖에 없는 분위기였고, 그것이 대형 참사로 연결되었던 것은 틀림없는 사실이다.[124]

강혜성은 세월호의 침몰 임박 상황을 인지했다

"으아, 기울어졌어…! 야, 나 좀 살려줘!" 단원고 희생자 박수현 학생은 오전 8시 52분경 선내 상황을 이 말로 대신했다. 그의 휴대폰에서 발견된 동영상에 나오는 장면이다. 함께 있던 학생들은 장난기 섞인 말투로 조심스럽게 '침몰'을 언급하고 있었다.

이것은 선박에 대한 기초지식이 없는 일반 승객조차도 세월호가 급격하게 기울고 있고, 침몰이 우려되는 상황임을 명백히 인식하고 있었다는 증거이다.

세월호 침몰 사건 발생 당시 정확한 선체 기울기를 현시점에서는 누구도 정확히 알 수가 없다. 검찰은 오전 8시 48분경 30도 정도 기울고, 9시

---

[124] 상세한 것은 이 책 제1장 '1. 학생들의 탈출을 가로막은 5가지 요인' 참조.

34분경에 52도 기울었다고 수사결과를 발표했다. 그러나 이후 선체조사위원회 등에서 이와 다른 조사결과를 발표했기 때문에 검찰의 수사결과를 100% 신뢰할 수는 없다.

단원고 희생자 김동협 학생의 휴대폰에서 발견된 동영상이 중요한 단서를 제공한다. 그는 이미 9분 19분경부터 상황이 심각하다고 전하면서 '살고 싶다'고 절규하고 있었다.[125]

강혜성은 여객부 승무원이었지만 세월호 침몰 당시 침몰 여부에 대해 판단할 수 있었고, 비상상황에서 어떤 조치를 해야 할지에 대해서 잘 알고 있었을 것으로 판단된다.[126]

> 조사관 : 참사 당시 선내 대기방송을 하면서 진술인이 생각한 **최악의 사태**는 무엇이었나요.
>
> 강혜성 : **선박 침몰입니다.**
>
> (중략)
>
> 조사관 : 진술인은 선장(조타실)의 (무전) 지시가 없어서라고 하지만 실제는 승객탈출 시 생길지도 모르고 추가사고 발생에 대한 책임 때문에 여객 대피를 끝까지 미룬 것이 아니었나요.
>
> 강혜성 : 제가 적극적인 선택과 판단을 했어야 한다고 생각합니다. 하지만 그 1차적인 선택과 판단에서 우선 고려했던 요인은 당시 사고해역의 물살이나 수온 등을 보았을 때 승객들이 섣불리 바다에 뛰어든다면 더 위험할 수 있기 때문에 저도 섣불리 퇴선 지시를 내리지 못했던 것입니다. 그래서 해경이 와서 구조하는 것이 낫겠다고 생각해서 퇴선 방송을 최대한 보류했습니다.[127]

---

125 김동협 군은 09:45:26경 세월호 기울기를 85°라고 말하고 있으며, 09:52:10경 동영상에서는 세월호가 물속으로 잠기고 있다고 절규했다.

126 강혜성은 2012년 부경대학교 해양생산시스템관리학부를 졸업했다. 이때 '선박 조종, 승선, 항해' 등 선박 및 항해 관련 교과과목을 이수하고, 관련 자격증도 취득했다.

127 강혜성, 『조사대상자진술조서』, 4·16세월호참사 특별조사위원회, 2016.1.28, 21~23쪽.

강혜성의 진술내용처럼 침몰 사건 발생 초기 해경 구조세력 도착 시간을 정확하게 알 수 없는 상황에서, 승객 안전을 위해 "선내에 가만히 있으라"는 선내방송을 진행할 수 있었다고 본다.

하지만 오전 9시 26분경 '해경 구조정이 10분 후에 도착할 것'이란 사실이 확인되었고, B-511호 헬기 도착이 확인된 시점에서는 선내방송은 분명히 달랐어야 한다. 그 시간에도 세월호는 계속해서 침몰 중이었다. 승객들이 배 밖으로 탈출시키는 것 외엔 특별한 대안이 없었다. 이런 상황에서 배 밖으로 승객들을 긴급하게 대피시키는 것은 '전문가의 판단 영역이 아닌 상식의 영역'에 속한다.

강혜성은 참사 초기 수사기관의 조사, 선장과 선원들의 재판, 123정 정장 김경일 재판 등의 증인 신분으로 출석하여, 자신이 계속해서 잘못된 선내방송을 진행할 수밖에 없었던 이유를 다음과 같이 진술했다.

- 2014.4.20. 진술
  - -. 최초 방송은 강혜성 본인이 임의로 진행한 것이며, 이후 방송부터는 무전기로 양대홍 사무장의 지시를 받아 진행하였다.
  - -. 선장과 조타실로부터 직접적으로 선내방송을 지시받은 바는 없다.
  - -. 계속해서 잘못된 방송을 진행했던 이유는 "해경 구조선이 오는 것을 알고 있었기 때문에, 승객을 안심시키기 위해서" 대기 방송을 했다.
  - -. 침몰 중인 선박 내에서 퇴선명령이 아닌 대기방송을 했던 이유는 "조타실로부터 퇴선명령 하달이 없고, 배가 심하게 기울어져 현 위치에 있는 게 더 안전하다고 생각"했다.

- 2014.5.4. 진술
  - -. 퇴선명령 관련하여 조타실에 연락을 했으나 응답이 없어 사무장하고만 연락했다.
  - -. 헬기 도착 후에도 계속 잘못된 선내방송을 했던 이유는 "추가사고 방지를 위해 현재 위치에서 움직이지 말라고 방송을 진행 했으며,

선장의 퇴선명령이 없었고, 하급 승무원이 판단해서 퇴선 시키는 것은 월권"이라 생각했다.

이같은 강혜성의 진술은 100% 신뢰할 수 없다고 본다. 그 이유는 생존 피해자들의 진술과 논리적으로 충돌되는 부분이 있고, 다른 선원들의 진술과도 충돌되는 부분이 많기 때문이다.

대표적으로 그의 진술은 조준기의 진술과도 일치하지 않는다. 강혜성은 '무전기를 이용하여 수도 없이 조타실에 승객들에 대한 조치를 문의 했지만 조타실에서는 아무런 대답을 하지 않았다'고 진술했다.

반면 조준기는 '대답을 안 한 것이 아니고 같은 내용으로 지시를 한 것입니다'라고 진술했다. 두 사람의 진술을 결합해 보면 강혜성은 '계속해서 선내 대기방송을 해야 하느냐' 여부를 물었고, 조타실에서는 '같은 내용의 방송을 계속해서 진행하라'고 지시를 한 것으로 해석된다.

> 검　사 : 그리고 강혜성의 진술에 의하면 당시 10번도 더 승객들을 어떻게 해야 하냐고 조타실에 물어보았는데 대답이 없었다고 하였는데 어떤가요.
>
> 조준기 : **대답을 안 한 것이 아니고 같은 내용으로 지시를 한 것입니다.** 그리고 당시 사무부원 말고도 아르바이트생들도 무전기를 하나씩 가지고 있었으므로 무전이 막 혼동이 되어 알아듣기 힘든 때도 많았습니다. 사무부 쪽의 대부분의 문의는 '승객들 어떻게 하면 좋겠냐.'는 것이었고, 김영호 2항사의 답신도 계속 구명조끼 입고 선실에서 대기하라'는 것이었습니다.[128]

강혜성의 진술을 신뢰하지 않는 더 결정적인 이유는 1기 특조위에서 본인이 이전 진술을 번복했기 때문이다. 그는 1기 특조위 조사에서 "나는 지금 조타실인데, 10분 후에 해경 올 거야. 구명조끼 입혀. 선사 쪽에서 대기

---

128 조준기, 『피의자신문조서(제6회)』, 광주지검 목포지청, 2014.5.7, 9쪽.

지시가 왔어. 추가 지시가 있을 때까지 구명조끼 입히고 기다려"라는 지시를 사무장 양대홍으로부터 받았다고 진술했다.[129] 이 진술대로라면 강혜성이 수사 및 재판과정에서 한 진술은 사실이 아니다.

그는 몇 가지 이유를 핑계로 잘못된 선내방송을 변호했고, 검찰은 수사과정에서 의도적으로 이 부분을 밝히지 않은 측면이 있다.

선내방송은 선사(船社)의 지시?

잘못된 선내방송을 진행한 것에 대한 책임을 논하는 이유는 '침몰이 임박한 상황에서 왜 잘못된 선내방송을 계속해서 진행했느냐'를 밝히는 것에 있다. 잘못된 선내방송이 대형 참사의 주요 요인으로 작용했고, 이것에 대한 선원들의 진술이 일치하지 않는다면, 관련자들의 대질신문을 통해서라도 진실을 가리는 것이 검찰의 임무였다. 하지만 검찰은 관련자들의 진술을 충분히 들어 주었을 뿐 진실은 밝히지 않았다.

문제는 강혜성이 여객부 승무원 중 유일한 생존자였기 때문에, 위 진술의 진위를 가리기 위해서는 다른 생존 선원(특히 조타실 선원)의 추가 진술이 필요하지만 현시점에서는 사실상 그것이 불가능하다는 점이다.

그래도 여객부 승무원 강혜성이 의무를 다하지 않는 점은 분명하다. 「세월호 운항관리규정」에는 비상상황 발생 시에는 '인명의 안전을 최우선'으로 할 것'이라고 규정돼 있다(「세월호 운항관리규정」 제13장 ①). 세월호 침몰 당시 강혜성은 이러한 행동 의무를 따라야 했다. 사건 발생 초기 선내방송을 통해 '현재 상황에 대한 간단한 설명과 예상되는 상황, 그리고

---

129 강혜성, 2016.3.16, 『조사대상자진술조서(2회)』, 4·16세월호참사 특별조사위원회, 10~11쪽.

승객들의 행동지침'에 대하여 승객들에게 고지했어야 하는 것이다.[130]

세월호 침몰 사건과 같은 대형 해양사고가 아니라 하더라도, 비상사태가 발생하면 '인명의 안전 확보를 최우선으로 하는 것'은 더 이상 논할 가치가 없는 원칙이다.

세월호는 어선이 아닌 '사방이 벽으로 둘러싸인 밀폐된 구조'의 여객선이었고, 특정한 구역으로만 탈출이 허용된 선박이었다. 여객부 승무원인 강혜성은 세월호의 이런 탈출환경을 잘 알고 있었고, 선내방송을 진행할 당시 이 부분을 염두에 두었어야 한다.

강혜성이 침몰 사건 발생 직후에는 당황한 승개들을 안정시키기 위해 "선내에 가만히 있으라"는 방송을 한 것을 이해한다고 하더라도 '비상상황에 대한 설명'이 있어야 한다. 여객선의 상태와 예상되는 상황을 승객들에게 설명했어야 하는 것이다.

역시 가장 큰 문제는 해경 구조함정의 도착시간을 파악한 시점, 특히 둘라에이스호 선장 문예식이 탈출을 권유한 시점에서 탈출과 관련한 선내방송을 진행하지 않은 점이다. 선장의 지시가 없었다면 모든 통신수단을 동원하여 확실한 선장의 지시를 받은 후에 선내방송을 했어야 한다. 최악의 경우 승객들이 탈출을 건의했을 때만이라도 잘못된 방송을 중단했어야 한다.

단순히 선장의 지시가 없었다는 이유로, 침몰 중인 선박 안에 있는 승객들에게 '선내에 가만히 있으라'는 방송을 계속 진행하는 것은 매우 비상식적인 범죄행위에 해당한다.[131]

강혜성은 "승객을 안심시키기 위해서", "선장의 특별한 지시가 없어서",

---

130 『비상대응절차서』, 3. "항해 중 비상대응".
131 475명이 승선한 여객선이 침몰한다면 대형 참사가 당연히 예상되는 상황이었다. 그런 상황에서 "선내에 가만히 있으라"고 선내방송을 진행하다가 그 사람은 탈출해 버렸다? 이것은 첩보영화에서 특수임무를 부여받고 투입된 공작원이 모든 승객들을 죽게 할 목적으로 "가만히 있으라"는 방송을 했던 것으로 오해할 정도의 극적 상황이 연출된 것과 같다.

"섣불리 바다에 뛰어든다면 더 위험할 수 있기 때문에" 등을 거짓 선내방송을 계속 한 이유로 거론했다.132 하지만 이것이 전부는 아닐 것이다. 대부분 선원들은 재판과정에서 선장이 '배타적 독점적 권한'을 가지고 있기 때문에, 오직 선장만이 퇴선명령과 퇴선방송을 지시할 수 있었다고 진술했다.

강혜성도 세월호가 침몰 임박했다는 사실을 인식한 상태에서 선장의 퇴선명령이 없어 퇴선방송을 하지 못했다고 진술했다. 만약 그것이 사실이라면, 강혜성은 '잘못된 선내 대기방송' 또한 자의적으로 판단하여 계속 진행할 수 없었을 것이다. 그 이유는 윗선의 특별한 지시가 없는 상황에서 강혜성이 독자적인 판단에 따라 선내대기방송을 계속해서 진행했고, 그것이 대형 참사로 연결됐다면, 선사(船社)와 선원들은 모든 책임을 강혜성에게 미룰 상황이기 때문이다.

따라서 강혜성은 선사와 양대홍의 지시에 따라 '선내에 가만히 있으라'는 선내방송을 진행했을 개연성이 높다. 사무장 양대홍이 '선사 쪽에서 대기 지시가 왔어. 추가 지시가 있을 때까지 구명조끼 입히고 기다려'란 지시사항도 있었다. 이를 고려하면 강혜성의 잘못된 선내방송은 선사의 지시였을 확률이 높고, 강혜성의 입장에서는 선택의 여지가 없었던 것으로 판단된다.

'선내에 가만히 있으라'는 문제의 선내방송은 선사 또는 윗선 누군가의 지시에 따라 계속해서 진행된 것이 분명하다.

---

132 강혜성, 『조사대상자진술조서』, 4·16세월호참사 특별조사위원회, 2016.1.28, 21~23쪽.

⫽ 자료목록

1) 장은규 외 5, 『여객선』, 한국해양수산연수원, 2012.4.3.

2) 세월호 녹취록 [단원고 학생 동영상], (검찰청) 과학수사담당관실

3) 강혜성, 『조사대상자진술조서』, 4·16세월호참사 특별조사위원회, 2016.1.28

4) 강혜성, 『조사대상자진술조서(2회)』, 4·16세월호참사 특별조사위원회, 2016.3.16

5) 조준기, 『피의자신문조서(제6회)』, 광주지검 목포지청, 2014.5.7

6) 「[인터뷰] 고 박수현 군 아버지 '6시26분 난간 촬영, 전달할 게 있었던 듯'」, 『JTBC 뉴스』, 2014.4.27 (http://news.jtbc.joins.com/article/article.aspx?news_id=NB10471157)

7) 「이 나라에 세금 내며 살고 싶지 않다」, 『뉴스타파』, 2014.4.28 (https://newstapa.org/10608)

7.
선원들은 무전기로
무슨 대화를 나눴나?

위기상황에서 상호 간 긴밀한 의사소통은 필수적인 선택이다. 세월호 침몰 당시 선원들이 진정으로 승객의 안전한 탈출을 원했다면, 더욱 그러하다. 소통의 도구로 '무전기·휴대전화·선내전화기' 등의 통신기기를 사용할 수도 있는 조건이었다. 특히 무전기의 경우 '연결 가능성과 통화 음질' 등이 보장되는 우수한 통신수단이었다. 당시 조타실 및 여객안내실 선원 등 다수 선원들이 침몰 당시 무전기를 소지하고 있었던 사실이 확인됐다. 소통을 위해 무전기 사용은 선원들이 선택할 수 있는 최선의 방법이었다.[133]

실제로 선원들은 수사과정에서 매우 제한적인 범위 안에서 '무전기를 사용한 사실이 있다'고 시인했다. 세월호 승무원 강혜성은 "승객들에게 어떤 조치를 내려야 할지"에 대해 무전기를 이용하여 수차례 물었지만 조타

---

[133] 선내 전화기의 경우에는 특정한 장소에 설치되어 있었으므로 당시 선체가 기울어진 점을 고려하면 이용에 상당한 장애가 있었을 것으로 판단되며, 휴대전화의 경우 사용 장소가 해상이므로 "통화권 이탈"의 문제가 있었을 것으로 판단된다. 따라서 무전기는 세월호 침몰 당시 가장 안정적으로 사용할 수 있는 통신기기였다.

실에서는 답을 하지 않았다고 진술했고, 2등 항해사 김영호도 양대홍에게 무전기로 "선내에 대기할 것"을 지시했다고 진술했다.

놀라운 점은 세월호 침몰 당시 선원들이 무전기 등 통신수단을 동원해 승객의 탈출을 도왔다는 흔적을 찾아볼 수 없다는 것이다.

2등 항해사 김영호는 무전기를 소지한 상태에서 도주했다. 사무장 양대홍은 사망에 이르는 순간에도 무전기를 소지하고 있었다. 이를 감안하면 세월호 침몰 당시 선원들은 무전기를 이용하여 승객구조 목적 외에 아주 특별한 의사소통을 하고 있었다는 의심을 지울 수 없다.[134]

그림 1-11. 세월호에서 사용했던 무전기와 도주 이후 123정에서
무전기를 소지하고 있는 2등 항해사 김영호

| 침몰 당시 세월호에서 사용했던 무전기 (JRC-500) | 도주후에도 123정에서 무전기를 소지한 2등 항해사 김영호 |

JRC-500 인터넷 검색 및 123정 동영상 필자 화면 캡처.

---

134 사무장 양대홍 시신 수습 당시 그가 입고 있던 옷의 주머니에서 무전기가 발견됐다.

선원들은 몇 대의 무전기를 사용하고 있었나

2013년 3월과 5월경 청해진해운은 총 18대의 무전기를 구입했다. 다만 이것이 모두 세월호에 비치됐었다는 근거는 찾을 수 없었다. 뒤늦게 발견된 청해진해운 작성 문건에 따르면, 2013년 말 기준 14대(조타실 7대, 여객안내실 5대, 기관실 2대)의 무전기가 세월호에 지급된 것으로 확인되었다([표 1-5] "무전기 보유현황" 참조).

표 1-5. 세월호 무전기 보유현황(2013. 12. 기준)

No	소속	직책	성명	S/N		허가번호	비고
				HT782	JR500		
1	세월호	1항사	강원식		002531	94-2013-11-0020088	고장 (AS유무 의뢰)
2	세월호	1항사	현준식		002532	94-2013-11-0020089	
3	세월호	갑판장	고영진		002533	94-2013-11-0020090	
4	세월호	2기사	이상조	ZS4302712		94-2010-11-0002739	
5	세월호	조기장	장태국	ZS4302718		94-2010-11-0002745	
6	세월호	3항사	박한결		002534	94-2013-11-0020091	
7	세월호	사무장	양대홍		002535	94-2013-11-0020092	
8	세월호	승무원	강용		002536	94-2013-11-0020093	
9	세월호	승무원	안현영		002537	94-2013-11-0020094	
10	세월호	승무원	정현선		002538	94-2013-11-0020095	
11	세월호	승무원	박지영		002539	94-2013-11-0020096	
12	세월호	선장	신보식		003807	94-2013-11-0040736	신규추가 구입
13	세월호	1항사	강원식		003811	94-2013-11-0040737	신규추가 구입
14	세월호	갑판수	박경남		003812	94-2013-11-0040738	신규추가 구입

청해진해운 PC에서 발견된 파일 필자 재정리.

세월호 침몰 당시 조타실 선수 VHF교신기 옆에 선장 이준석의 무전기가, 그리고 조타실 뒤편 컴퓨터 책상 위에 3등 항해사 박한결의 무전기가 사용 가능한 상태(완전 충전상태 및 전원이 켜진 상태)를 유지하고 있었다.135 그리고 1등 항해사 강원식을 비롯한 다른 항해사들에게도 개별 무전기가 지급되었다. 세월호 침몰 당시에는 1등 항해사 신정훈과 2등 항해사 김영호만이 무전기를 소지하고 조타실로 들어온 사실이 확인됐다.136

여객안내실의 경우에는 사무장 양대홍을 비롯하여 강혜성, 박지영, 정현선, 안현영 등에게 무전기가 개별적으로 지급되었다. 선원들은 침몰 당시에는 사무장 양대홍 및 박지영, 정현선의 무전기만 사용한 것으로 진술하였다.137

기관실 선원들에게도 2대의 무전기가 지급된 것이 확실하다. 다만 기관실에서 탈출할 당시 소지 하지 않았다고 선원들은 진술했다.

청해진해운이 세월호 선원에게 지급했던 무전기의 기종은 잘텍(주)가 생산·판매한 JRC-500 모델이다.138 이 교신기의 출력은 5W이며 통상 교신 가능 거리는 5km 정도이다.139 이 무전기는 교신 조건과 관련하여 아래와 같은 특성이 있다.

- 전원이 켜진 상태에서 송신 버튼을 누르고 말을 하면, 채널이 동일한 상대방 교신자에게 그 음성이 그대로 전달된다.
- 교신자가 무전기의 송신버튼을 누르면, 상대방 교신자의 무전기에 녹색램프가 점등이 되고, 액정에 안테나 표시가 나타나므로, 상대방이 말을 하지 않고 있더라도 교신을 위해서 송신 버튼을 누르고 있다는 사실을 알 수 있다.
- 우연히 교신자와 상대방이 동시(2000분의 1초 일치 조건)에 송신버튼을 누르고 교신을 시도하더라도, 교신자와 상대방 중 송신버튼에서

---

135 박한결,『피의자 신문조서(제9회)』, 광주지검 목포지청, 2014.5.9, 7쪽.

136 다만 1등 항해사 신정훈은 조타실로 무전기를 가지고 온 것은 확실하지만 사용하지 않았으며, 무전기의 행방을 알지 못한다고 진술한 바 있다.

137 강혜성,『증인신문조서』, 광주지방법원, 2014.7.23, 2014고합 180 살인 등 제5회 공판, 7쪽.

138 강종철,『증인신문조서』, 광주고등법원, 2015.2.24, 제2회 공판, 1~20쪽.

139 출력은 "음량"이 아니라 "송신 거리"를 의미한다.

손을 뗀 1명이 송신버튼을 누르고 있으면, 송신버튼에서 손을 뗀 사람의 무전기에 녹색램프가 점등되어 상대방이 송신 중이란 사실을 알 수 있고, 그 상황에서 교신을 시도하면 교신 내용이 상대방에게 전달되게 된다.[140]

- 교신 도중 상대방에게 교신을 시도했지만 답변이 없는 경우에는 상대방을 특정하여 호출하는 기능은 없다. 다만 무전기 상단 주황색 버튼을 2초 정도 길게 누를 경우, 동일채널 사용자들이 듣고 있는 무전기에 알람이 울려, 상대방이 호출하고 있다는 사실을 알릴 수 있다.

- 무전기는 핸드폰과는 달리 상대방이 송신을 하면 통화버튼을 따로 누르지 않고 곧바로 수신이 되기 때문에, 동일 채널에서 무전기를 수신하고 있으면 자신 외에 다른 사람들이 서로 교신하는 내용을 들을 수 있다.

이러한 교신 조건과 세월호의 선체 규모를 감안 한다면, 세월호 침몰 당시 누군가 교신을 시도했음에도 상대방이 고의로 교신에 응답하지 않는 한, 세월호 선내에 있던 선원들 모두 충분히 교신할 수 있는 환경이었다.

선원들은 승객 탈출 교신만 의도적으로 하지 않았다

세월호 조타실에서 도주한 선원들 모두 승객구조 의무를 부담하고 있었지만, 승객을 구조하기 위해 노력한 사람은 없었다. 따라서 조타실 선원들은 자신의 법률적 책임을 면하기 위해 세월호 침몰 당시 조타실에서 있었던 사실들을 무조건 숨길 수밖에 없다.

또한 여객영업부 승무원 강혜성도 잘못된 선내방송을 진행한 책임이 있기 때문에, 무전 교신과 관련한 부분은 정확하게 진술할 수 없었을 것이

---

140 다만 A, B, C 등 다중 교신에서 두 사람이 동시에 송신 버튼을 눌렀을 경우에는 버튼을 누른 두 사람 간에는 교신이 불가하지만 나머지 한 사람은 "신호가 강한 교신자"와 교신을 하게 된다. 다만 동시에 누르는 속도가 2,000분의 1초가 일치해야만 한다.

다. 실제로 선원들의 진술은 수사 및 재판 진행 과정, 그리고 1기 특조위 조사과정에 이르기까지 정확히 일치하지 않으며, 객관성 또한 대단히 결여되어 있다.

세월호 침몰 당시 조타실 안에서는 제주VTS 및 진도VTS와 VHF 교신이 진행되고 있었고, 제주 운항관리실과 SSB(Single Side Band)[141] 교신도 진행되고 있었다. 또한, 09시 25분경에 도착한 해경 구조헬기의 소음이 선원들의 무전 교신의 장애 요인으로 작용할 수는 있었지만, 그렇다고 무전 교신이 불가능한 환경은 아니었다.[142]

따라서 당시 조타실 선원들은 교신을 듣지 않을 목적으로 고의로 '① 무전기의 음량을 줄이는 경우, ② 채널을 다른 번호로 바꾸는 경우, ③ 무전기 전원을 꺼 놓은 경우'가 아니라면 충분히 무전 내용을 수신할 수 있었다.

강혜성과 생존 피해자들의 진술에 따르면, 여객부 승무원 박지영 등은 무전기를 이용하여 끊임없이 조타실과의 교신을 시도했다. 반면 조타실 선원의 대다수는 2등 항해사 김영호의 "선내대기 지시"를 제외한 교신을 듣고 보지 못했다고 진술했다. 무책임하게도 검찰은 양측의 주장만 파악했을 뿐, 진위 여부는 판단하지 않았다.

그러나 조타수 조준기는 수사과정에서 무전 교신의 주체는 혼동했지

---

141 해경 함정과 어선, 해경 항공기와 경비함정, 해경 함정끼리 교신할 때 사용하는 무선통신 기기로 단측파대(Single Side Band)를 사용하는 무선통신 방식을 말한다. HF(단파, High Frequency, 30MHz~300MHz)나 MF(중파, Medium Frequency, 300~3000kHz) 대역을 사용하기 때문에 VHF보다 도달거리가 월등히 길다. 세월호 침몰 당시 견습 1등 항해사 신정훈은 SSB를 이용하여 제주운항관리실과 상당 시간 교신한 사실이 있다. 따라서 서해청과 목포서, 출동 중인 함정과 헬기가 SSB를 이용하여 세월호와 교신을 설정했다면, 정확한 세월호 선내 정보를 파악할 수 있었다.

142 2015년 2월 24일 광주고법 법정에서 "유사 넓이인 법정에서 해당부분에 대한 재현 시험을 해 본 결과 충분히 들을 수 있는 환경"으로 판단되었다. 강종철, 『증인신문조서』, 광주고등법원, 2015.2.24, 제2회 공판, 8쪽 인용.

만,[143]당시 상황을 매우 구체적으로 진술하였다. 조타수 조준기의 진술 중 일정한 부분은 강혜성의 진술과 부합하기도 한다.

> 검사 : 그리고 강혜성의 진술에 의하면 당시 10번도 더 승객들을 어떻게 해야 하냐고 조타실에 물어보았는데 대답이 없었다고 하였는데 어떤가요.
>
> 조준기 : **대답을 안 한 것이 아니고 같은 내용으로 지시를 한 것입니다.** 그리고 당시 사무부원 말고도 아르바이트생들도 무전기를 하나씩 가지고 있었으므로 무전이 막 혼동이 되어 알아듣기 힘든 때도 많았습니다. 사무부 쪽의 대부분의 문의는 '승객들 어떻게 하면 좋겠냐'는 것이었고, 김영호 2항사의 답신도 계속 구명조끼 입고 선실에서 대기하라'는 것이었습니다.[144]

조준기의 진술을 근거로 당시 조타실 상황을 종합해 보면, 세월호 침몰 당시 조타실 선원들은 강혜성 등 다른 선원들과 무전 교신을 수차례 진행하였다. 문제는 그것이 승객구조 목적이 아닌 특별한 목적의 교신일 가능성이 높다는 점이다. 선원들은 그 '특별한 목적'을 감추려고 서로 거짓 진술을 한 것으로 판단된다.

세월호 침몰 당시 사용됐었던 무전기(JR-500)는 교신의 상대방과 합의로 채널을 변경하여 비밀 대화할 수 있었다. 세월호 침몰 당시 선원들은 공용 채널 7번을 사용하고 있었으나, 여객부 승무원 강혜성과 사무장 양대홍은 채널 5번을 이용하여 은밀한 대화를 했던 것으로 확인됐다. 교신 내용은 '선사에서 연락이 왔다. 추가 지시가 있을 때까지 구명조끼 입히고 기다려' 였다.[145]

---

143 초기 수사과정에서 조타수 조준기는 무전기를 가지고 교신한 선원이 2등 항해사 김영호가 아니라 1등 항해사 강원식이라고 진술한 사실이 있다.

144 조준기, 『피의자신문조서(제6회)』, 광주지검 목포지청, 2014.5.7, 9쪽.

145 강혜성, 『진술조서』, 광주지방검찰청, 2014.7.11, 6쪽.

조사관 : 진술인이 "해경이 10분 후에 올 예정"이라고 했던 방송은 조타
　　　　실이나 사무장과의 교신에 의해서 알게 된 사실인가요.

강혜성 : 09시 26분경 박지영이 양대홍에게 무전이 왔다고 저에게 무전
　　　　기를 건넸습니다. 그때 양대홍이 "CC"라고 얘기했습니다. CC
　　　　는 저와 사무장과 안현영이 쓰는 은어로서 채널 체인지
　　　　(Channel Change)의 준말로 채널을 5번으로 바꾸라는 의미입
　　　　니다. 5번 채널로 바꿔서 양대홍과 교신이 됐고, 양대홍이 저
　　　　에게 **"나는 지금 조타실인데, 10분 후에 해경 올 거야. 구명조
　　　　끼 입혀. 선사 쪽에서 대기 지시가 왔어. 추가 지시가 있을 때
　　　　까지 구명조끼 입히고 기다려."**라는 말을 했습니다. 원래 사무
　　　　장님은 핵심만 말하는 스타일입니다. 무전 교신이 끝나고 박지
　　　　영에게 무전기를 돌려줄 때는 다시 채널을 7번으로 바꿔서 돌
　　　　려줬습니다.146

　상식적으로 당시 선원들이 승객구조에만 전념했다면 별도 채널을 이용
할 이유가 없었다. 양대홍이 조타실에서 '채널변경(CC)'을 통해 강혜성과
은밀한 교신을 시도했다면, 그것은 '기관부 및 여객영업부 선원들이 문제
의 교신 내용을 듣지 못하게 할 목적이었다'고 의심할 수밖에 없다.

　조금 심하게 말하면 조타실 선원들은 '선사 쪽의 대기 지시'를 따르기
위해, 해경 구조함정의 출동상황과 세월호의 침몰 속도를 저울질하면서
이를 악물고 탈출명령을 지연시켰던 것이다. 선내방송진행자인 강혜성에
게 무전기를 이용해 특별 지시를 내린 것도 그의 자의적인 판단을 견제하
기 위한 의도였다고 판단된다.

　검찰은 수사과정에서 이 부분을 집중하여 수사하지 않았다. 이 사안은
향후 추가 조사를 통해 반드시 진상규명이 돼야만 한다.

---

146 강혜성, 『조사대상자진술조서(2회)』, 4·16세월호 참사 특별조사위원회, 2016.3.16,
　　10~11쪽.

선원들은 몇 차례나 교신했나?

조타실 선원들의 진술을 종합해 보면, 2등 항해사 김영호가 '구명조끼를 입고 선내에서 대기하라'고 양대홍에게 지시했다는 교신 내용만 정확히 일 치한다.[147] 특히 일부 선원들은 '퇴선방송'의 지시와 관련한 부분도 무선교 신을 진행한 사실이 있다고 진술했지만, 재판과정에서 모두 허위로 밝혀 졌다.

조타실 선원들의 진술이 일치하지 않는 상황에서, 세월호 침몰 당시 정 확히 어떤 내용으로 몇 회의 무전기 교신이 있었는지 확인할 방법은 없다. 다만 2등 항해사 김영호는 조타실에서 직접 무전기를 들고 교신했다며 '최 종적으로 3번을 시도하여 2번을 성공했다'고 진술했지만 신뢰할 수 없다.

> 재판장 : 김영호 피고인이 무전기를 그때 사용을 했습니까.
>
> 김영호 : 예.
>
> 재판장 : 언제 사용을 했습니까.
>
> 김영호 : 세 차례 사용했습니다.
>
> 재판장 : 그때 어떻게 상대방에서 응답이 왔습니까.
>
> 김영호 : 응답 2번 했고 그러니까 처음 사고 초기에 라이프자켓을 입고 대기하라고 양대홍 사무장과 통화할 때 수신됐고, 해경정이 10 분 후에 도착한다고 알려줄 때 그때에도 했고, 대답 안 한 것은 마지막 퇴선 지시할 때 그때는 목소리를 못 들었습니다.
>
> 재판장 : 그런데 앞에 두 번 할 때는 양대홍 사무장이 수신했다고 답변 이 있었는데, 마지막에는 답변이 없었다는 그런 말씀인가요.
>
> 김영호 : 처음 불렀는데 아마 말을 안 해가지고 제가 그냥 '승객들 탈출 하세요. 탈출명령하세요. 탈출시키세요.' 반복해서 이렇게 말

---

147 하지만 이 부분도 여객영업부 승무원 강혜성의 진술과는 일치하지 않는다. 만약 조 타실 선원들의 진술이 사실이라면 무전기의 구조상 강혜성이 직접 교신하지 못할 이 유가 없다.

하였습니다.148

　반면 강혜성은 '선내전화와 무전기를 이용해 조타실에 매우 많은 연락을 시도했다'고 상반된 진술을 했다.

- 박지영이 조타실에 선내전화를 이용해 연락을 취했는데, "여자의 흐느끼는 소리만 들었다"고 했다.
- 무전기를 이용해 조타실과 교신을 시도했지만 아무런 응답이 없었다.
- 조타실이 하는 무전 교신을 얼핏 듣긴 들었는데, 구체적인 내용은 기억이 나지 않는다.
- 조타실에서 무전을 하긴 했는데, 어떤 내용으로 누구와 무전을 했는지는 모르겠다.149 150

　하지만 강혜성의 진술 또한 일관성이 없고, 조타실 선원과 이해관계가 있으므로 그의 진술 또한 액면 그대로 믿을 수가 없다.

　이상과 같은 사실을 종합해 보면 '대답을 안 한 것이 아니고 같은 내용으로 (계속) 지시를 한 것'이라는 조타수 조준기의 진술이 오히려 신빙성이 있어 보인다.151

　조타수 조준기 및 여객부 승무원 강혜성의 진술을 종합해 보면, 강혜성 등은 선내전화와 무전기를 이용해 조타실과 매우 많은 교신과 통화를 시도했다. 그중 일부는 교신에 성공했던 것으로 판단된다.

---

148 강종철, 『증인신문조서』, 광주고등법원, 2015.2.24, 제2회 공판, 18~19쪽 인용.
149 강혜성. 『조사대상자진술조서(2회)』, 4·16세월호 참사 특별조사위원회, 2016.3.16, 7~8쪽.
150 김영호, 『피의자신문조서(제6회)』, 광주지검 목포지청, 2014.5.6, 8쪽.
　　김영호도 사무원과 한두 번 교신한 사실이 있다고 진술하였음.
151 조준기, 『피의자신문조서(제6회)』, 광주지검 목포지청, 2014.5.7, 9쪽.

검　사 : 언제까지 영업부에서 승객들을 어떻게 해야 하는지 무전기로
　　　　문의를 하던가요.

조준기 : 해경정이 오기 전까지 들었던 것 같습니다.

검　사 : 해경정이 오기 얼마 전까지 들었던 것인가요.

조준기 : 양사무장이 왔다간 이후에는 못들은 것 같습니다.

검　사 : 피의자는 양대홍 사무장이 와서 뭐라고 말했다고 하였지요.

조준기 : "곧 헬기가 도착하니 걱정하지 말라. 걱정하지 말라"고 하고 내
　　　　려갔습니다.

검　사 : 진도 VTS교신 내용을 보면 09:26경 '1분 후에 헬기 도착 예정
　　　　입니다'라고 되어 있는데 그럼 그 전에 양대홍 사무장이 왔다
　　　　는 것인가요.

조준기 : 네, 그렇습니다.

검　사 : 양대홍 사무장이 왔을 때 헬기 소리가 났요. 나지 않았나요.

조준기 : 아직 헬기 소리가 나기 전이었습니다.[152]

　그러나 선원들은 조사와 수사과정에서 자신들의 책임을 회피하기 위해, 특히 자신들에게 불리한 부분은 모두 부정하였고, 검찰은 이것을 확실하게 밝히지 않았다.

　기관부 선원들은 세월호 침몰 당시 기관실에 2대의 무전기가 비치되어 있던 사실을 시인했다. 다만 교신 음질이 좋지 않아 평소에 사용하지 않았으며, 침몰 당시 상황이 긴급하여 무전기를 기관실에 방치한 채 탈출했다고 진술했다.[153]

　세월호 침몰 당시 기관실 무전기를 책상 위에 둔 것이 사실이라면, 무전

---

152 조준기, 『피의자신문조서(제9회)』, 광주지검 목포지청, 2014.5.12, 18쪽.
153 무전기의 교신 음질은 문제가 없었으므로 이것을 이유로 무전기를 사용하지 않았다는 주장은 사실이 아닐 가능성이 높다. 기관실에 두개의 무전기가 비치된 이유는 업무 진행 방식과 밀접한 관련이 있을 것으로 추정이 된다. 기관원들의 업무는 성격상 설비 수리와 밀접한 관련이 있고, 설비 수리 중 무전기가 없다면 업무 효율이 매우 떨어지는 것을 감안하여, 당직근무자들에게 무전기를 지급했을 것으로 판단된다.

기를 소지하지 않은 상태에서 탈출했을 개연성은 충분하다. 하지만 기관부 선원들이 3층 선원침실 근처에서, 도주를 계획할 당시에도 무전기를 사용하지 않았을 개연성은 오히려 낮다.

세월호 침몰 당일 오전 9시 37분경 조타실 선원들은 진도연안VTS와 교신을 통해, "(앞부분 생략) 옆에 상선들 옆에 거의 50m 근접해 있고, 지금 좌현에, 좌현으로 해가지고 탈출할 수 있는 사람들만 일단 탈출을 시도하고 일단은 방송했는데 지금 그 좌현으로 사실 이동하는 것도 쉽지 않습니다. 지금 그런 상황입니다"라는 교신을 했다.

이 교신이 진행될 당시 승객탈출을 위한 선내방송은 없었다. 좌현으로 탈출을 시도한 사람들은 기관부 선원들이 유일하다. 조타실 선원들은 이 사실을 어떻게 알고 진도VTS와 교신했을까?

이 교신내용은 조타실 선원과 기관실 선원들이 수시로 의사소통을 하고 있었다는 방증이다. 그 방법은 휴대전화와 무전 교신밖에 없었다.[154] 휴대전화의 경우 통화기록이 증거로 남는다는 점을 감안하면, 선원들은 무전기를 이용해 서로가 의사소통했을 것이다.

기관장 박기호는 조타실에서 3층 선원침실 구역으로 이동할 때, 조타실에 있던 무전기(신정훈 및 이준석과 박한결의 무전기 중 1개)를 휴대하고 이동했을 것이다. 이동 중에도 선내 상황을 보고하며 선원침실 근처 복도로 이동한 것으로 판단된다.[155] 이 과정을 단원고 생존 학생 신영진이 목격한 것으로 추정된다. 신영진 학생은 무전기와 관련하여 다음과 같은 진술을 했다.

신영진 : (앞부분 생략) 그리고 제가 S-5 앞에 계속 앉아 있을 때, B-23

---

154 박한결도 기관원들을 지칭하는 것 같다고 진술했다. 박한결, 『피의자신문조서(제5회)』, 광주지검 목포지청, 2014.5.3, 17쪽.
155 실제로 1등 항해사 신정훈의 무전기는 행방이 묘연한 상태이다.

부근에서 누군지 몰라도 어두운 계열의 옷을 입은 남자가 "좌현이 어떻네"라고 하면서 현재 상황을 보고하는 듯한 말을 했습니다. 이것은 제가 정확히 기억하고 있고, 전화가 아닌 무전기였던 것도 확실히 기억하고 있습니다.[156]

검사는 신영진 학생에게 사무장 양대홍의 사진을 보여주며, "이 사람이냐'고 물었지만, 신영진 학생은 "자신이 봤던 사람이 이 분(양대홍)은 아닌 것 같다"고 증언을 했다.

> 검 사 : (별지2. 양대홍 사무장의 사진을 제시하고) 누구인지 알겠나요.
> 신영진 : 모르겠습니다.
> 검 사 : 통로에서 봤던 승무원인가요.
> 신영진 : 어두운 계열의 옷을 입고 있었고 모자를 쓰고 있었는데, 제가 보았던 분은 아닌 것 같습니다.
> 검 사 : 그 남자 승무원은 나중에 어디로 가던가요.
> 신영진 : 자세히 기억나지 않지만 제가 S-5 앞에 있을 때 승무원은 B-23 복도에 있었고 레크레이션 룸 쪽으로 계속 나왔습니다. 그 후로는 기억이 나지 않습니다. 그분이 B-23 부근에서 F-7 방향으로 움직였던 것 같습니다.[157]

혹자는 양대홍이 죽어서도 무전기를 소지했던 점, 시신 수습 당시 검은색 작업복을 입고 있었던 점을 근거로 신영진 학생이 목격한 사람이 사무장 양대홍일 가능성이 있다고 주장했다.[158] 하지만 양대홍의 경우 특이한 용모 때문에 세월호 승선 경험이 있는 사람들은 쉽게 기억하는 경향이 있음에도 신영진 학생이 양대홍이 아니라고 부인한 점, 신영진 학생이 성명 불상의 남자를 만난 시간이 오전 9시 전후라는 점,[159] 세월호 침몰 당시 조

---

156 신영진, 『증인신문조서』, 광주지법, 2014.7.29, 2014고합 살인 등, 3쪽.
157 위와 같음, 5쪽.
158 오준호, 『세월호를 기록하다』, 미지북스, 2015.3.20, 298쪽.

리원 김종임이 양대홍을 만났을 때 그가 하얀색 상의를 입고 있었고 모자를 쓰지 않았다고 진술한 점 등을 감안하면 신영진 학생이 만난 사람을 양대홍이라고 판단하기에는 무리가 있다. 필자는 이 시간에 양대홍은 자신의 침실에 있었던 것으로 추정한다.

반면 이 시간 기관장 박기호는 선원 전용통로를 이용하여 3층 선원침실 근처 복도로 이동하고 있었다. 세월호 선내 CCTV에 녹화된 영상에 따르면 그는 어두운 청색 반팔 상의와 검은색 하의를 입고 있었다. 따라서 신영진 학생이 목격한 사람은 양대홍이 아닌 기관장 박기호일 가능성이 높다.

만약, 신영진 학생이 지목한 사람이 기관장 박기호가 틀림없고, 무전기를 이용해 의사소통을 진행했다면, 기관부 선원들이 3층 선원침실 근처 복도에 머물고 있었더라도 해경의 고무보트 도착시간에 맞추어 '그림 같은' 도주 광경을 연출할 수 있었을 것이다.

"무전기에 교신기록이 남습니까?"

2등 항해사 김영호는 수사과정에서 1등 항해사 신정훈(견습)에게 "무전기 기록이 남는지"를 걱정하며, 도주 당시 무전기를 버리지 않은 것을 후회하는 말을 했다고 한다.

> 조사관 : 마지막으로 하고 싶은 말이 있는가요.
> 신정훈 : 김영호가 밝히지 않은 부분이 많다고 생각합니다. 특히 무전을 사무장과 5번 이상 했는데, 2번만 교신이 됐다고 하는 게 이상하고, 사고 이후 무전기를 자기 동생에게 맡긴 거라든지, "무전기에 기록이 남냐"고 물은 것과 "무전기를 버렸어야 했는데"라고 말했기 때문입니다.

---

159 신영진, 『증인신문조서』, 광주지법, 2014.7.29, 2014고합 살인 등, 9쪽.

조사관 : "무전기를 버렸어야 했는데", "무전기 기록이 남냐?"라는 등의
　　　　 김영호의 말을 언제 들었나요.

신정훈 : 사고 당일 목포해경서에서 조사 끝나고 대기하고 있을 때 김영
　　　　 호가 저런 말을 늘어놓았습니다.[160]

　2등 항해사 김영호가 특별히 무전기 교신내용을 걱정한 이유는 '무전기 사용횟수와 수사기관이 알면 안 되는 교신 내용'이 있었기 때문일 것이다. 이를 통해 추정해 보면 청해진해운은 1등 항해사 강원식으로부터 휴대전화를 통해 세월호 침몰 사실을 접수한 후 선원들에게 특별한 행동지침을 하달했고, 그것은 1등 항해사 강원식과 사무장 양대홍 등을 통해 공유되고 실천되었을 개연성이 높다.

　선사인 청해진해운의 지침 내용은 통화 당사자인 1등 항해사 강원식 등이 진실을 밝히지 않는다면 영원히 묻힐 수밖에 없겠지만, 그중 하나가 '해경의 구조함정이 도착하여 승객을 구조할 때까지 모든 승선객을 세월호 선내에 대기시킬 것'을 지시했을 가능성이 있고, 선원들은 무전기를 이용해 그 내용을 공유했을 것으로 필자는 판단하고 있다.

자료목록

1) 오준호, 『세월호를 기록하다』, 미지북스, 2015.3.20

2) 강종철, 『증인신문조서』(제2회 공판), 광주고등법원, 2015.2.24

3) 강혜성, 『진술조서』, 광주지방검찰청, 2014.7.11

4) 강혜성, 『증인신문조서』(제5회 공판), 광주지방법원, 2014.7.23, 2014고합 180 살인 등

5) 강혜성. 『조사대상자진술조서(2회)』, 4·16세월호참사 특별조사위원회, 2016.3.16

6) 김영호, 『피의자신문조서(제6회)』, 광주지검 목포지청, 2014.5.6

---

160 신정훈, 2016.4.6, 『조사대상자진술조서(2회)』, 세월호 1기 특조위, 23쪽.

7) 박한결, 『피의자신문조서(제5회)』, 광주지검 목포지청, 2014.5.3.

8) 박한결, 『피의자신문조서(제9회)』, 광주지검 목포지청, 2014.5.9

9) 신영진, 『증인신문조서』, 광주지법, 2014.7.29, 2014고합 살인 등

10) 신정훈, 『조사대상자진술조서(2회)』, 4·16세월호참사 특별조사위원회, 2016.4.6

11) 조준기, 『피의자신문조서(제6회)』, 광주지검 목포지청, 2014.5.7

8.
기관부 선원은
부상 동료를 버리고 도주했다

여러 차례 강조했지만 세월호 침몰 당시 선내에 갇힌 승객들이 모두 구조될 수 있는 유일한 길은 '안전한 장소로 대피한 후 해상으로 뛰어내리는 방법' 뿐이었다.

이를 위해 선장과 선원, 구조를 위해 출동했던 해경이 '나가' 또는 '나와'라는 단 한마디 말만 했다면, 모두 구조될 상황이었다. 하지만 그들은 끝까지 이 말만은 하지 않았다. 오히려 선장 이준석 등이 도주하는 순간에도 세월호 외부 스피커에는 "가만히 있으라"는 선내방송이 흐르고 있었고, 승객을 구조하던 해경은 이 방송을 듣고도 아무런 조치를 하지 않았다.

선원들은 승객구조만 포기했던 것이 아니라, 바로 옆에 있는 다른 부서 동료의 목숨마저도 구조하지 않았다. 세월호 침몰 당시 3층 선원침실 근처 복도에서 도주시기를 저울질하고 있던 기관부 선원들은 탈출 도중 부상당한 조리부 승무원 김문익과 이묘희를 발견했다. 그들은 도주 과정에서 두 사람을 그곳에 남겨둔 채 자신들만 안전하게 탈출했다.

당시 김문익과 이묘희는 자력 탈출은 불가능했지만 생존상태였다. 기관부 선원들의 도움만 있었다면 함께 탈출할 수 있었다. 하지만 기관부 선원들은 오직 자기부서 선원들만 챙겨서 도주했다. 수사과정에서 이 사실을 철저히 함구했지만 우연한 기회에 발각되어 법의 심판을 받았다.

구조 의무를 다하지 않은 기관부 선원들

침몰 당시 세월호에는 [표 1-4] '그룹별 희생자 비교 현황'에서 알 수 있듯이 총 33명의 선원이 탑승해 있었다. 그중 5명(비정규직 1명 포함)이 조리부 승무원이었다. 조리부 승무원 또한 선내방송에 따라 침몰 직후 선원식당에서 구조를 기다리고 있다가 사태의 심각성을 인식하고 탈출을 시도했던 것으로 파악된다.

다행히 조리장 최찬열과 조리원 김종임은 탈출에 성공했지만, 나머지 3명은 사망했다. 생존자 김종임은 "비정규직 조리원 구춘미는 탈출은 시도했지만 체력 저하로 탈출을 포기했다"고 진술했다.[161]

하지만 사망한 김문익과 이묘희는 탈출과정에서 심각한 부상을 당한 상태에서 기관부 선원들에게 발견됐다.

김문익과 이묘희가 탈출을 시도한 시간과 이동한 경로는 정확하지 않다. 다만 함께 탈출을 시도한 생존자 김종임의 진술에 따르면, 3층 주방 퇴식구 앞 싱크대 주변에서 5명의 조리부 승무원들은 사고를 당했고, 주방 앞문을 통해 선원식당으로 이동했다. 당시 선내에는 "그 자리에 가만히 있으라"는 선내방송이 있었지만, 주방에 떨어진 식용유 때문에 미끄러워 더 이상 머무를 수가 없었다. 그 때문에 더 높은 곳으로 이동하기 위해 탈출을 시도했다.[162] 하지만 이묘희가 중도에서 "나는 못 올라가겠다, 태희(김종

---

161 조리원 김종임은 "구춘미(비정규직)가 탈출과정에서 탈출을 포기했다"고 진술했다. 김종임, 『공판조서』(제4회 공판 증인신문 조서), 광주지법, 2014.7.22, 2014고합 180 살인 등, 5쪽.

임) 네가 먼저 올라가라"고 하였고, 이때부터 김종임은 단독으로 계속해서 위로 올라갔다고 한다. 이후 이묘희의 행적은 확인되지 않았다. 선원식당 근처에서 계속 탈출을 시도하다 추락하여 부상당했던 것으로 보인다.

김문익의 경우에는 관련자들의 진술이 없어 정확한 이동 경로를 확인할 수 없다. 추락한 위치가 김문익 침실 근처였던 것으로 보아, 그곳에서 탈출을 시도하던 중 추락한 것으로 추정된다.163 김문익과 이묘희가 추락한 추정위치는 [그림 1-12]와 같다.

그림 1-12. 김문익·이묘희 추락 위치(3층 선원침실 복도 근처)

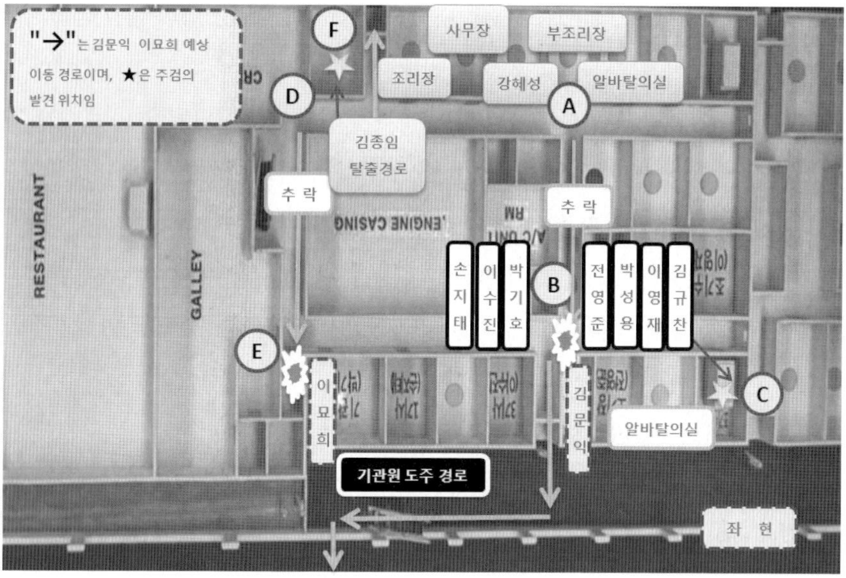

관련자들 진술서를 기초하여 필자 정리.

---

162 김종임, 『공판조서』(제4회 공판 증인신문 조서), 광주지법, 2014.7.22, 2014고합 180 살인 등, 4쪽.

163 김문익이 자신의 침실로 갔던 이유가 구명조끼 또는 귀중품을 가지러 갔는지는 확실하지 않다. 다만 김문익이 주검으로 구조될 당시 구명조끼에 대한 언급은 없으며, 자동차 키를 소지한 상태에서 수습되었다.

당시 기관부 선원들은 탈출 통로를 정면으로 하여 우측엔 조기수들이, 좌측엔 사관들이 위치해 있었다. 김문익은 [그림 1-12]의 A지점에서 추락하여 조기수(操機手, 배의 기관을 조종하는 선원) 전영준 등이 대기하던 B지점으로 추락한 것으로 추정된다. 김문익의 주검은 C지점에서 발견됐다.

이묘희는 D지점에서 추락하여 1등 기관사164 손지태가 있는 곳에서 멀지 않은 E지점으로 추락한 것으로 추정된다. 주검은 F지점에서 발견됐다.

기관부 선원들은 약 90cm 정도에 이르는 통로를 사이에 두고 동일시간대 동일 장소에 대기하고 있었다. 김문익과 이묘희가 추락하는 것을 모두 비슷한 시간대에 목격했다고 보는 것이 논리적으로 옳다. 하지만 기관부 선원들은 수사 및 재판과정에서, 모두 자신들이 대기하고 있던 곳으로 추락한 장면만 목격 사실을 인정했고 반대편 상황은 알지 못한다고 진술했다.

이 진술 부분은 기관부 선원들의 형사책임과 밀접한 관계가 있다. 그들이 같은 시간 같은 공간에 대기하고 있었다 하더라도 자신들의 범죄행위를 감추기 위하여 모두 '모르쇠'로 일관했다고 본다. 사건 현장에는 오직 기관부 선원밖에 없었고, 선원들의 진술을 반증할만한 물적 증거와 목격자도 전혀 없다. 재판부는 오직 기관부 선원들의 진술을 토대로 법적 판단을 할 수밖에 없는 상황이었다.165

따라서 실제 피해자들이 부상당한 정확한 시간과 부상 정도는 기관부 선원들이 탈출한 시점을 기준으로 추정할 수밖에 없다. 기관부 선원들은 자신들이 탈출하기 3~5분 전(박기호),166 5~6분 전(손지태, 이영재), 10분

---

164 기관사는 해기사 시험에 합격하여 기관사 면허를 취득한 사람이다. 선박에 선박직원으로 승선하기 위해서는 한국해양수산연수원에서 시행하는 해기사시험에 합격하고, 면허를 취득하여야 한다. 해기사에는 기관사, 소형선박조종사, 운항사, 통신사, 항해사가 포함된다.
165 기관부 선원들은 초기 수사과정에서 의도적으로 이 부분을 숨겼고, 2014년 5월 12일경 검찰의 수사가 마무리 되는 시점에 우연히 알게 되어 재판의 쟁점사항이 되었다.
166 박기호, 『공판조서』(제19회 공판 피고인신문 조서), 광주지법, 2014.9.30, 2014고합 180 살인 등, 90쪽.

전(박성용)167에 피해자들이 굴러 떨어지는 것을 목격했다고 진술했다.168

기관부 선원들이 해경의 고무단정에 탑승하기 시작한 정확한 시간은 오전 9시 39분 2초경이다. 이때부터 10분 전이란 시간은 511호 헬기가 막 도착한 시점이고, 해경 함정의 출동 정보를 독점한 사무장 양대홍이 선원들만 탈출을 독려한 시점이다. 김문익과 이묘희도 이 시간을 전후해서 사무장 양대홍의 권고에 따라 마지막 탈출을 시도했을 가능성이 높다.

기관장 박기호는 재판과정에서 '피해자 김문익과 이묘희가 조리부 승무원들이기 때문에 이들에 대한 법률상, 조리(條理)169상 구호의무를 부담하지 않는다'고 주장했다.170

하지만 1심 재판부는 "항해 중 비상상황 발생 시 인명구조를 최우선으로 해야 한다는 원칙은 선원이라면 당연히 알고 지켜야 할 선원의 상무에 해당하고, 비록 법률에서 이를 규정하고 있지 않다고 하더라도 인명을 구조해야 한다는 의무는 조리상(條理)에 의무에 해당하므로, 박기호는 김문익과 이묘희가 부상을 당하여 자신이 있던 곳 근처에서 쓰러져 있는 것을 알았다면 이들을 구조해야 할 작위 의무를 부담한다"고 판단했다.171

---

167 박성용, 『피의자신문조서(제3회)』, 광주지방검찰청 목포지청, 2014.5.13, 13쪽.
168 소위 "오랜지 맨"이라 불렸던 김규찬은 끝까지 이 사건에 대해서 모른다고 진술했으며, 조기장 전영준의 경우에는 2014년 5월 13일 검찰 6회 진술에서 일정 부분 인정을 했지만, 이후 피고인 신문 과정에서 전혀 모르는 사실이라고 100% 부인했다.
169 조리란 많은 사람들이 승인하는 공동생활의 원리인 도리(道理)이며, 사회통념, 선량한 풍속 기타 사회질서, 신의성실의 원칙이라는 말로 표현되기도 한다.
170 광주지방법원 판결, 2014.11.11, 2014고합 180 살인 등(2014고합 384 병합), 제11형사부, 108쪽.
171 광주지방법원 판결, 2014.11.11, 2014고합 180 살인 등(2014고합 384 병합), 제11형사부, 109쪽.

김문익과 이묘희의 부상상태는 어느 정도였나?

이묘희가 추락한 장소는 불과 몇 분 전 기관장 박기호가 조타실에서 내려오면서 같은 형태로 넘어졌던 곳으로 추정된다.

- 3등 기관사 이수진
  그때 머리부터 떨어졌는데, 떨어지는 수준이 아니라 날아온 것처럼 머리부터 부딪쳐서 제가 너무 놀라서 자세히 안 봤습니다. 그런데 머리에서 피가 나고 의식이 없었습니다.[172]

- 기관장 박기호
  뭔가 쿵쿵 하기에 제가 '이건 뭐요'라고 하니까 손지태가 '주방 아주머니가 저기 와서 부딪혔다'고 했다.[173]

- 1등 기관사 손지태
  갑자기 "악" 여자 목소리가 나서 쳐다보았더니, 기관장 침실과 주방 사이 통로로 여자(이묘희)가 굴러 와서는 벽에 부딪혔다.[174]

- 조기수 이영재
  저희가 배에서 탈출하기 약 5분 전에 갑자기 객실과 연결된 복도에서 "우당탕"하는 소리가 들리더니 조리부에서 일하던 남자 쿡(조리수)이 굴러 와서는 조기장 전영준 앞에 있던 전기창고에 부딪쳐 쓰러졌고, 그와 동시에 기관장과 사관들이 있던 객실 앞쪽으로 조리부에서 일하던 여자가 굴러 와서는 기관장 침실과 주방 냉장고 사이에 있던 벽에 부딪쳐 쓰러졌습니다.[175]

이묘희가 거동이 불가능할 정도의 심한 부상을 당했던 것은 틀림없겠지만, 실신 상태였다는 기관부 선원들의 진술은 과장되었을 개연성이 매우

---

172 이수진, 『공판조서』(제14회 공판 피고인신문 조서), 광주지법, 2014.9.3, 2014고합 180 살인 등, 13쪽.
173 박기호, 『공판조서』(제19회 공판 피고인신문 조서), 광주지법, 2014.9.30, 2014고합 180 살인 등, 92쪽.
174 손지태, 『피의자신문조서(제6회)』, 광주지방검찰청 목포지청, 2014.5.13, 2쪽.
175 이영재, 『피의자신문조서(제5회)』, 광주지방검찰청 목포지청, 2014.5.12, 3쪽.

높다. 기관장 박기호와 기관부 선원들이 책임을 면하기 위해서 '이미 사망한 상태'였다고 허위진술을 모의했을 가능성이 크기 때문이다.

단언컨대 김문익과 이묘희는 기관부 선원들이 도주한 시점까지는 분명히 살아 있었다.[176] 검찰에서 이 사건을 최초로 진술한 조기수 이영재는 '자신이 탈출할 때 김문익이 신음을 내고 있었으며',[177] 이묘희의 경우에도 '1기사 손지태가 그 여자에게 다가가 몸을 주물러 주었고, 그 여자는 깨어나서 벽에 기대고 앉아 있었다'고 진술했다. 그런 점에서 이묘희와 김문익은 적어도 기관부 선원들이 탈출한 시점까지는 틀림없이 생존해 있었을 것으로 판단된다.[178]

1심 재판부도 다음과 같은 이유를 들어 기관실 선원들이 도주할 당시 이묘희가 생존해 있었다고 판단했다.

- 기관장 박기호를 제외한 대부분의 선원들은 수사기관 및 피고인 신문 과정에서 이묘희가 살아 있었다는 취지로 진술했다.
- 박기호가 손지태에게 뇌진탕이 온 것 같으니까 피해자 이묘희를 주물러 주라고 얘기했다.
- 피해자 이묘희가 허리가 아프다는 식으로 말을 하자 박기호는 손지태에게 구명동의 가져다주라고 지시했다.
- 선원들의 진술 어디에도 이묘희가 사망했다는 보고가 없다.

또한 1심 재판부는 김문익에 대해서도 살아 있었다고 판단했다.

- 조기수 박성용이 김문익의 양 어깨 사이로 팔을 넣어 들어 올렸을 때 김문익의 머리에 피가 나는 것을 발견하여 박기호에게 이를 알렸고,

---

176 광주지방법원 판결, 2014.11.11, 2014고합 180 살인 등(2014고합 384 병합), 제11형사부, 110쪽.

177 이영재, 『피의자신문조서(제5회)』, 광주지방검찰청 목포지청, 2014.5.12, 5쪽.

178 위와 같음, 5쪽.

박기호는 피가 나면 높은 곳에 눕히면 안 된다고 말을 했다.

- 기관부 선원들 중 피해자가 김문익의 맥박이나 호흡을 확인한 뒤에 피고인 박기호에게 김문익이 사망했다고 이야기한 사람이 없다.

- 박성용이 피고인 신문에서 김문익을 들어 올렸을 때 옷에 묻을 정도로 피가 많이 났던 것은 아니라고 진술하였다.

- 김문익의 검시 결과에서도 특별한 외상은 관찰되지 않았다며 김문익 또한 생존상태에 있었다고 판단했다.[179]

이러한 판단에 기초해 1심 법원은 박기호에게 살인죄를 적용하였다.

피고인 박기호가 세월호의 선원으로서 피해자 김문익, 이묘희를 구할 조리(條理)상의 작위 의무가 있고, 피고인 박기호는 기관장으로서 3층 객실 복도에서 대기하고 있던 기관부 선원들을 지휘하여 피해자 김문익, 이묘희를 구조할 수 있는 지위에 있었다. 또한, 피고인 박기호는 세월호가 복원성을 상실하여 침몰하고 있음을 인식하고 있었고, 위 피해자들을 즉시 구조하지 않으면 피해자들이 부상당한 상태에서 침몰하는 세월호에서 빠져나오지 못하게 됨으로써 사망하게 된다는 점을 인식하였다.

결국 피고인 박기호는 위 피해자들을 충분히 구조할 수 있었음에도 불구하고 부상을 당하여 쓰러져 있는 위 피해자들을 침몰하고 있는 세월호에 그대로 남겨두고 자리를 벗어나 위 피해자들이 익사하게 되었는바, 피고인 박기호의 행위는 살인의 실행행위와 동일하게 평가될 수 있다고 할 것이므로, 피고인 박기호는 위 피해자들에 대한 살인죄의 죄책을 진다.[180]

하지만 2심 법원은 기관장 박기호에게 무죄를 선고했다. 항소심 법원의 선고 이유는 다음과 같다.

179 2심 재판부의 경우에도 비록 박기호에게 살인죄에 대한 무죄를 선고하긴 했지만, 이는 박기호에게 살인의 책임이 부인되었다는 내용이지 피해자들이 이들이 도주할 당시 이미 사망했다고 판단한 취지는 아니었던 것으로 판단이 된다.
180 광주지방법원 판결, 2014.11.11, 2014고합 180 살인 등(2014고합 384 병합), 제11형사부, 110~111쪽.

범죄구성요건의 주관적 요소로서 미필적 고의가 있었다고 하려면, 범죄사실의 발생 가능성에 대한 인식이 있음은 물론 나아가 범죄사실이 발생할 위험을 용인하는 내심의 의사가 있어야 하며, 그 행위자가 범죄사실이 발생할 가능성을 용인하고 있었는지의 여부는 행위자의 진술에 의존하지 아니하고 외부에 나타난 행위의 형태와 행위의 상황 등 구체적인 사정을 기초로 하여 일반인의 당해 범죄사실이 발생할 가능성을 어떻게 평가할 것인가를 고려하면서 행위자의 입장에서 그 심리상태를 추인하여야 하는데, 검사가 제출한 증거만으로 피고인 박기호에게 자신의 행위로 인하여 피해자 김문익, 이묘희가 사망에 이를 수도 있다는 가능성을 인식한 것을 넘어서 이를 용인하는 내심의 의사까지 있었다고 단정하기 어렵고 달리 이를 인정할 만한 증거가 없다.[181]

2심 법원의 판단은 피고인 박기호에 대한 살인죄 적용에 대하여 검사가 입증하지 못했다는 의미이지 기관부 선원들이 도주할 당시 김문익과 이묘희가 사망했다고 판단을 한 것은 아니다.

기관부 선원들은 누구도 구조할 의사가 없었다

기관부 선원들은 이묘희와 김문익의 추락 상황을 목격한 즉시, 정확한 상황파악과 함께 적절한 응급조치를 신속하게 했어야 한다. 또한, 선내전화 및 휴대전화 등을 이용하여 조타실 및 여객안내실 또는 해경에 연락하여, 그들이 피해자들을 신속하게 구조할 수 있도록 적절한 조치를 취했어야 한다. 최악의 경우 이묘희와 김문익을 부축하여 함께 탈출을 시도할 수도 있었다.

하지만 기관부 선원들은 두 사람을 위한 구조조치는 아무것도 하지 않았다. 기관부 선원들이 두 사람에게 했던 구조조치는 다음과 같다.

---

181 광주고등법원 판결, 2015.4.28, 2014 노 490 살인 등, 제5형사부, 45쪽.

- 박성용은 김문익의 부상 상태를 확인한 후, 쓰러져 있던 김문익을 조기장 전영준의 방 앞으로 눕혀 놓았다.[182]
- 기관장 박기호는 김문익에 대하여 "머리에 피를 흘리는 것으로 보아 뇌에 충격을 받았을 수 있으니 머리를 높게 하지 마라"[183]고 지시했으며 조기수들은 이 지시에 따랐다.
- 1등 기관사 손지태는 이묘희의 머리를 반듯하게 해주고, 벽에 기대게 한 뒤 구명조끼를 가져다주었다.[184]

조사과정에서 선원들은 자신의 책임을 경감시키기 위해 거짓 진술을 했다. 특히 1등 기관사 손지태는 다음과 같이 거짓 진술을 했다.

> 직원들을 밑으로 안전하게 옮기려면 최소한 들것과 몸을 묶을 수 있는 로프 같은 것이 있어야 되겠다는 생각이 머릿속에 남아있었고, 그 짧은 와중에 암만 생각을 해봐도 들것을 어디에 가서 찾아야 할지 모르겠고, 로프는 기관실로 내려가야 하는데 못 내려가고, 그래서 제 방에 있는 침대보 4장을 서로 연결하면 한 6미터는 나올 것 같아서 그걸 들고 나오려고 마음을 먹었는데, 기관장이 '지금 들어가면 못 나올 수가 있다.'라고 하면서 제지하여 더 이상 구조를 진행하지 않았다.[185]

하지만 이 진술이 거짓이라는 사실은 3등 기관사 이수진의 진술에 의해 명백하게 판명되었다.

> 검 사 : (손지태가 선실에 가서 매트리스를 가져오겠다는 진술을 듣지 못했다고 하며) 그에 대해 박기호가 '내려가지 마라, 지금 내려

---

182 이영재, 『피의자신문조서(제5회)』, 광주지방검찰청 목포지청, 2014.5.12, 4쪽.
183 박성용, 『피의자신문조서(제3회)』, 광주지방검찰청 목포지청, 2014.5.13, 13쪽.
184 손지태, 『피의자신문조서(제6회)』, 광주지방검찰청 목포지청, 2014.5.13, 3쪽; 손지태, 『공판조서』(제13회 공판 피고인신문 조서), 광주지법, 2014.9.2, 2014고합 180 살인 등, 37쪽.
185 손지태, 『공판조서』(제13회 공판 피고인신문 조서), 광주지법, 2014.9.2, 2014고합 180 살인 등, 38쪽.

가면 못 올라올 수 있다'라고 이야기하는 것도 못 들었나요.

이수진 : '내려가지 마라, 지금 내려가면 못 올라올 수 있다'는 것은 다른 이야기를 할 때 하셨던 것 같습니다.

검　사 : 다른 이야기라면 어떤 이야기를 말하나요.

이수진 : 그때 기관장님이 반팔을 입고 있었는데, "혹시 바다에 빠지면 저체온증 되는 것 아니냐. 방에서 들어가 입을 것을 가져오겠다"고 하니까 기관장님이 "들어가면 못 나온다. 괜찮다."라고 하셨습니다. 그래도 1기사님이 계속 "제가 한번 들어갔다 오겠다."고 하니까, 그때 저도 "들어가지 마세요. 들어가면 못 나올 것 같아요"라고 말한 적이 있습니다.[186]

세월호 침몰 당시 이묘희와 함께 탈출했던 김종임은 자신이 탈출하는 과정의 먼발치에서 기관부 선원들을 만났으며, 그들에게 "어떻게 나가야 되느냐"고 물었다고 진술했다. 하지만 박기호는 "내가, 기관장이 조리부까지 어떻게 신경 쓰느냐"고 하면서 짜증을 냈다고 한다.[187]

1심과 항소심의 판단 결과를 종합해 보면, 기관장 박기호가 김종임, 이묘희, 김문익을 구조할 의무가 있었다는 점은 재론의 여지가 없다. 그렇다면 설사 해경의 구조함정 도착 정보를 몰랐다고 하더라도, 박기호는 김종임의 물음에 답할 의무가 분명히 있었다.[188] 하지만 박기호는 '여기서 함께 기다리자' 또는 '위층으로 올라가라'라는 등의 대답을 했어야 하지만, '기관장이 조리부까지 어떻게 신경 쓰느냐'며 짜증만 냈다.

아주 인간적인 측면에서 본다면, 해경의 구조에 대한 확신이 없었다면

---

186 이수진, 『공판조서』(제14회 공판 피고인신문 조서), 광주지법, 2014.9.3, 2014고합 180 살인 등, 14쪽.

187 김종임, 『공판조서』(제4회 공판 증인신문 조서), 광주지법, 2014.7.22, 2014고합 180 살인 등, 5~6쪽, 14쪽.

188 결국 김종임은 목숨을 걸고 반대편으로 기어 올라가서 헬기를 타고 탈출을 했다. 만약, 그들이 누군가를 구조할 의사가 있었다면 같이 기다리자고 제안을 했거나 함께 위층으로 이동하는 것이 상식이다.

기관부 선원들은 3층 복도에서 배가 가라앉기를 기다리다 3층 갑판으로 탈출할 것이 아니라, 최대한 바다와 멀어지는 최상층으로 이동했어야 한다.

100% 생존에 대한 확신이 없는 상태에서 무작정 해상으로 뛰어들 수는 없는 것이고, 오히려 선박에서 최대한 시간을 벌면서 구조를 기다리는 것이 논리적이기 때문이다.

하지만 기관부 선원들은 3층 갑판으로 나가는 통로 앞에서 동료 선원들의 목숨은 외면한 채, 맥주를 마시고 담배를 피우면서 도주시기를 저울질했다. 그들은 해경의 고무단정이 도착하는 시점을 정확히 예측하여 탈출을 시도했고 무난히 성공했다. 명백히 구조를 외면한 범죄행위였다.

그들은 상호 간 공범 관계에 있던 관계로 탈출 전의 범죄행위에 대하여 서로 함구하기로 결의했다. 그리고 수사 및 재판과정에서 '모르쇠'로 일관했고, 그 결과 살인의 법적 책임을 면했다.

▨ 자료목록

1) 김종임, 『공판조서』(제4회 공판 증인신문 조서), 광주지법, 2014.7.22, 2014고합 180 살인 등

2) 박기호, 『피의자신문조서(제10회)』, 광주지방검찰청 목포지청, 2014.5.13

3) 박기호, 『공판조서』(제19회 공판 피고인신문 조서), 광주지법, 2014.9.30, 2014고합 180 살인 등

4) 박성용, 『피의자신문조서(제3회)』, 광주지방검찰청 목포지청, 2014.5.13

5) 손지태, 『피의자신문조서(제6회)』, 광주지방검찰청 목포지청, 2014.5.13

6) 손지태, 『공판조서』(제13회 공판 피고인신문 조서), 광주지법, 2014.9.2, 2014고합 180 살인 등

7) 이영재, 『피의자신문조서(제5회)』, 광주지방검찰청 목포지청, 2014.5.12

8) 이영재, 『피의자신문조서(제6회)』, 광주지방검찰청 목포지청, 2014.5.13

9) 이영재, 『공판조서』(제14회 공판 피고인신문 조서), 광주지법, 2014.9.3, 2014고합 180

살인 등

10) 전영준, 『피의자신문조서(제6회)』, 광주지방검찰청 목포지청, 2014.5.13

11) 전영준, 『공판조서』(제16회 공판 피고인신문 조서), 광주지법, 2014.9.17, 2014고합 180 살인 등

12) 이수진, 『공판조서』(제14회 공판 피고인신문 조서), 광주지법, 2014.9.3, 2014고합 180 살인 등

13) 광주지방법원 판결, 2014.11.11, 2014고합 180 살인 등(2014고합 384 병합), 제11형사부

14) 광주고등법원 판결, 2015.4.28, 2014 노 490 살인 등, 제5형사부

제2장

세월호 선원들의 거짓말에는
배후가 있다

1.
침몰 당시 기관장은
조타실에서 무엇을 했을까?

세월호 침몰 당시 선원들의 도주 행위에 대한 사법적 판단은 모두 완료됐다. 유감스럽게도 검찰은 당시 도주 선원의 정확한 행적을 밝혀내지 못했다.

세월호 침몰 사건은 이른 아침 망망대해에서 발생했기 때문에 목격자와 물적 증거가 전혀 없는 상태에서 오로지 피의자들의 '입'에 의존하여 수사가 진행됐다. 그 결과 진실을 완벽하게 밝히는 데는 근본적인 한계가 있었다. 그렇지만 2014년 6월 22일 세월호 선내에 설치된 CCTV의 저장장치인 DVR이 발견됐고, 선체조사위원회의 과학적 검증이 어느 정도 완료된 시점에서 검찰의 수사결과를 재평가할 필요가 있다.

수사 당시 검찰은 침몰 직후 조타실 선원들의 이동 동선을 조사하여 「세월호 사건 경과」라는 수사보고서를 작성하여 재판 진행의 보조자료로 활용했다. 현시점에서 보면 이 수사보고서는 허점이 많아 누구도 신뢰할 수 없는 문서로 전락하고 말았다.[1] 이 사건의 열쇠를 쥐고 있는 선장 이준석

---

[1] 광주지방검찰청, 『수사보고서(세월호 사건 경과)』, 2014.6.3.

과 기관장 박기호의 진술이 명확한 허위였다는 사실이 드러났기 때문이다.

특히 문제의 수사보고서는 기관장 박기호의 이동 동선을 합리적으로 입증하지 못했다. 일부 시간이 수사에서 누락된 사실도 발견됐다. 또한 선원들의 진술만 믿고 엔진 정지 시간을 약 6분 정도 더 늦게 잘못 특정한 사실도 확인됐다.

따라서 선원들에 대한 사법처리가 모두 끝났다 하더라도 진상규명 차원에서 잘못된 부분에 대한 재조사는 필수적인 조치이다. 그들이 당시 왜 잘못된 진술 혹은 허위 진술을 했는지 명확히 밝힐 필요가 있는 것이다.

세월호 침몰 당시 기관장 박기호의 업무

기관장(chief engineer)은 기관부2 전반에 관한 책임과 의무를 가지며, 기관의 안전운용과 선박 운항에 관하여 선장을 보좌 및 협조할 의무가 있다. 따라서 세월호 침몰 당시 기관장이던 박기호는 주기관을3 비롯한 보조기관4 및 각 보조기기에5 대한 총괄 관리 업무를 책임진 선원이었다.

박기호는 2001년 9월 3일 청해진해운에 입사하여 춘향호 기관장으로 근무했다. 2003년 3월 오하마나호 도입 당시부터 그곳에서 기관장으로 근무한 경험 많은 선원이다. 특히 2013년 8월과 2014년 1월 세월호에 승선해 항해 중 세월호 침몰 사건과 유사한 사고를 이미 경험한 바 있다.

---

2 선박 기관의 정비 · 운전, 연료의 보관 · 사용 및 기관부 소관 선용품의 정비 · 보관 등을 관장하는 부서. 기관부의 인적 구성은 기관장, 1등, 2등, 3등 기관사, 조기장, 기관수 등으로 되어 있다.
3 주기관은 선체를 움직일 수 있는 동력을 가진 기기를 말한다.
4 보조기관은 발전기를 의미하며, 각 기기들이 기동을 할 수 있는 전기를 공급하는 기기를 말한다.
5 보조기기는 보일러 및 각 펌프, 조타기, 스테빌라이저(해상상태가 좋지 않거나 선체가 선회할 때 기울림을 방지해 줄 수 있는 기기), 비상발전기 등을 의미한다.

기관장의 업무는 평시 업무와 비상시 업무로 구분된다. 평시 기관장의 업무는 출항 1시간 전에 기관 제어실 및 조타실에 있는 주기관 및 관련 장비를 확인하여 이상 여부를 확인하고, 기계들의 정상작동 상태 여부를 파악하여 조타실 및 선장에게 보고하는 일이다.[6]

반면 박기호 기관장이 조타실에 있을 때 세월호 침몰이라는 비상상황이 발생했다면 당연히 다음과 같은 조치를 했어야 한다.

- 최대한 신속하게 선박의 조타시스템을 육안으로 확인할 것
- 3등 항해사 박한결로 하여금 선장에게 최대한 빨리 상황을 보고토록 조치할 것
- 선장 이준석과 1등 항해사 강원식이 빨리 조타실로 오도록 하고, 기관실로 전화하여 엔진과 발전기의 상태를 확인할 것
- 최대한 신속하게 1등 기관사 손지태와 기관부 선원들을 기관실로 내려보내서 정확한 상황을 파악하도록 조치하고, 선장 및 1항사 등과 협의하여 '선박이 살아날 수 있는지', 'dead ship이[7] 될 가능성이 높은지'를 판단하고, 모든 수단을 동원하여 배를 살리려고 노력할 것[8]

하지만 박기호는 기관장에게 당연히 요구된 행위를 전혀 실행하지 않았다.

---

6 박기호, 『피의자신문조서(제2회)』, 목포해양경찰서, 2014.4.24, 7쪽.
7 "Dead Ship condition"이란 전체 기계장치(주추진기관, 보일러, 보조기기)가 작동하지 않는 상태 및 이를 살리기 위한 전원(배터리)/ 압축공기 역시 없는 상태를 말한다. 그러나 시동을 위한 비상 발전기(emergency diesel generator)는 가동 가능한 상태를 말한다.
8 실제 항해경험이 풍부한 항해사 및 기관장 출신 선원들을 면담하여 도출한 결과이다.

기관장이 조타실에서 선장과 함께 있었던 시간 - 2분 25초

당초 세월호는 2014년 4월 15일 오후 6시경 출항하기로 예정되어 있었다. 짙은 안개 때문에 출항이 지연되다가 오후 9시경 출항했다.

박기호는 출항 당시 '기관실에서 당직자들이 근무에 임하는 것을 확인하고 오후 10시 30분경 기관실에서 나와 3층 침실에서 대기 및 휴식을 취했다'고 한다. 또한 오후 11시 30분경부터 2등 기관사가 공석이었던 관계로 기관실 알람 시스템을 기관장의 침실로 전환해 놓고, 당직 근무자 조기수 김규찬에게 '이상이 있으면 즉시 연락하라'고 지시하고 이후에노 자신의 침실에서 대기했다.9

다음날 아침 8시 37분경, 그는 침실에 있다가 선장의 호출을 받고 조타실로 올라갔다. 당시 조타실에는 선장 이준석과 항해 당직을 서고 있던 3등 항해사 박한결과 조타수 조준기가 재선해 있었다. 그는 당시 상황을 다음과 같이 진술했다.

> "선장님 제주에는 몇 시에 도착합니까"라고 물으니 "늦게 출항해서 약 12:00경에나 도착할 거다"는 이야기를 하였습니다. 그리고 조타실 뒤쪽에 커피를 마시려고 물 끓이는 주전자에 전원을 올렸고 커피를 컵에 타놓고 조타실에서 밖에 바다를 보며 서 있었습니다. 그렇게 바다를 보며 "오늘 정말 날씨 좋다" 생각하며 바다를 바라보다 조타실 뒤쪽에 가서 주전자 물을 부어 커피를 타서 다시 조타실 앞 창쪽에 와서 커피를 마시면서 조타실 내에 있는 각 장비 판넬 게이지를 살펴본 후 "선장님" 하고 부르니 아무런 대답이 없었습니다.10

그러나 이 진술은 완벽한 거짓말이다. 세월호 침몰 직전 조타실 입구에 설치된 CCTV 영상을 분석한 결과, 박기호의 진술은 당시 실제 상황과 전

---

9 박기호, 『피의자신문조서(제2회)』, 목포해양경찰서, 2014.4.24, 8쪽.
10 위와 같음.

혀 일치하지 않았다. 다시 생각할 가치도 없는 허위진술일 뿐이다.([표 2-1] 참조).[11]

표 2-1. 세월호 침몰 직전 기관장 박기호의 조타실 입출(入出) 내용

구 분	체류 장소	조타실 입 장	조타실 퇴 장	체 류 시 간	이 동 동 선	비고
선 장 이준석	조타실	7:22:08	7:48:32	0:26:24	조타실 ↔ 선장침실	
		8:20:36	8:24:25	0:03:49	조타실 ↔ 선장침실	
기관장 박기호	조타실	8:21:50	8:22:44	0:00:54	조타실 → 좌현 선수 브릿지	
	좌현 브릿지	8:22:44	8:22:54	0:00:10	**좌현 선수 브릿지 → 조타실**	
	조타실	8:22:54	8:27:02	0:04:08	조타실 → 선장침실 쪽으로 (종이컵 들고 나감)	
		8:28:04	이후 사고 발생 시 까지 조타실 체류 추정		선장침실 쪽에서 → 조타실로(종이컵 들고 들어옴)	
선장 이준석과 기관장 박기호가 조타실에서 함께 있던 시간		8:21:50	8:22:44	0:00:54		
		8:22:54	8:24:25	0:01:31		
		계		0:02:25		
특기사항		CCTV 기준 시간이며, 실제 시간은 + 16분 39초 한 시간임				

세월호 선내 CCTV 화면을 기준으로 필자 정리.

CCTV 영상을 통해 박기호의 동선을 확인해보면, 그는 오전 8시 37분 50초경(실시간 기준) 조타실로 올라와 약 54초를 머문 후 8시 38분 44초경 좌현 선수 브릿지로 나갔다가 10초 후에 조타실로 돌아온 것으로 확인됐다.

좌현 선수 브릿지로 나간 박기호가 조타실로 돌아온 뒤 1분 31초 뒤에는 선장 이준석이 침실로 돌아가 버린다. 그리고 정확히 2분 37초 뒤 박기호는 오른손에 종이컵을 들고 조타실에서 약 3~4m 거리에 있는 선장 방 쪽으로 사라졌다가 1분 2초 뒤에 다시 조타실로 돌아왔다.

---

11 세월호 조타실에는 선원 전용통로를 이용 조타실로 들어가는 부근과 좌현 윙브릿지 부근에 CCTV가 설치되어 있다.

따라서 박기호가 조타실로 올라와 이준석과 함께 있던 시간은 정확히 2분 25초(54초 + 1분 31초) 정도이며, 그의 동선은 자신의 진술과 전혀 부합하지 않는다.

박기호는 왜 그 시간에 조타실로 올라갔고, 무슨 이유로 자신의 동선에 대해 허위진술을 한 것일까? 박기호는 자신이 조타실로 올라간 이유를 여러 차례 진술했다.

- 2014. 4. 16.
  - -. 08:30경 선장 이준석이 "맹골수도 통과시 기관장이 브릿지에 있었으면 좋겠다"는 지시를 받고 올라와서 브릿지에서 근무했다.[12]
  - -. 비상시에 엔진을 정지하거나 속력을 가감하기 위하여 조타실에 있는 주기관 컨트롤 레버를 조정하기 위해 기관장이 조타실에서 근무하는 것이며, 그 날도 선장의 올라오라는 지시가 있어 올라갔다.[13]

- 2014. 4. 20.
  08:30경 순찰을 한 바퀴 돌고 기관실 침실에 있는데, 선장 이준석으로 부터 침실 전화로 "병풍도 수로를 통과할 예정이니 브릿지에 와서 필요시 주기관을 사용할 수 있도록 조치하라"는 지시를 받고 조타실로 올라갔다.[14]

- 2014. 4. 25.
  공조기실을 한번 둘러보고 침실에 왔는데, 08:25경 선장한테 연락이 와서 "기관장 맹골수도를 통과하는데 올라와(주기관 엔진 조종기 조작)"해서 조타실로 08:30경에 올라갔다.[15]

---

12 박기호, 『(자필)진술서(간이공통)』, 목포해양경찰서, 2014.4.16, 2쪽.
13 박기호, 『진술조서(참고인, 기관장)』, 목포해양경찰서, 2014.4.16, 3쪽.
14 박기호, 『피의자신문조서』, 목포해양경찰서, 2014.4.20, 5쪽.
15 박기호, 『피의자신문조서(제3회)』, 목포해양경찰서, 2014.4.25, 3쪽.

- 2014. 4. 29.
  이준석과 12년 이상 함께 일해서 간혹 영종도와 팔미도 사이이거나 맹골수도에 안개가 끼어 있을 때 조타실로 올라오라고 한 적이 많이 있다.[16]

- 2014. 5. 2.
  저는 분명히 선장 이준석이 저에게 "브릿지에 올라와 봐"라고 전화를 듣고 조타실에 올라갔습니다. 그리고 선장님은 배의 최고 관리자이며 총괄자이지만 저는 기관총괄 책임자 신분으로 브릿지이던 기관실이던 순찰이나 점검이던 관리를 해야 할 권한과 의무가 있기 때문에 저는 기관이 작동하고 있는 브릿지나 어디든 갈 수가 있다고 생각한다.[17]

그런데 그의 초기 진술은 조사할 때마다 내용이 달랐다. 진실이 뭔지 재조사하기 전까지는 정확하게 알 길이 없다. 다만 CCTV 영상 분석을 통해 합리적인 추론은 가능하다.

그의 진술대로 만약 선장이 기관장과 '커피를 함께 마시기 위하여' 호출했다면 함께 커피를 마셨을 것이다. 맹골수도가 협수로였던 관계로 기관장을 호출했다면 선장도 계속해서 조타실을 지켜야 정상이다. 하지만 CCTV 영상을 분석해 보면 박기호는 조타실로 올라와서 선장과 함께 차를 마신 사실도 없고 협수로 통과와 관련한 협의를 한 흔적도 없다.

많이 양보해서 박기호가 선장의 침실에 간 시간을 포함해도 두 사람이 함께 있던 시간은 3분 20여 초 남짓이다. 이 시간은 일방적 지시 또는 보고할 시간 밖에 되지 않는다.

박기호 진술의 진위 여부를 가리기 위해서는 당시 조타실에 있던 선장과 3등 항해사 박한결 등의 진술을 비교해 볼 필요가 있다. 박기호의 조타

16 박기호, 『피의자신문조서』, 광주지검 목포지청, 2014.4.29, 15쪽.
17 박기호, 『피의자신문조서(제3회)』, 광주지검 목포지청, 2014.5.2, 8쪽.

실 호출과 관련하여 선장은 다음과 같이 진술했다.

> 수사관 : 당시 기관장은 무엇 때문에 조타실에 있었는가요.
>
> 이준석 : 병풍도를 통과하여 3마일 정도 항해를 할 무렵에 선장실에서 기관장에게 전화를 하여 바쁘지 않으면 조타실로 올라오라고 한 후 잠시 뒤 조타실에 올라가 보니 기관장이 와 있어 기관장에게 커피를 함께 마시려고 하였는데 제가 선장실에서 커피를 마시고 올라가, 기관장만 커피를 마시고 잠시 얘기를 나누고 조타실에 나와 선장실로 다시 돌아왔습니다.[18]

세월호 선내에 설치된 CCTV 녹화 영상에 따르면, 오전 8시 30분경 선장은 자신의 침실에 있었고, 이곳에서 박기호에게 호출 전화를 했을 개연성은 있다. 또한, 박기호가 실제 조타실로 올라온 시간은 8시 38분경이므로 선장의 진술은 일정 부분 박기호의 진술과 합치하는 부분도 있다. 다만 당시 두 사람이 조타실에 함께 있던 시간이 총 2분 25초에 불과했다는 점, 조타실에서 특별한 대화 없이 선장이 자신의 침실로 가버렸다는 점 등을 감안하면, '잠시 얘기를 나누고 조타실에서 나와 선장실로 돌아왔다'는 이준석의 진술도 사실이 아닐 가능성이 있다.

반면 3등 항해사 박한결과 조타수 조준기는 두 사람의 진술과 전혀 다른 내용으로 진술했다.

- 3등 항해사 박한결

> 검 사 : 기관장 박기호는 선장 이준석이 조타실로 오라고 하여 온 것인 가요.
>
> 박한결 : 이준석이 박기호를 조타실로 오라고 한 것 같진 않습니다. 왜 나하면, 이준석이 박기호를 부를 때는 엔진 텔레그라프 옆에

---

18 이준석, 『피의자신문조서(제2회)』, 목포해양경찰서, 2014.4.22, 14쪽; 이준석, 『피의자 신문조서(제10회)』, 광주지검 목포지청, 2014.5.13, 14쪽.

있는 선내전화기로 연락하거나 저를 시켜서 박기호를 올라오
도록 할 것인데, 이준석이 선내전화를 한 적도 없고 저에게 박
기호를 부르라고 시킨 적도 없기 때문입니다.

검사 : 기관장 박기호는 평소에도 조타실에 자주 올라오나요.

박한결 : 출항 때 누가 부르지 않아도 조타실에 오곤 했습니다.[19]

▪ 조타수 조준기

검　사 : 피의자가 당직 근무를 시작할 때 선장이 조타실에 있었나요.

조준기 : 네, 계셨습니다.

검　사 : 혹시 기관장 박기호도 있었나요.

조준기 : 처음 시작할 때는 없었는데 근무 중에 박기호 기관장이 올라왔
　　　　습니다.

검　사 : 그러면 선장이 기관장에게 오라고 전화를 해서 올라온 것인가요.

조준기 : 전화를 한 것은 아닙니다. 그런데 통상 아침에 선장과 기관장
　　　　이 업무에 관해 미팅을 합니다. 와서 차도 한잔하고요. 그날도
　　　　선장님이 전화를 하지는 않았지만 매일 그 시간쯤 올라오기 때
　　　　문에 기관장이 그냥 올라 왔던 것 같습니다.[20]

　선장이 부른 것이 아니라 통상 업무미팅 때문에 박기호가 조타실에 왔
다는 두 사람의 진술이 사실에 더 가깝다고 판단된다. 기관장은 기관부를
총괄하는 사람으로 선장에게 업무보고를 위해서 수시로 조타실에 올라갈
수 있기 때문이다.

　그렇다면 선장과 기관장의 진술은 왜 일치하지 않을까? 선장과 기관장
두 사람 모두 허위진술을 했을 가능성이 있다고 본다. 두 사람은 세월호
침몰과 관련해서 밝히지 못할 사정이 있었던 것이다. 박기호는 밝힐 수 없
는 '특별한 목적'을 가지고 조타실로 올라왔지만, 사후 처리하는 과정에서

---

19 박한결, 피의자신문조서(제3회)』, 광주지검 목포지청, 2014.4.30, 9쪽.
20 조준기, 『피의자신문조서』, 광주지검 목포지청, 2014.4.27, 15쪽.

형사책임을 경감하기 위해 서로 허위진술을 했을 가능성도 있다.[21]

기관장 박기호는 조타실에서 뭘 했을까?

박기호가 선장의 호출로 조타실로 올라갔다면, 두 사람은 3등 항해사 박한결과 조타수 조준기가 인식하고 기억할만한 합당한 행위를 진행했어야 한다.

하지만 당시 조타실에 있던 네 사람의 진술에서 이준석과 박기호가 맹골수도 통과를 위해 업무 협의를 했다는 내용을 찾을 수 없고, 함께 커피를 마시며 담소를 나눴다는 기록도 찾을 수가 없다. 그저 필자가 논리적으로 두 사람이 조타실에서 2분 25초 동안 함께 있었던 사실만 확인한 것이다. 그리고 박기호가 선장의 침실에 다녀온 뒤 약 5분 후에 세월호 침몰 사건이 발생한다.

조사과정에서 기관장 박기호는 세월호 침몰 직전 조타실에서 한 행위를 다음과 같이 진술했다.

> 시스템 배전반에 물을 끓여 커피를 타 먹으면서 선수 좌측 밖을 보고, 엔진 텔레그라프로 가서 선장에게 날씨가 좋다고 말을 건네려 했는데 (그곳에) 선장이 없었다.
>
> 그 당시 히터를 켜면 자주 트립이 걸려 히터가 자동으로 꺼지곤 해서, 제1공조실로 확인하러 갔다. 그곳에서 히터를 확인한 결과 정상작동 되었지만 공조실 내부에 구리스가 묻은 걸레와 쓰레기봉투 등이 지저분하게 널려있어, 조타실로 돌아온 후 3기사 이수진에게 전화를 걸어 청소할 것을 지시했다.
>
> 공조실을 확인한 다음 선장 이준석의 침실 문을 살짝 열어보았다. 선장 이준석이 (하의는) 팬티를 입었는지 정확하게 알 수 없었지만, 상의

---

21 이 책의 2장 5. '진실 위폐를 위한 선원들의 말맞추기' 참조.

는 반팔 러닝을 입고 침대에 기대어 핸드폰을 들고 무언가 하고 있었고 선장과 눈이 마주쳤다. 하지만 노크를 하는 등 기척을 하지 않고 객실 문을 살짝 열다가 눈이 마주쳤기 때문에 민망한 마음이 들어, 선장 이준석에게 "아이고 죄송합니다"고 말하고 바로 문을 닫고 나와 브릿지로 돌아왔다.[22]

박기호와 선장이 조타실에서 만나 나눈 대화는 "선장님 제주에는 몇 시쯤 도착합니까"라고 물은 것과 "늦게 출항해서 약 12:00경에나 도착할 거다"라는 대답이 전부였다. 아주 일상적인 짧은 대화 두 마디를 주고받기 위해 3층에 있던 기관장을 조타실로 호출했다는 것은 매우 이상한 일이다. 호출 받은 사람이 호출 이유를 묻지 않은 것도 이상하다.

세월호 선내 CCTV 녹화 영상에는 박기호 진술의 신빙성을 의심하게 하는 부분이 담겨있다. 기관장 박기호는 좌현 선수 윙브릿지로 나왔다 10초 후에 다시 조타실로 돌아갔다. 진술서에는 이 부분이 누락이 되어 있다. 당연히 좌현 윙브릿지로 나온 이유도 설명하지 않았다([표 2-1] 참조).

그림 2-1. 기관장 박기호 좌현 윙브릿지 사진

세월호 선내 CCTV(시간 : 08:22:54경) 필자 화면 캡처.

---

22 박기호, 『피의자신문조서(제3회)』, 목포해양경찰서, 2014.4.25, 18쪽.

또한 좌현 윙브릿지에서 조타실로 돌아온 이후 기관장과 선장이 조타실에서 함께 있던 시간이 1분 31초에 불과하므로 함께 커피를 마시거나 업무를 논하기에는 시간이 부족하다. 다만, 박기호가 좌현 윙브릿지에 나갔다온 결과를 간단하게 보고 정도는 충분히 할 수 있는 시간이다.

박기호의 세월호 침몰 직전 행적도 이상하지만 사건 발생 직후 박기호의 행적은 가히 소설적 영역에 속한다.

당시 조타실 도주 선원들의 진술에 따르면, 3등 항해사 박한결은 배가 기운 직후부터 정상적인 판단능력을 상실한 것으로 되어 있다. 조타수 조준기 또한 조타에 매진하느라 박기호의 행적을 살필 입장은 되지 못했다. 결국 박기호의 행적은 그의 진술에 의존할 수밖에 없는데, 그의 진술에 일관성이 없다는 게 문제다.

검찰은 '세월호 침몰 직후 도주 선원들이 08:55경 조타실 안으로 속속 들어와서 강원식 등 3명(김영호, 박경남)이 엔진텔레그라프에 부착된 힐링펌프를 조작했으나 실패했으며, 08:56경 선장 이준석의 지시로 기관장 박기호가 양현 엔진을 정지시켰다'는 수사보고서를 작성했다.[23]

하지만 두 가지 사실관계 측면에서 검찰의 견해에 동의하기 어렵다

첫째는 선내이동 가능 시간이다. 세월호가 갑자기 좌측으로 기우는 순간에도 배는 우측으로 회전하면서 계속해서 앞으로 나가고 있었다. 이런 현상은 배의 추진력(타력)이 사라지는 상당한 시간까지 계속된 것으로 추정된다. 이 시간은 선내이동보다는 쓰러지지 않는 것이 우선 과제였다. 오전 8시 50분 33초경 촬영된 '단원고 피해자 고(故) 김시연 학생'의 동영상에 잘 나타나 있다.

선내이동은 엔진이 정지되고 추진력이 상실된 8시 52분경부터 가능해졌다. 이때부터 살기 위한 탑승객들의 '투쟁'이 시작됐다고 판단된다. 고

23 광주지방검찰청, 『수사보고서(세월호 사건 경과)』, 2014.6.3, 3쪽.

최덕하 학생을 비롯한 다수승객들은 119와 122, 112에 전화해 사고 발생을 알렸고, 고 박수현 학생은 동영상을 촬영하기 시작했다. 여객부 승무원 강혜성이 선내방송을 시작한 시간도 바로 이 시점이다.

선장과 선원들도 이때부터 조타실로 이동하기 시작했다고 본다. 선장 이준석과 1등 항해사 강원식의 침실은 조타실에서 약 3~4m 거리에 있다. 조타실까지 이동하는 데 그리 많은 시간이 소요되지는 않았을 것이다.

둘째는 양현(좌·우현) 엔진 정지 시간이다. 선체조사위원회 조사결과에 따르면 세월호 좌·우현 엔진은 8시 51분 이전에 모두 정지되었다([표 2-2] 참조). 이 시간까지는 선체의 추진력이 남아 있어 선원들이 조타실로 들어갈 수 없었다. 따라서 선장 이준석이 8시 56분경 기관장에게 내렸다는 "양현 엔진정지" 명령은 논리적으로 있을 수 없다. 선장과 선원들이 거짓말을 한 것이다. 그런데도 검찰은 도주 선원들의 허위진술을 모두 수용해 주었다.

표 2-2. 세월호 침몰 당시 조타실 상황

발생 순서	내 용	시 간
1	우현 엔진 정지	08:49:55
2	좌현 엔진 정지	08:50:58
3	선장 등 조타실 이동	08:52~08:55
4	기관장 박기호 3층 이동	08:55~08:59
5	발전기 전원 OFF	09:21:31
6	비상 발전기 전원 OFF	09:49

선조위 자료를 기초하여 필자 자료 정리.

기관장 박기호도 검찰 등 수사기관에서 세월호 침몰 사건 발생 직후 이준석이 엔진정지 명령을 내렸다고 진술했다.

- 3등 항해사 박한결에게 "일어서. 이렇게 있으면 안 돼. 빨리 정신 차려라"라고 말했다.[24]

- 좌·우현 엔진정지
  한 손으로는 엔진텔레그래프 핸드레일을 잡고 다른 한 손으로 좌현 엔진정지 핸들을 잡은 상태로 아래로 당기고 있었는데, 그 순간 뒤에서 선장이 "기관장 빨리 양현엔진 정지하라"고 고함을 쳤다. 그래서 우현엔진 핸들을 잡고 우현엔진을 정지시켰다. 하지만 선장인지, 2항 사인지 기억이 나지는 않지만 우현엔진이 정지위치에 있지 않다고 말을 하여 엔진을 살펴보니 우현엔진이 데드슬로우(dead slow)에 위치해 있어 더욱더 아래로 당겨 스톱(stop)위치에 놓았다.[25]

- 기관부원 탈출 지시
  08:55경 기관실 직통전화로 당직사관과 당직부원에게 즉시 기관실을 탈출할 것을 지시했다.[26]

박기호 진술은 두 가지 측면에서 검토되어야 한다. 하나는 '1기 특조위 및 선체조사위원회의 조사결과와 부합하는가' 하는 점이고, 다른 하나는 그의 진술이 실제 '물리적·기계적 현상과 일치 하는가'하는 점이다.

세월호는 선미 좌현과 우현에 2개의 엔진이 장착되어 있다. [표 2-2]의 1번 및 2번에서 보는 바와 같이 침몰 직후 우현 엔진이 먼저 정지되었다는 것이 선체조사위원회 조사결과이다. 하지만 박기호는 좌현 엔진을 먼저 정지시켰다고 진술했다.

당시에 좌현으로 기울면서 배 선수가 우현으로 급선회하면서 좌측으로 기운 각이 급격하게 커져 제 생각에는 엔진을 정지하지 않으면 속도에 의한 타력으로 배 선수가 회전으로 인하여 물 밑으로 빠르게 가라앉을 것으로 판단하여 엔진을 정지하려고 한 것이다. 그래서 몸이 왼쪽으로 기운 상태에서 왼손으로 핸드레일을 잡으면서 오른손으로 좌현 엔진 핸들을 잡아 아래로 스탑 위치를 댕겼고, 곧바로 오른손으로 우현 엔진 핸들을 잡아서 스탑 위치로 내렸는데 완전히 우현 엔진이 정지된 것이 아니고 스탑 위치 바로 위 대드스로우(전진미속) 위치에 우현 핸들이

24 박기호, 『피의자신문조서(제6회)』, 광주지검 목포지청, 2014.5.6, 3~4쪽.
25 위와 같음, 3~4쪽.
26 박기호, 『(자필)진술서(간이공통)』, 목포해양경찰서, 2014.4.16, 2쪽.

있었다. 좌현 핸들은 완전히 꺼졌고, 우현 핸들은 완전히 꺼지지 않았다.[27]

그는 선체가 기울 때 취해야 할 안전 조치로, '선체가 좌현으로 기울면 엔진 두 개 중 우현 엔진을 사용하고 좌현엔진을 정지하고, 우현으로 기울면 좌현 엔진을 사용하고 우현 엔진을 정지해야 한다'고 진술했다.[28] 하지만 이 주장은 선체의 기울기가 경미한 경우에 해당한다. 세월호 침몰과 관련한 사례에는 적용할 수 없다.

모든 선박의 엔진은 최대출력 시 파손을 방지하기 위해 '과속도 방지장치' 기능을 탑재하도록 되어 있다.[29] 세월호 침몰 당시 우현 엔진에 부착되어 있는 '과속도방지장치'가 정상적으로 작동했다면, 박기호가 엔진을 정지시키기 전에 자동으로 정지됐을 가능성이 있다. 선체가 좌측으로 기울면서 우현 프로펠러가 수면 위로 올라왔으므로 '과속도 방지장치'가 작동할 환경이 조성되었기 때문이다.

다시 원점으로 돌아와서, 박기호는 정말 선장의 '기관장, 양현 엔진 정지'라는 고함을 듣고 엔진을 정지시켰을까?

세월호 침몰 당시 좌현 엔진이 정지되고 추진력을 완전히 상실하는 오전 8시 52분경까지는 세월호 선내이동은 불가능했다. 특히 좌현 엔진이 꺼지는 시점에 촬영된 동영상에 따르면, 선내이동은커녕 제자리에 앉아 있는 것 자체가 불가한 상황이었다.[30]

---

27 박기호, 『피의자신문조서(제3회)』, 광주지검 목포지청, 2014.5.2, 13쪽.

28 박기호, 『피의자신문조서(제3회)』, 목포해양경찰서, 2014.4.25, 5쪽.

29 "과속도 방지장치"라 함은 기관의 회전속도가 이상하게 상승한 경우에 자동적으로 연료 등의 공급을 차단하고 또한 경보를 발하는 장치를 말한다(「선박기준」 제1장 총칙, 제2조 정의 12). 행정규칙 「선박기관기준」에 의하면 "주기관용 내연기관에 설치하는 조속기는 연속최대회전수의 115퍼센트를 초과하지 아니하도록 조정된 것이어야 하며 과속도방지장치 및 그 구동기구는 조속기와는 독립된 것이고 연속최대회전수의 120퍼센트를 초과하지 아니하도록 조정된 것이어야 한다"고 규정되어 있다(「선박기관기준」 제27조 "안전장치" ④).

따라서 선장 등이 세월호 침몰 사건 발생 전에 조타실로 이동해 있지 않았다면, 육성으로 기관장 박기호에게 '엔진 정지'를 명령할 상황이 아니었다.

물론 선장이 박기호에게 '엔진 정지'를 명령할 방법이 전혀 없었던 것은 아니다. 선장이 자신의 침실에서 선내 전화 '0번'을 이용하여 "기관장 양현 엔진 정지" 또는 "기관장 좌현 엔진 차단" 등의 선내방송을 진행하고, 기관장이 이를 듣고 지시사항을 이행했을 가능성도 없지 않다.

세월호 인양 이후 발견된 차량용 블랙박스에서도 침몰 당시 '좌측하단 차단하라'는 내용으로 추정되는 선내방송이 있었던 사실은 확인된 바 있다([그림 2-2] 참조).

그림 2-2. 세월호에 선적됐었던 차량 블랙박스에서 발견된 음성

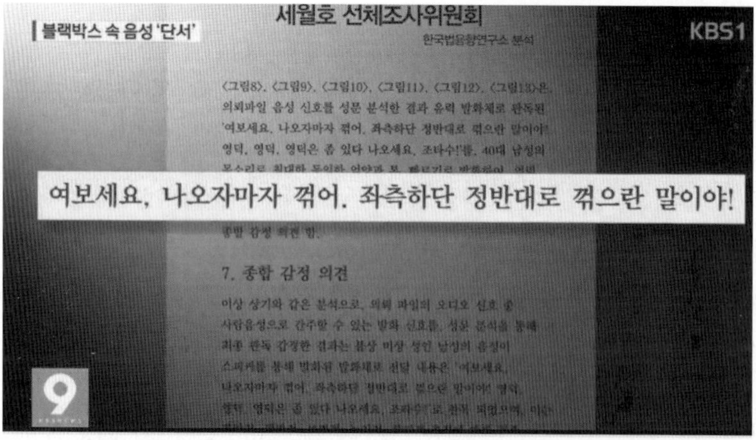

KBS 뉴스(http://news.kbs.co.kr/news/view.do?ncd=3636139&ref=A) 필자 화면 캡처.

---

30 단원고 희생자 김시연 학생 촬영 동영상 참조.

"배를 포기하라"는 명령이 있었나?[31]

2014년 4월 24일 해외언론 NBC는 로이터통신의 기사를 받아서 '한국 여객선 선원 : 침몰하는 배를 버리라는 명령을 받았다(South Korea Ferry Crew : We Were Ordered to Abandon Sinking Ship)'는 제목의 보도를 했다. 이 기사에 따르면 신원불명의 선원이 법원에서 유치장으로 돌아가는 와중에 '자신과 동료들이 승객들이 배에 갇혀있는 채로 배를 버리라는 명령을 받았다'고 기자들에게 잠시 이야기했다고 한다.[32]

과연 그런 일이 있었을까? 있었다면 누가 그런 명령을 내렸을까?

해당 기사에 따르면 문제의 발언을 한 사람은 '수술용 마스크와 야구 모자, 그리고 상의의 후드를 착용한 신원 미상의 여성'이다. 침몰 당시 세월호에 승선한 여성 선원은 3등 항해사 박한결과 3등 기관사 이수진뿐이었다. 마침 이수진은 구속영장 실질심사를 받기 위해 2014년 4월 24일 법원에 갔던 사실이 있다. 따라서 문제의 발언은 3등 기관사 이수진이 한 것이 틀림없다.

그렇다면 '배를 포기하라'고 지시한 사람은 누구일까? 원칙적으로 더 이상 선박에 대기하는 것이 안전하지 않다고 판단될 경우 선장만이 선원과 승객들에게 '선박을 버리고 구명수단을 이용하여 안전을 도모하라'고 지시할 수 있다. 하지만 이미 알려진 대로 세월호 침몰 당일 선장은 이런 조치를 한 사실이 없다.

세월호 침몰 직후 기관장 박기호는 기관실에 있는 박성용에게 전화를

---

31 이 부분에 대해서는 '세월호 시민연구소'에서 필자와 함께 세월호 침몰 사건을 연구하는 양철규 선생님의 의견을 다수 반영하였다.

32 「NBC, 승객들 놔두고 배를 포기하라」, 『뉴스프로』, 2014.5.12.
(https://thenewspro.org/2014/05/12/%EB%A1%9C%EC%9D%B4%ED%84%B0-%EC%8A%B9%EA%B0%9D%EB%93%A4-%EB%86%94%EB%91%90%EA%B3%A0-%EB%B0%B0-%EB%A5%BC-%ED%8F%AC%EA%B8%B0%ED%95%98%EB%9D%BC/)

걸어 '상황이 좋지 않으니 기관실에서 빨리 빠져 나와라'고 전화를 한 후, 곧바로 다시 3등 기관사 이수진에게 전화를 걸어 "빨리 튀어 올라와"라고 지시했다. 이 지시로 당직 근무 중인 이수진, 박성용, 이영재는 기관실을 포기하고 선원침실 근처로 올라갔고,[33] 모든 기관원들은 이 지시를 사실상 '배를 포기하라'는 지시로 인식했다.[34]

세월호가 왼쪽으로 급격하게 기울 당시 조타실에 있던 기관장은 어떻게든 세월호를 작동 가능한 상태로 유지시켜 수심이 얕은 섬 가까이 이동시켜야 하는 것이 통상적인 조치였다. 하지만 박기호의 진술에 따르면 그는 자신에게 주어진 사명을 저 버리고 오히려 메인 엔진을 정시시켰다. 그 결과 세월호가 조류에 떠밀려 심해로 이동하는 사태를 초래했고, 그것이 대형 참사로 연결되었다.

만약 박기호가 진정으로 세월호를 정상작동 가능한 상태로 유지하려 했다면, 최소 3가지 조치 정도는 했어야 옳았다.

- 기관실 점검
  탈출지시를 할 때 상황이 호전되면 다시 기관실로 투입되어야 하기 때문에 기관실 상태를 최소한이라도 점검하고 탈출하라고 지시했어야 했다.

- 기관실 재진입
  메인 엔진이 재가동 되기 위해서는 에어컴프래셔 작동이 필수이며, 이것을 위해서는 반드시 누군가는 기관실에 재진입 했어야 했다. 따라서 기관장 박기호는 기관원들에게 기관실 탈출지시 후 3층 복도에서 약 30분 이상 대기 중일 때, 자신이 내려가든지 아니면 다른 기관부 선원들을 내려 보내 기관실 상태를 확인했어야 했다.

- 엔진 재가동
  박기호는 기관원들을 기관실에서 탈출시켰던 이유를 '탈출지시 후 조타실에서 엔진을 작동할 수 있다'고 판단했기 때문이라고 했다. 만약

---

33 이수진, 『진술조서』, 목포해양경찰서, 2014.4.16, 6쪽.
34 이영재, 『공판조서-피고인 신문』, 광주지방법원, 2014.9.3, 52쪽.

그의 진술대로 조타실에서 엔진을 작동할 수 있다면 자신이 조타실에서 엔진을 한 번이라도 작동했어야 했다.
그러나 그는 조타실에서 메인 엔진을 사용한 사실이 없으며, 08:55경 무책임하게 조타실을 이탈해 버렸다.[35]

그는 이러한 노력을 하지도 않고, 배가 기운 후 5분도 지나지 않아 기관원들에게 기관실에서 탈출할 것을 지시했다. 그들이 기관실을 탈출한 이후에는 복구 노력마저 하지 않았다.

조사과정에서 박기호는 "브릿지에서 엔진을 쓸 수 있으니까 일단 기관실에서 벗어나는 것이 옳다고 생각했다"며, 선박을 포기할 의사를 가지고 기관원들에게 탈출을 지시했던 것은 아니라고 항변했다.[36]

기관장은 언제, 왜 3층으로 이동했나?

기관장 박기호에 대한 또 하나의 의문은 '언제, 왜 3층 선원침실 근처 복도로 이동했느냐' 하는 것이다.

기관장은 선장과 협조하여 선체를 복원시킬 의무와 최악의 경우 승객을 구조할 의무가 있었다. 하지만 그는 8시 55분경 기관실에 전화하여 기관실 근무자들을 탈출시켰을 뿐만 아니라, 직접 엔진을 정지시키고 3층으로 이동했다.

박기호가 3층으로 이동한 사유 또한 명확하지 않다. 다만 그는 이것 또한 선장의 지시에 따라 이뤄졌다고 진술했다. 선장은 그의 진술에 대하여 특별한 반론을 제기하지 않았다.

---

35 양철규 선생님의 의견을 인용하였다.
36 박기호, 『공판조서-피고인신문』, 광주지방법원, 2014.9.30, 59쪽.

선장 이준석이 "발전기 전원 보호해"라고 지시했는데, 선장이 발전기까지 나가면 안 되니 발전기 전원 보호하고 대비하라는 지시로 이해하고 (3층으로) 내려갔다.[37]

선장의 지시를 받은 박기호는 "세월호에는 주발전기가 E데크(1층) 기관실에 있고, D데크(2층)와 C데크(3층) 중간에 비상발전기실이 있다. 그래서 주발전기의 회생이 불가능하다면, 비상상황에 최후 보루인 비상발전기실을 보호하라는 의미로 판단을 하였다"고 진술했다. 또한 선장의 지시는 "주 발전기가 있는 E데크(1층)까지 가서 발전기를 보호해라는 의미일수도 있고, 비상 발전기가 있는 곳으로 가서 발전기를 보호하라고 지시를 했다고 생각했기 때문에 조타실을 벗어났다"고 진술했다(하지만 그는 주발전기가 있는 E데크와 비상발전기실 그 어디에도 가지 않았다).

세월호 침몰 당시 조타실에 있던 도주 선원들은 힐링펌프 조작의 실패 원인으로 "기관장 박기호가 주발전기가 꺼졌다"는 이야기를 했다고 진술했다. 하지만 발전기 전원이 꺼진 시간은 오전 9시 21분 31초경으로 확인되었다([표 2-2] 참조).

발전기의 정지 시간이 미확인된 상태에서 박기호는 "발전기가 이미 꺼졌으므로 1층 기관실까지 이동할 필요가 없었고, 비상발전기가 있는 2층과 3층까지만 이동하면 된다"는 명분을 확보할 목적에서 진술한 것으로 보인다. 반면 선장은 그에게 "기관실에 내려가 보라"는 취지로 얘기했다고 진술했다.

두 사람 모두 자신들의 형사책임을 최소화하는 선에서 가장 유리한 방향으로 진술을 했던 것으로 보인다. 검찰은 이 부분에 대한 사실관계를 애써 밝히지 않았던 것이 분명하다.

선장과 기관장이 조타실에 함께 있었던 2분 25초 동안 업무와 관련한 협의를 했거나 함께 커피를 마신 사실도 없다. 기관장은 조타실로 올라간

---

37 박기호, 『피의자신문조서(제3회)』, 광주지검 목포지청, 2014.5.2, 20쪽.

직후 좌현 선수 윙브릿지로 나가 뭔가를 확인하고 곧장 조타실로 돌아갔다. 잠시 후 선장이 자신의 침실로 가버렸다. 이런 점을 감안하면, 기관장이 뭔가 '특별한 목적'이 있어 조타실에 올라간 것은 틀림없어 보인다.

또한 엔진 정지와 관련하여 조타수 조준기는 결정적인 진술을 했다.

> 조사관 : 한쪽 엔진은 왜 꺼졌던 것인가요.
> 조준기 : 박기호가 레버를 잡고 있었는데 선체가 기울 때 몸이 쏠리면서 의도치 않게 한쪽 엔진을 꺼버렸습니다. 기운 직후에 내리라는 명령도 없었고, 박기호가 내릴 수 있는 권한도 없습니다. 그래서 엔진 한쪽은 스톱이 된 것이고 다른 한쪽은 대드 앤 슬로우가 된 것입니다.38

의도치 않게 박기호가 한쪽 엔진을 꺼버렸다는 것이다. 이 진술을 고려하면 침몰 직후 상황에 대한 박기호의 진술은 허구에 가깝다.

현시점에서 기관장 박기호와 도주 선원들만이 알고 있을 '특수한 목적'이 무엇인지 확인할 방법은 없다. 어쩌면 그것은 침몰의 원인과 연관되어 있을 수 있고,39 침몰악화 및 구조방기와 연관되어 있을 수도 있다. 적어도 이 시점에서 확실한 것은 수사 및 재판과정에서 밝혀진 내용들이 상당 부분 부정되었고, 새롭게 조사해야 한다는 것이다.

자료목록

1) 광주지방검찰청, 『수사보고서(세월호 사건 경과)』, 2014.6.3

38 조준기, 『참고인(조사대상자) 2회 진술조서』, 4·16세월호참사특별조사위원회, 2016. 2.26, 4쪽.
39 예를 들어 언론에 보도된 바 있는 단원고 희생자 신승희 학생의 휴대폰에서 발견된 엔진정지 사진과 조타수 조준기가 경험했다는 스테빌라이저와 관련한 사항 등이다.

2) 박기호, 『(자필)진술서(간이공통)』, 목포해양경찰서, 2014.4.16

3) 박기호, 『진술조서(참고인, 기관장)』, 목포해양경찰서, 2014.4.16

4) 박기호, 『피의자신문조서』, 목포해양경찰서, 2014.4.20

5) 박기호, 『피의자신문조서(제2회)』, 목포해양경찰서, 2014.4.24

6) 박기호, 『피의자신문조서(제2회)』, 목포해양경찰서, 2014.4.24

7) 박기호, 『피의자신문조서(제3회)』, 목포해양경찰서, 2014.4.25

8) 박기호, 『피의자신문조서』, 광주지검 목포지청, 2014.4.29

9) 박기호, 『피의자신문조서(제3회)』, 광주지검 목포지청, 2014.5.2

10) 박기호, 『피의자신문조서(제6회)』, 광주지검 목포지청, 2014.5.6

11) 박기호, 『공판조서 – 피고인신문』, 광주지방법원, 2014.9.30

12) 박한결, 피의자신문조서(제3회)』, 광주지검 목포지청, 2014.4.30

13) 이수진, 『진술조서』, 목포해양경찰서, 2014.4.16

14) 이영재, 『공판조서 – 피고인 신문』, 광주지방법원, 2014.9.3

15) 이준석, 『피의자신문조서(제2회)』, 목포해양경찰서, 2014.4.22

16) 이준석, 『피의자신문조서(제10회)』, 광주지검 목포지청, 2014.5.13

17) 조준기, 『참고인(조사대상자) 2회 진술조서』, 4·16세월호참사특별조사위원회, 2016.2.26

18) 조준기, 『피의자신문조서』, 광주지검 목포지청, 2014.4.27

2.
이준석 선장의 사라진(숨겨진) 7시간의 미스터리

기관장 박기호가 조타실에 올라간 '특수한 목적'과 관련된 의혹은 선장에게도 적용된다. 단언컨대 이준석 선장은 구속되는 순간까지, 누군가가 '특수한 목적'을 가지고 특별 관리를 하고 있었다.

세월호 침몰 당일부터 그는 동료 선원들과 철저히 격리되었다. 그것은 초기수사 방향 설정과 밀접하게 연관되어 있었다. 특히 이준석 선장은 16일(15:15~22:20)과 17일(04:00~11:00) 2회에 걸친 의심스런 행적 '7시간'을 숨기고 있다.

많은 사람들은 그가 4월 17일 밤 '해경의 아파트에서 묵었다'는 사실만 문제 삼았다. 그러나 그 사실은 철저하게 숨겨진 7시간의 연장선상에 있는 작은 조각에 불과하다.

그림 2-3. 세월호 침몰현장에 해경 수뇌부와 함께 있는 1등 항해사 강원식

목포해경 하드, SANYO0007.MP4 필자 화면 캡처.

　세월호 침몰 당일 9시 47분경, 세월호 조타실에서 팬티 차림으로 탈출한 이준석 선장은 123정 정장 김경일에 의해 도저히 납득할 수 없는 극적인 모습으로 구조되었다. 그는 '전남 707호(관공선)'를 타고 팽목항으로 이동했고, 인근에 있는 진도 한국병원에서 간단한 진료를 받은 뒤에 오후 3시경 목포해양경찰서로 향하는 경찰버스에 탑승했다. 그는 약 15분 후 진도체육관 앞 도로 위에서 해양경찰 박동현에게 인계되었다. 이후 밤 10시

20분경까지 약 7시간 동안 집중적인 밀착감시를 받은 것으로 판단된다.

해경은 세월호 침몰 당시 구조 과정에서 단 한 번도 선장과 선원을 찾지 않았다. 그러던 해경이 세월호 완전 침몰 3시간이 훨씬 지난 시점에, 그것도 갑자기 도로 위에서 선장의 신병을 확보한 것이다.40 이후 그는 대부분의 시간을 특별한 일정 없이 도로 위에서 허비했다. 상식적으로 이상할 수밖에 없는 상황이다.

왜 해경이 선장을 특별관리했을까? 국민들에게 밝힐 수 없는 의미 있는 목적이 있었다고 추정된다. 검찰은 수사과정에서 이 부분을 한 점 의혹 없이 밝혔어야 했으나 당시 박근혜 정부에서 의도적으로 밝히지 않았다고 필자는 판단한다.

해경은 구조 과정에서 정말 선원들을 찾지 않았나?

선내 대기하고 있던 승객들을 배신하고 해경 구조정 도착 즉시 도주한 선원들은 1등 항해사 강원식 외 5명(견습 1등 항해사 신정훈, 2등 항해사 김영호, 조타수 박경남, 조타수 오용석)을 빼고는 모두 관공선 전남 707호에 승선하여 10시경 출발해 11시 10분경 팽목항에 도착했다.

이들은 건강 상태에 따라 진도 한국병원과 진도체육관 등에 분산 배치되었고, 오후 3시경 경찰버스에 탑승하여 목포해양경찰서로 향했다.

123정에 잔류한 오용석 등 일부 선원들은 선수 객실에 대기 중이던 승객 구조에 가담하였다. 특히 2등 항해사 김영호는 표류 승객 구조자에 대한 인공호흡을 실시한 사실도 있다. 이들은 12시 36분경 P-120정에 인계되어 서망항으로 이송되었고, 오후 3시경 앞서 도착한 선원들과 함께 목포해

---

40 박성수 경장이 인솔하는 경찰버스에 탑승한 상태였으므로 도주가 불가능한 상황이었다.

경서로 갔다. 다만 1등 항해사 강원식은 3009함에서 '선박의 구조를 잘 아는 사람'을 찾았기 때문에 박동현 경사에 의해 3009함에 인계되었다.

다수의 도주 선원들은 구조 당시 해경에게 자신들이 '선원'임을 밝혔다고 진술했지만, 구조에 참여한 해경들은 이 사실을 부인했다.

하지만 해경 구조세력이 침몰현장 도착 시 선원의 신원 확인은 그들의 의무였다는 점, 다수 도주 선원들이 청해진 유니폼을 입고 있었다는 점, 2등 항해사 김영호가 무전기를 들고 있었다는 점, 도주 선원들이 조타실에서 탈출했다는 점 등을 고려하면, 스스로 선원임을 밝히지 않았다 하더라도 해경은 초기 구조자들이 신원임을 알 수 있었다.

해경의 TRS(Trunked Radio System: 주파수 공용시스템) 교신 내용을 살펴보면, 구조의 골든아워(golden hour)에 선원들과 해경 간에는 의사소통이 있었다. 이 사실은 의심의 여지가 없다. 예를 들어 123정 정장 김경일은 오전 9시 48분경, "현재 승객이 절반 이상이 지금 안에 갇혀서 못 나온답니다. 빨리 122구조대가 와서 빨리 구조해야 될 것 같습니다"라고 교신했다. 이는 선원들과 의사소통 없이는 도저히 파악할 수 없는 고급 정보였다. 이 시간까지 구조된 사람들 대부분이 선원들이었고, 세월호에 정확한 탑승 인원을 알고 있는 사람 또한 선원뿐이었다.

그런데 이상할 만큼 해경이 공식적으로 세월호 침몰을 전후하여 상당한 시간 동안 선원들의 행방을 찾기 위해 노력한 증거는 찾아볼 수가 없다.

오전 10시 47분경에 이르러서야 123정 정장 김경일은 공식적으로 선원들을 언급하기 시작했다.

- 김경일 TRS 교신(10:47:24)
  현재 확인은 안 되나 승무원 말 들어보니까 학생들이 한 200~300명이 탔다는데 아마 많은 학생들이 못 나온 걸로 추정됩니다. 이상.[41]

---

41 속기법인 대한, 『녹취서(2016030005-1호)』, 2016.3, 84쪽.

해양경찰청 상황실은 10시 51분경 문자상황시스템을 통해 "구조자 중 선장 확인되는지?"라며, 선장과 선원의 구조 여부를 물었다. 이후 특별한 지시사항이 하달되지 않은 것으로 보아 수중 침몰 선박에 갇혀있는 '승객의 수색 구조목적'인지, 아니면 '수사의 목적'에서 물은 것인지 분명하지 않다.

해경이 선장과 선원들의 행방을 '조사의 목적'에서 본격적으로 추적하기 시작한 것은 12시 14분경인 것으로 파악된다. 목포해양경찰서 상황실은 각 함정들에게 구조된 승무원들을 모두 P-120정에 집결시킬 것을 지시했다. P-120정은 목포서 122구조대 대원 10명을 태우고 막 침몰현장에 도착할 예정이었다. 목포서 상황실은 여기에 모든 선원들을 태워 목포로 이송할 계획을 수립했던 것으로 판단된다.

오전 11시 13분경 김경일은 '선원 5명과 단원고 교감 강민규가 123정에 대기하고 있다'는 내용의 TRS 교신을 했다. 아마도 이 시간까지 목포해양경찰서 상황실은 이 교신을 근거로 도주 선원들이 여러 함정에 분산되어 수용되어 있다고 판단한 것으로 보인다.

하지만 그들의 판단과 달리 이 시각 세월호 승무원들 대다수는 관공선 전남707호로 이동하여 이미 진도실내체육관과 진도 한국병원 등에 분산 수용된 상태였다.

- 문자상황시스템(12:14)
  각국들 현장에 투입된 함정들은 이 시각 현재 구조된 승무원은 목포 P-120정과 교신하여 편승토록 조치

- 목포해양경찰서 상황실 TRS 교신(12:14)
  여기는 목포타워. 지금 현재 여객선 승무원이 구조돼 각 국 수습함정에 흩어져 있음. 관련 흩어져 있는 각 함정들은 승무원을 목포 P-120정에 인계를 하고, P-120정은 승무원을 완전히 편승했을 때 서망항으로 입항 인계 바람. **본국에서 조사를 먼저 해야 하니까** 귀국은 승무원만 현장 투입된 경

비정들에게 승무원만 인수 받아가지고 인원이 몇 명인지 정확히 보고를 한 후에 서망항으로 이동 조치 바람. 이상

그렇다면 해경은 '침몰 선박에 갇혀있는 수중 승객을 구조할 목적'으로 선원들을 찾은 것은 아니었을까? 이 부분은 해경의 명확한 의사표시가 없었으므로 미루어 짐작할 수밖에 없다.

명확한 기록을 찾을 수는 없지만 12시 30분을 전후하여 해경은 3009함[42]에서 "세월호 선박구조를 잘 아는 사람"을 찾았다.[43] 이에 P-120정에 승선한 해경은 육지 이동을 위해 대기 중이던 5명의 선원 중, 1등 항해사 강원식을 3009함에 인계했다.[44][45]

> ■ P-120 TRS 교신(12:42:17)
> 여기는 P정 120. 아 선원 구조된 승무원 중 선체 구조를 잘 알고 있는 사람이 여기 ○○○(타고) 있어요. 현재 귀국 쪽으로 가서 ○○○ 올릴 테니까 ○○○
> 아 현재 귀국 감도가 좀 ○○ 끊기고 있으니까 본함 ○○○ 이용해서 좀 보내주시기 바랍니다. 이상

해경은 세월호가 침몰하기 전 승객구조를 할 때, 선원의 행방을 추적하여 그들을 구조에 효율적으로 활용했어야 한다. 따라서 구조 당시 조타실 등에서 도주한 사람들이 선원임을 인식하지 못한 상태에서 구조했다 하더라도 이후에 선원들의 신원을 확인하지 않고 육지로 이동시킨 것은 중대한 실책이다.

---

42 당시 3009함에는 해경청장 김석균, 서해청장 김수현, 목포서장 김문홍 등이 승선해 있는 상태였다.
43 강원식, 『조사대상자진술서』, 4·16세월호참사특별조사위원회, 2016.3.24, 9쪽.
44 위와 같음.
45 박동현, 『진술조서』, 광주지방검찰청, 2014.8.8, 4쪽.

그 이유는 선내에서 탈출한 승객 중에 선원이 있는지 파악하여, 이들을 승객구조에 투입했어야 했으며, 이후 잠수 가능한 122구조대 및 특공대 원들이 침몰현장에 도착했을 때, 그들을 최대한 구조에 활용했어야 했기 때문이다.

하지만 해경은 세월호 침몰 전후에 선원을 찾지 않았다. 오직 목포서 상황실에서 조사 목적으로 12시 14분경 P-120정에 흩어진 선원들을 집결시켜 목포서로 이동시킬 것을 지시했다. 3009함에서 '선박의 구조를 잘 아는 사람'을 찾은 것이 유일한 사례이다.

3009함의 호출을 받은 1등 항해사 강원식은, [그림 2-3]과 같이 해경청장 김석균과 서해청장 김수현, 목포서장 김문홍 등과 함께 침몰 해역에서 단정을 타고 수중수색 구조와 관련한 논의를 했던 것으로 추측된다.

하지만 목포서장은 오후 1시 31분경, 뚜렷한 이유 없이 갑자기 '선장과 조타수 등에 대한 신원을 확보할 것', '선장과 박한결을 3009함으로 이송할 것'을 지시했다.

- 목포서장 김문홍 TRS 교신(13:31:42)
  나 서장인데 지금 거기 생존자 중에 그 배 선장하고 그 당시에 조타기를 잡았던 사람 있을 거예요. 빨리 정보요원들 확인해서 먼저 정황을 좀 파악하시기 바람. 이상
  예. 서장님 지금 그 중에서 승무원 제일 잘 아는 선체 구조를 잘 아는 사람을 아까 단정으로 태워서 보냈습니다. 그 최초 말씀듣기로는 쿵하면서 50도가 기울어가지고 이런 조치를 하나도 못했다는 그런 말을 들었습니다. 현장으로 그 사람을 ** 단정 태워서 보내 났습니다. 그 당시 조타기를 조작했던 그 신원 확보가 있기 바람.
- 목포타워 여기 3009함장. 방금 서장님하고 통화내용 다 들었죠? 지금 선장을 조타수하고 찾아보라는 그런 언질입니다. 선장을 선장하고 조타수를 빨리 수배 좀 해주기 바랍니다.

단순히 정확한 선박의 구조를 알기 위한 목적이었다면, 이미 1등 항해

사 강원식이 침몰 해역에 대기 중에 있었으므로 설득력이 떨어진다. 침몰 원인을 조사할 목적이었다면 이들이 육지에 도착해 있는 상태였으므로 목포서로 이동시켜 그곳에서 조사하는 것이 훨씬 더 효율적이었다.

해경은 왜 갑자기 선장 이준석을 찾았나?

진도 한국병원으로 이송된 선장 이준석은 진료과정에서 신분이 확인되었다.

> 12:00경 진도에 있는 병원으로 도착했을 때, 해경이 거기에 있는 사람들의 신원을 확인했는데, 그때 저의 주민등록번호와 '세월호 선장'이라고 말을 하였습니다. 그랬더니 해경이 저에게 "기자들과 접촉하지 마라, 멀리 가지 마라"고 해서 계속 병원 응급실에서 누워서 치료를 받고 있었는데, 15:00경 저와 선원들 7~8명이 비교적 상태가 괜찮아서 버스를 타고 목포해경서로 이동했습니다.[46]

오후 3시경 이준석은 진도체육관과 진도 한국병원에 있던 동료 선원들과 함께 경찰버스 편으로 목포해양경찰서를 향해 출발했다가 도중에 박동현 경사를 만나 하차한 후 별도 차편으로 3009함으로 이동하기 위해 팽목항으로 갔다.

목포해양경찰서 수사과(형사계) 소속 박동현 경사는 세월호 사건 핵심 피의자인 이준석 선장을 구속시점까지 상당 시간 밀착 감시한 인물이다. 4월 17일 밤 이준석을 자신의 아파트로 데려가서 그곳에서 묵게 한 장본인이기도 하다.

그는 4월 16일 오전, 동료 김준환 경장과 함께 진도VTS에서 세월호 항

---

46 이준석, 『진술조서(임의출석)』, 광주지방검찰청, 2014.6.2, 5쪽.

적을 확인한 후, 11시 20분경 경비정 편으로 팽목항을 출발해 12시 15분경 세월호 침몰현장에 도착했다. 그는 세월호에 설치된 VDR[47]을 확보하기 위해 현장에 왔지만 세월호는 이미 완전히 침몰한 상태여서 VDR 회수가 불가능했다.[48]

그 시간 침몰현장에 있던 123정에는 단원고 교감과 세월호 1등 항해사 강원식 등 5명의 선원이 승선해 있었다. 박동현 경사는 경비정 P-120정으로 이들을 인수해 서망항을 향해 이동했다. 그때 3009함에서 "세월호 구조를 가장 잘 아는 사람이 누구냐"고 연락해 왔다.

그는 이 사실을 선원들에게 전달하고, 강원식이 "세월호 1등 항해사이다"라고 밝히자 그를 3009함에 인계하고, 나머지 인원들은 서망항으로 이동시켜 목포해양경찰서 경장 박성수에게 인계했다.

박동현으로부터 선원들의 신병을 인수한 박성수는 경찰버스를 이용해 진도체육관 및 진도 한국병원에 흩어져 있던 선장 및 선원들을 태워서 오후 3시경 진도 한국병원에서 출발해 목포해양경찰서로 이동했다.

그 후 박동현과 김준한은 별도 차량을 이용해 목포서로 이동하던 중, 목포해양경찰서 안남일 경위로부터 "본인이 이준석 선장을 데리고 있는데, 팽목항으로 데리고 가서 헬기편으로 3009함으로 이동시킬 것"이란 지시를 받았다. 그들은 오후 3시 15분경 진도체육관 앞 도로변에서 경찰버스에 타고 있던 이준석 선장을 인수받아 팽목항으로 이동했다.

오후 3시 45분경 팽목항에 도착한 경사 박동현과 이준석은 3009함으로

---

47 (선박항해기록장치 [Voyage Data Recorder]). 항공기의 블랙박스와 같이 선박의 항해와 관련된 자료를 기록하는 장치이다. 이 장치에는 선박의 위치, 속도, 침로, 선교 근무자의 음성, 통신기 음성, 레이다 자료, 수심, 타 사용 내역, 엔진 사용 내역, 풍향, 풍속, AIS 관련 자료 등이 기록되어 있다(『네이버 지식백과』, 공길영 편, 『선박항해용어사전』, 한국해양대학교).

48 박동현, 『진술조서』, 광주지방검찰청, 2014.8.8, 3쪽 인용. 후에 확인됐지만 세월호에는 VDR이 설치되어 있지 않았다.

이동할 헬기를 타기 위해 약 1시간 45분 정도 대기했다. 이들이 대기시간 중 무엇을 했는지 행적이 밝혀진 바가 없다.[49]

이준석과 박동현은 오후 5시 30분경에 돼서야 515호 헬기에 탑승하여 5시 43분경 3009함에 착함했고, 박동현은 도착 즉시 이준석을 3009함 조타실에 인계했다. 3009함에서 선장 이준석이 누굴 만나고 어떤 대화를 했는지도 현재까지는 정확하게 밝혀진 것이 없다.

이준석의 진술에 따르면 어떤 해경이 "침몰원인이 무엇인지"를 물었고, 그는 "오른쪽으로 타를 15도 이상 썼고, 원심력으로 인해 배가 안쪽으로 많이 기운 것 같다. 화물의 라싱이 끊어져서 복원력이 상실되어 배가 넘어간 것 같다"라고 말했다.[50]

선박의 구조를 잘 아는 사람을 찾아서 3009함에 인계된 강원식 1등 항해사도 "사고의 원인이 무엇이냐"는 질문을 받았다. 그는 "왜 이리 배가 넘어가서 침몰되었는지 모르겠다"는 취지로 답변했다.[51]

여기서 의문이 제기된다. 선장 이준석과 1등 항해사 강원식의 진술대로 3009함 해경 관계자들이 '침몰원인'에 관한 질문만 했다면, 왜 굳이 힘들게 3009함까지 이동시켰냐는 것이다. 그 정도 내용을 묻는 것이라면 전화를 이용하거나 목포해양경찰서 수사관들이 조사하여 사후보고 해도 충분했을 것이다. 굳이 '인원과 시간과 비용'을 들여 3009함으로 호출한 이유가 상식적으로 이해되지 않는다.

특히 침몰 선박의 수색과 구조를 지원하기 위해 '침몰 선박의 구조를 잘

---

49 필자는 세월호 침몰 당일 정확히 그 시간대에 팽목항을 방문했었다. 당시 팽목항 입구 방파제에는 몇 대의 헬기가 착륙해 있었다. 특별한 이유가 없었다면 팽목항에 대기 중인 헬기를 이용할 수도 있었는데, 왜 그 헬기들을 즉시 출발시키지 않았는지 의문이 든다.

50 이준석, 『진술조서(임의출석)』, 광주지방검찰청, 2014.6.2, 5쪽; 이준석, 『조사대상자 진술조서』, 4·16세월호참사 특별조사위원회, 2016.2.24, 6쪽.

51 강원식, 『조사대상자 진술조서』, 4·16세월호참사 특별조사위원회, 2016.2.24, 9쪽 참조.

아는 사람'이 필요했다면, 이미 1등 항해사 강원식이 3009함에 도착해 있었다. 추가로 선장과 3등 항해사 박한결을 3009함으로 호출 할 이유가 없었다.

이것은 두 가지 관점에서 그들의 의도를 추정할 수 있다. 첫 번째로 해경의 관점에서 이 사건을 바라봤을 때, 세월호 침몰 당일 선장을 특별 대우한 이유는 '쓸데없는 논란'을 차단하는 데 목적이 있었을 것이다.

진도 한국병원에서 목포해양경찰서까지의 거리는 46.5km이고, 대중교통을 이용하면 51분 정도 소요된다. 오후 3시경 진도 한국병원에서 출발한 이준석이 목포해양경찰서에 정상적으로 도착할 시간에 목포해양경찰서에는 이미 많은 취재진이 자리를 잡고 있었다. 해경은 이들로부터 핵심 피의자들을 격리시켜 쓸데없는 논란 확산을 방지할 필요가 있었다.

실제로 이준석은 해경이 진도 한국병원에서 자신의 신원을 확인했을 때, '멀리 가지 말라', '사람들 만나지 말라'는 얘기를 했다고 진술했다. 16일 그는 해경의 조치로 다른 선원들과 완전히 격리되었고, 언론의 접근도 완전히 차단되었다. 그는 17일 오후 박동현 경사의 아파트로 이동하는 할 때, 18일 구속영장 실질심사를 받을 때 언론에 잠깐 공개된 것을 제외하면 구속 시점까지 완벽하게 외부와 격리되었다.

하지만 이 경우에도 별도 차량을 이용하여 목포해양경찰서 인근에 대기하다가 기회를 봐서 경찰서로 들어가면 될 텐데 굳이 시간과 비용을 들여 3009함까지 이동할 필요는 없었다.

두 번재로는 그들이 '특별한 목적'을 의심할 수 있다. 그 시점에 이준석을 3009함에 호출한 것은 침몰한 세월호의 구조를 파악하기 위한 목적이 아니라 뭔가 특별한 목적이 있었을 것이다. 그 '특별한 목적'은 세월호 침몰 사건과 관련한 '회유, 위협, 모의' 등이었다고 판단된다.

그렇다면 굳이 3009함에서 만나려 했던 이유는 무엇일까? 아마도 가장 자연스러운 만남이 가능한 공간, 그러면서도 상대적으로 은폐하기 좋은 공간이 필요했을 것이다.

이준석은 3009함에서 약 1시간 정도 머무른 뒤, 오후 6시 40분경 1등 항해사 강원식 등과 함께 경비정으로 이동하여 저녁 9시 무렵 팽목항에 도착했다. 목포해양경찰서에는 밤 10시 20분경에 도착하여 대기하다가 이튿날 0시 30분경 첫 번째 조사를 받았다.

대부분의 세월호 선원들은 오후 5시 무렵에 첫 번째 조사를 받기 시작해 늦어도 자정 이전엔 1차 조사를 마쳤다. 이준석과 강원식 1등 항해사만 3009함에 다녀와 17일 0시 30분경에 첫 번째 조사를 받았다.

하지만 강원식은 새벽 2시 20분경 조사를 끝내고 목포의 자택으로 귀가했지만, 이준석은 새벽 4시까지 계속 조사를 받았고, 그 이후 행방은 묘연하다.

다른 선원들과 격리되어 '또 다른 모텔에서 묵었는지', 아니면 17일 밤과 같이 '해경의 아파트에서 묵었는지' 전혀 확인되지 않았다. 오직 17일 오전 11시경 목포해양경찰서에 다시 출두한 사실만 확인되었다.[52]

공교롭게도 새벽 4시부터 오전 11시까지의 시간은 정확히 7시간이다. 이 시간이 반드시 밝혀야 할 또 다른 7시간에 해당한다.[53]

자료목록

1) 강원식, 『조사대상자 진술조서』, 4·16세월호참사 특별조사위원회, 2016.2.24

2) 강원식, 『조사대상자진술서』, 4·16세월호참사 특별조사위원회, 2016.3.24

52 「세월호 선장 피의자 신분 소환」, 『YTN』, 2014.4.17 (https://www.ytn.co.kr/_ln/0115_201404171451378675).

53 박한결의 진술서에는 4월 17일 아침 경찰서에서 이준석을 만났던 것으로 되어 있지만, 이것이 사실이라면 YTN의 뉴스와 배치되는 면이 있다. 박한결, 『피의자신문조서(제5회)』, 광주지검 목포지청, 2014.5.3, 21쪽.

3) 박동현, 『진술조서』, 광주지방검찰청, 2014.8.8

4) 이준석, 『진술조서(임의출석)』, 광주지방검찰청, 2014.6.2

5) 이준석, 『조사대상자 진술조서』, 4·16세월호참사 특별조사위원회, 2016.2.24

6) 「세월호 선장 피의자 신분 소환」, 『YTN』, 2014.4.17 (https://www.ytn.co.kr/_ln/
0115_201404171451378675)

3.
선원들은
동료만 탈출시켰다

세월호 침몰 당시 조타실 및 기관부 선원들은 안전하게 도주할 수 있었던 이유는 그때까지 수집된 해경의 출동 정보를 독점하고 오직 자신들의 탈출 목적으로만 사용했기 때문이다.

특히 조타실 도주 선원들은 구조 관련 정보수집에서 절대적으로 유리한 위치에 있었다. 조타실 도주 선원들은 VHF 교신을 통해 해경 함정의 정확한 도착시간을 파악하고 있었다. 또한 조타실이 육안관측이 용이한 장소에 위치해 있어서 출동함정의 규모를 정확하게 파악할 수 있었다. 그들은 선사(船社)와 전화통화 하면서 자신들이 도주의 최적기를 저울질할 정도였다.

그렇다면 도주 선원들은 왜 자신들의 도주에만 신경을 썼을까?

침몰 당시 적어도 같은 정규직 사원들 간에는 무전기를 이용하여 끊임없이 의사소통했을 것으로 추정된다. 무전기를 소지하지 않은 조리부 직원들에게는 '별도의 방법'을 이용해 탈출을 권유했다. 그 결과 침몰하는 세월호에서 가장 먼저 탈출했던 사람들은 조리부 직원들이었다.

세월호에 탑승한 선원의 숫자는?

세월호에는 조타실과 기관부, 여객안내실, 조리부 선원 등 23명의 정규직 선원들이 탑승해 있었다. 필리핀 가수 부부와 비정규직 8명을 포함하면 총 33명의 회사 관계자들이 탑승한 셈이다.

세월호 침몰 당시 선원들은 5층 조타실에 10명, 4층 F-10 객실 근처에 비정규직 5명, 4층 복도에 정규직 승무원 정현선 등이 탈출 대기를 하고 있었던 것으로 파악된다. 또한 3층 기관부 선원침실 인근 복도에 기관원 7명이 도주를 준비하고 있었다. 나머지 인원 10명은 여객안내실과 선원식당 근처에 있었던 것으로 판단된다. 목격자들의 진술에 따르면 여객실 사무장 양대홍은 3층부터 5층을 왔다 갔다 했지만 최후 순간에는 선원식당 안에 있었던 것으로 확인됐다.

세월호 침몰 당시 노골적인 도주계획에 따라 도주한 '조타실 및 기관부 선원'들을 제외한 탑승 선원은 모두 16명이었다. 그중 청해진해운 소속 정규직 선원은 총 8명이었고, 그중 5명이 사망하고 3명이 생존한 것으로 파악된다. [표 2-3] '세월호 탑승자 현황'의 특기사항에서 보는 바와 같이 62.5%가 사망했고 37.5%가 생존했다. 오직 생존율만 놓고 단순비교하면, 정규직 선원의 생존율이 다른 탑승그룹과 비교해 현저하게 높은 편은 아니다.

하지만 여객부 승무원 사망자 3명 중 1명은 선장을 보좌하여 승객 탈출을 주도해야 할 사무장 양대홍이고, 나머지 2명은 "가만히 있으라"는 선내방송에 개입된 사람이다. 또한 여객부 승무원 두 사람은 세월호 완전 침몰 당시 이미 배 밖으로 탈출한 상태에서 사망한 것이므로 '탈출했지만 구조되지 못한 것'으로 분류해야 한다.

나머지 정규직 2명은 조리수 김문익과 조리원 이묘희다. 이들은 탈출 적기에 탈출과정에서 발생한 부상으로 사망한 사례에 해당한다.[54]

표 2-3. 세월호 탑승자 현황

구 분			승선인원	탈출	사망	미수습	생존율 (%)	사망률 (%)
학 생			325	75	248	2	23.1	76.9
교 사			14	3	10	1	21.4	78.6
일 반 승 객			104	71	31	2	68.3	31.7
선원	정규직	여객실	4	1	3		25	75
		조타실	8	8			100	-
		기관실	7	7			100	-
		조리부	4	2	2		50	50.0
		계	23	18	5	0	78	21.7
	필리핀 가수 부부		2	2			100	
	비정규직		8	3	5		37.5	62.5
계			476	172	299	5	36.1	63.9
특기 사항	여객실+조리부		8	5	3		37.5	62.5
	여객실+조리부+비정규직		16	6	10	0	37.5	62.5

필자 직접 정리.

따라서 정규직 사망자 5명 중 '선내에 가만히 있으라'는 선내방송을 듣고 선내에서 대기하다 사망한 사람은 아무도 없다. 모두 탈출 도중 또는 완료 후에 사망했다. 더 나아가 생존자 3명 중 2명은 511호 헬기가 세월호에서 가장 먼저 구조한 선원들이다.

사무장 양대홍이 이동하면서 들린 곳은?

세월호 침몰 당시 사무장 양대홍은 여객부의 수장이었다. 그가 승객들을 구조할 의사가 있었다면, 여객안내실을 장악하고 승무원 강혜성과 박지영, 정현선 등을 지휘하여 적어도 승객들의 안전한 탈출을 위한 대책을 마련하고 실행했어야 한다.

---

54 이 책의 1장 '8. 기관부 선원은 부상 동료를 버리고 도주했다' 참조.

2014년 6월 22일 세월호 선내에서 발견된 CCTV DVR 영상에 따르면, 양대홍은 세월호 침몰 사건 당일 새벽 2시가 넘도록 로비에서 단원고 교사들과 술을 마신 것으로 파악된다([그림 2-4] 참조).

그림 2-4. 세월호 침몰 당일 2:07경 단원고 교사들과 담소 중인 사무장 양대홍

세월호 선내 CCTV 영상 필자 화면 캡처.

조리원 김종임은 세월호 침몰 직후 [그림 2-5]의 ©지점(선원식당 옆 통로)에서, 선실에서 통화 하면서 나오는 양대홍을 만났다. 그는 당시 '양대홍은 넥타이를 매지 않았고 모자를 쓰고 있지 않아서 정확히 얼굴을 볼 수 있었는데, 술을 많이 마신 것인지 아니면 흥분해서 그런 것인지 얼굴이 빨간 상태였다'고 진술했다.

따라서 양대홍이 음주 후유증으로 세월호 침몰 사건 발생 초기 정상적인 판단을 하지 못하거나, 여객안내실로 가지 못했을 가능성도 배제할 수 없다.

양대홍의 이날 행적은 조타실 및 기관부 도주 선원들의 이해할 수 없는 행동만큼 베일에 가려져 있다. 그는 선장을 보좌하여 탑승객들을 보호할

의무가 있었고, 침몰 당시 자신의 침실에 있었더라도 자신에게 주어진 사명을 수행하려면 당연히 여객안내실로 달려갔어야 한다.

그런데 그는 여객안내실로 가지 않고 선장이 있던 조타실로 올라갔다. 백번 양보해서 선장의 확실한 지휘를 받기 위해서 조타실로 달려갔을 수도 있다. 당연히 다음 행보는 여객안내실을 장악하고 승무원들을 지휘했어야 한다. 하지만 그가 향한 곳은 여객안내실이 아니라 선원식당 근처였다.

세월호 침몰 당시 양대홍이 3층에서 5층을 왕복한 것은 틀림없는 사실이다. 다만 언제 어떤 경로를 이용해서 이동했는지는 밝혀진 바가 없다. 목격자들은 양대홍을 목격한 시간을 정확히 기억하지 못했다. 자신들이 탈출을 기다리던 장소에서 양대홍이 지나가는 것만 보았기 때문이다. 핵심 증인인 도주 선원들이 자신들의 범죄행위를 숨기기 위해 양대홍 목격 사실 자체를 부인하거나 왜곡된 진술을 한 것도 그의 행적을 밝히지 못하는 하나의 요인으로 작용했다.

따라서 세월호 침몰 당일 양대홍의 정확한 행적은 오직 논리적 상상력에 의존해 추적할 수밖에 없다.

여객부 승무원 강혜성과 조리원 김종임의 진술에 따르면, 침몰 당시 양대홍은 침실에서 머물고 있었다. 강혜성은 그가 침실에 있던 상황을 아래와 같이 진술했다.

> ("사무장 양대홍이 3층 사무장 침실에 있을 것이라 생각해서 박지영을 통해 선내전화로 통화할 것을 지시했는데 연락이 되었다"고 답변을 한 후에)
>
> 조사관 : 박지영의 양대홍 사무장에게 내려와 달라고 한 요청은 진술인의 지시였나요. 박지영 본인의 판단에 의한 것이었나요.[55]
>
> 강혜성 : 기억나지 않습니다. 제가 박지영 옆에서 박지영이 사무장에게

---

55 사무장 양대홍의 침실은 [그림 2-5]와 같이 3층 선원식당 근처에 있었으므로, "내려온다"는 표현은 정확하지 못하다. "내려오는 것"이 아니라 "수평 이동"을 하면 되는 것이다.

내려와 달라는 말과 양대홍이 내려가기 어렵다고 말한 것은 들은 것은 생각납니다.

조사관 : 양대홍이 내려가기 어렵다고 말하면서 다른 지시는 없었나요.

강혜성 : 저를 바꿔 달라고 하여 저에게 조타실에 확인해보겠다고 했고, 안전 방송을 하라고 지시하였습니다.

조사관 : 양대홍 사무장은 내려오지 못하는 이유를 뭐라고 말하던가요.

강혜성 : 움직이기가 어려워서 내려가기 어렵다고 했습니다.

조사관 : 그런데 양대홍이 사고 이후 3층, 4층, 5층을 오갔고, 사고 초기는 가장 이동이 용이했는데, 이동이 어려워서 내려가지 못했다고 한 것은 사실이 아니지요.

강혜성 : 통화했을 때 양대홍이 이동이 어려워서 내려가지 못한다고 말했습니다.56 57

양대홍은 9시 10분~9시 15분 사이에 조타실로 올라가기 위하여 침실을 나왔고, 그때 조리원 김종임을 만났다. 침실을 나오기 전까지 그는 침몰과 관련해 간략하게 보고했을 것으로 추정된다. 자신이 세월호의 '보안담당자'로 지정되어 있었으므로 당연히 국정원과 선사인 청해진해운에 보고했을 것이다.

실제로 조리원 김종임과 마주쳤을 때 그는 어딘가로 전화를 하면서 나왔다. 이때 그는 김종임에게 "빨리 바깥으로 피신하세요"라고 말했다. 김종임이 "어떻게 해야돼요"라고 묻자 그는 "저도 나가 봐야 돼요"라고 하면서 [그림 2-5]의 ⓒ 우현 갑판으로 나가 선수 방향으로 이동하였다.

---

56 강혜성, 『조사대상자 진술조서 2회』, 4 · 16세월호참사특별조사위원회, 2016.3.16, 6~7쪽.

57 잘못된 진술일 가능성이 높다고 판단된다. 당시엔 수직이동이 아니라 수평이동이었으므로 이동엔 전혀 문제가 없었으며, 신정훈, 강원식, 박기호 등이 이동한 사례가 있다. 양대홍이 실제 이동하지 못했다면 뭔가 특별한 문제가 생겼을 개연성이 높다.

그림 2-5. 사무장 양대홍의 예상 이동 경로

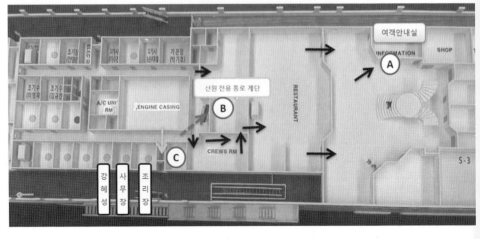

선원 진술서를 기초하여 필자 정리.

사무장 양대홍은 5층 조타실로 향했을 것으로 추정된다. 다만 김종임의 진술 중 실제로 그가 우현 갑판으로 나가서 조타실로 이동했는지는 논리적으로 따져 볼 필요가 있다. 당시 우현 갑판으로 나가 5층으로 이동하려면 외부에 설치된 계단을 이용할 수밖에 없는데, 그곳까지 가는데 약 2.9m 정도의 경사를 극복해야 하는 한계가 있었기 때문이다. 오히려 선원식당 앞에 설치된 계단을 이용하여 선원전용 통로를 따라 이동하면 손쉽게 조타실로 이동할 수 있다. 굳이 어려운 방법을 선택할 이유가 없었다.

양대홍은 오전 9시 20분경 조타실에 도착했다. 하지만 현재까지 그가 조타실에 올라간 정확한 이유를 전혀 알 수가 없다. 당시 조타실에 있던 도주 선원들은 그가 조타실에 간 사실 자체를 모두 부인했다. 오직 필리핀 가수 부부와 조타수 조준기만이 양대홍이 조타실에 갔던 사실을 인정했다. 다만 이들도 조타실에서 한 그의 행적을 구체적으로 진술하지는 않았다.

조준기는 그가 조타실에 와서 다음과 같은 말을 했다고 진술했다.

> 조사관 : 진술인은 과거 검찰수사에서(피의자진술조서 9회) 사무장 양
> 대홍이 09:25 이전에 조타실에 올라와서 '해경헬기가 곧 도착
> 할 것'이란 사실을 알려주고 갔다고 진술한 바 있는데, 양대홍
> 이 조타실에 와서 이야기할 때 선원들의 반응은 어땠나요.
>
> 조준기 : 양대홍이 올라와서 '5분 있으면 해경 헬기가 오니까 걱정하지
> 마라'고 말했을 때 선원들이 고개를 끄덕였고, 다른 특별한 반
> 응을 보이지 않았습니다. 그러니 양대홍은 바로 내려갔습니
> 다.[58]

여객부 승무원 강혜성도 당시 조타실에 있던 양대홍으로부터 다음과 같
은 무전을 받았다고 진술했다.

> 조사관 : 진술인이 "해경이 10분 후에 올 예정"이라고 했던 방송은 조타
> 실이나 사무장과의 교신에 의해서 알게 된 사실인가요.
>
> 강혜성 : (이때 진술인은 질문을 듣고 화장실에 다녀오겠다고 하고 화장
> 실을 다녀온 뒤) 09:26경 박지영이 양대홍에게 무전이 왔다고
> 저에게 무전기를 건넸습니다. 그때 양대홍이 "CC"라고 얘기했
> 습니다. CC는 저와 사무장과 안현영이 쓰는 은어로서 채널 체
> 인지의 준말로 채널을 5번으로 바꾸라는 의미입니다. 5번 채
> 널로 바꿔서 양대홍과 교신이 됐고, 양대홍이 저에게 **"나는 지
> 금 조타실인데, 10분 후에 해경 올 거야. 구명조끼 입혀. 선사
> 쪽에서 대기 지시가 왔어. 추가 지시가 있을 때까지 구명조끼
> 입히고 기다려"**라는 말을 했습니다. 원래 사무장님은 핵심만 말
> 하는 스타일입니다. 무전 교신이 끝나고 박지영에게 무전기를
> 돌려줄 때는 다시 채널을 7번으로 바꿔서 돌려줬습니다.[59]

58 조준기, 『참고인(조사대상자)진술조서』, 4 · 16 세월호참사 특별조사위원회, 2016. 2. 18,
23쪽.

59 강혜성, 『조사대상자 진술조서 2회』, 4 · 16세월호참사특별조사위원회, 2016. 3. 16, 10~
11쪽.

이러한 진술을 통해 볼 때 9시 20분을 전후해 양대홍은 분명히 조타실에 있었다.

다른 정황 증거도 있다. 세월호 침몰현장에 가장 먼저 도착했던 헬기와 함정은 511호 헬기와 123정이다. 이들은 9시 25분과 9시 30분경 세월호 침몰현장에 도착했다. 이 시간을 기준으로 조준기("헬기 도착 5분 전")와 강혜성("10분 후에 해경 올거야")의 진술을 비교해 보면 늦어도 9시 20분경에는 양대홍이 조타실에 도착해 있었다.

의심스러운 것은 조타실에서 벌인 그의 행적이다. 단순히 헬기 도착시간만 알려 주려고 힘들게 조타실까지 올라갔을 리 없거니와 선장의 나이가 70세인데 그 상황에서 선장의 안부마저 묻지 않았다는 것은 상식에 반하기 때문이다.

따라서 세월호 사건의 진실을 확실하게 밝히려면 필수적으로 사무장 양대홍의 조타실 행적을 다시 조사해야 한다. 우선 시간대별로 그의 행적을 재구성해 보자.

드러나지 않은 '방문 목적'을 달성한 그는 조타실에서 나와 선원 전용통로를 통해 3층으로 이동했고, 중간에 4층에 들러 4층 상황을 파악한 것으로 추정된다. 특히 4층에서는 비정규직 선원들이 묵고 있는 객실 F-10 근처에서 오의준 등 5명의 비정규직 근로자를 만났다. 오의준은 당시 그가 탈출과 관련한 특별한 지시는 하지 않았다고 진술했다.

> 수사관 : 탈출과정에서 선장이나 선원들을 본 사실이 있는가요.
>
> 오의준 : 선장이나 선원들은 본적이 없으며 사무장인 양대웅(홍) 씨가 방에 돌아다니며 괜찮냐고 하는 걸 보았습니다.[60]

---

60 오의준, 『진술조서』, 목포해양경찰서, 2014.4.28, 9쪽.

4층에서 그는 정규직 직원 정현선을 만났을 가능성이 있다. 당시 단원고 수학여행을 인솔하던 대한여행사 직원 김승재는 이때 양대홍과 정현선을 모두 보았다는 취지의 진술을 했다. 특히 양대홍이 승무원 전용통로 옆에 있는 복도에서 목격됐기 때문에 그가 선원 전용통로를 이용해 3층으로 이동했을 개연성이 높다.[61]

즉, 양대홍은 4층에 있는 승객들의 상황을 상세히 파악하고, 정현선과 일정한 교감을 가진 후, 3층에 있는 침실로 다시 돌아간 것으로 판단된다.

그의 이동 동선을 종합해 보면, 세월호 침몰 당시 선내 상황을 가장 정확하게 파악한 사람은 아마도 양대홍이었을 것이다. 그가 직접 3층부터 5층 조타실 상황을 점검했고, 기타 필요한 사항은 무전기 청취 및 교신을 통하여 모든 정보를 파악할 수 있었기 때문이다.

그가 여객안내실로 가지 않고 자신의 침실로 돌아갔던 이유는 아마도 '상황보고'와 관련이 있었던 것으로 추정된다. 특히 국정원에 보고하기 위해서는 남들이 보지 않는 조용한 장소가 필요했을 것이다.

양대홍은 이때 언론에 속보로 보도된 '암초 충돌'과 '충돌 의심' 정황을 보고했을 것이고, '승객들이 구명조끼를 입고 선내에 대기하고 있다'는 사실도 보고했을 가능성이 크다. 그리고 국정원은 이 보고를 근거로 9시 57분경 해경에 전화하여 '암초라든(던)데. 맞나요?'라고 물어봤을 것이다.

국정원 보고는 아마도 오전 10시 전후까지 계속된 것으로 추정된다. 이 보고가 끝난 후 그는 침실 밖으로 나왔지만 이미 탈출할 수 있는 시간을 놓쳐 버렸다. 그러자 10시 5분경 배우자에게 마지막 전화를 한 후 황급히 선원식당 쪽으로 이동했을 것이다. 이때 비정규직 선원 송지철을 만나 그의 탈출을 도왔을 것으로 판단된다.

---

61 김승재, 『증인신문조서(제4회 공판조서)』, 광주지방법원, 2014.7.22, 11쪽.

그림 2-6. '충돌' 의심 KBS 보도

KBS 속보화면 필자 화면 캡처.

그림 2-7. '암초 충돌' 의심 KBS 보도

KBS 속보화면 필자 화면 캡처.

이러한 가설이 틀리다면, 그가 다시 3층 선원식당 근처로 내려갈 이유가 없었을 것이다. 도주 선원들과 똑같이 살고 싶었다면, 조타실에서 계속해서 대기했으면 되는 일이고, 진정으로 승객들의 탈출을 돕고 싶었다면, 여객안내실로 이동하여 그곳에서 상황을 지휘했어야 한다.

선원만 선별해 탈출시키는 방법

세월호에서 희생된 정규직 선원들은 사무장 양대홍을 제외하면 모두 탈출 도중에 사망했다. "선내에 가만히 있으라"는 선내방송을 듣고, 선내에 대기하다가 사망한 선원은 단 한 명도 없다. 당연히 선원 상호 간에 의사소통이 있었던 것으로 추정된다.

도주에 성공한 선원들과 양대홍은 무전기가 있었기 때문에 의사소통이 가능했을 것이다. 양대홍은 죽어서도 무전기를 소지하고 있었고, 2등 항해사 김영호는 도주 후에도 무전기를 소지하고 있었을 뿐만 아니라 123정 조타실에서도 무전기를 사용했다고 진술했다.[62]

세월호 침몰 당시 정규직 선원들은 무전기를 소지한 그룹과 소지하지 않은 그룹으로 구분된다. 조리부 선원들을 제외하면 모두 무전기를 소지했던 것으로 보인다.[63] 특히 여객부 희생 선원들은 모두 무전기를 소지하고 있었다. 침몰 당시 여객안내실에 있지 않던 승무원 정현선도 무전기를 소지하고 있었다.[64]

> 변호인 서청운 : 증인은 승무원이 무전기 같은 것을 가지고 있는 것을
>   보았나요.
> 김다혜 : 예. 하얀색 옷을 입은 사람과 박지영 언니랑 본 것 같습니다.
> 변호인 서청운 : 박지영 승무원이 손에 무전기를 들고 있던 가요.
> 김다혜 : 예. 이렇게 들고 있었어요.
> 변호인 서청운 : 들고 있다가 로비 쪽에서 확 떨어졌다는 것이지요.

---

62 김영호, 『피의자신문조서(제9회)』, 광주지방검찰청 목포지청, 2014.5.13, 5쪽.

63 물론 기관부 선원들은 무전기 소지 사실을 부인하고 있지만 정황상 최소 1개 정도는 소지하고 있었을 것으로 의심된다.

64 무전기와 관련한 부분은 이 책의 제1장 '7. 선원들은 무전기로 무슨 대화를 나눴나?' 참조.

김다혜 : 예.

변호인 서청운 : 흰옷을 입은 사람도 무전기를 들고 있었나요.

김다혜 : 예.[65]

단원고 생존피해자 김다혜 학생은 세월호 침몰 당시 4층 B-20 객실 근처에 있었다. 당시 김다혜 학생이 본 "흰옷 입은 사람"은 여객부 승무원 정현선일 것으로 판단된다. 세월호 침몰 직전 정현선은 자신의 침실에 잠시 갔다가 사고를 당했다. 그가 4층으로 이동하는 과정은 필리핀 가수 부부와 단원고 생존피해자 신영진 학생 등에게 목격됐다. 또 여객부 승무원 강혜성의 진술에 따르면 승무원 박지영은 여객안내실을 떠나지 않았기 때문에 김다혜 학생이 목격한 승무원은 정현선이 틀림없다.

도주 선원들은 수사 및 재판과정에서 무전기 사용 현황을 사실대로 진술하지 않았다. 이 부분은 논리적으로 판단할 수밖에 없다.

무전기 사용 현황과 함께 한 가지 더 주목할 대목은 무전기를 소지한 선원이 공용채널 7번을 개방해 놓았다면 교신내용 전체를 청취할 수 있었다는 점이다. 대부분 선원들은 '채널변경(CC)'으로 사용하는 '채널 5번'(개인간 통화 채널)의 존재를 알고 있었으므로 침몰 당시 '공용채널 7번'으로 무전기를 사용했다면 의도하지 않더라도 교신내용을 청취할 수밖에 없었다.

다만 여객안내실 직원들의 희생이 특히 컸던 이유는 승객과 함께 선내에 대기하고 있었기 때문에 조타실 및 기관부 도주 선원처럼 몰래 도주할 수 없는 환경이 작용했을 것이다. 아울러 탈출 시점과 생존 수영 능력 등을 종합적으로 고려해 판단할 문제이다.

그러나 [표 2-4]에서 보는 바와 같이 승무원 박지영과 정현선 등이 비교적 이른 시점에 세월호 선체 바로 옆에서 발견된 것은, 정확한 탈출 시점

---

65 김다혜, 『증인신문조서』, 광주지법, 2014.7.29, 2014 고합 180 살인등, 8쪽.

에 탈출을 시도하여 성공했다는 것을 입증한다.

따라서 2등 항해사 김영호가 법정에서 진술한 것처럼, 맨 마지막에 '무전기로 탈출명령을 내렸던 것'이 사실이고, 그것은 '승객에 대한 탈출명령이 아니라 선원에 대한 탈출명령' 이었을 가능성이 크다.

표 2-4. 세월호 정규직 선원 탑승 현황(조타실 및 기관실 제외)

부서	번호	직책	성별	성명	생존 여부	침몰 당시 위 치	발견일자	발견장소	비고
여객부 (사무부)	1	사무장	남	양대홍	사망	3층 선원 침실	5.15. 14:09	3층 선원식당	무전기 소지
	2	매니저	남	강혜성	생존	3층 여객안내실			
	3	여객부 원	여	박지영	사망	3층 여객안내실	4. 16. 11:35	침몰 현장	무전기 소지
	4	여객부 원	여	정현선	사망	4층 ?	4. 17. 23:50	침몰현장 (좌현 80m)	무전기 소지
조리부	1	조리장	남	최찬열	생존				
	2	조리수	남	김문익	사망	3층 조기수 침실 앞	6.6 08:03	3층 CR-7	
	3	조리원	여	김종임	생존	3층 선원 식당			
	4	조리원	여	이묘희	사망	3층 기관원 침실 앞	7. 18. 06:20	3층 선원식당	

정부 발표자료를 기준으로 필자 직접 작성.

또한 조리원들은 무전기를 소지하고 있지 않았기 때문에 사무장 양대홍은 그들에게 '특별한 방법'을 제시했을 가능성이 있다. 조리원 김종임은 그를 만났을 때 그로부터 "빨리 바깥으로 피신하세요"라는 말을 들었다. 이를 근거로 추정해 보면 양대홍은 김종임을 만나기 전에 식당 또는 선원식당의 인터폰을 이용해 조리장 최찬열 등에게 탈출을 권했고, 비정규직을 포함한 모든 조리부 선원들이 탈출을 시도했을 것으로 판단된다.

다만 탈출을 시도하는 과정에서 김문익과 이묘희는 부상으로 탈출에 성공하지 못했고, 구춘미는 중도에 포기해 사망하였다. 완전 침몰 직전까지 비정규직 선원 송지철이 선원식당에 남아 있었던 이유는 미스테리가 아닐 수 없다.

'탈출 지시'를 한 양대홍은 조타실로 올라가기 전에 이미 정확한 헬기 도착시간을 파악하고 있었다(조타수 조준기의 진술). 이상한 점은 이 시각까지 해경은 공식적으로 헬기 출동과 관련한 교신은 하고 있지 않았는데 그가 정확한 헬기의 도착시간을 알고 있었다는 것이다.

진도VTS가 세월호 선원에게 헬기 출동 사실을 통보한 시간은 오전 9시 27분경이고, 실제 511호 헬기가 세월호 침몰현장에 도착한 시간은 9시 25분경이었다. 따라서 그기 조타실 선원보다 먼지 헬기 예정 도착시간을 알았다면, 그것은 별도의 통신수단으로 상황을 파악했다는 것을 의미한다.

조리원 김종임이 양대홍의 권유에 따라 밖으로 나가 4층으로 올라갔을 때 511호 헬기는 [그림 2-8]과 같이 9시 33분경 가장 먼저 그를, 그리고 다음엔 조리장 최찬열을 구조했다.

그림 2-8. 511호 헬기 촬영 영상(조리원 김종임 구조)

511호 헬기 촬영영상 필자 화면 캡처.

511호 헬기에서 촬영한 동영상을 분석해 보면 이들은 511호 헬기가 본격 구조를 시작하기도 전에 이미 구조지점에 도착해 기다리고 있었다. 이 또한 헬기 도착과 관련한 정보를 사전에 인지하지 못했다면 상상하기 어려운 장면이다.

비정규직 선원은 탈출시키지 않았다

세월호에는 총 8명의 비정규직 근로자가 승선해 있었다. 그중 3명은 구조되었고 나머지 5명은 희생됐다.

문제는 도주 선원들이 이들의 탈출을 도왔냐는 것이다. 4층 F-10 객실 근처에서 탈출을 기다리다 사무장 양대홍을 만난[66] 오의준은 다음과 같이 진술했다.

> 방송에서 계속 '그 자리에 있어라'라고 나왔는데, 창문 밖을 보니깐 배가 계속 가라앉고 있었고, 방에 있으면 '죽을 수도 있겠다'라는 생각이 들어 같은 방을 쓰던 아르바이트생 5명이 방 밖 복도로 나가 벽에 등을 기대고 있었는데, 사무장 양대홍이 방에 돌아다니며 '괜찮냐'고 하는 것을 보았다.[67]

만난 시간을 정확히 알 수는 없지만, 오의준의 진술 취지로 볼 때 상황이 매우 악화되어 침몰이 얼마 남지 않은 시간대는 틀림없다. 그럼에도 양대홍은 특별한 조치 없이 3층 선원식당으로 내려간 것으로 판단된다.

비정규직 선원 중 공식적으로 그의 탈출지시를 받은 사람은 송지철이 유일하다. 하지만 그가 선내의 모든 승객들을 방치하고 비정규직 선원 송

---

66 김기웅, 방현수, 김정호, 이현우의 진술.
67 오의준, 『진술조서』, 목포해양경찰서, 2014.4.28, 9쪽.

지철 한 사람을 구조하기 위해 3층까지 내려갔다는 것은 논리적으로 맞지 않다. 송지철은 당시 상황을 다음과 같이 진술했다.

검　사 : 증인을 본 양대홍 사무장은 증인에게 뭐라고 하던가요.

송지철 : 복도에서 빨리 나가야 된다고만 했습니다. 그리고는 저희 쪽으로 오셨습니다.

검　사 : 복도에서 나가라고 한다는 것이 무슨 말인가요.

송지철 : 복도에서 사무장님 목소리가 들려서 제가 크게 "어떻게 해야 하냐"고 물어봤습니다.

검　사 : 복도에서 사무장 목소리가 들렸다고 하는데, 그때 양대홍 사무장이 뭐라고 하고 있던가요.

송지철 : 그냥 빨리 나가야 된다고만 하셨습니다.

검　사 : "나가야 된다"는 목소리만 들렸다는 것인가요.

송지철 : 예.68

그림 2-9. 양대홍의 도움으로 송지철이 탈출했던 선원식당 창문

2019.8.1. 세월호 방문 필자 직접 촬영.

68 송지철, 『증인신문조서(6회공판조서)』, 광주지법, 2014.7.24, 2014고합180 살인등, 5쪽.

세월호 침몰 초기 언론은 사무장 양대홍을 승객들을 구조하다 사망한 의인처럼 보도했다. 실제로 그는 정부로부터 의사자 지정을 받았다. 그러나 세월호 사건 관련 기록에는 비정규직 선원 송지철의 탈출을 도운 것을 빼고는 '여객부 사무장'으로서 책임을 다했다는 기록은 찾아볼 수가 없다.

만약 그가 생존했다면, 다른 도주 선원들처럼 엄중한 법적책임을 부담했을 것이다. 아무리 검찰이 부실수사 했다 하더라도 양대홍에게 '보호해야 할 승객들의 안전은 팽개치고 3층에서 5층까지 왕복 이동하면서 아무것도 하지 않은 책임'만큼은 엄중하게 묻지 않을 수 없었을 것이다.

자료목록

1) 강혜성, 『진술조서』, 목포해양경찰서, 2014.5.4
2) 강혜성, 『조사대상자 진술조서 2회』, 4·16세월호참사특별조사위원회, 2016.3.16
3) 김다혜, 『증인신문조서』, 광주지법, 2014.7.29, 2014 고합 180 살인 등
4) 김영호, 『피의자신문조서(제9회)』, 광주지방검찰청 목포지청, 2014.5.13
5) 송지철, 『증인신문조서(6회공판조서)』, 2014.7.24, 광주지법 2014고합180 살인 등
6) 오의준, 『진술조서』, 목포해양경찰서, 2014.4.28
7) 조준기, 『참고인(조사대상자)진술조서』, 2016.2.18, 4·16 세월호참사 특별조사위원회
8) 보건복지부, 『4585415 정보공개 청구건 회신』, 2018.3.27

4.
세월호 선내 CCTV 저장장치는
조작되지 않았을까?

세월호 침몰 사건은 봄으로 가는 길목 이른 아침, 목격자와 증거물 확보가 불가능한 망망대해에서 발생했다. 현장에는 오직 '범인'과 피해자만 존재했을 뿐, 그들을 벌할 수 있는 확실한 목격자와 증거는 없었다.

도주 선원들과 함께 탈출한 '필리핀 가수 부부'가 현장에 있었지만, '피고용 외국인'이란 특수 신분 때문에 정확한 진실을 밝히지 못한 상태에서 출국했다. 결국 관련자들의 범죄 혐의를 입증할 수 있는 직접 증거물은 심각하게 조작이 의심되는 항적 기록과 무선 교신기록, 휴대전화 통화기록 등을 제외하면 거의 없는 상황이다.

통상 선박사고에서 가장 중요한 증거물은 항공기의 블랙박스(BLACK BOX)에 해당하는 VDR(선박항해기록장치, Voyage Data Recorder)이라는 장치이다. 불행히도 세월호에는 이 장치가 설치돼 있지 않았다.

당시 현장상황을 보여주는 유력한 증거가 없지는 않다. 세월호 선내 곳곳에 설치돼 있던 64개 채널의 CCTV 영상이다. 이것이 침몰 직전까지 정상 작동만 됐다면, 그리고 침몰 직후 회수되어 객관적으로 복원만 됐다면, 범죄 혐의를 확실하게 입증할 수 있었다.

그림 2-10. 세월호 선내 CCTV(64화면)

필자 화면캡처.

문제의 저장장치는 세월호 침몰 사건이 발생한 지 두 달이 훨씬 지난 2014년 6월 22일에 회수됐다. 복구된 영상에는 세월호 침몰 사건 발생 직전 상황까지만 녹화되어 있었다. 범죄 혐의와 관계된 주요 시간대의 영상은 하나도 존재하지 않았다.

세월호 선내 CCTV 녹화 영상은 비상 발전기 전원이 꺼지는 9시 49경까지는 기계적으로 작동할 수밖에 없었다([표 2-2] 참조). 그렇다면 나머지 영상은 어디로 사라졌단 말인가?

세월호 침몰현장은 침몰 직후부터 해경과 해군이 통제하면서 수색구조 작업을 진행했디. DVR 수거 작업 또한 이들의 지휘와 통제 아래 진행됐다. 따라서 해군과 해경의 개입에 따라 영상이 사라졌다는 의심을 가질 수밖에 없다. 만약 DVR에 대한 훼손 사실이 밝혀진다면 그것은 국가가 의도적으로 또 다른 범죄행위에 가담했던 것으로 봐야 한다.

세월호 선내 CCTV 설치현황

국가정보원의 보안점검 측정이 있기 전 세월호 선내에는 45개 채널의 CCTV가 설치돼 있었다. 국정원은 2013년 2월 27일 세월호 보안측정을 할 때 '브릿지 LIFERAFT 2곳과 트윈데크 2곳'에 CCTV 신설할 것을 지적했고, 청해진해운 측은 그해 4월 11일 8개 채널을 신설하고 「국가보호장비 보안측정결과 미흡 사항에 대한 개선결과 통보」를 했다. 그 후 단계적으로 증설하여 세월호 침몰 당시에는 64개 채널의 CCTV 카메라가 설치돼 운영되고 있었다.

세월호 선내에 설치된 CCTV는 '거주구역 및 기관실 관련 구역, 화물갑판 구역'으로 나뉘며, 거주구역은 64개 중 44개 채널이 운영되고 있었고, 8개 채널은 기관실을, 나머지 12개 채널은 화물갑판 구역을 관제하고 있었다([표 2-5] 참조).[69]

표 2-5. 세월호 선내 CCTV 설치 현황

구 분	카메라 숫 자	카메라 번호
거주구역 (기관실 구역 및 화물갑판 구역 제외)	44	1~33, 49, 50, 51, 53, 54, 55, 58, 60, 61, 63, 64
기관실 구역	8	41~48
화물갑판 구역	12	34, 35, 36, 37, 38, 39, 40, 52, 56, 57, 59, 62
계	64	

광주지검 『수사보고(세월호 CC-TV 판독-거주구역 및 기관실 관련)』 기초 필자 재정리.

그림 2-11. 세월호 선내 CCTV DVR 설치 상태

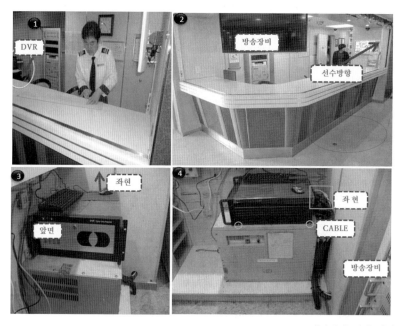

이하에서 필자 정리.
① 사무장 양대홍의 형 제공 ② 서해지방해양경찰청, 「수사보고(세월호의 2014.4.15 출항 당일 사진 확보)」, 2014.5.9. ③,④ 1기 특조의 제공

---

69 광주지방검찰청, 『수사보고(세월호 CC-TV 판독-거주구역 및 기관실 관련)』, 2014.9.19.

CCTV 녹화영상 저장장치를 DVR(영상녹화기, Digital Video Recorder)이라고 하는데, 이 장치는 세월호 침몰 당시 여객부 승무원 강혜성이 안내방송을 하던 여객안내실 안에 [그림 2-11]의 ③④와 같이 좌현 벽면을 등지고 설치돼 있었다. 당시 DVR은 고정된 보관 케이스 위에 DVR 본체가 볼트로 고정되어 있었다. 침몰 당시 선체가 어느 쪽으로 기운다고 하더라도 쉽게 추락하거나 전원이 차단될 구조는 아니었다. 또한, 녹화 감시 모니터 화면은 조타실과 여객안내실, 기관실 컨트롤 룸 등 3곳에 설치돼 있었다.

따라서 세월호 침몰 당시 기관실을 제외한 여객안내실과 조타실에서는 비상 발전기가 차단되는 시간까지 CCTV 모니터 화면을 통해 선내상황을 파악할 수 있었다. 실제로 실시간 영상을 확인했다는 진술도 확보되어 있다.

세월호 선내 CCTV 저장장치의 증거 가치

세월호 선내 CCTV DVR에 저장된 녹화 영상이 원형 그대로 보존됐다면, 세월호 선내 64곳의 침몰 직전과 직후 선내상황이 고스란히 저장되어 있었을 것이다.

당연히 세월호 침몰 초기 검찰이 철저하고 엄정한 수사를 할 의지가 있었다면, 증거확보 차원에서 'CCTV DVR' 확보에 주력했어야만 한다. 유감스럽게도 검찰은 해경이 DVR을 회수하는 2014년 6월 22일까지 중요 증거 확보를 위한 노력을 하지 않았다.

해경은 침몰 첫날부터 증거확보에 주력했던 것으로 판단된다. 목포해양경찰서는 침몰 당일 오전 11시 20분경, 세월호에 설치되지도 않은 VDR을 회수하기 위해, 경사 박동현을 P-120정에 탑승시켜 침몰현장에 출동시켰다. 오후 2시 7분경에는 문자상황시스템을 통해 "VDR 회수여부 송신"하라고 지시까지 했다.

필자는 해경이 DVR의 증거 가치를 확실하게 인식했다면, 적어도 이 시점부터 DVR 회수를 위해 노력했다고 보며, 아무도 침몰현장에 접근하지 못하게 통제하면서 잠수부를 동원하여 증거물을 확보했을 것이라고 믿고 있다.

불행하게도 세월호 침몰 당시 조타실과 선원전용 통로 등에는 CCTV가 설치돼 있지 않았다. 하지만 기관실에 설치된 8개 채널과 선원 전용통로와 조타실이 연결되는 입구에 1개의 카메라(채널 29)가 설치돼 있었다. 이를 통해 녹화 영상이 완벽하게 보존만 됐다면 침몰 전후 상황을 충분히 확인할 수 있었다.

특히 4번 카메라의 경우 3층 좌현 갑판을 비추고 있었으므로 기관부원들의 도주 상황을 감시할 수도 있었고, 다수 채널이 바다를 비추고 있었으므로 일정 시간 동안 123정의 움직임도 포착할 수 있었다.

또한 무려 44개의 카메라가 승객 거주구역을 관제하고 있었으므로 침몰이 진행되는 과정에서 승객들의 움직임도 확인할 수 있었고, 도주 선원들의 입에 의존할 수밖에 없는 불명확한 시간도 확실하게 특정할 수 있었다.

따라서 문제의 DVR은 '세월호 침몰 당시 상황과 승객들의 반응, 선원들의 대응 방향, 침수상황 등이 모두 기록되어 있는 종합 증거'라고 할 수 있다.

이 중요한 증거물을 검찰과 해경이 공격적으로 확보하지 않은 것은 상식적으로 이해하기 어렵다. 진실을 감추고 싶은 그들의 손에 이 증거물이 아무도 몰래 쥐어졌다면, 그것을 조작하지 않는 것이 오히려 이상한 일이다.

은밀하게 DVR을 인양하다

세월호 침몰현장에서 수색작업은 하루에 네 번 있는 '정조 시간'에 맞추어 진행됐다. 그런데 DVR이 인양된 2014년 6월 22일에는 "02:47~03:15,

08:34~10:28, 22:11~23:38" 등 세 차례만 진행됐다. 4·16영상기록단 임유철 PD의 진술에 따르면, '이날은 안개가 예고되어 있었고 따라서 오후 수색작업은 중단이 예고돼 있었다'고 한다.

이날은 한 치 앞도 보이지 않을 정도로 안개가 심했고, 통상 이런 날은 안전사고 예방을 위해 수색작업을 하지 않는다. 안개가 많이 끼어있어도 잠수 작업은 가능하지만, 잠수 작업과정에서 안전사고가 발생하면 안개 때문에 헬기나 함정이 바지선에 접근하는 것이 불가하므로 관행적으로 작업을 하지 않았다. 따라서 민간잠수사들은 작업을 철수한 상태였고, 바지선 위에 상주했던 유가족도 이날은 육지로 나간 상태였다.

또한 그날은 브라질 월드컵의 한국대표팀이 알제리팀을 상대로 예선 경기가 있던 날이라, 선상에 있던 관계자들도 인양에 대한 관심도가 많이 떨어져 있었다.[70]

그런 상황에서 해경은 기습적으로 'DVR' 인양작업을 진행했다. 다행히 DVR 인양을 위한 수색작업을 진행할 때, 4·16영상기록단 소속 임유철 PD와 박정남 PD가 세월호 침몰현장 바지선을 지키고 있었다. 두 사람은 밤 10시 11분경부터 11시 38분경까지 진행된 대부분 작업과정을 감시했으며, 작업 마무리 10여 분 남기고 식사하러 갔다.

DVR 인양이 마무리되던 시간은 민간잠수사들이 작업을 끝낸 뒤 식사를 시작할 시간이고, 그때까지 잠수 작업 진행 과정에서 특이사항이 발견되지 않았으므로, 두 사람은 식당의 복잡함과 민간잠수사들의 원활한 식사시간을 보장하기 위해 10분 정도 먼저 식사하러 갔던 것이다.

식사가 거의 끝나갈 무렵, 민간잠수사가 식당으로 와서 'DVR'이 올라왔다고 귀띔해 주었고, 두 사람은 즉시 작업현장으로 달려가서 상황을 파악했다.[71]

---

70 임유철, 『조사대상자진술조서』, 4·16 세월호참사 특별조사위원회, 2016.8.26, 4쪽.

당시 해경의 세월호 선체 수색작업은 매일 오전 9시부터 10시까지 회의를 하는 것으로 시작됐다. 이 회의는 해경지휘부·민간구조세력·해군이 합동으로 진행했고, 회의를 통해 수색구역을 구분하고 실종자 가족들이 입수한 정보를 바탕으로 맡은 구역에서 우선순위를 정하여 작업을 진행했다.

수색계획 및 구역을 나누거나 당일 선체 내에서 중요한 물건을 인양하는 것도 관련 회의에서 결정했다. 회의 결정내용은 실종자 가족과 공유하며, 수색작업도 실종자 가족들이 바지선에 승선한 상태에서 모든 작업이 진행되도록 약속되어 있었다.[72]

문제는 그날만 이러한 절차가 생략되고, 희생자 가족들 또한 바지선에 체류하지 않는 시점에 이뤄졌다는 점이다. 오직 몇 명의 독립 PD 카메라 팀만 남아 있는 상태였다.

DVR 인양과 관련한 지시는 6월 22일 오후에 해양경찰청 경비안전국장 이춘재가 해군 해난구조대장 장진홍(중령)에게 내린 것으로 확인됐다. 이춘재는 "선실 내에 CCTV가 수십 개 있다. 그것을 저장하는 장치가 안내데스크 쪽에 있을 것이다. 형체는 사각 모양이다. 그 장치를 중심으로 우선으로 좀 수색해서 인양해 달라"고 요청했다.[73]

이춘재 국장을 비롯한 해경 측에서 해난구조대장 장진홍에게 '어떤 물건을 특정해서 찾아달라'고 요청한 것은 그때가 처음이자 마지막이었다. 통상 이전까지는 시신 수습에 방해가 되지 않는 선에서 유실물 등을 수거해달라는 식으로 요청하는 정도였다.[74]

당시 첫 번째 잠수조는 밤 10시경부터 투입됐고, 이춘재 국장과 해경 관

71 임유철, 『조사대상자진술조서』, 4·16 세월호참사 특별조사위원회, 2016.8.26, 5쪽.
72 장진홍, 『조사대상자진술조서』, 4·16 세월호참사 특별조사위원회, 2016.6.23, 4쪽.
73 위와 같음, 5쪽.
74 4·16 세월호참사 특별조사위원회, 『해군 장진홍 대령 유선통화 결과 보고』, 2016.8.24.

계자들이 이 과정을 동영상으로 지켜봤다고 한다.[75] 첫 번째 잠수조가 안내데스크 근처에서 노트북을 인양해 물 밖으로 나온 시간은 밤 10시 57분(잠수시간 : 22:14~22:57)이었다. 이춘재 국장은 노트북이 올라오자마자 "오래된 것이다, 구식이다, 저장장치가 아닐 수 있다" 등의 말을 했고, '주변을 다시 세밀하게 탐색해달라'고 요청했다.[76]

해경의 재탐색 요청을 받은 해군은 두 번째 잠수조를 투입했고, 밤 11시경 DVR 장치를 발견해 인양한 뒤 11시 38분경 해경 측에 인계했다(잠수시간 : 23:08~23:38).

해난구조대장 장진홍은 당시 상황을 아래와 같이 진술했다.

> 조사관 : 이후 23시경 하잠 수색이 이루어졌는데요. 당시 상황을 구체적으로 설명해 주세요.
>
> 장진홍 : 이어 내려간 잠수사가 "3개 정도의 케이블선이 연결된 구형 VTR 같은 사각 장치를 발견했다"고 보고했습니다. 최초 컴퓨터 본체로 판단하고 제가 PD관을 통해서 "풀어서 가져올 수 있나"고 물어보니, "가져올 수 있다"고 해서 "가지고 오라"고 지시하였고 잠수사가 케이블을 푼 뒤 본체 손잡이에 줄을 연결하고 손으로 잡아 인양해왔습니다. 인양된 것을 보니 검정색 구형 VTR 같았고, 해경측에 해당 물품을 인계하니 해경 관계자들이 장치에 표시된 영문등을 살펴보고 "저장장치가 맞는 것 같다"고 하였습니다. 이에 제가 "추가 수색이 필요하냐"고 물어보니 해경측에서 "(찾던) 물건이 맞을 가능성이 높다. 추가로 수색할 필요가 없다"고 하여 당일 수색 일정을 종료하였습니다. 통상 유류품 등은 해경이 목포에 있던 보관 장소로 가져갔는데, 해당 저장장치가 어디로 갔는지 직접 확인하지는 못했습니다. 저를 비롯한 잠수조는 당일 뒷정리 후 청해진함으로 복귀했습니다.[77]

75 이 부분은 임유철 PD과 해난구조대장 장진홍의 진술이 충돌하므로 향후 추가 검증이 필요하다.
76 장진홍, 『조사대상자진술조서』, 4·16 세월호참사 특별조사위원회, 2016.6.23, 5쪽.
77 위와 같음, 6쪽.

해군 해난구조대(SSU)는 선체 수색을 진행할 때 모든 과정을 '복명복창' 하게 돼 있고, 특히 DVR 같은 매우 중요한 물품이 발견될 경우, 잠수사는 즉시 이 사실을 보고하고 작업과정을 상급자의 지시에 따라 '복명복창' 하면서 진행하게 되어 있다.

또한 잠수 대원들은 5월 중순경부터 카메라가 부착된 핼멧을 쓰고 잠수작업을 진행했다. 이 카메라는 [그림 2-12]와 같은 구조로 되어 있다. 잠수사의 시선과 똑같은 방향을 촬영하여 해상 관계자들에게 전송하게 돼 있는데, 이날도 똑같은 조건에서 작업을 진행했다. 당연히 바지선에서 작업현장을 계속 지키고 있던 사람이면, 누구나 도움 없이도 작업 상황을 공유할 수 있었다.

하지만 이날 작업현장을 지킨 임유철 PD는 "그때까지 해경이 특별한 복명복창도 하지 않았고, 실시간 동영상으로도 특별한 상황이 전개되지도 않았기 때문에 감시를 멈추고 식당으로 갔다. 그런데 그 10여 분 사이에 순식간에 DVR이 인양됐다"고 이야기했다.

그림 2-12. 잠수작업 촬영카메라가 부착된 잠수사의 헬멧

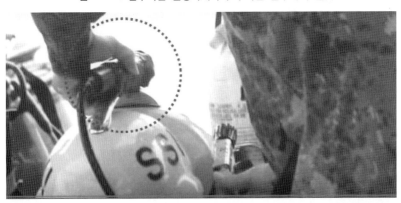

촬영: 416기록단 임유철.

통상 세월호 선체 내에서 중요한 물건이 인양될 경우, 해당 물품을 바지선 가장자리에 놓고, 물 세척 후 지정된 보관 장소에 보관하게 되어 있었다. 선체 내에서 인양되는 물품은 오랜 시간 동안 해저 퇴적물 등에 노출되어 있었기 때문에 오염과 악취가 심하기 때문이다. 또한, 'DVR'과 같은 종류의 물건은 충격에 예민하므로 손상방지를 위해 세척 후 충격 방지용 안전장치를 보강하여 보관해야 한다.

하지만 임유철 PD 등이 식사를 황급히 마치고 작업현장에 도착했을 때는 '세척공정'을 진행했는지 확인할 수 없는 상황이었지만, 문제의 DVR은 깨끗한 상태로 이미 포대(마대자루)에 담겨 있었다([그림 2-13] 참조).

임유철 PD는 즉시 안산에 있는 (단원고 희생자)유가족협의회에 전화를 걸어 이 사실을 알렸고, 이것을 알게 된 가족과 법률대리인 황필규 변호사 등은 새벽에 목포로 긴급 이동했다.

하지만 DVR은 언딘바지선에서 해경 1007함을 거쳐 해경 P-39정을 통해 진도파출소로 이송된 상태였다. 유가족들은 해경에게 DVR 행방을 물었지만,

그림 2-13. 인양 직후 DVR 모습

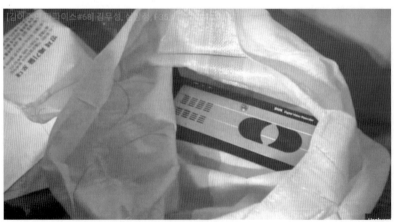

촬영: 416기록단 임유철.

그들은 철저히 함구했다. 유가족들은 새정치민주연합 김광진 국회의원에게 전화했고, 김 의원이 해경을 압박한 후에야 6월 23일 오후 6시 30분경 목포해양경찰서 전용부두에서 DVR을 찾을 수 있었다.[78]

CCTV 전원은 언제 꺼졌나?

검찰은 DVR이 발견되고 복구되었을 때, 그 과정과 결과에 대하여 의심하지도 않았다. 당시 언론과 유가족들이 끊임없는 의혹을 제기하고 있는 상황에서, 검찰이 문제의식을 가지고 이 사건을 들여 봤다면 적어도 한 번쯤은 국민의 눈높이에서 타당성 여부를 검토할 만했다.

하지만 검찰은 녹화된 영상에서 특이사항을 발견하지 못했다는 결론만 내렸을 뿐 조작 여부는 논의조차 하지 않았다. 오히려 필자를 비롯한 유가족들이 '도주 선원 및 123정 정장 김경일'의 재판이 진행되는 과정에서, '피해자 발언권'을 활용하여 단편적으로 강혜성에게 이 문제를 제기했다. 그때마다 여객부 승무원 강혜성은 '세월호가 기우는 과정에서 전원이 뽑힌 것 같다'고 답변했다.

그러나 필자는 다음과 같은 이유로 세월호 침몰 당시 DVR의 전원은 뽑히지 않았다고 확신한다.

세월호에 설치되었던 DVR은 [그림 2-14]의 ①에서 보는 바와 같이, DVR 정면기준으로 본체의 뒷부분이 좌현에 기대어 있고, 본체의 왼쪽 부분은 안내데스크 벽면에, 그리고 상부 측은 안내데스크 상판 하부에 끼이게 되어 있다. 세월호가 급격하게 기운다 하더라도 바닥으로 떨어질 수 없는 구

---

[78] 대한변호사협회, 『4·16 세월호참사 백서』, 대한변호사협회 세월호참사피해자지원 및 진상조사특별위원회, 2015.2, 147쪽.

조였다.

또 같은 그림 ②에서 보는 바와 같이 DVR 뒷면에 64개의 케이블이 견고하게 체결되어 있어 이것이 본체를 지지하고 있었다. 케이블이 모두 빠지지 않는 한 DVR에 전원을 연결하는 케이블도 빠지지 않았을 것으로 판단된다.[79]

그림 2-14. 침몰 사건 발생 직후 예상 DVR 모습

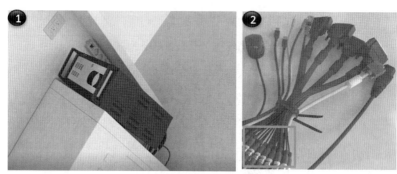

'그날 바다' 김지영 감독 팀이 2기 특조위에 제공한 영상 필자 화면 캡처.

그런데 여객영업부 유일한 생존자 강혜성은 선원 및 123정 정장 김경일 재판에 증인으로 출석해 당시 상황을 다음과 같이 진술했다.

- 2014. 10. 13. 선장 및 선원 재판
  배가 기울면서 제 옆쪽으로 노트북과 함께 떨어진 것 같습니다.[80]

- 2015. 6. 16. 123정 정장 김경일 항소심
  배가 기울 당시에 안내데스크 쪽에 있던 장비들이 쏟아진 흔적은 있지만 그게 정확한 CCTV 장비인지는 잘 기억나지 않습니다.[81]

---

79 방송시설도 같은 방식으로 설치되어 있었는데, 세월호 침몰 당일 3층 안내데스크가 침수되는 순간까지 여객부 승무원 강혜성은 정상적인 선내 방송을 진행했다.
80 강혜성, 『공판조서』(제24회 공판 증인신문 조서), 광주지법, 2014.10.13, 2014고합180 살인 등.

강혜성의 진술은 사실일까, 아니면 '진실을 감출 특별한 목적을 가지고 물리적 법칙을 고려하지 않은 위증일까?

명백한 점은 아무리 세월호가 왼쪽으로 급격하게 기울었다 하더라도 누군가 고의로 DVR 전원을 끄지 않았다면, 비상 발전기 작동을 멈추고 3층 안내데스크가 침수되는 오전 9시 49경까지는 녹화 영상이 존재해야 한다는 것이다. 또 녹화가 중단되는 시점도 복원된 영상처럼 64개 채널이 동시에 중단된 것이 아니라, 가장 아래 위치한 기관실부터 카메라가 설치된 높이 순서에 따라 단계적으로 중단되어 있어야 한다. 이것이 논리적으로 옳다.

물론 메인 발전기 가동이 중단되는 9시 21분 31초를 전후해, DVR 또한 정상 작동을 잠깐 멈추었을 가능성은 있다. 하지만 2기 특조위의 재현시험 결과에 따르면, 세월호 선내에 설치된 같은 기종의 DVR은 전원공급이 중단됐다 다시 공급되면 또다시 정상 작동되는 것으로 확인됐다. 필자 또한 용산 및 구로전자 상가를 방문하여 다수 기종을 확인한 결과, 2기 특조위 재현시험과 똑같은 결과를 확인했다. 만약 DVR이 정전 후 자동으로 전원이 켜지는 구조로 설계되어 있지 않다면, 정전사고가 발생하면 모두 쓸모없는 장비가 되어 버릴 것이다.

따라서 9시 49분경까지 여객부 승무원 강혜성이 선내 방송을 진행했던 사실이 있으므로, DVR 또한 이 시간까지 정상적으로 작동했다고 봐야 한다.

이 부분에 대해서는 검찰이 별도 수사를 진행하지 않았기 때문에 사실로 확정할 수 없다. 다만 이를 뒷받침하는 다수 진술이 아래와 같이 확보되어 있다.

---

81 강혜성, 『공판조서』(제2회 증인신문 조서), 광주고법, 2015.6.16, 2015노 177 업무상 과실치사 등.

- **강혜성 진술(2016. 6. 9, 4 · 16 세월호 참사 특별조사위원회 제3차 청문회)**

류희인 위원 : 증인이 CCTV를 목격한 시점은 배가 기울고 어느 정도 시간이 흐른 때인가요? 그리고 그때 보셨다면 그때의 위치는 정확히 어디였습니까?

강혜성 : 정확한 시간은 제가 기억은 잘 못하겠지만 대략적으로 한 10분 정도에서 15분 정도 되는 것 같습니다. 그리고 CCTV 화면을 본 이유는 사고 사실을 양 사무장과 연락을 취하기 위해서, 양 사무장을 찾기 위해서 봤습니다.

류희인 위원 : 그러니까 앞서 강병기 증인과 마찬가지로 지금 비공개 증인도 배가 기울고 나서도… 이 말은DVR 장치에 나오는 08시 48분입니다. 48분 이후에도 분명히 CCTV가 작동되고 있었다는 말씀을 해 주고 계시는 거죠?

강혜성 : 예.

류희인 위원 : 비공개 증인은 마지막으로 CCTV 모니터를 확인한 시점은 언제인지 기억하십니까?

강혜성 : 언제까지인지는 제가 정확히 기억은 못하겠지만 안내데스크 밖으로 나오는 상황에서도 CCTV는 켜져 있었던 것으로 기억합니다.[82]

- **검찰의 수사보고서[83]**
  -. 고무보트로 기관실 선원들이 고무보트로 옮겨 타고 가는 것을 CCTV를 목격한 박경남이 조타실을 나가있는 것을 123정에서 보고 구출한 정황은 박한결이 박경남이 CCTV를 보면서 기관실 선원을 먼저 구하러 간다고 투덜거렸다고 진술(2013.6.2.자 진술조서)[84]

---

82 4 · 16 세월호참사 특별조사위원회, 『4 · 16세월호 참사에 대한 국가의 조치와 책임』, 2016.9.1, 40쪽.

83 다만 박한결의 해당 일자 진술서에는 위 내용이 빠져 있으나, 검찰의 보고서류에 해당 부분이 추가되어 있다는 것은 이해하기 어려우며, 별도 조사가 필요한 사항이다. CCTV를 제외한 관련된 유사 진술을 다른 선원들(김영호 등)도 하고 있다는 점을 감안하면, 박경남이 같은 말을 했던 것은 틀림없는 사실로 판단된다. 조타실에서 박경남이 있었던 위치를 확정하고, 그 위치에서 기울기와 거리 등을 감안하여 육안으로 기관부원 탈출이 관찰되는지 재현시험을 할 필요가 있다.

84 광주지방검찰청, 『수사보고(123정에서 세월호 선원들을 탈출한 승객으로 오인하였는

- 강병기

"제가 막 탈출할 때인데, 그때가 해경 헬기가 도착하고 5~10분 정도 지나서입니다. 마지막 탈출 직전에 유심히 CCTV 화면을 보았는데, 화면은 분명히 켜져 있었습니다. 혹시나 객실에서 아버님께서 나오시는지 살펴 본 것입니다. 화면을 통해서 아버님을 찾지는 못했습니다."라고 진술. 또한, 그는 "CCTV를 봤던 위치와, 30여개 채널이 작동하고 있었다는 사실" 등에 대해서도 진술했다.[85]

문제의 DVR은 바꿔치기 됐을 가능성도 있다

2019년 3월 28일 '가습기살균제사건과 4·16 세월호 참사 특별조사위원회의'('2기 특조위')는 '세월호 CCTV DVR 관련 조사내용 중간발표'를 했다. 이 발표에서 주목할 대목은 "2014. 6. 22. 세월호 선내 안내데스크에서 수거했다고 주장해온 DVR과 세월호 DVR이 상이한 것으로 의심되는 단서를 발견했다"는 것이다.

2기 특조위는 다음과 같은 근거를 들어 해군의 수거 과정에 대한 주장을 사실로 보기 어렵다고 결론을 냈다.

- 해군은 안내데스크에서 DVR을 확인하고 본체 케이블 커넥터의 나사를 풀어서 본체를 회수했다 했으므로 DVR 설치구역에 70여 개의 케이블 선과 그에 연결된 5개의 커넥터가 발견됐어야 했지만, 인양 이후 해당 구역 및 해당 구역에 대한 뻘 제거 영상을 확인한 결과, 케이블 선만 발견되었고 커넥터는 발견되지 않았다.

- 잠수 대원은 안내데스크에서 DVR을 확인하고 케이블 선 분리 및 수거 작업을 했다고 진술했지만, 수중 영상 확인결과 분리 및 수거 작업과정이나 안내데스크에서 우현 현측까지 DVR을 들고나오는 영상

지 여부 검토 보고)』, 2014.7.15.
85 강병기, 『조사대상자진술조서』, 4·16 세월호 참사 특별조사위원회, 2016.6.20, 4~6쪽. (2016.9.1. 세월호 특조위 3차 청문회에서도 같은 취지로 진술)

이 발견되지 않음

- 작업에 참여했던 잠수 대원은 상승과정에서 'DVR이 너무 무거워서 왼손으로 엄브리컬을[86] 잡고 오른손으로 DVR을 쥔 상태에서 세월호 선체 밖에 대기 중인 작업자가 엄브리컬을 당기는 방법으로 수직상 승하여 세월호 밖으로 나왔고, DVR을 우현 현측 외판에 올려 놓았다' 고 진술했지만, 잠수대원이 직접 오른손으로 엄브리컬이 아닌 인도색 (가이드라인)을 잡으면서 식당을 거쳐 까페 창문을 통해 나온 것으로 확인되어 수직 상승했다고 보기 어렵고, DVR을 세월호 바깥, 즉 우 현 현측 외판에 올려놓는 장면도 영상에 나타나지 않아 DVR을 안내 데스크에서 가져오지 않았을 가능성도 배제할 수 없다는 것[87]

또한 2기 특조위는 [표 2-6]과 같은 사유로 해군이 수거했던 DVR과 실제 검찰에게 인계된 DVR이 다를 수 있다는 의혹을 제기했다.

표 2-6. 검찰에 인계된 DVR 실물과 해군 DVR 인양 당시 영상 비교

해군이 인양했던 DVR	구 분	마대 자루에 보관하다 추후 검찰이 확보한 DVR
떨어져 있음	손잡이 고무 패킹	고무 패킹이 그대로 붙어 있음
수중 영상에서 잠금 상태 확인	전면부 열쇠 구멍	잠금 해제 상태이고 내부 잠금 걸쇠가 부러진 것으로 확인됨

보도자료 "세월호 CCTV DVR 관련 조사내용 중간발표" 필자 정리.

2기 특조위 조사결과에서 언급된 DVR 의혹에 대해 후일 『뉴스타파』는 심층 취재하여 조목조목 반론을 제기했다. 전원공급이 중단된 시간 등에 대해서는 상당히 과학적 접근을 했다고 평가되지만, 일부는 상당히 억지 논리에 가까운 내용도 없지 않다. 특히 생존자 강병기 및 3등 항해사 박한 결의 진술을 배제한 것은 지나치게 엄격한 판단 기준을 대입한 것으로 판

---

86 공기공급과 통신 및 수심확인을 위한 연결 호스.
87 가습기살균제사건과 4·16세월호 참사 특별조사위원회, 『보도자료(세월호 CCTV DVR 관련 조사내용 중간발표)』, 2019.3.28, 2쪽 인용.

단된다.

강병기 진술의 본질은 세월호가 기울고 난 이후에도 CCTV 영상화면을 봤느냐 하는 것이 핵심이지, 정확히 몇 시 몇 분까지 켜져 있는 영상을 봤느냐 하는 것이 아니다. 강병기는 분명히 탈출직전 켜진 CCTV 화면을 봤다고 진술했다. 그가 본 정확히 시간은 검찰이 수사를 통해 밝혀야 할 사항이다.

또한 박한결 진술을 요약한 수사보고서의 경우도 당시 검찰의 수사행태를 볼 때, 수사관이 잘못 작성했을 가능성보다는 후일 진술서가 악의적으로 다시 작성되었을 가능성이 있다고 판단된다.

특히 『뉴스타파』의 반론에는 다음과 같은 부분이 누락됐다.

- 해경과 해군은 평소 가족들이 요구했던 작업 절차를 생략하고 안개 때문에 작업이 중단되고 작업장에 유가족이 아무도 없을 때 왜 기습적으로 DVR 인양작업을 진행했는가?
- 이튿날 가족들이 문제의 DVR 행방을 찾아 헤맬 때 왜 이를 숨기려 했는가?
- DVR 인양과정에서 해군이 일상적으로 진행하던 작업방법(복명복창 등)에 의하지 않고 작업을 진행했는가?
- 직접 뻘과 접촉한 바닥 면에서 무려 77일 동안 뻘과 함께 있었는데 어떻게 그렇게 청결한 상태를 유지할 수 있었는가? 특히 DVR보다 한 달 전에 인양됐던 희생자들 휴대폰 보다 완벽한 보존 상태를 유지했던 비결은 무엇인가?
- 2기 특조위가 의혹으로 제기했던 커넥터는 왜 발견되지 않았으며 작업과정과 이동 과정이 촬영된 동영상은 왜 존재하지 않는가?

이러한 부분에 대한 확실하고 합리적인 취재결과가 나오지 않는다면, DVR의 녹화 영상이 삭제되지 않았다는 사실을 입증했다는 『뉴스타파』의 주장은 잠정적일뿐 확증했다고 평가할 수는 없다.

원칙적으로 문제의 DVR 녹화 영상 삭제 여부는 검찰이 별도 수사를 진행하여 밝혀야 할 영역이다. 하지만 확실한 것은 구조적으로 전원이 뽑힐 수 없다는 점, 오전 9시 이후에도 CCTV 영상을 봤다는 목격자가 존재하는 점 등을 볼 때 사건 당일 문제의 CCTV는 정상 작동했다고 봐야 한다는 점이다. 그런데도 녹화 영상이 존재하지 않는다면, 그것은 누군가가 의도적으로 삭제했다고 판단하는 것이 옳다.

DVR은 언제 인양됐을까?

세월호 침몰 사건이 발생하자 국군기무사령부는 진도지역에 610기무부대원을 즉시 투입하여 관련 정보를 수집한 후 보고서를 작성하여 매일 사령부에 보냈다.

따라서 해군 해난구조대(SSU)가 2014년 6월 22일 밤늦게 DVR을 인양한 것이 사실이라면, 6월 23일 또는 늦어도 24일 보고서에는 관련 내용이 포함되어 사령부에 보고됐을 것이다.

그러나 필자가 기무사령부 보고서 전체를 조사했지만 2014년 6월 22일에 세월호 DVR이 인양됐다는 보고서는 존재하지 않았다. 다른 날 인양됐다는 내용의 보고서도 발견되지 않았다.

문제의 DVR은 세월호가 침몰한 지 77일이 지난 시점에 인양됐다. 당시 선체에서 발견된 물건들은 모두 '뻘' 등 이물이 과다하게 붙어 있었고, 악취가 진동하여 '세척공정'을 의무적으로 진행하였다.

하지만 임유철 PD가 식사를 중단하고 작업현장에 도착했을 때 DVR은 이미 [그림 2-13]과 같이 매우 깨끗한 상태로 포대(마대자루)에 담긴 상태였다. 이튿날 가족협의회 측 관계자(유가족, 변호사, 복원자)들이 복원을 위해 DVR 내부를 확인했을 때도 청결 상태가 매우 양호했다.

그림 2-15. 인양 직후 DVR 내부모습

촬영: 416기록단 임유철.

반면, DVR보다 한 달 전에 인양된 단원고 희생자들의 휴대폰은 내부부식과 오염으로 복원과정에서 데이터가 상당 부분 손상됐다. 물론 해당 기기가 있었던 위치, 환경 등 특성에 따라 차이는 있겠지만, 바닥에서 가장 가까운 곳에 버려졌던 DVR의 환경이 더 열악할 수밖에 없었다.

따라서 문제의 DVR이 세월호에서 인양된 것이 맞다면 외부 및 내부의 청결 상태와 부식 상태 등을 감안해 볼 때, 이 DVR은 세월호 침몰 초기에 인양됐을 가능성도 있다. 실제로 세월호 침몰 초기 일부 언론에서 'CCTV를 확보했다'는 보도가 나왔다.

예를 들어 KBS의 경우 2014년 4월 27일 9시 뉴스 자료화면에서 '해경의 웹하드'를 사용하였는데, KBS 카메라에 노출된 웹하드 화면상 폴더는 17개이고, 이중 '구룡포 좌초 선박 안개 속 구조'를 제외한 16개 폴더는 모두 세월호 침몰 사건 관련 폴더이다. 특히 이 화면에 2014년 4월 17일 오후 09:24에 만들어진 'CCTV' 폴더가 발견된다. 필자는 이것이 세월호 선내 CCTV와 연관이 있을 수도 있다고 판단한다.

그림 2-16. KBS 자료화면 속에 발견된 "CCTV" 폴더

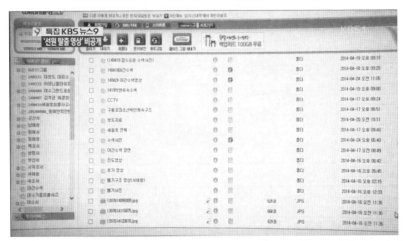

또 중앙일보의 경우에도 2014년 4월 19일 02:30에 입력된 기사에서 "수사본부는 폐쇄회로 TV(CCTV) 화면을 확보해 이 선장의 혐의를 모두 확인했다고 밝혔다"라고 보도했다. 이 기사가 오보가 아니라면 해경은 4월 18일 시점에 세월호 선내 CCTV DVR을 확보했을 가능성이 있다.[88]

문제의 DVR이 발견되었을 때 유가족들은 몹시 흥분했다. 뭔가 엄청난 내용이 담겨 있을 것이라 기대했고, 복원과정에서 조작이 진행될 것을 우려하여 당직 근무자를 배치하고 복원되는 모든 과정을 감시했다. 하지만 복원된 녹화 영상에는 불행하게도 기대한 결정적 한방은 발견되지 않았다.

세월호 선내 CCTV 녹화 영상을 분석한 검찰은 "출항 이후 사고 발생 전까지 세월호에 이상 징후가 있었음을 확인할 만한 선체 흔들림이나, 기울어짐, 특히 일부 언론에서 의혹을 제기했던 것처럼 쓰레기통이 날아가거

---

88 「이준석 선장, 최고 무기징역 도주선박죄 첫 적용」, 『중앙일보』, 2014.4.19 (https://news.joins.com/article/14487614).

나 사람이 쓰러질 정도의 움직임"은 전혀 확인되지 않았고, 반면 "CCTV 내용을 통해서 당시 출항 전에 화물의 적재와 고박이 얼마나 불량하게 이루어졌는지를 알 수 있다"고 발표했다.[89]

검찰의 이러한 결론은 '논리적으로 세월호 침몰 사건 발생 당시 DVR 전원이 꺼지지 않았을 수도 있다'는 합리적 의심을 완전히 배제한 잘못된 수사결과라 할 수 있다.

필자는 박근혜 정권이 세월호 침몰 후 1~2일 안에 문제의 DVR을 회수하여 자신들의 입맛에 맞게 조작한 후, 적당한 타이밍에 마치 새롭게 인양했던 것처럼 작전을 펼쳤다고 생각한다. 언젠가는 인양해서 공개할 수밖에 없는 DVR을, 공개효과의 극대화 시점을 노려 바꿔치기 방법을 활용했다고 본다. 문제의 DVR이 발견된 시점이 세월호 침몰 사건 진상규명과 책임자 처벌을 결코 할 수 없는 박근혜 정부에겐 매우 골치 아픈 시기였기 때문이다.

2014년 5월 19일 진정성이 빠진 대국민 담화로 악화된 여론을 잠깐 잠재우긴 했지만, 여전히 박근혜 정부에 대한 눈초리는 싸늘했고, 많은 국민들은 특별법 제정을 통한 철저한 진상규명과 책임자 처벌을 요구하기 시작했다. 국회 국조특위 개최를 눈앞에 두고 있던 시기이기도 하다. 박근혜에게는 국민과 유가족의 관심을 전환할 극단적인 방책이 필요했고, 그것이 DVR 인양일 수도 있다.

처음 인양했을 때 매우 흥분했지만, 복원 결과가 기대에 미치지 못하자 국민들은 실망했다. 또 일부 사람들은 검찰의 수사결과를 신뢰하는 분위기로 시각이 많이 바뀌었다.

못된 언론은 이 결과를 퍼 나르며 검찰 수사결과의 정당성을 집중적으로 보도하므로써 결국 박근혜 정권에게 많은 도움을 안겨줬다.

---

89 광주지방법원, 『2014고합 180 살인 등 제24회공판조서』, 2014.10.13, 59~64쪽.

자료목록

1) 강병기, 『조사대상자진술조서(1회)』, 4·16 세월호참사 특별조사위원회, 2016.5.16

2) 강병기, 『조사대상자진술조서(2회)』, 4·16 세월호참사 특별조사위원회, 2016.6.20

3) 강혜성, 『진술서』, 목포해양경찰서, 2014.4.16

4) 강혜성, 『진술서』, 목포해양경찰서, 2014.4.20

5) 강혜성, 『진술서』, 목포해양경찰서, 2014.4.29

6) 강혜성, 『진술서』, 광주지검 목포지청, 2014.5.4

7) 강혜성, 『진술서(3회)』, 목포해양경찰서, 2014.5.5

8) 강혜성, 『진술서』, 광주지방검찰청, 2014.7.11

9) 강혜성, 『공판조서』(제5회 공판 증인신문 조서), 광주지법, 2014.7.23, 2014고합 180 살인 등

10) 강혜성, 『질문조서』, 중앙해양심판원, 2014.8.27

11) 강혜성, 『공판조서』(제24회 공판 증인신문 조서), 광주지법, 2014.10.13, 2014고합 180 살인 등

12) 강혜성, 『공판조서』(제2회 증인신문 조서), 광주고법, 2015.6.16, 2015노 177 업무상 과실치사 등

13) 강혜성, 『조사대상자진술조서(1회)』, 4·16 세월호참사 특별조사위원회, 2016.1.28

14) 강혜성, 『조사대상자진술조서(2회)』, 4·16 세월호참사 특별조사위원회, 2016.3.16

15) 박진환, 『공판조서』(제12회 공판 증인신문 조서), 광주지법, 2014.8.27, 2014고합 180 살인 등

16) 신보식, 『공판조서』(제11회 공판 증인신문 조서), 광주지법, 2014.8.26, 2014고합 180 살인 등

17) 임유철, 『조사대상자진술조서』, 4·16 세월호참사 특별조사위원회, 2016.8.26

18) 장진홍, 『조사대상자진술조서』, 4·16 세월호참사 특별조사위원회, 2016.6.23

19) 4·16 세월호참사 특별조사위원회, 『해군 장진홍 대령 유선통화 결과 보고』, 2016.8.24

20) 4·16 세월호참사 특별조사위원회, 『4·16세월호 참사에 대한 국가의 조치와 책임』, 2016.9.1

21) 4.16 세월호참사 특별조사위원회, 『3차 청문회 자료집』, 2016.9.1

22) 가습기살균제사건과 4·16세월호 참사 특별조사위원회, 『보도자료(세월호 CCTV DVR 관련 조사내용 중간발표)』, 2019.3.28

23) 광주지방검찰청, 『수사보고(세월호 CC-TV 판독-거주구역 및 기관실 관련)』, 2014.9.19

24) 대한변호사협회, 『4·16 세월호참사 백서』, 대한변호사협회 세월호참사피해자지원 및 진상조사특별위원회, 2015.2

25) 「생존자 "사고 전날 밤 15도 기우뚱, 그때만 세웠어도"」, 『노컷뉴스』, 2014.5.9 (http://www.nocutnews.co.kr/news/4020895)

26) 「이준석 선장, 최고 무기징역 도주선박죄 첫 적용」, 『중앙일보』, 2014.4.19 (https://news.joins.com/article/14487614)

5.
진실 위폐(圍閉)를 위한
선원들의 말맞추기

　세월호가 갑자기 왼쪽으로 기우는 순간 선원들은 '배가 곧 침몰할 것'을 직감했다.[90] 그래서 조타실에 올라와 있던 기관장 박기호는 한순간의 망설임도 없이 배를 포기하고 근무 중인 기관원들을 탈출하기 쉬운 선원침실 근처로 피신시켰다. 1등 항해사 강원식 또한 VHF 교신기를 들고 긴급 교신했다.

> 　　아, 저기, 해경이랑 연락 좀 해 주십시오. 본선… 아… 위험합니다.
> 　　지금 배 넘어가 있습니다.[91]

　강원식은 당시 '세월호가 넘어가 다시 원상태로 돌아올 수 없다고 확신했기 때문에 제주VTS와 교신했다'고 진술했다.[92] 그런데도 조타실로 들어온 선원들은 승객의 안전대책 수립보다는 돌아가면서 VHF 교신기를 들고

90　강원식, 『피의자신문조서(1회)』, 목포해양경찰서, 2014.4.20, 802쪽.
91　검찰 과학수사담당관실, 『세월호 교신녹취록(제주VTS와 세월호간 교신화일), 2014.4. 29, 11~12쪽.
92　강원식, 『피의자신문조서(1회)』, 광주지검 목포지청, 2014.4.29, 18쪽.

해경의 구조함정 도착시간만 확인했다. 2등 항해사 김영호는 선장의 지시에 따라 승객들에게 탈출명령을 방송하지 않고, 사무장 양대홍에게 무전교신을 통해 "가만히 있으라"고 방송할 것만 지시했다고 진술했다.

선장은 해도대에 몸을 기대고 얼이 빠진 상태에서 승객들의 구조지시를 전혀 하지 못했고, 다른 선원들은 선장의 구조명령이 없었다는 이유로 해경의 구조함정 도착만 기다렸다.[93] 그리고 모든 승객들이 구조되기에 턱없이 부족한 소형함정 한 척의 출동 사실이 확인되는 순간, 선원들은 승객들에게 퇴선 명령 없이 자신들만 안전하게 도주했다.

세월호 침몰 당일 도주 선원들은 대부분 목포해양경찰서에 출석하여 첫 번째 조사를 받았다. 그들은 조사과정에서 자신들의 고의 또는 과실을 인정하지 않고, 오히려 자신들의 구조행위가 정당했다고 주장했다. 그들은 며칠 후 진행된 조사부터 모든 책임을 선장에게 전가하기 시작했고, 심지어 '당황하고 경황이 없어서, 제정신이 아니어서…'라는 주장을 이구동성으로 시작했다.

도주 선원들의 진술 변화를 살펴보면, 세월호 침몰 사건이 발생하여 조타실에 처음 모였을 때, 선사 등과 연락하여 특별한 지침을 받고 그것에 따라 행동하면서, 어떤 식으로든지 구조와 관련된 행위에 대하여 논의한 것으로 판단된다. 이때 이미 '선내방송과 퇴선명령'에 대한 입장정리를 했을 것으로 추정된다.

그리고 오전 9시 50분경 관공선 전남 707호에 옮겨 탄 후 한 시간 가까이 이동하면서 좀 더 세밀한 허위진술을 모의했을 것으로 판단된다.

이후 선장과 박한결은 특별한 감시자의 지도에 따라, 나머지 선원들은

---

93 당시 사무장 양대홍은 3층에서 조타실까지 왕복 이동한 사실이 확인되었으며, 박기호 또한 조타실에서 3층까지 문제없이 이동했다. 뿐만 아니라 강원식과 신정훈이 자신의 침실로 이동하여 무전기와 휴대전화, 겉옷 등을 가지고 조타실로 돌아왔다는 점을 감안하면, 이들은 사건 초기부터 사실을 왜곡하여 해경과 교신한 측면을 부정할 수 없다.

모텔과 병원에서 선사 직원 등을 수시 접촉하면서, 자신들에게 그리고 선사와 특별한 세력에게 가장 유리한 허위진술을 개발하고 이를 연습까지 했을 가능성이 충분히 있다.

그들은 왜 허위진술을 모의했나?

오직 선원만의 입장에서 침몰 당시를 반추해 보면, 승객 안전은 그만두고 당장 자신들의 목숨까지 위태로운 상황이었다. 이런 긴급 상황에서 그들은 '양현 엔진 정지와 힐링을 잡을 것'을 명한 후, 벌벌 떨면서 아무것도 하지 않았다고 주장했다. 정말 그럴 수가 있었을까?

세월호가 언제 바다 물속으로 침몰할지 모르는 순간에, 침실로 간 1등 항해사 강원식과 신정훈은 구명조끼 대신 '무전기와 전화기, 그리고 겉옷'만 가지고 조타실로 돌아왔다. 그 이유가 무엇일까?

선원들의 주장대로 죽음에 대한 공포감을 느꼈다면, 승객에 대한 퇴선 명령은 양보하더라도 자신의 목숨을 부지하기 위해 발버둥 치며 뭔가는 했어야 한다. 그런데 그들은 각자의 위치에서 아무것도 하지 않았고, 오직 떨고 있으면서 해경의 구조함정이 도착하기만을 기다렸다고 주장했다. 자신의 생존에 확신이 없었다면 강원식과 신정훈이 침실로 갔을 때 그곳에서 구명조끼라도 가져와서 나눠 입는 것이 상식의 영역에 속한다.

하지만 강원식과 신정훈은 구명조끼 대신 어딘가에 연락할 수 있는 휴대전화와 무전기와 겉옷('잠바')을 가져왔다는 진술을 했다. 이는 누군가와 긴밀한 연락을 할 수밖에 없는 상황이었다는 것을 방증한다. 당시 조타실 도주 선원들 중 3등 항해사 박한결, 조타수 조준기와 오용석은 휴대전화를 소지하고 있었다. 단순히 해경 등에 구조를 요청하기 위해서라면 이들의 전화기를 사용해도 충분했고, 굳이 위험하게 침실에 다녀올 필요가 없었다.

아마도 그들은 이 시간 선사와 연락하여 회사가 입을 법적·물적 피해 최소화 방안을 협의했을 것으로 추정된다. 그리고 승객의 구조보다는 자신들의 안전한 탈출 방안을 논의했으며, 향후 자신들에게 발생할 법률문제를 대비하기 위해 약간의 허위진술을 하기로 모의했을 것이다. 그리고 이 말맞춤은 침몰하는 선박 안에서 끝난 것이 아니라, 도주 후 육지로 이동하는 과정과 숙소 등에서 대기하는 과정까지 연속적으로 진행되었을 가능성이 있다.

그림 2-17. 선사 청해진해운의 안전관리 책임

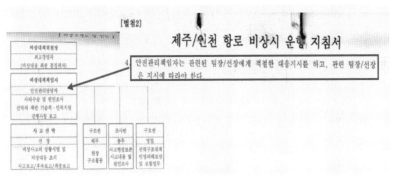

청해진해운 내부규정을 기초하여 필자 편집.

특히 선장 이준석은 여객선이 침몰하는 순간 선사에 '사고보고, 후속보고, 최종보고'의 의무가 있었지만, 이 의무를 이행하지 않았다.[94] 세월호 침몰 초기 선장에게 요구된 각종 보고 의무는 1등 항해사 강원식이 직접 선사에 보고했을 가능성이 있다.

강원식이 침실에서 휴대폰을 가져온 행위와 청해진해운 대리 홍영기가 선장과 통화하는 대신 강원식과 계속해서 통화한 일 등은 강원식이 선사에 보고하고 지시를 받았다는 방증이다. 만약 선장에게 직접 보고받고 지

---

94 「세월호 운항관리 규정」, "비상조직도 및 임무" 참조.

시하고 싶었다면, 강원식에게 이준석을 바꾸어 달라고 했을 것이다. 청해
진해운은 사무장 양대홍과 승무원 강혜성에게도 직접 보고받고 지시했을
것으로 판단된다.

그렇다면 그들은 무엇을 보고 받고 무엇을 지시했을까? 아마도 그것은
승객들의 "선내 대기 지시"와 관련되었을 확률이 높다. 통화당사자인 강원
식과 강혜성은 구체적 통화내용을 밝히지 않았다. 이들은 '배가 왜 넘어갔
느냐, 현재 배 안에 누가 있느냐'는 등의 사소한 통화 사실은 인정했지만,
'나머지 내용은 전혀 기억나지 않는다'고 진술했다.

매우 중요한 내용을 보고했을 것으로 추정되는 양대홍은 이미 사망했
다. 당시 함께 있던 선원들이 특별한 진술을 하지 않는 한, 정확한 통화내
용을 파악하기는 어려운 상황이다.[95] 다만 조타수 조준기는 당시 조타실
분위기를 다음과 같이 진술했다.

> 조사관 : 진술인은 지난 조사에서 강원식이 홍영기와의 통화 이후 해경
> 이 오기 전까지 선내 대기하자는 조타실 분위기가 형성됐다고
> 진술하였지요.
> 조준기 : 네. 홍대리(홍영기대리)가 지시한 내용에 의해 강원식이 해경
> 이 오기 전까지 선내 대기하자고 제안했을 수도 있다고 생각합
> 니다. 선사가 지시한 내용에 의해 강원식이 해경이 오기 전까
> 지 대기하자고 하는 것 같았습니다. 강원식뿐만 아니라 다른
> 항(해)사들도 본인이 책임질만한 판단과 결정을 할 사람이 아
> 닙니다. 강원식이 홍영기와 속삭이듯 통화를 해서 박경남이 모
> 든 걸 오픈하고 대화를 해야 하는데 '홍영기랑 연애하냐'고 강
> 원식에게 핀잔을 주기도 했습니다. 그러자 강원식이 인상을 쓰
> 며 '가만히 좀 있어보라'고 했습니다. 상당히 오랜 시간 통화
> 했습니다. 강원식은 홍대리와의 통화 이후에도 두세 통화를 한
> 참 동안 했습니다. 강원식은 전화를 끊고 김영호와도 한참 이
> 야기했습니다. 이후 강원식은 구조된 이후 어업지도선에서도

---

95 조타실에 있던 선원들은 선사와 09:01경부터 09:40경까지 총 7차례 통화한 사실이 확
인되었다.

사람들과 멀리 떨어져 계속 누군가와 장시간 통화를 했습니다.[96]

강원식이 청해진해운 측과 장시간, 여러 차례 통화한 것이 확인된다. 또한 여객부 승무원 강혜성도 양대홍으로부터 다음과 같은 지시를 받았다고 진술했다.

> "나는 지금 조타실인데, 10분 후에 해경 올 거야. 구명조끼 입혀. 선사 쪽에서 대기 지시가 왔어. 추가 지시가 있을 때까지 구명조끼 입히고 기다려."[97]

이러한 진술을 통해 볼 때, 선사가 승객들 선내 대기와 관련한 특별한 명령을 내린 것은 틀림없는 사실로 추정된다.

침몰 직후 조타실 선원들이 조타실에 들어온 시간은 정확히 알 수 없다. 하지만 적어도 1등 항해사 강원식이 제주VTS에 구조를 요청한 시간(08:55경)과 선장 이준석이 조타실에서 도주한 시간(09:47경) 사이에는 약 1시간의 여유가 있었다. 도주 선원들은 그 1시간 가까이 조타실에서 VHF 교신만 하며 꼼짝하지 않고 대기하고 있었다.

기관부 선원들의 선내 행적 또한 의심하지 않을 수 없다. 침몰 중인 선박 안에서 생존에 대한 확신이 없었다면, 기관부 도주 선원들 또한 예외 없이 선내방송에 귀를 기울여야 했다. 또는 선내 전화, 휴대전화, 무전기 등을 이용하여 여객안내실과 조타실에 연락해서 정확한 상황파악과 함께 '계속 기다려야 할 것인지, 해경의 구조함정은 언제 오는지' 향후 계획을

---

96 조준기, 『참고인(조사대상자)진술조서』, 4·16세월호참사 특별조사위원회, 2016.2.26, 6~7쪽.
97 강혜성, 『조사대상자진술조서(2회)』, 4·16세월호참사 특별조사위원회, 2016.3.16, 10~11쪽.

확인했어야 한다.

더 나아가 배가 계속해서 기울고 있는데 "가만히 있으라"는 선내방송이 계속해서 흘러나왔다면, 평생 뱃사람으로 바다에서 살았던 선원들은 '문제가 매우 많은 방송'이란 사실을 몰랐을 리 없고, 그렇다면 조타실에 연락하여 항의라도 했어야 한다.

하지만 이러한 행적이 전혀 발견되지 않았다. 이는 이미 그렇게 할 필요성이 없었다는 것을 명백하게 보여준다. 따라서 기관부 선원들도 선원 침실 복도에서 대기하고 있을 때 서로 뭔가는 의논하고 있었던 것으로 추정된다.

조타실 선원들은 강원식이 선사와 통화한 이후 항해사들을 중심으로 향후 계획에 대한 격렬한 논의가 있었을 것으로 추정된다. 또한 자신들의 책임과 관련한 핵심 쟁점에 대해서 입을 맞추고,[98] 이 사실을 무전기를 이용하여 사무장 양대홍 및 기관부원들과 공유했을 개연성이 있다. 이러한 추론을 뒷받침하는 진술이 있다.

> 조사관 : 둘라에이스호에서 승객이 퇴선하면 구조하겠다는 취지의 교신을 보낸 것을 인지하였음에도 불구하고, 조타실에서 승객에 대한 퇴선 지시를 내리지 않은 이유는 무엇인가요.
>
> 조준기 : 둘라에이스호도 여기 계속 있을 것이고, 항(해)사들을 중심으로 해경이 오면 안전하게 구조하자고 조타실에서 의견을 모았습니다. 배는 상명하복이 강해서 선사의 지시를 받은 것 같은 1항사가 "해경이 올 때까지 기다리자"는 말이 명령처럼 느껴졌고 실제로 명령조로 얘기했습니다. 저뿐만 아니라 다른 조타실

---

98 박경남, 『참고인(조사대상자)진술조서』, 4·16세월호참사 특별조사위원회, 2016.2.24, 9쪽. 박경남은 "조타실의 합의로 인해 '사무부의 승객조치 문의'에 답변을 하지 않은 것으로 보이는데, 어떤가요."라는 조사관의 질문에, "그런 합의에 대해서는 들은 사실이 없어 잘 모르겠습니다. 다른 선원들이 속닥속닥하며 이야기하기는 했지만 그 내용은 모릅니다."라고 진술하므로 서, 선원들 간 선내에서 일종의 비밀스런 대화가 있었음을 간접적으로 시인했다.

선원들도 "해경이 올 때까지 기다리자"는 명령을 선사의 명령으로 받아들였습니다.[99]

조타수 조준기는 조타실에서 의견을 모았고, 1등 항해사의 명령을 선사의 명령으로 받아들였다고 분명하게 진술한 것이다.

관공선 707호에서 진행된 말맞추기

세월호 선원들은 조타실과 기관실, 여객안내실 그리고 조리실 등의 그룹으로 나뉘어 있었고, 침몰 당일 탈출과정도 이 그룹 단위로 이루어졌다. 하지만 여객안내실 승무원들은 도주하고 싶어도 승객들에게 발목 잡혀 움직이지 못했다. 조리실 정규직 승무원들은 일찌감치 탈출을 시도하여 511호헬기에 의해 가장 먼저 구조됐다.

도주에 성공한 선원들은 총 3회에 걸쳐 육지로 이동했다. 첫 번째로 도주 선원 15명 중 10명이 일반인 승객들과 함께 관공선 전남 707호에 승선했다. 선원들은 오전 10시경 침몰 해역을 출발하여 1시간 뒤에 팽목항에 도착했고, 선원들의 건강상태에 따라 진도실내체육관과 진도 한국병원에 분산 배치됐다. 이 시간까지 해경은 선원들의 신원을 파악하지 못한 상태였다. 선원들 사이에는 이동 과정에서 상호 자유롭게 의사소통을 할 수 있는 여건이 조성되어 있었다. 화물 자동차 승객 한승석은 이동 과정에서 다음과 같은 장면을 목격했다고 진술했다.

---

99 조준기, 『참고인(조사대상자)진술조서』, 4·16세월호참사 특별조사위원회, 2016.2.26, 7쪽.

검　사 : 증인은 지금 경비정에서 만난 피고인들을 지목했는데, 그때 경비정에서 지목한 선원들이 무슨 말을 했는지 증언할 수 있나요.

한승석 : 경비정은 아니고, 경비정에서 팽목항으로 가는 배로 옮겨 탔습니다. 솔직히 말씀드려서 저분(피고인 박한결을 가르키며) 이 분만 팽목항으로 가는 배에서 "어떻게 하나, 큰일 났다"고 하면서 계속 울었습니다. (피고인 박기호를 가르키며) 저분이 쉬쉬하면서 괜찮다고 하였습니다. 여기 있는 이 분이(피고인 박성용을 가르키며) 배에서 계속 무슨 말을 하였습니다. **솔직히 이 분은 웃으면서 이야기하더라고요.** 그러니까 저분(피고인 박기호)이 계속 쉬쉬하라고 이야기하고, 이 분(피고인 박한결)은 계속 울고 있고, 그다음에 제일 끝에 계신 분(피고인 조준기)은 밖에서 빨간 스즈키복을 입고 담배를 피우고 있었습니다. 제가 저분(피고인 박기호)에게 담배를 하나 달라고 했더니 저분(피고인 박기호)이 담배를 주었습니다. 그리고 담배를 주신 저분(피고인 박기호)이 그 배에서 하는 말이 "나는 뭔가 큰 것이 넘어가니까 침몰 될 것을 알고 있었는데, 연락을 받고 올라왔다"라고 하였고, 자기들끼리 이야기하였습니다. 그런데 이분(피고인 박성용)이 계속 무슨 말을 하는데 저분(피고인 박기호) 계속 쉬쉬하였습니다.[100]

기관장 박기호가 주위를 의식해 "계속 쉬쉬"했다는 내용이 주목된다.

두 번째로 1등 항해사 강원식을 제외한 나머지 선원 4명(1등 항해사 견습 신정훈, 2등 항해사 김영호, 조타수 오용석과 박경남)은 123정에서 대기하고 있다가, P-120정에 인계되어 오후 2시경 팽목항에 도착했다. 이들 또한 이 시간까지 해경의 특별한 통제를 받지 않았으므로 마음먹기에 따라 허위진술을 충분히 모의할 수 있었다.

강원식은 2차 출발자 4명과 함께 P-120정에 인계됐지만, 팽목항을 향해 출발하기 직전 3009함에서 '선박의 구조를 잘 아는 선원'을 찾았던 관계로 3009함에 인계되었다.

---

100 한승석, 『증인신문조서(제4회 공판조서의 일부)』, 광주지법 2014고합 살인 등, 2014. 7.22, 6쪽.

세 번째로 선장 이준석은 1차 출발자와 함께 팽목항에 도착했지만, 오후 3시경 3009함에 있던 목포서장 김문홍의 호출을 받고 3009함으로 이동했다.[101]

두 사람은 3009함에 머물고 있다가 오후 6시 40분경 목포해양경찰서로 함께 이동하여 밤 10시 20분경 도착했으므로, 이들 또한 사고와 관련해 협의할 시간은 충분히 있었다.

숙박시설에서의 '허위진술 모의'

이준석[102]과 3등 항해사 박한결[103]은 4월 16일부터 수사기관에 의해 특별 격리된 상태에서 조사를 받았고, 조타수 조준기와 함께 4월 19일 구속됐다.

하지만 나머지 선원들은 건강상태에 따라 병원과 모텔에 분리 수용됐다. 특히 모텔에 숙박한 선원들은 조준기를 제외하고 20일 이전까지 3일 동안 조사를 받지 않았다. 그들은 20일부터 본격적으로 조사받기 시작해, 출퇴근 형태로 조사를 받다가 4월 22일 또는 24일에 모두 구속됐다([표 2-7] 참조). 모텔에 숙박한 선원들은 선사 관계자들을 자유롭게 만날 수 있을 정도로 해경의 느슨한 통제를 받았다.

---

101 관련된 내용은 이 책의 제2장 '2. 이준석 선장의 사라진(숨겨진) 7시간의 미스터리' 참조.
102 이준석에 대해서는 이 책의 제2장 '2. 이준석 선장의 사라진(숨겨진) 7시간의 미스터리' 참조.
103 박한결은 첫날부터 여경 2명이 모텔에서 밀착감시 했던 것으로 확인되었다. 박한결, 2016.2.16, 참고인진술조서』, 4·16세월호참사 특별조사위원회, 12쪽.

표 2-7. 도주 선원들 숙박 현황

구 분		성 명 (구속일자)	구속 시까지 조사 진행 일자
특별격리		선장 이준석 (4.19.)	17(새벽), 17(오후)
자택 출퇴근		1등 항해사 강원식 (4.22.)	17, 20, 20(피의자 신문), 21
모텔	모텔(불상)	3등 항해사 박한결 (4.19.)	16, 17, 18(피의자 신문), 18
	베니스 모텔	기관장 박기호 (4.22.)	16, 20(피의자 신문), 21
		1등 기관사 손지태 (4.24.)	16, 20, 21(피의자 신문) 23
		1등 항해사 신정훈 (4.22.)	16, 20, 20(피의자 신문), 21
		2등 항해사 김영호 (4.22.)	16. 20(피의자 신문)
		3등 기관사 이수진 (4.24.)	16, 20, 21(피의자 신문), 22, 23
		조타수 조준기 (4.19.)	16, 18(피의자 신문),18
		조기수 이영재 (4.24.)	16, 21, 22(피의자 신문), 23
		조기수 박성용 (4.24.)	16, 21, 22(피의자 신문), 23
병원		조타수 오용석 (4.26.)	18, 19, 23(피의사 신문),
		조타수 박경남 (4.26.)	18, 19, 21(피의자 신문), 23, 24
		조기수 전영준 (4.26.)	19, 19, 21, 23(피의자 신문), 25
		조기수 김규찬 (4.26.)	18, 19, 23(피의자 신문)
계		이상 15명	

검찰 수사자료를 바탕으로 필자 정리.

이런 환경 속에서 선원들이 함께 모여 향후 대책을 논의하지 않았다면, 그것이 오히려 이상한 일이다. 특히 2일 차 되던 날 조타실 선원 신정훈과 김영호는 같은 방에서 잠을 잤다. 강원식은 20일까지 자택에 머물렀다. 그 이후에도 출퇴근 조사를 받은 끝에 4월 22일 구속되었다. 그들은 구속 시점까지 언제든지 수시로 만나 수사 상황을 공유하고 대책을 논의할 수 있었다.

4월 16일 밤 기관부원의 경우에는 수면 도중 사관(기관장 박기호, 1등 기관사 손지태, 3등 기관사 이수진)을 중심으로 방 배치를 다시 했던 사례가 있었다. 이 상황을 두고 검찰은 다음과 같이 부적절한 조사를 했다.

> 검 사 : 그리고 박기호의 진술에 의하면, 세월호에서 탈출한 이후 모텔에 생활한 첫날은 피의자와 같은 모텔방에서 잠을 잤다고 하던데 어떤가요.

손지태 : 첫날은 박성용 씨와 같이 잠을 잤던 것으로 기억하고 중간쯤에
          방 배정이 잘못되어 말썽이 생겨 침대에서는 3기사 이수진이
          잠을 자고, 저와 박기호 기관장은 방바닥에서 잠을 잤습니다.
검 사 : 3기사 이수진은 여자인데 어떻게 남자인 피의자 및 박기호 기
          관장과 한방에서 잠을 잤다는 것인가요.
손지태 : 박기호 기관장 아니면 1항사인 강원식104이 방 배정을 한 것
          으로 알고 있습니다. 하루밤만 이렇게 방을 사용하면 된다고
          하여 껄끄럽더라도 참고 잠을 잤습니다. 저의 눈으로 확인을
          하지 못하였지만, 선내에서는 3기사 이수진과 박기호 기관장
          내연 관계라고 공공연하게 이야기를 하고 있습니다.105

검사가 "3기사 이수진은 여자인데 어떻게 남자인 피의자 및 박기호 기
관장과 한방에서 잠을 잤다는 것인가요"라고 질문한 것은 대단히 부적절
했다고 본다. 박성용과 함께 잠을 자던 손지태가 새벽(강원식이 목포해양
경찰서에서 조사를 마치고 귀가한 시간이 새벽 2시 이후임)에 '기관장 및
1등 기관사, 3등 기관사'와 같은 방에 모였다면, 그것을 범죄인의 시각에서
의심해야지, 남·여 관계의 시각에서 신문하는 것은 근본적으로 문제가
있었다.

자신들의 운명이 풍전등화인데, 단둘도 아닌 3명이 새벽에 같은 방에
모일 이유가 어디에 있었겠는가? 당연히 모텔에서 숙박한 선원들이 선사
직원들과 작심하여 향후 대책을 논의했을 가능성을 의심할 수 있다. 당시
청해진해운 직원들이 사태를 수습하기 위해 선원들과 같은 모텔을 이용했
을 개연성이 있고, 만약 그것이 사실이라면 이때 선원들은 회사와 자신들

---

104 침몰 당일 18:40경까지 3009함에 있었던 1등 항해사 강원식은 이준석과 함께 22:20
    경 목포해양경찰서에 도착하여 대기하다가 00:30경 첫 번째 조사를 시작하여 02:00경
    조사를 마친 것으로 되어 있다. 강원식의 거주지가 목포였던 관계로 해경은 강원식을
    귀가 조치하였지만 그는 집으로 가지 않고 모텔에 들려서 특별한 행위를 했던 것으로
    판단된다.
105 손지태, 『피의자신문조서(제4회)』, 광주지검 목포지청, 2014.5.7, 9~10쪽.

에게 당면한 과제들을 체계적으로 논의했을 것이다.   1등 항해사 신정훈의 진술이 이를 방증한다.

> 조사관 : 참사 초기 모텔에서 진술인을 포함한 선원들과 선사 임직원들은 주로 어떤 말을 나눴나요.
>
> 신정훈 : 모텔비를 결재하고 나니 강원식에게 전화가 와서 안기현 이사한테 카드를 갖다 주라고 해서 **안기현 이사가 있는 방을 가니까 강원식 1항사, 박기호 기관장, 안기현 이사, 선사 직원으로 추정되는 제 또래의 남성이 모텔 방에서 담배를 피우며 심각하게 얘기를 나누고 있었습니다.**[106]

1등 항해사와 기관장이 선사의 이사, 직원과 만나 '담배를 피우며 심각하게' 무슨 이야기를 나눴을까? 이때 '허위진술을 모의'하고 있었음을 충분히 의심할 수 있다.

외부 전문가의 '족집게 과외'

4월 19일 구속된 선장 이준석과 3등 항해사 박한결, 조타수 조준기는 4월 21일 서울에서 내려온 강정민 변호사를 면담했다. '법무법인 영진' 소속 강 변호사는 부동산(재건축) 관련 전문 변호사로, 세월호 사건, 이준석·박한결·조준기 등과 하등의 관계가 없으며, 변호인으로 선임된 사실도 없다.

다만 그가 속했던 '법무법인 영진'의 대표 변호사 김수민은 2014년 5월 7일 국정원 제2차장으로 내정된 바 있다. 그래서 그의 면담행위가 이것과

---

106 신정훈, 『참고인(조사대상자)진술조서』, 4·16세월호참사 특별조사위원회, 2016.4.6, 22쪽.

관련이 있을 수도 있다고 유가족들은 의심하고 있다.

특히 수사기관이 구속된 피의자를 매우 민감한 시기에 선임되지도 않은 변호사의 장시간 면담을 허용한 것 자체가 의혹이다. 더구나 면담 선원들은 모두 만남 자체는 인정했지만, 면담 내용은 기억하지 못한다고 진술했다. 상식적으로 이해하기 어려운 진술이다.

강정민 변호사는 선원 면담 내용을 『조갑제 닷컴』에 '이준석 선장을 6시간 면담한 강정민 변호사의 기록'이란 글로 게재했는데, 놀랍게도 검찰의 수사결과와 매우 흡사했다.

따라서 강 변호사가 이준석 등에게 "급변침, 조타미숙, 과적, 고박불량" 등의 프레임을 상세하게 코치했을 것으로 의심된다. 박한결의 진술에서 보듯이 그들은 면담 내용을 일체 함구했다.

조사관 : 진술인은 구속된 후 강정민 변호사를 만난 적이 있나요?

박한결 : 네. 이름은 잘 기억이 안 나는데 서울에서 온 변호사를 만난 적이 있습니다.

조사관 : 어떤 계기로 강정민 변호사를 만났나요?

박한결 : 서울에서 변호사가 유치장에 있을 때 **아무 이유 없이 왔습니다.** 얼굴은 기억나고 명함 준 것은 기억이 나는데 이름은 강정민인지 정확하게 기억나지 않습니다.

조사관 : **강정민으로 추정되는 서울에서 온 변호사랑 무슨 이야기를 했나요.**

박한결 : **잘 기억이 나질 않습니다.**

(중간 생략)

조사관 : **강정민으로 추정되는 사람을 유치장에서 처음 만난 이후, 다시 만난 적이 있나요.**

3등 항해사 박한결 : **광주교도소에서 한 번 더 만난 적이 있습니다. 총 두 번 만났습니다.**

조사관 : 강정민으로 추정되는 사람과 개인적으로 친분이 있나요?

박한결 : 개인적인 친분은 없습니다.

조사관 : 강정민으로 추정되는 사람이 진술인의 변론을 맡았나요?

박한결 : 변론을 맡지 않았습니다.107

개인적 친분도 없는 변호사를 두 번이나 만났는데, 대화 내용은 기억나지 않는다는 것이다.

허위진술 모의가 없었다는 법원의 판단

검찰은 일정 부분 선원들의 허위진술에 대해 문제 제기를 했지만, 쟁점화하지는 않았다. 법원 또한 허위진술 모의와 관련해서 쟁점 사항으로 다루지 않았다. 다만 1심 법원은 이준석 선장의 '퇴선명령'에 한정하여 아래와 같이 '허위진술 모의는 없었다'고 판단했다.

> 피고인 김영호, 신정훈은 세월호에서 탈출한 후 해경이 정해준 모텔에 함께 머물렀고, **피고인 강원식은 목포에서 혼자 지내다가 피고인 김영호, 신정훈이 머물던 모텔을 방문한 적이 있다. 피고인 이준석은 사고 직후 해경의 집에서 머물다가 구속되었기 때문에 그 이전에 다른 피고인들과 만나거나 사건에 관한 대화를 나눈 사실이 인정되지 않는다.** 만일 검찰이 의심하는 것과 같이 세월호 조타실 내에서 피고인들이 퇴선경위에 관하여 허위진술을 하기로 모의하였다면 피고인들은 퇴선 명령의 내용과 시기에 관하여 일관되고 동일한 진술을 했을 것으로 예상된다. 그러나 퇴선명령이 있었는지에 관한 피고인들의 진술이 일치되지 않고, 퇴선 후 함께 지낼 당시에 퇴선명령이 있었다는 진술을 하자는 모의가 있었다면 적어도 수사 초기에 함께 지내거나 만난 적이 있는 피고인 강원식, 김영호, 조준기, 신정훈은 퇴선명령의 시기나 경위에 관하여 일치된 진술을 했어야 함에도 앞에서 보는 바와 같이 그 진술이 서로 일치하지 않는다.108

---

107 박한결, 『참고인진술조서』, 4·16세월호참사 특별조사위원회, 2016.2.16, 9~10쪽.

진술이 일치하지 않기 때문에 허위진술 모의가 없었다는 판결이다. 쉽게 납득할 수 없는 판결이다.

첫째, 1등 항해사 강원식의 경우 4월 16일 3009함에서 목포해양경찰서로 이동하는 과정에서 선장 이준석과 함께 있었고, 목포해양경찰서에서 첫 번째 조사를 마치고 모텔에 들렀다가 자택으로 돌아갔다.둘째, 본격적인 조사가 시작되는 20일까지는 언제든지 모텔에 들러 허위진술을 모의할 수 있었다. 셋째, 이준석과 함께 격리됐던 박한결을 제외한 모든 사관들이 퇴선 명령이 있었다고 진술했고, 퇴선명령과 관련된 진술은 4월 17일 이후에 집중적으로 있었다.

이러한 점들을 포함해서 선원들이 허위진술을 모의할 수 있는 충분한 시간과 기회가 있었다는 점을 고려하면, 선사의 지원과 수사기관의 방치 하에 선원들의 허위진술 모의는 있었다고 보는 것이 옳다.[109]

⫶⫶ 자료목록

1) 강원식, 『피의자신문조서(1회)』, 목포해양경찰서, 2014.4.20
2) 강원식, 『피의자신문조서(1회)』, 광주지검 목포지청, 2014.4.29
3) 강혜성, 『조사대상자진술조서(2회)』, 4·16세월호참사 특별조사위원회, 2016.3.16
4) 박경남, 『참고인(조사대상자)진술조서』, 4·16세월호참사 특별조사위원회, 2016.2.24
5) 박한결, 『참고인진술조서』, 4·16세월호참사 특별조사위원회, 2016.2.16
6) 손지태, 『피의자신문조서(제4회)』, 광주지검 목포지청, 2014.5.7
7) 신정훈, 『참고인(조사대상자)진술조서』, 4·16세월호참사 특별조사위원회, 2016.4.6

---

108 광주지방법원 판결, 2014.11.11, 2014고합 180 살인 등(2014고합 384 병합), 제11형사부, 135쪽.

109 이영재, 『조사대상자 진술조서』, 4·16세월호참사 특별조사위원회, 2016.3.3, 8쪽. 특히 이영재의 진술에 의하면 2등 항해사 김영호와 기관장 박기호는 대화과정에서 충돌이 생겨 같이 식사도 하지 않을 정도로 다투었다고 한다.

8) 이영재, 『조사대상자 진술조서』, 4·16세월호참사 특별조사위원회, 2016.3.3

9) 조준기, 『참고인(조사대상자)진술조서』, 4·16세월호참사 특별조사위원회, 2016.2.26

10) 한승석, 『증인신문조서(제4회 공판조서의 일부)』, 광주지법, 2014.7.22, 2014고합 살인 등

11) 검찰 과학수사담당관실, 『세월호 교신녹취록(제주VTS와 세월호간 교신화일), 2014.4.29

12) 광주지방법원 판결, 2014.11.11, 2014고합 180 살인 등(2014고합 384 병합), 제11형사부

13) 광주고등법원 판결, 2015.4.28, 2014 노 490, 제5형사부

6.
선원들의 의로운 죽음은
없었다

세월호 침몰 사건 발생 당시 희생자들은 같은 시간, 같은 장소에서 사망했다. 그러나 승객들의 신분에 따라 '조롱받는 죽음과 의로운 죽음'이라는 등급이 존재했다. 이 등급은 자연스럽게 나눠진 것이 아니라 박근혜 정권이 악의적 목적을 가지고 조직적으로 유포했을 가능성이 있다.

세월호 침몰 사건에서 가장 많은 피해를 입은 승객들은 단원고 학생들이다. 그들은 교과과정에 따른 '수학여행' 중이었지만, 일부 몰지각한 새누리당 의원들과 보수 단체들, 일부 몰지각한 국민들은 '놀러 가다 발생한 교통사고'로 취급했다. 심지어 일베 어린아이들은 단원고 학생들을 "어묵과 떡볶이"에 비유하면서 원통한 죽음을 조롱했다.

반면, 승객들을 보호할 의무가 있었지만 이를 방기하다 사망한 선원들에 대해서는 왜곡과 날조 차원을 넘어 '영웅 만들기' 작업을 진행했다. 특히 일부 선원은 선장 이준석을 보좌하여 선내 승객을 구조해야 할 의무를 전혀 이행하지 않았음에도 언론은 형사책임을 논하기보다 이들에 대한 '영웅 만들기 작업'에 열중했다.

정부도 마찬가지였다. 초기에 박근혜 정권은 세월호 침몰 사건에 대한

'철저한 진상규명과 책임자 처벌'을 약속했다. 물론 이 약속은 지켜지지 않았다. 오히려 박근혜 정권은 여권 정치인을 활용하여 허위사실 유포에 열중했고, 이것들이 SNS 등을 통해 널리 확산되는 것을 의도적으로 방치했다. 반면 정권이 앞장서서 생존했다면 수사를 받을 수밖에 없는 희생 선원들에게 '의사자'라는 '영웅의 옷'을 입혀주었다.

이러한 행태는 군군기무사령부의 보고 문건에도 잘 나타나 있다([그림 2-18] 참조).

그림 2-18. 미담·영웅담 적극 발굴을 통해 국가적 침체 분위기 극복

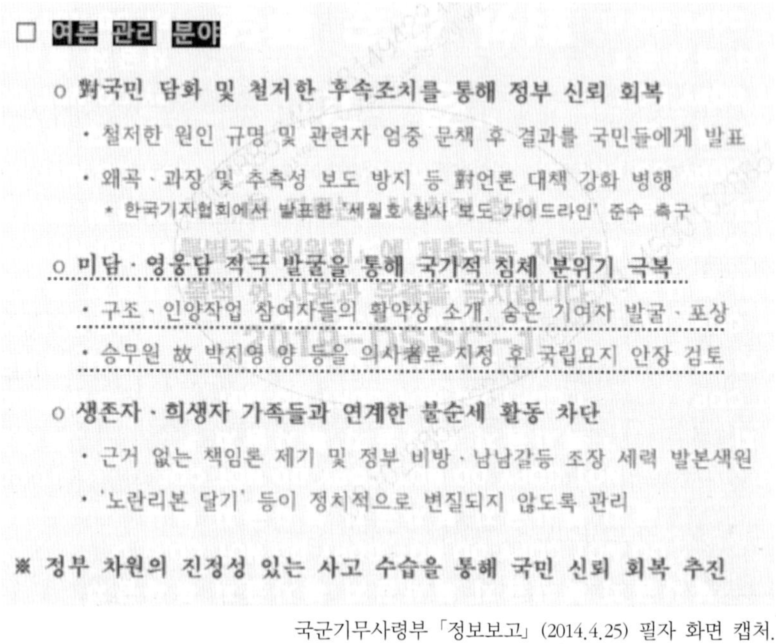

□ **여론 관리 분야**

o 對국민 담화 및 철저한 후속조치를 통해 정부 신뢰 회복
  · 철저한 원인 규명 및 관련자 엄중 문책 후 결과를 국민들에게 발표
  · 왜곡·과장 및 추측성 보도 방지 등 對언론 대책 강화 병행
    * 한국기자협회에서 발표한 '세월호 참사 보도 가이드라인' 준수 촉구

o 미담·영웅담 적극 발굴을 통해 국가적 침체 분위기 극복
  · 구조·인양작업 참여자들의 활약상 소개, 숨은 기여자 발굴·포상
  · 승무원 故 박지영 양 등을 의사로 지정 후 국립묘지 안장 검토

o 생존자·희생자 가족들과 연계한 불순세 활동 차단
  · 근거 없는 책임론 제기 및 정부 비방·남남갈등 조장 세력 발본색원
  · '노란리본 달기' 등이 정치적으로 변질되지 않도록 관리

※ 정부 차원의 진정성 있는 사고 수습을 통해 국민 신뢰 회복 추진

국군기무사령부 「정보보고」 (2014.4.25) 필자 화면 캡처.

기무사령부는 세월호 침몰 사건이 발생한 지 10일도 채 지나지 않은 시점에 이러한 문건을 만들어 여론관리를 하려고 시도했고, 이보다 앞서 언론은 세월호 침몰 당일부터 '영웅만들기' 보도를 하고 있었다.

희생 선원들을 의사자로 지정하기 위한 3대 요건

세월호 침몰 당시 세월호에 탑승했던 선원은 33명이며, 그중 23명이 생존했고 10명이 희생됐다. 10명의 희생 선원 중 사무장 양대홍을 비롯한 5명이 의사자로 지정됐다.([표 2-8] 참조)

표 2-8. 세월호 탑승 승무원 의사자 지정 현황

No	성 명	신분	비상부서 배치표에 의한 임무	세월호 침몰 당시 구조행위	비고
1	양대홍	사무장	여객 유도 안내방송	여객부 승무원 강혜성에게 "선내에 가만히 있으라" 대기 지시 3층→조타실(5층)→3층 이동 사실은 확인되지만 구체적으로 어떤 행위를 했는지는 알 수 없음(마지막에 송지철 탈출에 도움을 줌)	정규직
2	박지영	여객부 안내원	여객 담당	일부 승객 탈출에 도움을 준 사실 인정	
3	정현선	여객부 안내원	여객 담당	?	
4	김기웅	아르바이트 생 (불꽃행사)	?	?	비정규직
5	안현영	이벤트 직원	?	?	

언론 보도 등을 참고하여 필자 정리.

의사상자 지정제도는 "직무 외의 행위로 위해(危害)에 처한 다른 사람의 생명 · 신체 또는 재산을 구하다가 사망하거나 부상을 입은 사람과 그 유족 또는 가족에 대하여 그 희생과 피해의 정도 등에 알맞은 예우와 지원을 함으로써 의사상자의 숭고한 뜻을 기리고 사회정의를 실현하는 데에 이바지 하는 것을 목적"으로 한다.[110]

---

110 「의사상자 등 예우 및 지원에 관한 법률」 제1조 참조.

의사상자 지정은 "15인 이내의 위원으로 구성된 의사상자심의위원회"에서 '법이 정한 요건을 충족하는지' 여부를 심의하여 결정하게 되어 있다. 지정 요건으로는 직무외의 행위일 것, 위해(危害)에 처한 다른 사람의 생명·신체 또는 재산을 구할 것, (행위자가) 사망하거나 부상을 당했을 것 등을 만족해야만 한다.

따라서 세월호 침몰 사건으로 희생된 선원들의 의사자 지정의 경우에도, 반드시 해당 요건은 충족해야만 했다. 관련법이 '직무 외의 행위'를 요구하는 것은 직무 내의 행위는 「산업재해보상보험법」의 보호를 받으므로 별도의 보호가 필요하지 않으며, '국가가 시인의 직무와 관련한 부분까지 보호할 필요가 없기 때문'일 것이다.

즉, 의사상자 제도는 타인의 '생명·신체 또는 재산을 구조'하는 과정에서, 행위자가 입은 회복 불가능한 피해를 보호하고, 의사상자의 '숭고한 뜻'을 다른 사람들에게 널리 알릴 목적에 있는 것이므로, '직무 내의 행위'는 보호하지 않는다고 보는 것이 옳다.

이러한 규정에 따라 일부 희생 선원들에 대한 의사자 지정이 합당한 조치인 지 검토할 필요가 있다.

사무장 양대홍의 의사자 지정

세월호 사건 다음날인 4월 17일 저녁 8시 20분경, KBS는 세월호 사무장 양대홍의 죽음과 관련하여 다음과 같이 보도했다.

> 세월호 여객 사무장으로 일하다 실종된 양대홍씨의 가족이 오늘 인천항 여객터미널에서 기자들을 만나 양씨가 최후까지 승객구조에 최선을 다했다면서 직원들이 먼저 탈출했다는 비난을 자제해달라고 호소했습니다.

양대홍씨의 형과 부인은 세월호 침몰 직전 양씨가 가족과 마지막으로 전화통화를 하면서 아이들을 구하고 있어 빨리 끊어야 한다고 말했다면서 이같이 밝혔습니다.

양대홍 씨는 지난해부터 세월호에서 승객 서비스 업무를 해왔습니다.[111]

이 뉴스는 곧바로 소설 수준으로 각색되어 확대 재생산됐다. 보도의 주요 내용은 다음과 같다.

- 세월호에 탑승한 동생은 실종된 것으로 나오는데 언론에서 선원들이 모두 먼저 탈출한 것처럼 나와서 억울해서 (인터뷰하러) 나왔다.
- 양대홍 사무장은 사고 당일인 16일 오전 10시1분 부인이 전화를 받지 않자 처남에게 전화해 사고를 알렸고, 일을 하고 있던 부인 안씨와는 10시3분 통화에 성공했다.
- 양대홍 사무장은 부인 안씨에게 "배가 많이 기울어져 있어. 수협에 모아둔 돈 있으니까 큰아이 등록금으로 써"라고 말했다. 안씨가 어떤 상황이냐고 물었지만 "지금 아이들 구하러 가야 해. 길게 통화 못 해. 끊어"라고 말했다.
- 안씨는 오전 10시3분 이후 계속 통화를 시도했지만 남편은 받지 않았다. 문자를 보냈으나 답이 없었다.[112]

이 같은 내용의 뉴스는 "20:54 해럴드 생생뉴스, 20:57 연합뉴스, 20:58 뉴시스, 20:59 경기일보, 21:05 경향신문, 21:21 MBN, 21:43 여성신문, 02:29 아주경제(4월 18일), 13:56 J-TBC(4월 18일)" 등 보도로 이어졌다. 이들 언론매체는 이 내용에 대해 현재까지 정정 보도한 사실이 없다.

양대홍에 대한 의사자 지정과정은 정확히 알 수 없으나, 논의과정에서

---

111 「실종 세월호 사무장 가족 "직원들 먼저 탈출하지 않아"」, 『KBS NEWS』, 2014.4.17 (http://news.kbs.co.kr/news/view.do?ref=A&ncd=2847723).

112 「'애들 구하러 가야 돼…' 구조하다 실종된 선원도 있다」, 『머니투데이』, 2014.4.17 (https://news.mt.co.kr/mtview.php?no=2014041719523177122).

많은 논란이 있었던 것으로 추정된다. 다른 희생선원은 비교적 세월호 침몰 초기에 의사자로 지정됐지만, 그만은 2015년 6월 18일에 이르러서야 의사자로 지정됐다.113

> 〈의사자〉
> - (故 양대홍, 42세, 세월호 사무장, 男) 2014.4.16. 08:58경, 인천항에서 제주도로 항해 중이던 여객선(세월호)이 진도군 해상에서 침몰, 당시 선체가 약 90도까지 기울자 직원, 식당 조리원114을 밖으로 내보내기 위해 구조를 도왔으며, **학생 등 승객들의 안전을 챙기다** 본인은 나오지 못하고 사망115

그러나 규정상 양대홍에 대한 의사자 지정은 명백히 잘못된 조치였다. 「세월호 운항관리규정」의 '비상부서배치표'에 따르면, 사무장은 세월호 침몰 당시 '여객유도 및 안내방송'을 하게 되어 있었다. 따라서 세월호 침몰 당시 양대홍은 선장 이준석을 보좌하여 최소 상황에 맞는 여객 안내방송 진행과 함께 승객들이 안전하게 탈출하도록 안내했어야 한다. 양대홍은 이러한 조치를 진행한 사실이 전혀 없으며, 했다 하더라도 그것은 명백히 '직무 내의 행위'이다.

또한, 의사자 지정 사유와는 달리 양대홍이 학생과 승객들의 안전을 챙겼다는 증거와 진술은 전혀 없다. 오직 비정규직 선원 송지철의 탈출만 도

---

113 필자는 2018.3.15경 등 3회에 걸쳐 보건복지부에 사무장 양대홍에 대한 의사자 지정 증빙 서류에 대한 정보를 공개할 것을 청구하였다. 하지만 보건복지부는 "의사상자심사에 관하여 귀하께서 공개를 요청한 정보는 의사상자심사에 한하여 사용하는 조건 하에 제공 받은 수사자료 등으로 공개가 불가함을 알려드리니 양해하여 주시기 바랍니다."는 답변을 받은 바 있다.

114 재판기록에 의하면 "송지철"이 유일하며, 이것이 사실이라고 한다면 양대홍은 "선사 관련자"들만 선별하여 구조를 진행했던 것으로 추정이 됨. 양대홍이 승객 구조를 위해 했던 적극적인 행위는 그 어디에서도 찾아볼 수가 없음

115 보건복지부 접수번호 4585415호(2018-03-15) 정보공개 청구건에 대한 보건복지부 공개 내용.

왔다는 진술만 확보된 상태이다.

따라서 그에 대한 의사자 지정은 아직 일반인에게 알려지지 않은 특별한 사실이 있지 않다면 명백히 무효이다. 그의 의사자 지정행위가 정당했다면, 논리적으로 두 가지 요건을 반드시 충족했어야 한다.

첫째는 양대홍의 실질적인 구조행위가 있어야 한다. 하지만 현실적으로 여객부 승무원 강혜성에게 '선내에 가만히 있으라'는 선내방송 진행을 지시했던 것과 비정규직 선원 송지철의 탈출을 도운 것을 제외하면 구조와 관련한 행위는 없었고, 특히 전자의 조치는 명백하게 잘못된 행위였다.

둘째는 양대홍의 구조행위가 직무 외의 행위여야 한다. 그가 선원의 탈출을 도운 것은 '선원의 상무'에 해당하므로 결코 직무 외의 행위가 될 수 없다. 만약 양대홍이 비정규직 선원 송지철을 도운 행위가 직무 외의 행위로 인정받았다면, 그는 세월호 침몰 당시 '청해진해운' 소속이 아니었다는 결론에 이르게 된다.

세월호 침몰 사건에 대한 사법적 판단이 완전히 종료된 현시점에서 보면, 그의 적정한 구조행위는 발견할 수 없고, 적극적 구조행위가 발견됐다 하더라도 청해진해운 직원 신분이었기 때문에 직무 내의 행위이므로 「산업재해보상보험법」을 적용할 사안이다.

새빨간 거짓말 : "지금 아이들을 구하러 가야 해"

적어도 선장과 선원의 재판기록 상으로는 양대홍이 승객을 구조하기 위해 노력했다는 흔적을 찾을 수가 없다.[116]

세월호 침몰 당시 그의 행적은 다음과 같다.

---

116 양대홍의 구조행위와 관련해서는 이 책 제2장 '3. 선원들은 동료만 탈출시켰다' 참조.

- 09:20 전후
  3층 본인 침실에서 5층 조타실로 이동[117]

- 09:20~09:30
  조타실에서 사고 수습과 관련한 협의 진행 및 강혜성과 CC를 통한 무전 교신(승객들에게 구명조끼를 입히고 선내에 대기시킬 것을 지시함. 10분 후에 해경 도착한다는 사실을 알려 줌)

- 09:30 이후
  조타실에서 3층으로 이동하는 과정에 4층 여객실 F-10 근처를 지나감. 그 과정에 비정규직 선원 오의준과 대한여행사 직원 김승재를 만남

- 09:50경
  3층 자신의 침실로 이동했을 것으로 추정(이때, 선내전화를 통하여 국정원 등에 세월호 침몰 원인, 세월호 선내상황 등을 보고했을 것으로 추정이 됨. 이때 보고된 내용이 언론에 유출되어 '암초 충돌' 및 '배가 기울 때 "꽝"하는 굉음이 있었다'는 속보로 연결됐을 가능성이 있음)

- 10:01경
  배우자와 전화통화 시도했으나 실패(언론 보도자료 참조)

- 10:03
  010-■■■-■■■번으로 부인과 1분 22초 통화.

- 10:05
  010-■■■-■■■번과 47초간 통화

- 10:06경 이후
  선원식당 근처로 이동하다가 비정규직 선원 송지철을 만나 탈출 권유(송지철 주장)

- 10:20경
  비정규직 선원 송지철 극적 탈출(해경 헬기 촬영 녹화 영상 기준)

- 2014. 5. 15. 14:29
  선원식당에서 시신 인양(무전기와 휴대폰 소지)

그는 오전 10시 3분경 부인 안 씨에게 전화를 걸은 이후에는 아이들을

---

117 서해청 소속 511호 헬기는 09:25경에 침몰 해역에 도착했다.

구하기는커녕 선실 안에 정상적으로 서 있는 것도 불가능했다.

그가 휴대전화로 배우자 안 씨에게 전화한 시간(10:03)은 선체가 이미 64.4°~68.9° 기운 상태였고,[118] 3층 좌현은 상당 부분이 침수가 완료된 상태였다. 이 시간은 세월호 선내 어디에서도 자력으로는 수직 이동이 불가능했다([그림 2-19] 참조). 그리고 일부 선미를 제외한 나머지 선실에서 탈출할 수 있는 유일한 방법은 위를 향한 수직 이동이 전부였다.

그림 2-19. 10:03경 세월호 기운 모습

둘라에이스호 선장 문예식 제공 영상 필자 화면 캡처.

10시 3분경 양대홍이 선원식당에서[119] 배우자 안 씨에게 전화한 것이 틀림없다면, 상식적으로 그는 "지금 아이들 구하러 가야 해"라는 말을 할 수가 없었을 것이다.

따라서 남편의 생사를 확인하기 위해 발을 동동 굴러야 할 긴박한 시점

---

118 검찰의 수사자료에 의하면 09:54:35경부터 10:07:04경까지 기울기가 64.4° ~ 68.9° 였다고 한다.

119 양대홍의 시신이 발견된 곳이 선원식당이고, 탈출과정에서 양대홍의 도움을 받았다던 송지철이 마지막으로 목격했던 곳도 선원식당이다. 따라서 10:03경 통화 당시 양대홍은 3층 선원식당 근처에 있었을 것으로 추정된다.

에, 뜬금없이 기자회견을 자청하여 왜 '소설 같은 내용을 발표했는지'에 대한 조사를 해야 한다. 그 상황에서 '직원들이 먼저 탈출했다'는 비난에 화가 나서, 자의에 따라 기자회견을 할 수 있는 배우자는 상식적으로는 아마 거의 없을 것이기 때문이다.

그에 대한 의사자 지정사유는 "선체가 약 90도까지 기울자 직원, 식당조리원을 밖으로 내보내기 위해 구조를 도왔으며, 학생 등 승객들의 안전을 챙기다 본인은 나오지 못하고 사망했다"는 것이다. 이것이 사실이라면 다음과 같이 양대홍의 구조행위가 입증돼야 한다.

- 선내 CCTV를 통해 확인하는 방법
  세월호 선내 CCTV는 승객의 이동 동선을 위주로 설치되어 있었고[120], 양대홍이 승객구조를 위해 이동했다면 적어도 CCTV에 녹화되었을 가능성이 있다.[121] 다만 세월호 선내 CCTV가 삭제되었다는 전제에서 가능한 추론이다.

- 선장과 선원, 여객부 승무원, 기관원, 조리부원 등 동료들의 진술 및 증언
  세월호 승무원들이 진실로 승객 구조의사가 있었다면, 직접 대면, 유선전화, 휴대전화, 무전기 등을 통해 구조와 관련한 협의를 했어야 했다. 그것은 피고인들에게는 매우 유리한 증거이기 때문에 애써 감출 이유가 없다. 하지만 재판기록에 의하면, 강혜성에게 선내대기방송 진행을 지시한 것을 제외하면, 양대홍이 구조에 '적극 가담했다'는 진술은 없다.

- 생존 승객의 진술
  세월호 침몰 당시 양대홍의 구조행위를 목격했다는 생존 승객은 없다. 다만 알렉스와 임마누엘, 오의준, 송지철 등이 양대홍을 봤다고 진술했지만, 이들은 선사와 관련된 자들로서 승객구조와는 전혀 상관이 없다.

---

120 신보식은 선원 공판에서 세월호 선내 CCTV의 용도는 자살 예방용이라고 증언을 했던 사실이 있다.
121 선내 CCTV와 관련해서는 이 책의 제2장 '4. 세월호 선내 CCTV 저장장치는 조작되지 않았을까?' 참조.

▪ 구조를 위해 출동하는 외부 구조세력 등과 전화 또는 무선 교신

결론적으로 세월호 침몰 당시 양대홍의 구조행위는 어디에도 발견되지 않으며, 그를 목격한 사람들은 모두 선원들뿐이다.

의사자 지정과 관련한 주무부처는 보건복지부이다. 이들은 양대홍의 의사자 지정과 관련한 회의록과 관련 서류를 절대 공개하지 않았다.

보건복지부가 선원들을 의사자로 지정하기 위해서는 노동법 전문가에게 자문을 구하여 그들의 행위가 "직무행위" 외에 해당하는지 명확한 결론을 얻었어야 했다. 필자는 이 행위가 없었거나 있었다 하더라도 부적정하게 있었다고 판단하고 있다.

현시점에서 양대홍의 의사자 지정에 대한 적정성을 평가할 수는 없지만 다른 선원들과 비교하여 그의 의사자 지정이 늦어진 것은 그만큼 위원회 내에서도 이 건에 대한 논란이 심했다는 방증이다.

여객부 승무원 박지영 등의 '영웅담'

세월호 여객안내실 승무원 박지영의 영웅담은 세월호 침몰 당일부터 언론을 통해 조직적으로 매우 광범위하게 유포됐다. 구조를 책임진 해경이 정확한 탑승자 숫자와 인명피해 상황도 파악하지 못하고 오락가락하던 시점에 이미 언론은 "박지영 씨는 승객들에게 대피 명령을 전달하다가 미처 빠져나오지 못하고 사망한 것으로 밝혀졌다"고 속보를 전했다.

나중에 알려진 것처럼 이러한 보도는 청와대가 주도했을 가능성이 크다. [그림 2-18]에서 보는 바와 국군기무사령부는 이미 2014년 4월 25일 시점에 여론 전환을 위해 영웅·미담을 찾고 있었다. 또 [그림 2-20]에서 보는 바와 같이, 청와대는 2014년 6월 6일 시점에도 사실에 전혀 반하는 문

건을 만들어 공유하고 있었다.

세월호 침몰 사건 전 과정을 통틀어 퇴선 방송은 없었던 것이 명명백백하게 밝혀졌다. 그런데도 청와대는 박지영의 '자체 판단에 따라 퇴선 방송을 실시했다'는 문건을 작성했다. 참고로 10시 15분경은 이미 많은 사상자가 발생한 시점이었다.

그림 2-20. 박지영의 자체 판단에 따라 '퇴선 방송'을 실시했다는 청와대 문건

4.16 "골든 타임"시 상황 일지				
			2014.6.6. 현재, 정무수석실	
시간	대비실 당시 인지 내용 및 조처 등	안보실	실제 상황(추후 확인된 내용)	비고
0848			세월호 변침	
0852			학생, 전남119 신고 -0858 목포해경 공식 접수	
0919	YTN 자막방송 통해 최초 인지 - 해경 등에 연락, 상황 파악 시작			
0924		위기관리, 문자로 대비실 등 BH내 상황 전파		대비실과 실시간 공유한 유일 정보
0930			해경 123정 및 헬기 최초 현장 도착, 구조	적극적 구조 안했다는 논란
0933	해경 첫 상황보고서 - 승선원 474, "침몰 위험 신고"			
0950		최초 VIP 서면 보고 -0835경 사고, 56명 구조		13:22 대비실 일부와 문서 공유
1008~ 1020경			어업지도선2, 어선2 8-90명 구조	구조 동영상 공개, 해경보다 많이 구조 가능성 제기
1015		안보실장, VIP 유선보고 - 선체 기울기 및 구조 진행 상황	o선체 90도로 기움 o故박지영, 자체 판단하 퇴선 방송	대비실, 안보실장 보고내용 미접수
1017			선내 마지막 카톡	

'4·16 골든 타임시 상황일지' 필자 화면 캡쳐.

박지영에 대한 '의사자 지정신청서'는 2014년 4월 25일 인천광역시 서구청에 제출되었다. 5월 19일경 목포해양경찰서는 박지영의 구조행위 사실을 확인해 준 것으로 파악된다.

하지만 이 시점은 세월호 선장 이준석 등에 대한 검찰의 수사가 진행되고 있었고, 세월호 선내상황과 박지영의 구조행위가 정확히 밝혀지지 않은 때이다.

또한, 절차상 목포해양경찰서가 일정한 기간 내에 의사자 지정신청에 대한 사실관계를 확인해야 할 의무가 있는지는 모르겠지만, 상급기관에서 아직 수사 중인 사건을 하급기관이 확정해서 통보했다는 것은 매우 문제가 있어 보인다.

필자의 정보공개 청구로 제출된 답변서에 따르면, 검찰의 수사결과는 박지영의 의사자 지정에 전혀 반영되지 않은 것으로 확인됐다.

그림 2-21. 정보공개청구에 대한 답변서

접수번호	4651011	접수일자	2018.04.12
처리기관	광주지방검찰청	통지일자	2018.04.25
청구인의 요구에 대한 설명	검찰은 수사·재판자료 외에 의사상자 지정과 관련한 별도의 자료를 가지고 있지 아니하고, 의사상자 지정과 관련하여 의사상자 지정에 대한 처분권한인 '보건복지부'에 제공한 자료가 없으며, 보건복지부에서 의사상자 심사에 있어 어떠한 자료를 토대로 판단하였는지 알 수 없으므로 '공공기관의 정보공개에 관한 법률 시행령' 제6조 제3항 제1호에 의거 정보부존재 통지하오니 이 점 양지하여 주시기 바랍니다.		

필자 정보공개청구에 대한 검찰 답변 화면 캡처.

그렇다면 목포해양경찰서는 무엇을 근거로 박지영의 구조행위를 입증했을까? 목포해양경찰서는 생존 피해자 이중재 등 5명의 전화 진술을 기초하여, 그의 구조행위에 대한 사실관계를 '보건복지부'에 확인해 준 것으로 드러났다.[122]

- 강인환
  일행 이중재 등 2명과 함께 3층 객실에서 쉬고 있던 중 갑자기 세월호가 좌현으로 기울자 3층 홀로 나와 보니, 이미 사람들이 아수라장이 되었는데 승무원 박지영이 사람들을 안심시키며 구명의를 입을

---

122 목포해양경찰서, 『수사보고(박지영 목격자 진술)』, 2014.5.19.

수 있게 나눠주었고, **구조선이 도착하자 홀 안의 사람들을 순서대로 밖으로 나갈 수 있게 해 약 50명 정도가 무사히 구조되었다.**

- 유호실
  김종서 등 일행 4명과 함께 3층 좌현 선수 객실에서 쉬고 있던중 갑자기 세월호가 기울자 선수에 적재되었던 컨테이너 등이 떨어지는 것을 보고 놀라 선미쪽 3층 홀로 이동하였고, 3층 홀로 나와 보니 이미 사람들이 우왕좌왕하며 아수라장이 되었는데 **승무원 박지영이 사람들을 안심시키며 구명의를 입을 수 있도록 나눠 줬으며, 자신들은 더 높은 곳으로 올라가기 위해 3층홀과 연결된 4층 홀로 올라가려 했으나 너무 높아 올라가지 못하자 그것을 본 박지영이 어디선가 의자 3개를 가져와 차곡차곡 쌓아주며 그 의자를 딛고 4층 홀로 올라갈 수 있도록 해주어 자신과 일행 4명이 모두 구조될 수 있었다.**

- 김종황
  김종서 등 일행 4명과 함께 3층 좌현 선수 객실에서 쉬고 있던 중 세월호가 갑자기 좌현으로 기울자 3층 홀로 이동하였고, 이때 승무원 박지영이 승객들을 안심시키며 구명의를 입을 수 있도록 승객들에게 나눠 주고 있었는데 구명의가 부족하게 되자 승무원 박지영이 입고 있던 **구명의를 여학생에게 주었고, 그 여학생이 "언니는요?" 하고 물으니, 박지영은 "걱정하지마, 나는 너희들 다 구조하고 나갈거야"**라고 대답 하였으며, 자신 또한 참고인 유호실의 진술과 같이 승무원 박지영의 도움으로 구조될 수 있었다.

문제는 이들 5명의 생존 피해자들이 수사과정 또는 법정에서 했던 진술은 목포해양경찰서의 조사결과와 100% 부합하지 않는다는 점이다. 특히 생존 피해자 ○○○은[123] 진술서 작성과정에서 "저가 한 가지 부탁이 있는데, 저가 위와 같이 말씀드린 것으로 작성된 이건 진술조서를 타인들에게 공개하지 마시고, 비공개로 꼭 해주십시오. 그 점을 강조드리고 싶습니다"라고 진술했다. 진술 내용이 사실에 반할 수 있다는 여지를 분명히 남겨 놓은 것으로 판단된다.

박지영이 적극 또는 소극적으로 '승객들의 탈출을 도왔다'고 진술한 생

---

123 진술자 신변을 보호하기 위해 출처를 밝히지 않는다.

존 피해자들이 다수 존재하는 것은 사실이다. 다만 일부 사람들은 구명조끼를 나눠주고 '손짓으로 밖으로 나가라'고 했다는 등 그의 소극적 행위만을 증언할 뿐,124 적극적 구조행위를 진술한 경우는 그렇게 많지 않다. 박지영의 적극적 구조행위에 대한 진술은 아래와 같은 사례가 전부이다.

- 김종서
  박지영 아가씨와 같이 있었던 남자 승무원이 안내데스크 앞에 있었는데 그분들한테 이쪽 계단으로 올라가면 여기보다는 나을 거라는 말을 듣고 4층으로 올라갔습니다.125
  (승무원 박지영에게) 위로 올라가면 어떠냐고 물어봤습니다. 그러자 박지영 승무원이 여기보다 낫다면서 올라가는 것이 나을 것 같다고 하였습니다. **그래서 손이 닿지 않아서, 박지영 승무원이 놔준 의자 2개를**126 **타고 올라갔습니다.**127 ("그 당시 박지영 승무원과 남자 승무원들은 무엇을 하고 있던가요"라는 검사의 질문에) 학생들의 탈출을 돕고 있었습니다.128

- 김도영
  안내데스크에서, 바로 벽체가 있는데, 벽체가 유리로 되어 있었습니다. 그런데 **여직원이 그 문을 닫았습니다. 그 문을 닫아주니까 그 벽체가 바닥이 됐습니다. 왜냐하면 기울기가 60도 이상 되니까 거꾸로 4층까지 올라가는 것은 문제가 아니었습니다.** 그래서 4층은 그 유리를 밟고서 올라갔습니다.129

이상 생존 피해자들의 진술을 종합해 보면, 세월호 침몰 당시 박지영의

---

124 이중재, 『진술조서』, 목포해양경찰서, 2014.4.28, 7쪽; 강인환, 『진술조서(피해자)』, 목포해양경찰서, 2014.5.10, 11쪽; 유호실, 『진술조서』, 목포해양경찰서, 2014.4.27, 7~8쪽; 김종황, 『진술조서(피해자)』, 목포해양경찰서, 2014.4.27, 6~7쪽; 김정근, 『증인신문조서』, 광주지법, 2014.7.24, 2014고합 180 살인 등(6회 공판), 8쪽.

125 김종서, 『진술조서』, 목포해양경찰서, 2014.4.27, 7~8쪽.

126 이 부분은 승무원 안현영의 의사자 지정사유로도 되어 있음.

127 김종서, 『증인신문조서』, 광주지법, 2014.7.23, 2014고합 180 살인 등(5회 공판), 5쪽.

128 위와 같음.

129 김도영, 『증인신문조서』, 광주지법, 2014.7.24, 2014고합 180 살인 등(6회 공판), 6쪽.

행위는 "승객들에게 구명조끼를 나누어 주었다"거나 "매점의 문을 닫아주고 의자를 놔 주었다"는 것이 전부이다. 이것이 선원의 정상적인 직무 범위를 벗어났는지는 별도로 논의해야 하고, 근본적으로 안현영의 의사자 지정사유와 중복된다는 문제점이 있다.

김종서의 진술에 따르면, 누군가가 의자 2개를 가져다 쌓은 행위가 있었지만 '박지영이 쌓은 것인지' 아니면 '안현영이 쌓은 것인지' 사실관계 확인에 따라 누군가는 불이익을 받을 수밖에 없다. 보건복지부는 이례적으로 두 사람의 주장을 모두 들어 주었다.

세월호 침몰 당시 여객안내실 근처에는 박지영만 있었던 깃이 아니라, 승무원 강혜성과 화물차 기사 등 젊고 건장한 남자들도 다수 있었다. 그런데 당시 치마를 입고 있어서 거동이 불편할 수밖에 없는 박지영의 도움을 받아 많은 사람이 탈출했다는 것은 지나친 논리의 비약이다. 또한 단원고등학교 남학생의 경우 객관적으로 체력조건이 박지영보다 뛰어난데, 이들이 그의 도움을 받았다는 것도 논리에 어긋난다.

따라서 박지영의 도움으로 '50명이 구조되었다'는 목포해양경찰서의 조사결과는 객관성이 떨어진다. 오히려 승객들 스스로 서로 도와주며 탈출했을 가능성이 더 크다.

> 검　사 : 여기 (화장실 옆 복도)에서 휴게실 쪽(안내데스크 부근)으로는 어떻게 올라갔나요.
>
> 김관수 : 휴게소 문이 양쪽으로 여는 문인데, 한쪽 문 넓이가 90cm로 양쪽 문하면 1m 80cm로 사람이 건너가지 못합니다. 그래서 문 하나를 잠가서 건너려고 문을 당겼는데 고리가 안 맞아서 안 잠겼습니다. 어린 승무원에게 키를 달라고 해서 제가 문을 당기고 그 승무원이 키로 매점 문을 잠가서 그 잠근 문을 밟고 건넜습니다.
>
> 검　사 : 안내데스크 앞에서 우현 휴게소까지 올라올 때는 중앙 계단을 이용한 것인가요.

김관수 : 중앙 계단이 아니라 벽입니다. 이렇게 섰으니까 벽을 잡고 올라왔습니다. 거기는 밀어주고 다니고(당기고) 해서 올라 왔습니다.

검　사 : 다른 승객들도 서로 도와준 것인가요.

김관수 : 뒤에 따라온 남자 승객이 3명 있었는데, 여자분에게 제 어깨를 밟고 머리 밟으라 하고, 제가 일어나면 2~3m 올라가니까 잡고 있으라고 해서 밑에서 올려주고, 그런 식으로 올라가서 맨 마지막에는 제가 올라가서 당기고, 같이 따라오던 남자들이 뒤에서 들어줘서 탈출했습니다.

검　사 : 승객들이 서로 도와주면서 결국에는 올라갈 수 있었다는 것인가요.

김관수 : 예.[130]

승객 김관수의 진술 내용은 세월호 침몰 당시 승객들이 강혜성 및 박지영 등과 긴밀한 협조 관계를 유지하면서 탈출했을 가능성을 시사한다.

박지영과 마찬가지로 비슷한 시기에 의사자로 지정된 '정현선, 김기웅, 안현영' 등의 승객 구조행위도 정확하게 알려진 것이 없다.[131]

안현영의 경우 여객안내실 근처에서 '안내소에 있는 의자를 편의점 문을 닫고, 의자를 쌓아 4층으로 올라갈 수 있는 디딤판을 만들어서 승객들이 탈출할 수 있도록 도왔다'고 한다(강혜성의 진술). 이 행위가 의사자 지정 이유인데, 실제로 안현영의 시신은 선원식당 안에서 발견됐다.

그러나 필자가 수차례 세월호 내부를 답사했던 결과에 따르면, 안현영이 승객들 탈출을 돕기 위하여 의자를 쌓아준 것이 사실이라면, 그 이후에는 선원식당으로 이동은 불가능했다. 선박의 구조상 부력에 의해 그쪽으로 이동할 확률도 '0%'에 가깝다.

---

130 김관수, 『증인신문조서』, 광주지법, 2014.7.22, 2014고합 180 살인 등(4회 공판), 7~8쪽.

131 다만 김기웅과 안현영은 비정규직 선원이므로 이들이 목격자들의 진술과 같은 구조행위가 실제 있었다면 별도로 '직무외의 행위'를 논할 필요는 없을 것이다.

또한, 목포해양경찰서는 한승석의 전화 진술을 토대로 정현선과 김기웅의 당일 행적을 확인했다. 한승석은 '정현선과 김기웅이 4층에서 학생들을 밖으로 내보내서 약 15명의 학생들이 구명보트에 탈 수 있도록 돕는 것을 봤다'고 진술했다. 화물자동차 기사 한승석은 세월호 완전 침몰 당시 3층 여객안내실 근처에 있었고, 3층이 침수될 때 입수하여 생존한 승객이다. 그러므로 그의 진술과 같이 학생들의 탈출을 돕고 있던 정현선과 김기웅을 목격할 개연성은 높지 않다. 그가 탈출을 완료할 당시는 4층도 이미 침수가 어느 정도 완료될 시점이기 때문이다.

도주 선원들은 모두 선장의 퇴선 지시가 없어 승객을 구조하지 않았다고 진술했다. 그럼에도 사망한 선원들만 선장의 지시가 없었는 데도 자진하여 목숨 걸고 승객구조를 했다는 것은 당시 상황에 맞지 않고, 객관적인 구조행위 또한 발견되지 않았다. 또한 박지영 등은 세월호 침몰 당시 승객들이 탈출을 건의했을 때, 이를 무시하고 '계속해서 선내에 머무르도록 강요했다'는 진술도 확보되어 있다.

이러한 점을 감안하면, 이들에 대한 의사자 지정행위는 틀림없이 재평가돼야 한다.132 필자는 본건의 진실을 밝히기 위해 목포해양경찰서, 광주지방검찰청, 보건복지부(3회) 등에 정보공개를 신청했지만, 유효한 답변을 받지 못했다. 특히 보건복지부의 경우 '의사자 지정과 관련한 자료는 심사를 위해 사용될 뿐이며 그 외의 목적으로 제공되는 자료가 아님'이라는 이유를 들어 정보공개를 거부했다.133

---

132 이 책의 제1장 '1. 학생들의 탈출을 가로막은 5가지 요인' 관련부분 참조.
　　최승필, 『증인신문조서(5회공판)』, 광주지법, 2014.7.23, 2014고합 180 살인 등, 3쪽.
　　강병기, 『증인신문조서(6회공판)』, 광주지법, 2014.7.24, 2014고합 180 살인 등, 3쪽.
　　김도영, 『증인신문조서(6회공판)』, 광주지법, 2014.7.24, 2014고합 180 살인 등, 5~6쪽.
133 보건복지부, 『민원 1BA-1805-141040) 처리결과 안내』, 2018.6.12 참조.

의사상자 지정제도의 취지가 '의사상자의 숭고한 뜻을 기리고 사회정의를 실현하는 데에 이바지하는 것을 목적"으로 한다는 점에서 보건복지부가 본건의 증거서류를 공개하지 못할 이유가 없다고 본다.

세월호 침몰 당일 구조와 관련해 의사자로 지정된 사람은 단원고 학생 1명을 포함하여 모두 6명이다. 필자의 연구 및 현장 검증 결과에 따르면 단언컨대 세월호 침몰 당시 사망한 의사자 중 '영웅'은 단 1명도 없었다.

다만 침몰 초기 정부가 악화된 민심을 전환하기 위하여 없던 사실을 미화하여 그들을 영웅으로 만든 것이 분명하다. 이 점은 진상규명 차원에서 사실관계를 바로잡아야 한다고 생각한다.

▨ 자료목록

1) 강병기, 『증인신문조서(6회공판)』, 광주지법, 2014.7.24, 2014고합 180 살인 등
2) 강인환, 『진술조서(피해자)』, 목포해양경찰서, 2014.5.10
3) 김관수, 『증인신문조서』, 광주지법, 2014.7.22, 2014고합 180 살인 등(4회 공판)
4) 김도영, 『증인신문조서(6회공판)』, 광주지법, 2014.7.24, 2014고합 180 살인 등
5) 김정근, 『증인신문조서』, 광주지법, 2014.7.24, 2014고합 180 살인 등(6회 공판)
6) 김종서, 『진술조서』, 목포해양경찰서, 2014.4.27
7) 김종서, 『증인신문조서』, 광주지법, 2014.7.23, 2014고합 180 살인 등(5회 공판)
8) 김종황, 『진술조서(피해자)』, 목포해양경찰서, 2014.4.27
9) 유호실, 『진술조서』, 목포해양경찰서, 2014.4.27
10) 윤길옥, 『진술조서(제2회, 박지영 목격)』, 목포해양경찰서, 2014.5.16
11) 이중재, 『진술조서』, 목포해양경찰서, 2014.4.28
12) 최승필, 『증인신문조서(5회공판)』, 광주지법, 2014.7.23, 2014고합 180 살인 등
13) 목포해양경찰서, 『수사보고(박지영 목격자 진술)』, 2014.5.19
14) 보건복지부, 「민원 1BA-1805-141040) 처리결과 안내」, 2018.6.12
15) 「실종 세월호 사무장 가족 "직원들 먼저 탈출하지 않아"」, 『KBS NEWS』, 2014.4.17

(http://news.kbs.co.kr/news/view.do?ref=A&ncd=2847723)

16) 「'애들 구하러 가야 돼…' 구조하다 실종된 선원도 있다」, 『머니투데이』, 2014.4.17
(https://news.mt.co.kr/mtview.php?no=2014041719523177122)

| 제3장 |

해양경찰 일선 실무자들의
책임과 거짓말

1.
구조하지 못한 책임은
누가 져야 하는가?

세월호 침몰 당시 승객들에게 탈출지시만 있었다면 최악의 참사는 막을 수 있었다. 그렇다면 구조현장에서 탈출지시를 할 권한은 누구에게 있었는지가 쟁점이 될 수 있다.

수사와 재판과정에서 검찰과 법원은 그 권한이 '123정 정장 김경일에게 있었다'고 보았다. 엄밀히 이야기하면 '해경 수뇌부와 상황실 근무자들'에게도 요구된 기대행위였다. 따라서 구조작업 실패의 책임을 123정 정장 김경일에게 모두 떠넘기고, 나머지 해경이 책임에서 면제된 것은 형평성에 어긋난다.

'구조 실패의 책임'을 오직 해경이란 조직에 한정해서 논한다면, 세월호 사건은 '해양경찰청장을 비롯한 각급 구조본부장과 각급 상황대책팀장, 상황대책반 근무자, 현장 출동 구조세력(123정, 헬기 등)' 등이 만들어 낸 합작품에 해당하기 때문이다.

세월호 침몰 당일 해경이 구조작업에 실패한 책임은 123정 정장 김경일이 침몰 현장에서 잘못된 지휘행위에 한정되지 않는다. '상황을 접수하고 출동을 지령하는 과정 및 이동하는 과정'을 잘못 지휘했던 것이 누적되어,

최종 구조 결과에 영향을 준 것도 결코 무시할 수 없다.

2014년 10월 20일 광주지방검찰청장 검사장 변찬우는 국정감사 자리에서 해경수뇌부에 대한 사법처리를 하지 않은 이유를 다음과 같이 답변했다.

> 워낙 현장이 긴박하게 돌아가니까 123정 조차도 보고는 할 수가 없는 상황이었습니다. 현장 구조하기도 힘든 상황에서 그 현장을 상층부에 보고를 해서 지시를 받거나 하기는 거의 불가능한 상황이었기 때문에 그 윗선까지는 사법처리…[1]

이 답변은 '첫 번째 단추를 잘못 끼운 사람의 책임은 면제해주고, 불가피했던 사유로 마지막 단추를 끼우지 못한 사람만 처벌했다'는 것으로, 매우 잘못된 법 적용이었다. 세월호가 침몰하고 있는 긴박한 상황에 효율적으로 대응하기 위하여 '수뇌부와 상황실'이란 조직이 존재한 것인데, 검찰은 이들에 대한 책임을 묻지 않았기 때문이다.

세월호 침몰 당시 구조세력 출동 현황

세월호 침몰 사건에서 해경이 구조 관련 매뉴얼만 충실히 준수했어도, 모든 승객을 구조할 기회는 여러 번 있었다. 그 매뉴얼은 해경이 '이동과정에서 세월호와 교신을 설정하여 정확한 선내상황을 파악하고, 이를 바탕으로 구조계획을 수립해 침몰 현장 도착 즉시 이를 실행'하는 것이었다.

세월호 침몰 사실을 인지한 해경 수뇌부와 상황실 근무자들은 상당 시간 침몰 현장에 출동할 구조세력을 동원하는 일과 구조된 인원의 숫자 파악에만 관심을 집중했다. 그 결과 해경은 많은 구조세력을 동원하는 것에

---

1 국회, 『2014년도 국정감사 법제사법위원회 회의록』, 국회사무처, 2014.10.20, 15쪽.

는 성공했지만, 구조 가능한 시간 안에 구조 능력을 보유한 인원을 투입하는 데는 실패했다. 특히 헬기의 경우 해군 제3함대 소속 링스 헬기를 비롯하여 매우 많은 대수를 동원하여 122구조대 및 특공대원들을 탑승시켜 침몰 현장에 투입할 수도 있었다. 그런데 해경은 그렇게 하지 않았다.

세월호 침몰 당일 해경은 SSB 등을 통하여 많은 어선 등을 동원했지만, 실제 구조에 투입된 것은 해경 헬기 3대와 함정 1척, 그리고 어업지도선 2척과 약간의 어선이 전부였다([표 3-1] 참조). 다만 그때까지 동원된 구조세력만으로도 해경의 구조작업 전개 방식 여부에 따라, 충분히 모든 승객을 구조할 수 있는 상황이었다.

표 3-1. 세월호 침몰 당시 출동 구조세력 현황(10:00 전후 도착)

구 분	소속		명칭	도착시간	실 제 승객구조	비고
항공기	해경	서해청	B511	09:25	O	
			B512	09:45	O	
		제주청	B513	09:32	O	
		인천서	B703 (CN-235호기)	09:26	▲	항공기 통제
	소방	전남 1호기	1호기	10:10	X	
함정	해경	목포서	123정	09:30	O	
기타 선박	민간	상선	둘라에이스	09:18	X	
			드라곤에이스	09:42	X	
		어선	어선30여척	09:55~	O	
	관공선(행정선)		전남 707 (급수선)	09:40	▲	구조 승객 팽목항 이송
			전남 207 (어업지도선)	10:07	O	1기 특조위 진술
			전남 201 (어업지도선)	10:07	O	1기 특조위 진술
			진도 아리랑 (조도면사무소 행정선)	10:02	▲	구조 승객 서거차도 이송

범례 : O 구조 참여 X 구조 미참여 ▲ 구조 보조
해경 제공자료를 기초로 필자 재정리.

가장 큰 의문은 B703(CN-235)의 경우 오전 9시 31분경 세월호 침몰 현장에 도착했지만 승객구조와 관련해 어떤 노력도 하지 않았다는 점이다.

B703호기는 목포해양경찰서장 김문홍이 탑승해 있던 3009함과 교신이 가능했고, 3009함도 B703의 출동 사실을 알고 있었다. 따라서 본격적인 구조작업을 개시하기도 전에 세월호 침몰 현장에 도착한 B703은 침몰 중인 세월호의 정확한 상황을 파악하여 김문홍에게 알려야 했고, 그는 그 정보를 활용하여 구조를 지휘했어야 한다.

또한 B703에는 17인승 구명벌 3개(51명 탑승가능)가 적재되어 있었지만, 그들은 승객구조를 위한 구명벌을 투하하지 않았다. 이상의 사실을 살펴보면 B703 항공기 탑승자들은 '침몰 중인 세월호 탑승객을 구조할 의사가 정말 있었던 것일까'하는 의심을 하지 않을 수 없다.

침몰 현장 구조세력에게 요구됐던 행위들

해경 함정 123정이 세월호 침몰 사실을 인지한 후, 침몰 현장 도착까지 소요된 시간은 무려 30분이었다. 123정은 그 30분 안에 세월호와 교신을 설정하여, '세월호의 현재 상황과 기울기 정도, 승객들의 대피 장소 및 상태' 등을 파악하여, 침몰 현장에 도착했을 때 '어디로 어떻게 들어가 승객들을 퇴선시킬까'를 결정하는 등 구체적인 구조계획을 수립하고 대원들에게 명확한 임무를 부여했어야 한다.

세월호와 교신이 설정되지 않으면, 상황실 등에 연락해서 교신할 수 있는 방법을 강구하고, 상황실과 함께 세월호 선내 정보파악을 위한 모든 방법을 동원했어야 옳았다.[2]

---

2 김기환, 『진술조서』, 광주지방검찰청, 2014.8.8, 17쪽.

511호 헬기와 123정이 침몰 해역에 도착했을 때, 구조를 기다리던 승객들은 바다뿐만 아니라 세월호 갑판 위에서도 보이지 않았다. 이들은 476명의 인원들이 퇴선하지 않고 아직 선내에 대기 중이란 사실을 인식할 수 있었다. 특히 오전 9시 37분경까지는 세월호 조타실 내 선장 및 선원들이 진도VTS와 교신을 하고 있었으므로, 출동구조세력이 도착 즉시 세월호와 교신만 설정했다면, 선장 및 선원들로부터 충분히 세월호 선내상황을 파악할 수 있었다.

123정이 세월호 침몰 현장에 도착하기 이전인 오전 9시 25분경, 서해지방해양경찰청 소속 511호 헬기는 이미 세월호 침몰현장에 도착해 있었고, TRS 채널 52번을 이용하여 "배 우측으로 기울어져 있고 지금 대부분 선상, 선상과 배 안에 있음"이라는 도착보고를 완료했다. 그렇기 때문에 구조에 참여한 해경의 모든 구조세력은 긴박한 세월호의 상황을 충분히 인지할 수 있었다.[3]

실제로 세월호 여객부 승무원 강혜성은 "9시 50분경까지 선내방송을 진행했고, 3층으로 물이 들어오기 전인 10시경까지는 안내데스크에 있는 방송 장비로 선내방송이 가능했다"고 진술했다.

이상의 사실들과 세월호 및 진도 VTS의 VHF 교신 내용, 9시 4분경 세월호 승무원 강혜성의 122신고 전화 내용 등을 종합해보면, 해경은 '세월호가 침몰 임박한 긴급한 상황'임을 123정이 침몰 현장에 도착하기 전에도 충분히 파악할 수 있었다.

따라서 해경의 수뇌부, 상황실 근무자, 출동함정, 헬기 등 모든 구조세력은 OSC함 123정의 침몰 현장 도착 여부와 상관없이, 침몰하는 선박 안에서 구조를 기다리던 승객들에게 직접 탈출을 명령하는 것은 출동 구조세력에게 당연히 요구되는 행위였다.

---

3 속기법인 대한, 『녹취서(4·16 세월호참사 관련 해경 TRS 녹취록)』, 2016.4.5, 23~25쪽.

출동 지령과정의 문제점

세월호 침몰 사건과 같은 비상사태가 발생하면, 해경은 「해상치안 상황처리 매뉴얼」에 따라 '상황대책반'을 구성하거나, 「수난구호법」에 따라 '구조본부'를 구성하는 방법으로 비상상황에 대응하게 된다. 두 개의 조직은 법률적 경계가 정해져 있지 않은 중복된 조직처럼 보이지만, 통상 상황대책반의 1차적 지휘 주체는 경비안전(국)과장이고, 구조본부의 경우에는 '서장 또는 청장'이 지휘하게 되어 있으므로 '구조본부'가 상위 조직이다.[4]

세월호 침몰 당시 각급 해경은 상황대책반과 구조본부를 구성하여 상황에 대응했다고 주장했다([표 3-2] 참조). 하지만 목포해양경찰서의 경우 경비구난과장 김도수와 서장 김문홍이 목포해양경찰서 내에 있지 않았다. 이런 상황에서 상황대책팀과 지역구조본부가 정상적으로 소집되고 가동될 수 있었을까?

표 3-2. 세월호 침몰 당일 상황대책팀 소집 및 구조본부 가동 시기

구분	상황대책팀 소집시기	구조본부 가동시기	비 고
해양경찰청(본청)	09:20 (문자대화방)	09:10	상황대책팀의 이름으로 문자대화방 입장(이후 활동 이력 없음)
서해지방해양경찰청	09:03 (?)	09:10	상황담당관 유연식의 진술 인용
목포해양경찰서	09:15 (문자대화방)	09:05	

해경 제출 자료를 바탕으로 필자 재정리.

구조본부는 비상상황이 발생했을 때 비로소 구성되는 신설조직이 아니

---

4 상황대책반이 소집되면 경비안전과장이 상황대책반을 지휘한다. 또한, 구조본부가 가동되면 총괄적인 지휘권은 구조본부장에게 이관되고, 경비안전과장은 임무조정관 (SMC)로서의 임무를 수행하게 되는 것으로 판단된다. 상세한 것은 이 책 제4장 '2. 해경 수뇌부의 "부작위"' 참조.

다. 평소 해난사고 예방활동을 전개하다 사고가 발생하면 비상체계로 전환하는 것이다.[5]

따라서 본청과 목포해양경찰서의 경우 상위 개념인 구조본부를 먼저 가동한 후에 중복되는 하위 개념의 대책반을 다시 소집했다는 것이 논리에 맞지 않는다. 즉, 이들의 진술과 주장은 사실과 다를 개연성이 높다.

세월호 침몰 당시 구조작업 최종 지휘 책임은 '해경 수뇌부와 상황실 근무자'들에게 있었다. 그들은 '세월호와 교신을 설정하여 세월호 선내 정보를 파악하고, 이를 출동 중인 구조세력과 공유할 의무'가 있었고, '출동 중인 구조세력을 지휘할 의무'가 있었다.

하지만 오전 9시 4분경 세월호 승무원 강혜성을 비롯한 많은 세월호 승객들이 122 신고전화로 세월호 선내상황을 알렸지만, 이들은 공유는커녕 보고조차 하지 않았다. 이것이 구조의 실패로 연결되었던 것은 틀림없는 사실이다.

헬기 출동 과정의 문제점

세월호 침몰 당시 즉시 출동이 가능한 항공기로는 목포항공대 소속 511호, 512호 헬기를 비롯하여, 제주청 소속 513호와 505호, 전남 119의 1호기와 2호기, 해군 3함대 소속 링스헬기, 군산해경(항공대) 소속 502호 등 상당수가 존재했다.

서해지방해양경찰청 상황실에서 구조작업에 참가한 특공대장 최의규와 항공단장 김성열이 이 부분을 인식하고 신속하게 헬기를 동원했다면, 충분히 122구조대와 특공대대원들을 침몰 현장에 투입할 수 있었다. 하지만 실제 구조에 투입된 헬기는 511호기를 비롯한 3대가 전부였다([표 3-1] 참조).

---

5 이 책 제4장 '2. 해경 수뇌부의 "부작위"' 참조.

목포항공대 소속 511호 헬기 기장 양회철(경감)은 세월호 침몰 당일 오전 9시 2분경 목포해양경찰서 상황실로부터 세월호 침몰 사실을 인지했다. 그는 9시 3분경 서해청 상황실 경비 전화통화를 통해 침몰현장으로 출동할 것을 지시받았고, 9시 6분경 시동을 걸어 9시 10분경 이륙했다.

검찰은 수사과정에서 511호 헬기에 특공대 또는 122구조대를 탑승시키지 않았던 것을 수사한 사실이 있다. 당시 목포항공대에 가용 가능했던 헬기는 511호 헬기 1대 밖에 없었지만, 선내진입이 가능한 항공구조사가 즉시 출동할 수 있는 상황이었다.

반면, [그림 3-1]에서 보는 바와 같이, 특공대는 목포항공대에서 8.6km 떨어진 서해지방해양경찰청에 있었고, 122구조대 또한 2.5km 떨어진 목포해경 전용부두에 있었다. 이들이 이동하는 것에는 상당한 시간이 소요될 수밖에 없었다.

그림 3-1. 헬기 탑승을 위한 특공대 등 이동 거리

해경 진술서 등을 바탕으로 필자 재작성.

또한 511호 헬기가 침몰 현장에 도착한 시점은 잠수가 요구되는 상황이 아니었다는 점, 511호 헬기는 특공대와 122구조대 대원을 모두 탑승시킬 정도의 대형헬기가 아니라는 점을 감안하면, 신속한 출동이 요구되는 긴박한 상황에서 511호 헬기가 항공구조사를 탑승시켜 신속히 이동한 것은 옳은 판단이었다.

헬기가 출동하는 과정에서 발생한 가장 큰 문제는 목포해양경찰서 상황실 근무자들이 세월호 침몰 사실을 인지한 즉시 서장 김문홍에게 보고하지 않았다는 점이다. 고 최덕하 학생이 목포서와 전화통화를 하고 있을 때, 512호 헬기는 목포서장 김문홍이 탑승한 상태에서 세월호 침몰 현장 인근 해역을 비행하고 있었다. 또한 목포해양경찰서 상황실과 본청 상황실의 오전 8시 56분경 전화통화 내용을 살펴보면, 목포해양경찰서 상황실은 512호 헬기의 비행 위치를 알 수 있었던 것으로 판단된다.

만약 목포해양경찰서에서 세월호 침몰 사실을 인지한 시점에 즉시 서장 김문홍에게 이 사실을 보고했다면, 512호 헬기는 3009함에 착륙하지 않고 곧바로 침몰 현장으로 출동할 수 있었다. 그렇다면 세월호 침몰 현장에 가장 먼저 도착한 구조세력으로 기록되었을 것이다.

나머지 헬기들의 효율적인 출동과 관련해서는 서해지방해양경찰청장 김수현과 경비안전과장(임무조정관) 김정식, 항공단장 김성열과 서해청 상황실 근무자들의 몫이었다.

이 사람들이 정상적인 해경의 지휘관이 틀림없다면, 해군 제3함대의 링스헬기나 군산항공대 소속 502호 헬기 및 전남 119의 헬기, 전남경찰청 112 헬기 등을 아무런 대책 없이 침몰 현장으로 출동시킬 것이 아니라, 신속하게 122구조대나 특공대대원들을 탑승시켜 출동시켰어야 한다.[6]

이들은 헬기를 출동시킬 때, 우선 출동할 항공세력과 뒤에 지원해줄 항

---

6 김재전, 『진술서』, 광주지방검찰청, 2014.6.7, 10쪽.

공세력을 나누어 출동시켰어야 했는데, 전체 세력을 한꺼번에 출동시켜 나중에 특공대나 122구조대 대원들이 타고 갈 헬기가 없어 빨리 출동할 수 없는 상황을 초래했다.[7]

구조세력이 세월호 침몰현장으로 이동하는 과정의 문제점

조난 선박을 구조하기 위해 출동하고 있는 함정은 조난 선박과 교신을 설정할 의무가 있고, 그들의 교신을 주의해서 청취해야만 한다. 이 의무는 오직 123정 정장 김경일에게만 적용되는 것이 아니다. 출동한 모든 헬기와 김문홍이 탑승해 있던 3009함, 목포서 경비구난과장 김도수가 탑승한 1010함, 1508함 등의 함정에도 공통으로 적용되어야 할 사항이었다. 또한, 목포해양경찰서의 경우 상황실에 VHF 및 SSB 교신이 가능한 통신장비가 설치되어 있었으므로 출동하는 구조세력과 똑같은 의무를 부담하고 있었다.

123정 정장 김경일은 오전 8시 58분경 목포해양경찰서로부터 휴대전화를 통해 세월호 침몰 사실을 인지했다고 주장했다.[8] 123정은 9시 3분경 출발할 당시 VHF 16번 채널을 이용하여 세월호를 '1회 3번' 호출했지만, 교신이 설정되지 않았으며 이후에는 호출 자체를 하지 않았다.

원칙적으로 조난 선박이 호출에 응하지 않을 경우 구조선박은 67번 등 다른 채널로 바꿔서 재차 교신을 시도하거나 SSB 등 다른 종류의 통신시스템을 이용하여 조난 선박과 교신을 설정했어야 한다.

그래도 교신이 설정되지 않았다면, 상황실에 연락해서 선원들 휴대전화

---

7 김재전, 『진술서』, 광주지방검찰청, 2014.6.7, 21쪽.
8 다만 09:05:03경 TRS 채널 52번에서 김경일은 "수신 완료"라는 응답을 했는데, 그 이유를 알 수가 없다. 그들의 주장에 의하면 이들은 이미 세월호 침몰 현장으로 출발을 완료한 상황이었다.

번호를 확보하여 전화통화로라도 연락했어야 한다.[9]

광주소방학교 교수요원으로 근무하고 있는 소방경 황인은 소방의 경우 화재 발생으로 출동할 때, 다음과 같은 절차를 통해 신고자와 연락을 취했다고 한다.

> 검　사 : 화재진압이나 구조를 위해 출동명령을 받고 현장지휘관으로 임명이 되어 출동하게 될 경우, 현장지휘관은 구조를 필요로 하는 신고자 또는 요구조자 측과 반드시 교신을 유지하여야 하지요.
>
> 황　인 : 지령서를 확인하고, 저희가 출동을 하는 과정에서 상황실에서 저희에게 무전으로 신고내용을 무전으로 알려줍니다. 상황실에서 신고자와 계속 연락을 유지하고 있습니다. 상황실로부터 받은 정보가 부족한 경우, 현장출동대가 신고자의 전화번호를 받아 직접 연락을 하게 됩니다. 현장에 도착한 이후에는 그동안 받은 정보를 통해 현장 상황을 파악하고 부족하면 현장에 있는 관계자들을 찾아 그 사람들에게 요구조자가 내부에 몇 명이 있는지, 위험물이 어디에 있는지 등을 확인하여 구조 활동을 시작하게 됩니다.[10]

구조를 위해 출동하는 선박이 조난 선박과 교신을 설정해야 하는 이유는 정확한 선내상황을 파악하여 침몰현장에 도착했을 때 최우선적으로 무엇을 해야 할지를 정하기 위해서다.

123정이 이동하는 시간 30분 동안 세월호 선내상황을 파악했다면, 구조를 위해 필요한 장비를 마련할 수 있었고, 부족한 부분은 상황실에 요청할 수도 있었다. 세월호 선장 및 선원에게 지시하여 승객들에게 구명조끼를 입게 한 뒤 외부 갑판으로 안내해서 퇴선하도록 지시할 수도 있었다.[11]

최악의 경우에는 침몰사고 현장 도착 즉시 고무단정을 내리는 절차를

9　심동보, 『진술조서』, 광주지방검찰청, 2014.8.7, 5쪽.
10　황인, 『진술조서』, 광주지방검찰청, 2014.8.7, 7쪽.
11　심동보, 『진술조서』, 광주지방검찰청, 2014.8.7, 5~6쪽.

생략하고, 123정을 직접 세월호에 접안하여, 조타실을 장악하고 퇴선 유도 방송을 할 수도 있었다. 만약 그렇게 했었더라면 약 5분 정도 먼저 세월호에 진입하여 퇴선 방송을 할 수 있었고, 승객 대부분도 구할 수도 있었던 것으로 판단된다.[12]

그런데 123정 정장 김경일은 서해지방해양경찰청 상황담당관 유연식의 교신 지시마저 무시하고 이행하지 않았다.[13] 세월호 침몰 당일 123정이 침몰 현장에 도착하기 12분 전인 오전 9시 18분경, 유연식은 TRS(Trunked Radio System: 주파수 공용시스템) 채널 52번을 이용해 '대형함정이 도착할 때까지 현장지휘를 123정이 수행할 것'을 지시하고, 현재 '세월호와 교신이 진행되고 있는지' 여부를 확인했다. 김경일은 이것에 대한 사후 조치도 하지 않았다.

> 유연식 : 정장님 바꿔 봐요.
> 김경일 : 현재 정장입니다. 현재 남은 거리 5마일, 5마일. 약 한 20분 후, 20분 후면, 15분 후면 도착 예정입니다.
> 유연식 : 모든 지휘를 현재 대형함정 도착시까지 귀국이 하고, 귀국이 가서 인원이 450명이니까 일사불란하게 구명벌**
> 유연식 : ** 교신되고 있습니까?
> 김경일 : 현재 교신은 안 되고 있음. 현재 목포 인근에 상선들이 현재 사고현장으로 이동 중에 있습니다. 이상
> 유연식 : 방송을 해 가지고 인근 선박도 전부 동원될 수 있도록 좀 해 주십시오.
> 김경일 : SSB 및 항무 이용해 가지고 인근 선박에 구조요청 현재 진행하면서까지 현장으로 이동 중에 있습니다.[14]

---

12 진교중, 『진술조서』, 광주지방검찰청, 2014.8.4, 6~7쪽.
13 심지어 오전 9시 26분 및 9시 28분경, 세월호가 직접 VHF채널 16번으로 해경을 호출했음에도 123정은 교신에 응하지 않았다.
14 속기법인 대한, 『녹취서』, 4 · 16세월호 참사 관련 해경 TRS 녹취록, 2016.4.5, 17쪽.

김경일은 이동과정에서 여러 가지 사정으로 세월호와 교신을 진행하지 못했다 하더라도, 상황담당관 유연식의 교신 지시는 곧 상관의 명령이기 때문에, 모든 과업에 최우선으로 수행했어야 한다. 따라서 상황담당관이 김경일에게 세월호와 교신이 되고 있는지 물었다면, 단순히 교신이 안 된다고 말할 것이 아니라 세월호와 교신을 설정한 후 그 결과를 보고했어야 한다.[15]

조난 선박을 구조하기 위해 출동한 함정은 상식적으로 이동과정에 구체적인 구조대책을 마련하고, 이를 바탕으로 승조원들에게 명확한 임무를 부여해야만 한다. 실제로 당시는 다수 인명을 구조해야 할 상황이었고, 필요시 선내 진입도 해야 할 상황이었다.

따라서 김경일은 대원들에게 선내 진입을 위한 도구(사주묘, 보트후크 등)를 미리 준비하도록 지시했어야 하고, 승조원 각 개인에게 명확한 임무를 부여했어야 한다. 특히 대원들을 3~4개조로 나누어 도착과 동시에 선내에 진입시켜 최단 시간 내 구조 효율을 높였어야 한다. 일부는 여객안내실과 조타실로 올라가서 탈출 방송을 하고, 일부는 여객 좌현 쪽 갑판으로 올라가서 출입문을 열거나 유리창을 깨고 선내에 진입하여 승객들을 동시에 퇴선시킬 수 있는 준비를 했어야 한 것이다.[16]

이동과정에서 123정에게 요구된 의무는 511호 헬기 등에게도 똑같이 적용된다. 세월호 침몰 당일 오전 9시 37분경 출동했던 전남 119의 소방헬기 1호기 기장 신화철은 침몰 현장으로 이동하는 과정에서 구조사 두 명(최나곤, 양창민)에게 잠수복을 착용할 것을 지시한 뒤, 구조사에게 다음과 같은 사항을 교육했다고 한다.

---

15 진교중,『진술조서』, 광주지방검찰청, 2014.8.4, 8쪽; 이은방,『진술조서』, 광주지방검찰청, 2014.8.7, 13쪽.

16 심동보,『진술조서』, 광주지방검찰청, 2014.8.7, 9쪽.

- 망치 등을 이용해 선박의 강화유리 깨는 방법 설명
- 선상에서 승객을 구조할 경우 응급환자, 노약자, 어린이 순으로 구조할 것을 지시[17]

당연히 511호 헬기를 비롯한 해경의 헬기들도 승객구조를 위해 출동한 것이 틀림없다면, 이동과정에서 세월호와 상황실 및 출동 중인 함정 등과 교신을 설정하여 정확한 선내 정보를 파악한 뒤, 이것을 바탕으로 구체적인 구조계획을 수립했어야 한다. 항공구조사에게도 상황에 맞는 임무를 부여했어야 한다. 그것이 어려운 경우, 최소 전남 119의 소방헬기 1호기와 똑같은 수준의 지시사항 정도를 항공구조사에게 전달한 후에 구조작업에 투입했어야 한다.

도착 및 구조과정에서의 문제점

불가피한 이유로 출동 함정이 이동과정에서 세월호 선내상황을 정확하게 파악하지 못한 채 침몰 현장에 도착했다면, 도착 즉시 조난 선박과 교신을 설정하던지, 아니면 직접 선원의 신원을 확보하여 세월호 선내상황을 파악한 후 구조를 진행했어야 한다.

특히 조난 선박의 선원들이 승객들에게 조치한 상황을 명확하게 파악했어야 한다. '탈출방법을 알렸는지, 부상자와 사망자는 없는지, 승객들이 어디에 대피해 있는지' 등을 확인하고, 아직 승객들이 선내에 대기하고 있다면 모두 갑판으로 나오도록 조치했어야 하는 것이다.[18] 세월호 침몰 당일에는 511호 헬기가 먼저 침몰 현장 도착해서 상황을 파악했으므로, 헬기와

---

17 신화철, 『진술조서』, 광주지방검찰청, 2014.6.3, 7쪽.
18 심동보, 『진술조서』, 광주지방검찰청, 2014.8.7, 7쪽.

교신을 설정하여 그들이 파악한 정보를 청취할 수 있었다.

세월호 침몰 현장에 가장 먼저 출동한 서해청 소속 511호 헬기가 침몰 현장에 도착했을 때 세월호는 좌현으로 45도 정도 기울어져 있었고, 승객들은 갑판과 바다 위에 단 한 명도 탈출하지 못한 상태였다.

511호 헬기 부기장 김태호는 이 상황을 TRS 채널 52번으로 보고했다. 하지만 해경 수뇌부와 상황실 근무자들, 심지어 123정 김경일마저도 이 교신을 심각하게 여기지 않았다. 이것이 실패한 구조작업과 연결되었다.

> 김태호 : 배 우측으로 기울어져 있고 지금 대부분 선상, 선상과 배 안에 있음
> 남자 : 밖으로 나와 있는 사람 몇 명이야?
> 김태호 : 해상에는 지금 인원이 없고 인원들이 전부 ** 있음.
> 남자 : 완료. 수신완료[19]

511호 헬기 부기장 김태호의 보고에 대하여 상대방 누군가는 "완료. 수신 완료"라는 대답은 있었으므로 보고 자체에 하자가 있었다고 비난할 수는 없다.[20] 다만 511호 헬기가 OSC는 아니라 하더라도, 침몰 현장에 가장 먼저 도착한 구조세력이므로 그때까지 파악된 정보를 123정 정장 김경일과 공유하는 절차는 있어야 했다. 더 나아가 이동과정에서 해경의 구조세력 출동 현황을 파악했다면, 수뇌부와 상황실 근무자의 추가 지원 여부를 빨리 판단하여 이를 상황실에 전달했어야 옳았다.

이 시간까지 목포해양경찰서의 122구조대와 서해지방해양경찰청 소속 특공대가 출동하지 않은 상태였고,[21] 해군 제3함대 링스헬기 및 군산항공

---

19 속기법인 대한, 『녹취서(4·16 세월호참사관련 해경 TRS 녹취록)』, 2016.4.5, 24~25쪽.
20 다만 교신의 상대방을 확정하지 못한 것은 검찰의 잘못된 수사의 결과가 분명하다.
21 122구조대 출동 시간의 경우 논란은 있으나, 필자의 연구결과에 의하면 이 시각 122

대 502호 헬기 또한 출동하지 않았던 상태였다. 즉시 지원을 상황실에 요청했으면 이들이 더 빨리 출동할 수도 있었을 것이다.

선내진입과 퇴선 명령

123정이 세월호 침몰 현장에 도착했을 때 세월호는 좌현으로 약 45도 정도 기울어져 급속도로 침몰하고 있었다.

오전 9시 44분 8초경 123정 정장 김경일은 세월호 선내에 다수 승객이 대기하고 있던 사실을 분명히 알고 있었다. 그는 TRS 채널 52번으로 "현재 승선객이 안에 있는데 배가 기울어 가지고 현재 못 나오고 있답니다. 그래서 일단 **시켜 가지고 안전 유도하게끔 유도하겠습니다. 이상"이라고 교신했기 때문이다.[22]

이때 김경일은 '신속하게 승객들을 갑판 위로 나오게 하거나 구명조끼를 입은 상태로 바다에 뛰어들게' 하는 조치를 취했어야 한다. 즉, 세월호 선장 또는 선원과 교신하여 선내 승객이 객실 밖으로 나와 갑판 등으로 대피하도록 조치하거나, 최악의 경우 대원들을 선내 객실로 분산시켜 육성으로라도 즉시 퇴선하라고 소리쳤어야 한다.[23]

그는 123정에 구비된 마이크, 메가폰 등 각종 방송 장비를 이용하여 세월호 선내 승객들에게 객실 밖으로 빨리 나오라는 대공 퇴선 방송을 실시하지 않았다. 또한 헬기와 교신하여 세월호 우현 쪽에 있던 항공구조사들에게 선내 진입을 명하여 승객들을 탈출시키지도 않았다.

또한 당시 경사 이형래는 선수 쪽 사람들을 구조하기 위하여 세월호 침

구조대는 목포해경 전용부두에서 출동을 준비하고 있었던 것으로 판단된다.
22 속기법인 대한, 『녹취서(4 · 16 세월호참사 관련 해경 TRS 녹취록)』, 2016.4.5, 35쪽.
23 심동보, 『진술조서』, 광주지방검찰청, 2014.8.7, 12쪽.

몰 당일 오전 9시 43분 44초경, 세월호 3층 안내데스크 앞 난간에서 승선하여, 정확하게 1분 27초 후인 9시 45분 11초경, 5층 조타실 앞에 도착하여 구명벌(life raft) 2개를 터트렸다. 이형래가 좌현 3층 난간으로 세월호에 올라갔던 곳의 직선거리 2.9m 지점에는 여객안내실 안내데스크로 통하는 출입문이 설치되어 있었다. 당시 출입문은 [그림3-2]와 같이 개방되어 있었다. 만약 이형래가 이 시간 5층 조타실 앞으로 향하지 않고, 여객안내실에 진입하여 퇴선 방송만 진행했다면 모든 승객을 구조하는데 장애요소는 없었다.

실제로 가천대학교 박형주 교수의 연구결과에 따르면, 이때 구조대원이 선내에 진입하여 퇴선 명령만 내렸다면, '6분 17초 만에 전원 탈출할 수 있었다'고 한다. 전 해난구조대 대장 진교중도 '6분 17초가 아니라 3~4분 정도면 전부 탈출이 가능했다'고 진술했다.[24]

그림 3-2. 열려 있었던 3층 여객안내실 입구 출입문

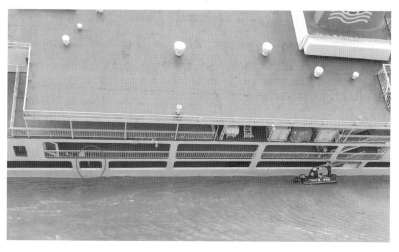

해경 촬영 동영상(09:41:18) 필자 화면 캡처.

---

24 진교중, 『진술조서』, 광주지방검찰청, 2014.8.4, 14쪽.

당시 세월호의 기울기는 수평으로 이동하는 것에는 전혀 문제가 없었으며, 놀이터의 미끄럼틀을 타고 밑으로 내려가는 듯한 이동은 충분히 가능했다. 그렇기 때문에 박형주 교수가 제시한 6분 17초란 시간이면 승객들이 충분히 탈출하고도 남을 시간이었다.

침몰 당시 세월호 선내 진입은 123정만이 해야 할 의무는 아니었다. 침몰 현장에 가장 먼저 도착한 서해지방해양경찰청 소속 511호 헬기 또한 세월호가 급격히 기울고 있다는 사실을 알고 있었다. 이들도 123정 정장 김경일에 앞서 항공구조사들에게 선내 진입을 지시할 의무가 있었다. 특히 항공구조사의 경우, 123정과 달리 세월호 우측에서 조타실로 직접 진입했다면 쉽게 선내에 진입할 수 있었다. 당연히 세월호 우현 5층 조타실로 진입하여 선내 방송으로 승객들에게 탈출을 알렸어야 한다.

조사과정에서 헬기 관계자들은 모두 '세월호에 많은 승객이 구조를 기다리고 있다'는 사실을 모른 상태에서 출동했으며, "승객들이 밖으로 나오지 않고 안에서 대기하고 있는 것을 알았다면 수단과 방법을 가리지 않고 세월호 선내로 들어가서 승객들을 밖으로 나오도록 했을 것"[25], 만약 선내 진입 지시를 받았다면 진입을 시도했을 것[26]"이라고 진술했다.

하지만 여객선은 다중이 이용하는 선박이므로 당연히 많은 사람이 탑승해 있는 것으로 인식해야 하고, 선내 진입 여부는 해경 수뇌부와 상황실 근무자들의 지휘 사항이 아니라, 현장에 있는 지휘관이 현지 상황을 고려하여 판단할 문제였다. 511호 헬기 기장 양회철이 판단할 문제였던 것이다. 따라서 항공구조사에게 선내 진입지시를 하지 않은 것은 반드시 책임져야 할 중대한 실책에 해당한다.

광주소방학교 교수요원으로 근무하고 있는 소방경 황인은 세월호 침몰 당일 해경이 진행했던 구조행위를 다음과 같이 평가했다.

25 양회철, 『진술조서』, 광주지방검찰청, 2014.6.7, 17쪽.
26 박훈식, 『진술조서』, 광주지방검찰청, 2014.7.22, 14~15쪽.

검 사 : 지금까지 123정이 세월호 침몰사고 구조현장에서 구조한 상황에 대해 진술을 하였는데 이에 대해 어떻게 생각하시나요.

황 인 : 이건 구조를 하러 간 것이 아니라 거의 취재를 하러 가거나 구경을 하러 간 정도로 밖에 보이지 않습니다. 아니면 이 사람들이 무엇을 해야 할지 아무런 생각이 없었던 것 같습니다. 최소한 해야 할 기본적인 조치가 이루어지지 않아서 많은 생명이 목숨을 잃은 것 같아 안타깝습니다.[27]

소방경 황인은 123정 정장 김경일의 잘못된 구조를 비판하기 위하여 이와 같은 진술을 했다. 하지만 세월호 침몰 당일 실제 상황은 해경 지휘부와 상황실 근무자의 '부적정한 지휘행위 및 부작위'가 잘못된 상황을 초래했다고 보는 것이 옳다. 그러므로 소방경 황인이 지적한 비판의 화살은 수뇌부와 상황실 근무자들에게 향해야 한다.

세월호 침몰 당일 해경의 수뇌부와 상황실 근무자들이 구조상황을 지배하지 못할 상황은 아니었다. 서해지방해양경찰청 상황실 한 곳만 놓고 보더라도, 함정·항공기·특공대 등을 동원하고 지휘할 수 있는 충분한 인력이 배치되어 있었고, 해군 제3함대 등 유관기관과 협조하여 구조를 진행할 수 있는 시스템이 구축되어 있었다.

만약 그들이 긴박한 상황을 정확히 파악해서 합리적이고 공격적인 구조작업만 지휘했다면, 적어도 대형 참사는 피할 수 있었다. 하지만 해양경찰청은 상황실에서 123정이 확인할 수도 없는 문자시스템으로 다음과 같이 구조를 지휘했다.[28]

---

27 황인, 『진술조서』, 광주지방검찰청, 2014.8.7, 16쪽.

28 필자는 '해경 수뇌부와 상황실 근무자들이 세월호 침몰 당시 정말 문자상황시스템을 이용하여 구조상황을 지휘'했는지 의심하고 있다. 그 이유는 지휘자가 상황 요원의 손가락을 이용하여 지시내용을 전달하는 것보다는, TRS 수신기를 들고 직접 대화로 지휘하는 '확실히 신속하고 효율적'인 방법이 있는데, 굳이 문자상황시스템을 이용하여 구조상황을 지휘했던 상황을 이해하지 어렵기 때문이다. 하지만 문자상황시스템의 경우 행위자가 불순한 의도를 가지고 충분히 조작할 수 있는 시스템이고, 해경이

- 09:22 여객 및 선원 구명동의 착용 지시(본청 문자 대화방)
- 09:35 목포 현장 주변 도서지역 어선 총 출동 지원 지시(본청 문자 대화방)
- 09:36 123정 영상시스템 작동 지시(본청 문자 대화방)
- 09:37 목포서장 현장복귀 지휘 지시(본청 문자 대화방)
- 09:38 123정 비디오 컨퍼런스 작동 지시(본청 문자 대화방)
- 09:44 현장 상황 판단 선장과 통화 라이프레프트 등 이용 탈출 권고(본청 문자 대화방)
- 09:45 현장 출동함정 여객선 라이프래프트 및 구명벌 투하하라고 지시할 것 지시 (본청 문자 대화방)
- 09:50 경찰관이 직접 승선하여 현장 조치할 것 지시(본청 문자 대화방)

세월호 침몰 당일 해경의 수뇌부와 상황실 근무자들에게 기대되는 역할은 '심포니 오케스트라 (symphony orchestra)' 지휘자의 역할과 똑같다 할 것이다. 그들은 침몰 현장으로 출동하고 있는 구조세력과 같은 수준의 구조의무를 넘어 더 높은 차원의 구조의무를 부담하고 있었다. 해경의 수뇌부와 상황실은 세월호의 정확한 선내상황을 파악하여 구조계획을 수립하고, 이것을 출동 중인 구조 세력에게 알려주어 그들이 침몰 현장에 도착했을 때 지체하지 않고 구조작업을 진행하도록 지휘했어야 하는 것이다.

또한, 구조작업이 진행될 당시 문제점과 부족한 부분을 확인하고, 누락된 것은 없는지 점검하여 잘못된 부분을 시정조치 했어야 한다. 그러나 세월호 침몰 당일 해양경찰청장 김석균을 비롯한 지휘부와 각급 상황실 근무자들은 그들에게 요구된 의무를 단 1%도 이행하지 않았다. 아니 시도 자체를 하지 않았다.

사후에 자신들의 잘못된 구조행위를 보충하기 위하여 수정했을 가능성이 있다는 점을 감안하면, 필자가 위에서 나열한 예시들은 세월호 침몰 당일에는 실제로는 없었던 지휘행위일 가능성이 높다.

따라서 세월호 침몰 당일 구조의 실패는 수뇌부와 상황실 근무자들의 구조 지휘의 실패이며, 궁극적인 참사의 책임은 지휘를 잘못한 수뇌부와 상황실 근무자들에게 있다.

　　지금까지 검찰과 법원은 오직 123정 정장 김경일의 구조행위의 적정성만 논의했을 뿐, 해경 수뇌부와 상황실 근무자들 행위의 적정성에 대해서는 논의한 사실이 없다.

자료목록

1) 김재전, 『진술서』, 광주지방검찰청, 2014.6.7

2) 박훈식, 『진술조서』, 광주지방검찰청, 2014.7.22

3) 신화철, 『진술조서』, 광주지방검찰청, 2014.6.3

4) 심동보, 『진술조서』, 광주지방검찰청, 2014.8.7

5) 양회철, 『진술조서』, 광주지방검찰청, 2014.6.7

6) 이은방, 『진술조서』, 광주지방검찰청, 2014.8.7

7) 진교중, 『진술조서』, 광주지방검찰청, 2014.8.4

8) 황인, 『진술조서』, 광주지방검찰청, 2014.8.7

9) 국회, 『2014년도 국정감사 법제사법위원회 회의록』, 국회사무처, 2014.10.20

10) 속기법인 대한, 『녹취서』(4·16세월호 참사 관련 해경 TRS 녹취록), 2016.4.5

2.
배가 너무 기울어
선내에 진입할 수 없었다는 거짓말

세월호 침몰 당일 기상 등 구조 환경과 투입된 구조세력의 규모를 감안하면, 해경이 세월호 선내에서 구조를 기다리던 승객들에게 탈출 메시지마저 전달하지 못할 상황은 전혀 아니었다.

전 해군제독 심동보는 123정 승조원들이 승객들에게 퇴선의 메시지를 전달하기 위하여 다양한 방법들을 동원할 수 있었다고 평가했다.

- 해경 함정 선교 위 마스터에 설치된 고성능 대공 마이크를 이용하여 퇴선방송을 실시하는 방법
- 침몰 해역 도착 즉시 함정을 세월호 선체에 접안하여, 세월호 선내로 123정 대원들을 진입시켜 퇴선을 유도하는 방법 (1팀은 조타실, 1팀은 여객안내실로 진입시켜 직접 선내방송을 하는 방법)
- 도주 선원 2등 항해사 김영호가 소지하고 있던 무전기를 이용하여, 여객안내실 강혜성에게 탈출 방송을 하도록 하는 방법
- 헬기와 교신을 설정하여 헬기에 있는 구조대원들을 세월호 우현쪽으로 진입시켜 탈출을 유도하는 방법[29]

---

29 심동보, 『진술조서』, 광주지방검찰청, 2014.8.7, 13쪽.

문제는 출동한 해경이 당연하게 요구된 행위들을 시도조차 하지 않았다는 점이다. 세월호 침몰 당시 구조과정에서 보여준 그들의 행동과 구조 결과만을 놓고 본다면, 오히려 저들이 '선원만을 구조하기 위해 출동하지 않았나' 하는 의심마저 들게 한다.

실제로 세월호 침몰 당시 123정 정장 김경일은 승객 구조를 위한 어떤 방법도 실행하지 않았으며, 오히려 도착 즉시 헬기와 함정, 고무보트를 이용해 도주 선원들을 구조하는데 시간과 노력을 집중했다.

실제로 511호 헬기가 최초로 구조했던 사람은 일반 탑승객이 아니라 청해진 해운 소속 조리원 김종임과 조리장 최찬열이었다. 123정 또는 고무보트가 가장 먼저 구조한 사람도 승객이 아니라 조타실 및 기관부 도주 선원들이었다. 이후 그들은 적극적인 구조행위 없이 세월호 선내에서 자력으로 탈출한 승객들만 123정으로 옮겨 태우는 방식으로, 매우 소극적인 구조작전을 전개했다.

세월호 선내에 진입할 방법이 정말 없었을까?

해경의 도움으로 선장과 선원들의 도주가 완료된 상황에서, 그래도 해경이 승객을 구조할 의사가 조금이라도 있었다면, 세월호 선내 진입은 선택이 아닌 필수였다. 쟁점은 헬기와 함정이 침몰 현장에 도착했을 때, 현실적으로 선내 진입이 가능한 방법이 있었는가 하는 점이다.

구조작전에 투입된 해경들은 세월호의 급격한 경사를 핑계로 선내 진입이 불가능했다고 주장했다. 반면 대다수 구조 전문가들은 당시 충분히 세월호 선내에 진입할 수 있었다고 분석했다. 특히 전 해군제독 심동보는 '파도가 잔잔했다는 점, 현측 높이가 낮아서 세월호가 좌현으로 기울어 바다로 닿아 있었기 때문에 선내 진입과 퇴선이 오히려 용이했다'고 판단했

다. 그는 해경의 소극적인 구조작전을 다음과 같이 비판했다.[30]

> 검　사 : 123정 소속 고무단정이 세월호 갑판에 나와 있는 사람들만 구
> 　　　　조한 것은 적절한 조치인가요.
>
> 심동보 : 아닙니다. 굉장히 소극적인 구조 활동입니다. 제가 봤을 때는
> 　　　　구조 시늉만 한 것 같습니다. 오히려 세월호 선내에 진입하여
> 　　　　적극적으로 퇴선유도 조치를 하는 것이 당연한 방법입니다. 3
> 　　　　층 INFORMATION이 설치되어 있어 안내방송도 가능합니다.
> 　　　　그리고 저는 언론에서 선원들을 구조할 당시 사진만 봤는데 그
> 　　　　당시에도 선내진입이 가능하다고 생각했는데 이 사진은 이번
> 　　　　검찰 조사를 받으면서 처음 보는데, 이 사진을 보면 선내진입
> 　　　　이 굉장히 용이한 상태라고 판단됩니다.[31]

그는 해경이 '소극적인 구조 활동' 차원을 넘어 '구조 시늉'만 했다고 평
가했다.[32]

또한 전문가들은 123정이 침몰 현장에 도착했을 당시 선내진입이 불가
능하지도 않았지만, 불가능했더라도 아래와 같은 방법들을 활용하면 극한
상황에서도 충분히 선내진입이 가능했다는 일치된 의견을 제시했다.

1) 보트후크[33] 및 사주묘[34]를 이용하는 방법

세월호 침몰 당시 경사 이형래는 3층 안내데스크 앞 난간을 넘어서 5층

---

30 심동보, 『진술조서』, 광주지방검찰청, 2014.8.7, 18쪽.

31 심동보, 『진술조서』, 광주지방검찰청, 2014.8.7, 17쪽.

32 123정이 조타실 도주선원을 구조하는 것처럼 사고현장에 도착한 직후 함정을 세월호
에 접안하여 선내에 진입했다면 '기울기'는 논할 필요가 없었다.

33 보트후크는 해상 오염 시 방제 활동을 할 경우 유흡착포를 바다에 투하하고, 유흡착
포를 수거하는 용도로 사용하기도 하지만, 바다에 빠진 익수자를 현측으로 유도하기
위해 익수자가 잡고 있는 구명환이나 구명볼에 있는 줄을 끼워서 끌고 와서 줄사다리
쪽으로 이동시킨 다음 함정으로 인양할 때 사용하는 도구로, 길이가 약 3m 정도 된다.

34 홀치기 낚시처럼 생겨서 줄을 던지면 선체 돌출부에 걸리도록 되어있는 도구로서,
모든 선박에 필수로 비치되도록 되어 있다.

조타실 앞까지 이동했다. 하지만 공교롭게도 그가 처음 올라간 곳에서 약 2.9m 앞 직선거리에는 여객안내실 안내데스크로 향하는 출입문이 열려있었다. 그곳에는 많은 승객이 해경의 구조를 기다리고 있는 상태였다.

검찰은 수사과정에서 이형래에게 '왜 보트후크 등을 이용하여 여객안내실로 들어가서 안내방송을 하지 않았는지'를 추궁했다. 그는 정장의 지시가 없었다는 점을 강조하면서 "당시 경사가 가파른 상황에서 진술인이 있던 장소와 객실까지 약 3미터 떨어져 있어, 그쪽까지 이동하는 것이 불가능해서 하지 못한 것"이라고 진술했다.

또한 123정의 다수 승조원들은 "보트후크 끝부분 고리가 사람의 몸을 지탱할 만큼 강하지 않고, 원래 용도도 가벼운 물체를 끌고 올 때 사용하는 것이라 그것을 걸어서 타고 올라가는 것은 불가능하다"고 진술했다.[35]

그러나 많은 구조 전문가들은 반대 의견을 제시했다. 123정 부장 김종인(경위)도 검찰의 수사과정에서 '보트후크'를 이용해 선내 진입을 하는 것에 대하여 부정적인 진술을 하긴 했지만, 전체적으로 보트후크를 이용한 선내 진입 방법이 유효했다는 것을 인정했다.

검　사 : 진술인은 보트후크를 사용하여 어느 정도 무게의 물체를 끌어 보았는가요.

김종인 : 대부분 사람이 타고 있는 보트를 끌더라도 줄에 걸어서 끌었기 때문에 어느 정도 무게까지 끌었는지는 잘 모르겠습니다.

검　사 : 보트후크의 길이는 어느 정도 되는가요.

김종인 : 약 3미터 정도 됩니다.

검　사 : 진술인은 보트후크가 가벼운 물체를 끌고 올 때 사용하는 것이라고 주장하지만 그 명칭과 같이 보트후크로 무거운 보트를 끌고 올 수 있을 정도라면 당연히 보트후크를 배에 걸고 그것을 붙잡고 선내에 진입하는 것도 가능한 것으로 보여지는데 어떠한가요.

---

35 김종인, 『진술조서(2회)』, 광주지방검찰청, 2014.7.10, 15쪽.

김종인 : (작은 목소리로) 예.[36]

다수 123정 승조원들은 '보트후크를 어디에 걸어서 올라가는데 사용할 생각을 안 해 봤다'[37], '그날 구조에 보트후크를 사용하는 것을 미처 생각하지 못했다'고 변명하였다. 하지만 해경은 세월호 침몰 당일 오전 11시 8분경, 고(故) 정차웅 군을 병원으로 후송하는 과정에서 보트후크를 사용한 것으로 확인됐다([그림 3-3] 참조). 따라서 정작 승객구조에 필요한 시점에서 유용한 도구를 사용하지 않은 것은 의문일 수밖에 없다.

그림 3-3. 세월호 침몰 당일 123정 승조원들이 보트후크를 사용하고 있는 모습

세월호 침몰 당일 123정 촬영 동영상(11:08:17) 필자 화면 캡처.

---

36 김종인, 『진술조서(2회)』, 광주지방검찰청, 2014.7.10, 14쪽.
37 박은성, 『진술조서(2회)』, 광주지방검찰청, 2014.7.14, 11쪽.

세월호 침몰 당시 해경의 선내 진입과 관련된 문제는 물리적 장애요소의 문제가 아니라 해경의 진입 의지에 달려 있었다. 필자의 실측 결과에 따르면 이형래에게 진입이 요구된 여객안내실 출입구에서 난간까지의 거리는 고작 2.9m에 불과했다. 이 정도의 거리는 보트후크를 활용하지 않는다 하더라도 충분히 극복할 수 있었다. 최악의 경우 해경 2명이 동시에 3층 난간을 넘어 한 명이 다른 한 명을 목마를 태우는 방법이라도 썼다면, 충분히 여객안내실 출입문을 통과할 수 있었기 때문이다.[38]

2) 헬기의 레펠을 이용하여 선내에 진입하는 방법

세월호 침몰 당일 선내 진입이 가장 용이했던 구조세력은 서해지방해양경찰청 소속 511호 헬기에 탑승했던 항공구조사였다.

511호 헬기가 침몰 현장에 도착했을 당시 세월호의 기울기는 비교적 완만했다. 항공구조대원들이 우현 쪽에서 선내 진입을 시도만 했었다면 쉽게 성공할 수 있었다. 세월호 조타실은 5층 선수에 있었고, 구조를 전문으로 하는 해양경찰이라면 쉽게 조타실의 위치를 파악할 수 있었다.

세월호 5층 조타실에는 방송 장비 및 인터폰이 설치되어 있었고, 5층 선원 객실에도 모두 인터폰이 설치되어 있었다. 조타실 선원들이 오전 9시 47분경까지 모두 조타실에 대기하고 있었으므로, 항공구조사가 조타실에 진입만 했다면 방송시설 또는 인터폰 "0"번을 이용해 탈출을 위한 선내방송을 충분히 할 수 있는 상황이었다.

하지만 9시 25분경 침몰 현장에 도착한 511호 헬기는 "배 우측으로 기울어져 있고 지금 대부분 선상, 선상과 배 안에 있음"이란 내용의 도착보고를 TRS 채널 52번으로 완료한 후 우현 쪽으로 탈출한 승객들만 구조하

---

38 진교중, 『진술조서』, 광주지방검찰청, 2014.8.4, 14쪽.

여 서거차도로 이동시켰다. 이 방법만으로는 대형참사를 막기에 역부족이었다.

511호 헬기 기장 양회철은 헬기에서 선내 진입이 가능했다는 사실을 부정하지 않았다. 다만 그는 "제가 정확한 지점만 지시를 받았다면 헬기를 3층이든 4층이든 안내방송 할 수 있는 부분에 접근시켜 대원들을 내려줄 수 있었습니다"라고 인정하면서도 "당시 방송이 필요한 상황이라는 것을 지시만 받았다면 그렇게 했을 것입니다"라고 책임을 다른 구조 세력에게 전가했다.[39]

해경은 승객을 구조할 의사가 없었다

세월호 침몰 초기 해경의 구조행위와 관련해 언론에서 가장 많이 논란이 된 소재 중 하나가 "선내 진입 가능성" 여부였다.

해경은 이 문제와 관련하여 '세월호 국조특위'에서 위증을 하지 않겠다고 선서를 했음에도 '가파른 경사 때문에 선내 진입은 불가능했다'고 진술했다. 하지만 세월호 침몰 당시 경사 이형래와 경장 박상욱이 선내 진입을 한 사실이 있었고, 탈출에 성공한 세월호 생존 탑승객 상당수가 좌현에서 우현으로 이동한 점을 감안하면, 해경은 거짓 진술을 한 것이 분명하다. 이점은 더 이상 논쟁의 대상이 될 수 없다.

좀 더 구체적으로 당시 진입상황을 재구성해보자. 경사 이형래는 오전 9시 43분 44초경 세월호 3층 안내데스크 앞 난간에서 승선하여 정확하게 1분 27초 후인 9시 45분 11초경, 5층 조타실 앞에 도착하여 구명벌 2개를 터트렸다.

---

39 양회철, 『진술조서 (2회, 박훈식,김재현,류규석)』, 광주지방검찰청, 2014.7.22, 14쪽.

이형래는 세월호에 올라가기 위하여 9시 43분 15초경 경장 김용기가 조종하는 고무 단정에 탑승하여 세월호에 접안했지만, 물살에 밀려 세월호에 올라가지 못했다. 그는 바다에 빠진 기관부 선원 박성용과 오렌지맨 김규찬 등 2명과 승객 3명을 구조하여 123정으로 돌아왔다가 다시 출동하여, 세월호 3층 안내데스크 난간 앞으로 올라갔다.

3층 안내실 앞 난간에서 그는 기관부 선원들이 도주한 선미 쪽으로 수평 이동하여, 그곳에 설치된 계단을 타고 5층으로 올라간 후, 조타실 앞 구명벌이 있는 곳까지 수평 및 수직 이동했다([그림3-4] 참조).

5층 조타실 앞까지 이동한 그는 난간 쪽에 설치된 구명벌을 투하하려고 시도했지만 실패했다. 구명벌 줄을 끝까지 당겨서 안에 있는 핀을 뽑아야 구명벌이 터지는데, 구명벌을 잡고 있는 핀이 뽑히지 않았기 때문이다. 그는 조타실 인근 선수 쪽으로 자리를 옮겨 구명벌 두 개를 투하하는 데 겨우 성공했다.[40]

그림 3-4. 경사 이형래 세월호 승선시 이동 경로

123정 촬영 동영상 필자 화면캡처.

---

40 이형래, 2014.7.14, 『진술조서(제2회)』, 광주지방검찰청, 15~16쪽.

여기서 하나의 의문은 이형래가 123정에 설치된 20인승 구명벌을 투하해도 되는데, 왜 힘들게 세월호에 승선하여 조타실 앞에 있는 구명벌을 투하했는가 하는 점이다.

그는 9시 35분경 첫 번째 고무보트가 출발한 직후, 조타실로 가서 정장 김경일에게 다음과 같은 이야기를 했다고 한다.

> 검　사 : 단정을 타고 갈 때 정장, 부장으로부터 어떤 지시를 받은 것이 있는가요.
>
> 이형래 : 제가 단정을 타기 전에 조타실에 가서 정장님에게 "구명벌을 터뜨려서 선수 쪽 사람들을 구조해 보겠다"고 했더니 정장님이 "가능하겠냐"고 물어서 "어떻게든 해보겠다"고 하였고 정장님이 "그럼 한번 해봐라"고 하여 바로 단정에 올라탔습니다.
>
> 검　사 : 진술인이 구명벌을 터뜨리겠다는 생각을 한 이유는 무엇인가요.
>
> 이형래 : 선수 쪽에 사람들이 구조 요청하는 것을 123정 갑판 상에서 봤기 때문에 선수 가까이에 있는 구명벌을 터뜨리면 선수 쪽 사람들을 구출할 수 있겠다는 생각이 들었습니다.[41]

그는 "선수 쪽에 있던 사람들(조타실 도주선원)이 구조 요청하는 것을 123정 갑판에서 봤기 때문에" 이들을 구조하기 위하여 세월호 승선을 결심했고, 123정 정장 김경일에게 보고한 후 세월호에 올라갔다고 진술했다. 또한 그는 "선미 쪽에는 계속해서 사람들이 나오고 있었기 때문에 탈출로가 마련되어 있다고 생각했고, 선수 쪽은 사람들이 있기는 했지만 구조 세력이 가까이 없었기 때문에 빨리 구명벌을 펼쳐줘야겠다는 생각에 구명벌 쪽으로 가는 데만 정신을 집중했다"고 말했다.[42]

하지만 그가 김경일에게 '세월호 승선 의사'를 보고한 9시 38분경, 조타실 선원들은 조타실 밖에서 구조요청을 하지 않았다. 해경이 촬영한 동영

---

41 이형래, 『진술조서』, 광주지방검찰청, 2014.6.4, 22~23쪽.
42 위와 같음, 24쪽.

상에 따르면, 그가 최초 고무단정에 탑승한 시점까지 조타실 선원들은 좌현 윙브릿지에서 구조요청을 하지 않았다([그림3-5] 참조).

더구나 조타실 안에서 도주 선원들이 구조요청 하는 모습을 123정 선상에 있던 이형래는 물리적으로 발견할 수가 없다. 또한 그가 고무단정을 타고 출발한 시점인 9시 40분 3초경에도 세월호 조타실 선원들은 조타실 밖에서 구조를 요청하지 않았던 것으로 추정된다.

그림 3-5. 고무단정 1회차 출동
(조타실 옆 윙브릿지에서 구조를 요청하는 사람이 없음)

해경 123정 촬영 동영상(09:38:33) 필자 화면 캡처.

조타실 선원들이 조타실 밖에서 구조요청 하는 모습은 9시 43분 25초경 동영상에서 비로소 발견된다([그림 3-6]). 따라서 이형래가 고무단정에 탑승하기 전 김경일에게 보고하는 시점에는 선수 쪽에서 구조요청 하는 사람을 논리적으로 전혀 볼 수 없었다. 선수 쪽 사람들 목격했다는 이형래와 김경일의 진술은 명백한 허위이다.

그림 3-6. 고무단정 3회차 출동
(이 당시에도 오직 한 사람만이 조타실 밖으로 나와 있다.)

해경 123정 촬영 동영상(09:43:25) 필자 화면 캡처.

반대로 이형래의 진술이 틀림없는 사실이라면, 123정 정장 김경일이 침몰 현장에 도착하기 전 VHF 등 별도 채널을 이용해 도주 선원들과 교신하고, 그 결과 및 특별한 임무를 경사 이형래에게 전달했을 것으로 추정된다. 그런 상황이 아니라면 이형래가 '선수쪽 사람들'을 논할 수 있는 상황이 연출되지 않기 때문이다.

특히 고무단정으로 가장 먼저 구조된 기관장 박기호는 123정 도착 즉시 조타실로 이동하여 자신이 세월호 선원임을 확실하게 밝히고, 긴박한 선내 상황을 전달했을 개연성이 높다.

123정 정장 김경일은 박기호의 상황보고를 받은 후, 9시 44분 8초경 "현재 승선객이, 승객이 안에 있는데 배가 기울어 가지고 현재 못 나오고 있답니다. 그래서 일단 **시켜가지고 안전 유도하게끔 유도하겠습니다. 이상."이란 TRS 교신을 했을 것으로 판단된다.[43]

김경일이 기관부 선원들로부터 정확한 세월호 선내 상황을 파악한 것이 틀림없다면, 이형래와 김용기에게 수정된 임무를 부여했어야 옳았다. 당시 두 사람은 TRS 단말기를 소지하고 있었고, 특히 이형래는 5층 조타실

---

43 속기법인 대한, 『녹취서(4 · 16 세월호참사 관련 해경 TRS 녹취록)』, 2016.4.5, 35쪽.

앞에서 구명벌을 터트리고 있었으므로 조타실에 진입하여 충분히 선내방송을 진행할 수 있었기 때문이다.

이형래는 선수 조타실 앞 구명벌을 터트렸지만, 불행하게도 그곳에서 탈출한 승객은 단 한 명도 존재하지 않았다. 그가 구명벌을 투하한 5층 조타실 앞에는 승객 탈출을 위한 피난 경로가 없었다. 이곳에 설치된 모든 구명벌이 정상적으로 투하되었더라도, 구조적으로 도주 선원들만 이용할 수 있었다.

따라서 이형래가 조타실 도주 선원 구조를 위해 위험을 무릅 쓰고 구명벌을 터트렸지만, 세월호가 급격히 기울자 해경은 123정을 세월호 선체에 직접 접안하여 선원들만 구조했던 것이다. 그 결과 이형래의 구조행위는 해석 불가능한 이상한 상황이 되어 버렸다.

경장 박상욱의 진술이 이러한 분석을 뒷받침한다.

> 검　사 : 세월호 사고현장에 도착한 후 10분이나 지난 다음 접안한 이유
> 　　　　는 무엇인가요.
> 박상욱 : 제가 나중에 들었는데요. 세월호 조타실 부근이 높고 123정의
> 　　　　선수 부근이 낮아 높이가 맞지 않아 나중에 접안했다고 했습니
> 　　　　다.
> 검　사 : 123정의 선수가 낮아 세월호 조타실에 접안할 수 없어 10분이
> 　　　　나 늦게 접안 했다는 것인가요.
> 박상욱 : 저는 모르고 정장이 판단할 문제였던 것 같습니다.[44]

당시 '높이가 맞지 않는다'는 의미는 조타실과 맞지 않는다는 의미일 뿐, 선미 부분의 3층과 4층은 123정이 접안할 경우 오히려 진입이 용이했을 것으로 판단된다.

이형래는 처음 세월호 여객안내실 입구가 있던 곳에 올라갔고, 당시 이

---

44 박상욱, 『진술조서(제2회)』, 광주지방검찰청, 2014.7.16, 27쪽.

곳의 출입문은 열려있는 상태였다. 단원고 생존여학생 김도연과 김주희의 진술에 따르면, 당시 구명보트는 1~2m 거리에 있었고, 발을 뻗으면 닿을 수 있는 위치까지 접안했다고 한다.

그리고 그 문 근처에 승객 10여 명(학생 7, 일반인 3)이 모두 구해달라고 소리를 질렀지만, 구명보트는 오히려 멀어져 갔다고 진술했다.[45] 거리와 관련한 생존여학생의 진술은 다소 과장되었을 것으로 추정되지만, 구명보트가 최대 5m 이내로 접근했던 것만은 틀림없는 사실이다. 이형래는 승객들의 외침을 듣고도 조타실 도주 선원들을 구조하기 위해 5층 조타실 앞으로 향했을 개연성이 높다.

경장 박상욱은 왜 조타실에 진입했을까?

해경이 세월호 조타실에서 도주한 선원들을 모두 구조했을 때, 123정 승조원 경장 박상욱은 갑자기 고무호스를 붙잡고 조타실에 진입했다.

당시 조타실에서 도주한 선원 중 필리핀 가수 부부를 제외한 나머지 인원들은 모두 내국인이었고, 필리핀 가수 부부 중 한 명은 의사소통이 가능했다. 박상욱이 '조타실에 잔류인원이 존재하는지' 여부 등 상세한 조타실 상황을 알고 싶었다면, 도주 선원들에게 직접 질문해도 됐다. 그런데 그는 긴급하고 위험한 상황에서 굳이 조타실에 진입했다.

그는 검찰의 수사과정에서 자신이 조타실에 올라간 이유를 다음과 같이 진술했다.

> 조타실 안에 더 구조해야 할 승객이 남아 있는지 확인하고, 승객에게
> 도움을 줄 수 있는 일을 하기 위해 올라갔습니다. 그런데 문턱에 걸터

---

45 김도연, 『자필진술서』, 광주지방검찰청, 2015.1.24, 1쪽.

앉아 보니 그 안에 더 이상 구조할 승객이 아무도 없었고, 그리고 경사가 저서 더 올라갈 수가 없어서 문턱에 걸터앉아 안을 둘러보고 나서 승객이 더 이상 없는 것을 확인하고 나서 밧줄 고리(홋줄)를 풀어 가지고 내려온 것입니다. 방송 장비가 보였으면 방송하려 했을 터인데, 방송 장비가 어디 있는지 보이지 않았고, 경사가 너무 저서 조타실 문 입구에서 더 이상 안으로 올라갈 수가 없는 상황이었습니다.[46]

검찰은 이 진술을 토대로 '123정과 세월호가 홋줄로 연결되어 있었기 때문에 홋줄을 풀지 않은 상태에서 세월호가 침몰하면 123정도 세월호와 함께 물속으로 빨려 들어갈 수도 있다'고 이해했다.

필자는 그가 긴박한 상황에서 승객을 구조할 목적 또는 홋줄을 풀 목적으로 조타실에 진입했다고 생각하지 않는다. 해경의 대응에 따라 수많은 승객의 생사가 결정되는 긴박한 구조현장에서, 해경이 홋줄의 금전적 가치를 중요하게 고려하지 않았다면, 123정에서 홋줄을 바다로 던져버리면 그만이었다.

실제로 123정에서 촬영한 동영상에 따르면, 박상욱이 조타실에 진입한 시간에 123정은 [그림3-7]과 같이 홋줄을 풀어주면서 후진하고 있었다. 그들이 홋줄에 연연하여 세월호 조타실에 들어갔던 것은 아니라는 얘기다.

또한 이후 9시 50분 21초경 촬영된 해경의 동영상에서 123정의 홋줄로 추정되는 밧줄이 세월호에 걸려 있는 것이 확인됐다. 따라서 박상욱이 홋줄을 풀기 위해 세월호 조타실에 진입했다는 검찰의 결론은 설득력이 떨어진다.[47]

---

46 박상욱, 『진술조서』, 광주지방검찰청, 2014.6.4, 19쪽.

47 검찰은 123정 승조원들을 조사하는 과정에서 '홋줄' 회수 여부는 조사하지 않았다. 다만 의경 박진태에게만 회수 여부를 확인했지만 정확한 진술을 하지 않았다. 박진태는 조타실에 설치했던 밧줄을 회수했는지 여부에 대해 나중에 해경 대원들로부터 들은 사실도 없다고 진술했다. 박진태, 『진술조서』, 광주지방검찰청, 2014.6.4, 12~13쪽.

그림 3-7. 박상욱의 조타실 진입 및 후진하는 123정

해경 촬영 동영상(09:49:44) 필자 화면 캡처.

경장 박상욱이 세월호 조타실에 진입했을 때 세월호 조타수 조준기는 다른 도주 선원과 같이 123정으로 탈출하지 않고 기울어진 세월호 바닥에 기대어 서 있었던 것으로 관찰된다. 그리고 조타실에서 나온 박상욱은 자신이 입고 있던 구명조끼를 벗어 옆에 있던 조준기에게 입혀주고, 자신은 바닥에 떨어진 구명조끼를 착용한 후, 둘이서 껴안고 바닷물 속으로 뛰어들었다.

조타수 조준기가 123정으로 탈출하지 않고 박상욱을 기다린 이유와 박상욱이 조타실에 진입했던 이유를 검찰은 객관적으로 밝히지 못했다. 오직 '그날 바다'의 김지영 감독에 의해 박상욱이 조타실에서 '검은색 물체'를 가지고 나왔다는 의문만이 제기되어 있는 상태이다.

조타실 내부에는 '선박이 운항 중 흔들릴 때를 대비하여 잡는 용도'로 핸드레일이 설치되어 있었다. 윙브릿지에서 좌우로 흔들리는 고무호스를 붙잡고 조타실에 진입한 경장 박상욱에게는 벽에 고정된 핸드레일을 붙잡고 이동하는 것이 훨씬 유리했을 것으로 판단된다.

필자가 실측한 바에 따르면, 세월호 조타실 입구 출입문부터 탤레그램에 부착된 인터폰까지의 거리는 고작 5m에 불과하다. 만약 박상욱이 승객 탈출을 돕고 선내방송을 하기 위해 선내에 진입했다면, 핸드레일을 이용하여 선체의 경사를 극복하지 못할 상황은 전혀 아니었다. 하지만 박상욱은 '조타실 안에 구조할 승객이 없다는 사실을 육안으로 확인한 후, 더 이상 안으로 올라갈 상황이 아니어서 올라가지 못하고 내려왔다'고 진술했다.[48]

세월호 침몰 당시 승객구조를 위한 정답은 오직 "선내진입 및 퇴선방송"이 유일했다. 하지만 123정 정장 김경일은 '8인승 고무단정에 5~6명 내외의 승객을 하염없이 실어 나르는 방식'을 선택했고, 이 방식으로 476명의 생명을 구조하는 것에는 근본적인 한계가 있었다.

당시 세월호 주변에는 둘라에이스호, 드라곤에이스호 등의 상선과 다수 어선들이 이미 도착해 있었고, 10시가 넘어가면서 해군의 함정과 헬기들도 속속 도착했다. 최악의 경우 해경이 선내에 직접 진입하여 승객들에게 퇴선명령을 내리고 바닷물 속으로 뛰어들게 했더라면 대형참사만은 방지할 수 있었을 것이다.

검찰은 수사과정에서 이형래와 박상욱이 '선내에 진입하여 선내방송을 할 수 있었는지'를 조사했고, '선내진입과 선내방송 모두 가능했다'는 결론을 내렸다. 그런데도 이것에 대한 책임은 묻지 않았다.[49]

▨ 자료목록

1) 김기환, 『진술조서』, 광주지방검찰청, 2014.8.8

48 박상욱, 『진술조서』, 광주지방검찰청, 2014.6.4, 20쪽.
49 광주지방검찰청, 『수사보고 [이형래, 박상욱이 세월호에 진입하여 방송할 수 있었는지 여부 검토 결과 보고]』, 2014.7.15, 1~7쪽.

2) 김도연, 『자필진술서』, 광주지방검찰청 , 2015.1.24

3) 김종인, 『진술조서(2회)』,광주지방검찰청, 2014.7.10

4) 박상욱, 『진술조서』, 광주지방검찰청, 2014.6.4

5) 박상욱, 『진술조서(제2회)』, 광주지방검찰청, 2014.7.16

6) 박은성, 『진술조서(2회)』, 광주지방검찰청, 2014.7.14

7) 박진태, 『진술조서』, 광주지방검찰청, 2014.6.4

8) 심동보, 『진술조서』, 광주지방검찰청, 2014.8.7

9) 양회철, 『진술조서 (2회, 박훈식, 김재현, 류규석)』, 광주지방검찰청, 2014.7.22

10) 이형래, 『진술조서』,광주지방검찰청, 2014.6.4

11) 이형래, 『진술조서(제2회)』, 광주지방검찰청, 2014.7.14

12) 진교중, 『진술조서』, 광주지방검찰청, 2014.8.4

13) 광주지방검찰청, 2014.7.15,『수사보고 [이형래, 박상욱이 세월호에 진입하여 방송할 수 있었는지 여부 검토 결과 보고]』

14) 속기법인 대한, 『녹취서(4·16 세월호참사 관련 해경 TRS 녹취록)』, 2016.4.5

3.
해경은
구조선원의 신분확인을 하지 않았다

해경의 구조세력이 세월호 침몰해역에 도착한 순간, 해경은 침몰 현장을 장악하고 신속하고 효율적인 구조를 지휘할 의무가 있다.

해경은 조난선박의 인명구조와 관련한 전문적인 훈련을 받았으므로 선장과 선원보다 높은 전문성과 구조의무를 가지고 있는 조직이다. 따라서 해경은 침몰 현장 도착 즉시 선장과 선원들의 신원을 확보하여 그들이 정상적인 구조 활동에 참여할 수 있도록 지휘했어야 한다.[50]

해경은 선박사고 발생에 따른 구조작업을 진행할 때, 선박의 내부사정을 잘 알고 있는 선장이나 선원들을 구조 활동에 참여시켜, 신속하게 인명구조를 해야 한다. 따라서 침몰 현장으로 출동한 123정은 이동하는 과정에서 침몰 선박과 교신을 설정하여 선내 상황을 파악해야 한다. 불가피하게 이것을 하지 못했다면, 침몰 현장 도착 즉시 세월호와 교신을 설정하거나 선장과 선원의 신원을 확보하여, 정확한 상황부터 파악했어야 한다.

세월호 침몰 당시 출동했던 구조세력 함정과 헬기가, 가장 먼저 구조했

---

50 심동보, 『진술조서』, 광주지방검찰청, 2014.8.7, 13쪽.

던 사람들은 선장과 선원, 그리고 선사 직원들이었다. 생명에는 귀천이 없으므로 선원과 선사 직원을 먼저 구조한 행위 자체가 잘못된 것은 아니다. 문제는 승객과 승무원을 불문하고 해경은 먼저 구조한 사람들을 붙잡고 세월호 선내 상황을 파악했어야 한다는 것이다. 해경은 이것을 하지 않았다.

특히 선원이 먼저 구조되었음을 알았다면, 선원들에게 '현재 세월호 승객이 어디에 있는지, 사망자와 부상자는 없는지, 탈출명령을 하려면 어떻게 해야 하는지'를 물어보고, 이를 종합하여 승객들을 빨리 구조할 방안을 모색했어야 한다.[51][52]

하지만 (필자는 동의하지 않지만) 출동과정에서 더 많은 승객을 구조하기 위해 SSB로 어선들을 동원했다는 123정정장 김경일은 이동과정 및 침몰 현장 도착 직후 구조 관련 매뉴얼이 요구하는 그 어떤 의무도 이행하지 않았다. 선원들을 우선 구조한 후에는 오직 탈출 승객만 구조했다. 그 결과 SSB 및 VHF 교신을 듣고 침몰 현장에 집결한 많은 어선과 상선 등은 발만 동동 구르면서 세월호 침몰 현장을 지켜보기만 했다.

선원인 줄 몰랐다는 해경의 변명

세월호 침몰 현장에 가장 먼저 도착했던 함정 123정 정장 김경일은 승객구조를 위해 단정을 내린 9시 37분경, 본청 상황실 요원 김남진과 다음과 같은 전화 통화(2342번)를 했다.

> 김남진 : 여기 본청인데요. 지금 현장 상황을 빨리 보고 좀 해주세요. 그리고,
>
> 김경일 : 현재 지금 도착했는데요. 선원들이 하나도 안 보이고, 헬기가

---

51 김기환, 『진술조서』, 광주지방검찰청, 2014.8.8, 21~22쪽.
52 이은방, 『진술조서』, 광주지방검찰청, 2014.8.7, 6쪽.

여기 ** 계류할 수가 없네요. 여기 지금 상황이,

김남진 : 영상시스템 작동 안됩니까?

김경일 : 구명벌도 투하한 것도 없고, 구명벌 투하한 거 없는데, 현재 여기 사람이 안 보여 가지고요. 헬기 쪽으로 문의 한번 해 볼랍니다. 아마 선박 안에 있는가 봅니다.

김남진 : 아, 선원들 전혀 안 보여요.

김경일 : 예, 예. 지금 현재,

(후략)53

당시 상황은 통화 녹취록의54 내용대로 세월호 상공에는 서해지방해양경찰청 소속의 511호 헬기 및 제주지방해양경찰청 소속 513호 헬기가 우현 쪽에서 승객들을 구조하고 있었다. 하지만 [그림 3-8]과 같이 123정이 계류하고 있던 좌현 쪽에는 어떤 승객들도 밖으로 나와 있지 않은 상황이었다.

그림 3-8. 09:36:36경 세월호 모습
(좌현 쪽으로는 선원과 승객 아무도 나와 있지 않다.)

해경 09:36:11경 촬영 사진 필자 화면 캡처.

---

53 속기법인 대한,『녹취서(해양경찰청 경비전화 2342)』, 2016.4.19, 9~11쪽.

54 해경이 대외제공용으로 직접 작성했던 문제의 녹취록에는, '선원'이 아닌 '사람'으로 기록되어 있고, 통화의 상대방도 경비과장 여인태가 아닌 형사과장 순길태로 명시되어 있다. 이들의 속셈을 정확히 알 수는 없지만, 아마도 세월호 침몰 초기 해경의 잘못된 대응이 비난받는 상황에서, 주무과장이 '승객' 보다 '선원'을 먼저 찾았다는 비난을 예상하고, 의도적으로 '왜곡된 녹취록을 작성하지 않았나' 하는 의심을 하지 않을 수 없다.

이 통화에서 김경일은 왜 '선원이 하나도 보이지 않는다'고 보고했을까? 선원들이 당연히 나와 있어야 했는데, 나와 있지 않아서 놀랐던 것일까? 아니면 승객을 구조하기 위해서는 선원의 신원을 확보하여 그들과 협조해야 한다는 것을 알고 있었던 것일까?

그는 당황하고 경황이 없는 와중에도 "헬기 쪽에 물어보겠다"는 정답과 같은 통화를 했지만, 문제의 통화 이후 그는 선원을 찾지 않았고, 헬기와 교신도 진행하지 않았다. 하지만 중요한 것은 123정 정장 김경일이 승객 구조 작업을 시작하는 시점에서 선원의 역할의 중요성을 인식하고 있었던 것만은 틀림없어 보인다.

9시 38분 44초경 세월호 선미부에 최초로 접안 했던 해경의 고무 단정은 그곳에서 기관장 박기호 등 기관부 선원 5명을 구조했다. 이후 2회차 출동에서 해경은 어린아이를 포함하여 5명을 구조했다. 하지만 그때에도 기관부 선원 2명(박성용 및 오렌지맨 김규찬)이 구조자 명단에 포함되어 있었고, 기관부 선원들의 구조는 9시 42분 43초경 마무리되었다.

경사 이형래가 선수 쪽 승객들을 구조하기 위하여 선수 5층 조타실 앞에서 구명벌을 터트리고 있을 때(09:45:22경) 123정은 세월호 선수 조타실 부근에 직접 접안을 했다. 해경은 그곳에서 도주한 조타실 선원 8명과 필리핀 가수 부부 2명을 구조함으로써 조타실 도주 선원의 구조 작전을 9시 49분경 마무리했다.

당시 구조된 다수의 선원들은 정상적인 근무시간 중에 도주했으므로 근무복을 착용한 상태였다. 특히 기관부 선원들은 기름때가 심하게 묻은 상태의 작업복 위에 구명조끼를 입고 있어서, 일반인이 보더라도 한눈에 선원임을 인지할 수 있었다. 하지만 정장 김경일을 비롯한 123정 승조원들은 침몰이 완료된 상당한 시간까지 자신들이 가장 먼저 구조한 사람들이 선원임을 인지하지 못했다고 진술했다.

반면 상당수 도주 선원들은 '탈출 당시 자신들이 선원임을 밝혔고', '근무복을 착용하고 무전기 등을 들고 있었기 때문에 해경은 한눈에 자신들이 선원임을 인지할 수 있었다'고 진술했다.

이 문제는 양측의 형사책임 관계를 구분하는 중요한 부분이므로 첨예하게 대립할 수밖에 없다. 양측의 진술 가운데 심하게 충돌하는 부분을 정리하면 [표 3-3]과 같다.

표 3-3. "선원 인식" 여부 관련 도주 선원과 구조 해경의 진술 비교

도주 선원 (선원인 줄 알았을 것이다)	양측 주장의 요지	구조 해경 (선원인 줄 몰랐다)
조타실은 일반인 출입이 불가능하고, 구조할 때 보면 조타기랑 레이더가 다 보이므로 조타실을 모를 수 없다. 옷을 갈아 입어도 조타실에서 나오는 사람은 선원이라는 것 정도는 누구나 알 수 있을 것[55]	조타실에서 도주했다는 점	· 원래는 일반인 승객이 안 가지만, 그 정도로 기울어진 상황이면 일반인 승객들도 조타실로 대피할 수 있다고 생각한다.[56] · 조타실은 평상시 제한구역이라서 승객들이 접근할 수 없지만, 그때는 비상상황이라 승객들이 탈출할 곳을 찾아 그곳까지 왔을 거라 생각했다.[57]
작업복을 입고 있고, 작업복에는 기름이 범벅이 되었을 텐데… 왜 선원인 줄 몰라요.[58]	도주 선원의 복장 (일체형 스즈키복 및 근무복 착용)	· 선원이면 유니폼을 입고 있을 것이라 생각했다. 목포의 선원들은 깨끗하고 단정한 하얀 옷을 입고 있다. 스즈키복을 입은 사람은 '운전기사'들로 생각했다.[59] · 구조된 사람들이 모두 구명동의를 착용하고 있어서 승무원인지 승객인지 구분이 되지 않았다.[60]
	무전기 소지 여부	그 당시에는 상황이 급박해서 보지 못했다.[61]
· 구명보트를 타고 있는 해경이 여자부터 태우라고 하여 3기사라고 말했고, 신분이 무엇이냐고 물어 기관장이라고 신분을 밝혔고, 정장이 본선의 승무원이 있느냐, 책임자는 누구냐고 하여 자신이 기관장이라고 하자 휴대전화를 주어 누구와 사고 상황에 대하여 통화를 하게 되었다.[62] · 조기수 이영재, 조타수 오용석,	선원들이 '선장님' 등 호칭을 사용했고, '선원입니다' 라고 밝혔다.	· 조타실 승객 구조 당시 박상욱, 이종운, 의경 셋이 있었는데 그런 말을 들었다고 보고 받은 적이 없다.[63] · 그때 당시에는 구조하느라 경황이 없어서 확인을 하지 못하였습니다. 나중에 솔직히 확인하지 않은 게 후회됩니다.[64]

박경남 등은 해경의 구조 과정에서 자신이 세월호 선원이라고 직접 밝혔다.		
	그 밖의 상황	· 그때 당시 구조하느라 경황이 없어서 선원과 승객을 확인하지 못했고 그럴 상황이 아니었다. · 보이는 것만 구조하고 정신이 없는 상태라서… · 구조자들 중에 환자도 있어서 돌보아야 했고 또한 보트가 수시로 구조자들을 싣고 오고 있었기 때문에 그러한 부분을 놓친 것 같다.[65] · 세월호가 너무 많이 기울어 침몰 직전에 있었고, 계속적으로 승객들이 밖으로 나오고 있는 상황에서 신분을 확인하면서 시간을 끌 수는 없었다.[66] · 채증하는 데 열중하고 있어서 그들이 선원이란 사실을 인식하지 못했다.[67]

해경 및 선원 진술서를 바탕으로 필자 재정리.

이 건과 관련해서는 해경이나 선원 모두 자신들의 형사책임을 면할 목적으로 '아전인수'격 진술을 한 것이 틀림없고, 객관적 증거 없이 누구의

55 강혜성, 『진술조서』, 광주지방검찰청, 2014.7.11, 22쪽.
56 김경일, 『피의자신문조서(2회)』, 광주지방검찰청, 2014.7.29, 15쪽.
57 이형래, 『진술조서』, 광주지방검찰청, 2014.6.4, 27쪽.
58 강혜성, 『진술조서』, 광주지방검찰청, 2014.7.11, 21쪽.
59 김경일, 『피의자신문조서(2회)』, 광주지방검찰청, 2014.7.29, 16쪽.
60 박성삼, 『진술조서』, 광주지방검찰청 목포지청, 2014.5.10, 4쪽.
61 김경일, 『피의자신문조서(2회)』, 광주지방검찰청, 2014.7.29, 16쪽.
62 박기호, 『참고인 진술조서』, 4·16세월호참사 특별조사위원회, 2016.2.18, 5~8쪽.
63 김경일, 『피의자신문조서(2회)』, 광주지방검찰청, 2014.7.29, 16쪽.
64 김용기, 『진술조서(2회)』, 광주지방검찰청, 2014.7.16, 28쪽.
65 김종인, 『진술조서(제3회)』, 광주지방검찰청, 2014.7.11, 29쪽.
66 이민우, 『진술조서』, 광주지방검찰청, 2014.5.10, 6쪽.
67 이민우, 『진술조서』, 광주지방검찰청, 2014.6.4, 21쪽.

진술이 옳다고 단정할 수는 없다. 검찰은 이들 진술의 진위여부를 당사자 대질신문을 통해서라도 밝혔어야 했지만, 그 절차를 생략한 채 수사를 종결했다.

반면 세월호 1기 특조위 조사과정에서 조사관들은 선원들에게 123정 승조원의 사진을 제시하고, 누구에게 자신이 선원임을 밝혔는지 조사했다. 조사과정에서 다수선원들은 해경의 사진을 보고 해당 해경을 특정했다. 따라서 논리적으로 선원의 진술이 더 신빙성 있는 것은 틀림없는 사실이다.

그렇다면 해경은 가장 먼저 구조했던 사람들이 선원이었다는 사실을 언제 알았거나 확인했을까?

123정 승조원들은 세월호가 완전히 침몰하고 구조작업이 완전히 종결된 상태에서, 승객들을 육지로 후송하는 시점인 오전 11시경에 이르러서야 그들이 선원임을 인지했다고 진술했다.

- 처음에 제가 현장촬영을 할 때는 몰랐는데, 나중에 승객들에 대한 구조가 일단락되어 제가 경비함정 조타실에서 항해장 박성삼 경사가 현장 상황을 전파하는 보고서를 작성할 무렵에 누가 이야기를 하였는지 모르는데 위 남자가 1항사라는 말을 들어 승무원이라는 것을 알게 되었습니다.[68]

- 구조된 승객들을 이송하기 위해서 낚시 어선인 명인스타호에 인계할 무렵에 승객들은 다 보냈는데 잔류 몇 명 있었습니다. 그래서 경사 박성삼이 잔류인원을 파악하였는데 그 사람들이 선원인 것을 그 무렵에 알았습니다.[69]

- 123정에서 구조한 승객들을 1차로 10:00경 전남 707이라는 행정선에 옮겨 태웠고, 나머지 구조 승객들을 2차로 11:10경 유람선 명인스타호에 편승 조치했는데요. 2차로 옮겨 태운 후에 박성삼이 조타실로 들어와서 2차로 옮겨 태우고 남은 사람 6명 중에 5명이

68 이민우, 『진술조서』, 광주지방검찰청 목포지청, 2014.5.10, 5쪽.
69 김종인, 『진술조서(제3회)』, 광주지방검찰청, 2014.7.11, 28쪽.

선원이고 1명은 선생이라고 이야기를 하더라구요. 그래서 박성삼이 그 중 1항사에게 사고 발생 개요를 물어보고 했습니다.[70]

검찰은 해경의 "선원 인지 여부"를 어떻게 판단했나?

세월호 침몰 당시 구조를 위해 출동한 해경이 가장 먼저 구조한 사람이 '선원'이었다는 것을 '해경이 알았는가'하는 부분은 해경의 구조 책임과 관련된 중요한 사항이다.

검찰은 아래와 같은 근거를 들어 세월호 침몰 당시 해경이 가장 먼저 구조했던 사람들이 '선원임을 알 수 있었다'는 수사보고서를 작성했다. 하지만 선원인지 이후 부작위에 대한 책임은 엄격하게 묻지 않았다.[71]

1) 선원들 복장

세월호 침몰 당시 도주 선원들은 15명 중 9명이 '상하 일체형 작업복 또는 근무복'을 입고 있었고, 1등 항해사 강원식은 왼쪽 가슴에 "청해진해운" 마크가 선명하게 새겨진 회색 근무복을 입고 있었다([표 3-2]). 해경의 입장에서 본다면, 일부 선원들이 구명조끼를 착용했기 때문에 '승객과 선원' 여부를 쉽게 판별하지 못할 수도 있었다. 그렇다고 해경이 도주 선원 15명 모두를 승객으로 착각할 정도 복장은 틀림없이 아니었다.

특히 [표 3-4]에서 보는 바와 같이 조타실에서 탈출한 선원 10명(필리핀 가수 부부 포함) 중 3명(박한결, 박경남, 필리핀 가수)만이 구명조끼를 입

---

70 김경일, 『피의자신문조서(2회)』, 광주지방검찰청, 2014.7.29, 17쪽.
71 광주지방검찰청, 『수사보고서 [123정에서 세월호 선원들을 탈출한 승객으로 오인하였는지 여부 검토보고]』, 2014.7.15, 1~12쪽.

고 있었으므로, 구명조끼 착용 때문에 조타실에서 도주한 선원들의 신원을 확인하지 못했다는 해경의 진술은 명백한 허위이다. 또 해경의 주장대로 선원들이 모두 구명조끼를 착용하고 있었다 하더라도 외관상 근무복은 명확하게 확인이 가능하다.

표 3-4. 도주 선원 탈출 당시 복장 상태

소 속	성 명	복 장	구명조끼	비 고
기관부	이영재	파란색 일체형 작업복	착용	구조될 때 해경에게 선원이라고 신분을 밝힘
	박성용	파란색 일체형 작업복	착용	
	손지태	황토색 분리형 작업복	착용	
	김규찬	오랜지색 일체형 작업복, 등산화 착용	착용	마스크 착용
조타실	강원식	좌측 가슴에 '청해진해운' 마크가 부착된 회색계통의 근무복	미착용	
	김영호	검정색에 빨간색이 약간 들어간 일체형 작업복	미착용	**무전기 소지**
	박한결	곤색 일체형 작업복	착용	
	조준기	상하의가 나누어진 주황색 작업복	미착용	
	박경남	오랜지색 작업복	착용	

도주 선원 진술서 및 해경 촬영 동영상 참고 필자 재정리.

선원의 복장과 관련한 해경 구조의 문제점은 '선원인 줄 몰랐다'의 문제가 아니라 '선원을 확인하지 않았다'의 문제이다.

구조를 위해 출동한 해경이 틀림없다면, 특히 이동과정에서 세월호 선내 상황을 파악하지 못했다면 해경은 조타실과 객실을 가릴 것 없이 무조건 구조된 사람의 신원을 확보하여 선내 상황을 확인했어야 옳았다.

전문가들 또한 조타실에서 근무복을 입고 나왔다면 당연히 선원이라고 생각하고, 선원이 맞는지, 승객은 어디에 있는지 물어봤어야 한다고 진술했다. 전 해군제독 심동보는 다음과 같이 진술했다.

검　사 : 조타실에서 위와 같은 복장을 입고 내려오는 사람을 일반 승객으로 오인할 수 있나요.

심동보 : 일반 승객 복장이 아닌데 당연히 선원이라고 생각해야 하고, 이 사람에게 선원이 맞는지, 승객들은 어디에 있는지 물어봤어야 합니다. 그리고 해경이 이탈리아 해경처럼 이 사람에게 다시 조타실로 가서 승객들이 나올 수 있도록 안내 방송을 하라고 지시를 했어야 합니다. 그런데 해경은 선원인지 여부조차 확인하지 않는 등 아무런 조치를 하지 않았다는 것입니다.[72]

2) 조타실에서 도주한 선원

조타실에서 내려온 사람은 설사 조타실 선원이 아니라 하더라도 침몰 선박에 대한 중요 정보를 알고 있는 사람이기 때문에, 당연히 침몰 현장에 출동한 경찰관이라면, 그 사람이 배와 어떤 관계에 있는지 물어보아야 했다.[73]

세월호 침몰 당시 조타실에서 총 10명이 탈출했고, 그중 8명이 도주 선원이었으며, 5명은 명확히 선원임을 알 수 있는 근무복을 입고 있었다.

해경이 조타실 도주 선원들을 구조할 당시, 세월호 선체는 좌현 쪽으로 심하게 기울었고, 해경은 123정 선수에서 육안으로 조타실 내부를 관찰할 수 있었으므로, 그곳이 조타실임을 명백히 인식할 수 있었다(그림 3-9 참조).

따라서 해경이 조타실에는 진입하지 못했다 하더라도, 그곳에서 탈출한 사람들이 조타실 선원임을 몰랐다는 것은 상식에 반한다.

하지만 해경은 "조타실은 평상시 제한구역이라서 승객들이 접근할 수 없지만, 그때는 비상상황이라 승객들이 탈출할 곳을 찾아 그곳까지 왔을

---

72 심동보, 『진술조서』, 광주지방검찰청, 2014.8.7, 20쪽.
73 이은방, 『진술조서』, 광주지방검찰청, 2014.8.7, 17~18쪽.

그림 3-9 .조타실 안을
들여다 보고 있는 해경

09:46:08경 123정에서 촬영한 사진 필자 화면 캡처.

것이라 생각했다"고 면피성 진술을 했다. 123정 부장 김종인도 "당황하고
경황이 없어서 확인하지 못했다"고 진술했다.

검 사 : 조타실은 승무원들이 있는 곳인가요 승객들이 있는 곳인가요.

김종인 : 승무원들이 근무하는 곳입니다.

검 사 : 승무원들이 근무하는 조타실에서 사람들이 나왔다면 그 사람들
이 누구인지 몰랐다는 말인가요.

김종인 : 당시에 경황이 너무 없었고, 다른 인명 구조자들도 챙겨야 했
기 때문에 확인을 하지 못하였습니다.

검 사 : 보통 조난 선박 구조시 당연시 선장, 선원을 찾아 배의 상태를
확인해야 되는 것 아닌가요.

김종인 : 맞습니다.

검 사 : 왜 확인을 하지 않았는가요.

김종인 : 그 당시 다른 구조자들도 있었고, 구조자들 중에 환자도 있어

서 돌보아야 했고, 또한 보트가 수시로 구조자들을 싣고 오고 있었기 때문에 그러한 부분을 놓친 것 같습니다.

검　사 : 진술인이 구조한 승객들 중에 스즈키 복장에 무전기까지 소지하고 있었다면 누가 봐도 선원임을 당연히 알 수 있는 것 아닌가요.

김종인 : 예. 그렇습니다. 그러나 당시는 선원이라는 사실을 몰랐습니다.

검　사 : 당시 조타실에서 구조된 사람들 중에는 가슴에 청해진해운 마크가 있었고 팔에 안전제일 마크가 있었던 사람도 있었는데 선원인지 몰랐다는 말인가요.

김종인 : 그것들을 확인을 못 했습니다.

검　사 : 당시 123정에 구조된 1등 항해사가 자신이 선원임을 밝혔다고 하였는데 진술인은 이러한 사실을 알고 있었지요.

김종인 : 저는 듣지 못했습니다.[74]

검찰은 더 이상 이들의 진술을 의심하지 않았다.[75]

3) 무전기를 들고 교신한 선원

2등 항해사 김영호는 세월호 선내에서 무전기를 가지고 사무장 양대홍과 교신을 진행한 사실이 있다고 진술했다. 그는 도주 당시에도 무전기를 가지고 있었다. 그가 도주하는 순간까지 무전기를 소지한 이유를 검찰은 밝히지 못했다. 김영호는 도주가 완료된 후에도 "무전기를 누르고 마치 교신을 하고 있는 듯한 모습"이 해경의 채증 영상에 포착됐다([그림 3-10 참조). 이 모습을 보고도 해경이 선원임을 의심하지 않은 것은 상식적으로 이해할 수가 없다.

---

74 김종인, 『진술조서(3회)』, 광주지방검찰청, 2014.7.11, 29~30쪽.
75 이형래, 『진술조서』, 광주지방검찰청, 2014.6.4, 27쪽.

그림 3-10. 2등 항해사 김영호가 무전기를 사용하는 모습(오른쪽 아래)

해경 촬영 영상(09:48:57) 필자 화면 캡처.

특히 김영호는 스스로 123정 조타실에서 무전을 시도한 사실이 있다고
진술했다.

> 검　사 : 그럼 피의자가 해경정에서 선내에 무전을 시도할 때 해양경찰
> 관도 이를 보고 있었나요.
>
> 김영호 : 제가 **해경정 조타실 안에서 무전을 시도했습니다.** 그런데 당시
> 함장님을 포함하여 몇 명이 왔다 갔다 했기 때문에 제가 교신
> 을 하는 것을 보았는지는 잘 모르겠습니다.[76]

무전기는 아주 특별한 사유가 없는 한, 여행 중에 승객이 휴대하는 물품
이 아니다. 따라서 해경이 무전기를 들고 있는 김영호를 발견했다면 선원
으로 간주하고, 김영호로부터 선내 정보를 보고 받고 적절한 구호 조치를
했어야 한다.

---

76 김영호, 『피의자신문조서(제9회)』, 광주지방검찰청 목포지청, 2014.5.13, 5쪽.

어느 선박에서도 조타실은 외부인이 함부로 출입할 수 없는 출입통제 구역이다. 2등 항해사 김영호가 123정 조타실 안에서 무전을 시도했다면 이는 해경이 김영호가 세월호 선원이라는 사실을 알고 있었다는 방증이고, 선원들을 승객구조에 활용했다는 증거이기도 하다.

4) 선원들은 도주 과정에서 스스로 선원임을 밝혔다

해경이 도주 선원들을 구조할 당시 매우 긴박한 상황이었음은 틀림없지만, 그렇다고 구조와 이동과정에서 대화를 전혀 하지 않았다는 그들의 주장은 납득하기 어렵다.

더구나 세월호 선원들은 세월호 선체에서 도주할 때 또는 123정에 도착하자마자 '선원'임을 밝혔다고 주장했다. 실제로 [표 3-5]와 같이 다수의 선원들이 123정 탑승 직전 또는 직후에 해경에게 자신들의 신분을 공개했다고 진술했다.

또한 일부 선원들은 1기 특조위 조사과정에서 해경들의 사진을 앞에 놓고, 구체적으로 자신이 누구에게 선원임을 밝혔는지를 지목했다.[77] 따라서 이 부분을 명확하게 밝히지 못한 검찰은 부실 수사의 비난을 받더라도 할 말이 없을 것이다.

표 3-5. '선원임을 밝혔다'는 세월호 선원들의 진술

구 분	성 명	진 술 내 용
123정에 옮겨타기 전에	이영재 (조기수)	구명보트에 구조되었을 때 구명보트를 운전하던 해경에게 선원이라고 신분을 밝혔다. 경비함에서는 선원이라 말하지 않았다.[78]

---

77 예를 들어 조타실에서 "관청사람"과 전화를 통화했던 기관장 박기호는 자신에게 전화기를 넘겨주었던 사람으로 123정 정장 김경일을 지목했다. 박기호, 2016. 2. 18, 『참고인 진술조서』, 4·16세월호참사 특별조사위원회, 8쪽.

선원 신분을 밝힘	박기호 (기관장)	구명보트를 타고 있던 해경은 저희들의 복장을 보고 승무원으로 파악을 하였을 것으로 보이고, 해경에서 '여자부터 태우라'고 하여 3기사 이수진을 지칭하면서 '본선의 3기사'다고 말을 하였지만 헬리곱터 소리가 너무도 크게 울리고 있어 해경이 들었는지는 모르겠습니다.79
123정에 옮겨탄 후 선원 신분을 밝힘	박경남 (조타수)	해경 123정에 옮겨탄 후 선원이라고 밝힌 것으로 기억이 있다. 그 이후에는 바로 경비정을 세월호에 접안시켰고 객실에서 나오지 못하는 사람을 구출하기 위하여 쇠파이프 등으로 창문을 깨트리는 구조작업을 진행했다.80
	박기호 (기관장)	해경함정을 탔을 때인데, 함정을 조정했던 선장이 신분이 무엇이냐고 물어보면서 휴대전화를 바꾸어 준 적이 있는데 이때 기관장이라는 신분을 밝힌 것으로 기억한다.81
	강원식 (1등 항해사)	해경 123정으로 옮겨탄 후 의경인지 경찰관인지 모르겠으나 배 안쪽으로 들어가라고 하기에 그때 '제가 선원이다'고 말했다.82
	김영호 (2등 항해사)	제가 작업복을 입고 있기도 했고, 배에 탔을 때 해경에서 '다 선원이죠?'라고 물어 봤던 것 같다. 그리고 나서 해경정 조타실에서 한 명씩 일일이 선원인지 여부를 확인했습니다.83
	박성용 (조기수)	처음에 구명정으로 구조되어 경비함 같은 배로 옮겨타서 그곳에서 기다리고 있는데, 다른 큰 배로 옮겨 탔고 그때 신분을 확인하는 사람한데 선원이라고 밝혔다. 구조된 후 약 10분 정도 지난 시점이었다.84
	오용석 (조타수)	윙브릿지에서 해경 구명정을 탄 후 해경이 일부 구조된 승객들을 옆에 있는 어선으로 옮겨타라고 하였습니다.(약 10시 정도 추정) 구조 당시 구명정에 탑승한 저를 비롯한 강원식, 김영호, 신정훈, 박경남이 있는데, 저와 박경남이 해경에게 '저는 세월호의 선원인데 저 배를 지켜봐야 겠다'고 하여, 세월호 구조 과정을 지켜봤습니다.85

세월호 선원 진술서 참조 필자 작성.

78 이영재,『피의자 진술조서(5회)』, 광주지방검찰청 목포지청, 2014.5.12, 8쪽.
79 박기호,『피의자 진술조서(9회)』, 광주지방검찰청 목포지청, 2014.5.12, 13쪽.
80 박경남,『피의자 진술조서(7회)』, 광주지방검찰청 목포지청, 2014.5.12, 20쪽.
81 박기호,『피의자 진술조서(9회)』, 광주지방검찰청 목포지청, 2014.5.12, 13쪽.
82 강원식,『피의자 진술조서(7회)』, 광주지방검찰청 목포지청, 2014.5.13, 26쪽.
83 김영호,『피의자 진술조서(9회)』, 광주지방검찰청 목포지청, 2014.5.13, 5쪽.
84 박성용,『피의자 진술조서(3회)』, 광주지방검찰청 목포지청, 2014.5.13, 6쪽.
85 오용석,『피의자 진술조서(6회)』, 광주지방검찰청 목포지청, 2014.5.13, 14쪽.

해경 승조원들의 진술은 거짓이다

세월호 침몰 당시 의경을 제외한 123정 승조원 10명 중 4명은 대학에서 해양 관련 학과를 전공했고, 8명은 항해사 3급 등 해양 관련 자격증을 보유하고 있었다.

또한 123정 정장 김경일은 총 34년 해경 근무경력 중 해상근무경력만 무려 26년이나 되며, 해수부장관 및 차관 표창을 비롯하여 24회의 표창을 받았다. 특히 그는 '침몰 선박 조난자 구조 유공, 서해훼리호 침몰 구조 유공, 해상 종합훈련 우수, 조난선 구조 유공' 등 구조 구난과 관련한 포상만 4회가 있었다. 근무경력과 수상경력만 놓고 보면 대한민국 최고의 베테랑 해경이 분명하다.[86]

따라서 세월호 침몰 당시 출동했던 해경들이 그 상황에서 선원과 승객 정도는 구별할 수 있는 인지능력을 가지고 있었다고 판단된다.

해경은 첫 번째 고무 단정으로 구조했던 기관부 선원 5명 중, 최소 기관장 박기호 정도는 조타실로 호출하여 세월호 선내 상황을 파악했을 가능성이 있다.

오전 9시 40분경 첫 번째 고무 단정이 기관부 선원 5명을 구조하여 123정에 접안 했을 때, 123정에는 고무 단정에 탑승했던 김용기와 박은성 등 2명을 제외한 11명의 승조원이, 대기 상태에서 최초 구조자들이 123정에 도착하기를 기다리고 있었다.

구조된 선원의 숫자보다 대기 중인 해경의 숫자가 더 많았으므로, 구조된 도주 선원들에게 세월호 선내 상황을 묻지 않았다는 해경의 진술은 논리적으로 허위일 수밖에 없다.

박기호는 관공선 전남 707에 승선하여 진도 팽목항으로 이동할 때까지

---

86 김경일 개인 인사기록카드(검찰증거기록 4185쪽).

약 20분(09:39:50~10:00:00) 동안 123정에 머물렀다. 그의 진술에 따르면 이때 123정 조타실에서 김경일에게 상황을 보고하고 "관청 사람"으로부터 전화를 받았을 확률이 높다.

> 검　사 : 언제 기관장임을 밝혔는가요.
>
> 박기호 : 구명보트에서 큰배(구조정 123정)로 옮겨탄 직후에 위 함정의 조타기를 작동하고 있는 사람이 있었는데 세월호 승무원이 있느냐고 물어보면서 책임자가 누구냐고 물어봐 제가 '기관장이다'라고 말을 하자 본인이 가지고 있던 휴대전화를 저에게 주어 관청사람 같은데 제가 통화를 하였습니다.[87]

박기호는 검찰의 수사과정에서 123정 조타실 내부를 그림으로 그렸고, 후일 세월호 2기 특조위 조사관들이 123정 조타실을 방문하여 대조한 결과 정확히 일치했다. 따라서 검찰은 수사과정에서 그의 진술을 바탕으로 논점에 대한 수사를 진행했어야 옳았다.

그가 구조된 후(09:40:03) 4분 5초가 지난 시점인 9시 44분 8초경, 123정 정장 김경일은 TRS 채널 52번으로 "현재 승선객이, 승객이 안에 있는데 배가 기울어 가지고 현재 못 나오고 있답니다. 그래서 일단 **시켜가지고 안전유도하게끔 유도하겠습니다. 이상."이란 내용의 교신을 진행했다.[88]

이 시간은 아직 조타실 선원들이 구조되지 않은 시점이었으므로 김경일이 이 정보를 얻을 수 있었던 통로는 가장 먼저 도주했던 기관부 선원들이 유일했다.

이를 종합해 보면 해경은 침몰 초기에 선원의 신원을 확인하여 세월호 선내 상황을 정확히 파악했었다는 결론에 이르게 된다. 그렇다면 해경은 즉시 해경 대원(항공구조대원 포함)을 선내에 진입시켜 선내방송을 하거

87 박기호, 『피의자 진술조서(10회)』, 광주지방검찰청 목포지청, 2014.5.13, 30쪽.
88 속기법인 대한, 『녹취서(4·16 세월호참사 관련 해경 TRS 녹취록)』, 2016.4.5, 35쪽.

나 밖에서 대공방송을 진행하여 승객의 퇴선을 유도했어야 한다. 불행하게도 해경은 끝까지 입체적인 구조 작업은 전개하지 않았다.

자료목록

1) 강원식, 『피의자 진술조서(7회)』, 광주지방검찰청 목포지청, 2014.5.13

2) 강혜성, 『진술조서』, 광주지방검찰청, 2014.7.11

3) 김경일, 『피의자신문조서(2회)』, 광주지방검찰청, 2014.7.29

4) 김기환, 『진술조서』, 광주지방검찰청, 2014.8.8

5) 김영호, 『피의자신문조서(제9회)』, 광주지방검찰청 목포지청, 2014.5.13

6) 김용기, 『진술조서(2회)』, 광주지방검찰청, 2014.7.16

7) 김종인, 『진술조서(제3회)』, 광주지방검찰청, 2014.7.11

8) 박경남, 『피의자 진술조서(7회)』, 광주지방검찰청 목포지청, 2014.5.12

9) 박기호, 『피의자 진술조서(9회)』, 광주지방검찰청 목포지청, 2014.5.12

10) 박기호, 『피의자 진술조서(10회)』, 광주지방검찰청 목포지청, 2014.5.13

11) 박기호, 『참고인 진술조서』, 4·16세월호참사 특별조사위원회, 2016.2.18

12) 박성삼, 『진술조서』, 광주지방검찰청 목포지청, 2014.5.10

13) 박성용, 『피의자 진술조서(3회)』, 광주지방검찰청 목포지청, 2014.5.13

14) 심동보, 『진술조서』, 광주지방검찰청, 2014.8.7

15) 오용석, 『피의자 진술조서(6회)』, 광주지방검찰청 목포지청, 2014.5.13

16) 이민우, 『진술조서』, 광주지방검찰청, 2014.5.10

17) 이민우, 『진술조서』, 광주지방검찰청, 2014.6.4

18) 이영재, 『피의자 진술조서(5회)』, 광주지방검찰청 목포지청, 2014.5.12

19) 이은방, 『진술조서』, 광주지방검찰청, 2014.8.7

20) 이형래, 『진술조서』, 광주지방검찰청, 2014.6.4

21) 광주지방검찰청, 『수사보고서【123정에서 세월호 선원들을 탈출한 승객으로 오인하였는지 여부 검토보고】』, 2014.7.15.

22) 속기법인 대한, 『녹취서(4·16 세월호참사 관련 해경 TRS 녹취록)』, 2016.4.5

23) 속기법인 대한, 『녹취서(해양경찰청 경비전화 2342)』, 2016.4.19

4.
제주 VTS도
거짓말로 일관했다

세월호의 좌·우측 엔진이 정지되고, 선체의 추진 동력이 완전히 상실되는 오전 8시 52분경까지 세월호 탑승객의 선내 이동은 불가능했다. 고(故) 김시연 학생의 동영상에서 알 수 있듯이, 이 시각에는 '넘어지지 않기 위해 무언가를 붙잡고 몸을 지탱하는 것'이 선내 승객들이 할 수 있는 행위의 전부였다.

8시 52분경 세월호는 추진 동력을 완전히 상실하고, 조류에 밀려 표류하기 시작했다. 이때부터 선내 이동은 가능해졌고, 고 최덕하 학생을 비롯한 탑승객들은 휴대전화로 119와 122 등에 직접 구조요청을 했다.

조타실 선원들도 이 시각에 조타실로 들어왔을 것으로 추정되며, 어느 정도 상황이 파악된 8시 55분경 세월호 1등 항해사 강원식은 VHF 교신기를 들고 제주VTS에 다음과 같이 구조를 요청했다.

세월호 : 항무제주, 감도 있습니까? 항무제주 세월호

세월호 : 항무제주, 세월호 감도 있습니까?

제주VTS : 예, 세월호, 항무제주

세월호 : 저기 해경에다 연락 좀 해주십시오. 본선 위험합니다. 지금 배 넘어가 있습니다.

제주VTS : 예. 귀선 어디십니까?

세월호 : 여기… 근방 같은데 조치 좀 빨리 좀 해주십시오.

제주VTS : 예. 알겠습니다. 일단 해경에 연락드리겠습니다. 채널 12번 청취해 주세요.

세월호 : 제가 여기 병풍도 옆에 있습니다. 병풍도

제주VTS : 예. 양지했습니다.

하지만 강원식의 구조요청은 최초 신고자 고 최덕하 학생의 구조요청보다 3분이나 늦었고, 관할구역인 진도연안VTS가 아닌 제주 VTS에 신고했다.

이를 통해 제주VTS는 목포해양경찰서와 비슷한 시기에 세월호 침몰 사실을 인지했지만, VHF 비상채널 16번으로 상황을 전파하지 못했던 결과, 승객구조에는 크게 도움이 되지 못했다. 오히려 세월호는 제주VTS와의 교신 때문에 9시 3분경 해경 123정이 시도한 교신을 청취하지 못한 것으로 추정된다. 세월호와 관할구역인 진도VTS와의 교신은 침몰 사건이 발생한 약 20분 후인 9시 8분경에야 연결되었다.

제주VTS가 침몰 사건을 접수한 시간에 목포해양경찰서장 김문홍은 512호 헬기를 타고 세월호 침몰해역 인근을 비행하고 있었다. 만약 제주VTS가 세월호 침몰 사실을 인지한 즉시 16번 채널을 이용해 상황을 전파하는 조치를 했다면, 512호 헬기는 3009함에 착륙하지 않고 곧바로 세월호 침몰 현장으로 이동할 수 있었다. 그랬다면 분명 구조의 결과는 달라졌을 것이다.

제주VTS 관제사들은 세월호 침몰 당시 자신들의 행위가 정당하지 못했음은 인지하고 있었다. 그들은 자신들의 실책을 덮기 위해 허위 교신녹취록을 작성하고 무선통신일지를 조작했다. 그리고 블루나래호 1등 항해사 신용철을 동원하여 검찰의 수사과정에서 '허위진술'을 공모하고 실행하기도 했다.

첫 신고를 받은 제주VTS의 역할[89]

해수부 소속인 제주VTS(Vessel Traffic Service Center)는 서귀포 해상 및 제주 해상을 운항하는 선박에 대한 원활한 해상교통, 질서유지 및 선박안전 운항을 관제할 책임을 지고 있다. 따라서 관할 해역에서 특이 선박을 발견할 경우 "관찰확인[90], 정보제공[91], 조언·권고[92], 지시[93]"의 방법으로 관제해야 하며, 세월호 침몰 때도 똑같은 원칙을 적용했어야 한다.[94]

조난신고를 접수한 관제사는 "① 조난선박의 위치와 현재의 상태를 즉시 확인하고 ② 구난 기관인 해경 등에 구조 협조요청을 해야 하며 ③ 추가 상황이 파악될 경우 즉시 해경에 통보"하도록 매뉴얼로 규정하고 있다.[95]

제주VTS 관제실은 관제실장 및 근무팀장과 각 근무자로 조직되어 있다. 근무조는 A조(주간근무: 09:00~18:00), B조(야간근무: 18:00~09:00), C조(당일 휴식, 다음날 주간근무) 등 3개의 근무조로 구성되어 있다. 각 근무조는 근무팀장과[96] 책임근무자[97] 2명이다. 세월호 침몰 당시 제주VTS에는

---

89 제주VTS에는 VHF(초단파 무선전화기 5대, 채널 06(항만운용정보 안내 전용), 채널 10, 14(해상교통관제 보조주파수), 채널 12(해상교통관제 주업무용), 채널 16(조난·긴급·비상·안전통신 및 호출 응답용), 채널 21(용도가 정해지지 않은 예비채널)), SSB(중단파 무선전화기 2대), AIS 1세트, 일반 전화기 3대가 있다.

90 관제용 모니터를 보면서 선박의 침로, 속력 등을 처음으로 확인한 후부터 계속 관찰하면서 그 선박을 감시 추적을 하는 것.

91 그 선박의 항행 안전에 대한 정보(시정 등 기상상태, 어선이나 암초 등 장애물 정보 등)가 있으면 통신기를 통해 이를 알려 주는 것이다.

92 모니터링 도중 선박이 항로를 이탈 및 위험구역으로 항해할 경우, 관제사가 판단하여 해당 선박에 대해 항로 이탈 사실 경고 및 장애물 등 위험 구역을 피해가는 것이 좋겠다는 식으로 이야기 해 주는 것이다.

93 명백하게 사고가 일어날 것이라고 관제사가 판단한 경우에 조언, 권고 수준을 넘어 좀 더 강력하게 장애물이나 위험구역을 피해 빨리 배를 돌리라는 식으로 이야기하는 것이다.

94 김진, 『진술조서』, 광주지방검찰청, 2014.6.12, 2쪽.

95 강상보, 『진술조서』, 광주지방검찰청, 2014.7.3, 5쪽.

96 근무팀장은 관제업무 수행 및 팀원 지휘 및 관리, 해양사고 등 발생 접수 시 규정에

센터장 강상보, 근무팀장 김완욱과 김진(제주섹터) 및 박근철(서귀포 섹터)이 근무하고 있었다.[98]

세월호 침몰 사실을 인지한 제주VTS의 초동조치

세월호는 침몰당시 진도VTS 관할구역인 병풍도 인근 해상을 항해하고 있었다. 세월호가 정해진 항해의 원칙을 준수했다면, 진도VTS 관할구역으로 진입할 때(오전 7시 8분경) 채널 67번으로 진입보고를 했어야 한다. 침몰 사건이 발생했을 때도 채널 67번으로 구조요청을 했어야 한다.

그런데 세월호 선원들은 승객보다도 늦게, 그것도 진도VTS가 아닌 제주VTS에 구조요청을 했다. 관할구역의 진도VTS는 진입보고 의무를 위반한 세월호를 장시간 방치했을 뿐만 아니라, 침몰 중인 선박을 발견하지도 못했다.

세월호로부터 구조요청을 접수한 제주VTS에게는 정확한 세월호 선내 정보를 파악할 의무, 구조기관인 해경 등에 구조를 요청할 책임, 유관기관에 비상상황을 전파할 책임 등이 있었다.

제주VTS 관계자들은 세월호로부터 침몰 사실을 접수한 이후 다음과 같은 조치를 했다고 주장하였다.

따른 신속한 대응 및 보고조치 등 업무를 책임지고 있다.

97 책임근무자는 근무팀장을 보좌하여 관제구역 선박교통정보 수집 및 분석 등 배정된 관제구역 관제 업무, 해양사고 발생 시 신속대응하고 보고체계에 따라 보고하고, 유관기관 전파 및 정보교환 등의 업무를 수행하고 있다.

98 김진, 『진술조서』, 광주지방검찰청, 2014.6.12, 2~3쪽. 통상 제주VTS 근무자들은 08:30~08:45까지 전일근무자와 당일근무자가 업무인수인계를 한 뒤 08:46~09:00까지 통합근무를 진행하고, 09:00부터 당일근무자가 근무를 하도록 되어 있다. 따라서 전일근무자 한경섭 근무팀장과 관제사 정우석 및 최진철은 09:00까지 통합근무를 진행했어야 했지만 최진철을 제외한 나머지 2명은 이미 근무지를 이탈한 상태였다.

- 08:55경 세월호로부터 구조요청 접수(침몰 사실인지)

- 08:56:34경 해경 긴급신고번호인 122로 전화하여 '병풍도 동쪽 1마일 세월호 조난'사실 통보(제주해양경찰서)

- 08:58경 VHF 채널 12번을 통해 세월호 호출. VHF 21번으로 채널 변경 요구. (인명 피해 상황 문의 및 만일의 사태를 대비해 인명들 구명조끼 착용하고 퇴선 준비할 것을 요청했다고 주장)

- 09:03 해양수산부 상황실 유선 보고

- 09:05 세월호와 VHF 채널 12번으로 교신(세월호가 조치상황을 묻자 "해경에 연락했고, 진도연안VTS 및 완도VTS에 연락 중에 있다"고 답변99

- 09:10에 제주해운조합 운항관리실 조난 상황 전파100

- 09:16 채널 16번 이용 조난선박 발생 통보(1차)

- 09:23 채널 16번 이용 조난선박 발생 통보(2차)

- 09:35 상황보고서(1보) 보고(해양수산부 상황실)

- 10:31 상황보고서(2보) 보고(해양수산부 상황실)

그러나 이러한 보고와 조치는 그들에게 요구된 책임을 하자 없이 달성하지 못한 것이다.101 제주VTS가 세월호 침몰 사건을 인지한 뒤 행한 초동조치 사항 중, 8시 56분 34초경 제주해양경찰서에 122 전화통화를 통해 신속하게 신고한 것을 제외하면, 그들이 취한 적합한 구조조치 사항은 아무것도 없다.

관제사들은 채널 21번에서 세월호 선내 상황을 파악하고 퇴선 준비를 할 것을 요청했다고 주장했지만, 객관적으로 확인된 후속 조치가 없다. 특히 침몰해역 인근을 항해하는 선박들에게 비상채널 16번을 이용하여 구조에 참여할 것을 요청하지도 않았다. 관할구역 구조기관인 진도VTS나 목포

---

99 김진, 『진술조서』, 광주지방검찰청, 2014.6.24, 8쪽.
100 김진, 『진술조서』, 광주지방검찰청, 2014.6.12, 9쪽.
101 위와 같음, 8쪽.

해경 등에게 침몰상황을 즉시 전파하지도 않았다.

제주VTS 관제사들의 진술을 종합해 보면, 그들은 상황접수 즉시 상황보고서 작성에만 몰두했던 것으로 판단된다. 그들은 9시 16분경에 뒤늦게 채널 16번으로 "병풍도 해상에 조난사고가 발생했다"고 항행 안전방송을 실시했지만, 이미 승객의 구조상황에 영향을 미칠 수 없는 시간이었다.

"예, 채널 21알파 부탁드리겠습니다."

제주VTS 관제사 김진은 122 신고 전화로 제주해양경찰서에 세월호 침몰 사실을 신고한 후, 8시 58분경 채널 12번으로 세월호와 교신을 설정하여 다음과 같은 교신을 진행했다.

> 제주VTS : 세월호, 항무제주, 감도 있습니까? 세월호 항무제주
>
> 제주VTS : 세월호, 항무제주, 감도 있습니까?
>
> 세월호 : 항무제주
>
> 제주VTS : 예. 세월호 입니까?
>
> 세월호 : 예. 세월호 입니다.
>
> 제주VTS : 예, 채널 21알파 부탁드리겠습니다.
>
> 세월호 : 스물하나102

검찰의 수사결과 발표가 모두 끝난 현시점에도 이 같은 김진의 교신행위는 쉽게 납득되지 않는다.

관제사의 교신과 관련한 매뉴얼에는 '작동 채널("Working Channel)'에서

---

102 제주해양관리단 해상교통관제센터, 『세월호 사고관련 음성 녹취파일을 기록한 참고자료』, 2014.4.16, 1쪽.

통화가 길어지면 중요·긴급한 선박통신을 방해하여 타 선박의 항행 안전 및 관제운영에 지장 초래되므로, 부득이 길게 교신해야 할 경우 예비 채널로 전환하여 통화"[103]라고 규정돼 있다. 하지만 이것은 "비상상황에서 긴급교신에 대한 채널변경을 의무적으로 강제한 것이 아니라, 일상적이지만 긴 시간이 요구되는 교신에 대한 채널변경 특례"로 해석되므로 세월호 침몰 사건과 연관 짓는 것은 옳지 못하다.

따라서 세월호 침몰 당시 관제사 김진이 채널 21번으로 변경한 것이 합당했는지 또는 채널 21번으로 변경할 상황이었는지는 정확하게 따져 볼 필요가 있다. 김진은 다음과 같은 사유로 채널 21번으로 채널변경을 요청했다고 주장했다.

- 세월호에 대한 추가 정보를 확인하기 위해 08:58경 VHF 채널 12번으로 세월호 호출
- 채널 12번은 제주항 입출항 선박들이 항무 제주와 교신하므로 혼선 및 통신간섭이 우려되어 채널 21번으로 변경 요구
- 채널 21번은 제주VTS에서는 미사용 채널이지만 (관제사 김진이) 대학 졸업 후 대체 군복무 시절 사용한 경험이 있음[104]
- 채널 16번은 조난용으로 사용하지만, 호출 응답용으로 사용할 수 있고, 각 선박 및 해경, 해군, 중국 어선들끼리 통화하여 평소 통신간섭이 많기 때문에 채널 21번으로 변경 요구[105]

그는 '혼선과 통신간섭' 때문에 채널 변경을 요청했다고 진술했다. 그러나 세월호 침몰 당시 제주VTS의 교신 음성 및 교신 녹취록에 따르면, 당시 제주VTS와 교신한 선박은 8시 58분 32초경 '일동수'가 유일했고, 교신시간 또한 매우 짧았다.

---

103 「해상교통관제운영매뉴얼」 5. 기본운영 관제지침 5,6 VHF 사용요령.
104 김진, 『진술조서』, 광주지방검찰청, 2014.6.24, 9쪽.
105 위와 같음, 10쪽.

일동수 : 항무 제주, 일동수 감도 있습니까?

제주VTS : 예. 일동수

일동수 : 예. 수고하십니다. 제반보고입니다. 09시 정각 안전부두에 제
반했습니다. 선박번호 080511 입니다. 이상입니다.

제주VTS : 예. 일동수 수고하셨습니다.

일동수 : 수고하세요.[106]

따라서 관제사 김진이 제시한 21번 채널변경의 사유는 설득력이 떨어
진다.

녹취록 및 무선통신일지 허위작성

관제사 김진이 채널 12번에서 21번으로 채널변경을 요청했고, 세월호 1
등 항해사 강원식이 채널변경을 했다. 이들이 교신 사실을 강력히 부인하
지 않는다는 점, 무선통신일지에 간략한 교신기록이 남아 있다는 점으로
미루어 봤을 때, 채널 21번으로 일정 시간 교신이 유지된 것은 틀림없다.

문제는 제주VTS VLR에 채널 21번의 교신 음성이 녹음되어 있지 않다는
것이다. 제주VTS 관제시스템의 유지보수를 책임진 GCSC 직원 김원진은
채널 21번이 녹음되지 않은 이유를 다음과 같이 진술했다.

> 교신음성이 저장시스템(VLR : VTS Logging & Replay)에 녹음되기 위
> 해서는 OC-235를 통해서 들어오는 음성 신호를 인식해야 하는데, 13번,
> 21번, 71번 채널의 경우 다른 채널과 비교하여 감쇄된 신호가 들어와서
> 인식하지 못했던 결과 녹음이 되지 않았다. 음성 녹음 파일은 1시간 단
> 위로 생성되기 때문에 채널 21번을 이용한 녹음 부분을 인위적으로 삭

---

106 검찰 과학수사담당관실, 『세월호 교신 녹취록 [제주VTS]』, 2014.4.16, 5쪽.

제하면 그것이 포함된 1시간 단위 파일 전체가 삭제된다. 따라서 고의로 채널 21번에 녹음된 음성을 삭제했다면 채널 12번으로 녹음된 파일도 모두 삭제되었을 것이다. 따라서 누군가가 인위적으로 파일을 삭제한 것이 아니라, 장비의 노후화로 채널 21번을 이용한 교신 음성이 아예 녹음되지 않았던 것으로 보인다.107

현시점에서 관제사 김진이 채널 21번으로 '얼마나 오랫동안 어떤 내용의 교신을 진행했는지' 파악할 방법은 없다. 다만 당시 정황과 김진의 주변 사람, 김진과 교신한 세월호 1등 항해사 강원식의 진술을 종합하여 판단할 수밖에 없다.

김진과 제주VTS 직원들이 '언제, 왜 교신 녹취록을 작성했는지'에 대해서는 정확히 알 수는 없다. 적어도 침몰 당일 정오를 전후하여 녹취록 작성을 시작한 것으로 파악된다.

김진은 "(기억나지 않지만) 누구의 지시에 의해서 만들었다"고 진술했고, "SS울산호 조난사고 때 녹취록을 만들어 보고한 사실이 있어 세월호 사고가 발생하자 녹취록을 만들었다"108고도 진술했다.

문제는 교신 녹취록 작성과정에서 교신 음성이 없는 '채널 21번의 교신 녹취록'을 무선통신일지에 기재된 내용과 기억을 되살려 작성했다는 점이다. 특히 임의로 작성한 녹취록 내용의 정확한 근거를 남기기 위해 '무선통신일지에 중요한 내용을 추가'한 것이 확인된다. 김진은 녹취록 작성과정을 다음과 같이 진술했다.

- 관제사 김진과 최신철이 관제실에 있는 재생장치에 녹음된 교신내용을 참고하여 녹취록 작성
- 녹취록 작성과정에서 채널 12번 및 16번의 교신 음성은 확인했지

107 김원진, 『진술조서』, 광주지방검찰청, 2014.6.25, 10~11쪽.
108 김진, 『진술조서』, 광주지방검찰청, 2014.6.24, 20쪽.

만, 채널 21번의 교신 음성이 없음을 확인했고, 녹음된 부분만 녹취록 작성

- 작성된 녹취록을 센터직원 공유(센터장 강상보, 김완욱팀장, 박근철, 최신철). 단, 제주해양관리단 시설팀장 강권홍, 시설담당 강성필에게는 메일로 송부
- 시설팀장 강권홍이 전화로 "21번 채널의 녹취록이 없는 이유 및 교신내용" 문의
- 관제사 김진 답변 : 채널 21번은 녹음이 되지 않았다. 교신내용은 " ① 선체가 좌현으로 기울어져 있고, ② 컨테이너가 넘어져 있으며, ③ 인명피해 확인이 불가하고 이동도 불가능하다 ④ 인명들 구명조끼 착용하고 퇴선할지 모르니 준비할 것"
- 시설팀장 강권홍은 무선통신일지에 교신내용이 기재되어 있는지 물었고, '컨테이너가 넘어진 것은 기재되어 있으나 구명조끼 입고 퇴선 준비하라는 말은 기재되지 않았다'고 (김진) 답변
- 강권홍이 "그 내용이 정확한지 생각해 보라"고 하여 사실이라고 답변하자, 그 자리에 모여 있던 모든 사람들이 '근거를 만들기 위해 무선통신일지에 기재하는 것이 좋겠다'는 의견이 있어 관제사 김진이 무선통신일지에 그 내용을 기재하고 녹취록을 완성109

이 과정을 거쳐 제주VTS 직원들은 4월 16일 오후에 다음과 같은 교신 녹취록을 완성했다. 거기에는 인명구조와 관련되는 "인명들 구명조끼 착용 퇴선 될 것에 대비할 것"이라는 중요한 내용이 의도적으로 보충됐다.

제주VTS : 세월호, 항무제주

세월호 : 네. 세월호

제주VTS : 현재 상황이 어떻습니까?

세월호 : 현재 선체가 좌현으로 기울어져 있습니다. 컨테이너도 넘어가고

제주VTS : **네. 인명 피해는 없습니까?**

---

109 김진, 광주지방검찰청, 2014.7.4, 13~14쪽.

세월호 : 현재 확인 불가합니다. 선체가 기울어져 이동 불가합니다.

제주VTS : 네. 알겠습니다. 인명들 구명조끼 착용하시구 퇴선할지도 모르니까 준비 좀 해 주십시요.

세월호 : 사람들 이동이 힘듭니다.

제주VTS : 네. 알겠습니다.110

김진이 채널 21번으로 세월호와 교신할 당시 제주VTS 관제실에는 근무팀장 김완욱과 관제사 최신철·박근철이 함께 근무했다. 그런데 이들의 진술이 서로 엇갈렸다.

김완욱은 김진이 '채널 21번으로 교신하는 것을 몰랐다'고 진술했다. 하지만 관제사 박근철과 최신철은 김진의 '교신내용이 사실'이라고 진술했다. 반면 김진과 직접 교신을 진행했던 세월호 1등 항해사 강원식은 '교신을 진행한 것은 사실이지만, 구명조끼 및 퇴선과 관련한 교신은 하지 않았다'고 진술했다.

검 사 : 제주 VTS에서 교신을 하다 채널 21번으로 변경한 후 교신한 내용을 구체적으로 진술하세요.

강원식 : 컨테이너가 넘어졌는지 물어봐서 그렇다고 말한 것 같고, 현재 상황이 어떠냐고 물어 보길래 좌현되었다고 답하였습니다.

검 사 : 해경을 불러달라는 말을 하지 않았나요.

강원식 : 그건 처음 12번으로 교신이 이루어졌을 때 했습니다. 21번으로 바꾼 이후에는 배의 상태에 대해 설명만 했던 것 같던데요.

검 사 : 배의 상태에 대해 설명을 했다는 것인가요.

강원식 : 진도 VTS와 교신하면서 한 말인지, 제주 VTS와 교신하면서 한 말인지 지금 좀 헷갈리는 데요. 컨테이너도 넘어갔고 이동하기도 힘들다는 말을 했던 것 같습니다. 좌현으로 넘어졌다는 말

---

110 제주해양관리단 해상교통관제센터, 『세월호 사고관련 음성 녹취파일을 기록한 참고자료』, 2014.4.16, 2쪽.

도 했던 것 같아요. 좌현으로 넘어졌고 컨테이너도 넘어졌고 이동이 불가능하다, 이 정도 말을 했던 것으로 기억합니다. 아무튼 채널 21번에서는 간단하게 교신하였습니다. 교신한 시간은 몇 분도 되지 않았을 것입니다.

검 사 : 컨테이너도 넘어지고 이동하기조차 힘들다고 배의 상태에 대해 알려 주자 제주VTS에서는 어떻게 조치하라고 하던가요.

강원식 : 특별히 기억나는 말이 없습니다.

검 사 : 여객선이 넘어가 이동조차 힘들다는데 어떻게 조치하라는 말을 하지 않는다는 것인가요.

강원식 : 별다른 말 없었던 것 같은데요.[111]

(중략)

검 사 : 채널 21번으로 교신할 당시 제주VTS로부터 승객들로 하여금 구명조끼를 입고 대기하게 하라는 말은 들었는가요.

강원식 : 그런 말은 없었던 것 같은데요.

검 사 : 채널 21번에서 제주VTS로부터 퇴선할지 모르니 준비하라는 지시는 받았는가요.

강원식 : 아니요. 그런 말 못 들은 것 같은데요. 채널 21번으로 교신할 때는 그렇게 많은 말을 하지 않았구요. 그래서 그런 얘기까지 나누고 하지 않았던 것 같습니다. 퇴선이라는 말 자체가 기억이 나지 않은 것으로 보면 그런 말은 못들은 것으로 생각됩니다. 제가 교신할 때 옆에서 신정훈 1등 항해사와 김영호나 박경남이 있었던 것 같은데요. 그 사람들 한테 물어봐 주세요. 제 기억에는 퇴선 어쩌고 하는 말 자체가 안 남아 있습니다.[112]

(중략)

강원식 : 제가 제주VTS와 교신할 때는 퇴선 얘기는 없었구요. 그런 얘기가 나올 단계가 아니었거든요.

검 사 : 그게 무슨 말인가요. 퇴선 이야기가 나올 단계가 아니라는 것은 무슨 뜻인가요.

강원식 : **퇴선이라는 것은 배를 탈출하는 것이에요. 배를 버리고 가는**

---

111 강원식, 『진술조서』, 광주지검, 2014.6.26, 11~12쪽.
112 위와 같음, 13쪽.

것인데, **선장이 판단하여 마지막에 하는 조치입니다. 그런 말이 나오기 시작한 것은 저희가 해경 123정으로 탈출하기 10분 전 부터입니다.** 저희가 탈출하기 10분 전에 이준석 선장이 2등항해사에게 퇴선 하라는 방송을 하라고 했으나 2항해사가 방송을 하려고 했어도 장비가 고장 나서 하지 못한 것입니다. 그때까지는 퇴선에 대해 이야기가 안 나왔습니다.

검 사 : 제주VTS에서는 세월호에 구명조끼 착용 및 퇴선 대비 권고를 했다고 녹취록을 만들어 주장하고 있는데요.

강원식 : 저희가 제주 VTS와 교신할 때는 해경을 빨리 불러 구호조치를 하려고 했던 단계입니다. 그런데 그 단계에서 퇴선을 준비하라 마라 하는 했다는 것은 말이 안 된다고 생각합니다. 제게 제주와 진도 VTS와 교신하고 나서 박경남이 진도 VTS와 교신하고 그 뒤로 김영호가 교신을 했어요. 박경남과 김영호가 교신을 많이 했습니다. 그때는 퇴선 얘기가 나왔는지 모르겠지만 제가 최초로 제주 VTS와 교신 할 때는 퇴선 얘기는 안 나왔어요. 그럴 단계가 아니었습니다.[113]

강원식의 진술에 대해 제주VTS 관계자들은 '선원들이 책임을 면하기 위해 거짓 진술을 하고 있다'고 선원들을 비난했다.

허위 진술 모의 및 실행

채널 21번 교신 녹취록 허위작성과 관련하여, 제주VTS 직원들은 자신들의 행위를 정당화하기 위해 더 높은 차원의 입증방법을 준비했다. 그들은 완도와 제주를 운항하는 한일고속 소속의 쾌속정 "블루나래호 1등 항해사 신용철"을 이 사건의 중심에 등장시켰다.

블루나래호는 완도항에서 매일 오전 9시, 오후 3시에 출항하고, 제주항에서는 12시, 오후 5시 50분에 출항하는 등 완도와 제주 항로를 일 2회 왕

113 강원식, 『진술조서』, 광주지검, 2014.6.26, 16쪽.

복 운항하는 선박이며, 운항시간은 1시간 50분가량 소요된다. 블루나래호는 완도항을 출항하면 채널 10번으로 완도VTS와 교신하고, 채널 11번을 통해 한국해운조합 완도지부에 "여객과 차량, 승무원 신고"를 하도록 되어 있다. 또한 제주항 도착 12마일 전에는 채널을 12번으로 변경하여 제주VTS와 교신하도록 되어 있다.[114]

제주VTS 관제사 정우석은 2014년 6월 28일(토) 저녁, 신용철과 만나 세월호 침몰 당시 채널 21번 교신내용과 관련한 진술 협의를 진행했다.[115]

신용철의 진술에 따르면, 관제사 정우석은 '국정감사 때문에 국회의원 2명이 (제주VTS에) 와 있으며, 감독기관에서 나와 감사를 하고 있다'며 "VTS 통신 내용으로 머리가 아프다. 채널 21번이 문제가 생겼다"라고 했다.

이에 대해 블루나래호 1등 항해사 신용철은 다음과 같이 대답했다.

> 크게 문제가 될 것이 없을 것 같다. 그때 VHF 교신내용을 내가 모두 들었고, 교신내용에도 '라이프자켓을 입고 대기하라'는 말을 들은 것 같다. 한일카페리 1호, 로얄스타 등 여객선들이 그 근방에서 교신을 들었을 수 있으니 확인해 보라.

그러자 관제사 정우석은 "필요하면 (수사기관에서) 그런 말을 해 줄 수 있냐"고 물었고, 신용철은 "제가 들은 얘기이니 해 줄 수 있다"고 답했다고 한다.[116]

이 만남의 결과는 2014년 6월 29일(일) 제주VTS 센터장 강상보에게 보고되었고, 다음날 검찰 조사받기로 예정된 관제사 김진·최신철·박근철,

---

114 신용철, 『진술조서』, 광주지방검찰청, 2014.7.1, 4쪽.
115 신용철의 진술에 의하면 토요일 17:50경 제주항에서 출항하는 여객편은 탑승객이 많지 않아 제주에서 1박을 하며, 목포해양대학교 동기동창인 정우석과 저녁 식사를 함께하기 위하여 자신이 먼저 전화를 했다고 한다.
116 신용철, 『진술조서』, 광주지방검찰청, 2014.7.1, 14~16쪽.

근무팀장 김완욱 등과도 공유한 것으로 파악됐다.

2014년 6월 30일(월) 광주지방검찰청에서 조사를 받은 4명의 관제사들은 모두 동료 관제사 정우석으로부터 들었다며, "블루나래호 1등 항해사 신용철이, 세월호와 제주VTS가 채널 12로 교신을 하다가 21로 옮겨 교신하는 내용을 전부 들었고, 특히 채널 21번 교신내용 중 '구명조끼를 입고 퇴선에 대비하라'는 교신을 들었다"고 말했다.

제주VTS 센터장 강상보 또한 2014년 7월 3일 광주지방검찰청에서 조사를 받을 때 다음과 같은 취지의 진술을 했다.

> 검 사 : 진술인은 검찰 조사를 받은 김진 등 관제사 4명이 채널 21번으로 세월호와 교신한 내용을 들었다고 한 목격자를 찾았다며, 자신들이 채널 21번으로 교신한 내용을 위 관제사가 모두 들었다, 구명조끼를 입으라고 한 것과 퇴선명령을 하라고 한 것이 모두 사실이다라고 주장한 것을 알고 있지요.
>
> 강상보 : 목격자를 찾으려고 한 것이 아니고 우연히 직원이 그 내용을 들어서 저희들에게 전달해 준 것입니다.
>
> 검 사 : 무슨 내용을 전달받았는가요.
>
> 강상보 : 블루나래 1등 항해사가 채널 21번에서 교신한 내용을 들었다, 채널 12번에서 제주VTS와 세월호 조난 교신 내용을 듣다가 21번으로 바꾸길래 자기도 21번으로 따라가서 교신하는 것을 들었다, 구명조끼를 입고 퇴선 하라는 얘기를 들었다고 했답니다.
>
> 검 사 : 위와 같은 내용을 전달받고 진술인은 어떻게 하였나요.
>
> 강상보 : 채널 21번에서 교신한 내용을 들었다니 검찰청에서 부를 경우, 증인으로 진술을 해달라고 하자고 했습니다.[117]

이러한 진술로 볼 때 제주VTS 근무자들이 세월호 침몰 당일 잘못된 교신내용을 감추기 위해 블루나래호 1등 항해사 신용철을 활용하여 조직적

---

117 강상보, 『진술조서』, 광주지방검찰청, 2014.7.3, 32쪽.

으로 증거인멸을 기도한 것으로 판단된다.

이들의 진술은 2014년 7월 1일 신용철이 광주지방검찰청에 출석하여 다음과 같이 진술하면서 명백한 허위진술로 판명되었다.

- 09:00경 완도항을 출항하여 완도VTS와 한국해운조합 완도지부에 출항보고를 한 후 20분 정도 지난 시점에, 완도VTS 관할구역인 청산도(위도 34.07 경도 126.47)를 지날 때 VHF 교신 음성을 듣고 세월호 침몰 사실을 알았다.
- 교신내용은 "라이프자켓이었는지 구명동이라고 말했는지 암튼 구명조끼를 입고 대기하라"는 교신 내용을 들은 것 같다.
- 블루나래호의 VHF교신채널은 10번과 16번으로 맞추어져 있었으며, 사고 소식은 16번 채널로 들은 것 같다. 12번 채널과 67번 채널을 맞춘 기억은 없다.
- 김진 관제사의 목소리를 알고 있는데, 분명히 김진 관제사의 목소리를 들었다.

신용철의 진술은 2014년 6월 30일 제주VTS 관제사들의 검찰 진술이 허위임을 결정적으로 입증했다. 그렇다고 신용철의 진술에 문제가 없는 것은 아니다. 왜냐하면 신용철이 진술한 9시 30분경에는 제주VTS가 16번으로 세월호와 교신한 사실이 없기 때문이다. 진도VTS가 9시 24분경 유사한 교신을 한 것은 사실이지만, 16번 채널이 아닌 67번 채널로 교신했다. 그러므로 신용철이 이 교신을 청취했을 가능성은 전혀 없다.

신용철은 당시 완도항을 막 출항했던 상태였으므로, 9시 30분경에는 채널 10번 및 11번, 채널 16번을 청취하고 있었기 때문에, 16번 채널을 제외하면 진도와 제주 어느 곳의 교신내용도 청취할 수 없는 교신 환경이었다([표 3-6] 참조).

표 3-6. 09:30경 블루나래호 교신 환경

개방채널		교신 청취 가능 여부			비고
		제주VTS	블루나래호	진도VTS	(블루나래호 교신시기)
16번(공용채널)		O	O	O	
진도 VTS	67번	X	X	O	
제주 VTS	12번	O	개방하지 않음	X	제주항 도착 12마을 전 12번 채널 변경
	21번	O	개방하지 않음	X	
블루나래호	10번	X	O	X	완도항 출항 당시 완도 VTS 교신
	11번	X	O	X	완도항 출항 직후 한국해운조합 완도지부와 교신

범례 : O - 교신 가능   X - 교신 불가
관련자 진술을 참고하여 필자 정리.

허위 상황보고서 작성 및 보고

제주 VTS가 채널 21번으로 세월호와 교신했다고 주장한 내용 중 대부분은 녹취록 작성과정에서 가담자들이 보충한 것이 분명하고, 액면 그대로 믿을 수 없다.

이것은 제주VTS의 상황보고서도 마찬가지였다. 상황보고서는 근무팀장 김완욱이 작성했지만, 정확히 언제부터 작성을 시작했는지 알 수 없다. 김완욱은 "관제사 김진이 채널 21번으로 교신을 하고 있을 때 이미 상황보고서를 작성하고 있었다"고 했다. 당시 파악된 상황은 "세월호 침몰 사실 접수"가 전부였으므로 이것만 가지고 보고서를 작성했다는 그의 진술을 액면 그대로 믿을 수는 없다.

다만 제주VTS가 9시 35분경에 상황보고서 1보를, 그리고 10시 31분경에 상황보고서 2보를 작성하여 해양수산부 상황실에 보고한 것만은 틀림없다. 문제는 이 보고서가 당시 상황과 일치하지 않는다는 점이다.

제주VTS가 상황보고서 1보를 작성하여 해양수산부 상황실에 보고한 시간인 9시 35분경이다. 이때까지 제주VTS는 "침몰 사실을 접수하고, 선체가 좌현으로 기울어지고 컨테이너가 넘어갔으며, 인명 피해는 확인이 불가능하다"는 사실밖에는 확인하지 못했다. 그리고 조치사항도 122 신고 전화통화를 통해 '제주해경에 신고'한 것 외에는 아무것도 없었다. 이들은 추가 상황을 파악하려고 노력하지도 않았다.

하지만 제주VTS는 상황보고서 1보 및 2보에 확실한 근거도 없이 "인원 : 피해 사항 없음"이라고 기재하였고, 이것은 해양수산부 상황보고서 3보 (11:20)까지 이어져 "11:00 현재 인명피해 없음"이란 내용으로 작성돼 외부에 전파되었다.

결국 제주VTS의 잘못된 상황보고가 해수부를 경유하여 중대본으로 접수되었고, 이것이 '전원구조 오보'로 연결됐을 개연성을 부정할 수가 없다.

허술한 검찰의 수사 결과

제주VTS 근무자들이 세월호 침몰 당일의 무선통신일지를 조작하고, 녹취록과 상황보고서까지 허위로 만들 정도로 'VTS 통신 내용'은 당사자들에게는 반드시 해결해야만 하는 심각한 문제였던 것이 확실하다.

관제사 김진은 2014년 6월 12일과 6월 24일에 광주지방검찰청에서 참고인 신분으로 조사를 받았다. 그런데 제주VTS 센터장 강상보는 당일 정상적인 근무를 하는 날인데도 제주VTS 관제센터를 비우고 광주지방검찰청 밖에서 하루 종일 기다렸다. 검찰은 강상보에게 "김진이 사실대로 진술해 버릴 것이 염려되어 김진을 감시하거나 코치하기 위해 같이 온 것이 아닌가요"라는 질문에 강상보는 "본인(김진)이 떨린다고 해서요"라고 짧게 진술했다.118

검찰은 '제주VTS가 장비 고장을 사전에 인지하지 못하고 녹음이 되지 않는 채널로 변경해 교신한 것은 사실이나, 장비점검 및 관리는 외주 업체에 일임하였고, 실제 이 업체가 장비점검 시 21번 채널이 녹음되지 않는다는 사실을 파악하지 못한 것으로 확인되어 이 부분에 관해 제주VTS 관계자에게 책임을 묻기는 어렵다'고 판단했다.

또한 녹취록 작성 때 "21번 채널 교신내용은 무선통신일지를 참고하여 작성함"이라고 표기한 후, 녹음이 되지 않은 사실을 보고한 이상 녹음이 되지 않은 사실을 은폐하거나 마치 녹음이 된 것처럼 가장한 것으로 보기는 힘들고 허위공문서 작성 등 구체적인 범죄혐의나 비위혐의 있다고 보기 어렵다며 관련자들에게 면죄부를 주었다.[119]

하지만 교신의 상대방이던 세월호 1등 항해사 강원식의 진술에 따르면 제주VTS 근무자들은 녹취록을 작성하는 과정에서 완전히 새로운 사실로 녹취록을 작성하였고, 그것을 뒷받침하기 위하여 '무선통신일지'를 자신들에게 최대한 유리한 내용으로 보충한 것은 틀림없는 사실이다. 따라서 검찰의 수사결과는 매우 문제가 많았다고 비판하지 않을 수 없다.

또한 진실을 은폐하기 위하여 제주VTS 직원들과 한일블루나래 1등 항해사 신용철 등이 함께 허위진술을 모의한 행위는 상식적으로 수용할 수 없는 범죄행위라 할 수 있다.

▨ 자료목록

1) 강원식, 『진술조서』, 광주지방검찰청, 2014.6.26
2) 강상보, 『진술조서』, 광주지방검찰청, 2014.7.3
3) 김근철, 『진술조서』, 광주지방검찰청, 2014.6.30

---

118 강상보, 2014.7.3, 『진술조서』, 광주지방검찰청, 31~32쪽.
119 광주지방검찰청, 2015. 2. 23, 『내사사건 직접 수사 결과보고』, 6~9쪽.

4) 김영호·박경남, 『진술조서』, 광주지방검찰청, 2014.6.27

5) 김완욱, 『진술조서』, 광주지방검찰청, 2014.6.30

6) 김원진, 『진술조서』, 광주지방검찰청, 2014.6.25

7) 김진, 『진술조서』, 광주지방검찰청, 2014.6.12

8) 김진, 『진술조서』, 광주지방검찰청, 2014.6.24

9) 김진, 『진술조서』, 광주지방검찰청, 2014.6.30

10) 김진, 『진술조서』, 광주지방검찰청, 2014.7.4

11) 박인성, 『진술조서』, 광주지방검찰청, 2014.7.8

12) 신용철, 『진술조서』, 광주지방검찰청, 2014.7.1

13) 최신철, 『진술조서』, 광주지방검찰청, 2014.6.30

14) 검찰 과학수사담당관실, 『세월호 교신 녹취록【제주VTS】』, 2014.4.16

15) 광주지방검찰청, 『내사사건 직접 수사 결과보고』, 2015.2.23

16) 제주해양관리단 해상교통관제센터, 『세월호 사고관련 음성 녹취파일을 기록한 참고자료』, 2014.4.16

5.
침몰 초기 승객을 살릴 수 있는
5번의 기회가 있었다

아직도 세월호참사에 대해 불행한 해난사건이었고, 어쩔 수 없이 희생
은 불가피했다는 인식이 존재한다. 하지만 세월호 탑승자 중 선체가 기울
어서 사망한 승객은 단원고등학교 양승진 선생님 1명뿐이고, 나머지 303
명은 모두 구조의무자가 구조하지 않아서 사망했다.[120] 검찰의 부실한 수
사결과를 모두 수용하더라도 이 사실은 변하지 않는다.

세월호 침몰 당일 해경의 구조환경은 최적의 조건이었고, 전원구조를
위한 장애요소는 전혀 없었다. 세월호 승무원과 승객들은 직접 상세한 세
월호 선내 정보를 목포해양경찰서 상황실에 신고했고, 골든아워(GOLDEN
HOUR)에 해경의 구조세력과 유조선 둘라에이스호가 세월호 침몰 현장에
이미 도착해 있었다.

그날 해경에게 요구된 구조행위는 오직 "모든 승객들은 즉시 밖으로 탈
출하십시오"라는 말이 전부였다. 그 최소한의 말을 할 수 있었던 기회, 즉

---

120 광주지방법원 판결, 2014.11.11, 2014고합 180 살인 등(2014고합 384 병합), 제11형
   사부, 150~158쪽.

승객을 살릴 수 있었던 기회는 여러 차례 있었다.

그림 3-11. 총 5번의 기회

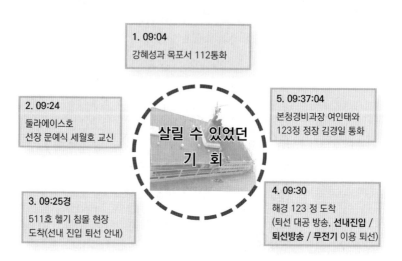

그런데도 해경의 수뇌부와 상황실, 그리고 구조를 위해 출동했던 헬기와 함정의 승조원 누구도 이 말만은 하지 않았다. 심지어 침몰 현장에 가장 먼저 도착했던 둘라에이스호 선장 문예식이 "맨몸으로 하지 마시고 라이프링이라도 착용을 시키셔서 탈출을 시키십시오. 빨리"라고 화급하게 외쳤음에도, 해경은 끝까지 '퇴선 명령' 만큼은 내리지 않았다.

세월호 사건 당시의 상황을 재구성해 보면 무려 5번이나 대다수 승객을 구조할 수 있는 기회가 있었다.

첫 번째 기회 : 승무원과 승객의 신고 전화

세월호 침몰 당일 오전 9시 4분경, 목포해양경찰서 상황실 근무자 문명
일은 세월호로부터 매우 중요한 전화 한 통을 받았다. 세월호 침몰 당일
여객안내실에서 '가만히 있으라'는 방송을 진행했던 여객부 승무원 강혜성
이 122 신고전화를 통해 세월호 선내 상황을 목포해양경찰서 상황실에 알
린 것이다.

통상 세월호 침몰 사건과 같은 긴급한 선박사고가 발생하면, 상황실 근
무자들은 신속하고 효율적인 구조를 위해 최대한 빨리 침몰 선박의 정확
한 선내 정보를 수집한다. 세월호 침몰 당일 해경 조직 전체를 통틀어 이
행위를 진행한 사람이 아무도 없었다. 다행스럽게도 세월호에서 선원과
승객이 먼저 전화를 걸어 정확한 선내 정보를 알려 주었다.

당시 승무원 강혜성은 목포서 상황실 근무자 문명일과의 전화통화에서,
'배가 기울어지면서 승객 1명이 바다에 빠졌다는 사실, 승객들이 선내에
대기하고 있으며 움직이지 못하고 있다는 사실, 세월호가 매우 많이 기울
어져 있다는 사실, 선내방송을 통해 계속해서 "가만히 있으라"는 방송을
진행하고 있다는 사실' 등 구조와 관련한 중요한 사실을 목포해양경찰서
상황실에 알렸다.

> 강혜성 : 예, 지금 사람이 배가 기울어서 사람이 **한 명 바다에 빠졌고요.**
>
> 강혜성 : 배가 **40도, 45도 지금 기울어서** 도무지 움직일 수 있는 상황이
> 안돼요.
>
> 강혜성 : **지금 선내에서 움직이지 마시라고 방송을 계속 하고 있고
> 요.**[121]

---

[121] 09:04. 122 신고 녹취록(세월호 승무원 강혜성과 목포해양경찰서의 통화 기록).

그런데 문명일은 "지금 선내에서 움직이지 마시라고 방송을 계속하고 있고요"라는 강혜성의 말에 대해 "예, 예. 그렇게 해 주세요. 예, 예"라고 대답하고, 전화를 끊은 뒤에는 아무런 사후 조치를 하지 않았다.

약 2분 후, 이번에는 성명 불상의 세월호 승객이 목포해양경찰서 상황실로 전화를 걸어 근무자 박신영과 통화를 했다. 그는 "세월호가 침몰 직전의 위급한 상황에 처해 있다"고 알렸지만 박신영도 특별한 사후 조치를 하지 않았다.[122]

> 남 자 1 : 아니, 지금 목숨이 왔다 갔다 하는데 빨리 좀 오셔야 될 것 같
> 은데
> 해양경찰 : 지금 경비함정이랑 가고 있습니다. 지금 환자도 있는가요?
> 남 자 1 : 예, 예. 지금 현재 완전히 기울어서 물에 잠기기 일보직전!
> 해양경찰 : 예, 알겠습니다. 지금 저희 경비함정 가고 있습니다.
> (중략)
> 해양경찰 : 구명동의 입고 구명동의 입고 최대한 차분하게 선장 지시 따
> 르고 계십시오.
> 남 자 1 : 구명동의 입을 지금 상황도 못 돼요.[123]

122 신고 전화 접수자는 신고 전화를 받을 때, 신고사항을 큰 소리로 접수하여 주변 근무자들이 동시에 알 수 있도록 해야 한다. 전화통화가 끝나면 주변 근무자들이 적절한 조치를 할 수 있도록 상황을 전파할 의무가 있다. 또한 전화를 받음과 동시에 신고내용을 상황보고서로 작성 및 전파하여, 관련된 사람들과 긴급 상황을 공유하는 게 일반적인 규정이다.[124]

---

122 박신영은 2보부터 상황보고서를 작성했던 요원이므로, 상급자에게 적시에 보고는 하지 못했더라도 적어도 상황보고서에는 이 내용을 기재하여 전파했어야 한다.
123 9:06:38 122 신고 녹취록.
124 문명일, 『문답서』, 감사원(서해지방해양경찰청 감사장), 2014.6.5, 1~2쪽. 하지만 문명일은 큰소리로 받지도 않았으며, 상황보고서를 작성하지도 않았다고 한다.

이러한 의무와 규정에 따라 목포서 상황실 근무자 문명일과 박신영이 122 전화 신고내용 접수 즉시 상황실장과 상황담당관에게 보고하고, TRS 등을 통해 출동 중인 구조 세력에게 신고 상황을 전파했다면, 해당 구조세력들은 상황에 맞게 구조를 위한 준비를 했을 것이고, 그렇다면 구조 결과는 분명히 달라졌을 것이다. 하지만 두 차례 신고를 접수한 문명일과 박신영은 해당 상황을 상급자에게 보고조차 하지 않았을 뿐만 아니라 동료들에게 전파하지도 않았다.

문명일은 "주변 상황이 급박하여 사건 전파, 다른 신고 접수 등 상황 업무를 처리하느라 경황이 없어서", "통화 음질이 좋지 못하여 정확한 내용을 파악하지 못했다"고 변명했다.[125] 하지만 통화 음질이 좋지 못하여 정확한 내용을 파악하지 못했다면 강혜성에게 재차 확인해야 했고, 확인 내용을 상급자에게 보고하고 합당한 사후 조치를 했어야 옳았다.

모든 승객을 구조할 수 있었던 소중한 첫 번째 기회는 이렇게 목포해양경찰서 상황실 근무자 문명일과 박신영이 날려 버렸다.

두 번째 기회 : 둘라에이스호 선장 문예식의 탈출 권고

세월호 침몰 당시 둘라에이스호 선장 문예식은 이미 9시 15분경에 세월호 침몰 현장에 도착해 있었다. 그는 세월호에서 탈출하는 승객들을 구조하기 위해 세월호 바로 옆에서 대기하고 있었다. 그는 세월호에서 퇴선 조치를 하지 않자 참지 못하고, 9시 26분 17초경 "맨몸으로 하지 마시고 라이프링이라도 착용을 시키셔서 탈출을 시키십시오. 빨리"라며 신속히 승객들을 퇴선시킬 것을 권고했다. 하지만 진도VTS에서 VHF 교신을 담당한

---

125 문명일, 『문답서』, 감사원(서해지방해양경찰청 감사장), 2014.6.5, 2~3쪽.

해경은 이 교신을 무시하고 오히려 "선장이 알아서 판단하라"고 교신했다.

선장 문예식이 이 교신을 진행할 당시, 진도VTS가 정확한 세월호 선내 정보를 파악하지 못한 상황이었다면 "선장이 알아서 판단하라"는 지시를 할 수도 있다. 세월호 선장과 선원들 또한 인간이기 때문에, 침몰이 임박한 위급 상황에서 '당황하고 경황이 없어서' 합리적이고 적극적인 대응을 하지 못할 수도 있다.

하지만 진도VTS 관제사 정영민은 9시 8분경부터 9시 37분경까지 세월호와 교신을 진행하고 있었다.

> 세월호 : 진도 VTS 세월호 감도 있습니까?
>
> 진도연안 VTS : 네, 말씀하세요.
>
> 세월호 : 본선이 승객들을 탈출을 시키면 옆에서 구조를 할 수 있겠습니까?
>
> DOOLA ACE : LIFE RING이라도 착용을 시키셔서 탈출을 시키십시오.
>
> 세월호 : 지금 탈출을 시키면 탈출을 시키면 구조가 바로 되겠습니까?
>
> DOOLA ACE : 맨몸으로 하지 마시고 LIFE RING이라도 착용을 그 시키셔서 탈출을 시키십시오. 빨리
>
> 진도연안 VTS : 세월호, 진도연안VTS입니다. 저희가 그쪽 상황을 모르기 때문에 선장님께서 최종적으로 판단을 하셔서 승객 탈출 시킬지 빨리 결정을 해 주십시오.[126]

이를 통해 그는 '세월호가 계속해서 기울고 있다는 사실과 승객들이 선내에서 대기하고 있다는 사실, 그리고 움직이지 못하고 있다는 사실' 정도는 정확하게 파악하고 있었다. 그 상태에서 둘라에이스호 선장 문예식의 퇴선 권고 교신을 수신했다면, 해경과 선원들은 즉시 상황에 적합한 판단을 선택하여 실행에 옮겼어야 한다.

---

126 09:24경 VHF 교신 녹취록.

유조선 둘라에이스호는 세월호에서 탈출하는 승객들을 구조하기에 매우 적합한 선박이었다. 세월호 침몰 당시 둘라에이스호에는 탈출 승객이 타고 올라갈 수 있는 사다리가 준비되어 있었고, 화물(기름)이 만재된 상태여서 수면과의 높이가 1.5m 정도밖에 되지 않아 탈출 승객들이 둘라에이스호에 탑승하는데도 곤란한 상황이 아니었다. 또한 둘라에이스호는 탈출 승객들을 모두 수용할 수 있는 면적이 충분히 확보되어 있었다.

> 검 사 : 만약 증인의 유조선에 그렇게 구조한 사람이 있었다면 몇 명까지나 수용할 수 있었는가요.
> 문예식 : 구명뗏목으로 탈출한다면 몇 명이 아니라 세월호 선박 안에 있는 사람들은 모두 구조할 수 있는 능력을 가지고 있습니다.
> 검 사 : 증인의 선박에는 세월호에 승선하였던 모든 사람을 수용할 수 있을 정도의 면적이 충분히 있다는 것인가요.
> 문예식 : 예, 그렇습니다.[127]

유조선 둘라에이스호와 같은 선박이 마침 세월호 침몰 현장 주변을 항해하고 있었고, 해경의 구조세력이 도착하기도 전에 먼저 도착해 대기하고 있었다는 것은 승객 모두를 구조할 수 있는 천우신조(天佑神助)의 기회였다. 그러나 해경과 세월호 선장, 선원의 잘못된 선택으로 소중한 기회를 허공에 날려 버렸다.[128]

승객들을 구조할 수 있는 소중한 두 번째 기회는 이렇게 진도VTS 관제사 정영민과 세월호 선원들이 포기했다.

---

127 문예식, 『공판조서』(제1회 공판 증인신문 조서), 광주지법, 2014.8.20, 2014고합 180 살인 등, 17쪽, 24쪽.
128 09:40까지 도착한 구조세력 : P123정, B511헬기, B513헬기, 전남 707, 둘라에이스
   10:00까지 도착한 구조세력 : B512헬기, 전남207, 전남 201, 아리랑호(10:02),
   　　　　　　　　　　　　　민간어선, 드라곤에이스
   12:00까지 도착한 구조세력 : 3009함, 1508함, P57정(완), 302(제), PKG(해군 10:20),
   　　　　　　　　　　　　　전남 소방헬기 (10:10, 11:32), 광주소방헬기(10:37)

세 번째 기회 : 511호 헬기의 도착

세월호 침몰 현장에 가장 먼저 도착했던 해경의 구조세력은 511호 헬기였다. 511호 헬기는 오전 9시 25분경 침몰 현장에 도착하여 침몰하고 있는 세월호 상공을 선회한 후, 부기장 김태호가 TRS 채널 52번으로 "타워, 여기 호텔2, 현장 도착, 여기 호텔2. 현장 도착"이라고 도착보고를 했고, 서해지방해양경찰청 상황담당관 유연식은 511호 헬기 부기장 김태호에게 현장 상황을 보고하라고 지시했다. 하지만 유연식의 진술에 따르면, 자신의 지시에 대해 511호 헬기 부기장 김태호는 보고를 끝까지 하지 않았고, 재차 묻거나 구조를 위한 후속 조치도 전혀 진행하지 않았다.

세월호 침몰 당시 상황실에서 구조를 지휘한 수뇌부와 상황실 근무자들은 모든 가용수단을 총동원하여 침몰 선박에 대한 상세한 정보를 수집하고, 이를 바탕으로 구조계획을 수립하고 구조작업을 진행했어야 한다.

당시 511호 헬기 부기장 김태호는 짧지만 정확한 침몰상황을 TRS 52번 채널로 보고했지만 보고를 지시한 사람도, 함께 TRS 교신 내용을 듣고 있던 해경들도 이 교신에 따른 사후 조치를 아무도 하지 않았다.

> 김태호 : 타워, 여기 호텔2, 현장 도착. 타워, 여기 호텔2. 현장 도착.
> 유연식 : 호텔2, 현재 상태를 보고할 것.
> 김태호 : 배 우측으로 기울어져 있고 지금 대부분 선상, 선상과 배 안에 있음
> 남　자129 : 밖으로 나와 있는 사람 몇 명이야?
> 김태호 : 해상에는 지금 인원이 없고 인원들이 전부 **있음.
> 남　자 : 완료. 수신 완료130

---

129 도착보고를 지시했다는 점과 문맥으로 볼 때 "남자"로 표시된 사람은 논리적으로 서해청 상황담당관 유연식일 수밖에 없다.

TRS는 대한민국의 육지와 바다, 그리고 공중에 있는 해경들이 업무수행 중 상호간 장애 없는 교신을 진행할 목적으로 설계된 통신시스템이다. 따라서 세월호 침몰 당시 구조에 참여한 해경들이 채널 52번을 개방한 상태에서 구조에 참여했다면, 문제의 교신을 수신하지 못할 이유가 없었다. 만약 상황실에서 상황을 지휘했던 수뇌부와 상황실 근무자들이 이 교신내용을 듣지 못했다면 그것은 지독한 근무 태만 행위에 해당한다.

511호 헬기 부기장 김태호는 도착 보고과정에서 '배가 기울어져 있다는 사실'과 '대부분 승객들이 해상이 아닌 선내에 대기하고 있다는 사실'을 명확하게 보고했다. 하지만 9시 10분경부터 상황실에 임장하여 구조를 지휘한 해경 수뇌부와 선내 정보를 파악해 보고할 의무가 있는 상황실 요원들은 이 교신을 듣지 못했다고 진술했고[131], 구조를 위한 후속 조치도 하지 않았다. 오직 성명 불상의 남자 한 사람만이 "완료. 수신 완료"라고 했는데, 검찰은 수사과정에서 이 남자를 찾지 않았다.

더구나 이 보고를 끝낸 후 구조를 진행한 511호 헬기의 구조방법에도 문제가 있었다. 당시 상황은 항공구조사가 조타실 등 세월호 선내에 충분히 진입할 수 있는 상황이었고 반드시 선내진입을 해야만 하는 상황이었다.[132] 따라서 세월호 침몰 현장에 가장 먼저 도착했던 511호 헬기의 항공구조사가 세월호 조타실 등에 진입하여 퇴선 방송을 진행하거나,[133] 아니면 선원으로 하여금 승객들을 퇴선 시키도록 했어야 한다. 그렇지만 그들은 어떤 행위도 하지 않았다.

130 속기법인 대한, 『녹취서』, 4·16세월호참사 관련 해경 TRS 녹취록, 2016.4.5, 24쪽.
131 "밖으로 나온 사람이 몇 명이야."라고 했다는 점과 "수신 완료"를 했다는 점을 감안하면 누군가는 이 교신 내용을 정확히 들었다. 다만 검찰이 이 부분에 대한 수사를 하지 않은 것이 분명하다.
132 양회철 박훈식 김재현 유규석, 『진술조서 2회 대질』, 광주지검 708호검사실, 2014. 7.22, 14~15쪽.
133 황인, 『진술조서』, 광주지검 708호 검사실, 2014.8.7, 14쪽.

511호 헬기의 항공구조사들은 침몰하는 선박 밖에서 자력으로 탈출하는 승객들의 구조만 진행했고, 곧이어 도착한 513호 헬기와 512호 헬기도 같은 패턴으로 구조작업을 진행했다.

결국 승객들을 모두 구조할 수 있는 소중한 세 번째 기회는 서해지방해양경찰청 상황담당관 유연식이 교신을 진행하고도 사후 조치를 하지 않아 허공에 날려 버렸다.

네 번째 기회 : OSC 함정 123정의 현장 도착

세월호 침몰 당일 9시 30분경 OSC함 123정이 침몰 현장에 도착했을 때, 123정 정장 김경일은 다양한 구조방법을 선택할 수 있었다.

123정의 방송시설을 이용하여 대공방송을 진행할 수도 있었고, 직접 선내진입을 하는 방법도 있었다. 다만 이러한 구조방법은 123정이 세월호 침몰 현장에 도착하기 전 또는 도착 직후, 세월호와 교신을 설정하거나 선원의 신원을 확보하여 정확한 선내 상황부터 파악하는 것이 전제조건이었다. 하지만 세월호 침몰 당일 해경의 어떤 구조세력도 세월호 상황을 알려주는 행위를 하지 않았다.

결국 123정 정장 김경일은 고무단정을 이용해 기관부 선원들을 먼저 구조한 다음, 123정을 세월호 조타실 앞에 직접 접안하여 조타실에서 도주하는 선장과 선원들을 구조했고, 이후에는 자력으로 탈출한 승객들만 단정과 함정에 승선시키는 방법의 구조작업을 진행했다.

그림 3-12. 123정의 대공방송을 세월호 선내 승객은 들을 수 있었다

해경 촬영 동영상(09:35:40) 필자 화면 캡쳐 및 재판자료 참고 정리.

123정에서 세월호 선내 승객들을 향해 대공방송을 진행했다면 탑승객들은 들을 수 있었을까? 이 부분은 한때 123정 정장 김경일이 재판 진행 과정에서 '헬기 소음 때문에 들을 수 없었을 것이다'라고 주장하여 핵심 쟁점으로 부각 됐다. 재판부는 다음과 같은 이유를 들어 선내 승객들이 123 정의 대공방송을 들을 수 있다고 판단했다.

- 세월호 최상층 갑판이 [그림3-12]와 같이 방음벽 기능을 했으므로 대공방송을 듣는 것은 가능했다.

- (침몰현장에서 촬영된 동영상에 의하면) 당시 헬기가 떠 있는 상황에서도 우현 4층 갑판에서 구조작업을 하던 사람들과 세월호 내부에 있던 사람들이 구조 과정에서 대화를 하고 있었다.

- 세월호 침몰 당시 세월호 3층과 4층의 좌현 출입문이 열려있었으며, 3층과 4층 좌현 출입문 주변, 로비와 선실 복도 등에 많은 승객들이 구조를 기다리고 있었으므로, 123정이 세월호에 접근하여 대공 마이크 등으로 퇴선방송을 실시했거나 승조원이 갑판에 승선하여 퇴선을 유도했다면, 선내에 대기하고 있던 일부 승객들이 퇴선 방송을 직접 들을 수 있었다.

- 123정의 퇴선방송 등을 들은 승객들이 휴대전화나 육성으로 선내에 있던 다른 승객들에게 퇴선조치를 전파할 수 있었다.

■ 퇴선 지시를 들은 승객들은 갑판으로 연결된 출입문 등을 통해 갑
판 등으로 나오거나 바다로 뛰어들 수 있는 상황이었다.134

세월호 침몰 당일 9시 44분과 9시 49분 44초경, 123정 승조원 이형래 경
사와 박상욱 경장은 뒤늦게 세월호에 올라갔다. 이형래가 올라간 곳은 선
내방송이 가능한 3층 안내실로 통하는 출입문이 정면에 위치해 있었다.
그 시간 안내데스크의 출입문은 열려있었고, 여객부 승무원 강혜성은 여
전히 "가만히 있으라"는 방송을 진행하고 있었다.

박상욱이 진입한 세월호 조타실 내부에는 핸드레일이 설치되어 있었기
때문에 방송시설까지 이동할 수 있었고, 충분히 선내방송을 진행할 수 있
었다. 하지만 그는 조타실 진입에는 성공했지만, 승객구조와 관련된 퇴선
방송은 하지 않았다. 경장 박상욱의 조타실 진입 목적은 아직까지 미스테
리로 남아있다.135

123정이 침몰 현장에 도착했을 때, 세월호 조타실 선원들은 진도VTS와
VHF 교신을 진행하고 있었다. 123정 정장 김경일이 침몰 현장으로 출동하
는 과정에는 세월호와 VHF 교신을 하지 못했다 하더라도, 침몰 현장에 도
착한 이후에는 구조와 관련한 교신을 설정하여 선내 상황을 파악하고 선
원들 구조에 활용할 수는 상황이었다.

특히 세월호 2등 항해사 김영호는 무전기를 소지한 채 도주하였다. 만
약 그가 소지하고 있던 무전기를 이용하여 강혜성 및 양대홍과 교신을 설
정하고, 퇴선 안내 방송을 하도록 조치했다면 아주 늦었지만 더 많은 승객
을 구조할 수도 있었을 것이다. 결국 모든 승객을 구조할 수 있었던 네 번

---

134 광주고등법원 판결, 2015. 7. 14, 2015노177 업무상과실치사, 업무상과실치상, 허위
공문서작성, 허위작성공문서행사, 공용서류손상, 제6형사부, 8~9쪽.
135 필리핀 가수 부부를 제외하면 조타실에서 퇴선한 사람들은 모두 내국인이었다. 오
직 구조의 목적이었다면 바로 옆에 있던 조준기에게 "조타실에 몇 명의 승객이 있는
지" 물어봤으면 끝날 일이었다.

째 기회도 역시 해경의 잘못된 구조 때문에 상실되었다.

다섯 번째 기회 : 본청 경비과장 여인태와 123정 정장 김경일의 전화통화

세월호 침몰 당시 해양경찰청 본청 상황실에는 해경청장 김석균을 비롯하여, 차장 최상환과 경비안전국장 이춘재 등 대한민국 해경 최고 수뇌부들이 모두 임장해 있던 상태였다.

123정이 침몰 현장에 도착하여 고무 단정을 내리던 9시 37분 4초경, 본청 경비과장 여인태는 123정 정장 김경일과의 전화통화를 통해 '갑판에 선원이 하나도 나와 있지 않다는 사실, 현재 밖에는 사람이 하나도 보이지 않으며, 좌현으로 50도 기울어져 있고, 구명뗏목이 하나도 터지지 않았으며, 곧 침몰할 것 같다'는 정확한 세월호 침몰상황을 파악했다.

> 김남진 : 여기 본청인데요. 지금 현장 상황을 빨리 보고 좀 해주세요. 그리고,
>
> 김경일 : 현재 지금 도착했는데요. **선원들이** 하나도 안 보이고, 헬기가 여기 ** 계류할 수가 없네요. 여기 지금 상황이,
>
> 김남진 : 영상시스템 작동 안됩니까?
>
> 김경일 : 구명벌도 투하한 것도 없고, 구명벌 투하한 거 없는데, 현재 여기 **사람이** 안 보여 가지고요. 헬기 쪽으로 문의 한번 해 볼랍니다. 아마 선박 안에 있는가 봅니다.
>
> 김남진 : 아, **선원들** 전혀 안 보여요.
>
> 김경일 : 예, 예. 지금 현재,
>
> (중 략)
>
> 김경일 : 예. 그리고 50도 기울어 졌고요. 지금 우리 헬기 2척이, 2대가 지금 제4구에서 지금 인원을 구조하고 있습니다.
>
> 여인태 : 사람들 보여요, 안보여요?

김경일 : 사람들 하나도 안보입니다, 지금.

여인태 : 사람들… 아니, 갑판 위에 사람들 한 명도 안보여요?

김경일 : 예, 안보입니다.

(중략)

여인태 : 사람들 전부 바다에 뛰어내렸어요, 안 내렸어요.

김경일 : 바다에 한 사람도 없습니다.

(후략)136

목포서 상황실 근무자가 상황을 접수하는 과정, 123정과 헬기가 이동하는 과정에서 해경이 매뉴얼을 준수하지 못했다 하더라도, 최소 해양경찰청장 김석균이 직접 지휘하는 상황실은 합리적으로 구조 지휘를 했어야 했다.

여인태는 김경일과 전화통화 한 통으로 구조에 필요한 모든 정보를 파악했다. 그렇다면 즉시 김경일에게 선내진입을 명령하든가 퇴선방송을 진행하라고 지시하고, 그때부터라도 직접 구조현장을 지휘했어야 한다. 하지만 여인태는 구체적인 지시행위 대신에 "자, 정장님! TRS 돼요, 안돼요? 자, 지금부터 전화기 다 끊고 모든 상황은 TRS로 다 실시간 보고하세요"라고 말한 후 전화를 끊어 버렸다. 그리고 정작 승객구조와 관련된 중요한 지휘 사항은 123정과 헬기가 확인할 수 없는 '문자상황시스템'을 통하여 송출했다.137

참으로 무책임한 행동이었다. 해경이 승객을 구조할 수 있는 마지막 기

---

136 속기법인 대한, 『녹취서(해양경찰청 경비전화 2342)』, 2016.4.19, 9~11쪽.

137 특별수사단의 수사결과를 지켜봐야 하겠지만, 아마도 해양경찰청 경비과장 여인태는 전화통화 내용을 해양경찰청장 김석균 등에게 보고조차 하지 않았을 것으로 추정된다. 문제의 통화가 끝난 후 즉시 여인태는 TRS로 김경일을 호출하여 같은 내용을 재차 보고하도록 조치했는데, 이것으로 보고를 갈음했을 개연성이 높다고 필자는 판단하고 있다.

회는 해양경찰청 상황실에서 날려 버린 셈이다.

이와 같이 세월호 침몰사건 초기상황에서 승객 전원 또는 대다수를 구조할 수 있는 최소 다섯 차례의 기회는 모두 해경 관계자와 수뇌부의 잘못된 판단이나 행위로 사라졌다.

한 가지 아쉬운 대목이 더 있다. 세월호 침몰 당시 단원고 학생들은 '세월호 침몰과 관련한 뉴스'를 휴대폰으로 검색하고 있었다. 비록 세월호 선내에서 "가만히 있으라"는 방송이 진행되고 있었더라도 외부에서 대피요령 같은 것을 알려주었다면 최악의 상황은 면할 수도 있었다.

중앙재난안전대책본부 등에서 "세월호 승객은 지금 즉시 구명조끼를 착용하고 선박에서 탈출 하십시오"라는 재난 문자 메시지를 승객들에게 발송하거나,138 재난방송주관방송사 KBS 또는 침몰 사실을 최초로 송출했던 YTN 등이 "지진 발생 시 대응요령"을 방송하듯이 "대형 선박 침몰사고 발생 시 탑승객들의 대응요령" 등을 정리해서 속보로 송출했다면, 한 단계 더 나아가 '세월호 승객은 지금 즉시 구명조끼를 착용하고 선박에서 탈출 하십시오'라는 속보만 송출했다면 승객들은 그것을 참고하여 탈출을 시도할 수 있었을 것이다.

자료목록

1) 문명일, 『문답서』, 감사원(서해지방해양경찰청 감사장), 2014.6.5
2) 문예식, 『공판조서』(제1회 공판 증인신문 조서), 광주지법, 2014.8.20, 2014고합 180 살인 등
3) 양회철·박훈식·김재현·유규석, 『진술조서 2회 대질』, 광주지검, 2014.7.2

---

138 국회사무처, 『세월호침몰사고의진상규명을위한국정조사특별위원회조사록』, 2014. 6.30, 73~74쪽.

4) 황인, 『진술조서』, 광주지검, 2014.8.7

5) 광주지방법원 판결, 2014.11.11, 2014고합 180 살인 등(2014고합 384 병합), 제11형사부

6) 광주고등법원 판결, 2015.7.14, 2015노177 업무상과실치사, 업무상과실치상, 허위공문서작성, 허위작성공문서행사, 공용서류손상, 제6형사부

7) 국회사무처, 『세월호침몰사고의진상규명을 위한국정조사특별위원회조사록』, 2014.6.30

8) 속기법인 대한, 『녹취서』(4·16세월호참사 관련 해경 TRS 녹취록), 2016.4.5

6.
122구조대
늦장 출동의 비밀

세월호 침몰 사건의 구조 작전에서, 해경 수뇌부와 상황실 근무자들의 가장 큰 실책 중 하나는 '511호 헬기를 출동시킨 뒤에 122구조대 및 특공대 등 후속 지원세력을 출동시키지 못했던 것'이다.

서해지방해양경찰청 상황실은 침몰 초기에 511호 헬기 딱 한 대만 세월호 침몰현장에 출동시켰다. 하지만 추가적인 후속 조치를 하지 않았고, 그 결과 '특공대와 122구조대' 등 잠수 세력들이 타고 갈 헬기와 함정이 없어 늦장 출동의 원인으로 작용했다.

세월호 침몰 이후 해경 수뇌부와 상황실 근무자들에게 부과된 임무는, '신속하게 잠수 가능한 구조세력을 침몰현장에 투입하는 것'이었고, 당시 침몰현장에 가장 빨리 투입할 수 있는 구조세력은 서해지방해양경찰청 특공대와 목포해양경찰서 소속 122구조대가 있었다.

하지만 서해청 특공대의 경우 지휘체계의 혼선으로 "출동 대기인지, 출동 지시"인지도 모르고[139] 우물쭈물하다가 9시 35분경 이동수단도 확보하

---

[139] 특공대 팀장은 09:15경 자신에게 전달된 명령은 "출동준비를 하고 대기 하랍니다"였

지 않은 상태에서 목포해양경찰서 전용 부두로 달려갔지만, 타고 갈 함정이 없어 다시 서해지방해양경찰청으로 되돌아왔고, 뒤늦게 전남지방경찰청 헬기를 지원받아 특공대원 7명을 태우고 10시 25분경 출동하여 11시 35분경 세월호 침몰현장에 도착했다.

가장 큰 문제는 목포해양경찰서 및 군산해양경찰서 소속 122구조대 대원들의 출동과정이다.

세월호 침몰 당일 군산해양경찰서 122구조대 대원 2명은 군산 502 헬기를 타고 10시 38분경 세월호 침몰현장에 도착했지만, 아무것도 하지 않고 침몰현장 상공에 대기하다가 11시 8분경 단원고등학교 부상자 고 정차웅 군을 바구니에 태우고 목포로 돌아왔다.

목포해양경찰서 122구조대는 목포해양경찰서 상황실의 잘못된 조치로 신속한 출동을 하지 못했다. 그들은 뒤늦게 특수차량을 타고 진도 팽목항으로 이동하여 그곳에서 경비정 P-120정을 타고 세월호 침몰현장으로 이동했으며, 그 결과 오후 12시 19분경에야 세월호 침몰현장에 도착할 수 있었다.[140]

세월호 침몰 당일 해경이 '잠수 가능한 구조인력'을 신속하게 침몰현장에 투입하지 못한 것은 치명적인 실수에 해당한다.

더구나 해경은 군산해양경찰서 소속 122구조대 대원들이 세월호 침몰현장에 도착한 시간을 의도적으로 은폐했으며, 목포해양경찰서 소속 122구조대 대원들이 출동하는 과정도 허위보고서를 작성하여 청와대에 보고까지 했다.

하지만 감사원은 감사하는 과정에서 그들의 잘못된 조치와 허위공문서

으므로 즉시 출동하지 않았다고 진술했다. 최의규, 『진술조서』, 광주지방검찰청, 2014. 6.8, 4쪽.

140 감사원, 『감사결과보고서 – 세월호 침몰사고대응 및 연안여객선 안전관리 · 감독실태』, 2014.10, 32쪽.

작성 등에 대한 구체적 비위 사실을 발견하고도 합당한 처분을 하지 않았고, 검찰 또한 수사과정에서 감사원 감사 서류를 틀림없이 검토했을 것인데 아무런 조치도 하지 않았다.

'122구조대'란 무엇인가?

'122 해양경찰구조대'란 구조요원과 구급요원[141]으로 편성되며, 구조요원은 잠수직별 경찰관 또는 비잠수직별 중 구조대원으로 선발된 사람이 구조 훈련을 받고 구조대, 파출소, 함정에 배치되어 해상사고 발생시 수색 및 구조 활동 등의 임무를 수행하는 해양경찰을 말한다. 122구조대 대원들은 다음과 같은 직무를 담당하고 있다.

- 인명구조를 위한 수색구조에 관한 사항
- 인명구조, 수색 기술 연구 · 개발 및 적용에 관한 사항
- 응급환자에 대한 응급처치에 관한 사항
- 구조, 구급 장비의 관리 · 운영에 관한 사항
- 해상특수범죄에 대한 초동조치 및 진압 지원에 관한 사항
- 해양 관련 요인경호 및 국가 주요행사의 안전활동 지원에 관한 사항
- 자체 교육훈련에 관한 사항
- 해상 대테러 활동 지원에 관한 사항
- 기타 해양경찰청장 또는 지방해양경찰청장이 지정하는 임무[142]

---

141 「의료법」 제2조에 따른 의료인과 「응급의료에 관한 법률」 제36조에 따른 응급구조사로 응급환자에 대한 응급처치를 행하는 사람을 말한다.
142 「해양경찰 항공 운영 규칙」, 제3조 [임무] 참조.

해경의 조직 중 122구조대 대원들과 같이 인명구조를 목적으로 하는 유사한 조직은 항공구조대와 특공대가 있다.143

항공구조대는 헬기를 이용해 조난현장에 직접 투입되어, 조난자의 수색구조 및 환자후송 등의 임무를 맡고 있다. 이들은 주로 도서 지역에서 발생한 응급환자를 신속하게 육지 병원으로 이송하거나, 해상의 선박이 좌초, 침몰, 화재 등의 사고가 발생하여 긴급구조를 요구하는 상황이 접수되면, 신속하게 헬기로 출동하여 단시간 내에 해상 표류자를 구조하는 업무를 하고 있다.144

반면 122구조대는 헬기를 타고 이동하기도 하지만 주로 고속보트를 타고 이동하며, 잠수 장비를 이용해 바다에 빠진 익수자나 사고 선박 내에 있는 사람을 구조하는 것이 중요 임무이다.145

과거 항공구조대 창설 전에는 항공구조가 필요한 상황에서 122구조대가 헬기를 타고 출동하여 구조작업을 진행했지만, 2014년 초 서해지방해양경찰청에 항공구조대가 창설된 이후에는 122구조대는 항공구조작업은 진행하지 않고 있었다.

특공대는 해양 테러 사건에 대한 무력진압 작전 수행 및 폭발물 탐색처리, 해양 테러 사건의 예방 및 저지 활동 수행, 해양경호 및 국가 중요행사의 안전활동 지원 등을 전담하는 조직이다. 그러나 세월호 침몰 사건과 같은 상황에서는 122구조대와 함께 잠수하여 해난구조 업무를 지원하는 해경의 중요 구조세력이다.146

---

143 항공구조대와 특공대는 서해지방해양경찰청 소속이며, 122구조대는 목포해양경찰서 소속이다.
144 권재준, 『진술조서』, 광주지방검찰청, 2014.6.7, 2~3쪽.
145 양회철, 『진술조서』, 광주지방검찰청, 2014.6.7, 3쪽.
146 최의규, 『진술조서』, 광주지방검찰청, 2014.6.8, 3쪽.

군산 122구조대 출동과 허탈한 귀환

2014년 4월 16일 오전 9시 44분경 군산항공대 502호 헬기가 122구조대원 3명을 태우고 세월호 침몰현장을 향해 이륙하려 할 때, 서해지방해양경찰청 항공팀장은 해경 군산항공대장에게 다음과 같은 전화를 했다.

> 서해청 상황실 항공팀장 : 응 502호기 이륙했나?
>
> 군산항공대 : 예, 지금 시정받고 구조대 지금 와 가지고 태우고 있어요. 지금 탑승완료 했어요.
>
> **서해청 상황실(항공팀장) 잠깐만…기다려봐. (구조대 꼭 태워야 해요… 내부 논의 중) 잠깐만 아직 이륙 안했지?**
>
> 군산항공대 : 지금 뜨려고 문 닫았는데… 구조대 3명 탔어요.
>
> 서해청 상황실 항공팀장 : 목포항공대로 오라고 했는데…아니 저~ 서해청으로 오라고 했는데…
>
> 군산항공대 : 목포로 가는 것으로 알고 있습니다.
>
> 서해청 상황실 항공팀장 : 몇 명 탔어? 서해청으로 오는거야?
>
> 군산항공대 : 지금 이륙했습니다. 구조대 3명 태우고…
>
> 서해청 상황실 항공팀장 : 서해청 패드장으로 오라고 하라니까…
>
> 군산항공대 : 예. 알겠습니다.[147]

군산항공대에서 세월호 침몰현장까지의 거리는 209.4km이지만, 이들이 서해지방해양경찰청을 경유 할 경우 약 5km 정도 더 비행하게 되고, 긴급한 상황에서 서해지방해양경찰청에서 소요되는 이륙 및 착륙시간을 감안하면, '서해청으로 오라'는 지휘행위는 결코 정상적인 지휘행위라 평가할수 없다.

서해지방해양경찰청 통화 녹취록에 따르면 군산 502호 헬기의 기수를

---

147 서해지방해양경찰청 2342번 유선 녹취록 7쪽.

서해지방해양경찰청 헬기 패드장으로 돌렸던 이유는, 서해청장 김수현이 침몰현장으로 이동하기 위함으로 판단된다. 하지만 김수현의 경우 11시 20분경 예정된 언론 브리핑 때문에 특공대장 최의규(경정)와 정보수사과장 구관호(총경)가 대신 탑승했다.

특공대장 최의규와 정보수사과장 구관호가 어떤 임무를 부여받고 세월호 침몰현장으로 출동했는지 그 이유는 아직도 밝혀지지 않았다. 다만, 당시 군산 502호 헬기에는 122구조대 대원 3명과 잠수 장비가 탑재된 상태여서 추가 인원이 탑승할 수 없는 상태였다. 추가로 최의규와 구관호가 탑승했기 때문에 군산 122구조대 대원 1명은 헬기에서 내려 세월호 침몰현장에 출동하지 못했다.

서해지방해양경찰청 관계자들은 502호 헬기가 '11:00경 세월호 침몰 해점에 도착했다'고 보고서를 작성했다. 하지만 10시 36분경 B703호 항공기 교신 녹취록(MCRC 녹취록)에는 "해경 502 잠시 대기하고 해경 512 들어가봐요… 해경 502, 해경 703. 앵카, 닻 있는 쪽에 사람 보이지요? 예. 닻 쪽에 침몰 되어 있는 위에 사람이 있는 것 같은데 가까이 접근 한번 해봐요"라고 되어 있다. 따라서 늦어도 10:36 이전에 세월호 침몰현장에 도착했던 것으로 보인다.

구조대 대원 2명과 특공대장은 침몰 현장에 도착해 뭘 했나?

세월호 침몰 당시 침몰현장에 도착했던 특공대장 최의규와 122구조대 대원들에게 요구된 임무는 침몰한 세월호 안에 생존자와 에어포켓이 있는지 확인하고, 그것에 대한 사후대책을 수립하고 신속하게 시행하는 것이었다.

따라서 출동한 구조대원의 숫자와 상관없이 침몰현장에 투입되어 관련된 임무를 수행했어야 했다. 특히 특공대장 최의규의 경우 11시 35분경 서해청 특공대원 7명이 침몰현장에 도착하므로 그곳에서 특공대원들을 지휘했어야 했다.

122구조대가 탑승했던 군산 502헬기는 10시 36분경 세월호 침몰현장에 도착했지만, 침몰해역 상공에서 계속 대기하고 있었다. 물론 502헬기가 착륙할 만한 대형 함정이 없었던 것은 사실이지만, 특수 훈련을 받은 122구조대원들을 침몰현장에 투입하는 것은 어려운 일이 아니었다.

그런데 놀랍게도 특공대장 최의규와 군산 122구조대 대원 2명이 세월호 침몰현장에 도착해서 유일하게 했던 구조행위는 '부상자'를 바스켓에 탑승시켜 목포 시내로 후송한 일이었다.

11시 8분경 122구조대원 경장 김재황은 헬기에서 바스켓을 타고 123정에 내려와서 잠깐 고 정차웅 군에게 심폐소생술을 실시했으며, 11시 15분경 고 정차웅 군을 바스켓에 태우고 자신도 그곳에 탑승하여 목포한국병원으로 이동했다.

해경은 고 정차웅 군을 바스켓으로 이송한 이유를 "이미 의식이 없는 인원을 Rescue Strop(Rescue horse collar)을 이용 인양하는데 제한이 있어 Rescue Basket으로 환자를 고정시킨 후 인양하는 것이 안전하다고 판단되어 바스켓에 태운 것"이라고 해명했다.

하지만 당시 502호 헬기에는 구관호와 최의규 등이 이미 탑승해 있었기 때문에 고 정차웅 군을 탑승시킬 공간이 없었고, 불가피하게 바스켓에 태워 이동했을 가능성이 높다. 또한 고 정차웅 군이 헬기로 후송하기 전에 사망했다는 증거는 없다. 당시 언론에 보도된 정차웅 군의 공식적 사망 시간은 오후 12시 20분경이다.[148]

---

148 「[진도 해상 여객선 침몰] 안산단원고등학교 학생 사망 "총 2명 사망"」, 『MBN』, 2014.4.16. (http://www.mbn.co.kr/news/society/1754605)

만약 특공대장 최의규와 122구조대 대원 2명(김재황, 김성진)이 헬기에서 내리고, 고 정차웅 군을 헬기에 탑승시킨 후 심폐소생술이 가능한 해경 또는 세월호 2등 항해사 김영호 등을 탑승시켜 이동과정에 계속해서 심폐소생술을 진행했었다면 고 정차웅 군의 소생가능성도 있었고, 최의규와 122구조대 대원들도 본연의 임무를 수행할 수 있었다.

하지만 그들이 헬기에서 내리지 않고 고 정차웅 군을 바스켓에 태워서 이동했던 탓에, 정 군은 이동과정에 합당한 조치를 받지 못해 생명을 잃었을 가능성도 있고, 최의규 등은 본연의 임무인 수중수색도 하지 못하는 최악의 결과를 초래했다.

세월호 침몰 당일 해양경찰청(본청) 상황실은 11시 24분경 문자상황보고시스템에 "현재 잠수인력 투입 여부?"를 물었다. 이에 대하여 서해청 상황실 근무자 이선일은 11시 25분경 "122구조대 4명 투입"이라 입력했고, 11시 32분경 작성된 상황보고서 2보에도 같은 내용을 작성하여 보고했다.

서해지방해양경찰청 상황실 근무자들은 군산 502헬기에 특공대장 최의규와 군산해양결찰서 소속 122구조대 대원들이 탑승해 출동한 사실과 침몰해역에 도착한 사실을 알고 있었으므로, 당연히 그 시간쯤이면 잠수를 시작했을 것으로 판단했을 것이다.

하지만 특공대장 최의규와 군산 122구조대원들이 그 시각에 목포로 돌아오고 있었기 때문에 본의 아니게 사실과 다른 허위 보고를 하게 되었을 것으로 판단된다.[149]

---

149 특공대장 최의규는 "11:00경 세월호 사고현장 상공에 도착하였으나 대형 함정이 사고 현장에 없어 바로 착륙하지 않았다"고 진술했다. 하지만 군산 122구조대원 김재황과 똑같은 방법으로 123정 또는 513함에 착륙할 수 있었으므로 그의 주장은 문제가 있다.

침몰 당시 목포서 상황실은 122구조대에 출동 지시를 했는가?

감사원 감사보고서에 의하면, 세월호 침몰 당시 목포해양경찰서 전용 부두에는 상황 대기함정 513함 등이 정박하고 있었지만, 목포해양경찰서 상황실 근무자들은 122구조대 대원들이 513함을 타고 출동할 것을 지시하지 않았다. 그들은 특수차량을 타고 팽목항으로 이동한 후, 그곳에서 진도파출소 순찰정이나 어선을 타고 침몰현장으로 이동할 것을 지시했다.

그 결과 513함은 122구조대를 태우지 않고 9시 20분경 해양경찰 전용 부두를 출발하여 11시 10분경 세월호 침몰현장에 도착했지만 122구조대 대원들은 차량으로 이동하여 어선 남일호와 P-120정을 이용하여 이동했던 결과, 오후 12시 19경에야 세월호 침몰현장에 도착했다.[150]

이러한 감사원의 감사결과는 객관적이고 적정했을까? 필자의 분석으로는 목포해양경찰서 상황실 근무자가 122구조대에 대한 출동 지시를 하는 것부터 이동 방법에 이르기까지, 뭣 하나 제대로 감사한 것이 없다고 판단된다.

세월호 침몰 당시 목포해양경찰서 상황실 근무자와 122구조대 대원들은 "122구조대에 대한 세월호 침몰 사실 전파 및 출동 지시"와 관련하여 상반된 진술을 하고 있다.

목포해양경찰서 B조 상황실장 백남근은 오전 8시 58분경 출동 지시를 했다고 진술했다.

> 경비정으로 출동하면 차량을 이용하는 것보다 출동이 늦어질 것으로
> 판단되어, 본인이 08:58경 구두로 목포 122구조대 경감 김윤철 또는 경
> 위 한원산에게 목포 122구조대는 차량을 이용하여 진도로 출동하도록

---

150 감사원, 『감사결과보고서 – 세월호 침몰사고 대응 및 연안여객선 안전관리·감독실
태』, 2014.10, 32쪽.

지시하였다…세월호 사고 당시 목포 122구조대는 민간어선을 수배해 달라고 요구하지 않았고, 목포 122구조대가 진도에 도착하여 진도파출소에 문의하는 등의 방법으로 민간어선을 수배하여 출동할 것으로 판단하였다.[151]

상황담당관 조형곤은 이 장면을 목격했다고 했다.[152] 목포해양경찰서 상황실 다른 근무자들도 [표 3-7]과 같이 대체로 백남근의 주장에 힘을 싣는 진술을 했다.

표 3-7. 122구조대 출동 지시 관련 쟁점 사항

구분	직급	성명	시간	주 장 사 항
목포서 상황실	상황담당관	조형곤	08:58경	B조 상황실장 백남근이 122구조대원과 차량으로 이동할 것을 지시하는 내용을 들었음
	B조 상황실장	백남근	08:58경	구조대장 김윤철 또는 경위 한원산에게 차량을 이용 출동할 것을 지시했음
	상황요원	박신영	?	상황실장님이 출동지시 했던 사실은 기억나지만 이동 방법은 정확하게 기억나지 않음
	C조 상황실장	이병윤	09:03경	B조 상황실장 백남근이 모든 세력 출동하라 했고, 그 속에는 122구조대도 들어 있음
122구조대	구조대장 경감	김윤철	09:00경	사무실에서 TRS에서 침몰 사건을 인지했지만 출동 지시는 없었으며, 자신의 자체 판단에 의해 출동 했음

관련자 진술을 참고하여 필자 정리.

하지만 122구조대장 김윤철은 출동 지시가 없었다고 진술했다.

"(세월호 침몰) 당시 사무실에서 근무하고 있었는데, 정확한 시간은 모르겠지만 사무실 내에 켜 놓았던 TRS에서 약 09:00경(**정확한 TRS 전파 시각 : 09:03:24**) 목포서 상황실과 다른 어딘가와 교신 하는 내용을 들은 직원 중 한 명이 저에게 '여객선이 침몰 중으로 대형사고가 발생했다'고 하여 사고 경위를 알게 되었다. 이에 '목포서 상황실과 통화를 시

151 백남근, 『확인서』, 감사원, 2014.6.12, 47쪽.
152 조형곤, 『문답서(2회)』, 감사원, 2014.6.11, 2쪽.

도하였으나 상황실이 너무 급박하여 교신하는데 실패하고, 09:13경 나름대로 상황이 긴박하다는 것을 직감으로 느끼고 구비된 특장차(버스)에 구조장비를 탑재하고 현장을 향해 곧바로 출발했다."[153][154]

우선 확실한 점은 목포해양경찰서 상황실 근무자가 전화 통화를 통해 122구조대 대원들에게 '특수차량을 이용하여 출동할 것'을 지시했을 가능성은 있지만, **'경비정으로 출동하면 차량을 이용하는 것보다 출동이 늦어질 것으로 판단되어 특수차량으로 이동할 것'**을 지시했을 개연성은 전혀 없다는 것이다.

정확한 통화 당사자는 알 수 없지만, 세월호 침몰 당시 목포해양경찰서 상황실과 122구조대 사무실은, 09:06(54초), 09:21(36초), 09:22(41초) 등 총 3차례에 걸쳐 131초를 성공적으로 통화한 사실이 있다. 이것은 적어도 '09:22경까지는 목포해양경찰서 소속 122구조대가 확실하게 출동하지 않았다'는 방증이며, '신속한 출동은 없었다'는 증거이기도 하다.[155]

따라서 목포해양경찰서 상황실 근무자와 122구조대 대원들이 했던 위 3통의 통화 사실을 감사와 수사과정에서 밝히지 않은 것은 실제 출동시간을 감추기 위해 서로 말맞추기를 했던 것이고, 검찰과 감사원은 이 부분을 애써 눈감았을 가능성이 있다.

목포해양경찰서 122구조대는 구조대장 김윤철(경감)과 9명의 대원이 24시간 3교대 근무(근무조 (09:00~다음날 09:00까지), 휴무조, 비번조)를 한다.

세월호 침몰 당일 1팀(경위 한원산, 경장 최석웅, 순경 권지훈)은 '비번조'였고, 2팀(휴무조 : 경사 임경민, 순경 신정현, 순경 김형규)은 전일 근

153 김윤철, 『진술조서』, 광주지방검찰청, 2014.6.13, 7쪽.
154 위와 같음, 6쪽.
155 다만 상황담당관 백남근과 상황실장 조형곤이 08:58경으로 진술한 것은 "목포상황실 통화 내역"에 기록된 시간을 참고한 것이며, 실제 통화시간은 +8분 보정해야 하므로 최초 통화시간은 09:06경이 맞다.

무를 막 끝낸 '휴무조'였으며, 3팀(경장 서민주, 순경 한원국, 순경 전치국)은 근무조였다.

세월호 침몰 당시 2팀과 3팀 근무자들은 근무교대 시점을 전후로 하여 세월호 침몰 사실을 인지했던 것으로 추정되며, 구조대장 김윤철을 비롯한 2팀 및 3팀 근무자 7명이 1차로 출동하고, 비번인 1팀 근무자들은 비상 소집되어 2차로 출동했다.

따라서 위 김윤철의 주장대로 9시경 TRS 교신 내용을 듣고 9시 13분경 출동했다면, 9시 22경 사무실엔 아무도 없었으므로 목포해양경찰서 상황실과 전화 통화는 불가능하다.

뿐만 아니라 상황실로부터 출동 지시를 받지 않았다면 9시 6분경 전화 통화의 성격을 규정할 수 없다. 상식적으로 긴급한 상황에서 그 시간에 상황실이 사적인 전화 통화를 54초씩이나 했을 개연성은 높지 않기 때문이다.

목포 122구조대의 실제 출동시간은?

따라서 목포 122구조대의 출동시간과 관련한 감사원의 감사결과는 전형적인 부실감사의 사례에 해당한다. 감사원 감사결과 보고서에 따르면, '목포해양경찰서 상황실 근무자는 08:58경에 출동 지시를 했고, 122구조대 대원들은 09:13경 특수차량을 이용하여 팽목항을 향해 출동했다'고 인정했다.

하지만 이것은 목포서 상황실 근무자와 122구조대 대원들이 출동과정에서 발생한 늑장 출동의 책임을 회피하기 위해 내세운 억지 주장인데, 감사원은 그들의 주장을 100% 수용하여 그들에게 완전한 면죄부를 주었다.

122구조대 출동시간과 관련해서는 두 가지 관점에서 검토되어야 한다.

하나는 목포해경 전용부두부터 팽목항까지 78km에 불과한 거리를 '122 구조대 대원들이 09:13경에 출동한 것이 틀림없다면, 왜 10:35경이 되어서야 팽목항에 도착했느냐 하는 점이다. 또 하나는 '122구조대 대원들이 실제로 09:13경에 출동했느냐' 하는 문제이다.

전자의 경우 122구조대 대원들은 '이동과정에서 취재 차량의 통행이 증가하면서 도로 정체 현상이 발생했기 때문'이라고 주장했다.[156]

122구조대 대원들은 '근본적으로 목포를 벗어나는데 많은 시간을 허비했고, 진도에서 팽목항까지 가는 길이 편도 1차로인데, 언론사 취재 차량이 팽목항으로 가고 있었기 때문에, 경광등까지 켜고 달렸지만 추월할 방법이 없어 지연되었다'고 진술했다.

하지만 (필자는 동의하지 않지만) 가장 먼저 세월호 침몰 사실을 보도했던 YTN의 방송시간이 9시 19분경이고, 대한민국 모든 언론과 기관들이 이 시간을 기준으로 움직이기 시작했다는 점을 감안하면, 9시13경에 출발했다는 해경의 변명치고는 궁색하기 짝이 없다.

언론사의 취재 차량이 팽목항으로 출발하기 시작했던 시점(9시 19분 이후)은 이미 122구조대가 출발을 완료했던 시점이고, 세월호 침몰 당시 목포 시내에 몇 대의 취재 차량이 존재했는지 알 수 없지만, 이들이 침몰 사건이 발생할 것을 예측하고 이를 방해하기 위하여 고의로 도로를 점거하지 않는 이상 물리적으로는 도저히 예상할 수 없는 변명이기 때문이다.

후자의 경우에는 목포해양경찰서 상황실의 전화통화기록으로 간단히 입증된다. 목포해양경찰서 상황실 근무자들은 침몰 당일 9시 6분경 122구조대 사무실과 통화한 이후에도[157] 9시 21분경 및 9시 22분경 두 차례 더 통화를 진행한 사실이 있다.[158]

---

156 김윤철, 『진술조서』, 광주지방검찰청, 2014.6.13, 9쪽.
157 감사원이 08:58경이라고 결론 내린 것은 목포해양경찰서 상황실 통화 기록을 기준으로 한 것으로 판단되지만, 해경의 주장에 의하면 이 시각은 -8분의 시차가 존재하며 이를 보정하면 9:06경이다.

필자는 정보공개 절차를 통해 세월호 침몰 당일 목포 122구조대의 총 인원은 침몰현장으로 출동했던 10명이 전부였던 것으로 확인했다. 따라서 9시 21분경 및 9시 22분경에 122구조대 사무실에서 누군가가 상황실과 전화 통화를 했다는 것은, 122구조대 대원들이 아직 출발하지 않았거나, 아니면 사무실에 침입자가 있어 대신 전화를 받았다는 경우 외에는 상상할수가 없다.

단언컨대 '목포해양경찰서 122구조대 대원들은 9시 22분 이전에는 출동하지 않았다'고 확신한다.

특수차량을 이용해서 팽목항으로 이동하라!

122구조대 대원들이 침몰현장으로 신속하게 출동할 방법은 직선거리로 2.5km 떨어진 곳에 있는 해군 3함대 소속 링스헬기를 이용하는 방법([그림 3-1] 참조)과 122구조대 사무실과 약 100m 떨어진 목포해양경찰서 전용 부두에 정박되어 있던 당직함정 513함 등을 이용하는 방법이 있었다.159

하지만 122 구조대장 김윤철, 세월호 침몰 당시 목포해양경찰서 상황실 근무자 및 122구조대 대원들은 서로 의사소통이 없었음에도 상식적인 이동 방법을 배제하고 매우 창의적인 출동방법을 똑같이 선택했다.

그들은 가장 빨리 침몰현장에 도착하는 방법을 선택했다고 진술했다.

---

158 필자의 정보공개 청구에 대한 목포해양경찰서의 답변에 따르면 세월호 침몰 당시 122구조대의 대원들은 모두 침몰현장으로 출동했으며, 사무실에는 단 한명도 남아 있지 않았던 것으로 되어 있다.

159 122구조대 사무실은 "목포시 삼학로 92번길 104"에 위치해 있었고, 목포항공대는 직선으로 2.7km 거리인 "전남 영암군 삼호읍 공항로 122" 소재하고 있었다. 당시 서해청 상황실에는 해군 3함대 소속 파견 군인 오세진 원사가 임장해 있었으므로, 지휘관의 역량에 따라 해군의 링스헬기를 충분히 활용할 수 있었다.

그것은 팽목항까지 특수차량을 이용해 이동하고, 그곳에서 다시 어선 등을 이용해 침몰현장으로 이동하는 방법이었다.

그들이 특수차량을 선택한 정확한 이유는 명확하게 밝혀진 바가 없다. 감사원 감사에서 122 구조대장 김윤철은 "당직함[160] 513함이 목포해양경찰서 전용 부두에[161] 정박해 있는 사실을 몰랐다"고 진술했다.[162] 그는 세월호 침몰 사건 당일에도 "함정을 이용하는 것보다 차량으로 이동하는 것이 더 빠를 것으로 판단하여 차량을 이용해 진도 팽목항으로 출발했다"고 진술했다.

모든 구조세력의 신속한 이동을 지휘했던 목포해양경찰서 상황실장과 상황담당관도 똑같은 이유를 들어 특수차량을 이용해 팽목항으로 출동할 것을 지시했다고 진술했다.

> 검　사 : 사고당시 122구조대가 해경 전용부두에 위치하고 있었다면, 해
> 　　　　경 전용 부두에 있는 해경 소유의 쾌속정을 사용할 수는 없었
> 　　　　나요.
> 김윤철 : 해경 전용 부두와 저희 사무실까지의 거리가 약 100m 정도 떨
> 　　　　어져 있는데, 그곳까지 장비를 옮기는 시간이 약 15~20분간 소
> 　　　　요될 것 같다는 생각이 들었고, 쾌속정보다는 몇 배 빠른 차량
> 　　　　을 이용하는 것이 현장까지 도착하는데 시간을 단축 할 수 있
> 　　　　다고 판단하여 특장차로 이동한 것입니다.[163]

---

160 "당직함정"이란 각종 상황에 대한 초동조치 목적으로 매일 09:00부터 다음날 09:00까지 특별히 임무가 부여된 함정을 말하며, 해경서장은 매일 1척을 당직함정으로 지정하여 운영하도록 되어 있다.(서해지방해양경찰청 함정운영관리규칙 제3조 및 15조 참조)

161 "전용부두"란 함정운항의 근거지로서 평상시 정박장소로 지정된 항·포구의 부두를 말하며, 목포해경의 전용부두는 122구조대 사무실에서 100m 떨어진 거리에 위치해 있었다.

162 김윤철·한원산, 『확인서』, 감사원, 2014.5.19, 25쪽.

163 김윤철, 『진술조서』, 광주지방검찰청, 2014.6.13, 9쪽.

122구조대는 신속한 출동을 위해 고속보트, 특수장비차량, 특수구난장비 등을 운용하기로 되어 있고, 구조대에서 운용하지 않는 항공기, 함정 등은 평소 유기적인 협조체계를 구축하여 긴급 출동태세를 유지하도록 되어 있다.[164]

따라서 그들이 진정으로 신속한 출동의 중요성을 인식했다면, 상황실과 협조하여 헬기와 함정을 이용하는 방법을 반드시 검토했어야 했다. 또한 백번 양보하여 불가피하게 특수차량을 이용했다 하더라도 팽목항 도착 즉시 '팽목항에서 사건 현장으로 출발해야 할 수단'을 확보해야 했다. 그러나 그들은 팽목항 도착에 임박한 9시 57분경에야 어선을 수배하기 시작했다.

필자는 상황실 근무자와 122구조대 대원들이 특수차량으로 이동하는 방법을 선택한 이유가 "신속한 출동을 위해서…"가 아니라 '늑장을 부리다 타고 갈 함정이 없어서'였다고 판단하고 있다.

[표 3-8]은 목포해양경찰서가 작성했던 "세월호 침몰 당시 함정출동 현황"이다.[165] 이 표에 따르면 세월호 침몰 당시 목포해양경찰서 전용 부두에 대기하고 있던 함정 9척 중 8척은 이미 9시 20분 이전에 모두 출동을 완료했으며, 이후 출동 가능한 함정은 최대속력이 매우 떨어지는 1006함 1척 밖에 없었다.

따라서 9시 22분경 이후 목포해양경찰서 소속 122구조대가 1006함을 타고 출동할 경우 실제로 그들이 우려하는 사태가 발생할 수 있으므로, 어쩔 수 없이 특수차량을 타고 팽목항으로 이동했던 것으로 필자는 판단하고 있다.

---

164 해양경찰청, 「122 해양경찰 구조대 운영규칙」, 해양경찰청(경비안전국/수색구조과), 2012.6, 제22조 "출동장비" 참조.
165 목포해양경찰서, 『정보공개청구 답변서』, 2018.10.8, 5023107호 참조.

표 3-8. 세월호 침몰 당시 함정 출동 현황

연번	함정	출항시각	도착시각	최대속도(노트)	비 고
1	1006함	09:30	12:30	17	(목포해경 전용부두 → 침몰현장)
2	1007함	09:10	12:30	15	
3	513함	09:20	11:10	31	
4	106정	09:15	14:20 (언론취재 지원)	15	
5	126정	09:20	12:10	16	
6	P-79정	09:20	11:20	21	
7	P-92정	09:20	11:15	26	
8	P-96정	09:15	11:45	22	
9	P-120정	09:15	12:14	18	

목포해경 정보공개청구 답변서.

122구조대가 언제 출동했는지 알 수는 없지만, [그림 3-1]에서 보는 바와 같이 해경 전용 부두 건너편 2.5km 지점에는 해군 제3함대 소속 링스헬기가 대기하고 있었다. 해군 제3함대 소속 링스헬기가 9시 40분경 출동했음에도 122구조대가 이마저도 활용하지 못했다는 것은, 이들의 실제 출동시간이 9시 40분경 이후였다는 것을 방증하는 것이다.

어선 남일호는 정말 출동했을까?

122구조대 대원들의 출동방법에 대한 진술의 진위 및 적정성 판단은 유보한다 하더라도, 그들이 침몰현장까지 신속하게 도착할 목적으로 9시 13분경에 출발했던 것이 틀림없다면, 출발과 동시에 해상이동에 대한 대책을 수립했어야 했다.

122구조대 대원들이 팽목항으로 이동을 시작하는 시점에서 목포해양경찰서 상황실과 연락하여 이동 중인 함정의 동원을 요청하던지, 아니면 어선이라도 긴급하게 동원할 수 있도록 조치했어야 했다.

하지만 122구조대 대원 경장 서민주는 9시 57분경에야 진도파출소에 전화하여 침몰현장으로 타고 갈 배가 있는지 문의하였고, 이때는 이미 팽목항 인근의 어선을 포함한 모든 선박이 침몰현장으로 출동을 완료한 상태였다.

결국 122구조대장 김윤철이 수협에 전화하여 어선 수배를 요청했고, 어선 '남일호'를 팽목항으로 보내 주겠다는 답변을 받았다.

감사원 감사결과에 따르면 122구조대 사무실에서 1차로 출발했던 7명의 구조대원들은 10시 35분경 팽목항에 도착했고, 어선 남일호는 10시 55분경 도착했다. 먼저 도착한 구조대원들은 어선에 장비를 탑재하고, 목포에서 9시 43분경 출발한 비번자 한원산, 최석웅, 권지훈 등 3명을 기다렸다가 그들과 함께 11시 5분경 팽목항을 출발했다. 하지만 11시 30분경 기상상태 악화로 남일호 선장이 이동이 불가능하다 하였고, 마침 인근을 지나던 P-120정과 극적으로 조우해 함정으로 갈아탄 뒤에야 침몰현장에 도착할 수 있었다.[166]

필자는 세월호 침몰 당시 122구조대 대원들이 어선 '남일호'를 탑승하지 않았을 가능성이 있다고 판단하고 있다. 세월호 침몰 당일 11시 20분경 서망항에서 출항하는 P-120정이 있다는 사실을 상황실에서 파악했다면, 상황실 근무자가 P-120정을 타고 가도록 조치했을 가능성이 크기 때문이다.

11시 24분경 문자보고상황시스템에서 목포해양경찰서 상황실 근무자가 목포 122구조대의 도착예정시간 [ETA, Estimated Time of Arrival]을 정확히 파악하고 있던 것으로 보아, 122구조대 대원들은 출동과정에 상황실과 계속해서 의사소통했을 개연성이 높다.

---

166 감사원, 『감사결과 보고서 – 세월호 침몰사고 대응 및 연안여객선 안전관리·감독실태』, 2014.10. 31~32쪽.

따라서 감사원 감사결과와 달리 122구조대 대원들은 애초에 어선 남일호를 타지 않고 P-120정에 탑승하여 이동했을 가능성이 높다고 판단된다([그림 3-13] 참조).[167]

그림 3-13. 목포해양경찰서 정보공개 5157580

□ 정보공개 내용

1. 함정명 : P-120정(형사기동정)

2. 위 함정에 함께 승선했던 구조세력 명
 - 형사계 박동현 등 2명, 122구조대장 김윤철 등 10명

3. 출발시간 및 침몰해역 도착시간
 - 출발시간 : 11:20 / 도착시간 : 12:14

목포해양경찰서 정보공개 청구 답변서(5157580) 중 일부.

또한 세월호 침몰 사건 발생 당일 침몰해역에는 감사원 감사결과와 달리 '어선의 항해가 불가할 정도로 기상이 악화된 사실'이 전혀 없다. 기상이 문제가 되어 정상적인 항해를 하지 못한 사례는 감사원 감사보고서에 기록된 어선 '남일호'가 유일하다.

필자가 목포해양경찰서 측에 '정보공개 청구'라는 방법을 이용하여 집요하게 이 사실을 추궁하자, 목포해경 122구조대 측은 다음과 같은 이유를 들어, 감사원의 감사결과를 번복했다.

당시 122구조대장(김윤철)과 통화결과

"어선 남일호 선외기로, 톤수가 1톤 남짓이였고 구조대원 10명과 장비 일체를 싣고 출발하였으나 과적으로 인해 선박 안전상의 문제 및 선박의 이동속도가 너무 느려 상황실에 경비함정 지원을 요청하였고, P-120정으로 장비 및 구조대원 10명 편승하여 사고 현장으로 이동하였다"[168]

---

167 목포해양경찰서, 『정보공개청구 답변서』, 2018.12.7, 5157580호 참조.

122구조대가 감사원의 감사를 받을 때 진술한 '기상악화'를 번복하고, 필자의 정보공개 청구 답변에서 전혀 새로운 근거를 제시했다는 것은 근본적으로 감사원 감사결과를 모욕하는 것이고, 진술의 신뢰성을 심대하게 저하시키는 것이다.

또한 저들의 주장대로 '과적'이 문제가 됐었다면, 당시 운항을 책임졌던 남일호 선장이 팽목항에서 출발하기 전에 어선의 홀수를 확인하고 안전 문제를 제기했을 것이다.

또 122구조대 대원들은 통상 '고속보트'에 잠수 장비를 싣고 이동하는데, 고속보트에 탑재했던 장비가 어선 '남일호'의 운항에 지장을 줄 만큼 과중하다고 필자는 믿지 않는다.

따라서 122구조대 대원들이 늑장 출동의 책임을 면하기 위해 어선 '남일호'를 등장시켜 전체적인 출동시간을 맞추는 용도로 활용했을 가능성이 있다고 판단된다.

확인된 세 가지 사실

이상의 사실들을 검토한 결과, 필자는 세월호 침몰 사건의 122구조대 늑장 출동과 관련하여 세 가지 사실을 확인할 수 있었다.

첫째, 군산해양경찰서 소속 122구조대 대원과 특공대장 최의규가 세월호 침몰현장에 출동했다가 본연의 임무를 행하지 않고, 헬기에 부상자 1명만 탑승시켜 목포로 돌아왔다. 이때 서해지방해양경찰청 상황실 근무자들은 이들이 정상 임무를 수행하는 것으로 단정하고 '문자상황보고시스템'과

---

168 목포해양경찰서,『정보공개청구 답변서 [2014년 4월 16일 동원된 어선 남일호등에 대한 정보공개 신청]』, 2019.3.29, 5421034호 참조.

'상황보고서'에 허위 보고하는 자료로 활용됐다.

해경은 이 사실이 세상에 알려지면 미칠 파장을 고려하여, 공식적인 문건에서 군산 122구조대 대원 출동과 관련한 사항을 삭제해 버렸다. 또한 세월호 침몰 당일 오전 특공대장 최의규가 세월호 침몰현장에 다녀왔던 사실도 공개 문건에는 남겨놓지 않았다. 오직 최의규의 진술서에만 존재할 뿐이다.

둘째, 목포해양경찰서 122구조대 대원들은 상상을 초월한 늑장 출동을 했지만, 이를 숨기기 위하여 '경비정으로 출동하면 차량을 이용하여 출동하는 것보다 늦어질 것으로 판단하여 특수차량을 이용해 출동했다'는 해괴한 논리를 도입하여 자신들의 책임을 면했고, 감사원과 검찰은 조사과정에서 충분히 확인할 수 있었는데도 책임을 논하지 않았다.

이 부분에 대해서는 감사를 잘못했던 감사원이 명예회복을 위해서라도 재감사를 해야만 한다.

셋째, 목포 122구조대 출동과 관련해서 총 3건의 허위보고서가 작성되었다. 세월호 침몰 당일 서해지방해양경찰청 문자상황보고시스템과 상황보고서 2보에 잘못된 내용이 기재되었고, 나머지 하나는 2014년 4월 27일 청와대가 '세월호 침몰 당일 최초 입수시간을 확인하여 보고하라'는 지시를 했는데, 해경이란 조직은 노골적으로 입을 맞추고 허위보고서를 작성하여 청와대에 보고했고, 그 사실이 감사원 감사과정에서 발각됐다.[169] 필자는 문제의 허위보고서를 작성하게 된 경위가 '군산 122구조대 출동 사실'을 숨기기 위해서였다고 판단하고 있다.

다만 세월호 침몰 당일 서해지방해양경찰청 상황실 근무자가 작성했던 문건(문자상황보고시스템, 상황보고서 2보)의 작성과정은 정상참작을 할 수 있을 것도 같다. 하지만 2014년 4월 27일 청와대 지시에 반하여 허위보

---

169 상세한 것은 이 책 제8장 '1. 해경의 증거인멸과 허위공문서 작성' 참조.

고서를 작성했던 해경의 행태는 도저히 용서할 수가 없다.

이것은 명백한 범죄행위이므로 철저히 수사하여 반드시 합당한 책임을 물어야만 한다.

⧱ 자료목록

1) 권재준, 『진술조서』, 광주지방검찰청, 2014.6.7

2) 김윤철, 『진술조서』, 광주지방검찰청, 2014.6.13

3) 백남근, 『확인서』, 감사원, 2014.6.12

4) 양회철, 『진술조서』, 광주지방검찰청, 2014.6.7

5) 임경민, 『진술조서』, 광주지방검찰청, 2014.6.8

6) 조형곤, 『문답서(2회)』, 감사원, 2014.6.11

7) 최의규, 『진술조서』, 광주지방검찰청, 2014.6.8

8) 한원산, 『진술조서』, 광주지방검찰청, 2014.6.8

9) 한원산·김윤철, 『문답서』, 감사원, 2014.6.10

10) 감사원, 『감사결과보고서 – 세월호 침몰사고대응 및 연안여객선 안전관리·감독실태』, 2014.10

11) 목포해양경찰서, 『정보공개청구 답변서』, 2018.10.8, 5023107호

12) 목포해양경찰서, 『정보공개청구 답변서』, 2018.12.7, 5157580호

13) 해양경찰청, 「122 해양경찰 구조대 운영규칙」, 해양경찰청(경비안전국/수색구조과), 2012.6

7.
퇴선 여부는
선장이 알아서 판단하라

2014년 4월 16일 세월호 침몰 당일 진도연안VTS(Vessel Traffic Service Center, 이하 '진도VTS'라 함)에게는 다음 두 가지 임무가 부과됐었다.

첫 번째 임무는 평상시 임무를 충실하게 수행하는 것이었다. 그들은 세월호 침몰 사건이 발생하기 전에, 관제해역 내에 통항하는 선박의 사고의 위험이 있는지 관찰하여 해양사고 예방 등 선박 안전운항을 위한 관제를 정확히 하는 것이었다.

하지만 세월호 침몰 사건이 발생할 당시 평소보다 두 배의 인원이 합동 근무를 하고 있었음에도 그들은 세월호 침몰 사실을 관제하지 못했다. 그들은 세월호가 진입보고도 없이 관제구역 안으로 들어오는 것을 방치했을 뿐만 아니라, 세월호 침몰 사건 발생 당시 이상징후를 발견하지 못했다. 세월호 침몰 사실도 서해지방해양경찰청과 목포해양경찰서 상황실의 전화를 받고 나서 인지했다.

진도VTS 관제사들에게 주어졌던 두 번째 임무는 긴급 상황이 발생했을 때 신속하게 비상근무체계로 전환하고, 효율적 · 적극적 관제를 전개하여 재난의 피해를 최소화하는 것이다.

그들은 세월호와 교신을 설정하고 유지하면서 세월호 선내 정보를 정확히 파악하여 상급기관인 서해지방해양경찰청에 보고하고, 그들로부터 합리적인 대책을 전달받아 침몰현장에 출동한 구조세력과 침몰하는 세월호 선원들에게 정확히 전달했어야 했다.

진도VTS 일부 근무자는 유선전화를 이용하여 서해지방해양경찰청 상황실에 실시간 보고를 했다고 진술했지만, 확실한 증거는 없다.

TRS나 문자상황보고시스템을 이용하여, 세월호와 교신하여 취득한 정보를 동료 구조세력과 공유하지도 않았다. 심지어 9시 26분경 세월호에서 "저기 본선에 승객들을 탈출시키면 옆에서 구조를 할 수 있겠습니까?"라고 물었지만, 이것마저 생각 없이 독단적으로 답변하여 소중한 '살릴 수 있었던 기회'를 상실하게 했다.

진도VTS 관제사 정영민의 심각한 고민 없이 진행했던 교신행위와 옆에서 이를 지켜보던 센터장 김형민의 무관심, 그리고 서해지방해양경찰청 경비안전과장 김정식의 부작위가 304명의 소중한 생명을 죽음으로 이르게 했지만, 검찰은 사건의 규모에 맞는 수사를 진행하지 않았다.

특히 두 번째 사항에 대해서는 특별히 부실한 수사를 진행했다고 필자는 평가하고 있다.

세월호 관제에 실패한 진도VTS[170]

서해지방해양경찰청 소속 진도VTS(VTSC, Vessel Traffic Service Center)

---

170 해상교통관제센터(VTSC, Vessel Traffic Service Center)란 '해상교통관제시스템(VTS, Vessel Traffic Service System)'을 통해 관제구역 안에서 이동하는 선박들을 관찰·통제하고 필요한 정보를 제공하는 기관이다. 처음 설치된 기관은 1993년 포항지방해양항만청 해상교통관제센터이며 이후 여수와 울산, 마산, 동해 등이 설치되었다. 해양

는 세월호 침몰해역의 '연안해상 교통관제업무'를 전담하고 있었다. '연안해상 교통관제업무'란 "관제해역 내에서 선박의 좌초·충돌 등의 위험이 있는지를 관찰하여, 해양사고 예방 등 선박안전 운항을 위한 정보를 제공하는 업무"를 말한다.

진도VTS는 서해지방해양경찰청 경비안전과에 소속된 기관으로, 세월호 침몰 당일 서해청 상황실에서 광역구조본부 임무조정관(SMC) 역할을 담당한 경비안전과장 김정식의 지휘를 받도록 되어 있다. 따라서 세월호 침몰 당일 진도 VTS가 중요한 정보를 파악했을 경우, 경비안전과장 김정식에게 직접 보고했어야 했다.

진도VTS의 조직은 '관제팀, 시설팀, 행정팀' 등 3개 팀으로 이루어져 있으며, 해상 관제와 관련된 업무는 관제팀에서 담당했다.

관제팀은 한 개조에 팀장 1명과 팀원 3명의 관제사로 구성되어 있고, 3개조(A조, B조, C조) 총원 12명으로 구성되어 있다. 관제 근무는 팀장을 포함하여 4명이 근무하게 되어 있으며, 근무형태는 섹터관제(1섹터, 2섹터), 상황근무, 전체관제로 나누어서 근무한다.

섹터관제는 각 섹터별 모니터가 있는 곳에 앉아 해당 섹터 안에 있는 선박들을 관제하는 것이고, 상황근무는 관제석 뒤쪽에 설치된 디브리핑(녹화된 항적 자료를 재생) 장비를 이용하여 목포해양경찰서나 완도해양경찰서 수사과에서 수사목적으로 요구하는 특정 선박의 항적이나 타겟리스트(선박이 특정 시점에 어디에 있었는지 나타내는 자료)를 작성하는 업무 등을 말한다. 전체관제는 1섹터 및 2섹터 관제를 맡고 있는 책임관제사가 용무가 있거나 볼일이 있어 잠깐 자리를 비워야 할 경우, 대신 관제를 맡아 주는 것을 말한다.

수산부 산하의 지방해양항만청 소속의 기관으로 현재 본부 해상교통관제과와 지방본부 18개 관제센터로 구성되어 있다.

관제사들은 오전 9시에 근무를 시작하여 24시간 계속 근무를 진행한다. 근무교대 및 업무인수인계는 오전 8시 30분경 전일근무자 및 당일 근무예정자 전체가 함께 모인 자리에서, 팀장들이 진행한다.[170]

인수인계 사항은 '관제장비의 이상 유무, 전일의 전반적인 통항 관제상황 및 사건·사고, 현재 기상상태와 관제구역 내 통항 선박의 현황, 어선 분포' 등이다. 이 절차가 종료되면 8시 45분부터 9시까지 합동 근무를 진행한다.

섹터별 인수인계 절차는 전일 근무자와 당일 근무자가 관제 모니터를 함께 보면서, 섹터 안에 있는 위험 요소 및 기타 특이점 등을 이야기하면서 인수인계한다.

세월호 침몰 당시 관제 업무를 담당했던 관제사 정영민은 전일근무자 기선영으로부터 섹타별 인수인계를 했다. 이때 기선영은 병풍도 및 매몰도·우이도 근처 어선 위치와 관련한 사항과, 통항하는 선박의 현황, 기상상태, 관제장비 상태 등을 정영민에게 인수인계해 주었다고 한다.[171]

진도VTS의 관제 절차

진도VTS는 항행하는 선박의 효율적인 관제업무 수행을 위하여 관제상황에 따라 '관찰확인, 정보제공, 조언·권고, 지시'의 4단계로 관제업무를 수행하게 된다.[172]

---

170 원칙상으로는 팀장들끼리 업무인수인계를 해야 하지만 "별일 없었느냐"는 식의 일반적인 이야기를 하고 실제로는 1섹터와 2섹터를 교대할 직원끼리 인수인계를 한다고 한다. 정영민, 『피의자신문조서(3회)』, 광주지방검찰청, 2014.7.6, 9쪽.
171 정영민, 『진술조서』, 광주지방검찰청, 2014.6.18, 6~7쪽.
172 「연안 해상교통관제 운영 및 관리에 관한 규칙」 제9조 "관제절차" 참조.

- 관찰확인
  관제용 모니터를 보면서 선박의 침로, 속력 등을 처음으로 확인한 후부터 계속 관찰하면서 그 선박을 감시 추적을 하는 것

- 정보제공
  그 선박의 항행 안전에 대한 정보(시정 등 기상상태, 어선이나 암초 등 장애물 정보 등)가 있으면 통신기를 통해 이를 알려 주는 것

- 조언·권고
  모니터링 도중 선박이 항로를 이탈 및 위험구역으로 항해할 경우, 관제사가 판단하여 해당 선박에 대해 항로 이탈 사실 경고 및 장애물 등 위험구역을 피해가는 것이 좋겠다는 식으로 이야기해 주는 것

- 지시
  명백하게 사고가 일어날 것이라고 관제사가 판단한 경우에 조언, 권고 수준을 넘어 좀 더 강력하게 장애물이나 위험구역을 피해 빨리 배를 돌리라는 식으로 이야기하는 것

관제대상의 선박은 총톤수 '300톤 이상의 선박(내항 어선 제외), 위험화물 운반선, 선박자동식별장치(AIS)를 설치한 50톤 이상의 예선과 예인선열의 길이가 200m 이상인 예인선, 여객선, 도선선, 선박 이·접안용 예선 및 참여를 희망하는 선박과 기타 해양경찰청장이 인정하는 선박'을 관제하도록 되어 있다.[173]

그렇다면 세월호 침몰 당시, 세월호 조타수 박경남의 "본선이 승객들을 탈출을 시키면 옆에서 구조를 할 수 있겠습니까"라는 교신에 대하여, 관제사 정영민이 "저희가 그쪽 상황을 모르기 때문에 선장님께서 최종적으로 판단을 하셔서 승객 탈출 시킬지 빨리 결정을 해 주십시오"라고 교신을 했던 것은 어떤 상황에 해당할까?

당시 세월호의 상황은 급속히 침몰하고 있는 위급한 상황이므로 분명히

---

173 「연안 해상교통관제 운영 및 관리에 관한 규칙」 제4조 "관제대상" 1~6 참조.

"조언·권고 수준을 넘어 강력한 지시가 필요한 시점"이었다.

관제사 정영민은 "지시 규정은 충돌이나 좌초를 기준으로 위험에 처할 상황이 발생할 때 VTS 관제화면을 보고 있으면서 배가 그대로 진행할 경우 명백하게 사고가 날 것이 확실한 경우에만 '지시'를 할 수 있고, 이번 사고처럼 충돌이나 좌초가 아닌 선박 자체 내부사정에 의해 전복하는 경우에는 상황을 명백히 알 수 없는 상황이기 때문에 퇴선 지시를 내릴 수 없다고 생각했다"고 감사원 감사에서 진술했다.174

하지만 「연안해상교통관제 운영 및 관리에 관한 규칙」 제2조 8호에는 " '지시'라 함은 법규 또는 규정에 명시되어 있는 사항을 따르도록 하는 것과 명백한 사고위험에 처할 우려가 있는 경우 시정 또는 안전조치를 요구하는 것을 말한다. 단 선박의 안전한 운항을 위한 선장의 권한을 침해할 수 없다"라고 규정되어 있으므로, 당시 세월호의 긴박한 상황을 정확히 알고 있던 정영민은 '지시' 단계에 준하는 관제 절차를 적용했어야 했다.

진도 VTS의 세월호 침몰 사건 인지

진도VTS의 관제사들을 [그림 3-14]와 같이 섹타별로 설치된 모니터를 바라보면서 관제 업무를 진행했다.

[그림 3-14]에서 세월호 항적 동영상의 사람 2명으로 표시된 것(원 중심 부분, 벡터 시작 부분)은 세월호가 여객선이라는 것을 표시하는 것이고, 동그란 원은 도메인 워치 기능을 설정해 놓았다는 것이다.

---

174 정영민, 『문답서』, 감사원, 2014.5.24, 45쪽.

그림 3-14. 08:51:32경 세월호 항적

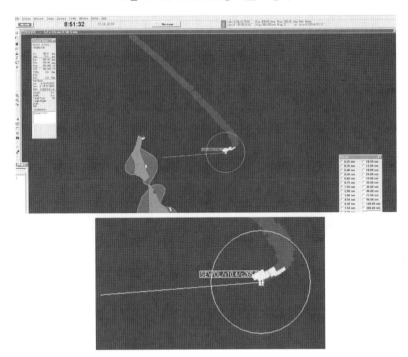

원의 중심에서 밖으로 향한 실선을 "벡터"라고 하는데, 이것은 선박의 속도와 방향을 나타낸다. 벡터의 길이가 길수록 속도가 빠른 것이며 정지 상태에서는 벡터가 보이지 않는다. 실선 끝이 가리키는 방향이 선박의 방향을 나타내는 것이다.

세월호의 경우 오전 8시 50분경 병풍도 부근에서 급격하게 변침하면서 벡터의 길이가 줄어들었고, 8시 53분경부터는 벡터가 표시되지 않았다.

세월호는 2014년 4월 16일 오전 7시 8분경 진도VTS 관제구역으로 진입했지만, 진입보고를 하지 않았으며 관제사도 세월호를 특별하게 호출하지 않았다.

관제사 정영민은 자신이 인수인계 받을 당시 "도메인 위치(Domain

watch)가[175] 설정된 상태였으나 작동하지는 않았다"고 진술했다.[176]

세월호 침몰 사건이 발생할 당시 진도VTS 근무자들은 합동 근무 시간이었기 때문에 인수자와 인계자가 모두 근무하고 있었다. 하지만 2명 모두 세월호 침몰 사실을 관제하지 못했다.

관제사 정영민은 "08:52:02에 세월호의 벡터가 병풍도를 향하고 있었기 때문에, 관제사가 이를 발견했다면 즉시 세월호를 호출했어야 했다"고 진술했다.[177]

오전 9시 3분 목포해양경찰서 소속 123정 승조원 박성삼은 목포해양경찰서 상황실로부터 세월호 침몰 사실을 인지하고, "세월호, 세월호 여기 목포해경입니다. 감도 있습니까?"라며 세월호를 호출했다. 하지만 진도VTS 근무자들은 이 교신도 관제하지 못했던 것으로 확인됐다.

진도VTS는 9시 6분경 서해지방해양경찰청 및 목포해양경찰서 상황실 경비 전화로 세월호 침몰 사실을 통보받았다. 진도VTS는 즉시 세월호를 호출했지만 응답하지 않다가 9시 8분경 세월호 1등 항해사 강원식이 다음과 같이 응답했다.

> 배가 기울어서 금방 뭐 넘어갈 것 같습니다. 계속 지금 한쪽으로 계속 천천히 넘어가고 있습니다. 승선원 지금 거의 움직이지 못하고 있습니다. 어떻게 해야 될까요. 바다에… 빠져야 어쩌야 될지 모르겠네…

---

175 영역감시라고 부르며, 선박의 주변 일정한 구역을 원모양으로 표시해 놓으면, 설정된 원 안에 장애물이나 기타 다른 물체가 들어오면 경보가 울리고, 관제모니터에 그 선박이 빨간색으로 바뀌고 계속 깜빡거리면서 관제사의 주위를 환기시키는 장치를 말한다.

176 정영민, 『진술조서』, 광주지방검찰청, 2014.6.18, 18쪽.

177 정영민, 『피의자신문조서(제5회)』, 광주지방검찰청, 2014.7.16, 15쪽.

"승객들을 탈출시키면 옆에서 구조 할 수 있겠습니까?"

세월호 침몰 당일 9시 26분경, 진도VTS 관제사 정영민은 승객 구조작업에 치명적인 영향을 미치는 중요한 교신을 했다. 세월호에서 진도VTS에게 "본선이 승객들을 탈출을 시키면 옆에서 구조를 할 수 있겠습니까?"라고 물었기 때문이다.

당시 세월호 옆에는 둘라에이스호가 승객구조를 돕기 위해 이미 도착해 있는 상태였고, 마침 선장 문예식은 신속한 퇴선을 촉구하고 있는 상황이었다.

진도VTS 관제사 정영민은 9시 8분경부터 문제의 교신이 있던 9시 26분경까지 세월호와 계속해서 교신을 진행하고 있었으며, 그 과정에서 '세월호가 금방 침몰할 것 같다는 사실', '배가 너무 많이 기울어서 승객들이 움직이지 못하고 있다는 사실', '바다에… 빠져야 어쩌야 될지 모르겠다'는 긴박한 상황을 파악한 상황에서 9시 26분경 세월호와 다음 교신을 진행했다.

세월호 : 진도 VTS 세월호 감도 있습니까?

진도연안 VTS : 네, 말씀하세요.

세월호 : 본선이 승객들을 탈출을 시키면 옆에서 구조를 할 수 있겠습니까?

DOOLA ACE : LIFE RING이라도 착용을 시키서서 탈출을 시키십시오.

세월호 : 지금 탈출을 시키면 탈출을 시키면 구조가 바로 되겠습니까?

DOOLA ACE : 맨몸으로 하지 마시고 LIFE RING이라도 착용을 그 시키서서 탈출을 시키십시오. 빨리

진도연안 VTS : 세월호, 진도연안VTS입니다. 저희가 그쪽 상황을 모르기 때문에 선장님께서 최종적으로 판단을 하서서 승객 탈출 시킬지 빨리 결정을 해 주십시오.[178]

이 교신이 있을 때까지 관제사 정영민은 무려 18분 동안 계속해서 세월호와 교신을 했으므로, 세월호의 정확한 선내상황을 모를 수가 없었다.

- **09:08 세월호 1등 항해사 강원식**

세월호 : 진도VTS 여기 세월호

진도연안 VTS : 진도VTS입니다.

세월호 : 배가 기울어서 금방 뭐 넘어갈 것 같습니다. 계속, 지금 한쪽으로 계속 천천히 넘어가고 있습니다.

진도연안 VTS : 네. 지금 귀선 승선원들은 어떻습니까?

세월호 : 승선원 지금 서의 움직이시 못하고 있습니다. 어떻게 해야 될까요. 바다에…빠져야 어쩌야 될지 모르겠네. 본선은 지금 사람이 움직일 수가…너무기울어져서 움직일 수가 없어요.

- **09:12~13 세월호 조타수 박경남**

진도연안 VTS : 승선원들은 지금 LIFE-RAFT나 LIFE-BOAT에 타고 있습니까?

세월호 : 아니 아직 못 타고 있습니다. 지금 배가 기울어서 움직일 수가 없습니다.

진도연안 VTS : 지금 승선원이 몇 명이나 있습니까?

세월호 : 네. 450명입니다. 여보세요. 예. 총인원 약 500명 정도 됩니다. (중략) 지금 배가 많이 기울어가지고 사람이 움직일수가 없어가지고 탈출 시도가 어렵습니다.

- **09:16~18 세월호 2등 항해사 김영호**

진도연안 VTS : 지금 이울어진 쪽이 어느쪽이고 지금 각도가 어느 정도 기울어 졌습니까?

세월호 : 천천히 말씀해 주세요.

진도연안 VTS : 기울기 상태가 어떻습니까?

---

178 09:24경 VHF 교신 녹취록.

세월호 : 지금 한 50도 이상 좌현으로 기울어져 가지고 지금 저 사람들
이 이렇게 좌우로 움직일 수 없는 상태입니다. 지금 승선원들
은 LIFE-JACKET 입고 대기하라고 했는데 사실 LIFE-JACKET도
입었는지 확인도 불가능한 상태이고 선원들도 BRIGDE 모여서
지금 거동이 움직일 수 없는 상태입니다.

(중략)

진도연안 VTS : 물이 얼마정도 차 있습니까?

세월호 : 그것도 확인이 안 되고 있습니다. 지금 그 데크에 컨테이너 몇
개가 빠져나간 거는 선수에서 확인했는데 지금 이동이 안되어
가지고 지금 BRIDGE에서 좌우로 한 발자국도 움직일 수 없는
상태여서 벽을 잡고 겨우 버티고 있는 상태입니다.

- **09:23~24 세월호 1등 항해사 신정훈**

진도연안 VTS : 경비정 도착 15분 전입니다. 방송하셔서 승객들에게 구
명동의 착용토록 하세요.

세월호 : 네. 현재 그 방송도 불가능한 상태입니다.[179]

위의 교신 내용을 보면 관제사 정영민은 문제의 교신이 있던 9시 26분
경에는 세월호 선내상황을 상세하게 파악할 수 있었다.

세월호 선원들이 한꺼번에 세월호 선내상황을 알려주지 않았을 뿐이지
수차례에 걸쳐 모든 상황을 상세하게 알려 주었으므로, 관제사 정영민을
비롯하여 관제팀장과 센터장이 당시 상황을 주의 깊게 살펴만 봤다면 합
리적 판단을 할 수밖에 없는 상황이었다.

따라서 관제사 정영민은 세월호 선원이 "지금 탈출을 시키면 탈출을 시
키면 구조가 바로 되겠습니까?"라고 물었을 때, 탈출을 지시했어야 했고
확신이 없으면 센터장 김형민을 비롯하여 서해지방해양경찰청 경비안전
과장 김정식에게 보고해서 그의 판단을 받아 답변했어야 했다.

---

179 『진도VTS 교신녹취록』, 2014.4.16. 참고.

하지만 관제사 정영민은 심사숙고하지 않고 곧바로 다음과 같이 답변했다.

> 진도연안 VTS : 세월호 진도 연안 VTS입니다. 인명 탈출시키는 것은 선장님께서 직접 판단하셔서 빨리 지금 결정 하십시오.
>
> 세월호 : 잘 안들립니다. 천천히 다시 한 번 반복해 주십시오.
>
> 진도연안 VTS : 세월호 진도연안VTS입니다. 저희가 그쪽 상황을 모르기 때문에 선장님께서 최종적으로 판단을 하셔서 승객 탈출 시킬지 빨리 결정해 주십시오.
>
> 세월호 : 그게 아니고 지금 탈출하면은 바로 구조를 할 수 있느냐고 물었습니다.
>
> 진도연안 VTS : 경비정이 10분 이내 도착을 할 겁니다.

관제사 정영민이 경비정이 10분 이내에 도착한다는 사실을 알고 있으면서도 세월호에게 탈출지시를 하지 않았던 것은 분명한 치명적 실수이다.

이 교신이 있은 다음 세월호 1등 항해사 강원식을 비롯한 항해사들은 조타실에서 '승객들을 바다로 뛰어내리게 할지 말지'에 대하여 회의를 진행했다고 하며, 결론은 경비정이 도착할 때까지 선내에서 기다리는 것으로 결정했다고 한다.[180]

관제사 정영민의 변명

진도VTS 관제사 정영민과 세월호가 교신을 진행할 당시 세월호는 [그림 3-15]와 같이 좌현으로 심하게 기운 상태였고, 세월호 1등 항해사 강원식

---

180 조준기, 『참고인(조사대상자) 2회 진술조서』, 4 · 16세월호참사특별조사위원회, 2016. 2.26, 7쪽.

이 이미 18분 전에 "바다에 빠져야… 어쩌야 될지 모르겠다"고 얘기했을 정도로 심각한 상태였다.

관제사 정영민이 실수로 문제의 교신을 진행했었다면, 이후에라도 다시 세월호와 교신을 설정하여, '세월호가 어떤 결정을 내렸는지', '상황이 악화되지는 않았는지' 재차 확인했어야 했다.

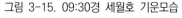

그림 3-15. 09:30경 세월호 기운모습

둘라에이스호 선장 문예식 촬영 영상 필자 화면 캡처.

하지만 관제사 정영민과 그를 감독할 의무가 있던 관제팀장, 진도VTS 센터장도 더 이상 이 교신을 문제 삼지 않았고, 세월호 선원들도 '승객 탈출'과 관련한 교신은 추가로 하지 않았다.

문제의 교신이 있고 나서 약 10분 후 세월호 선원들은 "침수상태 확인 불가하고 지금 머 일단 승객들은 해경이나 옆에 상선들은 옆에 거의 50m 근접해 있고, 지금 좌현에 좌현으로 해가지고 탈출할 수 있는 사람들만 일단 탈출시도하라고 방송했는데 지금 그 좌현으로 사실 이동하기도 쉽지 않습니다. 지금 그런 상황입니다"라는 사실을 마지막으로 진도VTS에 알리고 자신들의 탈출을 준비했던 것으로 추정된다.

문제는 '이 엄청난 치명적 실수를 관제사 혼자서 결정하고 실행했는가' 하는 것이다.

이 문제에 대해서는 관계자들의 진술이 서로 엇갈린다. 특히 진도연안 VTS 센터장 김형민과 서해지방해양경찰청 경비안전과장 김정식, 상황담당관 유연식 등은 자신들의 구조지휘행위 책임의 유불리를 따져 본인들이 개입했다고 강력히 주장했지만, 행위 당사자인 관제사 정영민은 본인의 판단하에 독자적으로 진행했다고 주장하고 있다.

관제사 정영민은 당시 상황을 아래와 같이 진술했다.

- **서해청 상황실 보고 여부**
  제가 세월호와 교신하는 내용을 들으면서, 센터장이 상황실에 경비전화로 계속 보고를 했다. 제가 기억하기로는 센터장이 전화를 끊지 않고 10시경까지 계속 들고 있었던 것 같다. 제가 교신한 내용을 릴레이해서 상황실에 보고했다.[181]

- **세월호에서 퇴선 여부를 물었는지에 대하여**
  제 기억으로는 세월호에서 진도VTS에 퇴선을 해야 되는지에 대해 물어본 사실이 없다. 다만 세월호에서 저한테 물어본 것은, 세월호에서 탈출을 하면은 구조가 가능하겠냐는 것만 계속 물어보았다.[182]

- **판단의 주체에 대하여**
  저는 관제사가 선장의 권한을 침해할 수 없다는 내용을 잘 알고 있었는데, 그때는 위급한 상황이었기 때문에 선장이 빨리 퇴선 여부를 결정하는 것이 최선이라고 생각해서 그런 얘기를 했다. 당시 제가 세월호와 교실 할 때, 퇴선 여부를 선장한테 결정하라고 얘기하라고 지시했던 사람은 없다.[183]

- **서해청 상황대책팀에서 관련 답변을 지시했는지에 대하여**
  김형준 센터장으로부터 세월호 퇴선 결정과 관련하여 어떤 내용도 지시를 받은 사실이 없고, 관제사 교육을 받을 때부터 알고 있던

---

181 정영민, 『피의자신문조서(제3회)』, 광주지방검찰청, 2014.5.26, 20쪽.
182 정영민, 『문답서』, 감사원, 2014.5.26, 42쪽.
183 위와 같음.

내용대로 퇴선여부 결정은 선장의 고유권한이고, 진도VTS 관제사나 다른 사람이 선장의 권한을 침해할 수 없다는 것을 잘 알고 있었기 때문에 독자적으로 판단하여 세월호 선장에게 퇴선 여부를 직접 결정하라고 얘기했다. 상급자나 서해청으로부터 지시받은 사실이 없다.[184]

관제사 정영민은 '관제요원은 관제 업무수행 시 선박의 안전한 운항을 위한 선장의 권한을 침해할 수 없다"는 규정을 근거로 자신의 잘못된 관제 행위를 변명했다.[185]

하지만 세월호 선원들의 교신 내용에서 보았듯이, 당시 상황은 '조언·권고'를 해야 할 상황은 아니었다. 정영민이 책임을 면하기 위해서는 선원과 문제의 답변 교신을 하기에 앞서 최소 진도VTS 센터장에게 관련 내용을 보고하고 지시를 받은 후 답변했어야 했다.

상급기관에 보고하고 지시를 받아 답변할 책임은 관제사 정영민에게만 있었던 것이 아니라 관제팀장과 센터장에게도 있었다.

특히 진도VTS 센터장 김형준은 "중요한 상황은 경비안전과장에게 보고한 후 조정·통제"토록 되어 있고,[186] 관제팀장 또한 "각종 사고 발생 시 신속한 대응 및 보고"를 하도록 되어 있었으므로[187] 그 누구도 본 건에서 자유로울 수가 없다.

문제의 교신이 진행될 당시 진도VTS에는 관제를 담당했던 정영민 외에도 센터장 김형준을 비롯하여 관제팀장 및 팀원 2명이 추가로 근무하고 있었으므로, 물리적으로 보고할 시간과 인원이 부족하여 이와 같은 사태가 발생했던 것은 분명 아니다. 관제사 정영민은 당시 진도VTS 분위기를

184 정영민, 『문답서』, 감사원, 2014.5.26, 42~43쪽.
185 「연안 해상교통관제 운영 및 관리에 관한 규칙」 제9조 2항.
186 「연안 해상교통관제 운영 및 관리에 관한 규칙」 "제12조 1. 나." 참조
187 「연안 해상교통관제 운영 및 관리에 관한 규칙」 "제12조 2. 나." 참조

다음과 같이 진술했다.

> 김종기 팀장이 그때 당시 팀장으로서 한 게 없습니다. 저는 막내인데 저한테 교신을 모두 맡기고 뒤에서 어떤 조언도 하지 않았고 멀뚱멀뚱 쳐다보기만 했습니다.
>
> 김옥석 팀장 말을 나중에 들어보니, 09:30경인가 09:40경에 김옥석 팀장이 김종기 팀장에게 전화해서 무슨 일이 있는지 물어보았던 모양입니다. 김옥석 팀장은 집에서 쉬다가 어디선가 전화를 받고 알아보려고 김종기 팀장에게 전화를 한 것이었는데, 김옥석 팀장에게는 별일 없다는 식으로 이야기하고 그냥 끊었다고 하였습니다.

관제사 정영민의 진술을 해석하면, 세월호 침몰 당시 진도VTS 근무자들이 상황을 지나치게 안일하게 인식하고, 비상시 근무시스템이 아닌 평상시 근무체계 그대로 세월호 침몰 사건에 대응하지 않았나 하는 의심을 하지 않을 수가 없다.[188]

결론적으로 오전 9시 26분경 진도VTS 관제사 정영민의 교신 내용은 구조의 성패를 좌우하는 매우 중요한 사안이므로, 진도VTS에서 그것도 말단 관제사의 독단적인 판단에 따라 결정될 것이 아니라, 정상적인 보고절차에 따라 경비안전과장 김정식에게 보고되고, 그의 지시에 따라 답변했어야 했다.

상급기관 서해지방해양경찰청 대응의 문제점

해양사고에서 침몰 선박과 교신을 설정해 선내 정보를 파악하는 것은 매뉴얼 존재 여부를 떠나 상식의 영역에 해당한다. 따라서 세월호 침몰 당시

---

188 정영민, 『피의자신문조서』, 광주지방검찰청, 2014.7.6, 6쪽.

서해지방해양경찰청 상황실은 직접 또는 목포해양경찰서나 진도VTS에 지시하여 세월호 선내상황을 파악했어야 했고, 반드시 보고 받았어야 했다.

서해지방해양경찰청은 9시 6분경 진도VTS에 전화했던 사실 하나만 가지고 자신들의 책임과 의무를 다했다고 항변하고 있다. 하지만 관련 절차를 지키지 않았다는 것과 정확한 상황을 파악하지 못해 많은 승객을 살릴 수 있었던 기회를 놓쳐 버린 것에 대한 비난은 피할 수가 없다.

진도VTS는 서해지방해양경찰청 상황실에 문제의 교신 내용을 보고하고, 세월호 선원에게 알려줄 답변을 요구했을까?

관제사 정영민은 자신이 독단적으로 해당 교신을 진행했다고 주장했지만, 서해지방해양경찰청 상황실 근무자들은 당시 진도VTS의 문의를 받고 보고계통에 따라 상황담당관 유연식에게 보고했으며, 유연식의 답변을 진도VTS에 전달해 주었다고 진술했다.

당시 상황실에서 비상근무를 하고 있던 이상수 경사가 진도VTS로부터 "승객들을 탈출시키면 옆에서 구조할 수 있느냐"고 세월호에서 묻는다는 전화를 받고, 이를 상황실장 김민철에게 보고했고, 김민철은 다시 상황담당관 유연식에게 보고했다.

이에 대해 유연식은 "승객을 탈출시킬지 여부는 선박 상황을 가장 잘 아는 선장이 결정할 사안이다"라고 답을 했으며, 김민철은 다시 이상수에게 같은 내용으로 진도VTS에 답변하라고 지시했다고 한다.

세월호 침몰 당일 해당 VHF 교신 음성을 들어보면, 세월호가 위 내용을 진도VTS에 묻는 순간부터 진도VTS가 "선장이 결정할 사항이다"고 답변하는 시간까지 걸린 시간은 대략 1분 20초 정도 소요되었다.

따라서 "진도VTS 센터장이 전화를 끊지 않고 10시경까지 정영민의 교신 내용을 릴레이 해서 서해지방해양경찰청 상황실에 보고했다"[189]는 관제사

---

189 정영민, 『피의자신문조서(제3회)』, 광주지방검찰청, 2014.5.26, 20쪽.

정영민의 진술대로 그 어떤 고민과 번민도 없이 '보고와 지시'가 기계적으로 이루어졌다면 1분 20초 안에 가능했을 수도 있다. 또한 관제사 정영민의 진술대로 자신의 독단적인 판단에 따라 답변을 주었다면, 굳이 '왜 1분 20초를 기다렸다가 답변을 주었는지' 하는 부분은 의심스러운 대목이다.

문제는 서해지방해양경찰청 상황실에서 '실제 관련된 답변을 누가 했는가'에 있다. 상황실 근무자들의 진술에 의존하면 상황담당관 유연식이 했던 것처럼 보이지만, 경비안전과장 김정식은 검찰의 수사과정에서 '본인이 답변했다'고 아래와 같이 진술했기 때문이다.

- 김정식
  제가 함장으로서 근무하면서 경험한 것으로 보아 현장 상황을 잘 아는 선장의 판단에 맡기는 것이 낳고, 섣부른 지시는 더 큰 사고를 초래할 수 있을 것 같아서 그렇게 조치를 한 것 같습니다.[190]

- 유연식
  제가 경험한 여러 해양사고와 함장 경험으로 보면 "경사가 지다가 부력이 남는 경우도 있고, 침몰시간이 장시간인 경우도 있기 때문에 조기퇴선이 더 큰 피해를 끼칠 수도 있다."라고 생각을 했기 때문에 현장 상황을 잘 아는 선장의 판단에 맡기는 것이 낳을 것 같아서 그렇게 조치를 했습니다.[191]

위 두 사람의 진술은 길이만 다를 뿐 내용은 똑같은 것으로 판단된다. 하지만 세월호 침몰 당일 서해지방해양경찰청 상황실의 책임 관계를 명확히 하기 위해서 검찰은 '두 사람 중 한 사람인지', 아니면 '둘 다 아닌지' 진위를 확실하게 가렸어야 했다.

위 두 사람이 서로 자기가 답변을 주었다고 주장한 이유는 명확하다.

---

190 김정식, 『진술조서』, 광주지방검찰청, 2014.7.4, 32쪽.
191 유연식, 『진술조서』, 광주지방검찰청, 2014.7.3.

세월호 침몰이 진행될 당시 '진도VTS의 질문에 대한 답변을 주었다는 것'과, '문자상황보고시스템을 이용하여 123정을 OSC 함으로 지정한 것'을 제외하면 서해지방해양경찰청 상황실이 구조와 관련한 행위를 진행했던 것이 전혀 없기 때문에, 서로 자기에게 유리한 증거로 활용하려 했기 때문이다.

특히 경비안전과장 김정식은 진도VTS를 지휘해야 할 실무 과장으로서, 그리고 광역구조본부 임무조정관(SMC)으로서 본건과 관련한 책임이 분명히 있었기 때문에, 이 부분을 확정하는 것은 그의 책임을 묻는 대단히 중요한 요소일 수밖에 없다.

검찰의 내사 결과

이 교신의 중요성을 인식했기 때문인지 알 수 없지만, 이례적으로 검찰도 이 부분에 대하여 내사하고 다음과 같이 수사 결과를 발표했다.

- 진도VTS에서 적극적인 퇴선명령을 내리지 않고 선장의 판단에 맡긴 것이 부적절하였는지

  ○ 관련 규정 또는 매뉴얼
    - 연안 해상교통관제 운영 및 관리에 관한 규칙 제9조 제2항은 관제 요원은 관제 업무수행 시 선박의 안전한 운항을 위한 선장의 권한을 침해할 수 없다고 규정
    - 진도 연안 해상교통관제센터 상황 대응매뉴얼은 ❶ 좌초 선박 발생 시 좌초선박에 대한 피해확인 등 상황 파악한 후 해경상황실에 보고 및 ❷ 인근 경비함정 등에 출동 구조 요청하고 ❸ 인근해역 항행 선박 등에 구조 협조요청을 하여야한다고 규정

  ○ 확인된 사실
    - 진도VTS와 세월호와의 교신 녹취록 진도VTS 관제사 정영민의 진술 등에 의하면 아래와 같은 사실이 확인됨

▲ 진도VTS는 2014. 4. 16. 09:25경 세월호와 교신을 하며 '세월호 진도연안 VTS입니다. 인명 탈출시키는 것은 선장님께서 직접 판단하셔서 빨리 지금 결정하십시오.'라고 교신

○ 검토 결과
- 관련규정 및 매뉴얼에 의하더라도 현장 상황을 직접 목격하지 못하는 관제 요원이 퇴선여부에 대한 최종 판단을 선장의 현장 판단에 맡긴 것만으로 형사 처벌 대상이 되는 어떠한 범죄를 구성한다고 보기 어려움[192]

검찰은 이 교신과 관련하여 서해지방해양경찰청 상황실 관계자들도 조사는 했지만, 내사 결과보고서에서 서해지방해양경찰청 경비안전과장 김정식 등의 책임을 논하지 않았다.

그러나 진도VTS 관제사 정영민의 진술에 따르면, 해당 교신을 100% 자신의 주관적 판단에 따라 교신을 했다고 했고, 이 진술이 사실이라면 진도VTS센터장 김형준의 '보고의무 위반'과 서해지방해양경찰청 관계자의 부작위와 직면하게 되므로, 검찰은 확실하게 수사를 진행했어야 했다.

진도VTS 센터장 김형준 및 관제 팀장은 「연안 해상교통관제 운영 및 관리에 관한 규칙」 "제12조 1. 나."에 따라 "중요한 상황은 경비안전과장 김정식에게 보고한 후 조정·통제" 하도록 되어 있다. 따라서 이들이 세월호 침몰 당시 이 사실을 보고하지 않았다는 것은 책임과 의무를 다하지 않았다는 결론에 이르게 된다.

서해지방해양경찰청 경비안전과장 김정식은 당시 경비안전과장 및 임무조정관(SMC)의 역할을 동시에 수행하고 있었으므로, 진도VTS를 지휘하지 않았다면 김정식 또한 부작위의 책임을 논하지 않을 수 없다.

특히 서해지방해양경찰청의 경우에는 사건 당일 이 건과 관련한 결정과 지시마저 하지 않았다면 승객구조를 위해서 적극적으로 했던 행위가

---

192 광주지방검찰청, 『내사자료』, 2014.내사 36호, 2015.2.23, 3~4쪽.

전혀 없다.

　따라서 진도VTS 센터장 김형준을 비롯하여 서해지방해양경찰청 상황실 근무자들은 이 건에 대하여 구조적으로 거짓 진술을 할 수밖에 없는 상황이었다. 검찰이 이 부분을 간과했다고 비판하지 않을 수 없다.

서해지방해양경찰청 상황실 근무자들은 거짓말을 했다

　이상을 종합하면 "선장님께서 최종적으로 판단을 하셔서 승객 탈출 시킬지 빨리 결정해 주십시오"라는 답변을 유연식 또는 김정식이 보고받고 지시했던 경로는 [그림 3-16]과 같다. 이때 소요된 시간은 대략 1분 19초~1분 20초 정도였을 것으로 판단된다.[193]

그림 3-16. 탈출 여부 문의 교신 보고 및 답변 과정

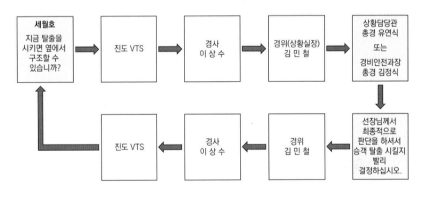

해경 진술서를 바탕으로 필자 정리.

---

[193] 실제 교신 음성을 STOP WATCH로 측정한 결과 1분 19초~1분 20초 정도로 측정되었다. 따라서 중간단계가 생략되지 않는 한 이들의 진술은 허위일 수밖에 없다.

문제는 서해청 상황실 근무자들의 진술을 신뢰할 수 있느냐 하는 것이다.

필자는 서해지방해양경찰청 상황실 근무자들의 진술은 1분 20초라는 시간적 한계를 극복하기 어렵다는 점, 상황담당관 유연식과 경비안전과장 김정식의 진술이 정확히 일치하지만, 당시 긴박한 상황에서 두 사람이 동시에 똑같은 보고를 받고 똑같은 지시를 했을 개연성은 높지 않다는 점, 관제사 정영민이 '독단적으로 판단해서 교신했다'는 진술을 고수할 때 얻는 이익이 없음에도 상급자와 다른 진술을 하고 있는데, 이것은 사실이 아니라면 기대할 수 없다는 점 등을 들어 서해지방해양경찰청 상황실 근무자들의 진술은 배제하는 것이 옳다고 판단했다.

그렇다면 관제사 정영민 행위의 적정성은 이미 검찰이 결론을 내렸으므로 별도로 논한다 하더라도, 진도VTS 센터장 및 관제팀장의 보고의무 위반과 서해지방해양경찰청 상황실의 부작위에 대해서는 검찰의 수사가 다시 시작되어야 한다고 본다.

또한 이 건의 교신 내용은 구조작업의 성공과 실패를 가르는 매우 중요한 교신이었고, 당시 구조를 위해 출동했던 함정들도 해당 교신 내용을 대부분 청취했을 것으로 판단된다. 조난 선박의 구조를 위해 출동하는 함정은 이동 중에 침몰하는 선박과 교신을 설정할 의무도 있지만, 해당 선박의 교신을 청취할 의무도 있기 때문이다.

세월호가 진도VTS와 문제의 교신을 진행하고 있을 때, 목포해양경찰서 서장 김문홍은 3009함에, 그리고 같은 경찰서 경비구난과장 김도수는 1010함에 탑승한 상태에서 세월호 침몰현장으로 이동하고 있었다.

만약 이들이 이동과정에 문제의 교신을 청취했다면, 이들 또한 서해지방해양경찰청 경비안전과장 김정식과 똑같은 책임과 의무를 부담하고 있었다고 봐야 한다.

물론 그들은 VHF 교신 통달 거리를 운운하면서 절대 듣지 못했다고 주장하겠지만, 필자는 그들이 충분히 청취할 수 있었다고 판단하고 있다.

세월호 침몰 당일 9시 20분경, 해경 함정 P33정은 울산경찰서 장생포전용부두에서 대기하면서 교신을 진행했던 사실이 있고, 놀랍게도 그 음성이 진도VTS 시스템에 녹음되어 있었기 때문이다.[194]

▨ 자료목록

1) 김민철, 『진술조서』, 광주지방검찰청, 2014.6.20
2) 김정식, 『진술조서』, 광주지검 특별수사부, 2014.7.4
3) 유연식, 『문답서』, 감사원, 2014.5.27
4) 유연식, 『진술조서』, 광주지검 708호 검사실, 2014.7.3
5) 이상수, 『진술조서』, 광주지방검찰청, 2014.6.9
6) 정영민, 『문답서』, 감사원, 2014.5.24
7) 정영민, 『진술조서』, 광주지방검찰청, 2014.6.18
8) 정영민, 『피의자신문조서(제3회)』, 광주지방검찰청, 2014.7.6
9) 정영민, 『피의자신문조서(제4회)』, 광주지방검찰청, 2014.7.6
10) 정영민, 『피의자신문조서(제5회)』, 광주지방검찰청, 2014.7.16
11) 정영민, 『피고인신문조서』, 광주지방법원(2014고합 263), 2015.1.8
12) 광주지방검찰청, 『내사자료』, 2014.내사 36호, 2015.2.23
13) 해양경찰청 진도연안VTS, 『진도연안VTS 현장 매뉴얼(ON THE JOB TRAINING MANUAL)』

---

194 울산해양경찰서, 『정보공개청구 답변서』, 2019.1.31.

제4장

구조작전의 지휘자 해양경찰은 무엇을 했나?

1.
사건 구조 현장에
현장지휘관이 없었다

세월호 침몰 사건에서 구조의 책임은, "해경청장을 비롯한 수뇌부의 책임과 수뇌부와 함께 현장 상황을 지휘했던 상황실 근무자의 책임, 그리고 세월호 침몰현장에 출동하여 실제 구조를 책임졌던 현장지휘관(OSC, On-Scene-Commander. 이하 "OSC"라 한다)의 책임" 등으로 분류할 수 있다.

세월호가 침몰하고 있을 때, 이들 중 단 한 곳만이라도 자신들에게 주어진 임무를 완수했다면, "대형참사"란 참혹한 결과는 없었을 것이다. 특히, 해경 수뇌부와 상황실 근무자가 출동구조세력이 침몰현장에 도착하기 전에, 매뉴얼에 규정된 요구사항만 조치했다면, 충분히 신속하고 효율적인 구조작업을 전개할 수 있었다. 이유는 세월호 침몰 당일 침몰현장의 구조환경이 아래와 같이 너무 양호했기 때문이다.

- 첫 번째로 침몰현장에 도착한 123정은, 출발 장소에서 침몰현장까지 약 13.7마일(출동에 소요된 시간은 약 30분 정도 소요) 정도 떨어져 있긴 했지만, 도착 즉시 선내진입과 선내방송을 통해 승객 탈출을 유도했다면, 탈출 승객 모두를 구조할 수 있는 시간대에 침몰현장에 도착했다.

- 09:27경 511호 헬기가 이미 침몰현장에 도착하여, 승객들이 선내에 대기하고 있다는 사실을 상황실에 보고를 완료한 상태였다.

- 세월호 탈출 승객 전부를 수용할 수 있는 유조선 둘라에이스호가 이미 도착하여 구조준비를 완료한 상태에서 승객들의 탈출을 기다리고 있었다.

- 침몰 해역의 날씨는 맑았고, 파도 또한 높지 않았으며, 수온도 12.6℃ 정도로서 탈출 승객이 표류한다 하더라도 최대 6시간은 생존할 수 있었고, 이들을 구조할 수 있는 어선, 상선, 함정 등이 침몰현장에 도착한 상태였다.[1]

구조환경만을 전제로 세월호 침몰 당일 구조작업 성패를 예상한다면 도저히 실패할 수 없는 구조작업이었지만, 해경 수뇌부와 상황실 근무자들은 현장출동 구조세력이 침몰현장에 도착하기 전까지 그 어떤 조치도 하지 않았던 탓에 '대형참사'라는 정반대의 구조 결과가 발생했다.

결국, 세월호 침몰 사건 구조작업의 실패는 '해경 전체 조직의 구조작업 실패'가 아니라 '부작위로 인한 해경 수뇌부와 상황실의 실패'로 규정하는 것이 옳다.

특히 현장지휘관(OSC)이 침몰현장에 도착할 때까지 해경 수뇌부와 상황실 근무자들이 능동적인 대처를 하지 않은 것이 결정적 하자이며, 이것은 향후 추가 수사를 통해 반드시 진상규명되어야 한다.

'OSC'란 무엇인가?

통상 해경은 해난사고가 발생하게 되면, 122 접수신고 전화와 일반전화

---

1 세월호 침몰 당일 17:45경 구조된 故 임경빈 군은 3009함에서 CPR을 진행하고 있는 영상이 현재 존재하고 있다. 이것은 승객들이 탈출만 했다면 적어도 이 시간까지는 생존 가능성이 있었다는 방증이다.

등 다양한 통신시스템을 통해 사고 상황을 접수하게 되며, 접수된 상황의 경중에 따라 대응 정도와 방법은 달라진다.[2]

일반적으로 경미한 사고 상황이 상황실에 접수되었을 때, 상황담당관의 판단에 따라 해당 상황실에서 조치하고 종결하지만, "중·대형 상황"이 발생했다면[3] 상황담당관은 '상황대책반'을 소집하여 해당 기관의 경비안전(국)과장의 지휘 아래 체계적인 구조 작업을 진행한다.

뿐만 아니라 「수난구호법」 제5조에 의거, 긴급상황 발생 시 '수난구호 활동의 역할조정과 지휘·통제 및 수난구호 활동의 국제적인 협력이 필요할 경우'에는, 해양경찰청에 중앙구조본부를, 지방해양경찰청과 지역 해양경찰서에는 광역구조본부와 지역구조본부를 설치하여, 해당 구조본부의 장이 직접 상황을 지휘하여 입체적인 구조 활동을 진행한다.[4]

각 구조본부에는 전체 상황을 지휘·조정·통제하는 구조본부장과, 이를 보좌하는 임무조정관(SMC, SAR(Search and Rescue) Mission Coordinator), 그리고 사고현장 상황을 지휘 통제하는 현장조정관이 임무를 분담하게 되며, 세월호 침몰 당시 상황을 기준으로 정리하면 아래 [표 4-1]과 같이 역할을 분담했다.

---

2 상황대책반의 소집여부 및 구조본부의 설치 여부에 따라 지휘권은 **"상황담당관 →경비안전과장→구조본부장"**으로 순차적으로 이관되기 때문에, 긴급 상황이 발생하면 상황실 근무요원과 해경 수뇌부는 결코 별도 조직으로 운영될 수 없으며, 한 몸이 되어 구조 작업을 진행해야 한다.

3 5인 이상 인명사고 발생 시 대형선박 충돌, 사회적인 이목을 끄는 해상사고 등이 발생하면 자동으로 상황대책반이 소집된다.

4 세월호 사건 발생 당시 09:10경 해경 본청에 중앙구조본부가 설치되었고, 같은 시간 광역구조본부가 서해지방해양경찰청에 설치되었으며, 지역구조본부는 09:05경 목포 해양경찰서에 설치되었다.

표 4-1. 세월호 침몰 당시 각 구조본부의 책임

구 분		구조본부장 (SCs, SAR co-ordinator)	임무조정관 (SMCs, SAR mission co-ordinator)	현장지휘관 (OSC, On-Scene-Commander)
구조본부	해양경찰청 (중앙구조본부)	해경청장 김석균	경비국장 이춘재	
	서해지방해양경찰청 (광역구조본부)	서해청장 김수현	경비안전과장 김정식	
	목포해양경찰서 (지역구조본부)	목포해경서장 김문홍	경비구난과장 김도수 (직무대리 상황담당관 조형곤)	123정 정장 김경일
주요임무		▪ SAR 시스템 구축 ▪ 인원관리 ▪ 장비관리 ▪ 지휘 총괄 ▪ 기타	▪ 비상상황에서 모든 자료 취득 및 평가 ▪ 함정 등 구조세력 동선 및 위치 확인 ▪ 수색 행동 계획수립 및 수색지역 할당, OSC 지정 등 ▪ 구조 조정본부 책임자에게 수색 포기 및 중지 조언	▪ 현장에서 모두 수색구조 시설들의 작전 조정 ▪ SMC의 수색 행동 계획 수행 ▪ 수색계획 수행 ▪ 수색 구조에 참가한 다른 구조대, 함정, 항공기 등 활동 모니터 및 평가

『IAMSAR Manual, International Aeronautical and Maritime Search and Rescue Manual(국제 항공・해상 수색구조 지침서)』제Ⅱ권 임무 조정 1.2.3.(b) 45쪽 참조 필자 정리.

통상 세월호 침몰 사건과 같은 대형해상사고가 발생하면, 사건 현장에 는 함정, 헬기 등 다양한 구조세력들이 출동한다. 세월호 침몰 당시에도 해경과 해군의 함정 및 헬기와 행정선(관공선), 상선, 어선 등을 포함해 매 우 많은 구조세력이 침몰현장에 도착하여 구조작업에 참가했다.

이런 상황에서 특정인에 의해 효율적이고 일사불란한 지휘가 없다면, 구조 현장은 혼란에 빠지게 되고, 결국 구조작업은 실패로 연결될 수밖에 없다. 해경의『해상수색구조 매뉴얼』은 이런 사태를 미연에 방지하고, 신 속하고 효율적인 구조작업을 전개하기 위해, 수색 구조대(SRU: Search and Rescue Unit) 또는 수색에 참가하는 배나 비행기를 담당하고 있는 사람을 선정하여 모든 참가 구조대의 활동을 조정할 사람을 지정하도록 규정해 놓았다. 이 책임자를 '현장지휘관(OSC, On-Scene-Commander)'이라 한다.

OSC는 구조본부장 또는 임무조정관의 지시에 따라 현장을 지휘한다. 따라서 OSC가 사건 현장에 도착하면 임무 조정관이 역할을 해제시켜줄 때까지 현장조정관 기능을 담당한다. 구체적인 주요 임무는 다음과 같다.

- 임무 조정관에 의해 지시된 수색구조 임무 수행
- 장비 동원 실태와 현장 수색구조 업무의 여건에 따라 계획 수정 및 수정내용 보고
- 구난 담당관 및 현장 구조대와 통신 유지
- 구조대의 현장 도착과 이동 및 철수시간, 수색한 구역, 수색 진로 간 격, 관측결과, 조치사항 및 결과 등을 포함한 상세한 기록 유지[5]

'현장지휘관(OSC)'은 누가 지정해야 하는가?

원칙적으로 OSC는 현장 상황을 고려하여, '수색 및 구조훈련, 교신능력, OSC가 탑승한 구조대가 수색지역에 오래 머무를 수 있는 시간' 등을 고려하여, "실행 가능한 한 조기에, 그리고 수색구역에 도착하기 전까지" 가장 유능한 사람을 OSC로 임무조정관이 지정하도록 매뉴얼은 규정하고 있다. 그러나 세월호 침몰 당시 적용된 매뉴얼에는 '누가 임무조정관의 임무를 수행해야 한다'는 규정이 없었다.[6]

---

5 해양경찰청, 「해상수색구조매뉴얼」, 2013.7, "제3장 수색구조 실시, 2. 조직체계".

6 「수난구호법 시행령」 제4조 ②에 의하면 '중앙 조정관과 구조본부 직원은 해양경찰청 장이 소속 공무원 중에서 지명'하게 되어 있고, 『「주변해역 대형 해상사고」 대응매뉴 얼』과 「2014년도 수난대비집행계획」에 의하면 경비안전국(과)장이 조정관의 임무를 수행하는 것으로 고정되어 있다. 따라서 세월호 침몰 당일에는 경비안전국(과)장이 조정관으로서의 역할을 수행하는 것이 옳지만, 검찰은 이 부분에 대한 명백한 결론을

세월호 침몰 당일에는 공식적으로 'OSC가 임명될 때까지, 침몰현장에 첫 번째 도착한 함정이 OSC 임무를 담당한다'는 매뉴얼에 따라, 123정이 OSC의 임무를 수행했다.

문제는 OSC함 123정이 침몰현장에 도착하는 09:30경까지 OSC는 부재상태에 있었으며, 123정 승조원들은 자신이 탑승한 함정이 OSC함이란 사실도 모르는 상태에서 구조작업이 전개됐었다.

그 결과, 많은 구조세력이 세월호 탈출 승객을 구조할 수 있는 시간 안에 세월호 침몰현장에 도착했지만, OSC의 부재로 정상적인 구조작업은 펼쳐보지도 못한 재, 바닷속으로 침몰하는 세월호를 눈앞에서 지켜봐야 했다.[7]

검찰은 세월호 침몰 사건 수사과정에서 "OSC 지정은 언제 되었는지, 임무조정관은 누구였는지, 출동 구조세력 및 123정 승조원들은 123정이 OSC 함정이었다는 사실을 알고 있었는지"에 대하여 조사했다. 특히 아래와 같이 "임무조정관이 누구였는지"에 대하여 심도 있는 조사를 진행했지만, 명확한 결론을 내리지 않았다. 결국 구조본부장과 임무조정관의 지휘 부재에 대한 책임은 전혀 묻지 못했다.

- 서해청장 김수현
  제가 생각하기에는 광역구조본부장인 제가 임무 조정관이 되는 것이 아니라 구난 조정관인 서해지방해양경찰청 경비과장이 임무 조정관이라고 봅니다. 저는 지휘관이므로 조정관을 의미하는 Co-ordinator가 아니라 'Commander'입니다. 마찬가지로 지역구조본부장인 목포해양경찰서장도 지휘관이므로 임무조정관이 아니라 목포해양경찰서 경비과장이 임무조정관이 되는 것이라 생각합니다.[8]

내리지 않았다.
7 따라서 세월호 참사는 이미 처벌받은 123정 정장 김경일의 책임보다는, 구조작업 시작과정에서 첫 번째 단추를 잘못 끼운 구조본부장과 각 구조본부장과 임무조정관의 책임이 더 엄중하다 할 것이다.

- 목포서장 김문홍
제가 솔직히 임무조정관에 대한 이야기는 몇 번 들어보았는데, 그게 어떤 제도인지 정확하게 알지 못합니다. 다만, 우리는 통상 상급부서에서 현장지휘관인 OSC를 지정하고, 그에 따라 지정된 함정에서 OSC 임무를 수행하고 있습니다.[9]
각급 구조본부의 본부장을 보좌하는 업무 관련 조정관이 각각 임무조정관이 됩니다. 수난구호법시행령 제4조 및 제5조에 따라 중앙, 광역, 지역구조본부의 지역조정관이 임무조정관입니다. 따라서 중앙, 광역, 지역구조본부에는 각각 임무조정관이 있습니다. 세월호 참사의 경우 목포해양경찰서에서는 경비구난과장이 임무조정관이 됩니다. 임무조정관은 구조본부장을 보좌하고, 현장지휘관(OSC)을 지정합니다.[10]

- 목포서 상황실장 백남근
사고 발생 직후 지역구조대책본부(본부장 경찰서장), 광역구조대책본부(본부장 지방청장), 중앙에는 중앙구조대책본부(본부장 해경청장)가 구성되었는데, 본 사고와 같은 경우에는, 중앙에서 임무 조정관이 지정되는 것으로 알고 있는데, 아마도 경비국장이 임무 조정관으로 지정되지 않았을까 하는 생각입니다.[11][12]

해경의 「해상수색구조 매뉴얼」에는 '누가 OSC를 지정해야 하는지'에 대한 명확한 규정은 없지만, 위 매뉴얼의 상위 근거 규정인 「국제 항공 및 해상 수색구조 매뉴얼(IAMSAR Manual, International Aeronautical and Maritime Search and Rescue Manual)」은 "구조조정본부(RCC: Rescue Coordination Center)의 책임자나 권한을 위임받은 자"가 OSC를 지정하도록 명확하게 규정하고 있다.

따라서 해경이 적용할 매뉴얼에 부족한 부분이 있다면, 상위 규정인

---

8 김수현, 『진술조서』, 광주지방검찰청, 2014.8.6, 8쪽.
9 김문홍, 『진술조서』, 광주지방검찰청, 2014.7.4, 25~26쪽.
10 김문홍, 『조사대상자진술조서』, 4·16세월호참사특별조사위원회, 2016.1.19, 13쪽.
11 백남근, 『진술조서』, 광주지방검찰청, 2014.6.11, 16쪽.
12 이병윤, 『진술조서』, 광주지방검찰청, 2014.6.9, 28쪽.

「국제 항공 및 해상 수색구조 매뉴얼(IAMSAR Manual, International Aero-
nautical and Maritime Search and Rescue Manual)」을 따르는 것이 옳다 할
것이다. 세월호 침몰 당일 현장구조의 책임은 「수난구호법 시행세칙」
제5조에 따라 목포해양경찰서장 김문홍에게 있었으므로, 필자는 'OSC 지정
권한은 지역구조본부장인 김문홍과 경비구난과장 김도수(또는 경비구난
과장 직무대리 조형곤)에게 있었다'고 판단한다.

'현장지휘관(OSC)' 지정의 유효 요건

「해상수색구조 매뉴얼」은 OSC의 '지정 및 임무'를 간략하게 정의하고
있지만, '지정방법 및 지정의 유효 요건' 등은 명확히 규정하고 있지 않다.
오직 "실행 가능한 조기에, 그리고 수색구역에 도착하기 전까지 지정"하라
고만 규정되어 있다.

그 결과 세월호 침몰 당일 오후 12시 3분경 3009함이 OSC로 지정이 될 때
까지 유효한 OSC 지정행위가 없었음이 분명한데도, 해경의 수뇌부와 상황실
관계자들은 오전 9시 16분경 문자상황시스템의 "123정 OSC 지정"이라는
문구 하나만으로 검찰로부터 모든 책임을 면제받고 정당성을 인정받았다.

구조본부장이나 임무조정관이 OSC를 지정하는 것은 "둘 이상의 함정
등이 같은 임무를 수행할 때, 모든 참가 구조대의 활동을 조정할 사람을
지정하는 것"이므로, OSC의 성격상 다음의 요건을 충족하지 못하면 정상
적인 OSC 지정행위라 할 수가 없다.

- OSC로 지정된 함정과 출동 중인 구조세력들이 OSC 지정 사실을 명
  확하게 인식할 수 있도록 명확한 절차에 따라 "지금부터 ○○함이
  OSC함 입니다"란 표현을 사용하여 지정해야 하며, 출동 구조세력들
  로부터 '○○함이 OSC로 지정된 사실을 인지했다'는 의미의 "수신 완

료"를 반드시 확인해야만 한다. 절대 일방적 지정행위는 유효할 수 없다. 또 이 원칙은 'OSC 임무를 해제'시킬 때도 똑같이 적용돼야 한다.
▶▶ 따라서 세월호 침몰 당일 123정 또는 278함에 대한 OSC 지정은 이 원칙에 위배되므로 유효하다 할 수 없다.

- 지정방식은 함께 출동하고 있는 구조세력들이 명확하게 인식할 수 있는 방식이어야 한다. 무선 통신시스템을 이용하든 아니면 유선전화기를 이용하든 다양한 전달방식은 선택할 수 있지만, OSC 제도의 성격상 구조에 참여한 출동구조세력들이 같은 시간대에 확인 가능한 방법으로 지정되어야 한다.
▶▶ 세월호 침몰 당일 서해지방해양경찰청 상황담당관 유연식은 '문자상황시스템'을 이용하여 123정을 OSC로 지정했다는 것을 일방적 송신을 했고, 정작 OSC로 지정된 123정은 함정에 코스넷13이 설치되어 있지 않아 OSC 지정 사실을 몰랐다. 따라서 유연식의 OSC 지정행위는 무효이며 09:16~09:30까지 세월호 침몰현장에 OSC는 부재 상태였다.

- 수뇌부와 상황실은 OSC에게 명확한 임무를 부여해야 하며, OSC가 충분한 활동을 할 수 있도록 물리적으로 충분한 시간을 보장해야 한다. 또, OSC가 원활히 임무수행을 할 수 있도록 전폭적인 지원 및 응원을 해야만 한다. OSC는 지휘부의 지휘 또는 지원에 따라 운영되는 보조 조직이지, 사고현장에서 독자적 작전을 전개하는 단독 조직이 결코 아니다.
▶▶ 하지만 세월호 침몰 당일의 경우에는, 김경일을 당사자도 모르게 슬그머니 OSC로 지정해 놓고, 해경의 지휘부와 상황실 근무자들은 김경일이 도착하여 보고할 때만 기다리고 있다가 구조작업이 엉망진창이 되어 버렸던 것이다.

이상에서 지적한 요건이 결여된 OSC 지정은 유효한 지정이라 할 수 없다. 누가 OSC로 지정됐더라도 정상적인 임무 수행을 할 수 없기 때문이다.

세월호 침몰 당일 해경은 [표 4-2]와 같이 총 4회에 거쳐 OSC를 지정한 것으로 알려져 있지만, 필자가 제시한 요건을 충족한 지정행위는 3009함이 유일했다.

---

13 KOSNET: Korea Coast Guard Communication Network, 광역위성통신망.

표 4-2. 세월호 침몰 당시 OSC 지정 현황

임 무 수행 시간	함정명	지정방법	비 고
도착시점 (9:30경 ~ 11:9(99분)	123정	매뉴얼에 의한 자동 지정	「해상수색구조 매뉴얼」규정에 의거 첫 번째로 도착한 함정의 자격으로 OSC 임무 담당
11:09~11:19 (10분)	완도해양 경찰서 278함	TRS 채널 52번을 이용해 서해청에서 지정	현 시각 이후로 귀국이 총지휘를 해 가지고 현재 구조 몇 명 되고, 현 진행 상태를 계속 보고하고. 현지 카메라를 현장 좀 비추고 그러기 바람.
11:20~12:03 (43분)	목포해양 경찰서 1508함 단정 No.1	TRS 채널 52번 및 문자대화방 이용 목포서에서 지정	함정이 도착하기에 앞서 단정이 도착했 는데, 목포해양경찰서에서 착오로 OSC 로 지정한 것으로 추정 1508함은 12:45경 침몰해역에 도착한 것으로 파악되고 있음
12:03~	3009함	TRS 채널 52번 및 문자대화방 이용 목포서에서 지정	

해경 TRS 녹취록 및 문자상황시스템 내용을 참고하여 필자 정리.

해경이 123정을 'OSC'로 지정했다?

서해지방해양경찰청 상황담당관 유연식은 "세월호 침몰 당일 09:16경 문자상황시스템을 이용하여 123정을 OSC로 지정했다"고 진술했다. 해경의 문자상황시스템이 조작되지 않았다면, 이 시간에 유연식이 123정을 OSC로 지정한 것은 틀림없는 사실이지만, 그렇다고 유연식의 OSC 지정행위가 유효했다고 할 수는 없다. 필자가 지적한 'OSC 지정의 유효 요건'을 충족시키지 못했기 때문이다.

그렇다고 필자는 123정이 OSC가 아니라고 부정하지도 않는다. 해경의 「해상수색구조 매뉴얼」에 "OSC가 임명될 때까지 현장에 첫 번째로 도착한 함정이 OSC 임무를 담당한다"고 규정돼 있기 때문이다. 123정은 세월호 침몰현장에 오전 9시 30분경 도착했으므로 그 시간부터 OSC 지정여부

와 상관없이 자동으로 OSC의 지위가 부여됐다고 볼 수 있다.[14]

그러나 서해지방해양경찰청 상황담당관 유연식의 OSC 지정행위는 123 정이 그 사실을 인지하지 못했다는 점에서 실효성이 없었다.

유연식은 오전 9시 16분경 문자상황시스템을 통해 123정 정장 김경일을 OSC로 지정했다고 했지만, 세월호 침몰 당시 123정은 코스넷이 설치되어 있지 않아 문자상황시스템에 접속할 수 없었다. 해경 수뇌부와 각급 상황실 근무자가 비밀리에 정장 김경일에게 OSC 지정 사실을 별도로 통보하지 않았다면 그는 자신이 OSC로 지정된 사실을 인식할 방법이 없었다.

세월호 침몰 당일 제주해양경찰청 소속 헬기를 제외한 해경의 모든 구조세력은 TRS 채널 52번으로 의사소통을 했다. 따라서 출동한 해경의 구조세력이 OSC 지정 사실을 동시에 인지하려면, 최소 이 채널을 통해 OSC 지정 사실이 공유됐어야 한다. TRS 녹취록과 음성에는 그러한 기록은 발견되지 않았다.

OSC 지정 사실이 공유되지 않았기 때문에 세월호 침몰 당일 출동하던 함정과 헬기들은 123정이 OSC함이란 사실을 전혀 인식하지 못했다.[15] 심지어 123정 승조원들조차도 자신들이 탑승한 함정이 OSC함이란 사실을 인식하지 못한 것으로 확인됐다.[16]

더구나 유연식의 OSC 지정 사실은 각급 구조본부장 및 상황실 근무자들에게도 공유되지 않았다. 당일 오전 9시 19분경 작성된 서해지방해양경

---

14 해양경찰청, 「해상수색구조매뉴얼」, 2013.7, 21쪽.(제3장 "수색구조 실시", 2. 조직체계)

15 김태호, 『진술조서』, 광주지방검찰청, 2014.7.17, 16쪽.
　 김태일, 『진술조서』, 광주지방검찰청, 2014.6.10, 9쪽.

16 박상욱, 『진술조서』, 광주지방검찰청, 2014.7.16, 14쪽.
　 이민우, 『진술조서(이민우, 박은성 대질)』, 광주지방검찰청, 2014.7.21, 5쪽.
　 이종운, 『진술조서』, 광주지방검찰청, 2014.6.4, 10쪽.
　 박은성, 『진술조서(제2회)』, 광주지방검찰청, 2014.7.14, 19~20쪽.
　 김종인, 『진술조서(제2회)』, 광주지방검찰청, 2014.7.10, 25쪽.

찰청 〈상황보고서〉 1보에 따르면, 목포해경서장에게 "현장 지휘함(OSC) 지정 임무 수행 및 현장 상황 실시간 보고"할 것을 지시했지만, 목포해양 경찰서장과 상황실 근무자들은 상급기관의 지시사항을 이행하지 않았다.

만약 OSC 지정 사실을 123정 정장 김경일 등 출동하고 있는 구조세력 에게 즉시 전달하지 못했더라도, 목포해양경찰서 상황실이 이 사실을 공 유하고 123정 김경일에게 형식을 갖춰 OSC의 임무를 명확히 부여했다면, OSC 지정과 관련된 형식적 하자는 충분히 수정될 수 있었다.[17]

여기서 한 단계 더 나아가 필자는 세월호 침몰 당시 해경의 'OSC 지정' 은 없었다고 판단한다. 해경이란 조직이 책임을 면하기 위하여 사후에 '문 자상황시스템을 조작하여 문제를 보완했을 가능성이 있기 때문이다. 당시 해경의 구조작업에서 OSC 지정은 매우 중요한 절차임에도 불명확한 지 정행위에 대해 어떤 사람도 이론을 제기하지 않았다.[18]

지극히 상식적 입장에서 검토해 보면, 유연식 서해청상황담당관이 상황 의 긴급성을 인식하고 OSC 지정을 했다면, 'TRS 교신기를 들고 직접 음성 으로 지정할 수 있는 간편하고 확실한 방법이 있음에도, 굳이 별도의 인원 과 절차가 요구되는 거추장스러운 방법(문자상황시스템)을 택한 것' 자체 가 사리에 맞지 않는다.

김경일 정장은 "123정이 사고 해점으로 출동하는 도중에 목포해경 상황 실로부터 (9시 10분경) TRS를 통해 123정을 OSC로 지정하여 임무를 수행

---

17 서해청 상황담당관 유연식이 123정 등이 확인할 수 없는 문자상황시스템으로 OSC를 지정했다 하더라도, 누군가는 OSC 지정 사실을 123정 정장 김경일 및 출동 헬기에게 전달하기 위해서 TRS 등 무선 통신, 함정 전화, 개인 휴대전화 등을 이용해서 통보하 는 절차가 있어야 했음에도 세월호 침몰 당일엔 그런 절차가 전혀 없었다. 특히 목포 해양경찰서 상황실은 문자상황시스템에서 123정은 문자상황시스템이 가동되지 않고 있다고 수차례 지적했지만, 구조과정에서 가장 중요한 OSC 지정에 대해서는 단 한마 디도 하지 않았다.

18 특히 09:19경 작성된 서해청 〈상황보고서〉 1보는 이미 OSC가 지정된 상황에서 "목포 해경서장은 '현장 지휘함(OSC) 지정 임무 수행 및 현장 상황 실시간 보고"라는 지 시를 했던 것은, 적어도 09:16경까지는 OSC 지정이 없었다는 방증이라 할 것이다.

하도록 지시가 내려왔었기 때문에 123정에서 OSC 임무를 수행하였습니
다"라고 진술했다.[19]

그의 진술이 진실이라면, 해당 TRS 음성과 녹취록이 존재해야 하고, 함
정일지와 무선전화운용일지, '09:10~09:20경' 함정폰 통화내역 등에 해당
내용이 기록되어 있어야 한다.[20] 그런 기록은 존재하지 않으며, [그림 4-1]의
'123정의 무선전화 운용일지'에도 OSC 지정과 관련된 내용은 누락되어 있다.

그림 4-1. 123정 무선전화운용일지

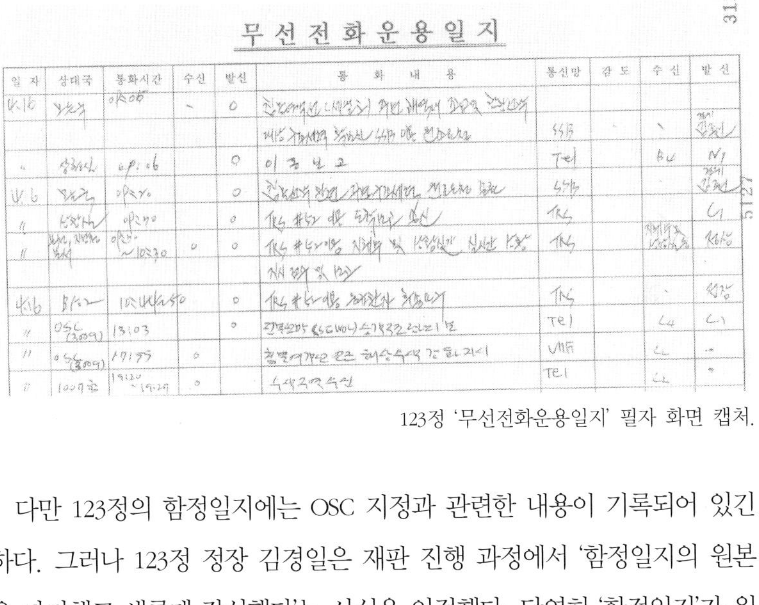

123정 '무선전화운용일지' 필자 화면 캡처.

다만 123정의 함정일지에는 OSC 지정과 관련한 내용이 기록되어 있긴
하다. 그러나 123정 정장 김경일은 재판 진행 과정에서 '함정일지의 원본
은 파기했고 새롭게 작성했다'는 사실을 인정했다. 당연히 '함정일지'가 원
본이 아니기 때문에 이를 OSC 지정 증거로 채택할 수는 없다.

이상에서 살펴본 바와 같이 서해지방해양경찰청 상황담당관 유연식의
OSC 지정행위는 형식적, 실질적 요건을 충족하지 못하므로 유효하지 않다.

19 김경일, 『문답서』, 감사원, 2014.5.22, 7쪽.
20 완도 278함 및 1508함 단정, 3009함 등이 OSC로 지정될 때에는 해당 내용을 증명할
   수 있는 서류가 실제로 존재한다.

따라서 유연식 상황담당관과 김경일 정장의 진술을 토대로 세월호 침몰 당일 'OSC가 유효하게 지정되었다고 판단'한 검찰의 수사결과와 법원의 판결은 근본적으로 문제가 있다.

또한 당시는 김경일의 정상적인 OSC 지휘권 행사가 불가능한 상황이었다. 해경의 「해상수색구조 매뉴얼」규정에 따라, 김경일의 공식적인 OSC의 책임은 오전 9시 30분경 세월호 침몰현장에 도착한 때부터 시작된다. 당시 침몰현장에 123정보다 먼저 도착한 구조세력은 해경의 511호 헬기가 출동한 것이 전부였고, 이들은 123정 김경일이 OSC란 사실을 알지 못했다.

511호 헬기는 세월호 침몰현장에 도착해서 그때까지 파악한 정보를 김경일에게 보고하지 않았다. 김경일도 자신이 OSC라는 사실을 인식하지 못한 탓에 이들을 지휘할 필요성을 느끼지 못했고, 그때까지 수집된 정보가 있는지를 헬기에 묻지도 않았다.

완도 278함을 '현장지휘관(OSC)'으로 지정하다

완도해양경찰서 소속 278함은 4월 16일 오전 11시 9분 16초에 서해지방해양경찰청으로부터 다음과 같은 TRS 교신을 수신하였다.

> 서해청 상황실 : 278, 278, 여기는 지방청 타워
>
> P278 : 지방청타워, 여기 278입니다.
>
> 서해청 상황실 : **현 시각 이후로 귀국이 총지휘를 해가지고** 현재 구조
> 몇 명되고 현 진행 상태를 계속 보고하고 ENG 카메라로 현장
> 비추고 그러기 바람.
>
> P278 : 수신 완료, 수신 완료[21]

---

21 속기법인 대한, 『녹취서(4·16세월호 참사 관련 해경 TRS 녹취록)』, 2016.4.5, 95쪽.

당시 서해지방해양경찰청 상황실은 완도 278함에게 '총지휘를 하라'고 일방적으로 TRS 교신을 했다. 완도 278함은 그것을 'OSC 지정'으로 인식했다.

해경은 총 4번의 OSC 지정사례에서 3번을 'OSC 지정 또는 변경'이란 표현을 사용했다. 오직 완도 278함에게만 '귀국이 총지휘 해가지고'라는 불명확한 표현을 했다. 완도 278함은 이를 함정일지에 'OSC 지정'으로 기재했다([그림 4-2] 참조).

하지만 123정을 OSC로 지정했던 문자상황시스템에도 완도 278함의 OSC 지정과 관련된 내용은 전혀 발견되지 않았다.

그림 4-2. 완도 278함에 기재된 OSC 지정 내용

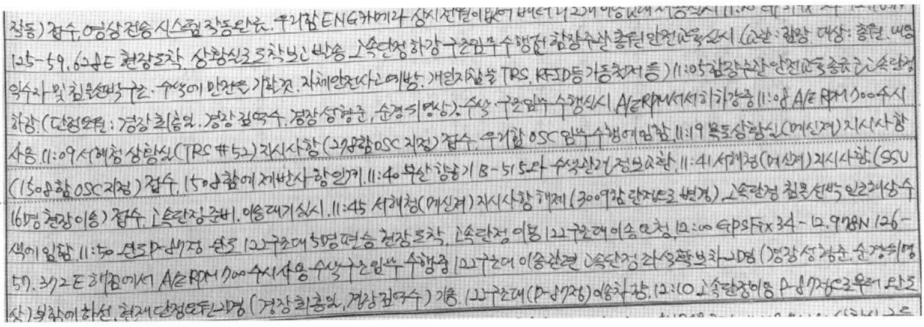
사용 11:09 서해청 상황실(TRS #52) 지시사항(278함 OSC 지정) 접수. 우리함 OSC 임무 수행에 임함. 11:19 목포상황실(메신저) 지시사항
(1508함 OSC지정) 접수. 1508함에 제반사항 인계. 11:40 부산 항공기 B-515와 수색관련 정보교환. 11:41 서해청(메신저) 지시사항. (SSU
16명 현장이송) 접수. 고속단정 준비. 이송대기실시. 11:45 서해청(메신저) 지시사항 해제(3009함 단정으로 변경).

완도 278함 함정일지 필자 화면 캡처.

또한, TRS에서도 완도 278함이 OSC함이란 사실을 확인한 곳은 오직 완도 278함밖에 없었다. 심지어 완도 278함에게 OSC 지위를 넘겨준 123정마저도 OSC가 변경되었다는 사실을 알지 못한 것으로 추정된다. 따라서 완도 278함의 OSC 지정행위는 유효하지 않다. 결국 완도 278함은 약 10분간 OSC 임무를 수행하다 오전 11시 20분경 목포해양경찰서 소속 '1508함 #NO.1 단정'에 인계했다.

목포해양경찰서, 1508함 단정에 OSC 임무 부여

1508함 함장은 세월호 침몰 사실을 인지하고 신속한 출동을 위하여 매우 창의적인 출동방법을 선택했다. 함정보다 속력이 빠른 1508함 #1 단정을 먼저 출동시킨 것이다. 1508함 #1 단정이 11시 18분경 세월호 침몰현장에 도착하여 도착보고를 하자, 목포해양경찰서 상황실은 1508함이 침몰현장에 도착한 것으로 착각하고 TRS 교신을 통해 즉시 OSC로 지정했다.

> P1508 : 목포타워, 목포타워. 여기 P1508, P1508 #1 단정.
>
> 목포서 상황실 : 1508, 여기 목포타워.
>
> P1508 : 현장 도착, 현장 도착. 수신 여부.
>
> 목포서 상황실 : 수신 완료. 수신 완료.
>
> 남자 :   P1508, ENG 가동 바랍니다.
>
> 목포서 상황실 : 여기는 목포타워, 목포타워. 현장 OSC, OSC를 1508, 1508로 지정함. 1508로 지정함. 모든 사항은 1508에서, 1508에서 취합해가지고, 취합해가지고 보고하기 바람. 보고하기 바람. 다시 한번 이야기 함. 현재 투입하는 모든 함정은 1508, 1508로 OS 지휘함을 지정함, 지휘함을 지정함. OS 1508로 모든 것을 보고하기 바람. 이상
>
> 김경일 : 123, 수신 완료
>
> (중략)
>
> 목포서 상황실 : P1508, P1508, 귀국에선, 귀국에선 현장 취합해가지고 목포타워, 목포타워로 보고 바람. 이상.22

OSC는 둘 이상의 함정이 침몰현장에 출동하여 구조작업을 진행할 때 발생하는 혼란을 미연에 방지하고 일사불란한 지휘체계를 유지하기 위하여 지정된다. 원칙적으로 '수색 및 구조훈련, 교신능력, OSC가 탑승한 구

---

22 속기법인 대한,『녹취서(4 · 16세월호 참사 관련 해경 TRS 녹취록)』, 2016.4.5, 103쪽.

조대가 수색지역에 오래 머무를 수 있는 시간' 등을 고려해서 지정하는 것이므로 소형 단정보다는 직전까지 OSC 임무를 수행한 123정과 278함이 더 적정했다. 따라서 당시 1508함 #1 단정에게 OSC 지휘권을 부여했다는 것은 일종의 코미디라 아니할 수 없다.

그림 4-3. OSC로 지정됐던 1508함 단정

세월호 침몰 당일 해양경찰 촬영 영상 필자 화면 캡처.

1508함 #1 단정도 자신들이 OSC 임무 수행에 문제가 있다는 것을 인식하고 있었다. 그들은 11시 20분경 목포해양경찰서의 OSC 지정 이후 임무를 수행하던 중, 11시 52분경 자신들이 OSC로 적합하지 않음을 다음과 같이 알렸다.

> 1508함 현재 사고현장 E.T.A 13:00예정 (본함 NO.1 단정 11:15 현장 도착 인명구조 임무 수행 중임) OSC함 지정이 변경되어야 할 것으로 사료되니 조치 바랍니다.

그런데도 목포해양경찰서의 1508함 #1 단정에 대한 OSC 지정은 필자가 제시한 'OSC 지정의 유효 요건'은 만족시키고 있다. 공식적으로 'OSC 지정'이란 용어를 사용했을 뿐만 아니라, 구조에 참여한 모든 구조세력에게 "OSC 1508로 모든 것을 보고하기 바람"이라고 하여 보고체계를 확실하게 확립했기 때문이다.

따라서 세월호 침몰 사건에서 공식적인 OSC 지정은 11시 9분경에 있었다고 보는 것이 옳다고 판단된다.

뒤늦은 3009함에 대한 OSC 지정

서해지방해양경찰청 상황실은 오전 11시 56분경 문자상황시스템으로 3009함을 'OSC로 지정'하라고 지시했다. 목포해양경찰서장이 탑승한 3009함이 세월호 침몰현장에 도착한 시간은 11시 40분경이었다. 123정을 OSC로 직접 지정했던 곳이 서해지방해양경찰청 상황실임을 감안하면, 매우 이례적인 조치였다.

적어도 3009함을 OSC로 지정하는 것에 절차적 하자는 없었다. 당시 TRS 교신 녹취록에서 알 수 있듯이 '12시 04분을 기해서 OSC함이 1508함에서 3009함으로 변경되었다는 사실'과 '이 시간 이후부터 3009함이 OSC함이므로 3009함의 지휘에 따라 활동하라'는 메시지가 정확히 전파됐다.

> 목포서 상황실 : 여기는 목포타워. 현 시간 12시 04분을 기해서 3009
> OSC 지정. 1508에서 3009 12시 04분에 기해서 OSC 지정. 3009
> 에서는 모든 상황파악해 가지고 문자셋팅 ENG 카메라 작동
> (12:03:18)
>
> 1508 : 여기는 1508 현재 OSC 임무가 3009로 변경되었습니다. 이 상황
> 은 3009 지시 받기 바랍니다.(12:11:46)

3009 : 여기 각 국들 일방적으로 송신하겠음. 현장에 도착하는 모든 국들은 도착하는 대로 단정을 하강시켜 주변에 있는 실종자라든지 탐색을 해주시고 나머지 상황은 채널을 VHF 72번 쪽으로 일방적으로 지시할 테니깐 VHF 72번을 청취해가지고 피3009함 한테 신고하기 바람. 이상.(12:18:43)

3009 : 각 국들 일방적으로 통신하겠음 피3009 1번임 각국들은 현장에 도착하면 채널 72번으로 통신 일원화하고 TRS는 여기서 교신하겠음. 불필요한 전문은 문자망으로 나와서 일방적으로 송신해 주기 바람. 이상(12:22:56)

3009함은 OSC로 지정된 후 해경은 물론 해군에 대한 지휘권을 행사하는 모습이 확인됐다. 세월호 침몰 당일 해경의 완벽한 OSC 지정은 3009함이 최초이지만 그 시간은 이미 세월호가 완전히 바다 속으로 가라앉은 뒤였다.

마지막으로 처음 OSC로 지정된 123정 김경일 정장의 책임 문제를 검토해 볼 필요가 있다. 그의 책임은 이동과정에서 세월호 선내 상황 파악에 실패한 것과 세월호 침몰현장에 도착한 후 OSC로서 효율적인 구조를 진행하지 못한 것으로 나눌 수 있다.

우선 전자는 김경일만 부담해야 할 책임이 아니다. 당시 출동한 모든 함정(3009함, 1508함, 1010함 등)과 해경의 수뇌부, 상황실 근무자들에게도 부과된 공통의 책임이다.

특히 해경 수뇌부는 김경일을 명확하게 OSC로 지정하고, 그가 이동하는 과정에서 매뉴얼이 요구하는 의무가 누락되는 일이 없도록 지도하고 지휘했어야 했다. 또 김경일과의 지속적인 의사소통을 통하여 그가 세월호 침몰현장에 도착하면 진행해야 할 구조지침을 미리 전하고, 구조지침대로 구조작업이 진행되는지 확인할 의무가 있었다.

하지만 그들은 세월호가 완전히 침몰하는 순간에 구조 현장에 개입하여 전혀 상황에 맞지 않는 지시를 함으로써 오히려 혼란만 가중시켰다. 당연히 2014년 검찰이 해경을 수사할 때 검찰의 칼끝은 해경의 수뇌부와 상황실 근무자들을 겨냥했어야 한다.

검찰은 의도적으로 수사의 칼끝을 상부가 아닌 하부만 겨냥했다. 결국 123정 정장 김경일이 재판과정에서, 'OSC로 지정된 사실을 알고 있었지만 당황하고 경황이 없어서 OSC의 권한을 행사하지 못했다'고 진술함으로써 이 건은 더 이상 논쟁거리조차 되지 못하고 종결되었다. 그 덕분에 목포해경서장 김문홍을 비롯한 해경 수뇌부와 상황실 근무자들은 잘못된 구조 책임에서 벗어났다.

자료목록

1) 김경일, 『문답서』, 감사원, 2014.5.22

2) 김경일, 『진술조서』, 광주지방검찰청, 2014.6.4

3) 김문홍, 『진술조서』, 광주지방검찰청, 2014.7.4

4) 김문홍, 『조사대상자진술조서』, 4·16세월호참사특별조사위원회, 2016.1.19

5) 김수현, 『진술조서』, 광주지방검찰청, 2014.8.6

6) 김종인, 『진술조서(제2회)』, 광주지방검찰청, 2014.7.10

7) 김태일, 『진술조서』, 광주지방검찰청, 2014.6.10

8) 김태호, 『진술조서』, 광주지방검찰청, 2014.7.17

9) 박상욱, 『진술조서』, 광주지방검찰청, 2014.7.16

10) 박은성, 『진술조서(제2회)』, 광주지방검찰청, 2014.7.14

11) 백남근, 『진술조서』, 광주지방검찰청, 2014.6.11

12) 이민우, 『진술조서(이민우, 박은성 대질)』, 광주지방검찰청, 2014.7.21

13) 이병윤, 『진술조서』, 광주지방검찰청, 2014.6.9

14) 이종운, 『진술조서』, 광주지방검찰청, 2014.6.4.

15) 해양경찰청, 「해상수색구조매뉴얼」, 2013.7

2.
해경 수뇌부의
"부작위"

세월호 침몰 사건과 관련한 해경의 책임을 정의할 때, 흔히 "구조하지 않았다"와 "구조하지 못했다"는 서로 다른 두 개의 개념을 똑같은 의미로 이해한다. 감사원과 검찰은 의도적으로 이 두 가지 개념을 혼용해서 사용했다. 더 나아가 "구조하지 못했다"는 논리에 '무능'이라는 프레임을 더하여 이 사건을 덮으려 노력했다.

"구조하지 못했다"는 개념은 '구조를 위해 최선의 노력은 다했지만, 시간적·물리적 한계 때문에 2% 부족한 구조 상태'를 이야기하는 것이다. 반면 "구조하지 않았다"는 것은 구조의무자가 '법과 매뉴얼이 정한 절차만 준수했다면 충분히 구조할 수 있었음에도, 뚜렷한 이유 없이 이를 진행하지 않아서 대형 사건으로 확대시킨 것'을 의미한다. 완전히 다른 의미다.

세월호 침몰 당일 해경청장 김석균을 비롯한 해경 수뇌부는 "구조를 위한 지휘·조정·통제자"의 역할을 담당하고 있었지만, 특별한 사유 없이 이 역할을 하지 않았을 뿐만 아니라, 그들에게 요구된 임무를 단 한 번도 챙기지 않았다. 그 결과 '승객들은 해경을 믿고 침몰하는 선박 안에서 해경의 구조를 기다리며 질서를 지키고 가만히 있다가 모두 사망하는 인류 역사상 전무후무한 대형 참사'가 발생했다.

따라서 세월호 침몰 사건은 여러 가지 한계로 구조를 못한 것이 아니라 해경의 수뇌부가 "구조하지 않아서, 아무것도 하지 않아서 발생한 사건"으로 정의하는 것이 옳다. 이 부분은 '청와대의 책임'과 더불어 세월호 침몰 사건 진상규명의 시작과 끝이 될 수밖에 없다.

세월호 침몰 사건에서 해경 수뇌부의 역할

해양경찰청장 김석균은 2020년 1월 구속영장 실질심사를 받기 위해 법원에 출두했다. 그는 법원에 들어가기 전 기자들에게 세월호 침몰 사건과 관련한 자신의 도의적 책임을 아래와 같이 힘주어 강조했다.

> 유가족들의 아픈 마음이 조금이라도 풀린다면 좋겠다. 법원의 결정을 겸허히 따르겠다. 다만 해경은 급박한 상황에서 혼신의 노력을 기울였다는 것 말씀드리고 싶다. 세월호 참사에 도의적 책임은 느끼지만, 법적 책임은 없다.[23]

해양경찰청장 김석균에게는 정말 '도의적 책임' 밖엔 없을까? 필자는 세월호 침몰 당시 해양경찰청장 김석균 등 해경 수뇌부에게 요구된 구조행위는 대형 '심포니 오케스트라(symphony orchestra)'의 지휘자와 똑같은 역할'이었다고 비유해서 표현한다.

만약 지휘자의 지휘에 따라 연주회가 진행되고 있을 때, 연주 단원의 실수 또는 다른 사유로 연주가 중단되거나 엉망이 됐을 때, 지휘자는 오직

---

23 「김석균 영장심사 종료⋯세월호 유가족 "구속수사 필요"(종합)」, 『뉴시스』, 2020.1.8.
   (http://www.newsis.com/view/?id=NISX20200108_0000883080&cID=10201&pID=10200)

도의적인 책임만 부담하는 것이 옳은가?

해경의 출동 구조세력은 잘못된 연주를 한 실무자로서 책임을 당연히 져야 하고, 지휘자인 해경의 지휘부는 또 다른 악기 연주자로서 잘못된 연주의 책임을 져야만 한다. 지휘자가 가지고 연주하는 악기가 바로 지휘봉이기 때문이다.

더 나아가 세월호 침몰 사건은 '지휘자가 자신에게 요구된 지휘 자체'를 하지 않아 발생한 사건이 분명하다. 이들에게 도의적 책임밖에 물을 수 없다면 그것은 이 나라 법률체계가 잘못된 것이다.

세월호 침몰 당일 각급 상황실의 구조 체계

세월호 침몰 사건과 같은 대형 비상사태가 발생하면, 해경은 다음 두 가지 관점에서 비상상황에 대응하는 것이 원칙이다.

■「해상치안 상황처리 매뉴얼」에 의한 상황대책팀 구성

일반적으로 경미한 사고 상황이 상황실에 접수되었을 때, 상황담당관의 판단에 따라 해당 상황실에서 조치하고 종결하지만, '해양주권, 해양안보, 해양안전, 해상치안, 해양오염' 등과 관련한 사건이 발생하면 상황대책팀을 소집하여 상황을 처리하도록 매뉴얼은 규정하고 있다.

특히 세월호 침몰 사건과 같이 사회적 이목을 집중시키는 아래 [표 4-3]과 같은 "중·대형 상황"이 발생하면, 해양경찰청장 등이 직접 상황대책팀장이 되어 상황을 신속·정확하게 파악하고 효율적인 상황처리, 전파, 보고자료 작성, 언론대응, 대외 협력 및 공조 등 임무를 수행하기 위하여, 주요 상황별로 필수 인력으로 구성된 '상황대책반'을 구성 및 운영하게 되어 있다.

표 4-3. 해양안전 관련 상황

구분	상황		단계	보고				
				해양경찰청			소속기관	
				청장	차장	국장	청장	서장
1	우리 해역에서 해양사고 발생	사상자 10명 이상	A	○				
2		사상자 5명 이상 10명 미만	B		○			
3		사상자 5명 미만	C			○		
22	인명피해를 동반하지 않은 다중 이용 선박 사고 발생		C			○		
25	여객선 입항지연 사고		C			○		
30	표류 선박 발생		E					○

「해상치안 상황처리 매뉴얼」 33쪽 〈해양안전 관련 사항〉에서 필자 편집.

'상황대책반'의 소집은 상황담당관의 고유업무이지만, 일단 소집이 완료되면 해당 기관의 경비안전국장(중대한 상황의 경우에는 청·차장이 지휘)의 지휘 아래 체계적인 구조작업을 진행해야 한다.

■ 「수난구호법」에 의거 구조본부 비상가동

「수난구호법」 제5조는 해수면에서 수난구호에 관한 사항의 총괄·조정, 수난구호협력기관과 수난구호민간단체 등이 행하는 수난구호 활동의 역할조정과 지휘·통제 및 수난구호 활동의 국제적인 협력을 위하여 구조본부를 설치하도록 규정하고 있다. 구조본부는 해양경찰청에 중앙구조본부와, 지방해양경찰청과 지역 해양경찰서에 광역구조본부와 지역구조본부를 상시 설치하도록 되어 있으며, 구조본부장은 '평상 단계'에서 '대비단계' 또는 '대응단계'로 격상되면 직접 상황을 지휘하여, 입체적 구조 활동을 진행해야 한다.

구조본부는 비상사태가 발생하면 새롭게 구성하는 신규 조직이 아니다. 구조본부는 해양사고 또는 재난 대응에 있어 종합상황실을 중심으로 평시 단계로 운영하고 있다가, 비상상황이 발생하면 '비상 대응 체제'로 전환하여 가동하는 것이다(아래 [그림 4-4] 참조).

그림 4-4. 세월호 침몰 당시 구조본부가 상설조직이란 증거

6 상황보고서 관련

1. 사고 초기 상황의 심각성에 대한 정확한 전달 부재

① 신고접수(08:58) 후 사고의 심각성을 인식하고 곧바로 중앙 구조본부*에 청장 등 지휘부 임장(09:10) 및 해수부 등 유관 기관 전파

* 중앙구조본부는 상시 설치되어 있음

해양경찰청 작성 '초동조치 및 수색구조쟁점' 29쪽 필자 화면 캡처.

또 해양경찰청장은 해수면에서 자연적·인위적 원인으로 발생하는 조난 사고로부터 사람의 생명과 신체 및 재산을 보호하고 효율적인 수난 구호를 달성하기 위해 5년 단위로 「수난대비 기본계획」을 수립해야 하고, 이 계획을 원활하게 집행하기 위해 매년 「수난대비 집행계획」을 수립하게 되어 있다.

해양경찰청과 서해지방해양경찰청 및 목포해양경찰서는 실제로 2013년도에 「수난대비 기본계획(2013년~2017년)」을, 2014년 3월에는 「2014년도 수난대비 집행계획」을 수립한 바 있다. 특히, 「2014년도 수난대비 집행계획」에는 긴급 상황에서 구조본부가 대응할 조직이 이미 구성되어 있고, 구성원들의 임무 또한 이미 부여되어 있었으므로, 세월호 침몰 사건과 같은 대형 사건이 발생했다고 하여 구조본부를 새롭게 구성할 필요가 없다.[24]

따라서 세월호 침몰 사건과 관련하여 검찰의 조사과정에서 해양경찰청장 김석균 등이 '중앙구조본부'를 구조 차원에서 마치 새롭게 구성하고 운영했던 것처럼 진술한 것은 사실에 반한 진술이며,25 검찰의 세월호 특별수사단이 공소장에서 피고인들이 "중앙 · 광역 · 지역구조본부의 구성 및 운영"했다고 인정한 것은 구조본부의 본질을 잘못 이해한 수사결과라 비난하지 않을 수 없다.26

중앙구조본부와 상황대책팀은 법률적 경계가 정해져 있지 않은 중복된 조직처럼 보이지만, 구성원의 성격상 '구조본부'가 상위조직이라고 봐야 한다.

해경의 규정은 긴급 상황이 발생했을 때, 언제 '상황대책팀'을 구성하고 어떻게 '구조본부'를 비상체계로 전환할지 명문화하지 않고 있다. 다만 사고의 규모가 작고 해경 독자적으로 해결이 가능할 때는 '상황대책팀' 체계에서 사고를 처리하고, 세월호 침몰 사건처럼 「주변해역 대형 해상사고」 대응매뉴얼에 따라 국가위기관리센터 및 대통령에게 보고해야 할 사유가 발생할 때, 「구(舊) 수난구호법」을 적용해야 할 사유가 발생했을 때(사건의 규모가 크고 해경 이외에 구조세력 등을 동원하거나, 지원과 응원이 필요할 때) 해양경찰청장의 판단에 따라 '상황대책팀 소집'보다는 '구조본부'를 비상체계로 가동하는 것으로 판단된다.

따라서 세월호 침몰 사건에서 해경은 '상황대책팀'의 대응보다는 '구조본부 체계'에서 대응하는 것이 옳다고 본다.

---

24 해양경찰청, 『2014년도 수난대비집행계획』, 2014.3, 4~5쪽.
25 다만, 구법(舊法) 체계의 훈령에서는 이 부분이 명문화되어 있지 않고 관행적으로 시행되고 있었지만, 문재인 정부 출범 이후 「수난구호법 시행세칙」을 폐기하고 「구조본부 구성 및 운영 등에 관한 훈령」을 제정하면서 명문화 했다.(제2조 정의 4.)
26 서울중앙지방검찰청, 『공소장(2019년 형제 99308호, 100750호, 2020년 형제2026호)』, 2020.2.18, 12~14쪽.

그렇다면 세월호 침몰 당일 해경은 언제 '상황대책팀'을 소집했고, '구조본부'를 언제 비상대응체제로 전환했을까?

현재까지 밝혀진 바로는 '구조본부'의 비상대응체제 전환과 관련해서는 해경의 일방적 주장만 있을 뿐 객관적·구체적 증거는 없다. 반면 상황대책팀의 경우에는 각급 상황실에서 "상황대책팀 소집 완료"했다는 사실을 문자상황시스템에 입력했다. 그러므로 서해청을 제외한 나머지 부분은 명확하게 입증되었다 할 것이다.

세월호 침몰 당일 각급 상황실은 [표 4-4]와 같이 상황대책팀을 소집하고 구조본부를 가동했다고 주장했다.

표 4-4. 세월호 침몰 당일 상황대책팀 및 구조본부 구성 시기(해경 주장)

구 분	상황대책반 구성시기 (근거)	구조본부 설치시기	비 고
해양경찰청 (본청)	09:20 (문자대화방)	09:10	상황대책팀 '소집 완료'가 아니라 상황대책팀 이름으로 문자대화방에 입장한 시점임
서해지방해양 경찰청	**09:03 (상황담당관 유연식 진술 인용)**	09:10	상황대책반이 구성되기 위해서는 구성원들이 일정한 장소로 모여야 하므로 이 정도로 짧은 시간에 구성될 수가 없다.
목포해양 경찰서	09:15 (문자대화방)	09:05	목포해경서장 : 3009함 탑승 상태 경비안전과장 : 1010함 탑승 상태
제주해양 경찰청	09:14 제주청장, 상황담당관 임장 지휘 09:14 상황대책팀 비상소집 09:21 상황대책팀 비상소집 완료 (문자대화방)		세월호 침몰 지점은 지역으로는 목포 관할이 분명하지만, 정확히 목포와 제주의 중간지점(항로 기준 목포항과 제주항에서 50해리, 92.6km)에서 발생했으므로, 구조와 관련해서는 제주해양경찰서의 적극적인 행위가 요구됐었다.

해경 제출 자료를 바탕으로 필자 재정리.

목포해양경찰서의 경우, 지역구조본부 설치를 하는 데 경비안전과장 김도수와 목포해양경찰서장 김문홍의 역할이 핵심 구성요건이었다. 그러나 이들은 세월호 침몰 당일 목포해양경찰서 안에 없었고,27 구조본부를 설치하는 과정에 TRS 등을 통해 개입한 사실도 없다. 정상적으로 구조본부가 구성되었다고 볼 수 없는 것이다.

또한 해경 관계자의 진술과 문자상황시스템을 종합하면, 본청 및 서해청, 목포해양경찰서를 불문하고 상위 개념인 '구조본부'를 먼저 구성한 후, 중복되는 하위 개념의 '상황대책팀'을 다시 소집 완료한 것으로 파악된다. 당시 '긴급한 상황에서 왜 중복되는 행위를 했는가'하는 점을 감안하면 그들의 주장이 논리적으로 이해되지 않는다.

해경의 주장대로 그들이 세월호 침몰 당일 '구조본부'를 설치했다면, 「구(舊) 수난구호법」 및 「수난구호법 시행세칙」, 「주변해역 대형 해상사고 대응매뉴얼」, 「2014년도 수난대비 집행계획」 등에 따른 [그림 4-5]와 같은 구조본부 체제로 운영해야 한다.

그림 4-5. 「2014년도 수난대비 집행계획」에 규정된 '중앙구조본부'

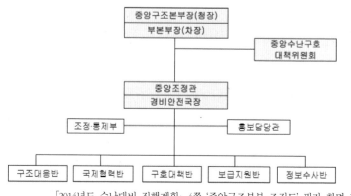

「2014년도 수난대비 집행계획」 4쪽 '중앙구조본부 조직도' 필자 화면 캡처.

따라서 그들이 작성했던 「2014년도 수난대비 집행계획」의 조직도에 '구

---

27 목포해양경찰서장 김문홍은 3009함에, 그리고 경비구난과장 김도수는 1010함에 탑승한 상태였다.

조본부장'과 '임무조정관'이란 용어를 함께 사용했어야 한다. 당시 해경청장 김석균이 구성해서 운영했다고 주장하는 중앙구조본부는 [그림 4-6]에서 보는 바와 같이 임무조정관과 관련한 부분이 생략되어 있다. 구성원들의 임무도 「2014년도 수난대비 집행계획」 및 「주변해역 대형 해상사고 대응매뉴얼」과 크게 다르게 규정되어 있다.

그림 4-6. 중앙구조본부 조직도

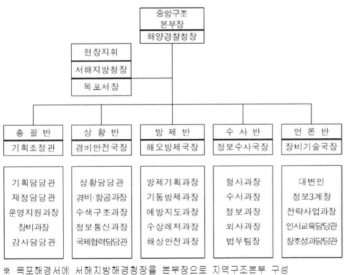

※ 목포해경서에 서해지방해경청장을 본부장으로 지역구조본부 구성

중앙구조본부 운영계획서 중 필자 화면 캡처.

정확히 정의하면 세월호 침몰 당일 해경이 운영했던 구조시스템은 '상황대책팀'이 아닌, 그렇다고 '구조본부 체계'도 아닌 족보를 전혀 알 수 없는 기형적 구조 체계였다.

해경이 주장하는 '중앙구조본부 운영계획서'에 따른 구조 조직은, '세월호 침몰 전 선박 안에 있는 생존 승객들을 구조하는 해경의 임무'가 완전히 생략되어 있다. [표 4-5]에서 보는 바와 같이 '중앙구조본부 운영계획서'

에 규정된 구조세력의 임무를 보면, 이것은 세월호가 바닷속으로 완전히 침몰한 이후에 '사후 사고 수습용'으로 적합한 구조 체계일 수는 있어도 침몰 중인 세월호에서 생존 승객을 구조하기 위한 조직은 절대 아니다.

구조현장에서 요구되는 '중앙구조본부장과 조정·통제부 및 구조대응반'의 기능이 생략된 조직은 일사불란한 지휘를 요구하는 구조현장을 절대 지휘할 수 없기 때문이다.[28]

표 4-5. '중앙구조본부'의 기능 비교

부 서		기 능	
		매뉴얼 및 「2014년도 수난대비 집행계획」 요구사항	중앙구조본부 운영 계획서(세월호 침몰 당일 적용)에 의한 활동 계획
중앙구조 본부장		• 구조대 파견 등 긴급구조 총괄 지휘·조정·통제 • 정부차원의 긴급 구조 대응체계 가동	**임 무 없 음**
총 괄 지 휘 부	조정 · 통제부	**구조대응 상황 분석·판단** • **구조대응 상황 조정·통제** • **대응 상황 종합보고서 작성 및 보고** • **관련 기관 및 예하에 상황 보고·통보·하달**	총 괄 반	• BH, 총리실, 국회, 해수부 등 관련부처 동향 파악 및 필요조치 강구 ※필요시 해당 기능과 협의하여 대응 • 국회의원, 정부·지자체 주요 인사 등 현장 방문 시 의전, 자료제출 및 각종 필요사항 지원 • 국회 상임위, 당정 협의 등 개최시, 자료 준비 및 대응 • 현장 구조동원 세력 등에 대한 격려 및 필요 예산 지원 • 지역 주민들 여론 분석 및 요구사항 파악 후 필요시에는 대응 요령 및 개선방안 등을 강구하여 현장 전파 • 구조, 수사, 언론 등 현장에서 진행 중인 전반적인 사안에 대한 모니터링 및 문제점 파악, 대응방안 등 현장 전파

---

28 검찰의 세월호 특별수사단이 이 점을 간과하고 수사를 종결한 것은 결정적 실수이며, 완벽한 부실 수사라고 비판하지 않을 수 없다.

			• 각종 격려 물품 수령 및 배부 등 적절성 검토
홍보 담당관	• 대중매체 홍보 - 브리핑, 자료 제공, 보도안 작성 • 매스컴 보도 분석, 여론 수집 및 대응 • 왜곡보도, 허위 보도에 대한 시정·해명 조치	언론반	• 일과 중 취재동향, 기자들 어록 등을 종합적으로 분석하여 다음 날 언론보도 방향 예측 및 대응 방안 강구 -. 부정성 보도 예상 시에는 현장에서 대응하는 것을 원칙으로 하되, 필요시 본청 대응 지원 -. BH, 해수부 등 관련 부처에 예상 언론보도 사전 보고 • 오피니언 리더·환경 전문가 등과 접촉, 구조활동 총력 대응, 초기 유출량 산정의 어려움 등에 대한 기고·인터뷰 유도 • 부정성 보도 발생 시에는 즉시 대책회의를 거쳐, 무대응·해명 자료 배포 등 대응방안 강구 및 필요 조치
구조 대응반	• 조정·통제팀 지원 • 유관기관 및 민간 구조지원 세력의 동원 및 관리 • 구조대·합동구조대 편승, 영해 진입 허가 신청 등	상황반	• 해상 구조세력(함정·항공기) 운영 적정성 검토 • 대외 전파용 상황보고서 및 종합보고서 작성 및 배포 • 경비함정 外 함정(선박)과 정보교환 및 운영 적정성 등 검토 • 대책 회의결과 기록·유지 및 현장 전파 • 구조활동과 관련 인력·세력 등 추가 지원 방안 강구·조치
국제 협력반	• 사고 선박에 대한 선주, 보험사 등 정보 파악 • 사상자 파악 및 관련국 연락 등 협력에 관한 사항 • 관련국 합동구조대 출입국시 통관 등 지원·협력에 관한 사항		
구호 대책반	• 구호 주관부처 지원 - 유족·관계인에 대한 적극적인 협조, 편의 도모 - 생존자, 사망자에 대한 조치 * 수송 방안, 병원 지정, 수용 등		
보급 지원반	• 인원·장비 수송 지원		

	• 피복, 급식, 연료, 유류, 소모품 확보 지원 • 장비 등 보급기지 운용에 관한 사항		
정보 · 수사반	• 여론수집 → 홍보반에 제공 • 왜곡, 유언비어 정보 수집 및 확인 • 구조상황을 유족, 관계인 대상 설명 • 관련 국가와 합동수사 및 사고 원인 규명 - 정책 개선사항 조사 및 발굴 • 미담 사례 발굴	수사반	• 일일 수사 · 언론 검토, 미진사 항 도출 후 보강 • 정부차원의 대응이 필요한 경 우 통일부 등 유관부처와의 사 전 조율 및 협조
		방제반	• 방제대책본부 구성 및 운영여 부 등 판단 • 방제전략 수립, 방제작업의 적 정성 · 효율성 검토 및 조정 • 민간자원봉사자 운영 · 관리, 방 제물품 · 세력 지원 · 보급 등

「주변해역 대형 해상사고」 대응 매뉴얼 및 「중앙구조본부 운영계획서」를 통해 필자 작성.

또한 김석균 등의 주장과 같이 세월호 침몰 당일 구조본부가 설치됐다면, 해양경찰청 차원에서 유관기관에 지원과 응원을 요청한 기록이 있어야 하지만 그러한 기록은 전혀 발견되지 않았다. 해경의 유선전화 통화 녹취록에는 오히려 지원하겠다고 나서는 기관의 호의를 거절하는 사례까지 확인된다.

필자가 해양경찰청, 서해지방해양경찰청, 목포해양경찰서를 상대로 정보공개청구를 했던 결과에 따르면, 세월호 침몰 당시 해경의 내부에는 명목상 '구조본부'는 존재했지만, 본질에 적합한 실질적 구조본부 체계는 존재하지 않았다. 어쩌면 해경 수뇌부들이 구조본부의 개념을 정확히 이해하지 못했을 수도 있다.[29]

---

29 목포해양경찰서, 『정보공개청구에 대한 답변서(접수번호 6549433)』, 2020.3.11;
서해지방해양경찰청, 『정보공개청구에 대한 답변서(접수번호 6549432)』, 2020.3.16;
해양경찰청, 『정보공개청구에 대한 답변서(접수번호 6539308)』, 2020.3.20.

이상의 사실들을 종합해 볼 때 해경 수뇌부들이 설치했다고 주장하는 구조본부는 그들이 세월호 침몰 상황을 인지한 후 지체하지 않고 상황실에 임장해 열심히 구조를 진행했다는 거짓 증거로 활용하기 위한 목적에서 만들어 놓은 가짜 증거이거나, '사고 수습용'으로 세월호 침몰 이후에 작성했을 가능성이 있다.

세월호 침몰 당시 해경 수뇌부에게 요구됐던 작위의무는?

여객선이 침몰하는 급박한 상황에서 해경 지휘부와 상황실 근무자가 정확한 상황을 파악하고, 그 내용에 따라 구조계획을 세우며, 출동 중인 구조세력과 공유하는 것은 너무도 당연한 조치였다.

해경의 수뇌부는 하부조직 또는 침몰현장에 출동하는 구조세력을 지휘·통제·감독할 의무가 있고, 이들이 정상적인 구조 활동을 전개하지 못하면, 당연히 개입하여 구조 활동을 지휘할 의무가 있었다.

그런데 세월호 침몰 당일 해양경찰청장 김석균과 본청 상황실 근무자들은 헬기와 123정이 볼 수 없는 문자상황시스템을 이용하여 구조를 지시한 것이 전부였다. 그것으로 구조의 '책임과 의무를 다했다'고 변명하고 있다.

서해청장 김수현과 목포서장 김문홍도 모든 책임을 하급기관 또는 하급자에게 미루고 '그들이 다 알아서 할 줄 알았다'고 변명하면서, 자신들에게 주어졌던 책임과 의무를 다하지 못한 책임은 반성조차 하지 않았다.

세월호 침몰 당시 해경 수뇌부들에게 요구된 작위(作爲)의무는 어떤 것들이 있었을까?

세월호 침몰 당시 해경 수뇌부들은 하급자 또는 하급기관을 '지휘·통제·감독'할 위치에 있었기 때문에 해경의 매뉴얼은 이들의 작위의무를 구체적으로 규정하고 있지 않다. 하지만 이들이 지휘하고 통제해야 할 하급자와 하급기관의 작위의무는 명확히 규정되어 있다. 수뇌부는 이들을 지휘·통제해야 할 위치에 있으므로 하급자보다 더 높은 작위의무가 요구된다고 봐야 한다. 세월호 침몰 당일 해경의 수뇌부와 상황실 근무자들에게 요구되었던 작위의무는 [표 4-6]과 같다.

표 4-6. 세월호 침몰 사건 관련 해경의 작위의무

구 분			해양경찰청		서해지방해양경찰청			목포해양경찰서		
			수뇌부	상황실	수뇌부	상황실	출동세력	수뇌부	상황실	출동세력
상황선파(수식·수병, 상급기관, 유관기관)			△	○	△	○		△	○	
침몰사실인지	초동조치	함정출동 전국	△	○	△	△		△	△	
		함정출동 서해청	△	△	△	○		△	△	
		함정출동 목포서	△	△	△	△		△	○	
		122구조대 출동 전국	△	○	△	△		△	△	
		122구조대 출동 서해청	△	△	△	○		△	△	
		122구조대 출동 목포서	△	△	△	△		△	○	
		헬기출동 전국	△	○	△	△		△	△	
		헬기출동 서해청	△	△	△	○		△	△	
		특공대출동 전국	△	○	△	△		△	△	
		특공대출동 서해청	△	△	△	○		△	△	
		B703호 항공기 출동(CN-235)	△	○	△	○				
출동과정	세월호와의 교신을 통한 선내 정보 파악		△	○	△	○	○	△	○	○
	구조세력 도착 후 상황 파악		△	○	△	○	○	△	○	○
	구조계획 수립 및 공유		△	○	△	○	○	△	○	○
구조과정	퇴선명령 및 퇴선방송		△	○	△	○	○	△	○	○
	선내진입 명령 및 진입		△	○	△	○	○	△	○	○

범례: ○ - 의무 있음, △ - 지휘 감독 의무 있음, 공란 - 의무 없음
해양경찰청 : 서해청 산하 구조세력 제외 전국단위 구조세력
서해청 : 목포해양경찰서 제외 서해청 산하 해양경찰서
「해상수색구조 매뉴얼」 참고 필자 정리.

① 세월호 침몰 상황전파

해경은 세월호 침몰 사건과 같은 비상상황을 접수하면, 즉시 수평 및 수직의 조직, 그리고 상급기관과 유관기관에 접수된 상황을 신속하게 전파해야 한다. 특히 세월호 침몰 사건은 유관기관과의 협조가 구조작업의 성패를 좌우하는 중요한 요소였으므로, 최대한 빨리 접수된 상황을 전파하고 협조를 요청해야 한다.

하지만 [표 4-7]에서 보는 바와 같이 세월호 침몰 당일 접수된 상황은 신속하게 전파되지 않았다. 특히 청와대에는 전화를 이용하여 신속하게 했어야 하지만 그런 조치를 시도한 사실 자체가 없다.

표 4-7. 해경 세월호 침몰 사실 인지 및 상황보고서 전파 시기

구 분	침몰 사실인지	상황보고서 전파	'상황 접수→상황전파' 까지 소요시간	비 고 (인지 시간)
목포해양 경찰서	08:57	09:02	5분	123정 통화기록 기준
		09:05	8분	
서해지방해양 경찰청	09:00	09:19	19분	상황실장 김민철 진술 기준
		09:22	22분	
해양경찰청	09:01	09:30	29분	문자상황시스템 기준 (상황실장 황영태 진술 기준)
		09:33	32분	
특기사항	상황보고서 전파시간이 2종류인 것은 보고서의 내용은 같지만, 전파시간이 다른 보고서가 존재하기 때문임. 이유는 확인할 수 없음. 해경의 최초 인지 후 청와대까지 보고되는데 35분이 소요되었음			

해양경찰 제출 자료 참고 필자 작성.

② 침몰현장 상황을 고려한 적절한 초동조치

침몰 상황을 보고하고 전파한 해경이 다음 순서로 해야 할 행위는 신속하게 함정과 헬기, 122구조대 및 특공대 등의 구조세력을 침몰현장에 급파하는 것이었다.

특히 세월호 침몰해역은 항로 기준 목포항과 제주항의 정확히 중간지점

(50해리, 92.6km)에 있었으므로, 제주지방해양경찰청을 비롯하여 침몰해역 인근에 있는 완도 및 군산 해양경찰서의 함정과 헬기 등도 신속히 동원했어야 한다.

③ 세월호와의 교신을 통한 사전 구호조치 지시

선박 침몰사고 시 침몰 정도나 승객대피 상황을 정확하게 파악해야 상황에 맞는 구조계획을 수립할 수 있다. 이를 위하여 「해상수색구조매뉴얼」은 '초동조치 시 최근접 경비함정, 어업정보통신국, 인근 조업·통항 선박 등 가용 수단을 총동원하여 조난선박과 교신을 설정하고, 조난선박의 현재 상태를 확인'하도록 규정해 놓았다.[30]

또한 이 매뉴얼은 전복사고 시 조난선박의 상황을 파악할 때, 조난선박의 침몰 정도, 인명피해, 퇴선 여부 및 승객대피상황 파악, 구명조끼 착용 여부 등 현장 상황을 정확히 파악할 것을 요구하고 있다.[31]

당연히 해경의 수뇌부와 각급 상황실 근무자들은 이 매뉴얼대로 출동 중인 구조세력(123정, 헬기, 3009함, 1010함, 1508함 등)과 진도VTS 등에게 지시하여, VHF 통신 및 SSB 등 교신 가능한 통신수단을 모두 동원해 세월호와 교신을 설정하고, 상세한 세월호 선내상황을 파악하여 보고하도록 조치했어야 한다.

특히 조난선박의 선장에게는 "경비정 도착 즉시 승객들이 바다로 뛰어들 수 있는 상태를 유지"하도록 조치했어야 한다. 물리적으로 그것이 불가능했다면, 선장의 휴대전화 번호를 확인해서라도 "퇴선 준비"를 하도록 조치하는 게 합당한 행동이었다.

---

30 해양경찰청, 「해상수색구조매뉴얼」, 2012.11, Ⅲ. '해양안전관리사항' 1. '우리수역 내 선박 화재, 충돌, 침몰 등 해양사고'.
31 해양경찰청, 「해상수색구조매뉴얼」, 2012.11, 제4장 '해양사고별 조치요령' 4. '전복사고', 바. '체크리스트 4.'

④ 구조세력 도착 후 상황 파악 및 구조 지휘

해경의 수뇌부와 상황실 근무자들은 조난선박을 구조하기 위해 출동한 구조세력들이 침몰현장에 도착하기 전까지 습득된 정보를 바탕으로 구체적 구조계획을 수립하여, 침몰현장에 도착한 구조 세력들에게 알려 주었어야 한다. 또한 현장출동 구조세력 도착 즉시 구조가 가능하도록 아래와 같은 조치도 했어야 한다.

- 선장과 선원을 찾아 선박 내 승객대피상황 정보 취득 및 승객구조 활동에 참여토록 독려하도록 조치
- 함정을 세월호에 접안시켜 대원들을 배로 올려보내서 선장이나 선원들로 하여금 빨리 퇴선을 시키도록 조치
- 대공 마이크를 이용하여 경비정이 도착했으니 조속히 '퇴선하라.'고 안내 방송 실시 지시

각급 해경수뇌부의 부작위

1) 해양경찰청장 김석균은 도대체 무엇을 했을까?

유감스럽게도 해양경찰청장 김석균은 세월호 침몰 당일 09:28경까지 상황실에 임장하지 않았을 가능성이 있다. 그는 "세월호 침몰 당일 오전 9시 5분경, 해경 청사 5층 청장 집무실에서 상황담당관 임근조(총경)가 '목포 관매도 남서방 1.7마일 해상에서 여객선 세월호가 침몰 중이다'라고 보고하여 세월호 침몰 사실을 알게 되었다"고 진술했다.[32]

보고를 받은 김석균은 '여객선 사고라서 상황이 중대하다'고 판단하고 9

---

32 김석균, 『진술조서』, 광주지방검찰청, 2014.10.3, 13쪽.

시 10분경 같은 건물 6층으로 신속하게 이동했다고 진술했다. 하지만 이 진술은 거짓일 가능성이 높다.

세월호 침몰 당일 9시 28분경 위기관리센터에 있던 기획담당관 김홍희가 청장 집무실에 전화를 걸어 다음과 같은 통화를 했기 때문이다.

> 청장실 : 예. 감사합니다. 청장실 이종남입니다.
> 기획담당관 : 야. 청장님 오셔야 돼.
> 청장실 : 지금 올라가셨습니다.[33]

통화의 상대방이 거짓말을 하지 않았다면 논리적으로 김석균은 그 시간까지 5층 집무실에 있을 수밖에 없다. 그리고 정확히 23초 후 본청 상황실장 황영태는 서해지방해양경찰청 상황실에 전화를 걸어 다음과 같은 통화를 했다.

> 서해청 상황실 : 감사합니다. 상황실장입니다.
>
> 본청 상황실 : 예. 본청 실장인데요.
>
> 서해청 상황실 : 예.
>
> 본청 상황실 : 상황지휘는 예? 지방청에서 직접 하랍니다.
>
> 서해청 상황실 : 예. 지금 하고 있습니다.
>
> 본청 상황실 : 그래가지고 상황 담당 건은 청장님이 입청 하시면 되겠네요.
>
> 서해청 상황실 : 예, 예. 청장님이 다 입청 하실 꺼에요(거예요).
>
> **본청 상황실 : 여기 지금 본청장님이 입청 하셨습니다.**
>
> 서해청 상황실 : 예, 예.[34]

김석균의 진술에 의하면, 9시 28분경은 그가 위기관리실에서 한창 구조를 지휘하고 있을 시간이다. 따라서 김석균의 진술을 액면 그대로 해석하

---

33 09:28:08 2242 녹취록, 5쪽.
34 09:28:31 2142 녹취록, 7쪽.

면, 기획담당관 김홍희는 이미 18분 전부터 자신과 같은 회의실에서 함께 구조 대책을 논의하고 있는 청장을 찾기 위해 청장실로 전화했다는 것이고, 수행비서 이종남도 18분 전에 집무실을 떠난 청장을 '지금 올라갔다'고 거짓 통화했다는 논리에 이르게 된다. 또, 상황실장 황영태는 통화를 진행하면서 '청장'이라는 헛것을 봤다는 결론에 빠질 수밖에 없다. 물론 당시 정황을 살펴볼 때 상황실장 황영태가 해경청장 김석균이 '상황실 임장'했던 것을 '입청'으로 잘못 말한 것은 인정된다.

따라서 위의 통화는 9시 28분경 이전까지 상황실에 해경청장 김석균이 임장하지 않았음을 방증하는 통화라 할 수 있다.[35]

세월호 침몰 당시 위기관리실의 회의 진행은 상황기획팀이 주관하고 있었다. 아마도 기획담당관 김홍희(총경)가 이 회의를 주관했던 담당으로 판단된다.[36]

[표 4-4] '세월호 침몰 당일 상황대책팀 및 구조본부 설치시기'에서 보는 바와 같이, 본청의 상황대책팀은 9시 20분경 소집이 완료됐고, 해경 간부들은 해경청장이 상황실로 오기를 기다리고 있었지만 오지 않자, 회의를 주관했던 기획담당관 김홍희가 참다못해 청장실로 직접 전화를 했던 것으로 판단된다.

기획담당관 김홍희와의 전화통화 내용과 관련하여 김석균은 1기 특조위 조사에서 아래와 같이 변명했다.

> 조사관 : 전화 내용을 들어보면, 상황실 부실장 경비전화를 사용해 청장실로 전화를 건 김홍희 기획담당관이 "야 청장님 오셔야 돼"라고 합니다. 그리고 청장실 직원이 "예 지금 올라가셨습니다"라고 하는데, 이 의미가 무엇인가요?

---

35 황영태, 『조사대상자진술조서』, 4·16세월호참사특별조사위원회, 2016.2.19, 23쪽.
36 위와 같음, 6쪽.

김석균 : 저도 잘 이해가 가지 않습니다. 저는 분명히 9시 10분에 임장하였는데, 어떠한 연유에서 이러한 내용이 녹음되었는지 모르겠습니다. 저도 국회에서부터 위 통화내용을 듣고 질문을 받곤 하였는데, 왜 그와 같은 전화통화가 이루어진 것인지 납득하기 어렵습니다.[37]

상황실장 황영태와 기획담당관 김홍희 전화통화의 공통점은 두 사람이 '같은 시간 같은 공간'에 있었다는 것이고, 적어도 그 시간까지 해경청장을 그곳에서 보지 못했다는 것이다.

따라서 김석균은 적어도 9시 28분 이전까지는 상황실에 임장하지 않았을 개연성이 매우 높다. 하지만 기획담당관 김홍희는 훗날 1기 특조위 조사과정에서 당시 상황을 이렇게 변명했다.

조사관 : 전화 내용을 들어보면, 상황실 부실장 경비전화를 사용해 청장실로 전화를 건 진술인이 "야 청장님 오셔야 돼"라고 합니다. 그리고 청장실 비서 이종남이 "예 지금 올라가셨습니다"라고 하는데, 이 상황이 상황실에 임장한 주요 간부들이 중앙구조본부를 가동하기 위해 김석균 청장을 급히 찾는 상황이 맞나요?

김홍희 : 상황실에서 비서실로 전화를 했었습니다. 제가 봤을 때 청장이 안보여서 비서실에 전화를 해서 청장을 찾았습니다. 옆에 위기관리회의실에서도 사람들이 많이 서 있어서 청장을 보지 못했던 것으로 기억합니다. 전화를 끊고 제가 위기관리회의실에 들어가 보니 청장이 위기관리실에 앉아있었습니다.

조사관 : 진술인이 비서실로 전화를 건 이유는 무엇인가요?

김홍희 : 제가 왜 전화를 했는지 정확히 기억나지 않습니다. 상황실에서 보았을 때 청장이 제 눈에 안 보였고, 보통 기획담당관은 과장 중에서도 참모다 보니까 청장이 당연히 있어야 하는데 안보이니까, 그래서 전화를 한 것은 맞습니다. 어쩌면 청장이 위기관리회의실에 앉아있었는데 제가 못 본거죠.[38]

---

37 김석균, 『조사대상자진술조서』, 4·16세월호참사특별조사위원회, 2016.1.21, 10쪽.
38 김홍희, 『조사대상자진술조서』, 4·16세월호참사특별조사위원회, 2016.2.5, 10쪽.

상황실에 인원이 많아 청장을 보지 못했다는 변명이다. 세월호 침몰 당시 해경 본청 상황실 '위기관리실'에는 약 26명의 인원이 임장해 있었을 것으로 추정된다. 이와 관련 김석균은 20명 정도라고 진술했고, 김홍희는 50~60명, 황영태는 70~80명이 있었다고 서로 다르게 진술했지만, 모두 신뢰할 수 없다.

세월호 침몰 당일 기준 해경 본청 (부속기관 및 파견 제외)에서 근무한 총경급(과장급) 이상 간부는 총 26명에 불과했다. 해양경찰청장과 같은 테이블에서 회의를 진행한 인원은 최대 26명 내외였을 것으로 판단하는 결정적 이유다.[39]

그렇다면 대형여객선이 침몰하고 있는 사건에 대한 대책을 수립하기 위해 모인 자리에서, 실내에 있는 약 26명의 인원 중에서 회의 진행을 책임진 해경의 간부가 최고책임자인 해양경찰청장의 임장 여부를 파악하지 못했다는 것은 매우 상식에 반한다.

특히 모든 기관 회의실의 좌석 배치는 서열순서에 따라 위치가 지정된 것이 일반적 관행이다. 당시 위기관리실의 좌석 배치 또한 최소 해경청장 김석균과 차장 최상환의 좌석만큼은 분명히 지정되어 있었을 것이다. 이런 상황에서 기획담당관이 해경청장을 발견하지 못했다는 것은 너무 노골적인 거짓 진술에 해당한다.

따라서 두 전화통화 내용만 놓고 본다면 세월호 침몰 당일 해경청장 김석균은 9시 10분경 위기관리회의실에 임장했던 것이 아니라, 9시 28분경에 비로소 임장하여 상황을 지휘한 것으로 추정된다.

2) 해양경찰은 보고와 전파마저도 방기했다

해경 수뇌부의 작위의무에서 봤듯이 해경청장 김석균은 매우 포괄적인

---

39 해양경찰청, 『해양경찰청 직위표』, 2014.4.16 참조.

작위의무를 가지고 있었지만 구조의 무대에 등장조차 하지 않았다. 심지어 청와대 등에 반드시 했어야만 할 보고와 전파마저도 누락시켰다.

통상 해경 본청 상황실은 육하원칙에 따라 상황을 접수·보고하고, 긴급한 상황의 경우에는 유·무선 통신망을 이용하여 우선 구두로 전파하되, 구두 전파 후 신속히 상황보고서를 작성하여 아래 기관들에 전파한다.[40]

- **대외보고**
  청와대, 해양수산부(중앙사고수습본부), 안전행정부(중앙재난안전대책본부), 국무총리실, 국토부 등

- **대내보고**
  해경청장, 해경차장, 해당 국장, 주무과장 등

- **유관기관 전파**
  경찰청, 합동참모본부, 해군작전사령부, 국가정보원 본원 등

대외보고 및 유관기관 상황전파는 상황보고서를 작성하여 주로 웹펙스를 이용해 전파하지만, 상황전파시스템 등 통신·IT 시스템을 활용하여 보고하기도 한다.[41]

세월호 침몰 당일 김석균이 9시 10분경 상황실에 임장한 것이 틀림없고, 이때 초대형 침몰 사건이 발생한 사실을 보고받았다면, 우선 챙겨야 할 일은 세월호 침몰 사실을 청와대 위기관리센터에 보고하고, 유관기관에 전파하여 협조를 요청하는 것이었다.

---

40 「해상치안상황실운영규칙」 제10조 및 「해상치안상황실근무수칙」 '6. 상황보고 및 통보'.
41 대내 보고의 경우에는, 먼저 상황을 인지한 일선 해양경찰서에서 문자상황방을 만들어서 광역과 중앙을 초대하여 보고하기도 하며, 접속이 되지 않으면 경비 전화를 사용하기도 한다.

하지만 세월호 침몰 당일 해양경찰청에서 이것을 챙긴 사람이 없었다. 김석균의 상황실 임장 시점부터 상황보고서 1보 작성 및 전파까지 무려 23분이 소요되었다. 그 결과 해당 기관들은 그만큼 출동시간이 늦어질 수밖에 없었다.

결국 해경은 9시 20분경 언론 보도를 통해 세월호 침몰 사실을 인지했다고 주장하는 청와대로부터 핫라인을 통해 거꾸로 전화를 받았다.[42] 국정원 등 다른 기관들도 해경이 상황을 전파하기에 앞서 먼저 해경 쪽에 전화를 걸어 물어본 것으로 확인됐다([표 4-8]).

표 4-8. 기관별 세월호 침몰 사실 문의 현황

유선번호	시간	기관	내용
2242	9:20:50	국정원	언론보니까 여객선 조난신고 들어왔다던데
	9:21:41	국정원	저 연합뉴스보고 전화 드리는 건데
2742	9:20:41	국무총리실	YTN에 진도 부근에 여객선 신고 들어왔다면서요
2442	9:15:20	대구 일반인	카페리 때문에 전화 드렸는데요.
2342	9:22:07	안행부 신사무관	인터넷 뉴스에 여객선 조난 나오는데 무슨 내용이에요.

해경 본청 상황실 유선통화 녹취록을 바탕으로 필자 정리.

본청 상황실장 황영태는 상황보고서 작성 및 전파가 늦어졌던 이유를 다음과 같이 변명했다.

> 선박이 침수·침몰 위험이 있다고 목포서에서 보고했지만, 침수인지 침몰인지 정확하지 않았고, 선박의 경우 스크류나 내부 기관에 의해 문제가 생기더라도 배수펌프를 작동해서 금방 문제가 해결되는 경우도 있

---

42 필자는 이 시간에 동의하지는 않는다. 이유는 기무사와 관련한 문건에 09:00 또는 09:08 등 다양한 시간이 존재하고, [표 4-8]의 2442번 상황실 유선전화 녹취록에서 보는 바와 같이 09:15시점에도 해경 상황실에 사고 상황을 묻는 전화가 이미 있었기 때문이다.

으므로, 목포서나 서해청에 문의를 계속하면서 사고 상황을 좀 더 정확하게 파악하려고 했고, 동원 가능한 세력도 파악하다 보니 그때는 전파하지 못했다.[43]

또한 그는 "본청에서 나가는 1보는 다른 기관에서 볼 때 적어도 의문이 없게 작성하라는 상부 및 상황담당관과 국장의 지시도 있었기 때문에 사고 원인 정도는 파악한 후 보고해야 한다고 생각했다"고 진술했다.[44]

정확한 상황을 판단하느라 전파가 늦었다는 것이다. 하지만 이미 9시 5분경 목포서 상황실의 상황보고서가 전파되어 있었고, 본청 상황실에서 작성된 상황보고서 1보가 목포해양경찰서에서 작성한 보고서 내용과 별로 다르지 않는다는 점을 감안하면, 해경 본청 상황실이 '정확한 상황 파악을 이유로 보고를 지연시켰다'는 것은 도저히 이해가 가지 않는다.

3) 구조를 위한 조치를 전혀 하지 않았다

세월호 침몰 당일 해양경찰청은 9시 9분경 제주청의 구조세력을 이동조치 하고, 9시 11분경 목포해양경찰서에 전화를 걸어 선장과 전화통화 할 것을 지시했으며, 9시 13분경 구명벌과 구명의 사용을 지시했다. 이것이 해양경찰청이 했던 가시적인 초등조치의 전부다. 그밖에는 아무것도 하지 않았다.[45]

당시 위기관리실에는 청장과 차장을 비롯하여 약 26명(추정)의 해경 간부와 상황실 근무자 9명(상황담당관 임근조, 상황실장 황영태, 한상윤, 김남진, 손용수, 이항아, 박재형, 의경 2명)이 모여 한 일치고는 너무 소박한

---

43 황영태, 『문답서(2회)』, 감사원, 2014.5.22, 5쪽.
44 황영태, 『문답서(3회)』, 감사원, 2014.5.22, 2쪽.
45 황영태, 『문답서(2회)』, 감사원, 2014.5.22, 7쪽.

성과라 아니할 수 없다.

세월호 침몰 당시 해양경찰청이 진행한 구조행위를 입증할 객관적 기록은 유선전화 녹취록이 전부이다. 간혹 문자상황시스템으로 남아있긴 하지만, 이것은 사후 조작이 가능했다는 점에서 신뢰할 수 없다.

특히 해경은 아래와 같이 매우 중요한 사항을 대부분 문자상황시스템으로 지시했다.

- 09:03 목포서 상황실과 통화(123정으로 세월호와 교신할 것을 지시)
- 09:11 목포서 상황실장과 통화 (선장과 교신했는지 확인하고, 교신이 안된다고 하자 선장하고 직접 교신할 것을 지시)
- 09:15 목포서 상황실장과 통화(선장하고 통화를 했는지 확인하고, 통화가 안 된다고 하자 진도 VTS를 통하여 교신할 것을 지시)
- **09:22 여객 및 선원 구명동의 착용 지시(문자상황시스템)**
- **09:33 여객 및 선원 구명동의 착용 지시 (문자상황시스템)**
  여객선 구명보트 등 이선 장비 준비 지시(문자상황시스템)
- 09:34 목포서 상황실장과 통화(123정 영상시스템 가동 여부 확인)
- **09:34 서해청장 현장지휘 지시(문자상황시스템)**
- **09:35 목포 현장 주변 도서지역 어선 총 출동 지원 지시(문자상황 시스템)**
- 09:36 목포서 상황실장과 통화 (123정 도착 상황보고 확인 및 추궁)
- **09:36 123정 영상시스템 작동 지시(문자상황시스템)**
- **09:37 목포서장 현장복귀 지휘 지시(문자상황시스템)**
- 09:37 경비과장 여인태와 123정 정장 김경일 전화통화(김경일은 침몰과 관련한 중요한 정보를 보고했지만, 수뇌부는 그 어떤 조치도 하지 않음)
- **09:38 123정 비디오 컨퍼런스 작동 지시(문자상황시스템)**
- 09:41 목포서 상황실장과 통화 (123정 도착상황보고 지연 추궁, 30분~40분 동안 가면서 준비도 하지 않았다는 것에 대한 심한 질책)
- **09:41 123정 TRS 송신 지시(문자상황시스템)**

- 09:44 현장 상황 판단 선장과 통화 라이프레프트 등 이용 탈출 권고 (문자상황시스템)

- 09:45 현장 출동함정 여객선 라이프래프트 및 구명벌 투하 하라고 지시할 것 지시 (문자상황시스템)

- 09:50 경찰관이 직접 승선하여 현장 조치할 것 지시(문자상황시스템)

- 09:51 목포서 상황실장과 통화(특공대 현장 도착 및 출발에 대한 확인. 이때 출발했다고 답변 했으나 여러 가지 정황으로 미루어 보면 출발하지 않은 것이 확실함)

- 경찰관이 직접 승선하여 현장 조치할 것 지시(문자상황시스템)

- 09:57 목포서 상황실장과 통화(122구조대 및 특공대 출발 여부 다시 확인)

문자상황시스템은 상황실장 등 일정 직급이 있는 사람이 하급자에게 지휘 사항의 입력을 지시하면, 하급자가 복명복창을 한 후 문자상황시스템에 입력하는 관계로 신속한 지휘에는 적합하지 않은 통신시스템이다.

앞서 수차례 지적한 바와 같이 세월호 침몰현장에 출동한 123정과 헬기는 코스넷이 설치되어 있지 않아 문자를 읽을 수 없었고, 읽을 시간도 없었다. 그런 상황에서 해경의 수뇌부는 지시사항의 상당부분을 문자상황시스템으로 내려 보냈다.

따라서 해경이 신속하게 모든 구조 세력에게 지시사항 전파가 가능한 TRS를 사용하지 않고, 굳이 왜 비효율적인 문자상황시스템을 사용했는지 반드시 조사해야 한다.

특히 대형 재난사건을 수습하기 위해서는, 공식적인 보고계통을 준수하여 보고되는 종이 문서에 의존하여 상황을 판단하기보다 하급기관의 장으로부터 그때까지 수집된 정보를 직접 보고받고 합당한 지시를 하는 것이 좀 더 효율적일 수 있다.

세월호 침몰 당시에도 목포해양경찰서장 김문홍과 서해지방해양경찰청장 김수현은 청장에게 관련된 사항을 직접 보고하고, 청장 또한 그들에게 전화를 걸어 신속하게 지시했어야 한다. 세월호가 완전히 침몰하는 순간 까지 그들이 별도로 대책을 논의한 기록은 찾을 수가 없었다.

서해지방해양경찰청장 김수현은 또 무엇을 했을까?

해경의 수뇌부가 매뉴얼이 요구했던 구조만 진행했다면, 세월호 침몰 사건은 목포해양경찰서와 서해지방해양경찰청의 협업만으로도 불행한 사 태 없이 충분히 수습할 수 있었다.

하지만 이들의 이해하지 못할 구조행위가 오히려 사태를 악화시켰다. 특히 서해청장 김수현과 경비안전과장 김정식의 부작위는 구조 실패의 직 접 원인으로 작용했다.

세월호 침몰 당일 광역구조본부장(서해청장) 김수현과 임무조정관(경비 안전과장) 김정식이 구조상황을 지휘했던 서해청 상황실은, 약150㎡ (45.375평) 규모로서, 일반전화 겸용 경비전화 6대, 지방해양경찰청 및 해 양경찰서 상황실·현장출동 함정 간의 지휘망으로 사용되는 T72, TRS(무 선통신망) 8대 및 문자상황시스템 등이 설치되어 있었으므로 김수현 등이 구조작업을 지휘하는데 통신수단이 장애가 되지는 않았다

또 아래 [그림 4-7] "서해청 상황실 임장자 배치도"에서 보는 바와 같이, 서해청장 김수현의 정면에는 멀티큐브 화면이 설치되어 있었다.

멀티큐브 화면에는 CVMS('통합선박모니터링시스템'으로 선박의 AIS 신 호를 잡아 주는 화면)화면, 기상화면, ENG화면(코스넷을 이용 대형 함정 과 상황실을 연결하며, 대형 함정에 설치된 ENG 카메라를 통해 구조현장 을 볼 수 있는 화면) 등이 마치 영화관에서 영화가 상영되듯이 재생되고 있어 김수현과 김정식은 실시간 최고급 구조정보를 파악할 수 있는 위치 에 있었다.

그림 4-7. 서해청 상황실 배치도

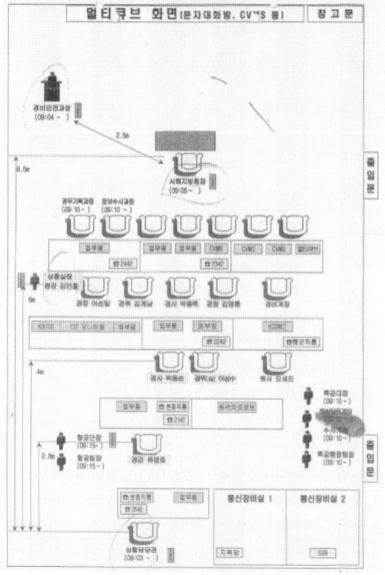

서해청 경비안전과장 김정식의 진술서 첨부 그림 필자 화면 캡처.

서해청 상황실에는 세월호와 직접 교신을 설정할 수 있는 VHF 교신기가 없었던 것은 사실이다. 하지만 대체통신수단으로 SSB가 설치되어 있었으며, VHF 교신기가 설치된 목포해양경찰서와 진도VTS를 통한 간접교신이 가능했기 때문에, 이것이 장애가 되지는 않았다.

[그림 4-7]에서 보는 바와 같이 '세월호 침몰 당일 서해청 상황실에는 김수현을 비롯하여 항공단장 김성열, 특공대장 최의규, 해군 3함대 파견군인 오세진 원사 등을 포함한 부문별 구조 관련 책임자들이 모두 임장해 있었다. 따라서 김수현과 김정식이 상황에 맞는 적절한 구조 지휘만 했었다면, 본청의 개입 없이도 목포해양경찰서와 함께 독립적인 구조작업을 전개할 수 있었다.

1) 서해청장 김수현은 언제 상황실에 임장했을까?

서해청장 김수현과 경비안전과장 김정식의 정확한 상황실 임장 시간은, "잘못된 구조에 대한 지휘 책임" 문제와 직결되므로, 검찰은 이 부분을 명확하게 수사했어야 했다.

하지만 당시 서해청 상황실에 CCTV가 설치되어 있지 않았기 때문에 객관적 증거를 확보할 수는 없다. 또한, 아래 [표 4-9]에서 보는 바와 같이 김수현과 상황실 근무자들은 검찰 수사 과정에서 서로 다른 진술을 했지만, 검찰은 그들의 진술만을 청취했을 뿐 누구의 진술이 사실인지 판단하지도 않았다.

대형여객선이 침몰하고 있는 긴급상황에서 서해청장 김수현의 세부적인 구조행위를 시간대별로 기억하는 것은 사실상 불가능하므로, 관련자들의 기억이 충돌할 수 있다.

하지만 사건 초기 해당 기관의 최고 책임자에게 접수된 상황을 보고하는 과정에서 관련자들의 진술이 충돌한다는 것은 비상식적이며, 이것은 관련자들의 잘못된 말맞추기의 결과라고 의심할 수밖에 없다.

표 4-9. 서해청장 상황실 임장 시간 관련 상황실 근무자들의 진술

성 명	직위	인지 시간	인지 장소	서해청장 보고 내용	청장 상황실 임장시간
김수현	서해청장	09:02	청장실	09:00경 월간 성과평가보고회의를 마치고 청장실로 돌아왔는데 9:02경 상황실장(김민철)이 청장실로 들어와 "여객선이 침수되어 조난상태에 있습니다."라고 보고	09:05 (가능)
김민철	상황실장	09:00	청장실 보고	09:03경 혁신평가회의를 마치고 들어오는 유연식 상황담당관에게 침몰사실을 보고하니, 청장에게 보고하라 하여 4층 청장집무실로 올라갔는데, 청장이 보이지 않아 잠시 기다리다 계속 오지 않아서 부속실에 근무 중인 백화운 경위에게 보고드릴 것을 부탁했다.	09:05 (불가능)
이상수	상황실 요원	09:00	회의실	월간 성과평가보고회의가 끝날 무렵인 09:00경 김민철 상황실장이 회의실로 올라와서 상황담당관과 서해청장에게 보고를 하여 저도 알게 됐다. 09:05경 청장을 비롯한 상황담당관, 상황실장 등 대부분 직원들이 3층에 있는 상황실로 내려왔다.	09:05 (가능)
유연식	상황 담당관	09:03 - 09:04	상황실	4층 대회의실에서 혁신성과평가회의를 마치고 09:03~09:04경 상황실로 들어갔는데, 김민철 실장으로부터 보고 받았으며, 김민철에게 서해청장과 경비안전과장에게 상황을 보고하고 상황대책반을 소집하라고 지시했다.	09:05 (불가능)

특기사항: 상황실 임장 시간의 ( )은
해당 시간에 상황실 임장이 물리적으로 가능한지 여부를 검토한 것
검찰 진술서를 기초하여 필자 재정리.

09:18경 서해청 상황실 근무자 경사 박동순은 "그러면 지금 거 (512호) 헬기 못 돌리…가요…"[46]라며 목포항공대 경위 최재영과 전화통화를 했던 사실이 있다. 당시 512호 헬기는 3009함에서 침몰현장으로 출동하기 위해

---

46 서해지방해양경찰청, 유선전화 2342번 녹취록 2쪽.

막 이륙을 시작했던 시점이다.

경사 박동순은 2기 특조위 조사에서 "청장님이 상황실 앞에서 현장 이동 관련 이야기를 하니까 제가 헬기를 파악해 놓기 위해 전화를 한 것입니다. 청장님이 '나 현장에 가야 되는거 아냐? 말 좀 해봐' 이렇게 이야기를 하는데 아무도 대답을 못하고 있었습니다. 그래서 일단 확인차 전화 했습니다"며 당시 문제의 전화통화를 했던 이유를 이렇게 진술했던 것으로 보아, 이 시점에는 상황실에 임장해 있었을 것으로 판단된다.

다만, 이 시점 이후에 서해청장 김수현이 상황실에서 계속해서 구조를 지휘했는지는 의심해 볼 필요가 있다.

TRS 채널 52번을 통해 김수현이 구조 무대에 등장하는 시기가 09:48경이고, 당시 김수현 구조행위의 적정성에 대해서는 양보한다 하더라도, 목포해양경찰서장 김문홍과의 교신에서 "배수펌프"를 논하는 등 현장 분위기 자체를 이해하지 못하고 있었기 때문이다.

뿐만 아니라 아래 상황실 근무자들의 한결같은 진술은 그가 상황실에서 구조를 지휘했거나 보고를 받은 사실이 없다는 점이다.

- 김수현 및 김정식으로부터 그 어떤 지시도 받지 않았으며, 보고도 하지 않았다는 진술[47]
- 김수현이 구조 지휘하는 것을 보지 못했다는 진술[48]
- 김수현과 김정식이 상황실에 있기는 있었는데 뭘 했는지 모르겠다는 진술[49]
- 초기에 상황실에 내려오기는 했지만 지휘하지 않고 계속 들락날락 한 것 같다는 진술

---

47 유연식, 『진술조서』, 광주지방검찰청, 2014.7.3, 26쪽, 29쪽, 44쪽, 45쪽.
48 류명호, 『진술조서』, 광주지방검찰청, 2014.6.11, 16쪽.
49 유연식, 『진술조서』, 광주지방검찰청, 2014.8.5, 20쪽, 22쪽.

- 관련된 질문에 답변이 곤란하다고 진술하거나, "잘 모르겠다." 또는 묵비권을 행사하는 진술[50]

서해청 상황실 근무자는 유선전화로 09:18경 및 09:35경, '청장님이 찾으십니다'는 명목으로 항공단 "아무나"와 홍보실 직원을 상황실로 호출했다.

서해청장과 서해청 상황실 근무자들의 진술이 사실이라면, 당시 상황실에는 항공단과 홍보실 직원들이 당연히 임장해 있어야 했지만, 이들을 긴급하게 찾았던 것으로 보아 이들 또한 상황실에 없었던 것으로 판단된다. 따라서 이 두 개의 통화는 서해청에 광역구조본부가 설치되기는커녕, 아직 상황대책팀도 소집되지 않았다는 확실한 방증이며, 여전히 상황담당관 유연식이 상황을 지휘하고 있었던 것으로 판단된다.

이상의 상황과 진술을 모두 종합해 보면, 세월호 침몰 당시 서해청장 김수현은 뒤늦게 상황실 임장은 했지만, 구체적 지휘권 행사는 없었던 것으로 판단된다.

2) 구조를 위해 아무런 초동조치도 하지 않았다

세월호 침몰 당일 서해청장 김수현과 김정식은 해경청장과 똑같은 수준의 구조의무를 부담하고 있었다.

특히 목포해경서의 경우 동원할 수 있는 구조세력이 함정 27척과 122구조대 대원 10명이 전부였으므로, 헬기와 특공대 지원과 관련해서는 서해청장 김수현의 적극 지원이 필요했었다.

당시 서해청은 군산항공대 B502호 헬기 및 해군 제3함대 소속 링스헬기를 동원할 수도 있었고, 전남 119 소방헬기와 전남경찰청 헬기 등도 충분

---

50 김정식, 『진술조서』, 광주지방검찰청, 2014.7.4, 28쪽, 29쪽, 39쪽, 41쪽.

히 동원할 수 있는 상황이었다.

세월호 침몰 당시 서해청 상황실에는 항공단장과 특공대장도 임장해 있었다. 서해청장 김수현을 비롯하여 이들이 협조하여 입체적인 구조작업만 진행했었다면 최소 참사만은 예방할 수 있는 상황이었다.

하지만 서해청의 경우 목포항공대에 대기 중이던 511호 헬기를 09:10경 출동시킨 후에는, 유효한 구조 조치를 전혀 하지 않았다.

특공대는 09:35경 이동수단을 확보하지 않은 상태에서 목포해양경찰서 전용부두로 출동했지만, 타고 갈 함정이 없어 서해청으로 다시 돌아왔다가 뒤늦게 전남지방경찰청 헬기 지원을 받아 10:25경 출동하여 11:35경에야 침몰현장에 도착했다.[51]

세월호 침몰현장으로 이동 가능한 헬기를 동원하여, 목포해양경찰서 소속 122구조대와 서해청 특공대원을 신속하게 이동조치 했어야 했지만, 09:18경 침몰현장으로 이동하고 있는 512호 헬기를 서해청으로 돌아오면 안 되냐고 묻는다. 서해청장 김수현이 침몰현장으로 가기 위해서다.

오전 9시 40분 경에는, 122구조대원 3명을 탑승시키고 세월호 침몰현장으로 출동하기 위해 이륙준비 중인 군산 502호 헬기를 서해청 패드장으로 이동시킨 후 122구조대원 1명을 내리게 한 후 대신 특공대장 최의규와 정보수사과장 구관호를 탑승시켜 세월호 침몰현장으로 출동시켰다. 그들은 세월호 침몰현장에 도착하여 아무것도 하지 않고 있다가, 고 정차웅 군만 바구니에 탑승시켜 목포로 돌아왔다.

---

51 감사원, 『감사결과보고서 – 세월호 침몰사고 대응 및 연안여객선 안전관리·감독실태』, 2014. 10, 42쪽.

3) 서해청장 김수현은 구조를 지휘한 사실이 없다

서해청 특공대장 최의규는 검찰 진술에서 "09:35경 처음 서해청 상황실 멀티비전으로 세월호의 영상이 올라왔는데,[52] 그때 세월호 상태는 45도 각도로 이미 기울어져 있었습니다"[53]라고 진술했다.

만약 김수현과 김정식이 이 시간 상황실을 지켰고, 최의규와 함께 멀티큐브화면을 주시했던 것이 틀림없다면, 분명히 이 영상은 봤을 것이고, 그렇다면 이것에 근거하여 적극적으로 구조를 지휘했어야 했다.

김수현은 "상황실에서 TRS 교신기를 들고 통신을 했고, 문자상황시스템을 보면서 상황을 지휘했으며, 상황실에서 자리를 떠나거나 했던 적은 없다"고 진술했다.[54]

하지만 서해청장 김수현이 세월호 탑승객을 구조할 수 있는 시간대에 상황실에서 구조를 지휘했다는 흔적은, 2342 녹취록상 항공단 직원 '아무나'와 홍보실 직원을 찾았다는 것이 유일하다.

사정이 이러하니 본청 상황실은 09:28:31경 2142번 유선전화를 통해 "상황지휘는 지방청에서 직접 하랍니다", 또는 09:34경 문자대화방을 통해 "서해청장 현장 지휘할 것"이라는 구조 지휘명령을 했다.

09:48:36경 서해청장 김수현은 구조와 관련하여 "P123, P123, 단정 내려가지고 귀국 쪽으로 편승시키면 안 되는지? 정장?"이라는 TRS 교신을 처음으로 했으며, 약 9분 후인 10:08:23에는 목포서장 김문홍과 다음과 같은 교신을 진행했다.

---

52 해당 영상에 대하여 필자가 정보공개 청구를 했으나 서해청은 "부존재"로 답변했음
53 최의규, 『진술조서』, 광지지방검찰청, 2014.6.8, 7쪽.
54 김수현, 『문답서』, 감사원, 2014.6.6, 3쪽.

김수현 : 아, 오케이. 일단 배가 60도 정도 기울었다고 하니까 배가 커서 어려움이 있을지도 몰라도 **배가 침몰 안 되도록 배수 작업을 좀 실시했으면 좋겠는데 그게 가능하겠어요.**

김문홍 : 네. 1번님 **일단 배수 작업도 생각을 하고 있구요.** 거기 지금 올라갈 수 있도록 조치를 하고 있는 중입니다. 그리고 정 안 되면은 실내에서 못 나오는 사람들이 많기 때문에 그 사람들을 밖으로 빼 나와서 하면은 바다로 뛰어 내리게 한다면 그 인근에는 배들이 많아 구조가 가능합니다. 최선을 다해서 인명구조에 노력하겠습니다.[55]

서해청장 김수현이 세월호 침몰 사건 인지하고 한 시간 가까이 침묵하고 있다가 첫 번째로 진행했던 교신의 내용도 문제지만, 아래 [그림8]에서 보는 바와 같이 10:08경 세월호 상황은 해경의 구조세력이 선내에 진입할 수도 없고, 선내 탑승객 또한 자력으로는 외부 탈출이 불가능한 상태였는데, 서해청장 김수현은 이 심각한 상황을 전혀 파악하고 있지 못했던 것은 심각한 문제였다.

또한, 서해청장과 목포서장이 긴급한 상황에서 다른 구조세력의 교신기회까지 박탈하면서까지 심각하게 논의했던 '배수 작업'은, 대형여객선 침몰 상황에서는 전혀 사용할 수 없는 방식이며, '소형 어선이 침몰했을 때 임시방편으로 사용하는 방식'이란 점을 감안하면, 세월호 침몰 당시 이들이 정말 승객을 구조할 의사가 있었는지를 의심하지 않을 수 없다.

---

55 속기법인 대한, 『녹취록』, 4·16세월호 참사 관련 해경 TRS녹취록(10:08:23), 2016.4.5, 54쪽.

그림 4-8. 10:06경, 세월호 선수 승객 구조상황

이 시간에 김수현은 '배수펌프' 사용을 이야기했다.
해경 촬영 동영상 필자 화면 캡처.

서해청장 김수현은 09:48:36경부터 구조를 지휘했던 것으로 보이지만, 이후 10분 동안 또다시 침묵했으며, 이후에도 유효한 구조를 지휘한 사실이 없다.

김수현을 보좌하여 구조를 주도적으로 지휘했어야 할 서해청 경비안전과장 김정식의 경우에도 김수현과 마찬가지로 세월호가 완전히 침몰하는 시점까지 단 한 번도 구조와 관련한 행위를 하지 않았다.

목포해양경찰서장 김문홍은 구조에 관심조차 없었다

목포해양경찰서장 김문홍은 1986년 해경에 입문하여 세월호 침몰 당시까지 약 28년간 해경에서 근무했으며, 3009함장을 비롯한 선상 경험과, 서해지방해양경찰청 경비안전과장과 해양경찰청 경비안전국 수색구조과장 등으로 근무한 경험이 있으므로, 자타가 공인하는 대한민국 최고 구조 전

문 해경이라 칭해도 모자람이 없다.

특히 그는 2010. 12. 26. 09:00경, 신안군 만재도 해상에서 침몰 중인 화물선 '항로페리2호'에서 승객 및 선원 15명을 구조한 공로로 2011년도 국제해사기구(IMO)로부터 '바다의 의인(義人)상'을 수상한 사실이 있는 그때까지는 매우 훌륭한 경찰이었다.[56]

목포해양경찰서장 김문홍은 '세월호 침몰 사실을 09:03경에 인지했다'고 진술했지만 신뢰할 수 없다. 김문홍은 2014.4.15. 06:00경, 목포해경 전용 부두에서 1508함을 타고 출항하여 현장에서 불법어로 중국어선을 단속한 후, 4. 16. 08:40경 512호 헬기에 편승하여 09:00경 3009함에 착함했다. 김문홍이 09:03경 조타실에 올라갔을 때, 3009함 부장 박경채가 "지금 맹골도 근해에서 여객선이 침몰 중이라고 합니다."라는 보고를 했고, 비로소 세월호 침몰 사실을 인지했다고 한다.[57]

목포해양경찰서 상황실과 3009함은 세월호 침몰 당일 9:02:27경 1분 2초 동안 통화를 했던 사실이 있는데, 이때 목포해양경찰서 상황실 근무자가 세월호 침몰 사실을 3009함에 전파했는지는 알 수 없다.[58] 반면 3009함이 TRS 교신을 통해 세월호 침몰 사실을 확인했던 시간은 09:06:44경이며, 문자대화방을 통해 알 수 있었던 시간은 09:04경이지만, "3009함 수신 완료 이동하겠음"이라고 답한 시간은 09:08경 이므로, 3009함에서 09:02경 전화 통화를 통해 세월호 침몰 사실을 전달받지 않았다면, 목포해양경찰서장

---

56 「목포해경 3009함 IMO '의인상'」, 『동아일보』 2011.8.11 (http://www.donga.com/news/article/all/20110811/39452857/1).

57 김문홍, 『조사대상자진술조서』, 4 · 16세월호참사특별조사위원회, 2016.1.19, 5쪽, 19쪽; 김문홍, 『진술조서』, 광주지방검찰청, 2014.7.4, 6쪽.

58 이 통화결과에 의거 보고했다 하더라도 통화자가 3009함장 또는 박경채 부장이 아닌 한 김문홍에게 09:03에 직접 보고했을 가능성은 높지 않다. 또한 "박경채 부장 → 이재두 3009함장 → 김문홍 목포서장"으로 순차적으로 보고했을 경우에는 물리적으로 09:03경 보고가 불가능하다.

김문홍이 세월호 침몰 사실을 인지할 수 있었던 시간은 09:07 ~ 09:08경일 것으로 판단된다.

목포해양경찰서 상황실은 최초 신고자 고 최덕하 군과 통화가 끝난 뒤 08:57경 123정 정장 김경일에게 출동 지시를 했다고 주장하고 있다.

하지만 이 시간 목포해양경찰서장 김문홍은 침몰해역 인근을 512호 헬기로 비행 중에 있었다. 만약 목포해양경찰서 상황실 근무자들이 김문홍의 동선을 파악한 상태에서 신속한 보고만 했다면, 김문홍은 3009함에 착함하지 않고 곧바로 세월호 침몰현장으로 달려갈 수 있었을 것이다.

1) 목포해양경찰서장 김문홍에게 기대됐었던 구조의무는?

목포해양경찰서는 123정을 침몰현장으로 급파한 후에는, 서해청에 헬기지원을 요청하여 122구조대 대원들을 즉시 출동시켰어야 했으며, 최소 목포해양경찰서 전용부두에 정박 중이던 당직 함정 513함에라도 122구조대 대원들을 탑승시켜 출동시켰어야 했다.

하지만 목포해양경찰서 상황실의 잘못된 대응으로 인해, 목포해양경찰서 122구조대는 세월호가 완전히 침몰한 이후인 12:19경에 이르러서야 침몰현장에 도착하였다.[59]

"지역구조본부장 김문홍"은 「수난구호법」 제17조에 의거, 침몰현장에서 구조를 지휘해야 할 의무가 있었다. 따라서 이동하지 못할 특별한 사정이 없었다면, 당연히 헬기를 타고 침몰해역으로 이동해서 침몰현장에서 구조를 지휘해야 했다.

---

59 자세한 것은 3장 '6. 122구조대 늑장 출동의 비밀' 참조.

김문홍이 세월호 침몰 사실을 인지했을 때 3009함에는, 512호 헬기가 대기 중에 있었으므로, 충분히 신속한 이동이 가능했다. 하지만 목포해양경찰서장 김문홍은 아래와 같은 이유로 침몰현장으로 출동하지 않고 3009함에서 구조를 지휘하기로 결정했다고 한다.[60]

- 헬기의 제한된 공간에 서장이 탑승하는 것보다는 항공구조사를 태우고 가서 구조 활동을 하는 것이 더 중요하다고 생각했다.

- 헬기를 이용해 이동할 경우 123정에서 내릴 방법이 없고, (김문홍은) 헬기 하강 경험이 없어 많은 시간이 소요될 것이 예상됐으며, 헬기를 맹골수도의 강한 조류에 떠내려가는 123정에 정밀하게 맞추어야 하는 어려움이 예상됐다.

- 헬기에 탑승한다 하더라도 강한 소음과 제한된 통신망으로 인해 원활한 지휘가 불가하지만, 3009함에는 모든 통신장비가 갖추어져 있고, 함장 및 부장 등 참모진의 도움을 받을 수 있어 헬기보다는 함정을 타고 이동하는 것이 효과적이라고 판단했다.[61]

하지만 '① 헬기로 이동한 후 항공구조사의 도움을 받아 호이스트를 타고 내려가면, 1분 내로 간편하게 123정에 도달할 수 있었고 ② 헬기에 있던 구조관계자들도 TRS와 VHF를 이용하여 구조작업을 수행했던 점 ③ 침몰 사실 인지 즉시, 헬기를 타고 출동했다면 09:34경 침몰현장 도착이 가능했다는 점, ④ 세월호 침몰 당일 123정에서 구조된 부상자 고 정차웅 군을 헬기에 태워 이동시켰으므로 강한 조류는 문제가 되지 않았다는 점' 등

---

60 김문홍이 구조현장에서 구조를 직접 지휘를 하는 것은 구조의 성패를 좌우하는 매우 중요한 요소였다. 그런 이유로 10:25경 해양경찰청 경비안전국장 이춘재는 2042번 유선전화로 목포해양경찰서 상황실에 전화를 걸어, '김문홍이 헬기를 타고 침몰현장으로 이동할 수 있는 방법을 강구하라'고 지시했던 것이고, 서해청 상황실 근무자가 서해청장 김수현이 탑승해 이동할 헬기를 마련하기 위해, 이미 이동하고 있는 헬기를 서해청으로 기수를 돌릴 수 없냐고 물었던 것이다.

61 김문홍, 『조사대상자진술조서』, 4·16세월호참사특별조사위원회, 2016.1.19, 22쪽; 김문홍, 『진술조서』, 광주지방검찰청, 2014.7.4, 15쪽; 김문홍, 『문답서』, 감사원, 2014. 5.30, 3쪽.

을 감안하면, 김문홍의 주장은 설득력이 없다.

또한, 목포해양경찰서장 김문홍은 "3009함에는 모든 통신장비가 갖추어져 있고, 함장 및 부장 등 참모진의 도움을 받을 수 있어 헬기보다는 함정을 타고 이동하는 것이 효과적이라고 판단했다"고 주장했지만, 김문홍은 3009함에서 구조를 지휘했던 사실 자체가 없다.

결국, 김문홍의 주장은 잘못된 구조의 책임회피를 위해 사후에 만들어진 억지 논리에 불과하다.

세월호 침몰 사실을 인지하고 3009함에 남아서 구조 지휘를 하겠다고 결정했던 김문홍은 3009함에서 어떤 지휘권을 행사했을까?

김문홍은 감사원 감사 및 검찰 수사, 그리고 1기 특조위 조사에서 다음 두 가지 방향에서 구조를 지휘했다고 주장했다.

하나는 3009함 부장 박경채로부터 세월호 침몰 사실을 보고 받은 후에, 3009함에 대하여 아래와 같은 구호 조치를 했다고 주장했다.

- 중국어선 단속을 중지하고 단정을 모두 양강한 후 모두 다 관매도로 전속 기동하라
- 09:10경 함장에게 '함내 방송으로 가용인력 총 동원대기하고 해상 퇴선자 대비 구명환, 스쿠바 등 구조 물품 장비를 준비하라'고 지시
- 9:29 : 구난장비 준비 철저
- 9:30 : 단정 휘발유 만재하기 바라며, 구조대원들은 슈트 준비 등 인명구조 준비 철저하기 바람[62]

---

62 목포서장, 문자지시사항 내용 [상황실↔3009함].

세월호 침몰 당시 목포해양경찰서장 김문홍에게 요구됐었던 구조행위는, 3009함을 지휘하는 것이 아니라 "지역구조본부장"으로서 침몰현장을 지휘하는 것이고, 목포해양경찰서 구조세력 전체를 지휘하는 것이었다. 따라서 그에게는 "OSC"보다 더 높은 개념의 구조의무가 요구됐었다. 목포해양경찰서장 김문홍 구조행위의 적정성을 평가하기 위한 평가표는, 김석균 및 김수현과 같은 양식을 적용할 수밖에 없다. 위에서 김문홍이 지시했다는 구조행위는 지역구조본부장에게 요구되는 평가대상이 아니며, 3009함장 이재두 또는 부장 박경채 정도가 진행했어야 했던 행위에 불과하다.

또 하나는 09:03경 세월호 침몰 사실을 보고받은 후 11분이 지난 09:14경, 목포해양경찰서 상황실에 IP 전화를 걸어 상황실장 이병윤에게 다음과 같은 구조지시를 했다는 것이다.

- 목포서 상황실에 모든 가용세력을 총동원할 것과 총원 비상소집하고, 해군 등 유관기관협조를 요청할 것을 지시
- 이병윤 상황실장에게 "123정장으로 하여금 직원들이 여객선에 직접 승선하여 구명벌을 투하할 것"을 지시
- 선장에게 연락하여 선장이 현장 상황을 적의 조치 판단하여, 여객선 선내방송으로 승객에게 퇴선명령을 하도록 지시
- 목포 122구조대 현장 즉시 투입을 지시했고
- 123정장은 현장 도착 즉시 대공마이크를 이용하여 "즉시 퇴선 하라." 고 방송을 실시 할 것과, 사고 처리에 완벽을 기하여 인명구조에 취선을 다하라고 지시
- 여객선 도면을 확보하고
- 해상크레인, 예인선 동원 지시 및 부산 저인망 트롤, 여수트롤협회에 구조 협조토록 지시했다고 한다.[63]

---

63 김문홍, 『조사대상자진술조서』, 4·16세월호참사특별조사위원회, 2016.1.19, 22쪽; 김문홍, 『진술조서』, 광주지방검찰청, 2014.7.4, 15쪽; 김문홍, 『문답서』, 감사원, 2014.

3009함의 IP전화 통화기록에는 이 시간 목포해양경찰서 및 진도파출소와 통화했던 사실은 분명히 확인되지만, 이것이 목포해양경찰서장 김문홍이 직접했던 것인지, 아니면 3009함 근무자 중 한 사람이 했던 것인지는 명확하게 밝혀진 사실이 없다.

다만, '① 통화의 상대방인 상황실장 이병윤이 문제의 통화 사실을 전혀 기억하지 못했으며[64], ② 이러한 중요한 지시는 경험이 풍부한 서장직무대리 안병석이나 상황담당관 조형곤에게 직접 지시할 사항임에도 상황실 근무경험이 부족한 이병윤에게 지시했다는 점은 상식적이지 않고, ③ 김문홍 본인도 자신의 지시를 받았던 사람이 백남근인지 아니면 이병윤인지 정확히 알지 못하다가 나중에 확인해 보니 이병윤이었다[65]고 진술했던 점' 등을 감안하면, 김문홍의 주장은 신뢰할 수 없다.

또한, 구조 경험이 풍부한 김문홍이 효율적인 구조를 지휘하기 위해서는 3009함에서 TRS 채널 52번 또는 VHF교신을 이용해야 한다는 것 정도는 상식적으로 알고 있었을 것인데, 굳이 IP 전화기를 이용하여 목포서 상황실과 진도파출서에 귓속말로 구조 지휘를 했다는 것은 누구도 설득되지 않을 것이다.

김문홍의 주장대로 3009함에는 IP 전화기, E-MATE, TRS, SSB, VHF 통신기 등 통신에 필요한 각종 장비가 완비되어 있었고, 정상적으로 작동되고 있었던 것으로 판단된다. 따라서 3009함에 있던 김문홍은 세월호 및 해경 구조세력(상황실 및 침몰현장 출동세력)들과 의사소통을 하는 것에는 전혀 문제가 없었다.

5.30, 3쪽.

64 이병윤이 기억하지 못한다고 하자 "교도소 보낼 일이 있냐"고 하면서 화를 냈다고도 함. 김문홍, 『조사대상자진술조서』, 4·16세월호참사특별조사위원회, 2016.1.19, 22쪽.

65 김문홍, 『진술조서』, 광주지방검찰청, 2014.7.4, 16쪽.

하지만 김문홍은 출동구조세력이 침몰현장에 도착해 구조를 진행하는 상당한 시점까지 지역구조본부장의 역할을 전혀 수행하지 않았다. 김문홍이 TRS 채널 52번을 통해 구조 지휘를 하기 시작한 시간은 9:57:07경이다.

이 시간 세월호는 [그림 4-9]과 같이 침몰 직전의 최악의 상황에 놓여 있었고, 해경이 승객구조를 위해 선내에 진입할 수도 없었고, 선내승객들이 자력으로 탈출할 수도 없는 시점이었음에도 불구하고, 김문홍은 아래와 같이 본인이 구조를 지휘했다고 주장했다.

그림 4-9. 09:58:00경 세월호 기울기

해경 511호 및 512호 헬기 촬영 동영상 필자 화면 캡처.

- 기울었으면 그 근처에 어선들도 많이 있고 하니까 그 배에서 뛰어내리라고 고함을 치거나 마이크를 이용해서 뛰어내리라고 하면 안 되나? 반대방향으로?

- 그러니까 항공 구조도 당연히 하는데, 정장이 판단해 가지고 우현 쪽으로 난간 잡고 올라와서 뛰어내리게 해가지고 바다에서 구조하는 방법을 빨리 검토해. 그렇게 해야지, 만약에 침몰 됐다가는 ** 뛰어내리게 조치하라고.

- 차분하게 마이크를 이용해서 활용을 하고, 그다음에 우리가 당황하지 말고 우리 직원도 올라가서 하고, 그렇게 안 하면 마이크를 이용해 가지고 최대한 안전하게 해서 행동할 수 있도록 하시기 바랍니다. 이상.66

세월호 침몰 사건에서 '해경의 승객구조 행위의 적정성'은 평가를 하고 싶어도 평가할 수가 없다.

해경청장 김석균부터 123정에 탑승했던 말단 의경에 이르기까지 매뉴얼이 요구한 규정을 준수한 사례가 없고, 승객들을 구조하기 위해 필사적으로 노력한 흔적도 찾아 볼 수가 없다.

침몰 선박과 교신을 설정하고 청취할 의무를 준수한 구조세력은 없었으며, 침몰현장 구조의 첫 단계인 OSC도 지정하지도 않았다.

승객구조를 위해 침몰하는 선박의 선내에 진입하지 않았으며 퇴선방송도 진행하지 않았다.

본청 상황실에서는 "선장과 교신을 설정"할 것을 지시했으며, 서해지방해양경찰청은 "OSC를 지정 임무 수행 및 현장 상황 실시간 보고"할 것을 지시했지만 목포해양경찰서장 김문홍 등은 이 지시마저도 이행하지 않았다.

따라서 세월호 침몰 당일 해경의 구조행위를 굳이 평가한다면, "전교생

---

66 속기법인 대한, 『녹취록』, 4 · 16세월호 참사 관련 해경 TRS녹취록, 2016.4.5, 44~45쪽.

이 전 과목을 동시에 '0점'을 받은 것"과 똑같다고 표현할 수밖에 없다. 전 교생이 답안지에 이름만 쓰고, 정답은 기록하지 않기로 사전에 합의하지 않았다면, 도저히 획득할 수 없는 인류 역사의 전무후무한 점수가 바로 해경의 구조 점수이다.

　세월호 침몰 당일 구조의 실패는, '해경의 수뇌부 구조 지휘의 실패'이다. 이들의 '매우 적극적인 이상한 부작위와 잘못된 구조행위'가 결국은 대형 참사를 초래했던 것이다.

자료목록

1) 김문홍, 『문답서』, 감사원, 2014.5.30

2) 김문홍, 『진술조서』, 광주지방검찰청, 2014.7.4

3) 김문홍, 『조사대상자진술조서』, 4·16세월호참사특별조사위원회, 2016.1.19

4) 김석균, 『진술조서』, 광주지방검찰청, 2014.10.3

5) 김석균, 『조사대상자진술조서』, 4.16세월호참사 특별조사위원회, 2016.1.21

6) 김수현, 『문답서』, 감사원, 2014.6.6

7) 김재전, 『진술조서』, 광주지방검찰청, 2014.6.7

8) 김정식, 『진술조서』, 광주지방검찰청, 2014.7.4

9) 김홍희, 『조사대상자진술조서』, 4·16세월호참사특별조사위원회, 2016.2.5

10) 류명호, 『진술조서』, 광주지방검찰청, 2014.6.11

11) 문예식. 「증인신문 조서」, 광주지방법원, 2014.8.20, 2014고합180 살인 등

12) 양회철, 『진술서』, 광주지방검찰청, 2014.6.7

13) 유연식, 『진술조서』, 광주지방검찰청, 2014.7.3

14) 유연식, 『진술조서』, 광주지방검찰청, 2014.8.5

15) 최의규, 『진술조서』, 광지방검찰청, 2014.6.8

16) 황영태, 『문답서(2회)』, 감사원, 2014.5.22

17) 황영태, 『문답서(3회)』, 감사원, 2014.5.22

18) 황영태, 『진술조서』, 광주지방검찰청, 2014.8.7

19) 황영태,『조사대상자진술조서』, 4·16세월호참사특별조사위원회, 2016.2.19

20) 4.16세월호참사 특별조사위원회,『1차 청문회 자료집』, 2016.3

21) 감사원,『감사결과보고서－세월호 침몰사고 대응 및 연안여객선 안전관리·감독실태』, 2014.10

22) 속기법인 대한,『녹취록』, 4·16세월호 참사 관련 해경 TRS녹취록, 2016.4.5

23) 해양경찰청,『초동조치 및 수색구조쟁점(Ⅰ)』, 2014.5.30

24) 해양경찰청,『해양경찰청 직위표』, 2014.4.16

3.
해양경찰과 해양수산부의
'최초 희생자' 무시

세월호 침몰 사건은 2014년 4월 16일 오전 8시 49분경 선체가 오른쪽으로 빠르게 선회함과 동시에 왼쪽으로 심하게 기울면서 발생했다.[67] 이때 첫 번째 희생자가[68] 발생한 것으로 추정된다.

세월호는 왼쪽으로 기울어진 상태에서 상당한 시간 동안 표류하다 사건이 발생한 해점으로부터 5.7km 떨어진 해점에서 완전히 침몰했다([그림 4-1]이 참조). 따라서 세월호 침몰 사건의 첫 번째 희생자가 세월호가 완전히 침몰한 지점에 존재할 확률은 논리적으로 '0%'에 가깝다.

침몰 당일 구조를 책임진 목포해양경찰서 상황실은 8시 58분경에는 전남 119로부터, 그리고 9시 4분경에는 세월호 여객부 승무원 강혜성으로부

---

[67] 세월호 선체조사위원회, 『세월호 선체조사위원회 종합보고서 본권-Ⅰ』, 침몰원인조사(열린안), 2018.8.16, 91쪽 참조.

[68] 해경은 세월호 침몰 당일 구조과정에서 첫 번째로 희생된 사람을 여객부 승무원 "박지영"으로 분류했지만, 모든 사건이 종결된 현시점에서 보면 세월호 첫 번째 희생자는 논리적으로 "단원고등학교 교사 양승진"이 틀림없다. 다만 이 책에서 이미 돌아가신 분의 이름을 반복해서 부르는 것은 예의에 어긋나는 것 같아 "교사 양승진"이란 호칭은 생략하고 "해상 추락자 또는 최초 희생자"로 통일하여 호칭한다.

그림 4-10. 세월호 침몰 사건 발생지점과 완전 침몰 지점과의 거리

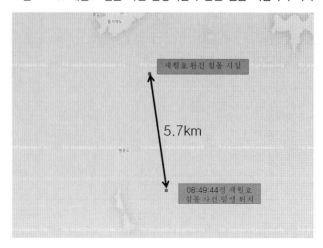

세월호 완전 침몰 지점

5.7km

08:49:44경 세월호
침몰 사건 발생 위치

선체조사위원회 관련 자료를 바탕으로 필자 직접 작성.

터 '해상에 추락한 승객이 있다'는 사실을 인지했다. 해상 추락자 발생 사실을 인지한 목포해양경찰서는 승객 구조를 위해 무엇인가를 유효한 조치를 했어야 하지만 아무것도 하지 않았다.

더 나아가 세월호가 인양되고 마지막으로 미수습자를 찾기 위해 세월호 침몰 지점을 수색할 때, 해양수산부가 '최초 희생자'를 찾기 위해 특별한 조치를 진행한 사실도 없다. 다만 해양수산부는 미수습자 유실 가능성을 몇 가지로 검토했다.

- 해저 생물 및 조류의 영향
- 선체의 급격한 움직임 및 위치변화
  -. 2014.4.16. 세월호가 급선회를 시작하여 구상선수만 남겨두고 수중으로 들어갈 때까지
  -. 세월호가 완전 침몰하여 해저면에 닿을 때까지
  -. 인양과정에서 '선수들기' 등 해저면에 착저해 있던 선체가 움직인 시점
  -. 잭킹 바지선에 의하여 반잠수선인 '화이트마린'으로 이동하여 물 밖으로 나오기 직전까지의 과정[69]

해양수산부는 분명히 세월호 침몰 사건이 발생했을 때 희생자 유실 가능성을 제기했지만, 첫 번째 희생자를 찾는 노력보다는 '첫 번째 희생자가 선체 내에 있다'고 결론 내리고, 미수습자 수색 절차를 종료시켜 버렸다.

최초 희생자 해상에 추락하다

검찰은 2014년 4월 15일 세월호 출항 당시 선박의 상태에 대해서 정확하게 수사하지 않았다. 생존 학생들의 진술에 따르면 세월호는 출항 당시부터 기울어져 있던 것으로 판단된다.

그림 4-11. 세월호 출항 직전 故 김상호군 카톡 내역

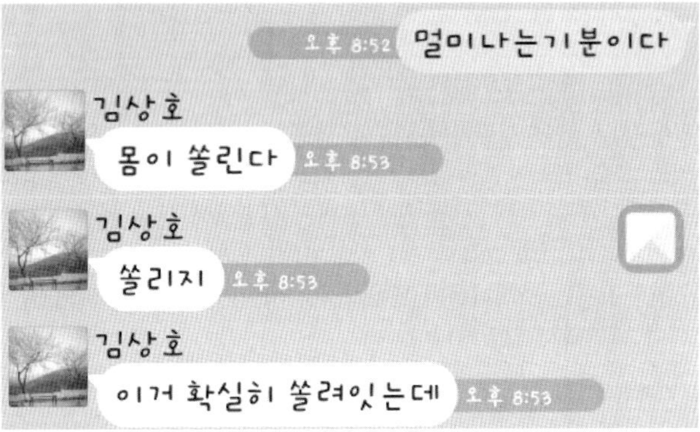

단원고 학생 고 김상호 군 카톡 내용 필자 화면 캡처.

일반인 생존자 오수민 씨는 합동수사본부 조사과정에서 다음과 같이 진술했다.

---

69 세월호 선체조사위원회, 『세월호 선체조사위원회 종합보고서. 본권-Ⅱ 신청사건조사 특별조사 보고서』, 2018.8.6, 307~308쪽 참조.

'쿵'하는 소리를 듣지는 못했습니다. 그러나 배가 왼쪽으로 기우는 것을 보고 사고가 발생한 사실을 알았습니다. **사고 전날 새벽에도 배가 약간 기운 적이 있어서** 그냥 조금 있으면 괜찮아 지겠지라고 생각했는데…70

세월호 침몰 초기 화물차 운전기사 서희근 씨도 언론을 통해 세월호의 기울어진 현상에 대해 밝힌 바 있다.71 그러나 어느 정도 기울어졌는지, 그 기울진 정도가 세월호 침몰에 어떤 영향을 미쳤는지는 생존자들의 인식이 조금씩 달랐다.

이 부분은 검찰의 수사과정 또는 재판 진행 과정에서, 검사 또는 피고인의 변호사들이 생존 피해자들에게 직접 묻지 않았기 때문에 정확하게 진술된 내용이 없다.

이와 관련 검찰은 세월호 선내 CCTV DVR을 분석한 결과를 설명하는 자리에서 다음과 같이 밝혔다.

새벽 2시가 넘은 시간인데 일부 승객이 담소를 나누면서 맥주를 마시고 있는 모습이 보이고, 특별히 전체 CCTV를 보아도 일부 의혹이 제기됐던 것처럼 출항 이후 사고 발생 전까지 세월호에 이상 징후가 있었음을 확인할만한 선체 흔들림이나 기울어짐, 특히 일부 언론에서 의혹을 제기했던 것처럼 **쓰레기통이 날아가거나 사람이 쓰러질 정도의 움직임은 전혀 확인되지 않았습니다.**

새벽에는 거의 움직임이 없기 때문에 실제로 저장된 CCTV의 수가 좀 전보다 훨씬 적습니다. 사람이 간간이 사람이 지나갈 때 CCTV가 녹화돼 있는 모습을 확인할 수 있고, 선실의 경우도 새벽 4시가 넘어가서 사람들이 잠을 자고 있는 모습을 확인할 수 있습니다. 결국, 사고 이전에는 전혀 이상 징후가 없었음을 다시 한 번 확인할 수 있다고 할 것입니다.72

---

70 오수민, 『진술조서』, 목포해양경찰서, 2014.4.28, 3쪽 참조.
71 「생존자 "사고 전날 밤 15도 기우뚱, 그때만 세웠어도"」, 『노컷뉴스』, 2014.5.9. (https://www.nocutnews.co.kr/news/4020895)

세월호 사고 전 배가 기울어진 현상이 존재하지 않았다는 결론이었다. 하지만 세월호 1기 특조위에서 단원고 생존 학생들을 대상으로 집단 면담하는 과정에서, 학생들은 세월호가 이미 출발하는 시점부터 "왼쪽으로 기울어 있었다"'는 매우 구체적인 진술을 했다.

학 생1 : 저희는 출발하기 전부터 기울어 있었어 가지고 "야, 배가 왜 이래?" 이랬는데, "큰 배는 원래 이런가 보지." 그냥 이러고 말았거든요.[73]

학 생2 : 저희는 그렇게, 학생들이 그렇게 큰 배를 타고 1박 2일을 어디를 갈 상황이 없잖아요. 그래서 배를 타면 당연히 흔들리고, 멀미를 하고 이게 당연하다고 느꼈어요. 그래서 배에서 그냥 이렇게 복도 걸어 다닐 때 "야, 몸이 기울어. 기울어. 기울어. 기울어." 저희가 그냥 이렇게 장난을 친 건데, 당연한 줄 알고. 나중에 들어보니까 그런 큰 배에서 그만큼의 기울임을 느끼는 거 자체가 말이 안 되는 거였다고 들었어요.[74]

어쩌면 사회 경험이 일천(日淺)한 학생들이 이 정도의 위험 상황을 인식했다면, 세월호 안전 운항을 책임진 선장과 선원들은 학생 승객들보다 더 심각한 상황을 인식했을지도 모른다. 다만 그것을 밝히는 것이 자신들의 형사책임과 밀접한 관계가 있으므로, 선장과 선원들은 해당 문제점을 공유하고 있었더라도 검찰의 수사과정에서 밝히지 않았고, 수사를 책임진 검찰은 이 상황을 애써 눈감았을 수도 있다.

세월호 1기 특조위는 학생들에게 매우 자유로운 면담 분위기를 조성해 줬다. 따라서 학생들은 법정 진술과는 달리 매우 평안한 상태에서, 침몰 당시 상황을 비교적 자세하게 이야기했다.

---

72 광주지방법원, 『공판조서(제24회)』, 2014고합180 살인 등, 2014.10.13, 62쪽 참조.
73 속기법인 대한, 『녹취서(단원고 생존학생 증언)』, 2016.8.20, 20쪽.
74 위와 같음.

학 생1 : 그러니까 처음에 저희가 3층에 있었는데 저희도 거의 초반 탈출 자거든요. 그런데 저희한테, 저희가 저희끼리 말하기로 저희가 제일 사고를 몸으로 제일 먼저 느꼈다고 느끼는 게 한 친구가, 저희 중에 한 친구가 핸드폰이 떨어져 가지고 핸드폰을 주으려 고 소파에서 일어났어요. 식당 앞에 이렇게 소파 두 개 연속으 로 있었던 그 소파에서 일어났는데, 갑자기 애가 핸드폰이 이렇 게 갑자기 떨어지는 거예요. 그러니까 기울었다고 못 느꼈는데, 핸드폰이 점점 이렇게 떨어지는 거예요. 이렇게 쭉 떨어지는 거 예요. 그래서 걔가 당황해서 그걸 잡으려고 하다가 정말 몸이 이렇게 데굴데굴 굴렀어요, 음료수병이 이렇게 돌아가듯이.[75]

학 생 2 : 예. 웃으면서 소파에서 일어났는데, 걔를 잡아주려고 가는네, 앞으로 몸에 힘이 안… 그러니까 그냥 이렇게 쏠리는 거예요. 저는 힘을 멈추고 싶고 다리를 멈추고 싶은데 그게 안 될 정도 로 몸이 확 쏠리고 있어서 바로 앞에 벽이 있었는데 거기에 부 딪힐까 봐 손 뻗고 이렇게 가다가 팔이 이렇게 충격에, 그러니 까 먼저 뻗었는데도 충격에 이렇게, ((사회자)장민근 : 아예 머 리에 박았고?) 예. 그냥 저절로 날아가듯이 튕겨서 받았고, 오 른쪽을 전체 타박상을 받았거든요. 근데 그러고 났을 때는 이 미 아까 굴러떨어졌다는 친구도 굴러떨어지고, 둘이 그러고 나 서 딱 눈 마주치고 "야, 이게 뭐야?" 하고 웃자마자 처음에는 너무 말이 안 되는 상황이니까… 막 기울었다고 아직 못 느꼈 고, 얘네도 의자에 멀쩡히 앉아 있었으니까 "야, 뭐야?" 하고 웃었는데 그러자마자 '꽝' 하면서 다 같이 갑판으로 떨어졌어요.[76]

단원고 학생들의 진술을 종합하면, 세월호는 출항 당시 민감한 사람들 은 확실하게 인식할 수 있을 정도로 이미 선체는 기울어져 있었다. 오수민 과 서희근은 특히 새벽에 세월호의 이상 현상을 감지했던 것으로 추정된 다. 또한 침몰 사건 발생 당시에는 원인을 알 수 없는 물리력으로 사람이 날아가는 수준의 '기이한 현상'이 있었던 것으로 판단된다.

75 속기법인 대한, 『녹취서(단원고 생존학생 증언)』, 2016.8.20, 15~16쪽.
76 위와 같음, 16쪽.

이때 세월호 최초 희생자인 양승진 선생님도 해상으로 추락했고, 이 장면을 옆에 있던 단원고 학생들과 화물차 운전자 최승필 등 다수 인원이 목격했다. 화물차 운전자 최승필은 재판과정에서 최초 희생자가 추락하는 장면을 다음과 같이 증언했다.

> 검　사 : 배가 기울기 시작하였을 때 증인이 있었던 주변의 사람들은 어떻게 하던가요.
>
> 최승필 : 전부 다 아수라장이 된 상태에서 제가 3층 갑판 난간에 기대고 있을 때 여학생 4명이 제가 있는 쪽으로 밀려서 내려왔고, 어른 한 명도 밀려 내려왔었습니다. 그 어른은 바다로 떨어졌습니다.[77]

해경은 '해상 추락자' 구조를 위해 적정한 구조작업을 진행했을까?

오전 8시 50분경 단원고 고 김시연 학생이 촬영한 영상을 바탕으로 추정해 보면, 세월호가 갑자기 왼쪽으로 기울 때 선내 승객들은 쓰러지지 않기 위해 안간힘을 쓰다가 8시 52분경이 되어서야 안정을 찾았다. 이때부터 승객들은 선원들보다 먼저 전남 119와 목포해양경찰서에 침몰 사건 발생 사실을 알리기 시작했고, 승객 중 한 사람이 해상으로 추락한 사실도 알린 것으로 판단된다.

그렇다면 당연히 목포해양경찰서 상황실 근무자들은 해상 추락자가 발생했다는 사실을 알았을 것이다. 목포해양경찰서가 '해상 추락 사고가 발생했다'는 사실을 인지한 시간은 늦어도 8시 58분경일 것으로 판단된다. 이 시간에 전남 119가 목포해양경찰서에 그 사실을 알려주었기 때문이다.[78]

---

77 최승필, 『증인신문조서(제5회공판)』, 광주지방법원, 2014.7.23, 2쪽; 최승필, 『진술조서』, 목포해양경찰서(진술장소: 안산 고대병원), 2014.4.27, 4쪽.

해 경 : 예 감사합니다.

1 1 9 : 119상황실입니다. 인천에서 제주가는 페리호 전화 받았는가요.

해 경 : 세월호요, 예. 전화 받았습니다. 어디십니까?

1 1 9 : 119 상황실입니다.

해 경 : 예.

1 1 9 : 배가 기울려 사람도 바다에 빠졌다고 신고가 들어오네요.

해 경 : 사람이 바다에 빠졌다고요? 사람이 누가, 몇 명이 빠졌다고?

119 : 아니요, 일단 그 사람들 빠졌다고 전화가 들어왔고요, 학생들 이 많이 타고 있는 것 같은데. 수학여행길로 해서

해 경 : 아. 사람이 많이 타고 있다고요.

119 : 예.

해 경 : 알았습니다.[79]

9시 4분경, 세월호 여객부 승무원 강혜성도 122 신고 전화로 목포해양 경찰서 문명일 경장과 통화하면서 관련 사실을 알려주었다.

(앞부분 생략)

문명일 : 세월호 누구십니까? 세월호에?

강혜성 : 세월호 그 안내소 직원입니다.

문명일 : 세월호 직원이요.

강혜성 : 예.

문명일 : 직원이요, 직원?

강혜성 : 예

---

78 목소리만 놓고 보면, 해당 전화는 09:04경 세월호 여객부 승무원 강혜성과 전화를 했던 사람과 동일한 인물로 추정된다. 세월호 침몰 사건에서 목포해양경찰서와 여객부 승무원 강혜성의 전화는 엄청나게 중요한 전화인데 이것이 보고되지 않아서 문제이다. 이 통화에 대한 책임관계를 빨리 해결해야 한다.

79 전남 119, 『전화통화 녹취록』, 2014.4.16, 08:58:15 녹취록 참조.

문명일 : 예, 그 혹시 사람 같은 거, 사람이 빠졌습니까? 지금 현재?

강혜성 : 예, 지금 사람이 배가 기울어서 사람이 한 명 바다에 빠졌고요.

문명일 : 한 명이 바다에 빠졌어요? 지금 구명동이나 그런 거 빨리 다 그거해서 여객선,

강혜성 : 지금, 저희가

문명일 : 예.

강혜성 : 배가 40도, 45도 지금 기울어서 도무지 움직일 수 있는 상황이 안돼요.

문명일 : 움직일 수 있는 상황이 안되면, 그러면 지금 빠진 사람 어떻게 됐습니까? 지금 현재?

강혜성 : 일단은 저희도 볼 수는 없어요. 빠진 상황만 알아요. 지금.

문명일 : 아, 빠진 상황만 안다고요?

강혜성 : 예, 지금 어떻게 되셨는지 지금,

문명일 : 예, 지금

강혜성 : **가 뜬 것 같고요.

문명일 : 예, 지금 경비정이 이동하고 있거든요? 지금 전속으로?

강혜성 : 예.

문명일 : 예, 그 상황을 지금 최대한 빠진 사람을 그래도 좀 구조를 해야 되지 않습니까? 지금.

강혜성 : 예.

해양경찰 : 예, 그거 좀 조치 좀 취해주십시오. 그 .. 어떻게 파악을 하셔 가지고

강혜성 : 지금, 지금 저희가 움직일 수 있으면 상황 파악을 하겠는데,

해양경찰 : 예.

강혜성 : 움직일 수가 지금 없어요. 지금 배가 45도 정도 기울어 있어서, 지금.

문명일 : 그런데 왜 지금 배 속력은 어떻습니까? 지금 속력은?

(이하 생략)

통화내용으로 볼 때 목포해양경찰서 상황실 근무자들은 해상 추락자 발생 사실을 접수했다. 그럼 이들은 해상 추락자를 구조하기 위해 무슨 조치를 실행했을까?

해양경찰의 상황실 근무자는 "접수된 상황이 대소 경중을 막론하고 파악되는 대로 상황보고서 용지에 수시로 기록하여 상황실장에게 보고"해야 한다.[80]

따라서 전남 119 및 세월호 여객부 승무원 강혜성과의 전화통화를 통해 알게 된 "해상 추락자 발생 사실"은 무조건 보고서를 작성하여 상황실장과 상황담당관에게 보고했어야 한다. 이를 보고받은 상황실장과 상황담당관은 출동하는 구조세력과 협력하여 특별한 조치를 했어야 옳았다.

하지만 당시 목포해양경찰서 상황실 근무자들은 세월호에 탑승해 있는 승객들을 구조하기 위해 해상 추락자에 대한 합리적인 조치는 하지 못했을 것으로 추정된다. 어쩌면 관련 사실을 보고조차 하지 않았을 개연성이 높다.

당일 목포해양경찰서 상황실이 해상 추락자를 위해 유일무이(唯一無二)하게 한 조치는 9시 8분경 "사람 빠졌다는 걸 정확히 이야기해 줘야죠. Man OverBoard라고"라는 VHF교신이라고 판단된다.

이 시간 침몰하는 세월호에 해상 추락자가 있다는 사실을 인지했던 곳은 전남 119와 목포해양경찰서 두 곳뿐이고, 전남 119는 'VHF 교신 장비를 보유하고는 있었지만 교신한 사실이 없었다. 심지어 전남 119는 "Man OverBoard"라는 교신 용어 자체를 이해하지 못한다'고 답변했다.[81]

---

80 해양경찰청,『해상치안상황실 운영규칙』, 2013.10.14, [별표4] 해상치안상황실근무수칙, 9. 기록유지 가. 참조.

81 전남 119는 필자가 정보공개를 신청한 '6183050'에 대하여 "세월호 침몰 당일 소방본부에서는 진도해상교통관제센터(VTS)와 무선통신(VHF)을 사용하지 않았습니다. 따라서 소방본부는 청구내용에 대한 자료가 없음을 통지합니다"라는 답변을 했고, 별도 유선전화를 통해 자신들은 "Man OverBoard라는 교신 용어를 알지 못한다고 답변했다.

세월호가 완전히 침몰하기 전에는 구조의 우선순위에 밀려 목포해양경찰서가 해상 추락자에 대한 구조작업을 진행하지 못했더라도, 완전히 침몰한 후에는 별도의 수색계획을 수립하여 해상 추락자에 대한 구조작업을 진행했어야 한다.

「국제항공 · 해상수색구조 지침서(IAMSAR Manual)」가 '수색 및 구조 활동은 실행 가능한 한, 생존자 구조에 대한 모든 합리적인 희망이 사라질 때까지 계속해야 한다'고 규정하고 있고,[82] 해상수색구조 매뉴얼 또한 '해수온도 20℃ 미만일 경우에는 사고 발생 후 3일 이내 집중 수색을 실시'하도록 되어 있기 때문이다.[83]

따라서 해상 추락자가 안전보호장구를 갖추지 못한 상태에서 해상으로 추락해 열악한 생존조건에 직면했던 것이 사실이라 하더라도, 구조기관이 자의적으로 매뉴얼에 반하여 쉽게 구조를 포기하는 것은 잘못된 결정이었다. 아마도 세월호 침몰 사건과 같은 대형침몰 사건이 아니라 해상 추락 단일건으로 상황실에 구조요청이 접수됐다면, 해경은 관련 매뉴얼에 따라 해상 추락자 구조를 위해 최대한 노력했을 것이다.

모든 구조작업에서 가장 우선하여 구조해야 할 대상은 인명이다. 해양사고를 최초로 인지한 구조본부장, 함정, 항공기, 상황실은 위험에 처한 상황을 분석하여 즉시 사고현장으로 이동 및 구조 가능한 함정, 항공기, 파 · 출장소 등에게 구조작업에 착수하라는 지시를 하달해야 한다.[84] 또한 구조작업은 '대상 지역이 충분히 수색 되었고, 모든 가능성이 있는 지역이 조사되었기 때문에 해상 추락자가 생존 가능성이 없고 더 이상의 수색의 성과가 없을 것'이라고 SMC가 결정할 때까지는 계속됐어야 한다.[85]

---

82 『IAMSAR Manual, International Aeronautical and Maritime Search and Rescue Manual (국제 항공 · 해상 수색구조 지침서)』 제Ⅱ권 임무 조정 4.8.1. 참조.
83 해양경찰청, 『해상 수색구조 매뉴얼』, 2013.7, 2~3쪽, 20쪽.
84 위와 같음, 19쪽.

수색작업 중단을 결정할 때도 제반 사항을 충분히 검토하여 "초기에 수색작업이 종료되지 않도록 주의해야 하며, 사고 초기부터 생존했을 확률, 사고 후 생존확률, 생존자가 산정된 수색 지역 내에 존재할 확률 등을 고려"했어야 한다.[86]

「IAMSAR Manual」은 '조난 사고 위치' 추정과 관련하여 "모든 가능한 생존자의 위치를 포함하는 지역의 범위를 결정"하도록 규정하고 있고, '일반적으로 생존자의 최후 확인 위치에서의 시간과 알려지거나 추측된 조난 사고의 시간 사이에 생존자가 이동했을 최대거리를 결정하여 최후 식별 위치를 중심으로 원을 그림으로써 수색구역을 확장'하도록 하고 있다.[87]

최승필 등 생존 목격자들의 진술에 따르면, 해상 추락자는 세월호가 우회두하면서 좌측으로 급격히 기울기 시작하는 시점인 8시49분경 해상으로 추락한 것으로 판단된다. 이 사고가 발생한 이후 세월호는 상당한 시간 동안 약 5.7km를 표류한 후 완전히 침몰했다.

따라서 해상 추락자가 세월호와 같이 조류에 따라 표류했더라도 세월호가 완전 침몰한 위치에서 발견될 가능성은 거의 없다. 그렇다면 해양경찰이 해상 추락자를 구조할 의사가 있었다면 최초 추락 사고가 발생한 해점을 기준으로 수색구조 작업을 전개했어야 옳았다.

필자는 이 건과 관련한 해양경찰 구조의 적정성을 논하기 위하여 해양경찰청을 비롯하여 서해지방해양경찰청과 목포해양경찰서에 해당 구역에 대한 수색구조 실적에 대한 정보공개를 청구했다. 해양경찰청은 "귀하께서 청구하신 실제 수색구조를 실시한 사례에 관한 문건은 '19. 11. 22. 검찰(세월호 특별수사단)에서 압수하여 공개 불가함을 양해해 주시기 바랍

---

85 『IAMSAR Manual, International Aeronautical and Maritime Search and Rescue Manual (국제 항공·해상 수색구조 지침서)』 제Ⅱ권 임무 조정 1.6.12. 및 8.1.1.참조.
86 위와 같음, '8.3. 수색 작업의 일시 중단' 참조.
87 위와 같음, '4.3.1. 조난 사고 위치의 추정' 참조.

니다"라고 하며 끝까지 공개를 거부했다.[88]

최종 수색과정에서도 외면당한 '최초 희생자'

세월호가 완전히 침몰한 이후 유가족과 국민들은 미수습자 수습을 위하여, 그리고 진상규명을 위하여 세월호 인양을 간절하게 희망했다. 박근혜 정권은 오히려 이것을 정치적 목적을 달성을 위해 역이용했다.

국군기무사령부가 작성한 문건에 따르면, 이들은 이미 2014년 5월 10일 경에 인양비용으로 1천억 원(해군 관계자 의견 : 5천억~1조 원도 예상) 이상이 추산된다고 하며, "실종자 가족 의견·국민 여론·인양시 소요비용 등을 종합적으로 고려, 신중 검토 필요"가 있다는 보고 문건을 작성했다.[89]

심지어 2014년 6월 7일에는 노골적으로 인양에 대한 부정적인 보고서를 작성하여 청와대에 보고했으며, 약간의 시간이 흐른 후에는 당시 새누리당 국회의원 김진태 등이 언론을 이용하여 공공연하게 인양 반대 분위기를 조성했다.[90]

- 美 구조전문가, 선박 침몰 사고시 실종자 未수습률이 통상 9~14%인데 '세월호에서 14명만 未수습(4.8%)한 것은 기적에 가깝다'고 평가
- 일각에서는 선체 인양비용 대비(英 TMC사(인양 컨설팅업체), 인양비용을 최대 2천억 원으로 추산)실효성과 최근 유가족 분위기를 감안, 선체를 인양하는 대신 '침몰해역을 추모공원으로 조성' 필요성 제기
- "선체 내부 수색은 외판 절단 방식으로 유가족들이 원하는 기간 동안 계속하되, 인양은 하지 않는 방법을 제안

88 해양경찰청, 『정보 비공개 결정 통보서』, 2019.12.6 참조.
89 국군기무사령부, 『세월호 관련 주요 쟁점별 조치 방안』, 2014.5.10, 대외-196-50 참조.
90 「세월 인양과 추모공원 건립은 전혀 대립적이지 않다」, 『미디어스』, 2014.11.13.
   (http://www.mediaus.co.kr/news/articleView.html?idxno=45417).

- 수장(水葬)하는 것도 하나의 장례 방법이며, 포기하는 것이 아님을 설득

- 침몰해역을 '美 애리조나호 기념관(일본의 진주만 기습시 침몰)'같은 '추모공원'으로 조성 제의(* 미국, 애리조나호를 인양하지 않고 同 해역에 메모리얼홀 건립 후 추모 중)

- 同 장소에서 매년 세월호 희생자 추모행사를 개최하는 등 汎국가적 '추모·안전교육의 장'으로 활용91

결국 세월호 인양은 3년 정도가 지난 2017년 3월 10일 박근혜 탄핵이 헌법재판소에서 인용되면서 급물살을 타기 시작했다. 3월 22일 오전 10시경 '시험 인양'이 시작되었고, 사건 발생 1,075일 만인 3월 25일 자정, 세월호를 반잠수식 선박 안에 정위치 배치 완료를 함으로써 공식적인 인양 작업이 완료됐다.

해양수산부는 세월호 인양 이후 그때까지 가족의 품으로 돌아오지 못한 실종자들을 수습하기 위하여 인양된 세월호 선내를 수색하는 한편, 4월 2일부터 10월 24일까지 총 세 차례에 걸쳐 125일 동안, 세월호 침몰 착저 지점을 중심으로 정밀 수색작업을 실시했다(표 4-10] 참조).

표 4-10. 해양수산부 세월호 인양 이후 침몰 착저 지점 수색 진행 현황

No	기간	작업 일수	작업내용
1차	2017.4.2. ~ 5.28.	57	상하이셀비지가 세월호 침몰 착저 지점을 중심으로 2인 1조 잠수사 투입 수색
2차	2017.8.16 ~ 9.7.	23	상하이셀비지가 세월호 침몰 착저 지점을 중심으로 설치된 사각 펜스 안쪽 지역을 준설하고, 사각 펜스 주변 해저면에 잠수사를 투입하는 방식
3차	2017.9.9. ~ 10.24.	45	세월호 침몰 지점 사각 펜스 주변 해저면을 준설하고, 잠수사를 투입하여 추가로 수색하는 방식

선체조사위원회 조사보고서 참조 필자 재정리.

---

91 국군기무사령부, 『정보보고』, 2014.6.7, 대외 196-127 참조.

해양수산부는 미수습자 수습을 위해, 세월호 침몰 착저 지점을 중심으로 설치된 사각 펜스 안쪽 지역을 준설하고, 사각 펜스 주변 해저면에 잠수사를 투입하는 방식으로 3차례의 수중 수색을 실시했다.[92]

문제는 세 차례의 정밀 수색이 진행되는 과정에서 '최초 희생자'를 수습하기 위한 프로그램은 진행되지 않았다는 점이다. '최초 희생자'는 세월호 침몰 사건이 발생한 8시 49분경 해상에 추락한 것으로 추정되기 때문에 논리적으로 이분을 수습하려면 최초 추락지점 인근에서 수습작업을 진행했어야 한다.

선체조사위원회의 조사보고서에 다르면, 해양수산부는 '최초 희생자'를 수습하기 위한 별도의 프로그램은 수립하지도 시행하지도 않은 것으로 판단된다.

정확한 이유는 알 수 없지만, 해양수산부는 아래 [그림 4-12]와 [그림 4-13]에서 보는 바와 같이 '최초 희생자'가 세월호 선내(F-2)에 남아 있을 것으로 판단한 것 같다.

하지만 세월호 침몰 초기부터 유가족들 사이에서는 세월호 침몰 시점에 해상 추락자가 발생한 사실은 공공연한 비밀처럼 되어 있었다. 또한 도주 선원들 재판이 진행되는 과정에서 해상 추락자에 대한 신원이 공공연하게 확인되기도 했다. 항소심 재판부와 대법원도 이 사실을 확인했다.[93] 이러한 상황에서 해양수산부는 확정된 대법원 판결마저도 합리적 근거 없이 뒤엎고, [그림 4-12] 및 [그림 4-13]과 같은 결론을 내렸다. 객관적 사실과 상식에 반하는 일이었다.

---

92 세월호 선체조사위원회, 『세월호 선체조사위원회 종합보고서 부속서 – Ⅲ』(조사결과 보고서), 2018.8.16, 271~272쪽 참조.
93 광주고등법원, 『판결, 2014 노 490』, 2015.4.28, 43쪽 참조.

그림 4-12. 해양수산부 추정 '최초 희생자' 추정 위치

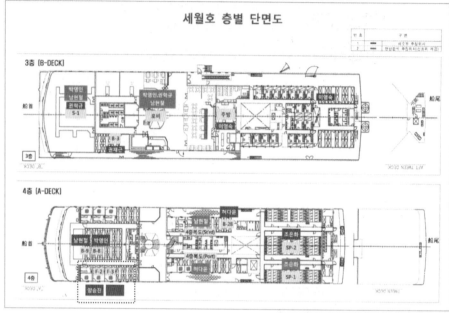

[그림 56] 해수부 · 영상 분석 미수습자 추정 위치(해수부 제공)

선체조사위원회 조사보고서 필자 화면 캡처.

그림 4-13. 해양수산부 추정 '최초 희생자' 추정 위치

[표 3] 미수습자 해수부 추정 위치 / 영상 분석 추정 위치

미수습자	해수부 추정 위치	영상 분석 추정 위치
남현철	B-9(4-2구역)	S1(3-1구역), 3층 로비(3-5구역), 4층 우현 중앙 복도(4-5구역)
박영인	B-8(4-2구역)	S1(3-1구역), 3층 로비(3-5구역)
양승진	F-2(4-2구역)	
권재근	B-3(3-4구역)	
권혁규	S1(3-1구역)	3층 로비(3-5구역)

선체조사위원회 조사보고서 필자 화면 캡처.

해양수산부가 잘못된 결론을 내린 배경은 무엇일까? 필자는 '최초 추락 지점에서 새롭게 수색구조 작업을 진행하는 데 소요되는 비용적 측면, 성공 가능성을 고려하여 유가족들에게 왜곡된 정보를 제공했을 가능성, 가족의 귀환을 애타게 기다리는 유가족의 희망을 끝까지 꺾지 않으려는 배려의 차원 등이 복합적으로 작용했다고 추정한다.

이유가 어찌 되었건 세월호 침몰 사건의 최초 희생자는 해상으로 추락하는 순간부터 해저면 수색을 완료하는 마지막 순간까지 국가의 보호를 받지 못한 것은 틀림없다.

▨ 자료목록

1) 오수민, 『진술조서』, 목포해양경찰서, 2014.4.28

2) 최승필, 『증인신문조서(제5회공판)』, 광주지방법, 2014.7.23

3) 최승필, 『진술조서』, 목포해양경찰서(진술장소 : 안산 고대병원), 2014.4.27

4) 『IAMSAR Manual, International Aeronautical and Maritime Search and Rescue Manual (국제 항공·해상 수색구조 지침서)』 제Ⅱ권 임무 조정

5) 광주지방법원, 『공판조서(제24회)』, 2014고합180 살인 등, 2014.10.13

6) 국군기무사령부, 『세월호 관련 주요 쟁점별 조치 방안』, 2014.5.10

7) 국군기무사령부, 『정보보고』, 2014.6.7.

8) 속기법인 대한, 『녹취서(단원고 생존학생 증언)』, 2016.8.20

9) 세월호 선체조사위원회, 『세월호 선체조사위원회 종합보고서 본권-Ⅰ』, 침몰원인조사(열린 안), 2018.8.16

10) 세월호 선체조사위원회 『세월호 선체조사위원회 종합보고서. 본권-Ⅱ 신청사건조사 특별 조사 보고서』, 2018.8.6

11) 세월호 선체조사위원회, 『세월호 선체조사위원회 종합보고서 부속서-Ⅲ』, 조사결과보고서, 2018.8.16

12) 전남 119, 『전화통화 녹취록』, 08:58:15 녹취록, 2014.4.16

13) 해양경찰청, 『해상 수색구조 매뉴얼』, 2013.7

14) 해양경찰청, 『해상치안상황실 운영규칙』, 2013.10.14

15) 「생존자 "사고 전날 밤 15도 기우뚱, 그때만 세웠어도"」, 『노컷뉴스』, 2014.5.9
(https://www.nocutnews.co.kr/news/4020895)

16) 「세월호 인양과 추모공원 건립은 전혀 대립적이지 않다」, 『미디어스』, 2014.11.13
(http://www.mediaus.co.kr/news/articleView.html?idxno=45417)

4.
에어포켓 존재 여부와
공기주입의 진실

세월호 침몰 직후 해경의 '수중 생존 승객 구조의 책임'은 두 가지 관점에서 논의되어야 한다.

하나는 '침몰 된 세월호 선내에 실제로 에어포켓과 생존자가 존재하는지를 해경이 매뉴얼에 따라 확인했느냐' 하는 것이고, 다른 하나는 '해경이 수중 생존 승객을 구조하기 위하여 어떤 필요한 조치를 했는가' 하는 것이다.

이미 모든 사건이 종결되고 많은 희생자가 발생한 현시점에서, 해경의 공기주입과 관련한 논쟁의 본질적 측면은 당시 '에어포켓이 존재했을까'에 있는 것이 아니라, 해경이 '매뉴얼에 따라 적정한 구조작업을 진행했느냐'에 있다. 후자 측면에서 세월호 침몰 당시 해경은 역시 "아무것도 하지 않았다"고 평가할 수 있다.

해경은 "구조 활동을 완료한 경우 또는 생존자를 구조할 수 있는 모든 가능성이 사라지는 등 추가로 구조 활동을 계속할 필요가 없다고 인정되는 시점"까지는 실종자들의 생존을 전제로 구조작업을 진행했어야 한다.[94]

---

94 「수난구호법」 제24조(구조활동의 종료 또는 중지) 1내지 2; 「수색구조협약(SAR)」,

따라서 침몰한 선박 내에 '생존자'가 존재하는지, '에어포켓이 존재하는지' 확인하는 작업은 당시 해경이 가장 먼저 해야 할 구조행위였다.[95]

해경의 구조 매뉴얼은 침몰 선박 내에 생존자 존재 여부 확인을 위해 "구조대원들이 사고 선박의 선저 위로 이동하여 나무망치 등을 이용하여 선저를 두드려 생존자의 반응 여부를 확인"하도록 규정하고 있다. 그 때문인지 몰라도 세월호 침몰 당일 해경은 전복된 세월호 배 밑바닥 위로 올라가서 도끼로 두드린 사실이 있다. 어쩌면 이것은 해경이 구조 매뉴얼을 준수한 유일한 사례일지도 모르겠다.

하지만 해경이 망치로 두드린 곳은 청수 또는 평형수, 연료탱크 등이 위치한 곳이므로, 수중 생존 승객들이 슈퍼맨이 아닌 이상 응답할 방법이 없었다.[96]

세월호 선내에 에어포켓은 존재했을까?

침몰 직후 해경은 세월호 선내에 '에어포켓 존재 여부'에 대해 공식적으로 발표하지 않았다. 침몰 직후 구조를 지휘한 해군 소장 김판규와 잠수사들은 '침몰된 세월호 선내에 에어포켓이 존재했었다'고 진술했다.

반면 KBS는 세월호 침몰 당일 저녁 9시 뉴스에서 '잠수사가 세월호 선내로 진입하여 확인한 결과, 생존자와 에어포켓은 없었다'고 보도했다.

4.8.1;『IAMSAR Manual, International Aeronautical and Maritime Search and Rescue Manual (국제 항공·해상 수색구조 지침서)』제Ⅱ권 임무 조정 1.2.5. 참조.

95 해양경찰청,「해상수색구조 매뉴얼」, 2013.7, 59쪽 참조.

96 잠수사 안길필은 두 번째 입수하였을 때 10여 미터를 입수하여 물속에서 선체를 두드리기도 했고, 물속에 들어가서 창문으로 생존자가 있는지 확인하기도 했다고 한다. 안길필,『증인신문조서』, 광주지방법원 목포지원, 2014.10.14, 2014고단 612 정보통신망이용촉진 및 정보보호등에 관한 법률위반(명예훼손), 531쪽 참조.

실종자 상당수가 있을 것으로 추정되는 선체 내부의 수색은 오후 다섯 시가 돼서야 시작됐습니다. 해군 해난구조대와 해경특공대가 투입됐습니다. 구조요원들은 우선 선실 세 곳에 진입하는 데 성공했지만, 생존자는 발견하지 못했습니다. 선실 안은 공기가 없고 이미 물이 가득 찬 상태인 것으로 전해졌습니다.

　(해군관계자) 물이, 물이 다 차 있대요. 선실에 공기가 없다, 물이 다 차 있는 걸 확인했고, 선실 몇 군데를 뒤지고 나왔대요.[97]

　특히 KBS는 [그림 4-14]과 같은 그래픽 화면을 제작하여 자료화면으로 송출했다. 이 시간까지 해경은 선내에 진입한 사실이 없었으며 승객 구조를 위한 회의를 두 차례(1회차 : 30분, 2회차 : 10분)밖에 실시하지 않은 시점이었다([표 4-12] 참조).

그림 4-14. 에어포켓 확인 보도 영상

2014.4.16. KBS 저녁 9시 뉴스 자료화면 필자 화면 캡처.

　세월호 침몰 당일 저녁, 진도체육관에서 실종자 가족을 만난 해양경찰청장 김석균은 '세월호는 선체 특성상 군함과 같은 수밀구조가 아니어서

---

97 세월호 침몰 당일 KBS 저녁 9시 뉴스 영상 필자 녹취록작성.

에어포켓이 존재할 가능성이 희박하다'고 단정적으로 얘기했다. 해경의 공식 입장은 그 이후에도 전혀 변하지 않았다.[98]

하지만 세월호 침몰 사건 이후 발생한 '영흥도 낚시 배 전복사건' 등을 포함해, 세월호보다 더 열악한 조건의 어선과 낚시배가 침몰했을 때도 최소 몇 시간 동안 에어포켓이 존재한 사례가 확인된다([표 4-11] 참조). 이 같은 사례를 감안하면, 침몰 당시 '에어포켓이 없었다'고 단정한 해경의 입장은 반드시 비판받아야 한다.

표 4-11. 세월호 침몰 사건 이후 에어포켓에서 생존자 구조 사례

년월	장소	침몰 선박 종류	구조되는 시점까지 소요된 시간	에어포켓에서 구조된 인원
2017. 12	인천 영흥도	낚시 어선	1시간 30분	3명
2018. 7	군산 어청도	어선	2시간	4명
2019. 01	경남 통영 욕지도	낚시 어선 무적호	3시간	3명
2019. 06	신안 앞바다	어선	1시간 40분	1명

언론 보도기사를 바탕으로 필자 정리.

구조의무자 해경이 침몰한 세월호 안에 '에어포켓 및 수중 생존 승객 존재 여부'를 확인하는 문제는 '추정과 선택'의 문제가 아니라 '반드시 확인해야만 하는 의무'의 영역이었다. '에어포켓과 수중 생존자 없음'을 확인했을 때만이 '구조' 개념이 아닌 '사체인양의 개념으로 변경해 구조작업을 진행할 수 있기 때문이다.

따라서 세월호 선내에 '에어포켓과 수중 생존자가 존재하지 않았다'는 사실을 해경이 직접 확인하지 않았다면, 세월호가 일정한 부력을 유지하고 있었다면 해경은 '생존자 구조에 대한 희망'을 버릴 권한이 없었다.

하지만 언론과 해경은 막연히 '에어포켓은 존재하지 않을 것이다'라고

---

98 「해경 "에어포켓 확인 안됐지만…" 수색에 매진」, 『NEWS1』, 2014.4.23, (http://news1.kr/articles/?1646422)

단정하고, 세월호가 완전히 바다 속으로 침몰하는 순간까지 선내 진입 자체를 시도하지 않았다([그림 4-15] 참조).

그림 4-15. '골든아워'에 선내에 진입하지 않은 이유

4. 사고 이후 3일 동안 선내 진입을 하지 못한 이유

① 16일 4회, 17일 13회, 18일 22회 선내 진입을 시도 했으나 강한 조류(최대 3노트*)와 제한된 시야(20cn)로 선내 진입 실패

※ 1.2노트 시 잠수작업 불가

해양경찰청, 2014.5.12, 『2014 세월호 사고 예상 질의 답변 2』, 중앙구조대책본부(진도 팽목항 지원센터), 95쪽 필자 화면 캡처.

해경은 '에어포켓 존재 여부'에 대해 공식 입장표명을 하지 않은 채 오히려 언론 등을 통해 '에어포켓은 존재하지 않았다'는 여론형성에 더 많은 공을 들였다.

그런데 당시 여러 사례를 통해 해경은 내부적으로 에어포켓이 존재했음을 직·간접적으로 인정하고 있었던 것으로 판단된다.

- 4. 16. 17:00:01 TRS 교신 녹취록
  현재 세월호가 **지금 현재 계속 물방울이 지금 공기가 많이 빠져나와 있어요.** 선내 수색을 지금 하지 못하고 현재 지금 현장에서 철수한 상태임. 현장에서 대기해 가지고 **에어가 더이상 빠지지 않는 상태에서 다시 재시도할 예정임.** 지금 해경하고 해군하고 합동으로 지금 **선내 수색하는 도중에 에어가 계속 빠져서** 현장에서 일단 철수하고 지금 가까이 대기하고 있는 상태임. 이상.

- 세월호 침몰 사건 수사결과 발표
  ○ 언딘을 우선적으로 잠수시키기 위해 민간잠수사들을 구조활동에서 제외시킨 것은 아닌지
  - 사고 당시 세월호 사고현장에 출동했던 민간잠수사 H가 언딘의 협

력 업체 관계자임에도 다른 민간잠수사들과 마찬가지로 투입하지 않은 점, **사고 다음 날 아침까지는 강조류 해수 선체유입으로 인해** 해경과 해 군조차도 제대로 된 잠수 구조활동을 하지 못하였던 점 등에 비추어, 해경이 언딘을 우선으로 잠수시키기 위해 민간잠수사의 투입을 막았다고 보기는 어려움[99]

- 대량기포 발생

검 사 : 증인은 4월 18일 21시경에 기포가 대량 발생하면서 기름이 유출된 시점에, 즉 **배가 옆으로 누운 시점에는 생존 가능성이** 전혀 없게 되었다고 보는 것이 맞다. 이렇게 진술한 바 있지요.

이춘재 : 개인적으로 그렇게 판단했습니다.

검 사 : 증인은 검찰 진술에서 4월 19일에 생존 가능성이 사라졌다고 판단하고 해경청장 김석균에게 시신수습을 위한 팀은 그대로 운용하고, 인양을 위한 별도의 T/F팀을 꾸려야 한다고 건의한 사실이 있지요.

이춘재 : 예.[100]

세월호 침몰 당시 침몰현장에서 잠수사들의 잠수 활동을 지휘한 해군 소장 김판규도 일정 부분 에어포켓이 존재했음을 솔직히 인정했다.

조사관 : 진술인은 세월호에 에어포켓이 존재할 가능성이 있다고 보았나요?

김판규 : 선수가 떠 있어서 에어포켓이 있다고 생각은 했습니다. 그러나 생존자가 있는지는 알 수 없었습니다.

조사관 : 에어포켓 여부에 대한 논란 때문에 진행한 것이 있다면 무엇인가요.

김판규 : 한시라도 빨리 선내 진입을 하려고 했고 창문 등을 두들겼습니다. 누가 제대로 안 했는지는 모르나 별도의 호흡용 공기호스

---

99 대검찰청,『세월호 침몰사고 관련 수사설명자료 – 사고원인 · 구조과 · 실소주 및 해운비리 · 각종 의혹』, 2014.10.6, 15쪽.

100 이춘재,『녹취서』, 인천지방법원, 2016.3.14(2014 고합 931, 2015고합 661(병합)), 9쪽.

를 가져가서 작업 안 할 때 틀어 놓겠다고 했습니다. 용량이나
그런 것은 모르며 말로만 들었습니다.[101]

 필자도 침몰한 세월호가 완전히 가라앉기 전까지 일정한 시간 동안 에
어포켓은 존재했다고 판단한다. 비록 세월호의 한쪽 끝이 바닥에 닿아 있
었더라도, 일정한 부력을 유지한 것은 선체 내에 에어포켓이 존재했기 때
문에 가능했다고 믿고 있다.

 또한, 골든아워에 가족의 품으로 돌아온 실종자들의 상태는 국군기무사
령부가 수집한 정보와 같이 "몇 시간 전 사망한 것" 같아서 가족들이 정확
한 사인을 확인하기 위해 부검을 논할 정도였다([그림 4-16] 참조).

그림 4-16. 침몰 초기 생존자 존재를 의심할 수 있는 국군기무사령부 보고서

대표적인 의혹

구 분	내 용
침몰원인	세월호 침몰은 정부(국정원)에 의한 자작극
	세월호 선체 밑바닥에 부딪힌 흔적 발견
	세월호 탑승객에 의한 폭파
	세월호 급변침 원인은 잠수함 또는 소형함정 회피 복서
	천안함과 세월호의 스크류 모양 유사
탐색구조	정부가 세월호 인근에 있던 美해군의 지원의사를 거절
	사고 초기 세월호에 공기주입시 유해한 기체 주입
	희생자 부검결과, 몇 시간前 사망한 흔적 발견
	잠수부들이 시체를 배 밖으로 빼서 유실되도록 조치
	국정원이 실종자 시신을 이미 보관 中

‘세월호 참사 의혹 확산 차단대책 필요’ 필자 화면 캡쳐.

---

101 김판규, 『참고인 진술조서』, 4・16세월호참사 특별조사위원회, 2016.6.22, 8쪽.

실제로 단원고 고 박수현 학생의 경우에는 세월호 침몰 직전 B-19호에서 마지막 사진을 촬영했는데, 실제 시신이 수습된 위치는 선수 부분인 F-4에서 발견된 점, 어떤 학생의 경우에는 마지막으로 찍은 사진과 시신으로 수습될 당시 실제 입고 나온 옷이 달랐다는 점 등 생존 가능성을 유추하기에 충분한 증거들이 다수 확보되어 있다.

전문성이 요구되는 공기주입 준비작업

침몰한 선박에 공기 주입을 하는 이유는 부력을 유지하고 있는 침몰 선박이 가라앉는 것을 방지하고, 수중 생존자의 생명을 연장할 목적에서 진행한다. 따라서 세월호 침몰 당시 해경은 풍부한 지식과 경험을 보유한 전문가를 동원하여 '공기주입을 위한 장비선정 및 주입 방법, 그리고 각종 위험요소에 대한 극복방안' 등을 신중하게 검토했어야 한다.

침몰 선박에 대한 공기 주입은 신속성과 정확성 및 전문성이 요구되는 작업이다. 수중 생존 승객의 인체에 해롭지 않은 공기를, 최대한 빨리 적소에 적당량 주입하고, 완전 침몰로 이어지지 않도록 에어포켓이 있는 곳을 파악하여 정확한 위치에 공기주입을 해야 한다.[102]

따라서 해경은 고도의 전문성을 보유하고 있는 사람들만 선별하여 구조작업에 투입할 필요성이 있었다. 그런데 해경은 이 분야에 전문성이 전혀 없는 구난업체 '(주)언딘'에게, 그것도 '영업이사 김천일'에게 컴프래셔 구입부터 공기주입 작업까지 모두 맡겨놓고, 자신들은 언론을 통한 홍보에만 열을 올렸다.

김천일은 공기주입과 관련한 경험과 배경지식이 전혀 없는 무자격 잠수

---

102 전광근, 『참고인 진술조서』, 4·16세월호참사 특별조사위원회, 2016.5.17, 6쪽.

사이다. 언딘에도 관련지식을 보유한 엔지니어가 전혀 없던 것도 아니었다.[103] 그런데도 해경이 김천일에게 전권을 위임한 것은 수중 생존자 구조를 포기한 것과 다르지 않다.[104]

해경은 침몰한 세월호 선내에 공기를 주입할 목적으로 3009함 및 서해청 회의실 등에서 모두 5차례 회의를 진행했던 것으로 파악되었다. 이들은 회의 석상에서 '공기주입'에 대한 총론만 논의했을 뿐, 세부적이고 구체적 진행 방안은 논의하지 않은 것으로 추정된다([표 4-12]).

[표 4-12]에서 알 수 있듯이 세월호 침몰 당일 그 긴박한 상황에서 생존자 구조를 위해 진행한 회의는 단 두 차례뿐 이었다. 회의시간 또한 고작 40분에 불과했다. 이들이 이 회의에서 오직 생존자 구조만을 전제로 회의를 진행했던 것도 아니었다. 생존자 구조는 애초에 염두에 두지 않은 상황에서 회의를 진행한 것으로 추정할 수밖에 없다.

해양구조협회 이사 황대식의 진술에 따르면, 해경은 4월 16일 저녁 8시경부터 17일 새벽 2시경까지 국무총리 정홍원이 주재하는 회의부터 해양경찰청장 김석균이 주재하는 회의까지, 관계자회의, 전문가회의, 대책회의(구난 전문가, 한국해양과학기술원 전문가, 구조전문가, 해경) 등 다양한 회의를 개최했다. 이때 '세월호 침몰 선박의 승객들은 사실상 생존 가능성이 없다'고 판단했다는 것이다.

이 회의들에서는 에어포켓도 세월호가 여객선이기 때문에 존재하지 않는 것으로 판단했다. 국제해사기구(IMO) 규정에 따르면 수온은 10~15℃ 사이일 때 생존 가능 시간이 3시간이고, 보안 장비를 갖추었을 때에도 6시간 정도인데, 이미 데드라인을 넘어섰다는 결론을 내렸다고 한다.[105]

103 David Carl Roberts, 『조사대상자 진술조서』, 4 · 16세월호참사 특별조사위원회, 2016. 6.22, 12쪽.
104 김천일, 『진술조서』, 광주지방검찰청, 2014.7.15, 3쪽.
105 황대식, 『증인신문조서』, 광주지방법원 목포지원, 2014.9.2, 2014고단 612 정보통신

표 4-12. 공기주입 관련 회의 진행 현황

차수	시간	장소	참석자	회의내용
1차	4. 16 15:40~ 16:10 (30분)	3009함 회의실	해경 : 해경청장, 서해청장, 해경처 경비과장 해군 : 3함대 사령관, 해난구조대장	• 실종자들 생존 가능성에 대비 공기주입 등의 방법도 검토가 필요하다 판단하고 • 민간업체(금호수중개발 박승도 대표)에 가능 여부 타진했으나 장비가 준비되지 않아 지금 당장은 힘들다는 입장을 보임 • 서해청장 : 생존자 확인이 우선이며, 구조팀에서 콤프레셔 에어를 투입하여 선내 수색을 먼저 실시 • 시간이 지나면 결국 부력이 줄어들어 침몰할 것으로 추정되나, 그 시간은 예측하기 어렵다는 의견으로 우선 공기주입 실시
2차	4. 16. 20:30~ 20:40 (10분)	서해 청장실	해경청장, 본청 경비국장, 서해청장, 상황담당관, 언딘 김천일 이사, 해양연구원 최혁진, 구조협회 황대식 이사	• 선체 내 공기주입을 통해 부력을 유지하는 것이 최우선 • 추후 수중 전문업체와 협업해서 세부 사항은 진행토록 조치 • 언딘에서는 수난구호업무에 필요한 인력과 장비를 최대한 신속하게 동원하여 구조업무에 참여할 것
3차	4. 17. 15:00~ 16:00 (60분)	3009함 회의실	해경 : 목포서장, 3009함장, 서해청 특공대장, 구조팀장 해군 : 인사참모부장, 해난구조대장 언딘 관계자 6명	• 4. 17. 18:00까지 공기를 주입할 수 있도록 언딘측에서는 바지를 가지고 와서 사전 준비 • 격실까지 가이드라인이 연결 완료되면 다이버가 호스를 가지고 내려가서 공기주입
4차	4. 17. 19:10~ 20:30 (80분)	서해청 회의실	해경 : 해경청장, 서해청장, 경비안전국장, 해경청 경비과장 해군 : 참모총장, 인사부장	• 잠수사 가이드라인 설치 및 선체 탐색 방안 논의 선내 공기주입 작업선의 도착 시간을 감안하여 사전 준비사항 등 적극 협조
5차	4.18 02:45~ 03:30 (45분)	서해청 회의실	해경 : 해경청장, 서해청장, 본청 경비국장 해군 : 인사부장, 301 전대장 언딘대표자	선체내부 공기층 등에서 생존해 있는 생존자를 확인할 수 있는 방법과 신속한 구조방안 등에 대해 논의

해경청, "2014 세월호 사고 세월호 수색구조 관련 대책회의 현황"을 참조하여 필자 정리.

망이용촉진 및 정보보호등에 관한 법률위반(명예훼손), 495~496쪽 참조.

황대식의 진술이 사실이라면, 해경의 내심은 '수중 생존 승객 존재 여부'에는 관심이 없었고, 구조의사 또한 없었던 것으로 추정된다. 그래서 무자격자 ㈜언딘 영업이사 김천일에게 전권을 위임하고,[106] 언론을 통해 마치 생존자 구조를 위해 필사적으로 노력하는 것처럼 '쇼'를 하고 있었던 것이 틀림없다.[107]

그게 아니라면 '에어포켓은 없다', '생존자 존재 가능성은 희박하다'고 판단해 놓고 공기주입을 한 이유를 설명할 수가 없다.

해경의 구조 매뉴얼은 '전복 선박에서 생존자를 구조하는 방법'을 다음과 같이 규정하고 있다.

> 전복선박에 대한 구조작업은 전복선박 상태에 따른 합리적인 구조계획 수립 등이 대단히 중요하고 일사불란한 지휘통솔이 선행되어야 함
>
> ○ 따라서 구조작업에 임하는 요원들은 현장지휘자(OSC) 또는 구조대장 등이 현장상황을 파악 및 장악할 수 있도록 하기 위해 신속하게 상황을 조사하여야 함
> ○ 조사 우선순위
> - 장소 : 수심, 연안 이격 거리, 항로, 대형선박의 통항 다소 등
> - 해상상태 : 수온, 시정, 파고, 해수의 투명도, 풍향 등 기상
> - **선체구조 : 선형과 톤수, 구획별 선체도면(선원의 거주장소) 등**

---

106 김천일은 선체부양을 위한 공기주입은 수차례 경험했지만, 에어포켓에 공기주입을 했던 경험은 전혀 없었다. 김천일, 『진술조서(제6회)』, 광주지방검찰청, 2014.8.12, 10쪽.

107 다만 ㈜언딘 영업이사 김천일은 "3009함 회의에 참석한 해경과 해군 지휘부들이 '세월호 선내에 에어포켓이 존재할 수 있고, 그 에어포켓 내에 생존자가 있을 수 있으므로 최대한 빨리 공기주입을 해서 생존자가 생존할 수 있는 환경을 마련해야 한다'는 회의 결과를 토대로 공기주입을 결정했다"고 주장하며, "언론에서 제기하는 의혹처럼 에어포켓이 남아있을 가능성이 희박하였더라도 단 한 명의 생존자를 살리기 위해서는 무조건 공기주입을 해야 했던 상황이었고, '쇼'를 하기 위해서 공기주입을 했던 것은 아니었다"고 주장했다. 김천일, 『진술조서(제6회)』, 광주지방검찰청, 2014.8.12, 3쪽.

- 사고선박 : 부력변화, 경사, 롤링, 피칭, 공기의 누설상태, 시간의 경
  과, 어망 및 기타 주변해역 부유물 상태 등
- 사고인원 : 실종 인원, 사고당시 선원의 위치, 전복선박 내 잔류 생존
  선원의 구조신호 및 기타 외부 신호에 대한 생존자의 반응 등
- 구조작업 : 구조팀의 규모와 구조에 참여 가능한 함정 및 항공기[108]

이 매뉴얼에 따라 해경이 수중 생존 승객들을 구조할 의사가 있었고, 그
목적에서 공기주입을 위한 회의를 진행했다면, 최소한 [표 4-13]에서 제시
한 사항 정도는 논의했어야 한다.

표 4-13. 공기주입 회의 진행시 검토할 사항

구 분	원 칙	해경의 행태
세월호 선내 어에포켓 및 수중 생존자 존재 여부 확인	에어포켓 및 수중생존자 존재 여부를 확인하여, 생존자 구조작업을 할지, 아니면 시신 수습을 할지 조기 결정	확인작업 없이 언론에는 '에 어포켓과 생존자는 없을 것이다'고 흘리면서, 한편으로는 실효성 없는 공기주입 작업 진행
세월호 선체 도면 확보	정확한 세월호 선체도면을 입수하여 생존 승객 구조작업에 활용	4.17. 01:00 회의에서 개략적 선체 도면 확보[109]
선박의 부력변화 및 공기 누설 확인	선체 안에 공기가 존재하는지, 어디에 존재하는지, 누설속도는 어떤지 등에 확인 검토	검토 회의를 진행한 흔적이 없음
투입 장비 선정	투입 장비의 종류 및 규모, 댓수 장비의 성능 검증(공업용 오일 사용 여부 등)	
공기주입방법 검토	어디에 언제 얼마만큼 공기를 주입할 것인지 생존자 구출방법에 대한 계획 수립	
각종 위험 요소에 대한 극복 방안	풍부한 경험과 지식을 보유한 전문가들과 수립된 공기주입 계획에 대한 문제점 재 검토	

관련 진술서를 바탕으로 필자 정리.

---

108 해양경찰청, 『해상 수색구조 매뉴얼』, 수색구조과, 2013.7, 57~58쪽 참조.
109 김판규, 『참고인 진술조서』, 4·16세월호참사 특별조사위원회, 2016.6.22, 5~6쪽.

공기주입을 결정하고 지시한 사람은 누구였을까?

당시 해경의 지시에 따라 공기주입 작업에 주도적인 역할을 한 ㈜언딘 영업이사 김천일은 "3009함에서 김판규 제독이 '세월호 선내에 에어 주입을 실시하라' 지시했다고 진술했다.[110] 반면 해군 소장 김판규는 "잠수 수색과 관련한 부문만 지휘"했다며, 그것도 초기 정황상 거창한 계획을 세우기보다는 현장 상황에 맞게 해경이 잠수할 것인지 해군이 할 것인지 협의를 하는 수준이었다고 진술했다.[111]

하지만 '누가 공기주입을 주도했는지' 여부에 대해서는 해양경찰청 차장 최상환(치안정감)과 목포해양경찰서장 김문홍의 통화 녹취록을 통해 객관적으로 판단할 수 있다.

> 지금 앞으로 서장님이 거기서 현장지휘자입니다. 해군이 오든 현장지휘자입니다. 자 그러면 거기에서 서장님 입을 통해서 현재시간 몇 명 구조했고, 시신 몇 명 수습했고, 라는 것을 서장님을 통해서 30분 단위든 15분 단위든 몇 명 구조했는지 얘기하시고, 거기 지금 가라 앉을려(고) 하잖아요. 바람불던지 그 큰 배를 양쪽에 붙이든지 유지를 해야 하잖아요. 저 배에 누가 올라가서 구멍이라도 뚫을 때 공기라도 들어가 계속 안에 있는 사람들이 공기라도 흡입할 수 있도록 해야 될 거 아닙니까. 지금 그렇게 생각하고 있는 거고 그 상태에서 가라앉으면 안 되고, 공기라도 넣어야 하고 우리는 해군에서 오면 물 밖에서 들어가야 되지만, 한두 명이라도 꺼낼 수 있는 것 아닙니까. 우리가 죽더라도 판단하셔서 그대로 강하게 하셔야 합니다. (이하 생략)[112]

---

110 김천일, 『진술조서(제5회)』, 광주지방검찰청, 2014.8.6, 16쪽.

111 김판규, 『참고인 진술조서』, 4·16세월호참사 특별조사위원회, 2016.6.22, 6~7쪽. 김판규는 "스쿠버 장비로 한 부분은 해경과 해군이 구분 없이 했으며, 표면공급식 잠수장비(SSDS)를 이용해 선내 진입 임무는 해난 구조대가 했다고 한다. 민간잠수사들도 선체 진입을 할 때는 표면공급식 잠수장비를 사용하긴 했지만, 민간의 장비 자체가 호스가 하나밖에 없고 예비 공기탱크도 없는 등 상당히 위험했다"고 진술했다.

112 11:59:57 해경 화상전화 녹취록(해경차장과 목포서장).

위 통화내용과 같이 해경은 이미 침몰 당일 정오에 '공기주입'을 논하고 있었다. 특히 해양경찰청 차장 최상환이 목표해경서장 김문홍에게 '해군과의 주도권 경쟁'에서 밀리지 말라고 주문했다는 점, ㈜ 언딘이사 김천일이 '세월호 침몰 당일 11:09경 해양경찰청 나호성 경감과, 12:12경에는 실제 공기주입에 참여했던 남해해양경찰청 소속 정흥관 경감과, 13:13경에는 컴프레서 구입에 관여했던 금호수중대표 박승도와 긴밀한 통화를 했다'는 점 등을 감안하면, 공기주입은 해경 수뇌부가 무계획 상태에서 지휘권을 행사했을 개연성이 높다.[113]

(주)언딘은 알면서도 부적격 공업용 컴프레셔를 동원했다

㈜언딘 영업이사 김천일은 금호수중개발 대표 박승도에게 "빨리 에어컴프레셔가 달려 있는 작업 선박을 알아봐 달라"고 부탁했다. 이에 박승도 대표는 4월 17일 오전 10시경부터 광주 서구 매월동에 소재하는 '양지종합상사 대표 안철기'에게 수차례 전화를 걸어 컴프레서 임대 계약을 체결했다. 금호수중개발 직원이 실제로 컴프레셔를 인수한 시간은 17일 오후 2시경이었다.

양지종합상사 대표 안철기는 전화통화에서 "공기압축기를 어디에 사용하시는데요"라고 물으니 박승도 사장이 "진도 세월호 현장에 투입할 겁니다"라고 하여, "그러면 대형을 쓰지 왜 소형 공기압축기를 가져가십니까"라고 물었고, 박승도는 "현장에 빨리 투입해야 하는데 큰 것을 실을 수 없어 작은 것이 필요해서 그렇습니다"라고 대답했다.

---

113 세월호 구조관련 수사팀, 『수사보고[2014.4.16. 홍영기, 나호성, 김천일, 박승도, 안기현, 김윤상 통화내역 첨부]』, 2014.6.23.

당시 안철기는 공기압축기를 세월호에 사용한다는 말을 머구리 잠수부들이 사용할 공기를 주입할 목적에서 구입하는 것으로 생각하여, '우리 공기압축기를 그대로 사용할 것이냐'고 물었더니, 박승도 사장은 자기들이 '알아서 할 것'이라 대답했다고 진술했다.[114]

금호수중개발 대표 박승도가 임대한 컴프레서 (DENYO 180)의 제원은 '상용토출 압력 7kg/㎠, 자유 토출압력이 $5.3m^3$/min'에 불과한 산업용 중에서도 소형에 속한다.[115]

또한 'DENYO 180'은 건설현장에서 '돌을 깨는 데 사용하는 공업용 압축기'이며, 공기품질은 공업용 압축기 가운데서도 하위등급에 해당한다.

문제의 공기압축기는 '국제 압축공기 품질기준에 따른 0~7등급 가운데 6등급으로 공기의 질이 매우 좋지 않아 세월호 내 에어포켓과 같은 밀폐된 공간에서 사람이 호흡하기에는 부적절하다'고 한다.[116]

하지만 박승도 대표는 이미 계약 시점에 '공기의 용량과 공기품질에 대한 문제점'을 인식한 상태에서 문제의 공기 압축기를 구조현장에 투입했으며, 공기주입 작업에 투입된 잠수사 또한 작업개시 시점에 관련된 문제점을 충분히 파악한 상태에서 공기주입 작업을 진행했다.[117]

---

114 안철기, 『진술조서』, 광주지방검찰청, 2014.8.12, 5쪽.
115 잠수사 전경석은 "DENYO 180의 토출압력으로는 수중에서 약 7m 이상을 뚫지 못하며, 이것보다 10배 이상 되는 컴프레서도 존재하는데 해경은 굳이 소형 컴프레서를 선택했다. 보통 산업 잠수 작업용으로도 콤프 용량을 700~800을 쓰는데 대형선박의 공기주입용으로 200도 안 되는 용량을 사용하는 것은 '시늉내기용'에 불과하다"고 진술했다. 전경석, 『참고인 진술조서』, 4 · 16세월호참사 특별조사위원회, 2016.5.26, 15쪽.
116 김천일, 『진술조서(제6회)』, 광주지방검찰청, 2014.8.12, 5쪽.
117 조정현, 『진술조서』, 광주지방검찰청, 2014.8.18, 11쪽.

공기주입 작업 시작과 중단

공기주입은 4월 18일 오전 9시 34분경 시작되었다. 이 작업은 침몰 선박 안에 생존자가 있을 수 있는 상황을 고려해, 생존에 필요한 산소를 공급해 주는 작업이다.

공기주입 작업은 ㈜언딘 소속 관리자 한재우와 남해해양경찰청 소속 경감 정홍관 등 2명이 DENYO 180 컴프래셔가 설치된 '한국수중기술 2호'에 탑승한 가운데, 그들의 지휘 아래 이뤄졌다.

나머지 해군 및 해경 관계자들은 3009함에서 ㈜언딘 영업이사 김천일과 함께 공기 주입과정을 전화통화 등으로 지휘한 것으로 파악된다.[118] 서해지방해양경찰청장 김수현도 팽목항에서 가족들이 지켜보는 가운데 휴대전화 통화를 통해 공기주입 작업을 지휘했다.

공기주입 작업은 언딘 소속 잠수사 안길필과 오대양수중 소속 잠수사 민홍식이 입수해 진행했으며, 언딘 소속 잠수사 조정현 등은 한국수중기술 2호 선상에서 에어호스를 잡아 주었다.

공기주입 과정은 매우 원시적인 형태로 진행됐다. 잠수사 안길필 등이 입수한 후 수중에서 세월호 선체에 쓰인 글자와 물체를 확인하여 언딘 소속 관리자 한재우에게 보고하면, 한재우는 이것을 남해지방해양경찰청 소속 경감 정홍관에게 전달했고, 경감 정홍관이 3009함에 있던 김천일과 해경에게 보고하면, 그곳에서 세월호 선체 모형을 보면서 '그래, 그럼 거기에 꽂아' 라는 식으로 지시가 이뤄졌다. 그 상세과정은 다음과 같다.

---

118 어쩌면 해군은 공기주입 작업에서 배제됐을 가능성도 있다. 필자가 입수한 해군의 통화기록(해경상황실 파견 장교와 해군관계자 통화기록)에 의하면 해군은 공기주입 당일에 공기주입 하는 것으로 알고 있었다. 이것은 해경이 공기주입에 적합한 해군함정을 배제하고 국민의 혈세를 낭비하면서 부적합한 장비를 동원했다는 것이며, 구조를 돕고있는 해군도 모르게 극비리에 '공기주입쇼'를 했다는 방증이다.

- (2014. 4. 17.) 오전 잠수사 안길필 등 세월호에 기설치된 가이드라인 전부 제거 및 새로운 가이드라인 설치

- (2014. 4. 18.) 09:28 공기작업선 수중개발 2호(옥포호) 현장 도착 공기주입 작업 준비 중

- 09:30 언딘 김천일 사장 현장 도착하지 않아 작업이 원활히 진행되지 않음. 현장 급파되도록 조치 바람(3009함장)

- 09:34 언딘살베지 공기주입 관련 작업차 민간잠수요원 2명 입수

- 09:44 수중기술개발 2호(공기주입 작업선) 잠수요원 입수 작업 준비 중

- 10:00 수중개발 2호(옥포호) 승선원 14명(잠수 8명, 선원 6명), 남해청특수구조단장 정흥관 경감 편승 중

- 10:05 수중개발 2호(옥포호) 남해청 정흥관 편승 중. 공기주입 관련 언딘 2명 출수

- 10:13 선체 공기주입을 위한 사전작업 중 식당칸 공기주입작업이 완료되면 공기주입예정

- 10:44 공기주입을 위한 식당칸까지의 통로 확보 및 공기주입 사전작업 실시

- 10:50 수중기술개발 2호 공기준비 시작 주위에 있는 모든 세력들 안전지역으로 이동조치

- 10:57 수중기술개발 잠수사 2명 공기호스 지참코 선박 최상층부(브릿지 쪽) 공기주입차 입수

- 11:01 현재 공기호스를 가지고 공기주입차 입수한 상태임

- 11:17 언딘살비지 잠수사 2명 공기 압축기 정지로 인하여 긴급 부상, 챔버치료 요청, 청해진함으로 이동, 군의관 대기 중

- 11:19 컴프레셔 재가동 후 최초공기 주입시작 민간인 잠수사 조치사항 30초간 공기공급 중단 수심 30m에서 긴급 부상, 전반적으로 건강 상태 이상 없으나 급상승으로 챔버치료 예정

- 11:54 언딘 공기주입은 진행 중

- 12:01 공기주입 호스 선체 외부로 하여 구명벌 있는 네비게이션 데크 쪽으로 설치 연결

- 12:39 선체가 시야에서 사라졌다는 보도 사실 여부 확인결과 3009함에서 시야 확보가 안되어서 현장에서 확인 중

- 12:53 사고 선박 반경 150yds 이내로 진입 못하게 통제 지시(공기 주입중)
- 12:55 사고 선박 세월호 완전 침몰 각 상황실 본청장, 지방청장, 서장님 즉보 바람(3009함장)
- 12:57 현 시각 사고 선박 근방에 작업 중인 P-19정에서 "세월호"수면 상에서 시각상 소실 현시각 시각상 사고선박 안보임[119]

공기주입은 했지만 어디에 했는지는 아무도 모른다

㈜ 언딘 영업이사 김천일은 세월호가 180도 뒤집혀 있어서 제일 하단부가 조타실이라며 잠수사들에게 다음과 같이 지시했다.

> 맨 밑바닥이 조타실이니 최대한 하단부로 내려가서 호스가 선체 안으로 최소한 1m 이상은 들어갈 수 있는 공간을 찾아서 호스를 집어넣고 빠지지 않게 로프로 고정시켜라, 최대한 선체 안쪽으로 집어넣으면 공기가 알아서 통로 계단이나 환풍기 등을 통해 객실 쪽으로 올라가 에어포켓이 찾아갈 것이다.[120]

잠수사 안길필은 잠수하기 전에 한국수중기술 2호에서 줄을 잡고 있던 조정현에게 "가능하면 깊이 들어가서 최대한 선내 쪽으로 진입하여 공기를 주입하되, 몸 생각을 하겠다"는 이야기를 했다고 한다.[121]

잠수사 안길필과 민홍식이 공기주입을 위해 입수한 후, 안길필이 직접 선내로 진입했지만 실제로 세월호 어느 지점에 공기를 주입했는지는 여전히 의문으로 남아있다. 3009함에서 공기주입을 지휘한 김천일과 직접 입

---

119 목포해양경찰서, 『3009함 상황일지』, 2014.4.18, 필자 요약 정리.
120 김천일, 『진술조서(제5회)』, 광주지방검찰청, 2014.8.6, 16~17쪽.
121 조정현, 『진술조서』, 광주지방검찰청, 2014.8.18, 7쪽.

수한 안길필, 민홍식의 진술이 서로 다르기 때문이다.

안길필은 "에어호스를 조타실 안에 에어호스를 넣은 후 에어호스가 움직이지 않도록 선박구조물에 로프를 이용하여 묶었다"고 검찰에서 진술했다.[122]

하지만 안길필과 함께 잠수했던 잠수사 민홍식은 '공기주입 작업을 진행하는 과정에서 잠수사 호흡 용도로 운용되는 컴프래셔에 이상이 생겼고, 잠수사 안길필은 비상 탱크를 착용하고 있었지만, 자신은 비상 탱크를 착용하고 있지 않다. 또한, 자신은 통신장비도 소지하고 있지 않아서 안길필과 의사소통을 할 방법이 없었다'고 진술했다.

결국, 민홍식은 '호스를 긴급히 잡아당겨 안길필에게 신호를 보낸 후 신속히 퇴수했고, 경비함정을 타고 챔버 치료를 받기 위하여 이동했다'고 진술했던 것으로 보아 에어호스를 완전하게 고정하지 못한 상태에서 물 밖으로 나왔을 개연성이 높다.[123]

또한, 공기주입을 한 위치를 조타실로 특정한 사람, 식당칸으로 특정했던 사람, 레크레이션 룸으로 특정한 사람 등이 있는 점으로 추정해 볼 때 실제 이들이 의도한대로 공기주입을 실시했는지도 의심하지 않을 수 없다. 당시 해경이 아무리 불명확한 도면을 보유하고 있었더라도, 잠수사가 선수의 조타실과 중간 부분에 위치한 식당을 착각할 개연성은 높지 않기 때문이다.

잠수사 전광근의 다음 진술은 당시 상황을 적나라하게 보여준다.

조사관 : 18일 공기주입 하는 것을 목격한 시간은 언제인가요?

전광근 : 18일 11시경에 공기주입 선을 설치하는 페어 잠수사는 호스를 들고가지 않았고, 안길필이 가지고 갔기에 어디에 설치했는지는 모릅니다. 잠수장비가 노후된 장비를 착용해서 이것으로 가

---

122 안길필, 『진술조서』, 광주지방검찰청, 2014.8.18, 4~5쪽.
123 민홍식, 『참고인 진술조서』, 4·16세월호참사 특별조사위원회, 2016.5.20, 8쪽.

지고 가지 말라고 했으나 **한 팀장이 VIP가 보고 있어 계획대로 해야 한다고 했습니다.**

조사관 : 계획은 있었나요?

전광근 : 사전검토 후에 계획하고 진행 했어야 하나 급하게 진행하며 잠수사들이 호스를 아무데나 가지고 들어갔고, 컴프레샤는 고장 나고 송수신기도 없이 제2 사고가 날 뻔 했습니다. 해군, 해경, 해수부 등 아무도 통제하지 않았습니다. 언론에 공포한 상태로 국민이 보는 앞에서 무대포로 했고 준비한 것은 공기주입용 압축기를 가져온 것 한가지입니다. 구조 활동을 너무 보여주기로 했습니다.[124]

당시 해경과 정부가 오직 언론 홍보의 목적에서 어떤 계획도 없이 물속에 에어호스를 담그고 공기주입을 진행했다고 주장했을 가능성이 있는 것이다.

공기주입과 관련된 3009함의 상황일지에는 오전 10시 57분경부터 공기주입 작업이 시작되었던 것으로 기록돼 있다. 그리고 오전 11시 17분경 공기압축기 정지로 잠수사가 긴급 부상한 것으로 되어 있다. 약 20분간 공기주입이 된 것이다. 이후에도 일부 사람들은 계속해서 공기주입을 진행했다고 진술했지만 신뢰할 수 없다.

결국, 해경의 공기주입 작업은 오후 12시 39분경 세월호가 시야에서 사라지면서 끝났던 것으로 판단된다.

이렇듯 해경의 '공기주입'은 생존자 구조의 목적에서 '정확한 상황 파악 및 치밀한 계획'에 따라 진행됐던 것이 아니라, 여론 악화를 무마할 목적에서 '무언가 하고 있다'는 것을 보여줄 목적으로 진행됐을 가능성이 농후하다. 해경은 공기주입 과정과 관련된 영상, TRS 및 VHF 교신 또는 유선전화 음성 등 관련 증거를 전혀 남겨 놓지 않았다.

현시점에서 해경의 공기주입 과정을 객관적으로 평가할 증거는 오직 해

---

124 전광근, 2016.5.17, 『참고인 진술조서』, 4 · 16세월호참사 특별조사위원회, 12쪽.

경과 잠수사들의 진술 외엔 존재하지 않는 것으로 추정된다. 한 가지 확실한 사실은 공기주입 작업에 투입된 사람들이 공기주입 시 사용된 DENYO 180 컴프레셔가 '용량 및 용도' 면에서 매우 부적절했다는 사실을 인식한 상태에서 공기주입 작업을 진행했다는 것이다.[125]

그들이 그렇게 '공기주입 쇼'를 강행한 이면에는 평소 해경과 유착되어 있던 ㈜언딘이 영업이사 김천일을 앞장세워 세월호 침몰 사건의 구난과 관련한 수입보장, 해경은 유가족들의 항의를 기술적으로 무마하면서 '언딘 리베로'라는 불법적인 선박이 구난 현장에 투입될 때까지 시간을 끌 목적, 세월호 조타실과 여객안내실에 있는 CCTV DVR 등의 중요한 증거 인멸을 위한 시간 확보 목적 등이 깔려 있었다고 판단된다. 물론 해경이 기획하고 연출했던 쇼가 분명했다.

하지만 ㈜ 언딘과 해경의 관계자들은 '행위자로서의 책임 문제' 때문에, 잠수사들은 '장래의 생계 문제' 때문에 자신들이 경험한 진실들을 온전히 말하지 못하고 있는 것으로 판단된다.

자료목록

1) David Carl Roberts, 『조사대상자 진술조서』, 4·16세월호참사 특별조사위원회, 2016. 6.22
2) 김천일, 『진술조서』, 광주지방검찰청, 2014.7.15
3) 김천일, 『진술조서(제5회)』, 광주지방검찰청, 2014.8.6

---

125 공기주입이 있던날 해양경찰청 상황실에서 파견근무를 하고 있던 해군 장교의 통화 기록을 살펴보면, 이들은 08시 53분부터 11시 36분경까지 해군함정 '평택함'이 공기주입 작업을 진행하고 있는 것으로 알고 있었다.
이는 신속하게 공기주입 가능한 함정이 해군에 존재했음에도 국민의 세금을 투입하여 부적절한 설비를 사용했다는 것이며, 한편으로는 해경과 해군이 공기주입과 관련하여 전혀 정보를 공유하지 않았다는 방증이기도 하다.

4) 김천일, 『진술조서(제6회)』, 광주지방검찰청, 2014.8.12

5) 김판규, 『참고인 진술조서』, 4·16세월호참사 특별조사위원회, 2016.6.22

6) 민홍식, 『참고인 진술조서』, 4·16세월호참사 특별조사위원회, 2016.5.20

7) 안철기, 『진술조서』, 광주지방검찰청, 2014.8.12

8) 안길필, 『진술조서』, 광주지방검찰청, 2014.8.18

9) 안길필, 『증인신문조서』, 광주지방법원 목포지원(2014고단 612 정보통신망이용촉진 및 정보보호등에 관한 법률위반(명예훼손), 2014.10.14

10) 이춘재, 『녹취서』, 인천지방법원, 2016.3.14(2014 고합 931, 2015고합 661(병합))

11) 전광근, 『참고인 진술조서』, 4·16세월호참사 특별조사위원회, 2016.5.17

12) 조정현, 『진술조서』, 광주지방검찰청, 2014.8.18

13) 황대식, 『증인신문조서』, 광주지방법원 목포지원, 2014.9.2(2014고단 612 정보통신망이용촉진 및 정보보호등에 관한 법률위반(명예훼손)

14) 대검찰청, 『세월호 침몰사고 관련 수사설명자료 – 사고원인·구조과·실소주 및 해운비리·각종 의혹』, 2014.10.6

15) 목포해양경찰서, 『3009함 상황일지』, 2014.4.18

16) 세월호 구조관련 수사팀, 『수사보고[2014. 4. 16. 홍영기, 나호성, 김천일, 박승도, 안기현, 김윤상 통화내역 첨부]』, 2014.6.23

17) 해양경찰청, 「해상수색구조 매뉴얼」, 2013.7

18) 「[진도 여객선 침몰] 세월호 MBN 현장연결 민간잠수부의 충격 증언」, 『아주경제』, 2014.4.18 (https://www.ajunews.com/view/20140418082824765)

19) 「해경 "에어포켓 확인 안됐지만…" 수색에 매진」, 『NEWS1』, 2014.4.23 (http://news1.kr/articles/?1646422)

5.
B703 항공기(CN-235) 출동의 비밀

세월호 침몰 당일 사건 현장에서 항공기 통제의 임무를 수행했던 항공기는 인천항공대 소속 B703 고정익 항공기(기종 : CN-235)이다.[126]

B703 항공기의 평상시 임무는 '서해특정지역 및 서·남해 EEZ 해상순찰, 국내외 불법 조업 선박 단속' 등을 수행하는 것이지만, 세월호 침몰 사건과 같은 재난 상황이 발생하면, 사건 현장에 투입되어 '인명구조, 특공대·122해양경찰구조대·특수구조대 지원, 응급환자 후송' 등을 수행하게 된다. 특히 세월호 침몰현장과 같이 사건 현장에 많은 항공기가 출동할 경우, 구조에 투입된 헬기의 항공통제 임무를 수행하는 것이 그들의 주요임무이기도 하다.

세월호 침몰 당일 현장에는 서해지방해양경찰청 소속 511호 및 512호

---

[126] 세월호 침몰 사건에서 많은 사람들이, B703 항공기를 CN-235호기와 동일한 개념으로 생각하고 있다. 하지만 B703 항공기는 CN-235 기종이며, 세월호 침몰 당시 해경은 김포 2대(B703, B706), 양양 (B705), 여수 B704 등 총 4대의 CN-235 기종의 고정익 항공기를 보유하고 있었고, 세월호 침몰현장에 출동했던 항공기는 B703호 항공기였다. 따라서 이곳에서는 'CN-235호기' 라는 명칭 대신에 정확한 명칭인 'B703 항공기' 로 통일하여 사용한다.

헬기, 제주지방해양경찰청의 513호 헬기 등을 비롯해 해군 3함대의 링스헬기, 전남 119, 전남 경찰청, 산림청 등 매우 다양한 헬기가 구조작업에 투입되었다([표 4-14] 참조).

표 4-14. 세월호 침몰 당시 항공기 출동 현황

소속		기종	출발지	출동 시간	도착 시간	실제승객 구조여부	비고
해경	511호	헬기	목포항공대	09:10 (목포 항공대)	09:25	○	
	B703	CN-235 (고정익)	**가거초**	09:16	09:31[127]	△	항공기 통제
	513호	헬기	제주 해상순찰 중	09:08	09:32	○	
	512호	헬기	3009함	09:17	09:45	○	
해군		링스헬기	해군 제 3함대	09:40	10:05	×	511호 헬기와 동일한 출발지
전남 119		소방헬기 (1호기)	전남 소방본부 (영암 덕진)	09:37	10:10	×	관매도 근처 침몰현장 2km 떨어진 상공 진입

※ 특기사항: 1. 이후에도 공군 헬기 등을 비롯하여 많은 항공기가 도착했지만, 실제 구조에는 참여하지 못했음
2. 범례 : ○ - 구조 참여 × - 출동은 했지만 구조 미참여
△ - 직접 구조작업에 참여는 하지 않았지만 구조 보조작업 진행

초동조치 및 수색구조 쟁점 등을 바탕으로 필자 정리.

---

127 B703 항공기가 세월호 침몰현장에 도착한 정확한 시간은 다시 검증할 필요가 있다. 해경은 계속 09:26경이라고 주장하고 있지만, 그들이 실제 도착한 시간은 09:31 이후일 가능성이 높다. 이유는 그들이 침몰현장에 도착했을 때 헬기 2대가 구조를 하고 있었다고 진술했던 점, 채증 영상에 09:31경부터 세월호가 등장했다는 점, 구조와 관련된 녹취록 또한 이 시간부터 시작됐다는 점을 감안하면, 이들이 세월호 침몰 현장에 도착한 시간은 09:31경 전후라 봐야 한다.

따라서 목포해양경찰서와 함께 구조작업을 지휘한 서해지방해양경찰청 최고책임자는 구조과정에서 발생할 수도 있는 2차 사고를 예방하고, 효율적이고 신속한 구조를 지휘하기 위해, 공중 구조세력을 통제하는 역할을 담당할 항공기를 투입했어야 한다. 하지만 세월호 침몰 당일 서해지방해양경찰청에서는 해당 임무를 수행할 항공기를 투입하지 않았으며, 이미 투입된 항공기도 통제하지 않았다.

몇 가지 의혹들

세월호 침몰 당일 B703 항공기는 제주도 가거초 인근 해역에서 임무를 수행하다 세월호 침몰 소식을 접하고 오전 9시 15분경 침몰현장으로 출발하여 9시 31분경에 도착했다.[128] B703 항공기는 세월호 침몰 사실을 인지하고 구조를 위해 출동하는 순간부터 해경의 수뇌부와 상황실, 그리고 침몰현장으로 출동한 구조세력들과 똑같은 구조의무를 부담하고 있었다.

하지만 구조현장에서 누구의 지휘와 통제도 받지 않았다. 이 항공기는 '약간의 헬기 통제와 침몰현장 영상촬영'을 제외하면 적합한 구조작업을 진행한 사실이 없다. 오히려 구조보다는 해양경찰청장 김석균의 침몰현장 방문과 관련한 의전에 더 신경을 썼다. 마땅히 지탄받아야 하고, 다음 의혹에 대해서는 특별한 수사가 진행돼야 한다.

① 교신 음성 및 녹취록 비공개와 편집 의혹

세월호 침몰 사건 구조과정에서 B703 항공기는 침몰현장에 출동했던

---

128 그들이 촬영했던 영상에는 오전 9시 31분경 세월호가 처음 등장한다. 하지만 이유는 알 수 없지만 해경은 09:26경 침몰현장에 도착했다고 아직도 주장하고 있다. 그들은 침몰 해역에 도착했던 시간을 사고 현장에 도착했던 것으로 주장했다.

헬기와 함정과 많은 교신을 진행했는데, 이들은 이것의 공개를 거부하고 있다. 문제의 교신 녹취록에는 세월호 침몰 당시 구조과정의 문제점을 파악할 수 있는 유력한 증거이다.

② 부기장 교육생 이교민의 '허위 인터뷰'

B703 항공기는 세월호 침몰현장 약 1,000피트(304.8m) 상공에서 헬기와 함정의 구조과정을 지켜봤으므로 비교적 정확한 구조상황을 파악할 수 있었다. 또한, 이교민이 KBS와 인터뷰하기 전에 512호 헬기에서 '많은 희생자가 발생했다'는 사실을 알려 주었음에도 이교민은 '거의 모든 승객들을 구조했다'는 인터뷰를 진행했다. 아직까지 이교민이 왜 이러한 인터뷰를 진행했는지 밝혀진 바가 없다.

③ 촬영 영상 편집 의혹

B703 항공기는 세월호 침몰현장에 도착한 순간부터 떠나는 시간까지 증거수집의 목적에서 구조 영상을 촬영했지만, 녹화 사양과 화질을 비교해 보면 편집의 의혹이 있으며, 일정 시간대에는 삭제 의혹도 제기되고 있다.

세월호 침몰 사건에서 B703호 항공기가 했던 역할은?

세월호 침몰 당시 해경은 임무 수행 목적으로 자체 항공단(대)을 보유하고 있었으며, 항공기의 형태에 따라 고정익과 회전익(헬기) 항공단(대)으로 구분하여 운용하고 있었다. CN-235기종은 챌린저와 함께 해경이 보유하고 있는 고정익 항공대의 주요 기종이다.

B703 항공기는 CN-235 기종의 고정익 항공기(fixed-wing aircraft, 동체

(胴體)에 날개가 고정되어 있는 항공기)이며, 세월호 침몰 당시 인천해양
경찰서 항공단 고정익 항공대에 소속된 항공기이다([그림 4-17] 참조).

그림 4-17. CN-235 고정익 항공기

Wikimedia.

CN-235 기종은 해양 감시 및 수색 · 정찰 임무 수행에 최적 성능과 기능을
가진 터보프롭(turboprop, 터보제트에 프로펠러를 장착한 항공기용 제트
엔진)형 항공기로, 운용 측면에서 제트기에 비해 높은 경제성과 저속 · 저
고도 유지가 용이해 해상순찰 감시에 적합하다는 평가를 받고 있다.[129]

B703 항공기는 서해지방해양경찰청 소속 511호 헬기와 함께 세월호 침
몰현장에 가장 빨리 도착했던 구조세력이다. B703 항공기의 주요임무는
'기본임무(평시 임무)와 특수임무(비상시 임무)'로 구분하여 정리할 필요가
있다.[130]

---

[129] 해양경찰청은 2008년 12월 인도네시아 PTDI사와 CN-235기종 4대 구매 계약을 체결
했으며, 2011, 2012년에 인천해양경찰서와 남해지방해양경찰청 항공단 등에 배치했
다. 해경은 CN-235 항공기를 경비함정과 연계해 불법 조업 외국 어선 및 해양오염
적발, 사고 선박 발견, 조난자 구조 등 광역 해상경비 임무를 수행할 목적으로 투입하
고 있었다. 해양경찰청, 2013, 『해양경찰 장비발전 60년사』.

B703 항공기의 기본임무는 인천해양경찰서 항공단에서 부여하는 임무와[131] 해양경찰청에서 부여하는 임무로 분리되어 있었다. 주로 '서해 특정지역 및 서·남해 EEZ 해상순찰, 국내·외 불법 조업 선박 단속, 외국 어선 분포도 확인, 성어기 불법 외국어선 단속지원, 조종사·전탐사 훈련 비행'을 목적으로 출동했다.[132]

이 항공기의 비상시 임무는 '인명구조, 특공대, 122해양경찰구조대, 특수구조단 지원, 응급환자 후송' 등이다. 통상 해경의 「해상수색구조 매뉴얼」 등에 따라 임무를 수행하지만, 세월호 침몰 당시 매뉴얼은 B703 항공기 비상시 임무를 명확하게 규정하고 있지 않았다.

따라서 이 매뉴얼의 상위 근거 규정인 「국제 항공 및 해상 수색구조 매뉴얼(IAMSAR Manual, International Aeronautical and Maritime Search and Rescue Manual)」을 준용했어야 한다. 이 매뉴얼에 따르면 중앙구조본부 임무조정관(SMC, 경비안전국장 이춘재 또는 서해청 경비안전과장 김정식. 불가능할 경우 OSC가 지정)은 '항공기 조정관(ACO : Aircraft Co-ordinator)' 으로 B703 항공기 기장 강두성을 지정하도록 되어 있고, 항공기 조정관은 '비행 안전을 유지하면서 OSC와 밀접하게 협의하여, 공중통제 업무[133], 항공기간 공간분리를 위한 통제 업무' 등을 지휘했어야 한다.[134]

---

130 「해양경찰 항공 운영 규칙」, 2013.10.28, "제3장 운항관리, 제7조 (운용개념 및 임무 구분)".
131 이 경우에는 활동 해역은 '평택, 태안, 군산, 동해, 포항'으로 한정되며, 해양경찰청의 임무를 수행할 경우에는, 대한민국 모든 해역을 대상으로 임무를 수행한다.
132 인천해양경찰서, 『경찰전보용지』, 2014.4.16, 703호기(터보프롭) 서해해상순찰 결과 보고.
133 합동 작전 수행을 위하여 지상 및 해상 상공에 체공하여 지상 및 기타 작전 요소에 대한 통제 임무를 수행하는 항공기의 업무.
134 『IAMSAR Manual, International Aeronautical and Maritime Search and Rescue Manual (국제 항공·해상 수색구조 지침서)』 제II권 임무 조정 1.2.5. 참조.

항공기 출동 및 구조작업 지휘

세월호 침몰 사건에서 공중통제 임무를 수행할 고정익 항공기는 반드시 출동했어야 했을까? 출동했을 경우 누가 지시를 하고 지휘했어야 했는가?

감사원과 검찰은 세월호 침몰 사건에서 해경 대응의 적절성을 감사하고 수사할 때, 이 부분의 성격부터 명확히 정의한 연후에 이들의 책임을 논했어야 한다. 감사원과 검찰은 B703 항공기가 촬영했던 영상을 증거자료로 활용했을 뿐, 공식적으로 고정익 항공기 출동의 문제점은 논의하지 않았다.

세월호 침몰 사건의 초동조치 차원에서 서해지방해양경찰청은 구조작업에 투입할 목적으로 최대한 많은 숫자의 항공기를 동원했어야 하고, 출동한 항공기들을 침몰현장에서 효율적으로 지휘할 '항공기 조정관(ACO, Aircraft Co-ordinator)'을 지정했어야 했다.

또 서해지방해양경찰청 상황실장 및 상황담당관과 항공단장은 이 부분을 선 조치하고 그 결과를 서해청장 김수현과 임무조정관 김정식(경비안전과장)에게 보고했어야 했다.[135]

해경의 「해양경찰 항공 운영 규칙」에 따르면, CN-235 기종의 고정익 항공기는 원칙적으로 해양경찰청장(지방청장 및 인천해경서장)의 지시에 따라 사고기점을 기준으로 최근거리 항공대에서 출동 대응하도록 되어 있다.

또한 이 운영규칙은 남해지방해양경찰청이 여수와 완도, 목포 등을 관할하도록 되어 있었고,[136] 세월호 침몰 당일 출동한 B703 항공기의 관할해역은 '평택, 태안, 군산, 동해, 포항'으로 한정되어 있었다([그림 4-18] 참조).

---

135 「해양경찰 항공 운영 규칙」, 제10조 (항공기 운항) 2. 긴급임무 수행절차.
136 위와 같음, 제4조의 2 (관할 및 임무구역).

그림 4-18. 고정익 항공기 관할 해역

운용기관	고정익 항공기		
	남해지방 해양경찰청	제주지방 해양경찰청	인천 해양경찰서
관할해역	부산, 통영, 창원, 울산, 여수, 완도, 목포, 제주, 서귀포	제주, 서귀포	챌린저 : 전 해역 CN-235 : 인천, 평택, 태안, 군산, 동해, 포항

「해양경찰 항공 운영 규칙」 필자 화면 캡처.

[그림 4-18]만 놓고 엄격하게 해석한다면, 세월호 침몰 당일 B703 항공기와 똑같은 기종이 제주해양경찰청과 남해지방해양경찰청 산하 항공단도 보유하고 있었으므로, 원칙적으로 서해청장이 남해지방해양청과 제주해양경찰청에 지원 요청을 하고, 최근접 거리에 있는 남해청 소속 여수항공대 고정익 항공기(B704)가 출동하는 것이 옳다. 다만, 세월호 침몰 당일은 서해청이 주관하는 "「2014년도 휴어기 도래에 따른」 불법조업 외국어선 특별합동단속 계획"에 의거 B703호 항공기가 해당 해역 순찰에 동원돼 마침 인근 해역을 비행 중에 있었다. 신속한 이동을 위해 B703호 항공기가 동원된 것이 틀림없다면 문제는 없어 보인다. 그럼에도 구조를 위한 지휘권은 서해청장과 서해청 상황실 또는 항공단장이 행사하는 것이 옳다고 본다.[137]

B703호기는 '누구의 지시'로 출동을 결정했을까?

2014년 4월 16일 오전 7시 18분경, 조종사 경정 강두성(교관) 외 5명은 B703호기에 탑승해 김포공항을 이륙했다.

---

[137] 서해지방해양경찰청, 『2014년도 휴어기 도래 불법조업 외국어선 특별 합동단속 계획 보고 「통보·하달」』, 경비안전과, 2014.4.14.

기장 강두성은 구조작업에 참여하게 되는 과정을 다음과 같이 진술했다.

> 서해특정해역 및 서·남해EEZ의 불법 중국어업 단속을 진행했으며, 09:12경 가거초 순찰을 완료한 상태에서 09:15경 진도VTS의 '여객선이 침몰하고 있다'는 교신 내용을 듣고, 기장 강두성의 판단에 따라 MCRC(중앙방공통제소, Master Control & Reporting Center)에 '긴급수색 구조차 진도 사고해역으로 이동하겠다'고 통보한 후 즉시 이동하여 OSC함 123정(09:30)보다 빠른 09:26경 침몰현장에 도착했으며, 연료 수급을 위해 12:43분 제주공항으로 이동하기 전까지 3시간 17분 동안 구조작업에 참여했다.[138]

강두성의 진술은 사실 여부를 명확히 규명할 필요가 있다. 왜냐하면 오전 9시 15분경 진도VTS는 해당 교신을 진행한 사실이 없기 때문이다. 진도VTS가 해당 교신을 한 시점은 B703 항공기가 세월호 침몰현장에 도착했다고 주장하는 9시 26분경이다.

인천해양경찰서 상황실은 9시 11분경 문자상황보고시스템을 통해 "인천 고정익 현재 이어도에 있으니, 그쪽으로 이동시킬게요"라고 했다. 같은 내용이 상황보고서 1보에도 기록돼 있다. 인천해양경찰서 상황실에서 특별한 이동지시가 있었을 것으로 판단되는 대목이다.[139]

B703 항공기 전탐사 조용현(교육생)은 '위성 전화로 사고가 났으니 가보라고 전화가 왔던 것'으로 기억하고 있었고, 전탐사 유도원도 "전화가 와서 사고현장으로 가야 할 것 같다"고 얘기하는 것을 들었다고 진술했다. 이를 감안하면 B703 항공기는 교신내용을 듣고 사고해역으로 이동한 것이 아니

---

138 강두성, 『조사대상자진술조서』, 4·16세월호참사 특별조사위원회, 2015.12.9, 3쪽.
139 어쩌면 기장 강두성이 123정 부정장 김종인의 SSB의 교신 내용 또는 제주VTS가 16번으로 상황 전파했던 것을 잘못 들었을 수도 있다. 하지만 그럴 가능성은 낮아 보인다.

라 9시 11분을 전후하여 인천해양경찰서의 위성 전화를 통한 지시를 받고 침몰현장으로 출동했던 것으로 추정된다.

또 하나의 문제는 703 항공기가 '어느 위치에서 세월호 침몰 사실을 인지했는가' 하는 점이다.

기장 강두성은 9시 15분경 '가거초' 근처에서 세월호 침몰 사실을 인지했다고 진술했다. 이와 달리 인천해양경찰서 상황실은 문자상황보고시스템에서 B703 항공기가 '이어도' 인근에 있다고 밝혔다.

필자가 B703호 항공기 촬영 영상을 분석한 바에 따르면, 세월호 침몰 당일 9시 15분경 B703 항공기는 가거초 인근(세월호 침몰 지점으로부터 약 125km 떨어진 해점)에서 순찰하고 있었다. 그리고 9시 15분경 세월호 침몰현장 쪽으로 기수를 돌렸으므로 그 전에 세월호 침몰 사실을 인지한 것으로 추정된다. 따라서 위 해점에서 평시 속도로 이동해도 약 23분 후인 9시 38분경엔 침몰현장에 도착할 수 있었다(CN235 기종 순항속도 : 180노트, 333.36km/h 기준). 다만 이어도는 가거초에서 약 200km 떨어진 거리인데 인천해양경찰서 상황실이 위치를 혼동한 이유는 규명돼야 할 것이다.

B703 항공기는 세월호 침몰현장에서 공중 구조세력을 통제하는 매우 중요한 구조세력이었다. 그런데 세월호 침몰 당시 해경의 지휘부는 그 누구도 이 항공기를 통제하지 않았으며, 구조작업에 활용하지도 않았다.

특히 1기 특조위 청문회에서 증언한 해양경찰청 경비안전국장 이춘재(세월호 침몰 당시 중앙구조본부 임무조정관)의 진술이 주목된다.

> 김서중 : 조금 더 구체적으로 물어보기 위해서 좀 더 알 수 있을 만한 분한테 다시 질문하겠습니다. 이춘재 경비안전국장인가요? 이춘재 증인은 이것에 대해서 어떻게 알고 있습니까? 아까 CN-235기가 그 당시에 부여받은, 그러니까 B703이 그 당시에 부여받은 임무가 뭐였습니까?
>
> 이춘재 : 일단 현장에 출동을 하는 거니까 B701이, 챌린저 비행기가 먼저 현장에서 중국어선들 순시를 하다가 바로 현장에 투입이 됐

고요. 후속 조치로 CN-235호가, 그러니까 정확하게 어느 비행
기인지는 잘 모르는데, CN-235호기도 현장으로 이동지시가 내
려간 것으로 알고 있습니다.

김서중 : 어떤 지시가 내려갔습니까? B703호가 현장에 가 있었던 것은
알고 계셨습니까? 현장에 703호가 떠 있었던 것은 알고 계셨
나고요?

이춘재 : 챌린저가 이동을 했고요. 당시에 현장에 바로 떠 있는 것은 제
가 정확히 그건… 한번 확인을 해봐야 되겠습니다. 기억이 정
확치가 않습니다.

김서중 : 그러니까 지금 703호라는 굉장히 좋은 항공기가 그 상황에 있
었는데 그것을 정확히 파악을 못하고 있었군요?

이춘재 : 예.140

이춘재의 증언과 같이 해경은 이들에게 특별한 임무를 부여하거나 구조
를 지휘했던 사실이 전혀 없었다. B703 항공기 기장 강두성은 '공중통제
외에는 지시받은 업무가 없었다. 기장의 판단에 따라 침몰현장으로 이동
했고, 도착 후에도 독자적으로 판단하여 구조작업에 참여했다. 해양경찰
청 또는 서해지방해양경찰청 등으로부터 그 어떤 지시와 지휘를 받은 사
실이 없었다'고 진술했다.141

그 결과 지금까지 B703 항공기는 출동할 의무는 없었지만 알아서 출동
해서 적극적으로 구조에 참여한 것처럼 취급되었다. 감사원이나 검찰은
이들의 부작위 및 구조의 부적합성에 대한 책임을 전혀 묻지 않았기 때문
이다.

---

140 4·16세월호참사특별조사위원회, 『1차청문회 자료집』, 2016.3, 199쪽.
141 강두성, 『조사대상자진술조서』, 4·16세월호참사 특별조사위원회, 2015.12.9, 6쪽
참조.

침몰현장 도착 후 구조작업은 제대로 했나?

B703호 항공기가 자의로 침몰현장으로 이동했든, 아니면 누구의 지시에 따라 이동을 했든 세월호 침몰 사실을 인지한 상태에서 구조를 위해 출동했다면, 성실하게 구조작업에 임하는 게 당연했다.

B703 항공기에게 요구된 구조행위는 '효율적인 항공기 구조세력을 통제하는 것'과 '해상의 함정과 상공의 항공기와의 협조체제를 유지토록 하는 것'이었다. 이것을 위해 B703 항공기에는 [표 4-15]와 같은 통신 시스템이 구축되어 있었으므로, 통신시설의 문제 때문에 구조작업이 진행되지 못할 상황은 아니었다.

표 4-15. B703 항공기 통신장비 보유 현황

구분	세부내용	
U/VHF (극초단파무전기)	2대	항공망 1, 지휘망 1
HF/SSB (고주파장거리무전기)	1대	U/VHF보조 통신망
VHF (초단파무전기)	2대	관제망
통신조절기	조종석 : UHF/VHF 2대 HF 1대 ICS 조절기 : 3대 통신사석 : HF 및 UHF/V HF 각 1대	통신장비 효율적 운용
기내통신망 (ICS)	1대	송수신 헤트셋 5개
위성통신기	1대	장거리 임무 수행 시 통신망 확보

박주민 의원실 제공 "터보프롭 비행기 규격" 필자 재정리.

하지만 B703 항공기 기장 강두성은 "비행기 내부에 무전기 3~4개가 있었는데, 한꺼번에 들려오면 어디서 무엇이 들어오는지 잘 모릅니다"라고

하며, 세월호 침몰 당시 관련 구조세력과 매우 많은 교신이 있었던 것으로 진술했다.[142]

해경에서 제출한 B703 항공기의 교신 녹취록과 3009함 및 123정, 당직 함정 513함의 '무선전화 운용일지'에는 세월호가 완전히 침몰하기 이전에 이들이 구조를 위해 교신한 기록은 전혀 없다.[143] 강두성 기장이 거짓 진술을 한 것이다.

B703 항공기는 각 관할에 들어가면 관할 구역에 있는 함정과 교신을 해서 취득한 정보를 함정에게 전달하며, 조치가 필요한 경우 긴급한 상황을 제외하고는 경비함정을 통해서 소속 지방청 또는 본청의 지시를 받는다. 다만 긴급상황의 경우 선조치 후보고를 하도록 되어 있다.

전탐사 유도원의 진술에 따르면, 세월호 침몰 당시 B703 항공기는 '123 정과 몇 차례 교신을 시도하여 한번 교신을 성공한 사실이 있다'고 한다. 하지만 이들이 제출한 녹취록에는 123정과의 교신 내용을 발견할 수 없다.

세월호 침몰 당일 오전 9시 31분경에 침몰현장에 도착한 B703호기는 123.1Mhz에 주파수를 맞추고, MCRC 및 현장에 있던 헬기들과 교신을 하며 구조상황을 파악했다고 한다. 강두성은 당시 세월호가 60~70도 넘어간 상태로 보였으며, 512호, 513호 헬기가 구조작업을 한창 하고 있었다고 진술했다.[144] 하지만 이 시간은 서해지방해양경찰청 소속 511호 헬기가 6분 전에 도착해서 구조를 막 시작한 시점이었지만, 제주해양경찰청 소속 513 호 헬기는 아직 도착하지도 않았다.

또한 강두성 기장은 구조현장에서 엄청난 숫자의 교신을 진행했다고 강

---

142 강두성, 『조사대상자진술조서』, 4·16세월호참사 특별조사위원회, 2015.12.9, 4쪽 참조.

143 당직함정 513함은 2014.4.13. 06:13 ~ 2014.4.21.까지 무선전화 운용일지를 작성조 차 하지 않았다고 한다.

144 강두성, 『조사대상자진술조서』, 4·16세월호참사 특별조사위원회, 2015.12.9, 3쪽.

조했지만, 그들이 제출한 녹취록에 따르면 그들이 세월호 침몰 현장 상공에 도착하기 전인 9시 28분부터 10시까지 32분간 B703 항공기가 교신했던 건수는 23건에 불과했다.[145]

특히 [표 4-14] '세월호 침몰 당시 항공기 출동 현황'에서 보는 바와 같이, 세월호 침몰 당일 10시경까지 침몰현장에 도착한 항공기는 해경소속 헬기 3대가 전부였다. 따라서 구조현장에서 B703 항공기가 통제한 항공기 또한 3대가 전부였다. 이들을 통제하느라고 정확한 상황을 파악하지 못했거나 항공기를 효율적으로 통제하지 못했다는 것은 쉽게 납득할 수 없다.

B703 항공기 안에는 17인승 구명벌 3개와 구명벌 투하장치가 장착되어 있었지만, 그들은 구명벌을 투하하지 않았다. 강두성 기장은 "CN-235호기가 구조는 할 수 없어도 70~80명이 탑승할 수 있는 구명정을 던져줄 수는 있었는데[146], 승객들이 나와 있지 않아 던져주지 못했다"는 취지의 진술을 했다.[147] 하지만 B703 항공기도 헬기 및 함정과 협조하여 선내 승객들을 퇴선 시킬 의무가 있었으므로 단순히 '승객들이 밖으로 나와있지 않아 구명정을 투하하지 못했다'는 그들의 주장은 궁색할 수밖에 없다.[148]

B703 항공기의 경우 평상시 기본임무 수행 중에 세월호 침몰현장으로 출동했으므로, 항공구조사가 탑승하지 않았다. 비행기의 성격상 침몰현장으로 내려갈 방법이 없으므로 직접 구조 활동에는 참여할 수 없었다.

하지만 목포해양경찰서장 김문홍이 탑승했던 3009함 또는 OSC함 123정과 협조하여, 이동과정 및 침몰현장 도착 후에 그들에게 요구된 의무만이

---

145 반면 침몰 당시 전함사교육생 신분으로 B703 항공기에 탑승했던 조용현은 '처음에는 교신이 폭주하지 않았다'는 취지로 진술했다. 조용현, 『조사대상자 진술조서』, 가습기살균제사건과 4·16세월호 참사 특별조사위원회, 2019.12.31, 2418쪽.

146 B703항공기는 제자리 비행이 되지 않으므로 사람을 내려보내는 것은 사실상 불가능하다.

147 강두성, 2015.12.9, 『조사대상자진술조서』, 4·16세월호참사 특별조사위원회, 7쪽.

148 위와 같음.

라도 성실히 수행했었다면, 구조 결과는 충분히 달라졌을 수가 있었을 것이다.

승객 구조보다는 '의전이 먼저'

세월호 침몰 당시 해경의 구조상황을 가장 잘 보여주는 문건으로 현재 남아있는 것은 B703 항공기 활약상이 고스란히 담겨 있는 '무선교신 녹취록'이다.

하지만 해경은 자신들의 활약상을 가장 잘 표현할 수 있는 문건을 아직도 원형 그대로 공개한 사실이 없다. 해경은 매우 늦게, 그것도 매우 제한적으로 문제가 되지 않는 것들만 선별하여 교신 녹취록을 공개했다. 해당 녹취록에서는 다음과 같이 구조와 거리가 있는 교신 내용이 발견됐다.

- **09:58:36**
  "잠시 후에 잠시 후에 본청 1번님(해양경찰청장)께서 출발하셔서 가지고 현장에 오실 예정이니까 너무 임무에 집착하지 말고 안전에 유의하세요"

- **10:40:34**
  "OK. 지금 저 1번님 출발하셨으니까 일단 저 전체적으로 보고 준비가 완전하게 될 수 있도록 그 임무 수행한 결과들을 잘 작성하기 바랍니다"

오전 9시 58분경은 123정의 승조원들이 도주 선원의 구조를 마치고, 자력으로 탈출하는 승객들만 구조하기 시작했던 시점이다. 또한 오전 10시 40분경은 세월호가 기계적 언어로 자신이 침몰되었음을 알리는 EPIRB[149]

---

149 선교(top bridge)에 설치되어 선박이 침몰했을 때 자동으로 부상하여 COSPAS- SARSAT 위성을 통해 조난 사실과 조난 위치를 전송하는 장치.

가 막 작동된 시점이다. 해양경찰청장 김석균이 B517호 헬기에 탑승하기 위하여 공항으로 이동을 시작한 시점이기도 하다.

따라서 강두성 기장은 적어도 이 시점에는 침몰현장에 출동한 구조세력이 한 명이라도 더 구조하기 위해 총력을 기울여야 했었음에도, 구조보다는 해양경찰청장의 이동과 관련한 의전과 보고서 작성에 더 집중하고 있었음을 알 수 있다.

특히, 해경이 "너무 임무에 집착하지 말고", "보고 준비가 완전하게 될 수 있도록 그 임무 수행한 결과들을 잘 작성하기 바랍니다"라고 지시사항을 전달한 깃은 매우 부직질한 구조행위라고 비판하지 않을 수 없나.

의도적으로 편집된 교신 내용

세월호 침몰 당시 B703 항공기에는 [표 4-15]과 같은 통신기기가 장착되어 있었고, 성능 또한 전혀 문제가 없었다. 앞서 언급한 것처럼 강두성 기장은 "비행기 내부에는 무전기 3~4개가 (설치되어) 있는데 한꺼번에 들려오면 어디서 무엇이 들어오는지 잘 모른다"라고 진술했다.[150]

B703 항공기의 비행 중 교신 내용은 항공기 내에는 녹음되지 않았다. 아마도 MCRC에 종합적으로 녹음된 것으로 추정된다. 그런데 세월호가 완전히 전복되는 순간까지 B703 항공기의 교신 녹취록에는 헬기 외에는 다른 구조세력과 교신한 기록이 전혀 발견되지 않았다.

B703 항공기는 목포해양경찰서장 김문홍이 탑승한 3009함과 OSC함 123정, 당직함 513함, 출동 헬기 등과 교신해야 할 의무가 있었다. 또한 세월호에 VHF, SSB 등의 통신장비가 장착돼 있었으므로, 현장으로 출동하는

---

150 강두성, 『조사대상자진술조서』, 4·16세월호참사 특별조사위원회, 2015.12.9, 4쪽;
    이교민, 『조사대상자진술조서』, 4·16세월호참사 특별조사위원회, 2015.12.9, 4쪽.

과정 또는 도착한 이후에 세월호와도 교신할 의무가 있었다.

그림 4-19. B703 항공기 교신 녹취록 편집의 흔적

시 간	교신부서	내 용
10:48:27	공군(작사)	해경703, CENTER CONTROL
10:48:34	공군(작사)	현재 상황이 어떻습니까?
10:48:41	공군(작사)	ROGER CENTER CONTROL입니다. 지금 TARGET 쪽에 인명구조 상황 좀 알려고 합니다.
10:48:44	공군(작사)	해경703 공군 CENTER CONTROL입니다.
10:49:21	전남소방헬기	전남01 전남 소방헬기
10:49:23	??	GO AHEAD
10:49:26	전남소방헬기	예 지금 고생 많았습니다. 지금 소방헬기는 복귀해도 되겠습니다. 여기 해경에서 소방헬기는 복귀하랍니다. 헬기가 구조할 수 있는 상황이 거의 안되고 있습니다. 배는 100% 다 침몰했구요.
10:49:48	공군(작사)	.... 공군 헬기로 오른쪽(???) 구조 안됩니까?

해경 제공 B703의 교신 녹취록 필자 화면 캡처.

해경이 공개한 녹취록에는 쌍방의 대화형식이 아닌 B703 항공기의 일방적 지시사항만 나열되어 있어 침몰 당시 B703 항공기의 정확한 지휘행위를 확인할 수가 없다.

해경은 해당 교신 내용이 '국가안전보장과 연관되어 있다'는 점, '당시 초계기 상황일지가 공개되면 경비나 작전에 관한 비밀 내용이 공개될 수 있다'는 점을 들어 공개하지 않았다.

이 녹취록에는 해경을 포함하여 세월호 침몰 당일 침몰현장에 출동한 구조세력들의 책임 관계를 따질 수 있는 민감한 내용들이 포함되어 있었을 것으로 추정된다. 해경은 '국가안전보장'을 표면적으로 내세워 자신들의 책임을 면하기 위하여 자신들에게 유리한 내용만 선별하여 공개했음이 틀림없다.

'거의 다 구조했다'는 이교민 경위의 허위인터뷰

B703 항공기는 서해지방해양경찰청 소속 511호 헬기보다 침몰현장에 6분 늦게 도착했다. 하지만 본격적인 구조작업은 B703 항공기가 도착한 이후에 진행됐다. 따라서 세월호가 완전히 침몰하는 시점까지 침몰현장에 계속 있었기 때문에 구조 진행 상황을 정확하게 파악할 수밖에 없었다. 실제로 512호 헬기 기장 김재전은 탈출 승객들을 서거차도로 이동시키는 과정에서 '세월호 선내에 탈출하지 못한 승객이 많이 있다'는 정보를 탈출 승객들로부터 취득하고, 이를 무전으로 B703 항공기에 알려주었다고 진술했다.

> 검　사 : 구조된 승객들을 서거차도로 이송을 할 때 승객들은 배 안에 남아있는 사람들에 대하여 이야기하지 않았나요.
>
> 김재전 : 서거차도로 2차 이동시 구조된 사람들 중에 학생 하나가 '아직도 객실에 사람들이 많이 남아있다. 안에서 나오지 못하고 있다'는 말을 정비사들에게 했고, 그 말을 들은 정비사 2명 중 1명이 서거차도로 들어가는 길에 저에게 전달을 해 주어 알게 되었습니다. **그래서 부기장이 704(703)호기에도 위 사실을 전달해 주었습니다.**
>
> 검　사 : 그런데 그러한 사실을 구조된 승객이 알려주지 않더라도, 그 큰 여객선에서 밖에 나와 있는 사람들이 얼마 있지 않은데 선내에 남아있는 사람들이 많다는 사실을 알 수 있지 않은가요.
>
> 김재전 : 생각을 해 보십시오. 배가 기울어져 있는데 승객들이 당연히 밖으로 나와 있을 것이라고 생각하지 않겠습니까. 그래서 저는 현장에 도착했을 때 밖에 보이는 사람들이 남아있는 전부라고 생각했었고, 서거차도로 2차 구조자 이송시 학생으로부터 이야기를 듣고 비로소 알게 되었습니다.
>
> 검　사 : 서거차도로 구조자 이송 시 비로소 "선내에 대부분의 승객이 아직 남아있다."라는 사실을 알게 되었다고 하는데, 그 시각이 언제인가요.
>
> 김재전 : 10:20경에서 10:30경 사이입니다.
>
> 검　사 : 10:30경이면 완전히 침몰하기 직전인데 정말 이때까지 배 위나

수면 위에 있는 사람들 외에 300~400명의 승객이 배 안에 있
다는 사실을 몰랐단 말인가요.

김재전 : 네, 정말 몰랐습니다. 저는 선체에 나와서 손 흔들고 있는 사
람이 승객의 거의 전부라고 생각했습니다.

검　사 : 그렇게 큰 배에 그 정도 사람밖에 없다고 생각했다는 말인가
요.

김재전 : 여객선이 항상 만석인 것도 아니지 않습니까.

검　사 : 그러면 10:20경에서 10:30경 사이에 이러한 사실을 알고 깜짝
놀랐겠네요.

김재전 : **네, 저도 놀라서 704(3)호기에 "선체에 아직 사람이 많이 남아
있다"고 전달했습니다.** 이에 대해 704(3)호기에서 뭐라고 회신
했는지는 기억나지 않습니다.[151]

따라서 B703 항공기에 탑승한 승무원들이 '세월호 선내의 많은 승객들
이 탈출하지 못한 상태에서 바다 속으로 침몰 되었다'는 사실을 몰랐을 수
가 없다.

그런데 B703 항공기 조종사 교육생 경위 이교민은 세월호 침몰 당일 10
시 38분경 KBS와 전화인터뷰에서 사실과 전혀 다른 내용을 말했다. 어쩌
면 이것이 '전원구조라는 엄청난 오보의 근원지'가 됐었을 수도 있다.

정확한 시간은 특정할 수 없지만, B703 항공기 부기장 교육생 신분으로
탑승한 경위 이교민은, 평소 잘 알고 지내던 KBS 송명훈 기자로부터 '구조
상황과 관련한 내용을 생방송으로 인터뷰를 해 줄 수 있냐'는 휴대전화를
받았다. 이교민은 상급기관의 허락을 받아 동의해 주었다.

인터뷰 당시 세월호는 이미 바다 속으로 완전히 침몰된 상황이었지만
'국민의 소리' KBS는 계속해서 '구조작업이 순조롭게 진행되고 있으며, 걱
정은 되지만 문제는 없는 상황'이라고 승객구조에 대해 매우 낙관적인 방

---

151 김재전, 『진술조서』, 광주지방검찰청, 2014.6.7, 18~19쪽 참조.

송을 하고 있었다.

인터뷰는 오전 10시 38분경 다음과 같은 내용으로 진행됐다.

앵 커 : 네. 지금부터는 사고기, 사고 사고 여객선, 어~ 사고가 난 해역 인근에서 항공기로 구조 활동을 벌이고 있는 어~ 부기장님 한 분을 연결해 보도록 하겠습니다. 다시 한번 말씀드립니다. 사고해역에서 항공기로 구조 활동을 벌이고 있는 헬기의 해경 항공기의 이교민 부기장님 연결해 보겠습니다. 이 부기장님. 안녕하세요.

이교민 : 네. 안녕하십니까?

앵 커 : 네. 수고가 많으십니다. 어~ 다행히 현지에서는 지금 기상 상황이 그렇게 나쁜 것으로 보이지는 않고 있는데요. 구조작업을 벌이고 있다고 들었으니까 지금 상황이 어떠신지 좀부터 말씀해 주시죠.

이교민 : 네. 현재 지금 상황은 여객선이 90%이상 침몰된 상황입니다. 지금 선수만 물 위에 수면상 위에 잠깐 약간 나와 있는 상황으로, 초창기에 저희 해경 항공기들이 출동을 해서 많은 인원을 구조를 했는데, 현재 구조된 인원은 정확하게 파악이 되지 않고 있습니다.

앵 커 : 네. 부기장님.

이교민 : 네. 네.

앵 커 : 네. 그러면 지금 현재 구조 활동을 벌이고 계시다고 하셨는데요. 구조 활동의 진행 상황은 정확하게 또 어떻게 진행되고 있습니까.

이교민 : 네. 현재 해경 항공기 총 7대가 현장에 도착해 있는 상황입니다.

앵 커 : 네.

이교민 : 어~ 고정익 항공기 한 대와 해경 헬기 6대가 현재 구조 활동을 하고 있고요. 구조된 인원은 서거차도, 서거차도 출장소로 지금 현재 이송을 한 상황이고요. 지금 배와 함정과 각 어선, 민간어선들이 계속 구조를 하고 있는 상황입니다.

앵 커 : 저희가 방금 전에도 그~ 어느 정도로 선체가 기울어져 있는지에 대한 사진을 봤고, 또 그 사진 속에도 헬기가 등장해서 얼

마나 긴박하게 구조작업이 이루어지고 있는지 알 수가 있었습니다만, 지금 부기장님께서 말씀하신 대로라면 조금 더 그 이후에 상황이 진전된 것 같습니다. 지금 현재 목격하고 계신 상황을 좀 더 자세히 설명해 주실 수 있겠습니까.

이교민 : 아~ 예. 아까 말씀드렸듯이 선체, 지금 선체에 95% 이상이 다 수면 아래로, 수면 아래로 지금 침몰된 상황입니다.

앵 커 : 네~

이교민 : 지금 현재 선체 선수 부분 조금만 지금 물 위로 나와 있는 상황이구요. 지금 대부분 인원들은, 현재 출동해 있는 함정, 그리고 지나가던 상선, 그리고 해군 함정, 대부분의 사람들이 구조가 된 상황입니다. 지금 현재 수면 아래에 사람이 갇혀 있는지 파악을 하고 있는 중입니다.

앵 커 : 네. 어~ 지금 저희 방송에 많은 분들의 참여로, 지금 속속 새로운 소식이 들어오고 있습니다. 아까 전에 진도 서가차도에서 지금 구조된 사람들을 보살피고 있는 허학주 이장님에 이어서 지금까지는 항공기로 사고해역에서 구조 활동을 벌이고 계신 이교민 부기장님의 이야기로, 최신 속보를 들어봤습니다.[152]

이교민 경위는 후에 "10:37경 송명훈 기자로부터 전화가 와서 '현장 상황만 이야기 해주면 안되겠냐'고 물었고, 기장 강두성에게 말씀을 해달라고 하니까 '너무 바쁘다'고 하여 본인이 직접 인터뷰를 하게 됐다. 생방송인지 모르고 했다"라고 변명성 진술을 했다.[153]

그러나 인터뷰 내용은 경위 이교민이 구조과정에서 파악한 현장 상황을 정확하게 전달하는 것이었으므로, 생방송 여부와 상관없이 의도적으로 허위사실을 유포했다고 볼 수밖에 없다.

분명한 것은 이교민의 전화인터뷰가 종료됐던 시점에, B703 항공기 기장 강두성은 소방헬기와 [표 4-16]와 같은 내용으로 교신을 했다는 점이다.

---

152 KBS 속보 영상을 기초로 필자 직접 작성

153 이교민, 2015.12.09, 『조사대상자진술조서』, 4·16세월호참사 특별조사위원회, 3쪽 참조.

표 4-16. 10:39경 B703호 교신 녹취록

시 간	교신부서	내 용
10:39:27	해경703	소방 헬기, 여기 해경
10:39:31	소방헬기	네 저희들 진입 할까요? 어떻게 할까요?
10:39:33	해경703	아 진입할 필요가 없습니다. 진입하지 마세요.
10:39:36	소방헬기	진입해요?
10:39:40	해경703	진… 아…
10:39:42	소방헬기	헬기로는 구조가 안 되겠지요?
10:39:44	해경703	예 구조할 인원이 없습니다. 복귀하셔도 될 거 같습니다.
10:39:51	소방헬기	인원은 다 복귀… 구조된 겁니까?
10:39:54	해경703	지금 현재 구조인원 파악 안 되구요. 전체인원이 다 구조가 다 안 됐어요.
10:40:01	소방헬기	아 그러면 저희들은 저기 뭐야… 다른 곳 시도 소방헬기들도 나 오고 있는 중이거는요
10:40:10	해경703	네 지금 현재 헬기로 구조할 상황이 없습니다. 돌아가시라고 하세요
10:40:16	소방헬기	예 알겠습니다.
10:40:19	해경703	예 고생하셨습니다.
10:40:21	소방헬기	예 수고하십시요.

해경 제공 'B703 교신 녹취록' 필자 재정리.

강두성은 이 교신에서 10시 39분경 "모두 구조된 것은 아니다"라는 사실을 명확히 알리고 있었다. 이교민이 정확한 상황을 파악하지 못한 상태에서 문제의 인터뷰를 했다고 볼 수 없는 대목이다.

따라서 이교민 경위의 전화인터뷰는 '세월호 침몰 당시 해경이 국민에게 의도적으로 희망의 메시지를 전달하려는 목적에서, 나중 상황은 고려하지 않고 사실과 다른 인터뷰를 진행했다'고 의심할 수밖에 없는 상황이다.

구조영상 채증 문제

B703 항공기는 침몰현장에 9시 31분경 도착하여 제주공항으로 돌아가는 12시 43분까지 구조와 관련된 채증용 영상을 촬영했다. 그날 정오까지

촬영된 영상이 공개되어 있다.

B703 항공기에 장착된 카메라는 HD급 최신 카메라(Flir star SAFIRE HD)로 열영상(Thermal Observation Device, 생물과 물체의 적외선을 감지하여 영상 정보로 변환하는 장비로, 주로 감시·정찰 등의 군사적 목적으로 사용됨) 장비 및 카메라와 병용 촬영이 가능했고, 세월호 침몰 당일에도 같은 조건에서 촬영됐다.

흔히 B703 항공기에는 '자동영상 전송 장치'가 없었다는 이유로 현장 상황을 제대로 파악 및 보고하지 못했다고 알려져 있다. 그러나 세월호 침몰 당일 오전 11시 35분경 KBS는 [그림 4-20] 속보화면과 같이 9시 57분경 B703 항공기가 촬영한 영상을 보도하고 있었다.

B703 항공기는 자동영상 전송 장치가 없는 상태에서 12시 43분경 제주공항으로 이동했다. 한 명이라도 더 구조해야 하는 긴급한 상황에서 언론을 위한 특별한 배려가 없었다면, 도저히 방송될 수 없는 영상이 보도되었다고 볼 수밖에 없다. 영상의 화질로 볼 때, 이들은 구조를 멈추고 B703 항공기에서 이미 촬영된 영상을 모니터에서 재생한 후, 휴대폰으로 촬영

그림 4-20. B703호 항공기 제공 추정 영상(11:35경 보도)

세월호 침몰 당일 11:35경 KBS 속보 영상 필자 화면 캡처.

하여 언론사에 제공했을 것으로 의심된다.

아직 이 영상을 B703 항공기에서 직접 KBS 측으로 제공한 것인지, 아니면 해경이 상황을 보고 받은 영상을 홍보팀에서 제공한 것인지는 정확하게 밝혀지지 않았다. 다만 B703 항공기가 직접 KBS에 영상을 전달했다면 긴급상황에서 구조보다는 홍보에 집중했다는 비난을 면키는 어렵다.

세월호 침몰 당시 B703 항공기의 영상촬영 조건은 연속촬영이 보장된 조건이었으며, 영상 우측 하단에 '초 단위로 촬영시각'이 표시되어 있다. 하지만 이미 널리 알려진 바와 같이 9시 53분 27초경에 갑자기 9시 55분 27초경으로 영상이 넘어가며, 2분간의 촬영분이 삭제되어 있다.

이 시각은 세월호 선내에서 많은 승객들이 탈출을 시도한 시점으로 증거 가치가 매우 높은 시점이다. 정확히 2분의 영상이 사라졌다는 것은 우연이라고 이해하기엔 문제가 있다고 할 것이다.[154]

강두성 기장은 '장시간 장비를 켜 놓으면 꺼질 수 있고, 리셋을 했을 수도 있다. 이 구간의 영상만 까맣다면 저장이 되면서 오류를 일으켰을 수도 있다'고 진술했다. 이 해명으로 모든 의혹이 말끔히 해결되지는 않았다.[155]

또한, B703 항공기가 촬영한 영상은 [그림 4-21]의 좌측 상단에 표시된 것처럼 HD급 화질로 촬영되었음이 분명하다. 그런데 결과물은 화질이 CCTV 영상에도 미치지 못한다는 점, 비디오 촬영 형식이 국내에서 주로 사용하는 NTSC 방식이 아닌 PAL 방식을 사용했다[156]는 점에서 삭제 또는

---

154 필자는 보고를 위해 위 [그림 4-20] 사진을 촬영할 목적으로 잠시 시스템을 중단하지 않았을까 하는 의심을 했던 적은 있다.

155 강두성, 『조사대상자진술조서』, 4 · 16세월호참사 특별조사위원회, 2015.12.9, 9쪽 참조.

156 NTSC 방식(National Television System Committee System)은 미국을 포함한 한국 · 일본 · 캐나다 등 전세계 24개 국가가 사용하고 초당 30프레임으로 저장된다. 반면 PAL 방식(Phase Alternating Line, Phase Alternation by Line System)은 독일을 비롯해 영국 · 중국 · 스페인 · 이탈리아 · 스위스 등 주로 서유럽 국가들이 사용하고 초당 25 프레임으로 저장된다.

편집의 의혹을 배제할 수 없다.

그림 4-21. B703 항공기 채증 영상

해경 제출 영상 필자 화면 캡처.

따라서 이 부분에 대해서는 2기 특조위와 검찰 특별수사단의 특별한 검증이 요구된다.

▨ 자료목록

1) 강두성, 『조사대상자진술조서』, 4·16세월호참사 특별조사위원회, 2015.12.9

2) 김재전, 『진술조서』, 광주지방검찰청, 2014.6.7

3) 이교민, 『조사대상자진술조서』, 4·16세월호참사 특별조사위원회, 2015.12.9

4) 4·16세월호참사특별조사위원회, 『1차청문회 자료집』, 2016.3

5) 『IAMSAR Manual, International Aeronautical and Maritime Search and Rescue Manual (국제 항공·해상 수색구조 지침서)』

6) 서해지방해양경찰청, 『2014년도 휴어기 도래 불법조업 외국어선 특별 합동단속 계획 보고 「통보·하달」』, 경비안전과, 2014.4.14

7) 인천해양경찰서, 『경찰전보용지』, 703호기(터보프롭) 서해해상순찰 결과보고, 2014.4.16

8) 해양경찰청, 『해양경찰 장비발전 60년사』, 2013

9) 해양경찰청, 「해양경찰 항공 운영 규칙」, 2013.10.28

10) 해양경찰청, 『전화통화 음성 녹취록』, 2742번 녹취록, 2014.4.16

대통령과 청와대의 무능

1.
세월호 침몰 당일
대통령 박근혜는 무얼 했나?

박근혜 대통령이 말했다. "청와대는 국가원수이자 행정 수반인 대통령의 거주 및 집무 공간으로 적의 공격이 예상되는 중요 국가 안보시설이어서 내부 구조나 배치, 특히 대통령의 위치와 동선은 국가 기밀에 해당하며 어떤 나라, 어느 정부에서도 공개하지 않는 것이 원칙이다." 새삼 이론의 여지가 없는 말이다.[1] 대통령의 사생활 또한 동일하다.

세월호 침몰 사건과 같은 대형 재난이 발생한 상황에서, 국민의 생명과 재산을 우선으로 보호해야 할 대통령의 직무수행 행위가 적정성을 의심받는다면, 특히 범죄행위 연루 의심을 받고 있다면 국민은 철저한 진상규명을 당연히 요구할 수 있다. 자신의 직무 행위에 심대한 흠결이 없다면, 대통령이 직접 떳떳하게 밝히지 못할 이유도 없다.

세월호 침몰 초기 많은 국민은 국가를 상대로 철저한 진상규명과 책임자 처벌을 요구했고, 대통령 박근혜 또한 이것을 들어주겠다고 약속했다.

---

[1] 박근혜, 『재판부 석명 사항에 대한 답변』, 헌법재판소(2016 헌나 1 대통령(박근혜) 탄핵), 2017.1, 1쪽.

하지만 2014년 5월 19일 대국민 담화문을 발표한 이후에 입장을 바꾸었고, 특히 대통령 본인과 관련된 부분은 철저하게 은폐했다.

대통령 박근혜를 옹호하고 변호하는 사람들은 침몰 당일 대통령의 행적을 논하는 것을 '독신 여성 대통령'의 사생활을 파헤치는 것이라 공격했고, 박근혜도 그 프레임 뒤에 숨어서 책임을 면하려 했다.

세월호 침몰 사건 발생 당일 청와대 조치 현황

- ? : 박근혜 '기상 및 아침 식사'
- 09:19 : 청와대 국가위기관리센터 YTN 속보자막을 보고 세월호 침몰 사실인지(주장)
- 09:22~09:24 : 국가위기관리센터 상황전파(동시전송시스템(동보) 발송)
- 10:12~13 : 상황보고서 초안 작성 및 관저 전달(검찰)
- 10:20 : 상황보고서 1보 박근혜 침실 앞까지 전달(검찰)
- 10:22 : 제2부속비서관 안봉근 관저 내실 방문(검찰)
- **10:25 : 박근혜 "단 한 명의 인명피해도 없도록 하라…" 구조 지시(검찰)**
- 10:30 : 해양경찰청장 김석균과 전화 통화(검찰)
- 11:11 : 이영선 호출 "최순실에게 물건 전달하라" 지시(이영선 이 진술했지만, 진실 여부는 의문)
- 11:21 : 이영선 최순실 아파트를 향해 청와대 본관 출발(이영선 진술)
- 12:08 : 이영선 압구정동 현대아파트 10단지 도착(이영선 진술)
- 13:27:33 : 정호성 관저 도착
- 13:41:19 : 이재만 관저 도착
- 13:50 : 최순실 관저로 향해 출발(추정), 문고리 3인방에게 "선생님 30분 후 도착 예정" 문자발송(추정)
- 14:04 : 최순실 남산 1호 터널 통과
- 14:15 : 이영선 문고리 3인방에게 "선생님 5분 후 도착" 문자 발송(추정)

세월호 침몰 사건은 대통령 박근혜의 휴가 및 해외 출장 기간 중에 발생한 사건이 아니며, 정상적인 업무시간과 상관없는 휴일과 야간에 발생한 사건도 아니다. 평일 정상적인 집무 수행시간에 발생한 사건이다.

국민은 침몰 당시 대한민국 대통령 박근혜에게 요구된 작위(作爲)의무를 성실히 수행하였는지를 따질 권리가 있다. 이것은 대통령의 성별 및 결혼 여부와 전혀 상관없는 '직무 행위의 적정성 평가'이기 때문이다.

청와대 관저의 구조

세월호 침몰 당시 대통령 박근혜(이하 "박근혜"라 칭함) 직무 행위의 적정성을 평가하기 위해서는 세월호 침몰 당일 박근혜의 행적을 추적할 수밖에 없고, 그것을 위해 청와대 관저 구조와 박근혜 관저 생활 방식을 논하지 않을 수가 없다.

대통령 재임 기간 중 박근혜는 정상적인 직무를 수행해야 할 평일에도 상당한 시간을 관저 침실에서 생활했고, 세월호 침몰 당시에도 같은 장소에 있었던 것으로 밝혀졌다. 하지만 박근혜를 비롯한 다수 청와대 관계자들은 모두 세월호 침몰 당시 박근혜가 관저 집무실에서 정상적으로 직무를 수행했다고 주장했으므로, 그들 진술의 진위를 가리기 위한 불가피한 절차라 아니할 수 없다.

　박근혜가 거주했던 청와대 관저는 박근혜, 윤전추, 김막업이 거주하는 내실과 경호관 및 외부 방문자들이 머무는 공간인 별채로[2] 나눠져 있다. 특히 내실은 박근혜가 주로 머무는 침실과, 서재, 소식당(박근혜는 이곳에서 TV를 보면서 주로 혼자 식사를 했다고 한다), 한실 등으로 구성되어 있다([그림 5-1] 참조).[3]

그림 5-1. 청와대 관저의 구조

①: 침실 ②: 서재 ③: 소식당 ④: 한실 ⑤: 응접실(회의실) ⑥: 창고
⑦: 휘트니스 룸 ⑧: 파우더룸
김막업의 진술을 토대로 필자 재작성.

---

2 별채는 경호실(경호원 이은상·이봉진 근무), 조리실, 대식당, 접견실, 경호원 침실 등으로 구성되어 있다.
3 김막업은 검찰 진술 과정에서 그림을 그려가며 관저 내부 구조를 설명했지만, 해당 그림은 공개되지 않았으므로 정확한 위치는 추정하여 특정할 수밖에 없다. 다만 진술자 간 차이가 있을 수 있으므로 이곳에서는 해당 부분을 바로잡지 않고 진술자들의 진술을 원형대로 인용하기로 한다.

청와대 관저구조와 관련한 논란의 핵심은 세월호 침몰 당시 관저에 '대통령 집무실이 존재했는가'에 있다. 당시 박근혜를 비롯한 청와대 관계자들은 한결같이 관저에 집무실이 존재했으며, 그날 관저에서 근무했다고 주장했기 때문이다.

- 박근혜
  (세월호 침몰 당일은) 공식 일정이 없는 날이었고, 그날따라 신체 컨디션이 좋지 않아 관저에서 근무했다.[4]

- 비서실장 김기춘
  - 대통령께서 집무하실 수 있는 공간이 여러 곳에 있습니다. (집무실은) 관저, 본관, 위민관 여러 곳에 있습니다마는 그 시간에 어느 집무실에 계셨는가 하는 것은 저희들이 경호상 밝힐 수 없다는 뜻입니다.[5]
  - 이메일을 받을 수 있는 공간과 장치가 있으면 집무실이라고 생각을 합니다. 그러한 공간과 장치가 있었던 것으로 알고 있습니다.[6]

- 제2부속 비서관 안봉근
  검사가 "(박근혜) 대통령 취임하시면서 청와대 관저 내에 별도의 집무실을 만든 것은 무엇 때문인가요"라고 묻자 안봉근은, "구체적인 이유는 말씀하지 않으셨지만 관저에서도 업무를 볼 수 있도록 해달라고 하셔서 관저에서 집무를 보실 수 있도록 책상 등 사무 집기류와 전자 결재를 할 수 있는 시스템을 갖추어 드렸습니다"라고 답변하며 관저에 집무실이 있었다고 진술했다.[7]

---

4 박근혜, 『재판부 석명 사항에 대한 답변』, 헌법재판소(2016 헌나 1 대통령(박근혜) 탄핵), 2017.1, 1쪽.
5 김기춘, 『국정감사 국회운영위원회 회의록』, 국회사무처 2014.10.28, 12쪽.
6 김기춘, 『진술조서(제2회)』, 서울중앙지방검찰청, 2018.3.21, 5쪽.
7 안봉근, 『진술조서』, 박근혜 정부의 최순실 등 민간인에 의한 국정농단의혹 사건규명을 위한 특별검사, 2017.1.22, 25쪽.

이들과 달리 별채 경호관들은 "청와대 관저에는 '집무실'이라는 공간은 없고, '서재'는 있었는데 대통령에게 보고서를 전달하는 등 직접 통화를 하기 위해 인터폰으로 연락을 할 때 주로 침실로 연결하여 대통령과 통화하였고, '서재'에는 연결을 해 본 기억이 없다"고 진술했다. 김막업 또한 같은 취지의 진술을 했다.

따라서 관저에 집무실이 있었다고 주장한 박근혜, 안봉근, 김기춘의 진술은 세월호가 침몰하던 날 아무것도 하지 않았다는 자신들의 잘못을 감추기 위하여 서로 입맞추기 한 결과라고 봐야 할 것이다.[8]

평상시 박근혜의 독특한 근무 방법

박근혜는 공식적인 외부활동이 있는 날 또는 본관 집무실에서 처리해야 할 특별한 일이 있는 경우를 제외하면, 평일과 휴일 구분 없이 관저 침실에 머물렀다. 외부활동이 있는 날에도 관저에서 직접 출발하여 정해진 일정이 끝나면 관저로 직접 복귀했다. 본관 집무실에는 일이 있을 때만 출근했으며, 그 경우에도 볼일만 보고 바로 관저로 돌아와 침실에서 머물렀다.

박근혜는 휴일을 포함해 주 4일 정도 관저 침실에 머물렀고, 3일 정도만

---

8 김막업, 『진술조서』, 서울중앙지방검찰청, 2017.11.3, 14~15쪽.
집사 김막업은 행정관 윤전추와 함께 박근혜의 관저 생활을 관리했으며, 박근혜의 기상부터 취침시간까지 시중을 들었던 사람이다. 요리연구가였던 김막업이 박근혜와 처음 인연을 맺은 것은 2000년경으로 거슬러 올라간다. 당시 김막업의 제자 중 한 사람이 한나라당 대표였던 박근혜의 만찬 음식을 만들어 줄 것을 김막업에게 부탁했고, 이것이 계기가 되어 박근혜 삼성동 자택 만찬음식을 계속해서 김막업이 만들었다. 또한, 2012년 12월 19일 대통령 선거일 아침에 삼성동 자택 가사도우미 김말례가 "(박근혜가 대통령으로) 당선이 되면 저녁 식사를 할 수도 있으니 "저녁 식사 준비를 해 주세요"라고 부탁하여 삼성동 자택에서 저녁 식사 준비를 했고, 당선이 확실시되자 박근혜가 김막업에게 청와대 관저에서 근무해줄 것을 요청했다. 김막업은 대통령 취임시점인 2013년 2월경부터 2017년 3월경까지 청와대 관저에서 근무했다.

외부일정을 소화했다. 특히 세월호가 침몰하던 날도 '컨디션이 좋지 않아서 관저에서 근무하기로 결정'했던 것이 아니라, 습관적으로 수요일은 공식일정을 잡지 않고 관저에서 머물렀던 것으로 판단된다([그림 5-2] 참조).[9]

그림 5-2. 박근혜 전 대통령 2014. 4. 공식 일정

일	월	화	수	목	금	토
		1 재외공관장 내외청와대 격려만찬	2	3	4 - 문화융성 위원회회의 - 신문의날 기념식참석	5 청와대식목 일행사
6	7 수석비서관 회의	8 호주총리만 찬	9	10 - 국가과학 기술자문회 의 - 장차관급 임명장수여	11 신임대사 신임장수여	12
13	14 특성화고방문 (성동공고)	15 국무회의	16 세월호 사고	17 진도방문	18	19 4.19묘역참배
20	21 수석비서관 회의	22	23	24 프랑스상원 의장접견	25 오바마방한 정상회담	26 오바마와한 미연합사 방문
27	28 주한5개국 신임대사 신임장제정	29 - 국무회의 - 세월호합동 분향소방문	30			

서울중앙지방검찰청, 2017.11.16. 「수사보고 ['14. 4. 박근혜 前 대통령 공식일정 확인」
관련 부분 필자 화면 캡처.[10]

박근혜는 외부로 나갈 때와 본관 집무실로 갈 때, 정송주ㆍ정매주 자매 (이하 "정송주 자매")를 불러 화장하고 머리를 올렸다.[11] 정송주 자매는 박

---

9 김막업, 『진술조서』, 서울중앙지방검찰청, 2017.11.3, 21~22쪽.
10 박근혜는 대통령 탄핵과정에서 "2014년 4월 16일은 공식 일정이 없는 날이었고, 그날 따라 신체 컨디션도 좋지 않았기에 관저 집무실에서 근무하기로 결정했다"면서 그날 관저에 머물고 있었던 이유를 해명했지만, 이 표에 따르면 박근혜는 매주 수요일마다 습관적으로 컨디션이 좋지 않았다.
11 김막업, 2017.11.3, 『진술조서』, 서울중앙지방검찰청, 22쪽.

근혜가 대통령으로 당선되기 이전에도 한두 번 박근혜를 화장한 사실이 있고, 대통령으로 취임한 2013년 3월경부터 청와대와 정식 계약을 체결하고 박근혜의 미용을 책임졌다.

정송주 자매는 월요일부터 금요일까지 거의 매일 청와대에 들어갔다. 주말에도 박근혜가 "내일도 같은 시간"이라고 이야기하면, 원하는 시간에 관저로 출근했다.[12] 통상 정송주 자매는 관저 파우더 룸([그림 5-1]의 ⑧ 참조)에서 오전 8시경부터 머리 손질과 메이크업을 동시에 시작하여 40분 안에 모든 미용 절차를 끝냈다.[13]

박근혜의 침실 앞에는 팩스가 설치되어 있으며, 직무와 관련된 팩스 문서는 박근혜가 직접 수령했다.[14] 박근혜 침실 책상 위에는 서류가 놓여 있긴 했지만, 박근혜가 자신의 지시 없이 "책상을 치우지 말라"고 했기 때문에, 김막업은 침실 책상 위에 있는 서류를 정리하지 않아 그 서류가 어떤 서류인지 알지 못했다.[15]

매우 드문 일이긴 하지만 비서관 등이 박근혜에게 보고할 일이 있으면 서면으로 보고가 이루어졌다. 비서관 등이 보고서류를 별채에서 근무하는 경호관 이봉진·이은상(이하 "별채 경호관")에게 전달하면, 별채 경호관은 김막업에게 인터폰으로 "보고서 갖다 올려놓으세요"라고 연락을 했다. 김막업이 밀봉된 서류봉투를 수령하여 침실 입구 팩스가 설치된 탁자 위에 올려놓으면, 박근혜가 침실 밖으로 나와서 서류봉투를 들고 침실로 들어갔다.

이때 별채 경호관은 박근혜에게 침실 인터폰으로 "보고서 올려드렸습니

---

12 정송주 자매는 강남에서 택시를 타고 경북궁역 근처에 약속한 장소에 내려서 서 있으면, 윤전추 행정관 등이 차를 몰고 나와 이들을 탑승하여 청와대로 돌아왔다고 한다.

13 정매주, 『진술조서』, 서울중앙지방검찰청, 2017.2.28, 4쪽.

14 김막업, 『진술조서』, 서울중앙지방검찰청, 2017.11.3, 15쪽.

15 위와 같음, 12쪽.

다"라며 문건 전달 사실을 보고했다. 경호관들은 박근혜가 침실에서 인터폰을 받지 않을 때는 3~5분 정도 기다렸다가 다시 연락했다. 그래도 연결이 되지 않으면 김막업에게 '대통령께 긴급히 전달해야 할 문서가 있는데 대통령의 위치를 파악해 달라'고 요청하여, 위치가 파악되었을 때 다시 인터폰으로 서류전달 사실을 보고했다.[16]

보안 손님 '최순실'의 청와대 방문

청와대 관저는 대통령의 사적 공간이므로, 엄격한 출입절차에 따라 출입이 통제된다. 청와대 관저 방문자가 관저로 입장하기 위해서는, 관저 입구(인수문) 데스크에서 출입자관리시스템에 신분증을 태그인식, X-RAY 검색기 검사, 금속탐지기 검사를 완료해야만 인수문을 통과할 수 있다.

방문자가 인수문을 통과해 관저로 들어오면, 별채 경호관이 육안으로 반입 물품 등을 검사한 후 관저 내부로 안내한다.[17] 외부인이 관저를 방문하는 방법은 통상 다음과 같은 두 가지 유형이 있다.

- **제1부속비서관인 정호성 비서관실에 대통령 관저를 방문하겠다고 사전 예약하고 방문하는 경우**
  방문자가 제1부속비서관실에 대통령 관저를 방문하겠다고 신고하고, 제1부속비서관실에서 별채 경호관에게 이 사실을 통보하면, 별채 경호관이 인수문에 있는 데스크로 전화하여 해당 출입자에 대한 출입등록을 요청하고, 각종 검사절차에 따라 경호상 문제가 없을 때 별채 현관문을 통해 관저로 입장한다.

---

16 이봉진, 『진술조서』, 서울중앙지방검찰청, 2017.11.16, 19~20쪽; 이은상, 『진술조서』, 서울중앙지방검찰청, 2017.11.7, 16~17쪽, 19쪽.
17 이은상과 이봉진이 24시간 맞교대 근무형태로 근무하면서 관저 별채 출입자를 통제했다.

- 박근혜가 수석비서관 등 특정 내부 근무자에게 관저로 올 것을 호출하는 경우

  해당 출입자가 제1부속비서관실을 통하지 않고, 직접 관저 데스크에 도착 할 경우 관저 데스크에서 검사절차를 완료한 후 별채 경호관에게 이 사실을 알려준다. 방문자는 별채 경호관의 인도에 따라 별채 현관문을 통과해 관저 내부로 들어가서 접견실에서 대기하고, 별채 경호관은 박근혜에게 출입자가 왔다고 인터폰으로 보고한다.[18]

박근혜 정부가 출범하기 이전 관저 데스크 근무자들은 관저 출입자에 대한 접견일지를 작성했다. 접견일지는 통상 3개 근무조의 데스크장이 관저 출입자를 확인하여 대학노트에 기재해 두었다가, 당일 야간에 그 내용을 정리하여 작성했다. 다음 날 아침 8시경 관저 과장 손성규에게 보고하면, 과장 손성규는 업무일지 및 접견일지를 동시에 관저부장에게 보고했다.

접견일지에는 대통령의 출저(관저를 나가는 것) 및 귀저(출저했다가 관저로 복귀하는 것) 상황, 대통령의 외부 방문자 출입 내역(누가 언제 방문하여, 언제 돌아갔는지)을 기재했다.

접견일지는 2013년 4월경까지만 기록되었고, 박근혜 취임 직후 경호실장 박흥렬이 더 이상 보고하지 말라고 지시하여 그때부터 작성하지 않았다.[19]

원칙적으로 관저를 출입할 때 검문 방식에서는 누구에게도 예외가 적용될 수 없다. 하지만 박근혜 재임 기간 중 일명 "보안손님"이란 이름으로 특별한 예외가 인정됐다. 관저부의 보안손님은 'A손님'(최순실, 김영재, 박채윤)과 'B손님'(주사 아줌마, 고도일 병원 간호사, 김상만 원장 등)으로 구분되어 불렸다.

보안손님은 관저를 방문할 때 인수문에서 행해지는 정해진 검문 절차를

---

18 이봉진, 『진술조서』, 서울중앙지방검찰청, 2017.11.16, 11쪽.
19 손영준, 『진술조서(2회)』, 서울중앙지방검찰청, 2018.1.24, 4~5쪽.

면제받았다. 다만, 보안손님 B의 경우에는 인수문 밖에서 하차하여 걸어서 관저로 들어가는 반면, 보안손님 A는 차량 편으로 관저 바로 앞까지 이동할 수 있는 특권이 있었다.

"보안손님 A"로 분류된 최순실은[20] 박근혜 임기 초반부터 매우 특별한 손님으로 관리됐다. 박근혜는 취임 직후 관저 인테리어 문제로 잠시 '삼청동 소재 안가'에 머물렀다. 당시에도 최순실은 행정관 이영선에게 "이 비서. 몇 시까지 어디로 오세요"라고 휴대전화를 했고, 행정관 이영선은 관용차 베라크루즈를 이용해 낙원상가 인근 주차장에서 최순실을 태워 안가로 돌아왔다.

박근혜가 안가에서 관저로 돌아온 후 1~2개월이 지난 시점부터, 최순실은 관저를 방문하기 시작했다. 최순실은 행정관 이영선에게 직접 전화하여 "언제까지 어디로 오세요"라는 전화를 하면, 이영선은 남산 1호 터널과 한남대교를 거쳐 압구정동 현대아파트 10단지 정문 또는 현대고등학교 뒤편까지 이동해 길게는 3시간까지 기다렸다가, 최순실과 함께 관저로 돌아왔다.

통상 최순실이 이영선을 호출하는 경우는 박근혜에게 '물건을 전달할 목적 또는 전달받을 목적'과 '관저를 방문할 목적'이 대부분이었다. 그러나 최순실을 직접 만나기 전까지 이영선은 정확한 만남 목적을 알지 못했다. 다만 이영선이 최순실을 만났을 때, 최순실이 카니발 차량의 최상석인 운전석 뒤 오른쪽 자리에 탑승한 후, "들어가요"라고 말을 하면, 관저로 가자는 얘기이므로, 이영선은 최순실과 함께 청와대 관저로 돌아왔다.

이영선은 최순실을 탑승시켜 관저를 향해 출발하면, 행정관 윤전추와 문고리 3인방(이재만 · 안봉근 · 정호성 비서관), 별채 경호관에게 '선생님

---

20 최순실은 개명을 하여 "최서원"으로 관련 진술서가 작성되어 있지만, 이곳에서는 일반인이 많이 알고 있는 "최순실"로 통일하여 호칭한다.

30분 후에 도착 예정'이란 문자를 발송하고, 낙원상가 또는 광화문 인근에 도착할 때쯤 다시 '선생님 5분 후 도착'이란 문자 메시지를 보냈다.21

그러면 별채 경호관이 관저데스크에 최순실 방문 사실과 예상 도착시간을 알려 주고, 관저데스크 과장 손성규 및 근무자 1명은 최순실 탑승 차량이 도착할 때쯤 인수문에 미리 나가서 문을 열어놓고 기다렸다. 그리고 해당 차량이 통과한 뒤, 인수문을 닫고 관저데스크로 들어가서 CCTV 모니터를 통해 하차하는 사람을 식별하여 "여자 손님 1명"으로 기재했다.22

인수문을 통과한 최순실은 관저부 근무자들이 관저 데스크 안으로 들어간 후에야 비로소 하차하여 관저의 내실로 들어갔다.23 별채 경호관노 관저데스크 근무자들과 마찬가지로, 최순실이 들어올 때와 나갈 때에는 별채 쪽 조리실 문을 모두 닫은 후 사무실에 들어가 대기하고 있다가, 최순실의 이동이 완료된 다음 밖으로 나갔다. 최순실이 관저 안으로 들어가면 이영선은 최순실이 귀가할 때 바로 출발할 수 있도록 차량을 인수문 밖으로 이동하여 회전시킨 후 후진으로 인수문 안쪽으로 들어가 주차를 해 둔다.

행정관 이영선으로부터 문자 연락을 받은 문고리 3인방은 최순실이 도착하기 20~30분 전 관저에 미리 도착하여, 별채 경호관실(부속대기실) 또는 창고방24에서 최순실의 도착을 기다렸다.

---

21 정호성, 『진술조서(제2회)』, 서울중앙지방검찰청, 2018.1.30, 6쪽. (도착 예정시간은 출발 위치에 따라 다소 상이함)
22 손영준, 『진술조서(제2회)』, 서울중앙지방검찰청, 2018.1.24, 8쪽.
23 위와 같음. 원칙적으로 외부 방문자인 최순실은 박근혜의 사적 공간인 내실로 들어갈 수가 없다. 하지만 최순실은 박근혜 임기 초기에는 대통령만 출입할 수 있는 정현관을 통해 내실로 들어갔다. 최순실은 정윤회 문건 파동이 발생한 이후에는 한참 동안 관저 방문을 하지 않았지만, 다시 방문할 때부터 정현관이 아닌 별관 출입구를 통해 내실 출입을 했다. 최순실은 출국한 경우를 제외하면 월 4회 정도 토요일과 일요일에 관저를 방문했으며, 간혹 박근혜의 일정이 없는 경우에는 평일에 방문하기도 했다.
24 [그림 5-1]의 ⑥번방으로 과거 정부에서는 이발실로 사용하던 방이었지만 박근혜 시절에는 대통령이 받은 선물을 보관하던 방이다. 컴퓨터와 책상이 비치되어 있으며, 최순실이 관저를 방문하면 이곳에서 문고리 3인방과 회의를 진행했다.

최순실이 관저에 도착하면, 행정관 윤전추가 내실 입구에서 영접하여 박근혜 전용공간인 유리문 안쪽으로 안내했다. 최순실은 박근혜와 응접실([그림 5-1]의 ⑤번방) 또는 유리문 안쪽(대통령 전용공간)에 있는 소식당에서 최순실과 별도의 이야기를 하곤 했다.25

최순실이 유리문 안쪽으로 들어간 후 얼마 뒤, 박근혜가 인터폰으로 윤전추에게 문고리 3인방을 찾으면, 윤전추는 다시 인터폰으로 별채 경호관에게 "비서관님들 들어오라고 하십니다"라고 연락하여 문고리 3인방이 응접실([그림 5-1]의 ⑤번 방)로 들어오도록 조치했다.

그들의 입장이 완료되면 한두 시간 정도 최순실은 박근혜 및 문고리 3인방과 회의를 진행했다.26 박근혜는 이 회의에 대부분 참석은 했지만, 회의 종료 시점까지 함께 있었던 것은 아니며, 잠깐 앉았다가 먼저 일어난 사례가 많았다. 특히 회의가 진행되는 도중에도 저녁 식사 시간(오후 6시)이 되면 김막업에게 식사 준비를 요청했고, 식사가 끝나면 회의실로 가지 않고 곧장 침실로 돌아갔다.27

세월호 침몰 당일 대통령 박근혜의 행적

세월호 침몰 당일 박근혜가 침몰 사실을 '언제 어떻게 보고받고 어떤 조치를 했는지'에 대하여 객관적으로 확정된 결론은 없다. 검찰의 수사결과와 청와대 관계자의 일방적 주장에 의하면, 세월호 침몰 당일 오전에 관저 침실에 머물렀던 것으로 확인되고 있지만, 논리적으로 말끔하게 해명된

25 정호성, 『진술조서(제2회)』, 서울중앙지방검찰청, 2018.1.30, 6쪽; 김막업, 『진술조서(제2회)』, 서울중앙지방검찰청, 2017.12.27, 2쪽.
26 윤전추, 『진술조서(제3회)』, 서울중앙지방검찰청, 2017.11.24, 16쪽.
27 김막업, 『진술조서(제2회)』, 서울중앙지방검찰청, 2017.12.27, 8쪽.

것은 아니다.

그들이 결정적 증거로 제시한 타임라인과 진술들을 객관적 사실로 인정하기엔 너무 모순이 많다. 특히 대한민국 대통령이 대형여객선 침몰 소식을 인지한 뒤에도 안보실장 등에게 원론적인 전화 통화 몇 번 한 것을 제외하곤, 최순실이 관저에 올 때까지 혼자 점심을 먹으면서 아무것도 하지 않았다는 사실은 국민의 눈높이에선 상상할 수 없는 그림이었다.

관저데스크 근무자 손영준은 평상시 박근혜 기상 시간에 대하여 다음과 같이 진술했다.

> 관저 데스크에서는 정현관을 기준으로 우측으로 박근혜 전 대통령의 침실이 보여, 침실에서 불을 켜면 희미한 불빛이 보여 대통령께서 주무시는 시간과 일어나는 시간을 대략 짐작을 할 수 있었는데, 박근혜 전 대통령은 대개 23시경에 침실 불을 끄고, 아침 05시경에 침실 불을 켰던 것 같습니다.[28]

하지만 그는 검찰 조사 때 평상시 박근혜 기상 시간에 대해 진술했지만, 정작 세월호 침몰 당일에는 '아침 08시 30분부터 근무하여 박근혜가 몇 시에 일어났는지 몰랐고 기억에 없다'며 입을 닫았다.

박근혜는 밤 9시경 자신만을 위한 독립공간과 김막업, 윤전추가 사용하는 공간 사이에 설치된 유리문을 직접 잠근 뒤 이튿날 아침 식사 후에 열어놓았다. 그렇기 때문에 김막업이 집사라 하더라도 세월호 침몰 당일 박근혜의 정확한 기상 시간 등을 알지 못했다.

통상 김막업은 전날 밤 소식당 냉장고에 "월, 대관령 우유, 견과류, 흑임자 죽, 원두커피 등" 아침 식사를 보관해 놓으면, 이튿날 아침 7시경 박근혜가 직접 챙겨 먹기 때문에 그날도 비슷한 시간에 아침 식사를 했을 것으

---

28 손영준, 『진술서』, 서울중앙지방검찰청, 2017.11.20, 19쪽.

로 추정했다.

침몰 당일 박근혜 행적에 대해서는 탄핵 및 검찰의 수사과정29, 국회의 국정조사과정 등 몇 차례 논할 기회가 있었지만, 현재까지 불변의 진실로 확정할 증거는 찾지 못했다.

박근혜는 세월호 침몰 사실을 언제, 어떻게 인지했나?

손영준과 김막업의 진술과 같이 세월호 침몰 당일에도 박근혜가 평소처럼 새벽 5시경에 일어나서 7시경에 아침 식사를 했다면, 세월호가 침몰하고 있다는 속보가 자막으로 방송될 때 박근혜는 깨어 있었던 것이 분명하다. 특히 업무를 보지 않고 TV를 보고 있었다면, 박근혜는 누구보다도 먼저 세월호 침몰 사실을 인지할 수밖에 없었다.

그 상황에서 박근혜는 안보실장 김장수의 전화를 받지 않았다. 이유는 김장수가 박근혜에게 '전화를 하지 않았으면서 했다'고 거짓 진술을 했거나, 아니면 박근혜가 '전화를 받을 수 없는 특별한 상황에 있었거나' 두 가지 경우밖에 없다.

검찰은 세월호 침몰 당시 박근혜가 다음과 같은 경로로 오전 10시 22경 세월호 침몰 사실을 인지했다고 수사결과를 발표했다.

> 국가안보실장 김장수는 세월호 침몰 당일 10:00 이후, 위민 3관 2층에 있는 자신의 집무실에서 상황보고서 1보 초안을 전달받고, 박근혜에게 휴대전화로 전화를 걸어 사고 내용을 보고하려 했으나 박근혜가 전화를 받지 않자, 안봉근 제2부속비서관에게 전화를 걸어 '대통령이 전화를 받지 않으신다. 지금 대통령에게 세월호 관련 상황보고서 1보가 올

---

29 김기춘 등의 서울중앙지검 2017년 형제91972호 및 2018년 형제62267호 사건, 서울중앙지법 2018고합 306호 사건.

라갈 예정이니 대통령에게 보고될 수 있도록 조치해 달라' 말한 후 신인
호에게 '상황보고서 1보를 관저에 전달하라'고 지시했다.

국가위기관리선터장 신인호는 10:12~10:13경 상황보고서 1보를 완성
한 후 상황병에게 관저로 전달할 것을 지시했고, 상황병은 위기관리센
터 상황실에서 관저 인수문까지 뛰어가서 10:19~ 10:20경에 별채 경호
관을 통해 내실 근무자인 김막업에게 상황보고서 1보를 전달했으며, 김
막업은 평소와 똑같이 박근혜에게 아무 말도 하지 않고 박근혜 침실 앞
에 있는 탁자 위에 상황보고서 1보를 올려놓았다.

제2부속비서관 안봉근은 김장수로부터 전화를 받은 후 행정관 이영
선이 10:12경 본관 동문으로 나가서 준비한 승용차를 이용하여 10:20경
관저로 올라간 후 내실로 들어가 침실 앞에서 수회 박근혜를 불렀고, 박
근혜가 그 소리를 듣고 밖으로 나왔을 때 "국가안보실장이 급한 통화를
원합니다"라고 보고했고, 박근혜는 "그래요?"라고 말한 후 침실로 들어
가 10:22경 김장수에게 전화를 걸었다.[30]

박근혜는 오전 10시 22분경 안보실장 김장수에게 전화를 걸어 "단 한 명
의 인명피해도 발생하지 않도록 하라. 여객선 내 객실, 엔진실 등을 철저히
수색하여 누락되는 인원이 없도록 하라"는 지시를 한 후, 침실 밖으로 나와
서 안봉근에게 해경청장 김석균과 전화 통화를 연결할 것을 지시하였다.

10시 30경 박근혜는 국가안보실장 김장수 통화 내용과 같은 내용으로
김석균 해양경찰청장과 통화했다'고 한다.[31] 하지만 필자는 아래와 같은
이유로 검찰의 수사결과에 동의하지 않는다.

■ 김막업의 진술과 배치

김막업은 09:00부터 방송하는 KBS 2TV 드라마 "순금의 땅" 시청 도중

---

30 서울중앙지방검찰청,『세월호 사고보고 시각 조작 및 대통령훈령 불법 변개 등 사건
   수사결과 발표』, 2018.3.28, 12~14쪽.
31 서울중앙지방검찰청,『세월호 사고보고 시각 조작 및 대통령훈령 불법 변개 등 사건
   수사결과 발표』, 2018.3.28, 11~14쪽.

속보자막을 보고 세월호 침몰 사실을 알았으며, 침몰 사실 인지한 후 약 30분 후에 서류봉투가 올라왔던 것으로 기억하고 있다. 필자가 직접 위 드라마에서 세월호 침몰 사실을 알리는 자막 보도시간을 확인했는데, 위 드라마는 09:00~09:36:30경까지 방송되는 드라마로, 09:30경에 속보 자막이 방송되었던 것으로 확인됐다. 따라서 김막업의 진술을 근거하여 1보 전달시간을 추정하면, 늦어도 10:00 전후에는 상황보고서 1보가 박근혜 침실 앞에 전달되었을 개연성이 높다.[32]

■ 안봉근 진술의 신빙성 관련

본건과 관련하여 제2부속비서관 안봉근은 몇 차례 진술한 사실이 있는데 그때마다 진술이 일치하지 않았다. 또한, 관련자인 안봉근·김장수·신인호의 진술이 심하게 충돌하고 있으므로, 이들의 진술을 증거로 사실관계를 확정하는 것은 합리적이지 않다.

뿐만 아니라 김막업 및 관저데스크 경호관, 별채 경호관 등은 세월호 침몰 당일 오전 관저에서 비서관 안봉근을 목격한 사실이 없다고 진술했다. 관저의 구조 및 출입관리 시스템상 안봉근이 이들에게 발견되지 않고 관저 내실의 박근혜 침실 앞까지 진입하는 것은 사실상 불가능하다.

■ CCTV의 절대 시간

세월호 침몰 사고가 발생한 지 2~3일 지난 후, 행정관 최종필 및 위기관리센터 통신담당 오경룡은 상황보고서 1보 보고 시기를 정확히 파악하기 위해, 위기관리센터 내부에 설치된 CCTV 녹화자료를 확인한 사실이 있다.

---

32 김막업, 『진술조서(제2회)』, 서울중앙지방검찰청, 2017.12.27, 11쪽.

당시 확인된 녹화기록에 의하면 (실시간 기준) 09:40~50경 상황병이 처음으로 서류봉투를 들고 뛰어가는 장면이, 약 10분 뒤에 또 다른 상황병이 서류봉투를 들고 뛰어가는 장면이 촬영되어 있었다.[33] 당시 국가위기관리센터 근무자들은 CCTV 녹화시간을 기준으로 하여, 09:50을 박근혜에게 최초 보고한 시간으로 잠정 결정했다.[34] 특별한 객관적 증거도 없이 CCTV에 녹화된 절대 시간을 부정하는 것은 합리적이지 못하다.

■ 상황보고서 1보 작성에 관여한 근무자들의 진술

세월호 침몰 당시 위기관리센터 상황실에서 직접 상황보고서 1보를 작성했던 행정관 이태안 등은 검찰의 수사 초기 일관되게 09:50경에 상황보고서 1보를 보고했다고 진술했다. 당시 상황보고서 1보 작성과정을 살펴볼 때 논리적으로 이 시간에 상황보고서 1보가 관저에 전달되었을 개연성은 매우 높다 할 것이다.

이상과 같은 정황들을 검토해 볼 때, 박근혜가 세월호 침몰 사실을 인지한 시간과 국가위기관리센터가 상황보고서 1보를 작성하여 보고한 시간에 차이가 있을 수는 있다.

하지만 분명한 점은 최초보고서가 작성되고 보고된 시간이 검찰의 수사 결과가 확정한 시간과는 차이가 있고, 박근혜가 세월호 침몰 사실을 인지하게 된 과정에 안봉근이 개입했을 개연성은 매우 낮다는 것이다. 필자는 최초 상황보고서 1보는 늦어도 10시 이전에 박근혜 침실 앞까지 전달되었을 개연성이 매우 높다고 추정하고 있다.[35]

---

33 오경룡, 『진술조서)』, 서울중앙지방검찰청, 2017.11.3, 8~9쪽.
34 『「세월호」사고 관련 4.16~4.19일 상황일지(6.9)』 5.22. 12시 현재』.
35 별채 경호관이 상황보고서 1보를 김막업에게 전달할 때, 별도로 박근혜에게 인터폰을

박근혜가 세월호 침몰 사실을 인지한 시간도 문제이지만, 침몰 사실을 인지한 후 어떤 조치를 했는지도 진상규명 과제 중 하나이다.

검찰의 수사결과를 100% 신뢰한다 하더라도, 박근혜가 세월호 침몰 사실을 인지하고 취한 조치는 오전 10시 22분경 김장수 등에게 전화를 걸어 "단 한 명의 인명피해도 발생하지 않도록 하라"는 지시가 전부였다.

박근혜는 '위기관리센터' 및 '중대본'으로 달려가서 정확한 침몰 상황을 파악하고, 구조작업 진행 상황, 향후 예상 조치사항 등을 확인하는 등 수중 생존 승객구조를 위한 실질적인 조치를 하지 않았다. 그렇다고 장관과 비서관 등을 호출하여 긴급회의를 소집하고 대책을 논의하지도 않았다. 소식당에서 12시경 혼자 앉아서 점심 식사를 한 후 최순실이 관저에 도착할 때까지 아무것도 하지 않았다.[36]

세월호 침몰 사건에 민간인 '최순실'이 개입하다

행정관 이영선의 진술에 따르면 박근혜는 세월호 침몰 당일 오전 11시 11분경 이영선을 호출하여, "최순실에게 물건을 전달해 주라"는 지시를 했다. 이영선은 오전 11시 21분경 청와대 본관을 출발하여 오후 12시 8분경 압구정동 현대아파트 10단지 정문에 도착했다.[37] 이날 이영선이 최순실을 만나 관저를 향해 출발한 시간은 정확히 알 수 없다. 남산 1호터널 톨게이

<hr />

했을 것으로 추정되는 바, 그 시간에 박근혜가 관저에 있었다면, 유사한 시간대에 세월호 침몰 사실을 인지했을 개연성이 높다 할 것이다. 이봉진, 『진술조서』, 서울중앙지방검찰청, 2017.11.16, 19~20쪽.

36 김막업, 『진술조서』, 서울중앙지방검찰청, 2017.11.3, 35쪽.

37 이영선, 『진술조서(4회)』, 서울중앙지방검찰청, 2018.2.2, 2쪽. 하지만 다음 진술에서 "최순실의 연락을 받고 이동했다"고 했으므로, 정확한 사실관계는 추가로 따져봐야 한다.

트까지 이동 거리(6.5km)와 이동 시간(9분) 등을 고려해 보면, 오후 1시 50분경을 전후하여 문고리 3인방 등에게 "선생님 30분 후에 도착 예정"이란 문자메시지를 발송했을 것으로 추정된다.[38]

세월호 침몰 당일 오후 문고리 3인방은 최순실이 관저에 도착하기 전(정호성 : 13:27:33, 이재만 : 13:41:19경)에 관저에 도착하여 창고방([그림 5-1] ⑥번 방)에서 최순실의 도착을 기다리고 있었다.[39] 문고리 3인방은 이 자리에서 세월호 침몰 사건과 관련한 이야기를 했다.

검찰은 최순실이 탑승한 은색 카니발 차량(79더 1195호)이 오후 2시 4분경 남산 1호터널을 통과했고, 그곳에서 관저까지의 거리는 10~15분 정도 소요되므로 최순실이 관저에 도착한 시간을 약 2시 20분경으로 추정했다.[40]

최순실이 관저에 도착하여 별채 나무문을 열고 내실로 들어오는 모습을 보고 문고리 3인방은 인사를 했다. 최순실은 창고방 입구에 서서 "배가 침몰했다는데, 어떻게 된 거예요?"라고 물었고, 제1부속비서관 정호성은 세월호 침몰 상황을 최순실에게 설명했다.

이어서 정호성은 "청와대 수석들은 대통령께서 중대본을 방문할 필요가 있다는 의견입니다. 이 부분은 대통령께 보고 드려야 할 것 같습니다"라고 얘기했다. 그러자 최순실은 문고리 3인방에게 "(회의실 안으로 들어가라는 의미로) 들어가요"라고 얘기한 후 내실 유리문을 통과해 박근혜 침실을 노크하고 들어갔다.

최순실은 평소 박근혜와 친분이 두터웠기 때문에, 박근혜의 침실에 들어갈 때 별말이 있을 때까지 대기하지 않고 자유롭게 들어갔다.[41] 최순실

---

38 압구정 현대아파트 10단지 정문부터 남산 1호터널 톨게이트까지의 거리와 소요시간은 6.5km, 9분이 소요된다.

39 다만 안봉근은 관저 출입 시 관행적으로 출입확인을 하지 않았으므로, 당일 관저 출입기록은 없으나 정호성비서관과 비슷한 시기에 관저로 올라왔고, 정호성 등과 함께 창고방에서 최순실의 도착을 기다리고 있었다.

40 손영준, 『진술서(2회)』, 서울중앙지방검찰청, 2018.1.24, 19쪽.

이 박근혜 침실에 들어간 후 약 5분 정도 경과 되었을 때, 박근혜와 함께 회의실([그림 5-1] ⑤번 방)로 들어왔다. 이때 정호성은 "세월호 침몰사고 관련, 구조 인원이 많이 차이가 나는 것 같습니다. 수석비서관들이 '대통령께서 중대본을 방문하셔야 된다'는 의견을 가지고 있습니다"라는 취지로 보고했다.

비서관 안봉근의 진술에 따르면, 이때 최순실은 특별한 의견은 제시하지 않았고, 문고리 3인방의 의견과 같이 "중대본으로 가시는 것이 맞지 않겠냐"는 정도의 의견만 제시했다. 하지만 이 진술은 거짓 진술일 개연성이 높다. 오후 3시경 박근혜는 중대본 방문을 결정하고 그 사실을 경호실·중대본·해난 담당 비서관실에 전파했다.[42]

"학생들은 다 구명조끼를 입었는데 발견하기가 힘듭니까?"

정송주 자매는 세월호 침몰 당일 아침에 박근혜의 외부일정이 없었던 관계로 관저에 출근하지 않았다. 하지만 누구(비서관 정호성은 윤전추 또는 이영선에게 지시했다고 함)인지는 모르지만, 오후 2시 53분경 청와대 직원으로부터 '빨리 들어오라'는 문자메시지를 수신했고, 두 사람은 택시를 타고 오후 3시 22분경 관저로 들어왔다.

정송주 자매가 파우더 룸에 들어가서 미용 도구를 펼치고 준비하고 있는데, 박근혜가 문을 열고 들어와서 "오늘 급하다. 좀 빨리 부탁한다"고 이야기했다. 당시 박근혜의 얼굴은 완전히 생얼굴은 아닌 기초적인 베이스 정도는 되어 있었고, 머리는 전날 볼륨을 살린 상태에서 가볍게 묶은 정도

---

41 안봉근, 『진술서(3회)』, 서울중앙지방검찰청, 2018.1.26, 12~18쪽.
42 위와 같음, 19~20쪽.

였다고 한다. 그날 두 사람은 박근혜의 미용을 매우 서둘렀던 결과, 평소 (40분 소요)보다 20~25분 정도 빨리 끝낼 수 있었다.

정송주 자매는 머리를 하면서 박근혜 얼굴에 주사 자국 같은 것은 보지 못했다고 진술했다. 당시 언론에서 평소와 달리 머리가 다소 부스스하고, 헝클어진 듯한 모습을 고의로 연출한 것 아닌가 하는 의혹이 제기됐었다. 이에 대해 정송주 자매는 "긴급한 상황에서 빨리하려다 보니 시간과 정성을 들여서 할 때보다는 헝클어져 보였던 것이지 일부러 연출한 것은 아니었다"고 진술했다.[43]

박근혜는 중대본을 방문하기에 앞서 오후 3시 45분경 사회안전비서관실에서 작성한 중대본 방문용 말씀자료를 보고 받았다.[44] 정확한 청와대 관저 출발 시간은 알 수 없지만, 오후 5시 15분경 박근혜는 비서실장 김기춘 및 정무수석 박준우 등과 함께 중대본에 도착해서 행안부 2차관 이경옥으로부터 [그림 5-3]과 같은 간단한 침몰 상황을 보고 받았다.

최순실과 문고리 3인방이 세월호 침몰 당일 오후 박근혜와 한 회의 내용이 공개되지 않았기 때문에, 왜 중대본에 갔으며 중대본에서 무엇을 할 계획이었는지는 정확히 알 수가 없다.

박근혜는 중대본에서 '말씀자료'를 낭독하면서, '세월호가 침몰한 원인이 무엇인지' 묻지 않았으며, '앞으로 행정부가 어떻게 대응할 것인지?', '대통령인 본인이 뭘 도와주고 결정해야 할 것인지?' 등 수습대책에 대한 본질적인 부분을 경청하거나 묻지 않았다.

박근혜가 중대본에서 세월호 침몰과 관련하여 했던 발언은 아래와 같다.

---

43 정매주,『진술서』, 박근혜정부의 최순실 등 민간인에 의한 국정농단 의혹사건 규명을 위한 특별검사, 2017.2.18, 8~13쪽.
44 박근혜,『재판부 석명 사항에 대한 답변』, 헌법재판소, 2017.1, 7쪽, 2016 헌나 1 대통령(박근혜) 탄핵.

그림 5-3. 중대본 안행부 2차관 이경옥 보고 내용

진도해상여객선 침몰사고 상황보고

□ 사고 개요
- 일 시 : 2014. 4. 16(수) 08:58 경 목포해경서 상황실 사고접수
- 장 소 : 전남 진도군 조도면 병풍도 북방 1.7마일 해상
- 내 용 : 인천→제주 여객선 세월호 침몰(6,825톤, 정원 921명, 탑승 459명)
  - 특이사항 : 고등학생 325명(안산 단원고 2학년) 및 인솔교사 15명 등 총 340명 수학여행 차 탑승
  - 15(화) 20:30 인천 출발, 16(수) 12:00 제주 도착 예정(매주 2회 왕복)

□ 구조 현황(16:00)
- 구조 : 164명 (15:00, 해경상황실)
- 사망 : 2명(선사직원 여성 박지영, 단원고 2학년 정차웅)
- 병원이송 : 7명
  - 진도한국병원(1명), 목포한국병원(4), 해남종합병원(1), 해남우리병원(1)
  - 진도체육관(74) 등

중대본 보고 영상(국가기록원 소재) 중 필자 화면 캡처.

- 지금 가장 중요한 일은 생존자들을 빨리 구출하는 것이며, 끝까지 포기하지 말고 최선을 다해야 한다. 일몰시간(19:08)이 가까워 오는데, 어떻게든지 일몰 전에 생사 확인을 해야 한다. (다 그렇게 구명조끼를, 학생들은 입었다고 하는데 그렇게 발견하기가 힘듭니까? 지금은요?)

- 가장 힘든 분들이 가족들인데 그분들에게 조금이라도 도움이 되는 일이라면 주저하지 말고 모든 편의를 다 제공해 드리고 설명도 해 드려야 한다.

- 그런데 처음에 구조 인원 발표된 것하고 나중에 확인된 것하고 차이가 무려 200명이나 있었는데 어떻게 그런 큰 차이가 날 수 있습니까?

- 지금 많은 승객들이 아직 빠져나오지 못한 것으로 알고 있습니다. 그래서 지금 거기에 경찰특공대라든가 구조 인력들이 투입이 되고 있는 것으로 아는데, 좀 작업은 어떻게 되고 있습니까?

- 지금 부상자는 치료를 충분히 받고 있습니까?

- 시간이 없다. 일몰(19:08)까지 어떻게든지 생사 확인하고, 최대한 구출을 하고 모든 힘을 다 쏟기를 바란다.

이 말을 마친 박근혜는 중대본 방문 15분(17:15~17:30) 만에 방문 일정을 모두 마치고 오후 6시경 관저 침실로 복귀했다. 김막업의 진술에 따르면, 박근혜는 이날도 평일과 다름없이 아무 말 없이 소식당에서 홀로 저녁 식사를 한 후 침실로 들어갔다고 한다.[45]

필자는 박근혜가 중대본에서 했던 발언 내용과 딱 15분 정도만 머물렀던 점을 고려하면, 박근혜는 '사건 수습 및 대책수립' 차원보다는 국민에게 뭔가를 보여줄 목적으로 중대본을 방문했다고 판단한다.[46]

검찰은 침몰 당일 박근혜 행적을 추적하지 않았다

검찰은 비서실장 김기춘 등의 범죄를 수사하는 과정에서 불가피하게 박근혜의 세월호 침몰 당일 행적을 추적했다. 그 과정에서 매우 많은 사람들을 소환하여 조사했지만, 정작 박근혜의 진술은 확보하지 못했다.

평상시 별채 경호원들은 김막업을 통해 박근혜에게 서류를 전달하면, 박근혜 침실 인터폰으로 문건전달 사실을 보고했다고 진술했다.[47] 따라서 검찰은 세월호 침몰 당시 상황보고서 1보의 전달 시간 수사와 관련하여, 김막업을 통해 상황보고서 1보를 전달한 별채 경호관 이은상을 조사할 때,

---

45 김막업, 『진술조서』, 서울중앙지방검찰청, 2017.11.3, 36쪽.

46 박근혜가 중대본에 도착하여 보고를 받고 있을 때, 해수부 장관 이주영과 행안부 장관 강병규 등 장관들은 헬기 한 대씩 차지하고 침몰 현장 이곳저곳을 떠돌고 있었다. 따라서 박근혜가 세월호 침몰 사실을 인지하고 대책을 수립하기 위하여 즉시 관련 장관들을 비상소집했다 하더라도 실질적인 대책회의 진행은 불가능했고, 박근혜는 청와대 내부의 김장수와 김기춘을 비롯하여 각 장관들로부터 유효한 정보를 보고 받을 수 없는 상태였다. 게다가 박근혜 자신이 이 사건을 수습하기 위해 아무런 노력도 하지 않았던 것이 사태를 악화시키는 요인으로 작용한 것이 틀림없다.

47 이봉진, 『진술조서』, 서울중앙지방검찰청, 2017.11.16, 19~20쪽; 이은상, 『진술조서』, 서울중앙지방검찰청, 2017.11.7, 16~17쪽, 19쪽.

인터폰으로 몇 시에 박근혜에게 연락했으며, 박근혜가 응답했는지에 대하여 조사했어야 한다. 또한 상황병이 별채 경호관에게 상황보고서를 전달하고 전달 사실을 확인한 수령증의 행방도 찾지 않았다.

청와대 관계자들은 2014년 5월부터 7월까지 국회 운영위원회 및 국조특위 대응을 준비하면서, 막대한 양의 허위 문서를 작성했지만, 핵심사항인 '박근혜가 상황보고서 1보를 언제 읽었는지'에 대해서는 박근혜에게 직접 묻지 않았다.

그 결과 검찰이 확정한 수사결과 및 현재까지 알려진 사실은 모두 추정과 추측에 근거한 결론일 뿐, 확실한 사실로 확정된 것은 단 하나도 없다. 현 상태에서 세월호 침몰 당일 박근혜의 행적에 대하여 확실하게 밝혀진 것은 아래 사항이 전부이다.

- 세월호 침몰 당일은 박근혜가 본관 집무실에서 당연히 근무해야 하는 평일이었지만, 박근혜는 관저 침실에 머물고 있었다는 사실
- 정확한 시간은 알 수 없으나, 세월호 침몰 사실을 인지한 후에도 구조와 관련한 유효한 조치를 하지 않았으며, 즉시 위기관리센터나 중대본으로 이동하여 대통령 본연의 직무를 수행하지 않았다는 사실
- 뒤늦게 중대본을 방문하긴 했지만, 승객구조와 관련한 유효한 조치는 없었다는 사실
- 중대본에서 관저 침실로 돌아온 이후에도 장관, 수석비서관 등과 함께 특별한 회의를 진행하는 등 그 어떤 조치도 하지 않았으며, 17일 침몰 현장을 잠깐 다녀온 것을 제외하면 침몰과 관련한 그 어떤 유효한 조치도 하지 않았다는 사실

이러한 확인된 사실만으로도 왜 당시 박근혜와 청와대가 당일 행적을 밝힐 수 없었는지 추정이 되긴 한다.

▨ 자료목록

1) 김기춘, 『국정감사 국회운영위원회 회의록』, 국회사무처, 2014.10.28

2) 김기춘, 『진술조서(제2회)』, 서울중앙지방검찰청, 2018.3.21

3) 김막업, 『진술조서』, 서울중앙지방검찰청, 2017.11.3

4) 김막업, 『진술조서(제2회)』, 서울중앙지방검찰청, 2017.12.27

5) 박근혜, 『재판부 석명 사항에 대한 답변』, 헌법재판소, 2017.1, 2016 헌나 1 대통령(박근혜) 탄핵

6) 손영준, 『진술서』, 서울중앙지방검찰청, 2017.11.20

7) 손영준, 『진술조서(2회)』, 서울중앙지방검찰청, 2018.1.24

8) 안봉근, 『진술조서』, 박근혜 정부의 최순실 등 민간인에 의한 국정농단 의혹 사건규명을 위한 특별검사, 2017.1.22

9) 안봉근, 『진술서(3회)』, 서울중앙지방검찰청, 2018.1.26

10) 오경룡, 『진술조서)』, 서울중앙지방검찰청, 2017.11.3

11) 윤전추, 『진술조서(제3회)』, 서울중앙지방검찰청, 2017.11.24

12) 이봉진, 『진술조서』, 서울중앙지방검찰청, 2017.11.16

13) 이영선, 『진술조서(4회)』, 서울중앙지방검찰청, 2018.2.2

14) 이은상, 『진술조서』, 서울중앙지방검찰청, 2017.11.7

15) 정매주, 『진술서』, 박근혜정부의 최순실 등 민간인에 의한 국정농단 의혹사건 규명을 위한 특별검사, 2017.2.18

16) 정매주, 『진술조서』, 서울중앙지방검찰청, 2017.2.28

17) 정호성, 『진술조서(제2회)』, 서울중앙지방검찰청, 2018.1.30

18) 서울중앙지방검찰청, 『세월호 사고보고 시각 조작 및 대통령훈령 불법 변개 등 사건 수사 결과 발표』, 2018.3.28

2.
국가위기관리센터의
상황보고서 작성과 보고 과정

 해경의 상황보고와 관련한 매뉴얼은 "긴급한 상황이 발생하면 유무선 통신망을 활용하여 우선 구두로 상황을 전파한 후에 신속하게 상황보고서를 작성하여 전파" 하도록 되어 있다.[48] 해양경찰청은 상황발생 시 '국가위기관리센터'에 직접 상황을 보고해야 하며,[49] 특히 국가위기관리센터 및 중앙재난안전대책본부 등 유관기관에는 상황파악 즉시 보고 및 전파하도록 규정되어 있다.[50]

 해양경찰청 상황실은 세월호 침몰 사실을 오전 9시 3분경 인지했으며, 해양경찰청장 김석균도 9시 5분경에는 이 사실을 알았다. 매뉴얼에 따르면, 해경 상황실은 상황접수 즉시 유선전화를 이용해서라도 국가위기관리센터에 신속하게 상황을 전파했어야 한다.[51] 해경은 국가위기관리센터가

---

48 「해상치안상황실 운영규칙」 제10조 2.
49 「주변해역 대형 해상사고」 대응매뉴얼 Ⅱ. 기본방향 3.
50 「주변해역 대형 해상사고」 대응매뉴얼 Ⅲ. 대응활동 1. 세부활동(3).
51 해양경찰청 상황실에는 상황실장 및 상황요원(1)의 자리에 청와대 위기관리센터와 직접 연결할 수 있는 핫라인이 설치되어 있었다. 이 전화는 수화기만 들면 상대방 전화기에 벨소리가 울리도록 설계되어 있다. 따라서 세월호 침몰 당일 해양경찰청

9시 19분경 YTN 속보자막을 보고 침몰 사실을 인지할 때까지, 무려 14분 동안 신속보고 의무를 위반했다.

대형 해상사고 발생에 대한 신속보고 의무는 관련 매뉴얼 존부와 상관 없이, 국가위기관리센터가 대통령에게 보고할 때에도 똑같이 적용돼야 한다.

세월호 침몰 사건과 관련한 국가위기관리센터의 대응은 늑장 보고의 차원을 넘어 국가위기관리센터 존재 가치 자체를 의심케 했다. 총괄 지휘를 책임진 국가안보실장은 세월호 침몰이 임박한 시점에 겨우 위기관리센터 상황실에 얼굴을 내밀었고, 상황지휘는 고사하고 대통령과의 통화에서 "YTN을 같이 보시면서 상황을 판단하시는 것도 도움이 될 것 같습니다"라고 권고했다.

세월호 침몰 당시 위기관리센터 대응조치의 적정성은 '세월호 침몰 사실을 언제 인지했는가', '상황보고서 1보 작성은 언제 완료되었고, 박근혜에겐 언제 보고 되었는가', '박근혜는 상황보고서를 언제 읽었고 어떤 조치를 했는가'를 검토함으로써 평가할 수 있다.

이러한 측면에서 세월호 침몰 당시 청와대 위기관리센터 대응을 평가하면, 청와대의 잘못된 대응을 오직 박근혜 한 사람의 책임으로 치부할 수는 없다.

보고서 작성 및 보고 의무를 태만했던 사람, 정확한 상황파악을 실패한 사람, 이것을 감추기 위해 권한을 남용하여 하급자에게 허위공문서를 작성하게 하고 대통령기록물을 훼손한 사람 등 관련된 모든 사람의 공동책임이라 할 것이다.

상황실에서 핫라인을 이용하여 청와대에 보고하지 않은 것은 매우 이상한 일이며, 이 부분에 대해서는 특별한 책임을 물어야만 한다.

세월호 침몰 사건에서 국가위기관리 센터의 역할은?

국가위기관리센터는 각 부처에 산재한 국가위기 관련 업무를 종합해, 체계적이고 신속하게 관리하기 위해 국가안보실에 설치된 기구이다. 이 기구는 주요 국가적 위기의 예방과 관리에 관한 법령 제정 및 조직의 신설, 네트워크 구축 등 위기관리 체계의 기획조정, 사이버 보안대책을 수립 및 조정하는 등 국가위기관리 시스템 전반의 기획·조정하는 업무를 수행하기 위해 청와대에 설치되었다.[52]

위기관리센터는 수집된 각종 상황 정보를 분석 평가하여 국가위기 징후를 조기에 식별하고, 이를 관련 부처에 경고·전파함으로써 국가위기의 사전 예방기능을 수행한다.

세월호 침몰 당시 국가위기관리센터는 청와대 본관 인접한 곳 지하에 벙커형태로 위치해 있었다. 지하벙커는 차량이 출입할 수 있는 통로와 사람이 걸어서 출입할 수 있는 계단이 있다. 계단을 따라 걸어 내려가서 위기관리센터 정면을 기준으로, 복도 왼쪽에 화장실과 대응팀 사무실이 있고, 오른쪽에 사무실, 전산 장비실, 위기관리센터장의 집무실이 배치되어 있다. 복도 끝 쪽에는 매일 아침 국가안보실장이 아침 브리핑을 받는 브리핑실이 있고, 그 옆에 상황실이 배치되어 있다.

브리핑실 안쪽 벽에는 상황정보망을 연결하여 실시간으로 현장 상황 및 각종 정보를 표시해주는 대형 멀티스크린이 설치되어 있고, 반대쪽 벽은 상황실 내부가 들여다보이는 유리벽이 설치되어 있다.[53]

당시 위기관리센터는 대통령 직속 기구로 국가안보실장 김장수와 국가안보실 제1차장 김규현이 지휘했고, [그림 5-4]와 같이 상황팀, 대응팀, 사

---

52 박춘석, 『진술조서』, 서울중앙지방검찰청, 2017.11.6, 4~5쪽.
53 위와 같음, 6~7쪽.

이버팀 등 총 3개의 팀으로 구성되어 있었다.

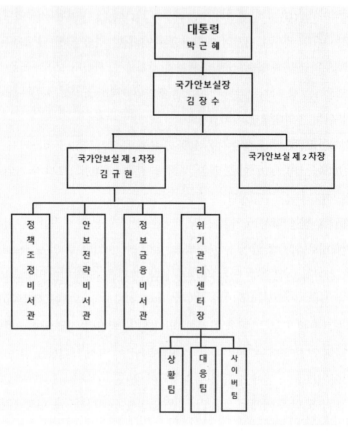

그림 5-4. 박근혜 정부 위기관리센터 조직도

국가위기관리센터 산하에는 상황팀과 대응팀, 사이버팀 등이 설치돼 있었다. 상황팀은 긴급사태 발생 시 상황파악 및 전파, 대통령 보고, 초기 조치사항의 해당 부처 시달 등의 업무를 수행하는 조직이다. 대응팀은 초기 상황이 전개될 때에는 상황팀의 업무를 지원하고, 상황이 종료된 이후에는 상황팀에서 제공한 정보를 분석·평가하며, 정부 부처와 협업하여 위기상황에 효율적으로 대처함과 아울러 사후적으로 국회 및 언론 대응 업무를 담당하는 조직이다.

또한 사이버팀은 디도스 등 사이버 관련 긴급사태 발생 시, 상황파악, 전파, 보고, 조치, 상황에 대한 정보 분석·평가, 정부 부처 협업을 통한 효율적 대응방안 수립 등 사이버와 관련된 상황에 대한 일련의 조치 전반을 담당한다.[54]

각 팀에는 팀장과 국방부, 경찰청, 국정원, 안행부, 소방방재청, 해양경찰청 등에서 파견된 행정관들이 소속되어 근무했다. 특히 상황팀에는 팀장과 상황반장을 포함한 4명씩 3개조로 구성되어 24시간 3교대 근무를 하고 있었고, 세월호 침몰 당시 각 팀의 근무자는 [표 5-1]과 같다.

표 5-1. 세월호 침몰 당시 국가위기관리센터 근무자 현황

구 분	팀장	반장	행 정 관	비 고
상황팀	김주영 (해군 대령)	백선웅 (육군 중령)	김지대(해군 소령) 이태안(경찰 경감) 전응식(소방 소방경)	세월호 침몰 당일 근무
		한용호 (공군 중령)	김인주(육군 소령) 이근안(해경 경감) 이강렬(소방 소방경)	세월호 침몰 전일 근무
		김태환 (해군 중령)	박종서(공군 소령) 정광채(경찰 경감) 이강렬(소방 소방경)	세월호 침몰 다음 날 근무
대응팀	허달행 (공군 대령)		이승우(행자부) 정명호(국정원 3급) 김진홍(경찰 총경) 최종필(해군 총경) 정희용(육군 중령)	
사이버 팀	최효진 (국정원)		박춘석(육군 중령) 이승원(미래부)	
행정 지원			오경롱(공군 원사) 송인태(해군 상사)	

관련자 진술을 근거하여 필자 정리.

---

54 박춘석, 『진술조서』, 서울중앙지방검찰청, 2017.11.6, 9쪽.

국가위기관리센터 행정관들은 다음과 같은 일정에 따라 교대근무를 하고 있었다.

- 06:00경 : 상황팀장이 전일 근무 상황반장으로부터 보고받은 내용을 토대로 '국가안보상황보고' 최종안 작성 및 위기관리센터장 보고
- 06:30경 : 위기관리센터장의 '국가안보상황보고' 최종본 국가안보실장 보고
- 07:00경 : 상황실 소속 상황병이 '국가안보상황보고'를 대통령 관저에 전달
- 08:00~08:30경 : 전일 상황반장이 브리핑룸에서 국가안보실장, 1차장, 위기관리센터장, 정책조정비서관, 정보융합비서관, 2차장, 통일비서관, 외교안보비서관, 국방비서관 등을 대상으로 전일 안보, 재난, 사이버 관련 상황에 대한 브리핑 진행
- 08:30~ : 근무교대[55]

이 일정은 국가위기관리센터 직원들이 '세월호 침몰 사실을 언제 어떻게 인지했는지' 진술의 진·위 여부를 판단하는 중요한 기준으로 활용할 수 있다.

비서실장 김기춘을 비롯한 거의 모든 청와대 관계자들이 세월호 침몰 사실을 오전 9시 19분경 YTN 속보자막을 보고 인지했다고 진술했지만, 많은 국민이 이 시간을 믿지 못하는 상황에서 진술자의 표현 방법에 따라 실제 인지 시간을 정확히 유추할 수 있기 때문이다.[56]

---

55 허달행, 『진술조서』, 서울중앙지방검찰청, 2017.11.8, 17~18쪽.
56 위기관리센터 행정관들의 근무교대 시점은 오전 8시 30분경 전후가 확정적인데, 어떤 다수 행정관은 "브리핑을 마치고 난 후 근무를 하던 중…"으로 진술하는가 하면, 또 다른 다수 행정관은 "당일 근무교대 후 상황근무를 시작하려고 하는데…"라고 표현하는 것으로 보아, 양쪽 다 근무교대 후 멀지 않은 시점을 특정하는 것으로 보이고, 적어도 오전 9시 19분과는 거리가 있는 시점을 지목하고 있는 것으로 판단된다. 따라서 오전 9시 19분경 인지설은 상호 약속된 시간일 개연성이 높으므로 다시 조사돼야 할

국가위기관리센터의 재난 초동상황 지휘 매뉴얼

박근혜 정부 때 세월호 침몰 사건 등 대형선박이 침몰하는 상황이 국가위기관리센터에 접수되면, 그들은 어떤 매뉴얼을 적용하여 초동상황을 지휘했을까?

2014년 7월 10일 청와대 비서실 등을 조사한 국회 국조특위에서 이 부분이 논의됐었는데, 청와대는 다음과 같이 답변했다.

> 선박사고 관련 정부 차원의 '위기관리 표준 매뉴얼'은 없으나 작년 신설된 해수부가 '해양사고(선박) 위기관리 실무매뉴얼'을 작성하였으며, 금번 사고 대응시 동 매뉴얼을 활용하였습니다. 매뉴얼의 부재로 대응에 문제가 있었던 것은 아니라고 보며, 보다 중요한 것은 매뉴얼 유무보다 현장의 대응 능력이라고 생각합니다. 금번 사고의 경우에도 늑장 출동, 전문성 및 장비 미구비 등으로 초동 대응이 미흡했다고 봅니다.[57]

청와대가 답변한 해양수산부의 '해양사고(선박) 위기관리 실무매뉴얼'은 총론만 규정하고 있을 뿐, 긴급상황에서 구체적 대응조치는 규정하고 있지 않다. 그것도 해수부 내부 관리용이므로 모든 부처를 통합지휘해야 하는 국가위기관리센터가 준용하는 것은 적절치 않다.

특히 [표 5-1] '세월호 침몰 당시 국가위기관리센터 근무자 현황'에서 보듯이, 세월호 침몰 당일 위기관리센터 근무자 중 해양사고에 대한 개념이 있는 행정관 및 비서관은 단 한 명도 없었다. 이 상황에서 침몰 사실을 아무리 빨리 접수했다 하더라도, 구체적 지휘 매뉴얼과 훈련된 지휘관이 존재하지 않았다면, '대형참사'라는 결론은 달라지지 않았을 것이다.

국가위기관리센터 대응팀장 허달행은 세월호 침몰 사건과 같은 사례가

필요가 있다.

57 『세월호 침몰사고 진상규명국정조사특별조사록(부록)』, 2014.7.10, 41쪽.

발생하면 다음과 같은 절차에 따라 상황을 정리한다고 진술했다.

- 상황 초기에 '문자메시지 동시 전송시스템(동보)'을 통해 청와대 주요 보직자들에게 상황을 발송
- 해양경찰 등으로부터 구체적인 초기 상황파악
- 상황보고서를 작성하여 위기관리센터장, 국가안보실장 순으로 검토 한 다음 최종 상황보고서를 확정하여 대통령에게 보고
- 초기 조치사항을 해당 부처에 시달하는 등 상황에 대한 초기 대응 진행58

이것이 당시 청와대가 할 수 있는 구조행위의 전부라면, '다른 날 다른 시간'에 세월호가 침몰했다 하더라도, 박근혜 정부의 위기관리센터가 할 수 있는 구조행위는 특별히 할 것이 없다. 위기관리센터는 '여전히 상황을 파악하여 대통령에게 보고하는 것과 세월호가 천천히 넘어가기를 기도하는 것'외엔 달리 취할 조치가 없었을 것이다.

대형 해상사고와 관련한 상세하고 구체적인 매뉴얼 제정이 요구되는 대목이다.

'상황보고서 1보의 작성'이 완료된 시간은?

공식적으로 국가위기관리센터를 비롯한 안전행정부, 국가정보원 등 대한민국 정부 부처와 모든 기관은 오전 9시 19분경 방송된 YTN 속보자막을 보고 세월호 침몰 사실을 인지했다고 한다.59

58 허달행, 『진술조서』, 서울중앙지방검찰청, 2017.11.8, 9쪽.
59 필자가 집필 작업을 완료한 이후 2기 특조위에서 2020년 5월 13일 매우 의미 있는 발표를 했다. 그들의 발표에 의하면 '세월호 침몰 당일 09시 15분 35초경 "08:58분 전남 진도 인근 해상 474명 탑승 여객선(세월호) 침수 신고 접수. 해경 확인 중"이란

여기에는 두 가지 의문점이 있다. 하나는 '9시 19분경 YTN에서 자막으로 방송된 속보가 정말 최초 보도였는가' 하는 점이고, 다른 하나는 '모든 기관이 YTN이 세월호 침몰 관련 속보를 송출한다는 사실을 사전에 알고 있지 않은 이상, 어떻게 동시에 같은 방송을 시청할 수 있었는가' 하는 점이다.[60]

세월호 침몰 당시 국가위기관리센터 상황실에서 근무했던 행정관 등은 모두 청와대의 방침과 같이 오전 9시 19분경 YTN 속보자막을 보고 세월호 침몰 사실을 알았다고 진술했다.

하지만 실제 진술에서는 이것과 배치되는 진술을 했던 사례도 다수 발견된다. 특히 상황보고서 1보를 작성한 행정관 이태안은 "(08:00~08:30에 진행되는) 전일 브리핑이 종료되고 저희팀 근무자들이 **상황실로 들어오는 순간**에 상황실 벽에 걸어둔 TV 뉴스에서 세월호 사건 관련 자막이 보도되었습니다. 당시 근무했던 병사(상황병 홍성환)가 제일 먼저 TV 자막을 보고 상황이 발생했다고 알려 주었습니다"라는 진술했다. 이 시간은 오전 9시 19분경과는 너무 많은 차이가 있다. 통상 전일 브리핑은 8시 30분경 종료되기 때문이다.

또 세월호 침몰 당일 '09:10경 YTN 속보자막을 보고' 세월호 침몰 사실을 인지한 상황병 홍성환은 즉시 '상황반장 백선웅에게 보고했다'고 진술했다. 백선웅은 보고받은 후 다음과 같은 조치를 취했다고 진술했다.

- 행정관 이태안에게 사건의 진위여부 확인을 지시했으며, 이태안은 09:20:32경 해양경찰청 상황실과 전화 통화로 사실임을 확인

문자를 동보시스템을 이용하여 청와대 근무자들에게 전파'했다는 것이다. 통상 상황이 접수되고 동보문자가 발송되는 것에 소요되는 시간이 10분 정도인 점을 감안하면, 청와대가 세월호 침몰 사실을 인지한 시간은 적어도 09시 19분경은 아닐 것이라는 2기 특조위의 주장이다. 가습기살균제 및 4·16세월호참사특별조사위원회, 『보도자료』, 2020.5.13, 3쪽.

60 이 주제에 대해서는 이 책 제6장 '1. 세월호 침몰 사건 발생시간과 최초 보도시간은?'에서 상세하게 논하기로 한다.

- 행정관 전응식에게 09:22경 동보시스템을 이용해 재난문자 발송토록 조치[61]

- 행정관 김지대는 상황팀장 김주영에게 사고 발생 사실을 유선보고 하도록 조치

- 본인은 안보실장 보좌관 임형욱 대령에게 휴대전화로 사건 발생 사실을 보고[62]

- 행정관 이태안에게는 09:25경 상황보고서 1보 작성을 지시[63]

통상 상황팀 행정관 중 1명이 상황보고서를 작성하게 되면, 다른 행정관 2명은 유관기관에 연락하여 상황을 파악해 상황보고서 작성 담당자에게 알려준다.

실제로 세월호 침몰 당시 행정관 이태안이 상황보고서 1보를 작성할 때, 행정관 전응식은 단원고 학생들이 다수 탑승하고 있다는 정보를 입수하고, 그 진위를 확인하기 위해 단원고 교감에게 전화하여 '탑승 여부 및 탑승 인원수, 탑승자 구성' 등을 확인했다. 세월호 운영회사인 청해진 해운에 전화하여 관련 자료도 제출받았다.[64]

대응팀 행정관 김진흥도 육경 쪽을 확인하는 차원에서 진도경찰서와 경찰

---

61 백선웅, 『진술조서』, 서울중앙지방검찰청, 2017.11.8, 6쪽.

62 위와 같음, 7쪽.

63 상황보고서 작성을 이태안에게 맡긴 이유는, '재난 상황이기는 하지만 바다에서 발생한 여객선 침몰사고였기 때문에 해경이 구조업무를 담당하고 있었고, 그 때문에 경찰청에서 파견된 이태안 경감에게 상황보고서 작성을 지시했던 것'이라고 한다.

64 전응식, 『진술조서』, 서울중앙지방검찰청, 2017.11.1, 7~8쪽. 하지만 단원고 교감 강민규의 통화기록에는 세월호 침몰 당시 청와대와 통화했다는 근거가 남아있지 않다. 행정관 전응식이 허위진술을 한 것인지, 아니면 교감의 가족들이 관련 내용을 삭제한 것인지 반드시 확인할 필요가 있다. 또한, 전응식이 교감과 통화한 것이 틀림없다면, 특히 오전 9시 50분 이후에 통화했다면, 적어도 위기관리센터는 당일 상황을 정확히 파악하고 있었을 개연성이 높다. 강민규 교감은 9시 50분경 512호 헬기를 타고 서거차도로 이동했다가 곧바로 세월호 침몰 현장으로 이동했기 때문에 선장 및 선원 다음으로 세월호 선내 상황을 정확히 알고 있던 사람이다. 사회적참사특별조사위원회(사참위) 또는 검찰 특별수사단은 이 부분을 반드시 조사해야만 한다.

청 본청 상황실에 경비전화를 이용해 정보를 파악했다고 한다.[65] 다만 그곳에서도 사고 내용에 대하여 잘 모르고 있었고, 진도경찰서나 경찰청 본청 직원들도 김진흥이 전화할 무렵에서야 비로소 상황파악을 하고 있었다고 한다.

상황보고서 작성이 완료되면 작성자는 상황보고서를 출력하여, '상황반장 → 상황팀장 → 위기관리센터장 → 안보관리실장'의 검토를 거쳐 상황보고서를 확정하게 된다. 다만, 세월호 침몰 사건 당일에도 이 보고시스템이 준수되었는지는 확인할 필요가 있다.

세월호 침몰 당시 상황보고서 1보를 작성한 행정관 이태안은 "제가 기본적인 사항만 기재하여 1보를 작성하여 김주영 상황팀장에게 보고하였더니, 김주영 상황팀장이 '대통령에게 이렇게 보고할 수 없다'고 하면서 '조난신고시간, 배의 명칭과 톤수, 탑승 인원, 구조지원세력, 출항시간 및 도착 예정시간' 등을 모두 확인하라고 하여" 추가확인 했으며, 나머지 부분은 상황팀장 김주영이 1보를 완성했다고 진술했다.[66]

상황팀장 김주영이 백선웅에게 추가확인을 지시했던 사항들은 백선웅이 오전 9시 31분경까지 해경과 전화 통화를 통해 모두 확인했고, 9시 30분경 전파된 해양경찰청(본청) 상황보고서에도 상황팀장 김주영이 요구한 정보가 이미 모두 포함되어 있었다(표 5-2] 참조). 따라서 오전 9시 30분경 침몰 중인 세월호에 대한 정보가 부족하여 상황보고서 작성을 미룰 상황은 결코 아니었다.

행정관 이태안은 오전 9시 31분 52초경 해경과의 전화 통화를 마친 후 10시 14분 30초까지 약 43분간 해경과 어떤 통화도 하지 않았다.[67]

---

65 김진흥, 『진술조서』, 서울중앙지방검찰청, 2017.11.9, 4쪽.
66 이태안, 『진술조서』, 서울중앙지방검찰청, 2017.11.1, 15쪽. 하지만 2014년 4월 14일 여수 해상에서 발생했던 몽골선적 북한선박이 침몰했을 때 박근혜에게 보고됐던 상황보고서 1보는 침몰지점이 표시된 지도가 있는 것을 제외하면 해경의 상황보고서 1보와 전혀 틀리지 않았다. 따라서 '대통령에서 이대로 보고할 수 없다'는 진술은 진실을 감추기 위한 허위진술일 가능성이 있다.

표 5-2. 상황팀장 김주영이 이태안 경감에게 확인을 지시했던 사항

구 분 (지시내용)	해경 상황보고서 포함 여부			이태안이 해경과 전화 통화 했던 시간
	목포서 상황실	서해청 상황실	본청상황실	
해경 1보 발송시간	09:02 OR 09:05	9:19 OR 09:22	9:30 OR 09:33	
김주영 확인 지시 사항 조난신고시간	○	○	○	9:24 통화 확인
배의 명칭과 톤수	△ 톤수 : 없음	○	○ (톤수 표기 틀림)	9:31 통화 확인
탑승 인원	△ (탑승인원 : 350명 이상)	○	○	9:24 통화 확인
구조지원 세력	X	△ 동원세력 표기	X	9:24 통화 확인
출항시간 및 도착예정시간	X	△ 도착시간 : X	X	9:31 통화 확인

범례: ○ : 이미 상황보고서 포함된 상태에서 상황전파
△ : 상황보고서에 일부 포함된 상태에서 상황전파
X : 상황보고서에 기록되어 있지 않음
해경 상황실 전화 통화 녹취록 및 상황보고서를 참고하여 필자 작성.

따라서 상황보고서 1보는 오전 9시 31분경 해경 상황실과의 통화를 마친 행정관 이태안이 직접 작성했으며, 늦어도 9시 40분경까지는 완료되었을 개연성이 높다.[68]

「재난 및 안전관리 기본법」에 기초하여 작성된 「해양사고(선박) 위기관리 실무 매뉴얼」에 따르면, 해양 선박사고의 경우 사고 현황을 신속하게 전파 · 보고하는 것이 초동 대응에서 매우 중요하기 때문에, 선박사고에 대한 최초 상황보고는 '유무선 전화'를 이용하여 피해 상황만 우선 보고하도록 규정되어 있고, 사고 발생 보고는 '6하원칙에 의거 간결 · 명료하고

---

67 서울중앙지방검찰청, 『수사보고 [세월호 사고 당일 '청와대 위기관리센터 ↔해경청 상황실' 핫라인 녹취록 종합 수정본 작성 첨부]』, 2018.3.27.
68 다만, 상황팀장 김주영이 추가확인을 지시했던 부분 중 미결사항인 "구조지원세력"과 관련한 부분은 상황보고서 2보에 반영되었을 가능성이 있다.

신속하게 보고'하도록 규정되어 있다.

　세월호 침몰 당시 상황팀장 김주영이 행정관 이태안에게 실제로 "모두 확인하라"고 지시를 했다면, 그것은 원칙에 어긋난 지시행위에 해당하므로, 이태안과 김주영의 진술은 사실이 아닐 가능성이 있다.

김장수 국가안보실장은 '상황보고서 1보'를 검토했을까?

　상황보고서는 박근혜에게 보고되는 문건이므로, 당연히 안보실장의 검토 및 결재를 거쳐야 한다. 그 이유는 '대통령이 보고를 받을 경우, 국가안보실장에게 전화해 관련 사항을 물어볼 수도 있기 때문'이다.[69] 하지만 이 원칙이 세월호 침몰 사건에도 똑같이 적용되었다는 보장은 없다.

　검찰 수사 과정에서 관련자들은 서로 다른 진술도 했다. 논리적으로 누구의 말도 모두 믿을 수 없으며, 오히려 당시 "긴급한 상황"이란 점을 감안한다면 합리적인 방향에서 생략되었을 가능성도 없지 않다.

> ▪ 국가안보실장 김장수
> 제 기억에는 신인호나 김주영이 저의 사무실로 상황보고서 1보를 들고 올라온 것 같습니다. 그래서 제가 보고서를 검토한 후 인터폰으로 신인호 또는 김주영에게 상황보고서 1보를 빨리 보고드리라고 지시한 후 바로 위기관리 상황실로 내려간 것으로 기억합니다. 다만, 그 시간이 언제인지는 잘 기억을 하지 못하고 있습니다.[70]

> ▪ 국가위기관리센터장 신인호
> 당시 김장수 실장은 위민 3관 2층 사무실에 있었던 것으로 기억하는데, **제가 전화로 '대통령께 보고서를 올려 드릴 것'이라는 취지를 말씀드**

69　허달행, 『진술조서』, 서울중앙지방검찰청, 2017.11.8, 10쪽.
70　김장수, 『피의자신문조서』, 서울중앙지방검찰청, 2018.2.26, 13쪽.

렸고, 이어서 안봉근 비서관에게 전화하여 '대통령에게 보고서가 올라갈 것'이라는 것을 말해 주었다. 그때 상황병 2명이 각각 대통령과 김장수 실장에게 상황보고서(1보)를 전달하였고, 김장수 실장은 위와 같이 상황보고서(1보)를 전달받은 후 위기관리센터로 내려온 것으로 기억합니다.[71]

초안이 완성된 후 이를 출력하여 안보실장이 계시는 위민3관 2층 국가안보실장실로 상황병을 보내어 보고를 드렸습니다.[72]

- 상황팀장 김주영
  신인호 비서관 아니면 제가 보고를 하였을 것인데, 제가 보고를 한 기억은 없으므로 신인호 비서관이 김장수 실장에게 보고를 하고 검토를 받은 것 같습니다.[73]

- 반장 백선웅
  대통령에게 올리는 보고서이므로 당연히 안보실장의 검토 및 결재를 거쳐야 합니다. 실제로 세월호 사건 당일에도 대통령 관저로 보고서를 보내기 전에 상황병이 안보실장에게 먼저 보고서를 전달하여 검토 및 결재를 받았고 그 후에 김주영 상황팀장이 "실장님 검토 끝났다. 보내라"라고 말하여 상황보고서 1보를 대통령에게 전달한 것으로 기억합니다.[74]

- 행정관 이태안
  통상 상황보고서가 완성되면 상황팀장 및 위기관리비서관의 검토를 거쳐 국가안보실장에게 보고하여 최종 검토를 거친 후에 대통령께 보고를 합니다. 하지만 세월호 사고 당일에는 상황이 급박하여 김주영 상황팀장이 직접 제 자리에서 상황보고서를 타이핑하여 완성하였고, 신인호 비서관이 바로 옆에서 검토를 마쳤습니다. 그런데 김장수 실장이 당시 상황보고서 1보를 검토하였는지 여부는 잘 기억이 나지 않습니다.[75]

71 신인호, 『진술서』, 서울중앙지방검찰청, 2018.2.6, 1~2쪽.
72 신인호, 『진술조서』, 서울중앙지방검찰청, 2018.2.9, 10쪽.
73 김주영, 『진술조서』, 서울중앙지방검찰청, 2017.11.9, 10쪽.
74 백선웅, 『진술조서』, 서울중앙지방검찰청, 2017.11.8, 13쪽.
75 이태안, 『진술조서(제2회)』, 서울중앙지방검찰청, 2017.12.28, 13쪽.

- 행정관 김지대

  사전 검토를 받았는지, 비서관님이 유선보고를 드렸는지는 정확히 기억나지 않습니다. 비서관님이 전화를 이용하여 보고하여 검토를 받으셨는지, 상황병이 보고서를 국가안보실장실로 전달하여 비대면으로 검토를 받았는지는 당시 상황파악 등 경황이 없어서 정확히 기억이 나지 않습니다.[76]

- 상황병 홍성환

  제가 윗분들의 보고 및 결재에 관하여 자세히는 알 수 없습니다. 다만 당시 제가 근무할 때에는 보면, 사실상 신인호 비서관이 보고서 작성을 끝내고 김장수 실장에게는 유선으로 이러이러한 내용으로 대통령에게 보고를 하려고 한다는 취지로 보고하여 김장수 실장의 구두 승낙을 받은 뒤, 상황병을 통하여 대통령에게 먼저 보고서를 보내고, 그 후에 상황병을 시켜 김장수 실장에게 보고서를 보내는 경우도 있었습니다. 정확하지는 않지만 아마 세월호 사건 당시에도 그렇게 일이 진행되었던 것 같습니다.[77]

- 상황병 이정우

  비서관님께서 국가안보실장님께 유선으로 상황보고를 하셨을 것으로 생각되지만, 통상 국가안보실장님은 중요한 사안일 때만 직접 상황실로 오셔서 보고를 받으시는데, 최초 서면보고가 이루어질 때까지만 하더라도 당시 위기관리센터 내부 분위기는 사태를 심각하게 생각하고 있지 않았고, 전원 구조가 가능할 것으로 판단하고 있었습니다. 그래서 국가안보실장님께서 세월호 사고에 대해 유선보고를 받았지만 심각하게 생각하지 않다가 나중에 추가적인 보고 또는 최초 서면보고를 보시고 난 이후에 사태의 심각성을 깨닫고 상황실로 오신 것이 아닌가 생각됩니다.

  (중략)

  "진술인이 당시 작성된 최초보고서를 가지고 대통령 관저로 전달하기 이전에 먼저 국가안보실장에게 보고서를 전달한 사실은 있나요"

---

76 김지대, 『진술서』, 서울중앙지방검찰청, 2017.11.22, 9쪽. 하지만 같은 날 진술에서 "세월호 사건 발생 당일, 제가 기억하기에는 대통령님께서 제일 먼저 보실 수 있도록 상황병을 통해 관저로 전달했습니다"라는 진술도 확보되어 있는 상태이다.(같은 진술서 19쪽)

77 홍성환, 『진술조서』, 서울중앙지방검찰청, 2017.11.15, 21쪽.

라는 검사의 질문에, 당시 저는 최초보고서를 가지고 대통령이 계신 관저로 뛰어갔던 기억만 있고, 국가안보실장님께 전달한 기억은 없습니다.[78]

이 문제는 박근혜에게 상황보고서가 전달된 '실제 시간'을 가늠하는 데 매우 중요한 요소이므로 반드시 규명돼야 한다. 검찰은 '위기관리센터에서 첫 번째로 뛰어간 상황병이 김장수에게 보고서를 전달했다'고 수사결과를 발표했다.

문제는 이 사건 보고체계의 최상층에 있는 '김장수·신인호·김주영' 등의 당시 기억이 불분명하고, 진술도 일치하지 않는다는 점이다. 그들이 원칙대로 계통에 따라 상황보고서를 보고받고 검토했다면, 진술이 불일치할 이유가 없다.

반면 상황보고서 1보를 들고 관저로 뛰어갔던 상황병 이정우의 진술은 매우 구체적이고 합리적이다. 또한, 보고체계의 최하층에 있는 상황병이 위 세 사람을 해할 목적으로 악의를 가지고 의도적으로 왜곡된 진술을 하지는 않았을 것이다.

위기관리센터에 설치된 CCTV 녹화영상에는 상황병 이정우가 홍성환에 앞서 '밖으로 뛰어나간 것'으로 기록되어 있고, 이정우는 자신이 '관저에 상황보고서를 전달했다'고 진술했다. 이정우의 진술이 사실이라면, 위기관리센터장 신인호 등이 전화 통화로 안보실장의 구두 승인은 받을 순 있어도, 물리적으로 종이 문서를 보고할 시간은 없게 된다.

필자는 김장수가 신인호 등으로부터 유·무선 통신으로 보고는 받았을 가능성은 있을지 몰라도, 종이 문서로 보고는 받지 않은 것으로 판단하고 있다.

---

78 이정우,『진술조서』, 서울중앙지방검찰청, 2017.11.15, 11쪽.

세월호 침몰 당일 오전 안봉근은 관저에 갔을까?

검찰의 수사결과에 따르면, 안보실장 김장수는 위기관리센터로 내려가기 전 본인의 집무실에서, 그리고 위기관리센터에 도착해서 박근혜에게 세월호 침몰 사실을 보고하기 위해 본인의 휴대전화로 전화를 걸었으나 박근혜가 전화를 받지 않았다. 안봉근은 김장수로부터 전화를 받은 후 제2부속비서관실 소속 행정관 이영선이 10시 12분경 본관 동문으로 나가서 준비한 승용차를 이용하여 10시 20분경 관저로 간 후 내실로 들어가 침실 앞에서 "대통령님" 하면서 수회 박근혜를 불렀고, 박근혜는 그 소리를 듣고 침실 밖으로 나왔다고 진술했다. 그때 안봉근은 "국가안보실장이 급한 통화를 원합니다"라고 보고하였고, 박근혜는 "그래요?"라고 말한 후 침실로 들어가 김장수에게 전화를 걸었다고 한다.[79]

이러한 검찰의 수사결과는 김막업과 관저 경호관 및 별채 경호관들의 진술과 정면으로 배치된다. 검찰이 안봉근의 여러 진술 중에서 필요한 부분만 핀셋으로 선별하여 판단한 결과라 비판하지 않을 수 없다.

필자는 아래와 같은 정황을 들어 세월호 침몰 당일 오전 10시 20분경, 안봉근이 '관저에 올라갔던 사실이 없었다'고 판단했으며, 검찰의 수사결과는 안봉근 등이 박근혜를 보호하기 위해 허위진술을 한 것을 검찰이 아무런 의심 없이 믿어준 결과라고 판단하고 있다.

① 관저 관계자들의 진술

비서관 안봉근이 관저로 가기 위해서는 인수문의 관저데스크 경호관, 별채 경호관, 김막업 등을 구조적으로 만날 수밖에 없다. 특히 박근혜가

---

79 검찰, 『세월호 사고 보고시각 조작 및 대통령훈령 불법 변개 등 사건 수사결과 발표』, 서울중앙지방검찰청, 2018.3.28, 13~14쪽.

머물었던 관저 침실은 김막업이 거주하는 공간을 통하지 않고는 외부인이 진입할 방법이 없다.[80] 뿐만 아니라 검찰의 수사결과에 의하면, 안봉근이 올라왔던 시간과 상황병 이정우가 인수문 관저데스크에 도착한 시간이 거의 비슷하므로, 실제로 안봉근이 관저를 방문했다면 각 경호관 및 김막업이 이를 기억하지 못할 이유가 없어 보인다. 하지만 세월호 침몰 당일 오전 이들은 모두 안봉근을 비롯하여 그 누구도 관저에 올라오지 않았다고 한다.[81]

② 안보실장 김장수의 전화 통화 사실 부인

안봉근과 전화 통화를 했다는 사실은 안보실상 김장수에게는 매우 유리한 진술임이 틀림없음에도 불구하고 김장수는 "그 전화를 했던 기억이 없다"고 부인했다.[82] 더 나아가 신인호가 안봉근과 통화했다는 주장에 대해서도 김장수는 역시 부인했다. 신인호와 김장수는 같은 시간 같은 공간에 있었으므로, 기억에 문제가 있다손 치더라도 유사한 진술이 있어야 한다. 하지만 두 사람의 진술이 심대하게 불일치 하는 것은 누군가의 진술은 허위임이 분명하다 할 것이다.

③ 위기관리센터장 신인호의 진술

김장수 실장님께서 위기관리센터로 들어오신 후에 브리핑룸의 'V테이블'중앙쪽의 의자에 앉으셨습니다. 당시 김주영 상황팀장과 간단하게 당시의 상황을 보고드렸습니다. 그 후에 바로 김장수 실장님이 대통령께 휴대전화로 전화 통화를 시도하였는데, 통화가 되지 않았습니다. 한 번만 시도하셨는지 몇 번을 시도하셨는지는 기억이 나지 않습니다. 그

---

80 경호문제로, 김막업 등이 내실에서 별채로 연결되는 출입문([그림 5-1] ⑤ 근처)을 개방해 주지 않으면 외부인이 내실로 들어갈 방법이 없다.
81 김막업, 『진술조서』, 서울중앙지방검찰청, 2017.11.3, 34쪽; 이은상, 『진술조서』, 서울중앙지방검찰청, 2017.11.7, 33쪽; 손영준, 『진술조서』, 서울중앙지방검찰청, 2017.11. 20, 16쪽.
82 김장수, 『피의자신문조서』, 서울중앙지방검찰청, 2018.2.26, 15~16쪽.

모습을 보고 제가 김장수 실장님께 "제가 안봉근 비서관에게 전화해 보겠습니다"라고 말씀을 드리고 안봉근 2부속비서관에게 "지금 안보실장님께서 대통령께 급히 전화를 드려야 하는데, 전화를 안받으신다"라고 말을 했고, 안 비서관은 "알아볼게요" 또는 "알았습니다"라고 답을 하였습니다.[83]

④ 안봉근 진술내용의 충돌

행정관 이영선의 진술에 의하면, 박근혜 탄핵심판 과정에서 세월호 침몰 당일 오전 안봉근 및 이영선의 관저 방문건과 관련해 유영하 변호사와 상의한 사실이 있고, 유영하 변호사는 안봉근에게 전화하여 이 사실을 직접 확인했다고 한다. 그때 안봉근이 "나는 (이영선과) 같이 가지 않았다", "나를 끌어들이지 말라"고 했다고 진술했다.[84]

- 안봉근의 진술 1

  정확한 시간은 기억나지 않지만 10시쯤, TV를 보던 중에 김장수 실장으로부터 전화가 걸려와서 전화를 받았더니 김장수 실장이 "지금 대통령 어디 계셔"라고 말해서 제가 "관저에 계시지 않을까요"라고 말했더니 김장수 실장이 "지금 급한 서류가 올라가니 대통령께 바로 전달되도록 해 달라"고 말했다. (중략) 제가 김장수 실장으로부터 전화를 받은 후 30~40분 정도 계속 TV뉴스를 보고 있는데 대통령으로부터 전화가 왔습니다. 그래서 제가 받아보니 대통령님께서 "잠깐 올라오세요"라고 하여 제가 관저로 급하게 갔습니다.[85] 이때 안봉근은 검정색 그랜저 승용차를 직접 운전하여 관저 인수문 앞에 차를 주차하고 관저로 들어갔으며, 별채에 들어가서 별채 경호관에게 '대통령에게 인터폰을 해 달라'고 하여 당시 근무자가 대통령에게 인터폰을 해 준 것으로 기억한다.[86]

---

83 신인호, 『진술조서』, 서울중앙지방검찰청, 2018.2.6, 2쪽.
84 이영선, 『진술조서』, 서울중앙지방검찰청, 2017.11.22, 9쪽.
85 안봉근, 『진술조서』, 서울중앙지방검찰청, 2017.11.24, 6~9쪽.
86 위와 같음, 10~12쪽.

- 안봉근의 진술 2

제가 이전에 세월호 사고 당일 오전에 김장수 국가안보실장으로부터 전화를 받고 TV뉴스를 보다가 박 전 대통령으로부터 저를 찾는 전화를 받았다고 진술을 하였는데, 제가 앞뒤 사정을 곰곰이 생각해보니, 당시 제가 대통령으로부터 전화를 받고 관저로 올라간 것이 아니라 김장수 실장으로부터 전화를 받고 '대통령께 보고를 드려야 겠다'는 생각에 관저로 올라가서 '김장수 실장이 대통령님과 통화를 원한다'는 말씀을 드린 것으로 기억이 됩니다.[87] 또한 관저로 이동방법도, 본인이 직접 운전한 것이 아니라 이영선이 검정색 그랜저 승용차를 직접 운전하여 관저로 올라갔다.[88]

⑤ 박근혜 복장에 대한 안봉근의 기억

사건 당일 안봉근이 관저에 올라갔던 것이 틀림없다면, 최소 박근혜의 복장과 헤어스타일에 대한 진술만은 일관성 있어야 한다. 하지만 안봉근은 최순실 국정농단을 수사하는 과정에 특별검사실에 출석하여, 당시 박근혜가 '청와대에서 수석비서관들 회의를 주재하거나 외부 행사 때 입는 정장을 입고 있었으며, 헤어스타일도 평상시처럼 단정하게 정리되어 있었다'고 진술했다.[89] 박근혜의 미용을 책임을 지고 있던 정송주 자매가 세월호 침몰 당일 오후 관저에 갔을 때 목격했던 "얼굴은 완전히 생얼굴은 아닌 기초적인 베이스 정도는 되어 있었고, 머리는 전날 볼륨을 살린 상태에서 가볍게 묶은 정도였다"는 것과 거리가 있는 진술이다.

또 2018.1.11. "당시 박 전 대통령의 얼굴이나 복장에 이상한 점을 발견하지는 않았나요"라는 검사의 질문에 안봉근은 "정확하게 기억나지 않는데, 특이하거나 이상한 점은 발견하지 못했습니다. 밑에는 치마를 입으신 것 같고 위에는 스웨터 정도를 입으셨던 것 같습니다. 얼굴에 특이점이 있

<hr />

87 안봉근, 『진술조서』, 서울중앙지방검찰청, 2018.1.11, 2쪽.

88 위와 같음, 12쪽.

89 안봉근, 『진술조서』, 박근혜정부의 최순실등 민간인에 의한 국정농단 의혹 사건규명을 위한 특별검사, 2017.2.20, 34쪽.

었던 것도 기억에 없습니다"라며 특검 때의 진술과 전혀 다른 진술을 했다.[90] 두 번 모두 '기억나지 않는다'라고 진술했다면 오히려 진술에 신빙성이 있었을 것이다.

당시 안보실장 김장수가 박근혜와 전화 통화를 연결할 방법은 다양하게 존재했다. 박근혜의 침실에는 인터폰(유선전화)이 설치되어 있었으므로 그것을 활용할 방법도 있었고, 별채 경호관 또는 김막업을 활용할 수도 있었다. 그런 신속하고 효율적인 방법을 제쳐두고, 긴급상황에서 반드시 이동이 요구되는 안봉근을 활용했다는 것은 매우 상식에 반할 수밖에 없다.

또한, 문고리 3인방은 세월호 침몰 당일 오후, 최순실이 관저에 도착하기 약 1시간 전에 이미 관저에 도착해 있었다. 이때에도 안봉근은 박근혜에게 세월호 침몰과 관련한 사항들을 보고하지 않았으며, 함께 대책을 논의하지도 않았다. 그랬던 안봉근이 전화로 김장수의 부탁을 받고 '관저로 특별하게 이동을 했다'는 검찰의 수사결과를 믿기 어렵다.

박근혜는 '상황보고서 1보'를 언제 보고받았을까?

안보실장 김장수가 상황보고서 검토를 완료하고 대통령에게 전달해도 좋다는 지시를 내리면, 상황반장 또는 상황실 근무자가 보고서를 출력해 상황병에게 전달하고, 상황병은 이것을 서류봉투에 담은 후 테이프를 붙여 밀봉하여, 본관 또는 관저에 있는 박근혜에게 전달하게 된다. 세월호 침몰 당일 박근혜는 관저 침실에 머물고 있었으므로, 상황병 이정우는 상황보고서 1보를 들고 관저로 달려갔다.

---

90 안봉근, 『진술조서』, 서울중앙지방검찰청, 2018.1.11, 13쪽.

위기관리센터에 설치된 CCTV 녹화영상을 분석한 오경룡과 세월호 침몰 당일 상황병 이정우는 '09:40경 국가위기관리센터에서 출발'했고, 이때 자신이 간 곳이 관저였다고 진술했다.

검찰은 이정우가 [표 5-3]의 방법에 따라 관저까지 뛰어간 게 사실이라면, 이동시간은 7분 20초 정도 소요되었을 것으로 판단했다. 9시 40분경 위기관리센터를 출발했다는 필자의 가설에 따르면, 늦어도 9시 50분경 이전에는 상황보고서가 박근혜에게 전달될 수 있었다.[91]

표 5-3. 상황병 이정우의 관저 이동에 소요된 시간

No	구 분		거리(m)	이동방법	소요시간(분:초)
1	출발준비	관저출발지시 → 출력 → 일람 및 검토 → 봉투에 넣은 후 밀봉 → 출발		빠른 걸음	2:29
2	상황실 → 위기관리센터 입구	지하 1층 → 1층 지상(1계단)	73		
3	위기관리센터 입구 → 관저	위기관리센터 입구 → 29초소	524	달리기	1:51
		29초소 출입문 개방 (관저데스크 연락 및 승인 후 개방)			0:25
		29초소 → 관저데스크		도보	1:35
4	별채 경호관 이동	관저 → 관저데스크 → 관저 → 김막업에게 전달 → 김막업 침실 입구 까지 전달			1:00
계			597		7:20

검찰수사보고서 참조 필자 재정리.

상황병 이정우가 관저로 가기 위해서는 위기관리센터 입구부터 경호실과 위민 2관 사이에 있는 길을 따라 자동차 도로와 오솔길 등 약 597미터

---

91 검찰의 수사과정에서 나타난 사실과 같이 위기관리센터에서 두 번째 출발한 상황병이 관저로 갔다 하더라도, CCTV를 기준하면 오전 9시 50분경에 출발했으므로, 늦어도 10시경에는 박근혜가 상황보고서를 수령 할 수 있었다. 김막업의 진술에 따르더라도 늦어도 10시경에는 상황보고서 1보가 박근혜에게 전달되었을 것으로 추정된다.

를 이동하게 되며, 구체적 이동 경로 및 박근혜에게 보고하는 과정은 다음과 같다. 다만, 청와대 내부 건물 배치도 등 공개된 정보가 없으므로 검찰의 수사결과와 상황병 이정우의 진술을 근거로 정리하였다.

- 경호실과 위민2관 사이에 경찰관(101경비단)이 경비하는 철문(29초소)에서 출입증을 보여주고 통과한다.
- 철문을 통과하여 관저까지 이어진 오솔길을 따라 약 400m 정도 올라가면 의무동이 있고, 그 앞에도 경찰관이 경비하는 철문이 있다. 이곳에서 출입증을 제시하고 출입목적을 이야기하면, 경찰관이 관저데스크에 연락해 용건을 말하고, 출입승인을 받은 후 관저데스크 까지 이동한다.
- 두 번째 철문을 통과하고 우측으로 돌아서 관저로 들어가는 출입문인 인수문에 도착하면, 그곳에는 경호관들이 지키는 관리실이 있는데, '대통령님께 전달할 서류를 가지고 왔다'고 방문 목적을 밝힌다.
- 관저데스크 근무자는 별채 경호실로 인터폰으로 이 사실을 알리고, 별채경호관은 서류 수령을 위해 관저데스크까지 나온다.
- 상황병 이정우는 별채 경호관에게 해당 서류를 전달하고, 수령했다는 확인 서명을 받아 위기관리센터로 돌아온다.[92]
- 별채 경호관은 이 서류를 김막업에게 다시 전달하고, 박근혜에게는 인터폰으로 서류 도착 사실을 알려준다.
- 김막업은 별채 경호관으로부터 받은 서류를 박근혜 침실 입구 탁자 위에 서류를 올려놓으면 박근혜가 침실에서 나와서 수령해 간다.

상황병 이정우는 당일 전기자전거를 이용하지 않은 사유를 다음과 같이 해명했다.

통상 일일 상황보고서를 전달할 때에는 관저로 갔다가 다시 본관을 가는 등 배부처가 많아서 연풍문 옆이나 본관 옆에 비치되어 있는 공용 전기자전거를 이용하기도 했는데, 공용으로 사용하는 자전거이다 보니

---

92 이정우, 『진술조서』, 서울중앙지방검찰청, 2017.11.15, 13~14쪽.

제5장 대통령과 청와대의 무능 581

배터리가 없을 경우가 많습니다. 그래서 세월호 사고 당일 최초보고서
는 빨리 전달하라는 지시가 있었기 때문에 전기자전거를 이용하지 않고
그냥 뛰어가서 전달하였습니다.[93]

이 진술을 그대로 수용하더라도 이정우 이동 경로에서 전기자전거가 어
느 정도 떨어져 있었는지는 별도 확인이 필요하고, 긴급상황에서 신속한
이동수단을 고려하지 않고 오히려 힘들게 뛰었다는 주장은 쉽게 납득이
되지 않는다.

또한, 검찰의 수사 진행과정에서는 두 가지 문제점이 발생했다. 하나는
별채 경호관이 상황보고서 1보를 김막업에게 전달했을 때, 침실에 머물고
있던 박근혜에게 "보고서 올려 드렸습니다"라고 인터폰으로 보고했는지를
확인하지 않은 것이다. 다른 하나는 이정우가 상황보고서를 전달하고 별
채 경호관으로부터 징구한 수령증을 수사과정에서 확인하지 않은 것이다.

상황병이 상황보고서를 전달하면, 전달받은 자로부터 '수령 일자, 수령자'
등이 기재된 확인서에 서명을 받아 오도록 되어 있었기 때문에,[94] 상황실
관계자들이 문서를 파기하지 않았다면 이 부분은 쉽게 입증될 수 있었다.

상황보고서 1보 전달과 관련하여 마지막 남은 문제는 '과연 상황보고서
1보를 누가 관저에 전달했는가'에 있다. 문제의 상황보고서 전달에 개입한
이정우는 검찰의 1회 조사에서 '자신이 관저에 전달했다'고 진술했고, 홍성
환은 '기억이 나지 않는다'고 진술했다.

2회 조사에서 수사 검사는 상황병 이정우와 홍성환을 조사하면서 "백선
웅은 당시 상황반장으로 상황병인 이정우를 직접 관리하고 지시하는 위치
에 있었기 때문에 백선웅의 진술이 신빙성이 더 있다는 점, 신인호 위기관
리센터장도 같은 취지로 진술했다는 점, 위기관리센터에서 관저까지는 거

---

93 이정우, 『진술조서』, 서울중앙지방검찰청, 2017.11.15, 14쪽.
94 위와 같음, 6~7쪽.

리가 꽤 멀기 때문에 관저를 왕복으로 다녀온 경우라면 복귀할 때 뛰어서
들어 들어오기 어렵다는 점" 등을 들어 이정우의 기억이 잘못된 것이 아닌
지를 확인했다.

그러자 이정우는 "백선웅 반장뿐만 아니라 신인호 위기관리센터장도 그
렇게 말씀하신다면 제 기억이 잘못되었을 가능성이 높은 것 같습니다"라
는 선에서 진술을 번복했다.[95]

필자는 세월호 침몰 당시 만 22세에 불과했던 청년의 기억력이 잘못되
었다고 믿지는 않는다. 다만 그의 2회 진술이 논리적으로 맞추기 위해 강
요됐다고 판단한다.

뒤에서 상세히 논하겠지만 필자는 세월호 침몰 사건의 최초 보도시간은
적어도 오전 9시 19경 이전이라고 판단한다. 또한, 국가위기관리센터의 최
초보고서 작성이 완료된 시점도 9시40분경 이전일 가능성이 높다고 본다.

물론, 박근혜가 세월호 침몰 당일 관저 침실에 있던 것이 확실하다면,
늦어도 10시 이전에는 세월호 침몰 사실을 인지할 수밖에 없었다.

따라서 이 건과 관련하여 이미 발표된 검찰의 수사결과는 믿기 어려우
며 반드시 재검증 돼야 한다.

자료목록

1) 김막업, 『진술조서』, 서울중앙지방검찰청, 2017.11.3
2) 김범환, 『기자의 세상보기』, 한국기자협회, 2014
3) 김장수, 『피의자신문조서』, 서울중앙지방검찰청, 2018.2.26
4) 김주영, 『진술조서』, 서울중앙지방검찰청, 2017.11.9
5) 김지대, 『진술서』, 서울중앙지방검찰청, 2017.11.22

---

95 이정우, 『진술조서(제2회 홍성환 대질)』, 서울중앙지방검찰청, 2018.2.9, 3쪽.

6) 김진흥, 『진술조서』, 서울중앙지방검찰청, 2017.11.9

7) 박춘석, 『진술조서』, 서울중앙지방검찰청, 2017.11.6

8) 백선웅, 『진술조서』, 서울중앙지방검찰청, 2017.11.8

9) 손영준, 『진술조서』, 서울중앙지방검찰청, 2017.11.20

10) 신인호, 『진술서』, 서울중앙지방검찰청, 2018.2.6

11) 신인호, 『진술조서』, 서울중앙지방검찰청, 2018.2.9

12) 안봉근, 『진술조서』, 서울중앙지방검찰청, 2017.11.24

13) 안봉근, 『진술조서』, 서울중앙지방검찰청, 2018.1.11

14) 이영선, 『진술조서』, 서울중앙지방검찰청, 2017.11.22

15) 이은상, 『진술조서』, 서울중앙지방검찰청, 2017.11.7

16) 이정우, 『진술조서』, 서울중앙지방검찰청, 2017.11.15

17) 이정우, 『진술조서(제2회 홍성환 대질)』, 서울중앙지방검찰청, 2018.2.9

18) 이태안, 『진술조서』, 서울중앙지방검찰청, 2017.11.1

19) 전응식, 『진술조서』, 서울중앙지방검찰청, 2017.11.1

20) 허달행, 『진술조서』, 서울중앙지방검찰청, 2017.11.8

21) 홍성환, 『진술조서』, 서울중앙지방검찰청, 2017.11.15

22) 검찰, 『세월호 사고 보고시각 조작 및 대통령훈령 불법 변개 등 사건 수사결과 발표』, 서울중앙지방검찰청, 2018.3.28

23) 국군기무사령부, 『지휘참고자료(구조현안 및 첩보소재)』, 정보융합실, 2014.5.1

24) 『세월호 침몰 관련 공군 시간대별(4. 16.~현재) 상황조치』

25) 서울중앙지방검찰청, 『수사보고 [세월호 사고 당일 '청와대 위기관리센터 ↔해경청 상황실' 핫라인 녹취록 종합 수정본 작성 첨부]』, 2018.3.27

3.
세월호 사건
문건 조작 및 파기

「대통령기록물 관리에 관한 법률」은 '대통령 선거에서 당선자가 확정되는 순간부터 임기종료 시'까지 생산·접수하여 보유하고 있는 기록물 및 물품을 대통령기록물로 정의하고 있다. 이 기간에 속한 "대통령, 대통령의 보좌기관·자문기관 및 경호업무를 수행하는 기관,「대통령직인수에 관한 법률」제6조에 따른 대통령직인수위원회 생성 기록" 등도 모두 대통령기록물로 취급된다.

또한, 대통령의 사적인 일기·일지 또는 개인의 정치 활동과 관련된 기록물 등 대통령의 직무와 관련되지 않거나, 직무 수행에 직접적인 영향을 미치지 않는 사적인 "개인 기록물"도 대통령기록물로 관리하도록 규정하고 있다.

대통령기록물은 누구든지 무단으로 "파기·손상·은닉·멸실 또는 유출하거나 국외로 반출"할 수 없다.[96] 이 기준에 따르면 세월호 침몰 당일 국

---

96 「대통령기록물 관리에 관한 법률 (약칭: 대통령기록물법)」은 제14조에서 "무단파기·반출" 등을 엄격히 금지하고 있으며, 같은 법 제30조는 "무단으로 파기하거나 국외로 반출할 경우에는 10년 이하의 징역 또는 3천만 원 이하의 벌금형에 처하도록 규정되

가위기관리센터에서 작성되어 박근혜에게 보고된 보고문서는 모두 대통령기록물에 해당하며, 누구도 원형을 변경하거나 훼손시켜서는 안 된다.

하지만 박근혜 정권은 세월호 침몰 사건과 관련한 대통령기록물을 매우 오랫동안 의도적으로 파기했으며, 진실을 감추거나 국회 등의 책임 추궁에 대응하기 위하여 전혀 새로운 허위 문건을 작성하여 유포했다.

세월호 침몰사건 관련 서류 조작과 파기

세월호 침몰 사건의 수습국면에서 박근혜 정권의 관심은 '정부의 신뢰 감소 및 국정 운영에 대한 비판이 증가함에 따라, 6·4지방선거와 교육감 선거, 이어지는 7·30 국회의원 보궐선거에 영향을 미칠 것을 우려'하여, '국민의 비난 여론을 어떻게 빨리 진압할까'에만 집중되어 있었다.[97]

또한, 감사원 감사와 국회 운영위(2014. 7. 7.), 국회 세월호 사건 관련 국정조사특별위원회(2014. 7. 10. 이하 "국조특위"라 칭함), 청와대에 대한 국정감사(2014. 10. 28.) 등이 줄줄이 예정된 상황이었다. 특히 김기춘 등이 핵심 증인으로 출석이 예정되어 있었기 때문에, 이를 극복할 특별한 대비책이 필요했다.

그리고 김기춘, 김관진, 김규현, 신인호 등은 정권이 교체된 뒤 세월호 침몰 사건과 관련한 문건의 원본이 세상에 공개되는 것을 우려했을 것이다. 문서가 공개되면 사건 당시 청와대의 부실 및 늑장 대응 실태가 세상에 알려지고, 박근혜가 '세월호 침몰 당시 관저 침실에서 아무것도 하지

어 있다. 또한, 대통령기록물을 무단으로 은닉 또는 유출하거나 무단으로 손상 또는 멸실시킨 자는 7년 이하의 징역 또는 2천만 원 이하의 벌금형에 처하도록 규정되어 있다.

97 김기춘, 『피의자신문조서』, 서울중앙지방검찰청, 2018.3.9, 22쪽.

않았다'는 사실이 국민에게 알려지게 된다. 당연히 이러한 상황에 대한 대책을 수립할 수밖에 없었을 것이다.

그들이 선택할 방법은 불리한 증거를 파기 또는 조작하거나 새로운 문서를 허위로 작성하는 것 외에는 선택의 여지가 없었다.[98]

그들은 세월호 침몰 직후부터 새롭게 출범한 정부가 청와대 캐비닛에서 이전 정부의 문건을 찾아내는 시점까지, '세월호 실무 T/F 또는 국회대비회의' 등을 조직하여 끊임없이 증거를 조작하고 문서를 파기했을 것으로 추정된다.

국가위기관리센터의 '상황보고서 1보' 작성 완료 시간

세월호 침몰 당일, 국가위기관리센터에서 작성한 상황보고서를 박근혜가 '정확히 언제 어떻게 보고' 받았는지, 박근혜가 언제 이 '문건을 읽었는지'는 아직까지 드러난 사실이 거의 없다. 세월호 침몰 이후 몇 번의 진상규명 기회는 있었지만, 박근혜 정권의 비협조와 방해로 전혀 진전을 보지 못했기 때문이다.

세월호 침몰 당일 '박근혜·김장수·안봉근·김석균' 등의 통화기록만이라도 확보되었다면, 박근혜에게 보고된 원본 문건이 보존되었다면 당시 상황을 미루어 짐작이라도 할 수 있었다. 모든 문건이 파기되고 조작된 현 상황에서 내부고발자가 존재하지 않는 한, 그들의 잘못을 밝힐 방법이 마땅치 있다.

검찰은 상황보고서가 10시 20분경 박근혜의 침실 앞 탁자 위에 놓였다고 판단했다.

---

98 강정구, 『진술조서』, 서울중앙지방검찰청, 2017.10.30, 12~13쪽.

세월호 침몰 당일 국가위기관리센터는 09:19경 YTN 속보자막을 통해 침몰 사실을 인지했고, 09:22경 동보메시지를 발송한 뒤 행정관 이태안 (경감)이 상황보고서 1보(이하 '최초보고서'라 한다)를 작성하기 시작했다.[99] 10:00경 상황보고서 초안이 완성되었을 때, 국가위기관리센터장 신인호는 안보관리실장 김장수에게 보고했으며, 10:12~13경 안보관리실장 김장수의 지시에 따라 상황병은 박근혜가 머물고 있던 관저로 상황보고서를 전달했고, 10:20경 김막업이 박근혜 침실 앞 탁자 위에 상황보고서를 아무 말 없이 올려놓았다.

그러나 상황보고서 1보 작성과 전파과정을 꼼꼼히 검토해 보면 검찰의 판단에 문제가 있었다는 점을 알 수 있다.

세월호 침몰 당일 행정관 이태안은 오전 9시 25분경 국가위기관리센터의 중앙서버에서 2014년 4월 4일 발생했던 「몽골 화물선 침몰 보고서」를 복사하여, 파일 제목을 '140416 진도 인근 여객선 조난 신고.hwp'으로 수정한 후 최초보고서 작성을 시작했다.[100]

최초보고서 양식에는 보고시간을 기재해야 하는데, 동보(同報)메시지 발송 직후 최초보고서 작성을 시작했으므로, 약 10분 정도면 작성이 완료될 것으로 예상해 보고시간을 9시 30분으로 기록했다.[101]

이태안이 최초보고서 초안을 완성하여 상황팀장 김주영에게 보고하자, 김주영은 "대통령에게 이렇게 보고할 수 없다"며 추가 상황확인 지시를 한

---

99 동보 메시지 발송 시간은 국가위기관리센터 근무자의 일방적인 진술일 뿐, 물적 증거는 없다. 세월호 침몰 인지 시간이 변경된다면 당연히 동보메시지 발송 시간도 변동돼야 한다.

100 강정구, 『진술조서』, 서울중앙지방검찰청, 2017.10.30, 7쪽. 국가위기관리센터에서 사용하는 개인용 PC에는 하드디스크가 없으며, 모든 작업문서는 중앙서버에 저장되어 있다. 행정관 이태안은 세월호 침몰 사건과 유사한 "몽골 화물선 침몰 보고서"를 중앙서버 공용 폴더에서 복사하여 상황보고서 1보를 작성하기 시작한 것으로 추정된다.

101 이태안, 『진술조서』, 서울중앙지방검찰청, 2017.11.1, 15쪽.

후, 이태안이 '해경, 해수부, 전남지방경찰청' 등에 전화하는 사이 이태안의 자리에서 직접 최초보고서를 작성했다고 한다.[102]

국가위기관리센터와 해경의 전화 통화 녹취록에는 9시 20분경부터 이태안의 통화기록이 실제 존재하며, 상황팀장 김주영이 지시했던 사항들은 [표 5-2] '상황팀장 김주영이 이태안 경감에게 확인을 지시한 사항'에서 보는 바와 같이, 9시 31분경 통화가 완료될 때까지 대부분 확인됐다.

세월호 침몰 당일 오전 9시 30분경은 해경을 제외한 대한민국 국가기관 어느 곳도, 정확한 세월호 침몰 상황을 파악할 수 없었다. 상황팀장의 지휘 아래 상황 요원들이 분담하여 해당 기관들과 전화 통화를 했다면, 추가로 파악할 정보가 없다는 사실을 즉시 알 수 있었다.[103] 따라서 국가위기관리센터는 그 상태에서 상황보고서를 신속하게 작성하여 대통령에게 보고했어야 한다.

해경의 전화 통화 녹취록에 따르면, 국가위기관리센터는 오전 9시 40분경 해경 상황실로부터 세월호 침몰 현장 상황을 알 수 있는 영상을 입수했다. 또 위기관리센터 근무자가 9시 42분경 핫라인으로 해경과 통화한 기록에 "헬기 2대 보이는 거 같구요"라는 대화내용이 있는 것을 보면, 적어도 이 시간에는 세월호 침몰 현장 사진을 청와대가 입수한 것으로 판단된다.

실제로 123정 정장 김경일의 휴대폰에서 발견된 사진에는 [그림 5-5]와 같이 헬기 2대가 세월호 상공에 떠 있다. 9시 36분 34초경 김경일이 휴대폰으로 인터넷에 접속한 기록이 존재하므로, 이 사진이 해양경찰청을 경유하여 국가위기관리센터에 전송됐을 가능성이 있다.

따라서 필자는 박근혜에게 보고된 최초보고서는 이태안이 9시 31분경 다시 작성하기 시작하여 늦어도 9시 40분경 작성이 완료된 것으로 판단한

---

102 이태안, 『진술조서』, 서울중앙지방검찰청, 2017.11.1, 15쪽.
103 김진홍, 『진술조서』, 서울중앙지방검찰청, 2017.11.9, 4쪽.

다. 긴박한 상황에서 추가 정보 파악을 위해 상황보고서 작성 및 보고를

그림 5-5. 09:36경 세월호 기운 모습

123정 정장 김경일의 휴대폰에서 발견된 영상 필자 화면 캡처.

고의로 미루었다는 것은 매우 상식에 반하며, 논리적으로 설득될 수가 없다.

국가위기관리센터의 '상황보고서 1보' 재작성 의혹

세월호 침몰 당일 최초보고서가 정확히 몇 시에 박근혜에게 전달되는지 특정할 수 없다. 논리적으로 2014년 4월 16일 세월호 침몰 당시 작성된 최초보고서와 5월 15일(이하 '2회 작성본'이라 칭함), 10월 23일(이하 '3회 작성본'이라 칭함)에 작성된 3가지 문건이 존재하는 것은 틀림없는 사실이다.

그런데 2회 및 3회 작성본은 현재 실체를 확인할 수 있지만([그림 5-6]), 세월호 침몰 당일 박근혜에게 보고된 최초보고서는 검찰이 국가기록원까지 압수수색 했음에도 찾지 못했다.

그림 5-6.
2회 작성본(위)과
3회 작성본(아래)

검찰 수사 자료
필자 화면 캡처.

최초보고서는 다음 세 가지 이유로 반드시 존재해야 하지만, 누군가가 악의를 가지고 2014년 5월 15일경 이전에 파기한 것으로 판단된다.

- 세월호 침몰 당일 박근혜에게 보고된 보고서는 대통령기록물이므로 그 누구도 파기하거나 훼손시킬 수 없다.
- 상황실의 최초보고서 작성자는 대통령에게 보고가 완료되면 동일본을 출력하여 클리어 파일에 철하여 보관하고 있었으므로, 이 또한 누군가가 고의로 파기하지 않는다면 당연히 존재해야만 한다.
- 최초보고서 작성자는 작성이 완료된 보고서를 위기관리센터 써버 공유 폴더에 저장하여 관리하고 있으므로, 써버가 파괴되지 않는 한 원본과 일치하는 파일은 항싱 존재해야 한다.

검찰은 수사과정에서 최초보고서와 2회 및 3회 작성본의 동일성 여부를 관련자 진술을 통해 조사했다. 이때 최초보고서를 직접 작성한 행정관 이태안은 결정적으로 "1보(2회 작성본) 내용이 당일 작성한 것(최초 작성본) 과 정확히 일치하는지는 알 수 없다"는[104] 취지의 진술을 했다.

국회 대응과정에서 관련 자료를 수집, 정리한 행정관 최종필 또한 "세월호 사고 발생 당시에 보고서를 작성하는 것은 저의 업무가 아니었기 때문에 그 내용을 정확히 알기 어렵다. 다만, 지금 보니 그 내용이 당시에 작성된 보고서와 비슷하다는 정도만 말씀드릴 수 있을 뿐"[105]이라는 불명확한 진술을 했다.

검찰은 최초보고서를 찾지 못했지만, 최초보고서와 2회 및 3회 보고서가 똑같다는 전제하에 수사를 진행했다. 검찰은 박근혜에게 보고된 최초보고서와 2회 작성본이 동일 내용이라 판단했기 때문에, 2회 작성본을 신규작성(또는 수정)한 이유와 과정을 수사하지 않았다. 그러므로 5월 15일

---

104 이태안, 『진술조서』, 서울중앙지방검찰청, 2017.11.1, 17쪽.
105 최종필, 『진술조서』, 서울중앙지방검찰청, 2017.11.6, 9쪽.

경 뒤늦게 2회 작성본을 작성한 이유를 전혀 알 수가 없다.

필자는 최초보고서가 오전 9시 40분경에 작성이 완료됐었다면, 그 내용은 해경의 상황보고서 1보와 대동소이(大同小異)할 것으로 판단한다. 1보(2회 작성본)를 수정할 당시 "기존에 작성된 상황보고서 1보의 "배의 규모(톤수)'를 고쳐서 저장했다"는 행정관 이태안의 진술이 이를 뒷받침한다.

해경의 상황보고서 1보와 2보는 세월호의 규모(톤수)를 '6,647톤'으로 기록했다. 이태안의 진술에 따르면 최초보고서에도 세월호의 톤수가 6,647톤으로 기재되어 있었을 것이다. 그렇다면 2회 작성본은 박근혜에게 보고된 시간 및 늑장·부실 대응에 대한 책임 여부 등을 고려해, 거의 창작수준으로 다시 작성되었을 가능성이 크다.[106]

만약 최초보고서와 2회 및 3회 작성본이 동일 문건이라면, 시간이 한참 지난 후에 '대통령기록물을 훼손했다'는 의심까지 받아가면서 별도 문건을 만들어 보관할 이유가 없었다.[107]

국가위기관리센터의 "최초 보고시간" 조작 과정

세월호 침몰 사건 발생 2~3일 후 국가위기관리센터는 최초보고서가 박근혜에게 보고된 정확한 시간을 파악하기 위해 사건 당일 CCTV 녹화기록을 확인했다.

당시 대응팀 소속 행정관 최종필은 사고 관련 일지를 작성하기 위해, 당

---

106 이태안, 『진술조서』, 서울중앙지방검찰청, 2017.11.1, 31쪽.
107 국가위기관리센터 상황 요원들은 대통령에게 상황보고가 완료되면, 원본과 동일한 보고서를 출력하여 관행적으로 별도 파일에 철하여 보관하고 있었다. 따라서 박근혜에게 보고되었던 원본 문서가 멸실된 것도 문제지만, 국가위기관리센터 중앙 써버에 저장된 원본 파일 및 국가위기관리센터에서 보관하고 있던 원본과 동일 내용의 종이 문서가 없어진 것이 문제이며, 이것은 누구의 고의가 없는 한 기대할 수 없는 결과이다.

일 상황팀 조치 내역을 시간대별로 정리하면서 대통령에게 상황보고서가 언제 처음 보고되었는지, 그 보고서를 누가 전달했는지를 확인할 자료를 수집했다. 그 과정에서 위기관리센터 통신담당 오경룡의 도움으로 위기관리센터 내부에 설치된 CCTV 녹화자료를 확인했다.

당시 국가위기관리센터 내부에는 상황실 복도 입구 및 브리핑실 내부 등 총 2개소에 CCTV가 설치되어 있었다. 이 녹화기록에 따르면 (실시간 기준) 09:40~50경 상황병이 처음으로 서류봉투를 들고 뛰어가는 장면이, 약 10분 뒤에 또 다른 상황병이 서류봉투를 들고 뛰어가는 장면이 촬영되어 있었다. 두 번째 상황병이 뛰어나간 직후 김장수 국가안보실장이 위기관리센터로 들어오는 장면도 녹화되어 있었다. 브리핑실에 설치된 CCTV 녹화자료에는 김장수 국가안보실장이 헤드테이블에 앉아 핸드폰으로 전화 통화를 하는 장면이 녹화되어 있었다.[108]

국가위기관리센터는 CCTV 녹화시간을 기준으로 오전 9시 50분을 박근혜에게 최초 보고한 시간으로 잠정 결정했다.[109] 하지만 검찰은 뒤에 상황병이 위기관리센터에서 출발해 관저까지 이동하는 시간을 고려해 10시로 변경할 것으로 결정했다는 진술을 확보했다.[110]

검찰의 판단과 달리 이 과정을 필자는 다르게 해석한다. 청와대 관계자들이 자신들의 책임을 면하기 위해 그렇게 진술했지만, 실제로는 국회 국조특위 및 국정 감사와 밀접한 관련이 있다는 것이다.

청와대는 2014년 6월~7월에 개최될 국회운영위와 국조특위를 위해서 자신들에게 매우 불리한 최초보고서를 파기하고, 전혀 새로운 내용의 보고서(2회 작성본)를 2014년 5월 15일에 작성하여 보관했다. 그런데 그해 7월 7일과 7월 9일에 김기춘 등이 국회에 출석하여 최초 보고시간을 오전 10시경으

108 오경룡, 『진술조서)』, 서울중앙지방검찰청, 2017.11.3, 8~9쪽.
109 『「세월호'사고 관련 4.16~4.19일 상황일지(6.9)」 5.22. 12시 현재』.
110 백선웅, 『진술조서』, 서울중앙지방검찰청, 2017.11.8, 27쪽.

로 말하는 바람에, 보고서를 다시 수정할 필요성이 생겼다. 2014년 10월 국정감사를 앞두고 3회 작성본을 작성해서 보관할 수밖에 없었던 이유다.

반면 검찰은 "세월호 탑승자가 마지막으로 카카오톡을 발송한 시간인 오전 10시 17분(당시 청와대에서「골든타임」으로 인식)전에 박근혜 전 대통령이 이 사건 상황보고서 1보를 보고 받고 인명구조와 관련된 지시를 한 것처럼 가장"하기 위해[111], 오전 10시에 최초 서면보고를 받았고, 10시 15분 김장수에게 전화를 걸어 인명구조 관련 지시를 하였으며, 10시 22분 다시 김장수에게 전화를 걸어 추가지시를 하였고, 그 후 비서실로부터 실시간으로 11회에 걸쳐 서면보고를 받았다는 프레임을 만들기 위해 보고시간을 10시로 변경했다는 취지의 수사결과를 발표했다.

최초 보고시간을 9시 50분으로 정할 경우, 김장수에게 "단 한 명의 인명피해도 없도록 하라"는 박근혜의 지시가 있은 10시 15분경까지 너무 많은 시간의 공백이 발생하므로, 이를 극복하기 위해 10시로 변경했다는 것이다.

2회 및 3회 작성본이 만들어질 당시 '박근혜에 대한 최초 보고시간이 언제였는가'는 매우 민감한 사안이었고, 비서실장 김기춘 주재 회의에서도 여러 번 논의된 주제였다. 박근혜에 대한 최초 보고시간은 박근혜가 세월호 침몰 사건을 인지하고 관련 조치를 지시하는 기준이 되는 시점이기 때문에, 국가위기관리센터 내부에서 결정할 사항이 아니었다.

국가안보실에서 박근혜에게 얼마나 신속하게 상황보고를 했는지, 보고를 받은 박근혜가 사고 상황에 대해 얼마나 적절하게 대응했는지를 판단하는 기준이 바로 최초 서면보고 시점이므로, 위기관리센터장이나 상황팀장, 팀원들이 함부로 수정할 사항도 아니었다.

행정관 최종필은 당시 신인호 센터장이 비서실장 김기춘이 주재하는 수석비서관회의에 다녀온 후에, 비서실에서 작성한 타임테이블을 주면서 최

---

111 서울중앙지방검찰청,『수사결과발표』, 2018.3.28, 18쪽.

초 대통령에 대한 서면보고를 10시로 수정하라는 지시했다고 진술했다.[112]

오직 '최초보고서'만 파기되었을까?

세월호 침몰 당일 국가위기관리센터가 작성하고 박근혜에게 보고한 문건들은 현재 원형대로 모두 보존되어 있을까?

세월호 침몰 사건 발생 당일 위기관리센터가 작성한 실제 문건의 숫자를 파악할 수 없으므로, 현 상태에서 관련 문건 전부가 보존되어 있는지 여부를 판단할 수 없다. 다만 2017년 10월 12일 '청와대 긴급 브리핑' 과정에서 발표한 기준에 따르면, [표 5-4]의 문건이 작성됐음을 추정할 수 있다. 문제는 이 표에 기재된 문건마저도 현재 전부 보존되어 있지 않다는 것이다.

표 5-4. 세월호 침몰 당일 국가위기관리센터 "상황보고" 현황

No	문건명	작성 일자	전응식 메일 발송	문건 존재 여부 (작성일자 기준)			박근혜 보고 시간 (작성 일자)			화일 용량 (kb)
				4.16	5.15	10.23	4.16	5.15	10.23	
1	140416 진도 인근 여객선 조난 1보.hwp	2014-05-15 오후 09:54	(음영)	X	○	○	9:30	10:00		720
2	140416 진도 인근 여객선 조난 2보.hwp	2014-04-16 오전 10:46	○		X	○	동일본인지 확인되지 않음		10:40	882
3	140416 진도 인근 여객선 조난 3보.hwp	2014-04-16 오전 11:25	○		X	○			11:20	832
4	140416 진도 인근 여객선 조난 4보(준비).hwp	2014-04-16 오후 04:27	○		○		16:00	전원구조가 기재된 원본은 없음		831

112 최종필, 『진술조서(제2회)』, 서울중앙지방검찰청, 2018.2.8, 17쪽.

5	140416 진도 인근 여객선 조난 4보-1(준비).hwp	2014-04-17 오전 09:37		X			
6	140416 진도 인근 여객선 조난 신고.hwp	2014-04-16 오전 09:25	○	△		?	문서 존재 하지 않음	173

특기사항: 1. 전응식 발송 메일 4보의 화일명에는 (준비)가 없음
2. 전응식 메일 발송 시간은 4월 16일 13:22:44임
3. 문건명 : 국가위기관리센터 "초기작성 파일"(청와대 작성 인용)
범례: 1. X : 부존재 2. ○ : 존재3. △ : 세월호 참사와 상이한 사건의 문건 존재
청와대 공개문건을 인용하여 필자 재정리.

세월호 침몰 당일 국가위기관리센터 상황팀 행정관 전응식은 너무 바빠서 최초보고서를 전파하지 못하고 있던 이태안을 도와 오후 1시 22분 44초경 '진도 인근 여객선(세월호) 조난 관련 수시상황보고입니다'라는 제목으로 「140416 진도 인근 여객선 조난신고.hwp[173]」와 「140416 진도 인근 여객선 조난2보~4보」 등 총 4개의 파일을 발송했다.

그런데 행정관 전응식은 7분 정도 지난 오후 1시 29분 35초경 '진도 인근 여객선(세월호) 조난 관련 수시상황보고 관련'이라는 파일을 다시 전송했다. 이유는 「140416 진도 인근 여객선 조난 4보.hwp[831k]」에 탑승자 전원이 구조됐다는 내용이 기재됐는데, 메일 발송 후 얼마 지나지 않아 위 내용이 잘못되었다는 사실을 알게 됐기 때문이다. 그래서 급히 "4보 내용 중에 구조인원에 변동이 있습니다. 현재 취합 중에 있으며, 취합되는 대로 다시 전송해 드리겠습니다"라는 내용으로 다시 이메일을 작성하여 발송했다고 한다.[113]

행정관 전응식이 발송한 메일의 첨부 파일에는 '상황보고서 1보'가 없었다. 대신 '140416 진도 인근 여객선 조난신고.hwp[173kb]'가 첨부됐다. 문제의 이메일은 강병조 비서관 외 11명에게 전파됐지만, 메일을 수신한 사

---

113 전응식, 『진술조서』, 서울중앙지방검찰청, 2017.11.1, 15쪽.

람들은 1보를 다시 발송해 달라고 하거나 잘못 발송됐다고 이의를 제기하지 않았다. 따라서 전응식이 최초로 첨부했던 '140416 진도 인근 여객선 조난 신고.hwp[173kb]' 화일이 박근혜에게 최초로 보고된 상황보고서일 가능성이 있다.

그렇다면 현존하는 상황보고서와 파일 용량을 비교해 볼 때 해양경찰청의 상황보고서와 내용이 유사한, 배의 톤수가 6,647톤으로 기재된 상황보고서일 개연성이 높다.[114]

행정관 전응식이 발송한 상황보고서 4보에는, "전원 구조"와 관련한 내용이 기재되어 박근혜에게 보고가 됐지만, 이 보고서도 폐기된 것으로 추정된다.[115] 세월호 침몰 당일 최초보고서를 박근혜에게 전달한 상황병 이정우와 홍성환은 "전원구조 또는 승객 대부분 구조"라는 내용이 담긴 상황보고서가 박근혜에게 전달됐다고 진술했다.[116]

상황팀장 김주영도 오후 2시 36분경 해양경찰청 상황실장과 통화에서 "큰일 났네. 이거 VIP 보고까지 끝났는데. (중략) 아까는 190명 구조했을 때 너무 좋아서 VIP께 바로 보고했거든"이라고 통화했다. 내용의 일치성으로 판단해 볼 때 전응식과 상황병 이정우·홍정환의 진술은 사실임이 틀림없다.

이상의 사실들을 종합해 볼 때 현존하는 상황보고서는 후에 모두 다시 작성된 것이고, 세월호 침몰 당일 박근혜에게 보고됐던 상황보고서는 모두 파기되었을 가능성이 높다.

---

114 2014년 4월 4일 위기관리센터에서 작성됐던 「몽골 화물선 침몰 보고서」와 동일한 형태의 보고서일 가능성이 있다.
115 전응식, 『진술조서』, 서울중앙지방검찰청, 2018.1.12, 14~15쪽.
116 이정우, 『진술조서』, 서울중앙지방검찰청, 2017.11.15, 16쪽; 홍성환, 『진술조서』, 서울중앙지방검찰청, 2017.11.15, 22쪽(같은 취지 진술).

그들은 왜 대통령기록물을 파기했나?

세월호 침몰 사건 발생 직후부터 박근혜는 당일 행적과 관련해 많은 의혹과 소문에 시달렸다. 그러자 마치 '치외법권 지역' 같은 '청와대'의 특수성을 방패막이로 활용해 철옹성 같은 방어를 했다. 자신에게 불리한 감사원의 감사, 국민의 '정보공개 청구' 요구, 국회의 조사 요구, 검찰의 압수수색 등에 대하여 모두 방어에 승리했다.

한편으로는 은밀하게 '증거인멸 및 허위공문서 작성을 통한 증거 조작'을 진행하여, 장래에 발생할 논란에 대비했다. 박근혜는 2014년 4월이 지나기도 전에 자신에게 주어진 가용자원을 모두 동원하여, 세월호 침몰 사건 진실 은폐작업에 착수했다. 청와대 내부적으로는 당일 상황보고서 등 관련 문건을 폐기하고 전혀 새로운 문건을 작성하기도 했으며, 국가기관을 동원하여 관련 서류 파기작업을 진행한 것으로 판단된다.117

박근혜 정권의 문서 파기는 최순실의 국정농단 사태 폭로시점부터 탄핵이 결정되고 박근혜 재임 기간 중 생성된 문건이 대통령기록물로 지정되어 대통령기록관으로 이관되는 시점까지 집중되어 진행된 것으로 판단된다. 당시 언론은 [그림 5-7]과 같이 청와대 비서실에서 문서파쇄기를 대량으로 구입했다고 대대적으로 보도한 사실이 있다.

이 시기에 많은 문건이 파기 됐다면, 그것은 박근혜 및 이에 동조했던 세력들에게 매우 불리한 내용의 문건들이 당연히 포함되어 있을 것으로 판단된다. 세월호 침몰 사건과 관련한 문건이 그 대상에 포함되어 있다는 것을 부인할 사람은 아마 없을 것이다.

---

117 「전해철 "감사원, 국방부제출 '세월호 문건' 일부파기"」, 『연합뉴스』, 2014.10.14.
(https://news.naver.com/main/read.nhn?mode=LSD&mid=sec&sid1=100&oid=001&aid
=0007184352)

그림 5-7. 청와대 파쇄기 구입 현황

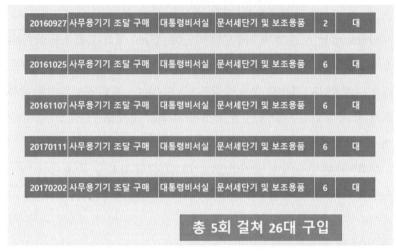

20160927	사무용기기 조달 구매	대통령비서실	문서세단기 및 보조용품	2	대
20161025	사무용기기 조달 구매	대통령비서실	문서세단기 및 보조용품	6	대
20161107	사무용기기 조달 구매	대통령비서실	문서세단기 및 보조용품	6	대
20170111	사무용기기 조달 구매	대통령비서실	문서세단기 및 보조용품	6	대
20170202	사무용기기 조달 구매	대통령비서실	문서세단기 및 보조용품	6	대

총 5회 걸쳐 26대 구입

「[단독] 청와대, 최순실 사태 이후 '문서파쇄기' 26대 집중 구매」, 『JTBC 뉴스』,
인용 필자 재작성118

문제는 세월호 침몰 사건과 관련한 문건이 문재인 정권이 출범한 이후
에도, 특히 2017년 7월 박근혜 정권 민정수석실의 문건이 청와대 캐비닛에
서 발견되어 논란이 된 시점 이후에도, 이들은 세월호 참사 관련 문건을
찾아내 은밀하게 파기했다는 점이다.

문재인 정권의 위기관리센터 근무자들이 '세월호 문건' 파기하다

세월호 침몰 당일 최초보고서 작성자 이태안 행정관은 2015년 6월경 청
와대 근무를 종료하고 파견 복귀를 하면서, 후임 행정관 김태현(2015.6.26.~
2017.11.1. 청와대 국가안보실 위기관리센터 근무)에게 업무를 인수인계했다.

---

118 「[단독] 청와대, 최순실 사태 이후 '문서파쇄기' 26대 집중 구매」, 『JTBC 뉴스』, 2017.
   3.15. (http://news.jtbc.joins.com/article/article.aspx?news_id=NB11438369)

이 과정에서 이태안은 사무실 한쪽에 있는 캐비닛을 가르키며, "저 캐비닛 위에 세월호 관련 보고서와 자료가 있는데, 매우 민감한 문서이고 나중에 시끄러워질 수도 있다"는 얘기를 했다. 이 말을 듣고 김태현은 '지금은 잠잠해졌지만, 나중에 이슈로 발전할 가능성도 있고, 당시 대응조치 등에 대해 나중에 문제 제기될 것을 우려해 세월호 관련 조치 자료를 모아놓은 것'이라 생각했다. 이태안이 말한 캐비닛 위에는 A4용지 2박스 분량의 세월호 참사 관련 문건이 보관되어 있었다.[119]

대통령 박근혜의 탄핵절차가 마무리된 후인 2017년 3월 말~4월초순경, 청와대에서는 대통령기록물 이관작업이 진행되었고, 국가위기관리센터도 이를 위해 센터장 권영호(준장), 상황팀장 송상래, 대응팀 직원 전원이 참석하는 대통령기록물 이관 회의를 진행했다.[120]

이 회의에서 송상래는 이관 문서의 범위를 국가안보실에서 생성한 문건에 한정하고, 이외 대외부서로부터 보고받은 자료는 업무에 계속 참고할 자료를 제외하고 모두 파기하는 것으로 결정했다. 상황팀에서 생산한 문서는 "일일상황보고서와 수시상황보고서" 밖에 없으므로 두 가지 문건에 한정하여 이관하는 것으로 결정됐다.[121]

2017년 4월경 송상래는 상황팀 행정관들에게 대통령기록물 이관작업을 지시하면서, "불필요한 문서가 있으면 정리하라"고 했다. 이 과정에서 세월호 참사와 관련한 기록이 담겨 있는 A4용지 박스 2개 분량의 문건이 존재한다는 것을 군 출신 행정관 조영우가 상황팀장에게 보고했다.

하지만 상황실 근무자들은 그 보고서가 국가적으로 굉장히 민감한 것을

---

119 김태현, 『진술조서』, 서울중앙지방검찰청, 2017.11.1, 9쪽.
120 송상래, 『진술조서』, 서울중앙지방검찰청, 2017.11.30, 8쪽.
121 위와 같음, 9~10쪽. 수시상황보고서 중 일부만 파일철에 보관되어 있었기 때문에, 실제 이관은 국가위기관리센터 서버의 공유폴더에 저장되어 있는 수시상황보고서를 모두 출력 및 정리하여 이관했다고 한다.

제5장 대통령과 청와대의 무능 601

알고 있었기 때문에 쉽사리 파기하지 못하고 머뭇거렸다. 군에서 파견된 행정관들은 김태현에게 '사회안전담당이고 사안이 그쪽이니까 김태현이 파기하라'는 취지로 농담 삼아 얘기했고, 김태현은 "그걸 내가 어떻게 폐기해"라는 취지로 이야기했다고 한다.

당시 군에서 파견된 행정관 조영우(중령. 안보담당)가 상황팀장에게 세월호 관련 자료가 담긴 박스에 대해 보고했고, 송상래는 "정리하라"는 지침 외엔 명확한 지침을 주지 않았다. 그럼에도 행정관들은 '이걸 어떻게 하냐'는 유보상황이 계속되었고 이 상황은 2017년 7월 중순까지 계속됐다.[122]

상황팀장 송상래는 문재인 정부 출범(2017. 5. 24.) 이후 2017년 7월경 다시 한 번 사무실에 있는 불필요한 문건들을 모두 정리하라는 지시를 했다. 2017년 7월 14일 언론에 '민정수석실 캐비닛에서 박근혜 정부의 문건이 발견됐다'는 사실이 대대적으로 보도된 시점이다. 또한 2018년 7월 18일 위기관리센터에 새 정부에서 파견한 '강정구 선임행정관 등 6명의 행정관이 출근하기로 결정된 시점이다.

국가위기관리센터장 권영호 등은 이 사실을 일주일 전에 들어서 이미 알고 있었다. 권영호 센터장은 "이제 새로운 직원들이 오는데, 불필요한 자료로 새로운 직원들로부터 오해를 살 필요가 없으니 다시 한 번 정리하라"는 지시를 했고, 상황팀장 송상래는 이것을 상황팀 직원들에게 다시 전달했다.[123]

이 과업은 군 출신 행정관 김태연과 국가위기관리센터에서 근무하는 2명의 상황병이 수행했다. 김태연은 캐비닛 위에 '세월호'라고 굵은 글씨로 쓰인 A4용지 박스 두 개의 내용물을 확인했다. 박스 안의 세월호 문서는 일부는 눕혀져 있었고, 일부는 세워져 있었다.

---

122 김태현, 『진술조서』, 서울중앙지방검찰청, 2017.11.1, 15~17쪽.
123 송상래, 『진술조서』, 서울중앙지방검찰청, 2017.11.30, 21~22쪽.

김태연은 관련 문건 전부를 꺼내서 일일이 확인하지 않았다. 박스 윗부분에 있는 몇 건의 서류를 들추어 봤는데, 주로 해경에서 보고한 팩스 문서와 언론 보도내용들로 확인됐다. 김태연은 '이런 자료들은 해경도 가지고 있는 자료이고, 언론보도 자료는 다시 출력할 수 있다'고 생각하고, 2017년 7월 17일 야간과 18일 아침에 상황병 권혁권·이승준과 함께 2회에 걸쳐 해당 문건을 파기했다.[124]

조사과정에서 상황팀장 송상래와 행정관 김태연은 문제의 세월호 관련 문건을 애써 별 의미 없는 문서였다고 강조했지만, 국가위기센터 상황팀 소속 전·현직 행정관들이 3년 이상 암묵적으로 소중하게 보관했던 문건이었고, 파견근무자가 교체될 때 업무인수인계 됐던 공식 기록물이었다.

또한 정권 이양기에 윗선의 집요한 파기지시가 있었지만, 서로 미루며 수 개월간 파기를 망설인 것으로 보아, 반드시 후대의 역사적 심판을 거쳐야 할 중요한 문건이었음이 틀림없어 보인다.

하지만 때마침 민정수석실의 캐비닛에서 전 정부의 문건들이 발견되어 크게 논란이 일고 있는 상황에서, 그것도 새 정부의 파견 인사가 출근하는 날 아침까지 서둘러 해당 문건을 파기한 사실은 그 어떤 명분으로도 정당화될 수가 없다.

어떤 '세월호 문건'을 파기했을까?

도대체 파기된 박스 안에는 어떤 성격의 문건이 들어있었기에 상황팀장 송상래 등이 대통령기록물 파기 의혹을 감수하면서 서둘러 파기했을까? 검찰이 이 부분을 철저히 수사했다면, 적어도 행정관 이태안·김태현·김

---

124 김태연, 『진술조서』, 서울중앙지방검찰청, 2017.11.29, 17~18쪽, 21쪽.

태연과 상황팀장 송상래로부터 의미 있는 진술을 확보할 수 있었다. 하지만 불행하게도 이 부분은 검찰의 수사과정에서 밝혀지지 않았고, 현 상황에서는 미루어 짐작할 수밖에 없다.

① 상황보고서 1보(최초보고서) 및 4보(전원구조 보고)의 파기 가능성

위기관리센터 행정관들은 상황보고서가 대통령에게 보고된 후, 별도로 사본 1부를 출력하여 위기관리센터에 비치된 보고서철에 철하여 보관하였다. 따라서 이 파일철 안에는 세월호 침몰 당일 박근혜에게 보고됐었던 상황보고시 원본과 동일한 버진의 문건이 보관되어 있있을 개연싱이 높다. 새정부는 출범 이후 상황보고서에 대한 원본철이 있는지 찾았지만 이를 발견하지 못했다.[125] 검찰의 압수수색 결과에 의하면, 국가기록원에 이관된 대통령기록물에서도 최초로 작성된 상황보고서 1보 원본을 발견하지 못했다.[126]

② 해경의 상황보고서 원본 등 파기

비단 상황보고서뿐만 아니라 세월호 침몰 당일 각 기관에서 작성된 문건은 원본 여부를 의심하게 된다. 특히 해경 상황보고서의 경우, 해경이 배포한 문건은 09:30으로 되어있지만, 청와대가 제시한 문건은 09:33로 작성되어 있다. 어쩌면 이날 파기된 문건 속에는, 세월호 침몰 당일 해경 등이 작성한 상황보고서 원본을 포함한 조작되지 않은 다수문건들이 포함되었을 가능성도 있다.

---

125 강정구, 『진술조서』, 서울중앙지방검찰청, 2017.10.30, 11~12쪽.
126 서울중앙지방검찰청, 『4. 10.자 오마이뉴스 세월호 사고 최초 인지시점 관련 보도에 대한 검찰 입장』, 세월호 사건 보고시간 조작 수사팀, 2019.4.10, 2쪽.

③ 동보메시지

행정관 전응식의 진술에 의하면 "동보장치를 이용하여 일괄 문자메시지를 보내면서 제대로 수신이 되었는지를 확인하기 위해 수신자 그룹에 본인(전응식)의 핸드폰 번호도 포함 시켰고, 그 결과 본인(전응식)의 휴대폰에도 메시지가 수신되었으므로, '수신 일자 및 시간과 메시지 내용'이 포함된 휴대폰 화면을 복사하여 제출했다"고 한다.127 하지만 검찰의 수사기록 어디에도 이 증거물은 포함되어 있지 않은 것으로 보아, 이 당시 파기되었을 개연성이 높다 할 것이다.

④ YTN 실제 보도 캡처 화면 등

행정관 전응식은 "상황반장 백선웅의 지시로 세월호 침몰 관련 최초 언론보도가 자막 뉴스로 나온 TV 화면을 인터넷 검색을 통해 캡처하여 제출한 사실이 있다"고 진술했다.128 하지만 이 문건 또한 검찰의 수사자료에서는 찾아볼 수가 없다.

국조특위 대비해 노골적으로 허위공문서 작성

세월호 침몰 사건 발생 며칠 뒤부터 국민, 정치권, 언론들로부터, 청와대의 늑장 부실 대응에 대한 비판의 소리가 나오기 시작했다. 골든아워에 추가 생존자를 한 명도 구조하지 못한 것에 대한 비난도 쏟아졌다. 특히 국가위기관리센터와 박근혜가 세월호 침몰 사실을 인지한 시점과 어떤 조치를 했는지에 대한 논의가 시작됐다. 이때까지 청와대는 이 부분에 대한

---

127 전응식, 『진술조서』, 서울중앙지방검찰청, 2017.11.1, 16쪽.
128 위와 같음, 16~17쪽.

입장발표를 단 한 번도 하지 않았다. 4월 23일 청와대 대변인 민경욱이 "청와대는 재난사태에서 컨트롤타워가 아니다"고 브리핑한 것이 전부였다.

2014년 5월 15일경 비서실장 김기춘은 자신이 주재하는 수석비서관회의에서 "조만간 국회에서 운영위가 개최될 가능성이 높다"고 발언했다. 그러면서 박준우 당시 정무수석에게 '청와대의 세월호 사고 첫 보고 접수부터 내용전파, 초동조치, 대통령 현장방문 등에 이르기까지 전 과정이 어떻게 진행되었는지 자세히 정리'하여 다음날 아침 비서실장 주재 수석보좌관회의에서 보고하라고 지시했다.[129] 그리고 세월호 침몰 사건 당일 대통령에게 보고했거나 대통령으로부터 지시받은 내용을 모두 제출할 것을 지시했다.

이때부터 비서실 내부에서는 '정무, 행자, 사회안전, 국가안보실'의 행정관들이 실무자 회의(세월호 실무 T/F)를 구성하여 거의 매일 회의를 진행하며 세월호 사고 발생 이후의 타임테이블을 작성했다. 각 비서관실에서는 자신들의 소관 업무와 관련해 국회의 서면질의 내용, 언론 보도에 기초한 예상질의 및 답변자료 등을 작성하여 정무비서관실로 보내주었다. 정무수석실은 이 같은 자료를 취합·정리하여 '대통령의 시간대별 조치사항 및 예상 질의응답 사항'을 종합하여 비서실장이 주재하는 회의에서 활용할 수 있는 자료를 만들었다.[130]

2014년 6월부터는 위민관 비서실장 회의실에서 7월로 예정된 국회운영위와 국조특위에 대비해 '세월호 사고 관련 회의'('국회대비회의')가 진행됐다.[131] 이 회의는 처음에는 매주 1~2회 정도 실시되다가, 6월 말부터는 거의 매일 실시되었다.

---

129 김기춘, 『피의자신문조서』, 서울중앙지방검찰청, 2018.3.9, 24~25쪽.
130 조윤선, 『진술조서』, 서울중앙지방검찰청, 2018.1.15, 7쪽.
131 회의 명칭은 상황에 따라 "세월호 국조 관련 회의, 국조관련 검독회, 운영위 관련 회의, 세월호 관련 독회, 세월호 쟁점 회의"등으로 불렸다.

주요 참석자는 김기춘 비서실장, 조윤선 정무수석, 유민봉 국정기획 수석, 안종범 경제수석, 민정수석 홍경식 등이었고, 비서관급으로는 국정기획수석실 국정기획비서관 홍남기, 정무수석실 정무비서관 신동철, 행정자치비서관 박동훈, 사회안전비서관 구은수 등이 참석했다. 국가안보실에서는 김규현 국가안보실 제1차장과 신인호 위기관리 센터장이 참석했다.[132]

'독회 또는 검독회'란 명칭으로 진행된 이 회의는 국회 운영회의 및 국조특위 등에서 펼쳐질 실제 상황을 예상하여 똑같은 방식으로 진행했다. 세월호 실무 TF에서 작성한 예상 쟁점과 질의응답 사항을 기초로, 정무비서관 신동철이 질문하고 비서실장 김기춘 등이 답변했다. 이 과정에서 새로운 답변이 정리되면, 각 수석비서관실에서 답변을 수정했고, 그 부분만 다시 연습하는 형식의 회의가 반복됐다.

김기춘은 "문구가 어색하거나 답변내용이 비서관실 별로 일치되지 않는 경우, 문제가 있다고 판단되는 부분"에 대해서는 직접 '답변 기조'(전체적인 답변의 방향)와 '답변 워딩'(답변의 구체적 문구)을 정리해 주었다.[133] 그는 매번 회의가 끝날 때 "(수정사항을) 집으로 보내주면 집에서 공부할게"라고 얘기했고, 비서관들이 답변을 수정하여 비서실장 부속실을 통해서 집으로 보내주면, 사인펜으로 수정할 부분을 체크하여 다음 검독회에서 그 질문이 나올 때 '이렇게 바꾸라'는 식으로 고쳐 주기도 했다.

이런 과정을 거쳐 작성된 답변내용은 다음과 같다.

- 대통령은 통상적인 출퇴근 개념이 없으며, 청와대 내 어느 곳에 계시든 그곳이 곧 집무장소
- 대통령께서 집무하실 수 있는 공간이 여러 곳에 있습니다. 관저, 본관, 위민관 여러 곳에 있습니다마는 그 시간에 어느 집무실에 계셨는

---

132 정무수석 조윤선의 재직 당시 일정표에는, 세월호 국조특위가 열리는 2014년 7월 10일까지 무려 14회 정도의 회의가 진행되었던 것으로 기록되어 있다.
133 김기춘, 『피의자신문조서』, 서울중앙지방검찰청, 2018.3.9, 26~28쪽.

가 하는 것은 저희들이 경호상 밝힐 수 없다는 뜻입니다. 어디서나 보고를 받으시고 지시할 수 있는 시스템이 갖춰져 있습니다. 대통령이 계시는 곳이 바로 대통령 집무실입니다.

- 대통령께서는 지금 말씀하신 대로 아침에 일어나셔서 주무실 때까지가 근무시간이고 어디에 계시든지 간에 집무를 하고 계시고 관저도 집무실의 일부인 것은 틀림없습니다.

- 대통령의 최초 사고 인식 시점에 대하여 "비서실장 입장에서 답변할 내용이 아니다"

- 10시 서면보고를 안보실장이 올리자마자 10시 15분에 대통령께서 전화를 주셔서 해경에 지시를 하도록 했고, 다시 해경청장에게 전화를 하시고 그 이후에 저희들이 계속 간단없이(끊임없이) 2, 30분 단위로 문서 보고를 드렸다. 그렇기 때문에 대통령이 충분히 직접 만나서 물어보는 것 이상으로 상황을 파악하고 있었다고 생각한다.

- 세월호 사고 당일 대면보고가 없었던 이유에 대하여 "보고형식이 중요한 것이 아니라 보고의 신속성 및 정확성이 중요하다"[134]

김기춘은 2014년 7월 7일 국회운영회의와 7월 10일 국회국조특위 등에서 대본과 동일한 답변을 했지만, 당시 국조특위 위원장 심재철은 위증의 문제를 논하지 않았다.

문제는 이런 과정이 청와대뿐만 아니라 법무부 및 해양경찰청 등에서도 매우 광범위하게 진행됐다는 것이다.[135]

청와대의 세월호 침몰 사건과 관련한 문건 조작은 비서실뿐만 아니라 안보관리실에서도 조직적으로 진행됐다. 위기관리센터 센터장 신인호는 언론에서 세월호 국조특위 개최 관련 보도가 나오는 시점에서, 대응팀 행정관 최종필에게 "세월호 국조특위에 대비하기 위하여 관련 자료들을 수집하고 당시 상황을 점검할 것"을 지시했다.

---

134 김기춘, 『피의자신문조서』, 서울중앙지방검찰청, 2018.3.9, 26~28쪽.
135 해경에서 작성한 『초동조치 및 수색구조 쟁점』 및 『국회국정조사에서 답변할 사항』 등의 문건이 같은 취지에서 작성되었다고 할 것이다.

이에 따라 최종필은 상황팀으로부터 "대통령에게 보고한 보고서 원본, 상황팀과 해경과 통화한 핫라인 통화기록 및 통화 녹취록, 세월호 침몰 사건 발생 당일 해경·안행부·해군 등에서 올라온 보고서, 동보(同報)메시지 발송화면 복사본, YTN 속보 자막 캡처 화면" 등의 자료를 제출받았다. 그 후 핫라인 녹취록을 근거로 타임테이블을 만든 후, 그 타임테이블에 표를 하나 추가해서 상황팀의 조치 내역을 추가로 기재했다.

세월호 국조특위가 출범한 이후 국회에서 청와대를 상대로 여러 가지 질의서를 보내자 최종필은 정리된 타임테이블을 기초하여 국회와 언론의 각종 질의에 대응했다.[136] 최종필은 답변서 초안을 완성하여, 센터장 신인호의 검토를 받은 후 국가안보실 내 총괄기능을 담당하고 있는 정책조정비서관실로 답변자료를 보냈고, 그곳에서 국가안보실 산하 각 비서관실에서 작성된 답변자료들을 취합하여 국가안보실장의 검토를 받은 후 각 위원실로 답변자료를 송부했다.[137]

이런 과정을 거쳐 새롭게 작성된 문건은 세월호 침몰 사건의 본질을 왜곡시킬 수밖에 없었다. 당시 논란의 핵심은 "청와대의 세월호 침몰 사실 인지 시간, 박근혜에게 보고된 시간, 이후 대응조치"였다. 그러나 세월호가 침몰할 때 박근혜가 출근하여 보좌진과 같이 근무를 한 것도 아니고, 위기관리센터 근무자가 대통령에게 대면보고를 한 것도 아니므로, 대통령을 상대로 보고서를 읽은 시간을 직접 확인하지 않는다면 대통령에 대한 실제 보고시간은 부정확할 수밖에 없었다.

청와대 관계자들은 박근혜의 당일 행적을 정확히 확인하지도 않고 다음과 같은 국회 대응 문건을 작성했다.[138]

---

136 최종필, 『진술조서』, 서울중앙지방검찰청, 2017.11.6, 12~13쪽.
137 최종필, 『진술조서(제2회)』, 서울중앙지방검찰청, 2018.2.8, 3쪽.
138 위와 같음, 6쪽.

- 2014.5.22자 「세월호 사고 관련 4. 16.~4. 19. 상황일지」
- 2014. 6. 6자 「세월호 사고 관련 4. 16.~4. 19. 상황일지」
- 2014. 6. 6자 「세월호 골든 타임시 상황일지」
- 2014. 6. 9자 「세월호 사고 관련 4. 16.~4. 19. 상황일지」
- 2014. 6. 9자 「세월호 골든 타임시 상황일지」
- 「사고 당일(4. 16.) 대통령 보고 및 주요 조치사항」
- 2014. 7. 8.자 「세월호 사고 핵심 예상 쟁점」
- 2014. 7. 10.자 「세월호 침몰 사고 관련 업무 보고」
- 「강동원위원 서면질의 답변서」
- 「홍의락위원 서면질의 답변서」
- 「박완주위원 요구자료 답변서」
- 「VIP 관련 주요 쟁점사항 및 답변기조」[139]

청와대가 국회 대응을 목적으로 새로 작성한 문건은 민감사항에 대한 정확한 사실관계를 파악하고 기록하여, 후일 논쟁을 피할 목적에서 작성된 것이 아니라, 완전범죄를 꿈꾸며 진실을 영원히 은폐할 목적에서 작성된 것이다. 이것을 달성하기 위해 비서실과 안보관리실은 혼연일체가 되어, 끝없는 고심과 토론을 통해 창작수준의 새로운 문건을 작성한 것이다. 오히려 핵심증거가 되는 원본 문건은 완전하게 파쇄해 버렸다.

청와대의 문건 조작 결과는 하급 기관의 문건 조작에도 연계되었을 개연성이 높다. 특히 세월호 침몰 사실 인지 시점을 늦어도 4월 28일 이전에 "09:19경 YTN 속보 자막을 보고 알았다"는 논리를 확정해 놓고, 정부 부처 및 관련 기관에 지침을 하달하고, 획일적 대응을 강요했을 것이다.[140]

---

139 서울중앙지방검찰청, 『수사보고 [피의자 김기춘, 김장수, 김규현, 신인호의 허위공문서작성 범행대상 공문서 특정보고]』, 2018.3.19, 2쪽.
140 공군이 작성한 「여객선(세월호) 침몰에 따른 공군지원현황(4.17. 06:00 현재)」 등에 의하면, 공군은 09:00경 YTN 속보를 보고 조난 상황을 인지한 것으로 되어있으나,

청와대는 '원본 문건 보존, 박근혜 등의 전화통화 내역 공개, 위기관리센터 및 관저 CCTV 화면 공개' 등만 했다면, 별도 추가 문건 작성 없이도 세월호 침몰 당시 청와대 대응의 적정성을 입증할 수 있었다. 그럼에도 많은 인력과 시간을 투자하여 대통령기록물을 파기하고 전혀 새로운 문건을 작성했다. 그 이유는 묻지 않아도 충분히 짐작할 수 있을 것이다.

자료목록

1) 강정구, 『진술조서』, 서울중앙지방검찰청, 2017.10.30

2) 김기춘, 『피의자신문조서』, 서울중앙지방검찰청, 2018.3.9

3) 김진흥, 『진술조서』, 서울중앙지방검찰청, 2017.11.9

4) 김태연, 『진술조서』, 서울중앙지방검찰청, 2017.11.29

5) 김태현, 『진술조서』, 서울중앙지방검찰청, 2017.11.1

6) 백선웅, 『진술조서』, 서울중앙지방검찰청, 2017.11.8

7) 송상래, 『진술조서』, 서울중앙지방검찰청, 2017.11.30

8) 오경룡, 『진술조서)』, 서울중앙지방검찰청, 2017.11.3

9) 이정우, 『진술조서』, 서울중앙지방검찰청, 2017.11.15

10) 이태안, 『진술조서』, 서울중앙지방검찰청, 2017.11.1

11) 전응식, 『진술조서』, 서울중앙지방검찰청, 2018.1.12

12) 조윤선, 『진술조서』, 서울중앙지방검찰청, 2018.1.15

13) 최종필, 『진술조서』, 서울중앙지방검찰청, 2017.11.6

14) 최종필, 『진술조서(제2회)』, 서울중앙지방검찰청, 2018.2.8

15) 홍성환, 『진술조서』, 서울중앙지방검찰청, 2017.11.15

16) 공군본부, 『재난등응 상황보고』, 2014.4.17

2014년 4월 29일경 공군참모차장의 결재가 되어있는 "세월호 침몰관련 공군 시간대별(4.16~현재) 상황 조치"에는 09:20 조난 상황을 인지한 것으로 문건이 작성되어 있다. 실제로 행안부, 국정원을 비롯한 대부분 국가기관이 이 시간을 침몰 사실 인지 시간으로 주장하고 있다.

17) 국군기무사령부 정보융합실, 『지휘참고자료(주요 현안 및 첩보 소재)』, 2014.5.1

18) 서울중앙지방검찰청, 『수사보고 [피의자 김기춘, 김장수, 김규현, 신인호의 허위공문서작성 범행대상 공문서 특정보고]』, 2018.3.19.

19) 서울중앙지방검찰청 『수사결과발표』, 2018.3.28

20) 서울중앙지방검찰청, 『4. 10.자 오마이뉴스 세월호 사고 최초 인지 시점 관련 보도에 대한 검찰 입장』, 세월호 사건 보고시간 조작 수사팀, 2019.4.10

21) 「[단독] 청와대, 최순실 사태 이후 '문서파쇄기' 26대 집중 구매」, 『JTBC 뉴스』, 2017.3.15 (http://news.jtbc.joins.com/article/article.aspx?news_id=NB11438369)

4.
박근혜의 '7시간 행적'과
각종 의혹들

세월호 침몰 사건 당일 청와대와 박근혜 관련 의혹은 여전히 '뜨거운 감자'다. 당시 청와대 관련 가장 핵심 쟁점이자 진상규명이 필요한 사안은 다음과 같다.

- 국가위기관리센터는 언제 세월호 침몰 사실을 인지했는가.
- 국가위기관리센터는 언제 박근혜에게 상황보고서 1보를 보고했고, 박근혜는 이 보고서를 언제 읽었는가.
- 세월호 침몰 사실을 인지한 박근혜는 승객구조와 관련해 어떤 지시를 했는가.

검찰은 대통령비서실장 김기춘 등 관련사건을 수사할 때 이 부분에 대한 결론을 내렸다.[141] 하지만 검찰이 발표한 수사결과는 유가족들의 의문을 풀기에는 충분하지 못했으며, 현시점에도 여전히 많은 의문이 제기되고 있다.

---

141 김기춘 등의 서울중앙지검 2017년 형제91972호 및 2018년 형제62267호 사건, 서울중앙지법 2018고합 306호 사건.

현재 청와대의 책임을 밝힐 수 있는 물적 증거는 대부분 파기된 상태로 보이며, 범죄행위에 가담했던 혐의자들의 거짓 진술만 일부 확보되어 있을 뿐이다. 이들은 자신들의 범죄행위를 덮기 위해서 박근혜 범죄행위를 엄호하고 있다. 검찰의 철저한 재수사와 특정인의 양심선언이 있지 않으면, 이 문제의 진실을 밝히는 것은 사실상 불가능한 상황이다.

세월호 침몰 당시 박근혜는 헌법상 대통령의 지위에 있었기 때문에 '국민의 생명과 안전'을 지키기 위하여 대통령 직위에 합당한 구조지휘를 했어야 한다. 박근혜가 했다고 주장하는 지휘 행위는 안보실장 김장수와 해양경찰청장 김석균에게 걸었다는 전화 두 통과 오후 5시 15분경 중대본으로 가서 영상 한편을 촬영했던 것이 전부였다.

하지만 이 두 가지 행위에도 의문이 제기돼 있다. 세월호 침몰 당시 박근혜와 김장수는 서로 통화를 했는지조차 의혹덩어리다. 당시 박근혜가 어떤 상태에 있었는지 정확히 추정할 수는 없지만, 박근혜가 김장수에게 지시했다는 통화내용은 박근혜의 평상시 언어습관과 전혀 부합하지 않는다. 통화했던 것이 사실이라면 뭔가 새로운 사후조치가 있는 것이 상식인데, 중대본에 갈 때까지 침묵을 지켰다는 것은 상식으로는 납득 되지 않는다.

검찰에 새롭게 설치된 특별수사단은 세월호 침몰 당일 박근혜의 구조지휘 행위에 대하여 전혀 새로운 관점에서 특별한 수사를 진행할 필요가 있다.

박근혜는 '상황보고서 1보'를 받았다

검찰의 수사결과에 따르면 세월호 침몰 당시 박근혜에게 상황보고서 1보가 전달되는 과정은 다음과 같다.

세월호 침몰 당시 김장수는 본인의 집무실에서 박근혜에게 휴대전화로 전화를 걸어 사고 내용을 보고하려 했으나 전화를 받지 않자, 안봉근 제2

부속비서관에게 전화를 걸어 '지금 대통령께 세월호 관련 상황보고서 1보가 올라갈 예정이니 대통령께 보고될 수 있게 조치해 달라'고 말한 후, 위기관리센터장 신인호에게 상황보고서 1보를 관저에 전달하라고 지시했다.

10시 12분~10시 13분경 신인호는 상황보고서 1보를 완성하여 상황병 이정우를 통해 관저로 전달하라고 지시했다. 상황병은 관저인수문까지 뛰어가 10시 19분~10시 20분경 관저 근무 경호관을 통하여 내실 근무자인 김막업에게 상황보고서 1보를 전달했고, 김막업은 평소와 같이 아무 말 없이 박근혜 침실 앞 탁자 위에 상황보고서를 올려 두었다.

안봉근은 김장수로부터 처음 전화를 받은 후 제2부속비서관실 소속 행정관 이영선이 10시 12분경 본관 동문으로 나가서 준비한 승용차를 이용하여 관저로 간 후, 내실로 들어가 침실 앞에서 수회 "대통령님" 하며 불렀고, 박근혜는 그 소리를 듣고 침실 밖으로 나왔다.

그때 안봉근은 "국가안보실장이 급한 통화를 원합니다"라고 보고하였고, 박근혜는 "그래요?"라고 말한 후 침실로 들어가 10시 22분경 김장수에게 전화를 걸어서 "단 한 명의 인명피해도 발생하지 않도록 하라"고 지시를 했다.

안보실장 김장수는 이것을 상황팀장 김주영에게 '해경에 전파하라'고 지시하였고, 상황팀장 김주영은 10시 25분~10시 26분경 해경 상황실 '핫라인'을 통해 이 내용을 직접 지시했다.[142]

관저 근무자들의 진술을 논리적으로 분석하면, 상황병 이정우가 상황보고서 1보를 관저에 전달했을 때, 박근혜는 즉시 상황보고서를 읽을 수 있는 상황이었다.

---

142 서울중앙지방검찰청,『세월호 사고 보고 시각 조작 및 대통령훈령 불법 변개 등 사건 수사결과 발표』, 2018.3.28, 12~15쪽.

만약 박근혜가 해명할 수 없는 사유로 상황보고서 1보를 즉시 읽지 못했다면, 그것은 검찰의 수사결과와는 달리 박근혜는 관저가 아닌 다른 장소에 머물렀을 가능성도 있다.[143]

세월호 침몰 당일 오전 9시 50분~10시경, 관저 집사 김막업은 박근혜의 사적 공간 유리문 안쪽으로 들어가서 침실 입구 탁자 위에 상황보고서 1보를 놓았다. 이는 박근혜가 적어도 평소와 다름없이 기상하여 아침 식사를 했다는 것을 의미하고, 한편으로는 깨어 있었다는 것을 시사한다.

평상시처럼 별채 경호관은 박근혜에게 수시로 전달되는 문서를 김막업에게 건넨 후, 인디폰으로 박근혜에게 전화를 걸어 "보고서 올려 드렸습니다"라고 상황보고서 1보 도착 사실을 알렸을 개연성이 높다. 검찰은 수사 과정에서 이를 확인하지 않았다.

박근혜는 상황보고서 1보를 수령할 수 없는 관저밖에 체류했거나, 의도적으로 상황보고서 1보 수령을 거부하지 않은 이상 물리적으로 상황보고서 1보를 전달 즉시 읽을 수밖에 없었다.

오히려 휴대전화로 2회에 걸쳐 세월호 침몰 사실을 박근혜에게 보고하려 했지만, 박근혜가 전화를 받지 않았다는 김장수 등의 진술이 거짓일 수 있다. 세월호 침몰 당시 박근혜가 관저에 머무른 것이 틀림없다면, 박근혜에게 긴급하게 연락할 방법은 박근혜의 휴대폰 외에도 박근혜 침실 유선전화(인터폰) 및 경호관(관저데스크 및 별채 경호관)과 김막업 등을 통해서 신속하게 할 수 있었기 때문이다.

단지 휴대폰 통화가 되지 않는다는 이유만으로 제2부속비서관 안봉근에게 전화하여, 긴급상황을 전파하려 시도한 안보실장 김장수의 선택은 매우 비효율적이고 비상식적인 조치일 수밖에 없다.

---

143 "보안손님 A 최순실"의 관저 출입 방법을 박근혜에게 적용하면, 박근혜 또한 흔적을 남기지 않고 충분히 관저 밖으로 출입할 수 있었다.

김장수는 '박근혜와 안봉근'에게 전화를 먼저 걸었을까?

안보실장 김장수의 강력한 부인에도 청와대는 국가재난사태의 컨트롤 타워임은 틀림없었다. 당연히 김장수가 대형여객선 침몰 사실을 보고 받았다면 즉시 국가위기관리센터 상황실에 임장하여 위기상황을 지휘했어야 한다.

당시 상황반장 백선웅은 9시 20분경 세월호 침몰 사실을 해경 상황실과의 전화 통화를 통해 확인한 후, 안보실장 보좌관 임형욱 대령에게 휴대전화로 전화하여 사고 발생 사실을 보고했다.[144]

9시 31분경 상황실에 임장한 위기관리센터장 신인호는 상황팀장 김주영으로부터 세월호 침몰 상황을 보고받은 후 안보실장 김장수에게 전화를 걸어 관련 사실을 보고했다.

이때 김장수는 '내가 내려가야 할 상황이냐'고 물었고 신인호는 '내려오셔야 할 것 같습니다'라고 보고했다. 신인호의 진술이 사실이라면 김장수는 늦어도 9시 31분경에는 사태가 심각한 상황임을 인식할 수 있었다.[145]

김장수가 이 통화 즉시 상황실로 이동했다면 9시 40분경에는 상황실로 올 수 있었다. 그런데 위기관리센터 통신담당 오경룡,[146] 대응팀 행정관 박춘석,[147] 상황반장 백선웅[148] 등의 진술에 따르면, 10시가 훨씬 넘은 시점에 상황실로 들어왔다.

상황실에 들어온 김장수는 브리핑룸의 10인용 회의용 탁자 헤드테이블에 앉아 상황팀장 김주영으로부터 개략적인 상황보고를 받은 후 박근혜에

144 백선웅,『진술조서』, 서울중앙지방검찰청, 2017.11.8, 7쪽.
145 신인호,『진술조서』, 서울중앙지방검찰청, 2018.2.9, 10~11쪽.
146 오경룡,『진술조서』, 서울중앙지방검찰청, 2017.11.3, 11쪽.
147 박춘석,『진술조서』, 서울중앙지방검찰청, 2017.11.6, 18쪽.
148 백선웅,『진술조서』, 서울중앙지방검찰청, 2017.11.8, 17쪽.

게 휴대전화로 통화를 시도했다고 한다. 당시 그의 주변에는 위기관리센터장 신인호, 상황팀장 김주영, 대응팀장 허달행, 대응팀 행정관 박춘석 등이 함께 있었다.

그들은 같은 시간 같은 공간에 있었지만, 김장수가 상황실로 들어온 시간, 박근혜 및 안봉근과 통화한 사실 등을 정확하게 진술하지 않았다. 그런 관계로, 문제의 전화 통화들이 실제 존재했는지', '존재했다면 그 시간이 언제였는지', '정확한 통화내용은 무엇인지' 등에 대해서 진술이 일치하지 않았다.

검찰은 김장수가 안봉근 비서관에게 전화한 사실이 있다고 판단했다. 김장수가 '박근혜에게 휴대전화로 전화를 걸어 사고 내용을 보고하려 했으나 전화를 받지 않자, 안봉근 제2부속비서관에게 전화를 걸어 '대통령이 전화를 받지 않는다. 지금 대통령에게 세월호 관련 상황보고서 1보가 올라갈 예정이니 대통령에게 보고될 수 있게 조치해 달라'는 내용의 전화를 했다는 것이다.

하지만 안보실장 김장수는 '안봉근에게 전화한 사실'을 기억하지 못한다고 했다.[149] 위기관리센터장 신인호도 '김장수 안보실장이 박근혜에게 전화하려 했으나 통화가 되지 않자, 자신이 안봉근 제2부속비서관에게 전화를 걸어 "박근혜가 전화를 받지 않으니 박근혜에게 상황보고서 1보가 보고될 수 있도록 해 달라"고 말했다'며 검찰의 수사결과와 다른 진술을 했다.[150]

결국 이 사안은 세월호 침몰 당시 상황실에서 김장수와 함께 근무했던 근무자들의 진술을 조합하여 확인할 수밖에 없다. 그런데 이들의 진술이 핵심 부분에서 일치하지 않는다.

---

149 김장수, 『피의자신문조서』, 서울중앙지방검찰청, 2018.2.26, 15~16쪽.
150 신인호, 『진술조서』, 서울중앙지방검찰청, 2018.3.25, 5~6쪽.

- 대응팀장 허달행

  상황팀장 김주영이 10:25경, 해경 상황실에 전화하여 "단 한 명의 인명 피해도 발생하지 않도록 하라"는 취지의 박근혜 지시사항을 전달하였는데, 그 직전에 김장수 실장이 박근혜와 전화 통화를 했다.[151]

  자신은 계속해서 상황실에 있었으므로, 화장실을 가거나 담배를 피러 가지 않은 이상 안봉근과의 통화를 못 볼 이유가 없습니다. 하지만 김장수와 안봉근이 통화하는 것은 보지 못했습니다.[152]

- 상황팀 반장 백선웅

  실장님께서 브리핑룸에 내려오시고 얼마 지나지 않아 제가 김주영 상황팀장에게 상황보고를 하기 위해 상황실로 갔습니다. 그때 김장수 국가안보실장님이 신인호 비서관과 이야기를 하다가 마침 실장님의 업무용 핸드폰으로 전화가 와서 전화 통화를 하는 것을 옆에서 봤는데, 평소와 다르게 긴장한 상태에서 메모를 하며, 전화 통화 하는 것을 봤습니다. 그리고 통화가 끝나자 메모한 내용을 김주영에게 불러주면서 대통령 지시사항이니 해경에게 전파하라고 하였습니다.[153]

  제가 2013. 5.경 북한 개성공단에서 우리나라 업체를 철수시킬 당시 국가안보실장이 박근혜와 전화 통화하는 모습을 본 기억이 있는데, 당시에는 실장님께서 "예, 대통령님"이라는 식으로 응대하는 모습을 본 기억이 있습니다. 하지만 2014. 4. 16. 실장님이 전화 통화를 할 때에는 그냥 "예", "예"라고만 대답한 것으로 보아 상대방이 박근혜가 아닐 수도 있다는 생각이 듭니다.[154]

- 상황팀장 김주영

  안보실장 김장수가 "대통령께서 왜 전화를 안 받으시지?"라고 하는 것을 봤다. 10시가 넘은 시간에 김장수 안보실장님께서 브리핑룸에서 전화 통화를 하시면서 메모지에 윗분의 지시사항을 받아 적으셨던 모습을 보았습니다. 당시 저는 상황실 안에서 유리 칸막이를 통해서 브리핑실을 볼 수 있었는데 당시 김장수 실장님은 브리핑룸 입구에 있는 책상에 앉아 업무용 핸드폰으로 전화 통화를 하면서 윗분의

151 허달행, 『진술조서』, 서울중앙지방검찰청, 2017.11.8, 26~27쪽.
152 위와 같음, 26~27쪽.
153 백선웅, 『진술조서』, 서울중앙지방검찰청, 2017.11.8, 18쪽.
154 위와 같음, 19쪽.

지시사항 같은 것을 메모지에 적은 후 신인호 비서관에게 주었다. 그러자 신인호 비서관은 상황실 쪽을 돌아보면서 저에게 오라고 손짓을 해서 제가 신인호 비서관에게 갔더니 그 쪽지를 저에게 주시면서 대통령 지시사항이니 해경에 전파하라고 말씀하셨습니다. 그래서 제가 위 메모지를 전달받아 상황실로 가서 해경 상황실 핫라인을 이용하여 대통령 지시사항을 전파한 사실이 있습니다.[155] 하지만 실장님께서 전화 통화 내용을 메모하신 후 저희들한테 대통령 지시사항이니 해경에 전파하라고 말씀하셨기 때문에 당연히 대통령과 통화하셨구나 하고 생각했을 뿐 실제 대통령과 통화를 하신 것인지 여부는 알수가 없다. 통화하는 것을 유리문을 통해서 봤지 소리를 들은 것도 아니다.[156]

- **대응팀 행정관 김진흥**
  김장수 실장께서 브리핑실에 오신 직후에 누군가와 통화를 했는데 상대방이 누구인지는 정확하게 모르겠습니다. 그렇지만 당시 상황이나 분위기로 봤을 때 윗분과 통화한 것으로 기억합니다. 그때에는 김장수 실장님께서 휴대폰을 들고 전화 통화를 하시면서 신인호 비서관실의 방으로 들어가셨기 때문에 구체적인 통화내용이나 상대방이 누구인지에 대해서는 알지도 못합니다.[157]

- **상황팀 행정관 김지대**
  정확히 기억나진 않습니다. 그런데, 사건 발생 당일 상황 파악과 보호를 위해 다들 분주하고 다소 소란한 가운데, 갑자기 "조용하라"는 누군가의 외침이 있었고, 이어서 김장수 실장님이 공손한 어투로 휴대폰으로 전화 통화를 하셨던 것으로 기억납니다. 그리고 통화를 끝낸 직후 대통령님 지시사항을 전파하셔서 대통령님과 통화하셨다고 생각합니다.[158]

- **상황병 이정우**
  김장수 실장님이 상황실에 온 이후 누군가와 전화 통화를 하는 모습

155 김주영, 『진술조서』, 서울중앙지방검찰청, 2017.11.9, 13~14쪽.
156 위와 같음, 15쪽.
157 김진흥, 『진술조서』, 서울중앙지방검찰청, 2017.11.9, 5쪽.
158 김지대, 『진술조서』, 서울중앙지방검찰청, 2017.11.22, 27쪽.

을 본 적이 있는데, 당시 상황실 내에 있던 다른 직원이 브리핑실 마이크를 켜보라고 하여 통화내용을 들어본 적이 있는데, "예, 안보실장입니다."라고 하면서 존대말로 공손하게 전화 통화를 하는 것을 들었습니다.[159]

- 대응팀 행정관 박춘석
  세월호 사건 발생 당시 김장수 실장은 처음에는 대통령께 전화를 걸었다가 대통령께서 전화를 받지 않자 "안 받으시네"라고 말하고 끊은 뒤 안봉근 제2부속실장에게 전화를 걸어 "대통령께서 전화를 받지 않는데 연결해 줄 수 있습니까?"라고 물은 뒤 안봉근이 어렵다는 취지로 대답하자 "상황이 그렇다면 대통령께 보고를 좀 해 주십시오. 제주도로 가던 세월호가 침수되고 있는데, 수학여행을 가는 학생들이 다수 포함되어 있고 군경이 구조작업을 하고 있습니다"라고 말하고 전화를 끊었습니다.[160]

김장수 전화 통화와 관련한 논란의 핵심은 ① 과연 김장수가 박근혜에게 전화를 걸었는가, ② 김장수가 안봉근에게 전화를 걸었는가, ③ 박근혜가 김장수에게 전화를 했었는가 하는 점이다.

하지만 당시 위기관리센터 상황실에 있었던 사람들의 진술을 종합해 보면 김장수가 박근혜 및 안봉근과 전화통화를 했다는 신뢰할 만한 진술이 없다.

다만 안보실장 김장수가 상당히 높은 직급으로 추정되는 어떤 사람의 전화를 공손하게 받는 모습을 상황실 근무자들이 목격했지만, 그것이 100% 박근혜였다고 특정한 사람도 없다(대통령을 제외하고 안보실장보다 높은 사람이 청와대에 누가 있는지 상상은 되지 않는다).

특히 제2부속비서관 안봉근 진술은 자신 또는 타인의 진술과 심하게 충돌하는 관계로 판단의 증거로 사용할 수가 없다.[161]

---

159 이정우, 『진술조서』, 서울중앙지방검찰청, 2017.11.15, 15쪽.
160 박춘석, 『진술조서』, 서울중앙지방검찰청, 2017.11.6, 20쪽.
161 이 책 제5장 '2. 국가위기관리센터의 상황보고서 작성과 보고 과정' 참조.

따라서 사건 당일 안보실장 김장수에게 박근혜가 구조지시를 했다는 검찰의 결론은 논리의 비약이거나 청와대의 주장을 일방적으로 수용한 결과라 할 것이다.

필자는 박근혜가 상황보고서 1보를 읽지 못한 상황에서 안보실장 김장수와 전화 통화를 했다면, 침몰 상황에 맞지 않는 구조지시를 내리기 전에, 김장수에게 '세월호 침몰 상황'을 먼저 묻는 것이 순서에 맞는다고 판단한다. 즉, "몇 명이 승선한 선박이 침몰하고 있는지", "현재 기울기 상태는 어떤지", "침수 중인지, 침몰 된 것인지", "사망자나 부상자는 없는지", "모두 구조될 수 있는지" 등을 확인한 후에 구조와 관련한 지시를 하는 것이 합리적인 행위였다.

하지만 세월호 침몰 당시 박근혜의 구조지시는 마치 침몰 사건이 발생할 것을 예견하고 멘트를 준비한 것 같은 모습을 보였고, 이것이 언론에 여과 없이 노출됐다.

박근혜는 해양경찰청장 김석균에게 특공대 동원 지시를 내렸을까?

검찰은 박근혜가 김장수에 이어 두 번째 구조지시를 오전 10시 30분경 해양경찰청장 김석균에게 했다고 결론지었다.

제2부속비서관 안봉근의 진술에 따르면, 박근혜가 10시 22분경 김장수에게 전화를 "단 한 명의 인명피해도 발생하지 않도록 하라"고 지시한 후, 다시 안봉근에게 해경청장 김석균과의 전화 통화를 연결하도록 지시했다고 한다.

안봉근은 사회안전비서관실 행정관 정창배에게 전화하여 해경청장의 휴대폰 번호를 확인해 통화를 시도했지만, 통화 중이어서 통화에 실패했다. 안봉근은 다시 행정관 정창배에게 연락하여 "지금 대통령께서 해경청장과 전화를 하고 싶어 하시는데, 통화 중이라 연결이 되지 않습니다. 다른 전화는 받지 말고 대통령 전화를 받을 수 있게 해 주십시오"라고 했다. 잠시 후 "지금 (전화)하시면 됩니다"는 정창배의 연락을 받고 김석균과 전화 통화를 진행했다고 한다.

> 검　사 : 당시 진술인은 해경청장과 어떤 내용으로 통화를 하였는가요.
>
> 안봉근 : 제가 전화를 걸자 해경청장이 전화를 받으면서 '여보세요'라고 하길래 '제2부속비서관 안봉근입니다. 대통령님 연결하겠습니다'라고 말한 후 저의 핸드폰을 대통령님에게 전달해 드렸습니다.
>
> 검　사 : 당시 해경청장이 '예. 해경청장입니다'라고 말하면서 자신의 신분을 밝혔나요.
>
> 안봉근 : 아닙니다. 지금 기억에 해경청장이 자신의 신분을 밝힌 것 같지는 않습니다. 당시 해경청장은 저의 업무폰 번호를 몰랐을 것이므로 제 전화기가 청와대에서 걸려오는 것이라는 것을 몰랐을 것입니다.
>
> 검　사 : 당시 진술인은 발신자 표시를 제한한 상태에서 해경청장에게 전화를 걸었나요.
>
> 안봉근 : 아닙니다. 저의 업무폰은 발신자 표시 제한이 되어 있지 않습니다. 따라서 해경청장의 전화에는 저의 업무폰 번호가 표시되었을 것입니다.
>
> 검　사 : 진술인은 휴대전화에 발신자 표시를 제한하는 방법을 알고 있는가요.
>
> 안봉근 : 정확히는 모르고 통신사에 신청해야 가능하다는 정도만 알고 있습니다.[162]

세월호 침몰 당일 오전, 안봉근이 관저에 왔던 사실 자체가 의심스러운 상황이라면, 이 통화 역시 의심할 수밖에 없다.

또한, 안봉근의 진술은 세월호 침몰 당일 국가위기관리센터 상황실에서 김장수를 보좌한 행정관 또는 사회안전비서관실 근무자들의 진술과도 심

---

162 안봉근, 『진술조서』, 서울중앙지방검찰청, 2017.11.24, 16~17쪽.

각하게 충돌하는 부분이 있어, 액면 그대로 수용할 수가 없다.

위기관리센터 상황팀 반장 백선웅과 행정관 김지대는 해경청장 김석균에게 전화를 건 사람이 안보실장 김장수라고 주장했다. 그들은 그 근거로 10시 40분경 핫라인 녹취록을 제시했다.

- 상황팀 행정관 김지대
  제가 기억하기로는 해경청장은 실장님이 직접 통화하셔서 전파한 것 같고, 상황팀장님이 해군 작전사령관인지 해군 3함대 사령관에게 전파했고, 해경 상황실에는 상황반장이 전파했던 것으로 기억합니다. 상황팀에서 직책(접) 해경청장 핸.드폰 번호를 확인해서 실장님과 통화하실 수 있도록 조치했던 것으로 기억합니다.163

- 상황반장 백선웅
  김주영 상황팀장이 김장수 실장님으로부터 대통령 지시사항이 기재된 메모지를 받아서 상황실로 와서 해경 상황실장에게 연결된 핫라인을 통해 직접 해경 상황실장에게 대통령 지시사항을 전파하였습니다. 그리고 그로부터 약 10~20분쯤 후 김주영 상황팀장님에서 저한테 김장수 국가안보실장님이 해경청장과 직접 전화 통화를 하겠다고 하니 전화 연결을 해 보라고 했습니다. 그래서 제가 핫라인을 통해 해경 상황실로 전화하여 해경청장님이 어디에 계시는지, 그리고 핸드폰 번호가 어떻게 되는지 먼저 파악하였고, 당시 해경청장은 상황실 내에 계신다고 하기에 제가 가지고 있던 개인 핸드폰으로 해경청장에게 전화하여 국가안보실장님께서 통화를 원하신다는 취지로 말씀드린 후 제 전화기(010-××××-××××)를 실장님께 드렸습니다. 언제 통화를 했는지 정확한 시점은 기억이 나지 않지만, 대략 10시 30분 정도가 아니었나 생각되고, 약 5~10분 정도 통화를 하셨던 것으로 기억이 납니다.164

백선웅의 진술과 같이 위기관리센터와 해양경찰청 상황실의 전화 통화는 실제로 10:40:03~10:40:21까지 21초 동안 진행된 사실이 있다. 이때 해

---

163 김지대, 『진술조서』, 서울중앙지방검찰청, 2017.11.22, 28~29쪽.
164 백선웅, 『진술조서』, 서울중앙지방검찰청, 2017.11.8, 19~20쪽.

양경찰청장의 휴대폰 번호를 확인한 사실도 확인됐다.[165]

　　반면에 제2부속비서관 안봉근의 진술은 해양경찰청장 전화번호를 확인하는 과정과 관련해서도 신뢰성이 떨어진다.

　　안봉근은 행정관 정창배에게 전화하여 김석균의 휴대폰 번호를 확인했다고 진술했지만, 사회안전비서관 구은수와 행정관 이명준은 아래와 같이 전혀 다른 취지의 진술을 하고 있다.

- 사회안전 비서관 구은수
  저희가 상황보고 1보를 발송한 후에 제2부속비서관실에서 저희 사회안전 비서관실로 전화를 걸어 대통령께서 해경청장과 통화를 하셔야 되는데, 지금 통화가 되지 않으니 대통령과 해경청장이 통화를 할 수 있게 해 달라고 요청하였습니다. 그래서 위와 같은 연락을 받은 이명준 총경이 해경 측에 연락해보더니 해경청장이 헬기를 타기 위해 이동 중이라 연결이 되지 않는다고 저에게 보고하였습니다. 그리고 나서 이명준 총경이 여기저기 알아보더니 다시 저에게 '대통령과 해경청장이 통화하였다고 합니다'는 취지의 보고를 하였습니다.[166]

- 사회안전 행정관 이명준
  (세월호 침몰 당시) 제2부속비서관실 이건용 행정관, 이동빈 행정관 등과 주로 업무 연락을 했는데, 처음에는 현재 세월호 상황이 어떠한지, 구조상황이 어떠한지 문의하였습니다. 그리고 세월호 사고 당일 오전 10:30분 전후에 제2부속비서관실로부터 VIP께서 김석균 해경청장님에게 전화를 했는데 통화가 안된다고 하면서 빨리 해경청장에게 연락해서 VIP 전화를 받을 수 있도록 다른 전화를 받지 말라고 전달하라고 요청하였습니다. 이에 해경청장 부속실로 전화하여 이천식 비서실장과 전화 통화를 하여 이건용 행정관으로부터 요청받은 내용을 그대로 전달하였습니다. 당시 제가 비서실장에게 전화했을 때 물어봤는지, 아니면 나중에 들었는지는 모르지만, 당시 청장님이 상황회의실에 계셨다는 얘기를 들었습니다.[167]

---

165 핫라인 녹취록 10시 40분 03초경.
166 구은수, 『진술조서』, 서울중앙지방검찰청, 2017.11.15, 12쪽.
167 이명준, 2017.11.20, 『진술조서』, 서울중앙지방검찰청, 10~11쪽.

세월호 침몰 당일은 긴급한 상황에서 매우 많은 행위가 동시에 벌어졌기 때문에, 관련자들이 모든 사항을 정확히 기억하고 일치된 진술을 할 수는 없다. 하지만 김석균과 안봉근이 통화한 사실이 틀림없다면, 당사자의 진술은 대체로 일치해야 한다.

김석균은 박근혜와 통화할 당시(오전 10시 30분경[168]) 경비과장 여인태와 수행비서 이종남 등과 함께 침몰해역을 방문하기 위해 헬기장이 있는 영종도로 향하던 중이었다. 그때 핸드폰으로 발신자 제한표시가 되어있는 전화가 '어떤 남자'로부터 걸려와 순간적으로 청와대라고 직감했다고 한다. 김석균은 주변 참모들에게 조용히 하라는 손짓을 한 후, 다음과 같은 내용의 전화 통화를 안봉근 및 박근혜와 진행했다고 한다.

> 김석균 : 예. 해경청장입니다.
>
> 어떤 남자(안봉근) : 지금 대통령께서 전화 통화를 원하십니다. 잠시 기다리십시오.
>
> 박근혜 : 청장님, 지금 구조상황이 어떻게 되어가고 있습니까?
>
> 김석균 : 상황이 매우 좋지 않습니다. 최악의 시나리오를 준비해야 할 것 같습니다.
>
> 박근혜 : 전국의 특공대를 모두 투입하시고 철저히 수색해서 한 명의 인명피해도 없게 해 주세요.
>
> 김석균 : 저의 직을 걸고 구조에 최선을 다하겠습니다.[169]

당시 상황에 대한 김석균과 안봉근의 진술을 비교 검토해 보면 면, 큰 틀에서 안봉근이 김석균과 통화를 연결하여 박근혜에게 넘겨준 것에 대해서

---

168 자신이 10시 29분에 출발했는데 1km도 안 가서 박근혜의 전화를 받았으므로 10시 30분경이 틀림없다고 김석균은 진술했다.

169 김석균, 『진술조서』, 서울중앙지방검찰청, 2017.11.21, 12~13쪽. 김석균의 진술서를 바탕으로 필자 재구성.

는 진술이 일치한다. 그러나 '발신자 제한표시' 사용 여부에 대해서는 진술이 일치하지 않았다. 이것은 실제 통화가 있었는지를 의심하기에 충분한 단서라 할 수 있다([표 5-5] 참조).[170]

표 5-5. 해경청장 김석균 및 제2부속비서관 안봉근 진술 비교

구 분	김석균의 진술	안봉근의 진술	비 고
통화자의 신분을 밝혔는가	_김석균이 신분을 밝혔는지 여부_		여인태는 누군가가 전화를 바꾸어 주는 것 같지는 않았다고 진술
	"예. 해경청장입니다"라고 자신의 신분을 밝혔다.	해경청장이 "여보세요"라며 자신의 신분을 밝히지 않았다.	
	안봉근이 자신의 신분을 밝혔는지		
	어떤 남자가 '지금 대통령께서 전화 통화를 원하십니다. 잠시 기다리십시오'라고 했다.	"제2부속 비서관입니다. 대통령님 연결하겠습니다'라고 말한 후 휴대폰을 박근혜에게 넘겨 주었다.	
발신자 표시 제한	발신자 제한 표시가 되어 있는 전화가 왔다.	업무폰은 발신자 제한표시가 되어있지 않으며, 발신자 제한 방법을 알지 못하며, 통신사에 신청해야 가능하다는 정도만 알고 있다.	

검찰진술서를 참고하여 필자 정리.

김석균의 차량에 동승했던 경비과장 여인태는 "김석균 청장이 전화를 받을 때 상대방 쪽에서 누군가가 전화를 연결해 주는 듯한 느낌이 있었나요, 예를 들어 처음 전화를 받고 난 이후에 전화 연결을 위해 잠시 기다렸다가 다시 다른 사람과 통화하는 듯한 느낌이 있었나요"라는 검사의 질문에, "아닙니다. 상대방 쪽에서 누군가 전화 연결을 해주는 듯한 느낌은 받

---

170 김석균이 '발신자 제한 표시'의 전화를 받은 것이 틀림없다면 그것은 안보실장 김장수와 연결됐을 개연성이 오히려 높다. 따라서 검찰은 본 건을 수사할 때 김석균과 김장수의 통화를 연결해 줬다는 상황반장 백선웅에게 '발신자 제한 표시' 기능을 사용했는지 조사했어야 했다.

지 못했습니다. 당시 청장님께서 처음 전화를 받으신 후에 그냥 계속하여 같은 사람과 통화를 이어가는 듯했습니다"라고 진술했다.

이 내용도 김석균과 안봉근의 진술이 일치하지 않는다. 따라서 객관적 증거 없이 당사자들만의 진술을 선별하여 사실관계 판단의 근거로 활용한 검찰의 수사결과는 신뢰할 수 없다.[171]

해양경찰청장 김석균이 박근혜의 구조지시를 받았다면, 헬기를 타고 이동하는 과정에 있었다 하더라도 그것을 입증할 수 있는 합당한 후속 조치가 있어야 한다.

세월호 침몰 당일 해경이 교신수단으로 사용한 통신시스템 TRS와 문자상황시스템에는 "대통령 지시사항"을 언급한 항목이 전혀 없다.

반면 해경청장과 목포서장 등의 경우에는 "1번님 지시사항임", "서장님 지시사항임", "청장님 지시사항임" 등의 기록이 다수 발견되고 있다. 서장과 청장보다 상위개념인 '대통령 지시사항'에 대해서 해경이 전혀 언급하지 않았다는 것은 '대통령의 지시사항이 없었다'는 것과 똑같다고 봐야 한다.

또한 박준우 전 정무수석의 집에서 압수한 '4·16 골든 타임시 상황일지'에도 박근혜가 김석균과 통화했다는 기록은 누락 돼 있다. 당시 청와대는 없던 사실도 만들어서 기록하던 시기였다. 최고 존엄 대통령의 특별한 지시사항을 누락했다는 것은 존재할 수 없는 일이 아닐 수 없다.

따라서 필자는 세월호 침몰 당시 박근혜가 해양경찰청장 김석균에게 구조 관련 지시를 하지 않았다고 판단하고 있다. 다음과 같은 사실이 핵심 근거이다.

- 김막업과 관저데스크 및 별채 경호관의 진술에 의하면, 안봉근은 세월호 침몰 사건 발생 당일 오전에 관저에 올라온 사실이 없다고 진술했던 점

---

171 여인태, 『진술조서』, 서울중앙지방검찰청, 2017.11.24, 11쪽.

- 전화 통화와 관련해서는 박근혜, 김장수, 김석균, 안봉근 등의 통화기록만 공개한다면 모든 것을 확실하게 소명할 수 있는데, 범죄혐의를 받으면서도 제출하지 못했다는 점[172]
- 김석균이 주장하는 통화내용이 당시 상황과 논리적으로 부합하지 않는다는 점(박근혜가 '구조상황이 어떻게 돼 가고 있냐'고 묻자 김석균은 '상황이 매우 좋지 않습니다. 최악의 시나리오를 준비해야 할 것 같습니다'라고 대답했다는 것인데, 그렇다면 이후 '전원구조' 보도가 나왔을 때 김석균과 박근혜 두 사람 모두 '그때 상황을 의심하지 않았다'는 것은 상식적으로 납득되지 않음)

다만 안보실장 김장수가 해경청장 김석균에게 전화했다는 위기관리센터 상황팀 반장 백선웅의 진술은 논리적으로 뒷받침할 녹취록과 음성이란 객관적 증거가 존재한다. 김장수가 김석균에게 전화한 것은 사실로 보인다.

⧉ 자료목록

1) 구은수, 『진술조서』, 서울중앙지방검찰청, 2017.11.15

2) 김석균, 『진술조서』, 서울중앙지방검찰청, 2017.11.21

3) 김장수, 『피의자신문조서』, 서울중앙지방검찰청, 2018.2.26

4) 김주영, 『진술조서』, 서울중앙지방검찰청, 2017.11.9

5) 김지대, 『진술조서』, 서울중앙지방검찰청, 2017.11.22

6) 김진흥, 『진술조서』, 서울중앙지방검찰청, 2017.11.9

7) 박춘석, 『진술조서』, 서울중앙지방검찰청, 2017.11.6

8) 백선웅, 『진술조서』, 서울중앙지방검찰청, 2017.11.8

---

172 2014년 김석균은 세월호 침몰 당일 자신의 휴대전화 발신 내역을 민주당 박범계 의원실에 제출한 사실이 있다. 김석균은 이 자료를 기초로 검찰에서 통화와 관련된 진술을 했었는데, 일반 데이터 이용에 사용된 내용을 "전화 통화는 있었지만, 누구와 통화했는지 기억이 나지 않는다"는 식으로 허위 진술을 했던 사실이 있다. 따라서 김석균의 전화통화와 관련된 진술은 신빙성이 떨어지므로 그것을 기초해서 사실관계를 판단할 수는 없다.

9) 신인호, 『진술조서』, 서울중앙지방검찰청, 2018.2.9

10) 신인호, 『진술조서』, 서울중앙지방검찰청, 2018.3.25

11) 안봉근, 『진술조서』, 서울중앙지방검찰청, 2017.11.24

12) 여인태, 『진술조서』, 서울중앙지방검찰청, 2017.11.24

13) 오경룡, 『진술조서』, 서울중앙지방검찰청, 2017.11.3

14) 이명준, 『진술조서』, 서울중앙지방검찰청, 2017.11.20

15) 이정우, 『진술조서』, 서울중앙지방검찰청, 2017.11.15

16) 허달행, 『진술조서』, 서울중앙지방검찰청, 2017.11.8

17) 서울중앙지방검찰청, 『수사보고[세월호 사건 당일 '해경특공대 투입' 대통령 지시사항 전파 관련 자료 첨부]』, 2017.11.21

18) 서울중앙지방검찰청, 『세월호 시고 보고 시긱 조작 및 대통령훈령 불법 변개 등 사건 수사결과 발표』, 2018.3.28

5.
국가안보실이
재난 사령탑이 아니라는 변명

헌법재판소는 2017년 박근혜에 대한 탄핵결정을 하면서 국정 최고책임자이자 군 통수권자로서, 대규모 재난과 같은 국가위기 상황이 발생하면 대통령이 해야 할 임무를 다음과 같이 규정했다.

> 재난에 관한 국가의 모든 정보가 수집되고 주요관계기관과의 직통 연락망이 구축되어있는 청와대 상황실로 가서, 실시간으로 현황을 보고받으면서 필요한 조치가 무엇인지 파악하고 그에 맞게 국가적 역량을 총동원하여 신속하고 적절하게 관계기관의 재난 대응을 총괄·지휘 감독173

이 같은 규정은 대통령을 보좌하여 청와대 소관 사무를 통할하고 청와대 소속 공무원을 총지휘 감독하는 자리인 비서실장과 국가안보실장에게도 마찬가지로 적용된다. 따라서 당시 김기춘 비서실장과 김장수 안보실장도 오전 9시 19분경 YTN 속보자막을 통해 세월호 침몰 사실을 인지했

---

173 헌법재판소, 『결정(2016헌나1 대통령 (박근혜)탄핵)』, 2017.3.10, 68쪽.

다면, 청와대 근무시스템을 비상상황으로 전환하고 상황에 맞는 구조행위를 진행했어야 한다.

특히 국가안보실장 김장수는 사건 발생 상황이 전파된 이후에 세월호 침몰 사건에 관한 '구조 및 위기 수습을 지휘 · 감독'할 의무가 있었다. 그는 「국가위기관리기본지침」규정에 따라, 국가 차원의 위기관리 관련 정보의 분석 평가 및 종합, 국가위기 관리업무의 기획 및 수행체계 구축 등 위기 상황의 종합관리 기능을 수행하는 등 최소 다음 사항을 관리하는 컨트롤타워 역할을 수행했어야 한다.[174]

- 신속한 상황 파악, 보고 및 전파, 긴급 대응을 통한 피해 최소화,
- 주관 · 유관 기관의 유기적 협력체계 가동,
- 시의성 있는 상황 조치 및 대응 활동이 이루어지고 있는지 여부를 지휘 · 감독

하지만 세월호 침몰 당일 청와대에서는 이 시스템이 가동되거나 유지된 사실이 없다. 특히 행정부 수반인 박근혜가 자신에게 부여된 역할을 제대로 수행하지 못할 경우, 김기춘과 김장수를 비롯한 청와대 근무자들이 박근혜를 보좌하여 정상적인 구조 활동이 진행되도록 노력했어야 하지만, 세월호 침몰 사건에서 이 역할을 수행하려고 노력한 사람은 단 한 명도 없었다. 박근혜는 구조의 무대에 등장조차 하지 않았고, 박근혜를 보좌한 김기춘과 김장수는 국가의 구조시스템 자체를 가동시키지 못했다.

결국, 청와대의 이상한 부작위(不作爲)는 초대형 참사라는 엄청난 결과로 연결됐고, 그것은 대통령을 비롯한 안보실장 김장수와 비서실장 김기춘 등에 대한 정치적 · 법적 책임을 추궁할 근거로 충분했다.

하지만 그들은 참사 발생에 대한 일말의 반성도 하지 않았을 뿐만 아니라,

---

174 「국가위기관리기본지침」, 제3조(책무).

자신들의 과오에 대하여 스스로 '법적·정치적' 면죄부를 주려고 노력했다.

그들은 관련 비서관과 행정관들을 동원하여 장기간 관련 회의를 진행하면서, 증거기록 파기 및 새로운 문서 작성을 협의했고, 국회 국조특위 등에서 완벽하게 위증할 방안을 모색하고 연습했다.

그리고 언론을 향해서는 "청와대 국가안보실은 '통일, 정보, 국방' 분야의 컨트롤타워이지, 자연재해 대응을 위한 컨트롤타워가 아니다"라고 주장하면서 여론 방향 전환을 기도했고, 청와대에서는 위기관리의 기본이 되는 「국가위기관리기본지침」을 불법적으로 변경했다.

안보실이 컨트롤타워가 아니라는 궤변

세월호 침몰 당시 청와대를 비롯한 국가안보실 및 각 기관은 법과 매뉴얼이 요구한 기대를 만족시키지 못했으며, 기본적인 의무마저 이행하지 못했다. 청와대와 안전행정부의 '중앙재난안전대책본부'(이하 "중대본")는 오직 구조된 승객의 숫자 파악에만 연연했고, 승객구조를 위해 출동했던 해경은 수색·구조작업 진행현황을 제대로 파악하지 못해 구조자 수를 중복으로 집계하고, 탑승자 숫자조차 제대로 파악하지 못했다.

박근혜와 청와대 고위관계자들은 세월호 침몰 사건의 잘못된 구조 책임을 인정할 수 없는 상황이었다. 남은 선택은 모든 책임을 타인에게 전가하고 자신들의 법적·정치적 책임을 노골적으로 회피하는 방법이 유일했다.

박근혜는 2014년 5월 19일 대국민 담화를 통해, 모든 책임을 '선장과 선원, 선사, 그리고 하급 국가기관'에 전가했고, 자신들은 세월호 선장 및 선원과 마찬가지로 세월호 침몰 사건에서 자신들만 안전하게 탈출하려 했다.

2014년 4월 23일 안보실장 김장수, 위기관리센터장 신인호 등 안보실 근무자들은 청와대 대변인 민경욱과 함께 아침 식사를 했다. 이 자리에서 민경욱은 "세월호 침몰 사건 발생 당시 청와대가 '컨트롤타워의 역할을 하지 못했다'고 언론들이 비난하고 있다"는 이야기를 전했다. 이에 김장수는 '국가안보실은 안보 상황에 대한 책임을 지는 것이다. 자연재해 같은 것이 났을 때의 컨트롤타워는 아니다'라는 취지의 발언을 했다. 그 말을 들은 민경욱이 '그런 입장을 언론에 알리겠습니다'고 제안하자 김장수도 동의했다.

민경욱은 아침 식사 직후 청와대 상주 기자들에게 "청와대 국가안보실은 '통일, 정보, 국방' 분야의 컨트롤타워이지, 자연재해 대응을 위한 컨트롤타워가 아니다"는 취지로 브리핑을 진행했다.[175] 하지만 김장수가 책임 회피용으로 한 이 발언은 오히려 화를 키우는 결과로 작용했다.

박근혜 정부 때 국가안보실(國家安保室, National Security Office)은 국가 안보에 관한 대통령의 직무를 보좌하는 행정기관으로, 전시, 국가 재난·재해 등 긴급사태가 발생하면 상황전파 및 초기 조치의 임무를 수행하고, 각종 국가위기의 예방 및 관리체계에 관한 기획·조정하는 임무를 수행하는 기관이었다.

그런데 당시 안보실장 김장수는 재난 컨트롤타워는 안보실이 아니라 중대본이라고 주장했다.

> 「국가위기관리기본지침」에는 재난 분야 위기에 관한 정보 상황의 종합 및 관리업무가 안보실 업무로 규정되어 있으나, 사고 수습 및 인명 구조업무까지 안보실 업무 범위에 포함된다고 해석할 수 없고, 특히 위 지침의 상위규정인 「재난 및 안전관리기본법」에 따르면 대규모 재난의 예방, 대비, 대응, 복구 등에 관한 사항을 총괄 조정하고, 필요한 조치를 하기 위하여 안전행정부에 중앙재난안전대책본부를[176] 둔다고 명시되

---

175 신인호, 『진술조서(제2회)』, 서울중앙지방검찰청, 2018.2.14, 3쪽.

176 재난 정책과 관련된 사항을 심의하는 대표기구는 "중앙안전관리위원회"이고, 대응과 관련된 내용을 총괄·조정하는 기구는 중앙재난안전대책본부이며, 재난 상황의 효율적인 수습을 위해 설치된 기구는 중앙사고 수습본부이다. 다만, 대규모 재난이 아닌 경우에는 중앙재난안전대책본부가 구성이 되지 않고, 중앙사고수습본부가 국가안보실(해당 수석실)을 통해 보고하고, 지시사항을 전달받는 시스템으로 운용이 된다. 이

어 있어 재난 분야 컨트롤타워는 중대본이라 해야 할 것[177]

「헌법」에 따르면, 대통령은 국정 최고책임자로서 모든 행정을 총괄하도록 규정되어 있다. 「헌법」이 「재난 및 안전관리기본법」을 포함한 모든 법률의 상위법이므로, 「재난 및 안전관리기본법」에 규정된 내용에도 불구하고 청와대가 재난 대응에서 컨트롤타워로서의 기능을 보유하고 있음은 의심할 여지가 없다.

또한, 「재난 및 안전관리기본법」에서 정한 컨트롤타워 기능은 재난 상황이 발생하면 최종적인 컨트롤타워인 대통령을 중심으로 중앙재난안전대책본부가 대응 실무를 총괄·조정하면서 국가안보실을 통해 관련 상황을 보고하고 대통령의 지시사항을 전달받으면서, 효율적으로 재난 상황에 대해 대응한다는 것이다.[178]

「재난 및 안전관리기본법」은 중대본의 업무 내용을 규정한 것이지 청와대를 배제하고 중대본을 재난의 컨트롤타워로 삼겠다는 조항이 아니다. 안전행정부, 국민안전처, 중대본 등 모든 부처의 업무는 국무총리가 대통령의 명을 받아 통할(統轄) 조정하는 것이므로, 청와대는 모든 국정 상황의 정점이 될 수밖에 없다.

따라서 위 조항은 청와대를 제외한 나머지 부서의 업무 분장을 규정한 것이라고 해석해야 하며, 위 규정을 근거로 '청와대는 재난의 컨트롤타워가 아니다'라고 주장하는 것은 옳지 않다.[179]

승우, 『진술서』, 서울중앙지방검찰청, 2017.12.20, 19쪽.

177 김장수, 『우편진술서』, 박근혜 정부의 최순실 등 민간인에 의한 국정농단 의혹 사건 규명을 위한 특별검사, 2017.2.22, 28쪽.

178 이승우, 『진술서』, 서울중앙지방검찰청, 2017.12.20, 18쪽.

179 강정구, 『진술서』, 서울중앙지방검찰청, 2017.10.30, 48쪽. 위기관리센터장 신인호의 명을 받아 "청와대는 재난관련 컨트롤타워가 아니다"는 논리의 빌미를 제공했던 행정관 이승우는, "자신이 작성한 청와대 보고서의 취지는 행정기관 사이의 재난 관련 총괄·조정 기능을 중대본에서 담당한다는 것이기 때문에 청와대가 '재난 관련 컨

왜 「국가위기관리 기본지침」 변경이 필요했나?

세월호 침몰사고 발생 당시 청와대의 대응이 미흡했다는 비난 여론이 높았던 상황에서, 안보실장 김장수의 잘못된 발언이 언론을 통해 알려지면서 여론은 극도로 악화됐다. 이에 위기관리센터장 신인호는 위기관리센터 대응팀 행정관 이승우를 불러, "재난과 관련된 컨트롤타워 여부가 계속 문제 되고 있는데, 「재난 및 안전관리기본법」에는 어떻게 규정이 되어 있는지 검토하라"고 지시했다.

신인호의 정확한 지시내용은 '청와대를 포함해 재난 대응에 대한 컨트롤타워 기능을 누가 담당해야 하는지'를 물어봤던 것이 아니라, 「재난 및 안전관리기본법」에는 어떻게 규정이 되어있는지 물은 것이었다.

행정관 이승우는 '재난 대응과 관련하여 유관기관들 사이의 컨트롤타워 기능은 「재난 및 안전관리기본법」에서는 중대본이 담당하고 있다'는 취지의 보고서를 작성해 보고했다. 하지만 안보실장 김장수 등은 이승우가 작성했던 보고서를 "대통령과 국가안보실은 재난 관련 컨트롤타워가 아니다"라는 근거로 사용했다.[180]

문제의 발언 때문에 청와대에 대한 여론이 악화되자 김장수는 2014년 5월 22일 안보실장 직에서 물러났지만, 물러난 정확한 이유는 아직까지 아무도 알지 못한다. 더구나 김장수가 "대통령과 국가안보실은 재난 관련 컨트롤타워가 아니다"라는 발언 때문에 경질된 것이 확실한데도 청와대의 근본 입장은 이후에도 전혀 바뀌지 않았다.

안보실장 김장수의 사직은 사건의 종결이 아닌 또 다른 시작이었다.

트롤타워가 아니다'라는 취지로 사용하면 안 된다"고 위기관리센터장 신인호에게 보고했지만, 안보실장 김장수가 문제의 보고서를 기자들에게 제공하고 같은 취지로 계속 언론 대응을 할 것을 지시했다고 한다. 이승우, 『진술서』, 서울중앙지방검찰청, 2017.12.20, 14~15쪽.

180 이승우, 『진술서』, 서울중앙지방검찰청, 2017.12.20, 9~10쪽.

2014년 7월 초순경 진행예정인 국회운영위와 '세월호 국정조사 특별위원회(이하 '세월호 국조특위')에서 "재난 대응에 있어서 청와대가 컨트롤타워인지" 여부가 쟁점이 될 수밖에 없는 상황이었고, 실제로 당시 새정치민주연합 강동원 의원은 「국가위기관리기본지침」과 「위기관리표준매뉴얼」에 대한 자료제공을 요청했다([그림 5-8] 참조).

하지만 청와대는 이 요청에 대하여 "해당 문건은 청와대 내부문건이며 대외비 문건이란 점, 청와대에서 생산한 문건이라는 점, 지침을 포함한 모든 문건은 대통령기록물 관리법을 적용을 받는다는 점" 등을 들어 자료공개를 거부했다.[181]

그림 5-8. 강동원 의원 "기관별 공통 의정활동 자료 요구서"

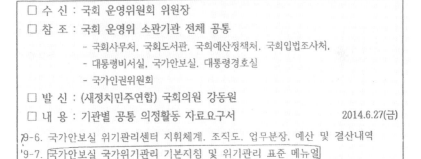

위기관리센터 대응팀 행정관 박춘석 진술서(2017.12.25.) 참조 필자 화면 캡처.

비서실장 김기춘을 비롯한 각 수석비서관들은 국회에서 세월호 사건과 관련해 제기될 수 있는 문제를 포함한 답변 자료를 작성하기 위하여 여러 차례 회의를 개최했고, 회의는 주로 비서실장, 정무수석, 국정기획수석의 주관으로 개최됐다.

---

181 신인호, 『진술조서(제2회)』, 서울중앙지방검찰청, 2018.2.14, 14~15쪽.

비서실장이 주관하는 회의에는 정무수석, 국정기획수석, 민정수석, 외교안보실 1차장, 각 수석실별 관련 비서관 및 주무 행정관들이 참석했고, 국가안보실에서는 위기관리센터장 신인호와 행정관 최종필이 참석했다. 또한 정무수석비서관과 국정기획수석비서관 주관하는 회의에는, 국정기획비서관, 행정자치비서관, 치안비서관, 해양수산비서관 등이 참석하였는데, 국가안보실에서는 위기관리센터장 신인호와 행정관 최종필, 박춘석, 이승우 등이 참석했다.[182]

이 회의에서 그들은 「재난 및 안전관리기본법」, 「정부조직법」을 근거로 중대본이 '재난 관련 컨트롤타워이다'라고 답변하기로 결정했으며, 오해의 소지가 있던 「국가위기관리기본지침」도 수정하기로 의견을 모았다.[183]

다만, 비서실장이 주재하는 회의에서 '세월호 국조특위'가 개최되기 전까지는 수정하는 것으로 의견을 모았지만, 회의 종료 전에 정무수석실 쪽에서 '세월호 국조특위' 이전에 수정하면 오히려 문제 소지가 될 우려가 있으므로 나중에 수정하자는 의견을 제시했고, 이에 참석자들의 동의하여 '세월호 국조특위'가 끝날 때까지 보류하는 것으로 결정했다.[184]

김기춘 등은 이 회의에서 국회 운영회의 및 세월호 국조특위에서 펼쳐질 실제 상황을 예상하여 모범답안을 만들고, 국회 회의 진행 형식과 똑같은 방식으로 질문하고 대답하는 "독회 또는 검독회"를 진행했다. 그 결과물로 모범 답변을 작성했고, 김기춘은 실제로 국회 운영위원회와 세월호 국조특위 참석하여 "재난 대응의 컨트롤타워"와 관련해 다음과 같이 증언했다.

---

182 상세한 회의 진행 과정은 본장 3. '세월호 침몰 사건 문건 조작 및 파기' 참조.
183 신인호, 『진술서』, 서울중앙지방검찰청, 2018.2.9, 87쪽.
184 위와 같음, 89쪽.

- 2014. 7. 7. 제326회 국회 임시회의 국회운영위원회 김기춘 증언

재난 컨트롤타워라는 용어가 그건 매우 어색합니다만는 그 현행법하에서 재난이 났을 적에 그걸 주도적으로 수습하고 지휘할 책임은 안전행정부장관을 장으로 하는 재난안전본부에서 합니다.

(중략)

지금 컨트롤타워라는 이 용어가 상당히 애매하게 사용되고 있습니다. 지금 「재난 및 안전관리 기본법」에 의하면 이런 재난이 나면 최고책임자는 안전행정부 장관이 재난본부장이 됩니다. 이번에도 그렇게 했습니다.

- 2014. 7. 10. 세월호 국조특위 김기춘 증언

컨트롤 타워라는 이 용어 때문에 여러 가지 혼란이 있습니다. 지금 「재난 및 안전관리 기본법」에 의하면 사회적 재난이나 자연재난이 있으면 그 지역의 본부에서 지휘를 합니다. 가령 불이 나면 관할 소방서장이, 또 바다에서 사고가 나면 해양경찰서장이 그리고 범위가 좀 커지면 좀 더, 서울소방청이 달려들고 이런 식으로 쭉 하는데, 「재난 및 안전관리기본법」에 의하면 그런 재난에 있어서 최종적인 지휘본부는 안전행정부장관이 본부장이 되는 중앙재난대책본부장으로 되어 있습니다.

(중략)

이번 이 상황에 대해서는 청와대 상황실에서 정확한 상황을 파악하고 확인해서 대통령께 보고하는 역할이었지 구조나 이런 것을 지휘한 일은 없습니다.

「국가위기관리기본지침」의 운영

「국가위기관리기본지침」은 국가의 위기·재난·안전관리 업무에 관한 필요 사항을 규정한 대통령 훈령으로, 각 행정기관의 공무원이 국가위기관리 업무처리 과정에서 준수해야 할 사항을 규정한 청와대의 기본지침이다. 당시 위기관리센터장 신인호와 대응팀 행정관 박춘석이 책임관리자로 지정되어 있었다.[185]

청와대의 위기관리는 국가 위기상황 대응을 총괄하는 「청와대 위기관리 매뉴얼」에 따라 관리된다. 「청와대 위기관리 매뉴얼」은 각종 위기 유형별로 각 수석실, 비서관실에서 '어떤 규정을 근거로 어떻게 대응해야 하는지'를 정리한 문건이다. 이 문건은 국가안보실에서 총괄하여 관리하였고, 해당 수석실에서 관련 매뉴얼을 별도로 관리하고 있었다.

반면, 정부의 각 부처가 소관 위기 상황과 관련하여 어떤 규정을 근거로 어떻게 대응해야 하는지를 정리한 문건은 「위기관리 표준 매뉴얼」이다. 이 매뉴얼은 대응기관 수준에 따라 「표준 매뉴얼(기관)」, 「실무 매뉴얼(기관 소속부서)」, 실무 매뉴얼(일선 부서)로 구분이 되어 운영되었다. 특히 「청와대 위기관리 매뉴얼」에는 「위기관리 표준매뉴얼」을 모두 포함하고 있기 때문에, 이 사실만으로도 청와대가 위기상황의 최종 컨트롤타워라는 사실을 간접적으로 확인할 수 있다.

세월호 침몰 당시 국가위기관리센터의 초기 조치에 대한 활동을 규정하고 있는「국가위기관리기본지침」은 「청와대 위기관리 매뉴얼」의 부속 지침서로, 세월호 침몰 당시 「BH 위기관리 업무 수행절차」 및 「해양선박사고시 대응체제」에 관한 내용을 포함하고 있었다.

「청와대 위기관리 매뉴얼」에 따르면, 국가안보실에서 긴급상황 발생 사실을 인지하면, 대통령에게 최초 상황 보고 및 전파 후, 소관 수석실에 '전략대응반' 구성을 건의하도록 규정되어 있었지만([그림 5-9] 참조), 이것이 실행된 사실은 없다.[186]

185 신인호, 『진술서』, 서울중앙지방검찰청, 2018.2.9, 76쪽.
186 세월호 침몰 당시 국가안보실은 '전략대응반' 구성을 건의하지 않았다. 현재까지 그 이유는 밝혀지지 않았지만, 아마도 당연히 전원구조가 될 것을 믿고 있었거나, 잘못된 상황파악으로 대형 해상사고가 발생했다는 사실을 인식하지 못했을 확률이 높다. 따라서 이 부분은 청와대 구조와 관련하여 매우 중요한 사항이므로 반드시 진상규명돼야 한다고 본다.

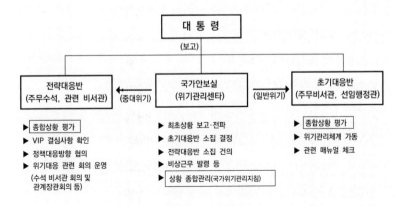

그림 5-9. BH 위기관리 업무 수행절차

위기관리센터 대응팀 행정관 이승우 진술서(2017.12.20.) 참조 필자 재작성.

우연히 들통 난 「국가위기관리기본지침」 불법 수정

문재인 정부는 2017년 9월 27일 국가안보실 국가위기관리센터 내 비밀 문서 보관 캐비닛에 들어있던 세월호 사고 발생 당시 시행된 '대통령 훈령 제318호「국가위기관리기본지침」'을 검토하던 중, 원본 문서 내용의 다수 조항에 적색 볼펜으로 두 줄을 그어 내용을 삭제한 후, 수기로 변경된 내용을 기입한 사실을 확인했다. 문재인 정부는 출범 직후「국가위기관리기본지침」개정 작업을 진행하기 위해 종전 지침의 개정 연혁을 검토하던 중이었다.

정부는 이 '변조된 지침'이 각 부처에 하달된 것인지를 조사한 결과, 박근혜 정부 당시 청와대 국가안보실이 2014년 7월 31일 임의로 수정한「국가위기관리기본지침」을 각 부처에 하달하여 기존 지침을 수정하도록 지시한 사실을 확인했다.[187]

이 지침의 표지에는 위기관리센터장, 국가안보실 차장, 국가안보실장,

대통령이 결재자로 직접 서명했고, 민정수석, 정무수석, 대통령비서실장이 협조자로서 순차로 직접 서명을 한 지침의 원본이었다. 이 지침의 표지에는 훈령 번호와 대외비 표시가 기재되어 있고, 표지 하단에는 소관부서로 국가안보실이 명시되어 있다.188

이 지침은 법조인들이 사용하는 법령집과 같이, 바인더 링이 있는 파일 안에 개정 순대로 과거의 지침부터 현재 시행되는 지침까지 차례로 보관되어 있었다. 김기춘 등은 이와 같이 지침철 파일 안에 연혁 순서대로 보관된 지침 원본에 볼펜으로 두 줄을 긋고 수기로 수정 사항을 임의로 기재해 두었던 것이다.

이 문서의 원본이 파기되지 않고 그때까지 보존된 이유는, 다른 부처들은 새로운 훈령이 시행되면 기존 문서는 모두 파기하지만, 국가안보실 위기관리센터는 「국가위기관리기본지침」관리의 소관부서이기 때문에, 훈령이 개정되더라도 기존 훈령들의 원본을 모두 연혁 별로 모아서 편철·보관해야 하는 의무가 있었기 때문이었던 것으로 보인다.189

문재인정부 국가위기관리센터 선임행정관 강정구는 검찰에서 대통령 훈령 수정과 관련하여 다음과 같이 진술했다.

> 대통령 훈령은 오·탈자가 있거나 정부조직개편이 있어 부처의 직제 표현을 변경할 필요가 있는 경우와 같이 사소한 부분은 간단히 수정할 수 있을지 모르겠지만, 이 사건과 같이 국가안보실의 기본적인 기능이나 위기관리 책임과 같이 훈령의 본질적 내용을 변경하는 경우에는 '수정'이 아니라 '개정'에 해당하기 때문에 법제처의 정식 심의를 거쳐야 합니다.190

---

187 강정구, 『진술서』, 서울중앙지방검찰청, 2017.10.30, 38쪽.
188 위와 같음, 34쪽.
189 위와 같음, 45쪽.
190 위와 같음, 46쪽.

대통령 훈령이 개정되기 위해서는 「법제업무운영규정」 및 「대통령 훈령의 발령 및 관리 등의 규정」에 따라 법제처 심의 절차를 거쳐, 법제처장이 발행한 심의필증을 첨부하여 대통령의 재가를 받은 후, 다시 법제처장이 당해 훈령 안에 발령 번호를 부여해야만 한다(그림 5-10 참조).

- 주관기관의 장은 대통령비서실장과 관계기관의 장에게 의견조회(10일 이상)
- 주관기관의 장은 법제처장에게 훈령안 심사요청
- 법제처장은 훈령안 법령저촉 여부 등 심사하여 주관기관의 장에게 통보
- 주관기관의 장은 법제처의 심의필증을 첨부하여 대통령 재가
- 법제처장은 훈령 안에 누년(累年) 일련번호 부여
- 법제처장은 행정자치부 장관에게 관보 게재 의뢰
- 법제처장은 훈령이 발령된 후 지체없이 컴퓨터 통신 등을 이용하여 내용 공개 등의 절차 진행

그림 5-10. 청와대 훈령개정 절차도

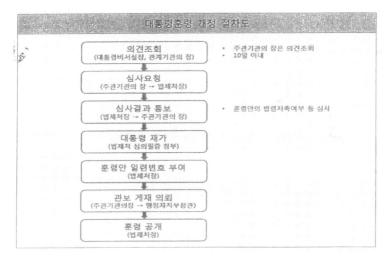

서울중앙지검 이승우 진술서(2017.12.20) 중 필자 화면 캡처.

2014년 7월 31일자 이 지침에 대한 수정지시에 대하여 당시 법제처 심의 등 절차가 진행된 사실이 전혀 없다. 당시 이 지침의 내용 변경은 본질적 내용이 변경된 것이며, 이것은 '수정'이 아닌 '개정' 사항이 분명하므로, 개정에 필요한 법적 절차를 진행하지 않고 임의로 수정한 것은 명백한 불법행위에 해당한다.

법제처는 2014년 8월 6일 청와대 국가안보실로부터 법적 절차를 거치지 않고 임의로 수정한 「국가위기관리기본지침」을 접수 받았지만, 특별한 의견을 제시하지 않았다. 즉, 법제처는 별도의 직원을 청와대에 파견해 놓고도 국가안보실의 불법행위를 차단하거나 검토하지 않았고, 나중에 불법행위를 확인했을 텐데도 전혀 사후조치를 하지 않았다. 법제처도 관련 규정을 위반한 것으로 확인됐다.[191]

문제는 그들이 왜 '개정'이 아닌 '불법 수정'의 방법을 선택했을까 하는 점이다. 대응팀 행정관 박춘석은 "정상적인 개정 절차를 거치게 되면 그 과정에서 언론 등에 개정 내용이 알려지게 될 것이고, 그렇게 하다 보면 청와대가 컨트롤타워로서의 기능을 한다는 것을 사후에 숨기기 위하여 꼼수 개정을 한다는 비난 여론이 발생할 수 있어 대통령에게 부담이 될 수 있다"는 것을 염려하여 불법인 수정의 방법을 선택했을 것이라고 진술했다.[192]

하지만 훈령의 개정 절차를 준수하여 진행할 경우, 개정일 이후에만 해당 지침을 적용할 수 있고, 세월호 침몰 당시 발생한 법률문제는 소급하여 적용할 방법이 없었다. 그들에게 적법한 '개정 절차'는 논의의 가치가 없던 것이다. 따라서 이 사건은 법제처의 묵인 아래 불법 수정의 방법을 선택했을 개연성이 매우 높은 것으로 판단된다.

---

191 강정구, 『진술서』, 서울중앙지방검찰청, 2017.10.30, 44쪽.
192 박춘석, 『진술서(제2회)』, 서울중앙지방검찰청, 2017.12.25, 25쪽.

「국가위기관리기본지침」의 불법 수정 과정

2014년 6월 28일 국정기획수석 유민봉이 주재한 회의에 참석한 사람들은 「국가위기관리기본지침」의 수정을 논의했고, 정무수석실은 2014년 7월 초순경 비서실장 김기춘이 주재한 "국회 대비 회의"에서 회의 안건으로 상정했다. 이 자리에서 김기춘이 "지침을 수정하는 것이 좋겠다"는 취지의 이야기를 했다고 한다.

이 회의는 2014년 7월 7일 개최예정인 국회운영위원회가 며칠 남지 않은 시점에 개최되었다. 처음에는 국회운영위원회 회의 개최 이전에 해당 지침을 수정할 것을 결정했다가, 회의 말미에 정무수석실 쪽에서 '세월호 국조특위 전에 지침을 수정하면 문제가 있다'는 취지의 의견이 제시되어, 2017년 7월 10일 개최되는 세월호 국조특위 이후까지 수정을 보류하는 것으로 결정했다.[193]

세월호 국조특위가 종료된 2014년 7월 하순, 김기춘이 주재하는 회의에서 "안보관리실에서 재난전담 비서관실 신설 건과 「국가위기관리기본지침」 개정건"을 안건으로 상정했다. 이날 회의에서 김기춘은 위기관리센터장 신인호에게 "이것 아직 수정 안됐어요?"라고 하며 싸늘한 질책성 발언을 했고, 이후 신인호는 다음과 같은 절차를 거쳐 「국가위기관리기본지침」을 수정했다.

- 2014. 7. 하순경 신인호 위기관리비서관이 대응팀 행정관 박춘석과 이승우를 불러 「국가위기관리 기본지침」 개정검토 지시
- 이후 박춘석은 「국가위기관리 기본지침」 개정 검토안을 작성하여 신인호 비서관에게 보고했고, 신인호는 박춘석이 작성한 검토보고서를 안보실장 김관진에게 보고

---

193 신인호, 『(김기춘 피의자신문조서(제2회-신인호 대질)』, 서울중앙지방검찰청, 2018. 3.21, 48쪽.

- 신인호의 보고를 받은 안보실장 김관진은 「국가위기관리 기본지침」을 수정하기로 결심. 신인호는 행정관 박춘석과 이승우에게 구체적인 수정 조문 초안을 작성할 것을 지시

- 위기관리센터장 신인호는 행정관 박춘석 및 이승우가 작성한 수정안 초안 완성본을 안보실장 김관진에게 보고하고 최종안 확정을 받음

- 신인호는 확정된 수정안을 기초하여 「국가위기관리 기본지침」의 해당 부분을 수정할 것을 행정관 박춘석에게 지시

- 박춘석은 신인호 비서관으로부터 전달받은 확정안을 참고하여, 박춘석이 관리하던 지침 사본(바인더철 편철)의 해당 조항에 원래 지침 문구를 두 줄로 긋고 수정된 문구를 기재한 다음, 행정 인턴 신유진에게 위기관리센터장실에 보관된 지침 원본과 다른 지침 사본을 주고, 그대로 원본 지침을 수정할 것을 지시

- 행정 인턴 신유진은 박춘석이 지시한 대로 원본 지침과 다른 지침에 삭제할 부분에 빨간펜으로 두 줄을 그어 삭제하고, 박춘석이 수정을 지시한 문구를 그대로 기입하는 방법으로 지침 수정

- 그 후 신인호는 관련 내용을 공문으로 각 부처에 시달하라고 박춘석에게 지시했고, 박춘석은 공문을 기안하여 2014. 7. 31. '다부처비밀유통시스템 및 등기 우편"을 이용해 각 부처에 지침을 수정하도록 공문을 발송함194

「국가위기관리기본지침」 불법 수정 내용은?

위기관리센터 대응팀 행정관 박춘석과 이승우는 "국가안보실과 안전행정부의 소관 임무 구분이 명문화되어 있지 않아, 청와대 컨트롤타워 관련 불필요한 오해 소지"가 있어 「국가위기관리기본지침」의 개정(불법 수정)을 검토하게 됐다고 설명했다. 그러면서 '국민안전처 신설'을 전후하여 국민안전처 신설 전에는 해당 지침의 부분 수정을, 이후에는 전면 개정을 해야 한다는 내용의 검토보고서를 작성했다.195

---

194 박춘석, 『진술서』, 서울중앙지방검찰청, 2017.11.6, 34~35쪽.

이 검토보고서에는 청와대 (국가안보실)의 컨트롤타워 관련 불필요 오해 소지를 제거한다는 명목으로 「국가위기관리기본지침」 제3조 및 18조 등 3건을 수정하고, 국가안보실과 안전행정부 소관 임무 구분 명문화(5건), 정부조직법 개정에 부합한 명칭 수정(4건), 일부 업무 안보 분야로 한정(2건) 등 총 14건을 수정하는 것으로 계획되어 있다.

행정관 박춘석은 초기 진술에서 14개 조항을 건의했지만 '문제가 있을 것이라고 판단되는 민감한 내용'에 해당하는 [표 5-6]과 같이 3개 조항만 수정했다고[196] 진술했다. 그는 이후 "(「국가 위기관리 기본지침 일부 수정 내용」에) 기재된 내용들이 '재난 분야와 관련하여 국가 안보실이 컨트롤타워 기능을 수행하고 있다'고 해석될 수 있는 조항들이었기 때문에 위기관리 센터장 신인호가 모두 수정하라고 지시했다"고 진술을 번복했다.

당초 검토보고서대로 14개 조항 모두 수정된 것이다.

표 5-6. 국가위기관리 기본지침 개정 내용

구 분	수정 전 조문	불법 수정 후
제3조 (책무) 2.	국가안보실장은 대통령의 위기관리 국정 수행을 보좌하고 국가 차원의 위기관리 관련 정보의 분석·평가 및 종합, 국가위기 관리업무의 기획 및 수행체계 구축 등 위기 상황의 종합·관리 기능을 수행하며 안정적 위기관리를 위해 전략 커뮤니케이션의 컨트롤타워 역할을 한다.	국가안보실장은 국가위기 관련 대통령의 안정적 국정 수행을 보좌한다.
제18조 (징후 감시 체계 운용)	② 주관 기관 및 실무 기관은 포착된 위기징후 정보를 관련 기관에 제공하여 기관별 위기분석 및 평가가 이루어지도록 하며, 위기징후 목록·분석 평가 결과·조치사항 등 관리 현황을	② 주관 기관 및 실무기관은 포착된 위기징후 정보를 관련 기관에 제공하여 기관별 위기분석 및 평가가 이루어지도록 하며, 위기징후 목록·분석 평가 결과·조치사항 등 관리 현황을

---

195 국가위기관리센터, 『국가 위기관리 기본지침 개정 검토』, 대응팀, 2014.7.25, 1쪽. 국가위기관리센터, 『국가 위기관리 기본지침 일부 수정 내용』, 대응팀, 2014.7.25, 붙임.

196 박춘석, 『진술서』, 서울중앙지방검찰청, 2017.11.6, 39쪽.

국가안보실에 제공한다.	안보 분야는 국가안보실에, 재난 분야는 안전행정부에 제공한다.
③ 국가안보실장은 안보·재난 분야별로 위기징후 목록 및 상황 정보를 종합·관리한다.	③ 국가안보실장은 안보 분야, 안전행정부 장관은 재난 분야의 위기징후 목록 및 상황 정보를 종합·관리한다.

「국가 위기관리 기본지침 일부 수정내용」 참고 필자 재작성.

자료목록

1) 강정구, 『진술서』, 서울중앙지방검찰청, 2017.10.30

2) 김기춘, 『진술서』, 서울중앙지방검찰청, 2018.3.9

3) 김기춘, 『피의자신문조서(제2회)』, 서울중앙지방검찰청, 2018.3.21

4) 김장수, 『우편진술서』, 박근혜 정부의 최순실 등 민간인에 의한 국정농단 의혹 사건 규명, 2017.2.22을 위한 특별검사

5) 김장수, 『진술서』, 서울중앙지방검찰청, 2018.2.26

6) 김장수, 『진술서』, 서울중앙지방검찰청, 2018.2.28

7) 박춘석, 『진술서』, 서울중앙지방검찰청, 2017.11.6.

8) 박춘석, 『진술서(제2회)』, 서울중앙지방검찰청, 2017.12.25

9) 박춘석, 『진술서』, 서울중앙지방검찰청, 2018.1.5

10) 신유진, 『진술서』, 서울중앙지방검찰청, 2017.11.6

11) 신인호, 『진술서』, 서울중앙지방검찰청, 2018.2.9

12) 신인호, 『진술서』, 서울중앙지방검찰청, 2018.3.6

13) 신인호, 『(김기춘 피의자신문조서(제2회-신인호 대질)』, 서울중앙지방검찰청, 2018.3.21

14) 신인호, 『진술서』, 서울중앙지방검찰청, 2018.3.25

15) 신인호, 『진술조서(제2회)』, 서울중앙지방검찰청, 2018.2.14

16) 이승우, 『진술서』, 서울중앙지방검찰청, 2017.11.3

17) 이승우, 『진술서』, 서울중앙지방검찰청, 2017.12.20

18) 국가위기관리센터, 『국가 위기관리 기본지침 개정 검토』, 대응팀, 2014.7.25

19) 국가위기관리센터, 『국가 위기관리 기본지침 일부 수정 내용』, 대응팀, 2014.7.25

제6장

언론의 책임과
'가짜뉴스'의 배후

1.
세월호 침몰 발생시간과
최초 보도시간은?

세월호 침몰 사건에서 중요하게 다뤄야 할 주제들이 수도 없이 많지만, 그중에서도 세심하게 검토할 부분이 '시간'이다.

세월호에는 매우 많은 개념의 시간이 존재한다. 사건 발생시간, 신고시간, 출동시간, 최초보도시간, 청와대 등 국가기관 침몰 인지 시간 등. 특히 청와대 등 국가기관의 상황보고서에 기록된 사건 발생시간과 언론의 최초 보도시간은 초기에 밝혀졌어야 했지만, 조사와 수사의 영역에서 제외되어 있었다.

구조와 관련한 국가기관의 대응책임과 진상규명을 논할 때 사건 발생시간과 최초 보도시간, 침몰 사건을 인지한 시간, 인지 경로 등은 매우 중요할 수밖에 없다. 조사과정에서 청와대와 안전행정부, 국정원 등은 오전 9시 19분경 YTN 속보 자막을 보고 알았다고 한결같이 얘기했다.

하지만 공무원들이 정규 근무시간 중에 업무는 하지 않고 YTN을 틀어 놓고 그것만 쳐다보고 있지 않았다면, 그리고 YTN이 4월 16일 오전 9시 19분경 문자로 세월호 침몰 사실을 보도하겠다고 예고하지 않은 이상, 대한민국 모든 기관이 동시에 세월호 침몰 사실을 인지할 확률은 사실상 '0'이다.

검찰 등이 세월호 침몰 사건을 성역 없이 수사하고 조사했다면, 상황보고서에 기재된 사건 발생시간과 최초 보도시간에 대한 의문은 명확하게 밝혔어야 한다. 그들은 이것에 대한 수사와 조사를 착수조차도 하지 않은 상태이다.

상황보고서에 기록된 서로 다른 '사건 발생시간'

세월호 침몰 사건에서 구조 책임이 있는 국가기관들은 세월호 침몰 사실을 인지한 이후 상황보고서를 작성해 상급기관에 보고하거나 유관기관에 전파하여 긴급 상황을 공유했다. 당연히 청와대도 국가위기관리센터에서 상황보고서 1보를 작성하여 박근혜가 묵고 있던 관저에 전달했다.

문제는 모든 국가기관의 상황보고서에 기재된 사건 발생시간이 검찰 수사결과에서 확정한 시간(08:49)과 다르다는 점이다. 특히 국가위기관리센터 같은 경우에는 검찰의 수사결과보다 무려 14분이 빠르게 작성되어 보고됐다([그림 6-1의 ①~⑤] 참조).

그림 6-1. 국가기관 상황보고서상 사고 발생시간

① 청와대

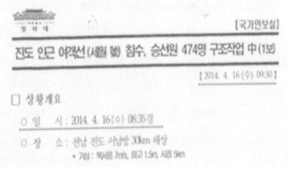

② 기무사령부

③ 진도군청

④ 안행부

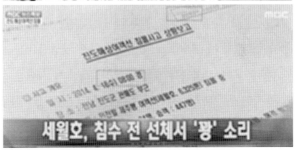

⑤ 팽목항
상황판

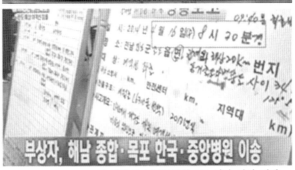

① 청와대 상황보고서 1보 필자 화면 캡처
② 기무사령부 상황보고서 필자 화면 캡처
③ ④ ⑤ MBC 뉴스화면 필자 화면 캡처

검찰과 선체조사위원회의 수사와 조사결과가 잘못된 것인지, 아니면 국가기관이 허위보고를 했던 것인지 진실을 분명하게 가릴 필요가 있다.

국가위기관리센터에서 작성된 상황보고서는 당시 최고 통수권자인 박근혜에게 보고되는 보고서로, 논리적으로 사건 발생시간이 잘못 기재될 확률은 높지 않다. 더구나 기무사령부와 행안부, 진도군청 등이 모두 똑같이 잘못된 정보를 동시에 취득할 가능성은 거의 없다.

세월호 침몰 당일 국가위기관리센터의 상황보고서 1보는 행정관 이태안이 작성했다. 그는 "TV의 자막을 보고 바로 해경청 상황실에 전화를 걸이 진도여객선 조난신고가 들어왔는지, 구조 세력은 있는지 등을 물어보았고, 해수부에 전화해서 선박재원, 선박 경로 등을 물어보아 기본적인 상황을 파악하였다"고 진술했다. 그는 상황보고서 1보를 작성하는 과정에 "상황팀장 김주영의 지시에 따라 해양경찰청과 해수부 전남경찰청 등에 전화하여 관련 내용을 확인했다"고 진술했다.[1] 그런데 이상하게도 해양경찰청과 해양수산부 상황보고서 등에는 사건 발생시간이 기록되어 있지 않다.

검찰은 수사과정에서 청와대 상황보고서에 기재된 사건 발생시간을 전혀 조사하지 않았다. 따라서 현시점에서 '청와대의 상황보고서가 잘못 작성된 것'인지, 아니면 '다른 곳의 상황보고서가 잘못된 것'인지는 전혀 확인할 수가 없다.

상황보고서에 기록된 사건 발생시간이 오직 청와대의 상황보고서에만 특이하게 기재된 것은 아니라, [표 6-1]에서 보는 바와 같이 일부 다른 기관의 상황보고서에도 오전 8시경부터 8시 35분경까지 유사한 내용이 다양하게 기재되어 있다.

---

1 이태안, 『진술조서』, 서울중앙지방검찰청, 2017.11.1, 13~15쪽.

표 6-1. 국가기관 상황보고서상 사고 발생시간

구　　분	상황보고서에 기록된 사고 발생 시간	비　　고
청　와　대	08:35	[그림 6-1의 ①] 참조
국군기무사령부	08:30	[그림 6-1의 ②] 참조
진 도 군 청	08:25	[그림 6-1의 ③] 참조
안전행정부	08:00	[그림 6-1의 ④] 참조
팽목항 상황판	08:30	[그림 6-1의 ⑤] 참조

각 기관의 상황보고서를 참고하여 필자 작성.

특히 국군기무사령부의 경우에는 특별한 국가의 기밀 정보를 취급하는 부대인데, 이곳의 상황보고서에도 청와대와 유사한 시간대의 사건 발생시간이 기록되어 있다.

또한 각 기관 상황보고서에 기재된 사건 발생시간이 청와대 상황보고서와 비슷한 시기로 특정되어 있다. 이것이 단순한 실수 또는 우연의 일치가 아니라는 점을 보여준다. 따라서 각 기관의 상황보고서에 기재된 사건 발생시간과 쟁점을 우선 검토할 필요가 있다.

① 국군기무사령부 : 08:30

국군기무사령부가 세월호 침몰 관련 상황보고서를 작성했다는 사실이 알려진 바 없다. 국군기무사령부가 작성한 상황보고서는 참모장과 사령관에게 보고되기도 하지만, 경우에 따라 청와대 비서실장과 대통령까지 보고되는 것으로 알려져 있다.

세월호 침몰 당일 국군기무사령부가 무엇을 근거로 사건 발생시간을 오전 8시 30분으로 특정했는지 알 수가 없다. 다만 국군기무사령부는 국가정보원과 함께 대한민국 최고의 정보 수집능력을 보유한 정보기관이란 점을 감안하면, 이들이 사건 발생시간을 착각하거나 잘못 기재할 확률은 그리 높지 않다고 판단된다.

② 진도군청 : 08:25

4월 21일 MBC 보도에 따르면 진도군청의 상황보고서에 기재된 사건 발생시간은 오전 8시 25분경으로 되어 있다. 필자는 문제의 상황보고서를 확보하기 위하여, 진도군청, 전남도청 등에 정보공개 신청을 수차례 했지만, 해당 기관은 문제의 상황보고서 공개를 '부존재'를 이유로 거부하였다.

MBC는 "진도군청은 17일 새벽 3시 25분 이메일로 안행부 직원에게 (상황보고서가) 처음 보내졌고, 이후 매일 오전 6시 한 차례씩 보내졌습니다"라고 보도했다. MBC 취재가 시작되자 단순 오타라고 밝히던 진도군청은 뒤늦게 "인터넷의 뉴스를 참고해 시간을 적었다"고 해명했다고 한다.2

필자의 정보공개 청구에서 진도군청이 안행부가 아닌 전남도청에 보고했던 것으로 답변한 점, 4월 16일 진도군청이 문제의 상황보고서를 작성할 때 인터넷에서 사고 발생시간을 검색하기가 쉽지 않았을 것이라는 점을 감안하면, 진도군청의 해명은 궁색하기 짝이 없다.

③ 안전행정부 소방방재청 : 08:00

필자는 안전행정부 소방방재청에도 수차례 문제의 상황보고서에 대한 정보공개를 청구했지만, 그쪽에선 여전히 공개를 거부하고 있다. 안전행정부도 공식적으로 해당 문건을 공개한 사실이 없다. 다만 세월호 침몰 당일 MBC가 속보를 송출하는 과정에서 자료 화면으로 방송된 것이 남아있다.

안행부 대변인실은 이에 대해 "공식문건은 중앙재난안전대책본부로 나가는데, 해당 문건은 기록철에도 없고 파일에도 없다. 당일 해당 보고서를 작성한 것으로 추정되는 과장에게 물어보니 정말 말 그대로 초안이라고

---

2 「진도 군청, 인터넷 참고해 보고서 작성?···혼란만 가중시켜」, 『MBC NEWS』, 2014. 4. 21 (https://news.naver.com/main/read.nhn?mode=LPOD&mid=tvh&oid=214&aid=0000369329).

한다. 수정하는 과정의 중간본으로 공식적으로 어디에 보고하거나 기자들에게 배포한 것이 아니다. 파일 작성 과정에서 프린터된 것이 방송 화면에 잡히면서 오해의 여지가 있는 것"이라고 밝혔다.[3]

하지만 이 주장대로 작성 중인 문건이었다 하더라도, 사건 발생시간을 의도적으로 틀리게 작성할 이유가 없었다. 상황보고서 작성자가 미완성 상황보고서를 언론이 취재하는 데 거리낌 없이 노출한 것 자체가 상식에 매우 반한다.

④ 팽목항 상황판 : 08:30

4월 16일 오전 팽목항에 설치됐던 세월호 침몰 사건 관련 상황판에 기재된 사건 발생시간은 8시 30분으로 기록되어 있다. 다만, 당시 상황판의 정확한 작성 주체는 알려져 있지 않다. 언론의 보도화면에는 작성자가 [그림 6-2]와 같이 '소방복'을 입고 있었으므로, 전남도청 소속 소방공무원이 작성했을 것으로 추정된다. 필자는 소방공무원이 공개된 장소에서 상황판에 사건 발생시간을 08:30으로 기재했다면, 확실한 근거를 가지고 작성했을 것으로 판단한다.

세월호 침몰 당일 팽목항의 상황판에 구체적인 구조 상황이 기록되고 있을 때, 국군기무사령부 기무 요원이 상황판 작성 현장을 지켜보고 있었다. 전남 지역 610기무부대 소속 원사 장태근은 팽목항에서 구조 상황 정보를 수집했으며, "전부 구조했다"는 내용의 상황판을 사진으로 찍어 보고했던 것으로 되어 있다.

공교롭게도 팽목항에 설치됐었던 상황판의 사건 발생시간이 기무사령부 상황보고서의 사건 발생시간과 정확히 일치한다.[4]

---

3 세월호 사고당일 오전 8시경 침몰했다는 문건 '또' 실수?, 『미디어오늘』, 2014.5.8
(http://www.mediatoday.co.kr/news/articleView.html?idxno=116448).

그림 6-2. 2014. 4. 16. 팽목항 설치 상황판

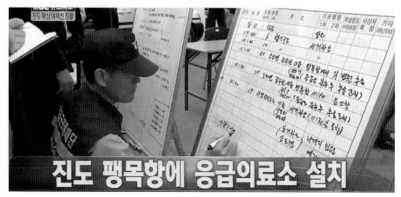

2014. 4. 16. MBC 속보 필자 화면 캡처.

이와 같이 사건 발생시간을 8시 30분 전후로 특정했던 국가기관이 상당수 있었다. 그중 진도군청과 안전행정부 소방방재청은 억지 논리를 앞세워 착오였다고 애써 변명했다. 하지만 그들의 변명은 당시에는 합리적으로 수용됐을지 몰라도 현시점에서는 전혀 그렇지 못하다. 따라서 이 부분에 대해서는 추가적인 조사가 필요한 부분이다.

가장 중요한 청와대가 사건 발생시간을 8시 35분경으로 특정한 것은 보다 구체적인 조사가 필요하다.

세월호 침몰 당시 위기관리센터에서 근무한 행정관 전응식은 상황파악을 위해 단원고 교감과 청해진해운에 전화를 했다.

> (세월호에) 단원고 학생들이 다수 탑승하고 있다는 정보를 입수하고, 그 진위를 확인하기 위해 단원고 교감(강민규)에게 전화하여 탑승 여부 및 탑승 인원수, 탑승자 구성 등을 확인하였고, 이후 세월호의 제원을 파악하기 위해 세월호 운영회사인 청해진 해운에 전화하여 관련 자료를 제출받았습니다.

---

4 장태근, 『진술조서』, 국방부검찰단, 2018.8.16, 8쪽.

그는 단원고 교감 강민규 또는 청해진해운에게서 사고 발생시간을 확인했을 것으로 보인다.[5] 실제로 강민규는 목포해양경찰서 조사에서 "8:30경 제가 사용하고 있는 객실에 있는 화장실에 들어가 샤워를 마친 다음 배가 약간 커브를 도는 것처럼 몸이 왼쪽으로 쏠리는 것을 몸으로 느꼈습니다"라고 진술했다. 이 진술에 근거하여 청와대의 사고 발생시간이 기록됐을 개연성이 있다.[6]

세월호 침몰 사건 관련 언론의 최초 보도시간

세월호 침몰 사건의 최초 보도 시점도 쟁점이다. 청와대 등이 "09:19경 YTN 속보 자막을 보고 세월호 침몰 사실을 알았다"고 말하면서 어느 날인가부터 이 시간이 최초 보도 시점으로 둔갑해 버렸기 때문이다. YTN의 침묵과 직접 보도에 관여한 김범환 기자의 적극적 개입이 작용해서 그렇게 됐다고 본다.

필자는 전체적으로 볼 때 YTN의 속보가 최초 보도라는 사실에는 동의하지만, '최초보도시간'이 9시 19분이란 데는 동의하지 않는다. 실제 보도 시간은 '09:19경 훨씬 이전일 것'이라고 판단한다. 다음 [표 6-2]에서 정리한 것처럼 다양한 진술과 의혹들이 존재하기 때문이다.

---

5 전응식, 『진술조서』, 서울중앙지방검찰청, 2017.11.1, 7쪽.
6 강민규, 『진술조서』, 목포해양경찰서, 2014.4.16, 4쪽.

표 6-2. 국가기관 침몰 사실 인지 시간 및 방법

구 분			보도 시간 · 인지 시간	인지 방법	비 고
보도 의심시간	KBS 모닝와이드		07:20		다수 시청자의 강력한 주장
	MBC 날씨 예보		09:01		
	YTN 속보		09:19	육경 간부로부터 입수	YTN 기자 김범환
국가기관 인지 주장 시간	청와대	기무사 보고 문건	09:08	YTN	'지휘참고 자료-주요 현안 및 첩보 소재'
		국가위기관리 센터	09:10	YTN 속보 자막	YTN 속보를 최초로 봤다는 상황병 홍성환의 진술
			09:15		4.21. 작성된 '세월호 사고 관련 상황인지·보고'에 09:15경으로 기재되어 있음
			09:16		상황보고서 1보를 작성했던 행정관 이태안 자필 진술서
			09:19		안행부 및 국정원 동일
기 타 기 관	공군본부 상황보고서		09:00	방송 매체 / YTN	기무사 보고 문건
	소방재난본부		08:55	언론 보도	소방재난본부 비상상황실 운영일지
민간인 인지	대구 MBC 이준 기자		09:15 이전	불특정 언론	언론 속보를 보고 해경에 전화 확인 완료된 시간

필자 직접 작성.

오전 9시 19분경 보도된 YTN의 속보가 최초 보도가 맞고, 이것을 청와대 등 국가기관이 동시에 인지하려면, '① 세월호 침몰 당일 국가기관 근무자 또는 관련 기록 중 09:19경을 부정하거나 배치되는 기록이 없어야 하고, ② 청와대 근무자와 안전행정부, 국정원 등 관계자들이 항상 YTN을 켜 놓은 상태에서 근무했음이 전제돼야 하며, ③ 최소 몇 초 단위로 계속해서 TV 화면을 주시하고 있어야 했다'는 세 가지 전제조건이 정확히 일치해야 한다. 하지만 [표 6-2]에서 보는 바와 같이 인지 시간에 대한 다양한 진술이 존재한다는 점, ②③항은 물리적으로 가능하지 않다는 점을 감안하면, YTN의 최초 보도 시점이 맞다 하더라도 모든 국가기관이 동시에 세월호 침몰 사실을 인지할 가능성은 전혀 없다.

이러한 점은 지금까지 '최초 보도시간'과 관련한 논란을 시간 순으로 정리하면 더 분명해진다.

① KBS 모닝와이드, 07:20경 최초 보도설

세월호 침몰 초기, KBS 모닝와이드에서 '사고 발생 시각인 오전 8시 49분보다 훨씬 이른 시각인 오전 7시 20분 KBS 2TV 〈굿모닝 대한민국〉에 세월호 속보가 나왔다'는 이야기가 SNS에 널리 퍼졌던 사실이 있다.

이에 대해 〈굿모닝 대한민국〉 제작진은 "애초 '7시 20분 사고' 자막 자체가 없었고, 따라서 자막을 일부러 지운 적도 없다"고 밝혔다. 박도환 피디는 "매일 2시간씩 방송을 하는데 자체 촬영분 말고 다른 업체에서 찍은 화면을 재가공하기도 한다. 우리는 화면을 16:9로 쓰지만, 어떤 곳은 4:3을 쓴다. 우리 화면에 맞게 다시 비율을 맞추고, 원본에 있던 불필요한 자막을 지운 것을 두고 이런 의혹이 일었다"고 해명했다. 박 피디는 "이걸 가지고 의혹을 제기하니 답답할 뿐이다. 송출실에서 당시 나간 진짜 화면도 받아 놨다"고 주장했다.7

필자는 세월호 침몰 사건 진상규명을 하는 과정에서 많은 사람들을 만났는데, 그 중 '세월호 침몰 당일 해당 자막을 봤다'고 주장하는 사람들을 다수 목격했다. 그분들의 직업은 대개 전업주부가 많았고, 해당 시간에 '자녀의 등교 또는 남편의 출근을 준비했던 관계로, 해당 프로그램을 틀어

---

7 「잠수함 충돌? 손가락 골절 시신 발견? '세월호 6가지 루머'와 팩트 확인」, 『한겨레』, 2014.5.13 (http://www.hani.co.kr/arti/society/society_general/636719.html#csidxcf2977c5450d5249359ebd93852ff40); https://zarodream.tistory.com/241 [자로의 꿈]

놓고 일을 했는데 그때 해당 자막을 봤다'는 사람들이 많았으며, 매우 구체적 정황을 이야기했던 것으로 기억한다.

KBS의 공영성을 놓고 본다면, 그들이 방송 영상 원본을 공개하지 않은 이상, 그들의 해명은 충분하지 않다고 평가된다.

② 공군 상황보고서, '09:00경 YTN 보고 알았다'

잘 알려지지는 않았지만, 오전 8시 55분경 언론 보도를 보고 세월호 침몰 사실을 인지했다는 기록도 있다. 2014년 국회 국조특위 당시 소방재난본부 비상상황실이 국회의원 정진후 의원실에 제출한 상황보고서에는 "08:55 언론 보도 등을 통해 사고인지 즉시 특수구조단 출동 여부 판단"이라고 기재되어 있다.

공교롭게도 세월호 침몰 당일 YTN 보도 편성표에도 "08:55 뉴스특보 〈진도 여객선침몰〉"로 게시되어 있다.

[그림 6-3]의 문건은 공군본부가 세월호 침몰 다음 날인 4월 17일에 작성한 문건을 기무사가 입수하여 보관했던 것으로 판단된다. [그림 6-3]에서 보는 바와 같이, 공군은 09:00경 방송 매체 YTN을 통해 세월호 조난 상황을 인지했다고 한다.

우리 사회에서 '시간'에 특별히 민감한 직업이 있으며, 그중 하나가 군인이라고 생각한다. 특히 '공군의 상황실'에서 취급하는 시간은 전쟁의 승패를 좌우하는 매우 중요한 요소이므로, 이들이 고의로 상황보고서에 잘못된 시간을 기재할 가능성은 없다고 본다.

공군 상황실은 이 문건 외에도 여러 차례 '09:00경 방송 매체 YTN을 통해 세월호 조난 사실을 인지했다'는 문건을 작성한 것으로 파악된다. 그러나 2014년 4월 29일 시점에 갑자기 "9:20경 해군 지휘통제실 상황확인"에 의해 조난 상황을 인지했다고 입장을 변경했다.[8]

그림 6-3. "공군본부"의 세월호 침몰 인지 방법 및 시간

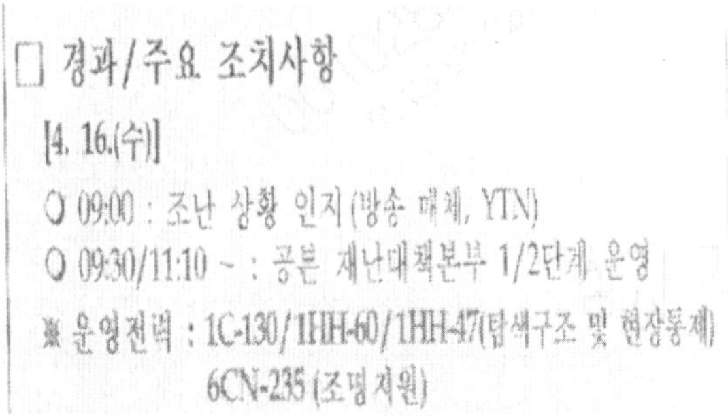

□ 경과/주요 조치사항
[4. 16.(수)]
○ 09:00 : 조난 상황 인지 (방송 매체, YTN)
○ 09:30/11:10 ~ : 공본 재난대책본부 1/2단계 운영
※ 운영전력 : 1C-130/1HH-60/1HH-47(탐색구조 및 현장통제)
6CN-235 (조명지원)

공군본부, 2014. 4. 17. (목) 15:00 『재난대응 상황보고』 필자 화면 캡처.

이러한 입장 변경은 정확한 근거를 제시할 순 없지만, 청와대가 세월호 침몰 사건과 관련한 서류를 새로 만들거나 적극적으로 폐기하기 시작한 시점이 2014년 4월 28일경임을 감안하면, 아마도 이것과 연관이 있을 것으로 판단된다.

③ MBC 날씨 예보, '09:01'

MBC는 세월호 침몰 당일 "09:01경" 날씨를 예보하면서 간략하게 세월호 침몰 사실을 언급했다.

[그림 6-4] 하단에서 보는 바와 같이, "2014. 4. 16. 09:01"에 입력된 MBC의 날씨 예보에는, "**현재 여객선 침몰사고가 발생한 전남 목포 앞 해상은 약간 흐리지만, 시정이 18km까지 트여 있으며, 물결은 1m 안팎으로 잔잔한 상탭니다**"라고 되어 있다.[9]

---

8 공군본부, 『세월호 침몰 관련 공군 시간대별(4. 16.~ 현재) 상황 조치』, 2014.4.29.
9 「세월호 8시30분 암초 침몰 추정" 소방상황실 문건 나와」, 『미디어오늘』, 2017.10.31
  (http://www.mediatoday.co.kr/news/articleView.html?mod=news&act=articleView&idxno=139548)

따라서 [그림 6-4]에 기재된 입력시간과 같은 시간에 MBC가 실제로 보도를 한 것이 틀림없다면, 이것이 '공식적인' YTN의 최초 보도보다 앞선 최초 보도라고 할 수 있다. 따라서 MBC의 보도가 "09:01경" 있었던 것이 확실하다면, MBC가 해당 사실을 알게 된 시간과 경위를 정확히 확인할 필요가 있다.

그림 6-4. MBC의 최초 세월호 침몰 최초 보도 시간

『미디어 오늘』(2017.10.31.) 필자 화면 캡처.

④ 국군기무사령부 보고서, 청와대는 '09:08'경 세월호 침몰 사실을 인지했다

세월호 침몰 사건과 관련하여 국군기무사령부가 작성해 청와대에 보고했던 문건은 "중요보고, 군사정보, 지휘 첩보" 등이 있었다. 그중 '중요보고'는 사령관 이재수가 매주 토요일 오전 청와대를 방문하여, 비서실장 등에게 직접 보고했던 것으로 파악되고 있다.

다른 보고서의 경우에는 기무부대 요원들이 직접 청와대와 국방부를 방문하여 전달했는데, 문건을 전달하기 위해 청와대를 방문한 기무부대 요원은 청와대의 정보를 파악한 후 "지휘참고 자료(주요현안 및 첩보소재)"라는 보고 문건을 작성해 참모장 김대열 및 사령관 이재수에게 보고했다. 이 업무는 주로 기무사령부 정보융합실 정책협력팀 서동준 대령이 담당했다.

국군기무사령부가 이 문건을 작성했던 구체적 이유는, '정보수요자의 정확한 수요가 무엇인지 파악하고, 그 의도에 맞는 보고 문건을 만들기 위해서'였다.[10] 서동준 대령이 파악했던 정보 범위는 비서실과 수석실을 제외한 나머지 행정관들을 직접 만나, 국군기무사령부에서 작성한 보고서를 전달하고 그들과의 면담과정에서 취득한 것들이다.[11]

이 문건은 국군기무사령부가 외부 기관에 제공하는 문건이 아니라 국군기무사령부 내부에 보고되는 것으로, 박근혜와 비서실장 김기춘이 각종 회의에서 강조했던 발언까지 비교적 상세하게 수록했다.

이 문건은 세월호 침몰 당시 4월 18일, 4월 25일, 5월 1일에 작성됐는데, 이 문건 안에 '국가위기관리센터가 09:08경 YTN 보도를 보고 상황을 인지했다'는 정보와 박근혜가 구조 인원이 틀린 것을 보고 "상황 파악이 어떻게 그럴 수 있어요?"라는 등의 상세한 청와대의 분위기가 들어 있다(그림 6-5) 참조).

---

10 심국섭, 『진술조서』, 국방부검찰단, 2018.10.25, 7쪽.
11 김만규, 『진술조서』, 국방부검찰단, 2018.10.17, 5쪽.

그림 6-5. 국군기무사령부 문건에 적시된 보도시간

※ 사고 당일 안보실의 VIP 보고 경과

구 분	주 요 내 용
시간별 보고	- 09:08 위기관리센터, YTN 보도를 보고 상황 인지 - 09:20 위기관리센터, 안보실장에게 보고 / 숲수석실 전파 - 09:30 안보실장, VIP 최초 보고 - 10:10 정무수석실, VIP 추가보고
안보실장 보고내용	- YTN의 '단원高 학생 전원구조' 보도를 본 뒤 VIP께 보고 - 이후 중앙안전재난대책본부 등으로부터 관련 사실을 보고 받고, '집계상 오류 등으로 잘못 보고했다'고 정정 보고 ⇒VIP께서 "상황파악이 어떻게 그럴 수 있어요?"라며 질책

국군기무사령부 "지휘참고자료(주요현안 및 첩보소재) 2014. 5.1. 필자 화면 캡처.

이 문건은 대외 제공용 문건이 아니라 참모장 김대열과 사령관 이재수에게 정확한 청와대의 분위기를 전달할 목적에서 작성된 문건이기 때문에 기무부대 요원이 거짓된 정보를 보고해야 할 이유가 없었다. 이 문건에 기재된 "09:08"이란 시간은 특별한 사정이 없다면 믿을 수밖에 없고, 그렇다면 기존 청와대의 최초 보도시간과 관련한 주장은 거짓된 주장이 될 수 밖에 없다.

⑤ 국가위기관리센터 상황병 홍성환, 09:10에 YTN 속보 봤다

세월호 침몰 당일 국가위기관리센터에서 근무한 근무자들은 김기춘 등의 "허위공문서 작성 등"의 사건을 조사받는 과정에서, "09:19경 YTN 속보 자막을 보고 세월호 침몰 사실을 인지했다"고 진술했다. 그러나 "09:19"이 아니라는 취지의 진술을 한 사람들도 다수 존재했다.

특히 세월호 침몰 당일 위기관리센터 상황병으로 근무했던 홍성환은 '자신이 09:10경 최초로 YTN 속보 자막에서 세월호 침몰 사실을 보고 반장 백선웅에게 보고했다'며, 다음과 같이 구체적으로 진술했다.

검　사 : 진술인은 위기관리센터에서 세월호 사고를 최초 인지한 시점이 언제인지 알고 있나요.

홍성환 : 세월호 사고 당일 아침에 근무교대를 하고 나서 상황근무를 하면서 TV를 보고 있는데, 세월호 사고 소식이 자막방송으로 나와서 이를 보고 제가 백선웅 상황반장님에게 보고한 사실이 있습니다.

검　사 : 진술인이 상황실에서 제일 먼저 세월호 사고 소식을 TV 자막뉴스를 통해 인지하였단 말인가요.

홍성환 : 예, 그렇습니다. **제가 자막뉴스를 보고 상황반장님께 말씀드려서 당시 칭찬을 받은 사실이 있기 때문에 정확히 기억하고 있습니다.**

검　사 : **진술인이 TV 자막뉴스를 통해 최초 세월호 사고 소식을 인지한 시점은 언제인가요.**

홍성환 : **저의 기억으로는 09:10경이었던 것으로 기억하고 있습니다.**[12]

이에 검사는 "다른 위기관리센터 직원의 진술에 의하면, 세월호 사고 당일 09:19경 YTN 뉴스 속보를 통해 최초 사고를 인지하게 되었다고 하는데, 어떤가요"라고 묻자 홍성환은 "저는 09:10경이었던 것으로 기억하고 있지만, 다른 위기관리센터 직원들이 공식적으로 확인한 시간이 09:19경이라면 그 시간이 맞을 것입니다"라고 대답했다.[13]

홍성환의 진술 내용만을 보면 "09:19경"으로 진술한 것은 틀림없지만 그 진술이 나오기까지의 과정을 검토해 보면 홍성환이 최초 인지 시간을 09:10경으로 진술한 것으로 볼 수도 있다.

⑥ 국가위기관리센터 직원이 09:15경, 사건 인지했다고 보고

세월호 침몰 당일 9시 15분경, 해양경찰청 상황실 유선전화 2242번으로

---

12 홍성환, 2017.11.15, 『진술조서』, 서울중앙지방검찰청, 18~19쪽.
13 위와 같음, 19쪽.

아래와 같은 전화가 걸려왔다.

> 본청 상황실 : 예. 감사합니다. 상황실 손경사입니다.
>
> 일반인 : 예. 수고 많습니다. 대구 MBC 이준입니다.
>
> 본청 상황실 : 예. 예.
>
> 일반인 : 예. 그 카페리 때문에 전화 드렸는데요.
>
> 본청 상황실 : 무슨 건 때문에 그렇습니까?
>
> 일반인 : 예?
>
> 본청상황실 : 뭐 어떤 거 말입니까?
>
> 일반인 : 인천서 제주가는 카페리요.
>
> 본청상황실 : 예. 예.14

통화 음질이 불량하여 대화의 상대방이 정확히 누구인지는 파악할 순 없지만, 통화 내용을 보면 이때 전화를 한 '기자'는 이미 세월호 침몰 사건 발생 사실을 정확히 알고 있었다. 물론 이 기자는 세월호 침몰 사실을 'YTN 보도를 보고 알았다'고 말하지 않았지만, 이 기자가 국정원 등 정보기관 관계자가 아니라면 관련 정보 취득 경로는 언론의 보도밖에 없었을 것이다.

또한, 청와대 관계자들이 9시 19분경에 세월호 침몰 사실을 최초로 인지했다고 입을 맞추었음에도 청와대 내부에는 09:15경에 YTN 자막 보도를 보고 알았다는 내용의 문건이 존재하고 있었다. 검찰이 수사과정에서 [그림 6-6]의 문건 작성자를 명확하게 밝히지는 못했지만, 국가위기관리센터의 누군가는 최초 인지 시간과 관련하여 『세월호 사고 관련 상황인지 · 보고』라는 문건을 4월 21일경 작성했다.

이 문건은 김기춘 등 "허위공문서 작성" 등을 검찰이 조사하는 과정에서,

---

14 속기법인 대한, 2016.4.19, 『녹취서(해양경찰청 경비전화 2442)』, 4쪽.

청와대 국가위기관리센터 내에서 발견된 문건이고, 문건의 형식 등을 보더라도 청와대 관계자가 작성한 문건이 틀림없어 보인다.[15]

세월호 침몰 당일 국가위기관리센터에서 상황보고서 1보를 작성한 이태안도 자필 진술서에서 자신이 최초 세월호 침몰 사건을 인지한 시간을 "09:16분경 회의를 마치고 상황반 자리로 돌아오는데 병사가 TV를 가리키며 YTN 속보에 여객선침몰 자막이 뜨는 것을 얘기하는 것을 보고"라고 이야기했다.[16]

국가위기관리센터의 문건과 이태안의 진술 등을 검토해 볼 때 청와대 관계자들의 대다수가 최초 인지 시간이라고 주장하는 09:19경은 충분히 의심할 가치가 있다.

그림 6-6. 최초 인지시간 관련 청와대 보고 문건

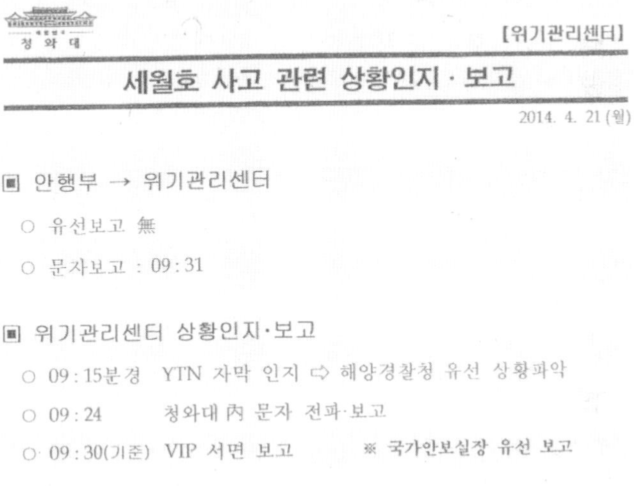

[위기관리센터]

세월호 사고 관련 상황인지 · 보고

2014. 4. 21 (월)

■ 안행부 → 위기관리센터

　○ 유선보고 無

　○ 문자보고 : 09 : 31

■ 위기관리센터 상황인지 · 보고

　○ 09 : 15분경　YTN 자막 인지 ⇨ 해양경찰청 유선 상황파악

　○ 09 : 24　청와대 內 문자 전파 · 보고

　○ 09 : 30(기준)　VIP 서면 보고　※ 국가안보실장 유선 보고

세월호 사고 관련 상황인지 · 보고 필자 화면 캡처.

---

15 세월호 침몰사건이 발행한지 며칠 지난 후 박근혜 늑장 대응이 문제되자 청와대는 실제 최초 보고 시각을 조사했던 사실이 있다. 위 문건은 이때 작성됐던 것으로 필자는 판단하고 있다.

16 이태안, 2017.10.31, 『(자필)진술서』, 서울중앙지방검찰청, 2쪽.

⑦ YTN 김범환 기자, '09:19경 주장'

세월호 침몰 사건을 공식적으로 최초 보도한 YTN 김범환 기자는 자기가 주도한 최초 보도과정을 아래와 같이 소개했다.

> 세월호 침몰 당일 09:13경 친분이 있던 (육경) 경찰 간부로부터 한 통의 전화를 받았다.
>
> "어이 동생, 큰일 났네. 진도에서 500명이 탄 여객선이 침몰하고 있다네. 인천에서 제주도 가는 여객선이라는데 수학여행 가는 학생들이 많이 타고 있다고 해서 걱정이네. 한 번 알아보소!"
>
> 09:15경 전화를 끊은 김범환 기자는 즉시 기사화할 수도 있었지만, 해난사고이기 때문에 확인 차원에서 평소 알고 있던 해양경찰에게 세 번의 통화를 시도한 끝에 통화가 연결되었다.
>
> "그래, 정확히는 파악이 안 됐는데, 한 30분~40분 됐어!"라고 말하며, '상황 파악을 해야 한다'며 전화를 끊었다.
>
> 김범환 기자는 곧장 서울 본사로 전화를 걸어 속보를 송출하기 위한 절차를 밟았고, 천신만고 끝에 1보가 9시 18분에 '진도 부근 해상 500명 탄 여객선 조난신고'로 승인돼 9:19에 방송이 되었다.[17]

김범환 기자는 세월호 1기특조위 조사과정에서 '취재원 보호'를 주장하며, 취재원으로 지목된 2명의 현직 경찰관 신원을 밝히지 않았다. 따라서 검찰이 특별한 수사를 진행하지 않는 이상 이 건은 논리적으로 해결할 수밖에 없다.

공식적으로 세월호 침몰 사건을 가장 먼저 인지한 곳은 전남 119이었지만, 구체적 상황을 접수하고 보고 및 전파를 한 곳은 목포해양경찰서이다. 하지만 목포해양경찰서 상황보고서 전파처에 육지 경찰이 포함돼 있지 않았으므로, 적어도 전남지역 육경 간부가 해양경찰로부터 관련 정보를 취득할 수는 없었을 것이다.

---

17 김범환, 『기자의 세상보기』, 한국기자협회협회 2014.6.20, 10~13쪽.

필자는 세월호 침몰 당일 "08:56:51경" 전남 112로 세월호 탑승객 중 한 사람이 세월호 침몰 사실을 신고했는데, 이것을 보고 받은 전남경찰청 간부가 그 사실을 김범환 기자에게 알려주었다고 판단한다. 문제의 통화에서 신고자는 세월호에 500여 명의 승객이 탑승해 있다는 사실을 전남경찰청에 알렸고, YTN 최초 속보도 탑승객이 500명이라고 보도했기 때문이다.

또한, 김범환 기자는 '전남경찰청 간부로부터 전화를 받고 우선 속보를 보도한 이후에 해양경찰 관계자에게 전화를 걸어 사실관계를 확인했을 것'이라고 추정된다. "한 30분~40분 됐어!"라고 들었다고 진술한 부분과 최초 보도를 500명으로 보도했다가 나중에 다시 350명으로 정정 보도한 것이 그 증거이다.

전남경찰청 112로 신고된 탑승객 숫자가 500여 명이었지만, 해경이 초기에 TRS로 상황을 전파했던 탑승객 숫자는 350여 명이었다. 김범환 기자의 주장대로 육경 간부와 통화한 후 곧바로 해경과 관련 사실을 확인했다면 처음부터 탑승객이 350명으로 보도됐을 것이다.

왜 끝까지 09:19경 최초 보도설을 고집하는 것일까?

청와대 등 국가기관이 구조 책임과 관련해서 면책하려면, 해양경찰청으로부터 늦게 보고를 받는 등 침몰 사실을 아주 늦게 인지했다는 논리가 필요했다.

세월호 침몰 당일 청와대는 9시 20분경 핫라인을 이용해 처음으로 해양경찰청 상황실과 전화 통화를 했다. 아마도 청와대를 비롯한 모든 국가기관은 이 시간을 기준으로 '세월호 침몰 사실을 처음 알았다'는 논리를 개발했을 것이고, 이것을 누군가가 '최초 보도'라 얘기했던 것이 사실처럼 굳어졌을 것이다.

따라서 이 부분은 청와대와 국가기관의 책임을 논함에 있어 매우 중요한 문제이므로 반드시 규명돼야 할 과제이며, 그것은 검찰이 수사하거나 YTN이 직접 입장표명을 해야 한다고 필자는 판단하고 있다.

▨ 자료목록

1) 강민규, 『진술조서』, 목포해양경찰서, 2014.4.16

2) 김만규, 『진술조서』, 국방부검찰단, 2018.10.17

3) 김범환, 『기자의 세상보기』, 한국기자협회, 2014.6.20

4) 박태종, 『조사대상자진술조서』, 4·16세월호참사특별조사위원회, 2016.2.12

5) 심국섭, 『진술조서』, 국방부검찰단, 2018.10.25

6) 이태안, 『(자필)진술서』, 서울중앙지방검찰청, 2017.10.31

7) 이태안, 『진술조서』, 서울중앙지방검찰청, 2017.11.1

8) 장태근, 『진술조서』, 국방부검찰단, 2018.8.16

9) 전응식, 『진술조서』, 서울중앙지방검찰청, 2017.11.1

10) 홍성환, 『진술조서』, 서울중앙지방검찰청, 2017.11.15

11) 공군본부, 『세월호 침몰 관련 공군 시간대별(4. 16.~ 현재) 상황 조치』, 2014.4.29

12) 속기법인 대한, 『녹취서(해양경찰청 경비전화 2442)』, 2016.4.19

13) 「"세월호 8시30분 암초 침몰 추정" 소방상황실 문건 나와」, 『미디어오늘』, 2017.10.31 (http://www.mediatoday.co.kr/news/articleView.html?mod=news&act=article View&idxno=139548)

14) 「세월호 사고당일 오전 8시경 침몰했다는 문건 '또' 실수?」, 『미디어오늘』, 2014.5.8 (http://www.mediatoday.co.kr/news/articleView.html?idxno=116448)

15) 「잠수함 충돌? 손가락 골절 시신 발견? '세월호 6가지 루머'와 팩트 확인」, 『한겨레』, 2014.5.13 (http://www.hani.co.kr/arti/society/society_general/636719.html#cs idxcf2977c5450d5249359ebd93852ff40)

16) 「진도 군청, 인터넷 참고해 보고서 작성?…혼란만 가중시켜」, 『MBC NEWS』, 2014.4. 21 (https://news.naver.com/main/read.nhn?mode=LPOD&mid=tvh&oid=214& aid=0000369329)

17) https://zarodream.tistory.com/241 [자로의 꿈]

2.
'계획'된 보도
"전원구조"

세월호 침몰 당시 재난방송 주관사 KBS는 10시 4분경 재난방송을 시작하면서부터, "전원구조"라는 결과에 초점을 맞췄다. 목포 현장과 해경, 국방부, 중대본, 심지어는 서거차도 이장과 침몰현장의 상공에서 구조작업을 진행하던 해경까지 동원하여, '입체적인 구조작전'을 생동감 있게 보도했다.

물론 세월호 침몰 사건 발생 당일의 언론 보도 행태를 보면, 모든 언론사가 예외 없이 구조가 순조롭게 진행되고 있는 것처럼 보도했다. 구조된 승객의 숫자도 56명, 120명, 190명 순으로 서서히 증가하다 '단원고 학생 전원구조'라는 형식으로 보도됐다. 그리고 11시경부터 언론 여기저기서 '전원구조'라는 보도가 흘러나왔다.

세월호가 침몰할 당시 구조현장에는 해경의 고정익 항공기와 3대의 해경 헬기, 그리고 함정 123정이 출동해 있었다. 이어서 수많은 함정과 헬기 등이 도착했고, 12:30경에는 해양경찰청장 김석균까지 세월호 침몰현장에 도착했다.[18]

---

18 김석균은 세월호 침몰 당일 12:30경 3009함에 착함했으며, 이때 수행했던 사람은 이종남 수행비서, 여인태 경비과장, 문성준 공보담당 등이다. 김석균이 세월호 침몰 현

구조현장을 지휘하던 해경은 침몰한 세월호 안에 470여 명의 승객이 탑승해 있었다는 사실과 이들이 탈출하지 못한 상태에서 세월호가 침몰했다는 사실을 명확히 알고 있었다. 해경은 언론에서 '전원구조'가 보도되고 8분 후에 아래와 같이 '오보'라고 대화하면서, 그 진원지로 단원고등학교를 지목했다.

> 안행부상황실 : 여기는 안행부 상황실 백**입니다. 지금 구조가 어떻게 되고 있는지요? ytn에서 나오는 거 그거
>
> 본청상황실 : 오보입니다. 단원고 측에서 얘기한 것 같아요. 우리는 아직은 그 정도는 되지 않습니다. 아까 말한 것대로 100여 명밖에 안 됩니다.
>
> 안행부상황실 : 예! 지금 현재 100여 명밖에 구조를 못 했다고요. 지금 배가 침몰되있는 상태 아닙니까?
>
> 본청상황실 : 예. 맞습니다.
>
> **안행부상황실 : 그럼 배 안에 사람하고 같이 침몰되어 있다는 건가요?**
>
> **본청상황실 : 네. 그렇게 추정하고 있습니다.**
>
> **안행부상황실 : 333명 지금 구조한거는 오보라는 건가요? 오, 오 이거 심각한데요. 아~ 그래요. 알겠습니다.**[19]

해경은 정확한 상황을 파악하고 잘못된 구조결과가 보도되고 있다는 사실을 알고 있으면서, 세월호 침몰 당일 오후 3시 30분경까지 오보를 정정하지 않았다.

해경은 상황 파악 시스템의 문제로 사실에 반한 내용이 방송될 수는 있어도, 그것이 잘못된 보도로 밝혀지는 순간 신속하게 정정됐어야 한다. 하지만 구조기관은 끝까지 잘못된 보도를 정정하지 않았고, 최순실이 청와대 관저에 들어가고 나서야 잘못된 보도라고 정정했다.

장에 도착했으면서도 정확한 피해 규모를 파악하지 못했다는 것은 상상할 수 없는 일이다. 김석균, 『진술조서』, 서울중앙지방검찰청, 2017.11.21, 9쪽.

19 11:09:18, 해양경찰청 2342 유선전화 녹취록.

세월호 침몰 사건 발생 이후 사람들은 흔히 '전원구조'라는 보도를 '보도 참사'라 부른다. 그만큼 전원구조가 유가족과 국민에게 미친 영향이 컸다는 이야기이다. 그렇다면 언론의 정의를 확립하기 위해서라도 잘못된 보도의 참사 발생원인을 밝힌 후 책임자 처벌을 해야 했지만, 관련자들의 노골적인 함구와 '언론의 자유' 및 '취재원의 보호'라는 커튼 뒤에 숨어 있어 진실을 밝히지 못했다.

"전원구조" 보도는 '오보'가 아니다

세월호 침몰 사건에서 '전원구조'라는 보도를 일반적으로 '오보'라고 규정하고 있다. 그러나 세월호 침몰 사건에서 오보는 없었다. 오직 무수히 많은 '잘못된 가짜뉴스'가 있었을 뿐이다.

세월호 침몰 당시 언론은 '해경의 구조 진행 상황과 구조된 사람의 숫자'에 대해 잘못된 보도를 했다. 이어 '수중 생존자 구조 및 공기주입' 등과 관련해서 사실에 반한 보도를 했으며, 구조세력 동원현황 등에 대해서도 악의적으로 왜곡되고 과장된 보도를 했다. 세월호 침몰 사건에서 사실에 반한 보도 사례는 셀 수 없을 정도로 많다. 그렇다면 이러한 것들 모두를 '오보'라고 정의해야만 하는 것일까?

세월호 침몰 사건에서 일반적으로 사용하고 있는 '오보'라는 용어는 가짜뉴스를 유포했던 사람들이 자신의 책임을 면하기 위해 만들어냈던 단어이다. 일반인들이 이것을 '무의식 · 무비판적 · 습관적'으로 사용했던 결과, 진짜 오보인 것처럼 진화해 버렸다.

필자는 세월호 침몰 당시 '전원구조'라는 이름으로 보도된 속보를, '오보'라는 표현 대신 "미필적 고의에 의한 '의도적 또는 계획'된 오보"라고 정의한다. 하지만 이곳에서는 순화하여 '잘못된 보도'라는 용어로 통일하여 사용한다.

그렇다면 문제의 '잘못된 보도'는 어디에서 생성되고 어떻게 유통되었을까?

이 부분과 관련하여 세월호 1기 특조위와 2014년에 진행된 세월호 국조특위에서 당시 야당 의원들이 끈질기게 추적했지만 확실한 실체는 밝히지 못했다. 다만 전원구조를 최초로 보도했던 MBN은 '전원구조 사실을 단원고등학교에서 알게 됐다'고 밝혔고, MBC 또한 'MBN 측으로부터 해당 사실을 인지한 후, 단원고에서 취재 중인 기자의 확인을 거쳐 보도했다'는 입장을 밝혔다. 이들의 주장을 종합해 보면 전원구조라는 보도는, [표 6-3]과 같은 절차에 따라 단원고등학교에서 처음 시작됐었고, 그것을 언론이 검증절차를 생략하고 속보로 방송했던 것이 문제의 출발점인 것으로 추정되고 있다.[20]

표 6-3. '전원구조' 관련 가짜뉴스 생성 및 유포 과정

구 분	예상 시간대	전 개 내 용	목격자	비 고
허위 사실 유포	10:25경 이전 추정	학교 행정실에서 40대로 보이는 아주머니가 "2학년 1반 전원구조 됐다"고 딸에게 전화가 왔다.	고잔파출소 순경 김남수 교감 손윗동서 김성용(유사진술)	
	10:27	수학여행 중인 2학년 중 2-1반은 전원 구조됐다고 학생이 부모에게 전화 연락함	안산단원경찰서 상황보고서	KBS 실제 보도 : 11:26
	10:28	단원고 학생 324명, 교사 14명 전원구조됨(ytn, KBS,뉴스속보)	안산단원경찰서 상황보고서	
	10:38	지금 대부분의 인원들은 현재 출동해 있는 함정, 그리고 지나가던 상선, 해군함정 대부분에 사람들이 구조가 된 상황입니다. 지금 현재 수면 아래 갇혀 있는지 파악하고 있는 중입니다.	B703 항공기에 탑승해 있던 해경 경위 이교민	KBS 보도

---

20 새정치민주연합, 『국회 세월호침몰사고국정조사특별위원회 활동보고서』, 2014.11, 1445쪽.

	10:47	해군 "탑승객 전원 선박 이탈…구명장비 투척 구조 중"	10:48, 10:52, 10:56, 11:00 자막 연속 보도	KBS 보도
	10:55 이전	강민규 교감의 손윗동서 김성용 및 피해자 학부모 이호진 등이 2학년 8반교실과 강당에서 마이크를 들고 '전원구조' 기정사실화 (추정) 학부모 사실 여부에 대한 의문 제기 및 소동	관련 영상 확인	이호진의 발언이 끝나는 시점 단원고 2학년 8반 시계가 10:50을 가리키고 있음
		행정실 출입구에서 대기하고 있는데, 50대 남자가 행정실 앞에서 "단원고 학생 전원구조 됐다고 KBS 뉴스에 나왔다"고 외쳤다	고잔파출소 경사 박태종 순경 김남수	
	11:00	해경 관계자는 모든 인명 구조를 곧 마칠 수 있을 것 같지만 만일에 사태에 대비하고 있다고 밝혔습니다.		KBS 보도
기자들 취재 (추정)		기자들 10:50경 단원고 강당의 모습 취재 송출 가능성 있음(특히 MBN 기자→서울경찰청 기자 보고)		
전원 구조 보도	11:01~11:26	각 언론사들 순차적으로 전원 구조 보도		

관련 자료를 종합하여 필자 정리.

반면 세월호 침몰 당일 11시를 전후하여 단원고등학교 행정실에 있던 학교 직원들은 함께 있던 4~5명의 경찰관 무전기에서 "학생 전원구조"라는 소리를 들었다고 주장했다. 다만, 학교 직원들은 "경찰관의 정확한 신분과 신원은 확인되지 않는다"고 밝혔다. 하지만 경찰이 공개한 녹취록에는 단원고 직원들의 주장과는 달리, '학생 전원구조'와 관련한 내용이 없으므로 경찰이 의도적으로 관련 자료를 삭제했다는 것을 증명하지 않는 이상 경찰의 무전기가 진원지일 가능성은 높지 않다.

이와 달리 해양경찰청 상황실과 (육경)경찰청과의 전화 통화에서 원인을 찾는 사람도 있다. 세월호 침몰 당일 09:39경 해양경찰청 상황실은 유선전화 2442번으로 경찰청과 다음과 같은 통화를 했던 사실이 있는데, 이것을 오보의 시작이라고 지목하는 사람들도 있다.

> 경찰청 : 현재 침몰된 상황이 급박한 것입니까? 아니면
> 해경 상황실 : 현재 지키고 있으니까 가능합니다.
> 경찰청 : 구조가 전부 다 가능하다고?
> 해경 상황실 : 예. 전부 가능합니다.[21]

하지만 이것을 전원구조 보도의 원인으로 단정하기에는 통화시간이 너무 이르기 때문에 실제 연관성은 크지 않다.

'전원구조'를 가장 먼저 안 사람은 '성명 불상의 남녀'

2014년 4월 16일 오전 10시 25분경, 단원고등학교가 학부모들에게 발송한 "학생우선 구조중…"이란 문자메시지(그림 6-11 참조)와 TV 속보를 시청한 학부모들은 세월호 침몰 소식을 접하고 하나둘씩 학교로 모여들었고, 학교 측의 정확한 안내가 없는 상태에서 아이들이 속한 반의 교실로 가서 TV를 통해 구조 상황을 지켜봤다.

당시 학부모들이 보고 있던 속보에는 부정적인 내용이 단 하나도 없었다. 재난방송 주관사 KBS는 '많은 구조세력이 구조를 위해 침몰현장으로 출동하고 있으며, 비교적 순조롭게 구조가 진행되고 있다'는 내용들로 화면을 가득 메웠다. 심지어 10시 38분경에는 B703 항공기 조종사 교육생 경위 이교민과 인터뷰를 통해 다음과 같은 내용을 보도했다.

---

21 해양경찰청, 『2442번 녹취록』, 2014.4.16.

지금 대부분의 인원들은 현재 출동해 있는 함정, 그리고 지나가던 상선, 해군함정에 의해 대부분의 사람들이 구조가 된 상황입니다. 지금 현재 수면 아래 갇혀 있는 사람이 없는지 파악하고 있는 중입니다.

이 보도는 객관적으로 전원구조를 암시했다고 볼 수밖에 없었다.

세월호 침몰 당일 단원고등학교 교감 강민규의 손윗동서 김성용은 세월호 침몰 소식을 듣고 단원고로 달려갔고 그곳에서 담배를 피우기 위해 건물 밖으로 나갔다, 40~50대로 추정되는 어떤 여자가 '학생들 전원이 구출되었다'고 말하면서 건물 안으로 뛰어 들어가는 것을 보았다.[22]

고잔파출소 순경 김남수 또한 1층 행정실 근처에서 40대 학부모로 보이는 아주머니가 와서 '자기 자녀에게 전화가 왔는데 2학년 1반은 전원 구조됐다'고 얘기하는 사람을 목격했다.

순경 김남수는 이 사실을 즉시 4층 강당에 있던 고잔파출소장 장성순에게 보고했고, 관련 내용을 보고 받은 고잔파출소장 장성순은 10시 27분경 "2학년 1반은 전원구조 되었다고 학교 학부모에게 그 일방유전[23] 왔답니다. 참고하세요"라는 무전교신을 했다.

또한 안산 단원파출소 소속 경사 박태종은 10시 56분경 단원고등학교 행정실에 대기하고 있는데, 성명 불상의 50대 초반의 남자가 행정실 앞에서 "단원고 학생 전원구조 됐다고 KBS 뉴스에 나왔다"고 이야기하는 것을 보았다.[24] 당시 그 사람의 키는 172~173cm 정도였고, 흰 머리카락이 많은 상고머리 헤어스타일에 남색 계통의 점퍼를 입고 있었다.

고잔파출소 경사 박태종은 10시 57분경, 무전으로 즉시 "KBS에서는 학생들 전원 구조됐다고 나왔다는데 맞는지"라고 확인했는데 단원경찰서는

---

22 김성용, 『확인서』, 2014.6.13.
23 경찰 무전교신 내용을 원문대로 인용했으며, 그들의 교신 음어로 판단됨.
24 박태종, 『조사대상자진술조서』, 4·16세월호참사특별조사위원회, 2016.2.12, 7쪽.

"현 온도까지 아직 조명된 논밭은 없어요"25라는 답변을 했다.

이 사건의 정확한 실체를 명확히 밝히기 위해서는, 성명 불상의 '40대 여자와 50대 남자'의 존재를 명확히 밝혀야 한다.

김성용과 단원파출소 직원 박태종 및 김남수의 진술처럼 이 두 사람이 실존하는 인물이 확실하다면, 이들의 실체를 밝히는 것은 그렇게 어려운 일은 아니다. 현시점에서 유가족들은 이 사건과 관련된 사람들을 명확히 구분할 수 있고, 사건 당일 단원고에는 CCTV가 설치되어 있었을 뿐만 아니라, 각 언론사가 촬영한 당시 단원고 강당 촬영 영상이 많이 존재하고 있다. 이것들만 모두 공개된다면 가족들이 문제 되는 사람들을 충분히 식별해 낼 수 있다고 판단된다.

다만 필자는 '사건 당일 단원고에는 엄청난 숫자의 학부모와 언론관계자들이 와 있었고, 단원고 교사와 행정실 직원들도 있었는데, 성명 불상의 남녀를 왜 단원고 교감의 손윗동서 김성용과 단원파출소 직원들만 봤느냐 하는 의문을 가지고 있다.

이상한 것은 이뿐만이 아니다. 단원파출소 직원 박태종과 김남수는 당시 직업이 경찰이었으므로, 설사 자신의 업무와 관계없는 일이라 할지라도 당시 상황에서 그렇게 이야기하는 사람을 목격했다면, 그저 물끄러미 바라만 보고 있을 것이 아니라 그 사람의 신원을 확보하여, 그 사람이 전원구조 사실을 알게 된 경위를 '6하원칙'에 따라 확인한 후 보고하고 전파하는 것이 오히려 상식적이었다.

또 하나의 의문은 [그림 6-7]에서 보는 바와 같이 4월 16일 안산 단원경찰서의 상황보고서에는 언론의 전원구조라는 보도가 있기 33분 전인 10시 28분경에 "단원고 학생 324명, 교사 14명 전원구조 됨(ytn, kbs 뉴스속보)"라고 되어 있다는 점이다.

---

25 경찰 무전교신 내용을 원문대로 인용했으며, 그들의 교신 은어로 판단됨.

그림 6-7. 안산 단원경찰서 상황보고서

```
09:50 교통 순1. 순2 단원고교 정문 부근에서 교통정리중
10:00 정보과장 및 정보관 단원고 임장
10:00 경찰서장 단원고교 학부모 항의방문 대비 출동, 현장지휘중
10:20 경비과장, 경비계장 타격대 1/8 출동 현장 관리중
10:23 교통관리계장 단원고 주변 혼잡하지 않으며 교통관리중에 있음
10:25 단원고 1학년,3학년은 하교중이며, 2학년 학부모 차량 50대, 방송국차량 1대 도착함
10:25 학부모 50여명 단원고 방문하여 오열중(항의 없음)
10:27 수학여행중인 2학년중 2-1반은 전원구조됐다고 학생이 부모에게 전화연락 함
10:28 단원고 학생 324명, 교사14명 전원 구조됨(ytn,SBS, 뉴스속보)
11:08 현재 단원고 차량 70여대 있으며 교통근무자 차량·우회조치 및 관리중
11:09 학교 운영위원회에서 강당에 모인 학부모 300여명 상대로 상황 설명중
11:12 7기동대 1제대 단원고 앞 올림픽기념관 도착하여 상황대기중
11:20 7기동대 1제대 단원고 이동하여 상황대비(경찰서장-현장-지휘)
11:30 2기동대 120중대 추가지원 출발 중(우발 상황대비)
11:45 12:00경 학부모 160명 가량 단원고에서 버스 4대 이용 전남 진도 실내체육관으로 출발 예정
12:22 2기동대 단원고 앞 올림픽기념관 도착 1개제대 단원고 4층 강당으로 이동 상황대비
12:30 120중대 단원고 앞 올림픽기념관 도착 상황대기중
12:38 버스6대(240명 승차), 순1, 정보관2명, 방송차(SBS)1대 진도 실내체육관 출발,
       학교강당에 60명 남아 있는 상황
```

안산 단원경찰서 상황보고서 필자 화면 캡처.

따라서 상황보고서에 기재된 내용을 안산 단원경찰서가 어떻게 10시 28분경에 알았는지 추가로 조사돼야 한다.

검증되지 않은 무자격자의 "전원구조" 사실 발표

정확한 이유는 알 수 없지만, 단원고 교감의 손윗동서 김성용과 유가족 이호진, 학교운영위원장 박경조 및 단원고 다수 교사 등은 세월호 침몰 당일 10시 30분경 전후 2학년 4반 교실에 함께 있었던 것으로 추정된다.

김성용은 이곳에서 40~50대로 추정되는 어떤 여자가 '학생들 전원이 구출됐다'고 말했다는 사실을 공식적으로 얘기했고, 단원고 2학년 8반 고 이승현 학생의 아버지 이호진도 이곳에서 같은 내용을 강력하게 얘기했던 것으로 추정된다([그림 6-8] 참조).

당시 2학년 4반 교실에서 이 광경을 지켜봤던 학교운영위원회 위원장 박경조는 4층 강당으로 가서 추가 논의할 것을 제안했고, 단원고등학교 측의 공식적인 안내에 따라 4층 강당으로 학부모들이 집결했다.[26]

그림 6-8. 10:30~10:50경 단원고 2학년 4반 교실 모습

10:30경 2학년 8반 교실 모습

10:50경 2학년 8반 교실 모습

사진 뒤쪽에 시간을 추정할 수 있는 시계가 보이고, 특히 첫 번째 사진에는 단원고 교감의 동서 김성용의 뒷모습과 이호진이 뭔가를 얘기하고 있는 모습이 포착되어 있다. 당시 2학년 4반 교실에서 김성용과 이호진의 발언 내용을 정확하게 파악할 수 있는 증거와 증인은 없으나 정황을 확인할 수 있는 영상은 1기 특조위에 확보된 상태이다.

1기 특조위 확보 영상 필자 화면 캡처.

---

26 박경조, 『조사대상자진술조서』, 4·16세월호참사특별조사위원회, 2016.3.10, 4쪽.

이때 김성용도 4층 강당으로 올라갔고, 그곳에서 평소 안면이 있던(후에 '아닐 수도 있다'고 진술 번복) 고잔파출소장 장성순을 만났다. 그곳에서 김성용이 고잔파출소장 장성순에게 '단원고 학생들이 모두 구조됐다'는 말을 하니, 장성순이 '단상 위로 올라가서 마이크를 들고 직접 이야기하라'는 이야기를 했다.

그는 강당의 연단으로 올라가 "학생들이 전원 구조됐다"는 말을 했다.[27] 이때 일부 학부모들은 환호성을 지르고 손뼉을 치기도 했지만, 또 다른 가족들은 '어디에서 입수한 정보인가'를 물으며 정보의 출처를 의심하기도 했다.

이어서 세월호 유가족 이호진이 김성용으로부터 마이크를 넘겨받았다. [그림 6-9]와 같이 이호진도 연단으로 올라가 마이크를 들고 "다 구조되었다고 하니까 차분하게"라고 말하며 '전원구조가 됐다'는 취지의 발언을 했고, 이 장면은 고스란히 언론에 노출되었으며, 전원구조 속보와 연결됐던 것으로 추정된다.[28]

그림 6-9. 유가족 이호진이 '전원구조' 관련 발언 모습

2014. 4. 16. 1기 특조위 확보 영상 필자 화면 캡처.

---

27 김성용, 『조사대상자진술조서』, 4·16세월호참사특별조사위원회, 2016.4.1, 5쪽.
28 이때쯤 필자는 의심은 가지만 일단 "전원구조" 사실을 인정하고, 떨고 있는 배우자를 달래기 위해 단원고 교문 앞에 있는 편의점에서 생수 3병을 구매하여 4층 강당으로 올라가니 잘못된 정보가 퍼졌다고 난리가 나 있었다. 그 후에 언론에서 '전원구조'가 보도되었고 비로소 사람들은 전체적으로 믿는 분위기가 됐었다.

김성용과 이호진이 교실과 강당에서 문제의 발언을 한 정확한 시간은 특정할 순 없다. 다만 세월호 유가족 이호진이 교실에서 발언하던 시간에 교실 벽면에 걸린 시계가 [그림 6-8]과 같이 "10:32~10:52경"을 가르키고 있었고, 단원파출소 경사 박태종이 "KBS에서는 학생들 전원 구조됐다고 나왔다는데 맞는지"라고 무전을 했던 시간이 "10:57경"이므로, 논리적으로 "10:52~10:57경" 정도일 것이다.

문제는 김성용과 이호진이 언제 어떤 경로로 '전원구조'와 관련된 정보를 입수했고, 얼마만큼의 확신이 있었기에 다중 앞에서 '문제의 발언을 했는가'하는 점이다.

이호진은 세월호 1기 특조위에서 자신이 강당에서 발언한 배경을 다음과 같이 진술했다.

> 조사관 : 강당에서 마이크를 잡게 된 이유는 무엇입니까.
>
> 이호진 : 어수선하니까 **질서를 잡아야겠다**는 생각이 들었습니다. 그래야 상황을 제대로 알 수 있으니까요. 구체적인 기억은 나지 않지만.
>
> 조사관 : 4월 16일 안산 단원고 강당에서 거의 다 구조됐다고 말씀하시게 된 이유는 무엇입니까.
>
> 이호진 : 제 기억에는 TV 화면을 보고 그랬던 것 같습니다. 화면에는 배가 기울어져 있고, 자막에는 '안산 단원고 측 "학생들 전원구조"'(해당 화면을 보여주고 설명함)라고 나온 것 같습니다.
>
> 조사관 : 그런데 당시 단원고 강당에서 보고 있었던 SBS뉴스에서 전개상 전원구조 자막은 (이호진 씨가 마이크를 잡고 '전원구조'를) 말씀하시고 나옵니다. 어떻게 된 것일까요.
>
> 이호진 : 시간이 나중에 나온 것이라면 강당에 있던 어떤 분을 통해서 이야기를 듣지 않았을까 싶습니다.[29]

29 이호진, 『참고인 진술조서』, 4·16세월호참사특별조사위원회, 2016.3.8, 2~3쪽.

그의 아들이 세월호에 탑승했던 학부모 신분이었다는 점을 고려하면, '질서 유지를 위해' 마이크를 들고 그와 같은 발언을 했다는 것이 명쾌하지는 않았다.

　　그리고 김성용과 이호진이 평소 알고 지내는 사이여서, 이호진이 발언 직전에 이 사실을 김성용으로부터 인지했는지, 아니면 단원파출소 직원 박태종과 김남수가 목격했던 사람을 그도 함께 봤는지에 대하여 이호진은 구체적인 진술을 하지 않았다. 다만 관련 영상을 추적해 보면 당시 이호진과 김성용이 같은 시간 같은 장소에 있었던 것만은 틀림없다.

　　'전원구조' 보도의 진원지가 안산 단원고등학교가 틀림없다면, 그것에는 김성용과 이호진의 발언이 분명히 영향을 미쳤을 것이다. 당시 단원고 4층 강당에는 상당한 숫자의 취재진이 도착해 취재하고 있었고, 두 사람의 발언 내용을 데스크에 보고한 것은 너무나도 당연하다.

단원고등학교, "전원구조"를 해경에게 확인하다

　　지금까지 '전원구조'를 보도하게 된 과정을 조사한 기록은 새정치민주연합이 발간한 국정조사 야당 백서와 MBC가 국회에 제출한 『국회 세월호 침몰사고 국정조사 기관보고』 등이 전부이다. 이것을 종합하면 다음과 같은 과정을 거쳐 '전원구조'가 보도된 것으로 파악된다.

- 10:32~10:52경 안산 단원고등학교 2학년 4반 교실에서, 단원고 교감 손윗동서 김성용과 세월호 유가족 이호진(2학년 8반 고 이승현 군의 부)이 전원구조 사실 발표. 이후 학교 운영위원장 박경조의 제안으로 4층 강당으로 이동
- 10:52~10:57경 단원고등학교 4층 강당에서 단원고 교감 손윗동서 김성용과 세월호 유가족 이호진(2학년 8반 고 이승현 군의 부) 전원구조 사실 발표

- 단원고등학교 4층 강당에서 현장 취재를 하던 MBN 기자가 이 모습을 보고 "전원구조 됐다"는 사실을 MBN 서울지방경찰청 출입 기자 류철호에게 보고

- 11:1:01 MBN 「단원고 측 "학생 모두 구조"」 보도

- 서울지방경찰청 MBC 출입기자 노재필(차장대우/보도국 사회2부)은 MBN 측으로부터 '전원구조' 이야기를 들은 뒤 단원고에서 취재하던 MBC기자 정○○(보도국 사회2부)에게 확인했는데, 정 기자가 "맞는 것 같다"고 확인함

- 노재필 기자는 이 사실을 보도국 사회2부 박민주 기자에게 전달했고, 박민주 기자는 「안산 단원고 "학생들 전원구조」 자막을 작성해 직접 자막실에 전달([그림 6-10] 참조)

- 11:01:26경 MBC 「안산 단원고 "학생들 전원구조"」 보도30 31 32

그림 6-10. MBC 속보 자막「안산 단원고 "학생들 전원 구조"」

세월호 침몰 당일 MBC 속보방송 필자 화면 캡처.

각 방송사의 '전원구조'와 관련한 속보가 전해지자, 단원고등학교 4층

30 ㈜문화방송, 『국회 세월호 침몰사고 국정조사 기관보고』, 2014.7, 16쪽.

31 국회사무처, 『세월호침몰사고진상규명국정조사특별조사록』, 2014.7.7, 11~12쪽.

32 새정치민주연합, 『국회 세월호침몰사고국정조사특별위원회 활동보고서』, 2014.11, 1434~1438쪽.

강당은 환호성과 함께 비로소 안심하는 분위기로 전환됐다. 학교 측은 진도로 내려가는 버스가 준비되어 있으니 12시에 출발하자고 했고, 일부 학부모들은 개인차량 편을 이용해 먼저 진도로 출발했다. 하지만 일부 학부모들은 '자식들이 살아있는지 본인의 눈으로 직접 확인하지 않으면 믿을 수 없다'고 하면서 확실한 확인을 해 줄 것을 학교 측에 요청했다.

그러자 단원고등학교 교사 김정례는 '전원구조라는 보도가 사실인지' 여부를 확인하기 위해 오전 11시 6분경 목포해양경찰서 대표 전화 번호로 전화를 걸었다. 하지만 이 전화는 목포해양경찰서와 연결된 것이 아니라 해양경찰청 민원 콜센터로 연결됐다. 김정례가 목포해양경찰서 대표번호로 전화했을 때 해경의 통신시스템은 자동으로 해양경찰청 '민원콜 센터'로 연결되도록 설계되어 있었기 때문이다.

해양경찰청 민원 콜센터 직원들은 세월호 침몰 사건과 같은 특별한 전화를 받았을 때는 현업부서에서 정확하게 직접 답변할 수 있도록 담당자를 연결해 주었어야 하지만, 세월호 침몰 당일에는 통화량 폭주로 직접 연결하지 못했다.

민원 콜센터 근무자들은 상급자인 정보통신기획 계장 김철환 등으로부터 '세월호 침몰 사건과 관련한 정확한 사건 내역'을 전달받아, 민원인에게 정확한 정보를 제공했어야 옳았지만 사건 당일 이들은 이 절차마저도 생략했다. 김정례 교사가 전원구조와 관련하여 'YTN 뉴스 자막에 전원구조라고 떴는데 사실이냐고 묻자 민원 콜센타 직원은 "우리도 그렇게 알고 있고, 그렇게 안내하고 있다"는 답변을 했다.[33] 또한 다른 학부모들도 "단원고 학생 전원 구조된 게 맞나요?"라고 물었더니, 역시 그들은 YTN 뉴스를 보고 "네, 구조 되었습니다"라는 답변을 해 주었다.[34]

33 김철환 · 최현순, 『확인서("4/16 해양경찰청 정보통신과(민원콜센터 등) 상황관련)』, 2014.5.15, 해양경찰청.
34 최현순 · 윤정순 · 이선민, 『확인서("단원고 학생 전원 구조" 답변 관련)』, 해양경찰청,

단원고 측은 해양경찰청 민원 콜센터와의 전화통화를 통해 YTN 속보가 사실임을 확인한 후, 다음과 같이 두 차례에 걸쳐 학부모들에게 문자를 발송했다([그림 6-11] 참조).

- 11:06 1차 문자 발송
  [단원고] 학생 324명, 교사 14명 전원구조 완료되었습니다.

- 11:08 2차 문자 발송
  [단원고] 해경 구조 현황 학생 324명, 교사 14명 전원구조 완료되었음을 다시 한번 알려드립니다.

그림 6-11. 2014. 4. 16. 단원고등학교 카톡 발송 내용

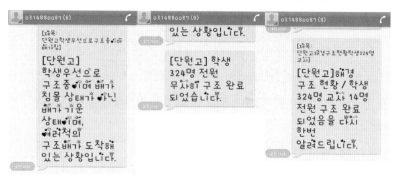

단원고 2학년 4반 고 최성호군의 부 최경덕 제공 사진 필자 화면 캡처.

MBN과 MBC 등의 전원구조 보도가 있은 후 단원고 교감 강민규는 11:19경(1분 29초)과 11:21경(1분 52초) 123정에서 총 두 차례 교장 김진명과 전화 통화를 했다. 이 시간은 대부분 언론들이 전원구조 보도를 완료한 시간이지만, 최고 시청률을 자랑하는 KBS는 '전원구조' 관련한 보도를 아직 시작하기 전이었다.

2014.5.15. 세월호 침몰 당일 이러한 전화 통화는 총 4회(11:06, 11:08, 11:13, 11:14) 반복됐었고 민원콜센터 직원들은 한결같이 같은 답변을 했다.

교장 김진명은 언론을 통해 '전원구조'라는 속보를 접한 시간이었으므로, 교감에게 당연히 '전원구조'가 사실인지 물어봤을 것이고, 교감은 교장에게 '전원구조'는 사실이 아니며, 오히려 '대형 참사가 발생했다'는 보고를 했을 것으로 추정된다.

문제는 이 시간 학부모들은 생존해 있다는 자식들을 진도에서 데려오기 위하여 단원고등학교 측에서 마련한 버스에 탑승하던 시기였다는 점이다. 이때라도 교장 김진명은 대형 참사 발생 사실을 학부모들에게 알렸어야 했지만, 그들은 끝까지 침묵했다.

"전원구조" 오보 확정과 '정정보도'

전원구조와 관련한 방송사 속보는 오전 11시경부터 시작되어 순차적으로 보도됐다([표 6-4] 참조). 이후 구조 인원 숫자에 관련한 언론의 보도는 냉탕과 온탕을 오가며 오락가락했다.

언론의 전원구조라는 보도와는 달리 해경과 중대본이 다른 숫자를 언론에 제공했기 때문이다. 이런 현상은 오후 3시 30분경까지 계속됐고, 중대본이 5차 브리핑에서 '368명 구조가 잘못된 숫자'라고 발표하면서, 언론은 비로소 전원구조가 '잘못된 보도'임을 인정했다.

또 언론사들은 [표 6-4]의 '최초 정정 시간'과 같은 시간에 오보임을 인정하고 정정 보도를 했다고 주장했다. 하지만 필자가 KBS와 MBC의 속보화면을 확인한 결과에 따르면, 오후 3시 30분경까지 자발적으로 잘못된 보도를 인정하고, 자막과 앵커의 코멘트를 이용하여 정정한 사례는 없었다.

표 6-4. 지상파·종편·보도 채널의 '학생 전원구조' 오보 시간

방송사	최초 오보 시간	오보 보도 형식	최초 정정 시간
MBC	11:01:26	자막, 앵커 코멘트, 기자 리포트	11:24
YTN	11:03	자막, 앵커 코멘트	11:34
채널A	11:03	자막, 앵커 코멘트	11:27
뉴스Y	11:06	자막, 앵커 코멘트	11:50
TV조선	11:06	자막, 앵커 코멘트	11:31
SBS	11:07	자막, 앵커 코멘트, 기자 리포트	11:19
MBN	11:08(11:01:07)	자막, 앵커 코멘트	11:27
KBS	11:26	자막, 앵커 코멘트, 기자 리포트	11:33

※ ( ) : 잘못된 내용을 필자가 임의 수정.
방송통신심의위원회 자료 필자 인용.

특히 MBC의 경우에는 [표 6-4]에서 밝힌 것처럼, 13분 후에 정정 보도를
한 것이 아니라 계속해서 같은 방송을 진행했으며, 심지어 전원구조가 보
도된 후 40분쯤 후에는 '정확하게 집계가 되지 않는 이유는 어선도 구조하
고 경비함정들도 구조하고 다른 화물선도 구조하고 했기 때문에 이것을
집계하는데 어려움이 있다'며, 구조자 숫자가 오락가락하는 이유를 분석
보도까지 하면서 계속해서 전원구조 쪽에 무게를 싣는 방송 을 진행했
다.[35] MBC가 정정했다고 주장하는 보도의 사례는 다음과 같다.

- 11:07
  현재 정부가 밝힌 공식구조 인원은 147명이고, 안산 단원고 학생들은
  전원 구조됐고 현재 사망자는 없는 것으로 확인된 상태입니다…해경
  배가 바깥쪽에 붙어서 구조하고 있는 것으로 알려졌는데요. 현재 구
  조에는 큰 문제가 없고, 인명피해도 없을 것으로 전해진다고 안행부
  관계자는 밝혔습니다.

---

[35] MBC는 "구조가 해경, 소방, 어민" 등이 동시에 진행하고 있는데, 해경은 자신들이 구
조한 숫자만 발표했던 것이고, 나머지 구조자 숫자들이 집계되지 않다보니 서로 틀린
것이며, 실제로는 '전원구조된 것이 맞다'라는 식의 보도를 진행했다.

- 11:08

  현재까지 190명 정도가 구조된 것으로 파악되고 있는데… 아직 구조되지 않은 승선원들은 전원 구명복을 착용한 채 바다에 뛰어든 상태라는 내용도 들어 와 있습니다.

- 11:16

  배가 완전히 침몰 돼서 배 밑 부분만 보입니다…인명 구조는 거의 다한 것 같아요.

- 11:24

  해경에 따르면, 오늘 오전 11시 현재 함정에서 79명, 헬기에서 32명 등 모두 161명을 공식적으로 구조했다고 밝혔습니다.[36]

정확하게 이야기하면 이것은 정정 보도라 볼 수가 없다. 목포 MBC 취재 기자 박영훈은 언론사 중 가장 먼저 침몰현장에 도착하여 상황을 파악한 내용을 목포 MBC 취재부장 한승현에게, "현장 상황이 심상치 않음"으로 보고했다. 한승현도 오후 11시 30분쯤 서울 MBC 박상후 전국부장에게 전화를 걸어 "현장 취재기자에게 들어보니 전원구조가 아닐 수 있답니다. 이게 끝이 아니라 시작일 수 있습니다. 참고하십시오"라고 보고했고, 10분 후쯤 다시 전화를 걸어 "사태가 예상외로 심각할 수 있으니 참고하십시오"라고 전화했지만 잘못된 보도는 정정되지 않았다.[37]

침몰현장에서 취재하고 있는 기자가 '오보의 위험성'을 분명히 경고했음에도 확인조차 하지 않고, 수십 분간 같은 보도를 강행했다면 그것은 오보가 아닌 특별한 목적을 가진 '의도적인 보도'라고 판단할 수밖에 없다.

---

36 전국언론노동조합 문화방송본부, 『MBC 세월호 사건 보도 백서』, 2014.7.1, 22쪽.
37 위와 같음, 22쪽.

정정보도에도 특별한 의도가 있었나?

"전원구조" 보도의 근원지가 정확히 어딘지는 아직도 알지 못한다. 다만 여러 가지 정황으로 볼 때 안산 단원고등학교가 개입된 것은 부정할 수 없는 사실이고, 주인공은 '성명 불상의 남녀'이다.

세월호 침몰 초기 정부를 상대로 '허위사실을 유포 및 명예훼손' 혐의로 체포돼 구속된 민간인 홍가혜 등에게 적용됐던 잣대가 이 성명 불상의 남녀에게 똑같이 적용됐다면, 이 사건의 진실을 밝히지 못할 이유가 없었다.

또한 [그림 6-7]에서 보듯이 안산 단원경찰서 상황보고서에는 이미 "10:28경"에 "전원구조"가 보도됐다는 내용이 기재됐던 것으로 보아, 또 다른 진원지가 존재할 가능성도 없지 않다.

단원고등학교와 해경 및 중대본 등 국가기관은 전원구조가 사실에 반한 보도임을 알면서도 4시간 30분이 지나도록 아무런 이의도 제기하지 않고 그대로 방치했다. 이것은 현시점에도 그대로 묵과하고 지나갈 수 없는 중대한 사안이라 아니할 수 없다.

필자는 세월호 침몰 당일 국가기관이 전원구조 보도를 하지 않으면 안될 특별한 사정이 있었고, 그것을 위해 악의적으로 언론을 이용했다고 믿고 있다. 그들은 자신들의 목적을 달성할 때까지, 또는 잘못된 보도에 대한 정정 보도를 해도 좋다는 어떤 사람의 결정이 있을 때까지, 상황 관리자들은 정정 보도를 미룰 수밖에 없었던 것으로 판단된다. 오후 3시를 전후하여 누군가 '중대 결정'을 하자, 중대본에서 오후 3시 30분에 비로소 '잘못된 구조 상황이 언론에 보도됐다'는 발표를 한 것이다.

░ 자료목록

1) 김석균, 『진술조서』, 서울중앙지방검찰청, 2017.11.21

2) 김성용, 『확인서』, 2014.6.13

3) 김성용, 『조사대상자진술조서』, 4·16세월호참사특별조사위원회, 2016.4.1

4) 김철환·최현순, 『확인서("4/16 해양경찰청 정보통신과(민원콜센터 등) 상황관련)』, 해양경찰청, 2014.5.15

5) 박경조, 『조사대상자진술조서』, 4·16세월호참사특별조사위원회, 2016.3.10

6) 박태종, 『조사대상자진술조서』, 4·16세월호참사특별조사위원회, 2016.2.12

7) 이호진, 『참고인 진술조서』, 4·16세월호참사특별조사위원회, 2016.3.8

8) 최현순·윤정순·이선민, 『확인서("단원고 학생 전원 구조" 답변 관련)』, 해양경찰청, 2014.5.15

9) 국회사무처, 『세월호침몰사고진상규명국정조사특별조사록』, 2014.7.7

10) 새정치민주연합, 『국회 세월호침몰사고국정조사특별위원회 활동보고서』, 2014.11

11) 전국언론노동조합 문화방송본부, 『MBC 세월호 사건 보도 백서』, 2014.7.1

12) ㈜문화방송, 『국회 세월호 침몰사고 국정조사 기관보고』, 2014.7

3.
'대형참사',
그들은 보도 전에 이미 알고 있었다

"전원구조"라는 잘못된 보도가 있기 전, 해경을 비롯한 사건 관계자들은 '대형참사' 발생 사실을 전혀 인지하지 못했을까?

세월호 침몰 사건은 육지에서 멀리 떨어진 바다 한가운데서 발생한 사건이었기 때문에, 해경 등 국가기관과 언론이 정확한 상황을 파악하는 데는 근본적인 한계가 있었다. 하지만 세월호 침몰현장에 출동하여 구조작업을 진행한 해경, 침몰하는 선박 안에서 도주한 선원들의 고용사인 청해진해운, 제자들 보다 먼저 탈출에 성공한 강민규 교감이 근무한 단원고등학교는 구조적으로 실시간 세월호 침몰 상황을 파악할 수밖에 없었다.

세월호 침몰 당시 언론들은 당연히 이 세 곳에 많은 기자를 파견하여 취재했고, 그곳의 관계자들은 이미 세월호 침몰에 대한 정확한 상황을 파악하고 있던 상태였다. 논리적으로 '전원구조'라는 오보는 존재할 수가 없었다.

하지만 가장 많은 기자가 파견됐던 안산 단원고등학교에서 '전원구조'라는 잘못된 보도는 시작됐고, 그 원인은 '정보를 독점했던 자들이 그때까지 파악된 정보를 끝까지 공개하지 않은 것'에 있었다.

방송통신심의위원회 『방송심의 규정』 제24조에 따르면, "재난 피해통계, 사상자·실종자 명단, 복구상황 등의 정보는 재난을 관장하는 행정기관장의 발표내용을 반영"하게 돼 있다. 세월호 침몰 당시 언론이 최소 이 원칙만 준수했다면 '오보'가 확산되는 사태만은 막을 수 있었다.

언론은 해경이 구체적인 구조상황을 공개하지 않은 상태에서 비공식적 채널을 통해 새로운 내용을 취재했다면, 최소 관계자들의 발언을 신중히 검증한 후 보도했어야 한다. 하지만 세월호 침몰 당시 언론사들은 1,000리 밖에 떨어져 있는 피해자 가족이 마이크를 들고 발언한 것을 근거로, 구체적인 검증절차를 생략한 채 '전원구조'라는 엄청난 보도를 경쟁적으로 내보냈고, 단원고 교장 김진명은 이미 모든 것을 알고 있는 상태에서 이 상황을 지켜보며 끝까지 침묵을 지켰다.

외관상 전원구조와 관련한 보도는 사실관계를 확인하고 있던 해양경찰, 중대본, 청와대, 단원고 등이 끝까지 침묵을 지켜 발생한 보도의 참사였고, 언론은 확실한 검증절차를 생략해 논란을 키웠다.

특히 이유는 알 수 없지만, 해양경찰청이 오전 11시 9분경 '전원구조 속보'의 문제점을 정확히 파악하고도 '정정 보도'를 요청하지 않은 것은 결정적으로 사태를 확산시켰다.

따라서 '전원구조'의 보도책임은 언론의 책임이기도 하지만, 세월호 침몰 상황을 정확하게 파악하고도 이를 밝히지 않고, 사실에 반한 내용이 속보로 방송된 사실을 알면서도 특별한 조치를 하지 않은 해경 등 국가기관의 책임이기도 하다.

청와대는 '대형참사' 발생 사실을 알고 있었다

검찰이 애써 진상을 파악하지 않았을 뿐이지, 언론의 '전원구조' 보도가 방송되기 전에 청와대와 해양경찰청은 '대형참사'가 발생했다는 사실을 분명히 알고 있었다.

국가위기관리센터는 '전원구조' 보도가 있기 9분 전인 10시 52분경, 해양경찰청 상황실로 전화를 걸어 다음과 같은 내용의 통화를 했다 ([표 6-5] 참조).

표 6-5. 승객구조 관련 해양경찰청 및 청와대 위기관리센터 통화 내용

해경청	네 김×× 주임입니다.
BH	**네, 저기 그 배는 완전히 전도가 되지 않습니까?**
해경청	네
BH	거기 있는 ---충격이 있었어요. 남은 인원들이? 거기 인원들 혹시 물에 떠 있는 인원들이 있습니까? 그전에
해경청	**네 전부 학생들이다 보니까 선실에 있어서 못나온 것 같아요**
BH	그거 확인 안됩니까?
해경청	저희가 지금 구조를 백여 명했는데요
BH	아니 네 알겠습니다. 구조를 한거는 맞는데 그러면 주변에 바닷가에 애들이 떠있을거 아닙니까? 그거 확인이 안되요? 지금?
해경청	**아 지금 보는데 화면을 보고 있거든요. 안보여요**
BH	알겠습니다. 조금 만 더 확인해주세요.

10:52 해경 작성 핫라인 녹취록(17쪽) 참조.

문제의 통화내용을 분석해 보면 해경과 국가위기관리센터는 적어도 언론의 '전원구조' 보도가 있기 9분 전에, '세월호가 완전히 전도되었다는 사실, 학생들이 선실에 갇혀 있다는 사실, 470여 명이 승선한 배에서 100여 명밖에 구조하지 못했다는 사실, 화면에 바다에 떠 있는 승객이 없다는 사실' 등의 모든 정보를 파악했다. 그렇다면 논리적으로 그들이 대형참사 발생 사실을 알고 있었다고 판단할 수밖에 없다.

해양경찰은 무조건 침묵했다

해양경찰청이 '선내에 많은 승객이 갇힌 상태에서 침몰했다'는 사실을 언제 보고 받았는지 정확한 시점은 알 수가 없다.

세월호 침몰 당시 해양경찰청은 TRS라는 통신시스템을 이용하여, 세월호 침몰현장에서 구조를 진행한 123정 정장 김경일의 구조과정을 지켜보고 있었고, 세월호 침몰현장 상공에서 구조 헬기를 지휘한 B703 항공기와 긴밀한 의사소통체계를 유지하고 있었다. 당시 실시간 보고를 받았다고 보는 것이 옳다. 백번 양보하여 그들이 정확한 보고를 받지 못했다 하더라도, 최소 세월호가 완전히 침몰한 시점에 '침몰한 선박에 470여 명이 탑승해 있었다는 사실과 160여 명밖에 구조되지 않았다는 사실, 바다에 떠 있는 승객이 더 이상 없다는 사실' 등은 충분히 파악하고 있었다. 대형참사가 발생한 사실을 몰랐다고 하는 것이 오히려 이상하다. 그들이 그런 상황에서 대형참사 발생 사실을 몰랐다고 한다면, 이는 무능의 차원을 떠나 조직의 존재의미를 다시 한 번 생각해 봐야 한다.

세월호 침몰 당일 10:57경, 정확히 전원구조라는 속보가 있기 4분 전에 해양경찰청 경비안전국장 이춘재(치안감, 중앙구조본부 임무조정관)는 안전행정부 재난관리국장과 다음과 같은 통화를 진행했다.

> 안행부 재난관리국장 : 저희 지금 구조 인원이 147명밖에 안 된다는데 거기 배 근처에는 사람이 떠 있는 사람이 없다는데. 배는 이제 다 가라앉았고.
>
> **해경 경비안전국장 : 많이 못 나왔어요, 안에서.**
>
> **안행부 재난관리국장 : 아~ 지금 배 안에서 많이 갇혀 있습니까?**
>
> **해경 경비안전국장 : 예, 갇혀 있습니다. 피해가 좀 큰 상황인데요.**
>
> **안행부 재난관리국장 : 아이고, 사망자가 엄청 나오겠네요.**

해경 경비안전국장 : 예. 그런데 이제 정확한 통계는 배에서 각 배별로
있어 갖고 통계가 지금 아직 안 나오거든요, 어선들이 구조한
인원이 있어서. 그래서 지금 바다 상태는 괜찮아요. 바다 상태
는 괜찮으니까 바다 밑에 떠 있기만 하면 하는데 집계를 내봐
야 지금 구조 인원이 얼마인지 알 수가 있겠습니다.[38]

또한 오전 11시 15분 37초경 당시 세월호 침몰현장으로 출동한
3009함에 탑승했던 서해지방해양경찰청 안전총괄본부장 이평연(경무
관)은 언론의 잘못된 보도를 보고 해양경찰청 상황실로 전화하여 다
음과 같은 항의를 했다.

서해청 안전총괄 본부장 : 지금 현장으로 가고 있는데, 뉴스가 지금 숫
자가 다 틀려요. 지금 안에서 못 나온 사람이 200명이 넘어요.
배 안에서 못 나온 사람이.

해양경찰청 상황실장 : 그러니까 저희도 여기서…부장님, 여기서 해가
지고 여기서 나간 건 아니고, 언론 보도가 그냥 앞서 나간 겁
니다. 저희들이 해가지고 안에 많이 있다는 건 어느정도 파악
은 하고 있거든요.

경비안전국장 이춘재는 해경 조직의 해양경찰청장 김석균 및 차장
최상환과 더불어 최고위 인사에 해당한다. 오전 10시 57분경 이춘재
가 '피해가 큰 상황'임을 인식했다는 것은 해경의 모든 조직이 대형참
사 발생 사실을 알고 있었다고 봐도 무방하다.

목포해양경찰서와 전남 119의 통화내용은 이를 뒷받침한다. 세월호 침
몰 당일 오전 10시 9분경, 전남 119에 다음과 같이 상황을 전파했다.

전남 119 : 지금 56명이고 혹시 뭐 사망자라든지…

38 속기법인 대한, 『녹취서(해양경찰청 경비전화 2442)』, 2016.4.19, 52쪽.

해양경찰 : 배 침몰 됐어요. 배 침몰 됐어요.

전남 119 : 여보세요?

해양경찰 : 예, 배 침몰 됐습니다. 지금

전남119 : 침몰이 완전히 돼버렸어요?

해양경찰 : 예, 예.

전남119 : 완전히 잠겨버렸어요?

해양경찰 : 예.

전남119 : 그러면 그 어느 정도 구조가 됐을까요?

해양경찰 : 아니죠, 지금 다 못 뛰어내렸죠.

전남119 : 그러면 사망자가 많이 발생할 수 있겠네요.

해양경찰 : 예, 그렇게 예상됩니다. 아이... 씨.

전남 119 : 완전 침몰이에요?

해양경찰 : 예, 예.

전남 119 : 다른 선박하고 된 건 아니죠? 다른 선박하고 충돌한 건 아니
죠?

해양경찰 : 모릅니다. 그런 원인은

전남119 : 그 현장하고 연락이 안 되나요?

해양경찰 : 예.

전남 119 : 완전 침몰 돼 버렸고요?

해양경찰 : 예, 예. 지금 방금 들어왔습니다.

전남 119 : 어머, 어쩌지 엄청 부상자가 많겠는데 환자가.

해양경찰 : 예, 예

(이하 생략)[39]

목포해양경찰서 상황실이 전남 119에게는 세월호 침몰 사실을 신속하
고 정확하게 알려줬으면서, 오히려 상급기관에 중요한 상황을 보고하지

---

39 10:09 122신고 녹취록(시간보정).

않았다는 것은 상상하기 힘든 상황이다.

세월호 침몰 당시 침몰현장 상공에서 탈출하는 승객들을 구조한 512호 헬기 기장 김재전도 B703 항공기(CN-235호기)에 "10:20~10:30경" 침몰한 선박 안에 **'승객들이 많이 갇혀 있다'**는 사실을 무전으로 알려주었다.[40]

B703 항공기는 세월호 침몰 당시 9시 31분경 세월호 침몰현장에 도착하여 오후 12시 40경까지 1,000피트 상공에서 구조 중인 헬기들을 지휘했다. 512호 헬기가 무전으로 보고하지 않았더라도 구조상황을 충분히 파악할 수 있었다. 교신 내용을 보더라도 '모든 승객을 구조하지 못했다'는 사실을 정확하게 파악하고 있었다. 따라서 세월호가 완전히 침몰했을 때 그 사실을 상급기관에 보고했어야 한다.[41]

그런데도 오전 11시 23분경 서해지방해양경찰청장 김수현은 서해청에서 취재하는 기자들에게 "현재 161명 구조했으며 계속해서 구조를 진행하고 있다"는 내용의 브리핑을 했다.

광역구조본부장 김수현 청장은 서해청 상황실에서 그때까지 구조현장을 지휘했으므로 다수승객이 선내에 갇힌 채 세월호가 침몰했다는 사실을 분명히 알고 있었다. 김수현의 브리핑이 있기 14분 전인 11시 9분경 대형참사 발생한 사실이 이미 해양경찰청에 보고된 상태였다. 해양경찰청 상황실 근무자 김남진과 안행부 상황실 백창현의 다음과 같은 통화내용이 이를 입증해준다.

> 김남진 : 아, 그거 오보입니다. 오보, 오보. 그거 아마 단원고 측에서, 단원고등학교 그 쪽에서 얘기한 것 같아요. 우리는 아직은 그 정도가 되지 않습니다. 지금 아까 말씀드린 100여명 밖에 안됩니다. 지금

---

40 김재전, 『진술조서』, 광주지방검찰청, 2014.6.7, 18~19쪽.
41 상세한 것은 이 책 제4장 '5. B703 항공기(CN-235) 출동의 비밀' 참조.

백창현 : 예? 지금 현재 100여 명 밖에 구조를 못했다고요.

김남진 : 예, 예.

백창현 : 지금 배가 침몰돼 있는 상태 아닙니까?

김남진 : 예. 맞습니다.

백창현 : 그럼 배 안에 사람하고 같이 침몰이 됐다는 얘기인가요?

김남진 : 예, 그렇게 추정하고 있습니다, 지금

백창현 : 333명 지금 여기 한 것은 오보라는 얘긴가요, 그러면?

김남진 : 예, 오보입니다, 그건

백창현 : 아, 이게 심각한데요. 그러면.[42]

이 통화내용을 보면, 서해청장 김수현은 대형참사 발생 사실을 알고 있으면서도 고의로 허위사실을 언론에 발표한 것이다.

단원고등학교도 전원구조 보도 전에 이미 알고 있었다

침몰 중인 세월호 안에서 승객들을 안전하게 탈출시킬 의무는 1차적으로 세월호 선장과 선원들에게 있었다. 하지만 그 사실 하나만으로 단원고 교장 김진명과 교감 강민규의 책임이 모두 면제되는 것은 아니다. 교감 강민규와 수학여행에 참여한 교사들도 수학여행 중인 학생들을 보호하고 지도해야 할 의무가 있었기 때문이다.

불행하게도 많은 교사가 사망했고, 교감 강민규마저 자살을 선택했다. 그런 탓에 '그들이 세월호 선내에서 어떤 방식으로 학생들의 안전을 책임졌는지, 그들에게 요구됐던 작위의무를 어떤 식으로 이행했는지'를 자연스럽게 논의하지 못하는 모양새가 되어 버렸다.[43]

---

42 속기법인 대한, 『녹취서』, 해양경찰청 경비전화(2342), 2016.4.19, 47쪽.

강민규는 세월호 침몰 당시 오전 9시 50분경 서해지방해양경찰청 소속 512호 헬기를 타고 세월호를 탈출하여 10시경 서거차도에 도착했던 것으로 판단된다. 또한 정확한 시간은 특정할 수 없지만, 그는 서거차도에서 어선을 이용해 세월호 침몰현장으로 되돌아갔다.

그가 탈출할 당시 세월호는 왼쪽으로 심하게 기운 상태였다([그림 6-12] 참조). 그는 당시 상황을 다음과 같이 진술했다.

> 왼편으로 기운 쪽부터 바닷물이 차기 시작하였고 엉겁결에 구명조끼를 입고 탈출구를 찾기 위해 여기저기 확인하던 중 높이가 2m 이상 되는 곳에 출입문을 발견했고, 여러 번 시도 끝에 출입문을 열어 학생들에게 출입문으로 나오라고 소리를 지르는 과정에서 구조헬기가 도착하여 저를 구조하였습니다.

그림 6-12. 교감 강민규 탈출 당시 세월호 기운 모습

해경 촬영 영상(2014. 4. 16. 09:50:21) 필자 화면 캡처.

---

43 특히 생존교사 2명(이애련, 김소형)에 대한 법적·도덕적 책임은 아직 논의된 바가 없으며, 이들은 세월호 참사 진상규명도 철저히 외면하고 있다. 피지도 못한 꽃봉오리로 죽어간 제자들을 위해서라도 하루빨리 진상규명의 무대에 오르길 권고한다.

진술내용으로 볼 때 그는 세월호 침몰현장으로 다시 돌아가지 않았더라도, 탈출 당시 '대형참사' 발생 사실을 직감적으로 알 수 있었을 것이다.[44]

특히 교감 강민규는 세월호 침몰 직후(08:48)부터 512호 헬기를 타고 탈출하는 시점(09:50)까지 교장을 비롯한 단원고등학교 관계자와 9통의 전화 통화를 했다([표 6-6] 참조).

표 6-6. 세월호 침몰 당시 단원고 교감 강민규의 단원고등학교와의 전화 통화 현황

구　분		통 화 상 대 방				비　고
		단원고 교장	교무 부장	기 타 (교사/ 교무실)	계	
사건 발생 → 512호 헬기 탑승 탈출 전	08:49~09:50	3	4	2	9	통화 횟수 및 통화 시간대를 볼 때 최소 단원고 교장 및 단원고 교무부장은 사태의 심각성을 충분히 인식할 수 있었을 것으로 판단됨
침몰 선박 탈출 → KBS 전원구조 보도 전	09:51~11:26	5	4	0	9	
계		8	8	2	18	

교감 강민규 휴대전화 통화 내역을 바탕으로 필자 작성.

또한, 그는 세월호를 탈출한 순간부터 KBS의 '전원구조' 보도가 있기까지 단원고 교장 및 교무부장과 9통의 전화 통화를 했다.

그렇게 파악된 정보를 종합하여 단원고 교무부장 이희훈은 상황이 전개되는 과정을 상황판에 기록하여 동료 교사들과 탈출 및 구조상황을 공유하고 있었다([그림 6-13] 참조).[45]

따라서 당시 단원고에 있던 교사들도 침몰하고 있는 세월호의 정확한

---

44 강민규, 『진술조서』, 목포해양경찰서, 2014.4.16, 5쪽.

45 교감 강민규는 학생들 구조와 관련하여 경기도교육청 및 청와대 위기관리센터 행정관 전응식과도 통화를 했던 것으로 알려져 있다. 전응식, 『진술조서』, 서울중앙지방검찰청, 2017.11.1, 7쪽.

상황을 전혀 모르고 있지는 않았을 것으로 추정된다.

그림 6-13. 세월호 침몰 당시 단원고 교무실 상황판

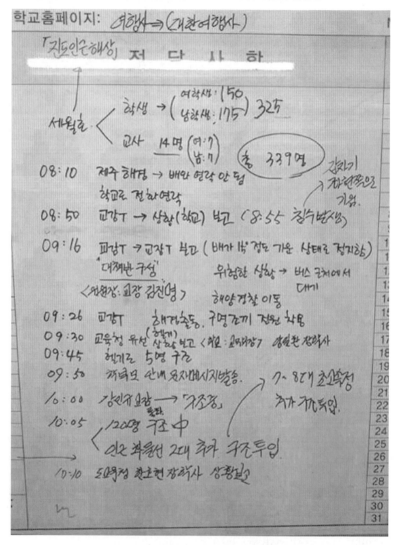

교사들은 최소 이 정도 수준의 비상 상황은 공유했을 것으로 추정된다.
단원고등학교 상황 게시판 촬영 사진 인용(촬영자 불확실).

상황판(그림 6-13) 중간 부분에 적힌 내용에 따르면, 단원고등학교에서도 오전 9시 16분 교장 보고 후 '대책반'이 구성된 것으로 보이며, 교감 강민규는 세월호 탈출 직후부터 시시각각 급변하는 상황을 교장에게 보고한 것으로 추정된다.

특히 단원고 행정실장 윤성규의 진술에 따르면, 10시경을 전후하여 교감은 '나는 나왔는데 애들은 못 데리고 나왔다'고 당시 상황을 보고했을 개연성이 높다.

> 조사관 : 사고 소식을 듣고 제일 먼저 어떤 조치를 하였는지 말씀해 주십시오.
>
> 윤성규 : 저는 사고가 그토록 심각한지는 몰랐고 상황을 알아보기 위해서 **교감선생님하고 통화를 했는데, 그때 교감선생님께서 울면서 '아이들을 다 못구했다'고 답하셔서 사태의 심각성을 인식해 아이를 다른 직원에게 맡기고 학교로 오전 10시에서 10시 10분경쯤에 출근했습니다.**[46]

그런데도 김진명 교장을 비롯한 관계자들은 감사원 감사와 1기 특조위 조사에서 진실을 밝히지 않았고, 심지어 교감 강민규와 통화한 사실 마저도 정확하게 진술하지 않았다. 하지만 필자가 비공식 채널을 이용하여 취득한 단원고 교감 통화기록을 분석해 보면,[47] 강민규 교감이 세월호을 탈출한 이후 단원고 측과 통화한 것은 틀림없는 사실이다.[48]

---

46 윤성규, 『참고인 진술조서』, 4·16세월호참사특별조사위원회, 2016.3.31, 3쪽.

47 행정실장 윤성규의 통화 내역은 통신사가 발행한 통화 내역을 기준으로 한 것이며, 교감 강민규의 휴대전화에는 통화내용이 없는 것으로 파악됐다. 행정실장 윤성규의 전화 통화와 교장 김진명 등의 전화 통화시간이 중복되는 것은, 누군가가 진실을 감출 목적으로 교감이 단원고 교장 및 교무부장과 통화한 것을 의도적으로 행정실장 윤성규와 통화한 것으로 조작했을 가능성이 있다고 판단된다.

48 다만 교감 강민규가 자살할 당시 소지품 목록에는 '휴대폰'이 누락되어 있었으므로, 검찰이 실제 통화기록, 특히 문자기록 등에 대해서는 수사하지 못한 것으로 파악되고 있다. 현재 강민규의 유가족이 휴대폰을 보관하고 있으므로 세월호 2기 특조위 및

- **09:50경, 단원고 교감 해경 512호 헬기편으로 세월호 탈출**
- **9:59, 단원고 교감 및 교무부장 통화(10초, 서거차도 도착한 후에 통화했던 것으로 추정)**
- 10:07, 단원고 교장 및 교감 통화(21초)
- 10:08, 단원고 교감 및 교무부장 통화(45초)
- 10:13, 단원고 교감 및 교무부장 통화(20초)
- 10:16, 단원고 교장 및 교감 통화(1분 27초)
- **10:16, 단원고 행정실장 윤성규 통화(통신사 발행 통화기록 기준 1분 20초)**
- 10:18, 단원고 교장 및 교감 통화(39초)
- **10:18, 단원고 행정실장 윤성규 통화(통신사 발행 통화기록 기준 24초)**
- **10:19, 단원고 교감 및 교무부장 통화(23초)**
  이 시간 이후 교감 강민규는 어선(또는 다른 배)을 타고 침몰현장으로 이동했으며, 123정 CCTV 녹화영상에 의하면 늦어도 10:44경에는 침몰현장에 도착했던 것으로 추정된다.
- 11:19, 단원고 교장 및 교감 통화(1분 29초)
- 11:21, 단원고 교장 및 교감 통화(1분 52초)

검찰은 세월호 침몰 사건을 수사할 때, 단원고등학교와 관련한 문제는 전혀 수사하지 않았다. 특히 '전원구조' 보도와 관련하여 교장 김진명 등이 침몰 상황을 정확하게 파악하고도 학부모들에게 알리지 않았던 것에 대해서도 수사하지 않았다. 다만 감사원과 세월호 1기 특조위가 교장 김진명을 비롯한 관련자들을 일부 조사했다.

조사관 : 교감 선생님 전화를 받은 이야기를 설명해주십시오.
김진명 : 제 전화로 교감 전화가 왔던 것 같기는 합니다. 나중에 교무부

검찰은 하루빨리 휴대폰을 확보하여 정확한 통화기록을 확보할 것을 권고한다.

장이 '교감 선생님이 교장에게 했는데 안 받아서 했다"는 설명
을 들었다고 했습니다. 그 시간이 9시 15분 전후 같습니다. 상
황이 안 좋다는 이야기만 하고는 더 이상 전화가 안 왔고, 이
후에 나도 하고, 행정실에서도 교감에게 전화를 했는데 받지
않았습니다. 그때는 그렇게 상황이 안 좋은 줄을 몰랐습니다.
학생이 다친 정도로만 생각했습니다.

조사관 : 당시 배가 기운다는 것은 어떻게 아셨습니까.

김진명 : 정확히 기억이 나지 않지만, 행정실에서 경찰이나 숙직실 TV
를 통해 봤을 것 같습니다. 배가 기우는 것은 잘 모르지만 구
조 중이고, 단원고 학생이라는 것도 그때 알았습니다. 숙직실
에 간 것은 9시 40분 정도였을 것 같습니다.[49]

하지만 그들은 교감과 통화했던 사실 자체를 지나치게 축소하여 진술했
고, 그 결과 문제의 핵심을 정확히 밝히지는 못했다.

필자는 세월호에서 탈출한 교감 강민규가 단원고 측과 통화를 하면서
사실에 반하는 내용을 보고했다고 믿지 않는다. 따라서 최소한 언론의 전
원구조가 보도되기 이전에 단원고는 대형참사 발생 사실을 알고 있었다고
판단한다.

백번 양보해서 그가 탈출 직후 정확한 상황을 보고하지 못했더라도, 최
소한 언론이 전원구조를 보도하고 있을 즈음에는 정확한 구조상황을 보고
했을 것이다. 교감의 보고가 없었다면 교장 김진명이 전화를 해서라도 정
확한 상황을 파악했어야 한다.

선사 '청해진해운'은 당연히 대형참사를 알 수밖에 없었다

세월호 침몰 당시 세월호 안에는 선사 청해진해운의 정규직 직원 19명

---

49 김진명, 『조사대상자진술조서』, 4·16세월호참사특별조사위원회, 2016.3.30, 4~5쪽.

이 승선해 있었다. 이들 중 조타실 및 여객부 선원들은 세월호가 침몰하기 전 선내에서 선사와 통화했던 것으로 재판과정에서 밝혀졌다. 도주 선원들은 도주 후에도 선사와 계속해서 전화 통화를 한 정황이 남아 있다. 특히 1등 항해사 강원식의 경우에는 세월호가 완전히 침몰한 후인 오전 10시 21분경 123정에서 어디론가 전화 통화를 하는 장면이 녹화되어 있다([그림 6-14]). 이를 감안하면, 객관적으로 이들이 선사에 정확한 침몰 상황을 보고했었다고 봐야 한다.

따라서 세월호 침몰 당시 선사인 청해진해운 측은 대형참사 발생 사실을 인지하고도 고의로 관련 사실을 공개하지 않았다고 판단된다.

그림 6-14. 어디론가 전화하고 있는 1등 항해사 강원식

해경 촬영 영상(2014. 4. 16. 10:21:38) 필자 화면 캡처.

복잡한 증거와 논리를 따지지 않고 오직 '해경과 청와대', '해경과 안행부' 등의 전화 통화기록만 놓고 보더라도, 대한민국 국가기관은 모두 전원구조 보도가 있기 전 이미 대형참사가 발생했다는 사실을 알고 있었다.

하지만 이 상황에서 서해청장 김수현은 기자들을 상대로 거짓 브리핑을

진행했다. 그리고 국가위기관리센터 근무자들은 '전원구조'와 관련한 내용이 포함된 상황보고서(4보)를 작성해 박근혜에게 보고했다.[50][51]

또 단원고 교장 김진명 등은 대형참사 발생 사실을 학부모들에게 알리지 않아 사랑하는 자식들이 죽어가는 순간에도 환호성을 지르고 박수치는 상황을 조성했다.

이들이 이렇게 행동했던 것에는 분명한 이유가 있었을 것이다. 그 이유를 확실하게 밝히는 것도 진상규명의 범주에 들어간다고 할 수 있다.

자료목록

1) 강민규, 『진술조서』, 목포해양경찰서, 2014.4.16
2) 김재전, 『진술조서』, 광주지방검찰청, 2014.6.7
3) 김진명, 『조사대상자진술조서』, 4·16세월호참사특별조사위원회, 2016.3.30
4) 윤성규, 『참고인 진술조서』, 4·16세월호참사특별조사위원회, 2016.3.31
5) 이정우, 『진술조서』, 서울중앙지방검찰청, 2017.11.15
6) 전응식, 『진술조서』, 서울중앙지방검찰청, 2017.11.1
7) 전응식, 『진술조서』, 서울중앙지방검찰청, 2018.1.12
8) 홍성환, 『진술조서』, 서울중앙지방검찰청, 2017.11.15
9) 속기법인 대한, 『녹취서(해양경찰청 경비전화 2442)』, 2016.4.19

---

50 전응식, 『진술조서』, 서울중앙지방검찰청, 2018.1.12, 14~15쪽.
51 이정우, 『진술조서』, 서울중앙지방검찰청, 2017.11.15, 16쪽. 홍성환, 『진술조서』, 서울중앙지방검찰청, 2017.11.15, 22쪽.(같은 취지 진술)

4.
청와대의 언론 통제, 거대 언론의 자발적 협조

박근혜는 세월호 침몰 사건과 관련하여 세 가지 관점에서 언론을 철저히 이용했고, 언론은 박근혜 정권에 무조건 협조하는 관계를 유지했다.

첫째, 박근혜는 언론을 자신의 입맛에 맞는 홍보 수단으로 활용했다. 세월호 침몰 당일 오전 10시를 전후하여 공중파들은 세월호 침몰 사건과 관련한 속보를 송출하기 시작했다. 분명한 점은 이 시간 세월호는 이미 어느 정도 침몰이 진행된 상태로 회복 불능의 상황에 있었다는 것이다. 따라서 이 시간 구조와 관련한 보도는 모두 '녹화방송'이 될 수밖에 없었다. 하지만 언론은 마치 생방송처럼 방송을 진행했으며, 하나같이 '구조가 순조롭게 잘 진행되고 있는 것'처럼 보도했다. 그 이후에도 박근혜는 아무 개념 없이 중대본과 세월호 침몰현장을 방문했음에도, 언론은 그 어떤 비판도 하지 않고 그의 움직임을 지나치게 미화하여 보도했다.

박근혜는 세월호 침몰 당일과 이후 세월호 침몰 사건 관련 이벤트를 했지만, 대통령 직위에 맞는 지시행위나 지휘행위 없이 지키지 않을 헛된 약속만 남발했다(I표 6-7] 참조).

박근혜는 사건 수습을 위해서 현장을 방문했던 것이 아니라, 국민과 유가족을 속일 목적의 홍보 영상을 촬영하기 위해 그곳에 갔음이 틀림없다.

표 6-7. 박근혜 세월호 침몰 사건 관련 활동 현황

일 자	내 용	홍보행위	비 고
2014.4.16.	중대본 방문	• 일몰(19:08) 전까지 생사를 확인하라. (17:15 중대본 도착) • 다 그렇게 구명조끼를, 학생들은 입었다고 하는데 그렇게 발견하기가 힘듭니까? 지금은요? • 최대한 구출을 하고 모든 힘을 다 쏟기를 바란다.	
2014.4.17.	침몰 현장 방문(3009함)	• 해경 구조세력 격려	약속이 지켜진 사례 없음
	진도 실내체육관 방문	• 실종자 가족 위로(실종자를 끝까지 찾을 것과, 철저한 진상규명과 책임자 처벌을 약속)	
2014.4.29.	안산 합동분향소 방문	• 조문하고 별도 일정 없이 청와대로 돌아감	조문 연출
2014.5.4.	사고 현장 재방문	• 사고 원인과 경위를 철저히 밝혀 엄단 • 실종자 없이 전원이 구조되도록 최선을 다하겠다.	약속이 지켜지지 않았음
2014.5.16.	청와대에서 유가족 면담	• 실종자 가족 위로(실종자를 끝까지 찾을 것과, 철저한 진상규명과 책임자 처벌을 약속)	약속이 지켜진 사례 없음
2014.5.19.	대국민 담화문 발표	• 특별법 제정 및 특검 실시 약속	

각종 자료 참고 필자 직접 작성.

둘째, 박근혜는 언론을 '유가족에게 부정적 여론을 조성하는 공격용 도구'로 활용했다.

2014년 5월 19일 대국민 담화 발표 이후, 박근혜의 거짓말에 속아 일부 국민들이 정부에 대한 비판을 자제하기 시작할 무렵부터, 박근혜는 오히려 언론을 유가족을 공격하는 도구로 활용했다. 거대 언론을 이용하여 유가족들이 요구하는 특별법 제정을 왜곡하여 보도하는가 하면, TV조선과 채널A 토론 프로그램을 활용하여 온종일 사실에 부합하지 않는 선정적 보도를 했다.

이들은 '유민 아빠 김영오 씨'의 사생활을 들먹이며 유가족들이 현재 목숨을 걸고 과도한 요구를 하고 있다고 유가족의 행동을 비난했고, 유가족들에게 성직자와 공직자의 잣대를 적용하여 '대리기사 폭행사건'과 '호프집 폭행 사건' 등을 공격의 소재로 활용했다.

셋째, 박근혜는 언론을 압박하고 보도를 통제해 정권에 부담되는 뉴스 생산을 차단하고 부정적인 여론이 확산되는 것을 방지하고자 했다.

박근혜는 세월호 침몰 사건 발생 6일째 되는 4월 21일에야 비로소 입을 열었다. 박근혜는 자신이 주재했던 수석보좌관 회의에서, 자신과 정부의 잘못된 대응을 사과하는 대신, 세월호 선장과 선원들의 도주 행위를 "살인과도 같은 행태를 저질렀다"고 꾸짖고, 국민들의 공무원에 대한 불신과 잘못된 국가 시스템을 언급하며, 단계별로 철저하게 (진상을) 규명해서 무책임과 부조리, 잘못된 부분에 대해선 강력한 책임을 묻겠다고 다짐했다. 그리고 이어서 다음과 같이 언론과 방송의 역할을 강조했다.

> 그리고 지금 SNS와 인터넷을 통해 온갖 유언비어와 루머가 많습니다. 세계 최고 수준의 우리 SSU 대원들, UDT 대원들이 안전규정대로라면 들어가면 안 되는 상황에서도 목숨을 걸고 구조 활동을 하고 있는데 마치 아무 일도 안 하는 것처럼 유언비어가 나돌고, 미군 잠수함과 충돌했다거나 생존자에게 문자가 왔다는 등 악성 유언비어들이 확산되고 있습니다. 이런 것은 사회적 혼란을 야기시키는 불순한 의도가 있는 것이라고 생각합니다. 이런 일들은 피해 가족의 아픈 마음을 두 번 울리는 일이고, 국민들의 마음을 더욱 분노케 하고, 우울하게 만드는 위험한 일입니다. 이런 거짓말과 유언비어의 진원지를 끝까지 추적해서 그들의 행동에 대해 책임을 지도록 해야 할 것입니다. **이럴 때일수록 언론과 방송의 역할이 국민들과 희생자 가족들에 중요한 영향을 미친다고 생각합니다.** 그분들이 마음의 안정을 찾고 어려움을 극복해 나가실 수 있도록 협조하여 주시기를 당부드립니다.

이것은 박근혜가 세월호 침몰 사건 발생 이후 5일 동안 '신속한 사고 수습과 진상규명 및 개선 대책수립'을 고민했던 것이 아니라, 자신들이 처한 정치적 위기를 모면하기 위해, 언론 활용 및 통제방안을 고민하여 공개적으로 발표했다고 볼 수밖에 없다.

이후 대한민국의 언론들은 정권의 입맛에 맞는 보도를 하다 보니 '공정성과 객관성'을 완전히 상실했다.

청와대의 거대 언론사 보도통제

세월호 침몰 당일 늦은 밤부터 진도의 사고 현장에는 '선내 생존 승객 존재'와 관련한 SNS가 광범위하게 퍼져나가고, 생존자 수색구조를 위한 민간잠수사 투입과 관련해서 해경을 비난하는 글이 확산되었다.

그러자 4월 17일 청와대는 정부 부처에 세월호 침몰 관련 'SNS와 인터넷을 통한 온갖 유언비어와 루머에 대한 엄벌 방침'을 하달했고, 각 부처와 공공기관 SNS를 통해 '유언비어 및 악성 댓글 자제 메시지를 전파할 것'을 요구했다. 또 4월 28일에는 방송통신위원회가 '세월호 관련 재난상황반 운영계획'과 '여객선 세월호 침몰사고 관련 대응보고'라는 문건을 통해 담당 부서에 방송사 조정 통제 및 방송 오보 적시 대응 임무를 하달했다.[52]

실제로 언론의 인터뷰 및 SNS 전파 등과 관련해서 무고한 국민을 구속한 사례도 있었다. 바로 앞에서 수차례 논한 바 있는 유명한 홍가혜 사건이다. 민간인 (잠수사) 홍가혜는[53] 4월 18일 아침 MBN과의 인터뷰 및 SNS를 통해 "해경이 민간 잠수부들의 구조작업을 막았고, 대충 시간이나 때우고 가라고 했다"는 발언을 했다가 정부의 압력에 못이긴 언론에 의해 뭇매

---

52 「정부, 세월호 참사 관련 SNS, 보도통제 도 넘어 / 인권, 언론단체 등 반발 "할 일은 안하고 하지 말아야 할 통제만 하는 정부」, 『참세상』, 2014.5.12.
(http://www.newscham.net/news/view.php?board=news&nid=74738)
53 홍가혜는 산업잠수사는 아니며, 잠수 경험은 있었던 것으로 필자는 파악하고 있다.

를 맞았다. 그는 4월 20일 경찰서에 자진 출석했으나 다음 날 '출판물에 의한 명예훼손 혐의'로 체포영장이 발부되어 긴급 체포됐다.[54]

사회적으로 정부에 대한 비판이 확산되고, 특히 해경에 대한 비난이 거세지자 청와대 홍보수석 이정현은 청와대 출입 기자들에게 "한 번 도와주소"라며 정부비판 보도를 자제해달라는 내용의 문자를 보냈다.

> 한 번 도와주소. 국가가 매우 힘들고 어려운 상황입니다. 문제 삼는 것은 조금 뒤에 얼마든지 가능합니다. 현장에서 사투를 벌이고 있는 사람들을 격려해야 하는 시점이라고 봅니다. 국민의 힘을 하나로 모아야 합니다.[55]

그가 청와대 출입 기자들에게 도와달라고 문자를 보낸 날은 박근혜가 수석보좌관 회의에서 '방송과 언론'의 역할을 강조한 바로 그날이었다.

당시는 '해경의 초동대응 실패와 부실 수색구조'에 대한 비난의 봇물이 터지기 시작한 시점이며, 박근혜가 진도체육관을 방문하여 '철저한 진상규명과 책임자 처벌'을 약속은 했지만, 세월호 선장 이준석 등 3명만 구속한 채 검찰이 '해경을 수사하겠다'는 입장을 발표하지 않은 시기였다. 이런 시점에 청와대 홍보수석 이정현이 언론사들에게 노골적으로 보도의 가이드라인을 제시한 것은 그 자체가 언론통제 행위였다.

이정현은 1기 특조위 조사에서 이를 다음과 같이 변명했다.

---

54 본건과 관련하여 대법원은 홍가혜에게 무죄를 선고했다. 문제는 이와 유사한 사건이 매우 많이 있었다는 점이다. 김현승 사건, 우한석 사건, 진영란 사건 등 세월호 침몰 사건과 관련하여 수많은 무고한 사람들이 구속되어 법적투쟁을 했다.

55 「이정현 홍보수석, 기자들에게 "한 번 도와주소" 정부비판 보도 자제해달라며 청와대 출입기자들에게 21일 경 문자 보내」, 『미디어 오늘』, 2014.4.24. (http://www.mediatoday.co.kr/news/articleView.html?idxno=116210)

잘못을 해경에 묻는 것은 잘못됐다고 생각했습니다. 지금 해경이 저렇게 사투를 벌이고 있으니 지금은 해경이 사람을 구할 수 있도록 해야 하니 제대로 일 할 수 있도록 하는 게 좋지 않겠냐는 이야기인 것 같습니다. 제 취지는 그렇습니다. 그래서 전화를 했었던 모양입니다. 그런 취지였습니다.[56]

그의 변명과 별개로 그 행위가 정당했었는지는 법률적 판단이 필요하다.

공영방송 KBS 입에 재갈 물리기

2014년 5월 3일 『한겨레』는 세월호 침몰 당시 세월호에서 많은 승객을 구조한 화물차 기사 김홍경 씨 사연을 보도했다.

그의 인터뷰 내용을 요약하면, '사고 직후 침몰현장에 도착한 해경은 선내진입은커녕 학생들을 구조하고 있는 자신들을 멀뚱히 지켜보기만 했다'는 것이다.[57]

구조대원들이 (기울어진) 배의 바깥 난간 위로 올라왔어요. 그런데 배 안으로 진입을 안하는 거예요. 왜 배 안으로 진입을 안 하는 걸까 의아했어요. 제가 아이들을 들어 올리는 것을 멀뚱하게 보고만 있다가 어디론가 사라졌다 다시 나타나고를 반복했어요. 그래서 영상을 찍은 거예요. 이걸 누군가에게는 알려야겠다 싶어서.

그는 이전 KBS와 MBC 인터뷰에서도 똑같은 말을 했다고 한다. 그는 "사고 직후 저를 인터뷰하러 온 방송사 기자들에게 같은 말들을 했어요.

---

56 이정현, 『조사대상자진술조서』, 4·16세월호참사 특별조사위원회, 2016.6.22, 14쪽.
57 「아이들 끌어올릴 때 해경 구조대는 뒤에서 지켜만 봤다」, 『한겨레』, 2014. 5.3.
   (http://www.hani.co.kr/arti/society/society_general/635539.html)

그런데 어찌 된 일인지 이 말만 편집해버리더군요. 제가 휴대전화로 찍은 사고 당시의 영상만 가져갔어요"라며, MBC와 KBS 보도행태를 고발했다.

김홍경이 MBC, KBS와 인터뷰한 날짜는 정확히 파악할 수 없지만, MBC는 4월 17일부터 18일까지, KBS는 4월 20일부터 24일까지 내용을 바꾸어가며 그의 말을 계속 인용하여 방송했다. 하지만 그의 주장대로 '해경 비판' 발언은 전혀 등장하지 않았다.

이 같은 해경과 정부를 비난하는 보도들이 계속되자 청와대는 언론의 보도를 통제하기 시작했고, KBS 뉴스를 장악했던 것으로 추정된다.

4월 21일 KBS 보도국장 김시곤이 보도국장실에서 제작1부장 편집주간, 취재주간 등과 저녁 회의를 하고 있을 때, 당시 청와대 홍보수석 이정현으로부터 전화를 받았다.

이정현이 정확히 어떤 보도를 문제 삼아 김시곤에게 전화했는지 두 사람 모두 진술하지 않았다. 다만 4월 21일 당시 언론이 집중보도했던 기사들은 민간인(잠수사) 홍가혜의 MBN 인터뷰 내용, 해경의 탈출방송 시행 여부와 선내진입 여부 등이었다. 이정현이 이것에 대해 민감하게 반응했던 것으로 짐작된다.

> 김시곤 : 아니 일차적인 잘못은 일차적인 잘못은 그 선사하고 선원들한테 있는 것은 다 알려진 거 아닙니까?
> 이정현 : 그러면요. 그러면 무엇 때문에 지금 해경이 저렇게 최선을 다해서 하고 있는 해경을 갖다가 지금 그런 식으로 말이요. 일차적인 책임은 그쪽에 있고 지금 부차적인 것이라고 한다면 이것은 어느 정도 지난 뒤에 할 수도 있는 거잖아요. 아니 이렇게 진짜 이런 식으로 전부 다 나서서 방송이 지금 해경을 지금 밟아놓으면 어떻게 하겠냐고요. 일반 국민들이 봤을 때 솔직히 방송의 일은 너무 잘 알잖아요. 저놈들까지 화면 비쳐가면서 KBS가 저렇게 다 보도하면은 전부 다 해경 저새끼들이 잘못해 가지고 이 어마어마한 일이 일어난 것처럼 이런 식으로 다들 하잖아요. 생각하잖아요. 거기서 솔직히 선장하고 아

까 그 뛰어내렸던 배 운영했던 개자식들이 거기서 보트
내려가지고

김시곤 : 지금 말씀하신 거 제가 참고로 하고요.

이정현 : 하시면 되잖아요.

김시곤 : 전 기본적으로..

이정현 : 정부를 이렇게 짓밟아 가지고 되겠냐고요. 직접적인 원인
이 아닌데도

김시곤 : 기본적으로 어떤 의도도 없는 거고요.

이정현 : 극복을 하도록 해주십시다, 예? 직접적 원인도 아닌데 솔
직히 말해서…

김시곤 : 알겠습니다, 알겠습니다. 네.

김시곤의 표현을 빌리면, 당시 상대방(이정현)이 하도 크게 소리를 지르
고 하니까 옆에 있던 3명이 다 듣게 됐고, 편집주간이 "도대체 어떤 놈이
보도국장에게 전화해서 소리지르냐?"고 물어볼 정도였다.[58]

이에 대해 이정현은 세월호 1기 특조위 조사에서 다음과 같이 변명했
다.

> 해경은 파도 속에서 사투를 벌이고 있으니 그 당시 필요했던 것은 해
> 경에 대한 격려라고 생각했습니다. 해경이 잘못 했다 해도, 파도 속에서
> 바람에 사라질 것이 아니기에 언제든지 따질 수 있습니다. 그래서 그
> 순간에는 해경 외에는 구조 구난을 할 수 있는 주체가 없었으니 잘 몰
> 두할 수 있도록 우선 격려해줘야 한다고 생각했습니다. 해명과 같은 것
> 은 나중에 할 수 있는 일이었다고 생각했습니다. 당시에는 모든 국민이
> 해경에 힘을 줘서 아이들을 구하는 게 최선이었을 것이라고 생각했습니
> 다.[59]

보도국장에 대한 그의 압력행사는 4월 30에도 이어졌다. 이날 오후 9시
뉴스에서 '해경이 해군소속 정예 잠수 요원들의 잠수 구조 활동을 방해했

---

58 김시곤, 『조사대상자진술조서』, 4 · 16세월호참사 특별조사위원회, 2016.4.21, 20쪽.
59 이정현, 『조사대상자진술조서』, 4 · 16세월호참사 특별조사위원회, 2016.6.22, 8쪽.

다'는 해경 비판 리포트가 1번째, 2번째, 3번째로 나갔다. 방송이 끝나자 이정현이 KBS 보도국장에게 또 전화를 걸었다. 그의 요구사항은 '뉴스 9은 이미 끝났으니까 9시 뉴스는 하는 수가 없고, 11시 반에 하는 뉴스라인에서만이라도 좀 빼달라'는 것이었다.[60]

김시곤 : 그것도 국방부에서 말이야

이정현 : 아이고 정말 아이고 아이고~ 그 투입이 돼서 다 일을 했거든. 근데 순서대로 들어갔을 뿐이지. 그 사람들이 영원히 안들어간 게 아니라 그날 저녁에 다 투입이 됐는데 순서대로 시간에 딱 딱 그거 맞춰 가지고 그렇게 한 서거든. 설저히 대기를 한 거거든. 근데 왜 그게

김시곤 : 근데 그렇게 자료를 딱 내 놓으니까

이정현 : 그러니까 통제라고 이렇게 써 벌리니까 못 들어가게 한 것처럼 딱 순서대로 기다린 거거든. 그게 아이고~

김시곤 : 저기 뉴스라인 쪽에 내가 한번 얘기를 해 볼게요.

이정현 : 네. 그렇게 해가지고 고고 좀 이게 너무 이 군 우선은 뭐 저기 쫌 저기 보도자료를 잘 못 줘서 거기다가 자료를 잘못 줘서 그럴지 완전히 이건 순서를 기다리는 거였거든요. 그래서 고거 좀 한 번만 도와주시오, 국장님 나 요거 한 번만 도와 주시오. 아주 아예 그냥 다른 걸로 대체를 좀 해 주던지 아니면 한다면은 말만 바꾸면 되니까 한 번만 더 녹음 좀 한 번만 더 해 주시오. 아이고.

김시곤 : 그렇게는 안 되고 여기 조직이라는게 그렇게는 안 됩니다. 그렇게는 안되고 제가 하여간 내 힘으로 할 수 있는데 까지 해 볼게요.

이정현 : 그래 한 번만 도와줘. 진짜 요거 하필이면 또 세상에 (대통령님이) KBS를 오늘 봤네. 아이~ 한 번만 도와 주시오. 자~ 국장님 나 한 번만 도와줘. 진짜로.

김시곤 : 하여간 어렵네. 어려워.

이정현 : 국장님 요거 한 번만 도와주시오. 국장님 요거 한 번만 도와주

60 김시곤, 『조사대상자진술조서』, 4·16세월호참사 특별조사위원회, 2016.4.21, 20쪽.

고 만약 되게 되면 나한테 전화 한번 좀 해줘~ 응?

　김시곤 : 편하게 들어가세요.

　이정현 : 그래 나 오늘 여기서 잘~ 나 여기 출입처잖아. 전화 좀 해줘.[61]

　이정현은 당시 압력 행사 사실을 솔직하게 인정했다. 다만 "특정 언론인에게 압력을 행사한 것이 아니고 전체적인 언론인들에게 했기에 특정 언론사나 특정인에게 해서 나쁜 의미의 영향을 미치려고 한 의도가 있었던 것은 아닙니다"라고 진술했다. 사실상 KBS뿐만 아니라 다른 방송사 등에게도 같은 유형의 압력을 행사했던 사실을 인정한 셈이다.[62]

대통령 띄우기 프로젝트

　세월호 침몰 사건과 관련하여 청와대의 언론 통제 방법은 주로 '정권에 불리한 보도는 노골적으로 축소 또는 누락시키고, 정부를 비판하는 보도는 자제토록 압력을 행사하는 것'이었다.

　다른 한편으로는 노골적으로 영상 등을 조작하여 실제 상황과 전혀 다른 대통령 모습을 연출하고, 그것을 방송을 통해 보도하여 국민들로 하여금 잘못된 정보를 취득하게 하는 방법도 있었다. 가장 대표적 사례가 2014년 4월 17일 진도 실내체육관 방문 건이다.

　박근혜는 4월 17일 3009함을 10분간 들렀다가, 오후에 진도 실내체육관을 방문했다. 박근혜가 체육관으로 들어오자 실종자 가족들은 '정부가 이틀 동안 한 일이 무엇이냐'라고 하면서 강력하게 항의했고, 고함 및 욕설과 함께 정부의 소극적 구조를 비판했다.

61　2014.4.30. 이정현 및 김시곤 전화통화 녹취록(필자 재작성)

62　이정현, 『조사대상자진술조서』, 4 · 16세월호참사 특별조사위원회, 2016.6.22, 8쪽.

그림 6-15. 박근혜 진도 실내체육관 방문

2014.4.17 MBC 뉴스 보도화면 필자 화면 캡처.

어떤 실종자 가족은 울면서 "우리 애가 물속에 살아있다. 제발 꺼내 달라. 한두 명이 아니다"고 호소했고, 또 다른 실종자 가족은 '실종자들이 살아 있다'는 내용의 문자를 박근혜에게 보여주기도 했다. "우리 아들 살려내", "여기를 어디라고 와. 여기 오지 말고 (현장에서) 지휘하라"는 고함도 터져 나왔다.

그날 연합뉴스는 박근혜의 답변 사항을 다음과 같이 보도했다.

- 박근혜가 체육관 단상에 올라가 "안타깝고 애가 타고 참담하겠지만 구조 소식을 기다려주기 바란다"며, **"이런 있을 수 없는 일이 일어난 데 대해 철저한 조사와 원인 규명으로 책임질 사람은 엄벌토록 할 것"**이라고 강조

- 책임자의 신속한 구조작업 브리핑, 구조작업 현황판 설치 등의 요구에 대해 "누구보다도 애가 타고 미칠 거 같은 가족분들에게 알려줘야 하지 않겠느냐. 그래서 책임을 지고 현장에 대해 즉각 알 수 있는 사람이 배치돼 가족의 요청에 대해 설명할 수 있도록 하라"고 지시했고, **"이분들에게 신뢰를 받을 수 있도록 최선을 다해달라. 마지막 한 분까지 구조될 수 있도록 최선을 다하겠다"**고 위로

- 한편 박 대통령이 대화를 마치고 자리를 떠나려 할 때, 일부 가족이 "가시면 안 된다. 떠나고 나면 그대로"라며 의구심을 보이자, **"오늘 이 자리에서 지키겠다고 한 약속이 지켜지지 않으면 여기 있는 (해수부장관이나 해양경찰청장 등 관계된) 사람들 모두 다 물러나야 한다"** 고 말해 일부 가족이 박수를 치기도 했다.
- 김석균 해양경찰청장이 "잠수부 500명을 투입해 수색을 하고 있다"고 하자 "거짓말"이라며 고함과 함께 욕설이 터져나왔고, 박 대통령도 곤혹스러운 표정을 지었다.[63]

필자 또한 그날 그 시간 진도 실내체육관에 있었기 때문에, 당일 현장 분위기를 정확히 기억하고 있다.

연합뉴스의 보도대로 "오늘 이 자리에서 지키겠다고 한 약속이 지켜지지 않으면 여기 있는 (해수부 장관이나 해양경찰청장 등 관계된) 사람들 모두 다 물러나야 한다"고 박근혜가 말할 때, 약간의 어색한 박수가 있었던 것은 사실이다. 하지만 KBS는 가족들의 고함과 요구사항에 대한 보도는 완전히 생략하고, 실종자 가족들이 '탑승자 명단이 확인되지 않는다'고 불만 사항들을 건의하자 박근혜가 즉시 시정할 것을 지시했고, 가족들은 박수로 호응했다는 부분만 부각하여 방송했다.[64]

4월 29일 안산올림픽 기념관에서 화랑유원지공원으로 합동분향소를 옮긴 후, 박근혜는 합동분향소를 예정에 없이 가족들도 모르게 방문했다. 당시 분향소에 있던 가족들이 조문하는 박근혜 뒤에서 격앙된 목소리로 고함을 치는 등 험악한 분위기가 조성됐다. 하지만 각종 언론에서 보도된 영상에는 현장의 소란한 음성이 삭제되고 경건한 모습으로 조문하는 모습만 보도됐다.

---

63 「〈여객선침몰〉 朴대통령 진도체육관 찾아…실종자가족 항의(종합4보)」, 『연합뉴스』, 2014.4.17 (https://www.yna.co.kr/view/AKR20140417094554001)
64 「박 대통령 현장 방문…"1분 1초가 급해"」, 『KBS NEWS』, 2014.4.17. (https://news.naver.com/main/read.nhn?mode=LPOD&mid=tvh&oid=056&aid=0010021599)

박근혜가 분향할 당시 분향소 내부에는 공식 수행원과 장례지도원들을 제외한 그 누구도 없었는데 오직 유일하게 노인 한 분이 의도적으로 박근혜를 뒤따라갔다. 박근혜는 조문을 마친 뒤 이 할머니에게 다가가 위로했고, 이 모습은 박근혜가 세월호 유가족을 위로하는 장면으로 오해하도록 보도됐다.

당시 가족협의회 대변인이었던 고 유예은 학생의 아버지 유경근은 4월 30일 CBS 라디오 〈김현정의 뉴스쇼〉에 출연해, "(대통령께서) 분향소 안에 어떤 할머니 한 분을 대동하고 분향을 한 뒤 사진을 찍으신 걸로 알고 있는데 제가 궁금해서 어느 분이신가 수소문을 해 봤는데 희한하세도 아는 분이 없었다"며 연출 의혹을 제기했다.

청와대는 논란이 확산되자 "조문 연출 의혹은 사실이 아니다"고 해명했다. 민경욱 대변인은 "분향소에는 조문객도 계셨고 유가족도 계셨고 일반인들이 다 섞여 있었기 때문에 누가 누구인지 알 수 없는 상황이었고 그 가운데 한 분이 대통령께 다가와 인사를 한 것"이라고 주장했다.

하지만 정부 핵심관계자는 4월 30일 "미리 계획했던 건 아니지만, 청와대 측이 당일 합동분향소에서 눈에 띈 해당 노인에게 '부탁'을 한 것은 사실"이라고 밝히면서 "해당 노인이 유족인지 아닌지, 확인은 안 했다"고 밝혔다.[65]

그럼에도 일부 언론들은 "말이 안 되는 보도"[66]라고 논박했고, 대다수 언론은 '민경욱 청와대 대변인의 브리핑을 그대로 보도했다.[67]

---

65 「[세월호 참사] "'조문 연출' 논란 할머니, 청와대가 섭외」, 『노컷뉴스』, 2014.4.30 (https://www.nocutnews.co.kr/news/4016994).

66 「박근혜 할머니' 조문 연출 논란 진실은?」, 『채널A』, 2014.5.1 (https://news.naver.com/main/read.nhn?mode=LPOD&mid=tvh&oid=449&aid=0000017524&fbclid=IwAR1sXb2i1_9_QcXCh_puD8bs0W2W4Z8KyF5Jl6CtmKvJ0749e4d3E0ul4vc).

67 「청와대 "분향소 연출 의혹, 사실 아니다"」, 『MBC NEWS』, 2014.5.1 (https://news.naver.com/main/read.nhn?mode=LPOD&mid=tvh&oid=214&aid=0000373057).

KBS 사장 길환영, 알아서 정권에 충성하다

방송법은 "방송편성의 자유와 독립을 보장하고, 누구든지 방송편성에 관하여 방송법 또는 다른 법률에 의하지 아니하고는 어떠한 규제나 간섭도 할 수 없다"고 규정하고 있다.[68]

KBS 뉴스는 가장 높은 시청률이 보장된 채널이므로, KBS에게 압력을 행사하여 잘못된 뉴스를 국민에게 전달한다면, 그 피해는 고스란히 국민의 몫으로 남을 수밖에 없다.

공영방송 KBS 이사진은 여권이 7명(63.6%)을, 야권이 4명(36.4%)을 추천하게 돼 있다. 박근혜 재임 당시, 여당의 의석비율이 과반이 겨우 넘었을 뿐인데도 KBS 이사회는 박근혜에게 매우 유리한 방향으로 불공정하게 구성되어 있었다.

KBS 사장은 11명으로 구성된 이사회 과반의 지지만 있으면 선임될 수 있었고, 무조건 집권 여당의 입맛에 맞는 사람이 사장으로 선임될 수밖에 없었다. 언론에 대한 가치관과 철학이 확고하지 않은 사람이 사장으로 선임될 경우 그 사람은 정권의 눈치를 살필 수밖에 없는 구조였고, 보도본부장과 보도국장 및 다른 직원들은 인사권을 가진 사장의 눈치를 볼 수밖에 없는 구조였다.[69]

세월호 침몰 사건과 관련한 KBS 뉴스 보도의 문제점은 다른 방송사와 비교하여 비교적 상세하게 알려져 있다. 그 이유는 사장 길환영과 보도국장 김시곤이 갈등하는 과정에서, 보도국장 김시곤이 방어적 차원에서 사장 길환영의 약점을 폭로했기 때문이다.

5월 3일 전국언론노조 KBS 본부(KBS새노조)는 보도국장 김시곤이 "세월호 사고는 300명이 한꺼번에 죽어서 많아 보이지만, 연간 교통사고로 죽

---

68 「방송법」 제4조 "방송편성의 자유와 독립" ①② 참조.
69 길환영, 『조사대상자진술조서』, 4·16세월호참사 특별조사위원회, 2016.6.10, 17쪽.

는 사람 수를 생각하면 그리 많은 건 아니다"라는 말을 했다고 폭로했다. 세월호 참사 유가족들은 이 사실을 5월 8일경 알게 됐다.

유가족들은 김시곤 KBS 보도국장의 부적절한 발언에 대한 사과와 보도국장직 사퇴를 요구하며 5월 8일 KBS를 항의 방문했으나 문전박대 당했다. 그후 청와대로 이동하여 1박 2일 노상 농성을 벌였다.

청와대는 이를 수습하기 위해 '김시곤 국장 사퇴'와 '길환영 사장 사과'를 KBS에 부탁했다. 이것을 부당한 요구로 받아들인 김시곤은 사장 길환영이 자신의 사퇴를 요구하며 "대통령 뜻"이라며 "사퇴하지 않으면 나도 살아남을 수 없다"고 압박했다는 사실을 폭로했다.[70]

그림 6-16. 청와대 앞에서 세월호 유가족에게 사과하는 KBS 길환영 사장

2014. 5. 9. 필자 직접 촬영.

---

70 새정치민주연합, 『국회 세월호침몰사고국정조사특별위원회 활동보고서』, 2014.11, 1287쪽.

이어 그는 5월 16일 KBS 기자협회 총회에 참석하여, 청와대 홍보수석 이정현이 "해경 비판 자제"를 요청했다는 사실과 사장 길환영이 다음과 같이 방송법을 위반하여 보도에 개입했다고 폭로했다.

KBS 사장 길환영, 긴급회의를 소집하여 '해경 비판 자제'를 지시하다

5월 5일(어린이날) 오전 11시 27분, KBS 사장 길환영의 비서 임동원은 임창건 보도본부장, 보도국장, 편집주간, 취재주간 등 보도본부 고위간부 4명에게 '오늘 오후 회의 일정 안내드리니 참석하시길 바랍니다'라며, '14:30경 보도본부장실에서 사장 길환영과 함께 회의를 진행한다'는 문자를 발송했다.

이 회의에서 길환영은 "해경을 비판하는 내용의 보도를 하지 말라"는 지시를 했다. 임창건 보도본부장 이하 모두 어안이 벙벙해서 아무 말도 하지 않았다고 한다.

이러한 지시를 한 후 사장 길환영은 보도국장에게 그날 '큐시트를 보자'고 하여 보여 줬더니, 그날도 해경 비판 보도가 잡혀 있는 걸 알아차리고 그 아이템을 빼라고 지시했다.

그러자 보도국장은 "해당 아이템이 이미 사나흘 전에 정해졌고, '이슈&뉴스'는 한 사람이 만드는 게 아니고 기자가 두세 명이 참여하여 함께 만들고, 그래픽실도 참여하고 데스크 사인까지 나서 아이템 전체를 다 뺄 수는 없다"고 보고했다. 이에 길환영은 '최대한 비판의 강도를 낮추라'고 지시했다.[71]

KBS 기자협회는 "그날 저녁 9시 뉴스 '이슈&뉴스' 코너에서 당초 작성했

---

71 김시곤, 『조사대상자진술조서』, 4·16세월호참사 특별조사위원회, 2016.4.21, 18~19쪽.

던 원고와 사장 길환영이 방문한 뒤의 원고가 '해경 비판의 강도에 있어서 현저한 차이가 있음을 확인했다"고 밝혔다. 최초 작성됐던 원고에는 세월호 사고 초기 해경의 실책과 구조작업의 난맥상을 지적하는 부분의 비중이 매우 컸으나, 변경된 원고에서는 해경의 해난 구조기능이 취약하다는 구조적인 문제를 지적하는 비중이 크게 늘어났다"는 것이다.[72]

사장 길환영은 순서를 내리라는 주문은 물론, 기자가 취재해 온 내용이 사실임에도 방송을 내보냈다는 이유로, 보도본부장과 보도국장, 정치부장, 사회2부 법조팀장을 아침 편집회의 도중에 사장실로 불러 호통친 적도 있었다.[73]

또한 KBS 기자협회는 5월 6일 그는 "뉴스9" 시작 21분 전 보도국장에게 전화를 걸어 세월호 참사를 사과하는 대통령 보도가 예고에 나가지 않았음을 문제 삼았으며, 헤드라인 노출 순서를 3번째에서 2번째로 올리라는 지시가 있었고, 길환영의 지시대로 실제 뉴스가 방송됐다고 밝혔다.[74]

길환영은 보도국장 김시곤의 진술을 정면으로 반박하지는 않았다. 다만 그는 변명으로 일관하며 다음과 같이 진술했다.

> 격려하기 위해서 (보도본부장실에) 간 것은 맞습니다. 격려도 하고 차도 한잔하고, 보도국장 방에서 김시곤이 큐시트를 가지고 왔는데 보니까 해경 관련된 보도가 한 4꼭지 정도 됐던 것 같다. 그래서 '지금 실종자 가족들이 기댈 수 있는 것은 해경밖에 없는 상황인 것' 같다, 실종자 가족들은 해경이 조금이라도 빨리 (실종자들을) 찾아달라는 분위기이다.
>
> 해경의 비판 보도를 하지 말라는 것이 아니라, 힘들게 잠수하고 그러는 해경을 격려하고 북돋아 줄 때라고 생각한다고 얘기했다.[75]

---

72 김시곤, 『조사대상자진술조서』, 4·16세월호참사 특별조사위원회, 2016.4.21, 21쪽.
73 위와 같음, 23쪽.
74 위와 같음, 27쪽.

비선 조직을 이용한 '큐시트' 검열

KBS 보도국장 김시곤은 '사장 길환영이 별도의 보고시스템을 운영하여 당일 방송되는 내용의 큐시트를 상당 기간 검열했다'고 주장했다. 기자협회 진상조사단이 김시곤 발언의 진위를 확인하기 위해, 길환영 사장실 팩시밀리 수신 내용을 알아보는 과정에서, 보도국 뉴스 제작1부 팩시밀리 외에 또 다른 팩시밀리 번호를 추가로 발견했다. 이 번호로 누군가가 오전 회의가 끝나고 나면 회의 내용을 사장 길환영에게 보고했다는 것이다.[76]

김시곤은 "평소 정부에 불리한 아이템이 있는 날은 사장 길환영이 그것을 뺄 것이 분명하므로, 그것을 보여주지 않기 위해 문제의 아이템을 삭제한 가짜 큐시트를 가끔 보내곤 했는데, 사장 길환영이 그것을 눈치 채고 확인하기 위해 별도보고를 받기 위할 목적 또는 편집회의에서 누가 어떤 발언을 했는지 보도국의 동향을 파악할 목적으로 보고를 받았던 것"으로 추정했다.[77]

그는 KBS 뉴스 프로그램 제작 과정을 다음과 같이 설명하면서, 누군가가 오전 회의가 끝나고 나면 회의 내용을 사장에게 고스란히 보고했다는 것이다([그림 6-17] 참조).

- 오전 회의
  '전날 뉴스에 대한 평가와 문제점 지적 및 정보공유'할 목적으로 개최되며, 보도기술국의 총감독, 보도 영상국의 취재부장, 영상편집부장, 디지털 뉴스국의 부장등이 참석한다. 특히 뉴스가 어떻게 논의되고 제작되는지를 감시하기 위하여 기자협회장도 참석한다.

---

75 길환영, 『조사대상자진술조서』, 4·16세월호참사 특별조사위원회, 2016.6.10, 7쪽.
76 김시곤, 『조사대상자진술조서』, 4·16세월호참사 특별조사위원회, 2016.4.21, 15쪽.
77 위와 같음, 16쪽.

- 축조 회의
  보도국장실에서 앵커, 부국장 3명, 뉴스 제작1, 2부장 등이 모여 회의를 진행하며, 메인 뉴스에서 어떤 아이템을 다룰 것인지 논의하고 전체적 방향을 결정

- 오후 편집회의
  뉴스제작 1부장이 전체 올라온 아이템들을 뉴스 밸류 별로 쭉 줄을 세워서 25개 아이템 내외로 정리하고, 뉴스 밸류 평가에 문제는 없는지 또는 추가할 아이템이 없는지 논의하는 회의

- 보도국장 사장 보고
  오전 오후 편집회의를 마치고 최종 편집 안을 오후 5시경 보도국장이 팩스로 보고. 보도국장이 보고하면 사장 길환영은 '정부에 불리한 것은 걸러 내고 정부에 유리한 것은 추가하거나 더 비중있게 다루라'고 지시했다.[78]

그는 오후 5시경 당일 '뉴스9'와 관련한 큐시트를 사장에게 팩스로 보고한 후 30분 뒤 전화 통화를 통해서 확인 보고했다. 사장이 출장을 갔을 때도, 하루도 빠짐없이 큐시트를 휴대전화 사진으로 9시 뉴스 아이템 25개 모두를 보고했다.[79]

이때 사장 길환영은 날마다 정부에 불리한 것은 걸러 내고, 정부에 유리한 것은 추가하거나 더 비중 있게 다루라고 지시를 했다고 한다.[80]

78 김시곤, 『조사대상자진술조서』, 4·16세월호참사 특별조사위원회, 2016.4.21, 5~6쪽, 16쪽.
79 위와 같음, 18쪽.
80 위와 같음, 15쪽.

그림 6-17. '뉴스9' 큐시트 사전 검열

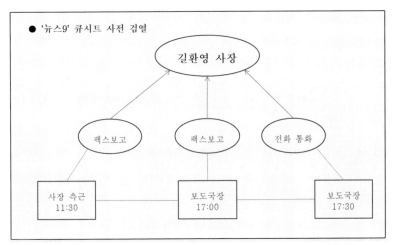

그림 6-17. '뉴스9' 큐시트 사전 검열

KBS 기자협회 제공.

MBC, 자발적 보도통제

청와대의 언론사 압박은 KBS뿐만 아니라 모든 언론 기관에게 있었던 것으로 판단된다. 다만 다른 언론기관들은 박근혜 정권 앞에 알아서 기었거나 내부갈등 문제가 없어서 밖으로 표출되지 않았을 뿐이다. 대표적인 것이 MBC의 사례라 할 것이다.

MBC는 시청률만 놓고 보면, 사실상 전원구조 보도를 최초로 한 방송사였고, 속보 송출과정에서도 상당히 많은 양의 미확인 사실을 보도했다.

특히 MBC는 사장 안광한을 비롯하여 보도본부장 이진숙, 보도국장 김장겸, 전국부장 박상후 등이 똑같은 언론관을 가지고 있었기 때문에, 현장 취재 기자들의 목소리를 묵살했고, 구조 과정의 비판 보도 및 정부 관계자들의 실언과 부적절한 행태를 눈감았으며, 유족들을 폄훼·모욕까지 하는 등 어느 방송사보다도 심각한 방송을 진행했다.[81]

세월호 침몰 사건 진상규명과 관련하여 MBC는 결코 자유롭지 못했지만 이후에도 매우 악의적인 보도를 계속 진행했다. 2014년에 있었던 국회 국조특위에도 MBC는 전혀 협조하지 않았다([그림 6-18] 참조).

그림 6-18. MBC 국조특위 불참 및 현장 조사 거부

(2) MBC의 기관보고 불참 및 현장조사 거부

○ MBC는 기관보고를 하루 앞둔 7월6일, "언론자유 침해와 보도의 공정성·객관성 저해"를 이유로 사장 이하 증인 모두 불참을 통보
- MBC는 불출석 사유에서 "세월호 침몰사고 당일 적지 않은 언론사들과 마찬가지로 MBC 역시 '전원 구조' 오보의 문제는 있었다. 이후 보도 내용에 유의하면서 지적될 만한 오보는 사실상 한 건도 없었다"고 주장

○ 8월1일 특위 야당 위원들의 MBC 현장조사에 대해, MBC는 현장조사가 공식적인 절차를 거치지 않았으며 위원장 승인 문서도 "내부에서 결재한 문서일 뿐 공문서가 아니다"고 맞서면서 현장조사를 끝내 거부
- 국정조사 특위의 현장조사가 "방송의 독립성과 중립성을 훼손하게 될 것"이라고 주장하여 국민의 대의기관인 국회를 무시하는 행태를 지속

『국회 세월호침몰사고국정조사특별위원회 활동보고서』 필자 화면 캡처82

2014년 7월 1일 전국언론노동조합 문화방송본부는 '만나면 좋은 방송 MBC 문화방송'의 『세월호 사건 보도 백서』를 발간하면서 다음과 같은 잘못된 보도 사례를 고발했다.

- **'기념 촬영 국장 물의' (4월 20일) 발제했으나 묵살**
  2014. 4. 20.18:00경 해양수산부장관 이주영 등이 진도 팽목항을 찾았고, 회의를 마친 뒤 안전행정부 송영철 감사관이 팽목항 대합실 건물 1층에 마련된 가족지원 상황실 앞에서 "온 김에 기념사진 찍고 가시지요"라고 발언을 했고, 이것을 실종자 가족들이 목격했다. 이에 극도로 흥분한 가족들은 "우리는 하루하루 피가 마르는데 이게 기념할 일이냐", "내 새끼 다 죽여놓고 도대체 여기 온 이유가 뭐냐"고 반

81 전국언론노동조합 문화방송본부, 『MBC 세월호 사건 보도 백서』, 2014.7.1, 4쪽.
82 새정치민주연합, 『국회 세월호침몰사고국정조사특별위원회 활동보고서』, 2014.11, 1302쪽.

발했고, 현장을 방문한 이주영 장관 일행은 가족들에게 가로막혀 꼼짝 못 하는 신세가 됐다. 이에 대해 이주영 장관은 "제가 대신 사과하겠습니다"라고 서둘러 사과했다.[83]

이 모습을 현장에서 지켜보고 있던 MBC 기자가 곧바로 현장 취재팀장에게 보고를 했고, 한 명은 기사를 작성하고 또 한 명은 취재를 계속해서 했다. 이주영 장관이 부적절한 발언을 사과한다는 입장을 밝히면서 이 사태는 '공식 확인'된 뉴스가 되었는데, 취재 기자가 19:10경 기사 작성을 완료하고 현장 팀장 점검을 거쳐 19:31 기사를 송고했으나 박상후 전국부장이 아이템을 제작하지 말라고 지시하였고, 그 결과 KBS와 SBS는 당일 메인 뉴스에서 보도되었지만, MBC는 보도되지 못했다.[84]

- **'해경 구조 혼선' (4월 23일) 누락**

  4. 23. 아침, 진도 현장취재팀은 해경의 '엇박자 구조작업' 기사를 메인뉴스 〈뉴스데스크〉 아이템으로 발제했다. 당시 상황은 1주일에 걸쳐 부산으로부터 현장까지 바지선을 끌고 왔지만, 해경과 협의가 안 돼 투입이 보류됐고, 민간 잠수사 집단 반발과 현장 철수 선언 등이 벌어지는 상황이었다. 하지만 이 아이템은 아침 편집회의(08:30) 직후 전면 보류됐다.[85]

- **'해경 구조 동영상 은폐' (4월 23일) 누락**

  "해경이 세월호 침몰 당일 선원들이 탈출하는 모습을 찍은 동영상을 별도로 확보하고도 11일째 공개하지 않고 있다"는 의혹이 커지고 있다는 내용의 아이템을 세월호 사고 현장에 있던 목포 MBC 기자들이 2014. 4. 25.에 발제했지만, 박상후 전국부장 판단으로 보류되어 25일 목포 지역 뉴스에만 방송됐다.

  하지만 이틀 후인 2014. 4. 27.에 KBS가 이 내용을 '단독보도'를 했다. 해경은 28일에 해당 영상을 공개했고, MBC를 비롯한 지상파 3사 모두 이 내용을 '톱뉴스'로 다뤘다고 한다.[86]

---

83 「〈여객선침몰〉 고위공무원 기념촬영·국회의원 마라톤 구설수(종합)」, 『연합뉴스』, 2014.4.21. (https://news.naver.com/main/read.nhn?mode).

84 새정치민주연합, 『국회 세월호침몰사고국정조사특별위원회 활동보고서』, 2014.11, 1431쪽.

85 전국언론노동조합 문화방송본부, 『MBC 세월호 사건 보도 백서』, 2014.7.1, 10쪽.

86 위와 같음, 11쪽.

- **'해경 구조인력 뻥튀기'(4월 23일) 발제했으나 묵살**

  해경과 민간잠수사 간 갈등이 증폭되는 상황에서, 2014. 4. 26. 해경이 구조 인원을 수백 명으로 과장했다는 사실을 현장에서 확인하고, MBC 취재기자가 실제 사고 해역에 투입된 잠수사 숫자가 몇 명인지 정확하고 구체적으로 파악한 기사를 발제했으나, 박상후 전국부장이 보류 지시를 내렸다.[87]

    이외에도 MBC 노동조합은 "희생자 유가족, 실종자 가족 기자회견"[88], "정몽준 의원 '국민 미개' 사과 기자회견"[89], "갇힌 사람 더 많다. 현장보고 무시"[90], "사상초유의 '유가족 폄훼' 보도"[91] 등 수많은 사례를 제시했다.

자료목록

1) 길환영, 『조사대상자진술조서』, 4·16세월호참사 특별조사위원회, 2016.6.10

2) 김막업, 『진술조서』, 서울중앙지방검찰청, 2017.11.3

3) 김시곤, 『조사대상자진술조서』, 4·16세월호참사 특별조사위원회, 2016.4.21

4) 이정현 및 김시곤 전화통화 녹취록, 2014.4.30

5) 이정현, 『조사대상자진술조서』, 4·16세월호참사 특별조사위원회, 2016.6.22

6) 새정치민주연합, 『국회 세월호침몰사고국정조사특별위원회 활동보고서』, 2014.11

7) 서울중앙지방검찰청, 『세월호 사고 보고시각 조작 및 대통령 훈령 불법 변개 등 사건 수사결과 발표』, 2018.3.28

8) 전국언론노동조합 문화방송본부, 『MBC 세월호 사건 보도 백서』, 2014.7.1

9) 「[세월호 참사] "'조문 연출' 논란 할머니, 청와대가 섭외"」, 『노컷뉴스』, 2014.4.30 (https://www.nocutnews.co.kr/news/4016994)

---

87 전국언론노동조합 문화방송본부, 2014.7.1, 『MBC 세월호 사건 보도 백서』, 11쪽.
88 위와 같음, 13~14쪽.
89 위와 같음, 14쪽.
90 위와 같음, 15쪽.
91 위와 같음, 16~17쪽.

10) 「"아이들 끌어올릴 때 해경 구조대는 뒤에서 지켜만 봤다"」, 『한겨레』, 2014.5.3 (http://www.hani.co.kr/arti/society/society_general/635539.html)

11) 「〈여객선침몰〉 朴대통령 진도체육관 찾아…실종자가족 항의(종합4보)」, 『연합뉴스』, 2014.4.17 (https://www.yna.co.kr/view/AKR20140417094554001)

12) 「박 대통령 현장 방문…"1분 1초가 급해"」, 『KBS NEWS』, 2014.4.17 (https://news.naver. com/main/read.nhn?mode=LPOD&mid=tvh&oid=056&aid=0010021599)

13) 「'박근혜 할머니' 조문 연출 논란 진실은?」, 『채널A』, 2014.5.1 (https://news.naver.com/main/read.nhn?mode=LPOD&mid=tvh&oid=449&aid=0000017524&fbclid=IwAR1sXb2i1_9_QcXCh_puD8bs0W2W4Z8KyF5JI6CtmKvJ0749e4d3E0ul4vc)

14) 「이정현 홍보수석, 기자들에게 "한 번 도와주소" 정부비판 보도 자제해달라며 청와대 출입기자들에게 21일 경 문자 보내」, 『미디어오늘』, 2014.4.24 (http://www.mediatoday.co.kr/news/articleView.html?idxno=116210)

15) 「정부, 세월호 참사 관련 SNS, 보도통제 도 넘어 인권, 언론단체 등 반발 "할 일은 안하고 하지 말아야 할 통제만 하는 정부"」, 『참세상』, 2014.5.12 (http://www.newscham. net/news/view.php?board=news&nid=74738)

16) 「청와대 "분향소 연출 의혹, 사실 아니다"」, 『MBC NEWS』, 2014.5.1 (https://news.naver.com/main/read.nhn?mode=LPOD&mid=tvh&oid=214&aid=0000373057)

5.
틀림없이 누군가는
"전원구조"를 계획했었다

세월호 침몰 사건에서 해경 등 국가기관이 진행한 '구조'를 언론들은 "**입체적 구조작전**"이라고 표현했다. 언론의 보도 내용을 액면 그대로 믿는다면, 나무랄 것 없는 입체적 구조작전이 틀림없었다([그림 6-1]의 참조). 오히려 "전원구조"가 되지 않았던 것이 이상할 정도였다.

언론은 '학생들은 모두 구명조끼를 입고 있었고, 선장은 승객들에게 "뛰어내려"라고 퇴선 방송을 했다'고 보도했다. 해경과 해군은 '최대규모의 구조세력을 동원 및 신속하게 출동하여 세월호가 부력을 유지하고 있을 때 침몰현장에 도착했고, 함정을 세월호 옆에 근접하여 승객들을 구조했다'고 한다.

그리고 박근혜는 "단 한 명의 인명피해도 없도록 하라"는 특별한 구조지시를 했고, 이 명령을 접수한 특공대대원들은 전원구조는 했지만, 혹시 선내에 남아있는 인원이 없는지 여객실과 선실 곳곳을 샅샅이 수색했다는 게 언론보도 내용이었다.

그 어디에도 빈틈과 흠잡을 것 전혀 없는 훌륭한 구조작전이었다.

그림 6-19. KBS가 보도했던 입체적인 구조작업

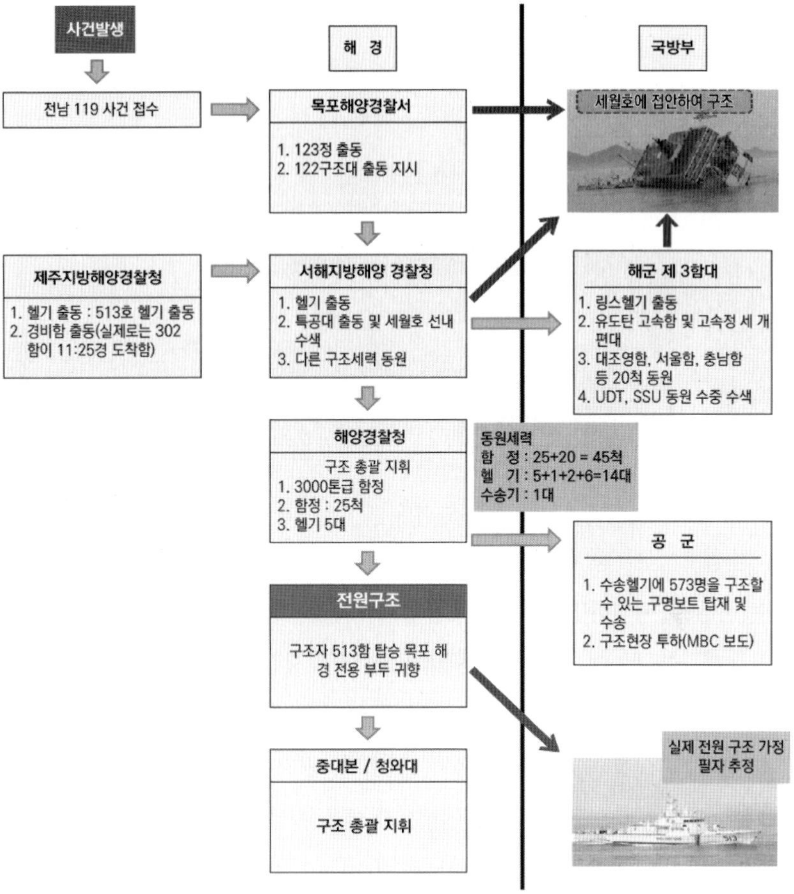

사건발생

전남 119 사건 접수

목포해양경찰서
1. 123정 출동
2. 122구조대 출동 지시

세월호에 접안하여 구조

해 경

국방부

제주지방해양경찰청
1. 헬기 출동 : 513호 헬기 출동
2. 경비함 출동(실제로는 302함이 11:25경 도착함)

서해지방해양 경찰청
1. 헬기 출동
2. 특공대 출동 및 세월호 선내 수색
3. 다른 구조세력 동원

해군 제 3함대
1. 링스헬기 출동
2. 유도탄 고속함 및 고속정 세 개 편대
3. 대조영함, 서울함, 충남함 등 20척 동원
4. UDT, SSU 동원 수중 수색

해양경찰청
구조 총괄 지휘
1. 3000톤급 함정
2. 함정 : 25척
3. 헬기 5대

동원세력
함 정 : 25+20 = 45척
헬 기 : 5+1+2+6=14대
수송기 : 1대

공 군
1. 수송헬기에 573명을 구조할 수 있는 구명보트 탑재 및 수송
2. 구조현장 투하(MBC 보도)

전원구조
구조자 513함 탑승 목포 해경 전용 부두 귀향

실제 전원 구조 가정
필자 추정

중대본 / 청와대
구조 총괄 지휘

세월호 침몰 당시 KBS 속보내용을 참고하여 필자 정리.

하지만 실제 구조의 결과는 보도의 내용과 너무 달랐다. 언론은 '여객선이 부력을 유지하고 있다'고 했지만, 구조와 관련한 속보가 시작되는 시점에 세월호는 [그림 6-20]과 같이 이미 구조가 불가능한 상태였다.

이미 다수승객들이 사망했을 것으로 추정되는 10시 30분 이후에도 언론은 "긍정과 희망의 메시지"를 계속해서 보도했고, 급기야는 "전원구조"라는 잘못된 보도를 내보냈다. 언론이 책임도 못 지면서 정체 모를 정보를 인용하여 소설을 창작하고 있었던 것이다.

그림 6-20. 10:04경 세월호 기운 모습

해경 촬영 영상 필자 화면 캡처.

세월호 침몰 당일 언론의 속보내용 중 승객들이 '구명조끼를 입고 있다'
는 사실을 제외하면 진실에 부합하는 내용은 전혀 없다.

문제는 모든 언론사가 같은 내용을 같은 시간대에 지속적 반복적으로
보도했다는 것이다([표 6-8] 참조).

아직 그 이유가 밝혀진 사실은 없지만, 필자는 어떤 사람이 언론에게
"가짜 정보"를 지속적으로 제공했고, 언론은 아무런 검증절차 없이 받아쓰
기한 것이 원인이었다고 판단한다.

표 6-8. 세월호 침몰 관련 언론 보도 시각

구　　　분	국가기관 발표	연합뉴스	KBS	MBC	SBS
120여명 구조		9:55	10:09	10:06	10:06
선내방송 "승객들 바다로 뛰어내려"	해경 10:05	10:08	10:12	10:13	10:43
190명 구조	해수부	10:17	10:21	10:21	10:42
암초 타고 넘은 듯		10:24	10:29	10:29	10:43
승객 전원 탈출할 듯		11:25	11:29	11:29	11:32

1기 특조위 정리 자료 필자 인용.

사고원인 관련 보도는 취재된 것이었나?

세월호 침몰 당시 취재 기자에게 누가 '침몰의 원인'을 흘렸는지 알 수 없지만, 해경은 공식적으로 세월호 침몰 사건 발생원인을 발표한 사실이 없다. 사건 초기 생존 피해자들은 언론과의 인터뷰 과정에서 '그냥 어떻게 넘어졌다'고 이야기했을 뿐, 침몰의 원인을 '좌초 또는 충돌'처럼 특정했다는 보도는 확인되지 않는다.

반면 언론은 국가기관을 대신해서 [그림 6-21], [그림 6-22]와 같이 "암초에 좌초된 것" 또는 "무엇인가에 충돌"한 것처럼 보도했고, KBS와 MBC도 같은 내용으로 보도했다. 이를 감안할 때 언론사가 독단적인 판단 또는 취재결과를 바탕으로 침몰 원인을 추정한 것은 아니라고 판단된다.

그림 6-21. 침몰 원인 보도 1

KBS 및 MBC 속보화면 필자 화면 캡처

그림 6-22. 침몰 원인 보도 2

KBS 및 MBC 속보화면 필자 화면 캡처.

10시 8분 "탈출명령"을 하다

대형선박 사고가 발생하고 침몰이 시작되면, 통상 선장과 선원들은 승객들을 일단 퇴선하기 쉬운 안전한 곳으로 피신시키고, 침몰이 임박하고 선내 대기가 불가능할 경우 승객들에게 탈출명령을 내린다.

당연히 세월호 침몰현장에 출동한 해경 또한 선내대기가 불가능한 상황을 파악했다면 역시 같은 조치를 했어야 한다. 그런데 세월호 침몰 당시 선원과 해경은 이러한 퇴선 조치를 전혀 실행하지 않았다.

세월호 침몰 당시 오전 9시 8분경, 세월호 1등 항해사 강원식은 진도연안VTS와의 교신에서 "승선원 지금 거의 움직이지 못하고 있습니다. 어떻게 해야 될까요. 바다에…빠져야 어쩌야 될지 모르겠네"라고 하면서, '움직일 수도 없고 방송도 되지 않는다'고 보고했다. 그때부터 그들이 도주한 9시 45분경까지 그들이 한 선내방송은 "가만히 있으라"는 방송이 전부였다. 승객들을 구조하기 위해 함정으로는 침몰현장에 가장 먼저 도착한 123정 정장 김경일도 승객들에게 퇴선명령을 하지 않았다.

하지만 언론은 하나같이 누군가가 "승객들 바다로 뛰어내려"'라며 선내방송을 했다고 보도했다([표 6-8] 참조).

"선내 승객에 대한 탈출명령"과 관련한 속보는 [그림 6-23]에서 보는 바와 같이 10시 5분경(시간 보정) 목포해양경찰서 상황실의 문자상황시스템에서 시작되었을 개연성이 높다. 상황실 근무자들은 해경 전체 조직이 공유하는 문자상황시스템에 "탈출하라고 대공 방송 중"이라는 정보를 입력했고, 이것이 곧장 [그림 6-24]와 같이 전남경찰청 등 다른 기관 및 언론사 등과 공유되었을 것이다. 다만 그들이 왜 이런 터무니없는 미확인 정보를 공유했는지 아직 밝혀진 바가 없다.

그림 6-23. 탈출하라고 대공 방송 중

본청상황실님의 대화(오전 10:01):

현장기상 보고

목포상황실님의 대화(오전 10:02):

탈출하라고 대공 방송중

목포상황실님의 대화(오전 10:02):

진도 707 행정선 현장 도착

목포상황실님의 대화(오전 10:02):

해서 합동 구조중

해양경찰청 문자상황시스템 내용 필자 화면 캡처.

문자상황시스템에서 전남경찰청은 선장이 퇴선방송을 했다고 명확히 했시만, 해경과 언론은 퇴선 방송의 주체를 정확히 밝히지 않았다. 따라서 다음과 같은 KBS 보도내용만을 볼 때, 선장과 선원이 했다는 얘기인지, 아니면 123정에서 했다는 이야기인지 명확하지 않다.[92]

> 예~ 선체가 많이 기울어져 있기 때문에 '탑승객들이 바다로 뛰어내려야 한다'라는 선내방송 있었다는 얘기가 있는데요. 이게 정확하게 그래서 탑승객들이 지시에 따라서 바다로 뛰어내렸는지, 아니면 그 정도로 선체가 기울었기 때문에 안내방송에 나온 건지는 아직 정확하게 확인이 되지 않고 있습니다. (중간 생략) 선내방송으로 승객들이 "배에서 뛰어내려라" 이런 얘기도 있었다. 라는 확인하지는 않았지만 지금 이런 얘기도 나올 정도로 상황이 지금 심각하다. 그렇지만 주변에 보이는 저런 구조헬기나 (구조정들이) 구조정들이 주변에 많이 파견이 돼 있는 만큼 (네.) 좋은 소식을 갖고 오지 않을까 지금 기대를 하고 있습니다.

다만 확실한 것은 "퇴선명령" 또는 "탈출명령"은 세월호 침몰 사건의 구조현장에서 반드시 필요한 행위였다는 점이다. 만약, 이 행위가 상황실 근무자 또는 해경 수뇌부의 입을 통하여 언론에 보도됐던 것이 확실하다면, 이 사람을 색출하여 반드시 책임을 물어야 한다.

---

92 청와대의 문건에는 10:15경 승무원 박지영이 자체 판단에 따라 "퇴선방송"을 했다고 기록되어 있다.

언론에 보도된 "탈출명령"은 보도용이 아니라, 침몰현장에서 구조를 지휘하고 있던 123정 정장 김경일에게 필요했던 행위이고, 김경일이 그것을 행했는지 여부를 확인하고 지휘하는 것이 그들의 임무였기 때문이다.

10시 14분, "희망의 메시지"를 전달하다

해경의 구조 매뉴얼은 침수와 전복에 대하여 "침수에 의하여 경사하게 되면 침수는 더욱 증가하며 선박의 경사 정도에 따라 안정성이 저해되고 전복 위험이 있음"[93] 또는 "선박이 경사되고 공기가 누설되는 상태에서 선체의 부력은 약 30분 정도인 것으로 측정"[94]이라고 규정하고 있다.

따라서 해경이 침몰하는 세월호의 사고 유형을 '침수 또는 전복' 중 어느 것으로 규정했다 하더라도, 세월호에 대한 정확한 정보를 파악하고 있지 못했다면, '최악의 상황'을 염두에 두고 구조작업에 임했어야 한다.

하지만 해경의 구조과정에서는 이 개념이 생략되어 있었다. 세월호 침몰 당시 해양경찰청 상황실 유선전화 녹취록을 살펴보면, 해경은 세월호 침몰 상황을 접수하는 순간부터 '전원구조'를 확신했다고 의심하지 않을 수가 없다. 그리고 이런 분위기는 고스란히 언론의 보도로 연결되었다.

언론의 속보는 시작부터 "정확한 인명피해는 확인이 안 되었지만, 지금 구조된 사람의 수가 또 시시각각 늘어나고 있다. 지금 구조정 및 헬기 등이 현장에 가서 구조 활동을 벌이고 있기 때문에, 아마 인명피해 없이 이번 사고가 잘 마무리될 수 있지 않을까 기대를 좀 갖고 있다"는 매우 긍정적인 내용만으로 계속해서 이어졌다.

---

93 해양경찰청, 『해상 수색구조 매뉴얼』, 2013.7, 제4장 해양사고별 조치요령, 6. 침수사고, 72쪽.
94 위와 같음, 제4장 해양사고별 조치요령, 4. 전복사고, 58쪽.

세월호 침몰 사건과 관련한 속보는 며칠 전에 취재한 후 편집과정을 거쳐 방송됐던 것이 아니라, 취재 기자가 해경과 국방부 등에 파견되어 실시간으로 입수된 정보를 취재 즉시 검증과정을 생략한 채 속보로 전달했다. 따라서 잘못된 내용 방송에 대한 책임은 다음과 같은 잘못된 정보를 제공했던 국가기관이 져야 한다.

- **10:14 (해경)**
  해경 관계자는 침몰 속도가 빠르진 않아서 1~2시간 안에 모든 인명 구조를 마칠 수 있을 것 같지만, 만일의 사태엔 대비하고 있다고 밝혔습니다.

- **10:20 KBS 앵커**
  그렇게 뭐 침수가 되고 그런 상황이긴 하지만, 그래도 지금 구조정이나 그리고 헬기 등이 현장에 가서 구조 활동을 벌이고 있기 때문에 아마 인명피해 없이 이번 사고가 잘 마무리될 수 있지 않을까 하는 기대를 좀 갖게 하고 있습니다.

  (10:20) '탑승객이 바다로 뛰어내리고 있다' 이런 얘기도 지금 들려오고 있다고 합니다. 지금까지는 뭐~ 확실하게 뭐~ 사실이라고 확인할 수는 없지만, 어~ 그나마 다행인 건 현재까지 알려진 거로는 그 승객들이 구명조끼는 하고 있는 상황으로 알려져 있기 때문에, 주변에 우리 구조선들이 어~ 충분히 있을 것 상황을 생각한다면, 그래도 최악의 상황은 피할 수 있지 않을까 이런 생각도 들고요. 하여튼 상황이 점점 긴박하게… (돌아가고 있는 것 같습니다.)

- **10:30 중대본**
  대책본부는 구조가 신속하고 순조롭게 이뤄지고 있으며, 사망 위험성은 비교적 낮은 편으로 낙관하고 있습니다.

- **11:00 (해경)**
  해경 관계자는 모든 인명 구조를 곧 마칠 수 있을 것 같지만 만일에 사태에 대비하고 있다고 밝혔습니다.

MBC는 KBS만큼 조직적이고 대량으로 희망의 메시지를 유포시키지는 않았지만, 전반적으로 속보내용은 KBS와 다르지 않았다. 당시 MBC를 시청한 시청자들도 '구조가 매우 순조롭게 진행되고 있다'는 정도의 메시지는 충분히 전달받을 수 있었다.

- **10:20 MBC 앵커**
  (해경 관계자는) 구조작업도 큰 무리 없이 진행하고 있다고 합니다.

- **10:22 MBC 앵커**
  현재까지 190명 정도 구조됐다고 전해지고 있습니다. 다행히 현지 기상 상황이 아주 나쁘지 않아서 구조작업이 순조롭게 다소 위험하긴 하지만 순조롭게 차근차근 진행되고 있는 것으로 알려졌습니다.

결국, 언론의 이러한 구조환경을 전달받은 시청자들은, 침몰하는 세월호가 심하게 기울긴 했지만, 파도가 없고 바다에 빠진 사람이 하나도 없는 사진을 보면서, 당연히 '구조가 순조롭게 잘 진행되고 있다'고 믿었을 것이다([그림 6-20] 참조). 그 상태에서 '전원구조'라는 속보가 송출됐다면 그 보도를 의심할 사람은 아마도 없었을 것이다.

10시 13분, 사상 최대규모의 구조세력 출동

세월호 침몰 사건은 대한민국 역사에 전무후무한 대형 침몰 사건이었으므로, 세월호 침몰 사실을 가장 먼저 인지한 해경이 '육·해·공'을 총망라한 최대규모의 구조세력을 동원한 것은 너무나 당연했다.

세월호 침몰현장에 가장 먼저 도착한 구조세력이 해경이었고, 승객 구조를 위해 최대규모의 구조세력을 동원한 것도 해경이었다. 당연히 해경은 자신들이 동원한 출동구조세력들의 도착예정시간(ETA, Estimated Time of Arrival)과 세월호 침몰현장의 구조 정보 정도는 충분히 파악하고 있었을 것이다.

당시 언론은 출동 구조세력에 대한 정보를 해경뿐만 아니라, 국방부 및 중대본에서도 획득한 것으로 판단된다. 따라서 해경 이외의 잘못된 출동 정보에 대한 보도는 국방부와 중대본에게도 책임이 있다.

문제는 언론이 출동구조세력의 출동시간 및 구조현황을 보도하고 있을 때 세월호는 이미 완전히 침몰됐다는 점이다. 그럼에도 언론은 매우 많은 함정과 항공기를 동원했다고 보도했다. 특히 KBS의 경우에는 [표 6-9]와 같은 규모로 구조세력이 출동하여 구조하고 있었다고 보도했지만, 실제 세월호가 침몰하기 전까지 구조현장에 도착하여 승객구조에 참여했던 구조세력은 해경소속 소형 함정 1척과 헬기 3대 및 고정익 항공기 B703가 전부였다.

필자는 오전 10시 이후 침몰현장에 도착한 구조세력은 실제 구조에 참여하지 못했다고 판단하고 있다. 그 이유는 10시 이후에는 아무리 많은 구조세력이 세월호 침몰현장에 도착했더라도 세월호 선내 승객의 탈출에 도움을 줄 수 없었으며, 구조세력의 선내진입도 불가능했기 때문이다.

KBS는 10시 21분 해경 함정 15척 및 헬기 5대를 동원했다고 보도했으며, 10시 29분 보도에서는 '3000톤급 경비함 등 해경 함정 25척과 헬기 5대 투입 및 제주해경 소속 경비함도 현장에 합류해 구조작업을 벌이고 있다'는 보도를 했다.[95] 해군 및 공군의 구조세력 동원과 관련해서도 지나치게 과장된 보도를 내보냈다.

---

95 이는 명백한 거짓말이다. 제주해경 함정은 11:25경 302함이 최초이다.(513호 헬기 : 9:32).

표 6-9. KBS 보도에 따른 구조세력 동원현황(구조 참여 여부 판정 기준 : 10:00)

동원 구조세력		구조 참여 여부	실 제 도착 시간	비 고
해경	3000톤급(3009함)	×	11:40	
	해경 함정(25척)	×	513함 11:10	123정 한 척만 구조 참여
	제주해경 소속 경비함	×	11:25	
	123정	○	09:30	
	헬기 5대	▲	511:09:25 512:09:45 513:09:32	서해청 소속 : 511, 512호, 제주청 소속 : 513호 3대만 구조 참여
	민간 상선	×		둘라에이스 : 09:18 드라곤에이스 : 09:42
	어선(낚시 배)	○		09:55~
해군	유도탄 고속함	×	10:10	
	링스헬기	×	10:10	
	고속정 3개 편대 6척	×		
	항만 지원정	×		
	인원 이송정 투입	×		
	대조영함, 서울함, 충남함,초계함, 구조함, 상륙함 등 20척 파견	×		
공군	헬기 2대	×	10:40~	20인승 고무보트 12대, 7인승 고무보트 34대 탑재
	수송기 1대	×	11:00	

KBS 속보를 바탕으로 필자 정리

세월호 침몰 당일 해군과 공군의 구조세력이 생존 승객을 구조한 사례는 없었다. 특히 침몰 당일 오전에는 수중 생존 승객 구조를 위하여 SSU 및 UDT를 투입한 사실도 없다.

하지만 KBS는 세월호 침몰현장에 해군과 공군을 투입하여 구조작업을 진행했다고 보도했다.

▪ **해군**

 -. 유도탄 고속함 한 척, 목포에 정박 중이던 고속정 세개 편대 여섯 척, 해상 수색이 가능한 링스헬기와 항만 지원정, 인원 이송정

 -. 구축함 대조영함, 호위함인 서울함, 충남함 2척, 초계함과 구조함

상륙함 등 모두 20척

-. UH60 헬기 2대가 UDT 해군특수전단과 해난구조대 SSU를 태워서 사고해역으로 출발

- **공군**
  헬기 2대와 수송기 한 대 급파. 이 수송기에는 20인승 고무보트 12대(240명 탑승 가능)와 7인승 34대(238명 탑승 가능)

필자는 국군기무사령부의 자료를 검토하는 과정에서, 공군이 [표 6-10] 과 같이 총 3대의 항공기에 573명이 탑승할 수 있는 수송기를 침몰 해역으로 이륙시킨 사실을 확인했다. 또 이들이 세월호 침몰 해역에 도착했던 시간은 "10:40~11:00경"이므로, 언론이 보도한 전원구조 시간 안에 침몰현장에 도착했던 것도 사실임을 확인했다.

표 6-10. 세월호 침몰 당시 공군 수송기 구조장비 동원현황

기종	구조장비				이륙	도착
	구조 장비명	탑승 인원	동원 수량	구조 가능 인원		
HH-60(드림71)	구명보트	7	1	7	09:38	11:00
HH-47(드림91)	구명보트	20	3	60	09:49	10:40
		7	4	28		
C-130 (코로나)	구명보트	20	12	240	09:57	10:45
		7	34	238		
합　계				573		

여객선(세월호) 침몰에 따른 공군 지원현황(4.17. 06:00 현재) 참조 필자 정리.96

언론은 해경의 노력으로 구조현장에 '상선과 어선'을 동원했다는 사실도 강조했다. 유조선 '둘라에이스호'는 해경의 함정보다 먼저 세월호 침몰현

---

96 103 기무부대 작성 자료, 1쪽.

장에 도착했고, 세월호 침몰 과정을 가장 가까운 거리에서 목격했던 선박이다. 만약, 해경과 진도 연안VTS가 둘라에이스호 선장 문예식에게 승객 구조와 관련한 특별 임무를 부여했다면, 효율적인 구조가 충분히 가능했던 상황이었다.

하지만 해경은 세월호가 침몰할 때 둘라에이스호의 존재를 인식하지 못하다가 10시 8분경이 돼서야 둘라에이스호를 찾기 시작했다. 해양경찰청 상황실은 유선전화 2752번을 이용해 선장 문예식에게 전화를 걸어 "가만히 계신 것 같은데 구조 좀 해 달라고 전화를 드렸다. (중간 생략) 옆으로 이동 좀 해 주셔가지고요. 구명벌 좀 투하해 주시고 조치 좀 해 주십시오"라는 전화를 했다. 당시 세월호의 기울기는 [그림 6-25]와 같이 누가 구조를 하고 말고 할 상황이 아니었다.

그림 6-25. 해경이 둘라에이스호 선장 문예식에게 구조를 요청했던
10:08:58경 세월호 상황

'그날 바다'팀 제공 영상 필자 화면 캡처.

그럼에도 10시 53분경 MBC는 '해경은 헬기에 승객들을 태워서 마침 인근을 지나가던 상선에 안전하게 피신시키는 방법으로 구조를 진행하고 있다'고 보도했다. 이 방법은 123정 정장 김경일의 재판과정에서 구조 전문가들이 "당연히 그렇게 했어야 했다"고 얘기할 정도로 교과서적인 구조방법이었다. 그러나 해경은 홍보의 수단으로 이용했을 뿐 실제 구조에는 활용하지 않았다.

10시 22분, 박근혜의 아주 특별한 명령

세월호 침몰 당일 승객의 구조가 불가능해지는 순간까지 안보실장 김장수는 위기관리센터로 가지 않았고, 박근혜는 실제 관저 침실에 있었는지 확실하게 확인되지도 않았다.

하지만 KBS와 MBC를 포함한 모든 언론은, [그림 6-26]과 같은 자료화면을 송출하면서 박근혜의 구조와 관련한 지시사항을 보도했다.

> 단 한 명의 인명피해도 없도록 해라. 해군과 해경의 인력과 장비, 그리고 동원 가능한 민간의 모든 구조 선박 등을 최대한 활용해서, 구조에 최선을 다하라. 그리고 여객선에 객실과 엔진실까지도 철저히 확인해서 단 한 명의 인명피해도 발생하지 않도록 하라.

그림 6-26. 박근혜가 회의하는 모습

MBC 보도화면 필자 화면 캡처.

필자는 박근혜가 '직접 저 말을 하긴 했는지'조차 의심하고 있다. 박근혜가 그런 지시를 직접하고도 이후에 아무런 조치와 지휘를 하지 않았다는 것이 상식적으로 믿어지지 않기 때문이다.

사실과 달리 KBS는 박근혜 지시와 더불어 "현재 청와대는 김장수 안보실장이 위기관리센터로 자리를 옮겨서 사고와 그리고 구조현황을 파악하는 등 필요한 조치를 취하고 관련 사항을 즉각 대통령에게 보고를 하고 있는 상황입니다"라며 당시 청와대의 지휘권이 정상적으로 작동되고 있는 것처럼 보도했다.

10시 22분, "입체적인 구조" 진행

전 해난구조대 대장 진교중은 다음과 같이 아주 중요한 내용을 진술했다.

> 세월호 침몰사고 현장으로 이동하던 중 세월호 내부 상황이 먼저 파악이 되었다면 보트를 내리지 않고 바로 세월호 자체에 접안을 하여 조타실을 점령하고 퇴선 유도방송을 할 수 있었고, 그렇다면 약 5분 정도 먼저 세월호에 도착하여 조타실에 진입한 뒤 퇴선 유도방송을 실시하여, 승객 대부분을 구조할 수 있었을 것이라고 판단됩니다.[97]

또한 가천대학교 박형주 교수의 시나리오에 따르면, '세월호 선내에 있는 승객들을 도착 즉시 퇴선 방송만 했다면 6분 17초면 모두 퇴선시킬 수 있었다'[98]는 결론이 나왔다. 123정이 세월호 침몰현장에 도착하여 세월호에 접안시키고, 필수 인원들을 제외한 나머지 인원을 세월호 선내에 진

---

97 진교중, 『진술조서』, 광주지방검찰청, 2014.8.4, 7쪽.
98 가천대학교 초고층방재융합연구소, 『세월호 침몰시 가상대피시나리오 기반의 승선원 대피경로 및 탈출소요시간에 관한 연구』, 2014.9, 3쪽.

입시켜 퇴선방송을 하거나 안내를 하여 승객들을 퇴선 시켰다면, 분명히 '대한민국 해상 사고 구조사'에 새 역사를 썼을 것이다.

그런데 세월호 침몰 당일 언론은 '해경과 해군의 함정이 세월호에 근접해서 구조하고 있다'는 보도를 했다. 특히 해군의 경우 관계자의 말을 인용하여 "여객선이 현재는 일정 정도 부력을 유지하고 있는 것처럼 보여서, 고속함 등을 여객선에 접근시켜 조난자를 옮겨 태우는 방식을 검토하고 있다"고 보도했다. 10시 31분경에도 "현재 함정의 비치된 구명정을 내릴 준비를 마쳤고, 장병들이 가지고 있는 모든 구명자켓과 라이프자켓도, 사고 해역에 투척하는 작업을 진행 중이다. 또 함정에는 따뜻한 물을 준비해서 차가운 물에 뛰어든, 어~ 조난자들을 구조하는 작업을 진행 중인 것으로 알려졌습니다"라고 보도했다.

세월호가 침몰하고 있을 때 해군의 함정이 세월호에 근접하여 생존자 구조에 참여한 사실은 전혀 없다. 반면, 해경의 경비정이 세월호에 근접해서 구조작업을 벌인 사실은 있다. 하지만 그것은 승객구조를 위해서 한 것

그림 6-27. 세월호 옆에 함정을 붙여서 선원을 구조하는 모습

해경 촬영 영상 필자 화면 캡처.

이 아니라, 도주하고 있던 조타실 선원을 구조하기 위해 사용한 방법이었다.

다만 승객들의 탈출이 불가능했던 10시 6분경, 도주 선원과 123정 승조원들이 선수 근처에서 유리창을 깨서 6명을 구조한 사례가 있었다. 언론이 이것을 근거하여 문제의 보도를 했는지는 아직도 밝혀지지 않았다.

세월호 침몰 해역에 도착한 해경과 해군의 구조세력 중 승객들을 구조할 목적으로 구명벌(팽창식 구명뗏목, inflatable life raft)을 사용했던 행위는 [그림 6-28]에서 보는 바와 같이, "09:50:58경" 512호 헬기에 의해 단 한 번 있었다.

123정 승조원 경사 이형래가 세월호 조타실 앞에서 세월호에 설치되어 있던 구명뗏목을 터트렸던 사실은 있지만, 엄밀히 말해 그것은 조타실 선원을 구조할 목적으로 터트린 것이지 탈출하는 승객들을 구조할 목적에서 한 행동은 아니었다. 심지어 해경은 123정에 설치된 20인승 구명뗏목도 터트리지 않았다.

그림 6-28. 512호 헬기에서 구명보트를 사용하는 모습

해경 촬영 영상 필자 화면 캡처.

하지만 현장 상황과 달리 MBC는 공군이 세월호 침몰현장에서 '고무보트'를 투하했던 것으로 보도했다. [표 6-10]에서 밝혔듯이, 공군의 수송기에는 573명분의 고무보트가 탑재되어 있었으므로 퇴선명령이 있었다는 전제하에 실제로 공군의 고무보트 투하 행위가 있었다면 분명히 구조의 결과는 달라졌을 것이다.

그림 6-29. 공군의 고무보트 투하

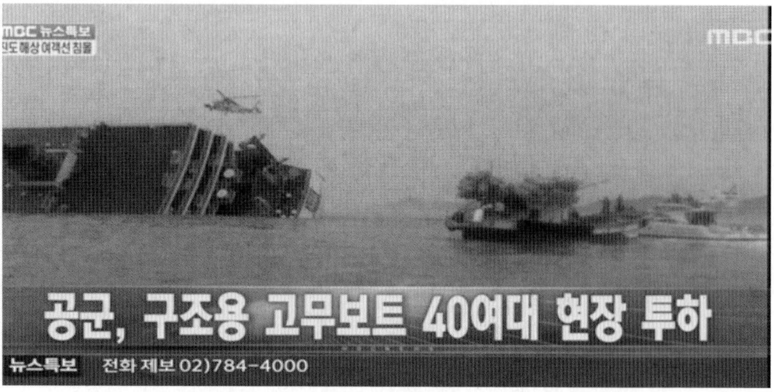

MBC 보도화면 필자 화면 캡처

세월호 침몰 당일 언론은 해경을 비롯한 구조세력들이 마치 모범 답안 같은 구조작업을 진행하고 있다고 보도했지만, 실제 구조현장에서 합리적 구조시스템이 가동된 사실이 없었다.

필자는 언론사에 해경보다 더 위대한 구조 전문가가 근무하면서 창작 수준의 속보를 보도하지 않았다면, 속보내용은 모두 해경 또는 해군이 직접 제공했다고 본다. 해군과 해경이 언론에 흘렸던 구조행위를 실제 구조현장에서 그렇게 하지 않은 이유가 무엇인지, 실제 이 내용을 언론에 제공한 책임자는 누구인지 분명히 밝혀야 할 것이다.

10시 38분, "전원구조" 사실을 암시하다

KBS 속보는 시작부터 목포 현장 취재 기자와 해경, 국방부, 중대본을 차례로 불러 긍정의 분위기만 시청자에게 전달했다. 더 나아가 앵커는 10시 26분경부터 서거차도 이장 허학주와 구조에 참여한 해경을 전화로 연결하여 인터뷰했다.

허학주 이장은 '지금 학생들 10명과 어르신 20명 정도 합해서 약 30명 정도가 현재 서거차도 보건 복지회관에 있으며, 물, 음료수 같은 것을 제공하고 있다'는 내용의 인터뷰를 했다.

곧이어 10시 38분경 앵커는 세월호 침몰현장 상공에서 구조작업에 참여한 B703 항공기 교육생 경위 이교민과 전화를 연결하여 전원구조를 암시하는 다음과 같은 인터뷰를 진행했다.

> 이교민 : 어~ 고정익 항공기 한 대와 해경 헬기 6대가 현재 구조 활동을 하고 있고요. 구조된 인원은 서거차도, 서거차도 출장소로 지금 현재 이송을 한 상황이고요. 지금 배와 함정과 각 어선, 민간어선들이 계속 구조를 하고있는 상황입니다.
>
> KBS 앵커 : 저희가 방금 전에도 그~ 어느 정도로 선체가 기울어져 있는지에 대한 사진을 봤고, 또 그 사진 속에도 헬기가 등장해서 얼마나 긴박하게 구조작업이 이루어지고 있는지 알 수가 있었습니다만, 지금 부기장님께서 말씀하신 대로라면 조금 더 그 이후에 상황이 진전된 것 같습니다. 지금 현재 목격하고 계신 상황을 좀 더 자세히 설명해 주실 수 있겠습니까.
>
> 이교민 : 아~ 예. 아까 말씀드렸듯이 선체, 지금 선체에 95% 이상이 다 수면 아래로, 수면 아래로 지금 침몰된 상황입니다.
>
> KBS 앵커 : 네~
>
> 이교민 : **지금 현재 선체 선수 부분 조금만 지금 물 위로 나와 있는 상황이구요. 지금 대부분 인원들은 현재 출동해 있는 함정, 그리고 지나가던 상선, 그리고 해군함정, 대부분의 사람들이 구조가 된 상황입니다. 지금 현재 수면 아래에 사람이 갇혀 있는지 파악을 하고 있는 중입니다.**

이교민의 인터뷰 내용은 '세월호는 이미 침몰 됐지만 대부분 인원들이 구조된 상태이며, 현재는 수중수색을 하는 상황'으로 시청자들이 오해하기 충분했다.

수중 생존자 구조

군산해양경찰서 소속 122구조대 2명은 세월호 침몰 당일 10시 36분경 서해청 특공대징 최의규와 함께 세월호 침몰현장 상공에 도착했지만 구조작업에 투입되지 않고 목포로 되돌아 왔다. 또 서해청 특공대는 9시 35분경 이동수단도 확보하지 않은 상태에서 목포해양경찰서 전용부두로 달려갔지만 타고 갈 함정이 없어 다시 서해지방해양경찰청으로 되돌아갔다. 뒤늦게 전남지방경찰청 헬기를 지원받아 특공대원 7명을 태우고 10시 25분경 출동하여 11시 35분경 세월호 침몰현장에 도착했다.[99]

목포해양경찰서 소속 122구조대 또한, 이동과정의 문제로 오후 12시 19분경에 세월호 침몰현장에 도착했다.[100] 따라서 해경의 형식적인 수중수색은 공식적으로 12시 20분경에 비로소 시작됐다.

하지만 10시 22분경 박근혜가 "여객실, 엔진실까지 샅샅이 뒤지라"고 특별한 명령을 했기 때문인지, 해경은 수중 생존자 구조를 위한 최초 입수시간마저도 노골적으로 왜곡해 보도했다.

10시 38분경 KBS는 "지금 현재 수면 아래에 사람이 갇혀 있는지 파악을

---

99 서해청은 군산해양경찰서도 지휘할 의무가 있었는데 적절한 조치를 취하지 않았다. 군산해양경찰서 122구조대의 경우에도 군산항공대 소속 502호 헬기를 이용하여 즉시 출동할 수 있었음에도 침몰 사실을 인지하고 33분이 지난 09:33경 출동하여 10:36경에야 침몰현장에 도착했지만 아무런 활동도 하지 않고 되돌아갔다.

100 감사원, 『감사결과보고서─세월호 침몰사고대응 및 연안여객선 안전관리·감독실태』, 2014.10, 32쪽.

하고있는 중입니다"라는 경위 이교민의 인터뷰를 인용하여 이미 수중수색을 진행하는 것처럼 보도했다.

심지어 10시 43분경에는 해양경찰청 대변인 성기주와(총경)의 전화 인터뷰를 통해, 아직 도착하지도 않은 해양경찰 특공대가 선체 수색을 하고 있는 것처럼 보도했다.

> KBS 앵커 : 네~ 지금 뭐~ 그 전에 저희가 항공기의 부기장님으로부터 현지의 구조작업 상황을 들어봤을 때는, '거의 다 구조가 된 것으로 보인다'라고 말씀을 들었는데요. 이 부분은 또 어떻습니까.
>
> 성기주 : 네. 지금 저희가 뭐~ 특공대라든가 그리고 전원 그~ 가용 동원한 세력들 전부 다 동원해서 지금 수색을 하고 있는데요. 어~ 저희가 지금 동원하고 있는 그 수색 어~ 대원들이나 그리고 어~ 경비 세력들을 전부 다 총 집중해서 지금 현재 조난자들을 구조하고 있는 상황이고, 현재 지금 정확한 탑승 인원 인원과 그리고 구조 인원에 대해서는 저희가 지금 계속 집계 중에 있습니다. 지금 현재는 그 저희가 총력을 기울여서, 어~ 지금 현재 수색 그리고 구조의 지금 다하고 있는 상황이라, 정확한 인명 집계라든가, 어~ 그런 상황들은 어~ 저희가 서해지방경찰청장 주재로 브리핑을 통해서 밝힐 예정입니다.

해양경찰청 대변인 성기주는 해양경찰의 고위급 간부로서 세월호 침몰 당시 해양경찰청 위기관리실 내에 있었던 것으로 추정된다. 그는 10시43분경 세월호 침몰 상황과 122구조대원 및 특공대원들의 이동 상황 정도는 정확히 파악할 수 있는 위치에 있었다. 그럼에도 그가 KBS와의 인터뷰에서 노골적으로 왜곡된 사실을 밝힌 것은 뭔가 특별한 이유가 있었을 것으로 판단된다.

수중수색에 대한 왜곡된 보도는 KBS만 진행했던 것도 아니다. MBC의 경우에도 해난구조대(SSU)와 해군 특수전부대(UDT)가 침몰 해역에 도착하지도 않았음에도 [그림 6-30]과 같이 오전 11시 8분경 이미 투입됐다는 보도를 하고 있었다.

그림 6-30. 국방부의 잠수사 투입

언론 보도대로 진행했다면, 충분히 전원구조 할 수 있었다

KBS 속보내용을 종합해 보면, 세월호 침몰 당일 해경과 해군은 대략 아래와 같은 순서에 따라 승객을 구조했고, 그 결과 전원구조를 했다.

- 선장의 탈출 명령에 의해 승객들은 모두 바다에 뛰어내렸다.
- 탈출한 승객들을 구조하기 위하여 해경, 해군, 공군의 함정과 헬기가 총출동했다. 함정은 기울어져 있는 세월호에 직접 접안하여 승객들을 구조했고, 바다에 빠진 승객들에게는 라이프자켓을 투하했다. 뜨거운 물도 준비했다.
- 헬기는 탈출하는 승객들을 구조하여 둘라에이스호 등 민간선박에 이송시켰다.
- 478명분의(KBS 보도 기준) 고무보트를 탑재했던 공군 헬기와 수송기는 세월호 침몰현장에 도착하여 이것들을 투하시켰다.
- 바다에 빠진 승객들은 이것들에 탑승하여 구조되었고, 해군이 투입한 인원 이송정 및 항만 지원정을 타고 육지로 이동했다.

실제로 세월호 침몰 해역에는 525명이 탑승 가능한 목포해양경찰서 소속 513함이 11:10경에 도착했다. 언론이 "전원구조"를 보도했던 시점에, 실제 전원구조만 있었다면 모든 승객들이 이 배에 탑승할 수 있었다.

해경은 일사불란(一絲不亂) 이란 단어를 좋아했다. 따라서 세월호 침몰 당일 그들의 의사소통 과정에도 이 단어가 몇 번 등장했고, 그들이 준수했 어야 했던 매뉴얼에도 수도 없이 이 단어는 언급되고 있었다. 하지만 정작 언론 보도를 제외한 실제 구조작업에선 이 단어가 적용된 사례가 전혀 없다.

당시 언론이 잘못된 방송을 한 배경에는 뭔가 충분한 이유가 있었을 것 이다. 왜냐하면 세월호 침몰현장이 육지에서 멀리 떨어져 있어 정확한 정 보 파악에 분명히 장애가 있었다 하더라도, 해경 또는 해군의 출동세력은 본부 상황실과 무전 교신 정도는 가능했으므로, 자신들이 진행하지도 않 는 구조행위를 허위로 보고할 수는 없었기 때문이다.

그렇다면 모든 언론이 동시에 동일 내용으로 잘못된 보도를 진행할 확 률은 "0"에 가깝다고 봐야 할 것이다. 그것이 가능했던 것은 해경 또는 해 군의 누군가가 고의로 언론에 허위정보를 제공했던 것이고, 언론은 속보 경쟁이란 명분으로 검증절차 없이 즉시 송출했음이 틀림없다.

그렇다면 그 사람이 누군지 추적하여 자백을 받는 것이 진상규명의 지 름길이 될 것이다.

▨ 자료목록

1) 가천대학교 초고층방재융합연구소, 『세월호 침몰시 가상대피시나리오 기반의 승선원 대피 경로 및 탈출소요시간에 관한 연구』, 2014.9
2) 진교중, 『진술조서』, 광주지방검찰청, 2014.8.4
3) 감사원, 『감사결과보고서 – 세월호 침몰사고대응 및 연안여객선 안전관리·감독실태』, 2014. 10
4) 해양경찰청, 『해상 수색구조 매뉴얼』, 2013.7

6.
잘못된 보도는
'말단 기레기'의 책임인가?

세월호 침몰 사건 사망 피해자들은 최소 세 번 사망했다. 구조 책임 있는 국가기관의 부작위로 바다에 빠져 사망했고, 침몰 당시 못된 여당 정치인, 극우 보수단체ㆍ일베 어린아이와 어버이 연합 같은 못난 사람들의 모욕과 혐오에 다시 한 번 사망했으며, 언론의 악의적인 보도로 인해 또 한 번 사망했다.

세월호 침몰 사건을 보도했던 언론은, 원칙적으로 '방송심의규정'과 '보도준칙'을 준수했어야 했고, 취재된 기사가 사실에 부합하는지 철저한 검증절차를 거친 후에 보도했어야 옳았다.

하지만 언론은 세월호 침몰 당시 모든 원칙을 폐기하고 잘못된 보도를 강행했으며, 잘못된 보도의 책임을 수습하는 과정에서, '과도한 속보 경쟁'에서 불가피하게 발생한 '오보'라는 이름을 붙여 놓고, 피해자와 국민에게 용서를 빌지도 않은 채, 스스로 자기 자신을 용서했다.

세월호 침몰 사건에서 양산된 잘못된 보도는 그들의 주장대로 말단 '기레기'(기자+쓰레기의 합성어)의 '취재 실수'와 고위급 언론인의 '검증절차 누락'에서 발생한 사건이 아니다. 잘못된 보도를 요구한 부패한 정치권력과 그들의 통제에 굴복한 거대 언론 권력의 협조가 만들어냈던 합작품이었던 것이다.

세월호 침몰 사건이 전개되고 있을 때 부패한 정치 권력은 실시간 구조 상황을 정확하게 파악하고 있었거나 파악할 수 있었다. 그럼에도 그들은 조직적으로 잘못된 구조 정보를 말단 '기레기'에게 슬금슬금 흘렸던 것이고, 언론 권력은 '그것이 사실에 반하는 정보라는 사실을 알면서도 잘못된 보도를 강행했다'고 본다.

따라서 세월호 침몰 사건에서 언론사 악행에 대해 진상규명하는 것은, 언론민주화를 위한 시대적 사명이며 결코 피할 수 없는 역사적 소명이다. 세월호 침몰 당시 언론 권력의 책임은 고의로 구조를 회피했던 국가 권력의 책임과 비교할 때, 절대 가볍지 않다.

세월호 침몰 사건 발생 당시 언론의 허위보도

세월호 침몰 당시 방송한 구조 관련 보도 중에서 사실과 부합하는 내용은 과연 몇 건이나 있을까?

세월호 침몰 당시 대한민국 모든 방송사가 속보 경쟁에 참여했고, 매우 긴 시간 동안 그들은 똑같은 내용의 속보를 송출했으므로, 잘못된 보도의 량은 계량하기 힘이 들 정도로 많다.

그 중에서 재난방송 주관사 KBS의 사례 중, '전원구조'라는 잘못된 보도가 송출된 11시 26분경 이전까지 사례를 모두 정리하여, 사실에 부합하는 것과 부합하지 않는 내용을 분석해 봤다.

표본으로 KBS를 선택한 이유는 KBS가 세월호 침몰 당시 재난방송 주관사였고, 세월호 침몰 당시 목포 현장에 곽선정 기자를, 해양경찰청에는 김경수 기자를, 그리고 중대본과 국방부에는 김양순 기자와 황현택 기자를 파견하여, 그곳에서 발표된 모든 정보를 실시간으로 취재하는 등 가장 체계적이고 광범위한 방송시스템을 가동했기 때문이다.

필자는 출동한 구조세력이 세월호 침몰현장에 도착하여 구조 가능했던 시간을 오전 10시경으로 판단하고 있다. 구조 가능 시간은 세월호 기울기와 밀접한 관계가 있고, 외부 구조세력의 선내진입 가능성과 내부 승객의 자력 탈출 가능성을 함께 염두에 두고 검토했다.

이러한 기준에 따르면, 세월호 침몰 당일 9시 50분경 이후에는 사실상 외부 구조세력의 선내진입은 불가능했고, 세월호 좌현 쪽을 이용한 내부 승객들의 자력 탈출도 사실상 불가능했다. 오직 일정한 시간 동안 우현 쪽으로 탈출만 가능했고, 그 이후엔 부력에 의한 탈출만 기대할 수 있었다. 따라서 10시경 이후에는 그 어떤 우수한 구조세력이 세월호 침몰현장에 도착했다 하더라도, 승객구조에는 도움이 되지 못했다.[101]

이러한 기준에 따라 KBS가 송출한 속보내용을 분석해 보면, 실제 사실에 부합하는 구조 내용은 거의 없었다. '해경이 3000톤급 경비함정을 침몰현장에 급파했다는 사실, 해군이 고속함과 고속정을 침몰현장에 보냈다는 사실, 해경이 민간 상선에 무전을 통해 긴급 구조작업에 동참해 줄 것을 호소했다는 사실' 등이 보도의 전부이지만, 이들 구조세력이 세월호 침몰현장에 도착했을 때에는 이미 세월호가 완전히 침몰한 이후였다.

따라서 KBS 속보내용 중 사실과 부합하는 것은 "학생들이 구명조끼를 다 입고 있는 상황"만이 유일했다.

반면, 세월호 침몰 당시 KBS 속보내용 중, '적정성 · 공정성'을 상실했거

---

101 09:40까지 도착한 구조세력 : P123정, B511헬기, B513헬기, 전남 707, 둘라에이스
　　10:00까지 도착한 구조세력 : B512헬기, 전남207, 전남 201, 아리랑호(10:02),
　　　　　　　　　　　　　　민간어선, 드라곤에이스(PKG(해군 10:20), 전남 소방헬기(10:10, 11:32),
　　　　　　　　　　　　　　광주소방헬기(10:37)
　　12:00까지 도착한 구조세력 : 3009함, 1508함, P57정(완), 302(제)

나 '왜곡·과장된 보도' 사례를 분석해 보면, '셀 수 없는 정도로 많다는 차원을 떠나 거의 전부'라고 정의하는 것이 옳다.

문제는 이러한 거짓된 속보내용은 MBC 등 다른 방송사들도 동일 규모로 송출했다는 점이다. KBS 기준 잘못된 보도의 사례는 아래와 같다.

- **헬기 한 대가 도착해 현장 상황을 파악하고 구조 진행 중**
  문제의 속보는 정확히 10:05경 방송이 됐다. 실제로 서해지방해양경찰청 소속 511호 헬기가 09:25경 침몰 해역에 도착하여, 도착보고를 했던 사실은 있다. 다만 해양경찰청 등 각급 상황실에서 아무도 이 내용을 듣지 못했고, 511호 헬기 자신도 세월호 선내에 많은 승객이 탑승했다든 사실을 파악하지 못해 잘못된 구조를 진행했던 것이므로, '현장 상황을 파악하고'라는 내용의 방송 내용은 명확하게 잘못된 보도라 할 것이다.

- **10:14, 해군 '해상 수색이 가능한 링스헬기와 유도탄 고속함이 사고 해역에 도착해서 구조작업을 펼치고 있다'**
  해군의 링스헬기와 함문식함은 10:10경에 도착했지만, 이 시간 세월호는 상당 부분 침몰이 진행되어 사실상 구조 상황이 종료된 상태였고, 특히 링스헬기 같은 경우에는 구조장비를 탑재하지 않고 출동하여 구조작업에 참여하지 못했다.

- 10:14, (해양경찰청 해경 관계자 인용) 침몰 속도가 빠르지 않아서 1~2시간 안에 모든 인명 구조를 마칠 수 있을 것 같지만 만일의 사태에 대비하고 있다.

- 10:30, (중대본 관계자 인용) 대책본부는 구조가 신속하고 순조롭게 이뤄지고 있으며, 사망 위험성은 비교적 낮은 편으로 낙관하고 있다.

- 10:38, (해경 703 항공기 탑승 이교민 경위 인터뷰) 지금 대부분 인원들은 현재 출동해 있는 함정, 그리고 지나가던 상선, 해군 함정에 의해 대부분 사람들이 구조가 된 상황. 지금 현재 수면 아래 사람이 갇혀 있는지 파악하고 있는 중

- 10:47, (해군) "탑승객 전원 선박 이탈…구명장비 투척 구조 중(자막)

- 11:00, (해경 관계자 인용) 모든 인명 구조를 곧 마칠 수 있을 것 같지만 만일에 사태에 대비하고 있다.

- 11:29, 사고 여객선이 완전히 침몰 된 것으로 보인다. 승객은 전원 탈출한 것으로 보인다는 속보가 들어와 있다.

- 구조정이나 헬기 등이 현장에 가서 구조작업을 벌이고 있기 때문에 아마 인명피해 없이 이번 사고가 잘 마무리될 수 있지 않을까 기대. 헬기와 경비함이 사고 여객선에 근접해서 구조작업을 벌이고 있다.

- 진도 앞바다 해상에서 암초에 부딪쳐 침몰 중

- 여객선이 현재는 부력을 일정 정도 유지하고 있는 것으로 보여서, 고속함 등을 여객선에 근접시켜서 조난자를 옮겨 태우는 방식을 준비하고 있다.

- '탑승객이 바다로 뛰어내리고 있다'
  하지만 실제 선내 상황은 계속해서 "가만히 있으라"는 방송이 진행되고 있었다.

- 주변에 우리 구조선들이 충분히 있는 상황을 생각한다면, 그래도 최악의 상황은 피할 수 있지 않을까?

- 190여 명 정도가 구조된 것으로 확인되고 있다.

- 함정의 비치된 구명정을 내릴 준비를 마쳤고, 장병들이 가지고 있는 모든 구명 자켓, 라이프자켓을 사고 해역에 투척하는 작업을 진행 중. 차가운 물에 뛰어든 조난자들을 위해 함정에는 따뜻한 물을 준비하고 있다.

- 해군이나 해경 대원들이 선내에 진입해서 내부까지 수색 활동을 지금 벌이고 있는 것으로 상황을 추정하고 있음. 특공대라든가 가용 동원한 세력들 전부 다 동원해서 지금 수색을 하고 있다.

한편 MBC의 경우에도 KBS와 전혀 다르지 않은 속보를 송출하고 있었다.

- 10:20, (해경) 구조작업도 큰 무리없이 진행되고 있다고 합니다.

- 10:22, 현재까지 190명 정도 구조됐다고 전해지고 있습니다. 다행히 현지 기상 상황이 아주 나쁘지 않아서 구조작업이 순조롭게 다소 위험하긴 하지만 순조롭게 차근차근 진행되고 있는 것 같습니다.

- 11:01, (중대본) 다만, 안행부는 45도 이상 기운 상황에서 해경이 붙어서 구조 하고 있기 때문에 구조에는 문제가 없는 것으로 전해진다며 인명피해는 없을 것으로 밝혔습니다.

- 11:08, 아직 구조가 되지 않은 나머지 승선원들은 전원 구명동의를

착용한 채 바다에 뛰어든 상태라는 내용도 들어와 있습니다. 현재 해군 등… 바다 위에 있는 요 구조자들에게 구명장비를 띄워서 구조작업을 벌이고 있습니다.

- 11:12, 다행히 아직까지 완전히 침몰된 상태는 아니고, 계속해서 승객이 구조되고 있는 상황으로 볼 수 있겠네요. 배가 워낙 큽니다. 6000톤이 훨씬 넘는 큰 배다 보니까 완전히 침몰 되기까지 앞으로 1시간 정도 가량 버틸 것으로 예상된다고 하고 있습니다.

예시한 속보내용을 살펴보면 두 가지 공통점이 있다. 하나는 모두 사실에 부합하지 않는다는 것이고, 다른 하나는 보도 내용이 서로 똑같다는 점이다.

세월호 침몰 사건 언론 보도 실태와 문제점

세월호 침몰 사건의 희생자 가족이 사고 현장에서 느꼈던 가장 뼈아픈 경험은, '노골적으로 진실을 왜곡하여 보도하는 언론들을 그냥 무기력하게 바라볼 수밖에 없었던 것'이다.

모두 살아있다 했으니까 단원고등학교에서 '전원구조'란 잘못된 보도를 보는 것 정도는 참을 수 있었다. 하지만 진도로 이동하는 과정에서 오락가락하는 구조 상황 전달과 세월호 침몰 이후 소위 '골든아워'라고 하는 시간대에 진행된 '허위·과장·왜곡'된 보도를 접할 때, 그것은 방송이 아니라 참을 수 없는 가혹한 고문이었다.

"방송은 당해 사업자 또는 그 종사자가 직접적인 이해 당사자가 되는 사안에 대해 일방의 주장을 전달함으로써 시청자를 오도해서는 아니 된다"[102]는 방송심의규정과 보도준칙이 없다 하더라도, 방송은 기본적으로

---

102 방송심의규정 제6조 4항.

시청자들에게 진실만을 전달할 의무가 있다.

하지만 세월호 침몰 사건 시작부터 현재까지 대한민국 언론 보도에서 '진실이 왜곡되지 않은 객관적' 보도는 찾기가 쉽지 않다.

구조 및 구난 보도의 공정성·적정성 문제

침몰하는 세월호의 승객들을 구조하기 위해 출동했던 해경과 해군의 구조세력은, 출동 당시 본부 및 상황실과 교신할 수 있는 충분한 통신장비를 보유하고 있었다.

따라서 이들이 침몰현장에 도착하여 매뉴얼에 따른 정확한 상황을 파악하고 정해진 절차에 따라 도착보고를 제대로 했다면, 세월호 침몰현장 분위기가 왜곡되어 상황실로 전달될 수 없었고, 상황실 또한 잘못된 정보를 수집하여 언론에 전달하지 않았을 것이다.

하지만 이상하게도 세월호 침몰 사건에서 이 시스템은 작동되지 않았다. 해경의 통신기록만 놓고 평가해보면, 511호 헬기와 123정 정장 김경일 등 정보의 입력자는 현장 상황을 정확하게 파악하여 사실대로 분명히 전달했는데, 정보의 소비자는 전혀 새로운 정보로 가공하여 언론에 전달했다.

세월호 침몰 당일 언론사의 보도는, 세월호가 이미 거의 침몰한 상황에서 시작됐고, 그렇다면 그것은 생방송이 아니라 녹화방송이었기 때문에 구조적으로 정확한 정보가 언론에 전달될 수밖에 없었다.

하지만 세월호 침몰 당일 언론은, 이미 모든 구조 상황이 종료됐음에도, '대규모 구조세력이 신속하게 세월호 침몰현장으로 출동해서, 구조하기 좋은 환경에서 입체적으로 구조작업이 순조롭게 진행되고 있는 것'처럼 생동감 넘치는 재난방송을 송출했다.

재난방송은 시작하자마자 모든 국민이 안심할 수 있도록 긍정적인 부분만 강조했고, 중대본과 해경의 입을 빌려 120명 또는 190명이 구조되었다고 보도했다. 그리고 TV 화면의 자막에는 아래와 같은 자막들이 쉴 새 없이 바뀌고 있었다.

- 선내방송 "침몰 임박…탑승객 바다로 뛰어내려야"
- 1~2시간 안에 모두 구조할 것…만일의 사태에 대비
- (앵커) 10:14경 해경 관계자는 침몰 속도가 빠르지 않아서 1~2시간 안에 모든 인명 구조를 마칠 수 있을 것 같지만 만일의 사태에 대비하고 있다고 밝혔습니다.
- 사고 여객선 부력 유지…접안 후 구조방안 검토 중
- 해군, "함정 11척 · 링스헬기 급파…구조 중"
- 유도탄 고속함 1척 · 고속정 6척 · 링스헬기 투입
- 진도 여객선 좌초…헬기 · 경비함 190명 구조
- 좌초한 수학여행 여객선 암초 타고 넘은 듯
- 해군, "함정 20척 · 링스헬기 1대 투입…구조 중"
- 침수 전 선체서 '꽝' 소리…"굉음 원인 몰라"
- 해군, "탑승객 전원 선박 이탈…구명장비 투척 구조 중"
- 경기교육청 대책반 안산 단원고 "학생들 전원구조"
  "경기도 교육청 대책반에 따르면 단원고 학생이 전원 구조됐다는 소식도 들어와 있습니다"라는 앵커와 기자의 멘트 등을 통해 '안산 단원고 학생들이 전원구조됐다'는 소식을 반복적으로 전함
- 사고 여객선 완전 침몰…승객은 전원 탈출한 듯
- 해난 구조대 SSU · 해군 특수전부대 UDT 투입(MBC)
- 공군, 구조용 고무보트 40여 대 현장 투하(MBC)

문제는 언론을 제외한 다수 국가기관이 '대형참사가 발생했다'는 정확한 구조 상황을 파악하고 있던 상태에서 잘못된 정보를 계속해서 언론에 흘렸고, '전원구조'라는 보도가 잘못된 보도임을 명백하게 인식하고 있었음에도 의도적으로 이를 정정하지 않았다는 점이다.

따라서 '전원구조'라는 보도를 포함하여 전체적으로 잘못된 보도에 대한 책임은 정부의 발표를 검증절차 없이 속보로 송출한 언론의 책임도 있지만, 이를 알면서도 허위의 정보를 언론에 제공한 국가의 책임이 더 심대하다.

왜곡·과장·편파 보도의 문제

세월호 침몰 사건에서 잘못된 보도는, 재난방송을 시작하는 순간부터 현재까지 계속 진행되고 있다. 잘못된 보도의 유형 또한 허위보도부터 왜곡·과장·편파 보도 등 다양하게 진행되고 있어, 어디서부터 어디까지가 잘못됐다고 특정할 수도 없다.

세월호 침몰 초기에는 이미 모든 것이 종료되어 어떤 구조행위도 진행하지 않는 상황에서, 해경의 구조세력들이 입체적 구조작업을 진행하는 것처럼 사실에 반한 보도를 했던 것이 문제였지만, 이후부터는 언론이 악의적으로 진실을 왜곡하고 과장하는 보도를 진행한 것이 문제였다.

그리고 본격적으로 수색이 시작되는 시점 또는 참사 수습국면부터는 일방적 편파 보도까지 더해졌다. 여기에는 청와대와 국군기무사령부 같은 정보기관과 방송사의 최고 경영진이 관여되었음은 재론할 필요가 없다.

세월호 침몰 당시 침몰현장에는, 123정이라는 소형 함정 한 척과 해경 헬기 3대가 도착하여 구조작업을 진행했다. 하지만 언론은 침몰현장에 엄청난 규모의 해경과 해군의 헬기와 함정들이 도착하여, 건국 이래 사상 최대의 구조작전이 전개되고 있는 것처럼 보도했다.

3009함은 세월호 침몰현장에서 약 118km 떨어진 곳에 있어 세월호 침몰현장에는 오전 11시 40분경에 도착했지만, 그들은 이미 세월호 침몰현장에 도착하여 순조롭게 구조작업을 잘 펼치고 있는 것처럼 구조 상황을 묘사했다.

해경의 특공대와 122구조대의 최초 입수시간을 보도하는 과정도 적지 않은 문제가 있다. 특히 122구조대 대원들은 오전 11시 5분경 팽목항에서 출항하여 12시 20분경에 세월호 침몰현장에 도착했는데, 해경은 오전 11시 24분경에 이미 그들이 침몰현장에 도착해 입수한 것으로 상황을 공유하고 있었다.

반면, KBS는 이보다 앞선 10시 43분경, 해양경찰청 대변인 성기주의 입을 빌려, '특공대가 수중 승객들을 구조하기 위해 선내를 수색하고 있는 것'으로 보도했다.

세월호가 바닷속으로 완전히 침몰했을 때, 해경은 정확한 상황을 파악하고 그것에 대한 대책을 수립하고 시행했어야 한다. 선내에 '생존자가 잔류하는지', '에어포켓은 있는지'를 확인하고 생존자 잔류 가능성이 있는 경우에는 수색보다는 구조를 진행했어야 옳았고, 선체의 부력유지와 수중 생존 승객의 생존시간을 연장하기 위해 공기주입 방안을 검토하고 실행했어야 한다.

해경은 세월호 침몰 첫날, 제대로 된 잠수작업을 실행한 사실이 없고, 선내 진입작업을 시도했던 적이 없다. 하지만 언론은 잠수사가 수십에서 수백 명이 투입되어 대대적 구조작업을 벌이고 있는 것처럼 보도했다.

특히 KBS는 4월 16일 '투입된 경비함정만 81척, 헬기 15대가 동원됐고, 2백 명에 가까운 구조인력 등 육해공이 총동원돼 하늘과 바다에서 입체적 구조작업을 벌였다'고 보도했다. 이날 실제 투입된 수중수색 인원은 16명에 불과했던 것으로 나중에 확인됐다. KBS는 4월 24일에도 해경의 발표문을 인용하여 '수색작업에 참여한 잠수부는 720여 명으로 늘었다'고 보도했다.[103]

해경은 '세월호 선내에 에어포켓이 있는지, 생존자가 있는지 확인할 의

---

103 국회사무처, 『세월호침몰사고진상규명국정조사특별조사록』, 2014.7.7, 1434쪽.

무'가 있었지만, 확인한 사실이 없음에도, 언론을 통해 '선내엔 에어포켓과 생존자가 없다'고 홍보했다. 특히 KBS는 세월호 침몰 당일 9시 뉴스에서, [그림 6-31]과 같이 방송 전에 컴퓨터 그래픽까지 만들어서 '해군 관계자가 세월호 선내에 들어가 확인했지만, 에어포켓과 생존자가 없는 상황이다'라고 잘못 보도했다.

그림 6-31. 세월호 선내에 공기와 생존자가 있는지 확인하고 있다는 KBS의 보도

2014. 4. 16. 특집 KBS뉴스 9 필자 화면 캡처.

세월호 침몰 사건에서 왜곡·과장된 보도는 셀 수 없을 정도로 많으므로 모두를 세세하게 소개할 수는 없다. 굳이 가장 대표적 사례를 거론하자면, 필자는 민간인 잠수사 투입과 관련하여 많은 논란을 불러일으킨 배우 정동남을 꼽겠다.

당시 정동남은 특수부대 UDT 출신이란 점과 1969년에 동생을 한강에서 사고로 잃었다는 사실 외에는 잠수와 관련해 알려진 사실이 전혀 없었

다.[104] 따라서 실제로 세월호 침몰현장에서 잠수할 능력을 보유한 사람인지, 아니면 민간인 잠수사 관리능력이 있는 사람인지 전혀 검증된 사실이 없었다. 하지만 언론의 화면에 비친 그의 위상은 아마도 전직 해난구조대 (SSU) 대장보다도 더 높았던 것으로 기억된다. 그는 팽목항 곳곳을 다니며 민간잠수사 투입과 관련한 참견을 했고, 언론이란 언론은 모두 도배하다시피 했다.

그는 언론과의 인터뷰를 통해 "조류, 시야, 파도, 수온" 등의 문제 때문에 현재 잠수가 불가능하다며 해경을 대신해 변명했고, 심지어 민간인 홍가혜의 '민간잠수사 투입 방해 논란'에도 깊숙이 개입하여 진실을 심대하게 왜곡했다.[105]

그림 6-32.
정동남 인터뷰 내용

OBS 정동남 인터뷰
내용 필자 정리.

Q. 구조 작업 중 가장 힘든 부분은?
바다는 네 가지 조건이 맞아야 해요.
첫째 파도입니다. 파도.
파도가 잠잠해야 한다는 이야기고
더 큰 것이 이제 나와요. 조류.
더군다나 이쪽 지역이 조류가 우리나라 두 번째로
세다 그러잖아요? 조류.
세 번째는 시야. 시야가 우선 트여야 뭘 보여야 하지.
네 번째는 온도란 말이에요.
수온이 너무 차거나 그러면
오랜 시간을 버틸 수가 없고
거기서 추가된다 그러면 깊이가 얼마냐.
이런 깊이는 괜찮아요. 30m 40m 최대…
그러니까 이런 데서 괜찮은데
아까 이야기했던 1,2,3이 다 안 도와주고 있다고.
시야 조류 파도 그냥 세 개가 지금 막혀 있으니까
아주 우리 정신이 없어요.

---

104 「정동남 구조활동 이유는? "동생을 한강에서 잃었다"」, 『폴리스뉴스』, 2014.4.18
(http://www.polinews.co.kr/news/article.html?no=203571)
105 「[단독] 정동남 "파도·조류·시야 악조건에 세월호 구조 난항"(인터뷰②)」, 『OBS』,
2014.4.22 (https://entertain.naver.com/read?oid=427&aid=0000008274).

희생자·유가족 등 피해자의 명예를 훼손한 보도

2014년 8월 25일 필자는 언론사에 아래와 같은 내용의 기고를 한 사실이 있다.

> (2014) 7월 25일 강남역에서 택시를 타고 이동하던 중 황당한 경험을 했다. 60세 좀 넘어 보이는 택시 기사님의 말씀이다. 묻지도 않았는데 대뜸 "요즘 세월호 학부모들 해도 해도 너무한다. 먹고 살만하니 단식투쟁을 한다고 한다. 전쟁이 나서 어려움을 겪어봐야 단식을 그만둔다고 한다. 자식 덕분에 평생 만져보지 못할 돈을 받았으면, 조용히 성당 다니면서 자식들 명복이나 빌 일이지 대통령님만 힘들게 한다고 한다. 직장이나 빨리 다녀라"고 한다.106

당시 단원고 희생자 가족들은 세월호 침몰 사건의 진상규명을 위한 특별법 제정을 위해 몸부림치고 있었고, 정부와 여당은 이를 저지하기 위하여 언론을 최대한 활용했던 시기였다. 당시 다수 국민들은 세월호 유가족을 위로하며 철저한 진상규명과 책임자 처벌을 옹호했지만, 한편으로는 세월호 유가족을 극한 혐오 수준으로 비난하던 사람들도 많이 있던 때였다.

이러한 분위기는 일베와 어버이 연합, 자유총연맹 등 보수단체들이 주도했지만, 뒤에는 언론, 특히 종편을 중심으로 보수 언론이 잘못된 여론을 주도하거나 특정 사안에 침묵했던 영향이 컸다. 특히 채널A와 TV 조선 등은 기획기사를 마련하여 24시간 세월호 유가족들을 공격했다.

당시 여당이었던 새누리당 의원들은 매우 특별한 목적을 가지고 세월호 유가족을 공격했고, 언론은 이를 비판 없이 인용 또는 침묵했으며, 이것을 보수단체들이 인용하면서 사태가 확산됐다. 언론이 희생자와 그의 가족을

---

106 「아들의 수학여행, 이제 제발 좀 끝내주시죠」, 『오마이뉴스』, 2014.8.25 (http://www.ohmynews.com/NWS_Web/View/at_pg.aspx?CNTN_CD=A0002026306&CMPT_CD=SEARCH)

펌훼하거나 명예를 훼손한 사례 또한 셀 수 없을 정도로 많지만, 특히 이슈로 부각 됐던 사례는 아래와 같다.

- 새누리당 김재원 의원, "유가족 다수는 (진상규명보다) 보상·배상 더 바란다"
- 유가족이 요구한 특별법 '사법체계의 근간을 흔든다'
- 새누리당 조원진 의원, "AI가 발생했을 때도 대통령에게 책임을 묻느냐"
- 심재철 의원이 당직자와 지인들에게 보낸 카톡, "학교 수학여행을 가다가 개인 회사의 잘못으로 희생된 사건을 특별법을 만들어 보상해달라는 것은 이치에도 어긋나는 것"
- 주호영·홍문종 의원, "세월호 참사는 기본적으로 교통사고…과잉보상 안돼"
- 김태흠 의원, 20일이 넘게 국회 앞에서 농성 중인 유가족들을 향해 "어디 뭐 노숙자들 있는 그런…"
- 단식 중인 유가족들을 향한 안홍준 의원, "단식은 죽을 각오로 해야 해. 병원에 실려 가도록"

입에 담기조차 민망했던 막말들은 한겨레와 경향, JTBC, 오마이뉴스 등 몇몇 언론사를 제외하고는 어떤 신문사와 방송사도 제대로 비판 보도를 하지 않았다. 보도했다고 해도 단순한 '해프닝'처럼 언급하거나 막말을 옹호했다.

가장 심각한 문제는 생존 피해자와 희생자 형제자매들에 대한 '대학 특례입학'과 관련한 문제였다. 정부가 진정으로 단원고등학교 관련 피해자들을 구제할 목적에서 '대학 특례입학'을 논의했다면, 원칙적으로 다음과 같은 관점에서 논의됐어야 한다.

- **생존 학생의 특례입학과 관련한 문제**
  생존 학생들은 세월호 침몰 사건 발생으로 인해 학습권에 대한 심대한 장애를 받은 것은 사실이므로, 교육부 차원에서 합당한 대책을 수립하여 시행하는 것은 매우 당연하다.

다만 당시 이들이 대학을 입학할 때까지 1년 정도의 시간이 남아있었으므로, 2014년 당시에는 그렇게 시급한 문제는 아니었다.

- **2014년 당시 희생 학생의 고3 형제자매 특례입학의 문제**
  당시 정확한 숫자는 파악되지 않았지만, 약 30여 명의 대상자가 존재했던 것으로 필자는 기억하고 있다. 이들의 경우에는 대입을 위해 시험 준비에 집중해야 할 시기에, 동생의 죽음으로 인해 심대한 학습권 지장을 받았으므로, 교육부가 구제책을 마련하는 것이 옳았다. **엄밀히 말하면 그것은 특례가 아니라, 사고에 대한 또 다른 "배상"이 었던 것이다.** 당시 일부 유가족들이 요구했던 것은 특례가 아니라 세월호 침몰 사건 이후 학업에 집중할 수 없으므로 성적하락은 불가피하니, 그것에 대한 구제방안 즉, '공정경쟁' 보장방안을 요구했던 것이다.

단원고 학생들의 대학 특례입학을 단원고 유가족이 공식적으로 요구했던 사실이 없다. 대학에 입학해야 할 대상자가 이미 사망했기 때문에, 유가족이 죽은 자식들의 대학 입학 특례적용을 위해 투쟁할 이유가 없었다.[107]

오히려 이 문제를 먼저 공식적으로 논의했던 곳은 정치권이었다. 실제 세월호 참사 관련 법안 중 피해 학생의 대입 특례를 담은 법안은 총 4개 (정진후 정의당 의원안, 새누리당 김명연 의원안, 새정치민주연합 유은혜 의원안과 전해철 의원안 등) 법안이 있었고, 특히 새누리당 김명연 의원은 국회 국조특위에서 서남수 교육부 장관을 상대로 이 문제를 집중 부각했다.

김명연 의원은 국조특위 자리에서 "그냥 운이 없어서 단원고등학교 다녔으니까 조금 경쟁력이 떨어져도 받아들이고 알아서 대학 들어가라, 이게 교육부의 방침입니까"라고 따지며, "특별법이 필요하면 이것을 어떻게 해야 할지를 (교육부에서) 국회에 요구했어야 했다"면서, "지금 절차가 들어가야 하니까 그 대책을 반드시 세워서 서면으로 본 위원한테 보고하라"

---

107 다만, 당시 고3이었던 희생자 형제자매들의 경우에 한하여 부분적으로 그들에 대한 특례입학을 요구했던 사실은 있다.

고 주문하기도 했다.[108]

세월호 침몰 사건과 관련한 대학 특례입학 문제는 생존 피해자와 2014년 당시 고등학교 3학년생이던 희생자의 형제자매에 한정된 것이 바람직했다. 누가 뭐라 하더라도 이들이 학습권을 침해받은 것은 틀림없는 사실이기 때문이다. 하지만 여당 정치인과 일부 언론들은 이 문제를 단원고등학교 재학생 전체의 문제로 확산시켜 국민들로 하여금 분노하는 분위기를 선동했다.

다행히 생존 피해자들은 특례입학이 적용됐지만, 세월호 침몰 당시 고등학교 3학년이던 형제자매의 경우에는 특례적용도 받지 못한 상태에서 언론과 반대하는 국민의 매서운 공격만 받아 오히려 추가적인 상처만 입었다.

누가 가짜뉴스를 생산했고 누가 확산을 주도했는가?

2014년 검찰이 세월호 침몰 사건을 수사할 때, 전원구조 보도를 비롯한 오보와 언론사의 횡포를 수사하지 않은 것은 명백한 직무유기다.

세월호 침몰 사건에서 잘못된 보도는 당황하고 경황이 없어서 발생한 것이 아니며, 사실관계를 확인할 시간이 없어서 발생한 사건도 아니었다.

현장의 출동 구조세력은 나름대로 정확한 침몰현장 분위기를 전달했지만, 해경 등이 소설적 요소를 가미하여 언론에 퍼트린 것이 사태를 악화시켰다.

해경의 모든 구조세력은 세월호 침몰 상황을 인지한 직후부터 구조의무가 있었으므로, 책임과 의무를 다하기 위한 시스템을 가동했어야 한다. 따라서 이동 및 도착과정에서 발생했던 의무를 다하기 위해 최선을 기울여

---

108 국회사무처, 『세월호침몰사고의진상규명을위한국정조사특별위원회조사록』, 2014. 7. 4, 81~82쪽.

야 했으며, 그랬다면 정확한 세월호 침몰 상황을 파악하지 못할 이유가 없었다.

오전 9시 30분경 123정 정장 김경일과 511호 헬기가 세월호 침몰현장에 도착하여 현장 상황을 알려 주었고, 특히 9시 37분 이후 김경일과의 전화 통화와 TRS 교신을 통해 모든 상황을 정확히 수뇌부에게 전달했다. 김경일이 진행했던 TRS 교신만 놓고 보더라도 '승객의 절반 이상이 선내에 갇혀 있다는 사실, 세월호가 침몰이 임박해 있다는 사실' 등을 모두 알려 주었는데, 이것을 접수한 해경은 전혀 다른 내용을 언론에 흘렸던 것이다. 해경이 3,000톤급 경비함이 출동하고 있다는 사실, 해군의 유도탄 고속함이 출동하고 있다는 사실, 세월호가 부력을 유지하고 있다는 사실 등을 해경 등이 언론에 알려주지 않았다면, 모든 언론이 동시에 같은 내용을 송출할 가능성은 전혀 없었다.

해양경찰청의 전화 통화 녹취록을 보면, 해경은 '승객이 선내에 갇힌 채 세월호가 침몰했다'는 이야기를 하고, '전원구조는 오보이며 단원고에서 시작됐다'는 통화는 하면서도, 언론사에 보도 내용을 정정하는 절차는 진행하지 않았다.

침몰 직후 잠수사 등 투입과 관련해서는 노골적으로 잘못된 내용을 언론에 흘렸으며, 특히 4월 17일 박근혜가 진도실내체육관을 방문했을 때 김석균은 박근혜가 바로 옆에 있었음에도 과장된 내용을 마이크를 들고 발표하여 가족들로부터 항의와 야유를 받았다.

이것은 세월호 침몰 사건과 관련한 잘못된 보도에 해양경찰청장 김석균과 박근혜가 함께 관여돼 있다는 방증이라 할 것이다.

필자가 취재 기자에게 직접 확인한 결과에 따르면, 세월호 침몰 당시 KBS의 경우 전원구조 보도 여부를 놓고 내부 갈등이 있었다. MBC의 경우에도 침몰현장에 도착한 목포 MBC 취재기자가 전원구조 보도가 문제가 있음을 목포 MBC에 알렸고, 목포 MBC도 분명히 본사에 그 부분을 어필했다. 하지만 오후 3시 30분경 중대본이 구조자 숫자 파악에 오류가 있었다는 발표를 할 때까지 MBC가 이를 수정하지 않은 사실은 잘못된 보도에 경영진의 의지가 반영돼 있었다는 것을 의미한다. 평소의 경우라면 누군가가 사실관계에 대한 의혹을 제기했다면, 본능적으로 재검증의 절차는 거쳤을 것이다.

언론사의 공통된 주장대로 세월호 침몰 당일 '속보 경쟁'이 문제였다면, 세월호가 완전히 침몰하고, '생존자 구조 상황'에서 '사망자 수색구조 상황'으로 상황이 변경됐을 때부터라도 정상적인 보도시스템이 작동됐어야 한다. 하지만 언론은 이후에도 자신들의 잘못을 변화시키지 않았다.

따라서 이 사건의 본질적인 책임은 "받아쓰기"했던 말단 기레기에게 있었던 것이 아니라, 의도적으로 엉터리 자료를 제공한 해경 등 국가기관과 잘못된 보도를 강행한 언론사 경영진에게 책임이 있다 할 것이다.

▨ 자료목록

1) 국회사무처, 『세월호침몰사고의진상규명을위한국정조사특별위원회조사록』, 2014.7.4

2) 국회사무처, 『세월호침몰사고진상규명국정조사특별조사록』, 2014.7.7

3) 「[단독] 정동남 "파도·조류·시야 악조건에 세월호 구조 난항"(인터뷰②)」, 『OBS NEWS』, 2014.4.22 (http://www.obsnews.co.kr/news/articleView.html?idxno=798176)

4) "아들의 수학여행, 이제 제발 좀 끝내주시죠", 『오마이뉴스』, 2014.8.25 (http://www.ohmynews.com/NWS_Web/View/at_pg.aspx?CNTN_CD=A0002026306&CMPT_CD=SEARCH)

5) 「정동남 구조활동 이유는? "동생을 한강에서 잃었다"」, 『폴리스뉴스』, 2014.4.18 (http://www.polinews.co.kr/news/article.html?no=203571)

6) 「헬기 이륙장서 끊어진 '반쪽' 진실⋯"엄마도 몰라"」, 『MBC NEWS』, 2019.10.31 (http://imnews.imbc.com/replay/2019/nwdesk/article/5575541_24634.html)

제7장

정보기관의 유가족 사찰과
개입 의혹

1.
기무사의 유가족 사찰
(Ⅰ)

세월호가 박근혜 정권 검찰의 수사결과와 같이 "급변침, 고박불량, 과적" 등에 의해 침몰한 것이 틀림없다면, 왜 박근혜는 정권의 명운을 걸고 진실을 은폐하고 '진상규명과 책임자 처벌'을 방해했을까?

왜 세월호가 침몰하던 그 날부터 '국가정보원과 정보 경찰, 국군기무사령부(이하 "기무사"라 칭한다)를 동원하여 유가족을 사찰하고 미행했을까?

세월호 침몰 사건에서 유가족과 유가족 관련 단체에 대한 사찰은 매우 광범위하게 진행됐었던 것으로 의심되지만, 박근혜 정권이 워낙 꼼꼼하게 증거를 숨기고 파기했던 결과, 현재까지 확실한 증거를 찾지 못했다. 다만 2014년 4월 20일 진도 실내체육관에서의 정보수집 사례,[1] 2014년 5월 19일 단원경찰서 직원(강명신 등 2명)이 전북 고창 고인돌 휴게소에서 유가족 의사에 반한 행동을 하다 발각되어 물의를 일으킨 사례[2]가 분명히 있었다.

---

1 2014년 4월 20일 새벽 2시 20분경 사복경찰이 진도체육관 내 가족들이 모여 있는 공간에서 유가족과 관련된 정보를 수집하다가 가족들에게 발각된 사건.

2 2014년 5월 19일 단원경찰서 직원(강명신 등 2명)이 전북 고창 고인돌 휴게소에서 진도로 내려가는 유가족을 미행하다가 유가족에게 발각된 사건을 말한다. 이에 유가족들은 19:49경 오동호 장례지원단장에게 전화를 걸어 강력항의를 했으며, 이후 일부

유가족에 대한 사찰은 규모의 문제이지 존재 자체를 부인할 수는 없다.

기무사는 세월호 침몰 사건 발생 직후 6개월 동안 실종자 가족과 가족 대책위 대표 인물들의 신상 파악 및 성향을 분류하고 효율적인 관리방안을 연구했다. 특히 유가족들의 부정적인 부분만 부각시켜 국민과 이간질하려 했다.

그들은 진도 실내체육관과 팽목항, 안산시에 기무사 활동 요원을 배치했고, 그들이 수집한 정보를 바탕으로 정기적으로 보고서를 작성하여 매주 토요일 사령관 이재수가 청와대를 직접 방문하여 보고했다.

사실 기무사의 이러한 불법행위는 세월호 침몰 사건에서 처음 있었던 것이 아니다. 기무사는 이미 1979년부터 지속적으로 국내 정치에 개입하고 있었고, 세월호 침몰 사건이 발생했을 때도 같은 행위를 계속하고 있었을 뿐이다.

- 1979. 12. '12·12 전두환 군사반란' 주도
- 1980. 5. '5·17 전두환 비상계엄 전국 확대' 주도(지속적으로 국내 정치에 개입)
- 1990. 10. '윤석양 이병 양심선언 사건' (기무사의 전신인 보안사령 부가 김영삼, 김대중, 노무현 등 야당정치인들과 김수환 추기경, 윤공희 천주교 광주 대교구장 등 종교계 인사들을 포함한 다수 민간인들을 지속적으로 불법사찰)

결국, 기무사는 박근혜 탄핵과정에서 작성된 "계엄문건"이 세상에 공개되

유족(8명)은 진도 방문을 포기하고 합동분향소 유가족 대기소로 23:35경 복귀했다. 이때 유가족 100여 명은 분향소 유가족대기소 앞에서 관련 경찰 2명, 단원경찰서장, 단원경찰서 과장, 경기지방경찰청장 등을 상대로 사찰 여부, 지시자 유무, 사찰이유, 사복경찰 근무 인원 등을 질의(2014.5.20. 00:10) 했다. 이 자리에서 경기지방경찰청장은 앞으로 사복경찰의 경우, 유가족이 동의하는 범위 내에서 업무를 수행하겠다고 언급하며 단원경찰서장과 함께 유가족에게 재발 방지 약속 및 사과로 2014년 5월 20일에 마무리되었다.

면서, 정치개입과 민간인 사찰 등의 과오를 반복하지 않을 목적으로 문재인 정권에 의해 해편됐고, '군사안보지원사령부'로 새롭게 출발한 상태이다.

기무사의 '세월호 침몰 사건' 개입의 적정성

국군기무사령부(國軍機務司令部, Defense Security Command, DSC, 약칭: 기무사)는 세월호 침몰 당시 대한민국 국방부 직할 수사 정보기관으로, 군사에 관한 '정보수집 및 군사보안, 방첩, 범죄 수사'를 목적으로 하는 부대이다. 기무사는 본부와 지원 부대로 구성되며, 지원 부대는 국군의 연대급 이상의 부대에 배속되지만, 배속된 부대와 별개의 독립부대 형태로 운영된다.[3]

기무사는 군사상 필요할 때 대통령령으로 정하는 바에 따라 국방부장관의 지휘·감독을 받도록 되어있고,[4] 그들은 '군 관련 첩보의 수집·작성 및 처리'를 하는 업무 중 '국외·국내의 군사 및 방위산업에 관한 첩보'에 관한 업무를 수행할 수 있다.[5]

세월호 침몰 당시 시행되고 있던 『수난구호법』은 "수난구호 협력기관의 장이 수난 구호 활동을 위하여 구조본부의 장 또는 소방관서의 장으로부터 필요한 지원과 협조요청이 있을 경우, 특별한 사정이 없으면 이에 응해야 하며,[6] 시장·군수·구청장은 응급조치를 하기 위해 필요하면 다른

---

3 「국군기무사령부령」 제2조 "설치" 및 제3조 "직무", 제4조 "조직" 참조. 2018년 8월 6일 입법 예고된 새로운 기관명은 군사안보지원사령부라고 확정되었다. 개편안은 8월 14일에 국무회의에서 심의·의결되었다. 2018년 9월 1일 군사 정보, 보안, 방첩 기능을 수행하는 군사안보지원사령부가 새롭게 창설함에 따라 과거 세월호 유가족 사찰, 국정 여론조작, 계엄령 준비 논란을 일으켰던 국군기무사령부는 해체되었다.
4 「국군조직법」 제2조 "국군의 조직" ③ 참조.
5 「국군기무사령부령」 제3조 ① 2. 가. 참조.
6 「구수난구호법」 제14조 ① 참조.

시·군·구나 관할 구역에 있는 군부대 및 관계 행정기관의 장, 그 밖의 민간기관·단체의 장에게 인력·장비·자재 등 필요한 응원을 요청할 수 있다. 이 경우 응원을 요청받은 군부대의 장과 관계 행정기관의 장은 특별한 사유가 없으면 요청에 따라야 한다"고 규정하고 있다.[7]

군은 세월호 침몰 사건의 구조와 관련하여 '탐색구조(희생자 수습, 유실물 수습, 헬기 이송, 수송지원)와 관련한 인원 및 의료지원(잠수병 치료, 가족 진료, 잠수사 PTSD 진료), 탐색구조 장비 지원' 등을 했다.

따라서 세월호 참사에서 군의 지원에 관한 첩보수집·작성 및 처리의 지휘·감독은, 공무원인 국군기무사령부 사령관을 비롯한 지휘·감독권자의 일반적인 직무권한에 속한다 할 것이다. 비록 세월호 침몰 사건이 민간 관련 사건이라 하더라도 군의 지원과 관련해서 제한적으로 기무사가 정보활동을 할 수 있었다.[8]

하지만 세월호 침몰 사건에서 기무사는 이것에 한정된 업무만 진행한 것이 아니라, 군과 전혀 상관없는, 특히 범죄혐의가 없는 세월호 유가족과 시민단체를 '종북세'[9] 또는 '좌익세'[10]라는 딱지를 붙여 은밀히 사찰했다. 이 부분은 정상적인 직무권한을 초과하여 타인에게 의무 없는 일을 하게 하거나 권리행사를 방해한 명확한 범죄행위에 해당한다.[11]

---

7 「재난 및 안전관리 기본법」 제44조 ① 참조.

8 국방부 보통검찰부, 『수사보고 [일반적 직무권한 관련』, 기무사 의혹 특별수사단, 2018.8.13, 7쪽.

9 북한 정권을 추종하면서, 그 체제와 주의·주장에 무비판적으로 동조하며 대한민국의 정체성을 부정하는 비판세력(NL주사파) (기무사 작성문건 '從北(종북)좌익세 전망 및 대응책 참조). 일부 기무 요원은 **'반정부, 정부 정책에 반대하는 세력'**이라고 진술)

10 종북세(從北勢)인 NL 주사파와 사회주의 체제를 추종하는 맑스레닌(PD)주의를 아우르는 세력(NL주사파 + PD파)(기무사 작성문건 '從北(종북)좌익세 전망 및 대응책 참조).

11 군 검찰은 총 36개 항목 중 19개 항목에 대하여 지휘·감독권을 남용한 사례로 판단했다. 국방부 보통검찰부, 『수사보고 [일반적 직무권한 관련』, 기무사 의혹 특별수사단, 2018.8.13, 8~9쪽.

기무사는 왜 세월호 침몰 사건에 개입했나?

세월호 침몰 사건과 관련하여 기무사가 왜 권한의 범위를 초과하여 불법적인 범죄행위에 개입되었는지를 입증할 명확한 증거는 없다. 다만, 기무사가 작성한 보고서는 기무사령부 지휘·감독권자(사령관 이재수)의 결정에 따라 VIP, 청와대 비서실, 국가안보실, 경호실, 등에 제공되었으므로, 이들의 불법행위에 대한 최종 수혜자는 당시 대통령 박근혜가 틀림없다. 아직까지 박근혜가 불법행위를 지시하고 지휘했다는 근거는 확인되지 않았다.

군 검찰은 기무사가 '세월호 정국을 조기 종결할 목적'에서, 세월호 유가족 언동 및 분위기를 파악하여 이를 바탕으로 유가족 성향을 분석하고, 이를 유가족에 대한 부정적 여론을 조성하여 자신들의 정치적 목적을 달성하기 위해 활용했다고 판단했다([그림 7-1] 유가족 사찰 목적 구조도 참조).

- **세월호 유가족 언동, 분위기 파악**
  세월호 정국 초기에는 유가족에 대한 전담조직이 필요하다는 의견을 제시하는 등 가족들에 대한 전반적 분위기 파악

- **유가족 성향 분석**
  실종자 전원 수습을 강하게 주장하는 실종자 가족을 설득하여 수색 종결을 이끌어 낼 목적으로 유가족들의 성향을 분석하였고, 이를 세월호 정국의 전환을 위하여 활용하고자 함

- **세월호 정국의 종결 목적**
  유가족을 성향별로 분석한 내용을 바탕으로 가족들을 설득하여 세월호 정국을 조기 종결하는 구체적인 방안을 제시하였고, 이와 더불어 유가족들에 대한 부정적인 여론을 조성하여 가족들을 압박함. 또한, 유병언 부자 검거에 총력을 기울이며, 이를 정부에 대한 비난 여론의 화살을 피하기 위한 도구로 활용함

그림 7-1. 기무사의 유가족 사찰 목적 구조도

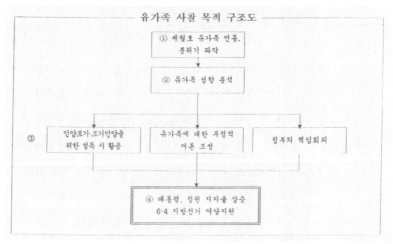

국방부 보통검찰부, 『수사보고 [일반적 직무권한 관련]』 필자 화면 캡처.

- **대통령 정권 · 여당 지원**
  세월호 침몰 사건 이후 대통령 지지율이 지속적으로 하락했는데, '대통령 국정운영 지원'이라는 명목하에 이에 대한 실태를 분석하고 대책을 제시하였고, 이 과정에서 세월호 조기 종결이 거론됨. 유가족 및 실종자 가족에 대한 사찰이 계속되는 과정에서 치루어진 선거 (6 · 4지방자치단체장 선거 및 7 · 30 국회의원 보궐선거)에서 여당이 의외의 선전을 하였음[12]

군 검찰의 분석이 일견 일리가 없는 것은 아니다. 하지만 기무사는 세월호 침몰 사실을 인지한 직후 습관적으로 기무요원을 팽목항에 투입했고, 그날부터 정보수집의 주체가 되어 활동했으므로 위 4개 항의 목적으로는 기무사가 세월호 침몰 사건에 개입한 이유가 충분히 설명되지 않는다.

필자는 기무사의 불법행위가 세월호 침몰 사건 정국을 조기 종결하는

---

12 국방부 보통검찰부, 『수사보고[유가족 사찰 동기 관련]』, 2018.8.28, 2쪽.

것에는 실패했지만, 박근혜 정권이 우려했던 '논란의 확산 방지 및 정국 불안정'을 극복하는 국면전환용 카드로는 유효하게 활용된 것은 틀림없었다고 판단한다.[13]

세월호 침몰 사건에서 기무사의 역할

기무사 요원들의 유가족 사찰행위는 누가 지시했을까?

본건과 관련해 조사를 받았던 사람들은 모두 사령관 이재수를 지목했다.[14] 사령관 이재수는 세월호 TF 구성을 지시한 사람이고, 세월호 TF 핵심참가자 참모장 김대열과 대령 손정수·박태규 등에게 직접 업무를 지시하고 보고를 받는 위치에 있었다는 점, 예하부대 610 및 310 부대장을 직접 지휘했던 사실이 있다는 점, 회의 석상에 공개적으로 유가족 사찰을 지시했다는 점 등을 감안하면, 지시자의 책임을 면할 수 없다.

기무사는 세월호 침몰 당일, 침몰 상황을 접수한 즉시 팽목항 등에 예하부대인 610기무부대 요원들을 배치하였고, 세월호 침몰 사건의 최대 피해자들이 살고 있었던 안산 지역에도 2014년 4월 17일부터 310기무부대 요원들을 투입하여 관련 정보를 수집했다.

이때부터 기무 요원들은 활동이 종료되는 2014년 10월 11일경까지 외부 상황의 변화에 따라 아래와 같이 5번의 변천 과정을 겪으면서 유가족 사찰 활동을 계속 진행했다.

---

13 국군기무사령부, 『지휘참고자료』, 정보융합실, 2014.4.18, 9-1쪽.
14 세월호 침몰 당시 국군기무사령부 사령관(중장)이었던 이재수는, 본건과 관련하여 수사를 받고 있던 중 2018년 12월 7일경 "모든 것은 내가 안고 간다. 모두에게 관대한 처분을 바란다"는 유서를 남기고 투신자살했다.

- 14. 4. 16.~ 4. 27
  기무사의 1처 위기관리센터(재난 상황 발생시 초동 상황 접수 부서)
  가 주관하여, 세월호 침몰 사건을 일일 군사동정에 포함해 보고[15]

- 14. 4. 28.~5. 12.
  정보융합실이 주관하여 TF를 구성하고, 일일 주요 동정을 보고하는
  방식

- 14. 5. 13.~6. 23.
  참모장이 주관하에, 현장지원팀(1처장)과 정책지원팀(정보융합실장)
  으로 세월호 TF 재편. 일일 주요동정보고 및 정책보고서 생산

- 14. 6. 24.~7. 16.
  22사단 총기 난사 사건(5.21.) 발생으로, 일부 TF 인원(4명 / 소령3,
  대위1)을 현안 업무로 전환(2처 소령 1명 증원).

- 14. 7. 17~10. 11.
  사령관 지시에 의거 초기대응반 해체 및 TF 인원 축소·운영[16](총 6
  명 : 소령3, 대위3)을 3개 조로 구분하여 1일 단위로 위기관리센터에
  서 순환 근무 및 '일일 군사동정'에 포함 보고)

기무사의 '세월호 TF'가 가장 활발하게 활동한 시기는 214년 5월 13일부
터 2014년 6월 23일까지라고 할 수 있다. 당시 국민들은 '세월호 참사 진
상규명과 책임자 처벌'을 위한 특별법 제정을 위한 촛불을 들기 시작했다.
특히 2014년 5월 13일은 시민단체연대회의가 '국민대책위'를 발족시킬 예
정으로 되어 있던 날이기도 했다.[17]

세월호 침몰 당시 박근혜는 북한 무인기 및 국정원 불법 대선 개입 사
건 등과 관련해 정치적 위기상황에 처해 있었고, 6·4 지방선거와 7·30
보궐선거를 앞두고 있었다.

또한 세월호 침몰 사건과 관련하여, 감사원 감사와 국회운영위원회, 국
회 국조특위를 앞두고 있었기 때문에, 세월호 침몰 사건이 정치적으로 큰

---

15 신현무, 『진술조서』, 국방부 보통검찰부, 2018.10.29, 2쪽.
16 안재현, 『진술조서』, 국방부 보통검찰부, 2018.8.16, 3쪽.
17 국군기무사령부, 『세월호 관련 조치동정(6보)』, 사령부 TF, 2014.5.13.

부담이 됐었던 것은 틀림없는 사실이다. 그들은 한편으로는 유병언 부자 검거에 총력을 기울여서, 이를 정부에 대한 비난 여론의 화살을 피하기 위한 도구로 활용하였고, 다른 한편으로는 세월호 정국을 조기에 종결하기 위한 해법을 모색할 수밖에 없는 상황이었던 것으로 추정된다.

이에 이재수는 유가족지원 담당(1처), 구조인양 담당(2처), 종북세·불순세력 담당(3처. 홍창식 중령, 김재형 소령, 허호경 대위) 등을 주축으로 하는, '세월호 TF' 구성을 지시했고,[18] 이를 통해 관련된 정보를 수집하고 정리하여 청와대에 보고했던 것으로 추정된다.[19]

그림 7-2. 세월호 TF(2014. 5. 13 ~ 6. 24)

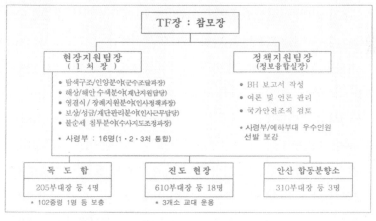

세월호 TF 조직도 필자 화면 캡처.

---

18 김재형, 『진술조서』, 국방부 보통검찰부, 2018.8.23, 3쪽.
19 안재현, 『진술조서』, 국방부 보통검찰부, 2018.8.16, 4쪽.

'세월호 TF' 활동 보고서 작성 및 보고

세월호 TF는 국군기무사령부 4층 중회의실을 통합 상황실로 활용했는데, 이곳에서 매일 오전 7시 30분~9시경 관련 회의를 개최했다.

세월호 TF 구성원들은 이 회의에서 그날 작성할 보고서 내용을 자체 토론하여 확정한 후, 오전 9시경 처장 손정수 및 차장 박태규가 참석하는 회의에서 토론 내용을 보고했다. 손정수와 박태규는 회의 석상에서 전날 만들었던 보고서에 대한 사령관의 평가(잘했다, 못했다, 미진했다)를 전달했고, 자체회의에서 확정된 주제를 과장들이 건의하면 부족한 부분을 지적하거나 일방적으로 지시사항을 전달하기도 했다.[20] 이 절차를 거쳐 당일 작성해야 할 보고서의 주제가 정해지면, 세월호 TF 요원들의 공식적인 하루 업무가 시작된다.[21]

실무자 회의가 끝난 후 유가족 지원담당팀 과장 신현무 중령이 당일 진행해야 할 주제를 파트별로 나눠서 계장들(소령급)에게 보고시간을 정해서 지시했고, 소령 안재현이 예하 부대(102, 205, 610, 310, 100 기무부대) 첩보 계장에게 확정된 주제를 이메일로 송부했다.

사령부의 모든 지시는 예하 부대의 첩보 계장을 통해서 각 부대에 전파가 되기 때문에, 현장 활동관에게는 특별한 경우를 제외하고는 사령부에서 직접 전파하지 않는다. 사령부로부터 이메일을 접수한 예하 부대 첩보 계장은 사령부 지시사항을 직속 상관인 과장과 부대장에게 보고하여 승인을 받은 다음 현장 활동관들에게 사령부 지시사항을 전달하며, 사령부로 보고하는 과정은 역순의 순서로 진행된다.[22]

예하 부대의 첩보계장들로부터 보고서가 세월호TF에 도착하면, 계장들

---

20 김인철, 『진술조서』, 국방부 보통검찰부, 2018.9.4, 5쪽.
21 안재현, 『진술조서』, 국방부 보통검찰부, 2018.8.16, 5쪽.
22 위와 같음, 6쪽.

은 그것을 바탕으로 「세월호 관련 조치동정」이란 제목으로 보고서를 작성했다.

유가족지원팀 계장들은 각각 1~2페이지씩 초안을 작성하여 유가족지원팀 과장 신현무 중령에게 제출하고, 신현무의 수정지시 및 결재를 거쳐 최종안을 확정하여 이메일로 대위 전호기에게 송신했다.

대위 전호기는 유가족지원팀의 「세월호 관련 조치동정」과 인양담당팀 및 '불순세 관리담당팀'에서 동일한 절차에 따라 전달받은 보고서를 편집하여, 1처장 손정수와 차장 박태규 집무실 책상 위에 올려 두면, 이튿날 아침 6시경 출근한 손정수와 박태규가 전날 작성된 보고서를 확인 및 수정 지시절차를 거쳐 확정된 최종 보고서를 7시 30분경 참모장과 사령관에게 보고했다.[23]([그림 7-3] '기무사령부 세월호 TF 보고서 취합 및 중요보고서 작성과정' 참조)

그림 7-3. 기무사령부 세월호 TF보고서 취합 및 중요보고서 작성과정

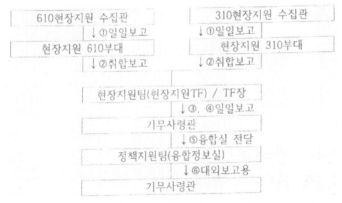

『수사보고서 [기무사 세월호 TF 민간인 사찰 등 중요보고 관련]』 필자 화면 캡쳐.

---

23 전호기, 『진술조서』, 국방부 보통검찰부, 2018.7.19, 5~6쪽.

세월호 TF 작성 문건 청와대 보고 과정

사령관 이재수의 결재가 완료된 보고서는 정보융합실로 송부되어 대외 제공 여부를 결정하게 된다. 대외제공 여부의 결정은 정보융합실의 정책 첩보과장과 정보융합실장의 판단에 따라, 괜찮다고 생각되는 소재들만 골라 사령관에게 건의하고, 사령관이 최종 결심을 하면 정보융합실에서 [표 7-1]과 같이 "청와대 보고용, 장관용, 총장용" 등 제공 용도에 합당한 보고서를 작성했다.[24]

표 7-1. 기무사 대외보고용 문건 작성 과정

구 분	작성용도	생성문서	비고
정책첩보과	BH(VIP), 국방부 장관보고서	중요보고 정보보고 지휘보고	• 사령관 외부(청와대) 대면보고용 작성
현안첩보과	주 2~3회 BH(비서실장 등) 보고서 작성	주요현안 긴급현안 군사정보	• 각 처, 과에서 올라오는 보고서를 기초하여 국방부 및 청와대 보고문서 작성 • 기무사 외부서면보고용 작성
지휘첩보과	국방부 장관 및 각 군 총장, 관련 군 관계자 보고서 작성	지휘첩보	• 현안첩보과에서 생산한 보고서를 청와대 파견 기무요원을 통해 위기관리실, 안보실장, 비서실장에게 전파 및 보고

관련자 진술을 참고하여 필자 재정리.

원칙적으로 정보융합실은 이미 작성된 보고서를 기초하여 기승전결이 괜찮으면 원안대로 보고서를 작성하기도 했지만, 추가 정보수집이 요구될 경우 정보융합실에서 예하부대 세월호 TF 요원에게 직접 정보수집을 지시하는 방법 등을 통해서 보고서 문건을 완성했다.[25]

---

24 전호기, 『진술조서』, 국방부 보통검찰부, 2018.7.19, 5쪽.
25 성진기, 『진술조서』, 국방부 보통검찰부, 2018.10.16, 4~5쪽.

대외제공용 목적으로 정보융합실에서 작성되는 보고서는, 기무사 요원들이 직접 청와대를 방문하여 보고서를 전달하는 경우와 사령관 이재수가 직접 청와대를 방문하여 보고하는 경우로 구분되어 작성된다. 전자의 보고서는 '현안첩보과(2과)'에서 주로 작성하며, 후자의 경우에는 '정책첩보과(1과)'에서 주로 작성했다.

현안첩보과(2과) 계장(소령급)들이 작성한 보고서는 사령관 이재수의 결재가 완료되면 정해진 배부처에 전달하는 과정을 거쳤다.

그림 7-4. 기무사 작성 문건 청와대 배부 건토안

중요보고 배부 검토 案

□ 배부 대상

보 고 서	부속실	비 서 실					국가안보실			경호실	
	제1부속	비서실장	정무수석	홍보수석	민정수석	인사수석	안보실장	외교안보	국방비서	경호실장	군사관리
1군사령관 전역 조치 관련 여론	○	○	○	○	○	○	○	○	○	○	○
특전사 간부 포로체험 훈련간 사고 발생	○	○	○				○			○	○
남부지역 水害복구 관련 軍 지원 동정	○	○	○	·	·		○	○	○	○	○
세월호 탐색구조 종결 시기 검토 필요	○	○	○	·	·	·	○	○	○	○	○
세월호 유가족의 해군 증거보전 신청 件	○	○	○	·	·	·	○	○	○	○	○
국군의 날 행사 관련 제언	○	○	○				○	○	○	○	○
'14년 UFG 연습 결과	○	○	○		·		○	○	○	○	○

배부처에 '제1부속'이 있는 것으로 보아 문제의 보고서는 박근혜에게도 전달됐던 것이 틀림없다 할 것이다.　　　　　기무사령부 청와대 중요보고 배부선 확인보고 필자 화면 캡처.

사령관의 결재가 완료된 보고서는 출력 부수와 [그림 7-4]와 같은 배부처(청와대 비서실장, 안보실장, 수석 등)를 정하여 기무망 메일을 이용해 대위 성진기에게 파일을 송부했다.

대위 성진기는 해당 보고서를 출력하여 한 부씩 봉투에 넣은 다음, 봉투에 지정된 수신처가 기재된 딱지를 붙이고 테이프로 밀봉한 후, 직접 해당 봉투를 들고 배부처를 직접 방문해 전달했다. 특히 청와대의 경우에는 위기관리실에 파견된 기무사 요원들(김준동 중령, 김인걸 중령, 박춘석 중령)에게 연락하여 민원실 1층에서 해당 문건을 전달했다.

다만 2014년도 여름경부터 융합정보실과 청와대 위기관리센터 간에 망이 생기면서, 소령 계장들이 직접 청와대에 보고서를 보내기도 했고, 새로 생긴 정책협력팀에 문서를 전달하여 전달하기도 했다.[26]

정책첩보과(1과)에서 작성된 보고서는 사령관 이재수가 매주 토요일 오전 8시에서 9시 사이에 청와대를 방문하여 직접 보고했다.

정보융합실 직원들은 작성된 보고서를 미리 메일로 보낸 다음, 매주 토요일 오전 7시경 서소문 별관 사무실로 출근하여 해당 파일을 열어놓고 수정준비를 해 놓았다. 그러면 정보융합실장과 이재수가 서소문 별관 사무실로 출근하여 수정할 내용을 토의하고, 이를 바탕으로 선임계장이 보고서 내용을 수정했다.

이재수가 재직하던 기간 중 약 반년 이상은 같은 상황이 반복되었고, 관계자들은 '왜 쉬는 날에 항상 보고하러 가는가'하는 생각을 했다고 한다.[27]

그렇게 올라간 보고서에 대해서 비서실장 김기춘은 이재수에게 다음과 같이 칭찬했다고 한다.

> 여러 기관에서 첩보를 보고하지만, 기무사의 보고서가 최고다. 이런 보고서를 작성하는 곳은 기무사밖에 없다. 국가가 어려운 위기에 처해 있을 때 제 역할을 하는 기관은 기무사밖에 없다.

---

26 성진기, 『진술조서』, 국방부 보통검찰부, 2018.7.9., 5쪽. 서면화 작업을 하지 않고 전자문서로 작성할 경우 예하부대에서도 해당 문건을 열람할 수 있어서 청와대에 서면화 작업 후 전달했지만, 2014년 여름경 융합정보실과 국가위기관리센터 사이에 전용망이 구성되면서, 소령(계장)들이 이를 통해서 청와대에 보고서를 보내기도 하고 새로 생긴 청책협력팀에 문서를 전달하여 전달하기도 했다.

27 심국섭, 『진술조서』, 국방부 보통검찰부, 2018.10.25, 8쪽.

그러한 칭찬에 고무된 이재수는 참모들에게 "우리는 이걸로 가자"라고 하면서 더욱더 열성적으로 세월호에 관심을 가졌다고 한다.

현장 활동관들의 정보 수집 및 보고

현재 필자가 확보한 기록에 따르면, 기무사 사령부는 예하 부대 현지 활동관을 활용하여 정보를 수집하고, 그것을 바탕으로 보고문서를 작성했다.

특히 실종자 가족 및 유가족 사찰은 주로 진도(610 기무부대)와 안산(310 기무부대)에서 진행되었으며, 사이버 공간에 대한 사찰은 210 기무부대와 예하 부대인 212부대가 진행한 것으로 파악된다.

현장에 투입된 활동관을 비롯한 기무요원들은 법적 권한이 없는 민간인을 사찰한다는 것에 대하여 거부감을 가졌던 것은 틀림없다. 그러나 "사령부에서 현장 투입 요원에 대한 컨트롤 타워(Control Tower) 역할 수행하고, 우리 부대 차원의 정책 대안(Action plan) 제시 및 선제적 첩보 발굴을 독려"하라는 사령관의 강력한 지시와 상명하복이 중시되는 기무사의 병영문화가 세월호 침몰 사건에 대한 사찰이라는 불법행위를 가능하게 했다.

또한 기무사 요원들이 보고서를 TIS(기무통합정보시스템, Tiger Integrated Information System)에 올리면 첩보처리기준에 따라 점수를 부여하게 되고, 그 부여 점수는 개인의 성과상여금에 반영되며, 예하 활동관 중에서 이 점수를 높게 받은 인원은 표창을 받기도 했으므로, 요원들이 불법한 지시행위를 거부할 수 없었던 것으로 판단된다.[28]

세월호 침몰 사건에서 군이 합법적인 활동을 한 영역으로는 '수중탐색, 해상항공탐색, 해안도서수색, 방제 지원, 인양작업' 등이 있었다. 하지만 군의 영역이 아닌 합동 영결식 및 추모사업과 관련한 부분 등에 대해서도 기무사

---

28 전호기, 『진술조서』, 국방부 보통검찰부, 2018.7.19, 11쪽.

는 개입했다. 이 업무는 민간 정부가 해야 할 고유업무에 해당하며, 기무사가 투입될 업무는 아니었던 것이 분명하다.

더욱 문제가 되는 것은 이들이 수행한 업무가 유가족적 관점 또는 유가족 지원의 차원에서 임무가 진행된 것이 아니라, 유가족의 약점 발굴이라는 부정적 관점에서 임무를 진행했다는 점이다. 이것은 명백한 범죄행위에 해당한다. 당시 기무사가 명목적으로 제시한 자신들의 임무는 아래와 같다.

- 특별법 관련 자료 수집 · 조사 · 정리
- 세월호 관련 기사에 대한 네티즌 여론을 분석하는 작업(세월호 관련 기사에 달린 댓글을 보고 성향을 분석 분류하는 업무)
- 2014.4.~2014.7경까지 기사 보도량을 조사하는 업무[29]
- 유가족의 생계, 요구사항에 대한 지원,
- 국민의 성금 · 보상금 등에 대한 효율적인 관리,
- 의사자 지정 등에 관한 업무[30]

세월호 TF가 작성한 문건의 내용

세월호 침몰 사건과 관련하여 기무사 사령부 차원에서 진행한 불법행위는 수도 없이 많지만 크게 분류하면, '유가족 사찰 지휘, 유가족 회유 · 압박 · 협박, 여론 전환 시도, 정국전환을 위한 방향 제시' 등을 들 수 있다.

'유가족 사찰 지휘'란 사령관 이재수를 비롯한 세월호 TF 관계자들이 610 및 310 예하 부대 요원들에게 유선전화 또는 이메일 등을 이용하여 유가족의 일거수일투족을 감시하도록 지휘한 행위를 말한다. 유가족은 군인이 아

---

29 양원철, 『진술조서』, 국방부 보통검찰부, 2018.8.28, 3쪽.
30 정진호, 『진술조서』, 국방부 보통검찰부, 2018.8.30, 3쪽.

니고 군과 전혀 상관이 없으므로 기무사가 세월호 유가족들을 사찰하는 행위는 명백한 불법행위이다.

기무사는 세월호가 침몰하던 시점부터 조직적으로 유가족 사찰을 사찰하기 시작했고, 특히 2014년 7월 6일에는 사령관 이재수가 공개적으로 다음과 같이 유가족 사찰을 지시했다.

- **사령관 이재수 주재 '현안업무회의(2014. 7. 6. 09:00~10:00)'에서**
  현재 실종자가 11명인데 부모 성향을 확인하고 있는지 물어보고 처장들이 답변하지 못하자, "여기 정보기관이야. 옛날 같으면 일일이 공작할 사항이야? 실종자 11명 중 단원고 학생이 5명이면 이들 학부모에 대한 성향을 파악해서 1:1로 맨투맨을 붙이던, 종교계를 동원하던, 국정원을 동원하던 타협방안을 강구해야 한다"고 질책함.[31]

사령관의 질책성 발언이 있은 직후, 진도 610부대 및 212부대 활동관들은 실종자 가족들에 대한 신상 정보를 파악하고 이들의 성향을 분류한 보고서를 작성하여 사령부에 보고했다. 문제의 보고서에는 다음과 같이 이재수가 지시했던 내용들이 포함되어 있었다.

- **실종자 가족 및 가족대책위 동향과 인적정보 파악**
  가족대책위 임원 및 실종자 가족의 인적정보 파악 및 개인별 성향(중립 또는 강성)과 언동 사항을 파악함. 이들은 특히 실종자 가족들의 성향파악에 주력했는데, 예를 들어 "남경원·이금희씨의 이성적 판단을 기대하기 곤란한 상태로, 심리 안정을 위한 치료대책 강구 및 온건 성향자부터 개별 설득 필요함" 등으로 개인 신상을 파악하고 대응방안까지 수립하였음. 뿐만 아니라, 실종자 유가족 양00의 경우 인터넷상 정보(카카오톡 ID, 네이트온 ID, 개인블로그, 네이버 활동 카페, 주민등록증, 계좌번호⋯. 등에 대한 개인정보를 무차별적 사찰하였으며[32], 심지어는 가족들의 언론보도 내용까지 상세하게 사찰했다.

---

31 국방부 보통검찰부, 『수사보고(기무사령부 210-212 정보보안반 작성의 세월호 TF 보고 문건 확인)』, 기무사 의혹 특별수사단, 2018.7.20, 첨부문서 "세월호 실종자 가족 관련 사이버상 공개정보 확인 결과".

기무사 요원들은 세월호 침몰 초기부터 유가족들을 "종북세"로 규정하고, 이들이 야권 및 시민연대와의 결합을 차단하기 위해 유가족을 "회유·협박·압박"하는 목적의 보고서를 상당수 작성했다. 특히 이들은 "국민 성금" 이라는 금전적인 무기를 활용하여 유가족들을 압박하겠다는 계획까지 수립하기도 했다.

- ▪ **희생자 가족대책위 활동 변질 우려**
  "가족대책위가 야권·시민단체와 연계, 사고 진상규명 및 정권 퇴진을 주장하고, 노동계·종교계 지도자를 방문하여, 지원을 요청하는 등 활동영역을 확대한다고 하면서, 최근 희생자 추모에서 벗어나 보상·진상규명 등을 요구하는 등 순수성 변질 조짐을 보이고 있다"고 진단했다. 따라서 "종교계를 활용해서 대책위에서 반정부 활동을 금지하도록 설득하고, 대책위 활동이 특정 인물의 성향에 휘둘리지 않도록 정부 차원에서 적극 관리 하며, 대기업 후원금이나 국민 성금을 '지정기탁금(사회복지공동모금회법에 의거, 기부자가 기부금 배분 대상 또는 사용 용도를 지정) 제도' 등을 근거로 희생자 추모·장학사업에만 활용할 방침임을 내비쳐 대책위를 압박해야 한다"는 대응책을 수립했다.33

세월호 침몰 직후부터 기무사가 가장 중점을 두고 진행했던 사업이 VIP 및 정부에 대한 지지율 하락을 방지하고, 여론 전환을 시도하는 것이었다.

기무사는 진도 및 안산에 배치된 활동관을 활용하여, 유가족에게 불리한 정보만을 수집하고, 이를 활용해 유가족에 대한 여론을 악화시켜 정국돌파의 열쇠로 활용하려 했다. 사령부는 이 목적을 달성하기 위해 현지 활동관들에게 유가족들의 "무리한 요구, 과도한 요구"만을 집중적으로 파악하여 보고할 것을 기무망 메일을 통하여 지시하기도 했다.

---

32 세월호 실종자 가족 관련 사이버상 공개정보 확인 결과(2014.7.8).
33 국방부 보통검찰부, 『수사보고[기무사 TIS서버 보고서 중 세월호 유가족 사찰 관련 보고서 확인]』, 2018.7.20, 기무사 의혹 특별수사단, 첨부문서 "정보보고(2014.6.7.)".

- **안보단체 후원 활동에 관심**

  세월호 사고 이후 VIP 지지율 하락 및 대정부 불신 분위기 우려가 있고, 종북勢34들이 세월호를 빌미로 불법시위 확산 등 국론분열 획책에 현안이 되어 있는 상태에서, 안보단체는 내부 문제 등으로 정부 후원勢 역할에 대한 관심이 저조하다 하며, 주요 안보단체장(55개)를 방문하여 정부 후원활동 적극 동참 유도를 해야 한다고 함. 청와대 정무수석실 중심의 안보단체 관리 컨트롤타워 기능을 강화해야 하며, 특히 종북勢 집회·시위 첩보를 매주 제공하여 집회 장소 선점 등 맞대응 여건을 조성해야 한다고 함35

- **인양과 관련**

  세월호 수색 답보에 따른 "세월호 인양 실효성 및 후속 조치 제언"이란 미명하에, 인양 불필요 공감대 확산 및 인양 관련 구조전문가 인터뷰·언론 기고, 인양의 비현실성을 홍보하여, "美 애리조나호 기념관'과 같은 해상 추모공원 조성방안을 검토36"해야 한다는 보고서를 작성했다. 이 보고서는 실제 당시 새누리당 의원 김진태 등을 통해 "추가 희생자가 발생할 수 있다", "돈이 너무 많이 든다", "시간이 너무 많이 든다"며, "인양하지 않는 것도 하나의 방법으로 가능성을 열어놓고 논의해봐야 한다"고 주장하는 등 실제 실행됐던 것으로 추정된다.

  또한, 수색구조 조기 종결을 위해, "선체 수색 조기 마무리(수색방법 변경하여 모든 격실 정밀 수색), 남은 실종자 처리 협의(인정사망 처리토록 유가족 설득),선체 인양 여부 결정(실종자 가족 + 국민 공감대 형성 후 결정), 최단 기간 내 합동 영결식 거행(일상으로 복귀를 염원하는 여론 반영)등의 단계를 정해놓고 유가족 설득을 추진해야 한다는 보고서를 작성했다.

---

34 종북세 : 북한 정권을 추종하면서, 그 체제와 주의·주장에 무비판적으로 동조하며 대한민국의 정체성을 부정하는 세력(NL 주사파)
좌익세 : 종북세인 NL 주사파와 사회주의체제를 추종하는 맑스레닌(PD) 주의를 아우르는 세력 (NL 주사파 + PD파)
(국군기무사령부, 『종북좌익세 활동 전망 및 대응책』, 방첩처, 2014.4.26, 1쪽)

35 국방부통검찰부, 『수사보고[안보단체 후원 활동 관심 관련]』, 2018.7.20, 기무사 의혹 특별수사단, 첨부문서 "안보단체 후원활동에 관심".

36 국방부통검찰부, 『수사보고[세월호 인양 실효성 및 후속조치 제언 관련]』, 2018.7.20, 기무사 의혹 특별수사단, 첨부문서 "세월호 인양 실효성 및 후속조치 제언".

- **세월호 유가족 대상 비상식적 지원으로 차후 논란 우려**

  세월호 침몰 관련 지자체 및 정부 차원에서 유가족 지원 사례를 사찰하여 세월호 사건과 무관한 예산까지 지원하고 있다고 하며, 차후 논란이 우려되므로 국민적 시각에서 세월호 관련 예산 사용 내역 공개 및 감사를 실시하여, 차후 논란 요소를 차단할 필요가 있다는 보고서를 작성했다. 특히 유가족들은 사고 초기 국민적 여론을 빌미로 청와대 방문 및 대통령님께서 사과 발표를 하게끔 만드는 등으로 무소불위의 권력을 행사하여 안산시 대책본부 등에서는 유가족 요구사항은 거부할 수 없는 것으로 인식하여 100% 지원 중이라고 유가족을 평가했다.37

- **세월호 침몰 사고 관련 선행 · 미담사례의 홍보전략 마련**

  세월호 사건을 국내 · 외 언론은 '후진국형 사고이자 정부의 후속 조치도 적절치 않다'고 지적하며, 언론에 보도되는 내용은 '정부의 무능함과 총체적인 문제점'만 보도되고 있다고 하며, 이로 인해 '국격 하락 우려와 국민에게는 자괴감마저 유발시키고 있는 점' 등을 감안하여, 사고발생 이후 초동조치간 미담, 범국민적 추모분위기 조성 상황 등 보이지 않는 곳에서의 선행사례를 수집하여 홍보할 필요가 있다고 진단했다. 이 계획은 이미 세월호 침몰 당일부터 시행됐던 것으로 추정된다. 언론은 사망 승무원 양대홍, 박지영, 정현선, 안현영, 김기웅 등에 대한 영웅담을 침몰 초기에 집중 보도했고, 이들에 대한 의사자 지정은 검찰의 수사결과가 발표되기도 전에 지정 사유가 검증되지 않은 상황에서 지정절차가 완료되었다.38

이처럼 기무사는 활동관들을 활용해 수집한 정보를 활용하여 '정국전환을 위한 방향 제시의 도구'로 활용하려 했다. 그들이 가장 우려했던 것은 '사고 수습 미흡시 정부에 대한 불신 심화로 지방선거에 미치는 악영향'이었다. 이들은 '종북세 촛불집회 차단대책, 세월호 탐색구조 종결 방안, 유가족 관리 및 후속조치 방안' 등의 보고 문건을 작성하여, 세월호 정국의 조기 종결을 시도하고 최악의 경우에는 "계엄령을 조기에 선포"하는 것을

---

37 310 기무부대, 『세월호 유가족 대상 非상식적 지원으로 차후 논란 우려』, 2014.7.28.
38 진도해상 침몰 여객선 구조 지원동정(32보) 14.4.20.

검토하기도 했다.

- **세월호 사고 관련 정국전환 방안**

  청와대까지 보고된 것으로 추정되는 이 문건은, 세월호 침몰 사건의 장기화 방지 및 종결을 위해 당시 상황을 분석하고, 탐색구조 종결의 열쇠를 쥐고 있는 '실종자 가족 설득방안 및 희생자 추모사업 추진방안'등을 제시했다. 이 문건에는 '수중 수색의 한계성 및 위험성 설명을 통해 실종자 가족을 설득하고, 오피니언 리더를 통해 외국사례 비교 및 구조비용 과다지출 공론화, 피로누적 · 환경변화 등 잠수사 애환을 담은 다큐멘터리 제작 홍보' 등을 통해 수색 종료 필요성에 대한 범국민 공감대를 확산해야 한다고 진단했다. 또한, 특별법 합의 시 세월호 정국을 탈피하고 싶어 하는 국민 여론을 확산시켜야 하며, 단원고 희생자 유가족과 달리 세월호 특별법 합의에 찬성하는 일반인 희생자 유가족들의 분위기에 국민들이 공감 · 동조토록 유도하여 세월호 특별법 합의와 연계해서 사회적 분위기를 전환해야 한다는 보고서를 작성했다. 이 문건이 작성될 당시(2014. 8. 25.경) 종편 등에서는 일반인 유가족을 생방송에 출연시켜 실제로 단원고 희생자 유가족을 공격했던 사실이 있었던 것으로 보아, 이 보고서는 실제로 많은 부분이 실행됐던 것으로 판단된다.[39]

- **종북세 촛불집회 확산시도 차단 대책**

  세월호 유가족을 종북세로 정의하고, VIP 퇴진을 요구하며 '국민대책회의'를 발족(5.22) 후 청계광장에서 매주 촛불집회를 개최중이며, 반정부 세결집에 총력을 다하고 있다고 했다. 종북세들은 세월호 사고 책임을 VIP에게 전가하며, 특별법 제정 및 특검을 요구하고, 세월호 피해자 대책위 연계 진상규명 촉구 '1,000만명 서명 운동'을 전개하고 있으며, 또한 인터넷상 세월호 사고 관련 유언비어 유포로 사회혼란을 조장하고 있는데, 보수세는 상황을 관망하며 소극적 대응을 하고 있다고 진단했다. 따라서 대응방안으로 ① '범보수연합(가칭)'을 결성하여 보수세 결집을 통한 조직적 맞대응 필요가 있으며 ② 대규모 불법 집회 · 시위 확산시 활동력 구비단체를 동원하며 ③ 정부 지지여론 확산 및 장병 반정부 집회 · 시위 참석을 차단해야 한다고 진단했다.[40]

---

39 국군기무사령부, 『세월호 침몰사고 국면전환 방안』, 세월호 TF, 2014.8.25, 2-1~2.

40 국군기무사령부, 『안보단체, 세월호 관련 종북세 반정부 활동에 대비 긴요』, 세월호 TF,

- **세월호 탐색구조 종결 방안**

  세월호 탐색구조를 종결할 목적으로 유가족 설득 주체를 '해수부 장
  관, 유가족, 국무총리, 종교계 원로' 등으로 정하고 이들에게 실종자
  가족들을 설득하도록 해야 한다는 방안을 수립했다. 특히 해수부 장
  관은 結者解之(결자해지) 차원에서 실종자 가족들을 설득해야 하고,
  유가족들은 "가족을 잃은 고통을 함께 겪은 '同病相憐'(동병상련)의
  심정으로 허심탄회한 대화가 가능하고, 희생자 합동 영결식 추진 및
  피해보상 협의를 위해서는 수색종결이 필수 조건"이란 논리를 내세
  워 실종자 가족을 설득해야 한다고 한다. 또한, 비용 및 효율성을 고
  려하여 인양작업은 불가하다는 입장 설명해야 하며, 감성적 접근을
  통해 실종자 가족들의 자발적인 '인정사망'결심을 유도해야 한다고
  진단했다.[41]

- **유가족 관리 및 후속조치(계엄령 조기 선포 검토)**

  기무사 정보융합실 1과(VIP보고용 문건 작성부서)에서 2014. 5. 1.경
  작성된 것으로 추정되는 이 문건은, 유가족 대상 장기적이고 종합적
  인 사후관리 목적에서 작성된 보고서이다. 이 문건에 의하면 "유가족
  대표와의 의사소통 창구 유지하에 유가족 협의회를 건전 세력화를
  유도한다는 것과, 국민성금 모금 및 집행방안, 장학·추모재단 설립
  간 통합성 및 건전성 확보"한다는 등 유가족 관리 방안을 목적으로
  작성된 보고서이다. 하지만 이 문건은 아래와 같은 대비 방안을 포함
  하고 있다.
  평상시 관리는 ① 반정부 투쟁 빌미 제공이 우려되는 현안을 식별하
  여, 왜곡 내용 정정, 허위 사실 유포자 고발 등 선제적으로 관리하며,
  ② 대검 주관 공안기관(대검·국정원·경찰·기무사 등 공안기관 실
  무책임자로 구성) 협의체 운영 활성화 ③ 반정부 세력 실체 폭로 및
  정부 지지여론을 확산시킨다.
  또한 유사시 대응 방안으로는 반정부 시위 확산 조짐 감지시 초기 진
  화에 가용 역량을 총 집중하며, 시위 규모 급속 확산시 아래 [그림
  7-5]과 같이 국가비상사태 및 계엄령 선포를 조기에 검토하겠다는 취
  지의 내용을 포함하고 있다.[42]

2014.5.13.
41 국군기무사령부,『세월호 실종자 가족 대상 탐색구조 종결 설득 방안』, 세월호 TF,
   2014.9.1.
42 국군기무사령부,『유가족 관리 및 후속 조치』, 정보융합실(1과), 2014.5.1.

그림 7-5. 국가비상사태 및 계엄령 선포 조기 검토

유사시 대응

①내란의 죄 ②외환의 죄 ③國交에 관한 죄 ④공안을 해치는 죄
⑤공무방해에 관한 죄 ⑥국가보안법에 규정된 죄 ⑦방화의 죄
⑧폭발물에 관한 죄 ⑨通貨에 관한 죄 ⑩살인의 죄 ⑪강도의 죄
⑫총포·도검·화약류 등 단속법에 규정된 죄
⑬군사상 필요에 의하여 제정한 법령에 규정된 죄

'08년 광우병 사태를 교훈삼아

o **反정부 시위 확산 조짐 감지시 초기 진화에 가용 역량 총집중**

- 보수단체를 反정부 시위 대응 전위 세력으로 적극 활용
  - 애국단체총협의회 주도下 汎보수세력 총결집, 집회 장소 선점 및 맞대응 시위
  - 보수 오피니언 리더 활용下 언론기고·광고·성명 발표, 反정부 시위 명분 약화
- 종편·SNS 등을 통해 시위 주도세력 및 국론분열 조장 실태 집중 보도

o **시위 규모 급속 확산시 국가비상사태 및 계엄령 선포 조기 검토**

- 경찰진압 능력을 초월하는 최악의 상황 가정 및 Low-key 유지下 사전 준비
- **기무사**, 합동수사본부 설치 준비 및 軍 안정화 유도
  - 全 정보기관 및 수사기관 조정·통제下 '계엄법 제10조'에 규정된 범죄 수사
  - 장병 동요 차단, 軍心 결집 / 北 도발 및 국가중요시설 대상 테러 대비태세 확립

'유가족 관리 및 후속 조치' 필자 화면 캡처.

군 검찰의 수사종결 후에도 남아있는 의문점

필자가 소개한 문건은 극히 일부분이고, 군 검찰이 증거자료로 확보한 문건의 양은 실제로 엄청나다. 그럼에도 군 검찰이 확보한 문건에는 유가족들이 경험한 사실들이 상당 부분 누락되어 있었다. 그것에 대한 추가적인 수사가 진행되어 진실이 밝혀지지 않는다면 진상규명이 완료되었다고 말할 수 없다.

현존하는 기무사 문건은 '기무사가 청와대에 보고했던 문건'이 전부이며, 역으로 청와대가 기무사한테 요구하거나 지시했던 내용의 문건은 전혀 발견되지 않았다.

또한 가족들이 경험한 부분 중 침몰 초기 민간잠수사 투입과 관련된 부분과 진도실내체육관과 팽목항에서의 혼란한 상황에 대한 기록은 완전히

누락되어 있다. 예를 들어 세월호 침몰 초기 탤런트 정동남은 팽목항에서 마치 '수색구조 총괄 책임자'처럼 행동했고, 이것이 구조작업에 심대한 지장을 초래했는데, 군 검찰의 수사결과에는 이런 부분은 통째로 누락됐다.

뿐만 아니라 세월호 침몰 초기 유가족들은 진보언론(오마이뉴스 등)을 통해 직접 세월호 실상을 알렸고, 누군가는 그것을 방해하기 위해 악성 댓글을 달았다. 적어도 212부대 등에서 실질적인 반향 업무를 진행했다면 보고서에 이 부분도 포함되어 있어야 하지만 역시 누락되어 있다.

따라서 군 검찰의 조사에도 불구하고 이 부분에 대한 추가해명이 수반되지 않는다면 "부실 수사"라는 오명을 씻을 수 없으며, 2기 특조위 조사 및 군 검찰의 재수사를 통해 추가로 진상규명이 진행되어야 할 것이다.

자료목록

1) 김만규, 『진술조서』, 국방부 보통검찰부, 2018.10.17
2) 김인철, 『진술조서』, 국방부 보통검찰부, 2018.9.4
3) 김재형, 『진술조서』, 국방부 보통검찰부, 2018.8.23
4) 박태규, 『피의자신문조서(2회)』, 국방부 보통검찰부, 2018.10.5
5) 서동준, 『진술조서』, 국방부 보통검찰부, 2018.10.26
6) 성진기, 『진술조서』, 국방부 보통검찰부, 2018.10.16
7) 신현무, 『진술조서』, 국방부 보통검찰부, 2018.10.29
8) 심국섭, 『진술조서』, 국방부 보통검찰부, 2018.10.25
9) 안재현, 『진술조서』, 국방부 보통검찰부, 2018.8.16
10) 양원철, 『진술조서』, 국방부 보통검찰부, 2018.8.28
11) 전호기, 『진술조서』, 국방부 보통검찰부, 2018.7.19
12) 정종철, 『진술조서』, 국방부 보통검찰부, 2018.8.29
13) 정진호, 『진술조서』, 국방부 보통검찰부, 2018.8.30
14) 310 기무부대, 『세월호 유가족 대상 非상식적 지원으로 차후 논란 우려』, 2014.7.28

15) 국군기무사령부, 『세월호 관련 조치동정(6보)』, 2014.5.13

16) 국군기무사령부, 『세월호 실종자 가족 대상 탐색구조 종결 설득 방안』, 세월호 TF, 2014.9.1

17) 국군기무사령부, 『세월호 침몰사고 국면전환 방안』, 세월호 TF, 2014.8.25

18) 국군기무사령부, 『세월호 탐색구조 종결 방안』, 세월호 TF, 2014.9.1

19) 국군기무사령부, 『안보단체, 세월호 관련 종북세 반정부 활동에 대비 긴요』, 2014.5.13

20) 국군기무사령부, 『안보단체, 세월호 관련 종북세 반정부 활동에 대비 긴요』, 세월호 TF, 2014.5.13

21) 국군기무사령부, 『유가족 관리 및 후속 조치』, 정보융합실(1과), 2014.5.1

22) 국군기무사령부, 『종북좌익세 활동 전망 및 대응책』, 방첩처, 2014.4.26

23) 국군기무사령부, 『지휘참고자료』, 정보융합실, 2014.4.18

24) 국방부 보통검찰부, 『수사보고 [일반적 직무권한 관련』, 기무사 의혹 특별수사단, 2018.8.13

25) 국방부 보통검찰부, 『수사보고[기무사 TIS서버 보고서 중 세월호 유가족 사찰 관련 보고서 확인]』, 2018.7.20

26) 국방부 보통검찰부, 『수사보고[기무사령부 210-212 정보보안반 작성의 세월호 TF 보고문건 확인]』, 2018.7.20

27) 국방부 보통검찰부, 『수사보고[유가족 사찰 동기 관련]』, 2018.8.28

28) 국방부통검찰부, 『수사보고[세월호 인양 실효성 및 후속조치 제언 관련]』, 2018.7.20

29) 국방부통검찰부, 『수사보고[안보단체 후원 활동 관심 관련]』, 기무사 의혹 특별수사단, 2018.7.20

2.
기무사의 유가족 사찰
(Ⅱ)

    국군기무사령부 정보융합실이 예하 부대가 수집한 정보 및 자료를 취합하여, 종합보고서를 작성해 청와대 등에 보고하는 역할을 담당했다면, 진도 및 안산지역에 투입된 610 및 310 기무부대는 사령부의 손과 발이 되어 현장에서 유가족을 사찰하고 미행하며 취득한 정보를 사령부에 보고하는 임무를 담당했다.

    특히 610부대는 세월호 침몰 당일 오전부터 진도지역(팽목항, 진도실내체육관, 서해청 등)에 투입됐고, 국정원 및 경찰과 함께 현지의 민감 정보를 수집하여 지속적으로 보고했을 것으로 추정된다.

    세월호가 침몰한 날 저녁 무렵, 실종자 가족들이 하나둘씩 진도실내체육관으로 모이기 시작했고, 해양경찰청장 김석균이 그곳을 방문한 이후부터 진도실내체육관은 엄청난 혼란에 빠져버렸다.

    단원고 실종자 가족들은 아이의 생사를 몰라 안절부절못하고 있는데, 체육관 한구석에서 누군가는 의도적으로 험악한 분위기를 연출했다. 고성과 욕설이 오고 가고, 가족끼리 의견이 충돌되도록 유도하고, 무시무시한 폭력적인 분위기를 반복적으로 연출시켰다.

특히 그런 분위기는 기무사 요원들이 정보수집을 위해 머물고 있었던 '진도실내체육관 무대 건너편 관중석(스탠드)'에서 집중적으로 시작됐다. 당시 많은 실종자 가족들은 이 광경을 "국정원에서 투입된 요원들이" 주도하고 있다고 추정했다.

하지만 현시점에서 그때 상황을 다시 분석해보면, 문제의 상황은 국가권력이 '특별한 목적을 달성'하기 위해, 정보기관을 총동원 하여 조직적으로 합동 작전을 펼쳤던 것으로 추정된다. 그중 기무사도 당시 활동한 정보기관 중 하나였던 것으로 판단된다.

'610 기무부대', 진도 실내체육관과 팽목항에 부대원 투입

기무부대의 임무는 군 관련 첩보를 수집하는 것이고, 세월호 침몰 사건이 발생했을 때 군이 수색구조 업무 등에 투입됐었던 것은 사실이므로, 군에 대한 관련 정보를 수집하기 위하여 기무 요원들을 사건 현장에 투입될 수는 있다. 610기무부대장의 입장에서는 사령부에서 군 관련 정보를 수집하라고 지시했다면 그 임무를 적법한 범위 내에서 수행할 의무가 있었다.

610기무부대의 고유 임무는 "신원 첩보수집, 군사기밀 유출자 색출, 방첩, 대테러, 수사" 등 군 관련 첩보를 수집하는 것이다. 따라서 세월호 침몰 사건은 군이 아닌 민간인에게 발생했던 사건이므로, 세월호 침몰 사건에 개입한 기무 요원의 임무는 군과 관련한 매우 제한된 분야에 한정해서 수행됐어야 한다.

하지만 진도 지역에 투입됐던 기무 요원들은 "① 세월호 유가족들이 수색 업무에 불만이 많았고, ② 당시 정부와 대통령이 세월호 유가족에게 많은 관심을 가지고 있었으며, ③ 정부와 대통령이 원하는 정책을 제안하는 것은 '군 통수권자를 보필해야 하는 기무사의 고유 임무 업무'에 해당하므

로, 군과 민간을 가리지 않고 관련 정보를 수집했다"고 진술했다.[43]

군 검찰은 수사과정에서 610 기무부대 요원들이 세월호 사건에 투입된 경위를 명확히 조사하지 않았으므로, 현시점에서 세월호 침몰 당일 기무사 요원들이 팽목항에 투입됐다는 사실 외에, "투입 시기, 투입 규모, 임무 수행 내용" 등은 정확히 알 수가 없다.

다만 세월호 침몰 당일 오전, 610부대 93연대(강진반) 소속 장태근 원사 등 3명(반장인 구민회 소령은 22:00경 투입이 되었다고 한다)이 부대장 소강원의 명에 따라 오전 11시 이전에 팽목항에 도착하여 "구조작업 진행 상황"을 파악했다는 사실 정도만 조사된 상태이다.[44]

세월호 침몰 사건에 투입된 610 기무부대 요원들의 정확한 규모는 알 수가 없다. 매일 투입된 인원 규모가 달랐고, 기무사가 제시한 자료를 전부 신뢰할 수 있느냐 하는 문제도 있기 때문이다. 다만 관련자들의 진술과 기록에 따르면, 최소 1일 34명 정도의 610부대 기무 요원이 세월호 사건에 투입되었음은 짐작할 수 있다([표 7-2] 참조).[45]

---

43 이형준, 『진술조서』, 국방부 보통검찰부, 2018.8.8, 12쪽.
44 원사 장태근은 조사과정에서 "다 구했다고 하는 상황판 같은 것은 (사진을) 찍은 기억이 납니다"고 진술했는데, 전원구조 속보가 11:01경에 있었으므로 상황판에도 이 시간에 전원구조 상황이 게시되었을 것으로 추정된다. 세월호 침몰 당시 투입된 93연대 및 95연대 소속 기무요원들은 "강진 및 순천"에서 팽목항으로 이동했다. 순천에서 팽목항까지의 거리는 약 180km, 차량으로 약 2시간 이상 소요될 것으로 추정되고, 강진의 경우에도 팽목항까지의 거리는 약 90km, 약 1시간 이상 시간이 소요될 것으로 추정된다. 따라서 이들이 팽목항에 도착하여 "전원구조"와 관련한 상황판 사진을 촬영했다는 것은 매우 이상한 진술이 아닐 수 없다. 목포해양경찰서 122구조대 대원들은 목포해경 전용부두에서 09:13경 특수차량을 타고 전속으로 이동했지만 도로 사정으로 10:30 이후에야 팽목항에 도착했다고 진술했다는 점을 감안하면, 도대체 이들이 몇 시에 세월호 침몰 사실을 인지했는지를 의심하지 않을 수 없다.
45 당시 기무사 요원들은 [표 7-2]와 같이, 동거차도를 비롯하여 서해청 상황실 등에 분산되어 임무를 수행했는데, 군 검찰은 범죄행위와 연관이 의심되는 610부대 상황실과 진도체육관 및 팽목항에 투입됐던 인원에 대해서만 수사를 진행했다.

표 7-2. 610부대 세월호 침몰 사건 기무사 요원 투입 현황(2014. 4. 21 기준)

구 분	투입인원 (회)	교대 횟수 (1일)	총 투입인원 (1일)	비고
본부(상황실)	3	3	9	610부대
3함대 상황실	2	2	4	
독도함	1	2	2	
동거차도	1	상주	1	
서해청 상황실	1	3	3	
진도군청 현장지휘본부	1	3	3	
진도군 실내 체육관	2	3	6	세월호 유가족 체류
팽목항	2	3	6	세월호 유가족 체류
합계	11		34	

여객선 침몰 관련 부대원 현장 활동 실태(팽목항/진도실내체육관) 참조 필자 재정리.

당시 610기무부대의 지휘체계는, 부대장을 대리하는 '본부 상황실'과 현장에서 직접 정보를 수집하는 '현장 활동관'으로 구성되어 있었다.

본부 상황실에는 상황실장 이형준 중령(1과장)이 주로 지휘했으며, 31사단 기무부대장 이삼형 소령, 상무대 기무부대장 김우철 중령, 공군 1전투비행단 기무부대장 양희윤 중령, 해군 3함대 기무부대장 손준형 중령이 순번을 정해 이형준 중령을 지원했다.

또한 진도체육관과 팽목항에는 93연대(강진반) 소속 소령 구민회 외 3명(김광훈 중사 장태근 원사 김재용 상사)이 세월호의 침몰이 진행 중이던 시점에 이미 투입이 되었고, 95연대(순천반) 소속 소령 양원호 외 3명(오승진 중사 김치평 준위 김관수 상사)은 침몰 이후 며칠 뒤부터 같은 장소에 투입되었다.

기무부대 요원들은 세월호 침몰 당일부터 세월호 TF가 종료되는 시기까지, 610기무부대장 소강원을 정점으로 사령부·현장 활동관과 연결되어 있었다. 이들은 지휘체계에 따라 "① 진도에 파견 나온 군인들에 대한 애로사항과 군 관련 첩보를 수집하고, ② 유가족들의 분위기를 파악해서 보고하는 업무를 수행했으며, ③ 진도군청에 설치된 범정부사고대책본부에서 아침과 저녁에 진행되는 각 행정부처의 브리핑 정보를 취합하여 610 기무부대 상황실에 보고[46]"하는 업무를 수행했다.

- **610부대장 소강원 대령이 상황실장 이형준 중령에게 임무를 부여한 경우**
  상황실 근무자가 93연대 및 95연대 상황반장 및 현장 활동관에게 부대장의 지시사항을 전파하고, 임무를 완수한 활동관은 지시의 역순으로 상황보고

- **상황실 근무자가 사령부로부터 지시를 받고 현장 활동관에게 지시하는 경우**
  상황실 근무자는 상황실장(1과장) 이형준에게 사령부 지시사항을 보고하면, 이형준 중령은 610부대장에게 보고한 후 결재를 받아 위와 같은 순서대로 현장 활동관에게 지시하고 보고를 받는다.[47]

'기무부대 요원'의 현장 상황파악 및 보고

현장 활동관들은 유가족 관련 정보를 진도실내체육관과 팽목항, 진도군청 등에서 관련 정보를 수집했다.

당시 진도군청에는 범정부사고대책본부가 설치되어 있었으므로, '해양수산부, 해양경찰청, 경찰청, 국방부, 교육부, 소방청, 안전행정부, 법무부, 국무총리실' 등 9개의 기관이 하루 2회(08:00~09:00, 20:00) 일일 상황보고 회의를 하면서 자료를 배포했다.

활동관들은 '안전행정부, 국무총리실, 경찰청, 법무부' 자료를 제외한 나

---

46 이형준,『진술조서(제4회)』, 국방부 보통검찰부, 2018.8.24, 17쪽.
47 김치훈,『진술조서』, 국방부 보통검찰부, 2018.8.16, 5쪽.

머지 5개 기관의 보고서를 각각 입수한 뒤에 휴대폰으로 사진을 촬영하여 610부대 상황실 근무자의 핸드폰으로 전송했다.[48] 그들은 브리핑에 참석한 사람이 놓고 간 자료를 원칙적으로 수집했으며, 이를 수집하지 못했을 때에는 범정부사고대책본부에 파견 나온 해군 공보관으로부터 브리핑 자료를 받기도 했다.[49][50]

이들이 수집한 자료에는 국방부의 경우 "군 투입 인원 및 장비 현황, 세월호 지원 활동결과 및 조치 예정 사항"등의 정보가 기록되어 있었고, 해양경찰청의 경우 "함정의 수색구조 현황과 잠수부 투입현황"에 대한 실적이 포함되어 있었으며, 교육부와 소방청의 경우 "단원고 학생들 장례지원 관련 내용과 헬기 지원 내용" 등의 실적들이 포함되어 있었다.[51]

이런 방식으로 수집된 정보는 매일 『여객선 세월호 침몰사고 구조 지원 동정(1보~)』이라는 보고서에 "실종자 구조현황", "군(軍) 구조작전 동정", "범정부사고대책본부 동정" 등의 제목으로 작성되어 사령부에 보고됐다.

세월호 침몰 초기 기무사 요원들은 진도체육관과 팽목항에서는 어떤 방법으로 유가족 관련 정보를 파악했을까?

이 부분은 기무사 요원들의 세월호 사건개입과 관련한 범죄행위 입증에 매우 중요한 사항임에도 군 검찰은 명확한 결론을 내리지 않았다. 특히 위 두 장소는 유가족들과 직접 대면하지 않으면 성격상 정보파악이 어렵고, 대부분 실종자가 구조되는 5월 중순경까지 실종자 가족과 많은 국민, 자원봉사자들이 그곳에 상주하고 있었기 때문에, 기무사 요원의 입장에서는 이곳을 중요하게 취급하지 않을 수 없었을 것이다.

세월호 침몰 사건 발생 며칠 뒤인 2014년 4월 21일경, 610기무부대 본부

---

48 김광훈, 『진술조서』, 국방부 보통검찰부, 2018.7.4, 9쪽.

49 오승진, 『진술조서』, 국방부 보통검찰부, 2018.7.10, 11쪽.

50 김광훈, 『진술조서』, 국방부 보통검찰부, 2018.7.4, 9쪽.

51 위와 같음, 10쪽.

상황실은 팽목항과 진도실내체육관에서 활동 중인 현지 활동관들에게 다음과 같은 정보수집 방법의 지침을 하달했다.

- 복장
  운동화에 잠바 · 청바지 · 트레이닝복 착용

- 파악장소

  - 팽목항 : 대책반 현장지휘소(항 대합실)와 실종자가족 대표자 회의장소(항 대합실 앞 몽골텐트)에서 기자 브리핑 또는 구조 진행사항, 발표 등이 있을시 부대원 1명이 현장에서 동정파악(특이사항이 없을시 부대원은 자원봉사자가 운영하는 무료급식소 · 핸드폰 충전소 · 야외 TV 방영 지역에 위치)

  - 진도실내체육관 : 부대원은 군에서 운영하는 이동진료소 또는 관중석(스탠드)에 위치하고 있다가 사열대에서 이루어지는 정부측 브리핑/답변 내용 등 파악. 체육관 주변 순찰, 특이동정 파악. 대정부 요구/불만사항 등 팽목항 지역과 동일한 동정 파악

- 동정파악 중점

  - 팽목항 :실종자 가족들의 요구사항 · 정부측 대책반과 실종자 가족 대표간 토의내용, 가족들 반향 · 특이언동. 시신 입항현황 · 민간잠수부들의 인터뷰 내용 및 가족 대상 설명내용. 반정부 선동자 · 유언비어유포자 등 색출

- 물의방지 대책

  - 핸드폰 소지하되 패턴 지정 및 카카오톡 잠금장치 후 활용

  - 통화/문자 보고시 충성구호 등 군 관련 용어 사용금지

  - 문자 발송시는 현장을 이탈하여 송수신 후 즉시 삭제 조치

  - 주민등록증이나 운전면허증(사복착용 사진)의 일체의 신분증 소지 금지

  - 우발상황 대비 실종자 가족으로 신분위장 및 답변52

당시 610기무부대 지휘부가 활동관들에게 이러한 지침을 하달한 이유는 2014년 4월 20일 새벽 2시경 사복경찰이 진도실내체육관 곳곳에 침투하여 실종자 가족들을 사찰하다 유가족들에게 발각됐기 때문에 그것에 대한 사후 조치의 일환으로 관련 대응방안을 전달했던 것으로 추정된다.

따라서 적어도 이때까지는 기무사 요원들도 경찰과 똑같은 방법으로 유가족 사찰을 진행했을 것으로 추정된다.

군 검찰의 수사기록에는 세월호 침몰 사건 발생 당일 진도체육관에서 기무사 요원들이 촬영한 "실종자 가족과 관련한 영상(진도실내체육관 내 다수 유가족 촬영 및 실종자 가족들이 해수부 차관의 멱살을 잡은 사진)"을 증거자료로 제출했으므로, 불법사찰 자체가 없었다고 부정할 수는 없다.

또한 필자는 진도실내체육관에서 참사 첫날부터 상당한 기간동안 위 지침에 반한 행위들을 직접 경험했으므로, '적법행위만 진행했다'는 기무요원들의 진술에 동의하기 어렵다. 당시 진도실내체육관에는 피해자 가족으로 위장한 매우 많은 '삼촌, 이모부, 고모부, 목사님' 등이 존재했고, 이들 중 상당수가 주도적으로 혼란을 조장한 점을 보면, 국가 권력은 불법 정보 수집 외에 또 다른 정치공작을 하고 있었음이 틀림없다.

현장 활동관과 상황실 근무자와의 보고체계는 매일 근무자가 바뀌는 관계로, 매일 새롭게 만들어진 카톡방을 통하여 이루어졌다.

현장 활동관이 진도실내체육관과 팽목항 등 근무 현장에 도착하면, 상황실에서 카톡으로 "오늘은 제가 근무자입니다. 저한테 보고해주시면 됩니다"라는 문자로 보고해야 할 카톡방을 알려주고, 그 사람이 대부분 당일 과제와 행동 지침도 전달해 주었다.

기무요원들은 유선전화 또는 휴대전화를 이용해서 보고하기도 했다. 보

---

52 국군기무사령부, 『여객선 침몰 관련 부대원 현장활동 실태(팽목항/진도실내체육관)』, 2014.4.21 참조.

고라인은 "현장 기무요원→ 610부대 상황실→ 사령부" 순서로 보고되는데, 610부대 상황실은 "장동규 상사 또는 김현석 주무관→ 이형준 중령→ 부대장 소강원"의 별도 라인을 운영하고 있었으므로, 지휘 및 보고체계에서 610부대장 소강원이 제외된 사례는 없다.53

상황실의 주필(장동규 상사 또는 김현석 주무관)은 현장의 기무요원들로부터 보고받은 내용을 종합하여 일일 정기보고를 생산하고, 그 보고서를 사령부 관련 부서 및 610부대장에게 보고했다.

610부대장은 일일 동정 보고를 받고 덧붙여 지시하거나 특별히 물어보는 경우도 있었다. 일일 정기보고를 일과 중에 보고했다면, 부대장 소강원의 결재를 받은 후에 사령부에 보고했고, 일과 중이라도 부대장이 부재중이거나 야간일 경우에는 사령부에 선보고 후 부대장에게 후 보고를 했다.54

610부대 기무 요원들은 무엇을 사찰했나?

정확한 시간은 특정할 순 없지만, 610기무부대 요원들은 4월 16일 오전 팽목항에 투입된 이후로 세월호 TF가 종료되는 2014년 10월 11일까지 관련 활동을 계속한 것으로 파악된다.

이들은 진도실내체육관과 팽목항에서 취득한 정보를 바탕으로 『여객선 세월호 침몰사고 구조 지원 동정(1보~)』이라는 보고서를 작성하여 사령부에 보고했다.

이 보고서는 "실종자 구조현황", "군(軍) 구조작전 동정", "범정부사고대책본부 동정", "실종자 가족 동정"으로 세분하여 작성한 후 관련 절차에 따

53 구민회, 『진술조서』, 국방부 보통검찰부, 2018.8.8, 6쪽.
54 양희윤, 『진술조서』, 국방부 보통검찰부, 2018.8.8, 5쪽.

라 초기에는 하루에도 몇 번씩 사령부에 보고했다.

앞서 밝혔듯이 "실종자 구조현황과 군 구조작전 동정"은 군과 관련한 사항으로 기무사 요원이 관련 정보를 수집할 수 있지만, "실종자 가족 동정"은 정보수집 항목에서 제외됐어야 옳았다. 하지만 기무요원들은 실종자 가족들에 대한 무제한의 정보를 수집했고, 이것을 분석하여 [그림 7-6]과 같이 보고서 끝부분에 "참고사항" 또는 "정책 제언"이라는 항목을 두어 사령부 또는 정부의 정책 방향을 제언하기도 했다.

그림 7-6. 정책 제언

□ 정책 제언

ㅇ 세월호 침몰사고 관련 선행·미담사례의 홍보전략 마련 요망

- 국내·외 언론, '세월호 침몰사고는 후진형 사고이자 정부의 후속조치도 적절치 않다.'며 부정적 여론 다대

- 또한, 언론에 보도되는 내용마저 정부의 무능함을 비롯한 총체적인 문제점 등만을 보도하고 있는 실정

- 이로 인해, 國格 하락 우려와 국민들에게는 자괴감 마저 유발시키고 있는 점과 실종자 가족들의 입장 등을 감안,

- 사고발생 이후 초동조치간 미담, 범국민적 추모분위기 조성 상황 등 보이지 않는 곳에서의 선행사례 홍보전략 필요.

- 이를 통해 사고자 가족들에게는 위로와 격려를, 국민들에게는 희망과 단결된 모습을 대외적으로 보여주는 계기 마련 요망

5 - 5

609○ － 6

진도해상 침몰 여객선 구조 지원동정(35보) 필자 화면 캡처.

610기무부대는 4월 16일과 17일 이틀에만 사령부에 15회의 보고를 했던 것으로 추정되지만, 이 기록은 군 검찰의 증거기록으로는 첨부되어 있지 않다. 따라서 세월호 침몰 초기 진도실내체육관과 팽목항 등에서 파악한

민감한 정보와 해경의 민간잠수사 투입 방해와 같은 정보는 아쉽게도 확인할 수가 없다.

현재 군 검찰의 증거기록으로 첨부된 보고서는 4월 18일 작성된 '16보'부터 존재하고 있다. 이 보고서의 "실종자 가족 동정"에는 진도실내체육관, 팽목항, 진도군청, 심지어는 동거차도에서 파악했던 유가족 관련 정보가 포함되어 있다.

이 보고서에 기록된 유가족과 관련한 정보는 유가족 바로 옆에서 실시간으로 감시하지 않으면 알 수 없는 정보가 굉장히 많이 포함되어 있다. 따라서 보고서를 읽는 사람은 현장에 있지 않더라도 현재 진도에서 진행되고 있는 유가족과 관련한 모든 상황을 훤히 꿰뚫어 볼 수 있었다. 기무요원들이 파악하여 보고했던 유가족 관련 정보는 다음과 같다.

- 2014. 4. 18.(금) (16보)
  - ○ 4. 17. 23:13 안산 단원고 2학년 학부모 여성대표가 "교장선생님께서 사과하겠다고 하는데 받아 보자"며 실종자 가족들에게 권유하였으나 일부는 "이번 사고가 종결되고 나서 하면 된다"며 반대하였음에도
  - -. 교장은 단상에 올라가 "기회가 없어 이렇게 나왔음. 교감은 연락이 안되고 성격이 소심해서 무엇을 할지 모르고 있다"고 언급하자
  - -. 감정이 격앙된 학부모들은 마이크를 뺏고 물을 퍼부어 교장과 선생들이 무릎을 꿇자 "학교가서 하라"고 질책"55

- 2014. 4. 18.(금) (21보)
  - ○ 진도항에 대기 중인 가족들이 국민의 분노를 이끌어 내겠다며 서해해경청장 등 정부 관계자와의 대화를 '아프리카 TV(www.afreeca.com)'를 통해 실시간 방송 중
    * 인터넷으로 현재 1,000여 명 시청 중

---

55 610 기무부대, 『진도해상 침몰 여객선 구조 지원동정 [16보]』, 2014.4.18.

○ 진도실내체육관 가족 1명은 오늘 사고현장을 갔다 왔는데 유속이 빨라 아무런 작업도 못하고 있다며 호소

-. **수중시야 확보가 잘 되지 않는다고 자꾸 이야기하는데 수중카메라로 현 상황을 촬영해서 보여 달라**[56]

▪ 2014. 5. 25.(일) (104보)

○ 브리핑 前·後 유가족 2명이 서로 언쟁(언쟁사유 확인 불가). 한편 브리핑 中 격앙된 목소리로 질문을 하면서 항의하는 듯한 태도를 많이 보였음[57]

▪ 2014. 5. 26.(월) (105보)

○ 실종자 가족 및 유가족 일부, 안산시 자원봉사자 텐트에서 음주 간 상호 입장차로 인한 갈등 표출

-. 유가족 측은 보상 문제를, 실종자 가족은 실종자 수습 우선 해결을 주장하는 등 상충되는 의견 대립으로 다툼

-. 한편, 선임된 변호사도 '못하겠다.'며 현장을 떠났다 함[58]

▪ 2014. 6. 12.(목) (141보)

○ 단원고 희생자 유가족(1명) 동거차도 방문간 특이 언동

-. 6. 12. 12:30경 단원고 2학년 8반 희생자 유가족(故제세호의 父親 제성(삼)렬)이 동거차도를 방문, 마을 주민(조광연, 61세) 안내로 사고지점과 인접한 야산에서 주류와 과자류를 바다에 뿌리며 통곡 후 하산

* 6. 11. 세월호 선원 공판 참석 후 동거차도를 방문하였으며, 마을 이장(조이배, 73세) 자가에서 1박 후 복귀 예정

-. 이동간 11공수여단 지휘통제실(마을회관)에 들러 휴대폰 충전 시 "선원들이 공판간 잘 먹었는지 살도 찌고 반성의 기미가 전혀 없이 당당했음. 한마디로 인간도 아님. 해경들은 구조간 탈출한 사

56 610 기무부대, 『진도해상 침몰 여객선 구조 지원동정 [21보]』, 2014.4.18.
57 610 기무부대, 『진도해상 침몰 여객선 구조 지원동정 [104보]』, 2014.5.25 참조.
58 610 기무부대, 『진도해상 침몰 여객선 구조 지원동정 [105보]』, 2014.5.26 참조.

람을 구하는 것이 아니라 선실 창문으로 구해달라는 사람들을 구해야 하는데 외면하여 대량 희생자가 발생하였다"며 분개

* "현재 생존학생들은 생존에 대한 죄의식을 떨치지 못하고 살고 있으며, 나도 8kg이나 빠졌음. 아들이 속해있던 8반은 36명 중 33명 희생, 2명 구조, 1명 수학여행 포기로 현재 3명만 생존해 있다"고 언급59

- 2014. 6. 18.(수) (152보)

  ○ 어제(6. 17.) 야간 체육관 내에서 실종자 가족 간 상호 위로 및 격려를 하다 "내가 너한테 왜 그딴 위로를 받아야 하나?"며 상호간 언쟁을 벌이며 극도로 예민한 심경을 표출했으나
  오늘(6.18.) 아침에는 월드컵 경기 시청 간 응원하면서 박수를 치는 등 다소 감정이 누그러지는 듯한 분위기60

- 2014. 7. 6.(월) (189보)

  ○ 실종자 가족 중 2명(조은화 모친 이금희, 남현철 부친 남경원)이 끝까지 시신 수습을 원하는 강경파이며

  * 상기 2명보다는 약하나 가끔 회의에 참석하여 강경 발언을 하고 사고 초기 해수부 장관 및 해경청장의 멱살을 잡는 등 말보다 행동으로 강경한 입장을 표출하는 인물이 있으나 특정 제한(황지현 또는 박영인 부친으로 추정)

  -. 나머지 학생 2명 가족은 강경한 3가족 의견에 따라 동조하는 입장

  * 현재까지는 강경파 3명이 시신수습을 강력히 주장하고 있어 이에 동조 中

  ○ 반면, 교사·승객·승무원 희생자 6명의 가족은 정부가 당장이라도 시신수습 중단 후 선체인양을 발표 하더라도 반대하지 않고 정부 의견에 수긍할 온건파

  * 개인적으로 추가수습이 어려울 것이라는 판단은 하고 있으나 학생 가족들의 강경한 태도 때문에 의견 주장은 하지 않고 있음

  * 진도군청 관계자에 따르면 "실종자 가족 일부는 이미 안산으로 이

---

59 610 기무부대, 『진도해상 침몰 여객선 구조 지원동정 [141보]』, 2014.6.12 참조.
60 610 기무부대, 『진도해상 침몰 여객선 구조 지원동정 [152보]』, 2014.6.18 참조.

동했고, 이와 반대로 일부 유가족들이 팽목항에 내려와 기거하면
서 팽목항 철수를 반대하고 있다"고 언급

※ 강경 입장의 부모(이금희, 남경원, 미상부친)를 설득할 경우 現
시점에서 수색중단을 이끌어 낼수 있는 가능성도 상존61

610기무부대 요원들이 진도실내체육관과 팽목항에서 실종자 가족들을
사찰하고 성향을 분류했던 목적은 유가족들의 약점과 영혼까지 수집 및
분석하여, 앞으로 있게 될 수색중단 등 각종 협상의 유리한 고지를 점유하
기 위한 지렛대로 사용할 목적이 있었던 것으로 추정할 수 있다. 하지만
불법성 여부를 떠나 사찰의 정도는 너무 지나쳤다.

기무요원들은 당시 진도실내체육관과 팽목항에서 체류했던 실종자 가
족들의 생활상을 아주 사소한 부분까지 사찰했다. 특히 팽목항 조립식 주
택 인근에는 CCTV까지 설치하고 실종자 가족들과 외부인이 접촉하는 상
황까지 감시하고 사찰했던 것으로 의심된다.

또한 [그림 7-7]에서 보는 바와 같이 실종자 가족들의 "평소 생활 상태,
TV 시청과 관련한 문제, 바닥에 이불을 치우지 않고 깔아놓고 생활한다는
사실, 창문을 열어 놓았는지 여부, 수육을 먹고 소주를 마시는 것"까지 사
찰하여 사령부에 보고했다면, 이것은 단순 목적의 사찰 범주를 넘어섰다
고 봐야 한다.62

---

61 610 기무부대, 『진도해상 침몰 여객선 구조 지원동정 [189보]』, 2014.7.6 참조.
62 국군기무사령부, 『진도 실내체육관 동정(분위기)』, 610기무부대, 2014.6.26, 2-1쪽.

그림 7-7. 610 기무요원 진도체육관 실종자 가족 사찰

o 특히 5.23.부터는 가족들이 체육관 주변을 산책하고, 5.24. 항공부대 철수에 따라, 진도공설운동장 트랙을 돌기도 하면서 운동을 실시

o 야간에는 조립식 숙소에 들어가 있는데, 일부는 창문을 닫는 경우도 있으나, 일부는 바깥에서 볼 수 있게 개방한 채, 인근 가족들과 함께 수박도 잘라 먹으면서 뉴스보다는 일반적인 프로그램(개그프로그램, 다큐멘터리 등)을 시청하면서 일상과 같은 생활 中
  * 체육관 내부에도 야간에 5~6명 정도가 남아 있는데, 야간에는 조명을 최대한 낮춰 취침여건 조성을 하고 있음, 대부분 tv 시청을 하고 잠을 자는 가족도 있음.

o 때때로 자원봉사자들이 수육 등을 만드는 경우가 있는데, 이때는 일부 남성들은 수육과 소주 등도 마시는 등 자유로운 분
  ▬▬(과음을 하는 경우▬▬▬)

o 야간에도 날씨가 덥고 습도도 높아 어머니들은 2~3명씩 짝을 지어 부채를 들고 체육관 앞 공터에 나와 부채를 부치며 산책을 하고, 체육관 내부와 조립식 주택을 번갈아 다니는 등 지역주민들인지 가족들인지 구분이 되지 않을 정도

국군기무사령부, 『진도 실내체육관 동정(분위기)』, 필자 화면 캡처.

'안산'에서 세월호 유가족 사찰

세월호 침몰 사건의 최대 피해자 단원고 학생들이 살았던 안산에서도 강도 높은 유가족 사찰이 진행됐었다. 기무사 요원들은 안산지역의 유가족뿐만 아니라, 상인들을 비롯한 지역주민들의 여론까지 꼼꼼하게 챙기는 세심함을 보여 주었다.

안산지역의 사찰은 안양에 소재하고 있던 310 기무부대와 예하 부대였던 551부대(화성 소재)가 주도하여 임무를 수행했다.

당시 310기무부대장 김병철(대령)은 551기무부대에서 근무하던 원사 최

대희에게 안산지역의 '시신운구 지원에 동원된 병력과 관련한 사항과[63] 특이사항, 미담 사례, 불만 사례 및 애로사항 등을 파악해서 보고하라'는 지시를 했다.

이에 그는 2014년 4월 17일부터 준위 박찬욱과[64] 함께 안산지역에 투입되어 지시받은 임무를 수행했으며, 2014년 5월 13일경 기무사령부에 세월호TF가 설치되면서, 김병철 대령의 지휘 아래 '합동분향소 분위기 및 제반동정, 단원고의 분위기, 유가족 동정' 등을 포함한 세월호 관련 전반적인 정보를 수집하여 보고했다.[65]

310기무부대장 김병철(대령)은 자의로 세월호 침몰 사건에 개입했을까?

세월호 침몰 사실을 TV를 보고 인지한 310기무부대 1과장 김경국은 "군인 자녀도 있을 수 있으니 파악을 위해 (안산)시청 한번 가보겠다"고 보고했고, 김병철 대령은 "군함도 아니고 한데. 안산 학생한테 일절 신경을 끄라. (관련 정보는)입수 하지마라. 왜 하느냐. 우리와 상관이 없는데. 아직 누가 죽었는지도 확실하지 않잖아"라고 얘기하며, 세월호 사건에 개입하지 말 것을 지시했다고 진술했다.

하지만 국군기무사령부 김대열 참모장(소장)으로부터 전화를 받은 후에는 안산지역에 기무요원을 투입하여 관련 정보를 수집하고, "일일보고서"

---

63 이 부분은 실제 검증이 필요하다. 왜냐하면, 정확한 시간은 특정할 수 없지만, 희생자의 시신을 헬기를 이용하여 운구하던 시점(2014. 4. 24 이후 추정. 4. 24 이전에는 119 구급차로 운구)부터 병력이 지원됐던 것으로 추정할 수 있으므로, 침몰 초기부터 시신운구를 위한 군병력 지원을 관리할 목적으로 기무사가 개입할 이유가 없었다.
64 원사 최대희의 진술에 의하면, 초창기엔 310기무부대 내근직으로 근무하던 박찬욱 준위와 약 1주일 정도 함께 임무를 수행했지만, 화랑유원지내 합동분향소에서 유가족 동정을 파악하는 과정에서 박찬욱 준위가 직접 유가족들의 접촉을 시도했고, 최대희는 추후 문제가 야기될 것을 우려하여 업무 배제를 건의했고 김병철 대령이 이를 받아들여 초기 임무에서 배제 시켰다고 한다. 하지만 박찬욱 준위가 작성에 관여한 2014년 5월 23일자 보고서가 존재하는 것으로 보아 100% 배제됐던 것은 아니었던 것으로 판단된다. 최대희, 『진술조서』, 국방부 보통검찰부, 2018.7.3, 4~5쪽; 김병철, 『피의자신문조서』, 국방부 보통검찰부, 2018.9.17, 13쪽.
65 최대희, 『진술조서』, 국방부 보통검찰부, 2018.7.3, 4쪽.

를 작성하여 보고할 것을 지시했다고 한다.66

310기무부대의 유가족 사찰과 관련한 임무는 현지 활동관이 수집한 정보를 310기무부대 1과에서 보고받아 보고서를 정리한 후 사령부에 보고하는 것이었다.

310부대 1과는 매일 오전 8시쯤 1과장 김경국과 첩보계장 이창선(보고서 정리), 방산계장, 보안계장, 신원계장이 모여서 주로 그날그날 작성해야 할 보고서에 대해 1과장 김경국에게 보고하고, 관련된 지시사항을 전달받았다.67 1과의 회의가 끝날 때쯤 부대장 김병철 대령이 출근하는데, 이때 1과장, 2과장 행정괴장 당직사령관이 부대장과 티타임을 가시면서 일일 실시 예정 사항표 및 지시응신(SRI)68에 대한 보고를 했다.69

유가족 사찰 관련 정보 획득 경로

세월호 침몰 사건의 정보를 파악하기 위해 투입된 원사 최대희의 평소 고유업무는 '작전부대 대상 현장 활동 또는 신원조사 업무, 방산업체 보안 지원, 탈북자 합동조사" 등을 진행하는 것이었다. 그는 소속부대(화성 소재 599부대)에서 오후 3~4시경까지 고유업무를 진행한 뒤 안산으로 이동하여 세월호 침몰 사건에 대한 정보를 수집했다.

그는 화랑유원지 내에 있는 합동분향소와 그 옆에 있는 경기도 미술관 1층(정부합동장례지원단, 국방부 파견직원 및 167부대 현역 및 예비군 동대

---

66 김경국, 『진술조서』, 국방부 보통검찰부, 2018.9.5, 10쪽.
67 이창선, 『진술조서』, 국방부 보통검찰부, 2018.9.12, 3쪽.
68 사령부에서 예하부대에 내리는 특별한 지시. 그 기한까지 답을 달아야 하고, 만약 응신하지 않으면 해당 부대에 감점 등 불이익이 있었다.
69 이창선, 『진술조서』, 국방부 보통검찰부, 2018.9.12, 4쪽.

장)과 2층(경기도청 세월호 상황실)을 거쳐, 차량으로 안산시청으로 이동하여 4층에 설치된 세월호 상황실에서 세월호 침몰 사건과 관련한 정보를 수집했다.[70]

그의 진술에는 안산단원경찰서 및 경기도 경찰청에서 수집한 정보와 관련한 내용이 누락되어 있다. 하지만 그가 작성하여 보고한 보고서에는 안산단원경찰서 등에서 수집했던 정보가 다수 포함되어 있었고, 화랑유원지에서 시청으로 이동하는 경로에 안산 단원경찰서가 있었으므로, 이곳에서도 당연히 관련 정보를 수집했을 것으로 판단된다.

진도 610기무부대의 현장 활동관들이 '유가족들과 직접 접촉하지 않았다'고 진술한 것과 마찬가지로, 최대희 또한 직접 유가족과 접촉한 사실이 없다고 진술했다. 하지만 그가 파악했던 정보 중에는 유가족과 대면하지 않으면 도저히 파악할 수 없는 정보가 다수 포함되어 있었던 것은 틀림없는 사실이므로, 직·간접으로 유가족과 접촉은 했을 것으로 판단된다.[71]

최대희는 단원고에 대한 사찰은 진행하지 않았다고 진술했다. 그는 단원고의 분위기는 안산시청 상황실에 파견된 교육청 공무원으로부터 정보를 수집했다고 진술했다. 그러나 참사 이후 상당 기간 동안 희생자들의 교실이 학부모와 국민들에게 전면 개방되어 있었고, 출입 또한 매우 자유스러웠다는 점을 감안하면, 이곳을 사찰하지 않았다는 진술은 믿기 어렵다.[72]

그는 각 기관에서 매일 작성한 40~50장 분량의 보고서를 수집하여, 안산시청 세월호 상황실의 팩스를 이용해 310 기무부대 당직실 일반 팩스를 이용하여 본부에 보고하였다. 그리고 전화를 이용해 상사 이창선(부재중일 경우 1과장 김경국 소령)에게 "자료를 송신했다(매수확인)"는 통화를

---

70 최대희, 『진술조서』, 국방부 보통검찰부, 2018.7.3, 7쪽.
71 최대희, 『진술조서』, 국방부 보통검찰부, 2018.9.12, 9쪽.
72 최대희, 『진술조서』, 국방부 보통검찰부, 2018.7.3, 12~13쪽.

한 후 19:30경 하루 일과를 종료하고 현장에서 곧바로 퇴근했다.[73]

그의 문건을 접수한 상사 이창선은 보고서를 작성하여 관련 규정에 따라 사령부에 보고했으며, 기무사령부에서 TF가 만들어지고 난 뒤부터 8월경까지는 매일 동정 보고를 했다. 그 이후에는 사령부에서도 관심이 없어졌는지 보고를 하라는 지시가 별로 없어서 추석을 전후하여 9월부터는 비정기적인 보고를 했다.[74]

무엇을 사찰했을까?

모든 기무 요원들이 집중적으로 수집한 정보는 "미담 사항, 애로 및 건의 사항, 합동분향소의 분위기, 단원고의 분위기, 유가족 동정" 등과 관련한 사항이었다. 하지만 이 모든 행위가 유가족적 관점 또는 유가족에게 도움을 주기 위한 목적이 아닌, "세월호 사건 조기 종결 및 정권유지의 목적"에서 유가족의 약점과 부정적인 내용만 엄선해서 정보를 수집하고 보고서를 작성했다.

310기무부대는 참사 다음 날인 2014년 4월 17일(목)부터 세월호 TF가 종료되는 2014년 10월 11일까지 매일『세월호 침몰 관련 안산 단원고 일일보고』라는 보고서를 작성하여 사령부에 보고했다. 이 보고서에는 장례식을 치르는 과정을[75] 포함하여 유가족 회의 진행 동향, 합동분향소 분위기, 유가족의 배상금에 대한 견해, 유가족 특별법 서명운동 전개와 관련한 사항, 가족

---

73 최대희,『진술조서』, 국방부 보통검찰부, 2018.7.3, 15쪽.

74 위와 같음, 7쪽.

75 2014. 4. 21.경 기무사 요원들이 작성한『진도 해상 여객선 침몰 관련 방첩활동 계획』에 의하면, [1단계 : ~구조/ 인양작전 완료시까지], [2단계 : 영안실 안치~장례식·보상 완료시 까지]의 행동 준칙을 정해놓고, 유관기관과 협조체계 구축·활용, 비노출 간접활동을 전개하여 "반정부 시위로 확산을 방지하기 위해 종북세 활동 선제적 차단 주력을 해야 한다"는 지침을 마련했던 것으로 파악되고 있다. 국군기무사령부,『진도 해상 여객선 침몰 관련 방첩활동 계획』, 2014.4.21, 2-1~2쪽.

의 과거 경력(노동운동, 이혼 등), 유가족의 과거 병력, '엄마의 노란 손수건' 등 시민단체의 움직임이 담겨 있었다. 심지어 인근 상인들의 여론, 음주실태, 유가족이 입고 있는 옷의 색깔까지 꼼꼼히 확인하여 보고했다.[76]

그림 7-8 유가족의 일상 사찰

정부합동분향소 관련 현황 확인 결과 보고[310]

□ 안산 정부합동분향소 현황
o 유가족 대기실 평소 20~30명 대기, 가족대책위 활동(특별법제정 서명운동, 공판 참석)이나 합동분향소 운영 관련 개입
- 수시 분향소 內 영정들을 둘러보면서 국화가 시들거나 하면 교체 요구를 하는 등 주로 시설 관련 요구가 많고 간혹 건강 이상으로 수액 주사 맞는 것을 희망
    * 7.17. 09:00 합동분향소에 대기중인 버스 3대에 유가족 등 84명(유가족 69, 시민단체 15)이 타고 특별법 제정 촉구차 국회로 출발, 22:00경 복귀
- 옷차림도 검정색 계통에서 최근에는 색상이 들어간 컬러풀한 옷을 입고 주변을 의식하지 않은채 유가족들간 일상적 대화를 하면서 웃는 모습이 목격되는 등 안정화되는 모습

정부합동분향소 관련 현황 확인 결과 보고(2014.7.18.) 필자 화면 캡처.

기무 요원은 안산 시민의 여론 변화에도 매우 민감한 관심을 가지고 있었다. 기무요원들은 사건 발생 10일도 지나지 않은 시점에 여론조사 결과를 상세하게 사령부에 보고했다.

상인층, '손님들이 전혀 없음. 죽은 사람은 죽은 사람이고 산 사람은 살아야 될 거 아니냐! 언론 보도 내용도 그렇고 마치 음식점에서 술 한

---

76 국방부 보통검찰부, 『수사보고 [310기무부대 작성의 '진도여객선 침몰 관련 안산 단원고 일일보고'등 확인 관련], 기무사 의혹 특별수사단, 별첨 '진도 여객선 침몰 관련 안산 단원고 일일보고(1보~)』, 2018.10.31.

잔하는 사람은 죄인처럼 비춰지고 있음. 상인들도 학부모들로 돈을 벌어야 가정을 유지할 수 있는데 손님이 뚝 끊겨 생계유지가 막막하다'며 고충 호소.

안산시에서는 현 상황 관련 지역 민심이 험악해져 구설수에 오를까 두려워 상호 언행을 조심하며 '술을 마시는 사람은 적군이다'라고 표현하며 공무원 대상 금주령 등으로 술손님이 없어 단원고를 중심으로 영업을 중단하는 음식점이 날로 늘어나고 있어 지역 경제가 엉망임[77]

이들은 「진도 여객선 침몰 관련 안산 단원고 일일 보고[1보]」를 작성하면서 소제목으로 "지역동정"과 "기타 특이 동정"을 주제로 보고서를 작성했다. 전자의 경우에는 주로 장례식 진행현황과 안산 지역의 세월호에 대한 악성 여론을 중심으로 수집하였고, 후자의 경우에는 유가족에 대한 특히 불리한 정보만 수집하고 보고서를 작성하여 사령부에 보고했다. 대표적인 사례는 다음과 같다.

- 2014. 4. 18. (금) (2보)
  평택 미군기지 美측 장병층, "오바마 대통령께서 애도를 표명하는 등 미국차원에서도 관심을 갖고 있음. 다만 한국을 자주 방문하는 것도 아닌데 추모 분위기속 방문하여 의미가 반감되지 않을까 우려됨. 미군들도 TV 보도 내용을 주시하며 안타까워 하고 있음."[78]

- 2014. 4. 20. (일) (4보)
  안산시, 여객선 보험 3억 5천, 단원고 여행사 보험 1억 등 4억 5천만원의 보상금을 판단하는 한편, 향후 보상금 관련 민원 등을 고려 안산시 지원 변호사에게 대비토록 조치

  ★ 한편, 사망한 한 학부모는 사망전 학생이 모친과 거주, 반면 보상

---

77 국군기무사령부,『진도 여객선 침몰 관련 안산 단원고 일일 보고(9보)』, 2014.4.25, 310 기무부대.
78 310 기무부대,『진도 여객선 침몰 관련 안산 단원고 일일 보고[2보]』, 2014.4.18.

금은 친권자인 부친(이혼)이 권리가 있다며 보상금을 받기 위해 학부모간 다툼 현상도 발생79

- **2014. 4. 25. (금) (9보)**

  ○ 안산시 지역 일부 상인(요식업 업소 등)들, 세월호 사고로 인한 영업 손실 등 고충 호소

  -. 상인층, "손님들이 전혀 없음. 죽은 사람은 죽은 사람이고 산 사람은 살아야 될거 아니냐! 언론 보도 내용도 그렇고 마치 음식점에서 술 한잔하는 사람은 죄인처럼 비춰지고 있음. 상인들도 학부모들로 돈을 벌어야 가정을 유지할 수 있는데 손님이 뚝 끊겨 생계 유지가 막막하다"며 고충 호소

  -. (안산 일동 주민지역위원장 김영도/한우마을 경영) 안산시에서는 현 상황 관련 지역 민심이 험악해져 구설수에 오를까 두려워 상호 언행을 조심하며 '술을 마시는 사람은 적군이다'라고 표현하며 공무원 대상 금주령 등으로 술 손님이 없어 단원고를 중심으로 영업을 중단하는 음식점이 날로 늘어가고 있어 지역 경제가 엉망임

  ○ 희생자들이 일부 수습되면서 '보상금' 관련 사항 등 특이 여론 형성

  -. 부모가 사망하고 어린 자녀만 생존한 것과 관련 부모 보상금까지 고려시 금액이 크다 보니 친인척들이 서로 자기가 키우겠다고 하거나 이혼 가정으로 자식이 희생된 슬픔은 뒤로 한 채 보상금을 획득하기 위한 다툼 현상 등 여론 형성

  ★ 한편, 희생된 여학생 중에는 딸만 셋으로 지난해 부친의 사업 실패로 가정 형편이 어려운 가운데 희생자 명단에 포함되어 지역주민들 간 "집안을 살려 놓고 간 효녀다"며 보상금 관련 긍·부정적 다양한 여론 형성

  -. 안산시 거주 이필용(48세, 미혼/ 운수업)은 독자인 조카(형님 외동아들)의 유가족으로 아직까지 시신을 찾지 못해 조카의 부모(형·형수)는 진도에 머물고 있고, "집안의 대가 끊어졌다"고 한탄을 하며 앓아 누운 모친까지 부양하여 "직업을 잃고 앞으로 살아갈 길이 막막하다"고 신세 한탄

---

79 310 기무부대, 『진도 여객선 침몰 관련 안산 단원고 일일 보고(4보)』, 2014.4.20.

○ 생존 치료 학생 조문 관련 유인물 유포, 경찰 조사 중

-. 어제(4.24) 08:00경 고대병원 출근길에서 고대병원 의사 (일반외과 외래교수 최기호)가 병원 근처에서 유인물(A4) 1매 '세월호 생존 치료 학생의 장례식장 조문 강제로 막지마라! 친구의 마지막 길을 함께 할 수 있도록 하라.

강제로 막는다면 병원 폭파 시키겠다'라는 유인물 1매를 발견하여 고잔파출소 순찰 중인 박태종 경사한테 신고, 박 경사가 주변을 순찰하여 유인물 11매를 추가 발견, 단원경찰서 강력팀에서 작성자 및 배포 경위 등 수사 중(국과수 의뢰 등)[80]

▪ 2014. 4. 26. (토) (10보)

○ 희생자 가족 임시 회장단 구성 회의 소집

-. 학교 운영위원, 교육 위원 등 정치적 활동을 하는 안산시 거주 박경도가 오늘(4. 26) 회의 소집

＊ 유가족단과 마찰이 많고 행보에 주의가 요망되는 인물로 경찰측 관찰 인물[81]

▪ 2014. 4. 28. (월)

○ 단원고 故 정차웅 부친이 최하 등급의 장례용품을 사용한 것과 관련 지역 內 긍정적 여론 형성

-. 故 정차웅 부친이 "국민의 세금으로 아들 장례를 치르는데 어떻게 비싼 것을 쓸 수 있느냐"며 최하 등급의 장례용품으로 장례를 치른 것을 고대 안산병원 관계자가 언급하여 지역 內 긍정적 여론 형성[82]

▪ 2014. 4. 29. (화)

○ 단원고 희생자 · 실종자 가족들 긴급 회의 실시

-. 단원고 희생자 · 실종자 가족들은 4. 29. 15:00시 안산 와 스타디

80 310 기무부대, 『진도 여객선 침몰 관련 안산 단원고 일일 보고[9보]』, 2014.4.25.
81 310 기무부대, 『진도 여객선 침몰 관련 안산 단원고 일일 보고[10보]』, 2014.4.26.
82 310 기무부대, 『진도 여객선 침몰 관련 안산 단원고 일일 보고[12보]』, 2014.4.28.

움 2층 대회의실에서 긴급 회의 실시

-. ① 유가족대표사무실 안산와스타디움 1층에 설치 ② 식당은 단원구청 구내식당 이용 ③ 사무실 운영에 필요한 책상, 의자, 소파, TV, 전화 설치(약 2천여만원 소요 예상) 요구

* 기타, 팽목항 가는 방법과 시기, 정부와 경기도 · 도교육청 · 안산시에 건의 활동 내용 등 논의[83]

2014. 5. 1. (목)

○ 단원경찰서 보안계장(조황호), 촛불집회 "우려스러울 정도는 아니다"는 입장

-. 안산시 지역 촛불집회가 초기 2,000여 명까지 확산되는 추세 였으나 점차 인원이 줄고 있고 내용 또한 현재까지는 순수한 촛불 집회 성격으로 "우려스러운 정도는 아니다"는 입장

-. 안산 시민연대 등 재야단체에서 유가족들을 찾아가 촛불집회에 참석토록 요구했으나 반대, 유가족 없이 자체적이 촛불집회 행사 추진으로 참석률이 떨어지고 있는 실적

* 또한 同 촛불집회를 하며 반정부 발언시 안보단체인 안산시 자유총연맹 지회장(홍의성)이 저지하면서 "정부에서 적극지원하고 있다"며 긍정적 발언을 유도하는 등으로 재야단체 의지대로 안되고 있는 실정

○ 실종 학생(김■■) 모친, 통신비 지원요청

-. 실종된 학생(김■■) 모친(김■■ / 의정부 거주)이 지난 4. 16.(수) 사고 소식을 접하고 의정부에서 택시를 타고 김포공항으로 가서 비행기로 진도 사고현장에 이동한 것과 관련 교통비 약 21만 원 지급 요구로 지급 여부를 놓고 검토 중(대중교통과)[84]

2014. 5. 10.(토)

○ 안산시민연대, 국민 촛불 행동 집회중

-. 안산시민사회연대에서는 인터넷 등 공지를 통해 '세월호 희생자

---

83 310 기무부대, 『진도 여객선 침몰 관련 안산 단원고 일일 보고[13보]』, 2014.4.29.
84 310 기무부대, 『진도 여객선 침몰 관련 안산 단원고 일일 보고[15보]』, 2014.5.1.

추모와 진실을 밝히는 국민촛불 행동' 집회중

* 5. 10. (토) 15:00 화랑유원지 3주차장 노란리본 잇기, 안산문화광
  장까지 행진 후 18:00부터 국민촛불켜기 행사 진행

-. 많은 인원을 참석시키기 위해 행사 개최 인원들은 오전부터 화랑
  유원지 소공연장에 집결, 임무 분담 및 조문객, 시민들에게 행사
  를 알리는 팜플렛을 일일이 전달하며 행사 홍보[85]

2014. 5. 12. (월)

○ 단원경찰서, 유가족 접근 집회 참석 유도 인원 관찰 강화 중

-. 단원경찰서에서는 지난 5. 10. 집회 주도자(한미연, 女)가 민협,
  범민련, 시민연대 등 세규합을 하고 있으며 향후 계속 반정부 운
  동을 지속 펼칠 것으로 예상

-. 아직까지 유가족측이 이에 동조하지 않고 거리를 두고 있으나 향
  후 유가족이 동조할 가능성도 배제 할 수 없어 관찰 강화중[86]

2014. 5. 13. (화)

○ 故 최수빈 외할아버지(안중해) 합동분향소에 위치하며 조문객들
  에게 진상규명을 요구하는 호소문 배포(상세 내용 생략)

○ 유가족 대표(김병권) 등 자체 임원진 간에도 異見

-. 유가족 대표 관련 부회장이 "유가족이 요구하는 것을 정확하게 의
  사 전달을 못 해주고 있다"며 의견 충돌 등 異見

○ 대한변호사협회, 세월호 희생자 · 실종자 · 생존자 가족 대책위원
  회와 MOU 체결(5.13. 20:00)

-. 대한변호사협회 세월호 참사 공익법률지원단은 5. 13.(화) 20:00
  경 와스타디움 2층 유족협의회 사무실에서 세월호 침몰사고 희생
  자 · 실종자 · 생존자 가족 대책위원회와 MOU 체결

* 세월호 사건 관련 전국회원 대상으로 공익법률지원단 모집 등 피
  해자들을 위해 정부 · 보험사 · 선박회사 · 교육당국 · 언론 등을 상
  대로 한 피해배상 협상과 관련된 공익 소송 등 무상 지원

---

85 310 기무부대,『진도 여객선 침몰 관련 안산 단원고 일일 보고[23보]』, 2014.5.9.
86 310 기무부대,『진도 여객선 침몰 관련 안산 단원고 일일 보고[26보]』, 2014.5.12.

○ 합동분향소 앞 진실규명 요구 피켓 시위 및 서명운동 지속(11일차)

-. 유가족 10여명 지난 5.3부터 합동분향소 앞에서 피켓 시위 및 진실규명을 요구하는 서명 운동 지속 전개 중

* 계속 서 있지 않고 조문객이 붐비는 시간 등을 판단, 피켓 시위 등 지속

-. 한편, 5.13.(화) 17:30경 **항작사 부대 마크 군복을 착용한 정진솔 (분대장)**은 사복입은 친구와 합동분향소를 20여분간 조문후 나오면서 同 서명지에 서명

* 군인복무규율 13조 집단행위의 금지, '군인은 군무 외의 일을 위한 집단 행위를 하여서는 아니된다' 위반

○ 합동분향소 유가족 대기실에는 20~30명 정도 유족들이 소파에 앉아서 삼삼오오 대화, 여자 유족이 많고 팽목항에는 교대로 인원을 편성 내려가고 있음[87]

■ **2014. 5. 15. (목)**

○ 교사 故 김응현 유가족, 자녀 생일에 따른 미역국 등 지원 요구

-. 지난 5. 14. 시신이 수습되어 안산 제일 장례식장에 안치된 故 김응현 유가족들이 자녀 생일(5. 15.)을 언급하며 미역국(20인분) 및 케잌을 요구하여 5. 15. 아침에 조치

○ 희생자 故 김민지(2-1반) 父, 응급센터 이송 후 특이사항없어 퇴원

-. 5. 14. 18:30경 故 김민지 父 김내근(45세)이 정부합동분향소에서 가슴통증을 호소하여 고대병원 응급센터로 이송하였으나 특이 사항이 없어 퇴원(21:40)[88]

■ **2014. 5. 16. (금)**

○ 희생자 故 김OO 학생 가족, 중증 증세로 입원 치료 권유

-. 희생자 고 김OO의 母 : 전문의 소견상 정신분열증 의심, 학교가서 교사들에게 소리지르고 행패부리는 등으로 입원을 권유하나 심하

---

87 310 기무부대, 『진도 여객선 침몰 관련 안산 단원고 일일 보고[27보]』, 2014.5.13.
88 310 기무부대, 『진도 여객선 침몰 관련 안산 단원고 일일 보고[29보]』, 2014.5.15.

게 거부

-. 오빠 : 정신과적 문제가 의심되고 치료 필요

☞ 母, 오빠 정신건강증진센터에서 관리 및 돌봄서비스(가사도우미)
중 5. 17.(토) 父, 이모와 입원 치료 협의 예정89

- **2014. 5. 17. (토)**

○ 단원고, 학교주변 노란리본과 현수막 철거에 고심

-. 단원고, 지난 4. 23. 실종자·희생자 가족들에게 "학교 주변에 현
수막과 노란리본 때문에 학생들이 학업에도 방해가 되고 심리(통
학간 심적부담)에도 영향을 주고 있음. 철거하는 것을 검토해 달
라!"고 요구

*학교 정문 주변 및 인근도로 주변 구조물 등에 노란리본과 각종 대
도 현수막 난립

-. 유가족들 "우리가 단 것도 아니고 시민들이 단 것이기 때문에 우
리가 철거하라! 마라! 할 수는 없는 것 아니냐!"는 입장, 해당 현수
막과 리본은 현재까지도 철거를 못하고 있는 상태

○ 트위터, 일부 안보단체 합동분향소 자원봉사활동에 부정적 글 게
시

-. 영원한 촛불맨@ydh63204, 안산 세월호 희생자 분향소에 다녀 왔
습니다. '자유총연맹, 재향군인회' 왜 이들이 이곳에 천막을 치고
있을까요? 나라를 망치고 희생자들을 죽음으로 내몬 집단의 출범
에 일등공신들이~~ 참 뻔뻔한 인간들!!!(5.16) (중략)

☞ **반정부 세력들이 안보단체 활동사항에 대해서도 관심을 보이고
있는바, 우리부대원들도 현장 활동간 각별한 주의 필요90**

- **2014. 5. 28. (수)**

○ 反 정부적 정치성향이 있는 유가족 대표(김병권), 대변인 (유경
근)주도로 자신들의 요구조건을 관철시키기 위해 활동 강화

-. 국회의원회관(5. 27.) 및 민노총 방문(5. 28) 대통령 포함 철저한

89 310 기무부대, 『진도 여객선 침몰 관련 안산 단원고 일일 보고[30보]』, 2014.5.16.
90 310 기무부대, 『진도 여객선 침몰 관련 안산 단원고 일일 보고[31보]』, 2014.5.17.

진상 규명 요구 등 주문

* 최근에는 일반인 가족 대책위와 공동 구성을 위해 3차례 접촉 등
  다양하게 활동

-. 이와 관련, 여타 유가족들 및 실종자 가족들과 잡음이 발생하고
   있으며 안산 시민들도 反 정부적 활동 양상에 대해 동조보다는 우
   려하는 분위기

* 상록수역에서도 일부 인원들이 진상규명 서명 운동 및 정부 비방
  을 연일하고 있는데 "해경도 해체한다했고 대통령도 사과하는 등
  해달라는대로 정부에서 다해줬는데 뭘 더 해달라는 거냐!"며 반정
  부적 활동에 자연스러운 거부감이 형성되는 분위기

-. 또한, 지역 주민들간에도 세월호 보다는 6.4 지방 선거 관련 시간
   이 갈수록 관심 정도와 대하가 늘어나고 있는 실정[91]

- **2014. 5. 29. (목)**

  ㅇ 경찰 측 유가족 대표(김병권)는 보습학원 운영 경력 및 시흥에서
     지게차를 운영하는 등 평범한 직업 출신이나 성향은 사회비판적
     이고

  -. 대변인(유경근)은 정의당 당원으로 '13. 11월 SNS상 대통령님 비
     하(박근혜→바뀐애) 및 하야 주장 등 활동

  -. 생존자 학부모 대표 (장동원)은 금속노조 출신으로 활동 사항에
     대해 주의깊게 확인중 [92]

- **2014. 5. 30. (금)**

  ㅇ 가족대책위 이용기 부대변인 등 2명, 음주 후 분과별 사무실 사무
     용품 지원에 대한 불만으로 소동

  -. 가족대책위 이용기 부대변인 등 2명은 5. 29. 22:30경 음주 상태
     로 분과위 사무실이 있는 경기도미술관내 프레스센터內 장례지원
     단을 찾아와 불만 표출

  ㅇ 단원고 학생 故 권00모(최민옥), 음주 후 소동

---

91 310 기무부대,『진도 여객선 침몰 관련 안산 단원고 일일 보고[42보]』, 2014.5.28.
92 310 기무부대,『진도 여객선 침몰 관련 안산 단원고 일일 보고[43보]』, 2014.5.29.

-. 단원고 희생학생 고 권00모, 5. 30. 06:00경 음주 후 도로변에서
통곡하는 등 소동으로 안산 부곡파출소에서 보호 조치, 행정지원
돌보미 공무원이 파출소를 방문하여 119구급차로 고대안산병원으
로 이송[93]

- **2014. 7. 28. (월)**
  - □ 非상식적 지원 실태
  - ○ 가족대책위의 반정부 활동에도 적극지원, 국민 인지시 논란 우려
  - -. 가족대책위 사무실, 차량, 유류비 등 기본적인 활동은 물론, 각종
    시위성 용품까지 과도하게 지원
  - * 전국 서명 운동시 소요되는 문구류, 차량 및 식비 등 지원
  - * 5. 29. 22:30경 가족대책위 이용기 부대변인 등 2명이 음주 상태
    로 장례지원단을 찾아와 분과위 사무실 파티션 높이, 의자 개수,
    일부 중고물품 사용 등에 대한 불만을 표출하며 전화기를 집어 던
    지는 등 난동을 부려, 이후 사무용품을 새로 구매하여 조치[94]

610 및 310 기무부대 부대원들은 단순히 사령관 이재수의 일방적인 지
휘에 따라 마지못해 세월호 유가족과 관련 단체를 사찰만 했던 것이 아니
라, 각 부대장을 중심으로 더 많은 결과물을 창출하기 위해 노력까지 했다.
이들은 자신들이 취득한 정보를 이용하여 [표 7-3]과 같은 특별한 보고
서를 작성하여 사령부에 보고했다.
이들이 작성한 보고서 중 유가족 관점에서 유가족의 이익을 위한 목적
에서 작성된 보고서는 단 한 건도 없다. "오직 어떻게 하면 유가족들의 반
발을 조용히 잠재우고, 어떤 계층의 사람들이 유가족들을 심하게 욕하는
가", "어떻게 하면 세월호 침몰 사건을 최대한 빨리 조용하게 수습할 수 있
을까" 등에만 관심이 집중되어 있다.

---

93 310 기무부대, 『진도 여객선 침몰 관련 안산 단원고 일일 보고[44보]』, 2014.5.30.
94 310 기무부대, 『세월호 유가족 대상 非상식적 지원으로 차후 논란 우려』, 2014.7.28.

이렇게 열심히 했던 탓에 대령이었던 610부대장 소강원과 310부대장 김병철은 각각 소장과 준장으로, 세월호 침몰 이전에는 꿈도 꿀 수 없던 '장군'의 계급장을 어깨에 달 수 있었다.[95]

표 7-3. 610 및 310 기무부대 특별보고서 작성 현황

부대명	보고 문건	내 용	작성일자
진도 지역 610 기무부대	정부, 세월호 국면전환 위한 협상 전략 마련 필요	• 수중 수색 종료를 위한 유가족 설득방안 등에 대한 제언	14. 7. 8.
	세월호 실종자 가족 분위기 (수시작성)	• 실종자 가족 특이여론 및 요구사항 정리	14. 5. 10.
안산 지역 310 기무부대	세월호 침몰 관련 특이 동정	• 세월호 침몰사고로 장사가 되지 않는 상인들의 고충 • 배·보상금에 대한 지역 주민들의 관심 • 분수에 맞지 않는 장례용품 사용에 따른 안산 경찰관계자의 우려	14. 4. 26.
	現 상황 극복을 위한 세월호 출구전략 관련 제언	• 현재의 실태 및 문제점 • 現 상황 극복을 위한 출구전략(案) -. 세월호 희생자 및 가족들에 대한 위로·수습 선결 -. 국민 대상 희망의 메시지 제시 및 정부의 신뢰회복 노력 -. 국민들이 받아들이고 동참할 수 있는 '국가개조론' 제시	14. 5. 9.
	세월호 침몰사고 유가족 관련 실태 파악 보고	• 배·보상과 관련한 악의적 여론 수집 • 일부 유가족, 외부단체와 연계 반정부 활동 지속 • 일부 안산 시민들, 지역 內 애도 현수막 학생들에게 부정적 영향 우려 등	14. 5. 11.
	세월호 침몰 관련 49제 즈음한 안산 지역 분위기 진단 결과	• 실종자·희생자 가족 분위기 • 경기도·안산시 합동대책 본부 분위기(유가족에 대한 악의적 여론	14. 6. 2.

95 소강원: 2016.1.1.부 준장 진급 → 2018.1.1.부 소장 진급, 김병철: 2018.1.3. 준장 진급.

	수집) • 안산 지역 분위기(배보상과 관련한 지역 여론)	
6.4 지방선거 관련 안산지역 반향 파악 보고	• 유가족 대책위 반응 및 안산 시민 특이여론	14. 6. 5.
세월호 사고 관련 주요 현안 정리	• 유가족 분위기(특별법에 대한 악의적 시각)/안산시 분위기 • 일부 공무원, 유가족 비상식적 행태 관련 전례가 될 가능성 우려	14. 6. 17.
유가족 지원금 관련 보고	• 유가족에게 지원되고 있는 각종 지원금 총정리	14. 7. 10.
세월호 사고 관련 일상으로 복귀를 위한 제언 사항 파악 보고	• 세월호 사고 관련 일상으로 복귀를 위한 제언	14. 7. 11.

각종 자료 참고 필자 직접 작성.

※ 자료목록

1) 구민회, 『진술조서』, 국방부 보통검찰부, 2018.8.8

2) 국군기무사령부, 『진도 실내체육관 동정(분위기)』, 610기무부대, 2014.6.26

3) 김경국, 『진술조서』, 국방부 보통검찰부, 2018.9.5

4) 김광훈, 『진술조서』, 국방부 보통검찰부, 2018.7.4

5) 김병철, 『피의자신문조서』, 국방부 보통검찰부, 2018.9.17

6) 김치훈, 『진술조서』, 국방부 보통검찰부, 2018.8.16

7) 양희윤, 『진술조서』, 국방부 보통검찰부, 2018.8.8

8) 오승진, 『진술조서』, 국방부 보통검찰부, 2018.7.10

9) 이창선, 『진술조서』, 국방부 보통검찰부, 2018.9.12

10) 이형준, 『진술조서』, 국방부 보통검찰부, 2018.8.8

11) 최대희, 『진술조서』, 국방부 보통검찰부, 2018.7.3

12) 최대희, 『진술조서』, 국방부 보통검찰부, 2018.9.12

13) 국군기무사령부, 『진도 여객선 침몰 관련 안산 단원고 일일 보고(4보)』, 310기무부대, 2014.4.20.

14) 국군기무사령부, 『진도 해상 여객선 침몰 관련 방첩활동 계획』, 2014.4.21

15) 국군기무사령부, 『여객선 침몰 관련 부대원 현장활동 실태(팽목항/진도실내체육관)』, 2014.4.21

16) 국군기무사령부, 『진도 여객선 침몰 관련 안산 단원고 일일 보고(9보)』, 2014.4.25

17) 국군기무사령부, 『세월호 관련 유가족들의 요구실태 파악 보고(310)』, 310기무부대, 2014.5.21

18) 국군기무사령부, 『세월호 침몰 49제를 즈음한 전반적 분위기 진단』, 310기무부대, 2014.6.3

19) 국군기무사령부, 『세월호 침몰 관련 안산 단원고 애도 분위기』, 310기무부대, 2014.6.25

20) 국군기무사령부, 『정부, 세월호 국면 전환 위한 협상 전략 마련 필요』, 610기무부대, 2014.7.8

21) 국군기무사령부, 『세월호 유가족 대상 非상식적 지원으로 차후 논란 우려』, 310기무부대, 2014.7.28

22) 국방부 보통검찰부, 『수사보고 [310기무부대 작성의 '진도여객선 침몰 관련 안산 단원고 일일보고'등 확인 관련], 기무사 의혹 특별수사단, 2018.10.31

3.
사이버 공간에서
유가족 사찰

국군기무사령부 예하 부대인 210, 212, 213부대는 '무선통신 감청' 또는 '사이버상에서 유출되고 있는 군사자료, 방산비밀, 군사비밀이 있는지 확인·조사·수집·색출'을 전문으로 하는 부대이다.

군 검찰의 수사결과에 따르면, 이 부대들도 세월호 침몰 사건과 관련하여 자신들의 고유한 업무 영역을 넘어 '세월호 침몰 사건과 관련한 특이여론조사', '실종자 가족 및 유가족 대표 신상정보 사찰', '유병언 부자 등 검거를 위한 민간인 불법사찰(유병언의 소재 파악을 위한 민간인 SNS 사찰, 유병언 친인척이 운영하는 회사 관련 내용 파악, 유병언 검거를 위한 민간인 전파 사찰)' 등을 진행한 것으로 밝혀졌다.

원칙적으로 기무사는 범죄혐의 연루 여부와 상관없이 민간인을 대상으로 사찰은 할 수 없다. 하지만 국군기무사령부 사령관 이재수를 비롯한 기무사 요원들은 아무런 죄의식도 없이 관련된 업무를 진행했고, 이것을 정리해 청와대 등에 전달하여 정권유지 수단 및 정국전환의 도구로 활용했다.

세월호 침몰 사건 발생 직후 유가족들은 개인블로그 및 SNS(페이스북, 트위터, 카카오스토리 등)가 특정한 네티즌들에 의해 심각한 공격받았고,

일부 유가족들은 국군기무사령부의 불법행위로 사이버상 개인정보가 모두 노출됐다.

또한 일부 가족들은 국가정보원에 의해 통신기록이 전부 노출되기도 했다. 현재 시점에서 입증만 하지 못할 뿐, 어쩌면 특정 유가족들은 통화내용이 도청되었을 가능성도 없지 않다.

이러한 국가의 불법행위는 국가기무사령부와 국가정보원, 정보경찰 등이 주도적으로 진행했을 것으로 추정하는데, 향후 같은 사례가 발생하지 않도록 철저히 실태를 파악하여 엄벌할 필요가 있다 할 것이다.

사이버상 사찰을 위해 투입됐던 기무 부대는?

국군기무사령부(이하 "기무사")는 세월호 유가족 등의 SNS 정보 등을 파악하기 위하여 무선통신 및 사이버 분야에서 임무를 수행하고 있던 기무사 요원들을 투입했다.

이 임무는 사령부의 예하 부대(국군기무사령부→210부대→212 및 213부대)였던 212부대와 213부대가 집중적으로 수행했다([그림 7-9]의 '212부대 편제' 참조). 특히 사이버 공간에서 유가족을 사찰했던 임무는 212부대 정보보안반이 수행했다.[96]

212부대는 대령급이 지휘하는 210부대의 예하 부대이며, 212부대장 중령 한종철 밑에 소령을 과장으로 하는 보안운용과와 보안지원과가 있다.

---

96 213부대는 '간첩 색출을 위한 북한의 신호 등을 수집'하는 "방탐"이 주요 임무였으며, 212부대 무선보안반과 함께 사령부 3처장(준장 이승환)의 지휘를 받아, 유병언 부자 검거에 투입되었다. 이들은 유병언의 은거지였던 안성 금수원을 비롯하여 서울 북악산과 부산 장산에 이르기까지 최소 8개 장소에서 무차별적으로 민간인의 통신을 사찰했던 것으로 밝혀졌다.

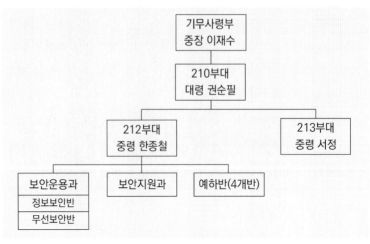

그림 7-9. 212부대 편제

관련자 진술을 참고하여 필자 정리.

212부대의 보안지원과는 일반 부대에서 사용하는 정보통신장비와 시스템에 대한 보안측정 및 점검을 하는 것이 주요 임무이다. 반면 보안운용과는 국군의 작전부대에서 훈련 내용을 감청하여 보안 위규 사항을 적발하는 '무선보안반'과 사이버상 유출되고 있는 군사자료, 방산비밀 등의 유출을 색출하는 '정보보안반'으로 구성되어 있었다. 세월호 유가족 사찰과 관련된 임무는 보안운용과의 정보보안반에서 집중적으로 진행했다.

- 무선보안반
  3개의 반으로 구성되어 있으며, 국군의 작전부대에서 이루어지는 훈련 내용을 감청하여 보안 위규 사항을 적발하여 보고하는 업무를 진행한다. 무선보안반은 무선통신에 관련된 임무를 수행하는 반면, 정보보안반은 사이버에 관련된 임무를 수행한다는 것에 차이가 있다.[97]

97 강우석, 『진술조서』, 국방부 보통검찰부, 2018.8.6, 5쪽.

- 정보보안반
  1개 반으로 구성되어 있으며, 주요 임무는 사이버상에서 유출되고 있는 군사자료, 방산비밀, 군사비밀이 있는지 확인·조사·수집·색출하는 업무와 방첩근원 발굴업무 등이다.
  방첩근원 발굴업무는 군 내 현역 장병 중에서 북한과 연계되거나 반정부적 활동을 했던 인원들을 파악하여 사령부에 보고하는 업무를 말한다. 그러한 성향이나 활동을 파악할 때는 개인 페이스북, 트위터, 싸이월드 등 SNS를 검색하거나 구글링을 하여 확인하는 방법을 사용했다.[98]

정보보안반 기무 요원들은 10명(반장 1명, 반원 9명)이 24시간 3교대 근무(주간, 야간, 비번 근무)를 하며, 반장이 주간근무팀에게 업무지시를 하면 주간근무팀 및 야간근무팀이 업무 수행 결과를 반장에게 보고하고, 반장은 보안운용과장에게 보고하는 식으로 업무가 진행되었다.

반장이 부대장에게 보고할 사항은 보안운용과장을 통해 보고하였고, 보안운용과장이 판단하기에 각 반에서 직접 부대장에게 보고하는 것이 낫다고 판단되면, 각 반장이 직접 부대장에게 보고하는 형식으로 업무가 진행되었다. 또한, 기무 요원에 대한 업무지시는 부대장이 과장과 회의를 한 후, 부대장 지시 등 전파할 사항에 대해 과에서 각 반으로 전파하는 식으로 업무가 이루어졌다.[99]

212부대는 사이버 공간에서 유가족을 사찰할 권한이 있는가?

기무사는 군사상 필요할 때 대통령령으로 정하는 바에 따라 국방부장관의 지휘·감독을 받도록 되어 있고,[100] 그들은 "군 관련 첩보의 수집·작

---

98 우승, 『진술조서』, 국방부 보통검찰부, 2018.8.1, 5쪽.
99 박정수, 『진술조서』, 국방부 보통검찰부, 2018.8.9, 5~6쪽.

성 및 처리"를 하는 업무 중 "국외·국내의 군사 및 방위산업에 관한 첩보"에 관한 업무를 수행할 수 있다.[101]

기무사령관은 국방부 장관의 명을 받아 사령부의 업무를 총괄하고, 소속 부대 및 기관을 지휘·감독할 권한이 있다.[102] 소속 부대장 및 기관장은 사령관의 명을 받아 소관 업무를 처리하며, 소속 부대원 및 기관원을 지휘·감독하도록 규정되어 있으므로, 국방부 장관과 사령관의 지휘·감독행위가 적법한 범위 내에 있다면 지휘행위에 복종하는 것이 원칙이다.

세월호 침몰 당시 군인 신분이었던 212부대 기무 요원에게 주어진 임무는 사이버상 댓글에 반영된 특이여론을 검색하는 업무였다. 212부대 기무 요원들은 주로 '우리 민족끼리', '노동신문' 등 북한 관련 사이트에 새로운 기사가 올라오면, 정부나 군의 비방 여부를 확인하고, 댓글을 분석하여 사령부에 보고하는 것이 주 임무였다.

또한, 국방 관련 이슈 등에 댓글이 달리면, 댓글이 주장(강조)하는 내용이 무엇인지 카테고리별로 비율을 조사하고, 정부 입장의 지지 또는 반대 상황을 조사하거나, 추가로 사이버상 특정 정보가 필요한 경우 이를 검색하여 찾아서 사령부에 보고하는 임무를 수행하고 있었다.[103]

하지만 세월호 침몰 사건과 관련한 유가족 및 민간인 사찰은 이들의 본연의 임무와 상관없는 행위였으므로, 비록 그들의 행위가 사이버 공간에서 있었더라도 적법할 수는 없다.

이 건에 관여했던 기무요원들도 그들의 행위가 명확한 불법행위임을 알고 있었다. 그들은 세월호 침몰과 관련된 업무가 업무분장 외의 임무란 사실을 명백히 인식하고 있었다. 하지만 업무분장표에 당구장 표시(※)로

---

100 「국군조직법」 제2조 "국군의 조직" ③ 참조.
101 「국군기무사령부령」 제3조 ① 2. 가. 참조.
102 「국군기무사령부령」 제5조 ① 참조.
103 신은호, 『진술조서』, 국방부 보통검찰부, 2018.8.6, 4쪽.

'사령부의 지시에 적극적으로 협조할 것'이란 문구가 있었다는 점과 상급 부대의 지시를 거부할 수 없었다는 점에서 할 수 없이 해당 임무를 수행했다고 진술했다.[104]

세월호 TF 관련한 업무 진행 방법

기무사의 경우 '천안함 사태 및 북한 미사일 발사'와 같은 사회적인 이슈 사항이 발생할 경우, 사령부 내 정보융합실 등에서 '반향'을 조사하여 보고하라는 지시를 했던 사실이 있다. 이것을 '반향 업무'라 한다.

'반향 업무'는 네이버, 다음, 아고라 등의 사이트에 입력된 기사의 댓글에 대하여 국민들이 어떻게 생각하고 있는지를 '찬성, 반대, 중립'으로 구분 정리하여, 사령부에 보고하는 업무를 말한다.

212부대 정보보안원이 그런 지시를 부여받으면 근무하던 당직조에서 해당 이슈에 대하여 인터넷의 반향을 수집하여 사령부에 보고하고, 해당 당직조가 임무를 완수하지 못하면 다음 당직조에게 인수인계하여 남은 임무를 수행했다.[105]

세월호 침몰 사건의 경우에도 사령부(세월호 TF 또는 정보융합실)에서 212부대 정보보안반원에게 직접 지시했고,[106] 이것을 보고받은 반장 박정수는 지시받은 반원에게 "사령부에서 직접 정보보안반원으로 지시하지 말고, 보안운용과를 통해 지시하도록 전하라"고 지시했다.

그리고 얼마 후 보안운용과장 권재대가 박정수에게 '사령부에서 세월호 관련 기사의 댓글을 찾아보고, 정부를 지지하는 쪽과 반대하는 쪽의 댓글

104 유응렬, 『진술조서』, 국방부 보통검찰부, 2018.8.1, 4쪽.
105 우승, 『진술조서』, 국방부 보통검찰부, 2018.8.1, 6쪽.
106 위와 같음, 5쪽.

이 얼마나 되는지를 세어 달라'는 내용의 지시가 내려왔으니 정보보안반에
서 지원해 주라고 지시했다. 이후부터는 주간과 야간의 상관없이 정보보
안반 반원들에게 사령부 TF가 직접 관련된 지시를 했다.[107]

하지만 세월호 침몰 사건 발생 당시 이 지시가 언제부터 있었는지가 명
확하지 않다. 다만 기무사의 다른 예하 부대인 310부대와 610부대가 세월
호 침몰 직후 세월호 사건에 개입했듯이, 212부대 또한 세월호 침몰 당시
부터 개입을 시작한 것으로 추정된다.

사령부는 이미 2014년 4월 18일 "외국 대형 참사의 경우 어떻게 대처했
는지" 조사할 것을 212부대 정보보안반에 지시했으며, "추모 기간, 규모,
방법 및 모범이 되고 본받을만한 특이한 외국사례"를 집중적으로 조사할
것을 지시했다. 심지어 "아, 우리도 이렇게 하면 여론이 좋아지겠구나"라
는 내용을 조사하라고 지시한 사실도 있다.[108]

4월 18일경 212기무부대의 병사들이 "국내외 대형사고 추모사례"와 "네
티즌 수사대 검색 및 세월호 관련 유언비어 검색" 등의 업무를 이미 진행
하고 있었다는 점을 감안하면, 사이버 공간에서 기무사의 불법행위는 세
월호 침몰 당일부터 매우 큰 규모로 진행됐을 가능성도 있다.[109]

무엇을 지시했고 무엇을 보고받았을까?

세월호 침몰 사건이 발생하기 전에도 국군기무사령부는 '군 정책과 군
사고' 등 군 관련된 주요 이슈에 대하여 네이버, 네이트, 다음 등 포털사이

---

107 박정수, 『진술조서』, 국방부 보통검찰부, 2018.8.9, 7~8쪽.
108 국방부 보통검찰부, 『수사보고[기무사 정보융합실 세월호 침몰관련 사이버상 반향
    파악 관련보고], 기무사의혹특별수사단, 2018.10.16, 관련 메일 참조.
109 위와 같음, '일일 검색활동 결과 및 부대 업무일지' 참조.

트에 기사가 입력되고 사이트 랭킹이 매겨지면, 아래 사항에 대해 212부대 정보보안반원들에게 반향을 조사하여 보고할 것을 지시했다.

- 인터넷에서 정부와 VIP를 많이 비방 또는 옹호하고 있는지 여부
- 네티즌들이 정부에 어떠한 여망 사항을 가지고 있는지
- 전문가들의 견해는 어떠한지[110]

그러면 기무사 요원들은 랭킹이 매겨진 기사의 댓글을 확인하여, '군 비방, 군 옹호, 기타 댓글'을 나눠서 샘플링한 후 반향을 파악하여 사령부에 보고했다.[111]

세월호 TF 활동 당시 212부대 요원들은 "관련 댓글들을 긁어모으기 위해, 자체보유하고 있던 인터넷 정보검색 시스템의 '크롤러 기능'"을 사용했다.[112] 하지만 포털사이트 네이버가 정책적으로 한 번에 긁어모을 수 있는 댓글 수를 막아놓아서, 한 번 댓글을 긁어모은 후 한참 기다렸다가 다시 긁어오는 방식으로 업무를 수행했는데, 그 속도가 너무 느렸다고 한다. 심지어 손으로 세는 작업이 끝났을 때도 댓글을 전부 긁어오지 못하는 수준이었기 때문에, 사실상 외부에 보여주는 용도로만 사용하고 실제로는 사용하지 않았다고 한다. 대외에서 '반향 업무를 어떻게 하느냐'고 물어볼 때, 손으로 일일이 센다고 말할 수 없으니 '이런 시스템을 사용한다'는 보여주기 용도로 사용했다고 한다.[113]

---

110 유웅렬, 『진술조서』, 국방부 보통검찰부, 2018.8.1, 6쪽.
111 임우준, 『진술조서』, 국방부 보통검찰부, 2018.8.2, 8쪽.
112 사람들이 일일이 해당 사이트의 정보를 검색하는 것이 아니라 컴퓨터 프로그램의 미리 입력된 방식에 따라 끊임없이 새로운 웹 페이지를 찾아 종합하고, 찾은 결과를 이용해 또 새로운 정보를 찾아 색인을 추가하는 작업을 반복 수행한다. [네이버 지식백과] 크롤러 [crawler] (IT용어사전, 한국정보통신기술협회)
113 신은호, 『진술조서』, 국방부 보통검찰부, 2018.8.6, 7쪽.

포털사이트에서 댓글을 긁어모으는 작업은 병사들의 몫이었다. 병사들이 인터넷에서 단편적인 정보를 찾아서 USB에 메모장 프로그램에 담아서 자료를 넘겨주면, 간부가 '댓글이 정부 비판적인지, 정부를 지지하는 입장인지, 군을 비난하는 입장인지' 등으로 카테고리를 나누어 이를 통계분석하는 업무를 진행했다.114 예를 들어 '정부 비판적인 댓글 몇 개', '정부를 지지하는 댓글 몇 개(댓글 분석은 주로 병사들이 한다)' 등을 정리하여 보고서를 작성했다.115

이렇게 해서 작성된 보고서는 세월호 TF 소속 융합실 근무자 및 반장, 과장, 부대장을 포함하여 메일을 발송한 후, TIS 첩보체계에 결재를 상신했다.116

기무 요원들이 만들어낸 대표적인 결과물은?

212부대 기무 요원들이 작성했던 보고서는, 「세월호 침몰 관련 사이버상(上) 반향」과 「세월호 관련 특이여론」이다. 위 두 문서는 형식적인 차이만 있을 뿐 내용상의 차이는 크게 없다. 다만 전자의 경우에는 2014년 4월 24일경부터 박근혜의 대국민 담화가 있었던 다음 날인 5월 19일까지 작성되었고, 2014년 7월 세월호 국조특위가 있을 때 잠깐 다시 작성되었다.

또한 전자의 문서는 국군기무사령부 '정보융합실' 또는 '세월호 TF'의 지시에 따라 작성된 맞춤형 문서이며, '네티즌 방향의 추이'와 주요 네티즌 댓글을 내용을 구체적으로 인용했다는 특색이 있다.

후자의 경우에는 2014년 5월 18일부터 세월호 TF가 종료되는 2014년 10

---

114 신은호, 『진술조서』, 국방부 보통검찰부, 2018.8.6, 5쪽.
115 유준성, 『진술조서』, 국방부 보통검찰부, 2018.8.6, 5~6쪽.
116 위와 같음, 6쪽.

월 12일까지 작성되어 사령부에 보고됐다.

위 문건들의 특징은 '세월호 침몰 사건과 관련한 정부대응과 VIP에 대한 여론, 유병언 체포에 관한 사항, 세월호 유가족에 대한 경찰의 미행, 교황의 세월호 유가족 만남' 등 민감한 주제에 대한 사이버상 여론을 수집하고 분석하였으며, '전문가들이 제시하는 정책 의견을 반영하고 향후 정국 관리 방안'까지 제시했다. 당시 실제로 작성되어 사령부에 보고된 일부 내용은 다음과 같다.

---

① 민간잠수부를 사칭하며 MBN 허위 인터뷰한 홍가혜[117]

* 총 댓글 54,957건(홍가혜 비난 60. 3%, 언론사 비난 22.1%, 홍가혜지지 16.8%
  / 기사3,835건)

○ 허위 사실 유포에 대한 엄벌 요구 및 좌파 비난(60.3%, 33,138건)

● (kimj****) 실형선고 부탁드립니다. 집행유예는 안돼요.
● (sue) 좌파들 왜 가만히 있나? 받아서 쇠고기 파동때처럼 한번 해 보시지.
● (뇌물먹고운지한놈) 반정부 태도와 발언에는 덮어놓고 찬양하는 명불허전 좌음 빨~~갱이들.

○ 사실 확인않고 보도한 MBN 관계자 비난(22.1%, 12,110건)

● (재론) MBN 문제임. 국론분열, 홍가녀와 합작하여 자기 배를 채우고 싶은자
● (혜경궁이씨) 국민을 혼란에 빠뜨리는 사람의 구속은 마땅하다고 봅니다. 미디어의 영향력이 중대한 시기에 방송 관계자도 책임을 지게 해야 합니다.
● (별사탕) 제대로 안 알아보고 방송으로 내보낸 사람도 구속하자.

○ 홍가혜 주장 두둔 및 구속방침을 밝힌 정부 비난(16.8%, 9,231건)

● (euphoria) 이게 구속 사안인가 정부 비판했다고 구속 유신으로 회귀하는 구나
● (피노키오) 용기내서 말한 이유로 구속 당하다니! 이 상황에 누가 과연 용기를 낼까?
● (lames)진실을 이야기 한 것 같은데 신속하게 구속하셨네. 그렇게 신속하게 구조하지 않고 늑장부린 정부부처 관계자들은 수상의 대상이 아닌가?

---

117 210-212 정보보안반,『세월호 침몰 관련 사이버上 반향』, 2014.4.24, 9-3쪽.

그림 7-10. MBN 인터뷰 관련 민간인 홍가혜 여론 변화

1 민간잠수부를 사칭하며 MBN 허위 인터뷰한 홍가혜

구 분		총 계	4.16(수)	4.17(목)	4.18(금)	4.19(토)	4.20(일)	4.21(월)	4.22(화)	4.23(수)
총 계	기사 수	3,835			1,666	224	627	906	223	189
	총 댓글	54,957			26,425	6,048	10,225	7,872	1,651	2,736
	홍가혜 비난	54.7%(30,036)			9,661	2,870	8,793	6,273	1,361	1,077
	언론사 비난	22.1%(12,110)			11,076	549	230	101	105	49
	좌파 비난	5.6%(3,103)			2,041	312	220	127	32	3
	홍가혜 지지	10.6%(5,827)			2,330	1,833	580	610	62	412
	정부 비난	6.2%(3,404)			1,241	456	305	583	91	728
	기 타	0.8%(478)			76	28	97	178		99
다 음	기사 수	1,832			811	110	283	423	110	95
	총 댓글	16,066			7,517	933	1,605	2,534	5,051	2,426
	홍가혜 비난	42.6%(6,842)			3,232	364	690	988	767	801
	언론사 비난	7.6%(1,216)			677	140	144	101	105	49
	좌파 비난	4.7%(753)			150	56	46	127	32	340
	홍가혜 지지	24.1%(3,872)			2,330	196	321	557	56	412
	정부 비난	18.1%(2,908)			1,052	149	305	583	91	728
	기 타	2.9%(475)			76	28	97	170		역
네 이 버	기사 수	2,003			855	114	344	483	113	94
	총 댓글	38,891			18,908	5,115	8,620	5,338	600	310
	홍가혜 비난	59.6%(23,193)			6,429	2,506	8,103	5,285	594	276
	언론사 비난	28.0%(10,894)			10,399	409	86			
	좌파 비난	6.0%(2,350)			1,891	256	172			31
	홍가혜 지지	5.0%(1,955)				1,637	259	53	6	
	정부 비난	1.3%(496)			189	307				
	기 타	0.1%(3)								3

세월호 침몰 관련 사이버上 반향의 #2 붙임 필자 화면 캡처.

□ 세월호 특별법, 마라톤 조율[13일 3차회의][118]

* 총 댓글 1,145건(특별법 반대 58%, 정부 비난 25%, 유가족 비난 14%, 기사 15건)

○ 특별법은 진상규명을 하고 희생자의 억울한 희생과 명예를 기리는 것이어야 하는데 유가족이 요구하는 내용은 돈잔치를 법제화 해달라는 것이라며 반대(58%, 666건)

○ 진상규명을 위한 법에 유가족의 요구를 가지고 조율하는 것은 시간만 낭비하는 탁상공론이라며 정부 비난(25%, 284건)

○ 유가족이 이제는 정치도 하려 한다며 정부 비난(25%, 161건)

□ 세월호 전국도보 순례단 팽목항 방문[119]

* 총 댓글 25건(유가족 비난 85%, 정부 비난 12%, 기타 3%)

○ 진실이라면 팔도 유람할 시간에 직접 들어가서 시신 수습이나 하라며 순례단 비난(52%, 12건)

세월호 유가족, 국회 · 광화문에서 단식 농성 돌입[120]

* 총 댓글 5,673건(유가족 비난 84%, 정부 비난 8%, 유족지지 5%, 기타 3% / 기사 43건)
○ 정부가 아닌 유병언을 왜 체포하지 못하냐고 단식하는 유족은 없고, 사고로 죽은 자식들을 의사자에 특별법까지 만들어 보상받기 원하는 유족비난(84%, 4,793건)
○ 진실규명과 책임자 처벌에 대한 내용은 없으며 정치싸움만 하는 정부, 허술한 재난구조 시스템에 대한 정부 비난(8%, 449건)
○ 진상규명에 대한 유족들의 의지를 응원(5%, 260건)

□ 세월호 특별법 제정 촉구 집회·행진[121]
* 총 댓글 14,877건(특별법·유가족 비난 81%, 야당 비난 8%, 여당 비난 4%, 유가족지지 4%, 기타 3% / 기사 134건)
○ 세월호 때문에 죄없는 소방관들의 목숨만 또 희생됐다며 이제 나라를 그만 망치라고 유가족 및 특별법 비난(81%, 12105건)
○ 선거철이 다가오니 세월호를 재등장 시킨다며 야당 비난(8%, 1,226건)

610 및 310기무부대 부대원들이 세월호 피해자 가족들을 바로 옆에서 밀착 감시하면서 상세한 신상을 파악했다면, 210-212부대원들은 사이버 공간에서 가족들의 불법 정보를 수집했던 것으로 판단된다.

특히 이들은 [그림 7-11]와 같이 실종자 가족현황(가족들의 전화번호) 및 실종자 가족의 '네이버 닉네임, 카카오톡 및 네이버 아이디, '개인블로그 네이버 활동카페, 학력, 거주지, 군복무 경력 등을 파악했다. 심지어 주민등록증 사본 및 통장사본부터 중고거래카페, 대학 다닐 때 공부한 것, 엘지트윈스 팬'이라는 소소한 사실까지 전방위적으로 사찰했고, 실종자 가족의 언론인터뷰 보도 현황까지 사찰한 후 보고서를 작성해 사령부에 보고했다.

---

118 210-212 정보보안반, 『세월호 관련 특이 여론[7.13.]』, 2014.7.13.
119 위와 같음.
120 210-212 정보보안반, 『세월호 관련 특이 여론[7.14.]』, 2014.7.14.
121 210-212 정보보안반, 『세월호 관련 특이 여론[7.20.]』, 2014.7.20.

그림 7-11. 실종자 가족 사찰 결과

- 네이버 닉네임 과거 닉네임, 현재 닉네임
- 생년월일 : 00.00.00.(00세)
- 핸드폰 : 과거 전화번호 1 , 과거 전화번호 2
- 대학교 : 00대학교 000000학부 00학번(0000000)
- 거주지 : 주소내용
- 군 복무 : 000사단 000연대 00대대(전역일)
- 카카오톡 ID : ID
- 네이트온 ID : ID
- 이메일 주소
  - 과거 메일주소
  - 현재 메일주소1
  - 현재 메일주소2
- 개인블로그
  - 과거 블로그 주소
    *내용 종류 및 게재 수
  - 현재 블로그 주소 1
    *내용 종류 및 게재 수
  - 현재 블로그 주소 2
- 네이버 활동 카페
  - 활동 카페 1 주소 및 이름
  - 활동 카페 2 주소 및 이름
  - 활동 카페 3 주소 및 이름
  - 활동 카페 4 주소 및 이름
  - 활동 카페 5 주소 및 이름
- 기타 사항
  - 대학시절 공부 내용
  - 중고거래카페 거래 내용

  - 과거부터의 취미

통장, 신분증 외
사찰 대상자
관리용으로 보이는
메모 사진
(주소,이름, 전화번호)

"세월호 실종자 가족 관련 사이버상 공개정보 확인 결과" 필자 화면 캡처.

군 검찰 수사의 한계 및 향후 진상규명 과제는?

군 검찰의 수사가 종결됐지만 몇 가지 의문 사항을 제기하지 않을 수 없다. 그중 하나가 유가족들의 블로그 및 SNS 댓글과 관련한 문제이다.

기무사 요원들은 댓글을 긁어 와서 오직 "긍정, 부정, 정부지지, 옹호" 등을 분석했다는 수사기록은 존재하지만, 특정 네티즌들이 '유가족들의 블로그와 SNS를 방문하여 공격'했다는 부분은 수사기록에서 빠져 있다.

세월호 침몰 사건 발생 직후, 특정 다수 네티즌들은 유가족들의 블로그와 SNS(페이스북, 트위터, 카카오 스토리 등) 등에 의도적으로, 주기적으로 방문하여, 유가족을 조직적으로 공격하고 정부와 박근혜 및 해경 등을 옹호하고 지지하는 성격의 악성 댓글을 적극적으로 달았다.

문제의 악성 댓글들은 유가족들의 의사에 반한 내용이 전부였고, 상상을 초월할 정도의 조직적 공격이 있었다. 이것은 댓글 작성 전문가들이 매크로 등을 이용해 조직적으로 진행하지 않는 한 있을 수 없는 현상이라고 판단된다.

물론 이 부분은 민간 검찰이 수사할 영역일 수는 있지만, 기무사 요원들이 유가족들의 사이버 정보를 무제한 적으로 수집하면서, 오히려 적극적으로 댓글 공작만은 하지 않았다는 것은 의문일 수밖에 없다.

세월호 침몰 당시 유가족과 시민들은 직접 기자가 되어 『오마이뉴스』와 『프레시안』 등 진보 매체에 정부 비판적 기사를 다수 게재했다. 여기에도 누군가 조직적으로 악성 댓글을 달았던 것으로 기억되고 있지만, 이 부분도 수사되지 않았다.

다른 하나는 분명히 212부대의 업무일지에는 "대형참사 대응방법, 국내외 대형사고 추모사례, 네티즌 수사대 검색, 세월호 관련 유언비어 검색 등이 진행된 것으로 기록되어 있는데 이것에 대한 결과보고서가 발견되지 않았다는 점이다(일부 항목은 「세월호 침몰 관련 사이버 상 반향」과 「세월호 관련 특이여론」에 간략하게 소개는 되어 있다). 특히 네티즌 수사대와 관련한 사항 및 세월호 관련 유언비어 검색 등은 행위자를 불문하고 범죄혐의와 연관되었을 개연성이 높으므로 필히 보고했을 것으로 추정하지만 이들에 대한 흔적은 발견할 수 없다.

마지막으로 유가족들의 전화 통화내용 도청과 관련한 의혹이다. 2018년 7월 군인권센터는 기무사가 "고(故) 노무현 전 대통령의 당시 국방부장관과 통화내용 도·감청"했다고 주장했다. 또한 군인권센터는 "기무사가 군 부대 면회, 군사법원 방청, 국병원 병문안을 온 수백만 명의 민간인과 장병에 대한 사찰을 광범위하게 벌여왔다"고 폭로했다.122 국군기무사령부는 박근혜 정부 시절에도 '군 장성들의 휴대전화 통화 내역과 문자메시지 등을 불법으로 감청'했던 사실이 검찰에 적발되기도 했다.123

전직 대통령과 장관, 장성들의 휴대전화 통화 내역과 문자메시지를 불법으로 감청할 능력을 소유하고 있는 국정원이 간편하고 정확한 정보 수집을 위하여 유가족들에게도 똑같은 방법을 사용할 수도 있다는 것은 의심의 여지가 없다. 하지만 군 검찰은 이 부분에 대해 수사 자체를 하지 않았다.

▨ 자료목록

1) 강우석, 『진술조서』, 국방부 보통검찰부, 2018.8.6
2) 박정수, 『진술조서』, 국방부 보통검찰부, 2018.8.9
3) 신은호, 『진술조서』, 국방부 보통검찰부, 2018.8.6

---

122 「군인권센터 "기무사, 盧대통령-국방장관 도청…수백만 민간인 사찰」, 『노컷뉴스』, 2018. 07. 30. (https://www.nocutnews.co.kr/news/5008233)
123 「검찰, 국군 기무사령부 대규모 불법 감청 적발… 수사 확대」, 『헤럴드경제』, 2019.11.27 (http://news.heraldcorp.com/view.php?ud=20191127000732)

4) 우승, 『진술조서』, 국방부 보통검찰부, 2018.8.1

5) 유응렬, 『진술조서』, 국방부 보통검찰부, 2018.8.1

6) 유준성, 『진술조서』, 국방부 보통검찰부, 2018.8.6

7) 임우준, 『진술조서』, 국방부 보통검찰부, 2018.8.2

8) 국방부 보통검찰부, 『수사보고[기무사 정보융합실 세월호 침몰 관련 사이버상 반향 파악 관련보고]』, 기무사의혹특별수사단, 2018.8.2

9) 국방부 보통검찰부, 『수사보고[기무사 정보융합실 세월호 침몰관련 사이버상 반향 파악 관련보고]』, 기무사의혹특별수사단, 2018.10.16,

10) 「검찰, 국군 기무사령부 대규모 불법 감청 적발… 수사 확대」, 『헤럴드경제』, 2019.11. 27 (http://news.heraldcorp.com/view.php?ud=20191127000732)

11) 「군인권센터 "기무사, 盧대통령-국방장관 도청…수백만 민간인 사찰」, 『노컷뉴스』, 2018. 7.30 (https://www.nocutnews.co.kr/news/5008233)

4.
기무사의
'유병언 부자(父子)' 검거 작전

2014년 검찰은 세월호 침몰의 직접적 원인을, '급변침, 과적, 고박불량, 조타미숙'이라고 발표했다. 이것이 사실이라면 유병언의 법률적 책임은 세월호 침몰 사건의 발생원인과는 직접 연관이 없음이 분명하다. 하지만 박근혜 정권의 검찰은 세월호 침몰 다음 날부터 모든 책임이 유병언에게 있다고 하면서 그의 검거에 주력했다.

검찰은 그에게 청해진해운의 실제 소유주로 '횡령·배임'과 '조세포탈' 혐의를 논했지만, 이것은 세월호 침몰 사건과 무관한 별개의 범죄행위이며, 세월호 침몰과 관련한 업무상과실치사상죄 혐의 또한 다툼의 여지가 충분히 있었다.

그러나 유병언은 무죄를 주장하는 대신 마치 죽을죄라도 지은 사람처럼 그때까지 쌓아왔던 '부와 명예'를 모두 버리고 사력을 다해 도주하다 초라한 주검으로 발견됐다.

그렇다면 박근혜와 검찰과 국군기무사령부는 왜 유병언 검거에 그렇게도 적극적이었을까? 필자는 유병언이 세월호 침몰 사건의 진실을 알고 있는 유일한 사람이기 때문이라고 추정하고 있다.

그는 '주식회사 세모'를 통해 1986년 선박 사업 경력이 없었음에도 한강 유람선 사업권을 취득하여 운영한 경력이 있다. 하지만 주식회사 세모는 무리한 투자 때문에 1997년 부도 처리되어 회사경영이 마비됐는데, 거액의 부채를 탕감받아 법정관리를 졸업하고 우여곡절을 겪은 끝에 '청해진해운'이란 상호로 경영정상화의 길을 걷게 된다.124 필자는 이 과정에서 국정원의 자금과 영향력이 청해진해운 설립과정에 유입되었고, 회사경영을 유병언에게 위탁했을 가능성이 있다고 믿고 있다.125

세모그룹이 부도난 지 불과 2년 만인 1999년 청해진해운을 설립하고, 11년 만에 법정관리에서 벗어나 20개가 넘는 국내외 사업체와 수천억 원대 자산을 보유한 중견 그룹으로 성장했다는 점, 유병언이 해운사인 세모그룹을 운영하다 부도를 냈음에도 정부가 또다시 청해진해운에게 해운 면허를 주며 무려 20여 년 동안 인천~제주 항로를 독점할 수 있었던 점 등은 특별한 비호세력이 있었다고 의심하기에 충분하다.126

세월호가 도입될 때 산업은행으로부터 대출 특혜를 받을 수 있었던 이유도, 청해진해운 소유 선박들만 운항관리 규정에 '사고가 발생하면 국정원에 가장 먼저 보고해야 할 의무'가 규정된 것도 여기에 있었던 것이라 추측하고 있다.

---

124 2014년 당시 새누리당(현 자유한국당) 의원들을 중심으로 '부채탕감 및 법정관리 졸업' 과정에 '노무현 정권'이 개입되었다고 주장했다. 하지만 법정관리를 졸업하는 과정에서 거액을 탕감받은 것은 틀림없는 것으로 판단되지만, 절차상 채권자들을 설득하여 '인천지방법원 파산부'의 인가를 받아 진행되었으므로 이것이 정치권의 특혜로 단정하기는 어렵다 할 것이다. 하지만 유병언이 세모를 인수하기 전인 2007년 특별한 담보도 없이 농협중앙회(현 농협은행)로부터 128억 원의 단기차입했던 부분과 청해진해운이 세모해운이 운항하던 '인천~제주 독점항로에서 운항하던 춘향호'를, '부산~거제 노선을 운항하던 페레스트로이카호'를 '거문도~백도를 운항하던 순풍호' 등 8척의 선박과 항로가 청해진해운으로 넘어왔던 부분은 특혜가 있을 수 있다.

125 「개인빚 100억 이상 탕감, 유병언 전 회장이 유일」, 『오마이뉴스』, 2014.10.22. (http://www.ohmynews.com/NWS_Web/View/at_pg.aspx?CNTN_CD=A0002046012)

126 「'세모 회생' 노무현·MB정권 유착설 수사한다」, 『문화일보』, 2014.8.14. (http://www.munhwa.com/news/view.html?no=2014081401071427072002)

필자는 세월호의 실소유주가 국정원이 아니라 청해진해운의 실소유주가 국정원일 가능성이 있다고 판단하고 있다. 그렇기 때문에 '유병언이 세월호 침몰과 관련한 비밀을 모두 알고 있었을 가능성이 있다'고 본다. 따라서 박근혜가 서둘러 유병언의 입을 막지 못한다면, 정권의 안위를 위협받을 수도 있었을 것이고, 필사적으로 유병언을 검거할 수밖에 없었을 것이다. 목숨에 위협을 느낀 유병언 또한 필사적으로 도주하는 길밖엔 달리 대안이 없었을 것이다.

결국 박근혜는 세월호 침몰 사건이 마치 유병언 때문에 발생한 것처럼 포장하고, 유병언을 검거하어 재산을 환수하면 세월호 침몰 사건이 종결되는 것처럼 국민에게 알림으로써, 자신들이 세월호 침몰 사건에서 안전하게 탈출할 목적으로 유병언 검거에 열을 올렸음이 틀림없다.[127]

하지만 유병언의 검거가 예상외로 늦어지자 '수단과 방법을 가리지 말고 총력을 다해 유병언을 검거하라'고 국무회의에서 지시했고, 국방부장관과 국가안보실장은 국가기무사령부를 포함한 군을 유병언 검거에 투입하기에 이르렀다.

유병언과 세월호 침몰 사건과의 연관성

기독교복음침례회의(일명 '구원파') 창시자 권신찬의 사위인 유병언은 한때 극동방송의 부국장으로 활동하였으며, 1976년 봉제완구 제조 및 수출업체 삼우무역을 인수하여 운영한 경험도 있다. 1979년 식품, 선박제조 등의 회사를 거느린 주식회사 세모(세모기업의 모태)를 창설했다. 1991년 한때 오대양 집단 자살 사건에 연루되어 화제가 됐었다.

---

127 국군기무사령부, 『現 상황 관련 집중 수색정찰 활동』, 3처 TF, 2014.6, 7-1쪽.

유병언이 세월호 침몰 사건 원인제공과 관련하여 직접 연관이 있다는 증거는 현재까지 없다. 다만 당시 세월호 침몰 사건을 수사한 박근혜 정권의 검찰은 세월호 침몰 사건을 "전 국민에게 고통을 안겨준 국가적 재난으로 유병언 일가의 탐욕적인 재산 증식 과정에서 빚어진 참사"라 규정하고, 유병언의 '횡령 · 배임(1,289억 원), 조세포탈(101억 원), 업무상 과실치사상' 등의 혐의가 있다고 일방적으로 결정한 후 국군기무사령부를 불법으로 동원하는 등 정권의 명운을 걸고 검거 작전을 진행했다.[128]

검찰의 주장대로 유병언이 청해진해운(주)의 실질적 경영자가 맞다 하더라도, 그에게 '업무상과실치사상죄'의 책임은 없었다고 판단된다. 세월호 침몰 사건에서 유병언이 '업무상과실치사상죄'의 책임을 물으려면 ① 유병언의 과실로 인해 승객이 사망할 수도 있다는 예견 가능성이 있어야 하고, ② 2014년 4월 16일을 기준으로 유병언의 과실과 승객의 사망 사이에 인과관계의 예견 가능성이 있어야 한다.

하지만 세월호를 온전한 상태로 유지하지 못한 과실이 유병언에게 과연 존재했는지 다툼이 있을 수 있고, 설사 그것이 인정된다 하더라도 세월호 침몰 당시 유병언의 과실과 승객의 사망 사이에 인과관계에 대한 예견 가능성을 인정할 수 없다. 따라서 유병언에게 세월호 침몰 사건과 관련한 업무상과실치사상죄의 책임을 물을 수 없다고 판단한다.[129]

유병언의 혐의 중 오직 횡령 · 배임 및 조세포탈 혐의만 문제 됐다면, 이 것은 세월호 침몰 사건과는 전혀 별개의 사건으로 세월호 침몰 사건의 범주에서 논할 필요가 없다.

하지만 박근혜는 유병언을 세월호 참사 정국에서 정부를 향한 여론의 비난 화살을 돌리는 카드로 활용했다. 당시 세월호 침몰 사건의 피해자들

---

128 국군기무사령부, 『現 상황 관련 집중 수색정찰 활동』, 3처 TF, 2014.6, 7-1쪽.
129 김민후 변호사 의견 인용.

과 많은 국민들은 승객들을 버리고 도주했던 선장과 선원들에 대해서도 화가 났던 것은 사실이지만, 침몰 당일 청와대와 해경의 부작위에 더 많이 분노하고 있었다. 박근혜는 이 모든 것을 유병언에게 덮어씌우려 했다.

박근혜 정권은 성난 여론을 잠재우기 위하여 2014년 4월 21일 인천지검에 '세월호 선사 특별수사팀'을 꾸리고, 청해진해운에 대한 대대적인 수사에 들어갔다. 또한 유병언을 '세월호 실소유주'로 못 박고, 유병언과 그의 일가를 상대로 토끼몰이식 수사를 벌이는 한편, 수사상황을 수시로 언론에 알렸다. 그 결과 언론은 세월호 참사의 원인이나 구조작업 지연의 문제점 등을 찾기보다는 유병언 일가에 대한 보도에 치중했다. 성부를 향했던 언론의 화살은 한순간에 유병언 일가로 방향을 바꾸어 버렸다.

검찰은 유병언이 ㈜청해진해운 측으로부터 매월 1,000만 원의 급여를 수령했고, 인원현황에 "회장"으로 기재되어 있었다는 점,[130] ㈜청해진해운은 ㈜아이원아이홀딩스의 최대주주인 피의자 유병언의 아들(유대균, 유혁기)이 ㈜천해지를 통해 실질적으로 지배하고 있는 회사로, 지배 구조상 경영과 관련한 중요한 의사결정에는 유병언이 관여하고 있다는 점을 들어, 유병언을 ㈜청해진해운의 실질적인 운영자로 판단하고 다음과 같은 일정으로 유병언 검거 작전을 진행했다.[131]

- 4월 21일, 인천지검, 특별수사팀 구성
- 4월 23일, 검찰, 유병언 전 세모그룹 회장(청해진운 회장) 자택 등 압수수색. 유병언 "재산 2,400억 원 아닌 100억뿐, 도의적 책임 지겠다" 입장 표명

---

130 서해지방해양경찰청, 『수사보고((주)청해진해운 유병언 회장 급여 내역서 첨부 경위에 대한)』, 2014.5.8; 서해지방해양경찰청, 『수사보고((주)청해진해운 인원 현황 첨부』, 2014.5.9 참조.
131 인천지방검찰청, 『수사보고[청해진해운의 실제 운영자를 확인할 수 있는 자료 첨부]』, 2014.5.8, 1~2쪽 참조.

- 5월 13일, 검찰, 유병언 전 회장에 16일 오전 10시 소환조사 통보
- 5월 16일, 유 전 회장, 검찰 소환 불응. 검찰, 횡령 등 혐의로 사전구속영장 청구
- 5월 25일, 검찰, 유병언 은신 전남 순천 별장 급습…검거 실패
- 6월 12일, 순천서 유병언 전 회장 추정 변사체 발견
- 6월 30일, 검찰, 유 전회장 측근인 구원파 여신도 일명 '신 엄마' 신모 씨 구속기소
- 7월 1일, 검찰, 유 전회장 일가 재산 102억 원 기소전 추징보전 청구
- 7월 15일, 검찰, '김 엄마' 김명숙씨, 운전기사 양회정씨, 박수경씨 공개수배
- 7월 17일, 검찰, 유병언 전회장 일가 재산 244억 원 기소 전 추징보전 청구
- 7월 21일, 검찰, 유 전 회장 구속영장 재청구 및 법원 발부. 국과수, 순천 변사체 '유 전 회장 시신' 확인(발견 40일 만에)
- 7월 22일, 경찰, 유 전 회장 사망 공식발표[132]

'유병언 검거 작전'

세월호 침몰 사건에서 유병언이란 이름은 이미 2014년 4월 17일부터 언론에 등장하기 시작했다. 이때부터 언론들은 '세월호의 진짜 주인은 유병언'이란 보도를 시작했고, 유병언이 '오대양 사건'과[133] (주)세모와 연관이

132 「[일지] 세월호 침몰부터 4주기까지」, 『뉴스1』, 2018.4.15. (http://news1.kr/articles/?3290290)
133 1987년 8월 29일 경기도 용인시 남사면에 있는 오대양(주)의 공예품 공장 식당 천장에서 오대양 대표 박순자(朴順子)와 가족·종업원 등 신도 32명이 손이 묶이거나 목에 끈이 감긴 채 시체로 발견된 사건을 말한다. 수사 결과 오대양 대표이자 교주인 박순자는 1984년 공예품 제조업체인 오대양을 설립하고, 종말론을 내세우며 사교(邪教) 교주로 행세한 것으로 알려졌다. 특히 박순자는 자신을 따르는 신도와 자녀들을 집단시설에 수용하고, 신도들로부터 170억 원에 이르는 거액의 사채를 빌린 뒤 원금

있다고 보도하기 시작했다.

2014년 4월 21일경 인천지검 특별수사팀은 침몰한 세월호의 선사인 청해진해운의 최대주주인 유대균과 유혁기 등 2명과 현 대표이사인 김한식 (72) 사장 등 40여 명에 대해 출국금지 조치를 했다.

검찰은 유씨 일가가 청해진해운을 운영하는 과정에서 무리한 운항을 지시했거나 위법·탈법적인 객실 증축, 화물 과적, 선장·선원에 대한 안전교육 미흡 등에 관여했다고 봤으며, 또 회사경영 과정에서 탈세한 의혹도 수사 대상으로 봤다.134 검찰은 2014년 4월 24일부터 유병언 일가의 전방위 계좌 추적과 청해진해운의 해운업계 비리 찾기에 적극적으로 인원을 투입하기 시작했다.

또한 박근혜는 이때부터 각종 회의석상에서 공공연하게 '유병언 검거에 총력을 다할 것'을 지시했다. 박근혜는 2014년 5월 27일 국무회의에서 "이번 참사의 근본적 원인인 유병언 일가가 국민 앞에 반성하고 진상을 밝혀야 함에도 불구하고, 지금 법을 우롱하면서 국민의 공분을 자처하고 있다"며, "유병언 일가의 이런 행동은 우리 사회에 대한 도전이자 그 어떤 것으로도 비호받거나 보호받을 수 없는 범죄행위"라고 강조했다. 박근혜는 "반드시 사법당국에서 신속하게 (유병언을) 검거해 진상과 의혹을 밝히고 의법처리 할 수 있도록 최선을 다해달라"고 강조했다.135

을 갚지 않고 있던 중, 돈을 받으러 간 신도의 가족을 집단 폭행하고 잠적한 것으로 밝혀졌다. 이 사건이 발생했을 때에는 집단 자살의 원인이나 자세한 경위에 대해서는 아무것도 밝혀지지 않은 채 수사가 마무리되었다. 그러다가 1991년 7월 오대양 종교집단의 신도였던 김도현 등 6명이 경찰에 자수하면서 사건의 의문점들이 얼마간 밝혀졌다. 「오대양집단자살사건 [五大洋集團自殺事件]」, 『네이버 지식백과』(두산백과) 참조.

134 「여객선 침몰 대참사 세월호 선사 오너 등 40여명 출금」, 『서울경제』, 2014.4.20. (https://news.v.daum.net/v/20191122111103287)

135 「朴대통령 "유병언 일가 신속 검거해 의법처리해야"」, 『연합뉴스』, 2014.5.27. (https://news.naver.com/main/read.nhn?mode=LSD&mid=sec&sid1=100&oid=001&aid=0006927698)

그림 7-12. 박근혜의 유병언 검거 지시

MBC 보도화면 필자 화면 캡처.

한발 더 나아가 박근혜는 2014년 6월 10일 국무회의 자리에서, "유병언 검거를 위해 검 · 경이 많은 노력을 하고 있지만 이렇게까지 못 잡는 것은 말이 안 된다고 생각한다"며, "지금까지의 검거방식을 재점검하고 다른 추가적인 방법은 없는지, 모든 수단과 방법을 검토해서 반드시 법의 심판을 받도록 해야 할 것입니다"라고 하며 장관들을 압박했다.

박근혜는 "이번 세월호 사고를 보면 유병언 일가가 회생절차의 허점을 악용해 2000억 원에 이르는 부채를 탕감 받고 다시 회사를 인수해 탐욕스럽게 사익을 추구하다가 결국 참사를 낸 것을 확인할 수 있다"며, 세월호가 침몰한 것이 마치 유병언의 탐욕 때문에 발생한 것처럼 유병언을 비난했다.[136]

국무회의 석상에서 장관들에게 요구한 박근혜의 주문은 아마도 국방부장관 또는 안보실장을 통해 국군기무사령부 이재수에게 전달됐을 것이다.

---

136 「박근혜 대통령, "유병언 일가 모든 수단 동원해 검거"」, 『YTN』, 2014.6.10. (https://news.naver.com/main/read.nhn?mode=LPOD&mid=tvh&oid=052&aid=0000528791)

이재수는 국군기무사령부 3처를 중심으로(처장 이승환 준장, 북한정보 차장 기우진 대령) 6월 11일 '유병언 父子 검거 지원 TF'를 구성하고, 본격적인 활동에 들어갔던 것으로 파악된다. 박근혜의 유병언 검거와 관련한 지시사항은 국군기무사령부에 다음과 같이 전달 됐다.

VIP, 유병언 조속한 검거를 위해 「軍 적극 지원」지시

어제(6.10.) 국무회의에서 유병언 검거 지연에 대해 '검거방식 再 점검 및 모든 수단과 방법을 통해 법의 심판을 받도록 해야 한다'고 지시 후, 안보실장께 "유병언 밀항에 대비하여 軍에서 해안선 점검 등을 적극 지원하라"고 지시

합참, 유병언 밀항 대비 「해안 · 해상 경계태세 강화」 단편 명령 하달 (6.11.)[137]

6월 11일 국군기무사령부 3처 구성원들은 유병언 부자 검거 지원을 위해 특별 조직을 구성하고, 3처장 준장 이승환과 차장 기우진, 과장 김해우가 역할 분담해 TF를 운영했다([그림 7-13] 참조).

- 준장 이승환(3처장)
  최종적인 업무 통제, 결정, 가령 어떤 활동을 할지 말지 등 최종 결정
- 대령 기우진
  아이디어의 고안 및 기획, 예하부대 활동 관련 세부적인 사항 활동 등 통제. 실질적 · 실무적 주도 및 지휘 통제
- 중령 김해우
  결정 사항 예하 부대 전달 및 관련 보고서 최종집계 역할 138

---

137 국군기무사령부,『세월호 관련 軍 조치상황 및 제언 · 여망 종합(43보)』, 제100기무부대, 2014.6.11, 3-2쪽.
138 기우진,『피의자신문조서』, 국방부 검찰단, 2018.10.22, 6쪽; 문걸,『진술조서』, 국방부 검찰단, 2018.10.24, 5~6쪽.

그림 7-13. 유병언 부자 검거 지원 TF 운영계획

□ **TF 편성 : 총 22명**

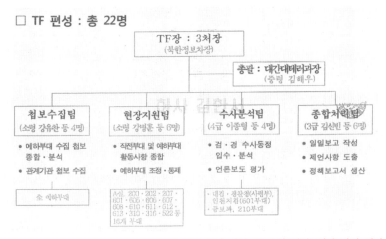

"유병언 父子 검거 지원 TF 운영 계획" 필자 화면 캡처.

이 사건 정점의 위치에 있던 사령관 이재수는 수사가 한창 진행되던 시점에 스스로 죽음을 선택했고, 3처장 이승환은 민간인 신분으로 별도의 수사가 진행된 이유로 필자는 관련 자료를 입수하지 못했다.

또한 실질적으로 TF팀을 주도한 대령 기우진은 혐의 중 일부는 3처장 이승환 준장에게, 나머지 책임은 과장 김해우에게 전가하고 정작 자신의 혐의는 부정했기 때문에, 현시점에서 이 사건의 전모를 완벽하게 밝힐 수는 없다.

> 군검사 : 피의자가 주로 보고하고, 김해우 과장이 주말에 간혹 보고하였다고 하는데 어떠한가요.
>
> 기우진 : 아닙니다. 그 반대입니다. 김해우 과장과 이승환 처장은 경주고 선후배 사이이고, 이승환 처장이 대간대테러과장 출신이어서 둘의 유대관계가 좋았고, 이승환 처장이 김해우 과장을 통해 이 사건 감청활동 관련 임무를 주로 다루셨습니다. 저는 수사 쪽의 일을 주로 했었어서 상대적으로 유대관계가 약했습니다. 사령관님께 보고되는 일일보고는 김대열 참모장에게도 보고되는데, 김대열 참모장과 3처장 사이가 별로 좋지 않았기 때

문에 참모장님께는 제가 보고하였습니다. TF 실무자들은 제가 김대열 참모장에게 보고하는 것을 사령관님께 보고하는 것으로 여긴 것 같습니다.

문제는 국군기무사령부가 관련 TF를 구성하여 오직 감청만 진행한 것이 아니라는 점이다. 당시 국군기무사령부는 다수 병력을 투입하여 유병언의 은거지를 탐문 수색했으며, 유병언의 밀항 현장을 포착하기 위해 또 다른 병력을 투입했다.

'유병언 부자 검거지원 TF'는 2014년 6월 12일 순천의 송치재 인근 매실밭에서 변사체가 발견되는 시점에 시작됐고, 변사체가 유병언의 시신으로 밝혀지는 2014년 7월 22일 시점까지는 운영되었을 것으로 추정된다. '유병언 부자 검거지원 TF'는 이 기간에 [그림 7-14]와 같이 2단계로 진행됐다.

그림 7-14. 국군기무사령부의 '유병언 검거 작전' 전개 과정

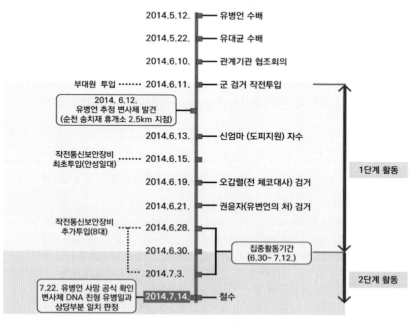

유병언 父子 검거 동정 참고 필자 재작성.

1단계는 2014년 6월 13일부터 6월 29일까지 213부대원들이 안성 금수원 인근에 투입되어 감청을 진행했지만, 유병언 검거 및 행방 추적에 실패한 시기다. 그러자 사령관 이재수의 지시에 따라 2단계로 6월 30일부터 유병언의 은거지로 추정되는 순천 일대를 비롯하여 전국 8곳으로 삼청 범위를 확대했다. '유병언부자 검거지원 TF'는 운용 계획서에서 다음과 같은 작전을 수행하겠다고 적시했다.

- 국가적 사안에 부대 역량 집중, 유병언 검거활동 지원
  - 전 부대원 첩보수집 · 탐문 활동, 관계기관 공조 강화
  - 작전 부대 해안 경계 · 수색정찰 · 해상 작전간 부대원 적극 참여
- 검거활동 실태 분석, 첩보 생산 및 예하부대 활동 조정 · 통제[139]

그들이 작성한 계획서는 매우 거창하고 철학적으로 보일지 모르지만, 결국 그들이 진행했던 것은 국민의 세금으로 박근혜 정권에게 유리한 상황으로 정국을 전환하기 위하여 온갖 불법행위를 자행하는 것이었다.

그들은 각종 감청장비를 이용하여 민간인의 전파 송 · 수신 내용을 감시했으며, 유병언을 검거한다는 명목으로 군인을 동원하여 도로를 막고 불법적인 검문검색을 진행했다. 심지어 유병언 은거지를 탐문 수색하기 위하여 무인도 곳곳을 누비기도 했다. 물론 이들이 구원파 신도들의 SNS 계정 등을 감시했음은 더 이상 말할 필요가 없다.

'불법'을 알면서도 감청을 강행하다

군은 『수난구호법』[140] 및 『재난 및 안전관리 기본법』[141]이 요구한 사유

---

139 유병언 부자 검거 지원 TF 운영계획 참조, 2014.6.12.(목), 3처 TF

를 제외하고는 세월호 침몰 사건에 개입할 수 없었다. 따라서 군은 법 취지에 따라 세월호 침몰 사건의 구조와 관련하여 "탐색구조(희생자 수습, 유실물 수습, 헬기 이송, 수송지원)와 관련한 인원 및 의료지원(잠수병 치료, 가족 진료, 잠수사 PTSD 진료), 탐색구조 장비 지원" 등의 임무만 수행했으면 충분했으며, 대통령과 국방부 장관 및 안보관리실장의 무리한 요구가 있었다 하더라도, 그것에 굴복하여 군이 민간의 일에 개입하는 것은 근본적으로 불법이었다.

그럼에도 국가기무사령부는 부대원들을 활용하여 민간인을 사찰했으며, 심지어 민간인의 무선통신 내용을 감청했을 뿐만 아니라 민간인 검거를 위해 군 병력을 불법적으로 투입했다.

문제는 국군기무사령부 부대원들은 지위 고하를 불문하고 모두 자신들이 감청행위가 불법행위라는 사실을 알고도 감청을 강행했다는 점이다. 국군기무사령부의 입장에서 합법적인 감청의 범위는 아래와 같으며, 실제 불법 감청행위를 주도했던 3처장 이승환 준장과 기우진 차장 등 모든 사람들은 감청행위의 위법성을 충분히 인식하고 있었다.

- 무선감청
  「통신비밀보호법」상 안보 목적 및 「보안업무규정」상 통신보안 감사 (작전통신보안) 목적으로만 할 수 있도록 되어 있다.
  특히 안보의 목적에서 감청을 하더라도 "대통령 재가를 받아 군 통신 (유·무선) 대상 집행"을 할 수 있으며,[142]범죄 수사를 할 경우에도 "판사의 영장을 받아 군 내·외 통신에 대해 감청"을 할 수 있다.[143]

---

140 「구수난구호법」 제14조 ① 참조.
141 「재난 및 안전관리 기본법」 제44조 ① 참조.
142 「통신비밀보호법」 제7조 참조.
143 「통신비밀보호법」 제6조 참조.

- 방탐활동(기동)
  「국정원법」에서 위임된 「대간첩통신업무규정」에 의거 대간첩 작전
  시 또는 계획된 軍 작전훈련에 한해서 실시 가능[144]

국군기무사령부 부대원들이 합법적인 감청의 임무를 수행할 때는 위와 같은 법규에 따라 감청을 진행했으며 대체로 국정원의 통제를 받았다. 문제의 감청행위가 있기 전까지는 국정원 등에서 지정해준 주파수 권역을 대상으로 출현 신호를 스크린하고, 적 관련 특이 신호가 나오면 수집하는 방식으로 임무를 수행한다.

하지만 6월 13일경부터 안성시 금수원 인근 지역에서 수행된 감청 임무는 국정원의 통제가 없었을 뿐만 아니라, 감청 활동과 관련한 통신 제한조치 허가서 등 군사법원 또는 민간법원이 발부한 영장을 제시한 사실이 없다.

그런 상태에서 금수원 인근을 비롯하여 전국 각지의 유병언 은거 예상 지역에서 무선 신호를 무차별적으로 전부 스크린하고, 기본 임무 수행시 청취하지 않는 "민간인 간의 무선통신 내용으로 추정되는 신호까지 모두 탐지하여 채록하고 보고"한 것은 명백한 불법행위이다.[145]

국군기무사령부 부대원들의 진술에 따르면, 감청행위에 직간접으로 참여했던 부대원 상당수는 민간인에 대한 감청행위를 반대했던 것으로 파악된다.

- 김신빈(기무사령부 2급 군무원), "무전기 통신 감청이 효용성이 없다, '휴대전화로 연락하는 시대에 무선전기통신 감청이 무의미하다'고 기우진 차장에게 건의했고, 또 그런 차원에서 철수하자"는 제언을 했다.[146]

---

144 국군기무사령부, 『방탐장비에 의한 감청 위법성 극복 방안』, 2014.6.17, 1-1쪽.
145 이상연, 『진술조서』, 국방부 검찰단, 2014.1.5, 8쪽.
146 김신빈, 『진술조서』, 국방부 검찰단, 2018.10.30, 6쪽.

- 213부대 부대원, "위험하고 능력 밖이며 우리가 할 수 있는 일이 아니다", "213부대에서 할 수 있는 사안이니 우리는 못 하는 것으로 보고하자"고 건의하여 한종철 부대장이 210부대장에게 건의를 한다고 했다. 하지만 오후 시간 불상경 213부대장 한종철은 부대원들을 212부대장실로 불러, "사령부에 (관련 내용을) 건의 했지만 재차 지원하라는 지시가 있었고, '인력문제라면 인력을 지원해 주겠다'고 한다. 그러니 너희들이 어렵더라도 해야 될 것 같다"며 지시를 했다.[147]

국군기무사령부 공채 군무원 문걸도 기우진 차장에게 감청은 위법하다고 알렸다고 한다.

> 군검사 : 위 위법성 관련 첨부문서 작성 경위가 어떻게 되나요.
>
> 문　걸 : 최초 기동방탐관련 내용이 보고서에 들어오면서 방탐장비 투입에 대해 알게 되었습니다. 저는 이 감청활동이 '위법 소지가 있다'고 생각하였고, 저나 몇몇 사람들이 '아이디어는 좋은데, 위험하다, 이래도 되는 것이냐'라는 생각을 하였습니다. 그래서 당시 저는 기우진 차장에게 "통신비밀보호법 위반 소지가 크다", "우리의 활동 범위를 넘어서는 것 아니냐"라는 말을 하였는데, 이에 대해 기우진 차장이 "괜찮다. 위 지시가 있었고, 우리부대 활동 범위에도 들어가는 것이다"라고 말하였습니다.
>
> 군검사 : 계속 진술해 보세요.
>
> 문　걸 : 기우진 차장이 괜찮다고 말했지만, 위법성에 대해 문제의식을 가지고 이었던지, 저에게 위법성 여부에 대한 검토 문서를 작성해보라고 하였습니다. 그래서 저는 위 첨부문서를 작성하여 기우진 차장에게 보고하였습니다.
>
> 군검사 : 결국 기우진 차장의 지시로 위 첨부문서를 작성하였고, 진술인이 작성한 내용은 이 사건 감청활동이 위법하다는 것이었네요.
>
> 문　걸 : 네, 맞습니다. 활동 초기부터 방탐관련 보고서에 '전파환경조사 명분으로 시행한다'는 등의 내용이 있었고, 법적인 부분이 기우진 차장이나 210부대, 212부대, 213부대 차원에서 문제되고 있었던 것으로 기억합니다. 당시 저 말고 210부대에서도 위법성 관련 검토를 하고 문서를 작성한 것으로 알고 있습니다.[148]

147 박계환, 『진술조서』, 국방부 검찰단, 2014.10.8, 5쪽.

이 사건의 최일선에서 불법행위를 지휘했던 기우진 차장 등은 부대원들로부터 불법과 관련한 보고를 틀림없이 받았을 것으로 추정된다. 다만 부대원들이 문제점을 제기했을 때 이들은 명백한 불법행위임을 인식하고 범죄행위 진행을 중단하는 것이 옳았으나, 오히려 극복방안을 연구한 것으로 파악됐다.

정확한 날짜는 특정할 순 없지만, 기우진 차장과 김해우 과장, 210부대장 대령 권순필, 213부대장 중령 서정, 212부대장 중령 한종철은 불법 감청을 위한 방탐장비 투입 전에 3처장 준장 이승환의 집무실에 모여 관련 사실을 논의했다.[149]

이 회의 이후 210부대장 대령 권순필은 '금수원 쪽에 213부대 기동방탐장비를 투입하여 유병언 경호원 등 측근 세력이 사용하는 무전통신 내용을 감청하게 될 것이니, 기술적인 사항 및 법적 활동 근거 등에 대하여 검토하라'는 사령부의 지시에 따라, 오범수 준위, 윤상열 과장, 이상연 강화반장 등에게 '기동방탐장비를 금수원 인근에 투입시켜 유병언 세력이 사용하는 워키토키 무전통신 내용이 감청 가능한지에 대해 전파환경조사 등 활동 명분을 포함하여 검토하라'는 내용의 지시를 했다.

이에 213부대 방첩운용과장 소령 윤상열은 '14년 방탐 취약지 자료조사 계획'을 작성하여 213부대장 서정이 휴가 중이어서(실제는 금수원 인근 방탐장비 설치상황을 점검하기 위하여 출장 중이었던 것으로 추정) 소령 윤상열이 직접 들고가서 권순필 대령에게 직접 결재를 받았다.[150]

국군기무사령부의 유병언 검거와 관련한 감청행위는 [그림 7-14]와 같이 2단계에 걸쳐 진행됐는데, 그때마다 [표 7-4]과 같은 '작전명'을 붙여 불법적인 감청작업을 진행했다.

---

148 문걸, 『진술조서』, 국방부 검찰단, 2018.10.24, 9쪽.
149 위와 같음, 7~8쪽.
150 윤상열, 『진술조서』, 국방부 검찰단, 2018.10.4, 8쪽.

표 7-4. 국군기무사령부 불법감청을 위한 계획서 작성 현황

작전명	수행기간	장 소	투입인원	투입장비	세부계획
'14년 방탐 취약지 자료조사 계획	14. 6. 13.(금) ~ 7. 14.(목)	경기 남부권 일대	강화반장 등 10명 (간부 8명 운전병 2명)	기동방탐기 1식, 차량3대 (윈스톰 1, 방탐차량 2)	• 초단파 간첩 대북보고 신호 수집 및 전파환경 조사
후방·취약지역 작전통신망 운용 및 전파혼신 실태 진단 계획	14. 6. 30.~ 종료시 까지	수도권 지역을 포함한 후방 (부산·전남)·3군사	보안 운용과 준위 박계환 등 9명	IC-R8500 IC-R9500	• 주둔·훈련부대 무선통신망 교신 내용 전량 수집/기록 유지 • 부대별 무선통신망 운용규정 준수 실태 확인 • 我軍주파수 대역 내 외부 주파수 혼신 여부 측정

국군기무사령부 작성 자료를 바탕으로 필자 정리.

그들은 감청행위를 시작하는 시점에 감청행위가 불법이란 사실을 이미 알고 있었기 때문에, 극복방안으로 자신들의 고유 임무 중 활용 가능한 '전파 환경조사'를 명분으로 활용하기로 했다.

- "금번 件은 「통비법」 및 「대간첩 통신업무규정」을 벗어난 활동으로 違法
  * 통비법 제 16조(벌칙)에 의거, 위반시 1년 이상 10년 이하의 징역

- 위법성 논란을 극복하기 위하여 「전파법」 제55조(전파환경 측정 등)에 의거, 전파환경조사 명분으로 활동(전파환경조사 계획·결과 유지 등 증빙자료 준비)
  * 전파환경 조사 : 대간첩 작전에 대비하여 전국 560개소를 대상으로 지역내 무선기지국 설치·이전 등 적합성을 수시 조사

- 단 감청내용 및 채록자료에 대한 철저한 보안대책 필요
  * 방탐장비내 감청내용 미저장 / 채록자료는 사령부에 1부만 보관(종료시 파기)[151]

---

151 국군기무사령부, 『유병언부자 검거 활동(6보)』, 3처 TF, 2014.6.17; 국군기무사령부, 『방탐장비에 의한 감청 위법성 극복 방안』, 3처 TF, 2014.6.17, 1-1쪽.

6월 13일 경기 안성 금수원 근처에서 감청작업을 시작했던 213부대 부대원들은 부대장 서정의 지시에 따라 '14년 방탐 취약지 자료조사 계획'을 작전지에 실제로 게시해 놓고 임무를 수행했으며,[152] 임무가 완료되자 「경기권 초단파 전파환경 조사 결과」라는 문건을 작성해 보고했다.

원래 부대원들이 방탐업무를 하면 방첩관련 내용만 채록하고, 채록한 문서는 존안하도록 되어 있다. 하지만 당시에는 작전지에 세절기가 보급되어 강화반장 이상연이 보고한 후 바로 세절하였고, 파절된 문서는 주 1~2회 서정 부대장이 현장에 와서 수거해 갔다.[153]

213부대, 안성 금수원 인근에서 민간인 전파를 감청하다

213부대는 국군기무사령부 소속인 210부대의 예하 부대로, 감청장비를 운용하여 적 침투세력 및 비정규전 통신을 방탐하는 방첩지원 부대이다. 당시 213부대는 시그마 기동방탐 차량, 고정 장비 등 방탐 및 신호 수집 장비([그림 7-15] 참조)를 이용하여, 적 침투세력의 무선전기통신 내용 등을 탐지하고 수집하는 임무를 수행했다.[154]

213부대에는 방첩운용과(부대 전반에 대한 교육, 훈련, 예산 관리 등 총괄업무)와 방첩지원과(사이버보안 지원), 강화반, 속초반, 논산반, 본부반으로 구성된 대공 통신반이 있었는데, 유병언 검거를 위한 안성 금수원 일대는 소령 이상연이 지휘하는 강화반(오범수 준위, 김준성 원사, 고권재 상사, 이상원 상사 등 총 5명)이 담당했다.[155]

152 윤상열, 『진술조서』, 국방부 검찰단, 2018.10.4, 9~10쪽.
153 고권재, 『진술조서』, 국방부 검찰단, 2018.10.4, 16쪽.
154 이상연, 『진술조서』, 국방부 검찰단, 2018.10.5, 3쪽.
155 윤상열, 『진술조서』, 국방부 검찰단, 2018.10.4, 3쪽.

그림 7-15. 시그마 장비 개요

□ **수집/방탐 장비(SIGMA) 개요**

o 워키토키가 운용되는 430Mhz 대역의 신호를 수집 · 방탐하여
  사용자에게 신호별 내용 및 신호 발생 원점 방향 제공

● 운용부대 : 210-213부대 강화반
● 수집/방탐 가능 주파수 : 20Mhz ~1,000Mhz
● 지원능력 : 자동모드시 초당 250Mhz 감시 가능
    * 수동모드시 초당 10Mhz
● 수집/방탐 가능 범위 : 워키토키 통달거리 기준(5~6km)
● 도입가격 : 51억원('98년 도입)
● 기타능력 : 차량 탑재형으로 임의지역 기동 가능

국군기무사령부 작성, 「금수원 대상 워키토키 신호 수집/ 방탐계획」 필자 화면 캡처.

213부대장 중령 서정이 부대원들에게 안성 금수원 인근에서 '유병언 검거 작전'의 일환으로 감청을 명령한 것은 2014년 6월 13일(금요일) 오전 8시 30분~9시경이고, 부대원들은 당일 오후 6시경 작전지인 안성시 보개면 상삼리 근처에 도착하여 작전 수행을 위해 방탐장비를 설치했다. 부대원들이 방탐장비 설치를 끝낸 시간은 오후 8시~9시경이고, 그들은 곧장 안정화 작업을 진행했다.

안정화 작업이란 방탐장비의 안정적 가동을 위해, 오류를 확인하여 다시 세팅하는 작업으로 당시 약 1시간 정도 소요됐다. 이 과정에서 213부대장 서정은 무전기를 가지고 와 해당 무전기 신호가 정상적으로 포착되는지 테스트할 것을 지시했다. 부대원들은 일상적인 작전에서 이런 종류의 테스트는 진행한 사실이 없었다.

하지만 그날은 서정의 특별한 지시에 따라 한 명이 나가서 무전기를 작동시키고, 나머지 사람은 해당 무전기의 신호가 잡히는지 확인했다. 서정 부대장은 정상적인 신호가 감지되자 만족을 표시했다고 한다.[156]

이후 서정은 이상연 소령에게 "금수원 내에 있는 사람들이 무전기를 사

---

156 이상원, 『진술조서』, 국방부 검찰단, 2018.10.5, 6쪽.

용하고 있다. 무전기를 운용하고 있는 상황을 탐지하여 보고하라"고 지시했다. 또한, 부대원들에게 "주파수에 제한을 두지 말고 탐지되는 모든 신호 내용을 수집하여 기록하고 그중에 유병언과 관련된 내용이 나오면 즉시 보고하라"고 지시했다. 특히 다음과 같은 주의시항을 강조했다.

- 근무를 잘 서야 된다. 여러분들이 굉장히 중요한 일을 하고 있다.
- 임무와 관련된 제반 조치는 사령부와 관련되는 부서에서 잘 처리할 터이니 걱정하지 말고 임무에 충실해라. 단 보안은 끝까지 지켜야 한다. 보안서약서를 작성하고 관련된 내용은 절대 외부에 누설하지 마라.
- 너희들이 지금 여기 와 있다는 것도 알리면 안 된다.[157]

부대원들은 헤드셋을 끼고 방탐장비에 수집되는 무전기 송·수신 내용을 감청했다. 부대원들이 통상 감청작업을 진행할 때는 국정원이나 국군기무사령부의 대간대테러과 등에서 특정 주파수 대역이 주어지면, 방탐장비의 채널리스트 옵션이나 권역 옵션을 활성화하여 그 대역의 신호만을 수집하고, 수집 중 대간첩, 적침투, 군보안 등과 관련된 것만 탐지하는 식으로 이루어진다. 그런데 당시에는 그러한 주파수 제한이 전혀 없었고 광범위하게 수집되는 대로 신호를 수집하여 내용을 채록했다. 특히 군과 관계없는 민간인 관련 내용을 탐지하고 그중 유병언과 관련된 내용이 있는지 확인하는 게 당시 그들이 진행한 주요 임무였다.[158]

부대원들은 무선통신 교신 내용을 듣고, 금수원 내에서 송·수신되는 감청내용을 A4용지에 정리해 강화반장 이상연 소령에게 보고하고, 이상연은 휴대폰으로 213부대 운용과 및 부대장 서정에게 보고했다.[159]

---

157 한경록, 『진술조서』, 국방부 검찰단, 2018.10.5, 10쪽.
158 고권재, 『진술조서』, 국방부 검찰단, 2018.10.4, 8-9쪽.
159 위와 같음, 5쪽.

213부대원들의 감청행위는 의도와는 달리 좋은 결과를 맺지 못했다. 국가기무사령부의 예상이 빗나간 것인지, 아니면 유병언의 변사체가 이미 발견된 시점에 군이 투입되었기 때문인지 확인할 수 없지만, 그들이 공식적으로 철수하는 7월 14일경까지 유효한 감청의 결과는 전혀 없었다.

그들이 감청했던 무선통신은 공사장, 주차장, 식당, 택시기사 등과 관련된 송·수신 내용이 전부였고, 공식적으로 유병언과 관련된 내용은 아래와 같이 오직 한 건이 전부였다.

> 여성 교인 : (검문을) 한 번만 하면 되는데, 왜 두 번씩 하냐고요.
> 남성 교인 : 의심이…의심이 있나 보지…차가…. 트렁크도 열라고 하니, 사람도 못들어가는 이 비좁은 트렁크를, 뭘 보겠다고…. 유병언이가 이 엔젤호를 제일 애착심을 많이 가진 건데…저 엔젤호 쪽에 있을 거야…내가 봐서는… 160

결국 이들의 감청행위는 7월 12일까지 공식적으로 진행됐고, 14일에는 작전지에서 완전히 철수했다.

전국 7곳에 '212부대 감청조'를 추가 투입하다

국군기무사령부 이재수 사령관이 의욕적으로 추진했던 감청 활동은 213부대가 보름에 걸쳐 진행했음에도 특별히 유익한 첩보수집이 되지 않았다. 또 다른 첩보수집 활동을 통해서도 기무사의 유병언 검거 관련 활동에 성과가 없었다.

당시 "유병언을 안 잡는 것인가. 아니면 못 잡는 것인가"라고 의혹이 제

---

160 국군기무사령부, 『유병언부자 검거 활동(6보)』, 3처 TF, 2014.6.17.

기될 정도로 여론이 악화됐었고, 마침 국회에서 진행되고 있던 세월호 국 조특위에서 조사위원들도 법무부 장관을 상대로 똑같은 질의를 했다. 결국 국군기무사령부 사령관 이재수는 '추가로 장비와 인원을 투입하여 적극적으로 첩보를 수집하라'는 지시를 했고, 3처장 이승환 준장의 지휘 통제 아래 212부대가 추가로 투입되었다.[161]

212부대는 '일반 부대에서 사용하는 정보통신 장비 및 시스템에 대한 보안측정 및 점검을 지원하고, 작전부대에서 훈련 내용을 감청하여 보안 위규 사항을 적발하는 업무를 수행하며, 사이버상 유출되고 있는 군사자료, 방산비밀 등의 유출을 색출'하는 임무를 수행하는 부대이다. 이 중에서 감청 임무를 수행하고 있던 212부대 '무선보안반' 대원들이 문제의 작전에 투입되었을 것으로 판단된다.

당초 감청과 관련한 2단계 작전은 6월 30일(월)부터 7월 11일(금)까지 2주간 집중해서 전개하기로 예정되어 있었지만, 이후에도 관련 보고서가 계속 작성된 것으로 보아, 유병언의 사망이 확인되는 순간까지 감청활동은 계속된 것으로 판단된다.

212부대원들은 자신들이 보유하고 있던 계측기(ESMD)와 작전통신보안 감청장비(IC-8500)를 수도권 4개소(서울 북악산, 하남 검단산, 성남 청계산, 용인 석성산,), 영·호남 3개소(칠곡 50사단, 대구 최정산, 순천 봉화산, 부산 장산)에 추가로 투입했으며, 그들은 자신들의 감청실적을 [그림 7-16]과 같이 매일 정리하여 사령관에게 보고했다.[162][163]

212 및 213부대 부대원들은 유병언 관련 첩보수집 활동을 진행하고 그 결과를 매일 오후 2시경 3처 TF 강병훈, 예병두, 마해철, 박재균 등 보고서 작성 담당자들에게 보고했다. 보고서 작성자들은 그 이후 시간대에도 특

161 김해우, 『피의자신문조서』, 국방부 검찰단, 2014.10.15, 19쪽.
162 국군기무사령부, 『現 상황 관련 집중 수색정찰 활동』, 3처 TF, 2014.6, 7-7쪽.
163 박계환, 『진술조서』, 국방부 검찰단, 2014.10.8, 5쪽.

그림 7-16. 212부대 민간인 전파 감청 현황

對外 保安 要望

작전통신보안활동 일일보고
[7.10. 12:00 기준]

□ 활동결과

구 분	일 일	누 계
① 서울 북악산	28	1,426
② 하남 검단산	·	1,418
③ 성남 청계산	26	1,630
④ 용인 석성산	34	2,193
⑤ 안성 금수원	·	·
⑥ 칠곡 50사단	22	133
⑦ 대구 최정산		1,412
⑧ 순천 봉화산	·	2,403
⑨ 부산 장 산	30	1,903

국군기무사령부 보고서류 필자 화면 캡처.

이사항이 있거나 야간에는 교대로 당직 근무자가 보고 내용을 취합하여 일일 보고서에 반영했고, 다음날 오전 5시경 예병두 대간첩계장, 강병훈 대테러계장이 일일보고 초안을 마무리하여 오전 6시경 김해우 과장에게 보고했다.

보고서 초안은 과장 김해우의 검토와 수정을 거쳐 오전 7시경 방첩차장 기우진에게 보고되고 역시 검토와 수정 과정을 거쳐 3처장 이승환 준장과 사령관 이재수에게 보고됐다.164

---

164 김해우,『진술조서』, 국방부 검찰단, 2018.10.15, 10쪽.

국내 장기 은신 가능성 대비 독자적 추적 활동 진행

기무요원들은 유병언의 소재를 찾기 위해서 유병언 은거지로 추정되는 지역을 샅샅이 뒤졌다. 유병언의 은거지로 추정되는 친인척 등의 소유 부동산을 수색 정찰할 계획을 수립했을 뿐만 아니라, 경기경찰청으로부터 금수원 내부 동향을 입수하여 금수원 내부갈등 상황까지 소상하게 파악하고 있었다.[165] 601기무부대장의 경우에는 인천지검장에게 유병언 첩보공유를 제의하여 검찰로부터 수사 동정을 입수하여 유병언 검거 작전에 활용했다.[166]

그림 7-17. 기무사 예상 유병언 은신처

□ **주요 은신 예상처 :** 영농조합 · 종교시설 등 31개소

구 분	세 부 지 역
영농조합 (9개소)	· 고흥 · 보성 몽중산다원 영농조합 · 무안 호일 농업법인 · 임실 · 여수 하나둘셋 영농조합 · 신안 삼해어촌영농어업조합 · 청송 · 군위 · 의성 보현산 영농조합
종교시설 (11개소)	· 서울 · 안성 · 영동 · 순천 · 영광 · 보성 · 영암 · 완도 · 구례 · 광주 · 해운대 기독교복음침례회
관련 업체 (10개소)	· 서울 · 광주 신용협동조합 · 서울 · 음성 아이원아이홀딩스 · 서울 · 완주 · 광주 아해코리아 · 인천 · 음성 · 진천노른자마트
밀항 취약지역 (1개소)	· 부산 수영만 요트장

* 구원파 시설물 주변 외딴 별장 · 콘도, 인적이 드물면서 외부마을과 차단, 신도들이 출입, 학교 · 종교시설 등 주거지 전용가능 건축물이 있을 경우, 밀항 용이 등

「기무사, 유병언 父子 검거 활동에 주력」 필자 화면 캡처.

박근혜의 일방적 주장과 같이 유병언이 세월호 침몰 사건을 발생시킨 주범이 맞다 하더라도, 국군기무사령부 부대원들은 원칙적으로 유병언을 직접 검거할 수가 없다. 유병언 부자 검거지원 TF를 지휘했던 간부들도

---

165 국군기무사령부, 『유병언부자 검거 활동(6보)』, 3처 TF, 2014.6.17.
166 위와 같음.

사전에 이 부분을 명백히 알고 있었다. 따라서 유병언 부자 검거지원 TF는 작전에 투입되는 요원들에게 「탐문활동간 유의사항」이란 지침을 작성하여 하달하기도 했다.

- 유병언 발견시 직접검거 불가⇒신고 또는 경찰과 합동 검거
- 유병언은 현행범의 요건인 '범죄의 실행중이거나 실행의 즉후인 자'에 해당되지 않아, 현행범으로는 체포불가
- 경찰과 합동 불심검문 도중 도망갈 경우 부대원도 체포 가능. 경찰관의 불심검문 불응시 準현행범(형소법 제 211조 2항)으로 현행범과 동일하게 누구든지 체포 가능
- 현상수배범은 '범죄수사규칙'에 의거 경찰관만이 체포 가능. 부대원은 범인의 소재지 확인 후 신고 또는 경찰과 합동 검거[167]

필자는 국군기무사령부가 검거를 위해 유병언의 은거지를 탐문 수색한 현황과 도로 등을 막고 검문 검색한 규모를 파악할 수 있는 자료를 발견하지 못했다. 또한 필자가 확보한 자료에는 이 작전을 주도적으로 수행했던 부대와 책임자에 대한 수사기록이 없다. 따라서 현시점에서 당시 국군기무사령부가 어느 정도의 불법행위를 자행했는지 확인할 방법이 없다. 다만 TF 보고서에 기록된 흔적은 다음과 같다.[168]

- 2014. 6. 11.부터 은신 예상처·공항만 등에 450여 명 투입, 탐문활동 / 밀항 차단
- 부대원 탐문 활동간 안동시 묵계리 주민들이 '구원파에서 10여년 前 매입한 舊묵계초등학교(폐고)에 유병언 은신가능' 첩보 제보. 현재 구원파 종교시설로 활용 中. 신도들이 매년 3~4회 집결 예배/ 유병언이 좋아하는 열차 15량 전시[169]

167 국군기무사령부, 『유○○ 부자 검거 지원 활동 지시』, 2014.6, 별첨 '부대원 첩보수집 및 탐문활동 요령 중 탐문 활동간 유의사항' 참조.
168 국군기무사령부, 『유병언부자 검거 활동(4보)』, 3처 TF, 2014.6.15, 3-3쪽.

- 유병언 선갑도(인천 옹진군) 은신 가능 제보 현장 확인 예정 : 도서 취약지 순찰 명목으로 건물 내·외부 확인 및 섬 전체 수색170

- 보령경찰서와 합동, 유병언 측근 관련(김필배(76세, 미국 도피 중) 의심 차량 3대 및 주거지 내부 확인 확인했으나 용의점을 찾지 못함. 건축 공구 외 구원파 관련 자료를 찾지 못함171

- 경찰 등 관계기관 합동, 은신 예상처 탐문 및 현장확인(全부대 500여 명)

  - 유병언 일가 및 구원파 소유 시설물 343개소 현장확인 하였으나, 유병언 부자 미 발견⇒출입자 감시 위주 활동(기동순찰·잠복 등)

  - 장기 은신이 용이한 도심권 고급 아파트(오피스텔)·별장 대상 탐문 및 현장확인 中(현재까지 105개소(수도권 28개 호남 25개 영남 19개, 충청 21개, 강원 13개)

- 구원파 신도 SNS·홈페이지 대상 사이버 활동 중(9명)

  - 교사·대학생·직장인 118명이 활동 중인 페이스북(기독교복음 침례회 모임) 발굴·추적

유병언 밀항에 대비한 '해안·해상 경계작전' 강화

군이 영토를 수호하기 위해 해안과 해상을 경계하는 것은 너무나 당연한 임무 수행행위이다. 하지만 민간인 신분인 유병언 한 사람을 검거하기 위해 병력을 특별히 투입하고, 해상과 해안을 순찰했다면 그것은 명백한 불법행위이다.

국군기무사령부를 비롯한 군은 아래 사례에서 보듯이 막대한 병력을 투입 또는 해경 등과 공조하여 유병언 검거에 사력을 다했다.

---

169 국군기무사령부, 『유병언부자 검거 활동(6보)』, 3처 TF, 2014.6.17.
170 국군기무사령부, 『유병언부자 검거 활동(4보)』, 3처 TF, 2014.6.15, 3-1쪽.
171 위와 같음.

- 2014. 6. 14, 유병언 밀항에 대비한 해안·해상 경계작전 등에 적극 동참

- 해안 및 공·항만 관할 15개 부대 450여명 투입, 수색 정찰 등 지원

- 통합방위협의회 및 공항만보안대책협의회 등을 통해 군↔검·경간 원활한 정보공유 역할 수행172

- 2014. 6. 19, 유병언 밀항대비 경계강화 및 검문검색에 부대원(17개 부대 450여 명) 동참

- 군 경계·감시태세 강화(일일 투입병력 : 1,700명 / 장비 : 함정·헬기 등 50여 대), 밀항 의심 선박 순찰 활동, 해안 수색정찰 등 지원173

- 유병언 일본 화물선 이용 밀항 첩보에 따른 감시 강화(610부대) 완도 署로부터 '유氏 일가가 6. 17.(화) 09:00~16:00 완도군 노화도에 입항 예정인 日. 화물선(화이씽, 1900톤)으로 밀항 가능' 첩보 입수(6.16.) 어제부터 관계기관과 합동으로 同 선박 집중감시 및 주변 수생정찰 中174

- 유병언 요트 이용 밀항 가능성에 대비, 부산 수영만 요트장 내 개인 요트 다수(471척) 계류, 신고 없이 입출항 가능(수영만에서 영해까지 5.4km에 불과해 영해 이탈에 요트는 약 30분~1시간, 고무보트는 약 10분 소요 된다고 함. 유병언이 전남·충청지역으로 이목을 집중시 킨 후 부산 지역을 통한 밀항 가능성도 있다. 남해경찰청에서 현재 구원파 신도 소유 선박 및 선장 등의 정보 수집 중175

- 6월 11일 12:53경, 「유병언 동하도(전남 완도군 소재) 밀항시도」첩보 관련 고속정 2척을 현장에 급파하여 확인한 결과 '여호와 증인 11명 이 입도'한 것으로 확인(오인신고)

이 사건을 주도한 주요 인물은 사령관 이재수와 참모장 김대열(소장), 3 처장 이승환(준장) 등이다. 불행하게도 사령관 이재수는 이미 고인이 되었 고, 나머지 2명은 민간인 신분으로 민간법원에서 재판이 진행되는 관계로

172 국군기무사령부, 『정보보고』, 3처 TF, 2014.6.14, 9-1쪽.
173 국군기무사령부, 『정보보고』, 3처 TF, 2014.6.19, 11-1쪽.
174 국군기무사령부, 『유병언부자 검거 활동(6보)』, 3처 TF, 2014.6.17.
175 국군기무사령부, 『유병언부자 검거 활동(4보)』, 3처 TF, 2014.6.15, 3-1쪽.

그들의 진술서를 확인하지 못했다. 하지만 이 사건에 가담한 사람들의 진술을 참고하면 기무사 간부들이 이 작전의 성공을 위하여 어떤 노력을 했는지 충분히 짐작하고도 남는다.

이 사건에 연루된 하급 기무부대 요원들은 사전에 위법성을 인식하고 있었지만, 사령관 이재수의 강력한 실행 의지와 3처장 이승환 준장의 "범국민적 사안이니 유병언 검거 관련 임무에 자긍심을 가지고 열심히 임하라"는 지시 및 독려가 부대원들을 범죄의 함정에 빠뜨렸다.[176]

결국 이 사건은 사령관 이재수가 박근혜 등의 요구사항을 충족시키기 위해 유병언 검거에 관한 기대감이 몹시 높은 상황이었고, 3처장 이승환과 기우진 차장이 이재수 사령관의 기대감에 부응하기 위해 불법 논란을 무시하고 강행했던 것으로 판단된다.

자료목록

1) 고권재, 『진술조서』, 국방부 검찰단, 2018.10.4

2) 기우진, 『피의자신문조서』, 국방부 검찰단, 2018.10.22

3) 김신빈, 『진술조서』, 국방부 검찰단, 2018.10.30

4) 김해우, 『피의자신문조서』, 국방부 검찰단, 2014.10.15

5) 문걸, 『진술조서』, 국방부 검찰단, 2018.10.24

6) 박계환, 『진술조서』, 국방부 검찰단, 2014.10.8

7) 윤상열, 『진술조서』, 국방부 검찰단, 2018.10.4

8) 이상연, 『진술조서』, 국방부 검찰단, 2014.1.5

9) 한경록, 『진술조서』, 국방부 검찰단, 2018.10.5

10) 국군기무사령부, 『세월호 관련 軍 조치상황 및 제언·여망 종합(43보), 제100기무부대, 2014.6.11

---

176 김해우, 2014.10.15, 『피의자신문조서』, 국방부 검찰단, 20쪽 참조.

11) 국군기무사령부, 『유병언부자 검거 활동(4보)』, 3처 TF, 2014.6.15

12) 국군기무사령부, 『방탐장비에 의한 감청 위법성 극복 방안』, 3처 TF, 2014.6.17

13) 국군기무사령부, 『유병언부자 검거 활동(6보)』, 2014.6.17

14) 국군기무사령부, 『유병언부자 검거 활동(6보)』, 3처 TF, 2014.6.17

15) 국군기무사령부, 『現 상황 관련 집중 수색정찰 활동』, 3처 TF, 2014.6

16) 서해지방해양경찰청, 『수사보고((주)청해진해운 유병언 회장 급여 내역서 첨부 경위에 대한)』, 2014.5.8

17) 서해지방해양경찰청, 『수사보고((주)청해진해운 인원 현황 첨부』, 2014.5.9

18) 인천지방검찰청, 『수사보고[청해진해운의 실제 운영자를 확인할 수 있는 자료 첨부]』, 2014.5.8

19) 「[여객선 침몰 대참사] 세월호 선사 오너 등 40어명 출금」, 『서울경제』 2014.4.20 (https://news.v.daum.net/v/20191122111103287)

17) 「[일지] 세월호 침몰부터 4주기까지」, 『뉴스1』 2018.4.15 (http://news1.kr/articles/?3290290)

20) 「개인빚 100억 이상 탕감, 유병언 전 회장이 유일」, 『오마이뉴스』, 2014.10.22 (http://www.ohmynews.com/NWS_Web/View/at_pg.aspx?CNTN_CD=A00002046012)

21) 「박근혜 대통령, "유병언 일가 모든 수단 동원해 검거"」, 『YTN』 2014.6.10 (https://news.naver.com/main/read.nhn?mode=LPOD&mid=tvh&oid=052&aid=0000528791)

22) 「朴대통령 "유병언 일가 신속 검거해 의법처리해야"」, 『연합뉴스』 2014.5.27 (https://news.naver.com/main/read.nhn?mode=LSD&mid=sec&sid1=100&oid=001&aid=0006927698)

5.
국정원의
청해진해운 회사경영 개입 의혹

산업은행은 세월호 도입 및 증·개축과 관련하여 거액의 대출금을 청해진해운의 품에 안겨 주었다. 산업은행은 대출 여부를 심사할 때 "인천~제주 노선을 복선화를 해서 제주 관광객이 계속 늘어날 것으로 판단해서 청해진해운의 대출신청을 승인했다"고 국회 국정감사에서 증언했다.

하지만 해당 항로에 대한 복선화를 하게 되면 두 척의 선박이 투입되는 것이고, 관광객이나 화물이 두 배로 증가하지 않는 이상 수익이 감소할 것은 당연히 예측된다. 그런데도 산업은행은 이 부분을 간과하고 청해진해운의 대출신청을 승인했고, 청해진해운 또한 복선화 및 세월호 도입작업을 신속하게 추진했다.

인천~제주 항로는 여객수송만으로는 큰돈이 되지 않고, 화물수송을 통해 손익을 맞출 수밖에 없다는 사실을 청해진해운과 산업은행이 몰랐을 리 없다. 특히 유병언은 '㈜세모의 해운사업부'를 경영할 때 해당 항로를 취항했던 경험이 있으므로, 누구보다도 인천~제주 항로의 장단점을 잘 파악하고 있었을 것이다.

그런 상황에서 청해진해운은 왜 무리하게 해당 항로에 대한 복선화를 추진하고, 중고선박 세월호를 도입하는데 회사의 운명을 걸었을까?

또한 산업은행은 청해진해운의 정확한 경영상태와 인천~제주 항로의 경제성을 충분히 파악할 수 있었는데도 왜 무리하여 청해진해운의 대출 신청을 승인했을까?

많은 사람들은 '운항할 수 없는 선박 세월호가 도입된 배경에는 국정원이 개입되어 있다'고 믿고 있다. 필자 또한 '특정세력의 비호 내지는 압력이 없었다면 청해진해운이 탄생할 수 없었다'는 것과 '세월호가 도입될 수 없었다'는 것에 동의한다.

㈜청해진해운의 이상한 설립

㈜청해진해운은 1999년 2월 24일 '㈜세모 해운사업부'의 선박과 독점항로를 원형대로 양수하여 영업을 개시했던 회사이므로, ㈜세모와의 특별한 관계를 논하지 않을 수가 없다.

㈜세모는 1979년 설립된 건강식품 제조 회사로서 세모그룹의 모회사에 해당한다. 당시 세모의 실질적 경영자는 구원파 목사인 유병언이었다. 그는 전두환 군사정권 시절 전두환의 동생인 전경환과의 친분을 배경으로 한강 유람선 사업권을 따내면서 해운업에 뛰어들었고, 이후 세모는 비약적인 성장을 했다. 세모그룹은 '조선·식품·자동차부품·건설·도료' 등 다양한 사업을 진행했지만, 경영악화로 2,245억 원의 부채를 남기고 1997년 최종 부도처리 되었다.

세모는 1999년 2월에 '2008년까지 채무 2,876억 원을 상환하는 조건'으로 인천지방법원에서 법정관리 인가를 받았다. 하지만 변제가 여의치 않자 2007년 기존 주주의 주식을 감자 소각하고, 신주와 상환우선주를 발행하는 내용의 회사 정리계획을 법원에 제출했다.[177]

2008경 유병언 일가는 '새무리 · 문진미디어' 등 계열사들과 '새무리컨소시엄'을 구성하여 ㈜세모 인수작업에 착수했고, 인천지방법원 파산부는 총 부채 2,245억 원 중 '채권자 탕감 754억 원, 출자전환 1,155억 원, 세모 인수 당시 넘겨받은 부채 336억 원을 상환하는 조건'으로 세모의 법정관리 졸업을 결정했다.

새무리컨소시엄은 넘겨받은 부채 336억 원을 유상증자 168억 원과 회사채 발행 168억 원으로 해결했다. 결국, 새무리컨소시엄이 ㈜세모의 경영권을 넘겨받는데 투입된 금액은 168억 원이 전부였지만, 이마저도 농협은행에서 128억 원을 단기차입하여 해결했다([표 7-5] 참조).[178]

표 7-5. ㈜세모 부도 이후 부채 청산 방법

구 분		금액 (억 원)	비 고
총 채 무 액(A)		2,245	
채무조정 (B)	채권자 탕감	754	
	출자전환	1,155	
	일부변제	336	새무리 컨소시엄 투자액 (세모를 인수하며, 채권단에 지급)
	계	2,245	
새무리 컨소시엄 자금 조달 방법 (C)	유상증자	168	농협은행으로부터 단기차입 128억 원
	회사채 발행	168	
	계	336	

「농협, 유병언에 128억 특혜대출 자산 21억 유령회사 뭘 믿고?」 기사 참조 필자 작성.

유병언 일가는 1999년 청해진해운이 세모로부터 해운사업부를 양수받고, 2005년 천해지가 세모의 조선사업부를 넘겨받은데 이어, 2008년 새무

---

177 「'1천억 탕감' 세모 법정관리 졸업 의혹」, 『매일경제,』, 2014.4.29 (https://www.mk. co.kr/news/society/view/2014/04/669568/)
178 「농협, 유병언에 128억 특혜대출 자산 21억 유령회사 뭘 믿고?」, 『뉴데일리 경제』, 2015.6.12 (http://biz.newdaily.co.kr/site/data/html/2014/04/29/2014042910063.html)

리컨소시엄을 구성하여 세모를 인수 완료함으로써, 최소의 비용으로 세모 그룹의 모든 경영권을 다시 손에 넣었다.

한편 청해진해운은 세모가 법정관리를 받는 시점에 설립된 회사로, 회사 설립 시점에 ㈜세모 해운사업부의 경영권을 포괄 승계하게 된다.

청해진해운은 [표 7-6]에서 보는 바와 같이, 회사 설립 이후 약 1년여에 거쳐 ㈜ 세모의 선박 7척과 위 선박이 운항하던 인천~제주 노선을 포함한 독점항로를 양수했다.

표 7-6. ㈜세모 청산과정 및 ㈜청해진해운 설립과정

년 월	㈜ 세모	㈜ 청해진해운
1979	회사 설립(건강식품 제조)	
1997. 8.	최종 부도 처리(부채 2,245억 원)	
1999. 2.	인천지방법원 법정관리 인가 '2008년까지 채무 2,876억 원 변제 계획	
1999. 2. 24		회사 설립 → (주) 세모 해운사업부 인수
1999. 5. 1		데모크라시 1호 양수 (부산~장승포)
1999. 7. 16		청해진고속훼리 양수(인천~제주)
1999. 10. 8		순풍호 양수(여수~거문도)
2000. 1. 1.		페레스트로이카 양수 (부산~거제도)
2000. 2. 4		세모고속훼리 5호 양수 (순산~제주)
2000. 4. 1		두리둥실 양수(통영~욕지)
2000. 12.23		두둥실 양수(여수~남면)
2000	다판다 '세모 채권' 일부 인수	
2005	**천해지 "(주) 세모 조선사업부" 인수**	
2007	'기존 주주의 주식 감자 소각 및 신주와 상환우선주 발행'하는 회사 정리계획 제출	
2008.	법정관리 졸업(인천지방법원 파산부) 유병언 일가 계열사(새무리,문진미디어 등) "새무리 컨소시엄" 구성의 결과	

언론보도 및 청해진해운 작성 보안측정 자료를 바탕으로 필자 작성.

1997년 부도처리 된 세모해운이 독점하고 있던 인천~제주, 여수~거문도 등의 독점항로 면허를 "별다른 사업자 선정 절차"도 없이 1999년 신규 설립된 청해진해운에게 원형 그대로 넘겼다는 것은 상식적으로 이해하기 힘든 대목이다.

따라서 청해진해운의 설립과정 및 ㈜세모가 소유했던 선박과 독점항로가 청해진해운으로 넘어가는 과정에 특별한 세력이 영향력을 미쳤다고 판단된다. 또한 그 세력은 임기가 끝나면 사라지는 1회성 세력이 아니라, 청해진해운의 설립 및 회사 운영과정에 지속적인 영향력을 행사하는 특별한 조직일 것이다.

청해진해운과 국정원의 유착 관계

세월호 침몰 사건 발생 직후 국민들은 '국정원과 세월호가 특별한 관계에 있다'고 많이 의심했지만, 아직도 그들의 관계는 명쾌하게 해명되지 않았다.

그동안 국정원의 적극적인 부인에도 '세월호 도입과정, 증·개축과정, 취항과정, 운항과정, 세월호 침몰 직후 수사 진행 과정' 등에서 국정원이 적극적·지속적으로 개입한 정황은 다수 발견되고 있다. 국정원이 '청해진해운 설립과 선박 및 독점항로 양수과정, 청해진해운의 승선료 결정에도 관여했다'고 의심된다.

이러한 의혹들이 모두 사실이 아니라 하더라도, 청해진해운 직원의 컴퓨터에서 발견된 기록에 따르면, 국정원이 청해진해운으로부터 매우 오랫동안 지속적으로 접대를 받는 등 매우 친밀한 관계를 유지하고 있었던 것만은 틀림없는 사실이다.179

사람들은 '세월호가 국정원 소유'라고 의심하고 있다. 하지만 필자는 '세월호가 아니라 청해진해운이 국정원 소유일 가능성이 있다'고 의심하고 있다. 신규 설립된 회사가 설립과 동시에 '법정관리 절차를 진행하고 있는 회사의 주요자산을 헐값으로 양도·양수하는 것'은 특별한 세력의 비호를 받지 않으면 사실상 불가능하다고 보기 때문이다.

국정원은 운항관리규정에서 보장된 '보고계통도'에 따라 청해진해운 소유 선박의 일거수일투족을 통제할 수 있었다. 또한 청해진해운 선박의 승선료와 화물운임이 대부분 현금으로 거래되는 이유로 그들이 원하는 비자금 조성도 용이했을 것으로 판단된다. 청해진해운 소유 선박의 경우 대부분이 중고선박이었으므로 수리직업 발주 및 수선비를 지급하는 과정에서도 지속적인 비자금을 챙길 수도 있었다.

더 나아가 고물 선박 세월호를 도입할 때, 매도자와 합의하여 허위로 선박매매대금을 과다하게 책정하여 거래했다면, 순식간에 엄청난 금액의 비자금을 조성할 수도 있었다.

청해진해운 측에서 실제 원가를 공개하지 않았기 때문에 정확한 상황은 파악할 수 없지만, 세월호 등이 만성적인 과적을 하고서도 적자 경영을 면치 못했던 이유가 바로 여기에 있었다고 본다.

세월호 도입 및 증·개축 과정 국정원 개입

2019년 11월 13일(수), 「가습기살균제 사건과 4·16세월호참사 특별조사위원회」(이하 '사참위')는 산업은행의 청해진해운에 대한 불법 대출과 관련하여 검찰에 수사 의뢰를 했다.

---

179 「청해진-국정원, 10여차례 "접대" "정기모임" 문서 나와」, 『미디어오늘』, 2016.3.23. (http://www.mediatoday.co.kr/news/articleView.html?mod=news&act=articleView&idxno=128876)

사참위의 조사결과에 따르면, '산업은행 직원들이 청해진해운과 공모하여 청해진해운에 시설자금 100억 원과 운영자금 19.5억 원을 불법대출을 했던 것으로 볼만한 상당한 개연성이 인정된다'는 것이다.[180]

청해진해운은 산업은행으로부터 불법 대출을 받아 일본에서 운행하고 있던 중고선박 "나미노우에(세월호)' 도입과 불법 증·개축하는 데 사용했다.

문제는 산업은행이 청해진해운의 대출신청서를 접수하고 대출금을 지급하는 과정에 있다. 일반적으로 부동산 담보 대출을 진행할 경우 "담보감정의뢰 → 신용조사서 및 사업계획서 작성제출 → 본점심사의뢰 및 본점 심사부 직원 내방(인터뷰 및 실물확인) → 대출 승인 → 대출서류 자서 → 지급"의 순으로 진행되지만, 청해진해운과 산업은행의 거래 관계는 특별했다.

하지만 청해진해운에 대한 산업은행의 대출은 다음과 같은 일정에 따라 일사천리로 진행됐었다.

- 2011. 03, 인천~제주 항로에 투입할 목적으로 일본선적 중고선박 '나미노우에호(세월호)' 계약
- 2011.3.17, 나미노우에호 계약금 8천만 원 입금(가고시마 은행)
- 2011. 9. 1, '인천~제주 복선 면허' 취득
- **2012. 9. 18, 청해진해운 산업은행에 '차입신청서' 제출**
- **2012. 9. 24, 산업은행 '여신승인'(영업-14702호)**
- **2012. 10. 4, 산업은행 80억 원 입금(국내도입)**

[그림 7-18]에서 보는 바와 같이 청해진해운이 세월호를 도입할 때 산업은행은 통상적인 심사과정을 모두 생략하고 80억 원이라는 거액의 대출금을 지급했다.

---

180 가습기살균제사건과 4·16 세월호 참사 특별조사위원회, 2019.11.13, 『보도자료』, 2~3쪽 참조.

그림 7-18. 세월호 도입 및 취항 과정

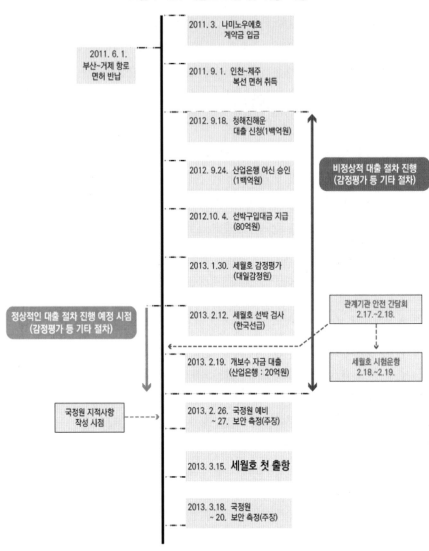

2011. 3. 나미노우에호
계약금 입금

2011. 6. 1.
부산~거제 항로
면허 반납

2011. 9. 1. 인천~제주
복선 면허 취득

2012. 9.18. 청해진해운
대출 신청(1백억원)

비정상적 대출 절차 진행
(감정평가 등 기타 절차)

2012. 9.24. 산업은행 여신 승인
(1백억원)

2012.10. 4. 선박구입대금 지급
(80억원)

2013. 1.30. 세월호 감정평가
(대일감정원)

정상적인 대출 절차 진행 예정 시점
(감정평가 등 기타 절차)

2013. 2.12. 세월호 선박 검사
(한국선급)

관계기관 안전 간담회
2.17.~2.18.

2013. 2.19. 개보수 자금 대출
(산업은행 : 20억원)

세월호 시험운항
2.18.~2.19.

국정원 지적사항
작성 시점

2013. 2. 26. 국정원 예비
~ 27. 보안 측정(주장)

2013. 3.15. 세월호 첫 출항

2013. 3.18. 국정원
~ 20. 보안 측정(주장)

관련 자료 기초 필자 작성.

또한 문제의 대출계약이 성사될 당시 청해진해운은 거가대교 개통의 영
향으로 경영수익이 악화된 상태였기 때문에, 산업은행 내부의 정상적인
절차에 따라 대출을 진행하는 것은 곤란한 상태였다.[181]

그런 상황에서 청해진해운이 대출을 신청한 후 6일 만에 산업은행이 대
출을 승인했던 것은 뭔가 특별한 이유가 있었다고 의심하지 않을 수 없다.

산업은행이 세월호 신규도입을 위해 청해진해운이 제출한 사업계획서
를 검토할 당시 청해진해운의 신용상태는 'BB-' 였다.[182] 또한 산업은행의
내규에 따르면, 당시 청해진해운의 경영상황은 '2년간 매출액이 연속해 감
소한 경우에 해당'하여 론모니터링 대상(대출할 때 요주의 대상, 투기등급
상태) 기업으로 분류되어 있었다.

산업은행은 청해진해운의 경영악화 요인을 '거가대교' 개통 때문이라고
분석하고, 다음과 같은 측면을 고려하여 특별한 조치 없이 1백억 원에 대
한 여신을 승인했다.

- 2012. 5. 초에 실시한 9% 운임 인상 등에 힘입어 매출 증가 및 흑자
  시현이 예상된다.
- 제주 관광업 호황에 따른 여객 수요 증가 및 관광 인프라 건설에 필
  요한 건축자재 등 화물 운송 수요가 꾸준히 증가한다.
- 제주 삼다수의 증산 계획 및 기존 제주항로 일부 폐쇄 및 운항 중단
  (평택~제주, 부산~제주)으로 인천~제주 노선의 물동량 증가에 따라
  복선화가 필요시 된다.

---

181 부산 가덕도와 거제도를 연결한 '거가대교'가 2010년 12월 4일경 개통됨에 따라,
　　2000년 1월 1일부터 10년 가까이 '부산~거제'항로를 취항하고 있던 청해진해운의 매
　　출은 감소할 수밖에 없었으며, 청해진해운은 결국 2011년 6월 11일에 위 항로에 대한
　　면허를 반납했다.
182 NICE평가정보 기준이며, BB-는 "다소 불량" 단계이다. 이것은 채무이행 능력에는 문
　　제가 없지만, 경제 여건 및 시장환경 변화의 안정성 면에서는 투기적 요소 내포되어
　　있어, 투자 부적격 기업으로 분류된다.

산업은행 '대출 승인' 절차상 문제점

산업은행의 결정에도 불구하고 청해진해운에 대한 대출 승인은 다음과 같은 절차상 하자가 있었다.

첫째는 '감정평가 절차상 하자'의 문제이다. 채무자가 거액의 부동산을 담보로 제공하게 되면, 은행은 정상적인 절차에 따라 감정평가를 진행하여 그에 대한 담보 가치를 확정한 다음 대출을 승인하는 것이 객관적인 대출절차이다.

또한 「감정평가규칙」 제10조의 '대상 물건의 확인'에 의거, '감정평가업자가 감정평가를 할 때는 실지조사를 하여 대상 물건을 확인'하도록 되어 있다. 위 규칙은 '천재지변, 전시·사변, 법령에 따른 제한 및 물리적인 접근 곤란 등으로 실지조사가 불가능하거나 매우 곤란한 경우' 또는 '유가증권 등 대상 물건의 특성상 실지조사가 불가능하거나 불필요한 경우'에 한하여 대상 물건에 대한 실지조사를 확인하지 않도록 규정하고 있다. 하지만 청해진해운이 신청한 대출건은 대출과정에서 '대상물건을 확인'하지 않았다.

비록 청해진해운이 구매한 '나미노우에호(세월호)'가 일본에서 정상적으로 운항되고 있는 중고선박이라 하더라도, 담보물로 입보하고 거액의 대출금을 지급하는 산업은행은 당연히 그것이 운항 가능한 안전한 선박인지, 담보물로서 합당한 가치를 보유한 선박인지 확인 절차를 거치는 것은 위 규칙의 존재 여부와 상관없이 당연히 요구되는 대출절차이다.

하지만 산업은행은 '실질적으로 해외에 있는 배를 감정하려면 출장 감정을 해야 하고, 배가 그 당시 운항 중으로 정박상태가 아니었고, 감정 시 대출 승인이 확정되지 않은 상태에서 감정 비용을 산업은행이 먼저 지출한다는 것은 문제가 있다'는 점, '중고선박 대출에 대해서 관행적으로 세월호와 동일한 기준을 적용하고 있다'는 점을 들어, 매매대금 80억 원을 지

급하는 시점 이전에 해당 물건에 대한 감정평가를 진행하지 않았다.[183]

세월호에 대한 감정평가는 끝까지 정상적인 절차에 따라 진행되지 않았다. 세월호에 대한 감정평가는 2013년 1월 30일에 있었고, 검사기관인 한국선급의 검사는 2013년 2월 12일에 완료되었다([그림 7-18] 참조).

감정사가 감정평가를 진행할 당시 세월호는 ㈜CC조선에서 불법 증·개축을 한창 진행하고 있던 때였다. 그런 상황에서 감정사는 책상에 앉아 다음과 같은 감정평가서를 작성했다.

> 본건은 현장조사일 현재 ㈜CC조선에서 증축 및 내부 인테리어 등 관련 수리 중이나, 수리가 단기간에 완료될 예정인 점 및 한국선급에 입급이 될 예정인 점과 평가목적을 고려하여 제반 수리가 완비되어 있고 정상적으로 운한 가능한 상태를 가정하여 평가하였으므로 참고하시기 바랍니다.[184]

이 사건의 감정평가서를 직접 작성했던 감정사 박엘리아는 '감정평가에 관한 규칙에 합법적이고 실현 가능성이 있을 때에는 조건부 평가를 할 수 있다'며, 평가 기준시점이 되는 현장조사일(2013. 1. 30.)에 이미 선박 증톤에 대한 선박톤수 증명이 1월 중순경 나왔고, 선박국적증서 및 등록원부를 2013년 1월 25일에 발급받은 상태에서 감정평가서를 작성했으므로 법상 하자는 없었다고 주장했다.

산업은행은 감정평가 없이 매매대금 80억 원을 먼저 지급한 것에 대하여, '일단 뱃값을 지불하지 않으면 배를 수주할 수 없고, 그러면 (선사에서) 아무것도 할 수 없다. (당시 세월호 도입과 관련해 적용됐던 절차가) 중고선박과 도입과 관련하여 통상 적용되던 관례이다'며, '청해진해운이 제출한 사업계획서와 매매계약서를 근거로 대출금을 먼저 지급하고, 사후

---

183 국회사무처, 『2014년도 국정감사, 정무위원회 회의록』, 2014.10.21, 68~69쪽.
184 감정평가법인 대일감정원, 『감정평가서(DA131-020112)』, 2013.2.5, 3쪽.

에 감정평가를 진행했던 것은 문제 없었다'고 변명했다.[185]

산업은행의 주장처럼 '다른 중고선박에 대해서도 세월호와 같은 절차와 조건으로 여신관리를 했는지' 여부에 대하여 현시점에서 사실확인을 할 수 없다. 이것은 사참위의 수사를 의뢰받은 검찰의 수사과제가 될 수밖에 없다. 다만 확실한 것은 산업은행이 관련 절차를 생략함에 따라, 결론적으로 청해진해운이 세월호를 불법 증·개축에 소요된 비용까지 산업은행이 대출했던 것은 틀림없는 사실이다.

두 번째는 '대출절차'와 관련한 문제이다. 앞서 밝혔듯이 산업은행의 대출 내규에 따르면 청해진해운은 론모니터링(부실대출을 방지하기 위해 산업은행 내부규정에서 대출심사 할 때 요주의 대상 또는 투기등급 상태로 보고 특별 관리하는 제도) 대상 기업이었으므로 대출 승인을 검토할 때 관련 절차를 준수했어야 했다.

론모니터링 대상 기업을 대출 심사할 때는 [그림 7-19]의 양식에서 보는 바와 같이, 고객 전담역과 신용 관리역의 승인을 얻거나 아니면 별도 신용 조회를 실시해야 했다. 하지만 세월호 도입 관련 대출심사를 할 당시 여신 승인신청서에 신용관리역은 공란이었고, 단지 고객전담역의 전결로 진행되었다.[186]

세월호 대출 당시 청해진해운은 오하마나호, 데모크라시 5호, 오가고호, 수상콜택시, 데모크라시 1호, 페레스트로이카 등 총 6척을 보유하고 있었고 그중 4척이 산업은행의 담보로 제공되어 있었다. 이들 선박 4척에 대한 담보가액은 154억 원인데, 산업은행은 168억 원을 대출해 주었다. 게다가 이들 선박을 청산가치로 환산하면 4척의 유효한 담보가액이 58억밖에 안 되는데 이를 상관하지 않고 산업은행은 대출 승인을 했다.[187]

185 국회사무처, 『2014년도 국정감사, 정무위원회 회의록』, 2014.10.21, 11쪽.
186 위와 같음, 10쪽.
187 위와 같음, 80쪽.

그림 7-19. 청해진해운 여신승인 신청서

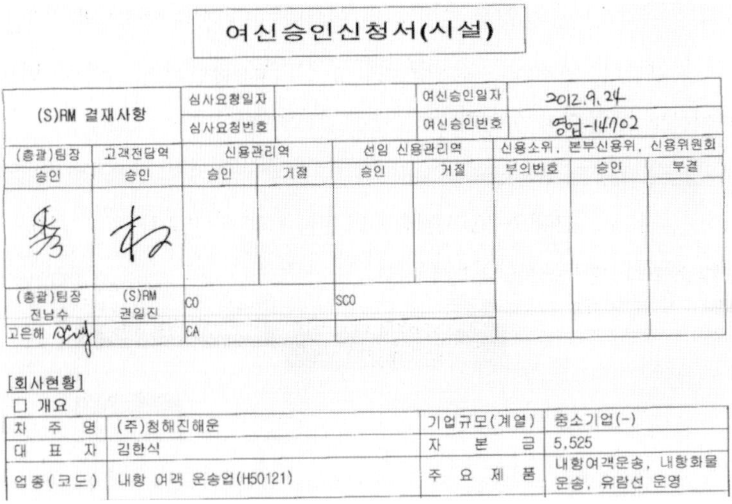

여신승인신청서(시설)

(S)RM 결재사항		심사요청일자		여신승인일자		2012.9.24		
		심사요청번호		여신승인번호		영업-14702		
(총괄)팀장	고객전담역	신용관리역		선임 신용관리역		신용소위, 본부신용위, 신용위원회		
승인	승인	승인	거절	승인	거절	부의번호	승인	부결
[서명]	*[서명]*							
(총괄)팀장 전남수 고은해 *[서명]*	(S)RM 권일진	CO CA		SCO				

[회사현황]
□ 개요

차 주 명	(주)청해진해운	기업규모(계열)	중소기업(-)
대 표 자	김한식	자 본 금	5,525
업종(코드)	내항 여객 운송업(H50121)	주 요 제 품	내항여객운송, 내항화물 운송, 유람선 운영

광주지방검찰청 목포지청,『수사보고서(세월호 도입과 관련된 한국산업은행 시설자금 대출서류 첨부)』, 2014.5.28, 청해진해운 대출 신청서 필자 화면 캡쳐.

세월호 신규도입 및 증·개축과 관련하여 진행됐던 대출절차는, 청해진 해운이 제출했던 매매계약서와 사업계획서에 근거하여 일단 거액의 대출 금을 먼저 지급하고, 감정평가 등은 형식적 요건을 충족시키기 위하여 사 후에 보완했던 것으로 추정된다.

일본에서 사용 연한 초과로 퇴출 위기에 몰린 고물 중고선박을 누군가 가 선박의 사용 연한을 30년으로 늘려주고, 산업은행이 청해진해운에게 일사천리로 거액의 대출금을 지급하도록 압력을 행사했던 것이 이 사건의 본질이다.

정상적인 대출절차에 따른다면, 산업은행이 눈에 보이는 위험을 감수하 면서 청해진해운에 은혜를 베풀지 않았을 것이고, 산업은행의 내부시스템 도 관련 행위를 결코 용인할 수 없었을 것이다.

청해진해운이 146억 원이 소요되는 세월호를 도입하는 것은, 회사경영에 매우 중요한 프로젝트였을 것으로 판단된다. 따라서 청해진해운에서는 [그림 7-20]과 같이 '세월호 도입 관련 업무담당'를 정해 놓고, 관리했던 것으로 파악된다. 여기에는 '운항관리규정 심의'와 관련하여, 국정원 담당자의 이름도 포함되어 있었다.

그림 7-20. 세월호 도입 관련 업무담당 연락처

구분	항 목	대상(기관)	담당자(부서장)	연락처	팩스	핸드폰	협의(업무)내용
운항	운항관리규정 심의	인천항만청	■■■■■■			■■■■■	
		해운조합			■■■		
		해양경찰서					
		국정원	서조원 실장			■■■■■	
		한국선급					

청해진해운 "나미노우에 도입 관련 업무담당 연락처" 필자 편집 및 화면 캡처.

세월호 침몰 직후 많은 사람들은 [그림 7-20]의 근거를 들어 청해진해운에 대한 산업은행 대출과정에 국정원이 개입되어 있었다고 판단했다.

하지만 국정원 개혁 T/F는 "세월호 매입 및 등기 · 증개축 · 운항허가 절차에 있어 관계기관이 발급한 서류상 소유자명이 모두 '청해진해운'으로 명기되어 있고 '청해진해운'이 자체적으로 세월호 매입 · 증개축에 필요한 모든 비용(165억)을 확보했으며, 「양우회」[188]가 세월호 법적 소유주인 '청해진해운' 관련 상장 · 비상장주식 및 선박펀드 등 관련 금융상품에 투자한 사실도 없는 것을 확인하였음"이라고 하며, 국정원이 '세월호 선박 도입 및 증 · 개축에 관여하지 않았다'는 결론을 내렸다.[189]

---

188 양우회(陽友會)는 대한민국 국가정보원 직원의 생활증진과 복지향상을 도모하기 위하여 설립된 사단법인이다. 2014년 기준 투자금규모는 3천억 원 가량으로 알려져 있는 양우회 이사장은 국가정보원 기획조정실장이 겸임하고 있으며, 사무실은 서울특별시 송파구 잠실대로에 있는 것으로 알려져 있다.(위키백과 참조.)
189 국가정보원, 『국정원 개혁위, 「적폐청산 T/F」의 주요사건 조사결과에 대한 자문 · 심의 내용 발표』, 2017.11.8, 5쪽.

세월호 '취항'에 국정원 개입

2014년 6월 22일 밤 해경은 세월호 선내 수색작업 진행 과정에서 노트북을 발견했고, 단원고 세월호유가족협의회는 대한변호사협회의 도움을 받아 긴급하게 '증거보전 신청'을 했다.

문제의 노트북은 복구과정을 거쳐 광주지방법원 목포지원에서 2014년 7월 25일 내용을 확인했는데, 놀랍게도 복구된 노트북에서 〈국정원 지적사항〉이라는 한글파일로 된 문건이 발견됐다.

위 문건은 2013년 2월 26일 작성돼 다음 날인 27일 최종 수정한 것으로, '선내 여객구역 작업예정'이라는 제목으로 약 100여 건의 작업내용과 작업자 등이 기재돼 있었고, "구체적으로 천장 칸막이 및 도색작업, 자판기 설치, 분리수거함 위치선정, 바닥 타일 교체 CCTV 추가 신설작업, 해양 안전수칙 CD준비" 등에 대해 작업지시를 했던 것으로 나와 있다.

심지어 「직원들의 3월 휴가계획서와 2월 작업수당 보고서」 등을 작성해 제출하도록 하는 등 문건에 기재된 내용은 국정원이 세월호 실소유주이거나 운항에 직접적인 관여를 했다고 의심하기에 충분했다.

국정원은 2014년 7월 25일 관련 의혹이 제기되자 다음과 같이 1차 해명을 했다.

구(舊)국토해양부(現해양수산부) 요청(2013. 2. 20)으로 세월호의 국가보호장비 지정을 위해 2014. 3. 18~20. '보안측정'을 실시했으며, 그 결과를 4. 11. 해양수산부(비상계획관)에 통보했다.

하지만 〈국정원 지적사항〉 문건은 2013년 2월 26일 작성해 하루 뒤인 27일에 최종 수정한 것이어서, 보안측정을 실시했다는 2013년 3월 18일~20일과 맞지 않는다는 비판을 받았다.

그러자 국정원은 2014년 7월 27일 밤 2차 해명자료를 통해, "국정원은 舊 국토해양부 (현 해양수산부)로부터 2013년 2월 20일 세월호를 국가보호장비로 지정하기 위한 보안측정을 해달라는 요청을 받고, 사전 준비의 일환으로 해양항만청, 항만공사, 해운조합 등과 함께 2월 26일부터 27일까지 세월호를 방문해 미비점을 점검한 사실이 있다"며, 1차 해명 때 숨겼던 2013년 3월의 보안측정에 앞서 2월에도 세월호를 점검한 사실이 있음을 새로 밝혔지만, 의혹이 완전히 해소되지 못했다.[190]

결국 이 건은 국정원 개혁 T/F의 조사사항으로 선정되었고, 국정원 개혁 T/F는 이래와 같은 결론을 내렸지만, 논란의 종지부를 찍지 못했다.

> 국정원은 2013. 2. 20. 「보안업무규정」(대통령령)에 의거 국토해양부로부터 2,000톤급 이상인 세월호(6,825톤)를 '국가보호장비'로 지정하기 위한 합동 보안측정 요청을 받고, 사전 점검(2013.2.26~27, 4개 지적) 및 本측정 (2013. 3. 18.~20, 사전점검 포함 7개 지적)을 실시하였는데, 당시 국정원 인천지부 항만담당 직원이 사전점검에서 지적한 'CCTV 추가 신설' 등 미비점 4개에 대해 청해진해운 양대홍 사무장이 메모하였다가 선사 자체 및 유관기관들이 지적한 내용을 추가해 '국정원 지적사항(100개)'으로 저장 · 보관한 것으로 파악되었음.
>
> ※ 同 합동 점검에는 국정원(2명)과 인천항만청 · 해경 · 기무사 · 인천항만공사 · 한국해운조합 등 5개 유관기관(5명)이 참여[191]

국정원 개혁 T/F가 지목한 세월호 사무장 양대홍이 사망한 현시점에서, 국정원 관련자를 직접 조사하지 않는 이상 이 건에 대한 진실을 밝히는 것은 사실상 불가능에 가깝다.

사무장 양대홍이 국정원이 보안측정 과정에서 지적한 4개의 지적사항에

---

190 「세월호 3대 미스테리 '국정원 지적사항' 두차례 해명 각각달라」, 『서울의 소리』, 2014.7.29 (http://www.amn.kr/15204).

191 국가정보원, 2017.11.8, 『국정원 개혁위, 「적폐청산 T/F」의 주요사건 조사결과에 대한 자문 · 심의 내용 발표』, 6쪽 참조.

96개의 지적사항을 더하여 '국정원이 지적 했다'는 문서를 작성했던 것도 이상하고, '유관기관들이 지적한 내용을 추가해'라는 국정원 개혁위 T/F의 조사결과가 사실이라 하더라도, 유관기관이 어떤 명분으로 민간기업의 영업과 관련된 사항(100개 항목)을 지적했는지도 의문이 아닐 수 없다.

필자와 함께 '304 목요포럼'192에서 세월호 침몰 사건을 연구하고 있는 공순주 선생은 〈국정원 지적사항〉이란 문건을 국정원의 세월호 보안측정과 관련된 문건이 아니라, '국정원이 세월호의 실소유주로서, 영업을 개시하기 전 준비상태를 총 점검하는 차원에서 작성했던 문건'이라고 정의했다. 필자 또한 이 견해에 동의하고 있다.

국정원이 청해진해운 경영에 개입한 의혹은 여기에서 그치지 않는다. 청해진해운 직원의 컴퓨터에서 발견된 [그림 7-21]의 문건에 따르면, 국정원은 청해진해운의 승선요금 결정에도 관여했던 것으로 추정된다.

청해진해운 직원이 작성한 「주간업무계획 및 실적」이란 문건에는 2012년 6월 4일과 2013년 2월 18일에 "국정원 안보교육 행사 관련 할인 요금 협의" 또는 "국정원 백령도 승선요금 할인율 축소 확정"(2. 13. 44,000→48,500)으로 기록되어 있는 것으로 보아 민간기업의 요금결정에 개입한 정황이 분명하다.

따라서 〈국정원 지적사항〉이란 문건은 청해진해운의 실소유주인 국정원이 회사의 운명을 책임진 세월호의 완벽한 출항을 위하여 무려 100개 항목을 점검했던 객관적 기록이라 보는 것이 옳다.

---

192 필자가 2015년 4월 시민들과 함께 '세월호 침몰 사건의 진상을 밝히기 위하여 구성한 순수한 연구조직'이다.

그림 7-21. 국정원 청해진해운 요금 결정 개입

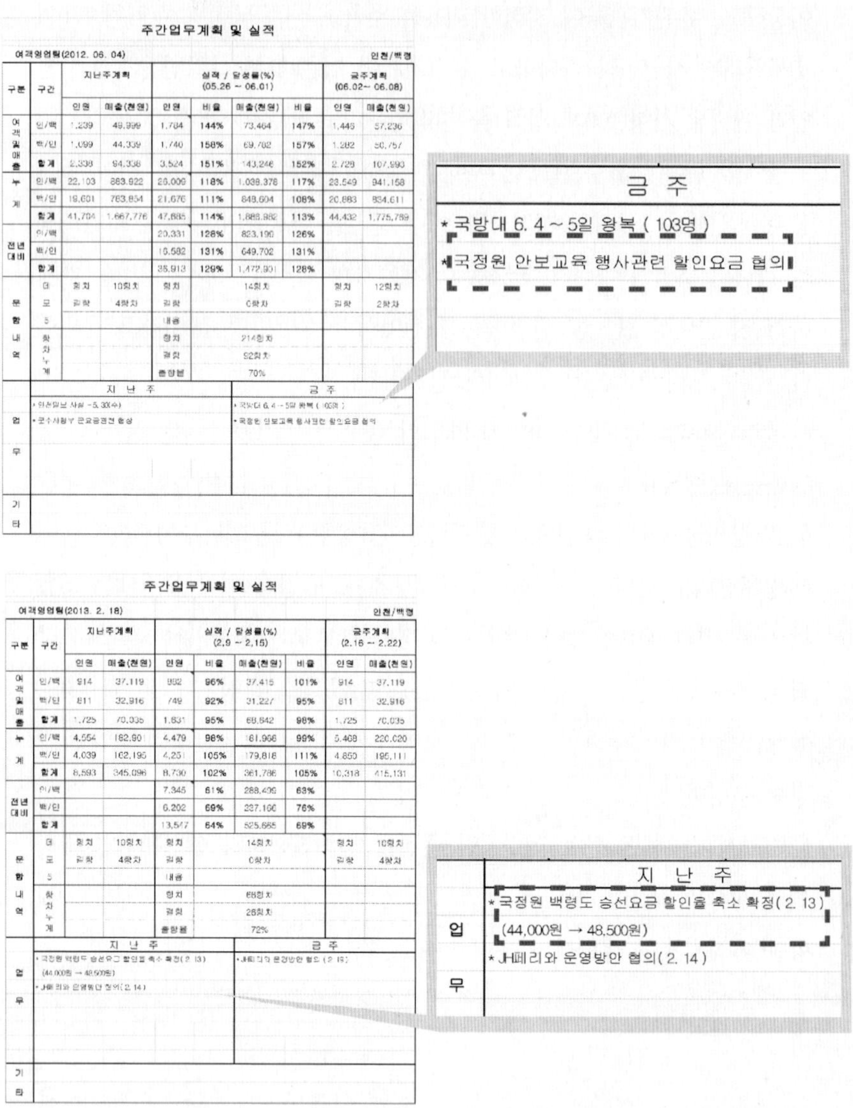

주간업무계획 및 실적

여객영업팀(2012. 06. 04) 인천/백령

구분	구간	지난주계획		실적 / 달성률(%) (05.26 ~ 06.01)				금주계획 (06.02~ 06.08)	
		인원	매출(천원)	인원	비율	매출(천원)	비율	인원	매출(천원)
여객 및 매출	인/백	1,239	49,999	1,784	144%	73,464	147%	1,446	57,236
	백/인	1,099	44,339	1,740	158%	69,782	157%	1,282	50,757
	합계	2,338	94,338	3,524	151%	143,246	152%	2,728	107,993
누계	인/백	22,103	883,922	26,009	118%	1,038,378	117%	23,549	941,158
	백/인	19,601	783,854	21,676	111%	848,604	108%	20,883	834,611
	합계	41,704	1,667,776	47,685	114%	1,886,982	113%	44,432	1,775,789
전년대비	인/백			20,331	128%	823,190	126%		
	백/인			15,582	131%	649,702	131%		
	합계			35,913	129%	1,472,901	128%		
문항 내역	대모5	회차	10회차	회차	14회차			회차	12회차
		결항	4항차	결항	0항차			결항	2항차
				내용					
	항차누계			항차	214항차				
				결항	92항차				
				출항률	70%				

구분	지 난 주	금 주
업무	• 인천일보 사설 – 5. 30(수) • 군수사령부 군요금관련 협상	• 국방대 6. 4 ~ 5일 왕복 (103명) • 국정원 안보교육 행사관련 할인요금 협의
기타		

주간업무계획 및 실적

여객영업팀(2013. 2. 18) 인천/백령

구분	구간	지난주계획		실적 / 달성률(%) (2.9 ~ 2.15)				금주계획 (2.16 ~ 2.22)	
		인원	매출(천원)	인원	비율	매출(천원)	비율	인원	매출(천원)
여객 및 매출	인/백	914	37,119	882	96%	37,415	101%	914	37,119
	백/인	811	32,916	749	92%	31,227	95%	811	32,916
	합계	1,725	70,035	1,631	95%	68,642	98%	1,725	70,035
누계	인/백	4,554	182,901	4,479	98%	181,968	99%	5,468	220,020
	백/인	4,039	162,195	4,251	105%	179,818	111%	4,850	195,111
	합계	8,593	345,096	8,730	102%	361,786	105%	10,318	415,131
전년대비	인/백			7,345	61%	288,409	63%		
	백/인			6,202	69%	237,160	76%		
	합계			13,547	64%	525,665	69%		
문항 내역	대모5	회차	10회차	회차	14회차			회차	10회차
		결항	4항차	결항	0항차			결항	4항차
				내용					
	항차누계			항차	68항차				
				결항	28항차				
				출항률	72%				

구분	지 난 주	금 주
업무	• 국정원 백령도 승선요금 할인율 축소 확정(2. 13) (44,000원 → 48,500원) • JH페리와 운영방안 협의(2. 14)	• JH페리와 운영방안 협의 (2. 19)
기타		

청해진해운 작성, 「주간업무계획 및 실적」 필자 화면 캡처.

세월호 운항에 개입한 국정원

세월호의 「비상대응절차서」는 '사고처리순서'를 "인명→ 환경(오염)→선박"의 순으로 하도록 규정하고 있고, 인명구난 시에는 '여객 안전을 최우선'하여 구조하도록 규정하고 있다.193 따라서 세월호 침몰 사건과 같은 중대한 비상사태가 발생할 때 선장 및 선원들은 '승객의 구난'을 위하여 인접한 해양경찰서나 VTS에 가장 먼저 구조를 요청하는 것은 너무나도 당연하다.

하지만 세월호의 운항관리규정은 비상사태가 발생하면 가장 먼저 국정원 제주지부와 인천지부에 보고한 후, 다음에 해운조합에 보고하도록 명시돼 있다. 해양경찰, 인천지방해양항만청, 국토해양부(현 해양수산부)는 그다음 순서였다.

민간기업 선박이 사고를 당했을 때, 해양경찰서 및 관할 VTS에 먼저 구조를 요청하지 않고, 국정원에 보고부터 먼저 하도록 문서가 작성된 것은 매우 이상한 일이다. 특히 운항관리규정을 심사했던 해양경찰이 심사과정에서 이것에 대해 그 어떤 이의도 제기하지 않고, 순순히 승인했다는 것도 이상한 상황일 수밖에 없다.

2014년 7월 10일 정의당 국회의원 정진후가 배포했던 보도자료에 따르면, "국내 (2014년) 4월 운항 중이던 1천톤급 이상의 17개 여객선 운항관리규정을 모두 분석한 결과, 해양사고가 발생하면 국정원에 보고 체계를 갖추고 있던 여객선은 '세월호'(6,825톤)가 유일했다'고 밝히고 있다(표 7-7 참조).

국내에서 1천톤급 이상으로 운항하고 있는 여객선들은 모두 9개 노선 17개 선박이며, 이중 가장 규모가 큰 씨월드고속훼리(주)의 '씨스타크루즈'(15,089톤)도 해양사고가 발생했을 때 국정원에 보고하는 체계를 운항관리규정에 두고 있지 않았다고 한다.194

---

193 청해진해운, 「비상대응절차서」, 2. 사고처리절차, 2.3 '사고처리 순서' 참조.

표 7-7. 국내 내항여객선 운항관리규정 현황

척수	지역	선 사	선 명	톤 수	국정원 보고 규정
1	목포	씨월드 고속훼리(주)	씨스타크루즈	15,089	-
2		씨월드 고속훼리(주)	퀸스타	5,360	-
3		씨월드 고속훼리(주)	로얄스타	3,046	-
4	인천	(주)청해진해운	세월호	6,825	있음
5		(주)청해진해운	오하마나	6,322	없음. 단, 오하마나호 조타실에 부착된 보고계통도 : 세월호와 동일
6		(주)JH페리	하모니플라워	2,071	-
7	부산	(주)서경카훼리	서경파라다이스	6,626	-
8		(주)서경카훼리	서경아일랜드	5,223	-
9	제주	(주)한일고속	한일카훼리1	6,327	-
10		(주)한일고속	한일블루나래	3,032	-
11	동해	(주)대아고속해운	썬플라워2	4,599	-
12	통영	두우해운(주)	제주월드	4,332	-
13	완도	(주)JH페리	오렌지1	4,114	-
14	여수	(주)남해고속	남해고속카훼리7	3,780	-
15		(주)남해고속	고흥아이리스	2,009	-
16	포항	(주)광운고속해운	아라퀸즈	3,403	-
17		(주)대저해운	썬플라워	2,394	-

「현재 국내 내항여객선 중 1,000톤급 이상 여객선별 운항관리규정」, 정진후 의원실 보도자료 인용 (단, 5번 '국정원 보고규정' 항목 일부 수정).

---

194 정진후, 「보도자료-국정원 보고, 국내 1천톤급 이상 여객선 중 세월호가 유일」, 2014.7.10, 1쪽.

하지만 뒤에 추가로 밝혀진 바에 따르면, 정진후 의원실 보도자료와는
달리 현재 국내 내항 여객선 중 1,000톤급 이상 여객선의 운항관리 규정에
국정원에 먼저 보고하도록 규정되어 있는 것은 '세월호'가 유일했던 것이
아니라, '청해진해운 소속 선박들이 유일했다'는 점이다.

세월호 침몰 사건과 관련하여 정진후 의원이 보도자료를 배포하던 시기
에는 오직 세월호만이 국정원에 보고하는 선박이었던 것으로 알려져 있었
지만, 후일 오하마나호와 다른 선박들도 세월호와 똑같은 보고계통에 따
라 국정원에 보고하고 있었던 것으로 밝혀졌다.

특히 [그림 7-22]에서 보는 바와 세월호와 쌍둥이 배였던 오하마나호는
세월호와 똑같은 '보고계통도'를 조타실에 게시한 상태에서 운항하고 있었
던 것으로 확인되었다. 하지만 정진후 의원의 발표자료에서 오하마나호가
제외됐던 것은 청해진해운이 의도적으로 잘못된 오하마나호 운항관리규
정을 의원실에 제공했던 결과라고 판단하고 있다.

또한 미디어오늘이 청해진해운 업무용 컴퓨터 하드디스크를 입수하여
분석한 결과에 따르면, 청해진해운은 세월호 및 오하마나호 뿐만 아니라
데모크라시5호의 해양사고보고계통도에도 국정원이 명시됐던 것으로 확
인됐다. 이 문서가 최종 '수정된 날짜'는 2012년 1월 25일로 세월호 출항보
다 1년여나 앞선 시점이다. 데모크라시 5호는 396t급 선박으로 국가보호장
비인 2,000톤급 이상의 선박 보다 훨씬 작다.[195]

결국 '해양사고보고계통도'에 국정원이 명시되어 있는 것은 '세월호와
관련해 국가보호장비 지정을 위해 관여했을 뿐'이라는 국정원의 해명과는
달리, 국정원이 청해진해운 선박 전반에 대하여 특별하게 관리했을 개연
성이 오히려 높다.

---

195 「[단독] 청해진해운-국정원 통화내역 수사과정에서 조작됐다」, 『미디어오늘』, 2017.
4. 28 (http://www.mediatoday.co.kr/news/articleView.html?mod=news&act=articleView&
idxno=136525)

그림 7-22. 오하마나호 해양사고 보고 계통도

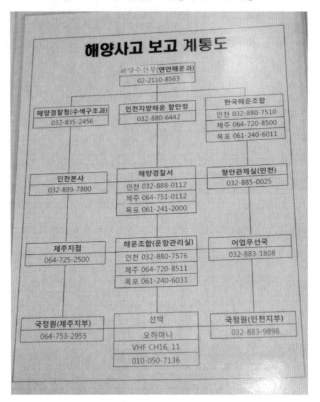

하지만 논란의 당사자인 국정원과 국정원 개혁위 T/F는 이 문제에 대하여 아래와 같이 해명했다.

- '세월호 운항관리규정'은 해운법(제21조)에 따라 선사인 청해진해운이 작성, 관할 해양경찰서로부터 승인받은 것으로 국정원은 작성·승인에 전혀 관여한 바가 없으며, 동 규정을 통보받지도 않았음

- 동 규정 〈붙임〉 자료인 「해양사고 보고계통도」에 '국정원(인천지부)·국정원(제주지부)' 전화번호가 표기되어 있는데, 이는 국정원이 대테러 주무기관 이어서 선박 테러·피랍사건에 대비하여 포함시켰을 것으로 추측함

- 국가보호장비로 지정된 다른 선박 9척도 국정원이 포함된 비상연락
  망을 보유하고 있는 사실을 확인하였음[196]

국정원과 국정원 개혁위 T/F의 해명과 같이, 세월호 운항관리규정은 청해진해운이 작성하고 해경이 심사한 후 승인했던 것은 틀림없다. 하지만 심의 과정에서 아래와 같이 해경의 요청에 따라 운항관리규정이 변경 및 보완됐던 사실이 있고, 문제의 보안측정 자료도 이 기간에 작성되었다.

- 2013. 2. 12. 청해진해운 운항관리규정 심사 신청
- 2013. 2. 13. 청해진해운 해무팀 대리 홍영기 세월호 운항관리규정 초안 해경에 송부(검토요청)
- **2014. 2. 14. 세월호 보안측정자료 초안 작성(해양사고 발생 시 연락 기관에 국정원을 명시한 내용이 없음)** [197]
- 2013. 2. 21. 인천해경 운항관리규정 심사결과 보완, 변경사항 통보
- **2013. 2. 22. 수정된 보안측정자료 (비상상황 연락기관이라는 제목이 해양사고보고계통도로 바뀌었고, 가장 먼저 보고해야 할 대상으로 국정원 인천지부와 제주지부가 포함이 됨)**[198]
- 2013. 2. 25. 세월호 운항관리규정 승인

이상과 같이 '운항관리규정' 변경과정과 '보안측정자료'가 작성되는 과정을 살펴보면, '국정원 보고계통도'는 오히려 해경의 요청에 따라 추가됐거나 새롭게 작성되었을 수도 있다. 따라서 국정원의 주장대로 '선사 자체 판단으

---

196 국가정보원, 『(정진후「세월호」國調특위 위원등) 제출요구자료』, 2014.6, 4-2쪽; 국가
정보원, 『국정원 개혁위, 「적폐청산 TF」의 주요사건 조사결과에 대한 자문·심의내
용 발표』, 2017.11.8, 보도자료 6쪽 참조.
197 「[단독] 청해진해운-국정원 통화내역 수사과정에서 조작됐다」, 『미디어오늘』, 2017.
4.28 (http://www.mediatoday.co.kr/news/articleView.html?mod=news&act=articleView
&idxno=136525)
198 위와 같음.

로 포함시켰다'는 사실과 '운항관리규정 심사에 참여했던 해경이 단순히 심사 및 승인했다'는 사실 하나만으로, 이 문제를 모두 용인할 수는 없다.

국정원의 동의 없이 보고계통도에 국정원 인천지부와 제주지부가 기입된 것이 사실이라 하더라도, 최소한 2013년 3월 18일~20일에 있었던 보안측정 과정에서 국정원은 이 사실을 인지할 수밖에 없었다. 따라서 국정원의 주장이 진실이라면 적어도 보안점검 과정에서 다른 선박과 똑같은 기준이 적용되도록 수정 지시를 했어야 했다.199

국정원개혁위원회는 '국가보호장비로 지정된 다른 선박 9척도 국정원이 포함된 비상연락망을 보유하고 있는 사실을 확인하였음'이라고 해명을 했다. 하지만 국정원개혁위원회의 조사결과가 정당하려면 그들이 제시했던 '9척의 선박이 세월호 침몰 당시 국가보호장비로 지정되어 있었을 것'과 '해당 선박의 운항관리규정에 세월호와 똑같이 국정원이 가장 먼저 보고해야 할 기관으로 정해져 있었다'는 정확한 확인이 필요했다.

2014년 국회 국조특위 당시 국회는 해양수산부에 국가보호장비 지정현황(2014년 4월 16일 현재)을 요청하였는데, 해양수산부는 다음과 같은 이유를 들어 공개를 거부했다.

> 국가보호장비(선박)은 2014년 7월 28일 현재 2000톤급 이상 여객선 19척(세월호 제외)이 지정되어 있으며 자세한 현황은 국가기밀로 유출될 경우 테러 등에 악용될 소지가 있어 공개할 수 없음을 양해하여 주시기 바랍니다.

해양수산부는 2,000톤급 이상 여객선이 국가보호장비로 지정되어 있다고 밝혔고, 정진후 의원이 배포했던 [표 7-7]의 선박이 모두 2,000톤급 이상

---

199 「[단독] 청해진해운-국정원 통화내역 수사과정에서 조작됐다」, 『미디어오늘』, 2017.
    4.28

의 선박이었다는 점을 감안하면, 그것이 모두 국가보호장비로 지정되었을 가능성이 있다.

하지만 [표 7-7]의 선박 17척의 운항관리규정 본문에 '비상 연락망' 또는 '비상상황 연락기관'을 표기하고 있고, 세월호와 오하마나호만이 붙임 또는 별첨 자료에 보고계통도를 추가하고 있다. 더 나아가 위 17척 선박의 운항관리규정의 '비상연락망'이나 '비상상황 연락기관'에 국정원이 표기된 선박은 세월호가 유일했다.[200]

따라서 청해진해운 소유 선박들만 유독 운항관리규정에 '국정원보고계통도'를 규정해 놓았던 것은, 청해진해운의 실소유자인 국정원이 운항 중에 발생하는 문제에 대하여 신속히 보고받기 위해 정해 놓았던 예방조치였을 가능성이 있다고 판단된다.

청해진해운은 세월호 침몰 당시 국정원에 보고했다

세월호 침몰 당시 세월호 선원과 청해진해운 직원들은 '운항관리규정'에서 정한 '보고계통도'에 따라 침몰 사실을 국정원에 보고했다.

검찰은 생존한 도주 선원들에 대하여 이 부분을 조사하지 않았고, 혐의자들의 통화기록을 100% 공개하지 않았기 때문에, 현시점에서 세월호 도주 선원들이 '세월호 침몰 사실을 국정원에 보고했다'는 증거나 진술은 확보되어 있지 않다. 특히 세월호 사무장 양대홍의 경우, 세월호 '보안담당자'로 지정되어 있었기 때문에 국정원에 보고해야 할 당사자로 지목할 수 있지만, 그가 사망했기 때문에 '실제로 국정원에 보고했는지 여부'는 확인할 수 없다.

---

200 「청해진해운-국정원 미스터리, 이건 정말 이상한데?」, 『오마이뉴스』, 2019.5.25. (http://www.ohmynews.com/NWS_Web/View/at_pg.aspx?CNTN_CD=A0002536426)

또한 사무장 양대홍의 휴대전화 통화기록을 가지고 관련 내용을 추정할
수밖에 없는데, 현재까지 확보된 양대홍의 전화통화 내역에는 그가 국정
원에 '세월호 침몰 사실을 보고했다'는 증거는 없다.

다만 [그림 7-23]에서 보는 바와 같이, 세월호 침몰 당시 사무장 양대홍
은 2개의 휴대폰(흑색 및 황색 케이스)을 소지하고 있었던 것으로 판단되
는데, 어느 휴대폰의 통화내역이 공개되었는지 알지 못한다. 따라서 사무
장 양대홍의 나머지 통화 내역이 공개되지 않는 한, 다른 휴대폰으로 국정
원에 보고했을 개연성은 여전히 남아 있다.

그림 7-23. 양대홍의 휴대폰 사용 모습

세월호 선내 CCTV 화면 필자 화면 캡처.

2014년 국회 국조특위 당시 국정원은 국회로부터 "세월호 침몰 관련해서 관련 기관으로부터 '문자'로 최초 통보받은 시각이 언제냐"는 서면 질문에 대하여 1차로 국정원은 "문자 통보를 받은 사실이 없다"고 답변했다. 재차 '청해진해운 운항관리규정에 따라 청해진해운으로부터 상황보고를 받았느냐'는 서면 자료요구에 대해서도 국정원은 "청해진해운으로부터 상황보고를 받은 사실이 없다"고 밝혔다.

하지만 보고 의무자였던 청해진해운의 입장은 조금 달랐다. 청해진해운 김한식 사장은 "2014년 4월 16일 오전 9시 10분경 보고계통도에 따라 국정원에 문자메시지로 침몰 사건 발생 사실을 보고 했다"는 내용을 언론에 흘렸다.[201]

결국 국정원은 다음과 같이 청해진해운으로부터 보고를 받은 사실을 인정했다.

> 국정원 인천지부 항만보안담당 직원은 사고 당일(4월 16일) 청해진해운 관리부장으로부터 두 차례 (09:33, 09:38) 언론보도 내용을 휴대폰 문자 메시지로 전송받은 바 있으나, 세월호로부터는 어떤 연락도 받은 사실이 없음. ㈜청해진해운 관리부장은 국가정보원 인천지부 항만보안담당 직원에게 휴대폰 문자메시지 전송 시 인천지방항만청, 인천해양경찰서 등 인천항만 유관기관 관계자에게 동시 발송

국정원이 인정한 청해진해운의 문자메시지 보고 내용은 아래와 같다.

- 09:33
  세월호 남해안 진도 부근에서 선체가 심하게 기울어 운항을 못하고 있습니다. 내용 파악 중에 있는 상황입니다.

---

201 「9시10분에 문자 보고받은 국정원, 국회에선 9시44분 알았다. 의혹」, 『서울의소리』, 2014.5.16 (http://www.amn.kr/14155).

- 09:38
세월호 부근에 해경 경비정과 헬기 도착202

국정원의 긍정·부정 여부와 상관없이 세월호 운항관리규정에 국정원 보고의무가 명시되어 있었다면, 청해진해운과 세월호 선원은 신속하게 침몰 사실을 국정원에 보고했을 것으로 판단된다. 회사의 운명을 좌지우지할 수 있는 거대 국가 정보기관의 요구사항을 무시할 수 있는 간 큰 민간 기업은 아마 없을 것이기 때문이다.

국정원은 세월호 침몰 사건을 언제 어떻게 인지했을까?

세월호 운항관리규정에서 정한 '국정원 보고계통도'에 따르면, [그림 7-24]와 같이 세월호 보안담당자였던 사무장 양대홍이 즉시 국정원에 보고부터 했을 가능성이 높다.

그림 7-24. 세월호
보안담당자 지정

'바다에서 발견되어 언론에
공개된 세월호 문서'
필자 화면 캡처.

---

202 국가정보원, 『정진후 「세월호」 국조특위 위원 등 제출 요구 자료』, 2014.6, 4-2쪽.

하지만 국정원은 청와대를 비롯한 다른 국가기관과 똑같이 오전 9시 19분경 YTN 속보를 보고 세월호 침몰 사실을 인지했다고 밝혔다.

> 국정원 상황실은 세월호 사고 당일(2014. 4. 16.) 09:19 YTN 뉴스 속보를 통해 사고(08:49)를 최초 인지, 09:20 지휘부와 원내 부서 전파
>
> 이후 09:44 최초 해경을 시작으로 해수부·경찰 등으로부터 상황보고서를 접수하였는데 이는 국정원뿐만 아니라 안전행정부 및 청와대에도 함께 배포된 것으로 확인되었음
>
> 국정원(인천지부) 직원은 사고 당일 청해진해운 관리부장으로부터 두 차례(09:33, 09:38) 언론보도 내용을 문자메시지로 수신하였으나 세월호 선원으로부터 현장 사고 상황을 연락받은 사실은 발견되지 않았음.

앞서 밝혔듯이 청해진해운 대표이사 김한식은 "2014년 4월 16일 오전 9시 10분경 운항관리규정의 보고계통도에 따라 국정원에 문자메시지로 보고했다"고 주장했다.

그리고 [그림 7-25]에서 보는 바와 같이 김한식의 노트에는 "배 앞부분 충격 있었다. 08:50 침수보고 접수"라고 기재되어 있고, 상당한 시간이 흐른 후 국정원이 해경과의 통화에서 "암초"를 얘기했던 것으로 보아, 적어도 오전 9시 10분경 청해진해운 대표이사 김한식이 "세월호, 암초와의 충돌로 인한 침몰 중"이라는 내용의 문자로 보고했을 가능성이 있다고 판단된다.

2014년 5월 20일 제325회 임시국회에 출석했던 국무총리 정홍원은 새정치민주연합 국회의원 김현의 긴급현안 질문에 대하여 다음과 같은 시간에 국정원이 청해진해운으로부터 세월호 침몰 사실을 보고 받았다고 답변했다.

그림 7-25. 청해진해운 상무이사 김영붕 노트에 기재된
"배 앞부분 충격"

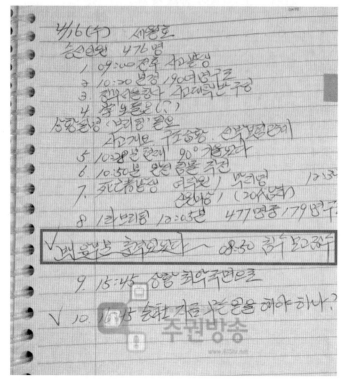

주권방송 보도자료 필자 화면 캡처.

김현 의원 : 중요한 사안인지 아닌지에 대해 파악을 안 하시고, 그저 통
상적 답변을 하고 계십니다. 그러지 마십시오.(영상자료를 보
며) 그다음에 국정원은 TV뉴스를 통해서 최초로 인지했다고
했습니다. 그리고 9시 16분에 인지했다고 했다가 19분으로 오
류를 번복합니다. 안전행정부하고 국정원은 몽땅 다 방송 보도
를 보고 최초 인지합니다. 국가정보기관으로서 이래도 된다고
생각하십니까, 총리님?

정홍원 총리 : 제가 알기로는 국정원이 제 산하에 있지 않기 때문에 제
가 충분히 파악을 못 했습니다 만은 제가 듣기로는 전화에 의
해서 사고보고를 받았다고 돼 있고……

김현 의원 : 다시 한 번 얘기해주십시오.

정홍원 총리 : **그 보고는 세월호에서 선원이 보고한 것으로 저는 들었습니다.**

김현 의원 : 직접 보고받으셨습니까? 국정원이 그렇게 알고 있다고 직접 보고받으셨습니까?

정홍원 총리 : 제가 직접 받은 건 아니지만……

김현 의원 : 국정원은 그걸 부인하고 있습니다. 지금 총리님께서 얘기한 거를 국정원은 부인하고 있습니다.

정홍원 총리 : **세월호에서 그렇게 얘기를 하는 것으로 알고 있는데, 세월호 매뉴얼이 그게 있다고 그럽니다.**

김현 의원 : 언론 보도죠. 언론 보도입니다. 언론 보도를 상당히 신뢰하시네요?

정홍원 총리 : **아니요, 세월호 매뉴얼이 있다고 저는 그렇게 들었습니다.**

김현 의원 : 국정원에서는요, 9시 35분, 9시 38분 청해진 해운으로부터 보고받은 바 없다라고 부인하고 있습니다. 그러나 청해진 해운에서는 보고를 했다고 얘기하고 있습니다. 이 부분에 대해서 감찰할 의향 있으십니까? 또는 청와대로 하여금 감찰하고 국정원 자체 조사 필요하다고 보십니까?

정홍원 총리 : 국정원을 제가 감찰할 입장에는 있지 않습니다.

김현 의원 : 사실관계가 맞지 않으면 조사를 해야겠지요?

정홍원 총리 : 제가 **알기로는 세월호의 그 매뉴얼에 의해서 전화를 했다** 그런 정도만 듣고 있습니다.[203]

이날 국무총리 정홍원의 답변이 문제가 되자 국무총리실은 "세월호 선원이 전화로 국정원에 사고보고를 했다"는 답변은 국무총리 정홍원이 언론 보도 내용을 토대로 했던 것이라고 변명하면서, 세월호 운항관리규정에도 "사고시 국정원에 보고 하도록 돼 있는 내용을 염두에 두고 답한 것으로 안다"고 해명했다.

또한 국정원은 국무총리실의 소관 부처의 지휘를 받는 곳이 아니기 때

---

203 국회사무처, 『제325회 국회(임시회) 국회본회의회의록』, 2014.5.20, 29~30쪽.

문에, 정 총리가 국정원이 사고보고를 받았는지 여부는 알 수 없다"며 애써 진화하려고 노력했다. 하지만 대한민국 행정부의 2인자가 국회에서 의원들의 질의에 대한 답변 내용을 사실에 근거한 것이 아니라 언론에 기초해서 답변했다는 변명을 원형대로 수용하기엔 문제가 있다고 본다.

국정원이 세월호 또는 청해진해운의 실소유인지 여부를 증명할 수 있는 직접적 서류는 아직은 존재하지 않는다. 하지만 〈미디어오늘〉이 입수한 청해진해운의 업무용 컴퓨터 하드디스크에서 발견된 문서에는 국정원과 관련된 특히 '접대' 및 '운항 요금 결정'과 관련된 문서가 다수 존재한다.

따라서 명확한 증거도 없이 국정원을 '세월호 또는 청해진해운의 실소유자'라고 주장할 수는 없지만, 세월호 도입 과정 및 인천~제주 항로 취항 과정, 운항과 관련한 문제 등에 긴밀하게 개입했던 것은 틀림없어 보이므로, 국정원 개혁 T/F의 조사결과와 상관없이 실질적 사실관계를 다시 따져볼 필요는 분명히 있다.

자료목록

1) 정진후, 『보도자료-국정원 보고, 국내 1천톤급 이상 여객선 중 세월호가 유일』, 2014. 7.10

2) 가습기살균제사건과 4·16 세월호 참사 특별조사위원회, 『보도자료』, 2019.11.13

3) 감정평가법인 대일감정원, 『감정평가서(DA131-020112)』, 2013.2.5

4) 국가정보원, 『(정진후「세월호」國調특위 위원등) 제출요구자료』, 2014.6

5) 국가정보원, 『국정원 개혁위, 「적폐청산 T/F」의 주요사건 조사결과에 대한 자문·심의 내용 발표』, 2017.11.8

6) 국가정보원, 『정진후 「세월호」국조특위 위원 등 제출 요구 자료』, 2014.6

7) 국회사무처, 『2014년도 국정감사, 정무위원회 회의록』, 2014.10.21

8) 국회사무처, 『제325회 국회(임시회) 국회본회의회의록』, 2014.5.20

9) 새정치민주연합,『국회 세월호침몰사고국정조사특별위원회 활동보고서』, 2014.11

10) 「[단독] MBC기자 "국정원 사조직 투자했다는 청해진측 투서 있었다"」, 『미디어오늘』, 2017.9.14 (http://www.mediatoday.co.kr/news/articleView.html?mod=news& act=articleView&idxno=138904)

11) 「[단독] 세월호 침몰, 국정원에 가장 먼저 보고됐다」, 『경향신문』, 2015.5.15 (http://news. khan.co.kr/kh_news/khan_art_view.html?art_id=201405150600035#csidxfe8c e506feef115b31897156c2e08af)

12) 「[단독] 청해진해운-국정원 통화내역 수사과정에서 조작됐다」, 『미디어오늘』, 2017.4.28 (http://www.mediatoday.co.kr/news/articleView.html?mod=news&act=article View&idxno=136525)

13) 「9시10분에 문자 보고받은 국정원, 국회에선 9시44분 알았다. 의혹」, 『서울의소리』, 2014.5.16 (http://www.amn.kr/14155)

14) 「국정원개혁발전위 위원들 "조사권 없어 한계 명확"」, 『미디어오늘』, 2017.8.21 (http://www.mediatoday.co.kr/news/articleView.html?mod=news&act=article View&idxno=138501)

15) 「세월호 3대 미스테리 '국정원 지적사항' 두차례 해명 각각달라」, 『서울의 소리』, 2014. 7.29 (http://www.amn.kr/15204)

16) 「청해진해운-국정원 미스터리, 이건 정말 이상한데?」, 『오마이뉴스』, 2019.5.25 (http://www.ohmynews.com/NWS_Web/View/at_pg.aspx?CNTN_CD=A0002 536426&CMPT_CD=P0010&utm_source=naver&utm_medium=newsearch&ut m_campaign=naver_news)

18) 「청해진해운-국정원 미스터리, 이건 정말 이상한데?」, 『오마이뉴스』, 2019.5.25 (http://www.ohmynews.com/NWS_Web/View/at_pg.aspx?CNTN_CD=A00025 36426)

6.
국가정보원의
세월호 사건 개입

박근혜와 그의 추종자들의 표현을 빌리면, 세월호 침몰 사건은 '단순한 교통사고'였다. 하지만 박근혜는 '세월호 침몰 사건의 진상규명과 책임자 처벌'을 방해함으로써 '매우 이상한 사건'으로 변질시켜 버렸다.

이 이상한 사건에는 '소설가 수준의 언론, 허풍쟁이 해경, 혼자 도망간 선원, 유가족을 감시하고 미행했던 경찰, 감사와 수사의 탈을 썼던 감사원과 검찰, 거짓말했던 해수부, 제자들의 죽음을 애써 눈감았던 단원고' 등 매우 다양한 국가기관과 세력들이 개입되어 또 다른 범죄를 범하고 있지만, 아직도 이 사건의 총감독이 누구인지 알지 못한다.

세월호 침몰 사건이 검찰의 수사결과처럼 '급변침, 고박 불량, 과적'이 원인으로 발생했던 것이 틀림없다면, 박근혜를 비롯한 세력들이 그렇게 열을 내며 '진상규명을 방해하거나 책임자 처벌'을 막을 필요는 없었다. 그냥 일반사건과 같이 검찰과 경찰의 수사권에 의지하여 철저히 수사하고 관련자들을 법에 의거 처벌하면 끝날 일이었다.

하지만 박근혜는 간편하게 해결할 일을 불법적으로 국가정보원과 국군기무사령부를 동원하여 특별한 공작을 진행했다. 그들은 세월호 침몰 직후 시작된 수사과정에 개입했을 뿐만 아니라, 극우 보수단체를 불법적으로 동원하여 의도적으로 또 다른 문제를 야기했다. 그들은 세월호 유가족 및 유가족 우호 단체를 사찰하고 미행했으며, 국민의 세금으로 세월호 침몰 사건 진상규명을 위해 설립된 특조위 활동을 방해하고 무력화를 시도했다.

그들이 무슨 이유로 이러한 불법적인 행태를 자행했는지 그것을 온전히 밝히는 것이 세월호 진상규명의 시작이자 끝이다.

세월호 침몰 사건 수사 개입

세월호 침몰 사건 발생 당일 오전 10시 4분경 이후, KBS와 MBC를 비롯한 방송사들은 세월호 침몰원인을 암초와 충돌한 것으로 파악하고 있었고, 구체적으로 "세월호 암초 타고 넘은 듯"이라고 일제히 보도했다. 하지만 방송사들이 어떤 근거에 의해 '암초'를 침몰원인으로 보도했는지는 아직도 밝혀진 바가 없다.

세월호 침몰원인으로 '암초'를 가장 먼저 논했던 곳은 오전 9시 55분경 국정원이 최초이지만, 국정원 또한 이 정보를 어디에서 입수했는지는 현재까지 확인된 바가 없다.

(앞부분 생략)

본청상황실 : 예. 지금 한 56명까지 편승을 시켰어요.

국정원 : 56명?

본청상황실 : 예.

국정원 : 그다음에 사고 원인은 아직은, 현재 기초적인 것만 확인할 수 있나요?

본청상황실 : 지금 만들고 있습니다.

국 정 원 : 만들고 계세요?

본청 상황실 : 예.

국 정 원 : 바로 좀 보내주시고요.

본청상황실 : 예.

국 정 원 : 암초라 그러던데 맞나요?

본청상황실 : 예? 아니고 원인 미상이고요. 그냥 침수된 겁니다.

(이후 생략)204

 이 통화가 있던 9시 55분경에는, 세월호 선내 승객과 해경 및 119간에 전화통화만 있었고, 통화내용 그 어디에도 암초와 관련한 신고는 없었다. 오직 '살려달라'는 내용이 전부였는데, 국정원은 문제의 전화통화에서 "암초"를 얘기했고, 이후 시작된 각 방송사의 재난 방송에서 이구동성으로 침몰원인으로 "암초"를 꼽았다.205

 하지만 세월호 침몰 다음 날부터 침몰해역 주변 어민들은 "세월호 침몰해역에는 암초가 없다"는 진술들이 언론을 통해 보도되자, '암초 충돌설'은 일시에 사라지고 아주 특별한 뉴스가 등장하기 시작했다. 그 중 대표적인 것이 '법무법인 영진' 소속 강정민 변호사의 주장이다.

 강정민 변호사는 당시 구속된 피의자 이준석과 박한결 및 조준기의 변호인으로 선임된 사실이 없지만, 구치소에서 매우 이례적으로 6시간 동안 이들을 접견했다.

 변호사 강정민은 세월호 선장 이준석 등을 단 한 차례 면담한 후, 자신의 면담결과를 노골적으로 언론에 흘렸는데, 그 내용이 "급변침, 과적, 고

---

204 속기법인 대한, 『녹취서(해양경찰청 경비전화(2442)』, 2016.4.19, 28~29쪽.
205 필자는 청해진해운의 직원 또는 세월호 선원 중 누군가가 국정원에 보고할 때 세월호 침몰원인을 "암초에 충돌한 것"으로 보고했다고 추정하고 있다.

박불량, 조타미숙"이라는 검찰의 최종 수사결과와 매우 닮아있다. 강정민 변호사는 자신이 피의자들을 면담한 이유와 결과를 아래와 같이 설명했다.

> 천안함 때처럼 이번 사건도 사건의 원인과 관련해 국민들의 의혹이 많았다. 국론이 양분되지 않을까 하는 우려도 있었고, 사건 실체가 무엇 이었는지에 대해서도 궁금해서 얘기를 들어본 것이다.
> 선장과 승무원들을 만나고 나서 느낀 점은, '이번 사고에 어떤 黑幕 (흑막)도 없었다는 점'이며, "이미 언론에 보도된 것처럼 '선박의 구조적 결함'과 '관리 소홀' 등이 문제였다. 그래서 이들 문제 외에 사고 발생에 다른 원인이 없었다는 것을 확인했다.[206]

박근혜의 헌법재판소 탄핵결정문에 따르면, 최순실은 국정원 제2차장 인사에도 개입했음이 인정되었고[207], 공교롭게도 강정민 변호사가 소속했 던 '법무법인 영진의 대표 김수민 변호사'가 2014년 5월 7일 국정원 2차장 으로 발탁되었다.[208] 따라서 필자는 최순실과 국정원의 관계는 불가분의 관계였고, 세월호 침몰 사건은 '박근혜와 최순실의 지시에 따라 (사건 당 시 기준) 당시 국정원 2차장이 기획과 실행의 역할을 부담했고, 후임 국정 원 2차장은 은폐 역할을 책임졌을 가능성이 있다'고 판단하고 있다.

그리고 후임 2차장의 중요 임무 중 하나는 당시 '합동수사본부가 진행하 고 있던 검찰의 수사과정을 감시하고 정권에 유리한 수사결과를 도출하는 것'이었으며, 다음과 같은 사례가 국정원이 수사에 개입했던 중요한 증거 라고 믿고 있다.

---

206 「선장 등 접견 강정민 변호사 "선장, 퇴선 명령했다 한다"」, 『편파TV』, 2014.4.23 (http://www.redian.org/archive/69814)

207 헌법재판소, 『결정 2016헌나1 대통령(박근혜) 탄핵』, 2017.3.10, 23~24쪽.

208 「박대통령, 국정원 제2차장에 김수민 전 인천지검장 내정」, 『폴리뉴스』, 2014.5.7 (http://www.polinews.co.kr/news/article.html?no=204766). 전임 2차장 서천호는 '국 정원 간첩 증거조작사건'과 관련하여 2014년 4월 14일 사의를 표명하여, 세월호 침몰 당일은 사실상 국정원 제2차장은 공석 상태였다.

세월호 1등 기관사 손지태는 침몰 사건 발생 다음 날 오전 8시 49분경 배우자에게 다음과 같은 카톡 메시지를 발송했다.

> 2014-04-17 08:49:52 할미, 참으로 현명한 말씀이우, 이번에 된통 걸린것같수. 박모씨 내 대신으로 나같어요. 오후 또 국정원취조가 있을텐데 마스크 하고 나가유.[209]

세월호 1등 기관사 손지태는 세월호 침몰 사건 발생 당일 오후 3시 15분경 목포해양경찰서에 출석하여 오후 8시 55분경까지 첫 번째 조사를 받았고, 5층과 옥상으로 자리를 옮겨 추가 소사를 받았다고 진술했다.

문서상으로 손지태는 합동수사본부에서 4월 16일, 20일, 21일 조사를 받았던 것으로 파악된다. 따라서 4월 16일 5층과 옥상에서 받았다는 조사는 공식적인 조사는 아니었던 것으로 파악되고, 카톡의 내용과 같이 4월 17일에 또다시 취조를 받으러 마스크 쓰고 나갔다면, 그것은 합동수사본부의 조사와 별개로 진행되었을 개연성이 있고, 국정원의 조사로 의심하기에 충분하다.

세월호 침몰 사건과 같은 엄중한 상황에서 손지태가 배우자를 속이거나 자신의 지위를 과시하기 위하여, 사실을 왜곡하여 '국정원 취조 받으러 간다'는 문자를 발송하지 않았을 것이다.

국정원이 1등 기관사 손지태만 특별하게 조사했던 것은 아니었던 것 같다. 오히려 당시 도주 선원들이 자신들의 유불리를 따져 특별한 주장을 하지 않았을 뿐, 전체 선원들을 대상으로 국정원이 광범위하게 조사했을 가능성도 있다. 손지태와 같은 유사한 사례를 조타수 조준기도 1기특조위 조사에서 아래와 같이 진술했기 때문이다.

---

209 손지태 카톡 내용 참조.

조사관 : 다른 기관의 수사를 받은 적도 있나요.

조준기 : 목포교도소 입감 이후 검찰 안쪽 조사실에서 국정원 수사를 받은 적이 있습니다. 검찰이 해경은 밑으로 얕보는 경향이 있는데, 국정원 수사관들에게는 본인 기관이 아닌 상급기관인 것처럼 존칭을 해서 국정원이라고 생각했습니다. 국정원 수사관들은 참사 원인을 제 조타 미숙으로만 몰고 제 의견은 듣지도 않으려고 했습니다.

조사관 : 수사과정에서 힘들었나요.

조준기 : 일부러 한밤중에 계속 조사를 진행한 것 같습니다.[210]

조타수 조준기는 위에서 논의했던 법무법인 영진의 변호사 강정민도 만났던 사실이 있으므로, 그의 진술이 강정민을 이야기하는 것인지, 아니면 별도의 조사를 얘기하는지는 확실하지 않다. 다만, 진술의 취지로 볼 때 강정민 변호사보다는 실제 국정원 직원이 별도의 조사를 했을 가능성이 있다.

세월호 침몰 당일 청해진해운 해무팀 대리 홍영기는 아래 진술과 같은 이상한 전화를 수차례 수신했던 것으로 추정된다.

홍영기 : 09:37 061-246-2056번호는 어디인지 기억이 안 납니다. 58초 통화한 것으로 되어있는데 무슨 기관 같은데 사고문의를 한 것으로 기억되고 자세한 건 기억이 안 납니다.(이때 본직이 같은 번호로 전화한 바, 없는 번호로 나옴)

(중략)

경찰관 : 연번 18항의 통화내역에 대해 진술하세요.

홍영기 : 09:57 모르는 사람한테 온건데 39초 통화했다고 나오는데 기억이 안 납니다.

(중략)

경찰관 : 연번 29항의 통화내역에 대해 진술하세요.

210 조준기, 『참고인(조사대상자) 2회 진술조서』, 1기 특조위, 2016.2.26, 17쪽.

홍영기 : 10:13 모르는 번호인데 전화가 와서 1분 42초 통화를 했네요. 관계기관에서 전화가 와서 통화한 거 같은데 내용은 기억이 안 납니다. (이때, 본직이 연번 11번항과 같은 번호 임을 확인하다.)

(중략)

경찰관 : 연번 33항의 통화내역에 대해 진술하세요.

홍영기 : 10:23에 모르는 전화번호인데 이 번호로 18초 통화한 것으로 나와 있네요. 기관 같은데와 통화한 거 같은데 잘 기억이 안 납니다. 연번 34(10:24, 34초 수신), 연번 35(10:26, 23초 수신), 연번 36(10:27, 22초 수신), 연번 37(10:31, 1분12초 수신)은 기관 같은데서 문의전화가 온 것인데 어디인지 기억이 안 납니다. 통화내용도 사고에 대한 문의였고요.

(이때, 33항, 18항의 수신번호, 34,35,39(발신), 메시지 : 지금은 전화를 받을 수 없습니다. 나중에 연락하세요), 43(발신, 22초)]항의 수신번호가 동일하고 발신 지역이 목포시 산정동 1152번지임을 확인하다. 36항의 발신지는 목포시 만호동 3-6번지임)[211]

세월호 침몰 당시 청해진해운 해무팀 대리 홍영기의 업무는, 청해진해운 소속 오하마나호, 세월호, 데모크라시 5호의 선박 및 선원 관리 업무를 하고 있었기 때문에, 외부에서 정확한 정보 파악을 위해 홍영기에게 전화했던 것으로 파악된다.

세월호 침몰 사건은 매우 특별한 사건이었기 때문에 대한민국 국민들 모두 그날 일을 소상히 기억하고 있고, 심지어 죽음의 문턱에서 살아 돌아온 생존 피해자들도 당시 상황을 소상하게 기억하고 있다.

하지만 청해진해운의 해무팀 대리 홍영기는 '기관 같은' 곳으로만 기억하고 나머지 사실을 전혀 기억하지 못한다고 진술했다. 특히 세월호가 평상시 정박하는 인천과 제주가 아닌 목포에서 걸려온 특별한 전화를 받았는데 이를 기억하지 못한다는 것은 상식적으로 납득이 되지 않는다.

---

211 홍영기, 『진술조서』, 목포해양경찰서, 2014.4.28, 5~8쪽.

또한 061-246-2056번 같은 경우에는 사건 발생 12일이 지난 시점에 '없는 전화번호'로 등록된 것은 매우 이상할 수밖에 없다. 문제는 조사를 담당했던 경찰이 확인했던 주소(목포시 산정동 1152번지, 목포시 만호동 3-6번지)는 2015년 당시 필자가 직접 현장확인을 했던 결과 [그림 7-26], [그림 7-27]과 같이 정상적인 기관이 소재할 수 없는 아파트 단지와 상가 밀집 지역이었다.

그림 7-26. 목포시 산정동 1142번지

2015년 필자 현지 출장 직접 촬영.

그림 7-27. 목포시 만호동 3-6번지

2015년 필자 현장출장 직접 촬영

세월호 침몰 당일 목포에 소재한 아파트와 상가에서 청해진해운 해무팀 대리 홍영기에게 세월호 침몰과 관련한 전화를 할 확률은 높지 않으며, 홍영기 또한 특별한 사정없이 긴박한 상황에서 오랜 시간 동안 모르는 사람과 통화할 개연성도 높지 않다.

따라서 필자는 홍영기가 정확하게 통화의 상대방을 기억하고 있지만 특별한 사정으로 시원하게 밝히지 못하고 있다고 판단하며, 아마도 통화의 상대방은 국정원 직원일 가능성이 있다고 추정하고 있다.

국정원의 '극우 보수단체 동원'

세월호 침몰 사건에서 수구 보수 정치권만큼 집요하게 유가족들을 괴롭혔던 곳이 바로 극우 보수단체이다. 특히 대한민국 어버이연합과 대한민국 엄마부대, 그리고 고엽제 전우회, 예(豫)대령연합회, 자유총연맹, 재향경우회 등은 '세월호 악용세력 규탄'이란 명분으로 집요하게 가족들을 공격했다.

세월호 피해자 가족들을 공격하기 위해서 보수단체를 활용하는 방안은 국군기무사령부도 검토했던 사실이 있으므로([그림 7-28] 참조), 기무사와 국정원 중 누가 실제로 실행을 했는지에 대해서 명확히 정의할 수는 없다.

또한 국정원과 기무사가 공동의 목표를 가지고 협조 관계에 있었는지, 아니면 박근혜에 대한 충성 경쟁의 관계에 있었는지도 알 수 없다. 다만 누군가는 실제로 자유총연맹을 비롯한 대한민국 어버이연합, 대한민국 엄마부대, 고엽제 전우회 등을 정국 전환을 위한 카드로 활용했다. 필자는 은밀한 예산 집행이 가능했던 국정원이 더 많이 보수단체들을 지휘 및 조종했을 것으로 추정하고 있다.

그림 7-28. 국군기무사령부의 '보수단체' 활용 방안

①내란의 죄 ②외환의 죄 ③國交에 관한 죄 ④公安을 해치는 죄 ⑤공무방해에 관한 죄 ⑥국가보안법에 규정된 죄 ⑦방화의 죄 ⑧폭발물에 관한 죄 ⑨通貨에 관한 죄 ⑩살인의 죄 ⑪강도의 죄 ⑫총포·도검·화약류 등 단속법에 규정된 죄 ⑬군사상 필요에 의하여 제정한 법령에 규정된 죄

유사시 대응

'08년 광우병 사태를 교훈삼아

o **反정부 시위 확산 조짐 감지시 초기 진화에 가용 역량 총집중**

• 보수단체를 反정부 시위 대응 전위 세력으로 적극 활용

– 애국단체총협의회 주도下 汎보수세력 총결집, 집회 장소 선점 및 맞대응 시위
– 보수 오피니언 리더 활용下 언론기고·광고·성명 발표, 反정부 시위 명분 약화

• 종편·SNS 등을 통해 시위 주도세력 및 국론분열 조장 실태 집중 보도

o **시위 규모 급속 확산시 국가비상사태 및 계엄령 선포 조기 검토**

• 경찰진압 능력을 초월하는 최악의 상황 가정 및 Low-key 유지下 사전 준비

• **기무사**, 합동수사본부 설치 준비 및 軍 안정화 유도

– 全 정보기관 및 수사기관 조정·통제下 '계엄법 제10조'에 규정된 범죄 수사
– 장병 동요 차단, 軍心 결집 / 北 도발 및 국가중요시설 대상 테러 대비태세 확립

'대정부 전복 업무 수행방안' 필자 화면 캡처.

국정원이 보수단체를 활용했던 것은 이명박 정부 시절인 2011년까지 거슬러 올라간다. 당시 국정원은 2년간 약 7곳의 보수단체와 접촉하며 보수단체가 신문에 내는 의견광고에 개입하는가 하면, 이들이 벌이는 1인시위와 전단지 배포 계획까지 관여했다. 국정원은 이런 활동이 특정 보수 매체에 보도될 수 있도록 직접 부탁했고, 보도된 기사들은 다시 국정원 심리전단 직원 등을 통해 인터넷에 전파되도록 했다고 밝혔다.[212]

박근혜 정부에서 2014년 7월부터 2015년 2월까지 국정원장을 지냈던 이병기 전 비서실장은 최순실 국정농단 사건을 수사 중인 특검 조사에서 "보수단체 지원은 예전부터 해오던 일이고, 내가 (국정원장으로) 있던 시절에도 했고, 지금도 하고 있는 것으로 안다"고 진술했다. 이 진술은 특검팀이

212 「[단독] 국정원, 보수단체 컨트롤타워였다」, 『한겨레』, 2016.4.25 (http://www.hani.co.kr/arti/society/society_general/741267.html#csidx7918c3c829ab2e38a6bf68d37e4b37e).

2017년 1월 2일 문화예술계 '블랙리스트' 작성과 관련해 이병기 전 국정원장 자택을 압수수색한 뒤에 그를 소환하여 조사하는 과정에서 밝혀진 것이다.213

국정원 직원은 정당이나 정치단체에 가입할 수 없고, 정치 활동에도 관여할 수 없다. 정당이나 정치단체 결성 및 가입을 지원하거나 방해하는 행위와 그 직위를 이용하여 특정 정당이나 정치인에 대한 '지지 및 반대 의견'을 유포할 수도 없다. 또한 여론을 조성할 목적으로 특정 정당 및 정치인을 찬양하거나 비방하는 내용의 의견 또는 사실을 유포하는 행위도 엄격하게 금지되어 있다.214 따라서 국정원과 국정원 직원이 극우 보수 단체에게 자금을 지원하여 정권 보위 세력으로 동원한 것은 명백한 위법행위이다.

세월호 침몰 사건과 관련하여 보수단체들은 주로 유가족들을 상대로 '직접 맞불 집회 개최, 유가족 관련 지역 무단 침입 및 시설 파괴, 폭식 투쟁 등 유가족 모욕 행위' 등을 했는가 하면, 1기 특조위가 정상적인 활동을 하지 못하도록 장외 집회를 하고 '친 유가족' 성향의 조사위원들을 고발하기도 했으며, 때로는 전원위원회에 참관하면서 정상적인 회의 진행을 방해하기도 했다.

특히 세월호 침몰 사건과 관련하여, 박근혜 정권을 대변해 유가족에게 심한 모욕감을 주었던 보수단체는 '어버이연합'과 '엄마부대'라 할 것이다.

어버이연합은 2014년 4월부터 11월까지 모두 102회의 친정부적 성격의 집회를 개최했으며, 그중 39회가 세월호 반대 집회였다([표 7-8] 참조).215

이들은 "노란 리본은 '돌아오라'는 의미인데, 지금은 희생자들을 추모해야 할 때이지 생환을 기원할 시기는 지났다. 한국은 전통적으로 검은 리본

---

213 「'친박' 보수단체에 흘러들어간 국정원의 '블랙머니'」, 『시사포커스』, 2017.3.9 (http://www.sisafocus.co.kr/news/articleView.html?idxno=158344).

214 제9조(정치 관여 금지)

215 「[단독] 어버이연합, 세월호 반대 집회에 알바 1200명 동원 확인」, 『시사저널』, 2016.4.11 (http://www.sisajournal.com/news/articleView.html?idxno=149062).

표 7-8. 대한민국 어버이연합 2014년 '세월호 반대 집회' 개최 현황

일자	장소	집회내용
2014. 5. 3.	광화문 앞	세월호 침몰사고 관련 진보 세력 비난
2014. 5. 13.	광화문 앞	"세월호 참사, 정치적 이용 말라"
2014. 5. 15.	전교조 앞	"세월호 관련 정치적 선동 일삼는 전교조 거부한다"
2014. 7. 21.	KT 앞	세월호 특별법 제정 반대 집회
2014. 7. 30.	동아일보 앞	세월호 유가족 선동세력 규탄 집회
2014. 8. 25.	광화문 앞	유민아빠 김영오씨 단식 규탄 및 치킨 몰래먹기 퍼포먼스
2014. 8. 26.	광화문앞	김영오씨 진실 요구 기자회견
2014. 8. 27.	광화문 앞	세월호 선동세력 규탄 집회
2014. 8. 28.	동아일보 앞	단식 릴레이 비꼬는 단식 퍼포먼스
2014. 9. 2.	동아일보 앞	세월호 선동세력 규탄 집회
2014. 9. 3.	동아일보앞	세월호 특별법 야합 관련 규탄 집회
2014. 9. 15.	동아일보 앞	"세월호 선동세력 지옥으로" 특별법 제정 반대 집회
2014. 9. 19.	영등포경찰서 앞	대리기사 폭행 혐의 연루된 세월호 유가족과 김현 새정치 민주연합
2014. 9. 29.	국회앞	세월호 특별법 제정 반대 기습 시위
2014. 10. 24.	서울극장 앞	영화 〈다이빙벨〉 상영 반대 시위
2014. 11. 7.	동아일보 앞	"세월호 유족들은 광화문 광장을 시민들에게 돌려달라"
2014. 11. 11.	동아일보 앞	세월호 천막 철거 요구에 소극적 대응하는 박원순 시장 규탄
2014. 11. 12	동아일보 앞	"세월호 농성장 철거하라"

『시사저널』「어버이연합, 세월호 반대 집회에 알바 1200명 동원 확인」 참고 필자 재정리.

을 달았다"면서, "지방선거를 앞두고 특정 정치인(노무현 대통령)을 연상시키는 색상을 내거는 것은 문제가 있다"고 지적하기도 했다. 이들은 또 "세월호 침몰사고는 청해진해운과 사회 전반에 걸친 부정·부패로 인해 발생한 것이지 박 대통령 개인의 탓이 아니다"라면서 "국가 개혁에 집중해야 한다"고 주장했다.216

'대한민국 엄마부대'라는 단체 또한 매우 적극적으로 세월호 유가족을 공격하고 조롱했다. 그들은 세월호 특별법 제정을 위해 세월호 유가족들이 단식농성을 벌이고 있던 서울 광화문광장 농성장 앞에서 '엄마부대봉사

216 「보수 여성단체 "세월호 노란물결이 국론 분열시켜"」, 『뉴스1』, 2014. 5. 16 (http://news1. kr/articles/1678857)

단'이라고 적힌 붉은 색 조끼를 입은 여성 수십 명과 탈북여성회 등 보수단체 회원들과 함께 "도가 지나치면 국민들이 외면합니다", "세월호 사고로 희생된 자식 의사자라니요", "유가족들 너무 심한 것 아닙니까 의사자라니요"라는 피켓을 들고 몰려와 막말과 고성을 쏟아냈다.

경찰은 엄마부대봉사단 회원들에게 "지금 상황이 상황인 만큼 이곳은 이분들(유족)을 위한 추모분위기를 조성하려고 하고 있다"며 "조문객들이 오는 상황처럼 많은 시민들이 찾기도 하니 어머님들이 조금 협조해 달라"고 설득했다.

엄마부대봉사단 대표 주○○은 "언제까지 지들에게 양보해줘야 하느냐"며 "광화문 광장에서 시위를 하는 게 어디 허락받고 해야 하는 일이냐"고 반발했고, 송○○ 엄마부대봉사단 부대표도 "유병언(전 세모그룹 회장) 재산이 3조 원이라고 하는데 빨리 유병언을 잡아서 유족들에게 나눠주면 해결되지 않냐"며, "정부와 대통령이 약속을 했으니깐 약속한 것 이상 바라지 말고 기다리라"고 목소리를 높였다.217

2014년 9월 28일 오후 서울시청 앞 광장 세월호 희생자 합동분향소에 '서북청년단'이라고 쓰인 검은 조끼를 입은 중년 남녀 20여 명이 나타나서 세월호 희생자 추모를 위해 시민들이 걸어 놓은 노란 리본 '정리'를 시도했다. 하지만 현장에 있던 경찰과 서울시 공무원이 "서울시 시설물이니 함부로 철거하지 말라"고 제지하여 한참 20여 분간 승강이를 벌이다가 무산되기는 했다.

당시 기자가 '서북청년단' 정함철 대변인에게 "최근 설립된 서북청년단의 첫 활동이 왜 세월호 노란 리본 철거냐"라고 묻자, "가장 큰 현안이고 세월호 정국 때문에 국론 분열이 심각하기 때문이며, 광우병 시위 배후조종·통합진보당·새정치민주연합 일부 등 종북 세력들이 배후에서 유가족

---

217 「단식 중인 세월호 유족 앞에서, 보수단체 "나라 위해 목숨 바쳤나?」, 『오마이뉴스』, 2014.7.18 (http://www.ohmynews.com/NWS_Web/View/at_pg.aspx?CNTN_CD=A000 2014971).

을 조종하고 있기 때문"이라고 답했다고 한다.[218]

또한 '자유청년연합 · 자유통일연대' 등 보수단체들은 특조위 활동도 적극적으로 방해했다. 이들은 필자가 특조위에 제출한 '가해자 박근혜'에 대한 조사신청서가 전원위원회에서 조사개시 결정되자, 2015년 11월 26일에 이석태 특조위원장, 박종운 · 권영빈 상임위원, 최일숙 · 신현호 · 김진 · 류희인 · 김서중 · 장완익 비상임위원 등 9명을 처벌해달라는 고발장을 서울중앙지검에 제출했다.

이들 단체는 "정무직 공무원인 이석태 위원장 등은 야당이 요구하는 대통령의 7시간 행적조사 안건을 표결에 부쳐 통과시켰다"며 "이는 야당 편에 선 정치적 행위로 공무원의 정치적 중립 위반에 해당한다"고 주장했다.[219]

그림 7-29. 보수단체의 특조위 비난 집회

『MBC NEWS』 필자 화면 캡처.

218 「서북청년단 재건위', 세월호 노란리본 철거 논란…보수세력도 우려 목소리」, 『아시아경제』, 2014.9.29 (http://www.asiae.co.kr/news/view.htm?idxno=201409291304182 2000).
219 「대통령 행적조사' 찬성 세월호 특조위원 9명 피소」, 『연합뉴스』, 2015.11.26 (https://www.yna.co.kr/view/AKR20151126092000004?input=1195m).

극우 보수단체들의 세월호 유가족에 대한 공격과 모욕은 공공연한 범죄 수준이었고, "세월호 때문에 국민들 생업이 죽었고, 국가의 경제가 죽었다"며 극렬한 폭력투쟁을 전개했다. 당시 사건의 현장에는 항상 경찰이 근무하고 있었지만, 그들은 언제나 관망만 했다.

세월호 유가족 및 관련 단체 사찰 의혹

박근혜 정권에서 2014년 6월 12일부터 2015년 1월 10일까지 민정수석으로 근무했던 고(故) 김영한은 자신이 청와대에서 근무하던 기간 중 박근혜와 비서실장 김기춘이 수석비서관회의에서 정권에 비판적인 언론, 문화예술계, 노동조합, 시민단체 등에 대한 탄압을 사전에 기획하고 보복을 진행했던 사실을 생동감 있게 업무일지에 기록했으며, 특히 국정원을 통해 고위공직자, 정치인, 민간인 등을 사찰했던 사실도 모두 기록으로 남겼다.

언론은 이 기록을 '故 김영한의 비망록' 또는 '김영한 업무일지'라고 불렀다.[220]

문제의 업무일지에는 세월호와 관련된 내용도 다수 포함되어 있었고, 특히 그들이 블랙리스트로 구분했던 인사 중 상당수가 세월호 침몰 사건 활동과 관련된 사람들이었다.

박근혜 정권은 [그림 7-30]에서 보는 바와 같이, 단원고 학생 유가족을 '온건하지도 않고 합리적이지도 않은 집단'으로 바라보았고, 온갖 수단과 방법을 다 동원하여 세월호 관계자들의 요구사항을 무시하고 조기에 세월호 침몰 사건을 매듭짓고 싶어 했다.

---

220 고 김영한 씨가 민정수석으로 근무하며 박근혜와 대통령 비서실장 김기춘의 지시와 회의 내용 등을 기록한 업무 관련 노트이다.

따라서 박근혜는 국정원 등 정보기관을 통하여 세월호 침몰 사건 진상 규명과 관련한 유가족의 동정, 야당 의원의 움직임, 시민단체들의 반정부 활동 내용 등을 매우 적나라하게 파악할 수밖에 없었고, 수집된 정보를 바탕으로 세월호 관계자들의 정상적인 활동을 파괴할 목적으로 수단과 방법을 가리지 않았다.

그림 7-30. 세월호 유가족을 바라보는 청와대의 시각

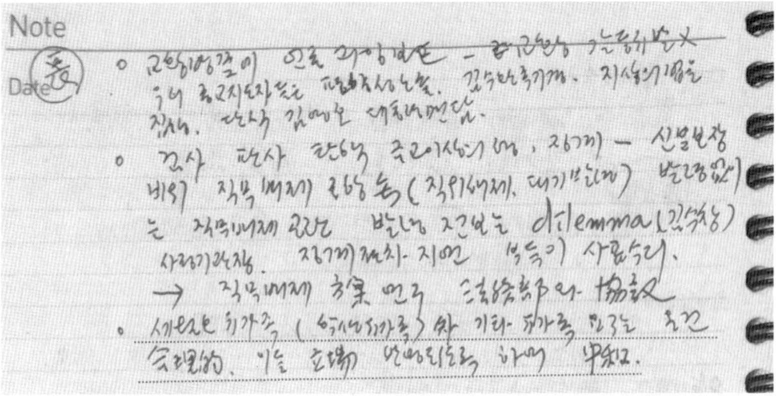

김영한 업무일지 필자 화면 캡처.

　2016년 국정원 등 정보기관의 무차별적인 피해자 가족 사찰 소식이 알려지면서 유가족들은 해당 통신사에 '통신자료 제공 사실 확인서' 발급을 요청했고, 그 결과 일부 가족들은 국정원과 경찰, 검찰 등이 [그림 7-31]와 같이 실제로 통신 사찰을 진행했던 사실을 확인했다.

　문제는 당시 확인된 통신자료는 1년 이내의 사찰 내용만 기록된 것이므로, 2014년도의 사찰 내용은 확인할 수 없었다는 점이다. 만약 2014년도까지의 통신자료 제공 내역을 조회했다면 엄청난 숫자의 사찰 증거를 찾았을 수도 있었을 것이다.

그림 7-31. 국정원 통신자료 조회 현황

제공사실	
제공요청기관	국가정보원 등 2 건 (세부내역 첨부 참조)
문서(공문)번호	대지-42 (세부내역 첨부 참조)
제공요청사유	전기통신사업법 제83조 제3항에 따른 법원/수사기관 등의 재판, 수사(「조세범 처벌법」 제10조 제1항·제3항·제4항의 범죄 중 전화, 인터넷 등을 이용한 범칙사건의 조사를 포함), 형의 집행 또는 국가안전보장에 대한 위해를 방지하기 위한 정보수집
제공일자	2016 년 01 월 07 일 (세부내역 첨부 참조)
제공한 통신자료 내역	■ 고객명 ■ 주민번호 ■ 이동전화번호 ■ 주소 ■ 가입일 ■ 해지일 □ 제공내역없음

※ 통신자료 제공사실은 전기통신사업법 시행령 제53조에 의거 요청일 현 시점을 기준으로 1년 이내의 제공사실만 보관합니다

2016년 3월 23일

SK텔레콤주식회사

단원고 피해자 가족 제공 자료 필자 화면 캡처

고 김영한의 업무일지에 따르면, 국정원은 세월호특별법 제정 촉구를 위해 단식 진행 중 서울동부병원에 입원한 세월호 침몰 사건 유가족 김영오 씨의 주치의 이보라 의사를 불법 사찰한 정황도 드러났을 뿐만 아니라, 김영오 씨가 입원했던 날에 어머니가 살고 있던 전북 정읍 이평면 ○○리 이장을 통하여 김영오 씨의 개인정보를 수집했을 가능성도 있다. 단식농성 중 쓰러진 김영오 씨가 2014년 8월 22일 병원에 실려 간 직후, 김영오 씨의 어머니가 마을 이장으로부터 김영오 씨의 신상에 대해 묻는 전화를 받았다고 밝힌 것이다.

이장은 면사무소 부면장의 부탁으로 김영오 씨에 대해 캐물은 것으로 알려졌고, 부면장은 『뉴스타파』와의 인터뷰에서 "누군가로부터 김 씨에 관해 미리 전해 듣고 개인적 호기심에 이장을 찾아가 물어본 것일 뿐, 특정 개인이나 단체의 부탁이나 지시를 받은 것은 아니다"라고 밝혔다.[221]

그림 7-32. 유민 아빠 김영오씨 사찰 의혹

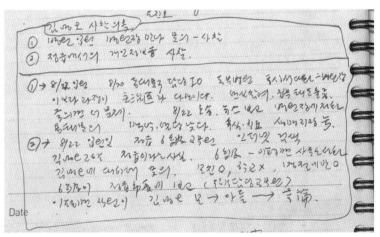

고 김영한 업무일지 필자 화면 캡처.

유민아빠 김영오씨는 세월호 참사에 대한 실효성 있는 진상조사를 위해 진상조사위원회에 수사권과 기소권을 부여하는 세월호 특별법을 제정하라고 촉구하며 목숨을 건 단식을 40일 넘게 진행했고, 교황이 한국을 방문했을 때 유가족의 소망이 담긴 편지를 직접 전달했기 때문에 대한민국 모든 언론과 많은 국민들의 관심이 그의 건강에 집중됐었다.

아마도 국정원은 유민 아빠 김영오씨의 단식의 정당성을 훼손하기 위하여 전방위적으로 그의 약점을 캐고 돌아 다녔을 것으로 판단된다. 그들은 김영오씨의 가정사(배우자와의 관계) 뿐만 아니라 노동조합 활동 전력, 심지어는 국궁 등 개인적인 취미생활 문제까지도 정보를 수집하여 언론에 흘림으로써 여론을 악화시키고자 했다.

---

221 「국정원, 세월호 유가족 뒷조사 의혹 추적」, 『일요시사』, 2014.9.11 (http://www.ilyo sisa.co.kr/news/articleView.html?idxno=69066).

해킹프로그램(RCS) 활용 유가족 사찰 의혹

2014년 2월 캐나다 토론토대학의 연구팀 '시티즌랩'은 "전 세계 40억 개의 IP를 역추적해 조사한 결과, 이탈리아 해킹프로그램 개발업체 '해킹팀'의 스파이웨어(다른 사람의 컴퓨터에 들어가 중요한 개인정보를 빼가는 소프트웨어)를 구입한 국가 21개 중 대한민국도 포함되어 있다"는 사실을 발표했다.

또한 2015년 7월 정부나 기업 등의 비윤리적 행위와 관련된 비밀문서를 폭로하는 〈위키리크스〉가 400GB에 이르는 방대한 '해킹팀' 내부자료를 공개했는데, 그곳에 국가정보원을 가리키는 '육군 5163부대'가 등장했다.222

'시티즌랩'은 같은 해 6월, 러시아 보안업체 '카스퍼스키'와 공동으로 '해킹팀'의 원격제어시스템(RCS, Remote Control System) 프로그램인 '갈릴레오'의 실체를 폭로했다. RCS는 '원격 제어 시스템'으로 불리며, 감시 대상 컴퓨터와 스마트폰의 모든 활동과 내용을 감시자에게 그대로 전달하는 프로그램이다. 즉 RCS 프로그램이 PC나 스마트폰에 깔리면 인터넷·이메일·파일(PC), 문자메시지·주소록·일정(스마트폰) 등을 훔쳐볼 수 있고, 위치도 추적할 수 있다. 심지어 웹캠, 스마트폰의 카메라와 마이크까지도 원격 제어할 수 있다.

국정원은 '5163부대'라는 위장 명의와 '나나테크'라는 업체를 경유하여, 해킹 프로그램 RCS 20여 개를 구입하여 사용하고 있었던 것이다. 국가정보원은 '민간인 스마트폰 불법 해킹' 의혹과 관련, "20개 회선을 들여와 18개는 대북정보수집용으로, 2개는 연구용으로 각각 사용했다"고 국회 정보위에 보고했다.223

---

222 「국정원은 진짜 '누구'를 해킹했나?」, 『오마이뉴스』, 2017.8.25 (http://www.ohmy news.com/NWS_Web/View/at_pg.aspx?CNTN_CD=A0002352249).
223 「국정 해킹의혹 해명이 "18개는 대북수집용, 2개는 연구용"」, 『서울신문』 2015.

하지만 국정원이 내국인을 상대로 특히 세월호 피해자 가족들을 상대로 RCS를 사용했을 가능성은 충분히 있다. 과거부터 현재에 이르기까지 국가 안보보다는 정권의 안보에 더 관심이 많았던 정치세력들이, '상대방의 약점을 쉽게 파악할 수 있는 효율적인 방법을 옆에 두고도 사용하지 않았다'는 주장을 믿을 사람은 아무도 없다.

국정원이 세월호 침몰 사건의 피해자들을, RCS 또는 유사 프로그램을 사용하여 감시 또는 사찰했다는 명확한 근거는 현재로서는 찾을 수가 없다. 하지만 세월호 침몰 초기 진도 실내체육관과 팽목항에 상주했던 피해자 가족들은 당시 RCS와 유사한 사례를 아래와 같이 경험했다고 공공연하게 이야기하고 있으며, 필자 또한 같은 사례를 실제로 경험했다.

- 2014. 4. 16. 23:00경 이후(정확한 시간은 알지 못함) 필자는 팽목항에 있었는데, 때마침 '세월호 선내에서 아이들로부터 카톡 메시지가 왔다'는 소식이 해경지휘부(당시 [그림 7-33]과 같이 이용욱 정보수사국장과 김정식 서해지방해양경찰청 경비안전과장이 현장에 있었음)에 전해졌고, 해경지휘부는 학부모들에게 일일이 전화를 걸어 이 메

그림 7-33. 2014. 04. 17. 02:00경 팽목항에서 상황 파악 중인 이용욱 정보수사국장(좌)과 김정식 경비안전과장(우)

팽목항 현장에서 필자 직접 촬영 동영상 화면 캡처.

7.17 (http://www.seoul.co.kr/news/newsView.php?id=2015071750031820).

시지를 근거로 '아이가 살아있으니 구조하면 되니까 안심하라'고 말했다. 당시 필자는 이 광경을 갤럭시 S-4 삼성 휴대폰으로 녹화하던 중 4~5초 정도 녹화가 된 후 자동 다운이 되는 상황을 수차례 경험했다. 결국, 필자는 녹화 모드에서 녹음모드로 전환하여 녹음을 시도했지만, 이마저도 정상적으로 작동되지 않았다. 돌이켜 보면, 당시 학부모들의 전화번호를 알 수 있는 곳은 단원고밖에 없었으므로, 누군가가 학부모에게 카톡 메시지를 보낼 수 있는 상황 자체가 이상할 수밖에 없다.

- 필자는 '세월호 선내에서 아이들로부터 카톡 메시지가 왔다' 내용을 YTN 등 다수 언론들이 취재했는데 17일 오전 뉴스로 전달되지 않는 사실을 확인했고, 현장의 분위기가 제대로 언론에 보도되지 않고 있다는 사실을 직감했다. 따라서 미약하지만 그래도 정확한 상황을 세상에 알려야 된다고 생각되어, 당시 휴면계정에 가까운(실제 등록된 친구가 400명 이내로 기억이 됨) '카카오스토리'에 이 내용을 게시했는데, 18일 오전과 오후에 MBC와 SBS에서 필자에게 '필자가 관련 내용을 SNS에 게시한 사실이 있느냐?, 관련 내용을 직접 받았는가?, 만나서 인터뷰 할 수 있느냐?'라고 물었고, "본인이 실종자 가족이고, 인터뷰를 하지 못할 이유가 없다. 본인의 신분증과 전화번호를 공개하고 인터뷰에 응하겠으니 진도체육관에 있는 기자에게 본인의 전화번호를 알려 주어 빨리 인터뷰를 하라고 하라"고 하자 방송사로부터 더 이상 연락이 오지 않았다. 필자는 지금도 전화를 걸었던 사람이 방송사 직원이 아니라 필자의 휴대폰을 훔쳐봤던 사람이라고 믿고 있다.224

- 2014. 4. 18. 아침(시간 불상)에 필자의 휴대폰에 게시된 카카오스토리 내용이 백지상태로 되었다가 10여 분 후 정상상태로 복구되었다. 당시 민간인 잠수사 2명(남자 1명, 여자 1명)이 필자에게 해경의 잠수사 투입 문제점과 관련한 통화녹음을 공개하면서 자신의 전화번호를 알려줬었는데, 이 현상을 보고 얼굴이 갑자기 하얘지면서 '전화번호부에서 자신의 전화번호를 삭제해 달라'고 요청하여 삭제했던 기억이 있다.

위와 같은 사례는 필자 혼자만 경험했던 것이 아니라, 많은 유가족들이

---

224 당시 필자의 휴대폰은 교체한 지 한 달도 채 지나지 않은 완전 신품 수준이었다.

공통으로 경험했던 것으로 알려져 있다. 필자의 목격담에 따르면, 많은 유가족들은 세월호 침몰 사건 발생 전후로 하여 "통화기록이 삭제됐다. 심지어 자식과 마지막으로 통화했던 기록도 삭제됐다"고 한탄하는 분도 있었고, "휴대폰 내에 저장되어 있던 많은 동영상이 삭제됐다"고 이야기하는 부모님도 있었다.

하지만 2017.11.8. 발표된 국정원 개혁위, 「적폐청산 T/F」 조사결과에 의하면, 'RCS 점거 대상 내국인(4명) 및 서버저장 국내 휴대전화번호(21개)에 유가족은 포함되지 않음"이라고 하며 국정원이 세월호 유가족에 대한 RCS 사용에 대해서는 부정했다.[225]

국정원의 주장대로 세월호 침몰 사건 발생 초기 국정원이 RCS를 사용하지 않았을 수는 있다. 하지만 위에서 소개한 사례들은 필자와 다른 부모님들이 경험했던 것은 틀림없는 사실이고, 그렇다면 이러한 현상은 왜 발생했는지 추가 설명이 필요한 상황이다.

박근혜는 왜 국정원을 동원하여 유가족을 사찰하고 탄압했을까?

한때 박근혜는 최순실을 "키친 캐비닛[226], 시녀 같은 사람, 어려울 때 도와준 사람" 등으로 해명했던 사실이 있다. 하지만 최순실 국정농단과 관련한 수사결과 및 국회의 국정조사 등을 종합해 볼 때, 박근혜는 "최순실의

---

225 국가정보원, 『국정원 개혁위, 「적폐청산 T/F」의 주요사건 조사결과에 대한 자문·심의 내용 발표』, 2017.11.8, 8쪽.

226 미국 7대 대통령인 앤드류 잭슨(Andrew Jackson)이 내각 관료들 그리고 참모진과 불화기 있어 국정 논의가 이뤄지지 않자 개인적인 친분이 있는 지인들을 백악관으로 초대해 식사를 하며 그들에게 자문을 구하고 국정을 논의 했고, 이에 정치적으로 반대 진영에 있던 야당에서 '키친 캐비닛'이라고 비판한 것이 오늘날에는 비공식 자문위라는 의미로 사용되어지게 됐다고 한다. 키친 캐비닛은 오늘날에는 정파에 상관없이 대중의 여론을 여과 없이 수렴할 수 있는 정치적인 순기능 역할을 하고 있습니다.

민원에 대한 해결사 역할"을 한 사람이고, 더 나아가 박근혜의 통치행위는 최순실에 의해 원격조종됐음이 분명하다. 심지어 박근혜 통치행위 중 '정치, 경제, 사회, 문화, 국방, 외교' 등 그 어디에도 최순실의 영향력이 미치지 않은 곳이 없었다.[227]

　국정농단에 대한 최순실의 위상이 이렇게 대단했음에도 오직 세월호 침몰 사건에 최순실이 개입한 정황은 포착되지 않았다.[228] 최순실 없는 박근혜는 매우 무기력한 존재였고, 각종 연설문 및 국무회의 발언문에 이르기까지 최순실의 영향력이 미치지 않는 곳이 없다는 사실은 명백히 밝혀졌지만, 유독 세월호 침몰 사건에 최순실이 개입한 증거와 증언은 없는 것이다. 세월호 침몰 당일 오후 관저를 방문하여 '박근혜가 중대본에 가는 것을 결정했다'는 것이 지금까지 알려진 사실 전부이다.

　박근혜는 세월호 침몰 사건 발생 9일 전인 2014년 4월 7일 자신이 주재했던 수석보좌관 회의에서, '세월호 침몰 사건과 같은 유형의 복합재난에 대하여 매뉴얼을 점검하라'는 지시를 했다.[229]

> 　지난해 여름철 폭염, 또 올해 130년 만의 폭설 등 최근 들어 기상이변 등 각종 재해가 잦아지고 피해 규모나 범위도 광범위 해지는 경향을 보이고 있습니다. 이런 다양한 형태의 복합재난에 대비해서 선제적인 대응 체계를 구축할 필요가 있습니다.
>
> 　현재 재난 유형별로 3,000개가 넘는 위기관리 매뉴얼이 있다고 하는

---

227 박근혜 탄핵 결정문에 의하면 "또한, 정O성은 검찰에서 각종 연설문 외에 감사원장, 국가정보원 2차장 및 기획조정실장 인사안이나 21명에 대한 인선안 등 여러 종류의 인사 관련 문건, 법원의 조정을 받아들일지 여부를 검토한 민정수석비서관실 보고서, 수석비서관에 대한 지시사항을 담은 문건 등을 피청구인의 지시로 최O원에게 전달하였다고 진술했다."라는 부분이 있다.

228 「단독 | 고영태 녹취」 K스포츠, 세월호 '생존 수영' 돈벌이 노려」, 『중앙일보』, 2017. 2.18 (http://news.jtbc.joins.com/article/article.aspx?news_id=NB11425775) 등의 내용을 제외하면 관련 내용을 찾아보기가 쉽지 않다.

229 참사 당일 KBS 속보 내용 및 정보공개 신청결과 참조.

데 아무리 상세하고 좋은 매뉴얼이라도 담당자들이 내용을 잘 모르면 없는 것이나 마찬가지입니다. 담당자들이 매뉴얼을 충분히 숙지해서 실제 위기 상황 시에 매뉴얼대로 움직이는지 점검해 볼 필요가 있습니다. 또 기존 매뉴얼 중 시대에 뒤떨어진 것은 없는지 짚어보고, 미래에 일어날 수 있는 새로운 형태의 대형 복합재난에 대비한 매뉴얼이 지금 필요한지도 검토하기 바랍니다.

박근혜가 참석했던 수석보좌관 회의 회의록을 모두 입수하여 검토하는 것에는 한계가 있었기 때문에, 평소 박근혜가 수석보좌관 회의에서 어떤 형태로 어떤 지시를 하는지는 알 방법이 없다.

다만 세월호 침몰 사건 발생 9일 전 회의에서 군이 대형 재난 사건을 논의했다는 사실은 매우 이례적이라고 필자는 의심하고 있다. 그리고 이 발언문을 평소와 같이 최순실이 작성했다면, 그는 세월호 침몰 사건을 예견했던 것이나 다름없다.

세월호 침몰 사건의 '국정원 개입'

세월호 침몰 사건과 관련하여 유가족들이 가장 진상규명하고 싶은 국가기관이 바로 국가정보원이다. 하지만 국정원은 '국가안보'를 중시하는 「국가정보원법」의 커튼 뒤에 숨어 있어 도저히 접근할 수 없는 국가기관이었고, 현직 대통령의 특별한 결단이 없다면 영원히 진실을 밝힐 수 없는 기관이다.

국정원은 「국가정보원법」에 의거 대통령 직속 대통령 소속기관으로 국가 최고정보기관의 역할을 하는 기관이며, 대통령의 지시와 감독을 받아 아래와 같은 직무를 수행토록 되어 있다.[230]

---

230 「국가정보원법」 제2조(지위), 제3조(직무) 참조.

- 국외 정보 및 국내 보안정보[대공(對共), 대정부전복(對政府顚覆), 방첩(防諜), 대테러 및 국제범죄조직]의 수집 · 작성 및 배포
- 국가 기밀에 속하는 문서 · 자재 · 시설 및 지역에 대한 보안 업무
- 정보 및 보안 업무의 기획 · 조정

대통령은 헌법에 따라 '재해를 예방하고 위험으로부터 국민을 보호하기 위해 노력'할 의무가 있으며, 국정원은 대통령이 위 임무를 수행하는 것에 문제가 없도록 보좌할 의무가 있다. 세월호 침몰 사건과 관련해서도 국정원은 대통령과 함께 잘 수습할 의무가 있었다.

하지만 세월호 침몰 사건 이후 국정원은 대통령 소속기관으로서 대통령의 지시와 감독을 받았다는 증거는 찾을 수 없으며, 거꾸로 당시 국정원장이었던 남재준이 세월호 침몰 사건과 관련하여 보고했다는 내용도 찾을 수 없다.

따라서 세월호 침몰 사건 발생과 국정원이 어떤 연관성이 있는지 단정적으로 말할 수는 없지만, 국군기무사령부가 국정원을 '세월호 사건으로 가장 이득을 봤던 조직'으로 규정했던 것을 보면, 국정원이 세월호 침몰 사건에 깊숙이 개입되어 있음을 의심하지 않을 수 없다([그림 7-34] 참조).

그림 7-34. 국군기무사령부 작성 문건에서 '국정원 세월호 관련' 언급

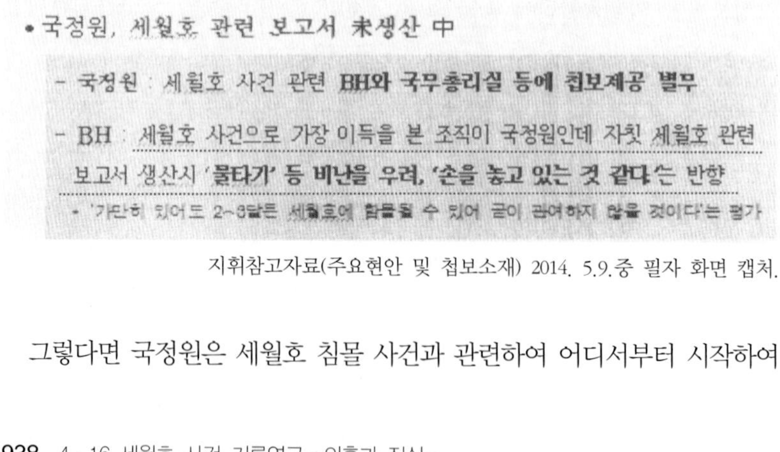

- 국정원, 세월호 관련 보고서 未생산 中

- 국정원 : 세월호 사건 관련 BH와 국무총리실 등에 첩보제공 별무

- BH : 세월호 사건으로 가장 이득을 본 조직이 국정원인데 자칫 세월호 관련 보고서 생산시 '물타기' 등 비난을 우려, '손을 놓고 있는 것 같다'는 반향

· '가만히 있어도 2~3달른 세월호에 함몰될 수 있어 굳이 관여하지 않을 것이다'는 평가

지휘참고자료(주요현안 및 첩보소재) 2014. 5.9.중 필자 화면 캡처.

그렇다면 국정원은 세월호 침몰 사건과 관련하여 어디서부터 시작하여

어느 시점까지 개입이 됐을까?

국정원이 세월호 침몰 사건을 조기에 수습하기 위하여 도주 선원들의 수사과정부터 유가족 사찰에 이르기까지 이곳저곳 사방팔방 개입했던 것은 틀림없었던 것처럼 보이지만, 침몰의 원인을 제공했던 정황은 찾지 못했다.

그럼에도 필자는 '세월호 침몰부터 진상규명과 책임자 처벌 방해'에 이르기까지, 박근혜의 지시 또는 용인에 따라 기획과 실행을 국정원이 했다고 판단하고 있다. 세월호 침몰 사건은 [그림 7-35]과 같은 패턴에 따라 기획 및 실행되고, 진실을 은폐하려는 박근혜의 노력이 전개되었다고 판단된다.

그림 7-35. 정부 세월호 참사 처리 계통도

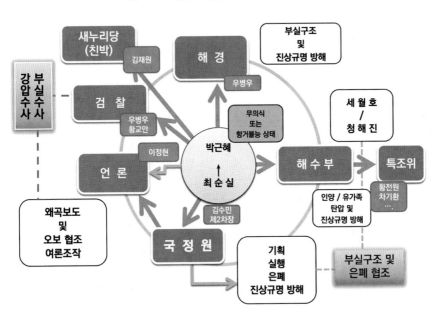

각종 자료 검토 결과 필자 직접 작성.

이슈를 덮기 위한 '충격 상쇄 아이템'[231]

2017년 2월 7일 '최순실 국정 농단 진상규명을 위한 국정조사 특위' 2차 청문회에서 더불어민주당 손혜원 의원은 증인으로 출석했던 고영태에게 "최순실이 세월호 참사 후 반응이 어땠냐"라고 묻자, 고영태는 "(최순실은) 세월호의 노란색만 봐도 좋게 생각하지 않았다"고 답변했다.[232]

최순실과 똑같이 박근혜도 세월호 침몰 사건의 진상규명과 관련해서 매우 병적인 반응을 보였다.

박근혜는 2014년 4월 17일과 2014년 5월 16일에 세월호 침몰 사건의 피해자 유가족을 만났을 때, 철저한 진상규명과 책임자 처벌을 약속했다. 하지만 최근 발견된 국군기무사령부 문건에 따르면, 박근혜의 가슴속에는 이 약속을 지킬 의사가 전혀 없었던 것으로 밝혀졌다. 기무사 문건에는 박근혜는 최대한 빨리 세월호 침몰 사건을 조기에 매듭지으려 노력했을 뿐, 진상규명과 책임자 처벌을 지시한 정황이 전혀 없기 때문이다. 따라서 2014년 5월 19일에 있었던 대국민 담화문 발표는, 국민을 속이고 성난 민심을 잠재우기 위해 기획된 단순한 쇼에 불과했다.

박근혜가 세월호 침몰 사건과 직접 연관이 없다면, 그렇게 노골적으로 신경질적인 반응을 보일 필요가 없었다. 7시간 문제와 상관없이 침몰 사건의 발생원인을 철저히 조사하고, 관련자를 색출하여 엄중하게 문책한 후에, 국가의 안전 시스템을 개조하여 안전한 나라만 만들었다면 조용히

---

231 이 부분은 많은 독자로부터 격한 비난을 받을 수밖에 없는 주제이지만, 행위 당사자인 박근혜가 직접 진실을 밝히지 않았고, 검찰과 특검이 조사할 수 없도록 저항하여 정확한 진실을 밝힐 기회가 없었다. 따라서 필자는 합리적 추정과 추측 및 의심만으로 이 사건을 바라볼 수밖에 없고, 그 결과가 억울하다면 관련된 사람들이 스스로 거짓의 옷을 벗어야 한다.

232 「최순실, 세월호 노란색만 봐도 안좋게 생각했다」, 『인사이트』, 2016.12.8 (http://m.post.naver.com/viewer/postView.nhn?volumeNo=5724790&memberNo=29949587&vType=VERTICAL).

끝날 일이었다. 오히려 역사에 매우 훌륭한 대통령으로 기록되었을 것이다.

하지만 박근혜는 정권의 운명을 걸고 세월호 침몰 사건의 진상규명과 책임자 처벌을 방해하고 반대했으며, 탄핵으로 대통령직에서 물러나는 순간에도 진실을 밝히지 못했던 것으로 보아 뭔가 공개할 수 없는 특별한 사정이 있었다고 의심하지 않을 수 없다.

세월호 침몰 사건 발생 당시 집권 2년 차를 막 시작했던 박근혜는, '불법 대선(개표 부정) 문제와 국정원 댓글 문제, 서울시 공무원 간첩증거조작사건 문제'로 정치적으로 매우 심각한 위기에 빠져 있었다. 지지율은 급격하게 추락하고 있었고 반대로 부정적 이미지는 치솟고 있었다.

특히 6·4지방자치 단체장 선거가 코앞에 닥친 시점에, 수도권 출마자 3명(정몽준, 남경필, 유정복)은 전패의 위기에 빠져 있었고, 그 이후에도 재임 1년 중간 평가 성격의 국회의원 보궐선거(7월 30일)가 줄줄이 이어지는 상황이었다. 그 어느 것도 국민과 야당에 밀리면 임기 초반의 대통령은 위기일 수밖에 없고, 향후 안정적인 국정 운영을 기대할 수 없는 처지에 놓여 있었다. 한마디로 보수세력 결집을 위한 여론 전환용 카드가 필요한 시점이었다.

박근혜는 탄핵으로 대통령직을 내려놓는 그 순간까지도 "국민, 경제, 창조경제, 국가안보"를 매우 중시했고, 세월호 침몰 사건 발생 직전에 안보용 카드로 [그림 7-36]과 같이 "청와대 상공과 백령도, 파주 등지에 북한 무인기가 출몰하고 있다"는 카드를 썼지만, 정치적 위기탈출에는 실패했던 것으로 보인다.233

---

233 물론 이 견해에 많은 비판이 있을 것으로 필자는 판단한다. 하지만 세월호 침몰 사건 발생 이후 놀랍게도 무인기 관련 뉴스는 흔적도 없이 사라졌던 것으로 보아, 국내에서 누군가 자작극을 벌렸을 개연성이 높다고 판단하고 있다. 북한의 김정은 국무위원장이 세월호 침몰 사건을 애도하여 세월호 침몰 사건 발생 이후에 '무인기를 활용하지 않았을 가능성'은 거의 없기 때문이다. 또한, [그림 7-37]에서 보는 바와 같이 "국정원에서 파주 무인기 관련 '기무 합산 결과 대공용의점이 낮다'라고 보고했던 것을

정치적 위기에 빠져 있던 박근혜는 '정치적 위기탈출용 특효약'이 필요했을 것이고, 특효약의 조건은 '국민들에게 신선하지만 매우 큰 충격을 주어야 하고, 약효가 상당 기간 지속되어야 한다'는 전제 조건이 있었다고 판단된다.

그림 7-36. 추락한 북한 무인기 모습

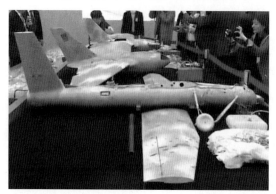

2014. 4. 1, 2. 『MBC NEWS』 보도화면 필자 화면 캡처.

그림 7-37. 국정원 파주 무인기 결론 관련

ㅇ 국정원의 파주 무인기 상황 관련 '우리부대 관련내용' 재확인 지시

• 국정원에서 파주 무인기 관련 '기무 합신결의 대공용의점이 낮다'고 보고한 데 대해 별다른 반향이 없었으나 백령도 件 추가 발생이후 "보고서를 다시 가져 오라"고 지시

• 이에 대해, 국정원 직원은 우리부대원에게 "기관간 알력문제로 비화될 것 같아 염려스럽다."고 언급

지휘참고자료(주요현안 및 첩보소재) 2018.4.18. 중 필자 화면 캡처

보면, 무인기 사건은 북한 소행일 개연성은 매우 낮다고 할 것이다. 새정치 민주연합 정청래 의원도 무인기 배터리에 표기된 서체가 북한이 보통 쓰는 '광명 납작체'가 아니라 남한에서 쓰는 '아래아 한글'의 서체라는 점, 북한은 무기에 '주체 몇 년' 등 연호를 쓰는데 무인기에는 없다는 점, 일련번호에도 한글 대신 알파벳 'S'로 시작해 다르다는 점을 들어 무인기가 북한 소행이 아닐 수 있다며 의문을 제기해 왔다. 「野 정청래 의원 "무인기 북한 것 아닌 듯" 파장 예상」, 『MBC NEWS』, 2014.04.11 (https://news.naver.com/main/read.nhn?mode=LPOD&mid=tvh&oid=214&aid=0000365209).

세월호 침몰 사건은 그런 측면에서 준비된 카드로, 특히 '전원구조'라는 부분이 중요했을 것이다. 해경이 초기에 매우 소극적으로 대응했던 것과 대형 참사가 발생한 사실을 알고도 '전원구조'와 관련한 잘못된 보도를 오후 3시 30분경까지 바로잡지 않은 이유가 여기에 있었다고 판단하고 있다.

국가위기 상황에서 정부의 효율적인 위기관리 능력을 보여주면, 많은 국민들과 특히 단원고 학부모들이 박수치는 모습을 보였을 것이고, 이것은 6·4지방선거와 이어지는 보궐선거의 선거 홍보용 자료로 두고두고 활용됐을 것이다. 따라서 필자는 야당 인사들도 비난할 수 없는 '전원구조' 카드를 국정원이 준비했을 가능성이 있다고 판단한다. 그 근거는 아래와 같다.

- 대단히 많은 수의 어린 학생들이 세월호에 승선해 있었으므로 계획대로 전원구조에 성공할 경우 국민의 확실한 주목을 받을 수 있다.

- 세월호 침몰 사건 발생 약 9일 전이었던 2014. 4. 7.경에 있었던 국무회의에서 박근혜가 굳이 "다양한 형태의 재난에 대비해 선제적인 대응 체제를 구축할 필요가 있으며…, 대형복합 재난에 대한 매뉴얼을 점검하라"는 지시를 했다.

- 세월호 침몰 사건 발생 당시 구조와 관련한 언론의 보도가 "전원구조를 위한 Frame이 있었던 것"처럼 진행되었다.(상세한 것은 제7장 '전원구조는 누군가 계획했던 보도였다' 참조)

- 사전에 예정됐었던 어떤 행위가 없었다면, 박근혜와 해경 등이 구조와 관련하여 '왜 적극적 능동적으로 대응하지 않았는지' 그 이유가 해석되지 않는다.

- 박근혜의 입장에서 이 계획이 성공할 경우 상당히 오랜 시간 동안 자신이 처한 정치적 위기에 대한 논란을 뒤로 미룰 수 있고, 최순실의 입장에서는 인양과 관련하여 거액의 경제적 이익을 얻을 수 있었다.

결국, 박근혜의 '정치적 이슈 덮기용 충격 상쇄 아이템'으로 개발된 세월호 침몰 계획은, 본질적인 목적 외에 '인양과 관련하여 이를 악용하면 거액의 뒷돈까지 챙길 수 있는 '꽃놀이 패'였다. 실제로 세월호 침몰 직후부터 언론은 적극적으로 인양을 논했고, 구체적인 천문학적 인양 비용까지 제시했다.

필자는 이런 점들 때문에 세월호 침몰 사건이 '박근혜의 정치적 위기탈출과 침몰 후 인양으로 얻는 경제적 이익을 목적으로 기획된 의도적 침몰 사건'이었다고 판단한다.

》》자료목록

1) 조준기, 『참고인(조사대상자) 2회 진술조서』, 1기 특조위, 2016.2.26

2) 홍영기, 『진술조서』, 목포해양경찰서, 2014.4.28

3) 국가정보원, 『국정원 개혁위, 「적폐청산 T/F」의 주요사건 조사결과에 대한 자문·심의 내용 발표』, 2017.11.8

4) 헌법재판소, 『결정 2016헌나1 대통령(박근혜) 탄핵』, 2017.3.10

5) 「국정원 해킹의혹 해명이 "18개는 대북수집용, 2개는 연구용"」, 『서울신문』 2015.7.17 (http://www.seoul.co.kr/news/newsView.php?id=2015071750031820)

6) 「국정원, 세월호 유가족 뒷조사 의혹 추적」, 『일요시사』, 2014.9.11 (http://www.ilyosisa.co.kr/news/articleView.html?idxno=69066)

7) 「국정원은 진짜 '누구'를 해킹했나?」, 『오마이뉴스』, 2017.8.25 (http://www.ohmynews.com/NWS_Web/View/at_pg.aspx?CNTN_CD=A0002352249)

8) 「[단독] 국정원, 보수단체 컨트롤타워였다」, 『한겨레』, 2016.4.25 (http://www.hani.co.kr/arti/society/society_general/741267.html#csidx7918c3c829ab2e38a6bf68d37e4b37e)

9) 「[단독] 어버이연합, 세월호 반대 집회에 알바 1200명 동원 확인」, 『시사저널』, 2016.4.11 (http://www.sisajournal.com/news/articleView.html?idxno=149062)

10) 「단식 중인 세월호 유족 앞에서, 보수단체 "나라 위해 목숨 바쳤나?"」, 『오마이뉴스』, 2014.7.18 (http://www.ohmynews.com/NWS_Web/View/at_pg.aspx?CNTN_CD=A0002014971)

11) 「박대통령, 국정원 제2차장에 김수민 전 인천지검장 내정」, 『폴리뉴스』, 2014.5.7 (http://www.polinews.co.kr/news/article.html?no=204766)

12) 「보수 여성단체 "세월호 노란물결이 국론 분열시켜"」, 『뉴스1』, 2014.5.16 (http://
news1.kr/articles/1678857)

13) 「선장 등 접견 강정민 변호사 "선장, 퇴선 명령했다 한다"」, 『편파TV』, 2014.4.23
(http://www.redian.org/archive/69814)

14) 「'친박' 보수단체에 흘러들어간 국정원의 '블랙머니'」, 『시사포커스』, 2017.3.9
(http://www.sisafocus.co.kr/news/articleView.html?idxno=158344)

15) 「"최순실, 세월호 노란색만 봐도 안좋게 생각했다"」, 『인사이트』, 2016.12.8 (http://m.
post.naver.com/viewer/postView.nhn?volumeNo=5724790&memberNo=2994
9587&vType=VERTICAL)

| 제8장 |

용납해서는 안 되는
국가기관의 증거인멸

1.
해경의 증거인멸과
허위 공문서 작성

　세월호 침몰 사건의 구조와 관련해서 대한민국 국가기관은 단 한 곳도 자신들에게 주어진 사명을 완수하지 못했다. 특히 최일선에서 직접 승객을 구조해야 할 의무를 진 해경의 경우에는, 해양경찰청장 김석균 등 수뇌부부터 침몰현장에 출동했던 말단 의경에 이르기까지, '상황실에서, 도로 위에서, 바다 위에서, 공중에서' 적절하게 대응했다는 근거는 찾아볼 수가 없다.

　하지만 이들은 세월호 침몰 사건 발생 초기, 잘못된 구조결과의 책임을 면하기 위한 대응 행위에는 매우 적극적이고 신속한 대응을 했다.

　그들은 논쟁의 대상이 되었던 부분, 즉 세월호 승객들을 구조할 당시 '퇴선 방송을 하지 않았던 부분과 세월호 선내에 진입하지 않았던 부분, 선장과 선원들을 먼저 구조했던 부분' 등을 감추기 위한 행동은 전광석화처럼 행동했다.

　세월호 침몰 사건에서 청와대를 비롯한 대한민국 국가기관들은 이 사건을 덮기 위해서 조직적으로 '관련 기록을 은폐하거나 파기'했으며, 그다음엔 '사실에 반한 새로운 문건들을 작성'하고, 관련자들이 '국회의 국조특위 또는 감사원 감사 등에서 허위진술을 하기 위해 조작된 문건을 가지고 함께 모여 '학습'했다.

특히 청와대 비서실장 김기춘 등은 가용 가능한 모든 인력을 동원하여, 대응 시나리오를 만들고 '검독회'라는 명목으로 실전과 같은 연습을 한 후에, 국회 국조특위와 국회 운영위원회에 출석하여 위증한 사실은 이미 널리 알려져 있다.

해경도 전혀 다르지 않았던 것으로 판단된다. 그들은 「초동조치 및 수색구조 쟁점 및 세월호 사고 예상질의 답변」 등 실제 사실에 반한 자료를 다수 작성한 후 관련자들의 학습자료 용도로 활용했다. 특히 「세월호 국정조사 관련 현장 담당자가 답변할 사항」 등의 자료를 작성하여, 국회 국조특위에서 답변의 역할 분담을 했던 것으로 추정된다.

실제로 해경이 '검찰 조사, 국회 국조특위, 감사원 감사' 등에서 행했던 증언과 진술은, [표 8-5]에서 열거된 문건의 내용과 정확히 일치한다.

필자는 해경이 스스로 떳떳하게 밝히지 못하고 있는 부분을 아래 [표 8-1]과 같이 정리했다. 이것들 상당 부분은 해경의 범죄행위와도 연관되어 있으므로, 이 부분을 정확히 밝히는 것은 모두 검찰의 몫이었지만, 검찰은 아직도 이것을 명쾌하게 밝히지 않고 있다.

표 8-1. 해경의 증거인멸 관련 의혹 문건 현황

구분	작성기관	작성 문건	보고 내용	시기	비고
허위 문서 작성	해양경찰청	「세월호」 대응 특공대/구조대 조치 보고	• 청와대에서 122구조대 최초 입수시간을 조사하여 보고하라 하자 의도적으로 허위 보고서 작성 보고	14. 4. 27.	청와대 보고
		경비 전화, TRS 녹취록 작성	• 침몰 당일 09:37경 경비과장 여인태와 123정장 김경일의 전화통화 녹취록 허위 작성 • 침몰 당일 청와대와 해양경찰청 간 핫라인 녹취록 허위 작성	특정할 수 없음	진실 은폐 목적

해양경찰청 서해청 목포서	구조본부 운영 계획서	• 버전이 서로 다른 TRS 녹취 록 작성 및 공개		
		• 세월호 침몰 당시 '구조본부 비상체계로 전환'하지 않았 음에도, 마치 전혀 '새로운 조직'을 구성하여 가동했던 것처럼 문건 작성 및 공유	특정할 수 없음	진실 은폐 목적
	세월호 사고 예상질의 답변 외	• 세월호 사고 예상질의 답변 (1, 2) • 초동조치 및 수색구조 쟁점 (Ⅰ,Ⅱ) • 세월호 관련 질의 응답 등	14. 5.	진실 은폐 목적
서해청 상황실	상황보고서 2보 및 문자 상황시스템 : 122구조대 입수 시간 조작	• 122구조대 대원이 침몰현 장에 도착하지도 않았는데, 이미 입수하고 있는 것으로 보고서 작성	침몰 당일	해경 전체 의혹
진도VTS	AIS 항적 조작 의심	• 침몰 당시 세월호 AIS 항적 조작 의심 • 허위 근무일지 작성 의심	?	진실 은폐 목적
목포서 3009함	항박일지	• 항박일지의 '기사'란 상당시 간 도래 후 허위 작성 의혹	?	진실 은폐 목적
	목포서장 행동사항 및 지시사항	• 세월호 침몰 당일 목포서장 김문홍의 지휘내용 허위· 과장 보고 문건 작성	특정할 수 없음	진실 은폐 목적
목포서 123정	시차별 조치사항	• 선내진입 및 퇴선 방송을 하지 않았음에도 불구하고, 구조작업 진행시 마치 그것 을 했던 것처럼 관련 서류 허위 작성	14. 4.	진실 은폐 목적
목포서 P-120정	경찰 전보	• 감사원 감사를 대비한 허위 경찰 전보 작성 의심	14. 5.	감사원 대비
?	세월호 선내 CCTV 조작 의혹	• 세월호 선내 CCTV 바꿔치 기 및 조작 의혹	?	진실 은폐 목적
해수부 제주 VTS	채널 21번에 대한 허위녹취록 작성 및 통신일지 조작	• 존재하지 않는 녹취 음성을 기초하여 녹취록 작성 • 통신일지 조작(추가 기재)	14. 4. 16.	진실 은폐 목적
	AIS 항적 조작 의심	• 침몰 당일 세월호 AIS 조작 의심	?	진실 은폐 목적

문서 파기	목포서 123정	함정일지	• 기 작성된 함정일지 파기 후 신규 작성 보관	14. 5.	진실 은폐 목적
	진도VTS		• 센터 내부 감시용 CCTV 파기 의심	?	진실 은폐 목적
허위 진술 모의	해양경찰청 서해청 목포서 등	세월호 국정조사 관련 현장 담당자가 답변할 사항	• 국회 국조특위 대비 역할 분담을 위한 모의	특정할 수 없음	국회 국조 특위 대비
	목포서 123정		• 감사원 감사 및 검찰 수사 대비 123정 정장 김경일 및 승조원 허위 진술 모의	14. 4.~	진실 은폐 목적
	합동수사 본부	이준석 허위 진술 교사	• 세월호 선장에 대한 허위 진술 교사(침몰 당일 15:00 이후 행적, 강정민 변호사 면담 등)	14. 4. 16. ~	진실 은폐 목적
은폐	해경 및 검찰	CCTV 영상	• 4. 17. 세월호 선장 이준석이 묵었던 APT CCTV 녹화영상 공개 거부		진실 은폐 목적
	목포서 122구조대	122구조대 대원 실제 출동 시간 조작	• 122구조대 늑장 출동 및 늑장 출동 사실 은폐 후 거짓된 출동 시간 공유	14. 4.~	진실 은폐 목적
	서해청 상황실 군산해경 122구조대	군산해경 122구조대원 출동 사실 은폐	• 군산해양경찰서 소속 122구조대원 2명이 10:38경 침몰현장에 출동했지만, 구조에 투입하지 않고 목포로 회항한 사실 은폐	14. 4.~	진실 은폐 목적
구조 당시 허위 상황 전파 및 허위 내용 언론 발표	목포서 상황실	문자상황실	• 탈출하라고 대공방송 중	침몰 당일	해경 전체 의혹
	해양경찰청 서해청 목포서	허위 인터뷰 및 허위 기자회견	• 4. 23. 경사 이형래 허위 인터뷰 • 4. 28. 123정 정장 김경일 및 승조원 허위 기자회견 • 2014. 5. 김경일 및 박상욱 조갑제 닷컴 허위 인터뷰	4. 23. 4. 28. 5. 25.	허위 사실 유포 목적
		구조인원 과장 전파	• 정확한 구조상황을 파악하고 있었으면서도 구조 인원을 과장하여 보고하고, 언론의 잘못된 보도를 의도적으로 침묵함	침몰 당일	?

각종 자료 참고 필자 직접 작성.

목포해양경찰서 소속 123정의 진실 은폐

해경 123정은 세월호 침몰현장에 가장 먼저 도착한 함정으로, 도착과 동시에 매뉴얼에 의거 첫 번째 도착한 함정의 자격으로 OSC 임무를 담당했다.

그들이 침몰현장에 도착할 때까지 해경 수뇌부와 상황실의 대응이 잘못됐더라도, 123정 정장 김경일이 능동적이고 효율적인 대응만 했었다면 최소한 대형참사만큼은 면할 수 있었다.

하지만 그들도 이동과정에 아무런 조치도 하지 않았고, 그 결과 구조를 위한 최적기에 침몰현장에 도착했음에도, 우물쭈물하다가 구조의 시기를 놓쳐 버렸다.

국가와 해경은 잘못된 구조를 반성하기는커녕 언론을 이용해 모든 것을 덮으려 했다. 특히 초기에 123정 정장 김경일과 승조원들을 조직적으로 이용하려 했다. 2014년 4월 23일 경사 이형래의 허위인터뷰를 통해, 4월 28일에는 침몰현장에서 구조 중인 함정을 팽목항으로 이동시켜 허위기자회견을 진행했다. 그리고 5월 25일과 5월 26일에는 언론인 조갑제를 이용하여 여론을 왜곡하려 했다.

해경이 이렇게 열심히 노력한다 하더라도, 그들 앞에는 감사원의 감사와 국회 국조특위가 기다리고 있었고 검찰의 수사도 기다리고 있었다. 해경은 이것들을 효율적으로 대비할 목적으로 '사실에 반한 왜곡된 문서'를 만들거나 조작했다. 응당 공개해야 할 문건들은 갖은 핑계를 대면서 제공을 거부했다.

이 대열에 가장 적극적으로 가담했던 구조세력이 바로 123정 정장과 승조원들이라 할 것이다. 그들은 찢고 새로 만들고 거짓 진술하기 위해 서로 모여서 회의를 하기도 했다.

123정 승조원들 '허위진술'을 모의하다

123정 정장 김경일과 승조원들이 허위진술하기 위한 진술 모의를 했던 정확한 날짜는 특정할 수 없지만, 감사원 감사를 앞두고 한번, 그리고 123정 승조원들이 검찰의 조사를 받기 전날인 2014년 6월 3일에 또 한 번, 최소 두 번의 진술 모의가 있었던 것은 틀림없는 사실이다.

세월호 침몰 사건이 발생한 지 채 일주일이 지나지 않아 정장 김경일은 경사 박성삼을 불러서 '직원들을 식당으로 모이라고 해라!'고 지시했고, 의경을 포함한 123정 승조원들이 123정 식당에 모였다.[1]

이 자리에서 김경일은 박성삼에게, "성삼이, 세월호 시차별 구조상황을 네가 읽어 줘라"고 지시했다. 박성삼이 123정 승조원들에게 시차별 구조상황을 읽어 준 뒤, 김경일은 경장 박상욱을 가르키며 "상욱이! 내가 지시해 가지고 그렇게 선내에 진입한 것이 맞지"라고 동의를 구했지만 박상욱은 아무런 말을 하지 않았다.

계속해서 김경일은 이형래를 보며, "형래는 처음에 구명벌을 터트릴 목적으로 간 것이 아니라, 선내에 진입할 목적으로 간 것"이라는 취지로 말을 했다. 이형래 또한 아무런 대답을 하지 않았다.

그는 이어 "퇴선방송 같은 경우에는 개인별로 다 못 들었으니까 중간에 무슨 방송 소리가 난 것을 퇴선방송을 들었던 것으로 하자"는 취지로 얘기했고, 승조원들은 별다른 대답을 하지 않았다.[2]

그는 "언론에서 현재 이 부분(선내진입 및 퇴선방송)이 이슈가 되고 있으니, 좀 도와 달라"고 말했으며, 순서를 특정할 수 없지만, 부장 김종인이 "상황이 그렇다면 정장님이 말씀한 것처럼 하자"라는 취지로 말하였고, 박

---

1 부장 김종인은 2014년 4월 22일부로 P-79정으로 전보된 상태였으므로 참석하지 않았다.

2 박성삼, 『진술조서(2회)』, 광주지방검찰청, 2014.7.22, 13~14쪽.

성삼 또한 "그런 식으로 진술하는 것이 좋겠다"는 취지로 이야기하자, 승조원 모두 '알겠다'는 말을 했다.[3]

123정 정장 김경일과 승조원들은 검찰 조사 하루 전에도 허위진술을 모의했다. 2014년 6월 3일 점심 식사 후 김경일은 '총원 식당으로 집합'이라는 선내방송을 했으며, 오후 1시경 승조원들은 123정 식당에 모두 집합했다. 세월호 침몰 당시 123정에서 대공방송의 임무를 수행하던 123정 부장 김종인은 P-79정으로 전보된 상태였지만, 특이하게도 이날 회의에 참석했다.

이 자리에서 김경일은 "내일 광주지검(에 조사받으러) 가니까 감사원에서 감사받은 진술을 그대로 해라"고 하면서, 지금까지 김경일과 박상욱 경장의 진술이 맞지 않았던 조타실 진입 경위에 관하여, '박상욱 경장이 설령 헬기 소리나 상황 때문에 선내 진입지시를 듣지 못했어도 조타실로 가라는 방송을 듣고 조타실에 진입한 것으로 진술해라'는 취지로 박상욱에게 얘기했다.

그는 또한 "정장이 세월호 침몰현장으로 출동하면서 각자에게 임무 부여를 했었는데 경사 이종운이 기관 엔진 소리 때문에 방송 소리를 듣지 못했지만 들었던 것으로 하라'는 취지로 진술해라. 전체 승조원들에게는 '승객들에게 배에서 내리라는 것을 강조했다는 식으로' 퇴선 방송을 들은 것으로 해라"고 이야기했다.[4]

이 사실은 김경일 또는 123정 승조원 중 하나가 과거의 잘못을 반성하는 차원에서 전모를 밝힌 진술이 아니다.

검찰의 조사 과정에서 승조원 중 하나가 어쩔 수 없이 관련 진술을 했으며, 나머지 승조원과 김경일은 마지못해 제한적으로 인정했다. 따라서 실제 이들이 모의했던 허위진술의 전모는 이것이 끝이 아닐 확률이 있다.

---

3 박성삼, 『진술조서』, 광주지방검찰청, 2014.6.4, 24쪽. 다만, 이날 회의에는 부장 김종인이 참석하지 않은 것이 분명하므로, 박성삼의 기억에 착오가 있는 것 같다.

4 이종운, 『진술조서』, 광주지방검찰청, 2014.6.4, 24쪽.

다만 최초 자백한 경사 이종운은 아래 사항에 대하여 허위진술을 하기로 협의했다고 진술했다.

- 정장 김경일이 123정에서 세월호를 상대로 퇴선 대공방송을 했던 것으로 진술을 하라고 했고
- 정장 김경일이 방송으로 박상욱에게 세월호 조타실에 들어가 퇴선 안내방송을 하라 지시하였고 이를 승조원들이 모두 들은 것으로 진술하기로 했고
- 세월호 침몰현장 도착 시까지 세월호 호출 및 진도VTS 등과 교신하지 못한 이유에 대해서는, SSB를 통해서 인근 어선을 호출하느라 그런 것으로 얘기하라 하였고
- 정장은 세월호로 가는 도중 임무 부여를 하였다고 주장하기로 했고, 이종운은 기관실 당직자로서 기관실 엔진 소리 때문에 어떤 방송도 듣지 못했으나 검찰에서는 들은 것으로 하라고 하였고
- 의경들에게도 너희들은 책임이 없으니까 정장이 방송한 것을 못 들었어도 들었다고 하라고 했고
- 당시 구조상황의 어려움을 최대한 부각하도록 하였고
- 감사원에서 조사내용과 일치하게 대답하라고 하였다.[5]

지금까지 밝혀진 바에 따르면 123정 승조원들과 정장 김경일의 진술 모의는 두 번 있었던 것으로 파악되지만, 실제로는 훨씬 빨리, 더 많이 더 장기적·조직적으로 이루어졌을 개연성이 높다.

그 이유는 [표 8-5]에서 보는 바와 같이, 해경은 이미 2014년 5월 12일 시점에 「세월호 사고 예상질의 답변(1, 2)」를 완성했으며, 5월 30일에는 「초동조치 및 수색구조 쟁점(Ⅰ)」을 완성했기 때문이다.

문제는 이 문건에 기록된 쟁점 사항이 정장 김경일 등의 진술과 정확히 일치한다는 점이다. 그리고 이 문건의 내용과 두께를 볼 때 김경일 등 123

---

5 이종운, 『진술조서』, 광주지방검찰청, 2014.6.4, 23쪽.

정 승조원들의 도움 없이 하루아침에 작성할 수 있는 문건이 아니란 점에서, 장기적으로 해경 고위층이 개입되어 치밀하게 진술이 조작되었을 가능성이 있다. 따라서 허위진술과 관련된 모의는 123정뿐만 아니라, 해경 조직 전체적으로 광범위하게 진행되었을 개연성이 높다고 판단된다.

123정 정장 김경일은 허위진술 모의만 했던 것이 아니라, 완벽한 범죄를 꿈꾸며 이미 작성된 함정일지를 파기하고 새롭게 작성해 보관하고 있었다.

해경은 「해양경찰청 함정 운영 관리 규칙」에 의거 "함정의 제반 행동 사항을 관할 지방해양경찰청장 · 해양경찰서장에게 보고하여야 하며, 그 사항을 일지에 기록 유지"하게 돼 있다. 이렇게 기록된 기록을 '함정일지'라고 한다.

함정일지는 "함정에서 발생하는 주요 사항 등을 기재하는 일지"이고, [표 8-2]의 사항들을 기재하게 되어있다. 함정일지는 매일 작성하게 되어있고, 작성된 함정일지는 월별로 편철해서 보관하게 돼 있다.

123정의 경우 해당 월의 함정일지는 조타실의 해도대 부근에 비치해 놓고 당직자들이 기재하고, 그 이전의 함정일지는 지하층 직원 침실에 있는 서류보관함(침실 테이블에 있는 긴 일자형 의자로 윗부분을 열면 안쪽에 수납공간이 있어 서류보관함 용도로 사용)에 보관하고 있었다.[6]

함정일지는 매우 제한된 범위 내에서 작성된 일지를 수정할 수 있다. 수정 방법은 어떤 경우에도 작성된 내용을 지울 수 없으며, 일지 내용을 수정할 원문의 글자를 알 수 있도록 글자 중앙에 2줄로 선을 긋고, 수정할 내용을 그 위에 기재한 후, 좌, 우 여백란에 수정 숫자(가:00자, 삭:00자)를 기입하고 서명(날인)한다.[7]

6 박은성, 『진술조서(제3회)』, 광주지방검찰청, 2014.7.24, 1쪽.
7 박성삼, 『진술조서(3회)』, 광주지방검찰청, 2014.7.23, 11쪽.

표 8-2. 함정일지 기재 내용

구분	작 성 내 용	작 성 자	비고
1면	함정명, 함정번호, 날자, 인원 현황	최초당직자가 통상 기재 인수인계 시 해당 당직 근무자들이 인수자 및 인계자 란에 서명하고 인수인계 사항 기재	정장 지시 사항란은 정장이 직접 기입
2면	항해 및 기상 제원 기재	시간별로 당직관이 기재	
3면	장비가동현황 및 유류, 청수 운용 현황	기관부 기관 서무	기관장, 부장, 정장 서명란 서명
4면	기사 작성 통상 1시간 단위로 선박의 위치, 선박 운영 내용, 발생 상황 등에 대하여 기재. 다만 특이사항 발생 시에는 구체적으로 상세하게 기재	기사를 기재하는 면은 한쪽 면을 반으로 나누어서, 아래와 같이 좌측면과 우측면을 구분하여 기재함 좌측면 : 항해부 상황 / 우측면 : 기관부 상황 담당 당직자가 자신이 근무한 시간대의 상황에 대하여 기재 한 후 말미에 서명 날인함	[그림 8-1] 참조

박성삼 진술서를 기초하여 필자 재정리.[8]

제출 보관된 일지 내용을 수정하고자 할 때에는 수정을 요하는 원문을 제출하여 대조 확인 후 일지 원본의 내용을 수정하고 여백란에 수정 일자 와 사유를 기입한 후 수정한 자가 서명(날인)한다.[9]

세월호 침몰 사건 당일은 바쁘기도 했고, 함정일지를 작성하지 말라는 김경일의 지시사항도 있었기 때문에, 오전 8시 이후의 '기사' 부분은 다음 날인 4월 17일 12시경에 작성했다.

그때도 함정일지를 작성하라는 정장 김경일의 지시는 없었지만, 더 미 루면 안 될 것 같아 경사 박성삼이 경사 박은성 등에게 나머지 부분을 작 성하라고 지시해서 완성됐다.[10]

---

8 박성삼, 『진술조서(3회)』, 광주지방검찰청, 2014.7.23, 9~10쪽.
9 「해양경찰청 함정 운영 관리 규칙」, "항박일지 기록지침".
10 박은성, 『진술조서(제3회)』, 광주지방검찰청, 2014.7.24, 14쪽.

세월호 침몰 당시 경사 박성삼은 조타실에서 조타기를 잡고 있었으므로, 당시 진행되었던 구조 진행 상황을 메모해 두었다가 당시(08:00~12:00) 당직관인 박은성에게 전달해 주었다.

박성삼이 박은성에게 넘겨준 메모에는 '목포서 상황실에서 연락받은 시간, 출발시간, 현장 도착시간, 123정이 직접 계류한 시간, 선박의 기울기, 구조 인원' 등 간단한 내용이 기록되어 있었고, 그 상태로 지하층 직원 침실이 있는 서류보관함에 보관됐다.

세월호 침몰 당일 함정일지는 김경일이 감사원 감사를 받기 4~5일 전인 5월 17일~5월 18일 사이에 김경일에 의해 원본은 파기되고 [그림 8-1]과 같이 다시 작성되어 보관되었다.

그림 8-1. 다시 작성된 123정 함정일지

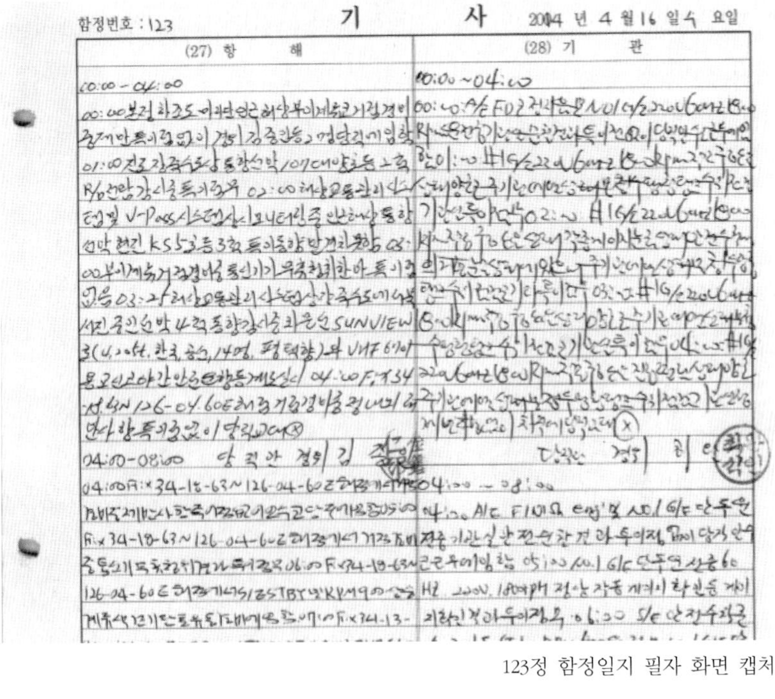
함정번호 : 123 기 사 2014 년 4 월 16 일 수 요일

(27) 항 해	(28) 기 관
00:00 - 04:00	00:00 ~ 04:00
04:00-08:00 당직관 경위 김	당직관 경위
	04:00 ~ 08:00

123정 함정일지 필자 화면 캡처.

김경일은 기작성된 함정일지를 파기하고 다시 작성하기 전에도, 경사 박성삼에게 1~2회 정도 '함정일지의 내용을 구체적으로 고치면 어떻겠냐'고 의견을 물어봤다.

그럴 때마다 박성삼은 '함정일지는 그대로 두는 것이 좋을 것 같다'고 이야기했다. 함정일지가 간략하게 작성되어 있어도, 그 부분을 그대로 두는 것이 자연스럽고 그것을 고칠 경우, 오히려 어색할 것 같다'는 생각이 들어 고치지 말자고 주장했다.[11]

하지만 감사원 감사 며칠 전에 박은성과 박성삼이 조타실에 있었는데, 김경일이 조타실로 올라와서 박은성에게 반쪽에 메모된 A4용지를 주면서, 이대로 함정일지를 다시 작성하라고 지시했다.[12]

김경일은 "부장은 퇴선방송을 실시했다고 하고, 단정에 진입지시도 했다고 한다. 단정에 타고 있었던 너희들은 못 들었다 하더라도 진입지시를 한 것은 한 거니까, 함정일지를 수정해라"라고 하면서, 추가할 내용이 기재된 A4 용지와 함정일지를 건네주었다.

A4 용지에는 연필로 추가할 내용이 기재되어 있었는데, "09:30 퇴선방송 지시, 단정 진입지시(진입가능 시)"라고 기재되어 있었다.

또한 박은성이 김경일로부터 넘겨받은 함정일지에는 기작성된 세월호 침몰 당일 '기사' 부분 2장이 편철된 책자에서 분리된 상태로 함정일지에 끼워져 있었고, 원본이 있었던 부분에는 공란으로 되어있는 '기사' 용지가 새롭게 편철되어 있었다.[13]

---

11 필자가 서해청 지하 문서고에서 직접 확인한 바에 의하면, 모든 함정일지는 3공 바인더로 보관하게 돼 있어, 언제든지 원본을 찢어버리고 새롭게 작성하여 갈아 끼울 수가 있다. 반면, 항박일지는 책으로 제본되어 있으므로 찢어내고 다시 작성할 수가 없다. 따라서 이때에는 항박일지 작성을 누락시켰다가 사후에 작성하는 방법 외엔 조작할 방법이 없다. 최근 해경은 함정일지를 전산에 입력시키는 방법으로 변경한 것을 필자는 확인했다.
12 박성삼, 『(김경일)피의자신문조서(제4회)』, 광주지방검찰청, 2014.8.18, 4~5쪽.
13 박은성, 『진술조서(제3회)』, 광주지방검찰청, 2014.7.24, 5쪽.

김경일의 지시를 받은 경사 박은성은 경사 박성삼에게 "이거 고쳐야 돼요?"라고 불만스럽게 질문을 했고, 박성삼은 "고치라면 고쳐야지 어쩌겠냐"고 답변했다.

결국, 경사 박은성은 일지를 수정할 것을 결심하고, 다른 기록자들에게 정장의 지시를 알려주어 다시 기재하도록 조치했고, 박은성은 해당 부분에 대하여 김경일이 메모해준 내용을 기재하는 방법으로 함정일지를 다시 작성했다.[14]

123정의 함정일지만 조작됐을까?

함정일지의 조작은 추가 사례가 더 존재할 것으로 추정된다. 세월호 침몰 당시 목포해양경찰서 122구조대원 10명을 탑승시켜 침몰현장으로 이동했던 P-120정은, 자신의 이동과정을 '경찰전보'에 좌표로 기재했는데, 이 항적은 [그림 8-2]에서 보는 바와 같이, 정상적인 함정의 이동속도로는 기대할 수 없는 거의 '비행기 수준'의 이동속도(시속 220.8노트)를 유지하고 있었다.

---

14 박은성, 『진술조서(제3회)』, 광주지방검찰청, 2014.7.24, 4~5쪽. 세월호 침몰 당일 함정일지를 다시 작성하는 방법은, 당직 시간 순서대로 1일분을 다시 작성해야 하므로, 먼저 00:00부터 04:00까지 근무했던 경사 이형래가 최초로 작성하고, 다음 근무자 순으로 함정일지가 전달되어 작성됐어야 했다. 박은성을 제외한 나머지 사람들은 단순히 옮겨 적으면 끝나지만, 박은성은 정장 김경일이 제공해 준 메모대로 새롭게 작성해야 한다.

그림 8-2. P-120정 세월호 침몰현장 출동 경로

( ): 이동속도

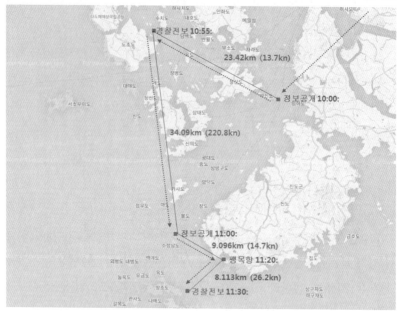

해경 경찰 전보, 정보공개 청구 답변, 박동현의 진술서를 기초하여 필자 작성.

필자는 해경의 경찰 전보가 문제가 있다고 판단하고, 목포해양경찰서에 수차례 정보공개를 신청하여 다음과 같은 답변을 받았다.

- 귀하의 민원 내용인 10:55경 P-120정 경찰전보 상 위치는 'Fix 34-42. 96N, 126-00.39E 성남도 동방 1.7마일 해상'으로 기재되어 있으나 'Fix 34-42.96N, 126-00.39E'과 '성남도 동방 1.7마일 해상'은 해도상 약 35마일 정도 떨어져 있는 상이한 위치로 확인되고, 이는 당시 현장 상황이 중대하고 경황이 없는 과정에서 작성자가 위치 좌표를 잘못 기재한 것으로 판단되며, 4. 16. 10:55경 세월호 인명구조를 위해 전속으로 이동 중이던 P-120정의 실제 위치는 '성남도 동방 1.7마일 해상'으로 확인됨을 알려드립니다.15

---

15 목포해양경찰서 정보공개청구(2019.3.19.)에 대한 답변서 참조.

오직 경찰 전보에 의존하여 세월호 침몰 당일 P-120정의 이동 경로를 추적하면, 그들은 [그림 8-2]의 10:55경 해점에서 11:30경 해점까지 곧바로 이동한 것으로 추정할 수 있다. P-120정의 최대 속력이 18노트(시속 34km/h)임을 감안하면, 이 거리를 35분 만에 이동했다는 경찰전보는 허위로 작성되어 보고된 것이 틀림없다.

게다가 필자가 박동현 경사의 이동과정을 추적하는 과정에서, P-120정이 팽목항 바로 옆에 있는 서망항에 들렀다가 오전 11시 20분경 출항했다는 사실을 확인했고, 그 결과를 가지고 정확한 이동 경로를 추궁했던 결과, '현장 상황이 중대하고 경황이 없는 과정에서 작성자가 위치 좌표를 잘못 기재한 것'이라는 변명까지 받아냈다.

따라서 문제의 경찰 전보는 해경이 감사원 감사를 받는 과정에서, 122 구조대 대원들의 이동과정을 합리화하려고 허위로 '경찰전보'를 허위 작성했던 것을 감사원이 확인하지 못했던 것으로 추정된다.

해경은 3009함의 '항박일지'도 허위기재를 시도했을 가능성이 있다

목포해양경찰서장 김문홍은 3009함장 이재두와 함께 세월호 침몰 사건 발생 직후부터 자신의 책임을 면할 목적으로 「목포서장 행동사항 및 지시사항」이란 문건을 만들어 마치 세월호 침몰 당시 자신이 구조에 최선을 다했던 것처럼 대응했다.[16]

이 문건을 세세하게 소개할 수는 없지만 세월호 침몰 사건을 인지하는 순간부터 침몰현장에 도착하는 순간까지 99% 사실에 반하는 내용으로 되

---

16 정확한 작성시기는 알 수 없지만, 관련 내용으로 보아 늦어도 감사원의 감사가 있기 전에는 작성되어 보관된 것으로 추정된다.

어 있고, 허위 작성된 문서와 같이 구조가 진행됐다 하더라도 별다른 도움이 되지 못했을 것이라는 점이 확인된다. 상황실과 지휘부의 초동조치 의무와 관련한 부분이 누락 돼 있기 때문이다.[17]

목포서장 김문홍과 3009함장 이재두는 「목포서장 행동사항 및 지시사항」이란 문건을 작성하면서 3009함의 항박일지 허위기재를 시도했을 가능성도 있다. 「목포서장 행동사항 및 지시사항」이 정상적인 문건으로 인정받으려면, 김문홍의 지시사항과 똑같은 내용이 3009함의 항박일지에도 함께 기재되어 있어야 하기 때문이다. 하지만 3009함 항박일지에 문제의 내용은 누락되어 있다.

논리적으로 볼 때 김문홍과 이재두가 동일한 내용을 항박일지에 기재할 것을 명령하였지만 사건의 엄중함을 인식했던 부하직원들의 거부로 실패했다고 필자는 믿고 있다. 따라서 세월호 특별수사단의 수사결과에 이 부분이 반드시 포함되어 있어야 했지만 누락된 것은 그들이 부실수사를 진행했다는 것과 다를 바가 없다.

123정 정장은 '시차별 구조사항'도 새롭게 작성하도록 지시했다

경사 박성삼은 조타실에서 세월호 침몰 당시 구조 진행 과정을 메모하여, 경사 박은성에게 전달하여 함정일지를 작성하게 했지만, 한편으로는 '시차별 구조상황'의 작성 근거로도 활용했다.

박성삼이 시차별 구조상황을 작성한 정확한 날짜를 특정할 수 없지만, 당시 123정은 목포해양경찰서 등에 세월호 침몰 사건 구조와 관련하여 조

---

17 당시 3009함에는 목포서장 김문홍의 지휘행위를 합리화하기 위하여 「목포서장 행동사항 및 지시사항」이라는 문건을 작성하여 보관했고, 이것이 사참위 및 세월호 특별수사단에 발각되어 현재 재판 진행 중에 있다.

치한 상황을 보고해야 했으므로, 해당 문건은 세월호 침몰 당일부터 작성하기 시작했을 것으로 추정된다.

박성삼은 '123정 승조원 이민우(순경)가 촬영한 동영상과 함정일지, 승조원의 진술' 등을 토대로 경사 박은성 및 경장 김용기와 함께 「세월호 시차별 구조상황」이라는 문건을 작성했다.

그는 완성된 문건을 정장실로 가지고 가서 「세월호 시차별 구조상황」원안을 보고했는데, 정장 김경일은 '여기 앉아봐라, 이러 저러한 부분은 다시 수정하라'고 지시하여, 조타실에서 사용하는 노트북을 가져와서 원안을 수정했다.

해당 문건은 한꺼번에 문건을 작성한 것이 아니고, 수시로 김경일이 박성삼을 불러서 최종 문건을 작성하게 했다.[18] 당시 김경일의 지시에 따라 박성삼이 수정했던 중요한 내용은 [표 8-3]과 같다.

표 8-3. 시차별 구조사항 수정 내용

구분	원본	파기 후 신규 작성	123정 정장 김경일 지시 내용
09:38:46		선내진입 실패	선내진입은 누군가 했어야 했으므로 '선내진입 실패'를 넣어라.
09:39:55		경사 이형래 사고현장 구명벌 투하차 고무보트 승선	형래가 선내진입을 시도한 것으로 되어있으니까, 목적 자체를 구명벌 투하가 아니고, 선내진입차 고무보트에 승선한 것으로 기재하라.
09:41:18		경사 이형래 경사로 인해 선내 진입실패	중간에도 계속 선내진입한 것으로 하자.
09:45		(박상욱 조타실 진입)주위 구조물 없어 선내진입 실패	계속 선내에 진입한 것으로 하자.
09:45:37	조타실 계류	여성 승객 등 다수인원 발견코 계류	동영상을 보면 (조타실에서) 여성이 내려오니까 여성 승객을 발견하고 계류한 것으로 기재하자

박성삼 진술서(2014.7.22.)를[19] 바탕으로 필자 정리.

---

18 박성삼, 『진술조서(2회)』, 광주지방검찰청, 2014.7.22, 9~10쪽.

박성삼이 작성한 「시차별 구조상황」은 세월호 침몰 당시 상황을 시간순으로 나열한 문건에 불과하지만, 이것을 근거하여 함정일지가 새롭게 작성되었고, 후일 감사원, 국회, 검찰 등에 제출되어 해경의 정상적 구조의 근거로 활용됐다. 따라서 이 문건을 사실에 반하여 수정한 행위는 심각하게 진실을 왜곡하는 행위와 같다고 할 것이다.

122구조대 출동 및 입수시간 허위 보고

세월호 침몰 사건에서 122구조대는 항공구조대 및 특공대와 함께 세월호 침몰현장에 가장 먼저 도착했어야 할 구조세력이었지만, 실제로는 가장 늦게 도착했다. 적어도 2014년 감사원 감사가 끝난 이후 현재까지는 이것이 정설이었다.

하지만 필자는 '세월호 침몰 당일 122구조대가 침몰현장에 도착한 시간은 12시 15분경이 아니라 오전 10시 36분경이며, 가장 먼저 도착한 122구조대원들은 목포해양경찰서 소속이 아닌 군산해양경찰서 소속이었다'는 사실을 이 책 제3장의 「122구조대 늑장 출동의 비밀」에서 밝힌 바 있다.

그렇다면 2014년 감사원은 왜 사실과 전혀 다른 감사결과를 발표했을까? 그들은 해경에게 속은 것일까? 아니면 속아준 것일까? 사정이 어찌 되었건 그들은 역사 앞에 대표적 '부실 감사'라는 꼬리표를 영원히 달게 될 것이다.

세월호 침몰 사건에 대한 감사원의 감사가 완전히 끝나버린 현시점에서, 세월호 침몰 당일 122구조대의 출동과 관련한 추가 진상규명 과제는 다음 세 개 항목이다.

---

19 박성삼, 『진술조서(2회)』, 광주지방검찰청, 2014.7.22, 11~12쪽.

- 세월호 침몰 당일 침몰현장에 가장 먼저 도착했던 122구조대원들은 어디 소속인가?

- 목포해양경찰서 소속 122구조대 대원들은 도대체 언제 세월호 침몰 현장으로 출동했는가?

- 세월호 침몰 당시 서해청 상황실 근무자들은 왜 11:24경에 목포 해경 소속 122구조대 대원 4명이 입수했다고 보고했으며, 2014. 4. 27. 해양 경찰청 근무자들은 왜 청와대에 거짓 보고서를 작성하여 보고했을까?

첫 번째와 두 번째 항목에 대해서는 이미 앞에서 상세하게 논의했으므로 추가 설명은 생략한다.

다만 이곳에서는 해경이 '최초 입수시간'과 관련하여, 허위문서를 작성하여 청와대에 보고했던 과정과 이것을 눈감아 준 감사원의 감사결과에 대해서만 추가한다.

세월호 침몰 당일 오전 9시 44분경, 군산항공대 소속 502헬기가 군산해양경찰서 소속 122구조대원 3명을 탑승시켜 침몰현장으로 출발할 때, 서해청 상황실에서는 이 헬기를 '서해청 패드장'으로 올 것을 지시했다.

군산 502 헬기는 이 지시에 따라 서해청 패드장에 들려 122구조대 대원 1명을 내려놓고, 대신 정보수사과장 구관호(총경)와 서해청 특공대장 최의규(경정)를 탑승시켜 10:36경 세월호 침몰현장 상공에 도착했다. 오전 11시 21분 29초경 해양경찰청 수색구조과 박재창과 군산항공대와의 유선전화 통화내용을 보면 해양경찰청 상황실도 이 사실을 알고 있었다.

(앞부분 생략)

박재창 : 지금 군산 항공대는 어떻게 하고 있습니까?

군산항공대 : 군산항공대 지금 현장에 가 있고요. B502호기가 가 있고 서해지방청장님이 뒤에 탑승한 걸로 돼 있습니다.

박재창 : 아, 502호기가 가 있고 서해청장님이 타고 계신다고요?

군산항공대 : 예. 9시 35분에 출발해 가지고요. 현장에 지금 가 있습니다.

박재창 : 아, 그러면 군산 구조대 구조사가 탄 그건 없겠네요.

군산항공대 : 아, 군산서 구조 122구조대 2명 탑승해 있습니다.

박재창 : 아, 군산 구조대 2명이요?

군산항공대 : 예.

박재창 : 아, 같이 그러면 거기서 지금 구조하고 있는 겁니까?

군산항공대 : 여기서 같이 출발했으니까 현장 상황은 우리가 접속을 못
        하니까. 구조활동을 하고 있겠죠. 지금 AIS상에 지금 사고 현
        장에,

박재창 : 거의 2시간 됐는데 그럼 벌써 도착해서 하고 있겠네요.

군산항공대 : 그렇죠. 지금 노착한 지 한 15분 이상 지난 것 같습니다.

박재창 : 아, 그래요?

군산항공대 : 지방청 들러서 지방청장 탑승해가지고 현장에 투입됐습니다.

박재창 : 아, 그런 겁니까? 구조대 누가 탄지는 모르고요?

군산항공대 : 아, 그건 군산서로 알아보셔야 할 것 같습니다.

박재창 : 알겠습니다. 수고하십시오.[20]

위 전화통화 결과에 따라 해양경찰청 상황실은 군산해양경찰서 소속
122구조대 대원 2명이 세월호 침몰현장에 도착한 사실을 파악한 상태에서
11시 24분경 문자상황시스템을 통해 "현재 잠수인력 투입 여부?"를 물었다.

당시 서해청 상황실에서 근무하던 특공대 행정팀장 고병술은 '특공대장
최의규와 군산해양경찰서 122구조대 대원 2명이, 502 헬기 편으로 침몰현
장으로 이동하여 10:36경 도착한 사실'을 정확히 알고 있었으므로, 해양경
찰청(본청) 물음에 대하여 '122구조대 4명이 투입됐다'고 서해청 상황실장
김민철에게 알려주었고, 김민철은 경장 이선일에게 지시하여 [표 8-4]와 같
이 "122구조대 4명 투입"이 되었다는 답을 했다.

---

20 속기법인 대한, 『녹취서 - 해양경찰청 경비전화(2594)』, 2016.4.19, 34~35쪽.

표 8-4. 122구조대 출동 관련 문자대화방

(실제시간: 입력시간+3분)

문자 입력자	문자 입력 내용
목포상황실님의 대화(오전 11:21):	목포서 122구조대 10명 (eta 12:00)
본청상황실님의 대화(오전 11:21):	현재 잠수인력 투입여부?
서해지방청상황실님의 대화(오전 11:22):	122구조대 4명 투입
본청상황실님의 대화(오전 11:23):	구조대 4명 투입이 맞는지?
서해지방청상황실님의 대화(오전 11:23):	맞습니다
본청상황실님의 대화(오전 11:24):	우리 잠수인력 총 4명인지?
본청상황실님의 대화(오전 11:24):	추가투입시 보고할 것
서해지방청상황실님의 대화(오전 11:25):	수신완료

해경 문자상황시스템 해당 부분 필자 발췌.

다만 서해청 상황실은 문자상황시스템에서 본청 상황실이 122구조대 투입 여부를 묻기 전에, 목포해양경찰서 상황실이 먼저 '목포서 122구조대 10명 (eta 12:00)'라고 보고했으므로, 고병술이 답변한 구조대가 목포해양경찰서 122구조대가 아님을 분명히 알고 있었을 것이다.

문제는 502헬기에 탑승한 서해청 특공대장 최의규와 군산 122구조대 대원들은 10시 36분경 세월호 침몰현장에 도착했지만 구조에 투입되지 않았고, 침몰현장 상공에 머물다가 부상자인 단원고 정차웅 학생을 헬기에 태워 목포로 돌아가 버렸다는 것에 있다.

아마도 이들이 목포로 돌아올 때 서해청 상황실에 그 상황을 보고하지 않았고, 마침 그때 해양경찰청 상황실에서 122구조대 대원들의 입수 여부를 물었을 것이다. 또 이 사실을 모르고 있던 고병술은 특공대장과 122구조대원이 침몰현장에 도착했으므로 당연히 '입수하고 있을 것'이라 판단하여 위와 같이 대답했을 것으로 필자는 판단하고 있다.

이러한 주장은 세월호 침몰 당일 서해청 상황실장 김민철의 아래 진술이 사실임을 증명하고 있다.

감사관 : (E-mate 자료를 보여주며) 세월호 사고 당시 경장 이선일이 오
전 11:22 대화방(E-mate)으로 122구조대 투입 관련 내용을 입
력한 경위를 말씀하여 주십시오.

김민철 : 경장 이선일이 본청에서 오전 11:21 E-mate로 "현재 잠수인력
투입여부"라고 입력하여 바로 "본청에서 현재 잠수인력 투입여
부 문의합니다"라고 큰소리로 복창하였습니다. 그리고 **상황실
에 연락관으로 있던 특공대 행정팀장 경위 고병술의 정보 전달
에 따라 본인은 "11:24 목포서 122구조대 4명 투입"이라고 이
면지에 메모한 후 경장 이선일에게 E-mate "122구조대 4명 투
입"이라는 정보를 입력하라고 지시하였습니다.**[21]

특공대상 최의규는 122구조대원들과 함께 502헬기를 타고 서해청으로
다시 돌아왔으므로, 특공대 행정팀장 고병술 등은 최의규를 보는 순간 보
고가 잘못됐다는 사실을 충분히 알 수 있었을 것이다. 따라서 세월호 침몰
당일은 바빠서 관련 문건을 바로잡지 못했더라도, 상당한 시간이 지난 다
음에는 사실관계를 바로 잡았어야 한다.

해경은 군산 502헬기에 군산해양경찰서 122구조대 대원이 3명이 탑승
했다가 침몰현장에 2명이 도착했었다는 사실을 공개하지 않고 있다. 감사
원도 502헬기에 특공대장 최의규가 탑승하여 침몰현장에 출동했다는 사실
을 감사했지만, 그가 '왜 그곳에 갔는지', '침몰현장에 도착해 뭘 했는지',
'122구조대 대원들을 왜 투입하지 않았는지', '11:20경 서해청 특공대원 7명
이 침몰현장에 도착했는데 왜 그들을 지휘하지 않고 목포로 돌아왔는지'
등을 전혀 감사하지 않았다.

따라서 지금까지 공개된 해경의 거의 모든 서류에 '이들이 침몰현장에
출동했다가 아무것도 하지 않고 돌아왔다'는 기록은 찾아볼 수가 없다.

---

21 김민철, 『확인서』, 감사원, 2014.5.23, 2쪽.

그들은 왜 계속해서 거짓말을 했을까?

세월호 침몰 직후 수중 생존자를 구조하는 것은 촌각을 다투는 일이고, 당시 해경에서 잠수 능력을 보유한 구조세력이 가장 빨리 침몰현장에 출동할 수 있었던 곳은 '목포해양경찰서 122구조대 대원과 서해청 특공대원' 뿐이었다.

따라서 목포해양경찰서 122구조대 대원들의 늑장 출동 사실과 군산해양경찰서 소속 122구조대 대원들이 침몰현장에 출동했다 돌아갔던 사실이 언론과 외부에 알려졌다면, 아마도 해경은 엄청난 비난을 면치 못했을 것이다.

해경은 자기 손으로 이 사실을 바로잡을 용기가 없었을 것이고, 감사원은 이 사실이 밖으로 알려지면 박근혜 정권에게 미칠 파장을 고려하여 애써 눈감았을 가능성이 충분히 있다.

하지만 그들에게 진실을 바로잡을 기회가 없었던 것도 아니다.

2014년 4월 27일 청와대 대통령비서실에 파견됐던 총경 이명준은 해양경찰청 재난대비계장 경정 김대식에게 '122구조대 및 특구단의 당일 시차별 조치사항'을 작성해 보고할 것을 지시했고, 김대식은 같은 날 사실관계를 확인하여 최초 입수시간을 [그림 8-3]과 같이 "(11:24) 목포구조대 1조 2명 최초 입수, 선체 수중수색(선체상태 확인)"이라고 보고했다.

하지만 이때에도 [그림 8-3]에서 보는 바와 같이, 해경은 잘못된 입수시간을 수정하지 않고, 서해청 상황실에서 최초 작성한 시간을 그대로 청와대에 보고했다.

그림 8-3. 122구조대 입수 관련 청와대 보고 문건

「세월호」 대응 특공대/구조대 조치 보고

'14. 4. 27 해양경찰청

☐ **인명구조[4.16]**

○ (09:35~10:35) 헬기 3대(B511, B512, B513 / 항공구조사 편승) 총 35명 구조

○ (09:50) 목포해경서 123정, 80명 구조

☐ **10:10 이후 조치사항[1일차]**

○ (10:31) 여객선 세월호 선체전복(선수 일부분만 보임)

○ (11:15) 서해청 특공대 7명 현장 도착, 전복 여객선 선수 앵카줄에 브이 설치

  * 전남지방청 헬기이용 : 서해청 헬기장이룩(10:20분) → 서거차도 방파제 도착
  (10:45분) → 민간어선 승선(제7유진호) → 사고현장 도착(11:15)

○ (11:20) 목포구조대 10명 현장 도착(선외기 어선, 팽목항 10:35 출발)

○ **(11:24)** 목포구조대 1조 2명 최초입수, 선체 수중수색(선체상태 확인)

청와대 2014. 4. 27. 보고문건에 대한 필자 화면 캡처.

해양경찰청이 청와대의 지시에 대해 왜 거짓 보고를 했는지는 현시점에서는 알 수가 없다. 다만 이 사실은 2014년 5월 13일부터 시작된 감사원 감사가 진행될 때 비로소 발각됐다. 따라서 해경은 이때까지 모든 서류에서 최초 입수시간을 11시 24분으로 기록하고 있었다.

당시 감사원은 특공대장 최의규를 비롯하여 서해청 특공대 및 목포해양경찰서 소속 122구조대 대원들의 진술을 모두 받았으므로 정확한 진실을 파악할 수 있었다.

하지만 감사결과는 '목포해양경찰서 상황실에서 122구조대 이동수단을 확보해 주지 못했다'는 것과 그래서 '뒤늦게 잘못된 방법으로 이동해서 침몰현장에 너무 늦게 도착했다'는 것, 그리고 4월 27일 '해경이 잘못된 사실

을 정리하여 청와대에 허위 보고 했지만, 감사원은 이 사실을 인지했으면서 특별한 조치를 하지 않았다'는 것이 전부이다.

해경은 감사원 감사를 받을 당시 자신들이 청와대에 허위 보고 했던 과정을 다음과 같이 변명했다.

- **2014. 4. 27. 16:00경**
  청와대 비서실 파견 해경 총경 이명준은 '122구조대 및 특구단의 당일 시차별 조치사항을 작성해서 보고하라'고 본청 재난대비계장 김대식에게 지시

- **2014. 4. 27. ??:??경 (확인 필요)**
  김대식은 경위 정영곤과 경사 박재창에게 관련 내용을 파악할 것을 지시

- **2014. 4. 27. 18:12:27경**
  본청 경비과 경위 신민규 "여객선 세월호 침몰 1일차 시차별 조치현황" 작성 및 전파

  -. 신민규는 본청, 서해청, 목포서 상황보고서 내용을 근거로 2014. 4. 17.부터 "여객선 세월호 침몰 1일차 시차별 조치사항"을 작성하여 관련 부서와 공유하고 있었음

  -. 목포서 상황보고서에는 "11:00 목포 122구조대 10명 진도 서망항 출항, 12:15 122구조대 10명 현장 도착, 13:00 목포 122구조대 8명 입수"라고 기재되어 있음

  -. 서해청 상황보고서 2보에는 "11:24 목포 122 구조대 4명 1차 여객선 투입"이라고 돼 있지만, "도착하지 않은 구조대가 수중수색을 실시했다는 것"은 논리적으로 맞지 않아 "11:24 목포 122구조대 4명 1차 여객선 진입수색 시도" 부분을 삭제했다고 함

- **2014. 4. 27. 18:29:38경**
  김대식 경비과 경위 신민규 작성 위 문건 확인(이 문건에는 122구조대가 2014. 4. 16. 12:15에 도착한 것으로 작성되어 있음)

- 2014. 4. 27. ?? : ??경 (확인 필요)
  신민규가 위 메모보고를 전파하자, 수색구조과 경위 정영곤은 신민규에게 '목포 122구조대 10명이 사고현장에 도착하여 11:24경 4명이 최초 수중수색을 실시했던 것으로 기록되어 있는 "세월호 대응 특공대/구조대 조치보고" 라는 문건'을 제시하며, 이대로 '메모보고를 수정해 달라'고 요청

- 2014. 4. 27. ?? : ??경 (확인 필요)
  이후 경비과 경정 김형민과 경위 신민규는 수색구조과로 와서, "목포 122구조대의 이동 거리 및 이동수단(사무실에서 팽목항까지 차량으로 이동했고, 팽목항에서 사고현장까지 민간 어선 남일호 및 P-120정을 이용하여 이동)을 고려할 때 11:20에 사고현장에 도착하는 것이 물리적으로 가능한가?" 라고 문의

- 2014. 4. 27. ?? : ??경 (확인 필요)
  재난대비계장 김대식은 김형민과 신민규의 설명을 듣고, 박재창에게 122구조대 조치사항에 대한 사실관계를 다시 확인할 것을 지시

- 2014. 4. 27. ?? : ??경 (확인 필요)
  박재창, 122구조대 대원 "한원산" 등에게 전화통화 확인(앞에서 논했던 바와 같이 수색구조과 박재창은 세월호 침몰 당일 11:21:29경 122구조대 투입과 관련하여 군산항공대와 직접 통화했던 당사자이므로, 최초 입수시간과 관련한 문제점을 착각할 개연성이 전혀 없음)

- 2014. 4. 27. ?? : ??경 (확인 필요)
  구조대원 한원산은 다음과 같이 답변했다고 함

  -. 목포서에서 차량으로 진도 팽목항까지 이동해서 민간 어선으로 사고현장까지 갔으며,

  -. 이동하면서 잠수복을 입었으며,

  -. 사고현장에 도착해서 5분 이내에 잠수했으며

  -. 침몰현장 도착시간은 11:15에서 11:20 경이다.

- 2014. 4. 27. 19:23

  KBS 122구조대 관련 보도.[22] 123정 승조원들은 '선내진입을 위한 특수훈련을 받지 못해 선내진입을 하지 못했으며, 122구조대는 숫자가 부족하다'는 내용

- 2014. 4. 27. 19:27:30경

  박재창, 서해청 특공대 경위 장민수와 전화통화. 장민수는 "특공대가 사고현장 도착 즉시 앵카에 부이를 설치했으며, 이것을 끝내고 선수 반대편으로 돌아가니 목포서 122구조대가 그때 도착했다"고 답변

- 2014. 4. 27. 19:55:57

  경위 정영곤 청와대 보고서류 작성. 재난대비계장 김대식에게 보고 및 검토 요청(11:20에 도착해서 11:24 최초 수중수색 실시)

- 2014. 4. 27. ??:??경 (확인 필요)

  김대식 승인 및 이명준에게 보내 줄 것 지시. 다만 보고서 발송 전에 다시 한번 확인할 것을 지시

- 2014. 4. 27. ??:??경 (확인 필요)

  박재창, 122구조대원 한원산과 3009함에 전화하여 잠수일지 확인

- 2014. 4. 27. 22:30:32

  "「세월호」대응 특공대/구조대 조치보고"(위 [그림 2] 참조) BH 이명준에게 보고

- 2014. 4. 28. 11:42:39경

  경위 정영곤이 "구조대, 특공대 대응현황"이란 문건을 보여주며 "사고 당일 구조대, 특공대 현장대응 관련 붙임과 같이 정리하여 BH 등에 보고하였으니, 각종 보고서 작성 시 통일하여 주시기 바랍니다"고 관련 부서에 (서해청, 목포서 포함)통보[23]

---

22 「122구조대 늦게 도착…인력 부족한 경비정」, 『KBS NEWS』, 2014.4.27 (http://news.kbs.co.kr/news/view.do?ref=A&ncd=2853571).

재난대비계장 김대식은 "원칙적으로 시차별 조치사항 작성은 상황기획팀의 업무이지만, 본인이 총경 이명준으로부터 직접 지시를 받았기 때문에 직접 관련된 업무를 처리했다"고 진술했다.[24]

그렇다면 김대식은 자신의 업무도 아닌데, 굳이 경비과 경위 신민규가 정확하게 작성해 놓은 '122구조대의 사고 당일 침몰현장 도착시간'을, 오히려 잘못된 쪽으로 수정했던 이유는 뭘까? 그리고 122구조대 대원 한원산은 '왜 자신이 경험한 사실에 반한 진술을 했을까?

2014년 4월 27일경은 청와대가 비서실장 김기춘의 지시에 따라 세월호 침몰 사건 내부 문건을 자신들에게 유리한 방향으로 소각하기 시작했던 시점이다. 따라서 청와대 파견 해경 이명준이 김대식에게 했던 지시는 '122구조대 및 특구단의 당일 시차별 조치사항을 작성해서 보고하라'고 했던 것이 아니라, 논리적으로 문제없는 확실한 근거서류를 작성하라고 지시했을 가능성이 있고, 김대식도 이명준의 요구사항에 맞춰 허위보고서를 작성해서 보고했을 것으로 판단된다.

또 한원산은 왜 그렇게 대답했냐는 감사관의 질문에 "4월 22일 이후 3011함에서 행정 및 잠수지원 업무를 보는 등 잠도 자지 못하면서 작업을 진행하는 와중에 본청, 서해청, 기자 등이 하루에도 수없이 전화가 와서 관련 사실을 문의하기에, 사실관계를 확인할 정신도 없는 상태에서 잠수일지에 기록되어 있는 대로 진술했다"고 변명했다. 하지만 아무리 경황이 없는 상태라 하더라도 자신이 팽목항에서 출항했던 시간이 있으므로, 이것을 착각하여 '11:05경 출발하여 11:24에 도착 했다'는 답변은 상식에 매우 반하므로 누가 봐도 거짓 진술이라 아니할 수 없다.[25]

---

23 김대식, 『문답서』, 감사원, 2014.6.18, 39-5~39-6쪽.
24 위와 같음, 39-4쪽.
25 한원산, 『문답서』, 감사원, 2014.6.10, 4쪽.

한원산은 '잠수일지에 기록되어 있는 대로 진술했다'고 진술했지만, 실제 잠수일지에는 [그림 8-4]와 같이 "13:00경" 최초입수했던 것으로 기재되어 있었으므로, 감사관이 이것마저 한원산의 진술에 속을 수는 없는 상황이었다.

그림 8-4. 세월호 침몰 당일 잠수 현황

2014년도 4 월 16 일(수)

순번	소속	다이버	사용장비	입수	출수	수색구역	내용 및 결과	비고
		〈 근무시각 〉						
1	해경	최ㅅㄴ 외 최ㅊ	스쿠버	13:00	13:10		선수관련 스러스트 변화 선체확인, 4성 1m지점 잔진조사도 되야	
2	해경	안원산 서ㅁㅈ	″	13:10	13:30		선수관련 스러스트 변화, 라잔줄 설치자 없서 하양되야 잔진조사도 되야	
3	해병	최ㅅㅎ 심ㅈㅎ	″	14:00	14:00		잔진조사도 하셨가 되야	
4	해경	한ㄴㅅ 김ㅎㄱ	″	14:30	14:30		선수관련 스러스트 변화 입수 하역되야 잔진조사도 잠수봉가 되야	
5	SSU	김●● 최●●	″	18:00	16:10		4현 스러스트 변화 입수 선처전면조사 설치(AKP O)	
6	해경	한ㄴㅅ 외 ㅅㄴ	″	18:00	18:10		4현 스러스트 변화 입수	
7	해경	안원산 외 ㅅㄴ	″	18:10	18:58		수조ㄷㅎ 격자 진입ㅇ로 설치 현장 3개동과 선내 레4설비 확인 (리스트 16, 2C일 설차치등)	
8	SSU	김●● 최●●	″	16:38	16:35		잔ㅎ조사도 되야	

해경 잠수일지 필자 화면 캡처.

필자는 해경이 '군산해양경찰서 소속 122구조대 출동 사실을 끝까지 감추기 위하여 궁색한 변명을 했던 것'을 감사원이 인내심을 가지고 '끝까지 들어 주었다'는 것이 이 사건의 본질이라 판단하고 있다.

또한 2014년 4월 27일 청와대 허위보고 건은 명백한 범죄행위이므로 이 사실을 알고도 눈감았던 감사관에게 반드시 관련 책임을 물어야 하고, 수사과정에서 이 사실을 알게 됐던 검찰도 같은 책임을 분담해야 한다고 본다.

감사, 국정조사, 검찰 수사 대비 문건 작성

세월호 침몰 사건은 워낙 거대한 사건이라 대통령을 비롯한 대한민국 거의 모든 국가기관들이 감사원 감사와 국회 국조특위, 검찰의 수사 앞에서 자유롭지 못했다.

특히 구조를 책임졌던 해경은 청장 김석균을 비롯하여 대부분 관련자들이 강도 높은 조사와 감사를 받을 수밖에 없었다. 이때 해경은 진실을 은폐하고 책임을 면하기 위하여 [표 8-5]와 관련한 문건을 작성하여 공유하고 학습하여, 감사원 감사 및 국회 국조특위, 검찰의 수사에 대비했던 것으로 판단된다.

문제의 문건이 가장 먼저 작성된 날짜는 2014년 5월 12일로 돼 있으며, 123정 정장 김경일은 5월 22일 진행된 감사원 감사에서 첫 번째 진술을 했다. 목포서장 및 목포서 상황실 근무자와 서해청장 김수현 및 서해청 상황실 근무자들은 5월 27일에 감사원 감사를 받았으며, 123정 승조원들에 대한 검찰의 수사는 6월 4일에 시작되었지만 7월 중순부터 본격적으로 진행되었다. 또한, 국회의 세월호 국조특위는 6월 말부터 7월 10일까지 진행되었다.

따라서 이 문건은 음으로 양으로 검찰의 수사와 감사원 감사를 위한 해경의 진술 지침으로 활용될 수밖에 없었다.

당시 해경 관계자들의 진술과 증언은 [표 8-5]의 문건에 기재된 내용과 정확히 일치하며, 특히 김경일과 관련된 '선내진입 및 퇴선방송 진행'과 관련된 부분은 '초동조치 및 수색구조 쟁점(Ⅰ)'([그림 8-5])과 토씨 하나 틀리지 않고 일치한다.

필자는 해경이라는 조직이 말단 해경 '123정 정장 김경일' 한 사람을 보호하기 위하여, 사실관계를 전혀 확인하지도 않고 그의 주장을 100% 수용하여 해당 문건을 작성했다고 보지 않는다.

표 8-5. 세월호 침몰 사건 조사 대비 해경 작성 문건 현황

문 건 명	작성 일자	작성 시간	작 성 처	비고
세월호 사고 예상질의 답변(1, 2)	2014. 5. 12	8:00	해양경찰청	
초동조치 및 수색구조 쟁점 [Ⅰ]	2014. 5. 30	10:30	해양경찰청 상황구조반	구조 관련
초동조치 및 수색구조 쟁점 [Ⅱ]	2014. 6. 5	9:00	해양경찰청 상황구조반	수색 인양
세월호 관련, 핵심 질의·응답	2014. 6. 29	0:00	해양경찰청 국정조사 대응팀	분량 : 109쪽
세월호 관련, 핵심 질의·응답	2014. 6. 29	0:00	해양경찰청 국정조사 대응팀	분량 : 113쪽
세월호 국정조사 관련, 현장 담당자가 답변할 사항	?	?	?	

*특기사항(조사일정):

구 분	해경 조사대상자	해경 조사 일자
감 사 원	김경일	2014. 5. 22.
	목포서/서해청 관계자	2014. 5. 27.
국 회 국조특위	해 경	2014. 6. 30.
	종합질의	2014. 7. 11.
검 찰	1차 조사	2014. 6. 4~

*비고: 감사원 감사

1차 감사	2014. 5. 13. ~ 5. 30.
2차 감사	2014. 6. 5.~ 6. 20.

해경의 각종 자료 바탕으로 필자 정리.

지면의 관계상 구체적인 4가지 사례만 소개할 수밖에 없었지만 [표 8-1]에서 보는 바와 같이, 해경의 증거인멸 및 허위공문서 작성사례는 수를 세기 힘들 정도로 많다. 특히 '세월호 선내 DVR'과 'AIS 항적' 등은 관련자들의 범죄행위를 입증하는 데 매우 중요한 증거이지만, 이 또한 국가기관에 의해 조작되었던 것으로 의심된다.

그림 8-5. 초동조치 및 수색구조 쟁점(Ⅰ)

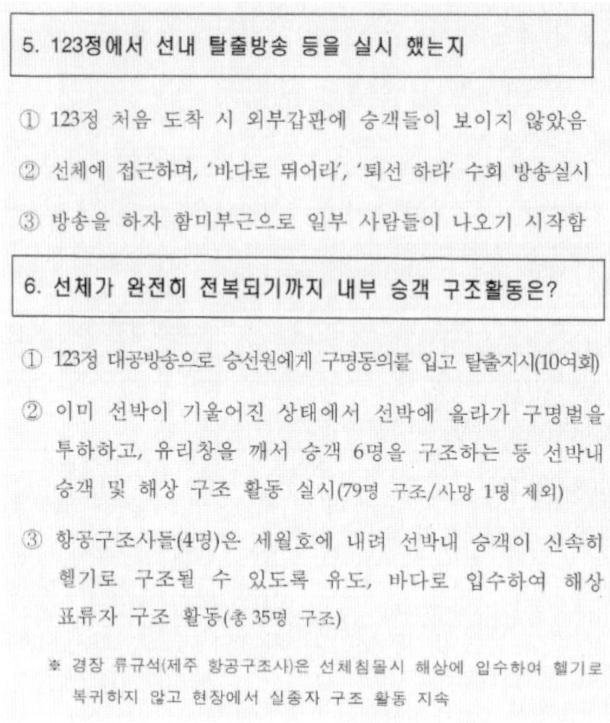

5. 123정에서 선내 탈출방송 등을 실시 했는지

① 123정 처음 도착 시 외부갑판에 승객들이 보이지 않았음

② 선체에 접근하며, '바다로 뛰어라', '퇴선 하라' 수회 방송실시

③ 방송을 하자 함미부근으로 일부 사람들이 나오기 시작함

6. 선체가 완전히 전복되기까지 내부 승객 구조활동은?

① 123정 대공방송으로 승선원에게 구명동의를 입고 탈출지시(10여회)

② 이미 선박이 기울어진 상태에서 선박에 올라가 구명벌을 투하하고, 유리창을 깨서 승객 6명을 구조하는 등 선박내 승객 및 해상 구조 활동 실시(79명 구조/사망 1명 제외)

③ 항공구조사들(4명)은 세월호에 내려 선박내 승객이 신속히 헬기로 구조될 수 있도록 유도, 바다로 입수하여 해상 표류자 구조 활동(총 35명 구조)

※ 경장 류규석(제주 항공구조사)은 선체침몰시 해상에 입수하여 헬기로 복귀하지 않고 현장에서 실종자 구조 활동 지속

해양경찰청 작성, 「초동조치 및 수색구조쟁점(Ⅰ)」, 38~39쪽 필자 화면 캡처.

▓ 자료목록

1) 김대식, 『문답서』, 감사원, 2014.6.18

2) 김민철, 『확인서』, 감사원, 2014.5.23

3) 박성삼, 『진술조서』, 광주지방검찰청, 2014.6.4

4) 박성삼, 『진술조서(2회)』, 광주지방검찰청, 2014.7.22

5) 박성삼, 『진술조서(3회)』, 광주지방검찰청, 2014.7.23

6) 박성삼, 『(김경일)피의자신문조서(제4회)』, 광주지방검찰청, 2014.8.18

7) 박은성, 『진술조서(제3회)』, 광주지방검찰청, 2014.7.24

8) 속기법인 대한, 『녹취서-해양경찰청 경비전화(2594)』, 2016.4.19

9) 이종운, 『진술조서』, 광주지방검찰청, 2014.6.4

10) 한원산, 『문답서』, 감사원, 2014.6.10

11) 해양경찰청, 「초동조치 및 수색구조 쟁점(Ⅰ)」, 2014.5.30

2.
선장 이준석이 묵었던
해경 아파트
CCTV 녹화 영상 삭제 의혹

세월호 침몰 당일 선장 이준석과 1등 항해사 강원식을 제외한 나머지 도주 선원들은 오후 4시 8분경 목포해양경찰서에 도착하여 음주측정과 간단한 참고인 조사를 마치고 다음과 같이 분산배치 됐다.

- **기관장 박기호 등 7명**
  목포해양경찰서 인근 '베니스 모텔' 합숙
- **조타수 오용석 등 4명**
  목포한국병원 입원
- **3등 항해사 박한결**
  상호를 알 수 없는 모텔 특별 격리

이때 해경은 선원들을 모텔로 이동시키면서 '기자들과 접촉하지 말라'는 주의사항만 주었을 뿐, 도주 및 자살 기도 방지, 증거인멸에 대한 대비책은 전혀 수립하지 않았다.

당시 도주 선원들은 비록 피의자 신분은 아니었지만, 비상상황에서 안전하게 승객들을 탈출시켜야 할 의무를 위반한 현행범이었으며, 오히려 승객들보다 먼저 탈출했던 중대한 범죄자로, 긴급체포 대상이었던 사실을 수사기관이 몰랐을 리가 없다. 하지만 수사기관은 공범자들이 같은 장소에서 숙박하도록 조치하여, 혐의자 간 입을 맞추고 선사 관계자 등을 자유롭게 만나 대책을 수립할 기회를 제공했다.

또한 세월호 1등 항해사 강원식에게는 목포 자택에서 출퇴근 조사를 받을 수 있도록 조치했고, 4월 17일 새벽 잠깐 조사를 받은 것을 제외하면 4월 20일 오후 3시경까지 특별한 조사도 하지 않았다.[26]

그 결과 강원식은 4월 20일까지 자택과 모텔을 오가면서 다른 선원들과 말을 맞출 기회를 충분히 보장받았고, 선사를 비롯한 제3의 세력들로부터 법률적 조력도 받을 수 있는 상황이었다. 이준석, 박한결, 조준기를 제외한 나머지 선원들은 이 시점까지 공식적인 조사를 받지 않았다.

세월호 선장 이준석, 해경의 APT로 이동하다

선장 이준석과 3등 항해사 박한결은 수사기관으로부터 매우 특별한 취급을 받았던 것으로 파악되고 있다. 두 사람은 세월호 침몰 당일부터 구속되는 시점까지 다른 선원들과 완전히 격리된 상태에서 조사를 받았으며, 어쩌면 세월호 선장 이준석이 해경의 아파트에서 묵었던 것도 이것의 연장선상에서 취해진 조치일 수도 있다.[27]

이준석은 세월호에서 도주한 후, [표 8-6]과 같은 경로를 거쳐 세월호 침몰 당일 오후 10시 30분경 목포해양경찰서에 도착했다.[28]

---

26 해양경찰청, 『국정조사 요구자료』, 세월호 침몰사고의 진상규명을 위한 국정조사 특별위원회, 2014.7, 234쪽.
27 이 부분에 대해서는 이 책 제2장 '5. 진실 위폐를 위한 선원들의 말맞추기' 참조.

그는 4월 17일 새벽 0시 38분경 목포해양경찰서에서 음주측정을 받은 후, 0시 45분부터 4시경까지 참고인 신분으로 1차 조사를 받았다.

이후 7시간(04:00~11:00) 동안 그가 어디에 가서 무엇을 했는지는 아무도 알지 못하며, 17일 오전 11시경 다시 목포해양경찰서에 출석했다는 보도 내용만이 알려진 상태이다.

표 8-6. 세월호 선장 이준석 구속 전 이동 경로

일자	시간	이동경로	비고
4월 16일	09:49경	세월호 조타실에서 123정으로 도주	
	10:00경	123정에서 관공선 전남 707호 인계	
	11:10경	진도 팽목항에 전남 707호 도착, 하선	
	시간 미상	진도 팽목항에서 진도 한국병원으로 이동(진도 군청 버스)	
	12:13경	진도 한국병원 내원	
	12:45경	진도 한국병원에서 신원 확인	
	15:00경	목포해양경찰서 이동 목적으로 버스 탑승	
	15:15경	목포해양경찰서로 이동하는 도중하차, 진도 팽목항으로 이동	
	17:30경	진도 팽목항에서 지방청 헬기 탑승 후 3009함으로 이동	
	17:43경	3009함 도착	
	18:40경	3009함에서 경비정 이용 목포해양경찰서로 이동	
	22:20경	목포해양경찰서 도착	
4월 17일	00:38경	음주측정 실시	참고인 신분
	00:45경	진술조서 작성 시작	
	04:00경	진술조서 작성 종료	
		행방 모름	04:00 ~ 11:00
	11:00경	목포해양경찰서 출석	언론에 의하면 10:40경 피의자 신분으로 전환되었다고 함
	14:00경	피의자 신문조서 작성 시작	
	18:00경	피의자 신문조서 작성 종료	
	21:39경	목포해경에서 숙소로 이동 시작(모텔?)	
	22:40경	경사 박동현 주거지 (APT) 도착	

---

28 이준석 이동동선에 대해서는 이 책 제2장 '2. 이준석 선장의 사라진(숨겨진) 7시간의 미스터리' 참조.

	12:00경	경사 박동현 주거지(APT)에서 목포해양경찰서로 이동	
4월 18일	21:15경	구속영장 실질심사 목적으로 목포해양경찰서에서 광주지방법원 목포 지원으로 이동	
4월 19일	02:00	실질심사 종료 후 목포해양경찰서로 이동(구속 수감)	

해양경찰청, 2014. 7, 『국정조사 요구자료』, 세월호 침몰사고의 진상규명을 위한
국정조사 특별위원회, 233~241쪽 참조 필자 재정리.

4월 17일 오전 11시경 목포해양경찰서에 출석한 그는 오후 2시경부터
피의자 신분으로 전환되어 오후 6시경까지 1차 조사를 받은 후, 마치 '구
약성경 첫 장에 나오는 대목'처럼 다음과 같은 순서에 따라 경사 박동현의
아파트로 이동했다.

- 검·경 합동수사본부 부장검사 박재억은 "'선장의 도주 우려 및 자살
  기도 방지'를 위해서 선장 이준석의 소재 및 동향을 잘 관찰하라"고
  합수부 조사수사팀장 경정 서래수에게 지시

- 경정 서래수는 합수부 승무원조사반장 경감 강희완에게 같은 내용으로
  지시

- 경감 강희완은 승무원조사반원 경위 기갑서에게 동일한 내용으로 지시

- 경위 기갑서는 다시 목포해양경찰서 수사계장 경감 이경두에게 '선장
  을 밖에서 재워야 하는데, 사람을 지원해 달라'고 보고했으며

- 경감 이경두는 21:30경, 수사계 사무실 소파에 경사 박동현과 함께
  앉아 있던 경위 표영균에게 '세월호 선장을 데리고 여관에 갈 수 있
  느냐'고 물었는데, 경위 표영균이 '다른 일이 있어서 갈 수 없다'고 했
  고, 다시 옆에 앉아 있던 형사계 경사 박동현에게 '선장 이준석과 여
  관에서 하룻밤을 같이 자라'고 지시[29]

- 당시 박동현은 전날 목포해양경찰서 사무실에서 잤던 관계로 씻지도

---

29 새정치민주연합, 『국회 세월호침몰사고국정조사특별위원회 활동보고서』, 2014.11, 948
쪽 참조(단, 이 보고서에는 지휘계통이 비실명처리 되었으나 필자가 해경이 작성한
조직도를 참고하여 실명처리 하였음). 박동현, 『진술조서』, 광주지방검찰청, 2014.8.8,
7쪽.

못하고 쉬지도 못한 상태여서 여관에 가서 좀 쉬고 싶다는 생각에,
수사계장 이경두에게 '혼자서는 못하겠으니 형사 2반 경장 김준한과
같이 가겠으니 형사계장한테 허락을 받아 달라'고 요청

경사 박동현은 EF소나타 차량을 수사계 사무실 옆에 주차한 상태에서,
경장 김준한과 수사계 경장 이하일이 이준석을 탑승시키려 했는데, 기자
들이 그를 에워싸고 취재하는 바람에 이준석만 간신히 뒷좌석에 태우고
출발했다.

박동현은 경찰서에서 차량으로 2~3분 떨어진 거리의 여관 많은 곳으로
이동하려 했다. 하지만 취재 차량 몇 대가 계속해서 쫓아오는 바람에 그곳
으로 가지 못했고, 다시 그들을 따돌리고 '하당'에 있는 여관촌으로 가려
했지만, 취재 차량 1대는 끝까지 따라붙었다.

박동현이 룸미러를 통해 이준석의 상태를 보니까, 초조해하면서 고개를
푹 숙이고 있었다. 박동현은 그에게 "지금 여관으로 들어갈 상황이 도저히
아닌 것 같습니다. 일단 우리 집에 가 있는 게 좋겠습니다"라고 말했더니,
그는 '미안하다' 하면서 동의해 주었다. 박동현은 경장 김준한에게 전화를
걸어 '지금 기자들 때문에 여관에는 못 가겠고, 우리 집으로 가려고 하니
그쪽으로 오라'는 통화를 했다.

그 상황에서 차량 연료가 부족하여 석현동 소재 SK주유소에 들러 주유
하려고 주유구를 열었는데, JTBC 강신후 기자가 차 뒷좌석 문을 열고 차에
올라탔다. 박동현은 할 수 없이 주유를 포기하고, 그 기자까지 태운 상태에
서 박동현이 살고 있던 아파트(이하 "근화베아채아파트")로 이동했다.[30]

---

30 박동현, 『진술조서』, 광주지방검찰청, 2014.8.8, 7~8쪽. 하지만 선장 이준석은 "경찰
관의 집 주차장에서 내릴 때 선장 이준석과 박동현 단 둘 뿐"이었으며, "경찰관의 집
주차장에 도착하자 끝까지 추격해온 언론기자 1팀(기자 2명)이 차량에서 하차하더니
카메라와 마이크를 들이대며 취재를 하려고 했다"고 진술했다. 또한, 필자는 간접적
으로 JTBC 기자 강신후에게 위 사실을 확인했던 사실이 있다. 강신후 기자는 위 주유
소에서 경사 박동현의 승용차 뒷좌석에 승차했던 것은 맞지만 이동은 다른 차량으로

박동현은 아파트 지상 주차장에서 경장 김준한이 도착하기를 기다렸지만 오지 않자, 혼자 선장을 데리고 집에 올라가려고 했다. 그런데 JTBC 강신후 기자가 박동현과 선장의 앞을 가로막고 카메라로 촬영을 하면서 인터뷰를 하려 했다. 그때 마침 김준한이 도착하여 108동 현관문을 통해서 승강기 앞까지 이동했는데, 그곳까지 강신후 기자가 쫓아왔다. 마침 19층 남자 주민 1명이 승강기를 기다리고 있었고, 박동현이 기자하고 몸싸움하는 사이 저녁 10시 32분경, 19층 주민과 이준석만 승강기를 타고 올라갔다.[31]

박동현은 김준한에게 '먼저 계단으로 올라가라'고 했고, 문자메시지로 그에게 자신의 아파트 호수와 현관 비밀번호를 알려주면서 집으로 들어가라고 했다. 그때까지 계속해서 박동현은 아파트 앞에서 강신후 기자와 실랑이를 하고 있었고, 결국 박동현은 저녁 10시 50분경이 되어서야 아파트에 들어갈 수 있었다.[32]

저녁 11시 10분경 박동현은 부인에게 운전을 부탁하여, 선장을 여관에 데려다주려고 4명이 지하주차장으로 내려갔는데, 거기에도 기자가 대기하고 있어서 다시 아파트로 돌아왔다. 이후 박동현은 김준한에게 선장 이준석을 맡겨 놓고, 자신은 변사사건 발생보고서를 작성하기 위해 목포해양경찰서로 갔다.[33]

4월 18일 오전 11시 45분경 박동현은 이준석을 데려오기 위하여 합수부 직원 경위 임진철 등 3명과 함께 목포해양경찰서를 출발하여 11시 57분경 자신의 아파트에 도착했다. 박동현은 지하주차장으로 차를 타고 내려갔는데, 승강기로 가는 현관 입구에 KBS 취재차량이 서 있었고, 일행들이 승강기를 타고 11층에 올라와 보니 그곳에도 KBS 소속 기자 2명이 의자까지 갖다 놓

했다고 한다. 이준석,『진술조서』, 광주지방검찰청, 2014.6.3, 7~8쪽.

31 박동현,『진술조서』, 광주지방검찰청, 2014.8.8, 10~11쪽.

32 위와 같음, 11쪽.

33 이준석,『진술조서』, 광주지방검찰청, 2014.6.3, 9쪽.

고 앉아서 인터뷰하려 했고, 아파트 문을 열자 현관까지 따라 들어왔다.[34]

CCTV 영상이 사라졌다

2014년 5월 1일 근화베아체아파트 경비원 최도승은 경비실 4초소에서 근무하고 있었는데, KBS 기자 1명과 TV조선 기자 2명이 관리실로 찾아와서 최도승에게 "이준석 선장이 이 아파트에서 잤다. 그런데 이준석 선장이 들어오는 것은 기자들이 다 봤는데 언제 나갔는지는 보지 못했다. CCTV 녹화 영상을 보게 해 달라"고 요청했다.

경비원이 경비실에서 아파트 1층 로비를 촬영한 CCTV 녹화 영상을 보여주자 KBS 기자는 그것을 보고 '알겠다'고 하며 돌아갔는데, TV조선 기자는 최도승에게 "복사를 해야 한다"고 하여 최도승이 "그래라, 알아서 해라"라고 말을 했고, 그 기자는 DVR에서 해당 파일을 복사해서 돌아갔다. 그날 저녁 TV조선은 근화베아체아파트 CCTV와 관련해 다음과 같은 보도를 했다.

> 당시 이 씨를 데려간 목포해경 박모 경사와 김모 경장은 이 씨를 집으로 올려보낸 뒤 다시 내려왔습니다. 김 경장은 2분, 박 경사는 20분 뒤에 다시 위층으로 올라갑니다.
>
> 잠깐이지만 이 씨는 경찰과 떨어져 혼자 있었던 것입니다. 도주의 우려가 있는 상황인데, 잠시나마 이 선장을 혼자 둔 건 이해하기 어렵습니다. 갑자기 CCTV 화면이 끊기는 구간도 있습니다.
>
> 지난 18일, 이씨가 경찰과 아파트를 떠나고 1시간 15분 뒤부터 현관 CCTV는 갑자기 영상이 끊겨버립니다. 화면은 2시간 뒤 다시 잘 나옵니다. 카메라가 고장 난 것도 아닙니다. [35]

---

34 박동현, 『진술조서』, 광주지방검찰청, 2014.8.8, 14쪽 참조; 「'먼저 탈출' 세월호 선장, 영상포착…구조 뒤 어디로 갔나」, 『JTBC 뉴스』, 2014.4.18 (http://news.jtbc. joins.com/article/article.aspx?news_id=NB10466713).

TV조선이 이 보도를 한 후 5월 4일 해경 청문감사실은 TV조선 보도의 진상을 확인하기 위해 근화베아체아파트에 설치된 CCTV 녹화 영상을 확인했다. 그 결과 [표7]과 같이 4월 17일 밤 선장 이준석이 아파트로 들어가는 영상과 18일 해경과 함께 아파트에서 나오는 영상은 확인했다고 한다. 또한 정확한 날짜는 특정할 수 없지만, 나중에 해경 조사팀도 문제의 CCTV 영상을 한 번 더 확인했다고 한다.[36]

근화베아체아파트 관리소장 정성천은 CCTV 녹화 영상이 지워지면 안 될 것 같아서 5월 7일 관리과장에게 '4. 16.~4. 17.까지 녹화된 2초소 및 4초소 CCTV를 녹화해 두라'고 지시했고, 5월 8일 CCTV 관리업체 사장이 4초소 경비실로 와서 CCTV를 보더니 '해당 영상이 지워졌다'고 했다.

관리업체 사장은 "5. 1.에 4초소에서 누가 CCTV를 만졌나 봅니다. 원래 CCTV 세팅이 '무엇이 움직이면 녹화되는 기능(이하 '모션 감지기능'이라 함)'으로 세팅되어 있었는데, 5. 1.에 '연속 녹화 기능'으로 변경되었다. 모션 감지기능으로 녹화가 되면 20일에서 한 달 정도 보관이 되는데, 연속녹화기능으로 녹화될 경우 일주일에서 10일이면 용량이 부족해서 이전에 녹화된 것은 모두 지워집니다. 4. 16.~17.에 녹화된 것은 모두 덮어쓰기[37] 되어 버렸습니다"라고 얘기했다.

반면 2초소의 DVR은 원래 설정했던 대로 '모션 감지기능'으로 세팅되어 있었고, '4. 16.~4. 17. 녹화 영상'이 남아있어 그것을 복사해 두었다고 한다.[38] 이후 검찰은 다음과 같은 일정에 따라 근화베아채아파트 CCTV 녹화

35 「경찰, 이준석 선장 임의로 집에 데려가」, 『TV조선』, 2014.5.1 (http://news.tvchosun. com/site/data/html_dir/2014/05/01/2014050190339.html); 「이준석 선장, 구속전 해경 집에서 1박」, 『KBS NEWS』, 2014.5.2 (http://news.kbs.co.kr/news/view.do?ref= A&ncd=2856454).

36 장성천, 『진술조서』, 광주지방검찰청, 2014.6.24, 5쪽.

37 DVR 하드디스크의 저장 공간이 꽉 차 있을 경우, 예전 녹화 내용은 지워가면서 덮어쓰는 기능.

38 장성천, 『진술조서』, 광주지방검찰청, 2014.6.24, 6~7쪽.

영상 관련 문제를 수사했다.

- 2014. 5. 8.
  민변의 "세월호 참사 진상규명과 법률지원특별위원회"에서 '세월호 참사 진상규명 17대 과제' 선정 중 수사과정에서의 의혹 제기
- 2014. 5. 19.
  근화베아채아파트 4초소 경비실에서 현관 앞 CCTV 하드디스켓 임의제출
- 2014. 5. 19.
  광주고등검찰청 디지털포렌직에 CCTV 영상복구 의뢰
- 2014. 5. 30.
  CCTV 영상 복구 의뢰에 대한 회신
- 2014. 6. 3.
  이준석 진술조서 작성
- 2014. 6. 24.
  근화베아채아파트 관리소장 정선천 및 경비원 최도승 진술조서 작성39

하지만 검찰은 아파트관리소장 정성천을 조사할 때, TV조선이 의혹으로 제기했던 "선장 이준석이 해양경찰관과 함께 아파트를 떠나고 1시간 15분 뒤부터 현관 CCTV는 갑자기 영상이 끊겨 버렸다"는 의혹은 조사하지 않았고, 정선천도 특별한 진술을 하지 않았다.

선장 이준석이 묵었던 APT CCTV 영상 삭제 의혹?

선장 이준석은 4월 17일 밤 근화베아체아파트 108동 1층 현관을 통하여

---

39 광주지방검찰청,『수사보고[세월호 선장을 해경의 아파트에서 재워주고 CCTV 조작 의혹에 대한 수사 결과 보고]』, 2014.7, 2쪽.

11층에 있는 박동현의 아파트로 들어갔고, 다음날 낮 지하주차장 승강기를 이용하여 밖으로 나갔다.

이것과 연관되었거나 녹화 영상 확인에 참여한 사람들은 언론사 기자(JTBC, KBS, TV조선), 목포해양경찰서 경사 박동현, 경장 김준한, 선장 이준석, 근화베아체아파트 관리사무소장 정성천과 경비원 최도승, 그리고 해경 청문감사실 인원 등이다.

따라서 이 건과 관련한 검찰의 수사 결과가 진정성을 의심받지 않으려면, 관련자 모두를 조사했어야 했고, 2초소와 4초소의 녹화 영상 모두를 확보했어야 한다. 하지만 검찰이 문제의 영상을 확보했다는 기록은 없으며, 관련자들은 매우 제한된 범위 내에서 조사했다.

그렇다면 검찰이 이 사건을 철저히 조사하려 했었다면 어떤 종류의 영상을 조사했어야 했을까?

관련자들의 진술과 TV조선이 제기했던 의혹 내용을 바탕으로 사건 당시 존재해야 할 녹화 영상 목록을 논리적으로 정리해 보면, [표 8-7]의 장면이 녹화된 영상은 반드시 존재해야 한다. 만약 이 영상들이 존재하지 않는다면, 누군가가 영상을 삭제했거나 관련자들이 거짓 진술을 했던 것으로 판단할 수밖에 없다.

표 8-7. 정성천 진술에 의한 CCTV 존재 여부

구 분		촬영 위치	일자 (시간)	반드시 존재해야만 하는 영상	영상 존재 여부			비 고 (○ : 존재, × : 부존재)
					APT CCTV		TV 조선	
					5.4	5.8		
녹화 장소 기준	경비실 2초소	지하 주차장 엘리베이터 입구	4월 17일 (23:10)	경사 박동현 및 배우자, 경장 김준환, 선장 이준석이 한밤중에 밖으로 나가려고 시도하는 영상	×	×	미 확 인	

		4월 18일 (12:00)	정오경 목포해양경찰서 소속 박동현, 임진철, 김준환, 경찰 2명 및 세월호 선장 이준석 등이 밖으로 나가는 영상	O	O	미 확 인	해경 청문감사실 확인
경비실 4초소	APT 1층 현관 입구	4월 17일 (22:32)	이준석이 4월 17일 APT로 들어가는 영상	O	×	O	TV조선 기자들이 복사해간 영상
		4월 18일	선장 이준석이 아파트를 떠난 후 1시간 15분 뒤부터 2시간 분량의 영상	미 확 인	미 확 인	×	해경 청문감사실은 확인하지 않았던 것으로 추정
녹화 시간 기준		2014. 4. 17. 22:30 전후 ~ 4. 18. 15:15경 전후 (2초소, 4초소 녹화 영상 전부)		대부분 확인되지 않았을 것으로 추정			
특기사항		5. 4. : 해경 청문감사실 확인 일자 5. 8. : 아파트관리사무소에서 영상복사 일자 TV조선 : 5. 1. 기자가 근화베아체아파트 경비 4초소에서 확인한 일자					

박동현 및 정성천의 진술을 바탕으로 필자 정리.

검찰은 [표 8-7]과 관련된 영상을 공개한 사실이 없으며, 영상의 존재 여부도 확인해 주지 않았다. 그런 상황에서 경사 박동현과 아파트관리소장 정성천은 해경 청문감사실이 문제의 CCTV 녹화 영상을 확인했던 5월 4일에는 해당 영상이 존재했었다고 아래와 같이 주장하고 있다.

검 사 : 아파트 현관CCTV 조작 의혹이 있는데, 이에 대해서 아는 것이
    있는가요.

박동현 : 70세가 넘은 경비원한테 기자가 접근을 해서 CCTV 동영상을
    복사해서 갔는데 이것 때문에 아파트 입주민 회장, 관리실에서
    대책회의까지 했고, 경비원을 해고해야 한다는 얘기까지 나왔
    습니다. 2014. 5. 2(4). 23:00 ~ 00:30 본청 감사 담당관실에서
    나온 양용섭 경감 등 2명, 저(박동현), 김준한 경장, 아파트 관

리사무소장, 입주민 대표회장, 관리실 CCTV 시설 담당자, 경비원 등이 함께 CCTV를 확인했습니다. 확인해보니 선장과 제가 들어오는 장면은 현관 CCTV에 찍혔고, 나가는 장면은 지하주차장 CCTV에 분명히 찍혀 있었습니다. 또한, 기자가 저희를 쫓아오는 장면까지 찍혀 있었습니다.

검　사 : CCTV 동영상이 삭제나 편집된 흔적은 없었나요.

박동현 : 아파트가 오래되어서 CCTV가 잘 찍히지 않을 수는 있어도 5.2(4). 다 함께 확인했을 때 삭제나 편집된 것은 없었습니다.

검　사 : 기자들은 선장이 외부인과 만난 것을 은폐하기 위해 CCTV를 삭제했다는 의혹을 제기하였는데, 어떤가요.

박동현 : 선장이 저희 집에서 만난 사람이 없는데 뭘 은폐한다는 말인지 모르겠습니다.[40]

　　검찰이 이 사건을 본격적으로 수사하기 시작한 시점에는 이미 문제의 녹화 영상은 존재하지 않았으므로, 검찰이 별도의 채널로 녹화 영상을 입수하여 확인하지 않았다면, 국민들이 제기하는 의혹에 대하여 검찰은 답변할 수 없는 상황이었다.

　　그럼에도 검찰은 "이준석 선장이 해경의 아파트에 거주할 때 외부인과 접촉하여 증거를 인멸하였다고 볼 증거가 불충분하고, 현관 앞 CCTV도 기자들이 녹화장면을 보는 과정에서 조작 미숙으로 녹화장면이 삭제되었을 뿐 달리 외부인에 의해 증거를 인멸하기 위해 삭제하였다고 볼 증거가 불충분하다"는 결론을 내렸다.[41]

　　하지만 검찰의 수사 결과와 같이 TV조선 기자가 녹화 조건을 잘못 설정하여 문제의 영상이 삭제됐다 하더라도, 5월 4일 해경 청문감사실이 이 건을 감사했던 것은 틀림없으므로, 감사보고서가 객관적으로 공개됐다면 의

---

40 박동현, 『진술조서』, 광주지방검찰청, 2014.8.8, 16쪽.
41 광주지방검찰청, 『수사보고서[세월호 선장을 해경의 아파트에서 재워주고 CCTV 조작 의혹에 대한 수사결과 보고]』, 2014.7, 4~5쪽.

혹의 상당한 부분은 해소될 수 있음에도 이 문건은 아직도 공개되지 않고 있다.

필자가 2기 특조위의 협조를 받아 해당 CCTV 저장장치 포렌식 결과를 확인했던 바에 따르면, 문제의 DVR에 저장된 영상은 삭제되지 않은 것으로 확인되었다.

물론 CCTV 화면 구조상 TV조선 기자가 녹화 영상을 복사하면서 실수로 '모션 감지기능에서 상시감시 기능'으로 전환 시킬 개연성도 충분했다.

따라서 문제의 CCTV 영상이 삭제됐다는 것에는 동의하지 않지만 문제의 녹화 영상에 특이사항이 없다면 그냥 공개하면 끝날 것을, 왜 끝까지 숨기는지 의문을 제기하지 않을 수 없다.

문제의 녹화 영상은 얼마만큼 남아있을까?

검찰과 해경의 잘못된 사인 교환으로 인해, 해경이 선원들을 아파트와 모텔에 합숙시켰다 하더라도, 이 사건이 JTBC 보도를 통해 이슈가 된 4월 18일에는 수사기관이 합숙과 관련된 특별한 조치를 했어야 옳았다. 또한 5월 1일 TV조선이 이준석 행적에 대한 의혹을 보도한 시점에는 신속히 수사하여 확실한 증거를 확보했어야 한다.

하지만 근화베아체아파트 관리소장 정성천의 진술에 따르면, 해경 청문감사실은 5월 4일 CCTV 녹화 영상 존재 사실을 확인하고도 증거로 확보하지 않았다.

정선천이 해당 영상을 복사하려 한 5월 8일은 세월호 침몰 당일부터 22일이 지난 시점이므로, 검찰의 주장대로 계속해서 '모션 감지기능'으로 녹화됐더라도 저장 공간 부족으로 덮어쓰기가 되었을 것으로 판단된다.

따라서 5월 4일 해경 청문감사실이 감사 과정에서 증거 영상을 확보하지 않은 것은 치명적인 실수이며, 늑장 수사의 전형이라 할 수 있다. 이 부분은 새로운 진상규명 과제로 선정하여 그 배후를 명백히 밝혀야 한다.[42]

문제는 TV조선이 의혹으로 제기한 시간대(13:15~15:15)의 영상이 존재하지 않는 것을 어떻게 볼 것인가에 있다. 이 사건의 본질은 '세월호 선장 이준석이 왜 해경의 아파트에서 묵었으며, 그곳에서 누구를 만났느냐'하는 것에 있다. 이것은 이준석이 아파트를 떠나기 전까지 녹화된 출입자 영상을 전부 확인하면 쉽게 해명될 수 있는 사항이다.

TV조선이 의혹으로 제기한 시간대까지 의문의 출입자들이 해경의 아파트에 남아있었을 개연성은 높지 않다. 그들 중 대부분은 이준석보다 늦게 아파트로 들어와서 이준석보다 빨리 아파트를 떠났을 것으로 판단된다. 따라서 TV조선이 제기한 시간대에 영상이 사라진 것은 논리적으로 이상하긴 하지만 결정적 의혹은 아니다. TV조선이 의미 없는 의혹을 제기했거나 특별한 목적을 가지고 가짜 뉴스를 보도한 것일 수 있다.

근화베아체아파트 관리소장 정성천의 진술이 진실이라면, 적어도 검찰은 TV조선이 의혹으로 제기했던 영상을 제외한 나머지 영상 전부를 확보하고 있었지만, 의도적으로 공개하지 않았던 것으로 판단된다. 만약 검찰의 주장대로 문제의 영상이 현재 존재하지 않는 것이 사실이라면, 그 영상은 오히려 검찰에 의해 폐기됐을 개연성이 높다.

정성천은 5월 8일 지하주차장 승강기 부근이 녹화된 2초소의 녹화 영상을 복사했다고 진술했고, 이것은 틀림없이 검찰에 제출되었을 것이다. 또한 TV조선 뉴스화면에는 2초소와 4초소 녹화 영상이 모두 포함되어 있었다. 검찰이 이 사건을 정확히 수사했다면, 아파트 1층 현관이 녹화된 4초소 녹화 영상과 지하주차장이 촬영된 2초소 영상도 TV조선 측에서 검찰에

---

42 이 건은 수사할 사항이지 청문감사할 사항은 아니다.

제출했을 것으로 추정된다.

따라서 검찰은 문제의 영상을 확보하고 있었고, 그 영상을 통해 아파트 출입자들을 명확히 파악한 상태에서, '증거불충분'이란 명분을 앞세워 고의로 진실을 덮었을 가능성이 있다.

법무부 장관 황교안의 위증

세월호 국조특위 당시 법무부 장관이었던 황교안은 국조특위에 출석하여 이준석을 해경의 아파트로 데려갔던 이유를, '선장 본인이 심한 심적 고통을 호소하면서 동행을 요청했고 그래서 그것 때문에 자살 시도 등을 방지하기 위한 방안으로 그렇게 했다'고 증언했다.[43] 그는 같은 날 같은 장소에서 한 다른 진술에서는 '선장 이준석이 육체적 고통을 호소했다'고 증언하기도 했다.

하지만 4월 16일 오후 3시 15분경부터 이준석을 동행했던 박동현의 진술에 따르면, 이준석은 육체적 정신적 고통을 겪은 사실이 없으며, 동행을 요청했던 사실도 없다.

> 검　사 : 정신적으로 충격을 받아 힘들어 하지는 않던가요.
>
> 박동현 : 처음에 선장을 3009함으로 데리고 갔다가 올 때는 굉장히 담담한 모습이었고 사람들이 많이 있는데도 담배를 피고 제 핸드폰을 가리키면서 기사가 어떻게 떴냐고 물어보기도 했습니다. 그런데, 수사계에서 조사를 받고 나오면서 재차로 오는 동안 기자들이 굉장히 몰려들고 에워싸니까 그때서야 비로소 상황이 인식이 되었는지 불안하고 초조한 모습을 보였습니다. 차안에서도 계속 고개를 숙이고 있었고 힘든 것 같았습니다.[44]

---

43 국회, 『세월호침몰사고의 진상규명을 위한 국정조사특별위원회 조사록』, 국회사무처, 2014.7.9, 103쪽.

따라서 황교안은 이 사건 진실을 감출 목적으로 명백한 허위진술을 했음이 틀림없다.

또한 황교안은 녹화 영상에 대해서 국회 세월호 국조특위에서 수사 결과와 전혀 다른 증언을 했다.

> 김현미 : 그런데 '이 아파트 현관의 CCTV 기록이 2시간 분량 삭제됐다' 이런 이야기가, 그러면 이준석 선장이 들어가고 나갔을 때 그 사이의 CCTV 기록을 저희들이 좀 볼 수 있을까요?
>
> 황교안 : 수사 자료이기 때문에 직접 보여 드리기는 어렵겠습니다마는 2시간이라고 하는 그 시간에 녹화가 안 된 것이 아니라 일부 흐리게 녹화되는 등 그런, 좀 잘못 작동된 것 아니냐 이렇게 보고를 듣고 있습니다. 삭제된 사실은 아니라고 하는 것입니다.[45]

검찰은 이미 6월 24일경 아파트관리소장 정성천 조사를 끝으로 이 사건 전모를 완전히 파악한 상태였고, 수사 결과를 국회 세월호 국조특위 개최 이전에 황교안에게도 보고했을 것으로 판단된다.

따라서 황교안은 이 사건의 실체를 정확히 파악한 상태에서 7월 9일 국회 세월호 국조특위에 출석하여 의도적으로 허위 증언을 했던 것이 틀림없다.

적어도 이 사건과 관련된 검찰의 수사 결과는 국민들이 가지고 있는 의혹을 아직도 해소하지 못했으며, 이 결과는 검찰이 의도적으로 초래케 했다.

그 이유는 검찰이 녹화 영상의 존부(存否)만 조사한 후 정작 사건의 본질인 아파트 출입자에 대한 부분은 "증거불충분"이란 명분 아래 아예 논하지 않았기 때문이다. 하지만 검찰이 의도적으로 해당 영상을 폐기하지 않

---

44 박동현, 『진술조서』, 광주지방검찰청, 2014.8.8, 9쪽.
45 국회, 『세월호침몰사고의 진상규명을 위한 국정조사특별위원회 조사록』, 국회사무처, 2014.7.9, 113~114쪽.

았다면, 문제의 영상은 아직도 검찰이 보관하고 있는 것이 분명하므로 이것에 대한 재수사가 불가능한 것도 아니다.

따라서 과거 검찰이 조사하지 않았던 나머지 사람들(관련 기자들, 청문감사관, 기타)과 함께 문제의 CCTV 녹화 영상 문제도 반드시 다시 조사해야 할 것이다.

자료목록

1) 국회, 『세월호침몰사고의 진상규명을 위한 국정조사특별위원회 조사록』, 국회사무처, 2014. 7.9

2) 박동현, 『진술조서』, 광주지방검찰청, 2014.8.8

3) 이준석, 『진술조서』, 광주지방검찰청, 2014.6.3

4) 장성천, 『진술조서』, 광주지방검찰청, 2014.6.24.

5) 광주지방검찰청, 『수사보고[세월호 선장을 해경의 아파트에서 재워주고 CCTV 조작 의혹에 대한 수사 결과 보고]』, 2014.7

6) 새정치민주연합, 『국회 세월호침몰사고국정조사특별위원회 활동보고서』, 2014.11

7) 해양경찰청, 『국정조사 요구자료』, 세월호 침몰사고의 진상규명을 위한 국정조사 특별위원회, 2014.7

8) 「'먼저 탈출' 세월호 선장, 영상포착…구조 뒤 어디로 갔나」, 『JTBC 뉴스』, 2014.4.18 (https://news.naver.com/main/read.nhn?mode=LPOD&mid=tvh&oid=437&aid=0000038219026915)

9) 「경찰, 이준석 선장 임의로 집에 데려가」, 『TV조선』, 2014.5.1 (http://news.tvchosun.com/site/data/html_dir/2014/05/01/2014050190339.html)

3.
해경이 유포했던
'가짜 뉴스'

세월호 침몰 당시 대한민국에는 '승객구조를 위한 국가기관'은 없었다. 대통령도, 해경의 수뇌부도, 상황실 근무자도, 출동한 구조세력도 승객구조를 위한 현장에는 없었고, 구조 가능한 골든아워에 구조를 위한 어떤 노력도 하지 않았다.

세월호 침몰 이후 며칠 동안 언론들은 세월호 선장과 선원의 도주 행위를 비난했지만, 시간이 지남에 따라 '해경의 부실 구조와 부실한 초동 조치'를 비판하기 시작했다. 특히 해경이 '선내진입과 퇴선방송을 진행했는지'에 대하여 언론은 집중적으로 의심하기 시작했다.

해경은 세월호 침몰 전에 '선내진입'과 '퇴선명령'을 하지 않아 피해를 키운 장본인이다. 해경은 엄청난 숫자의 잠수사와 장비를 동원해 수색구조 활동을 전개하고 있다고 발표했지만, 실제로는 체계적인 구조시스템 부재로 우왕좌왕했으며, 구조지연의 이유를 '날씨와 바닷속 여건(시계와 조류)'의 탓으로 돌렸기 때문에, 유가족과 국민의 신뢰를 완전히 상실한 상태였다. 급기야는 '해경 해체'까지 논의되는 상황이었다.

그들에게는 '악화된 여론을 반전시킬 카드'가 필요했고, 고심 끝에 수립했던 대책이 언론을 이용한 적극적 홍보였던 것으로 판단된다. 이 대책에 따라 4월 23일 123정 승조원 경사 이형래의 인터뷰를 기획했고, 4월 28일 123정 정장 김경일 등을 동원하여 기자회견을 하도록 했다. 또 매우 '친박근혜 성향'을 유지하고 있는 '조갑제 닷컴'을 동원하여 세월호 침몰 당일 잘못된 구조의 주체를 오히려 영웅으로 만들어 난국을 타개하려 시도했다.

하지만 해경의 행위는 「형법」 제 123조에 의거 '공무원이 직권을 남용하여 사람으로 하여금 의무 없는 일을 하게 하거나 사람의 권리를 방해'하는 명백한 범죄행위였다. 해경 수뇌부는 국민을 속이기 위해 넘어서는 안 될 강을 건넜고, 김경일 등도 자신들의 범죄행위를 덮기 위해, 매우 적극적인 가담을 했던 것으로 필자는 판단하고 있다.

누가 기획하고, 누가 실행했는가?

세월호 침몰 당시 김경일의 상식에 반한 구조행위를 해경 수뇌부가 바보가 아닌 한 많은 문제점을 발견할 수밖에 없었고, 그렇다면 언론과 국민이 제기하는 의혹을 해명하기 위해서라도 내부 진상규명 절차를 선행했어야 했다. 하지만 해경은 자발적 진상규명 대신 [표 8-8]에서 보는 바와 같이 4월 23일부터 가짜 뉴스 양산을 선택했다.

그렇다면 이 거대한 사업을 누가 기획하고 누가 실행했단 말인가?

필자는 다음과 같은 근거에 따라, 해양경찰청장 김석균이 결단하고 해양경찰청 대변인 성기주가 기획하고 실행했으며, 목포해양경찰서장 김문홍, 서해지방해양경찰청 및 목포해양경찰서 홍보계 직원 등이 개입돼 있을 것으로 판단하고 있다.[46]

---

46 인터뷰 당시 해경은 복장 및 소품(도끼와 망치)까지도 세심하게 챙겼던 것으로 보아

- 「해양경찰청과 인천해양경찰서 위임전결 규칙」(2014. 3. 3. 해양경찰청훈령 제1034호) 제1조, 제4조 및 제6조
  소속해양경찰서의 공문서를 처리함에 있어 소관 사무에 대하여 **전결처리한 사항은 그 전결권자가 소속기관의 장에 대하여 책임을 지게 돼 있고, 전결권자가 전결로써 처리할 예정이거나, 전결 처리한 사항 중 중요하다고 인정되는 사항은 즉시 그 내용을 사전 또는 사후에 차상급자에게 보고하도록 되어 있음**

- **위 전결규칙 제3조 및 별표 1(해양경찰청 위임 전결사항)**

  1. 각종 사고처리 중 중요사항은 본청 과장급이 문서를 기안하여 청장이 결재

  3. 대변인의 위임전결 사항 중 보도자료 배포에 관한 사항, 언론브리핑, 기자간담회 관련사항, 방송출연 등 대언론 홍보에 관한 사무와 수용기사에 관한 사항, 대응기사에 관한 사항, 언론보도 분석 및 관리에 관한 사항 등 언론대응에 관한 사무는 대변인 전결

세월호 침몰 초기 해경은 청와대의 힘을 빌려 언론을 통제하다가 한계에 도달하자, 적극적인 홍보 쪽으로 방향을 전환했던 것이다.

청와대는 이미 4월 17일 시점에 '각 정부 부처에 세월호 관련 SNS 대응지침'을 하달했고, 각 부처와 공공기관 SNS를 통해 유언비어 및 악성 댓글 자제 메시지를 전파할 것을 요구했다. 그 결과로 민간인 잠수사 투입과 관련한 인터뷰를 한 민간인 홍가혜를 전광석화와 같이 구속해 버렸다. 또한 4월 21일에 있었던 수석보좌관 회의에서 박근혜가 직접 해경 비판을 자제할 것을 요구했는데, 이 발언의 수혜자가 바로 해경이었다.

그럼에도 계속해서 여론이 악화되자 해경은 사실을 왜곡하여 언론에 홍보하는 방향으로 방법을 바꾸었고, [표 8-8]에서 보는 바와 같이 매우 장기적이고 지속적인 방법으로 잘못된 사실을 언론을 통해 보도했던 것이다.

최대한 극적인 효과를 노렸던 것으로 판단된다.

표 8-8. 123정 승조원 진술 관련 언론 보도 내용

인터뷰 일자	보도 일자	보도 언론	인터뷰 한 사람	인터뷰 계기	주요 인터뷰 내용
2014. 4. 23.	2014. 4. 23.	SBS, 연합뉴스, MBN 등	이형래	123정 정장 김경일의 지시	• 많은 승객을 구조하기 위해 구명벌을 터뜨리려 했지만, 가파르고 바닷물 때문에 미끄러운 갑판으로 올라가기가 힘들었으며, 구명벌이 쇠줄에 묶여있었고 녹이 슬어 안전핀이 뽑히지 않았다. 겨우 1개를 터뜨렸다.
2014. 4. 28.	2014. 4. 28.	연합뉴스, JTBC, YTN 등	김경일 외 3명	해경 123정 기자회견	• "승객 여러분 총원, 총원 바다에 뛰어내리십시오"라고 침몰 당시 퇴선 방송을 했다. • 123정이 세월호보다 작아 잘못 계류할 경우 123정 밑으로 들어가 버린다. 세월호의 경사가 이미 70도가 넘어 선내로 진입할 수 없었다. • 사람들이 구명조끼를 입고 있었기 때문에 선원인지 구분할 수 없었고, 긴급 상황에서 선원여부를 구분하지 않고 구조했다. • 기타
2014. 5. 25.		조갑제 닷컴	김경일	해양경찰청 고위 관계자 및 목포해양경찰서장 김문홍 지시	• 아래 조갑제 닷컴 인터뷰 내용 참조
2014. 5. 26		조갑제 닷컴	박상욱		
2014. 6. 11.	2014. 6. 11.	YTN	김경일	세월호 첫 재판	• 항해사 1명의 변호인이 조타실에 있다가 9시 45분쯤 해양경찰에서 나오라고 해 구조된 뒤 신분을 알렸다고 이야기하자 그때 긴박하기 때문에 한 사람이라도 빨리 구조해야 하지 않습니까. 그래서 승무원인지 선원인지 모르지 않습니까?
2014. 6. 25.	2014. 6. 26	국민일보	김경일	국정조사	• 왜 세월호에 퇴선 명령을

				2차 현장조사	내리지 않았느냐는 위원들의 질문에 기울어진 세월호를 보고 당연히 선장이 퇴선 명령을 내렸을 것이라고 생각했다.
2014. 7. 2.	2014. 7. 2.	데일리안	김경일	국정조사 특위	• 최초 구조자가 선장인 줄 몰랐느냐는 질문에 여성 3명과 남성 4명을 구조했는데 옷을 보면 한 명만 빼고 구명의와 바지를 착용해 선원인 줄 몰랐다고 답변
2014. 7. 8.	2014. 7. 8.	TV조선	김경일	감사원 감사 결과	• 세월호를 VHF 67번으로 세 번인가 네 번인가 불렀는데 응답을 하지 않아서 교신하지 못했다.
2014. 7. 11.	2014. 7. 11.	JTBC	김경일	국정조사 특위 기관보고	• 선원임을 언제 알았나? 11:10에 선원들을 2차 인계할 때 알았다. 당시에는 상황이 급해서 선원들과 승객을 구분할 여유가 없었다.

수사보고[123정장 인터뷰 언론 보도 내용 요약][47] 및 언론기사 참조 필자 재정리.

문제의 기자회견과 인터뷰는 해경이 고의로 허위사실을 유포한 중대 범죄행위에 해당하므로, 검찰은 이 건을 철저하게 수사했어야 한다. 하지만 2014년 검찰은 123정 승조원과 목포해양경찰서장 김문홍 등 몇 명만 조금 조사했을 뿐, 나머지 행위자들의 범죄행위는 조사조차 하지 않았다.

경사 이형래의 인터뷰

경사 이형래는 세월호 침몰 당일 오전 9시 43분 44초경 세월호 3층 안내데스크 앞 난간 쪽으로 승선하여, 정확하게 1분 27초 후인 9시 45분 11

---

47 광주지방검찰청, 『수사보고 [123정장 인터뷰 언론보도 내용 요약]』, 2014.7.29, 1~5쪽.

초경 5층 조타실 앞에 도착해 구명벌 2개를 터트렸던 해경이다.48

이형래가 올라갔던 곳은 세월호 여객안내실 바로 앞 난간이었다. 그때 당시 여객안내실 로비와 연결된 출입문은 열려 있었고, 승무원 강혜성은 그곳에서 마이크를 들고 '가만히 있으라'는 안내방송을 하고 있었다. 만약 그가 세월호 5층 조타실로 향하지 않고, 약 2.9m의 경사를 극복하여 여객안내실로 진입해, '승객들 모두 퇴선하라'는 안내방송만 진행했다면 선내 승객들은 모두 탈출할 수 있었다.

따라서 당시 그가 선택한 구조행위는 '영웅적인 행위'가 아닌 '해경의 구조 역사에서 씻을 수 없는 실책'으로 기록될 수밖에 없지만, 해경은 오히려 그를 영웅으로 만들기 위해 불필요한 노력을 했다.

4월 23일 이형래는 세월호 침몰현장에서 구조 작업을 마치고 침실에서 쉬고 있었는데, 정장 김경일이 다음과 같은 지시를 했다고 한다.

> (팽목항에서) 기자들과 인터뷰가 잡혀 있으니 근무복을 입고 서망항으로 가라. (세월호 침몰) 당시 구조 작업 때 입었던 복장을 입으라. (팽목항에 도착하면) 해양경찰청 대변인실과 통화를 해 봐라.

그는 근무복과 기동복 2벌을 챙겨서 P-96정을 타고 팽목항으로 이동했으며, 도착 즉시 해양경찰청 대변인 (총경) 성기주에게 전화 통화를 하니, '인터뷰는 혼자 가서 해라. 인터뷰는 위에서 시켜서 하는 것이 아니라 진도파출소에 들렀다가 우연히 기자를 만나서 하게 된 것처럼 해라'는 지시를 했다고 한다. 이어서 성기주는 "여기자랑 진도파출소에서 만나실 거예요. 진도파출소 직원들도 잘 모르도록 자연스럽게 진행하셔요. 이 경사가 구조현장 언급 시 긴급했던 순간을 잘 말씀해주셔요. 감사합니다"라는 문

---

48 상세한 것은 이 책 제3장 '2. 배가 너무 기울어 선내에 진입할 수 없었다는 거짓말 참조.

자를 발송했다고 한다.[49]

그가 인터뷰를 마치고 파출소 밖으로 나오는데 다른 기자들이 이 사실을 알고 밖에서 진을 치고 있었고, 진도파출소장이 그에게 "언론사 한 곳만 인터뷰하면 안 되니 다른 언론사도 인터뷰해 주라"고 지시하여, 그곳에 있던 다른 언론사와도 인터뷰를 진행했다.

인터뷰를 마친 그는 성기주에게 "경사 이형래 인터뷰 마쳤습니다"는 문자를 발송했다.[50]

그가 팽목항에서 언론과 인터뷰했던 날, 123정 정장 김경일은 오후 1시 58분부터 오후 6시 5분경까지 [그림 8-6]과 같이 이형래와 13통의 전화통화를 했다.

통화는 약 20분 단위로 계속해서 진행됐지만, 이형래와 김경일은 검찰 조사에서 그들이 진행했던 통화내용을 구체적으로 밝히지 않았다.

그림 8-6. 인터뷰 당일 이형래 김경일 정장과 통화내역

발신	123정 이형래,이형래	01086084519	2014/04/23 13:58:56	00:00:45
수신	123정 이형래,이형래	01086084519	2014/04/23 14:07:13	00:00:31
발신	123정 이형래,이형래	01086084519	2014/04/23 14:11:44	00:00:00
발신	123정 이형래,이형래	01086084519	2014/04/23 14:12:41	00:00:00
발신	123정 이형래,이형래	01086084519	2014/04/23 14:14:13	00:00:00
발신	123정 이형래,이형래	01086084519	2014/04/23 14:15:10	00:00:00
발신	123정 이형래,이형래	01086084519	2014/04/23 14:16:30	00:00:00
발신	123정 이형래,이형래	01086084519	2014/04/23 14:18:22	00:01:11
발신	123정 이형래,이형래	01086084519	2014/04/23 14:22:12	00:00:24
수신	123정 이형래,이형래	01086084519	2014/04/23 17:12:41	00:00:20
발신	123정 이형래,이형래	01086084519	2014/04/23 17:57:47	00:00:00
수신	123정 이형래,이형래	01086084519	2014/04/23 17:59:31	00:00:36
수신	123정 이형래,이형래	01086084519	2014/04/23 18:05:51	00:00:53

이형래 전화통화 내역 필자 화면 캡처.

---

49 이형래, 『진술조서(제3회)』, 광주지방검찰청, 2014.8.3, 17쪽.
50 위와 같음, 18쪽.

이날 이형래의 인터뷰 목적은 '세월호 침몰 당시 구조과정에서 본인이 경험했던 사실들을 기자에게 솔직하게 밝히는 것'이 전부였다. 얼핏 봐서는 그렇게 중요한 인터뷰도 아닌데, 해양경찰청 대변인 성기주는 왜 직접 전화와 문자를 하면서 이형래의 인터뷰를 지휘했을까? 또 해경은 세월호 침몰현장에서 구조 작업에 투입돼야 할 P-96정을 특별운항 하면서 인터뷰를 기획한 의도는 뭘까?

단순한 인터뷰만 하면 되는 것인데 복장은 왜 그렇게 신경 썼고, 123정 정장 김경일은 왜 안절부절못하면서 수시로 어떤 내용의 전화통화를 했을까?

이형래는 '해경이 구조작업을 잘못하여 세월호 승객들이 죽게 되었다며 국민과 언론으로부터 지탄 받고 있어서, 본인이 구명벌 터뜨린 것으로 분위기를 전환하기 위해 위에서 지시했던 것'이라고 진술했다.

해경의 바람대로 문제의 인터뷰가 분위기를 전환시켰는지는 의문이지만, 아래 보도 내용과 같이 이형래의 구조행위가 미화되어 보도된 것은 틀림없는 사실이다.

> 그는 경비함이 여객선에 바짝 붙자 무조건 선체로 올랐다. **그에게는 침몰하는 여객선에 갇힌 승객을 구해야 한다는 일념밖에 없었다. 많은 승객을 구조하기 위해 구명벌을 터뜨리는 것이 중요하다는 생각이 머리를 스쳤다.** 넘어갈 듯 기울대로 기운 갑판은 바닷물로 미끄러웠다. 사투 끝에 조타실 앞쪽 갑판에 올랐다. 쇠줄에 묶인 구명벌을 떼어내기가 쉽지 않았다. 떼어낸 구명벌도 녹이 슬어 안전핀이 뽑히지 않아 발로 차고 갑판에 던지며 갖은 애를 쓴 끝에 성공했다. 구명벌은 곧바로 바다로 떨어졌다. 나머지 구명벌 7개 세트 정도가 보였지만 배가 기울어 더는 작업을 하지 못하고 미끄러져 내려왔다.
>
> (이하 생략)[51]

---

51 「〈세월호참사〉 침몰 순간 구명벌 터뜨린 이형래 경사」, 『연합뉴스』, 2014.04.23. (https://news.naver.com/main/read.nhn?mode=LSD&mid=sec&sid1=101&oid=001&aid=0006876126)

123정 정장 김경일과 승조원들의 기자회견

123정 정장 김경일과 승조원들이 함께 기자회견 한 4월 28일은, 아직 116명의 희생자가 가족의 품으로 돌아오지 못한 상황이었다. 해경은 한사람이라도 빨리 가족의 품으로 돌려보내 주기 위하여, 수색구조에 총력을 기울여야 했던 시점이었다. 123정 또한 침몰현장에서 밤낮없이 구조에 전념했던 시기였고, 상부의 허락 없이 임의로 구조현장을 일탈할 수 없는 상황이었다. 하지만 해경은 바쁜 와중에도 자신들의 목적 달성을 위해, 수색 중이던 123정을 서망항으로 이동시켜 기자회견을 했다.

김경일은 자신이 기자회견에 참석한 배경을 상세하게 진술하지 않았으므로, 이날 기자회견이 누구의 지시에 따라 어떻게 진행됐는지 정확하게 알 수가 없다.

다만 목포해양경찰서장 김문홍과 김경일 등의 진술에 따르면, 적어도 이날 기자회견은 김경일이 자발적으로 참석했던 것이 아니라 해양경찰청장 김석균의 지시에 따라 기획되고 진행됐던 것만은 틀림없어 보인다.

- 목포해양경찰서장 김문홍
  김문홍은 '인터뷰 전날 3009함에 해양경찰청장과 같이 있었는데 당시 해양경찰청장이 인터뷰를 지시했다'는 말을 들었다.[52]

- 123정 정장 김경일
  기자회견 하루 전날인지 기자회견 당일 아침인지 지금은 정확한 기억이 없지만, 둘 중에 한날 목포서장 김문홍으로부터 전화가 와서, '서망항에서 기자회견 하니까 준비하라'고 지시했다.[53]

---

52 김문홍, 『조사대상자 진술조서』, 4·16세월호참사 특별조사위원회, 2016.1.19, 33쪽.
53 김경일, 『조사대상자 진술조서』, 4·16세월호참사 특별조사위원회, 2016.3.25, 32쪽.

▪ 123정 승조원 경사 박성삼

검　사 : 언론 인터뷰를 하게 된 경위에 대해서 진술을 해보세요.

박성삼 : 제가 알기로는 상부의 지시에 따라 인터뷰가 진행된 것으로 알
　　　　고 있습니다. 정장이 4. 24.~25. 저녁 무렵에 정장실에서 조타
　　　　실로 올라와서 저에게 '위에서 인터뷰하라고 한다'라는 말을 하
　　　　면서 싫은 표정을 짓고, '나는 말주변도 없는데 걱정이다'라는
　　　　취지로 걱정하는 모습을 보였습니다.

검　사 : 어디서 연락이 왔는지 알고 있는가요.

박성삼 : 언론과 관련해서는 본청 대변인실에서 담당을 하고 있기 때문
　　　　에 아마도 본청 대변인실에서 연락이 왔을 것이라고 생각합니
　　　　다. 다만 제 생각이 그렇다는 것이고 근거는 없습니다.[54]

　　목포해양경찰서장 김문홍이 "3009함에서 해경청장으로부터 '인터뷰를
지시했다'는 말을 들었다"는 진술의 의미는 해양경찰청장 김석균이 김문홍
에게 '인터뷰 관련 필요한 조치를 하도록 지시했던 것'으로 해석해야 한다.

　　김문홍은 기자회견이 있던 4월 28일 오전, 김석균의 지시사항을 챙기기
위하여, [그림 8-7]과 같이 김경일과 6통의 통화를 했던 것으로 판단된다.

그림 8-7. 기자회견 전 김문홍과 김경일 전화통화 내역

발신	김문홍	01031620077	2014/04/28 08:25:37	00:13:03
수신	김문홍	01031620077	2014/04/28 08:41:58	00:01:57
수신	김문홍	01031620077	2014/04/28 08:59:45	00:01:06
수신	김문홍	01031620077	2014/04/28 09:34:46	00:02:40
수신	김문홍	01031620077	2014/04/28 09:39:09	00:00:39
수신	김문홍	01031620077	2014/04/28 09:44:01	00:03:39

이형래 진술서 필자 화면 캡처.

　　김문홍은 김경일과 전화통화 이유를, "폭우가 오고 기상상태가 좋지 않

---

54 박성삼, 『진술조서(8회)』, 광주지방검찰청, 2014.8.4, 9쪽; 박성삼, 『진술조서(7회)』,
　　광주지방검찰청, 2014.8.3, 10쪽.

앉고, 인터뷰 장소는 서망항으로 수심이 얕아서 100톤이 들어갈 수가 없어서 소형정으로 에스코트하라고, 그리고 안전하게 계류할 수 있도록 하라고 지시하는 차원에서 전화했다'고 변명했다.

또한 그는 "김경일은 당시 자주 떠는 관계로 인터뷰할 때 떨지 말고 사실대로 이야기하라'고 했으며, '퇴선방송 했다'는 인터뷰를 하라고 지시는 하지 않았다'고 진술했다.[55]

하지만 김문홍의 지시사항은 단 한 번의 전화통화로 충분히 전달할 수 있었으며, 여섯 번씩 전화통화를 했던 이유는 '특별 전달사항이 있었기 때문이었다'고 필자는 의심한다.

123정 정장 김경일은 '기자회견과 관련한 특별한 준비를 지시받은 바 없다'고 진술했다. 다만 기자회견과 관련해 김경일과 세월호 침몰 당시 고무단정을 운전했던 경장 김용기, 그리고 세월호 조타실 앞에서 구명뗏목을 터뜨렸던 경사 이형래 등 3명이 참석할 것을 서해지방해양경찰청 홍보계에서 지정해 주었다고 했다. 또 '퇴선방송을 했다고 했으니까 그것에 대해서 질문을 할 것'이라는 말은 했고, '복장은 어떻게 하라' 정도의 이야기는 했다고 한다.[56]

경사 박성삼도 김경일로부터 '기자회견을 위한 자료준비를 지시받은 사실은 없다'고 진술했다. 다만 기자회견을 앞둔 시점에 김경일에게 해양경찰청으로 추정되는 수십 통의 전화가 왔던 사실을 목격했으며, 전화가 올 때마다 정장실 방의 문은 항상 닫혀 있었다고 한다.[57]

김경일은 기자회견 도중, 그들은 세월호 선수 유리창을 깰 때 사용했던 '망치와 손도끼'를 들어서 기자들에게 보여줬고, 유리창을 깰 때 발생했던 '유리 파편'을 미리 준비하여 기자들에게 보여줬다. 경장 박상욱은 유리창

55 김문홍, 『조사대상자 진술조서』, 4·16세월호참사 특별조사위원회, 2016.1.19, 33쪽.
56 김경일, 『조사대상자 진술조서』, 4·16세월호참사 특별조사위원회, 2016.3.25, 32쪽.
57 박성삼, 『진술조서(7회)』, 광주지방검찰청, 2014.8.3, 11쪽.

을 깨는 과정에서 입었던 상처를 기자들에게 공개하기도 했다. 적어도 이런 모습은 사전 준비가 없는 상황에서 즉석에서 연기하는 것은 쉽지 않으므로, 어떤 사전 준비도 하지 않았다는 해경 관계자들의 진술은 명백한 허위이다.

그림 8-8. 구조과정을 설명하고 있는 김경일 정장

김경일 123정장
도착과 동시 단정을 내리고 또 함 내 경보를 이용해서 승객 총원 퇴선하라는, 바다로 뛰어내리라는 방송을 실시했습니다.

기자회견 MBC 보도 영상 필자 화면 캡처.

4월 28일 오후 2~3시경, 서망항에는 이미 2~3명의 기자가 도착해 있었고, 123정이 서망항에 도착했을 때 이들은 123정이 입항하는 장면을 촬영하고 있었다.

김경일 등은 서망항에 입항하여 기자회견장이 마련되어 있는 바지선에 계류한 후 함정 내에서 대기하고 있었다. 그때 그곳에 미리 도착해 대기하고 있던 해양경찰청 대변인 총경 성기주와 서해지방해양경찰청 홍보계장 김재인 등 3명이 123정에 승선하여 정장실로 들어가서 김경일을 만났다.

박성삼은 조타실 정리를 마치고 그 사람들이 뭘 하고 있는지 궁금한 생각이 들어서 정장실 근처로 가 봤다. 김경일은 정장실 공간이 좁아 답답해서 그랬는지 평상시와는 달리 정장실 문을 안쪽으로 열어놓은 상태에서 세 사람을 만나고 있었다.

김경일은 안경을 쓰고 손글씨로 써진 A4용지를 들고 "본 정은 09:00경 상황실의 구두 지시에 의거 출동" 등의 내용이 담긴 글을 읽고 있었고, 방문자들은 그 모습을 보고 있었다.

서해청 홍보계장은 정장이 떨면서 더듬더듬 읽자, "정장님, 긴장하지 마시고 이 부분은 이야기하듯이 편하게 하십시오"라는 말을 했다. 박성삼은 높은 분들이 이야기하고 있는데 계속 문 앞에서 듣고 있는 것이 불편하여 그 부분까지만 듣고 식당으로 내려갔다.

식당에는 경장 김용기를 비롯한 123정 승조원 여러 명이 모여 있었는데, 김용기에게 "오늘 누구누구 인터뷰한대?"라고 묻자, 김용기는 "저랑 형래랑 한다 하네요"라고 답변했다.

123정이 서망항 입항 후 약 1시간 정도 대기하다가 인터뷰가 시작되었다. 서망항에는 선박 접안용 바지선이 있었는데, 그 바지선 위에 기자들이 모여서 인터뷰 준비를 하고 있었고, 인터뷰가 예정돼 있던 '정장 김경일, 경사 이형래, 경장 김용기'가 기자회견장으로 먼저 이동했다. 그때 갑자기 누군가 "보수 망치와 손도끼 들고 나가"라는 말을 했고, 경장 박상욱이 보수 망치와 손도끼를 들고 김경일을 뒤따라 기자회견장으로 갔다.

기자회견은 정장 김경일이 먼저 '침몰 사실 인지 경위 및 침몰현장으로 이동하는 과정, 구조 내용' 등을 총괄적으로 이야기했고, 그의 모두 발언이 끝난 후 기자들이 개별 질문을 했다.

기자들은 김경일에게 퇴선방송을 했는지 물었고, 김경일은 침몰현장 도착 직후 실시했다고 답변했다. 그러자 기자들이 동영상에는 퇴선방송 내용이 나오지 않는데, 정말 퇴선방송을 했던 것이 맞는지 물어보았다. 이에 대해 그는 '자신이 직접 퇴선방송을 하였다'고 답변했다.

기자들은 다시 물었다. "퇴선 방송 없었잖아요, 왜 거짓말을 해요."

기자회견이 생방송으로 진행될 때 경사 박성삼은 123정 식당 입구 쪽 통로 근처에서 기자회견 내용을 TV로 보고 있었는데, 정장실에서 총경 성기주가 갑자기 소리쳤다. "야, 정장이 헛소리할지 모르니까, 얼른 가서 데리고 와."

그러자 서해청 홍보계장 김재인이 기자회견장으로 들어가서 "123정이 근무 중에 기자회견을 위해 이곳에 왔기 때문에 다시 출동해야 한다. 양해해달라"라고 하면서 기자회견을 종료시켰고, 정장을 비롯한 직원들을 전부 123정으로 철수시켰다.

그러자 기자들은 서해청 홍보계장 김재인에게 '직접 방송한 내용을 들려 달라'고 요청했고, 김경일은 123정 조타실로 가서 마이크를 잡고 직접 '승객 모두 퇴선하세요. 바다로 뛰어 내리세요. 퇴선하세요'라며 퇴선 방송을 재연했다.58 이날 진행됐던 기자회견의 구체적인 질문과 답변내용은 아래 [표 8-9]와 같다.

표 8-9. 123정 정장 김경일 기자회견 내용의 사실과 부합 여부 판단

기자회견 시 김경일 답변 내용	구 분	실 제 사 실
현장 도착과 동시에 단정을 내렸고, 함내 방송장비를 이용하여 '승객 총원 퇴선하라', '바다로 뛰어내리라'는 방송을 수회 실시	퇴선방송	실시한 사례 없음
123정이 세월호 보다 매우 작아 세월호 현측 밑으로 들어가 버린다. 계류조차 하기 어려웠던 상황이다. 세월호 경사가 이미 70도가 넘어 선내로 올라가려 했으나 쉽지 않았다.	사고 당시 왜 즉각 선내에 진입하지 않았나.	• 승객들은 선원들이 도주한 이후에 탈출을 시작했음(123정이 세월호 현측 밑으로 들어갈 확률 전혀 없었음) • 경사 이형래와 경장 박상욱이 세월호 선체 위로 올라갔으므로 진입이 불가능하지 않았음

58 이형래, 『진술조서(제3회)』, 광주지방검찰청, 2014.8.3, 20쪽; 박성삼, 『진술조서(8회)』, 광주지방검찰청, 2014.8.4, 13~15쪽.
59 광주지방검찰청, 『수사보고[123정장 인터뷰 언론보도 내용 요약]』, 2014.7.29, 참조.

• 당시 긴박한 상황이라 한 명이라도 빨리 구조해야 했다. • 사람들이 구명조끼를 입고 있었기 때문에 구별할 수 없었다. 제복을 입은 사람도 그 위에 구명조끼를 입고 있었기 때문에 식별이 쉽지 않았다.	승무원을 먼저 구조했던 이유는	• 구명조끼를 입었어도 청해진 유니폼은 식별할 수 있으며 • 무전기를 들고 있었고, 조타실에서 나왔다는 점을 감안하면 승객과 선원을 구별할 수 있었음
(방송 소리가 들리지 않는다는 지적에 대하여) 짧게 찍혀서 편집된 것처럼 보이지만 편집없는 그대로이다	동영상 편집 의혹	• 편집 의혹은 있지만, 아직 정확하게 밝혀진 사실이 없음 • 123정이 퇴선방송을 하지 않았으므로 방송 소리가 들리지 않는 것은 정상임
09:02경 세월호를 호출했지만, 교신은 하지 못함	출동 당시 세월호와 교신 여부	• 교신은 될 때까지 시도했어야 했으며 • 123정은 교신을 청취하지도 않았음 • 123정은 세월호를 3회 호출했다고 주장하지만, 교신 당사자인 박성삼은 3회 중 2회는 자신의 목소리인지 의문을 제기하고 있음

광주지방검찰청 수사보고 참조 필자 정리[59]

김경일은 기자회견이 끝난 후 목포해양경찰서장 김문홍과 또다시 6통의 통화를 했지만, 그 통화내용과 관련한 진술은 하지 않았다.

김문홍은 '언론 인터뷰를 마친 후 고생했다는 말을 하기 위해서 전화를 했던 것입니다'라고 진술했는데, 간단하게 '고생했다'는 말 한마디면 끝날 것을 군이 "16:45~20:10" 사이에 6통화씩 했다는 것은 도저히 이해할 수가 없다.[60]

또한 김경일은 기자회견이 끝난 후 기자회견 내용을 직접 작성해서 [그림 8-10]과 같이 사진 촬영하여 3009함에 있던 옥현진에게도 발송했다.[61]

창원해양경찰서 정보과장인 경정 옥현진은 세월호 침몰 사건 발생 직후 3009함에 파견되어 해양경찰청장 김석균을 보좌했으므로, 김경일이 옥현

60 김문홍, 『진술조서(제2회)』, 광주지방검찰청, 2014.8.6, 25쪽.
61 김경일, 『조사대상자 진술조서』, 4·16세월호참사 특별조사위원회, 2016.3.25, 33쪽.

진에게 한 보고는 김석균에게 직보됐음이 틀림없다.

그림 8-9. 김경일이 옥현진에게 발송했던 사진

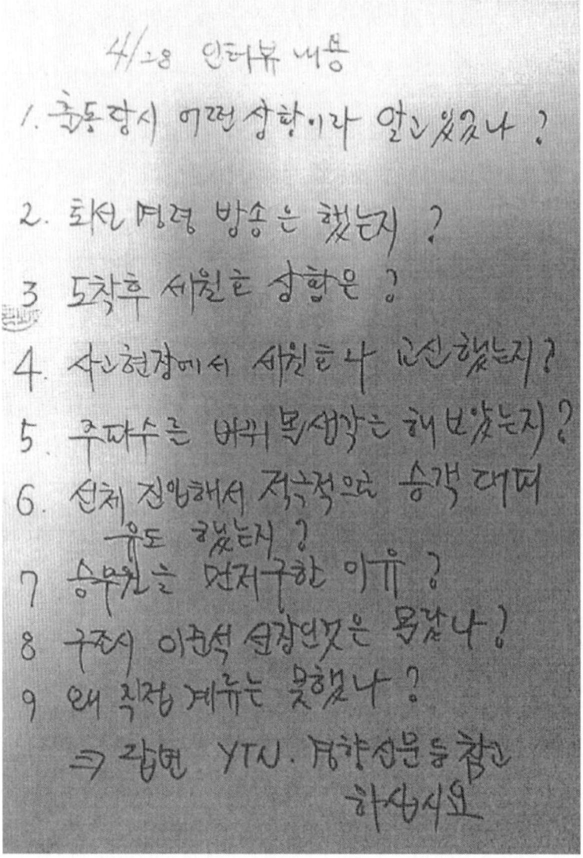

김경일 진술서 필자 화면 캡처.

조갑제닷컴 인터뷰

목포해양경찰서장 김문홍은 '누군지 잘 기억나지 않지만, 본청 간부로부터 123정 승조원들을 조갑제닷컴과 인터뷰 할 것'을 지시했고, 김문홍은

'정장이나, 박상욱, 이형래가 조갑제와 인터뷰했으면 좋겠다'고 말했다.[62]

김문홍은 앞선 4월 28일 123정 승조원들의 기자회견과 관련해서 "언론과 관련된 부분은 중앙구조대책본부에서 총괄하고 있어서, 일선 서에서는 관여하지 않는다"고 진술했는데, 조갑제닷컴의 인터뷰와 관련해서는 이 원칙을 깨고 주도적으로 개입했다.[63]

'조갑제닷컴'은 세월호 침몰 사건과 관련한 모든 사법적 절차가 완료된 현 상황에서도 사법부 판단마저 부인하는 매우 악의적이고 왜곡된 보도를 전문으로 하는 매체이며, 국민의 불신이나 비난은 전혀 두려워하지 않는 언론이다.

따라서 조갑제 닷컴에 123정 승조원들이 인터뷰할 것을 해양경찰청 간부가 지시했다면, 그것은 박근혜 정부를 대신하여 노골적으로 허위사실을 유포하겠다는 의사표시를 한 것과 다를 바가 없었다. 그 때문인지 김문홍은 자신과 조직의 책임을 면하기 위해 '누군지 잘 기억이 나지 않지만, 본청 간부'라고만 밝혔고, 검찰도 수사과정에서 그 사람이 누군지 더 이상 묻지 않았다.

따라서 현재까지 밝혀진 사실은 '김문홍의 지시에 따라 정장 김경일과 경장 박상욱이 조갑제닷컴과 인터뷰를 진행한 사실이 있었다'는 정도이다.

인터뷰는 5월 25일과 5월 26일 이틀에 걸쳐 123정 정장 김경일과 세월호 침몰 당시 조타실에 진입했던 경장 박상욱이 진행했다.

이들 인터뷰 내용은 박근혜의 '해경 해체' 선언 직후 진행된 탓도 있었겠지만, '희생자에 대한 애도와 구조실패에 대한 반성' 같은 것은 완전히 생략돼 있었다. 본인들은 최선을 다했다는 취지의 일방적 주장을 했고, 조

---

62 김문홍, 『진술조서(제2회)』, 광주지방검찰청, 2014.8.6, 26쪽.
63 위와 같음, 21쪽.

갑제닷컴은 오히려 이들을 "최선을 다한 영웅"으로 묘사했다. 그들의 인터뷰 내용을 간략하게 요약하면 다음과 같다.

- 李(이형래) 경사는 123정의 홋줄을 이용, 조타실로 진입하여 퇴선방송을 하려 했으나 경사가 너무 심해 미끄러져 내렸다.

- 조타실에 보이는 사람들이 선원인지 승객인지 구분할 겨를이 없었다. 배에서 처음 본 사람들이었으니 구해야 했고, 어떻게든 사람들을 빨리 구해내야만 하는 절박한 순간이라고 느꼈다.

- 9시 50분 세월호가 너무 기울어 123정을 빼기 직전에 박(박상욱) 경장을 시켜 조타실에 한 번 더 올라가라고 했는데, 로프를 잡고 조타실의 입구 쪽으로 들어가긴 했으나 선체는 80도까지 기울었고 조타실의 경사가 심해 더 이상 오르지 못하고 미끄러져 내려왔다.

- 조타실 아래쪽으로 이동해 승객들이 타고 내려온 밧줄을 잡고 조타실 좌현 측문으로 올라갔다. 그때 이미 바닥은 벽으로 변해가고 있었고, 그때 바닥이 적어도 70도에서 80도는 됐지만 그걸 생각할 겨를이 없었다. 조타실은 텅 비어 있었다. 더구나 문 안쪽에서 '홋줄' 매듭은 끝이 나고 있었다. 뭐라도 잡을 게 있었더라면 그걸 잡고 船室 내부로 더 들어갈 수 있었을 테지만 船室 벽은 대부분 두꺼운 철판이거나 합성수지계열로 만들어져 있었다. 더 이상 잡을 것이 안보이니 무엇을 할 수 있는 상황이 아니었다.

- 우리는 최선을 다했고 잘못이 없다. 특수 장비가 없는 100t짜리 경비정이 할 수 있는 일은 다했다.[64]

인터뷰에서 박상욱은 조갑제 닷컴에 아주 특별한 부탁을 했다. 자신들을 '영웅처럼 써 주지 말고, 부디 있는 사실 그대로만 써 달'고. 하지만 이 기사를 끝까지 읽은 독자들 모두 그들을 영웅으로 생각할 수밖에 없었을 것으로 판단된다.

---

64 「海警 123정 김경일 정장 인터뷰, "우리는 최선을 다했습니다. 船室 진입 시도도 했습니다."」, 『조갑제 닷컴』, 2014.5.25 (http://www.chogabje.com/board/view.asp?C_IDX=55936&C_CC=BB); 「세월호 조타실로 진입했던 海警(해경) 朴相旭 경장: "제발 사실대로만 써주세요. 부탁입니다"」, 『조갑제 닷컴』, 2014.5.26 (http://www.chogabje.com/board/view.asp?C_IDX=55941&C_CC=AZ)

해경의 진실 은폐와 왜곡은 문제의 기자회견과 인터뷰가 끝이 아닌 시작이었다. 이들의 기자회견이 끝난 후에도 목포해양경찰서와 서해지방해양경찰청에서 근무한 해경은 김경일에게 끊임없이 새로운 자료를 요구했고, 그때마다 김경일은 새로운 내용을 추가하고 수정하여 상부에 제출했다. 그리고 그 문건은 고스란히 감사원의 감사와 국회 국정조사 및 검찰에 제출됐다.[65]

해양경찰청장 김석균과 목포해양경찰서장 김문홍, 해양경찰청 대변인 성기주 등은 자신들이 기획한 인터뷰와 기자회견이 명백한 허위임을 알고 있었다. 또 그들은 허위임을 알면서도 직무상 권한을 남용하여 해경 123정장 등에게 선내진입 및 퇴선방송과 관련하여 허위기자회견과 인터뷰를 진행하도록 지시했다. 이것은 명백한 불법행위였다.

2014년 검찰이 세월호 침몰 사건을 수사할 때 반드시 이 부분도 수사한 상태에서 사건이 마무리 됐어야 한다. 하지만 검찰은 수사과정에서 김문홍과 김경일의 의견만 진지하게 들었을 뿐, 법률적 검토는 하지 않았다.

자료목록

1) 김경일, 『조사대상자 진술조서』, 4·16세월호참사 특별조사위원회, 2016.3.25
2) 김문홍, 『진술조서(제2회)』, 광주지방검찰청, 2014.8.6
3) 김문홍, 『조사대상자 진술조서』, 4·16세월호참사 특별조사위원회, 2016.1.19
4) 박성삼, 『진술조서(7회)』, 광주지방검찰청, 2014.8.3
5) 박성삼, 『진술조서(8회)』, 광주지방검찰청, 2014.8.4
6) 이형래, 『진술조서(제3회)』, 광주지방검찰청, 2014.8.3
7) 광주지방검찰청, 『수사보고 [123정장 인터뷰 언론보도 내용 요약]』, 2014.7.29

---

65 광주지방검찰청, 『수사보고[123정정장 휴대전화 모바일 분석]』, 2014.7.30, 1~23쪽.

8) 광주지방검찰청, 『수사보고[123정정장 휴대전화 모바일 분석]』, 2014.7.30

9) 「〈세월호참사〉 침몰 순간 구명벌 터뜨린 이형래 경사」, 『연합뉴스』, 2014.04.23 (https://news.naver.com/main/read.nhn?mode=LSD&mid=sec&sid1=101&oid=001&aid=0006876126)

10) 「세월호 조타실로 진입했던 海警(해경) 朴相旭 경장: "제발 사실대로만 써주세요. 부탁입니다"」, 『조갑제 닷컴』, 2014.5.26 (http://www.chogabje.com/board/view.asp?C_IDX=55941&C_CC=AZ)

11) 「海警 123정 김경일 정장 인터뷰, "우리는 최선을 다했습니다. 船室 진입 시도도 했습니다."」, 『조갑제 닷컴』, 2014.5.25 (http://www.chogabje.com/board/view.asp?C_IDX=55936&C_CC=BB)

4.
구조작업을
'셀프 실패'한 해경

세월호 침몰 당시 그렇게 구조하기 좋은 조건과 환경에서, 해경은 왜 승객들을 구조하지 않았을까?

어쩌면 필자는 세월호 침몰 사건과 관련한 박근혜의 책임과 더불어 이 문제를 풀 목적에서 지난 몇 년의 세월을 허비했던 것 같다. 하지만 필자의 경험에 따르면, 세월호 침몰 사건에서 구조와 관련한 의문은 '구조시스템과 법'만으로는 도저히 의혹을 해결할 수가 없었다.

필자는 기본적으로 세월호 침몰 사건의 실체를 정확하게 분석하기 위해서는 '음모론적 관점'과 '법적 · 시스템(System)적 관점' 등 두 가지 관점에서 연구돼야 한다고 생각하고 있다. 그 이유는 세월호 침몰 사건은 음모론을 개입시키지 않으면 도대체 합리적으로 해석할 수가 없는 부분이 있기 때문이다.

필자는 거대조직 '해양경찰'이 세월호 침몰 당일 단순히 '무능'했기 때문에 '엉터리 구조작업'을 진행했고, 그것이 대형참사로 연결됐다고 생각하지 않는다. 세월호 침몰 사건은 박근혜와 청와대(안보관리실, 비서실), 국정원, 국군기무사령부 등이 함께 만들어 낸 합작품이며, 바닥에는 거대한

'음모'가 깔려있었다고 본다. 그들은 그것이 밝혀질 것을 우려하여, 정보기관을 동원해 유가족을 사찰했고, 진상규명과 책임자처벌을 방해했다.

다만, 음모의 정확한 실체를 충분히 밝히지 못하면서, 오직 상상만으로 진상규명을 논할 순 없으므로, 최대한 '법적 · 시스템(System)적 관점'에서 해경이 구조를 실패한66 원인을 분석하려 노력했다.

세월호 침몰 사건에서 1차 구조를 책임졌던 기관은 '해경'이다. 따라서 세월호 침몰 사건 구조실패의 근본적 원인은 '해경'이란 거대조직에서 찾아야 한다.

해경의 '생존 승객에 대한 구조의무'는 침몰한 세월호 안에 갇혀있는 수중 승객에 대한 생존의 희망이 완전히 사라지는 이른바 '골든아워'까지 있었다.67 따라서 해경이 구조하지 않은 원인과 책임을 이 시간까지 추적하여 처벌해야 한다.

해경이 이 시간 안에 생존 승객을 구조하지 못한 장애 요소를 분석해 보면, 해경 수뇌부의 조직 운영 미숙에서 비롯되는 '내부적 요인'과 이른바 대통령과 장관 등 고위 공직자의 노골적인 구조방해로 대표되는 '외부적 요인'으로 구분된다.

---

66 필자는 '구조실패'라는 용어에 동의하지 않는다. '실패'란 단어는 뭔가를 시도했다가 목적을 달성하지 못했을 때 쓰는 단어이지만, 세월호 침몰 당시 해경은 '구조를 시도'한 사실이 없으므로 '구조실패'란 단어는 적절하지 못하다. 다만 달리 표현할 방법이 없으므로 매우 제한적으로 '구조실패'란 단어를 사용하기로 한다.

67 「해상수색구조 매뉴얼」은 '부상당하지 않은 사람들의 해상 생존 가능성을 3일'정도로 보고 있으며, 이 시간에는 합리적인 희망이 사라질 때까지 계속 수색해야 한다고 규정하고 있다. 해양경찰청, 「해상 수색구조 매뉴얼」, 2013.7, 20쪽.

해경 구조시스템 운영의 문제

「해상치안상황실 운영규칙」은 긴급 상황을 접수했을 때 '각종 상황을 신속 정확하게 파악하고, 신속보고 및 전파하며, 신속한 초동조치'를 하도록 규정되어 있다.[68] 또한 조직 전체에 파급효과가 미치는 해상상황이 발생하면, 신속하고 체계적인 대응을 위해 주요 상황별 필수인력으로 구성된 '상황대책팀'을 운영하도록 규정하고 있다.

상황대책팀을 구성하는 구체적 이유는 대형 사건이 발생했을 때 상황실 자체 능력만으로는 사태 수습이 불가능하고, '구조 및 오염 · 방제'와 같은 전문적인 영역에 해당하는 사고는 실무 부서가 상황을 관리하는 것이 효율적이며, 헬기와 항공기, 특공대 등 조직 내 다른 구조세력과 유관 기관의 구조세력을 신속하게 투입하는 것이 가능하기 때문이다.

상황대책팀은 상황주무부서 국장(지방청 및 경찰서는 상황 주무부서 과장)을 팀장으로 하며, 각 팀 구성원은 계장급 이상으로 구성하게 돼 있다.[69]

해경은 세월호 침몰 사건 발생 당시 본청의 경우 오전 9시 20분경, 목포서는 9시 15분경 상황대책팀이 소집 완료됐다고 주장했다.

세월호 침몰 당시 상황실과 상황대책팀의 긴급조치는 [그림 8-10]과 같이 처리됐어야 옳았다. 상황담당관은 긴급 상황접수 즉시 당해 주무과장에게 보고하여 기능별 통제하에 보고 및 통보 한계를 정해야 하며, 주무과장은 보고를 받고 즉시 상황실에 임장하여 상황을 처리해야 한다.[70] 다만, 당해 주무과장이 부득이한 사유로 직무를 수행할 수 없을 때는 상황담당관이 판단하여 처리한다.

---

68 해양경찰청, 「해상치안상황실 운영규칙」, 2013.10.14, "제3조 (기능) 1.~4." 참조.
69 위와 같음, "제6조 (상황대책팀 구성 및 임무) ①~⑤" 참조.
70 위와 같음, "제10조 (상황처리 주체 및 보고 기준) 1.~6." 참조.

그림 8-10. 세월호 사건 당일 해경의 구조 체계

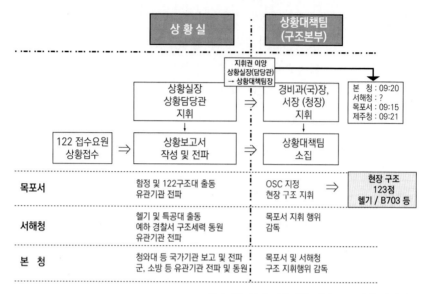

해경 매뉴얼과 진술서를 바탕으로 필자 재정리.

「해상치안상황실 운영규칙」은 "해양주권 관련 상황, 해양안보 관련 상황, 해양안전 관련 상황, 해상치안 관련 상황, 해양오염 관련 상황" 등 5개의 상황을 상황대책팀 구성이 필요한 주요 상황으로 규정하고 있다.

특히 해양안전 관련 상황으로 "우리 수역에서 해양사고로 사망 5명 이상, 부상 10명 이상 발생(사망 3명 이상, 부상 5명 이상 여객선, 유·도선, 수상레저기구, 낚시어선 사고) 또는 사회적 이목이 집중되는 해양사고"가 발생했을 때는 상황대책팀을 구성하여 「해상 치안상황처리 매뉴얼」 제4장 "유형별 중요상황 처리 요령"규정에 따라 처리하도록 규정하고 있다.[71]

세월호 사건 당시 해경이 적기에 신속하게 상황대책팀을 구성하고, 구성원들이 자신들에게 주어졌던 임무만 성실하게 수행했다면, 충분히 모든

---

71 해양경찰청, 「해상치안상황실 운영규칙」, 2013.10.14, "제13조 (속보상황 및 중요상황) 및 별표 10" 참조.

승객을 구조할 수 있었지만, 해경은 매뉴얼이 규정한 구조시스템을 정상적으로 운영하지 않았고, 그것은 대형참사로 연결됐다.

해경의 매뉴얼 위반 중 특히 다음 몇 가지 사항만이라도 충실히 준수했다면 최악의 상황은 모면할 수 있었을 것이다.

① '보고의 누락과 허위 보고'

상황담당관은 긴급 상황을 접수하면 신속하게 "발생 된 상황과 주요 조치사항을 지휘부에 보고"하게 돼 있다.[72]

「해상치안 상황처리 매뉴얼」은 "해상치안 상황처리에 있어 꼭 읽어봅시다"에서, "보고는 시간이 생명이므로 신속하게 보고 하라"며 보고의 중요성을 강조하고 있지만, 정작 세월호 침몰 당일 해경의 보고시스템은 한 번도 정상적으로 작동된 사례가 없다. 특히 세월호 침몰 사건에서 문제가 되는 것은 '보고의 누락'과 '허위 보고'의 문제이다.

세월호 사건 당시 목포해양경찰서 서장 김문홍과 경비구난과장 김도수가 경찰서 내에 근무했다면, 상황담당관 조형곤은 매뉴얼이 정한 절차에 따라 김도수에게, 김도수는 다시 김문홍에게 보고했어야 한다.

하지만 당시 두 사람 모두 외근 중이었고, 조형곤은 '상황담당관 겸 경비구난과장 직무대리' 발령을 받은 상태였으므로, 김문홍에게 직접 보고할 의무는 조형곤에게 있었다.[73] 조형곤은 세월호 침몰 사건을 인지한 시점부터 완전히 침몰된 시점까지 관련 사실을 김문홍과 김도수에게 보고하지 않았다.

목포해양경찰서 상황실이 최초신고자 고(故) 최덕하 학생과의 전화통화를 마치고, 123정 정장 김경일에게 '세월호 침몰현장으로 이동할 것'을 지

---

72 해양경찰청, 「해상치안상황실 운영규칙」, 2013.10.14, "제6조 (임무) 1. 상황담당관 나." 참조.
73 위와 같음, "제10조 ① 4" 참조.

시했던 시점은 김문홍이 512호 헬기를 타고 세월호 침몰해역 인근 상공을 비행할 때였다. 만약 조형곤이 침몰 사실을 인지하고 김문홍에게 신속한 보고만 했다면, 김문홍이 곧바로 침몰 해역으로 출동할 수 있는 상황이었으므로 완벽한 구조작전이 전개될 수 있었다.

세월호 침몰 당일 오전 9시 37분경, 해양경찰청 경비과장 여인태는 김경일과 긴급 전화통화를 했다. 약 2분 20초간 진행된 이 통화에서 그는 세월호 침몰과 관련된 중요한 정보를 모두 취득했다. 그는 이 통화에서 김경일에게 퇴선명령을 하도록 조치했어야 한다. 하지만 그는 긴급조치 대신 "TRS 돼요? 안 돼요?"라고 물었고, "앞으로는 TRS로 보고하라'고 말한 후 전화를 끊어 버렸다.[74] 그리고 그 긴박한 상황에 TRS로 123정을 다시 호출하여 똑같은 내용을 보고하도록 조치한 후 아무것도 하지 않았다.[75]

여인태 자신이 상황에 맞는 결정을 하지 못했다면, 응당 경비국장 이춘재와 해경청장 김석균에게 보고하여 적절한 결정을 하도록 했어야 한다. 그는 문제의 전화를 끊고 9시 40분경 경비안전국장 이춘재에게 상세한 내용을 직접 보고를 했다고 주장했지만, 입증할만한 증거는 전혀 존재하지 않는다.[76]

세월호 침몰 당시 목포해양경찰서 조형곤과 문명일·박신영 등과 해양경찰청 여인태에게 주어졌던 보고 의무는 선택이 아닌 의무사항이었고, 이것을 누락시킨 것은 '고의 존재 여부'를 따질 필요도 없는 중요한 사항이었다. 따라서 향후 이 문제를 재조사할 계기가 있다면, 이들에게 엄격한 책임을 물어야 할 것이다.

보고 문제와 관련하여 반드시 논해야 하는 부분이 바로 '허위 보고'와 관련한 문제이다. 511호 헬기가 9시 27분경 세월호 침몰현장의 상황을 파

---

74 속기법인 대한, 『녹취서(해양경찰청 경비전화 2342)』, 2016.4.19, 9~11쪽.
75 여인태, 『문답서』, 감사원, 2014.7.14, 3쪽.
76 위와 같음, 4쪽.

악하여 보고했을 때, 해경 수뇌부와 상황실 근무자들이 정확하게 보고를 받지 않았던 것도 문제였지만, 상황실 근무자들이 수차례 지속하여 허위 보고를 했던 것은 큰 문제가 아닐 수 없다.

해양경찰청 상황실장 황영태는 오전 9시 3분경 목포해양경찰서 상황실장에게 '세월호와 교신을 시도해 볼 것'을 지시했고, 이후 9시 11분, 9시 15분, 9시 20분경에도 계속해서 '세월호와 교신을 설정하거나 선장과 통화를 해보라'는 지시를 했다. 하지만 목포해양경찰서 상황실은 그때마다 '선장과 연락을 시도했지만 모두 연락이 되지 않는다'는 대답을 했다.

특히 상황요원 고성은은 9시10분경 목포운항관리실로부터 선장의 연락처를 받아, 선장에게 2회 전화통화를 시도하였으나 선장이 전화를 받지 않았다고 진술했다.[77][78] 상황실장 이병윤 또한 "목포운항관리실로부터 위 사고 선박 선장 연락처인 010-9084-2173번을 입수하여 09:15경까지 전화연락을 시도하였으나 전화를 받지 않아 상호 연락을 하지 못하였습니다"라고 진술했다.[79]

하지만 전일근무자 B조 상황실장 백남근은 다음과 같이 이들과 다른 진술을 했다.

> 검　사 : 세월호와 교신을 시도해 본 사실이 있나요.
> 백남근 : 제가 박정섭 경사에게 빨리 인천 및 목포운항관리실에 전화하여 선장의 연락처를 알려달라고 하였고, 인천운항관리실에서 선장 이준석의 전화번호(010-9084-2173)를 알아내 09:29에 전화를 하였으나 연결이 되지 않았습니다.
> 검　사 : 1, 2, 3등 항해사들의 전화번호는 알아보지 않았나요.
> 백남근 : 예, 당시에는 경황이 없어 세월호 선장 전화번호로만 2~3회 통화

---

77 고성은, 『진술조서』, 광주지방검찰청, 2014.6.9, 11쪽.
78 조형곤, 『진술조서』, 광주지방검찰청, 2014.6.11, 14쪽.
79 이병윤, 『진술조서』, 광주지방검찰청, 2014.6.9, 27쪽.

를 시도했었고, 연결이 되지 않아 통화를 하지 못하였습니다.[80]

목포서 상황실 근무자들의 변명에도 상황실 유선전화 통화기록에는 이들이 전화했다던 목포 및 인천의 운항관리실과 그곳에서 알려줬다는 010-9084-2173번의 통화기록이 발견되지 않는다.

목포서 상황실 근무자들은 실제로 운항관리실 및 선장과 통화를 시도한 사실이 없었지만, 해양경찰청에는 마치 통화를 시도했던 것처럼 보고했고, 검찰의 수사에서는 입을 맞추어 똑같이 진술했던 것이다.

해경은 122구조대와 특공대 투입과정에서도 노골적인 허위 보고를 했다. 세월호 침몰 당일 9시 57분경 해양경찰청 상황실장 황영태는 서해청 상황실장 김민철에게 "헬기 이동할 때 122구조대도 이동시키는 거죠?"라고 물었다. 김민철은 "예, 예. 그렇게 하고 특공대도 편승해 가지고 보냈습니다. 그다음에는 남해청이라든가 그다음에 서해청도 연락했고, 여수서도 마찬가지 해가지고 이동하라고 이야기했습니다"라고 대답했다.

하지만 서해청 특공대는 지휘자의 잘못된 판단으로 서해청에 계속 대기하다 10시 25분경 전남지방경찰청 헬기를 타고 겨우 출발했고, 이 시간 목포해양경찰서 소속 122구조대는 침몰현장은커녕 아직 팽목항에도 도착하지 못한 상태였다.[81]

해경의 허위 보고와 관련한 문제는 보고자의 고의와 과실 여부를 떠나, 보고를 받았던 사람이 허위 보고를 기반으로 다른 구조작업을 지시하거나 추진할 수도 있었다. 따라서 허위 보고행위 자체가 구조작업의 성패를 좌우할 수도 있었고, 사태를 최악의 상황으로 악화시킬 수 있는 매우 중요한 요인이었다. 따라서 진상규명 차원에서라도 분명히 이 부분은 재조사 할 필요가 있다.

---

80 백남근, 『진술조서』, 광주지방검찰청, 2014.6.11, 15~16쪽.
81 상세한 것은 이 책 3장 '6. 122구조대 늑장 출동의 비밀' 참조.

② 상황대책팀이 없었다

세월호가 침몰할 당시 각급 상황실은 '상황대책팀'을 소집하고 '구조본부'를 가동했을까?

세월호 침몰 당일 '어떤 형태의 대책팀이 구성됐고 어떤 구조 활동을 했는지'는 해경 수뇌부의 책임과 관계있으므로 분명하게 정의할 필요가 있다. 예를 들어 각급 구조본부가 가동되지 않고, '상황대책팀'만 소집됐다면, 일정한 경우 참사에 대한 주된 책임을 상황대책팀장만 부담하는 복잡한 문제가 발생할 수도 있다.[82]

세월호 침몰 당시 적용됐던 해경의 「해상치안상황 매뉴얼」은 해양경찰청(본청) 기준으로 [표 8-10]과 같이 상황대책팀을 소집하도록 규정되어 있으며, 지방해양경찰청(서해청)과 목포해양경찰서에도 유사한 형태의 상황대책팀을 소집하도록 규정하고 있다.

세월호 침몰 당일 해경이 공유했던 문자상황시스템의 내용에 따르면, 해양경찰청은 9시 20분경, 목포해양경찰서는 9시 15분경 상황대책팀의 소집이 완료된 것으로 알려져 있다. 따라서 본청의 경우 9시 20분경부터 지휘권이 상황담당관 임근조에서 상황대책팀장(경비안전국장 또는 해양경찰청장 등)으로 이양되고, 상황담당관을 비롯한 상황실 근무자들은 자신들의 주업무인 상황파악 업무를 부가하여 활동하게 돼 있었다. 세월호 침몰 사건이 발생했다 하더라도, 다른 수역에서 또 다른 사고가 발생하지 말라는 법이 없기 때문이다.

---

82 다만 본인들이 모두 '구조본부가 구성됐다'고 주장했으므로 논쟁이 없었을 뿐이다. 필자는 해경이 상황접수 초반에 '매우 평범한 사건'으로 판단하고 안일하게 대응하다가, 갑자기 상황이 급박해 져서 허둥지둥했을 가능성이 있으며, 그들은 그것에 대한 책임을 면하기 위해, 법적으로 불명확한 "구조본부"란 개념을 이용했을 개연성이 높다고 판단하고 있다.

표 8-10. 해양경찰청(본청) 상황대책팀 구성

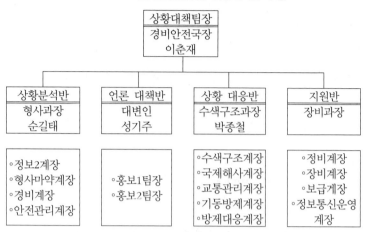

「해상치안상황 매뉴얼」 104쪽 필자 인용(이름은 필자가 삽입).

문제는 서해청과 목포해양경찰서에 있었다. 세월호 침몰 당일 서해지방
해양경찰청의 경우에는 상황대책팀 또는 광역구조본부가 소집되고 구성
됐다는 객관적 근거가 없다. 오히려 해양경찰청 상황실과 오고 간 전화통
화 내용을 보면 9시 28분경까지 서해청장 김수현이 상황실에 임장을 했는
지조차 의심된다.

목포해양경찰서은 구조본부 또는 상황대책팀을 소집하고 구성할 환경
이 조성되어 있지 않았다. 구조본부장 김문홍은 3009함에 탑승해 있었고,
경비구난과장 김도수 또한 1010함에 탑승해 있었기 때문이다.

목포해양경찰서장 김문홍은 경무과장 안병석에게 권한을 위임했다고
주장했지만, 안병석이 상황실에서 비상상황을 지휘했다는 증거는 전혀 찾
아볼 수가 없다. 김문홍과 김도수가 경비 전화, 휴대전화, TRS, 문자대화
방 등으로 상황에 맞는 구조작업을 지휘했다는 증거 또한 전혀 찾을 수 없
다.[83]

83 김문홍, 『진술조서(제2회)』, 광주지방검찰청, 2014.8.6, 7쪽.

결국은 상황담당관 조형곤이 상황실에서 지역구조본부와 상황대책팀을 지휘했다는 결론에 이를 수밖에 없는데, 그것은 상황실의 '전일 근무자가 퇴근하지 못하고 당일 근무자와 함께 합동 근무를 했다'는 사실을 제외하면, 비상상황이 아닌 평상시 운영방식과 전혀 다르지 않다.

원칙적으로 상황실에 상황대책팀이 소집되면, 대책팀 구성원들은 같은 공간에서 전개되는 상황을 공유해야 한다. 목포해양경찰서의 경우에도 상황대책팀이 소집됐던 것이 틀림없다면 특정한 공간에서 구성원들이 합동 근무했어야 한다. 하지만 [표 8-11]의 목포해양경찰서 상황실 내선 전화통화 내역을 보면, 상황실 근무자들이 다른 부서와 계속해서 통화했던 것으로 파악된다.

표 8-11. 세월호 침몰 당시 목포서 상황실 내선 전화통화 내역

(실제시간= 녹음시간 + 8분 19초)[84]

번호	내선번호	시화날자	시화시간	통화시간	상대번호	통화상태	비 고
1	2042(상황담당관)	2014.04.16	08:58:14	00:00:16	2048	내선통화	목포해경 해상안전과장
2	2442(실원)	2014.04.16	09:02:30	00:00:10	2316	내선통화	목포해경 경무기획계
3	2442(실원)	2014.04.16	09:03:13	00:00:52	2512	내선통화: 착신	목포해경 홍보계
4	2442(실원)	2014.04.16	09:04:32	00:00:30	2558	내선통화: 착신	목포해경 형사계
5	2342(실원)	2014.04.16	09:04:46	00:00:14	2263	내선통화: 착신	목포해경 정보계
6	2542(실원)	2014.04.16	09:10:10	00:00:11	2558	내선통화	목포해경 형사계
7	2142(상황실장)	2014.04.16	09:13:03	00:00:19	2512	내선통화: 착신	목포해경 홍보계

84 정확한 원인은 알수 없지만, 해경의 전화통화 녹음장치와 실제 통화시간의 시차가 존재함. 이 시차는 TRS, 경비전화, 화상전화, VTS시스템, SSB 저장 장치에도 존재하며, 해양경찰청, 서해지방해양경찰청, 목포해양경찰서, 제주해양경찰서 등 기관별로도 다양한 시차가 존재함. 해경은 시간 오차를 진실은폐의 도구로 사용했다는 의혹도 받고 있음.

8	2542(실원)	2014.04.16	09:14:18	00:00:20	2581	내선통화	목포해경 정보통신계
9	2542(실원)	2014.04.16	09:15:08	00:00:14	2441	내선통화	목포해경 경비구난계
10	2342(실원)	2014.04.16	09:18:28	00:00:17	2441	내선통화: 착신	목포해경 경비구난계
11	2542(실원)	2014.04.16	09:22:33	00:00:33	2716	내선통화	목포해경 경무기획계
12	2142(상황실장)	2014.04.16	09:25:15	00:00:23	2212	내선통화	목포해경 홍보계
13	2442(실원)	2014.04.16	09:25:58	00:00:11	2541	내선통화	목포해경 경비구난계
14	2442(실원)	2014.04.16	09:26:25	00:00:06	2549	내선통화	목포해경 해상교통계
15	2142(상황실장)	2014.04.16	09:26:32	00:00:12	2512	내선통화: 착신	목포해경 홍보계
16	2442(실원)	2014.04.16	09:26:53	00:01:42	2512	내선통화: 착신	목포해경 홍보계
17	2542(실원)	2014.04.16	09:30:02	00:00:20	2341	내선통화	목포해경 경비구난계
18	2142(상황실장)	2014.04.16	09:31:24	00:00:11	2516	내선통화	목포해경 경무기획계
19	2342(실원)	2014.04.16	09:31:32	00:00:18	2514	내선통화	목포해경 청문감사계
20	2542(실원)	2014.04.16	09:34:57	00:00:22	2641	내선통화	목포해경 경비구난계
21	2442(실원)	2014.04.16	09:37:50	00:00:20	2591	내선통화	목포해경 방제계
22	2542(실원)	2014.04.16	09:59:04	00:00:12	2597	내선통화: 착신	목포해경 예방지도계
23	2242(부실장)	2014.04.16	10:08:27	00:00:18	2112	내선통화	목포해경 홍보계장
24	2542(실원)	2014.04.16	10:09:24	00:00:26	2597	내선통화	목포해경 예방지도계
25	2442(실원)	2014.04.16	10:17:16	00:00:21	2616	내선통화: 착신	목포해경 경무기획계
26	2542(실원)	2014.04.16	10:20:20	00:00:42	2597	내선통화: 착신	목포해경 예방지도계
27	2542(실원)	2014.04.16	10:24:10	00:00:18	2654	내선통화: 착신	목포해경 수사계

세월호 침몰 당일 목포해양경찰서 상황실 유선전화 통화 내역.

목포해양경찰서에 구조본부 또는 상황대책팀이 소집됐던 것이 틀림없다면, [표 8-11] '비고'란에 표시된 부서들이 모두 상황실로 집결하여 그곳에서 합동작전을 전개했어야 하고, 그렇다면 얼굴을 맞대고 직접 대화를 통해 의사소통해도 충분했을 텐데, 굳이 왜 전화로 했을까?

이것은 침몰 세월호 침몰 당일 상황대책팀이 정상적으로 소집되지 않았다는 방증이며, 구조를 도왔던 것이 아니라 오히려 구조를 방해했던 것에 해당한다.

③ 상황대책팀 구성원들은 보고만 받았다

상황대책팀이 구성되고 대책팀의 구성원이 상황실에 임장하면, 「해상치안상황매뉴얼」은 [표 8-12]에 의거 가장 먼저 상황분석·판단을 하도록 요구하고 있다. 또한 「해상치안상황 매뉴얼」은 대책팀의 구성원들에게 [그림 8-11]에 따라 역할을 분담하여 각반별로 임무를 수행하도록 요구하고 있다.

표 8-12. 상황분석·판단

구 분	점 검 사 항
사태유발 주체와 의도	어선/화물선/여객선, 유·도선/낚시어선/레저기구
	사태의 우발성 또는 의도성 여부
사태의 성격	단순 부주의에 의한 사고/법·제도·시스템에 의한 사고
	해양경찰의 단독 대응/유관기관 공동 대응
사태의 심각성 정도	인명·재산피해·해양오염의 규모
	사고 수습에 소요되는 기간/투입경력
	주변 환경/관련정책/업계에 미치는 영향
사태의 파급성	해양경찰 대응에 대한 비난 가능성
	국민여론
	법·제도·시스템에 대한 개선요구

「해상치안상황 매뉴얼」 104쪽 필자 인용.

하지만 세월호 침몰 당일 해양경찰청을 비롯하여 서해지방해양경찰청, 목포해양경찰서 등 그 어느 곳도 역할을 분담하여 임무를 수행했다는 근거는 찾을 수가 없다. 오직 「중앙구조본부 운영 계획」이라는 문건만 덩그러니 존재할 뿐이다.

그림 8-11. 상황대책팀의 임무와 역할

구 분	임무 및 역할
상황대응 반	• 관계기관과 정보교환 및 대응 방향 협의 • 대응세력 편성 및 단계별 대응대책 수립 시행 • 인접서 및 유관기관 구난세력 지원 협의(해군, 시·군, 어업지도선, 구난업체 등) • 선주측 구난 및 방제조치 지시 • 필요시 인접국가 수색·구조 협조요청 • 해양오염 방지대책 수립 시행 • 사고 인근해역 선박 소개 및 통제계획 수립 • 동원 경비세력 등 인적·물적 자원에 대한 현황과 소요를 파악 • 해상작전에 직접적으로 영향을 미치는 요소를 파악 • 해군함정 등 현장대응 관계기관간 연락체계 유지 및 임무분담 등 공조체제 유지
상황분석 반	• 사고선박의 제원, 사고개요, 승선원 현황, 적재물, 유류 등 오염물질 선적현황, 출·입항지 등 관련 정보 파악 • 사고의 원인 분석 • 외국적 사고선박에 대한 선주, 보험사 등 정보 파악 • 외국인 구조자, 사상자 파악 및 해당 국가 연락 등 협의 • 실종·사망자 인적사항 및 주요인사 포함여부 확인 • 사고해역 수심, 조류, 주변 장애물, 통항선박 등 해상상황 파악 • 국민여론 및 해양경찰의 대응에 대한 비난 가능성 파악·분석 • 주변 환경·관련정책·업계에 미치는 영향 분석
지원반	• 신속한 구조 지원체세 유지 • 차량배치, 인원·장비 수송 • 관계기관, 현장 대응세력 통신상태 점검 및 통신수단 확보
언론 대책반	• 국내·외 언론 대응 대책 수립 • 관계기관간 언론대응 공조체계 유지 • 보도자료 작성

「해상치안상황 매뉴얼」 105쪽 필자 인용.

세월호 침몰 사실을 인지하고 일정한 시간이 지난 뒤 해양경찰청장을 비롯한 해경의 수뇌부들이 위기관리실에 모였던 것은 사실처럼 판단되지만, 그들이 구체적 지휘권을 행사하기보다는 단지 그곳에 모여서 상황실 근무자들이 수집한 정보를 수동적으로 보고만 받았던 것이다.

따라서 상황실 근무자들은, 정보수집 및 분석업무라는 본연의 업무 외에 상급기관의 전화 응대 업무, 기자와 일반인들의 전화 수신업무까지 전담할 수밖에 없었다.

결국, 구조업무를 분담하고 전문화하여 신속하고 효율적 대응을 목적으로 소집된 상황대책팀은 지휘자의 잘못된 대응으로 상황실 근무자의 업무만 가중시켰다.

④ 해경은 상황을 너무 낙관했다

세월호 침몰 사건과 같은 유형의 대형 해상 사건이 발생하면, 구조에 임한 해경은 확신이 없는 한 사태를 낙관적으로 판단해서는 안 되고, 최악의 상황을 가정하여 구조에 임해야 한다.

하지만 세월호 침몰 당일 해경은 확실한 근거도 없이 사태를 낙관했고, 결과적으로 그것이 최악의 결과로 연결되는데 주요한 역할을 했다. 특히 해경의 이러한 판단은 언론에도 전달되어 잘못된 보도가 송출되는 원인으로 작용했을 것이다. 세월호가 침몰할 당시 해경의 오판 사례는 아래와 같다.

- **09:11:56. 목포해양경찰서 상황실장과 해양경찰청 상황실장과의 전화통화**
  그 6,000톤짜리가 금방 그렇게 침몰되지는 않을 건데?… 일단 그거 하는데, 정확하게 해가지고 침수 중이라고 해도 배가 완전히 침몰 가능성이 있는 건지 아니면,…선장하고 교신해 봐요.

- **09:25 해양경찰과 경찰청(육경)과의 통화**
  육경이 "구조가 전부다 가능하고… 저희 육경에서 도와드릴 거 없습니까?"라고 묻자 해경은 "우리가 다 했으니까, 우리 해경하고 해군하고 다하고 있으니까…"라고 답한다. 물론 이때 육경의 구조세력이 출발한다 하더라도 구조의 결과는 별로 달라지지 않았을 것이다. 하지만 해경의 저러한 태도가 늑장 대응의 결과로 분명히 이어졌을 것이다.

- **09:29 해양경찰청 상황실과 안전행정부 재난관리국장과의 통화**
  안행부 재난관리국장이 "그럼 전체적으로 크게 문제는 없을 것 같아요?"라고 묻자 해양경찰은 "지금 우리가 세력을 다 붙였습니다. 그래 가지고 어선과 인근 어선까지 동원시켜 붙여가지고 하고 있거든요"라고 대답을 하고 있다. 하지만 이시간 세월호 침몰현장에 도착했던 구조세력은 서해지방해양경찰청 소속 511호 헬기 1대가 전부였다.

- **09:45 상황담당관 임근조**
  청와대 파견 직원 이원조의 "(구조)다 될 것 같습니까?"라는 질문에 해양경찰청 상황담당관 임근조(총경)는 "다 시켜야죠. 예. 지금 진행 중에 있습니다"라고 답변

- **09:34:02 해양경찰과 해수부 통화**
  해수부 직원의 "그게 금방 침몰 될 것 같아요? 빠른 시간 내?"라고 묻자, 해양경찰은 "아마 그 상태에서 완전히 들어가지는 않을 겁니다. 선박상태가 옆으로 기울어진 상태고 부력을 이용해 가지고 그대로 침몰은 안 될 겁니다…지금 사람들은 바깥 라인에 나와 있어가지고 현장 경비정에 구조 중에 있습니다"라고 얘기하고 있다. 하지만 이 시간은 123정 정장 김경일이 정확한 세월호 침몰 상황을 파악하여 보고하기도 전에 해양경찰청 상황실 근무자는 허위의 사실을 해수부에 알려 주고 있었던 것이다.

상황실 근무자의 낙관적인 잘못된 판단은 해경청장 김석균과 경비안전국장 이춘재에게도 보고됐을 것이고, 이것이 '소극적 구조 지휘와 연결됐을 가능성도 부정할 수 없다'고 본다.

⑤ "의전"이 "구조"를 우선했다

세월호 침몰 사건 발생 당시 해경 수뇌부와 상황실 근무자들에게 요구됐던 구조행위는 '입체적 합동작전'의 전개였다. 하지만 구조현장에서 해경이 보여주었던 모습은 당초 기대됐던 모습과 너무나도 거리가 멀었다.

합동작전 대신 수뇌부들은 위기관리실 안에 앉아서 상황실 근무자들이 파악한 정보를 가지고 탁상공론을 하고 있었다. 그들의 이러한 행위는 상황실 근무자들의 정상적인 구조 활동을 도왔던 것이 아니라 오히려 방해하는 행위에 더 가까웠다. 상황실 근무자들은 급박하고 긴장된 상황 속에서 촌음을 아껴 구조작업에 집중했어야 했고, 적어도 수중 생존자의 생존이 기대되는 '골든아워'까지는 이들이 구조작업에만 집중할 수 있도록 해경 수뇌부는 최대한의 지원을 아끼지 말았어야 했다.

하지만 실상은 달랐다. 사고가 발생하자마자 해수부 장관을 비롯한 장관들은 각기 헬기 한 대씩 차지하고 이곳저곳의 상황실과 침몰현장을 방문했고, 상황실 근무자들은 구조에 집중하는 대신 이들의 의전에 오히려 더 많은 신경을 썼다. 설상가상으로 박준영 전남도지사를 비롯한 6·4지방선거 출마자들까지 팽목항으로 몰려들어 난리가 났다.

오죽했으면 당시 정의당 국회의원 노회찬은 4월 17일 자신의 트위터에 "산소통 메고 구조 활동할 계획이 아니라면 정치인, (지방선거 출마) 후보들의 현장 방문, 경비함 승선은 자제해야 한다", "위기상황엔 중요한 분들일수록 정 위치에서 현업을 지켜야 한다", "중앙재난본부 방문으로 또 하나의 재난을 안기지 말자"고 당부까지 했다.[85] 골든아워에 다녀간 고위 공직자는 [표 8-13]과 같다.

---

85 「팔걸이 의자에서 라면먹고... 장관님, 여기 왜 오셨나요?」, 『오마이뉴스』, 2014.4.19 (http://www.ohmynews.com/NWS_Web/View/at_pg.aspx?CNTN_CD=A0001982533).

표 8-13. '골든아워' 중 고위공무원 침몰현장 방문 내역

방문자		방문시간	체류시간	방문장소	비 고
박근혜	대통령	4. 17. 14:10~14:20	10분	침몰현장 (3009함)	구조 중인 해경 등 격려
		4. 17. ?		진도실내체육관	실종자 가족 위로
이주영	해수부장관	4.16 10:50~ 11:20(추정)	30분	해양경찰청(인천)	
		4. 16. 13:25~		세월호 침몰 현장	고무 단정 타고 침몰현장 점검
		4. 16. 14:20~		진도실내체육관	
		4. 16. 15:10~		진도한국병원	
		4. 16. 16:10~		팽목항	
강병규	안행부장관	4. 16. 13:13~13:20	7분	서해지방해양경 찰청	상황에 대한 보고 받음
		4.16. 13:45~14:50		세월호 침몰현장	침몰현장 상공에서 헬기 탑승 상태에서 현장점검
		4. 16. 14:02~14:23	21분	팽목항	박준영 전남지사, 진도군수, 지자체 공무원 등을 만나 적극적 지원 요청
		4.16. 14:45~15:04	19분	진도실내체육관	자원봉사자와 공무원에게 구조자들 돌봄 협조 요청
서남수	교육부장관	4. 16. 오후 ?		팽목항 현장	
		4. 16. 13:36~		진도실내체육관	**팔걸이 의자에 앉아 컵라면 식사 논란**

국정조사 및 감사원 자료 등을 기초하여 필자 직접 작성.

박근혜의 세월호 침몰현장 방문

세월호 침몰 다음 날 박근혜의 3009함 방문은 '전형적인 전시행정의 끝판왕을 보여주었다'고 할 수 있다. 세월호 침몰 당일 오후 중대본을 방문

한 것 외에 세월호 침몰 사건과 관련하여 아무것도 하지 않던 박근혜는 뚜렷한 목적도 없이 세월호 침몰현장과 유가족들이 머물던 진도실내체육관을 방문했다.

박근혜는 전용기 편으로 광주 인근 공항(무안공항으로 추정)에 도착하여 자동차를 이용해 진도 서망항으로 이동했다. 이후 노란색 민방위복 복장으로 오후 12시 50분경 소형 P정에 승선하여 5분간 바다로 나간 뒤 해경 경비함정에 옮겨 탔다.[86]

그림 8-12. 침몰현장 순시 중인 박근혜

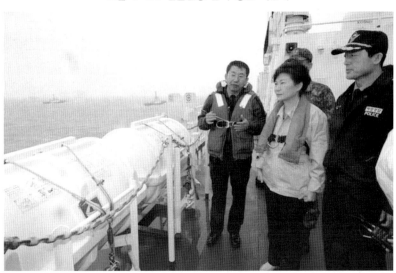

해양경찰 촬영영상 필자 화면 캡처.

오후 1시 37분경 세월호 침몰현장에 도착한 박근혜는 약한 비와 흐린 하늘, 짙은 안개 속에서 갑판으로 나와 침몰 선박을 바라보며 사고 상황에

---

86 서망항 또는 팽목항은 수심이 얕아 규모가 있는 함정은 접안하지 못하므로 바다 한가운데 함정을 정박해 놓고 소형 P정을 이용해 그곳까지 이동했던 것으로 필자는 추정하고 있다.

대한 설명을 들은 후 지휘함인 3009함으로 옮겨탔다고 한다.[87]

이날 박근혜가 경비 지휘함인 3009함에서 김석균 등을 포함한 해경 지휘부와 함께 있었던 시간은 [그림 8-13]과 같이 오후 2시 10분경부터 20분까지 정확히 10분이 전부였다.

과연 이 짧은 시간 안에 구조와 관련하여 '박근혜가 어떤 유익한 행위를 했을까' 하는 것에 강한 의구심을 가질 수밖에 없다. 이날 박근혜는 진도 실내체육관도 방문했다.

그림 8-13. 박근혜 3009함 순시 결과 보고

대통령, 침수 · 전복선박(SEWOL호) 순시 결과 보고

'14. 4. 17.(목) / 목포서 3009함

'14. 4. 15. 08:58경 전남 진도군 조도면 병풍도 북방 1.8해리 해상에서 침수·전복된 세월호(SEWOL) 해상 순찰 결과를 보고 드림

□ **일시 / 장소** : '14. 4. 17.(목) 14:10 ~ 14:20 Fix 34-12.57N, 125-57.00E
동거차도 남방 1마일 해상

□ **점 검 자** : 박근혜 대통령 등 약 50명
※ 수행자 : 비서관(안봉근)

목포해양경찰서 제공 자료 필자 화면 캡처.

박근혜의 세월호 침몰현장 방문 때 해양경찰의 구조세력이 어느 정도 동원됐는지를 그들이 정확하게 밝히지 않으므로 알 방법이 없다. 다만, 해양경찰은 4월 17일 오전 8시 13분 31초경 이미 박근혜의 침몰현장 방문에 대하여 전화 통화하고 있었다.

심지어 해양경찰청 차장 최상환과 경비안전국장 이춘재의 아래 통화내

87 「박 대통령 현장 방문…"1분 1초가 급해" 구조 독려」, 『국회신문』, 2014.4.17 (http://www.assemblynews.co.kr/news/articleView.html?idxno=20320).

용을 보면, 해경이 박근혜의 침몰현장 방문을 대비하여 구조에 전념했어야 할 지휘관들을 3009함 인근에 대기시켰던 것으로 추정된다.

3009함장 : 감사합니다. 이재두 함장입니다.

최상환 : 아. 예.***니다. 거 청장님 계십니까?

3009함장 : 청장님은 지금 VIP 좀 모시러 나가 있습니다.

최상환 : 예. 아~이춘재 경비국장은요.

3009함장 : 예. 계십니다.

최상환 : 같이 가셨습니까?

3009함장 : ****

최상환 : 좀 바꾸어 보세요.

(1분 20초 동안 침묵)

3009함장 : 예~. 3009함입니다.

예. 예, 예.

최상환 : 바빠서 안 되겠는 구만

3009함장 : 아예, 지금 방송하고 있습니다. 조금만 기다리십시오.

최상환 : 아~ 아~예, 차장입니다. 이춘재 국장이 경비국장이 지금 거기 없죠. 있습니까? 아니 뭐 VIP 행사 때문에 바쁘시면.

이춘재 : 예, 경비국장입니다. 예. 여보세요.

최상환 : 아이쿠

이춘재 : **** …같이 갔다가 현장 지휘하는 사람은 12시 반에 도착하면 P정타고 와갔고 500톤으로 옮겨타서 근처에 왔다가 현장지휘관들을 부르면 그대로 오라는 겁니다. 단정으로 타고…안 부르면 끝나는 걸로하고 …그렇게 변경했습니다.

박근혜가 이렇게 복잡한 절차를 거쳐 침몰현장에서 했던 일은 아래와 같다.

- 이렇게 많은 인력과 장비가 총동원됐는데 구조가 더뎌서 걱정이 많다"며 "얼마나 가족이 애가 타겠습니까. 어렵고 힘들겠지만 최선을 다해 달라. 구조요원 안전에도 만전을 기해 주기 바란다"고 당부

- "바다라서 날씨도 쌀쌀하고 물속은 더 추운 것 아니겠습니까. 생존자가 있다면 1분 1초가 급하다"

- "어제 밤잠도 못 주무시고 정말 수고가 많다"며 잠수부들을 격려하면서도 "날씨가 좋아도 쉬운 게 아닌데, 바람도 불고… 한시가 급한데 노력을 다해 주기 바란다"고 거듭 강조

박근혜가 정상적인 대통령 자격으로 구조를 지휘할 목적에서 세월호 침몰현장을 방문했다면, 최소 지금 '잠수작업이 제대로 진행되고 있는지, 잠수와 관련한 문제점은 없는지, 크레인으로 세월호 선체를 붙잡는 방안을 강구해서 추가 침몰 방지를 당부하고, 대통령인 자신이 해 주어야 할 역할이 무엇인지' 정도는 확인했어야 한다. 그는 노력만 다해 주기 바란다고 강조했을 뿐 실제 필요한 항목은 언급조차 하지 않았다.

해수부 장관 이주영의 침몰현장 방문

해수부 장관 이주영이 해양경찰청 상황실을 방문했던 시간은 정확히 파악되지 않는다. 해양경찰청 상황실 유선전화 녹취록(2242)에 따르면 오전 10시 46분경에 상황부실장이 "아, 예. 지금 (해양수산부 장관) 오신다고 지금 대기 중입니다"라고 통화하고, 11시 28분경 "지금 (해양수산부) 장관님 방금 10분 전에 나가신거 같구요"라고 통화를 했다. 이것을 종합해 보면 이주영은 11시경부터 11시 20분경까지 해양경찰청 상황실을 방문했던 것으로 판단된다.

이주영은 그 시간에 왜 해양경찰청을 방문했을까? 당시 해양경찰청 상황 담당자들은 정확한 세월호 상황을 파악하지 못해 우왕좌왕했던 시점이

고, 침몰한 세월호 안에 잔류 승객들이 있는지도 정확하게 파악하지 못했던 상황이다. 따라서 경비안전국장 이춘재를 비롯하여 상황담당관 임근조와 상황실장 황영태 등은 침몰한 선박 안에서 한 명이라도 더 구조하기 위해 본연의 임무를 수행할 시간이었지만, 해수부 장관 이주영의 방문으로 한동안 전화통을 붙들고 있을 수밖에 없었다.

해양경찰청 상황실을 방문한 이주영은 그길로 김포공항으로 이동하여 첼린저를 타고 무안공항으로 이동했고, 그곳에서 서해지방해양경찰청 소속 512호 헬기를 타고 세월호 침몰현장으로 향했다.

해경의 수색구조 매뉴얼에 따르면, 당시는 침몰 직후이므로 가용 가능한 헬기를 모두 동원하여 해상에 표류 중인 탈출 승객들을 구조하는 것이 가장 시급한 문제였다. 하지만 이주영이 출발할 당시에 진행된 두 통의 통화내용을 보면, 이들의 가슴속에 과연 승객구조의 의지가 있기나 했는지 의심하지 않을 수 없다.

- **통화시간** 11:22:25

(앞부분 생략)

황영태 : 팬더 511을 지금 중지, 임무 중지하고 무안공항에 가서 연료 수급받고 대기하라고 그렇게,

유연식 : 누가 그래요?

황영태 : 이쪽에서 지금 해가지고,

유연식 : 아니, 본청에 누가 지시를 그렇게 하지?

황영태 : 저도 해가지고 전달받았거든요. 장관님,

유연식 : 아니, 구조하는 사람을 놔두고 오라고 하면 되겠어요?

황영태 : 아, 예, 알겠습니다. 무슨 말씀인지.

유연식 : 확인하고 연락주세요.[88]

---

88 속기법인 대한, 『녹취록(해양경찰청 경비전화(2142)』, 2016.4.19, 70쪽.

- **통화시간** 11:31:01

(앞부분 생략)

황영태 : 아까 상황담당관이 그러는데 경비국장님이 **장관님 편승 차 헬기 이동시키지 말고 어차피 유류 수급하러 무안공항으로 간 김에 유류 수급하고 장관 태우고 오라고 그렇게 이야기하네요, 국장님이. 그러니까 장관 편승차 간다고 이동한다고 이야기는 하지 말고요.**

남자3 : 예.

황영태 : 실제로 유류 수급도 하면서 장관 편승할 김에 그렇게 이동하랍니다.

남자3 : 항공대에나 연락하겠습니다.[89]

이주영은 해양경찰청 경비안전국장 이춘재의 의지대로 무안공항에서 512호 헬기를 타고 침몰현장에 도착하여 현지 상황을 살펴본 후, 다시 그 헬기를 타고 진도실내체육관과 서해지방해양경찰청 등 무려 6시간 동안 여기저기 이동했던 것으로 파악된다.[90]

이주영이 해양경찰청 상황실과 세월호 침몰현장에 도착하여 구조와 관련해서 특별하게 할 수 있었던 것이 없었다. 고작 현재까지 파악된 부정확한 정보를 보고받는 것과 포괄적으로 구조를 잘하라고 격려하는 것밖에는 상식적으로 할 수 있는 것이 없었다.

하지만 상황실 근무자들은 해수부 장관의 방문 때문에 전화통을 들고, 또 한구석에서는 문자상황시스템에서 장관의 방문 시간을 체크하고, 브리핑 자료를 만들었던 것으로 판단된다. 심지어 4월 17일 0시 40경 서해지방해양경찰청 상황실 근무자들은 '지금 현재 상황실에 해수부 장관 임장해 있으니 액션이라도 하기 바람. 들어가는 척이라도 하기 바람. 청장님 지시

---

89 속기법인 대한, 『녹취록(해양경찰청 경비전화(2142)』, 2016.4.19, 76~77쪽.
90 「이주영 장관, 사고당일 해경 헬기 6시간 전용」, 『매일경제』, 2014.5.15 (https://www.mk.co.kr/news/society/view/2014/05/753510/).

그림 8-14. 해수부 장관 침몰현장 방문

해양경찰 촬영 사진 필자 화면 캡처.

사항임'이라고 지시하기도 했다.

안행부 장관 강병규의 현장 방문

세월호 침몰 당시 안행부 장관 강병규는 경찰간부후보생 졸업식에 참석하기 위하여 KTX를 타고 천안 아산의 경찰교육원을 향해 이동하던 중이었다. 원칙적으로 그가 이 사건을 중대하게 생각했다면, 사건 발생을 인지한 즉시 서울로 복귀하여 중대본에서 우선적으로 조치해야 할 사고현장 및 피해 상황, 구조인력과 장비의 동원상황 등을 정확히 파악하여, 부족한 부분이 있다면 필요한 지원이 이루어지도록 지시하는 등 초동 조치를 마무리한 후에 세월호 침몰현장을 방문했어야 한다.[91]

하지만 그의 이동 동선은 원칙과 거리가 있는 행보를 보였다. 특히 세월호 침몰현장을 방문한 것은 엄격하게 얘기하면 구조를 돕는 것이 아니라 구조를 방해하는 행위에 해당한다.

- 08:30~09:05 서울역에서 천안아산역까지 KTX 이동
- 09:05~09:40 천안아산역에서 경찰교육원까지 차량 이동(09:25 : 장관 비서실장으로부터 진도부근 해상 500여명 탄 여객선이 조난신고 됐다는 언론속보 내용을 보고 받음)
- 09:40 경찰교육원 도착
- 10:00~10:37 경찰교육원에서 경찰간부후보생 졸업식 참석
- 11:13~13:10 침몰현장으로 가기 위해 경찰교육원→조치원 헬기장→서해지방해양 경찰청 이동
- **13:13~13:20 : 서해지방해양경찰청에서 사고 상황에 대한 보고**
- 13:23~13:45 : 서해지방해양경찰청에서 사고현장으로 헬기 이동
- **13:45~14:50 사고현장에서 헬기로 점검**
- 13:50~14:00 사고현장에서 팽목항으로 헬기 이동
- **14:02 ~14:23 팽목항에서 관계자들을 격려하고, 전남지사와 진도군수를 만나 지자체 공무원들의 적극적인 지원을 요청하였음**
- 14:25~14:45 팽목항에서 진도체육관으로 차량 이동
- **14:45~15:04 진도체육관에서 자원봉사자와 공무원들에게 구조자들을 잘 돌봐 줄 것을 당부**
- 15:12~17:40 진도체육관→광주공항→김포공항→정부서울청사 이동

강병규는 오후 1시 13분부터 20분까지 서해지방해양경찰청에서 사고 상황에 대하여 7분간 브리핑을 받았다. 그의 주장에 다르면, 서해청에서

---

91 강병규, 『세월호 침몰사고 관련 중대본 구성 및 운영에 관한 질의사항』, 감사원, 2014. 5.30, 19쪽.

장관을 위한 별도 브리핑 준비는 없었으며, 상황실에 설치된 상황판을 통해 간략히 상황보고를 했다고 한다.

하지만 그의 주장과는 달리 당시 해경의 각급 상황실 담당자들은 장관의 현장 방문과 관련하여 서로 소통하면서 쓸데없는 시간을 허비할 수밖에 없었다.

- 11:02:40 본청상황실 : 유선전화로 '안행부 장관이 작전 헬기편으로 3009함 착함 예정 서장이 보고 바람(추정)'라고 통화
- 본청상황실(11:10) 목포서장은 안행부 장관 현장 방문예정이니, 상황 설명 준비 바람
- 목포상황실(11:10) 문자대화방 : 도착예정시간 11:30
- 3009함(11:11) 문자대화방 : 도착예정시간이 언제인지요?
- 3009함(11:15) 문자대화방 : 상황실 안행부 장관님 이동 경로 파악 송신 바랍니다.
- 3009함(11:20) 문자대화방 : 안행부 장관 이동 경로 부탁합니다.
- 본청상황실(11:21) 문자대화방 : 안행부장관 2시간 후 서해지방청 방문예정
- 3009함(11:26) 문자대화방 : 그럼 안행부 장관님은 지방청에서 상황 설명 들으실 건가요?
- 본청상황실(11:26) 문자대화방 : 예 지방청에서 상황 브리핑 받을 예정
- 서해지방청 상황실(오후1:24) 문자대화방 : 안전행정부 장관 서해청 상황실 13:14 방문, 13:25분 전남청 헬기 이용 진도 서망항 현장 이동
- 목포상황실(오후 2:26) 문자대화방 : 14:20~15:20 안행부 장관 강병규, 해양경찰교육원장 이주성 현장 방문
- 3009함(오후 2:28) 문자대화방 : 안행부 장관 및 교육원장님 헬기로 현장 방문예정인지요?

강병규는 서해청에서 7분간 현장 상황을 브리핑 받은 후, 또다시 헬기

를 타고 사고현장으로 이동하여 5분 동안 사고현장을 헬기로 점검한 후 팽목항으로 이동했다.

당시 팽목항 현장에 대해 그는 "사고 초기의 혼란스러운 상황에서 현장 지휘가 원활하지 못했고, 해경, 해군 소방 및 민간 등의 공동 구조시스템이 제대로 작동되고 있지 못하고 있다는 인상을 받았다"고 진술했다.[92]

그의 진술을 100% 믿어준다고 하더라도 그 바쁜 시간에 헬기를 이용하여 여기저기 다니면서 했던 일은 "팽목항에서 관계자들을 격려하고, 전남지사와 진도군수를 만나 지자체 공무원들의 적극적인 지원을 요청"한 것과 팽목항에서 진도체육관으로 차량 이동하여 신도체육관에서 자원봉사자와 공무원들에게 '구조자들을 잘 돌봐 줄 것을 당부했던 것'이 전부였다.

대형참사를 발생시켰던 책임은 정치인이나 고위직 공무원, 실무를 책임졌던 공무원 모두 똑같이 져야 한다.

그 긴급한 상황에 '사진 찍겠다'고 수색구조에 투입돼야 할 헬기를 한 대씩 독점하고 해경의 구조를 방해했던 장관들도 문제였고, 자신들에게 주어진 권한은 밑으로 위임하지 않은 채, 책임만 밑으로 전가한 해경 수뇌부의 지휘행위도 문제였다. 물론, 매뉴얼을 준수하지 못한 하급공무원도 변명의 여지가 없다.

대한민국의 법과 정의가 이들을 철저히 응징하지 못한다면, 제2, 제3의 세월호 침몰사고가 발생할 경우 결과는 항상 똑같을 것이다.

국가의 구조시스템이 대폭 개선됐다 하더라도 공무원 사회에 깊숙이 깔린 잘못된 풍토와 관행이 개선되지 않는 한, 침몰하는 선박의 선장이 사고 발생 즉시 '승객들을 바다에 빨리 빠트리는 것'을 제외하면 세월호 사건 때

---

92 강병규, 『세월호 침몰사고 관련 중대본 구성 및 운영에 관한 질의사항』, 감사원, 2014. 5.30, 19쪽.

의 상황과 결코 달라지는 없을 것이다.

▨ 자료목록

1) 강병규, 2014.5.30,『세월호 침몰사고 관련 중대본 구성 및 운영에 관한 질의 사항』, 감사원

2) 고성은,『진술조서』, 광주지방검찰청, 2014.6.9

3) 김문홍,『진술조서(제2회)』, 광주지방검찰청, 2014.8.6

4) 백남근,『진술조서』, 광주지방검찰청, 2014.6.11

5) 여인태,『문답서』, 감사원, 2014.7.14

6) 이병윤,『진술조서』, 광주지방검찰청, 2014.6.9

7) 이병윤,『진술조서(제2회)』, 광주지방검찰청, 2014.7.3

8) 조형곤,『진술조서』, 광주지방검찰청, 2014.6.11

9) 속기법인 대한,『녹취록(해양경찰청 경비전화(2142))』, 2016.4.19

10) 속기법인 대한,『녹취서(해양경찰청 경비전화(2342))』, 2016.4.19

11) 해양경찰청,「해상 수색구조 매뉴얼」, 2013.7

12) 해양경찰청,「해상치안상황실 운영규칙」, 2013.10.14

13)「이주영 장관, 사고당일 해경 헬기 6시간 전용」,『매일경제』, 2014.5.15 (https://www.mk.co.kr/news/society/view/2014/05/753510/)

14)「팔걸이 의자에서 라면 먹고... 장관님, 여기 왜 오셨나요?」,『오마이뉴스』, 2014.4.19 (http://www.ohmynews.com/NWS_Web/View/at_pg.aspx?CNTN_CD=A0001982533)

5.
박근혜의
'진상규명 방해'

세월호 침몰 사건 발생 당시 박근혜는 대한민국 대통령의 자격으로 '재해를 예방하고 위험으로부터 국민을 보호하기 위해 노력해야 할 의무'가 있었다. 그는 세월호 침몰 사건을 인지한 즉시, 국가안보실 등 모든 국가기관과 자원을 총동원하여 위기대응 활동을 지휘·감독하여 위기상황을 수습해야만 했다.

세월호는 4월 16일 수요일 오전 8시 49분경 침몰하기 시작했고, 검찰의 수사결과에 따르면 박근혜는 10시 22분경 자신의 침실에서 세월호 침몰 사실을 알게 됐다.

박근혜가 평일 오전 그 시간에, 침실에 있었던 사실에 대해서는 더 이상 논쟁하지 않겠다. 하지만 대한민국 국민 476명이 승선한 대형 선박이 침몰 위기에 처해 있다는 보고를 받았다면, 최소 그때부터라도 침실 밖으로 뛰쳐나와 '대통령'의 역할을 수행했어야 한다.

세월호 침몰 사건 전체에서 박근혜가 마치 대통령처럼 행동한 것은 침몰 당일 '중대본을 무려 15분 동안 방문했던 것'과 다음 날 '세월호 침몰현장에서 구조작업을 진행하던 3009함을 10분 정도 방문했던 것, 그리고 진도실내체육관에서 실종자 가족을 만났던 것'이 전부였다. 며칠 뒤 안산 세월호 분향소를 방문하여 이상한 상황을 연출한 사실이 더 있긴 하다.

반면 이 사건을 덮기 위한 노력에는 수단과 방법을 가리지 않았다. 유가족과 국민을 속이고 악화된 여론을 전환하기 위해 '진상규명과 책임자처벌, 그리고 실종자들을 끝까지 찾아 주겠다'는 비진의의사표시(非眞意意思表示)를 했는가 하면, 유가족들을 '종북세'로 몰아 적군과 똑같이 취급했고, 국민의 기본권을 제한하고 탄압했다.

대통령비서실장과 민정수석, 법무부 장관을 앞장세워 노골적으로 진상규명과 책임자처벌을 방해했고, 가용 가능한 모든 수단과 방법을 동원하여 유가족을 조롱하고 국민을 핍박했다.

그것은 자신의 입으로 국민과 유가족에게 다짐했던 약속을 노골적으로 뒤집는 비인간적 행위였고, 법과 도덕에 반하는 범죄행위였다. 그는 일말의 양심 가책도 없이 헌법 질서를 파괴했고, '대통령'이라는 권한을 남용하여 피해자와 유가족과 국민에게 이중 삼중의 고통을 안겨 주었다.

세월호 침몰 사건 관련, 정부비판 엄격 통제

세월호 침몰 사건 발생 이후 박근혜 정권이 가장 신경 썼던 부분이 '여론 악화'였을 것이다. 이미 제7장 '국군기무사령부'와 관련해서 논했듯이, 이들은 국민의 우호적 여론을 확보하려고 '언론·SNS상 유언비어에 대해 적시 공보 대응'을 논하고 대책을 수립했다.

세월호 침몰 직후 국민이 가장 궁금하게 생각했던 주제가 '침몰 원인 및 잠수사의 수중 수색'과 관련한 부분이었다. 하지만 박근혜 정권은 이것에 대한 궁금증을 해소해 주기보다는, 언론을 통제하여 정권에 불리한 뉴스가 유통되지 않도록 조치했고, SNS 등을 통해 유통되는 불리한 뉴스는 '엄정한 사법처리'라는 방식으로 국민의 눈과 입과 귀를 막아 버렸다.

대표적인 사건이 "홍가혜 사건, 우한석 사건(다스 '우이사' 사건)[93], 김현승 사건, 진영란 사건" 등이라 할 수 있다. 이 사건들의 공통점은 구조에 실패한 해경들이 자신들의 명예를 지키기 위하여 '자신들의 잘못된 구조행위를 비난한 사람들을 명예훼손으로 고소 또는 고발'했고, 수사기관은 신속하게 관련자들을 '구속'하여 조기에 논란을 확실하게 잠재워 버렸다는 것이다.

4월 18일 아침, 민간인 홍가혜(삼수 경험은 있지만 전문 잠수사는 아님)는 종합편성채널 MBN과의 인터뷰에서, "해경이 지원해 준다는 장비, 인력 등 배치가 전혀 안 되고 있다. 해경이 민간잠수사한테 시간만 보내고 가라 한다"라고 말했고, SNS를 통하여 "잠수사가 잠수하여 선내에 있는 승객과 대화를 했다"라는 사실을 알렸으며, 유가족 중 누군가가 "이곳은 희망도 기적도 없다"라고 말한 것을 알렸다. 그는 이러한 사실들이 문제가 되어, 해경에게 '명예훼손죄'로 고발됐다.

필자가 당시 구조현장에서 경험한 바에 따르면, 홍가혜의 발언과 인터뷰 내용은 사실에 반한 부분이 거의 없다. 특히 "잠수사가 잠수하여 선내에 있는 승객과 대화를 했다(실제로는 망치로 두드렸더니 안에서도 같은 응답을 했다)"는 내용은 같은 시기에 필자도 누구로부터 실제 들었던 경험이 있고, '시간만 때우고 가라'는 음성은 증거로 확보해 놓은 상태이다.[94]

문제의 인터뷰가 논란이 되자 홍가혜는 4월 20일 스스로 경찰에 출석했고, 그곳에서 체포되어 103일의 옥고를 치렀지만, 2018년 말 대법원에서

---

[93] 이명박 대통령 때문에 유명한 '다스'에 근무했던 우한석은 세월호 침몰 초기 '잠수함 충돌설'을 주장하다가 구속되었다.
[94] 「세월호 해경 명예훼손 홍가혜, '무죄' 확정」, 『머니투데이』 2018.11.29 (https://news.mt.co.kr/mtview.php?no=2018112910338283793).

무죄가 확정됐다.

진영란과 김현승의 경우에도 세월호 침몰 사건과 관련한 SNS 때문에 옥고를 치른 대표적 사례라 할 것이다. 이들에 대하여 검찰이 공소 사유로 제시한 내용을 살펴보면, 과연 대한민국이 '표현의 자유'가 존재하는 나라인지 의심하지 않을 수 없다.

- **진영란**

   〈가만 있으라〉라는 방송은 정말로 D 선장만이 했던 것일까요? 결코 그렇지 않습니다. 그렇다면 9시 41분에도 승객들에게, 학생들에게 〈가만 있으라〉고 악마의 방송을 했던 것은 누구였단 말일까요? 선장과 선원들을 태우고 떠났던 해경이 무슨 이유로 돌아왔으며 무슨 이유로 D 〈조타실〉에 진입해야 할까요? 9시 41분에 있었던 〈가만 있으라〉던 방송은 선장이나 선원들이 한 것이 아니라는 것을 알 수 있습니다. 선장과 선원들이 떠나 버린 이후, 조타실을 장악했던 것은 해경이었습니다. 당신들이 그 배의 〈조타실〉을 장악하고 나자 바다로 뛰어들던 승객들도 더 이상 찾아볼 수 없게 되었습니다.(이하 생략)[95]

- **김현승**
  - 세월호 참살은 국정원이 준비한 박근혜 18대 부정선거 상쇄 아이템!! 세월호 충돌한 길이 100미터 잠수함! 해경 123호 끌고 다니면서 더 빨리 침몰!"이라는 제목하에 "세월호가 너무 커서 어뢰로도, 폭탄으로도, 잠수함 충돌로도 안 뒤집어지니까 이미 추돌했던 그 잠수함으로 앞에서 충돌, 그래도 안 되니까 해경이 끌어서 세월호를 뒤집어 엎었다"는 내용의 글과 사진, 동영상을 게시
  - 세월호 참사는 박근혜 대통령이 부정선거를 덮기 위해 사전에 계획한 학살극이다, 해경 123정 대원들이 세월호를 밧줄에 묶어 죽음의 맹골수도로 끌어당겨 뒤집어 승객들을 학살하였고, 박근혜 대통령이 세월호 학살을 현장에서 지휘하였다. 세월호 학살의 마지막은 국정원 요원이 세월호 1등 항해사 강원식이 현장 지휘하였다" 등 총 62회에 걸쳐 대한민국 해양경찰청 123정 정장과 세월호

---

95 서울중앙지방법원, 『판결(2016 노 3207 정보통신망이용촉진 및 정보보호등에 관한 법률위반(명예훼손)』, 2018.12.20, 2쪽.

1등 항해사 강원식, 박근혜 대통령을 비방할 목적으로 정보통신망을 통하여 공공연하게 거짓의 사실을 드러내어 다른 사람의 명예를 훼손하였다.[96]

두 사람의 법규 위반 사례와 최근 청와대 앞에서 막말 집회를 진행하고 있는 정광훈 목사 등 보수 인사들의 대통령 문재인의 명예훼손 사례와 비교해 볼 필요가 있다.

'발언 수위, 발언 횟수, 사실 여부, 국민들에게 전달되는 정도', 그 어느 것도 비교할 수 없을 정도로 이들의 법규 위반은 경미하다 할 것이다.

하지만 세월호 침몰 당시 박근혜 정권은, 논란이 확산되는 것을 방지하기 위하여 정확한 범죄사실 확인 없이 이들을 무조건 구속하고 '묻지마' 기소를 했다.

현재 진영란의 경우 최종 무죄 선고를 받은 상태이고, 김현승은 박근혜 집권 시절 1심에서 유죄판결을 받았으며, 2기 특조위 조사 기간이 만료되는 시점까지 항소심 재판 진행이 중단된 상태이다.

'집회결사의 자유'를 탄압하다

국군기무사령부의 문건에 따르면, 박근혜 정권은 세월호 침몰 사건을 최대한 빨리 수습하기 위하여 총력을 집중했던 것으로 판단된다. 특히 그들은 세월호 추모와 관련한 촛불집회를 '종북세 집회'로 규정하고, 대규모 집회로 확산되지 않도록 공권력을 동원하여 원천봉쇄 하려 했던 것으로 판단된다.

---

96 서울중앙지방법원, 『판결(2014 고단 9664 정보통신망이용촉진 및 정보보호등에 관한 법률위반(명예훼손)』, 2015.12.16, 2~3쪽.

서울진보연대, 전국여성연대 등이 모인 '세월호 촛불 시민모임'은 '실종자들의 무사 생환을 기원'하며 4월 20일부터 촛불집회를 열었다.

이들은 4월 21일 종로경찰서에 "4월 23일부터 5월 21일까지 매일 오후 8시부터 서울 광화문 동화면세점에서 북인사마당까지 약 1.7km를 행진하겠다"고 신고했다. 하지만 종로경찰서는 "이 구간이 교통량이 매우 많은 곳인데다 인도를 이용한다고 해도 일반 시민들의 통행에 불편을 줄 것이 명백하다"며, 그날 곧바로 금지 결정을 통보했다.

세월호 촛불 시민모임은 "교통정체와 상관없는 인도 행진까지 가로막는 것은 부당하다"는 이유로 24일 법원에 집행정지 가처분 신청을 했고, 행정법원은 26일 '세월호 촛불 시민모임'의 손을 들어 주었다.[97]

4월 21일 오후 5시까지 실종자 304명 중 가족의 품으로 돌아온 희생자는 64명에 불과했다. 아직 240명에 달하는 실종자가 바다 속에 잠겨 있고, 세월호 침몰 사건이 발생한 지 일주일도 채 지나지 않은 때였다. 그런 시점에 박근혜 정권은 '세월호 희생자들을 애도하는 시민들의 마음을 모아 평화롭고 질서 있게 매일 추모 촛불과 추모 침묵 행진을 진행하겠다'는 시민들의 순수한 마음마저도 경찰권을 남용하여 저지했다.

인양을 무기로 실종자 가족들을 겁박하다

4월 17일 박근혜는 진도실내체육관을 방문하여 실종자 가족들에게 "가족분들에게 신뢰받을 수 있도록, 마지막 한 분까지 구조될 수 있도록 최선을 다하겠다"는 약속했다. 박근혜가 이 약속을 지키려고 노력했던 사실은

---

97 「법원, 경찰이 막은 세월호 추모 침묵행진 허용」, 『오마이뉴스』, 2014.4.28 (http://www.ohmynews.com/NWS_Web/View/at_pg.aspx?CNTN_CD=A0001985546).

단 한 번도 없었다. 기무사 문건에 따르면, 그들은 침몰 초기부터 한쪽에는 인양에 대한 계획을 세워놓고, 자신들의 유불리에 따라 항상 '인양이란 카드'를 가지고 유가족과 흥정하려 했다.

특히 기무사는 수색이 장기화 국면으로 접어들자 세월호 인양을 포기하는 쪽으로 여론을 조성하고, 실종자 가족들과 유가족 스스로 세월호 인양을 포기하는 방법을 모색하려 했다.

박근혜 정권의 이런 구상은 '국군기무사령부'의 보고 문건에 아주 상세하게 기록되어 있다. 기무사는 실종자 가족들을 설득하기 위하여 [그림 8-15]와 같이 "범내본 · 국정원 · 경찰을 통해 실종자 가족들의 개인별 성향은 물론 경제적 형편과 말 못할 고충 · 관심 사항 등을 세밀히 확인"하고, "인양 관련 구조전문가 인터뷰 · 언론기고, 인양 비현실성 홍보"도 해야 한다고 제언했다.

그림 8-15. 기무사 문건에 기록된 '실종자 가족 설득 방안"

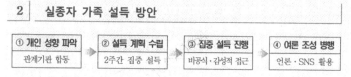

무사 보고 문건(196-127) 필자 화면 캡처.

그들은 또한 안전 문제와 인양 비용(국군기무사령부 제시 기준 최소 2천억 원 소요)을 문제 삼아 세월호를 "美(미) 애리조나호 기념관"과 같은 '해상 추모공원'으로 조성하는 방안을 검토해야 한다고 제언했다.

미국은 2차대전 때 일본의 진주만 습격으로 침몰한 '애리조나호'를 인양하지 않고 그곳에 해상 기념관 건립을 했는데, 우리도 이것을 밴치마킹(Benchmarking)하여 '국민 성금·정부 보조금을 활용'해서 똑같이 '해상 추모공원'을 만들고, 범국가적 '추모·교육의 場(장)'으로 활용해야 한다고 것이었다.[98]

그리고 이러한 구상은 당시 새누리당 국회의원 김진태를 통하여 공공연하게 공론화되기도 했다.

> 김진태 의원은 지난 13일 한 라디오 방송에 출연해 "돈과 시간이 너무 많이 들고 추가 희생자가 생길 수 있다"며 "인양하지 않은 것도 하나의 방법으로 가능성을 열어놓고 논의해 봐야 한다"고 밝혔다.
>
> 김 의원은 (인양) 비용과 관련해 "해양수산부에서는 1,000억 원 정도 필요하다고 하지만 실제로는 3000억 원 정도로 눈덩이처럼 불어날 것으로 예상한다"며 "어디서 또 가져다 무리하게 끌어다 써야 한다"고 말했다. 결국, 위험 부담이 높고 돈도 많이 드는 인양을 차라리 하지 말자는 얘기이다.[99]

세월호 유가족들에게 세월호 선체 인양의 의미는 매우 컸으며, 아마 박근혜도 그것을 모르고 있지는 않았을 것이다.

세월호 선체의 인양은 돌아오지 못한 가족들을 찾을 수 있는 마지막 기회였고, 실제로 세월호가 인양된 이후에 선체 내에서 미수습자를 발견되

---

98 기무사 의혹 특별수사단, 『수사보고[세월호 인양 실효성 및 후속조치 제언 관련]』, 2018.7.20, 첨부(중요보고 : 세월호 인양 실효성 및 후속조치 제언) 참조.
99 「朴 대통령, 마지막까지 구조 최선 다하라했는데 인양 반대?」, 『미디어오늘』, 2014. 11.17 (http://www.mediatoday.co.kr/news/articleView.html?idxno=120063).

었다. 유가족들은 진상규명을 위하여 세월호 선체를 인양해야 한다고 믿고 있었다. 세월호 선체는 침몰의 원인을 밝힐 수 있는 유일한 증거물이라고 굳게 믿고 있었다.

이런 상황을 파악하고 있던 박근혜가 노골적으로 세월호 수장을 논했던 것은 '공개적으로 진상규명을 방해하겠다'는 의사를 표시했던 것이나 다름이 없다.

국회 국조특위 조사방해

그림 8-16. 국회 국조특위 기관보고 종합질의 결과

| 3 | 국조특위 기관보고(종합 질의) 결과 |

興野간 합의된 기관(청와대·국정원 등 제외)

o 6.30.~7.10.간 실시한 21개 기관 中 13개 기관 소집, 그동안 제기되었던 내용을 再확인하는 수준에서 마무리

o 與黨은 감사원 감사를 통해 밝혀진 '해경-VTS간 교신기록 삭제 및 청해진 해운과 해수부·한국선급·해경간 유착관계' 검찰 수사 촉구

• 野黨은 '청와대의 컨트롤 타워 역할 미흡'에 대해 집요하게 질의

o 일부 유가족, 증인 답변 중간에 '이게 국정조사냐?'며 고성을 지르다 심재철 위원장의 지시로 퇴장되는 등 어수선한 분위기

o 19:24분 정회, 20:55 재개 예정이었으나 野黨위원들이 심██ 위원장 사퇴를 요구하며 불참하여 파행

8.30. 특위활동 종료

o 오늘(7.12.) ~ 8.3.간 추가 현장조사 실시, 8.4. ~ 8.간 청문회 예정

국군기무사령부 작성 〈조치동정 66보〉 필자 화면 캡처.

세월호 침몰 사건이 발생한 다음 날, 박근혜는 진도실내체육관을 방문하여, 진상규명과 책임자처벌을 약속했고, 이후에도 몇 차례 같은 약속을 공개적으로 했다. 특히 5월 19일 진행된 대국민 담화에서 "모든 책임은 대통령인 저에게 있다"고 하면서 다음과 같은 약속을 했다.

> 필요하다면 특검을 해서 모든 진상을 낱낱이 밝혀내고 엄정하게 처벌할 것입니다. 그리고 여야와 민간이 참여하는 진상조사위원회를 포함한 특별법을 만들 것도 제안합니다. 거기서 세월호 관련 모든 문제들을 여야가 함께 논의해 주기 바랍니다.

5월 하순부터 국회에서도 세월호 침몰 사건 발생에 대한 원인 규명과 정부의 책임을 논하기 시작했고, 국조특위 개최를 논하기에 이르렀다. 하지만 박근혜의 일방적인 약속과는 달리 국조특위를 개최하는 것 자체가 엄청난 난관이었다. 여당인 새누리당과 야당인 새정치민주연합이 증인 채택과 관련하여, 가파르게 대치했기 때문이다.

야당인 새정치민주연합은 '대통령비서실장 김기춘을 비롯하여 남재준 국정원장, 김장수 국가안보실장, 이정현 청와대 홍보수석, 민경욱 청와대 대변인, KBS 사장 길환영과 보도국장 김시곤 등을 증인으로 채택할 것을 강하게 요구'했다. 특히 김기춘은 핵심 증인으로 '국조 계획서에 증인으로 채택한다는 문구를 반드시 명시하자'는 입장이었다.

하지만 여당인 새누리당은 '관련 법 조항이 없다는 점'과 '역대 국조 계획서에 미리 증인 명단을 구체적으로 정한 전례가 없다'는 점을 들어 증인 명시를 강하게 반대하면서, "일단 조사기관만 합의하고 증인들은 특위에서 정하자"고 주장했다.

세월호 유가족들을 야당과 같은 입장을 가지고 뜬눈으로 국회에서 농성하며 여야를 압박했다. 그 결과 5월 29일 국정조사 기간은 90일로 하고, 청문회는 8월 4일부터 8일까지 개최하기로 최종 합의했으며, 6월 2일에 첫

번째 국정조사 특별위원회가 개최되었다.100

어렵게 가동된 국회 국조특위에서 위원들은 6월 25일부터 7월 11일까지 해당 기관의 보고를 받았다. 하지만 박근혜와 여당인 새누리당이 여론에 떠밀려 마지못해 개최된 위원회였던 만큼, 진행 과정은 더디고 험난했다.

여당인 새누리당은 동원할 수 있는 모든 수단과 방법을 동원하여, 노골적으로 위원회 진행 과정을 방해했다. 여당은 유가족이 추천한 모니터단과 유가족 대표, 언론사 등이 참관하여 회의장이 소란하다는 이유를 들어, 이들이 회의장으로 들어오는 것을 봉쇄할 목적으로 국정조사 특위 회의장을 협소한 장소로 교체하기도 했고, 유가족이 추천한 모니터 단의 숫자를 제한하기도 했다. 또한, 국정조사를 위한 예비조사 위원 선임과 관련하여 "야당에서 선임한 예비조사 위원에 언론사 관련 인사가 포함되어 있다는 이유로 교체를 요구"하기도 했다.

심재철 특위 위원장은 사회권을 남용하여 야당 의원의 질의 직후 매번 추가 질의를 하여 야당 위원들의 질의 내용을 검열하는 듯한 행태를 보였고, 야당 위원들의 질의 내용을 왜곡하는 방향의 질의를 하여 '물타기 · 김빼기'를 시도했다.

역시 여당 위원인 조원진 간사는 야당 위원들의 질의 자료와 질의 내용을 트집 잡고, 국조특위를 파행으로 이끌고 가려고 사력을 다하는 것처럼 보였다.101

여당 위원들이 국조특위를 파행으로 이끌기 위해 국회 내부에서 최선을 다했다면, 정부 부처의 지원사격도 만만치 않았다. 그들은 야당 위원들이 국정조사를 위해 요구한 관련 자료를 갖은 핑계를 대면서 제공을 거부했고, 제공한다 하더라도 회의 개최 시간에 임박해 제공하여 야당 위원들이

---

100 「국회 간 세월호 유족들 "국정조사 합의하라" 분노 폭발」, 『한겨레』, 2014.5.27 (http://www.hani.co.kr/arti/politics/politics_general/639400.html#csidx47fde96c1b06c98bf4e5f98a06f6095).
101 새정치민주연합, 『국회 세월호침몰사고국정조사특별위원회 활동보고서』, 2014.11, 1301~1302쪽.

자료를 검토할 시간 자체를 박탈해 버렸다. 특히 이 방법은 청와대가 가장 심하게 노골적으로 활용했다.

여당과 야당의 국조특위 위원들은 8월 4일부터 8일까지 5일간 청문회를 개최하기로 합의했지만, 여당과 청와대는 이 사건과 밀접한 관련이 있는 김기춘 청와대 비서실장, 정호성 제2부속실장, 유정복 전 안행부 장관 등을 청문회 증인으로 채택하자는 특위 야당 위원들의 요구를 완강하게 거부했다. 그 결과 청문회는 무산되었고, 진상규명을 소망했던 유가족과 국민의 바람을 뒤로하고 국회 국조특위는 아무것도 밝히지 못한 채 빈손으로 끝나 버렸다.

감사원의 '의도적 부실 감사'

세월호 침몰 사건과 관련한 감사원의 감사는 2014년 5월 14일부터 6월 20일까지 진행됐다. 세월호 침몰 사건과 관련하여 감사원이 가장 먼저 감사해야 할 부분은 청와대를 비롯한 국가기관의 세월호 침몰 당시 대응의 적정성 문제였다.

감사 결과의 적정성은 별론으로 하고, 감사원은 '안행부·해수부·해경' 등 관련 기관의 초동대응 및 상황전파, 안전 관리·감독체계 전반에 걸쳐 감사를 한 것은 틀림없다. 하지만 반드시 감사했어야 할 청와대는 아주 제한된 범위에서 감사했을 뿐만 아니라, 국방부(공군과 해군) 및 국정원에 대해서는 감사를 전혀 진행하지 못했다.

특히 청와대의 경우에는 애초에 감사 대상기관으로 선정조차 하지 않았다. 다만 감사 과정에서 "청와대가 컨트롤타워인가" 하는 문제와 "각 기관에서 올라간 보고서가 제대로 박근혜에게 전달되었는가" 하는 문제가 제기되어 사회안전비서관실과 위기관리센터 행정관들에 한정하여 감사를 진행했다. 정작 핵심인 대통령비서실장 김기춘과 각 수석 및 비서관들에 대한 감사는 전혀 진행하지 않았다.[102]

어쩌면 감사원은 청와대를 감사했던 것이 아니라, **'쟁점 사항'에 대한 청와대 의견을 청취했을 개연성이 오히려 높다.** 청와대에 대한 국회 국조특위가 진행될 때 '청와대 위기관리센터의 초동조치의 적정성'과 더불어 '청와대가 위기관리의 컨트롤타워인가'라는 문제가 야당 특위 위원의 공격 포인트였는데, 놀랍게도 감사원은 이 부분에 대하여 청와대 주장과 똑같이 '청와대는 국가 위기관리의 컨트롤타워가 아니다'는 답변을 내놓았다.

> 컨트롤타워라는 것은 법적 용어는 아닙니다. 법적 용어는 아닌데 결국은 상황을 조정하고 통제하고 지휘를 하는 곳이냐, 아니냐 하는 차이인데요, **국가재난기본법에 분명히 안행부장관이 중대본부장으로 되어있고 그래서 조정·통제까지 한다는 걸로 되어 있습니다. 그리고 국가안보실은 국가위기관리기본지침에 재난과 관련해서는 정보의 종합 및 관리, 정보를 관리하는 곳입니다.** 그래서 상황을, 정보를 모아서 관리하는 것을 컨트롤타워라고 할 수 있느냐, 보기에 따라서는 그렇게 볼 수도 있겠습니다마는 저희는 컨트롤타워는 아니다 그렇게 판단을 했습니다.[103]

세월호 침몰 사건과 관련하여 감사원은 경찰청도 확실하게 감사했어야 한다. 경찰청은 진도와 안산시에 무려 4,000여 명의 정복 및 사복 경찰을 배치했고, 정보 경찰을 운영하면서 유가족을 사찰했다. 또한, 경찰은 침몰 초기 각종 집회를 통제하고 사찰하기도 했으며, 각종 불법 정보를 습득하고 유통했던 것으로 의심되었다. 하지만 감사원은 이들에 대해서도 감사를 진행하지 않았다.

---

102 국회사무처, 『세월호침몰사고의진상규명을위한국정조사특별위원회조사록』, 2014.7.9, 66쪽.
103 위와 같음, 93쪽.

세월호 특조위 조사방해

세월호 침몰 사건이 발생하고 상당한 시간이 흐르면서, 유가족과 많은 국민들은 박근혜 정권의 '세월호 침몰 사건에 대한 진의'를 파악하기 시작했다.

박근혜가 세월호 침몰 사건의 진상규명과 책임자처벌에 매우 소극적이라는 사실과 검찰이 세월호 침몰 사건 수사에 매진하는 것이 아니라, 유병언 검거에 오히려 총력을 기울이고 있다는 상황이 파악되면서 유가족들은 '진상규명과 책임자처벌'은 물 건너갔다고 깨닫기 시작했다.

5월이 시작되면서 유가족들은 특검 및 청문회를 요구하는 서명을 받기 시작했고, 곧이어 수사권과 기소권이 보장되는 특별법 제정을 요구하는 서명운동을 전개했다.

이에 박근혜는 5월 16일 유가족을 청와대로 초청하여 안아주는 모습을 연출했고, 5월 19일에는 대국민 담화를 하면서 억지 눈물을 흘리는 등 국민의 감정에 진정성을 호소하기도 했다.

하지만 다른 한편으로는 국군기무사령부 등을 이용하여 은밀하게 가족들의 성향과 동향을 분석하고, 가족의 힘을 약화시킬 방안을 모색했다. 때로는 극우 보수 정치인을 이용하기도 했고, 보수단체와 종편 방송 채널을 악의적으로 활용하기도 했다.

그런 환경 속에서도 국민들은 유가족이 원하는 수사권과 기소권이 보장되는 특별법을 제정되어야 한다며 단결했고, 무려 3,501,266명의 국민이 특별법 제정 서명운동에 참여했다.

그럼에도 세월호 특별법이 제정되는 과정은 매우 험난했다. 유가족과 여야 정당은 수도 없는 회의를 통해 아쉬움이 남는 세월호 특별법 협상을 10월 31일에 타결했고, 세월호 참사 발생 205일째인 11월 7일에 「4 · 16 세월호참사 진상규명 및 안전사회 건설 등을 위한 특별법」(이하 세월호 특별법)이란 이름으로 국회 본회의를 통과했다. 이 법은 11월 19일 공포되었고, 2015년 1월 1일부로 시행되었다.

세월호 특별법에 의해 어렵게 출발한 1기 특조위는 2015년 8월 4일에 완전하게 구성되어 희망차게 공식적인 활동을 시작했지만, 위원회 내부와 외부의 공격으로 목적에 맞는 조사 활동은 한 번도 제대로 해보지도 못했다.

- **새누리당 원내수석부대표 김재원, 세월호 특조위는 "세금도둑"**
  2015. 1. 16, 김재원 의원이 원내현안대책회의에서 특조위 구성과 관련해 규모가 지나치다면서 "세금도둑"이라고 비난한 것이다. 특별법은 사무처 정원을 120명 이하로 규정하고 있는데 특조위 설립준비단이 5명의 상임위원 포함 125명 안을 제출하였고, 김재원 의원은 이를 두고 여성가족부, 방송통신위원회보다 더 큰 부처를 만든다고 주장했다.[104]

- **조사위원 황전원, "설립준비단 해체" 기자회견**
  2015. 1. 18. 및 1. 20, 새누리당에서 조사위원으로 추천한 황전원 위원이 국회에서 기자회견을 열어 '특조위 예산이 황당하고 터무니없는 금액'이며, '설립준비단을 즉각 해체하라'고 주장[105]

- **2015. 1. 22, 조대환 부위원장 '해수부 공무원 복귀 지시'**
  조대환 부위원장 겸 사무처장 예정자 "해수부 공무원 4명에 대하여 설립추진준비단장인 이석태 위원장 예정자의 재가 없이 복귀 지시" 그날로 해수부는 해당 공무원의 '특조위 지원 근무를 면'하는 인사발령 실시[106]

- **조대환 부위원장 출근 투쟁**
  조대환 부위원장 겸 사무처장은 '위원장은 정치적 편향성을 보이고, 주어진 업무를 수행하지 아니하였을 뿐더러 채용과정에서 부정을 저지르는 등 위법 행위가 엄중하여 위원장 자격이 없다'고 하면서

---

104 4·16세월호참사 특별조사위원회(위원장실), 『중간점검보고서』, 2016, 6쪽.
105 위와 같음, 6쪽.
106 위와 같음, 6~7쪽.

2015. 6. 26.부터 한 달간 출근하지 않았고, 7. 23.에 공식적으로 사
표가 수리되었다.[107]

- **예산 삭감**

  특조위가 요구한 예산은 159억 원이었으나, 실제 지급된 금액은 약
  89억 원으로 요구액의 절반만 넘는 수준의 예산을 승인하였다. 특히
  참사 조사에 사용될 사업비의 경우 약 45억 원을 신청하였으나, 약
  14억 원만이 지급되었다. 이로 인해 진상규명을 위해 조사는 매우 어
  려웠고, 기존과 다른 새로운 조사활동을 전개하는 것이 사실상 불가
  능했다.[108]

- **청문회 개최 방해**

  3차 청문회 개최 과정에서 해수부는 2016. 8. 23. 보도자료를 통해
  "지난 6월 30일 조사활동 기간이 종료되었으므로 청문회를 개최할 수
  없다"는 입장을 밝히면서, "증인 · 감정인 · 참고인이 출석하는 청문회
  는 명백한 조사활동으로, 조사활동기간 내에 시행해야 한다", 특조위
  조사활동 기간은 이미 종료되었으며, '종합보고서와 백서의 작성 · 발
  간'을 위한 기간(7.1.~9.30.)인 현재 청문회를 개최하는 것은 법적 근
  거가 없다"라고 주장했다.

  또한, 장소 섭외과정에서도 당초 특조위는 사립학교교직원연금 공단
  의 사학연금회관(서울 영등포구 여의도동 소재) 강당을 제3차 청문
  회 장소로 사용하기로 하고, 8월 5일 사학연금공단이 정한 대관절차
  에 따라 대관 신청을 하였고, 9일 사용승인을 받아 10일 사용료를 전
  액 납부를 했음에도 11일 공단 측은 돌연 "공단 본부에서 대관 승인
  에 대해 말이 많다", "부득이 대관을 취소할 수밖에 없다"는 연락을
  취해 왔고, 이 과정에서 "교육부→사립학교 교직원 연금공단→사립학
  교 교직원연금공단 서울회관"으로 압력이 행사됐다는 정황을 포착했
  다.[109]

- **특조위 강제 해산**

  세월호 특별법은 위원회가 구성을 마친 날로부터 1년 6개월간 활동

---

107 4 · 16세월호참사 특별조사위원회(위원장실), 2016, 『중간점검보고서』, 10쪽.
108 위와 같음, 11쪽.
109 위와 같음, 14쪽.

할 수 있도록 보장하고 있다. 이에 대해 특조위는 인력 충원과 예산 지급 결정이 이루어짐으로써 특조위의 인적·물적 토대가 마련된 때가 위원회 구성이 마친 때라고 보면서, 2015. 8. 4.를 구성일로 보았다. 반면 정부는 위원회 구성일을 위원 임기개시일이라고 보면서, 특조위도 특별법과 동일하게 2015. 1. 1.에 구성되었다고 주장했다. 따라서 정부는 특조위의 조사 활동 기간이 2015. 1. 1.부터 1년 6개월이 경과하는 2016. 6. 30.에 만료되고 7. 1.부터 3개월간(~ 9. 30.)은 종합보고서 및 백서 발간 활동만 할 수 있다고 주장하면서 특조위 활동을 강제종료 시켜 버렸다.110

이렇게 1기 특조위는 2016년 6월 30일에 박근혜 정권에 의하여 강제종료 당했다.

▨ 자료목록

1) 4·16세월호참사 특별조사위원회(위원장실), 『중간점검보고서』, 2016

2) 국회사무처, 『세월호침몰사고의진상규명을위한국정조사특별위원회조사록』, 2014.7.9

3) 새정치민주연합, 『국회 세월호침몰사고국정조사특별위원회 2014.11.활동보고서』

4) 서울중앙지방법원, 『판결(2014 고단 9664 정보통신망이용촉진 및 정보보호등에 관한 법률위반(명예훼손)』, 2015.12.16

5) 서울중앙지방법원, 『판결(2016 노 3207 정보통신망이용촉진 및 정보보호등에 관한 법률위반(명예훼손)』, 2018.12.20

6) 「[사설] 침몰하는 여객선에서 빛난 殺身成仁」, 『세계일보』, 2014.4.18 (http://www.segye.com/newsView/20140418003814?OutUrl=naver)

7) 「국회 간 세월호 유족들 "국정조사 합의하라" 분노 폭발」, 『한겨레』, 2014.5.27 (http://www.hani.co.kr/arti/politics/politics_general/639400.html#csidx47fde96c1b06c98bf4e5f98a06f6095)

8) 기무사 의혹 특별수사단, 『수사보고[세월호 인양 실효성 및 후속조치 제언 관련]』, 2018.7.20, 첨부(중요보고 : 세월호 인양 실효성 및 후속조치 제언)

---

110 4·16세월호참사 특별조사위원회(위원장실), 『중간점검보고서』, 2016, 23쪽.

9) 「朴 대통령, 마지막까지 구조 최선 다하라했는데 인양 반대?, 『미디어오늘』, 2014.11.17 (http://www.mediatoday.co.kr/news/articleView.html?idxno=120063)

10) 「법원, 경찰이 막은 세월호 추모 침묵행진 허용」, 『오마이뉴스』, 2014.4.28 (http://www.ohmynews.com/NWS_Web/View/at_pg.aspx?CNTN_CD=A0001985546)

11) 「'세월호 해경 명예훼손' 홍가혜, '무죄' 확정」, 『머니투데이』, 2018.11.29 (https://news.mt.co.kr/mtview.php?no=2018112910338283793)

6.
대통령 문재인의
'침묵'과 대선공약 불이행

세월호 침몰 사건 발생 당시부터 국회의원 문재인만큼 오랫동안 '세월호 침몰 사건의 진상규명과 책임자처벌'에 대해서 적극적이던 정치인은 없었다.

2014년 세월호 특별법 제정과정에서 문재인은 세월호 특별법이 무산된 것에 대해 "하늘의 노여움이 두렵다"며, "특별법 제정이 세월호 참사 100일을 넘기지 말아야 한다"고 발언하여 유가족들에게 용기를 주었고,[111] 광화문에서 40여 일 가까이 단식을 하고 있던 유민아빠 김영오 씨와 함께 동조 단식하기도 했다.[112]

2017년 5월 4일 대선을 며칠 앞두고, 당시 황교안 대통령 권한대행이 박근혜 전 대통령의 세월호 7시간 행적 기록을 '대통령지정기록물'로 분류해

---

111 「문재인 "하늘 노여움 두렵다…세월호 특별법 100일 넘기지 말아야」, 『로이슈』, 2014.7.19 (http://ccnews.lawissue.co.kr/view.php?ud=17702).

112 「문재인 "내가 단식"…유가족 김영오씨 단식중단 설득」, 『연합뉴스』, 2014.8.19. (https://news.naver.com/main/read.nhn?mode=LSD&mid=sec&sid1=100&oid=001&aid=0007074783).

봉인한 것이 논란되자, "세월호 7시간 기록을 황교안 권한대행이 봉인했다. 무려 30년까지 열어볼 수 없게 만들었다. 이러면 세월호의 진실을 밝힐 수 있냐. 너도나도 문재인을 찍어서 압도적으로 정권교체를 하면 민심의 힘으로 대통령이 국회에 열람을 요구하겠다"고 공약하기도 했다.

하지만 실제 대통령으로 당선되고 청와대에 입성한 이후 이 공약은 지켜지지 않았다. 물론 2017년 5월 15일 기간제 교사인 '고 김초원', '고 이지혜' 교사의 순직 인정 절차를 진행할 것을 지시했고, 인사혁신처가 사망 3년 3개월 만인 2017년 7월에 이 문제를 마무리한 사실은 부정하지 않는다.

반면 이 사건의 본질에 해당하는 세월호 침몰 사건의 '진상규명 및 책임자처벌'과 관련한 공약은 한 발자국도 앞으로 나가지 못했다. 혹자들은 '선체조사위원회 활동을 원만하게 마무리했으며,113 또 2기 특조위를 진행하고 있다'고 주장하지만, 선체조사위원회는 앞선 정부에서 구성이 시작됐었다는 점, 여당과 야당이 추천한 인사로 위원회가 구성된 결과, 논쟁만 했

---

113 2017년 3월 국회에서 여야가 '세월호 선체조사위원회 특별법'에 합의하면서 세월호 선조위가 출범했다. 그리고 그해 3월 세월호 인양이 시작됐으며, 선조위는 세월호 인양을 감독하는 것으로 첫 임무를 시작했다. 이후 4월 11일 세월호 육상 거치 작업이 완료되면서 미수습자 9명을 찾기 위한 수습·수색 체제로 전환됐으며, 그 결과 4명의 유해가 추가로 수습됐다.(최종 미수습자 5명) 그리고 선조위의 세월호 사고 진상 규명은 조직 정비 등을 마친 2017년 7월부터 진행됐다.
이후 선조위는 2018년 8월 6일 1년 4개월 간의 활동을 마무리하고, 세월호 참사의 원인을 분석한 종합보고서를 공개했다. 보고서에 따르면 김창준 위원장, 김영모 부위원장, 김철승 위원 등 3명은 내인설을 주장했다. 내인설은 선체의 무리한 증개축, 복원성 훼손, 화물 과적, 급격한 우회전 등이 복합적으로 작용해 침몰했다는 주장이다. 반면 권영빈 제1소위원장, 이동권 위원, 장범선 위원 등 3명은 외력설 가능성을 배제하지 않은 '열린 안' 의견을 냈다. 외력설은 잠수함 등 외부 충격의 영향으로 세월호가 침몰했다는 주장으로, 열린 안을 제시한 위원들은 내인설 만으로는 설명되지 않은 부분들에 대해 추가 검증이 필요하다고 지적했다.
선조위는 활동 종료에 따라 조사 결과와 추가 조사가 필요한 부분 등을 정리해 2018년 3월 출범한 '가습기살균제 사건과 4·16 세월호참사특별조사위원회(2기 특조위)'에 인계했다. 이에 향후 진상 규명 작업은 2기 특조위에서 진행하게 되는데, 2기 특조위는 2017년 11월 국회를 통과한 '사회적 참사 특별법'에 따라 2018년 3월 출범한 바 있다. [네이버 지식백과 4·16 세월호 참사 (시사상식사전, pmg 지식엔진연구소)

을 뿐 국민이 신뢰하는 객관적인 조사 결과를 도출하지 못했다는 점, 2기 특조위의 권한과 조직의 크기를 감안하면, 문재인 정권이 '진상규명과 책임자 처벌' 관련한 공약을 준수한 사례는 전혀 없다.

대통령 문재인의 침묵

2017년 4월 16일 문재인 대선 후보는 '세월호 참사 3주기 추모식'에 참석하여 다음과 같이 약속했다.

> 새 정부는 곧바로 제2기 특조위를 구성해서 모든 진실을 낱낱이 규명하겠습니다. 국회에서 법 통과가 안 돼도 대통령 권한으로 특조위를 재가동시키겠습니다.

하지만 대통령 문재인의 이 공약은 임기 초반에 일찍이 파기됐다. 예나 지금이나 유가족들이 소망하는 것은 '철저한 진상규명과 책임자처벌'이 전부이며, 이것을 성취하기 위해서는 위원회에 '수사권과 기소권'이 보장돼야 한다는 것이 공식적인 입장이다.

대통령 문재인은 취임 이후인 8월 16일 세월호 유가족 2백여 명을 청와대로 초청한 자리에서, **"특별법의 국회 통과가 잘 될 것으로 믿는다"**, **"강력한 법적 권한을 갖는 2기 특조위가 정부 차원 조사위원회보다 효율적일 것"**이라고 말하면서 공약으로 내걸었던 진상규명과 책임자처벌을 아직 제정되지도 않은 특별법에 전가했다.

2기 특조위는 「사회적 참사의 진상규명 및 안전사회 건설 등을 위한 특별법」의 입법 취지에 따라 구성된 위원회이다. 이 법은 2016년 8월 박근혜 정권이 1기 특조위를 강제해산함에 따라, 단원고 유가족들이 진상규명의 끈을 이어가기 위하여 새로운 방법을 모색했고, 불가피하게 '가습기 살균제 사건' 가족들과 결합하여 패스트트랙이란 입법 과정을 활용한 결과물이다.

하지만 사정이 변경되어 '이 문제를 해결하겠다'는 공약을 앞세운 새로운 대통령이 탄생했다면, 이미 국회에 상정된 법안을 '철저한 진상규명'이란 목적에 걸맞게 '수사권과 기소권'이 부여되도록 수정 또는 신규 법안을 제정됐어야 했다. 문재인 정권은 그러한 노력을 진행한 사실이 없다. 다 차려진 소박한 밥상 위에 덤으로 숟가락 하나만 더 얹어서 생색만 내는 형국이 되어 버렸다.

결국 이 법에 따라 2기 특조위가 구성됐지만, 2기 특조위에서 세월호 침몰 사건만 전담해 조사하는 인원은 30명도 채 되지 않는다.

1기 특조위 정원이 120명이었던 점과 비교하면 '철저한 진상규명'을 쟁취하기에는 태생적 한계가 있는 조직이며, 2기 특조위의 성공 여부는 조사 기간이 만료될 때까지 살펴볼 필요성을 느끼지 못할 정도다. 2기 특조위는 실제로 진상규명은 하지도 못하고, 공소시효가 완성될 때까지 시간이나 때우는 조직으로 전락해 버릴 것이 틀림없이 예상되기 때문이다.

문재인 정권이 출범한 이후에도 세월호 침몰과 관련한 새로운 사건은 끊임없이 발생하고 있었고, 공교롭게도 그것은 대통령과 가장 가까운 주변에서 발생했다. 하지만 대통령 문재인이 이것과 관련해 '진상규명적 관점 및 유가족적 관점'에서 사건을 현명하게 처리했다는 기록을 어디에서도 찾아보기 어렵다.

문재인 정권 아래에서 세월호 침몰 사건과 관련하여 새롭게 발생하고 묻힌 사건은 아래와 같다.

- **2017. 7. 17, 청와대 위기관리센터 세월호 문건 파기**
  청와대 정무수석실 캐비닛 문건이 언론에 발표된 7월 17일, 청와대

위기관리센터 상황팀 관계자가 불법적으로 '세월호'라고 적혀 있는 A4 용지 2박스 분량의 문건을 파쇄한 사실이 밝혀졌다. 이들이 파쇄한 문 건에는 세월호 침몰 당시 박근혜에게 보고됐던 상황보고서 1보 및 4보 의 원본이 포함되었을 개연성이 높다. 이 사건을 주도했던 위기관리센 터 근무자들은 군인 신분이었기 때문에 군 검찰이 별도의 수사를 진행 할 수밖에 없다. 하지만 이를 목격했던 사람과 상급자의 명에 따라 파 쇄에 가담했던 상황병은 민간인 신분이 틀림없으므로, 이 사건을 수사 했던 서울중앙지검은 이들만이라도 조사했어야 했지만, 추가 수사는 진 행하지 않았다. 결국, 현시점에서 그들이 '어떤 서류를 왜 파쇄했는지' 국민은 진실을 알지 못한다.

- **2017.11.8, 국정원 개혁위의 결과 발표**

문재인 정부는 출범 이후 부처별 적폐청산위원회를 만들었고, 국가정 보원도 '국정원 개혁발전위원회'(이하 국정원 개혁위)를 발족하여 2017. 6. 19.부터 12. 21.까지 활동했다.

이때 세월호 침몰 사건과 관련하여 3개의 카테고리와 9개의 과제를 조사를 진행하여 11. 8.에 결과를 발표했는데, 조사 결과는 "보수단체 활용 맞대응 집회 전개 등 여론 조작"을 했다는 것과 매우 소극적인 범 위에서 "세월호 유가족을 사찰했다"는 사실을 제외한 나머지 사항에 대 해서는 "국정원은 세월호 침몰 사건에 관여한 정황이 없다"는 것이었다.

하지만 세월호 도입부터 증축 및 운항과정에 국정원이 개입한 정황은 너무나도 확실한 것이 많음에도 불구하고 위와 같은 결과를 내렸던 것 은, 국정원에게 의도적으로 명백한 면죄부를 준 것에 해당한다.114

- **2017.11.17.~22. 해수부 공무원 유골 은폐**

2017.11.16. 당시 미수습자 5명의 가족들이, "시신 없는 영결식을 치 르고 목포를 떠나겠다"는 기자회견을 했는데, 바로 다음 날 오전 미수습 자로 추정되는 유골을 발견했다. 이를 보고 받은 현장수습본부 본부장 김현태는 비공개를 지시했고, 오후 4시경 이 사실을 보고받은 이철조 본부장 역시 이에 동의했다.

원칙대로라면 뼛조각 발견 즉시 선체조사위원회(이하 선조위)에 통보

---

114 상세한 것은 이 책 2장 '5. 국정원의 청해진해운 회사경영 개입 의혹'과 '6. 국가정보 원의 세월호 침몰 사건 개입' 참조.

하고, 미수습자 가족·유가족에게도 알려야 하고, 시급하게 국립과학수사연구원에 DNA 감식을 맡겼어야 했다.

하지만 이철조 본부장 등은 18~20일 진행된 장례식 기간에 해수부장관 김영춘에게 보고하지 않았고, 20일 발인이 끝난 뒤 보고했다.

김영춘 장관은 그때까지 숨긴 것을 질책하고 정상적인 절차를 밟으라고 지시했지만, 해수부는 21일에야 선조위 위원장에게 통보했고 미수습자 가족에게는 끝까지 통보하지 않았다. 김영춘 장관은 22일에 가서도 제대로 조치가 취해지지 않은 것을 확인하고 이철조 김현태 두 사람을 보직해임하고 국과수에 감식은 22일에 의뢰되었다.[115]

이철조, 김현태는 박근혜 정부에서 진행된 세월호 선체인양추진단의 단장과 부단장이었다. 세월호 인양작업이 진행될 때 유가족들이 가장 고통스럽게 생각한 것이 "증거인멸"의 문제와 "인양속도 지연"의 문제였다. 이 두 사람이 논란의 중심에 서 있었는데 대통령 문재인과 해수부 장관은 그 시점까지도 이들을 믿고 교체하지 않았다.

■ **2018. 3. 28, 서울중앙지검의 수사결과 발표**

2017. 10. 12. 임종석 당시 청와대 비서실장은 두 가지 사안에 대해 긴급 브리핑을 열었다. 첫 번째 사안은 세월호 참사 당일 국가안보실 상황보고서 1보의 보고 시각이 지금까지 알려져 있던 10시가 아니라 9시 30분으로 표기되어 있는 문서가 발견되었다는 것이었고, 두 번째는 세월호 참사 당시 국가안보실장이 국가 위기 관련 컨트롤타워 역할을 하게 되어 있었던 대통령 훈령인 국가위기관리기본지침에 빨간 볼펜으로 두 줄을 긋고 검은 볼펜으로 수정한 후 관련 부처에 통보하는 불법적인 방식의 대통령훈령 조작에 관한 것이었다.

이후 청와대의 수사 의뢰와 시민단체의 고발이 이루어져 서울중앙지검에서는 이 내용에 대해 수사를 진행하였고 2018. 3. 28. 수사 결과를 발표했다.

중앙지검의 수사는 아쉬움을 남겼다. 무엇보다도 애초에 이번 수사의 출발점이었던 국가안보실 상황보고서 1보의 원본을 찾지도 못했고, 그 원본을 누가 없애버렸는지에 대해서 추가적인 수사를 진행하지도 않았다. 대통령 훈령 불법변개와 관련해서도 검찰은 범행 의도와 명령계통

---

115 「세월호 참사 2000일... 문 대통령님, 무엇을 하셨습니까?」, 『오마이뉴스』, 2019. 10.5 (http://www.ohmynews.com/NWS_Web/view/at_pg.aspx?CNTN_CD=A0002576 060).

을 제대로 입증하지 않았고, 그러다 보니 뒤에서 보듯이 관련자들 대부분은 무죄가 나오거나 낮은 형량이 선고되었다.

또한, 이 수사의 과정에서 중앙지검은 청와대 위기관리센터에서 있었던 세월호 문건파기를 인지하였음에도 이에 대해 제대로 된 수사를 진행하지 않았던 것으로 알려졌다.

■ **2019. 3. 12. 감사원의 인양 관련 감사 결과 발표**

2019. 3. 12. 감사원의 인양 관련 감사 결과가 발표되었다. 해수부가 인양업체의 음식물쓰레기 관리·감독을 제대로 하지 않은 것은 인정되지만 인양지연이나 선체 훼손에서 고의성은 발견되지 않는다는 내용이었다.

사실 박근혜 정부 해수부가 고의로 인양을 지연시키고 적절하지 않은 방식으로 선체를 절단했던 것은 뉴스만 잘 살펴보았어도 알 수 있는 수준의 일이다. 해수부는 매우 이른 시기에 이미 인양이 기술적으로 가능함을 확인하였음에도 그 발표를 늦추었고, 이미 진행하였던 동일한 수중 조사를 몇 번이나 반복하면서 시간을 끌어왔다.

또 이미 위험한 공법이라는 보고서가 나와 있는 부력재 방식을 고집하면서 부력재를 넣기 위해 선체에 추가적으로 100개가 넘는 천공을 뚫었고, 불워크(Bulwark)의 경우에는 세월호 특별조사위원회가 작업중지 요청안까지 보냈음에도 이를 묵살하고 작업을 강행하기도 했다.

인양공법에 있어서도 시간을 끌기 위해 잭업 방식, 크레인 방식, 부력재 방식 등이 이리저리 검토되고 진행되다가 최종적으로는 결국 2014년 4월에 최초로 제안되었던 잭업 방식과 부력재를 사용하지 않는 방식으로 세월호는 물 밖으로 나오게 되었다.

그럼에도 감사원은 인양지연과 선체 훼손과 관련하여 문제없다는 입장을 발표했다.[116]

---

116 「세월호 참사 2000일... 문 대통령님, 무엇을 하셨습니까?」, 『오마이뉴스』, 2019. 10.5 (http://www.ohmynews.com/NWS_Web/view/at_pg.aspx?CNTN_CD=A0002576 060).

국민청원에 대한 '동문서답'

단원고등학교 피해 학생 유가족들은 2019년 3월 29일부터 4월 28일까지 한 달 동안 세월호 참사 전면 재수사를 위한 「세월호참사 특별수사단」 설치를 요구하는 국민청원을 진행했고, 이 청원은 240,529명이 요구한 것으로 마감됐다.

문재인 정권은 출범 당시 국민청원에 대하여, '한 달간 청원에 참여한 인원이 20만 명을 넘으면 정부의 답변을 들을 수 있도록 하겠다'고 약속했다. 당연히 이 청원도 20만 명을 초과했으므로 청와대 답변을 들어야 할 사항이었다.

그림 8-17. 국민청원에 대한 답변

"늘 기억하고 있습니다. 다시는 같은 비극이 되풀이되지 않도록 하겠다는 각오를 되새깁니다. 진상규명과 책임자 처벌은 철저히 이뤄질 것입니다."
- 2019. 4. 16 세월호 5주기, 문재인 대통령 SNS 메세지

청와대 홈페이지 필자 화면 캡처.

청와대의 답변은 그로부터 약 한 달 뒤인 2019년 5월 27일에 있었으며, 구체적 답변에 앞서 그동안 진행됐던 '조사·수사·감사'에 대하여 다음과 같이 평가했다.

- **2014년 5월 감사원 감사**

  2014년 감사원 감사는 시간과 인력의 제약 등으로 불충분한 감사였다.

- **검찰의 세 차례 수사**

  2014년 광주지검 목포지청은 안전관리, 감독상의 부실책임을 수사했고, 인천지검은 청해진해운과 경영상의 비리 관련 수사를 진행했다. 광주지검은 별도 수사팀을 꾸려 사고 후 구조과정의 전반적 문제점을 파헤쳤다.

  또 2017년 10월부터 2018년 3월까지는 서울중앙지검에서 이른바 세월호 7시간을 둘러싼 의혹에 대해 수사했으며, 17년 말부터 1기 세월호 특조위 활동 방해 사건을 수사해서 구형까지 신행냈다.

  하지만 해경 123정장에게만 책임을 묻고, 해양경찰청장, 서해지방해양경찰청장, 목포해양경찰서장 등 해경 지휘부에 대해서는 면죄부 줬다는 지적도 있다.

  당시 수사팀은 △증개축 공사로 인한 복원성의 약화, △과적 및 부실 고박, △조타수 등의 운항상 과실 등이 세월호 침몰 원인이었다고 결론을 내렸지만, 법원 2심과 3심에서 '조타수 등의 과실'에 대해서는 무죄가 선고됐고, 결론적으로 세월호 침몰 원인은 아직 밝혀지지 않은 것이다.

- **국회의 국정조사(2014. 6.~8.)**

  국회 국정조사는 증인 채택에 대한 여·야간 합의가 이뤄지지 않아 결과를 내지 못하고 중단되었다.

- **1기 세월호 특별조사위원회(2015. 8.~2016. 8.)**

  1기 '4.16 세월호 참사 특조위'는 수사권, 기소권 없는 조사로 진상규명에는 한계가 있었다. [117]

---

117 「대통령님께서 〈세월호참사 특별수사단〉 설치와 세월호참사 전면재수사를 지시해주시기를 청원합니다!!」, 『청와대 국민청원』, 2019.5.29 (https://www1.president.go.kr/petitions/577697).

청와대의 아래와 같은 답변내용을 보면, 청와대는 그간 진행됐던 세월호 침몰 사건 진상규명의 문제점과 2기 특조위의 한계, 그리고 청원인들의 요구사항을 명확하게 인식하고 있었던 것만은 틀림없어 보인다.

> **2기 특조위는 국회에서 패스트트랙 지정을 거쳐 어렵게 구성되었습니다. 2기 특조위는 1기 특조위와 마찬가지로 수사권, 기소권이 없는 한계가 그대로 남아있지만, 외압에 의한 조사방해만은 막아야 한다는 국민의 성원과 지지 속에 활발하게 활동하고 있습니다.**
>
> CCTV 영상 저장장치가 훼손되었다는 사실을 밝히고, 검찰에 수사 의뢰도 했습니다. 이처럼 조사 과정에서 특조위 판단에 따라 고발 혹은 수사 의뢰가 있는 경우 검찰이 수사를 하도록 되어있습니다. 그리고 활동기한은 2020년까지 연장된 상태입니다.

청와대는 청원인들의 청원 취지가 "① 해경은 왜 선원들만 표적 구조하고, 승객들에게는 구조 시도조차 하지 않았는지, ② 과적, 조타미숙, 기관 고장으로 설명할 수 없는 세월호 급변침과 침몰의 진짜 원인은 무엇인지, ③ 박근혜 정부는 왜 참사 당일 대통령 기록을 봉인하고 증거 조작, 은폐 및 진상규명을 방해했는지"를 밝힐 수 있는 특별수사단 설치에 있다는 사실을 알고 있었던 것이다.

그리고 "사실 특조위에서 어디까지 밝힐 수 있을지 관건입니다"라고 하면서 2기 특조위의 조사 능력에 대한 의문까지 제기했다.

24만 명이 넘는 청원인들은 현재 조사를 진행하고 있는 2기 특조위가 '인적·시스템적 한계 때문에 도저히 진상규명을 할 수 없다'고 판단했기 때문에 특별수사단 설치를 '청원'했다. 따라서 청와대가 청원인들의 취지를 정확하게 인식했다면, 청원인들의 관점에서 명확한 답변을 했어야 옳았다.

하지만 청와대의 답변은 한마디로 해괴한 논리에 근거하여 이루어졌다. 청와대는 그동안 진행된 감사·수사·조사의 한계성과 문제점을 인정했고, 관련 의혹이 말끔하게 해소되지 않았다는 점과 각종 증거가 많이 오염되고 훼손되었다는 점은 인정했음에도 합당한 해결책은 제시하지 않았다.

> **향후 특조위 활동에 따라 추가로 의혹이 제기될 경우, 개별 수사를 확대할 수 있다는 말씀인데요.** 무엇보다 중요한 것은 앞으로 수사가 필요할 경우, 독립적 수사를 위한 전담팀 설치와 충분한 수사 인력의 배치 등이 아닐까 생각합니다.
> 결국, 청원인의 뜻도 검찰에 독립적 수사체계와 수사 인력 배치를 해달라는 것으로 이해됩니다.
> 국민들의 의혹이 크고 대통령이 진상규명과 책임자처벌에 대한 의지를 밝힌 사안입니다.
> **아직 독립적인 수사체계와 수사 인력을 말씀드릴 단계는 아닌 것 같습니다. 그 노력에 대한 결과에 대해서는 추후 국민께 보고드리도록 하겠습니다.** 지난 5월 7일 민주평화당, 바른미래당, 더불어민주당 등 여러 당 소속 의원들이 함께 '세월호 참사 특별수사단 설치 및 전면 재수사 촉구' 결의안을 발의했습니다. 여러 가지 상황이 유동적이기 때문에 **계속 국민께 보고드릴 수 있도록 하겠습니다.**[118]

청와대는 답변의 맨 끝에, "2기 특조위의 조사 결과를 지켜보자, 앞으로도 계속 노력하겠다, 계속 보고드리겠다"라고 하면서 답변을 끝마쳤다.

앞서 2기 특조위의 출범 배경과 한계에 대하여 상세하게 설명한 바가 있다. 청와대에서 청원인들의 답변내용을 정리한 비서관과 행정관들도 2기 특조위의 문제점을 누구보다도 더 정확하게 파악하고 있었을 것이다. 모르고 있었더라도 문제점을 충분히 파악한 후에 적합한 답변내용을 정리했어야 옳았다.

---

118 「대통령님께서 〈세월호참사 특별수사단〉 설치와 세월호참사 전면재수사를 지시해주시기를 청원합니다!!」, 『청와대 국민청원』, 2019.5.29 (https://www1.president.go.kr/petitions/577697).

적어도 당시 진행되고 있는 2기 특조위의 조사 활동에 대한 불만과 우려 때문에 24만 명이 넘는 사람들이 청원에 동참했다는 점, 2기 특조위의 조사 기간이 만료된 후 보고서가 작성되는 시점이 곧 공소시효가 만료되는 시점이란 사실도 분명히 알고 있었을 것이다.

그럼에도 2기 특조위에게 모든 책임을 전가하고, '결과를 두고 보자'는 식의 청와대 답변은 매우 무책임한 것이라 아니할 수 없고, 대통령 문재인이 대선공약으로 약속한 "철저한 진상규명과 책임자처벌"에 대한 의지를 의심하지 않을 수가 없다.

검찰의 자발적 '세월호 특별수사단' 설치

2019년 11월 6일 검찰은 느닷없이 '세월호 특별수사단'을 설치하고, 특별수사단장으로 임관혁 수원지검 안산지청장을 임명했다고 발표했다.

특별수사단 단장으로 임명된 임관혁 검사는, 같은 날 서울 서초구 서울중앙지검에서 기자간담회를 갖고, "검찰총장의 지시와 같이, 이번 수사가 마지막이 될 수 있도록 백서를 쓰는 심정으로 제기되는 모든 의혹을 철저히 수사하겠다"고 밝혔다. 그는 "이 사건의 모든 의혹을 밝힌다는 자세로 열심히 해나가도록 하겠다"고 강조했다.

검찰이 갑자기 특별수사단을 설치했던 이유를 아직도 정확하게 알지 못한다. 검찰총장이 '자발적으로 결정했던 것'인지, 아니면 '대통령의 의중을 반영했던 것'인지 그들은 아직도 그 배경을 정확히 밝히지 않았다.

다만 특별수사단 설치를 발표할 당시 서울중앙지검에는 "세월호 선내 CCTV DVR 바꿔치기 의혹 사건"과 "고 임경빈군 사건", 그리고 "산업은행 불법 대출 사건" 등을 재수사해야 된다는 2기 특조위의 수사의뢰 요청서가 접수됐던 상태였다. 검찰이 이 사건들을 계속해서 마냥 깔고 앉아 있을 수 있는 상태는 아니었던 것은 틀림없다.

또한 조국 전 법무부 장관의 표적 수사 논란과 검찰개혁 문제로 국민들로부터 엄청난 비난을 받고 있던 상태였으므로, 검찰에게는 여론 전환을 위한 돌파구가 필요한 시점이었다.

검찰은 특별수사단의 재수사와 관련하여 "이번 수사가 마지막이 될 수 있도록 백서를 쓰는 심정으로 제기되는 모든 의혹을 철저히 수사하겠다"는 총론만 밝혔을 뿐, 향후 세부 수사계획과 수사 대상의 범위에 대해서는 공개적으로 밝힌 바가 없다. 따라서 그들이 언론에 밝힌 것과 같이 '정말 그렇게 수사할 것인가'에 대해서 진의를 의심하지 않을 수 없다. 검찰의 특별수사단이 근본적으로 다음과 같이 몇 가지 태생적 한계를 내포하고 있지만, 검찰은 이것에 대한 극복방안은 제시하지 않았기 때문이다.

첫째는 검찰이 공식적으로 "수사 대상의 범위"를 논하지 않았다는 점이다. 검찰은 단순히 "이번 수사가 마지막이 될 수 있도록 백서를 쓰는 심정으로 제기되는 모든 의혹을 철저히 수사하겠다"고 밝혔고 언론이 자의적으로 해석하여 보도했을 뿐이다.

세월호 침몰 사건은 위로는 박근혜부터, 밑으로는 해경의 말단 의경에 이르기까지 빠짐없이 조사해야 하는 사건이다. 국가정보원과 국군기무사령부를 포함하여 모든 국가기관과 군을 모두 수사해야 하는 사건이며, 2014년 '검·경합동수사본부'가 수사했을 때 유가족과 국민이 품고 있는 의혹을 하나도 해소하지 못했던 사건이다.

엄밀히 말하면 특별수사단의 수사는 '재수사'가 아니라 원점부터 다시 시작하는 수사여야 하며, 그렇게 할 때만이 국민과 유가족으로부터 검찰이 신뢰를 회복할 수 있다.

이렇게 엄청나고 방대한 사건을 특별수사단장 포함 8명의 검사와 몇 명의 수사관만 임명하고, "막연히 입으로만 철저히 수사하겠다"고 선언하면 국민들이 그 진의를 믿어줄 수 있겠는가?

둘째는 특별수사단 구성원으로 선임된 검사들의 인적 구성 또는 성향의 문제이다. 언론은 특별수사단 단장으로 임명된 임관혁 검사에 대하여, "대표적 정치 검사"라고 평가했다. 언론은 임관혁 검사가 '한명숙 전 총리 사건', '엘시티 비리 사건',119 '정윤회 문건 파동 사건' 등을 지휘했던 검사라는 점, 적폐검사의 대명사 우병우 사단의 일원이라는 사실을 지적했다. 특히 세월호 침몰 사건과 관련하여 2014년 해경을 수사한 전 수원지청장 윤대진 검사와 엘시티 비리 사건을 함께 수사했다는 사실도 보도됐다.

부장급 검사로 임명된 사람 중 한 사람은 윤석열 현 검찰총장이 서울중앙지검장으로 있을 때, "김기춘·김장수·김관진·윤전추" 관련 사건을 수사했다. 하지만 이 사건 기록을 검토했던 바에 따르면, '수사결과는 합리적이지 못했고, 검사의 주관적 판단이 너무 많이 개입되어 있었다'고 판단된다.120

이렇게 구성된 검사들이 특별수사단 출범 당시 언론에 약속했던 수사결과를 도출하려면, 자기 자신과 아주 절친한 선배의 수사결과를 뒤집어야 하는데, 과연 그것이 가능하겠는가?

마지막으로 특별수사단의 '법률적 권한과 한계'의 문제이다.121 검찰이 설치한 특별수사단은 법률적으로 유가족들이 필수로 수사해야 한다고 주장하는 국가정보원과 군(국군기무사령부, 해군, 공군 등)을 수사할 권한이

---

119 엘시티에 대한 의혹은 주거시설이 금지된 중심지 미관지구에서 주거시설 일반미관지구로 변경된 과정, 건축물 높이 60m 해제, 교통·환경영향평가가 부실하게 진행된 경위가 있다. 수익성을 이유로 여러 회사들이 포기한 엘시티 사업에 포스코건설이 시공을 하게 된 배경도 의혹이 있다. 또한 최순실이 이 과정에 개입했다는 의혹이 있다. 2016년 12월 3일 〈그것이 알고 싶다〉에서는 엘시티에 대한 의혹을 제기했다. 「검찰이 풀어야할 엘시티 의혹」, 『국제신문』 2016.11.11 (http://www.kookje.co.kr/news2011/asp/newsbody.asp?code=0300&key=20161112.33003222623 참조).

120 서울중앙지검, 2017년 형제 91972호, 2018년 형제26267호(서울중앙지법 2018고합 306호) 사건.

121 세월호 특별수사단의 문제점에 대해서는 필자와 '304 목요포럼'에서 세월호 사건을 함께 연구했던 공순주 선생님의 견해를 많이 반영했다. 다만 공식적인 문건이 존재하지 않으므로 '자료목록'에는 포함시키지 못했다.

없다. 따라서 세월호 침몰 사건에 대한 전면적인 재수사는 특별수사단의 의지만으로는 목적을 달성할 수 없다.

국가정보원은 대통령 직속 기관으로 오직 대통령만이 지시와 감독을 할 수 있다. 검찰이 국정원과 국정원 직원을 수사하기 위해서는 국정원장의 사전 허가를 받아야 하는데 과연 국정원장이 순순히 동의하겠는가?

- 국정원 직원은 재직 중은 물론 퇴직한 후에도 직무상 알게 된 비밀을 누설하여서는 아니 된다.
- 직원(퇴직한 사람을 포함한다.)이 법령에 따른 증인, 참고인, 감정인 또는 사건 당사자로서 직무상의 비밀에 관한 사항을 증언하거나 진술하려는 경우에는 미리 국정원장의 허가를 받아야 한다.
- 직원을 증인, 참고인, 감정인으로 신청한 법률상 이해관계가 있는 사건 관계인은 해당 직원이 미리 국정원장의 허가를 신청하지 아니하여 불이익을 받을 우려가 있을 때에는 법원의 허가를 받아 원장에게 증언 또는 진술의 허가를 신청할 수 있다.
- 원장은 허가 여부를 결정할 때 국가의 중대한 이익을 해치거나 군사, 외교, 대북관계 등 국가 안위에 중대한 영향을 미치는 경우를 제외하고는 허가를 거부하지 못한다.
- 직원이 국가정보원의 직무와 관련된 사항을 발간하거나 그 밖의 방법으로 공표하려는 경우에는 미리 원장의 허가를 받아야 한다.[122]

따라서 검찰 등 수사기관이 국정원 직원을 구속하려면, 현행범인 경우를 제외하고 미리 국정원장에게 통보해야 하고, 국정원 직원에 대하여 수사를 시작한 때와 수사를 마친 때에도 지체 없이 국정원장에게 그 사실과 결과를 통보해야 한다.[123] 과연 특별수사단이 이런 절차를 준수하면서 당시 국정원장이던 남재준과 국정원 직원들을 철저하게 수사할 수 있겠는가?

군(軍)도 마찬가지이다. 국방부 장관은 대통령의 명을 받아 군사에 관한

---

122 「국가정보원직원법」 제17조 "비밀 엄수" 참조.
123 「국가정보원법」 제23조 (직원에 대한 수사 등) ① 참조.

사항을 관장하고,[124] 군 검찰사무의 최고 감독자로서 군 검사를 지휘 감독하게 돼 있다.[125] 따라서 검찰이 아무리 선의를 가지고 "이번 수사가 마지막이 될 수 있도록 백서를 쓰는 심정으로 제기되는 모든 의혹을 철저히 수사하겠다"는 의지로 수사를 한다 하더라도, 군과 관련한 사항은 조사할 수 없는 태생적 한계가 존재한다.

세월호 침몰 당시 해군의 함정과 공군의 수송기가 침몰현장에 출동했으므로, 이들의 출동 및 구조의 적정성에 대한 철저한 수사는 필수이다. 특히 해군의 경우 유도탄 고속함, 통영함 등 함정 출동 과정과 세월호 침몰 이후 해군 잠수 인력의 수중 수색 관련 사항에 대해서는 2014년 당시 검찰이 수사하지 않았으므로 이번엔 특별수사단이 반드시 수사를 진행해야만 한다.

2014년 8월 22일 세월호 침몰 사건과 관련한 재판이 진행되고 있을 때 단원고 유가족 측은 군 대응 부실 여부 등을 확인하기 위하여, "4. 16.(수) 08:00~12:00"까지 세월호 반경 5km 내 KNTDS 영상자료 및 3함대 사령부 소속 해군 함정 및 해경·어선간 교신내용 녹취록에 대하여 증거보전 신청을 했다. 하지만 해군은 KNTDS 영상자료 제출이 불가하며 녹취록 제출은 가능하다는 입장을 밝혔다.[126]

해군의 KNTDS(한국해군 전술데이터시스템, Korean naval tactical data system)[127]의 경우에는 2014년 당시 감사원만 해군의 협조하에 열람했을 뿐, 검찰 및 국회도 열람하지 못한 것으로 파악되고 있다. 훗날 공개된 기무사 문건에 따르면, [그림 8-18]에서 보는 바와 같이 해군의 입장은 비공개가 명확했으므로 이 또한 진상규명 차원에서 강제수사를 진행할 수밖에 없다.

---

124 「국군조직법」 제8조 (국방부장관의 권한) 참조.
125 「군사법원법」 제38조 (국방부장관의 군검찰사무 지휘·감독) 참조.
126 국군기무사령부, 『정보보고』, 대외 196-196(세월호 유가족의 해군전술정보 증거보전 신청건), 2014.8.29 참조.
127 해군은 '2급 비밀로 해군 경비전력 및 해상작전구역 등 군사비밀 다수 포함되어 있다'고 주장하고 있음

그림 8-18. KNTDS에 대한 해군의 입장

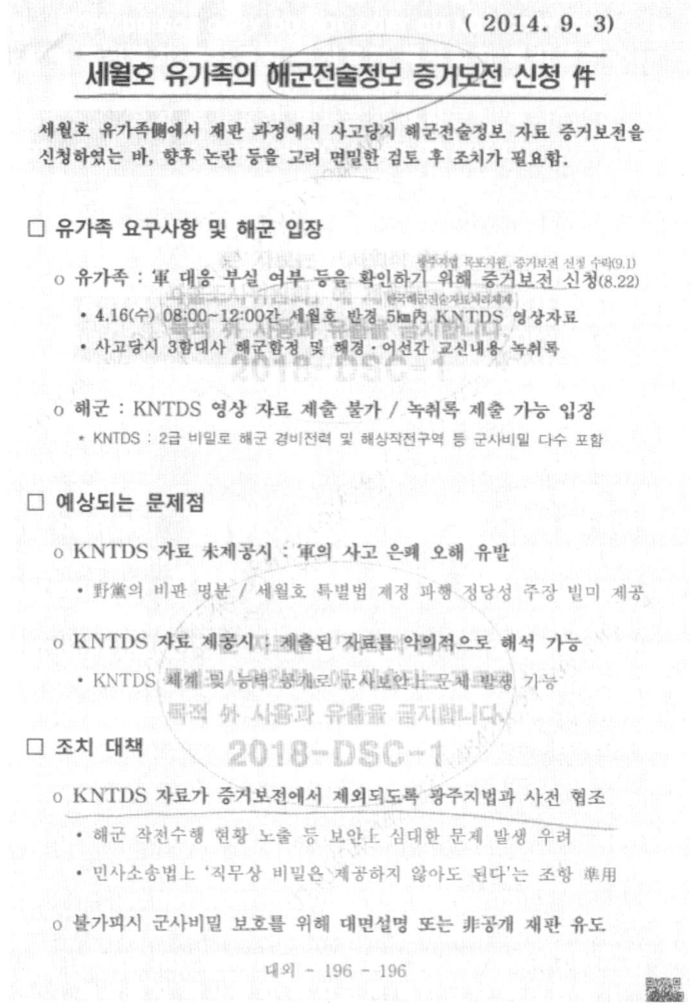

(2014. 9. 3)

세월호 유가족의 해군전술정보 증거보전 신청 件

세월호 유가족側에서 재판 과정에서 사고당시 해군전술정보 자료 증거보전을 신청하였는 바, 향후 논란 등을 고려 면밀한 검토 후 조치가 필요함.

□ 유가족 요구사항 및 해군 입장

광주지법 목포지원, 증거보전 신청 수락(9.1)

o **유가족 : 軍 대응 부실 여부 등을 확인하기 위해 증거보전 신청**(8.22)

한국해군전술자료처리체계

- 4.16(수) 08:00~12:00간 세월호 반경 5㎞內 KNTDS 영상자료
- 사고당시 3함대사 해군함정 및 해경·어선간 교신내용 녹취록

o **해군 : KNTDS 영상 자료 제출 불가 / 녹취록 제출 가능 입장**

* KNTDS : 2급 비밀로 해군 경비전력 및 해상작전구역 등 군사비밀 다수 포함

□ 예상되는 문제점

o **KNTDS 자료 未제공시 : 軍의 사고 은폐 오해 유발**

- 野黨의 비판 명분 / 세월호 특별법 제정 파행 정당성 주장 빌미 제공

o **KNTDS 자료 제공시 : 제출된 자료를 악의적으로 해석 가능**

- KNTDS 체계 및 능력 공개로 군사보안上 문제 발생 가능

특정 外 사용과 유출을 금지합니다

2018-DSC-1

□ 조치 대책

o **KNTDS 자료가 증거보전에서 제외되도록 광주지법과 사전 협조**

- 해군 작전수행 현황 노출 등 보안上 심대한 문제 발생 우려
- 민사소송법上 '직무상 비밀은 제공하지 않아도 된다'는 조항 準用

o **불가피시 군사비밀 보호를 위해 대면설명 또는 非공개 재판 유도**

대외 - 196 - 196

국군기무사령부 보고 문건 필자 화면 캡처.

공군과 관련한 수사과제도 최소 두 가지 이상이 존재한다. 하나는 MCRC 녹취록과 관련한 문제이고 또 하나는 세월호 침몰 당일 공군이 세월호 침몰 사건 발생 사실을 인지한 시간과 관련한 문제이다.128

세월호 침몰 당시 세월호 침몰현장에는 해경 B703 항공기(CN-235)를 비

롯하여 다수 헬기와 함정들이 출동했고, 이들은 해경이 사용하는 공용주
파수 TRS 52번과는 별도 통신 시스템을 이용하여 상호 의사소통을 했다.
따라서 당시 항공기들의 교신내용이 담긴 음성과 녹취록이 가공되지 않은
상태에서 공개된다면 그날 잘못된 구조상황을 정확히 파악할 수 있을 것
으로 판단된다.

하지만 문제의 음성과 녹취록은 "국가안보 및 기밀"이라는 커튼 뒤에 숨
어서, 원형 그대로 공개된 사실이 없다. 오직 [그림 8-19]와 같이 악의적으
로 조작한 일부 녹취록만 남아있을 뿐이다.

그림 8-19. 공군이 제출한 MCRC 교신 녹취록

해경위주-유관기관 녹취록(4. 16. 0900-1300, 123.1Mhz)

시 간	교신부서	내 용
09:28:07	해경703	THIS IS 해경703 ON G 아...... 현재 병풍도 상공 병풍도 상공에 있는 헬기, 병풍도 상공 헬기는 CONTACT 공군 주파수로, COMMON FREQUENCY 로 나오기 바랍니다. 공중경계.
09:30:22	해경703	THIS is is 해경703 ON G now U 현재 현재 병풍도 인근에 있는 헬기, 병풍도 인근에 헬기는 UHF 로 COMMON FREQUENCY 로 어 해경703 CONTACT 해주시기 바랍니다. 공중경계. 해경703 아 1000입니다.
09:31:34	공군	해경703, 공군
09:34:05	공군	해경703, 공군
09:35:03	공군	해경703, 공군
09:35:54	해경703	해경511, 해경513 여기 해경703
09:36:18	해경703	해경511, 해경512, 해경703
09:37:36	해경703	해경511, 해경513, 해경703
09:37:51	해경703	아 예 해경703 현재 지금 저 1000FT 유지하고 있고요, 아 지금 저 목포 ~해가지고 하나 더 오고 있는데 한 15분 정도 더 있어야 되요.
09:38:08	해경703	예 그래요 ???
09:38:15	해경703	지금 저 인명 구조 하고 있는 헬기들이 주파수가 지금 어디가 있는지 CONTACT 이 안되니까 현장에 들어오면 지금 100FT 400FT에 있으니까 공중경계 잘 해요.
09:41:03	해경703	아 목포 헬기는 일단은 저 뭐야 구조가 아 (해석불가) 일 수 있고, 지금 저 (해석불가) 100FT 하나 400FT 하나 있는데 교신이 안돼. 그러니까 일부는 와가지고 (해석불가)
09:43:10	??	(해석불가) 해경703 (해석불가)
09:43:21	??	아 (해석불가) 지금 해경703 현재 1000FT에서 있습니다

공군 제출 녹취록 필자 화면 캡처.

---

128 공군이 세월호 침몰 사건 발생 사실을 인지한 시간에 대해서는 이 책 제6장 '1. 세월
호 침몰 사건 발생시간과 최초 보도시간은?' 참조.

이러한 사안들에 대한 재수사를 반드시 해야 하는데, 특별수사단은 국방부 장관의 협조가 없는 한 해군과 공군이 보존하고 있는 중요한 증거를 수사할 수 없는 근본적 한계를 갖고 있다.

대통령 직속 '특별수사단'만이 정답이다

특별수사단의 수사결과는 끝까지 지켜봐야 하겠지만, 객관적인 상황만 놓고 본다면 이들이 유가족의 여한이 남지 않을 수사결과를 도출할 개연성은 높지 않다. 그들이 출사표로 던진 "이번 수사가 마지막이 될 수 있도록 백서를 쓰는 심정으로 제기되는 모든 의혹을 철저히 수사하겠다"는 목표를 달성할 가능성도 전혀 없다.

대통령 문재인이 특별수사단의 한계를 명확히 인식하고 있다면, 더 이상 시간만 허비할 것이 아니라 합당한 처방을 내려야 하며, 그것은 명칭과 상관없이 '국가정보원과 군까지 수사할 수 있는 특별한 조직'이어야 한다.

이것은 분명히 대통령 문재인의 의지와 결단의 문제이지 법률과 제도의 문제는 아니다.

자료목록

1) 국군기무사령부, 『정보보고』, 대외 196-196(세월호 유가족의 해군전술정보 증거보전 신청건), 2014.8.29

2) 「문재인 "하늘 노여움 두렵다…세월호 특별법 100일 넘기지 말아야"」, 『로이슈』, 2014. 7.19 (http://ccnews.lawissue.co.kr/view.php?ud=17702)

3) 「문재인 "내가 단식"…유가족 김영오씨 단식중단 설득」, 『연합뉴스』, 2014.8.19 (https://news.naver.com/main/read.nhn?mode=LSD&mid=sec&sid1=100&oid=001&aid=

0007074783)

19) 「세월호 참사 2000일... 문 대통령님, 무엇을 하셨습니까?」, 『오마이뉴스』, 2019.10.5 (http://www.ohmynews.com/NWS_Web/view/at_pg.aspx?CNTN_CD=A00025 76060)

20) 「대통령님께서 〈세월호참사 특별수사단〉설치와 세월호참사 전면재수사를 지시해 주시기를 청원합니다!!」, 『청와대 국민청원』, 2019.5.29 (https://www1.president.go.kr/ petitions/577697)

'세월호 침몰 사건'과 관련한 책을 쓰기 위해 노트북을 처음 열었던 날이 2018년 8월 17일이었다. 그날 이후 세월호 사건의 진상규명 시계는 문제없이 잘 돌아갔을까?

그때는 무지막지하게 권력을 휘두른 박근혜가 촛불의 힘에 눌려 이미 물러난 상태였고, '세월호 사건의 진상규명과 책임자 처벌'을 약속했던 문재인 대통령이 취임한 지 1년 이상의 시간이 흐른 때였다. 따라서 당시에 문재인 대통령을 향해, 선거 때 약속했던 '진상규명과 책임자 처벌'에 대한 공약을 이행하라고 촉구한다 해도 아무런 문제가 없던 시기였다. 하지만 그때 나 스스로가 주인공이 되어 대통령을 공개적으로 압박하지 못한 것이 두고두고 후회된다.

대선공약을 빨리 이행해 달라고 촉구했어야 옳았는데….

문재인 정권에서 새롭게 임명된 법무부 장관과 검찰총장에게, 유가족이 희망하는 '진상규명과 책임자 처벌'을 빨리 해달라고 강력하게 강요했어야 했는데….

'고소·고발'전을 펼쳐서라도 문재인 정권과 검찰을 압박하고 포위했어야 했는데….

아들이 세월호 선내에서 "가만히 있으라"는 선내 방송을 믿고 있다가 변을 당했는데, 나도 똑같은 오류를 범한 것 같아 마음이 무겁기만 하다.

지나고 보니 아쉽지 않은 것이 없고, 남은 것은 오직 후회뿐이다. 그저 문재인 대통령의 약속을 굳게 믿고, 이제나저제나 하며 하염없이 기다렸던 것이 오늘날과 같은 최악의 상황을 몰고 왔던 것 같아, 스스로의 선택을 심하게 자책하게 된다.

그냥 하루하루를 어물어물하며 벌레처럼 꼬물거리는 글자하고 씨름만 하고 있던 사이에, 어언 1년 7개월이란 시간이 덧없이 지나가 버렸고, 어느덧 공소시효하고 다퉈야 하는 최악의 상황이 되어 버렸다. 후회막급이다.

유가족들에게 우호적이라고 평가됐던 문재인 정권이 출범한 후에도, 달라진 것은 하나도 없었다. '진상규명과 책임자 처벌'은 단 한 발자국도 앞으로 나가지 못했고, 희망보다는 걱정이 더 많은 미래가 앞에서 기다리고 있다.

그동안 선체조사위원회의 조사가 끝나고 보고서가 작성됐지만, 그 보고서에는 통일된 '침몰원인' 조차 수록되지 못했다. 또한 2기 특조위가 구성되어 현재 조사를 진행하고 있지만, 기소권과 수사권이 없는 탓에, 조직의 규모가 워낙 작은 탓에, 세상이 깜짝 놀랄 조사결과는 기대하기 힘들 것 같다.

상황이 그렇다 보니 가족들은 24만 명이 넘는 국민과 함께 청와대에 "특별수사단 설치"를 요구하는 청원을 했지만, 청와대는 이 청원을 사실상 거부했다.

대신 검찰이 느닷없이 특별수사단을 들고 나왔다. 그들은 "이번 수사가 마지막이 될 수 있도록 백서를 쓰는 심정으로, 제기되는 모든 의혹을 철저히 수사하겠다"는 당찬 출사표를 던졌다. 가족들이 검찰의 의지를 모두 믿어 준다 하더라도, 검찰이 설치한 특별수사단은 국가정보원과 군(국군기무사령부, 해군, 공군 등)을 수사할 수 없는 태생적 한계가 있다. 또한 세월호 사건의 규모를 고려한다면, '무제한의 수사 기간이 보장'되지 않는 한, 8명의 검사가 검찰이 약속했던 수사결과를 달성하는 것에는 근본적 한계가 있다.

그렇다면 세월호 유가족들의 간절한 소망은 앞으로 어떻게 될 것인가?

문재인 대통령이 여전히 대선공약을 이행하지 않고 있는 상황에서, 매우 특별한 계기가 없다면 이 문제가 조기에 긍정적으로 매듭지어 질 개연성은 높지 않다.

그리 오래지 않아 특별수사단의 재수사는 확실한 성과를 얻지 못한 채 종료될 것이 분명하고, 2기 특조위 또한 모든 진실을 확실하게 밝히지 못한 채 조사가 마무리될 개연성이 높다. 그때부터 가족들은 얼마 남지 않은 공소시효와 싸워야 하고, 싸늘하게 식어가는 여론과 싸워야 할 것이다.[1]

두 번에 걸친 검찰의 수사와 특별위원회의 조사, 그리고 국회 국조특위 진행, 감사원 감사…, 이렇게 노력하고도 진실을 찾지 못한 상황에서 '3기 특조위'를 논하고 또 다른 재수사를 요구할 분위기는 도래하지 않을 것이다.

계속해서 유가족들은 "아직도 진상규명과 책임자 처벌이 되지 않았다"고 외치겠지만, 많은 국민은 '더 이상 밝힐 것이 없다'는 쪽에 더 많은 눈길을 줄 것이 분명하다. 그리고 마지막 남은 사참위의 '조사권'마저 박탈당하고 나면, 민간영역에서 진상규명과 책임자 처벌을 위해 할 수 있는 것은 입으로 떠드는 허망한 구호밖에 없다.

솔직히 이 국면이 매우 두렵다. 아들의 원통한 죽음의 원인을 밝히지 못하는 것도 무척 억울하겠지만, 반대편 주장을 합리적으로 압도하지 못

---

1 직무유기죄는 공소시효가 5년이므로 이미 2019. 4. 15.부로 시효가 완성되었으며, 기타 세월호와 관련 있는 범죄(업무상 과실치사, 허위공문서 작성 등 행사, 허위사실적시 명예훼손, 업무방해, 권리행사 방해, 위증, 직권남용, 공무집행방해, 강요)는 공소시효가 7년으로 대부분 2021. 4. 15. 23:59:59로 시효가 완성되게 된다. 따라서 이 시점이 지나면 '살인죄'에 해당하는 범죄자를 제외하고는 도저히 책임자 처벌을 할 수 없게 된다.

하는 것이 죽음보다 더 큰 고통이 될 것이 분명하다.

따라서 '더 이상 밝힐 것이 없다'는 논란을 사전에 잠재우기 위하여, 이 책에서 논의했거나 집필과정에서 파생된 의혹을 [부표 1] "세월호 침몰 사건 진상규명 과제 현황"으로 정리하여 명확하게 기록해 놓으려고 한다. 특별수사단이 이 부분은 반드시 참고하실 것을 희망한다.

박근혜와 문재인 정권이 의도적으로 진실을 규명하지 않는다면, 그 사실을 명확하게 기록이라도 남겨 놓는 것이, 못난 아비의 마지막 남은 사명이라 판단했기 때문이다.

물론 이 책에 기록된 진상규명 과제가 '과도한 지' 또는 '적정한 지'는 독자들이 판단할 문제이다.

감히 독자와 국민에게 고(告)합니다.

세월호 유가족들은 대한민국 국민이 경험해선 안 되는 위험한 강을 지금 건너가고 있습니다. 그 강은 수심도 깊고 물길도 매우 거셉니다. 그렇다고 건너지 않거나 포기할 수도 없습니다. 우리는 지금 몇 년째 이 강을 건너가고 있지만, 여전히 강의 한가운데서 길을 잃고 헤매고 있습니다.

우리 가족들이 무사히 이 강을 건널 수 있도록 독자들과 국민의 많은 도움과 응원, 기도를 부탁드립니다.

부표. 세월호 사건 진상규명 과제 현황

기 관	성 명	직위/직책	진상규명 안건	세 부 내 용	비 고
청와대	박근혜	대통령	세월호 침몰 당일 오전 행적	▪ 세월호 침몰 당일 오전 진짜 관저에 있었는지? 있었다면 왜 대통령으로서 구조와 관련한 지휘권을 행사하지 않았는지? ▪ 세월호 침몰 사건을 인지했던 시간과 보고 받은 시간은? ▪ 안보실장 김장수와 해경청장 김석균에게 전화해서 '단 한 명의 인명 피해도 없도록 하라…'는 등의 지시를 정말 했는지?	
			박근혜의 진상규명 방해	▪ 세월호 침몰 사건 진상규명 및 책임자 처벌 방해행위 ▪ 1기 특조위 조사방해 ▪ 2014년 감사원 부실감사 압력 행사 의혹	
	김기춘	대통령 비서실장	세월호 침몰 사건 최초 인지 시간 및 조치사항	▪ 비서실은 언제 세월호 침몰 사건을 인지했으며, 인지 직후 행한 조치는 무엇이 있는지? ▪ 왜 전략대응반을 소집하여 긴급대응하지 않았는지?	
			세월호 침몰 관련 국회 답변 과정	▪ 세월호 침몰 관련 국회 질의 과정에서 위증	
			진상규명 방해 등	▪ 당시 여당이었던 새누리당 의원들을 동원하여 세월호 침몰 사건 진상규명 과정을 방해하지 않았는지?	
	김장수	국가 안보실장	세월호 침몰 당시 보고 여부	▪ 국가위기관리센터가 세월호 침몰 사건을 인지한 정확한 시간은? ▪ 세월호 침몰 당일 상황보고서 보고 과정의 적정성 및 상황보고서 원본의 행방(특히 1보 및 4보) ▪ 세월호 침몰 당일 해경청장 김석균과 전화 통화한 사실이 있는지?	

기 관	성 명	직위/직책	진상규명 안건	세 부 내 용	비 고
			세월호 침몰 당시 전략대응반을 소집하지 않은 이유	▪ 전략대응반 소집권자로서 소집하지 않은 이유는?	
	안봉근	청와대 제 2부속 비서관	세월호 침몰 당일	▪ 세월호 침몰 당일 오전 관저에 갔던 사실이 있는지? ▪ 해양경찰청장 김석균에게 전화를 걸어 박근혜를 바꾸어 준 것이 사실인지?	
	김관진	국가안보실 장	국가위기관리 기본지침 변개 관련	▪ 국가위기관리지침 불법 변개 과정에서 김관신의 수도 여부	
	이정현	홍보수석	언론기관 통제	▪ 세월호 침몰 사건과 관련하여 언론기관의 보도를 통제하지 않았는지? ▪ 언론과 국민 여론 통제방안을 수립하고 실행하지 않았는지?	
	민경욱	청와대 대변인	세월호 침몰 당일 언론 브리핑	▪ 박근혜 지시사항을 브리핑하게 된 정확한 경위와 정확한 브리핑 시간	
		위기관리 센터	상황보고서 1보 작성 및 박근혜 보고 과정	▪ 상황보고서 1보는 정확히 언제 작성이 완료됐으며, 언제 박근혜에게 전달 됐는지? ▪ 상황보고서에 기록된 사고 발생 시간을 확인한 경위 조사(왜, 실제 사고 발생시간과 차이가 있는지)	
			세월호 침몰 사실 최초 인지 경위	▪ 세월호 침몰 사실을 09:19경 YTN 속보를 보고 인지한 것이 틀림없는지?	
			문건 파기 관련	▪ 2014. 4. ~ 10. 세월호 관련 문건 파기 및 재작성 관련 의혹 ▪ 2017. 7. 17. 세월호 침몰 사건 문서 파기 관련	수사 사항
	전응식		강민규 교감과의 통화	▪ 강민규 교감과 통화 했던 정확한 시간은? ▪ 당시 강민규 교감으로부터 획득했던 정보의 내용은?	
	우병우	민정수석	수사 방해	▪ 광주지검 수사팀이 해경본청을	

기 관	성 명	직위/직책	진상규명 안건	세 부 내 용	비 고
				압수수색 할 때 전화를 걸어 "해경 상황실 전산 서버에 대한 압수수색은 하지 말라"고 지시한 행위 조사	
	기 타		의사자 지정 관여	▪ 세월호 침몰 사건과 관련한 여론 악화를 방지하고, 우호 여론 형성을 위해 의사자 지정조건에 적합하지 않은 '의사자 지정'을 추진하라고 압력을 행사하지 않았는지?	
법무부	황교안	법무부 장관	수사 방해	▪ 123정장 김경일을 수사하는 검사에게 전화를 걸어 '업무상과실치사 혐의를 적용하지 말라'고 했던 부당한 압력 행사	
	검 찰		근화베아체 아파트 CCTV 영상 공개 (2초소 및 4초소)	▪ 2014. 4. 17. 세월호 선장 이준석이 묵었던 박동현 경사의 아파트 CCTV 영상 공개 ▪ 위 영상을 공개하지 못하는 이유 ▪ 이 사건과 관련하여 황교안이 국회에서 위증했던 이유	수사 사항
해 경	공 통	각급 상황실	상황대책팀 또는 구조본부 구성 및 소집 시기	▪ 세월호 침몰 당시 구조가 상황대책팀 체계로 운영되었는지, 아니면 구조본부 체계로 운영되었는지? ▪ 상황대책팀과 구조본부가 소집되고 가동된 정확한 시간은? ▪ 상황대책팀 참여 해경 지휘부 구성원들의 실질적인 구조 지휘 행위 조사	
		기 타	허위공문서 작성	▪ 초동조치 및 수색구조 쟁점 등의 허위공문서를 작성한 이유 ▪ 3009함, P-120정(경찰 전보 포함) 등 세월호 침몰 당일 출동 함정의 항박일지 조작 의혹	수사 사항
				▪ 허위 전화 통화 녹취록, TRS 교신 녹취록을 작성했던 이유	수사 사항
			세월호 선내 CCTV 저장장치(DVR)	▪ 해경의 세월호 CCTV 저장장치(DVR) 수거 과정 및 조작 여부 조사	

기 관	성 명	직위/직책	진상규명 안건	세 부 내 용	비 고
			조작 여부		
			허위진술 모의	▪ 감사원 감사 및 국회 국조특위, 검찰 수사를 대비한 허위진술을 모의하지 않았는지? ▪ 특히 '세월호 국정조사 관련 현장 담당자가 답변할 사항'을 작성하여 사전 연습을 통한 위증을 모의하지 않았는지?	수사 사항
	김수현 김문홍	서해청장 목포서장	해경청장 보고 여부	▪ 김수현과 김문홍은 휴대전화 및 경비 전화 등을 통하여 해경청장에게 구조 상황을 직보한 사실이 있는지? ▪ 해양경찰청장은 김수현과 김문홍에게 구조 상황을 직접 보고받고 특별한 지시를 했던 사실이 있는지?	
본 청	김석균	해양경찰청장	세월호 침몰 당시 구조지휘의 적정성	▪ 상황실 임장 시기 및 지휘행위의 적정성 ▪ 실제로 박근혜와 통화를 한 사실이 있는지? ▪ 고 임경빈군 관련한 사건을 보고 받았는지?	
			침몰현장 도착 후 상황 파악	▪ 12:30경 세월호 침몰현장에 도착하여 초대형 참사가 발생한 사실을 파악하고도, 구조와 관련한 언론의 오보를 방치했던 이유는?	
			공기주입 관련	▪ 침몰현장에 도착한 이후 수중 생존자 구조를 위한 지휘행위의 적정성 ▪ 특히 세월호 선내 생존자가 있는지, 에어포켓이 존재하는지 확인 행위 실행 여부 ▪ **평택함 등 해군이 보유한 장비를 이용하여 공기주입을 할 수 있었음에도 불구하고 굳이 부적절한 공기주입기를 투입하여 쇼를 진행했던 이유는?**	
	이춘재	경비안전국장	구조지휘의 적정성	▪ 세월호 침몰 당시 임무조정관 신분으로 실제로 구조지휘를 했는지	

기 관	성 명	직위/직책	진상규명 안건	세 부 내 용	비 고
				▪ 침몰 직후 수중 생존자 구조과정의 적정성(장비선정 과정, 공기주입 과정…)	
			세월호 선내 CCTV 저장장치 DVR 인양 관련	▪ 2014. 6. 22. 문제의 DVR을 인양한 것이 확실한지? ▪ DVR 인양을 비밀리에 진행했던 이유는? ▪ DVR 바꿔치기 의혹	수사 사항
	여인태	경비과장	보고관련	▪ 123정 정장 김경일과 통화한 이후 취득한 정보를 지휘부에 보고했는지 여부 ▪ 위 보고 이후 지휘부로부터 하명 받은 지시사항은? ▪ 왜 전화 통화 당시 '퇴선명령'을 지시하지 않았는지?	
	박종철	수색구조과장	구조 지휘행위의 적정성	▪ 세월호 침몰 이후 수색구조 관련 주무과장으로 구조 지휘행위의 적정성	
	김대식	수색구조과 재난대비계장	허위공문서 작성	▪ 122구조대 출동 관련 청와대에 허위보고하게 된 경위 ▪ **군산해양경찰서 122구조대 출동 및 회항 사실을 숨기기 위해 청와대와 짜고 허위 보고서를 작성했던 것은 아닌지?**	수사 사항
	이교민	B703 항공기 탑승	KBS와 인터뷰를 통해 허위 사실을 유포하게 된 경위	▪ 침몰현장 상공에서 인원 구조현황을 모두 확인했음에도 허위사실을 의도적으로 언론에 유포한 경위 조사(해경 수뇌부의 지시에 따라 허위 인터뷰를 진행했던 것은 아닌지?)	수사 사항
	성기주	총경/ 대변인	세월호 침몰 관련 언론 홍보	▪ 세월호 침몰 당시 KBS 및 MBC와 허위 인터뷰를 했던 이유 ▪ 잘못된 정보를 제공하기 위하여 이형래, 김경일, 박상욱 등을 거짓 인터뷰 및 기자 회견을 기획하지 않았는지 ▪ 세월호 침몰 당일 언론에 잘못된 구조내용이 보도되고 있는 것을 알고 있으면서 정정 보도 요청을 하지 않은 이유는?	수사 사항

기 관	성 명	직위/직책	진상규명 안건	세 부 내 용	비 고
				▪ 세월호 침몰 이후 수색구조 과정에서 허위·과장·왜곡·편파성 정보를 언론에 제공했던 이유는? ▪ 해경에 대한 여론의 비판을 잠재우기 위해 전략적으로 배우 정동남을 투입하지 않았는지?	
서 해 청	김정식	서해청 경비안전 과장	상황지휘의 적정성	▪ 임무 조정관의 역할을 충실히 수행했는지?	수사 사항
			진도VTS 지휘 여부	▪ 세월호 침몰 당시 주무과장으로 진도VTS로부터 정상적으로 보고받고 지휘했는지? (특히 "선장이 알아서 판단하라") ▪ 임무 조정관으로서 상황대책팀 또는 광역구조본부를 지휘하지 않은 이유는?	수사 사항
	김수현	서해지방행 양경찰청장	구조지휘 행위의 적정성	▪ 서해청장 김수현은 상황실에 몇 시에 임장했으며, 임장 후 무엇을 했는지? ▪ 세월호 침몰 당시 구조작업을 지휘하지 않은 이유는? ▪ 11:23경 기자브리핑을 통해 잘못된 구조정보를 언론에 유출했던 이유는?	수사 사항
	유연식	서해청 상황담당관	구조지휘 행위의 적정성	▪ 09:25경 511호 헬기로부터 정확한 침몰현장 상황을 취득하고도 사후 조치를 하지 않은 것에 대한 책임 ▪ 김정식과 김수현에게 상황대책팀 또는 광역구조본부 소집을 건의했는지? ▪ OSC 지정의 적정성	수사 사항
	최의규	특공대장	세월호 침몰 직후 침몰현장에 도착했음에도 그곳에서 지휘하지 않고 돌아온 이유	▪ 최의규는 군산해양경찰서 122구조대원 2명과 함께 10:38경 세월호 침몰현장에 도착했지만, 부상자 고 정차웅 군만 502헬기에 태워 목포로 돌아왔음. 그 이유가 무엇인지? ▪ 침몰현장에 남아 특공대를 지휘하지 않은 이유는?	수사 사항

기 관	성 명	직위 / 직책	진상규명 안건	세 부 내 용	비 고
				▪ 항공단장과 협조하여 특공대를 신속하게 출동시키지 못한 이유는?	
	김성열	항공단장	항공기 지휘의 적정성	▪ 세월호 침몰현장에 출동한 헬기 등 항공기를 직접 지휘하지 않은 이유 ▪ HF를 이용하여 B703 항공기를 지휘하지 않은 이유는?	수사 사항
	헬기	511호, 512호, 513호	출동과정 및 구조과정의 적정성	▪ 세월호 선내에 470여 명의 탑승객이 존재한 사실을 정말 몰랐는지? ▪ 출동과정에서 세월호 선내 상황을 파악하지 않은 이유는? ▪ 초기 구조 투입과정에서 선내에 진입하지 않은 이유는?	수사 사항
	강두성	B703 항공기 기장	구조행위의 적정성	▪ B703 항공기 출동 및 구조과정의 문제점 ▪ 특히 512호 헬기로부터 많은 승객이 탈출하지 못한 상태에서 세월호가 침몰했다는 교신을 접수하고도, 이교민이 허위 인터뷰를 하도록 방치한 경위 ▪ 세월호 침몰 당시 본청, 서해청, 인천서, 함정 등으로부터 구조와 관련하여 지시받은 내용은?	수사 사항
	김형준 정형민	진도 VTS 센터장 및 요원	상황에 맞는 교신을 하지 못한 이유	▪ '선장이 알아서 판단하라'는 교신과 관련한 의혹	수사 사항
	군산해양경찰서		세월호 침몰현장 출동 및 회항 과정 의혹	▪ 이륙 시점 서해청 항공대 호출의 적정성 ▪ 10:36경 세월호 침몰현장 상공에 도착하고도 투입되지 않은 이유는(서해청의 특별한 지시 여부)	수사 사항
목 포 서	김문홍	목포해양경찰서장	세월호 침몰 당시 구조 지휘행위의 적정성	▪ 지역구조본부장으로서 역할과 책임을 다 했는지 ▪ 3009함에서 현장 출동 세력을 지휘하지 않은 이유 ▪ 왜 3009함에서 세월호와 교신을 설정하지 않았으며, 교신 청취	수사 사항

기 관	성 명	직위 / 직책	진상규명 안건	세 부 내 용	비 고
				의무를 위반했는지? ▪ OSC 미지정 및 현장 지휘의 적정성	
	안병석	경무기획과장 목포서장 직무대리	세월호 선장 이준석 3009함 호출 관련	▪ 세월호 침몰 당일 오후 세월호 선장 이준석을 3009함으로 호출했던 이유는?	
			상황실 임장 구조지휘의 적정성	▪ 세월호 침몰 당시 목포해양경찰 서장 직무대리로 상황실에서 어떤 구조를 지휘했는지?	
	조형곤	상황담당관	세월호 침몰 당시 보고 의무 위반	▪ 세월호 침몰 사실을 인지하고 서장 김문홍에게 즉시 보고하고 지시를 받지 않은 이유	수사사항
			상황실 관리 의무 위반	▪ 경비구난과장 직무대리 및 상황 담당관으로서 상황실 상황지휘의 적정성 ▪ 문자상황시스템으로 '탈출하라고 대공방송 중'이란 상황을 공유했던 이유	수사사항
	상황실		통신시스템 정상 작동 여부	▪ VHF 등 통신시스템이 정상 작동했음에도 왜 세월호와 교신을 설정하는 등 구조작업에 효율적으로 활용하지 않았는지? ▪ 목포해양경찰서 상황실 내 통신일지를 분실한 이유는?	수사사항
		백남근 김윤철 (122구조대장)	122구조대 늑장 출동 관련	▪ 122 구조대 실제 출동 시간 및 입수시간 ▪ 목포 122구조대 대원들이 늑장 출동한 이유 ▪ 당직 함정 513함이 122구조대 대원들을 탑승시키지 않고 단독으로 출동했던 이유	수사사항
	김경일	123정 정장	구조행위의 적정성	▪ 선원만 핀셋 구조한 이유	
	박상욱	123정 승조원	조타실에 진입한 이유	▪ 모든 선원이 도주를 완료했다는 것을 알고 있었음에도 굳이 조타실에 들어갔던 이유는?	
	이형래	123정 승조원	세월호에 올라가서 구명뗏목을	▪ 긴급 상황에서 선원만 구조할 수 있는 선수 조타실 앞 구명뗏목을 터트렸던 이유는?	

기 관	성 명	직위 / 직책	진상규명 안건	세 부 내 용	비 고
	김종인	123정 부정장	터트린 이유	■ 김경일로부터 선원만 구조하라는 지시를 받지 않았는지?	
			퇴선방송 의무 위반	■ 구조현장에서 퇴선 방송을 하지 않았던 이유는?	
	박성삼	123정 승조원	이동과정 교신 설정 의무 위반	■ 이동과정에서 딱 한 번만 세월호와 교신을 설정한 이유는? ■ 세월호와 교신을 설정했던 사람이 본인이 맞는지? ■ VHF 교신 청취 의무를 위반한 이유는?	
	123정		촬영 영상 조작 여부	■ 동영상 모드에서 촬영한 사진은 존재하는데 왜 동영상은 존재하지 않는지?	
보건 복지부			선원 의사자 지정의 적정성	■ 여객부 승무원 의사자 지정 과정의 적정성 ■ 여객부 승무원들이 실제로 의로운 행위를 했는지(1시간 가까이 '가만히 있으라'는 선내 방송을 진행하다 마지막에 잠깐 승객들 탈출을 도운 것이 의로운 행위가 맞는가?)	
해수부			세월호 인양관련	■ 세월호 인양과정을 투명하게 공개하지 못하는 이유 ■ 유가족과 실종자 가족을 철저하게 이간질했던 이유	
			조사방해	■ 1기 특조위 설립 및 조사과정 방해 의혹	수사 사항
	제주VTS		관제행위와 관련하여	■ 녹음되지 않는 채널 21번으로 세월호와 교신한 이유 ■ 비상 채널 16번으로 신속히 상황을 전파하지 않은 이유 ■ 교신 녹취록 및 무선통신일지 허위 작성 의혹 ■ 증거인멸 의혹(블루나래호 1등 항해사 신용철 허위 참고인 동원 의혹)	수사 사항
				■ 세월호 침몰 당일 AIS 항적 자료 조작 의혹	수사 사항
해 군	KNTDS		KNTDS 자료 공개	■ KNTDS 정보를 공개하지 못하는 이유	

기 관	성 명	직위/직책	진상규명 안건	세 부 내 용	비 고
공 군	MCRC		공기주입 관련	▪ 평택함 등 공기주입 가능한 함정들을 다수 보유하고 있으면서도 해경과 공조하여 공기주입에 투입하지 않은 이유는?(본청 상황실 유선전화 녹취록 참조) ▪ 공기주입당일 언딘이 공기주입을 하고 있었음에도 '평택함'이 공지주입 진행 중에 있다고 믿었던 이유는?	
			세월호 침몰 당시 항공기 등 교신 녹취록	▪ 세월호 침몰 사건과 관련한 녹취음성을 공개하지 못하는 이유는? ▪ 세월호 침몰 당일 구조 상황을 파악할 수 없는 불완전한 녹취록을 작성하여 공개한 이유?	수사 사항
	공군 상황실		침몰 사실인지	▪ 침몰 사실 인지 경위 및 상황보고서 작성 ▪ 2014. 4. 29.부로 세월호 침몰 사실 인지 시간이 09:00에서 09:20경으로 바뀐 이유	수사 사항
감사원	김영호	사무총장	감사에 대한 청와대 압력	▪ 세월호 침몰 사건 관련 감사 진행 시 청와대의 압력 행사는 없었는지?	
			부실감사	▪ 122구조대 늑장 출동 관련 부실감사 경위 확인(특히 군산해양경찰서 122구조대 대원 출동 및 회항에 대한 감사결과는 왜 없는지?) ▪ 청와대, 국방부, 경찰청 등을 감사하지 못한 이유	
경 찰			유가족 사찰	▪ 세월호 침몰 초기 진도 실내체육관 등에 사복 정보 경찰을 투입하여 실종자 가족을 사찰하지 않았는지? ▪ 안산합동분향소 및 진도 사고현장에 정보과 형사를 배치하여 유가족들을 미행하고 사찰하지 않았는지? ▪ 유가족 사칭 정보원들을 배치하지 않았는지?	

기 관	성 명	직위/직책	진상규명 안건	세 부 내 용	비 고
	박태종 등	안산단원 경찰서	불법 채증	▪ 세월호 관련 집회에 정보 경찰을 배치하여 '세월호 가족 대책위원회' 구성원 등을 불법 채증하지 않았는지?	수사 사항
			전원구조 보도 방송 과정	▪ 전원구조 헛소문을 퍼트렸던 '성명 불상의 남녀' 신원 확인의 문제 ▪ 단원경찰서 상황보고서에 '전원구조'보도 시간이 10:28경으로 작성된 이유	
국군기무 사령부			유가족 사찰	▪ 세월호 유가족의 휴대전화 도청 등은 하지 않았는지? ▪ 진도 실내체육관 외곽에 CCTV를 설치하여 유가족들을 감시하지 않았는지?	
				▪ 시신 유실 관련	
			DVR 인양 관련	▪ 세월호 선내 CCTV 저장장치 DVR이 인양됐을 때 왜 그 사실을 보고서에 기재하지 않았는지?	
국가 정보원			청해진해운 경영 관여	▪ 세월호 도입 및 불법 증개축 관여 의혹 ▪ 세월호 출항 관련 관여 의혹	
			유가족 사찰	▪ RCS 활용 여부 ▪ 유가족 사찰	
			선원 수사에 국정원 개입 여부	▪ 이준석, 박한결, 손지태, 조준기 등 수사에 국정원이 개입하지 않았는지? ▪ 선원들을 모텔에 합숙시키고 국정원이 관리하지 않았는지?(특히 선원들의 말맞추기에 대한 확실한 조사 필요) ▪ 선장 이준석을 해경의 APT에 묵게 하고 특별관리하지 않았는지?	
			세월호 침몰 사실인지	▪ 세월호 침몰 당일 세월호 선원으로부터 침몰 사실을 보고 받지 않았는지? 특히 보안담당자 양대홍으로부터 보고 받은 사실이 없는지?	
언 론	모든 언론		구조 인원	▪ 전원구조 최초 발원지에 대한	

기 관	성 명	직위/직책	진상규명 안건	세 부 내 용	비 고
			관련한 오보 경위	수사 ▪ 368명 구조 보도 경위 및 과정	
			최초보도 시간	▪ 세월호 침몰 사건 관련 최초보도는 언제 어느 언론사를 통해서 보도됐는지?	
			허위·과장·왜곡·편파 보도 경위	▪ 세월호 침몰 당시 속보 내용의 취재원 확인 ▪ 세월호 침몰 이후 잘못된 보도 경위 및 과정	
	김범환	YTN 기자	세월호 침몰 사실 최초 보도 과정	▪ 세월호 침몰 사실 최초 인지 과정 및 시간 ▪ 특히 김범환 기자에게 정보를 제공했다는 현지 경찰관 2명이 신원 확인 및 행적 추적	
청해진 해운	강혜성	세월호 여객부 승무원	가만히 있으라는 선내 방송	▪ '가만히 있으라'는 선내 방송을 하게 된 경위 및 책임 ▪ '가만히 있으라'는 선내 방송이 2014. 3. 28. 대모크라시 5호 충돌 사건 이후 선사의 안전교육 결과 때문은 아닌지? 위 충돌 사건 이후 선사의 안전교육 내용은?	수사 사항
			재판상 위증	▪ CCTV DVR과 관련한 위증 경위	수사 사항
단원 고등학교	김진명	단원고 교장	전원구조 관련	▪ 단원고 교감과 통화 내용 : 전원 구조 보도가 있기 전에 대형참사 발생 사실을 인지하지 않았는지? ▪ "학생 우선 구조 中…" 및 구조자 수 정보 입수 경위와 과정 ▪ 대형참사 발생 사실을 인지하고도 학부모들에게 끝까지 침묵했던 이유는?	수사 사항
	이희운	교무부장			
	이호진	세월호 유가족		▪ 전원구조 소식을 인지하게 된 경위	
	김성용	교감 손윗동서		▪ 전원구조 소식을 인지하게 된 실제 경위	
세월호	선장 이준석 외	세월호 선원	구조 조치의 적정성	▪ 세월호 침몰 당시 선원들의 이동 동선 및 조치 사항(특히 검찰의 수사보고서 '세월호 사건경	

기 관	성 명	직위/직책	진상규명 안건	세 부 내 용	비 고
				과'에 대한 재수사) ■ 2등 항해사 김영호가 정말 선내 방송을 시도했는지? ■ 기관부·여객부·조타실 선원들은 무전기로 탈출 시간을 모의하지 않았나? ■ 조타실 선원들은 왜 "0"번을 이용해서 선내 방송을 하지 않았는가?	
	강원식	1등 항해사	선사와 전화 통화	■ 세월호 침몰 당시 1등 항해사 강원식은 선사로부터 어떤 지시를 받았는가? ■ 선사로부터 '선내대기' 지시를 받지 않았는지?	
	양대홍	사무장	국정원 보고 등	■ 세월호 침몰 당시 별도의 휴대폰을 이용하여 국정원에 사고 발생 사실을 보고하지 않았는지?	
	이준석 박한결 조준기	선장 3등 항해사 조타수	강정민 변호사 면담	■ 세월호 침몰 초기 변호인으로 선임되지 않은 강정민 변호사를 면담하게 된 이유는? ■ 강정민이 선원들에게 범죄행위 프레임을 교육하지 않았는지?	
	박기호	기관장	관청 사람 실체 확인	■ 기관장 박기호가 지목했던 '관청 사람' 실체 확인	
기 타			출항 시점	■ 세월호 선원들은 출항 시점에 배가 왼쪽으로 기운 것을 알면서 출항을 강행한 것은 아닌지? ■ 출항과 관련한 특별권력의 압력 행사는 없었는지?	
			선원의 조타실 행적	■ 세월호 침몰 당시 조타실에 있던 선원들의 행적 재검증(기 확정된 선원들의 진술 진실성 여부)	수사 사항
			세월호 침몰원인	■ 세월호 침몰원인 재검증	수사 사항